유료 동영상 강의

HSK 전문 강[...]속성 맞춤 강의

최신개정 HSK 6급 한권으로 끝내기

강의 바로 가기

어법 18강 - 급수별 HSK 핵심 어법 완벽 마스터

듣기/독해/쓰기 문제풀이 30강 - 유형별 정답 유추 요령과 문제 풀이 노하우 터득

실전 모의고사 14강 - 시험 전 '실전 모의고사'를 풀어 보며 최종 실력 점검

정소연 강사

최신개정 HSK 3급 한권으로 끝내기

강사 고선이, 전유선 | **강의** 총 48강

강의 바로 가기

최신개정 HSK 4급 한권으로 끝내기

강사 송다영 | **강의** 총 62강

강의 바로 가기

최신개정 HSK 5급 한권으로 끝내기

강사 김지현, 박지은 | **강의** 총 64강

강의 바로 가기

최신개정

HSK 6급 한권으로 끝내기

본서

남미숙 저

다락원

QR 코드 스캔해서 다락원 홈페이지로 이동
→ MP3음원+동영상강의 다운로드 및 실시간 재생
→ 받아쓰기노트 다운로드
→ 모바일·PC 기반 온라인단어장 이용 DVBOOK

최신개정
HSK 6급 한권으로 끝내기

지은이 남미숙
펴낸이 정규도
펴낸곳 (주)다락원

제1판 1쇄 발행 2010년 10월 25일
제2판 1쇄 발행 2021년 8월 8일
제2판 4쇄 발행 2024년 3월 20일

기획·편집 박소정, 오혜령, 정아영, 이상윤
내지디자인 박나래
표지디자인 김나경, 박나래
조판 최영란
녹음 曹红梅, 于海峰, 朴龙君, 허강원

다락원 경기도 파주시 문발로 211
전화 (02)736-2031(내선 250~252 / 내선 430, 437)
팩스 (02)732-2037
출판등록 1977년 9월 16일 제406-2008-000007호

ISBN 978-89-277-2286-1 14720
978-89-277-2255-7 (set)

Photo Credits
LEE SNIDER PHOTO IMAGES (p.232) |
terimma (p.254) | Jenson (p.286) | Shan_shan (p.296)

www.darakwon.co.kr
다락원 홈페이지를 방문하시면 상세한 출판 정보와 함께 동영상 강좌, MP3 자료 등 다양한 어학 정보를 얻으실 수 있습니다.

저자의 말

경제 규모 세계 1위의 나라. 국제통화기금(IMF), CEBR(영국 싱크탱크), 스탠다드차타드, HSBC 등이 공통적으로 예측하는 2030년 중국입니다. 글로벌 시장에서 경쟁해야 하는 우리에게 중국어는 선택이 아닌 필수입니다. 이제 HSK는 진학, 유학, 취업을 준비하는 분, 기업이나 공공 기관에 근무하는 분, 개인 사업을 하는 분, 자기 계발을 위해 중국어를 공부하는 분 모두가 갖추고자 하는 필수 항목이 되었습니다.

『최신개정 HSK 한권으로 끝내기』는 최장기 베스트셀러 1위를 기록하며 HSK 교재 중 유일하게 20만 부 이상 판매된 『新 HSK 한권으로 끝내기』의 최신개정판으로서, 국내 최고 기본 종합서로서의 명성과 책임감을 이어 갈 것입니다. 또한 수험생들이 올바른 방향으로 시험을 준비할 수 있도록 안내하는 지침서 역할을 이어 갈 것입니다.

1타강사 남미숙의 완벽한 HSK 솔루션 1타강사 남미숙의 19년 강의 노하우 & 〈남미숙 중국어연구소〉의 철저한 분석을 바탕으로 시험 합격을 위한 최적의 내용으로 구성했습니다. 10년간 출제된 모든 HSK 문제 분석과 한국·중국 베타테스트를 바탕으로 HSK를 정복할 수 있는 완벽한 솔루션을 체계화했습니다.

최신 출제 경향 완벽 반영 HSK 기출문제 국내 최다 보유 기관이자 국내 최고 HSK 전문가 그룹인 남미숙 중국어연구소가 빅데이터 분석과 HSK 문제 출제 구성 원칙을 기반으로, 출제 비중이 높은 주제·어휘·고정 격식·짝꿍 어휘들을 최신 출제 경향에 맞추어 완벽하게 정리하였습니다.

동영상강의, 받아쓰기노트, 온라인단어장 제공 출제 경향, 실전 문제 풀이 비법을 마스터할 수 있는 동영상강의, 듣기 영역 녹음을 듣고 빈출 핵심 키워드를 받아써 보는 받아쓰기노트, 다양한 학습 모드를 지원하는 온라인단어장(DVBOOK)을 제공합니다.

마지막으로, 이 책의 완성도를 높일 수 있게 도와주신 모정 선생님, 민순미 선생님, 이영현 선생님, 천서연 선생님, 남일현 선생님, 조신양 선생님, 진유 선생님, 이진 선생님, 유루 선생님, 김한란 선생님, 양영평 선생님 그리고 그 외 남미숙 중국어 연구소 선생님들, 베타테스트에 성실히 참여해 주신 한국과 중국의 대학(원)생 및 연구원 여러분, 그리고 김동준 님께 감사의 말씀을 드립니다.

본 시리즈를 통해 수험생 여러분 모두 원하시는 목표를 꼭 달성하시길 기원합니다.

남미숙

이 책의 구성 및 활용법

종합적이고 체계적으로 HSK 6급 수험에 대비할 수 있는 완벽한 구성

★ **본서&해설서**로 유형 파악→핵심 표현 및 어법 학습→실전 문제 풀이
★ **필수단어장**으로 어휘력 기반 다지기
★ **필수표현집**으로 성어&유의어&짝꿍 표현 학습
★ 핵심 표현, 듣기 문제, 독해 지문 **음원 반복 청취** & **받아쓰기 연습**으로 듣기 능력 훈련
★ **동영상강의**로 출제 경향, 실전 문제 풀이 비법 마스터 ★ 저자 직강
★ 언제, 어디서나 **온라인단어장**으로 단어 학습 & 암기! DVBOOK (온라인단어장 소개는 p.7 참고)

- 본서+해설서 [실전 모의고사 1회분 포함]
- 필수단어장 · 필수표현집
- 동영상강의+받아쓰기노트+MP3음원
- 온라인단어장 DVBOOK

40일 완성 프로그램

이 책에서 제시하는 4단계 커리큘럼에 따라 착실하게 공부한다면, HSK 6급, 한번에 한 권으로 합격할 수 있습니다.

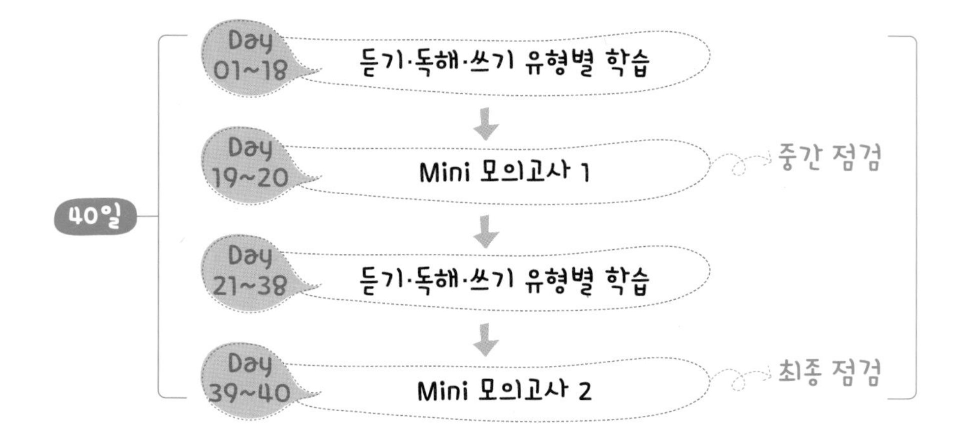

본서

본서는 〈듣기〉 〈독해〉 〈쓰기〉 총 세 영역으로 구분하여 정리하였습니다.
각 단원은 '유형 파악하기→내공 쌓기→실력 다지기'라는 3 STEP으로 설계하였습니다.

STEP 1 유형 파악하기

최신 출제 경향 대공개! 문제 풀이 요령 및 학습 요령까지 챙겨갈 수 있습니다.
각 부분의 예제를 통해 어떤 유형의 문제가 어떻게 출제되는지 파악해 봅시다.

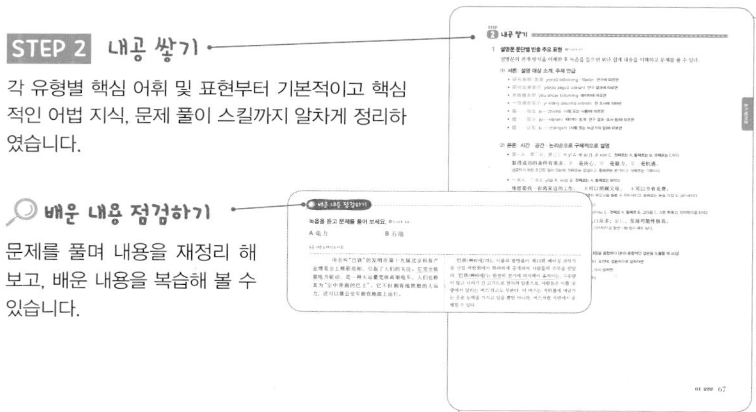

STEP 2 내공 쌓기

각 유형별 핵심 어휘 및 표현부터 기본적이고 핵심적인 어법 지식, 문제 풀이 스킬까지 알차게 정리하였습니다.

배운 내용 점검하기

문제를 풀며 내용을 재정리 해 보고, 배운 내용을 복습해 볼 수 있습니다.

STEP 3 실력 다지기

최신 출제 경향을 반영한 유형별 실전 문제로 실제 시험 적응력을 높여 봅시다.

실전 모의고사

실전 모의고사 1회분을 절반 분량씩 '중간 점검용(Mini 모의고사 1)' '최종 점검용(Mini 모의고사 2)'으로 풀어 보며 스스로의 실력을 점검하세요.

* IBT 소개 및 응시 요령, PBT 답안 작성법이 필수표현집 p.37~40에 정리되어 있습니다.

해설서

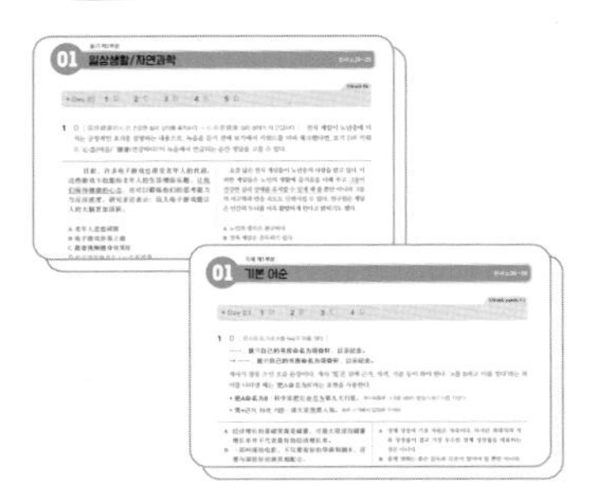

학습자 편의를 고려하여 친절하고 상세하게 해설하였습니다. 실전에서 유용한 문제 풀이법이 잔뜩 녹아 들어 있습니다.

- 영역별, 부분별 문제 유형에 최적화된 방식으로 풀이
- 사전이 필요 없도록, 지문 속 5급 이상 어휘는 모두 정리

부록

필수단어장

HSK 6급 공식 필수어휘 2,500개를 40일로 나누어 학습할 수 있도록 정리했습니다.

필수표현집

HSK 6급 사자성어&유의어&짝꿍 표현을 학습할 수 있도록 정리했습니다.

동영상강의[저자직강]

영역별 출제 경향 및 풀이 비법 대공개

받아쓰기노트

받아쓰는 훈련을 통하여 듣기 실력을 높일 수 있습니다.(PDF 파일)

MP3음원

- **본서** 듣기 예제, 듣기·독해 내공쌓기
- **본서** 독해 실력다지기
- 필수단어장
- **본서** 듣기 실력다지기
- **본서** Mini 모의고사
- 필수표현집

QR 코드 스캔해서 다락원 홈페이지로 이동

→ MP3음원+동영상강의 다운로드 및 실시간 재생
→ 받아쓰기노트 다운로드
→ 모바일·PC 기반 온라인단어장 이용 DVBOOK

HSK 필수어휘, 언제 어디서나 간편하고 스마트하게 암기하자
다양한 학습 모드 지원하는 온라인단어장 DVBOOK이 무료

기능 소개

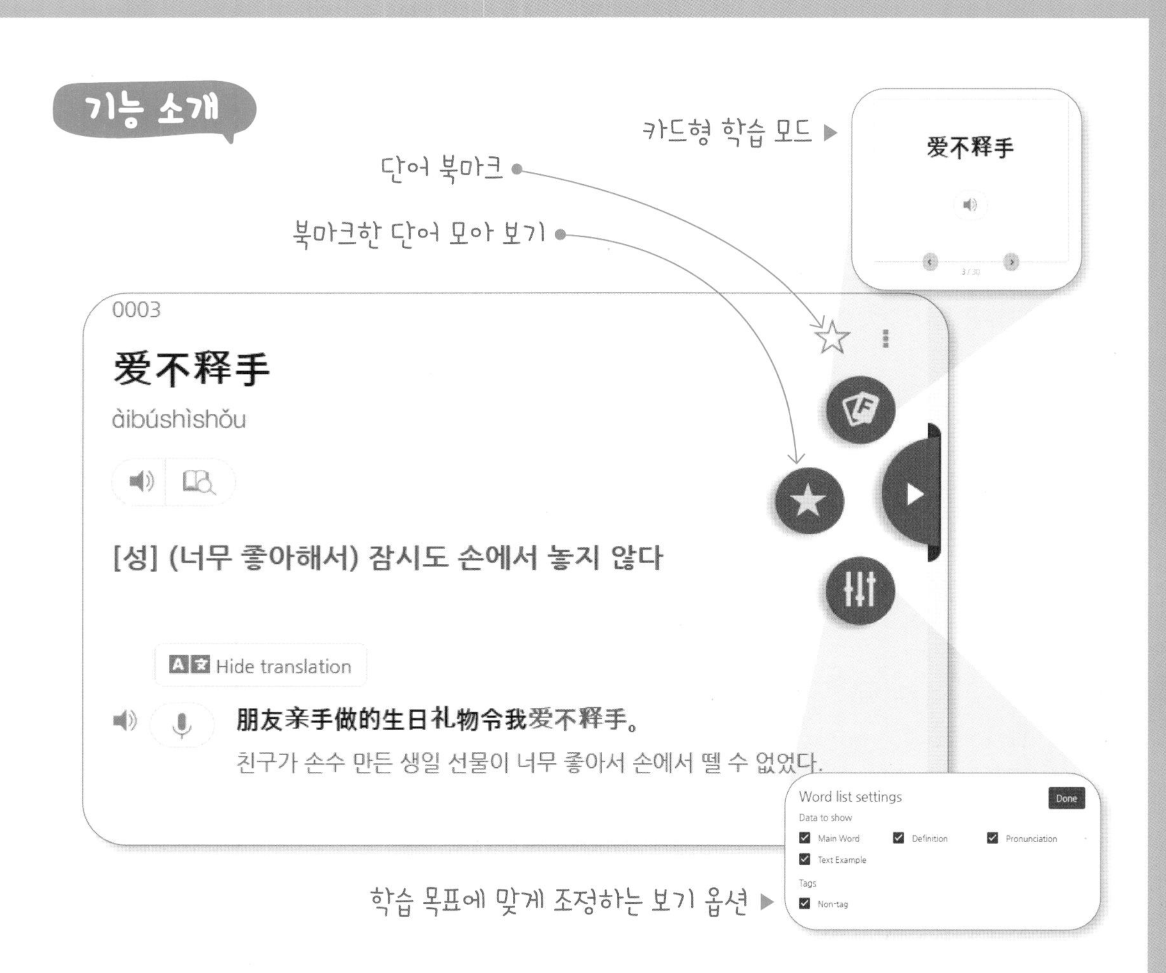

이용 방법

『최신개정 HSK 6급 한권으로 끝내기』에서 제공하는 **온라인단어장 DVBOOK**은 PC/스마트폰/태블릿 등 종류를 불문하고, **인터넷**만 연결되어 있다면 **로그인** 후 누구나 **무료** 이용 가능한 콘텐츠입니다.

다락원 홈페이지(www.darakwon.co.kr)나 디비스쿨 홈페이지(www.divii.org) 접속 →
회원가입 및 로그인 → 'HSK 6급 한권으로 끝내기' 검색 → '사용하기' 클릭 후 이용

* DVbook 서비스는 제휴사를 통한 서비스라 상황에 따라 제공되지 않거나 변경될 수 있음을 알립니다.

QR 코드 스캔 시 온라인단어장을 이용할 수 있는 페이지로 연결됩니다.

다락원 사이트

디비스쿨 사이트

차례

듣기

제1부분

제2부분

제3부분

독해

제1부분

제2부분

제3부분

제4부분

쓰기

실전 모의고사

✿ 40일 완성! 학습진도표

	듣기 제1~4부분	독해 제1부분	독해 제2부분	독해 제3·4부분	쓰기
Day 01	p.19 듣1•01 일상생활…(1)	p.90 ●기초 어법	p.164 01 고정격식	p.258 독4•01 세부 내용…	
Day 02	p.19 듣1•01 일상생활…(2)	p.94 01 기본 어순	p.172 실력 다지기		p.304 ●줄여 쓰기
Day 03	p.24 듣1•실력 다지기	p.96 실력 다지기		p.232 독3•01 접속사와 부사… p.265 독4•실력 다지기	
Day 04	p.24 듣1•실력 다지기	p.97 실력 다지기		p.238, 266 독3, 4•실력 다지기	
Day 05	p.25 듣1•실력 다지기	p.98 실력 다지기	p.172 실력 다지기	p.239 독3•실력 다지기	
Day 06	p.25 듣1•실력 다지기	p.99 02 문장성분의…	p.173 실력 다지기	p.267 독4•실력 다지기	
Day 07	p.26 듣1•02 태도와 철학	p.103 실력 다지기	p.174 02 동사, 양사, 부사	p.268 독4•실력 다지기	
Day 08	p.31 듣1•실력 다지기	p.103 실력 다지기	p.188 실력 다지기		p.315 실력 다지기
Day 09	p.31 듣1•실력 다지기	p.104 실력 다지기		p.239, 269 독3, 4•실력 다지기	
Day 10	p.45 듣2•01 인물 인터뷰 p.53 듣2•실력 다지기	p.105 03 접속사	p.188 실력 다지기		
Day 11	p.53 듣2•실력 다지기	p.110 실력 다지기		p.240, 270 독3, 4•실력 다지기	
Day 12	p.54 듣2•실력 다지기	p.111 실력 다지기	p.189 실력 다지기		p.316 실력 다지기
Day 13	p.54 듣2•실력 다지기	p.112 04 부사(1)	p.190 03 성어	p.271 독4•실력 다지기	
Day 14	p.64 듣3•01 설명문	p.112 04 부사(2)	p.195 실력 다지기	p.241 독3•02 문장성분…	
Day 15	p.69 듣3•실력 다지기	p.119 실력 다지기	p.195 실력 다지기	p.246 독3•실력 다지기	
Day 16	p.69 듣3•실력 다지기	p.120 실력 다지기	p.196 실력 다지기	p.272 독4•02 주제 파악하기	
Day 17	p.70 듣3•실력 다지기	p.121 05 是자문…		p.279 독4•실력 다지기	
Day 18	p.70 듣3•실력 다지기	p.124 실력 다지기		p.247 독3•실력 다지기	
Day 19	| 실전 모의고사 | p.322 Mini 모의고사 1 (총점:)				
Day 20	* 받아쓰기 노트(PDF)로 듣기 영역 복습하기				
Day 21	p.32 듣1•03 중국 이해(1)	p.125 실력 다지기		p.247, 280 독3,4•실력 다지기	
Day 22	p.32 듣1•03 중국 이해(2)	p.126 06 짝꿍 표현과 고정격식(1)	p.197 04 유의어	p.281 독4•실력 다지기	
Day 23	p.39 듣1•실력 다지기	p.126 06 짝꿍 표현과 고정격식(2)	p.212 실력 다지기	p.248, 282 독3,4•실력 다지기	
Day 24	p.39 듣1•실력 다지기	p.134 실력 다지기	p.212 실력 다지기		p.317 실력 다지기
Day 25	p.55 듣2•02 사물 인터뷰	p.135 실력 다지기	p.213 실력 다지기	p.249 독3•03 맥락으로 고르기 p.283 독4•실력 다지기	
Day 26	p.62 듣2•실력 다지기	p.136 07 특수구문(1)		p.284 독4•실력 다지기	
Day 27	p.63 듣2•실력 다지기	p.136 07 특수구문(2)		p.254, 285 독3, 4•실력 다지기	
Day 28	p.63 듣2•실력 다지기	p.142 실력 다지기	p.214 05 짝꿍 표현		p.318 실력 다지기
Day 29	p.40 듣1•04 이야기	p.143 실력 다지기	p.222 실력 다지기	p.286 독4•03 특정 어휘…	
Day 30	p.44 듣1•실력 다지기	p.144 08 뉘앙스	p.222 실력 다지기	p.295 독4•실력 다지기	
Day 31	p.71 듣3•02 논설문	p.147 실력 다지기		p.255, 296 독3, 4•실력 다지기	
Day 32	p.77 듣3•실력 다지기	p.148 실력 다지기	p.223 실력 다지기		p.319 실력 다지기
Day 33	p.77 듣3•실력 다지기	p.149 09 조동사, 보어, 동태조사		p.297 독4•실력 다지기	
Day 34	p.78 듣3•실력 다지기	p.155 실력 다지기	p.224 06 접속사	p.298 독4•실력 다지기	
Day 35	p.79 듣3•03 이야기	p.156 실력 다지기	p.230 실력 다지기	p.256, 299 독3, 4•실력 다지기	
Day 36	p.84 듣3•실력 다지기	p.157 10 유의어…	p.230 실력 다지기		p.320 실력 다지기
Day 37	p.85 듣3•실력 다지기	p.162 실력 다지기		p.257, 300 독3, 4•실력 다지기	
Day 38	p.85 듣3•실력 다지기	p.163 실력 다지기	p.231 실력 다지기	p.301 독4•실력 다지기	
Day 39	| 실전 모의고사 | p.333 Mini 모의고사 2 (총점:)				
Day 40	* 받아쓰기 노트(PDF)로 듣기 영역 복습하기				

* 필수단어장, 필수표현집에 정리된 내용은 매일매일 암기하세요!
* 받아쓰기 노트(PDF) 다운로드, 온라인단어장(DVBOOK)은 다락원 홈페이지에서 이용하실 수 있어요!

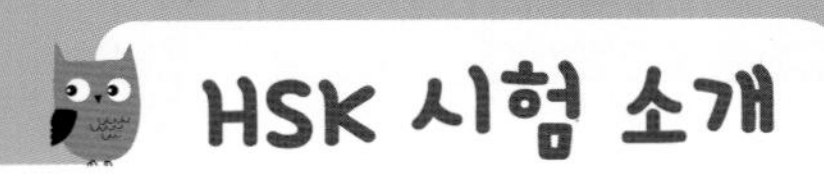

HSK 시험 소개

'Hànyǔ Shuǐpíng Kǎoshì'의 한어병음 이니셜을 딴 국제 한어능력표준화 수평고시로서, 중국어가 제1언어가 아닌 사람이 생활·학습·업무 중에 운용할 수 있는 중국어 능력을 평가하는 데 중점을 두고 있습니다. 듣기·독해·쓰기 능력평가 시험으로 1급~6급으로 나뉘며, 급수별로 각각 실시된다.

❶ 시험 방식 및 종류

- ▶ PBT(Paper-Based Test) : 종이 시험지와 OMR답안지로 진행하는 지필 시험
- ▶ IBT(Internet-Based Test) : 컴퓨터로 진행하는 시험

※ PBT와 IBT는 시험 효력 등이 동일 / HSK성적은 시험일로부터 2년간 유효

등급	어휘량
HSK 6급	5,000단어 이상(6급 2,500개+1~5급 2,500개)
HSK 5급	2,500단어 이상(5급 1,300개+4급 1,200개)
HSK 4급	1,200단어 이상(4급 600개+1~3급 600개)
HSK 3급	600단어 이상(3급 300개+1~2급 300개)
HSK 2급	300단어 이상(1급 150개+2급 150개)
HSK 1급	150단어 이상

❷ 용도

- ▶ 국내외 대학(원) 및 특목고 입학·졸업 시 평가 기준
- ▶ 중국정부장학생 선발 기준
- ▶ 각급 업체 및 기관의 채용·승진을 위한 평가 기준

❸ 시험 접수

HSK는 평균 1개월에 1~2회 시험이 주최되나, 정확한 일정은 HSK 한국사무국 홈페이지(www.hsk.or.kr)에 게시된 일정을 참고하세요. 접수 완료 후에는 '응시등급, 시험일자, 시험장소, 시험방법(예: HSK PBT→HSK IBT)' 변경이 불가합니다.

인터넷 접수	HSK 한국사무국 홈페이지에 접속하여 접수(사진 파일 必) 홈페이지 주소: www.hsk.or.kr
우편 접수	구비 서류를 준비하여 등기 발송하여 접수 구비 서류 사진을 부착한 응시원서, 별도 사진 1장, 응시비 입금영수증 보낼 주소 (06336) 서울특별시 강남구 강남우체국 사서함 115호 〈HSK 한국사무국〉
방문 접수	구비 서류를 지참하여 접수처를 방문하여 접수 구비 서류 응시원서, 사진 3장, 응시비 접수처 서울 강남구 테헤란로5길 24(역삼동635-17) 장연빌딩 2층 〈서울공자아카데미〉 접수 가능 시간 평일 오전 9시 30분~12시, 오후 1시~5시 30분 / 토요일 오전 9시 30분~12시

* PBT 준비물: 수험표 / 신분증 / 2B 연필 / 지우개

④ 성적 조회 및 수령 방법

▶ **성적 조회:** PBT 성적은 시험일로부터 1개월, IBT 성적은 시험일로부터 2주 후 중국고시센터(바로가기)에서 성적 조회를 할 수 있습니다.

▶ **성적표 수령:** HSK 성적표는 '시험일로부터 45일 후' 접수 시 선택한 방법(우편 또는 방문)으로 수령 가능합니다.

▶ **성적 유효기간:** HSK성적은 시험일로부터 2년간 유효합니다.

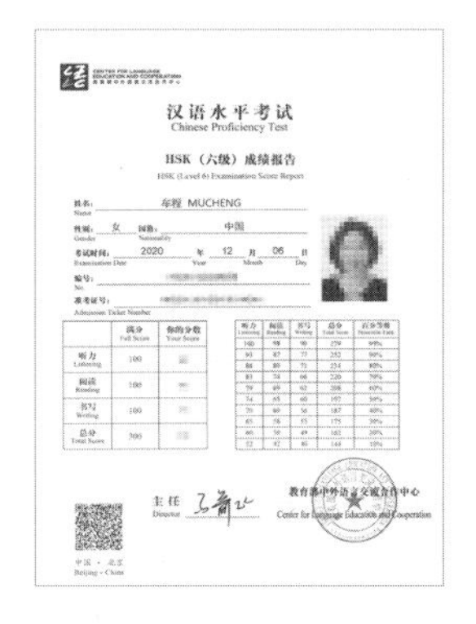
汉语水平考试
Chinese Proficiency Test
HSK（六级）成绩报告
姓名: 牟程 MUCHENG
2020 年 12 月 06 日
满分 Full Score
听力 Listening 100
阅读 Reading 100
书写 Writing 100
总分 Total Score 300
主任 Director
Center for Language Education and Cooperation
中国 · 北京 Beijing · China

HSK 6급 소개

❶ 시험 응시 대상

HSK 6급은 5,000개 이상의 상용어휘와 관련 어법 지식을 마스터한 학습자를 대상으로 합니다.

❷ 시험 구성 및 시간 배분

▶ HSK 6급은 듣기, 독해, 쓰기 영역으로 총 세 과목입니다.

▶ 각 영역별 만점은 100점으로 총점이 180점 이상이면 합격입니다.

▶ 합계 101문항을 풀게 되며, 총 소요 시간은 135분 가량입니다.

▶ 듣기 영역에 대한 답안은 **듣기 시험 시간 종료 후 주어지는 시간(5분) 안에 답안지에 마킹하고, 독해와 쓰기 영역은 별도의 답안지 작성 시간이 주어지지 않으므로, 해당 영역 시간에 바로 답안지에 작성해야 합니다.**

시험 과목	문제 형식	문항 수		시험 시간	점수
듣기 (听力)	**제1부분** | 단문 듣고 일치하는 내용 고르기	15	50	약 35분	100점
	제2부분 | 인터뷰 듣고 질문에 답하기	15			
	제3부분 | 단문 듣고 3~4개 질문에 답하기	20			
듣기 영역 답안 마킹				5분	
독해 (阅读)	**제1부분** | 오류가 있는 문장 고르기	10	50	50분	100점
	제2부분 | 빈칸에 알맞은 단어 고르기	10			
	제3부분 | 빈칸에 알맞은 문장 고르기	10			
	제4부분 | 장문을 읽고 4개 질문에 답하기	20			
쓰기 (书写)	한 편의 글을 읽고 요약하기	1		45분 (10분 읽기, 35분 쓰기)	100점
합계		101문항		약 135분	300점 만점

* 총점이 180점 이상이면 합격

HSK 6급 공략법

듣기

	제1부분	제2부분	제3부분
미리보기	一、听 力 第一部分 第1~15题：请选出与所听内容一致的一项。 1. A 在特别困的时候，孩子就打呼噜 B 打呼噜是睡得香的一种表现 C 父母应及早纠正孩子经常打呼噜的现象 D 打呼噜与睡眠呼吸暂停综合症有关系 2. A 经济学家一直没说话 B 经济学家一直在跑 6. A 守园的管理员带狗追上孩子 B 孩子的爸爸只是闹着玩的 C 原来孩子的爸爸认识守园的管理员 D 龙生龙，凤生凤，老鼠生子会打洞 7. A 面试时间不超过三分钟 B 殷勤不利于被录取 C 面试时的第一印象很重要 D 大方得体是最重要条件	第二部分 第16~30题：请选出正确答案。 16. A 三种 B 四种 C 五种 D 六种 17. A 解渴消暑 B 增加食欲 C 护肤养颜 D 提高睡眠质量 18. A 饭前饮用 B 空腹饮用 21. A 参与体验 B 快乐第一 C 发展经济 D 主题鲜明 22. A 北京是中国的首都 B 北京招商环境软硬兼备 C 北京是人口流动量最大的 D 北京有很多传统文化的旅游景点 23. A 主题活动 B 景观	第三部分 第31~50题：请选出正确答案。 31. A 人际关系 B 个人性格 C 工作环境 D 各种压力 32. A 依赖 B 谨慎 C 拒绝 D 矛盾 33. A 发展很快 B 不被认可 37. A 丈夫 B 女儿 C 妻子 D 老师 38. A 想把爸爸逗乐 B 想为爸爸做点事 C 要给父亲增光 D 要为孝敬父母 39. A 太长了 B 太短了
문제 형식	단문 듣고 일치하는 내용 고르기	인터뷰 듣고 질문에 답하기	단문 듣고 3~4개 질문에 답하기
시험 목적	녹음의 전체 내용을 파악하고 정보를 종합하는 능력 테스트	대화가 이루어지는 배경, 시간, 상황 등을 파악하는 능력 테스트	녹음의 주제 및 세부적인 정보를 파악하는 능력 테스트
문항 수	15문항	15문항	20문항
시험 시간	약 35분		

풀이 비법

보기를 먼저 파악하자!

녹음을 듣기 전에 보기를 먼저 파악하는 것은 듣기 영역에서 가장 기본이다. 보기를 통해서 미리 '무엇'을 집중해서 들어야 하는지 파악하자.

녹음의 시작과 끝에 주의해라!

녹음의 중심 내용은 주로 맨 앞 또는 맨 뒤에 나온다. 특히 이야기 형식의 녹음은 마지막에 내용이 반전되거나 주제가 나오는 경우가 많으므로, 끝까지 집중해서 들어야 한다.

질문과 대답에 주목해라!

듣기 제2부분 인터뷰 녹음의 경우 '진행자의 질문-인터뷰 대상자의 대답'이 반복해서 나온다. 진행자의 질문이 문제로 이어지는 경우가 많으니, 질문과 대답에 주목해야 한다.

보기에서 눈을 떼지 말자!

하나의 녹음에 딸린 여러 개의 문제는 일반적으로 녹음에 언급되는 순서대로 출제되는 경우가 많으므로, 보기를 보면서 녹음을 끝까지 집중해서 듣는 것이 중요하다.

듣기 영역 출제 비율

제1부분	
일상생활	30%
자연과학	20%
태도와 철학	20%
중국 이해	15%
이야기	15%

제2부분	
인물 인터뷰	
▸ 문화예술인	30%
▸ 스포츠인	20%
▸ 전문가	10%
사물 인터뷰	
▸ 전통예술(품)	10%
▸ IT기술	15%
▸ 창업/기업	15%

제3부분	
설명문	40%
논설문	30%
이야기	30%

	제1부분	제2부분	제3부분	제4부분
미리보기	二、阅读 第一部分 第51~60题：请选出有语病的一项。 51. A 天凉了，你要穿多点衣服，免得着凉。 B 只要有希望，快乐就一定会在我们身旁。 C 昨天睡得很晚，所以第二天10点多我才醒来。 D 为防止在野外活动中迷路，你必须掌握定位和测向方法。 52. A 春天是北京一年中最美好的季节。 B 他是一位有着40多年教龄的老教师。 C 万事开头难，只要开始行动，就算获得了一半的成功。 D 婺源是属于南宋著名学者朱熹的故里和中国铁路之父詹天佑的家乡。 53. A 草原上的天气变幻莫测，刚刚还是晴空万里，转眼间便乌云密布了。 B 快乐有助于长寿，吃酸味食物有助于增加食欲，午餐有助于提高工作效率。 C 有些笔记本电脑设计得很小巧，甚至可以放一个很薄的文件袋里。 D 重新认识农业，开拓农业新的领域，已成为当今世界农业发展的新趋势。 54. A 兰州大学作为一所重点大学，屹立在祖国的西部。	第二部分 第61~70题：选词填空。 61. 椰子树、棕榈树是亚热带地区的常见植物，算不上_____，但它们好像一对_____的伴侣，凡是有椰子树的地方，就一定看得到棕榈树，弄得很多北方人一直_____不开它们。 A 富贵 不分彼此 辨析 B 名贵 形影不离 区分 C 宝贵 名副其实 区别 D 昂贵 似是而非 辨别 62. 据中央气象台消息，目前有一股强冷空气正在东移南下，_____未来5天将影响中国北方地区，并带来大范围的降水和降温天气。在此_____，北方大部分地区的气温会下降8~10度，这种天气将一直_____到下周。 A 预报 时间 继续 B 预计 期间 持续 C 估计 时刻 延续 D 预测 时候 坚持 63. 我们要学会_____自己的心情，而不是让别人决定你的心情，要_____自己对别人坏情绪的"免疫力"，只有这样才能每天_____一份好心情。	第三部分 第71~80题：选句填空。 71~75. 1911年4月，利比里亚商人哈桑在挪威买了12000吨鲜鱼，运回利比里亚首府后，一过秤，鱼竟一下少了47吨！哈桑回想购鱼时他是亲眼看着鱼老板过秤的，一点儿也没少秤啊，(71)__________，无人动过鱼，那么这47吨鱼的重量上哪儿去了呢？哈桑百思不得其解。 后来，这桩奇案终于大白于天下。(72)__________，地球重力是指地心引力与地球离心力的合力。地球的重力值会随地球纬度的增加而增加，赤道处最小，两极最大，同一个物体若在两极重190公斤，拿到赤道，就会减少1公斤。挪威所处纬度高，靠近北极；利比里亚的纬度低，靠近赤道，(73)__________，哈桑的鱼丢失了分量，就是因不同地区的重力造成的。 (74)__________，也为1981年墨西哥奥运会连破多项世界纪录这一奇迹找到了答案。墨西哥城在北纬不到20度，海拔2240米处，(75)__________，正因地心引力相对较小，运动健儿们奇迹般地一举打破了男子100米、200米、400米、4×400接力赛、男子跳远和三级跳远等项世界纪录，1981年也因此成为奥运会史上的最辉煌的年代之一。 A 地球重力的地区差异 B 比一般城市远离地心1500米以上	第四部分 第81~100题：请选出正确答案。 81~84. 有个古老的故事，故事说的是，有一个葡萄园，四面是很高的围墙，一只老狐狸好想吃葡萄园里的葡萄，它在四周仔细地寻找入口，可是，找了好多天也没找到，狐狸每想起葡萄园里的葡萄就垂涎三尺。 它找啊找呀，工夫不负有心人，有一天它终于找到了一个通往葡萄园里的洞口，可那个洞口太小了，老狐狸无法进去。老狐狸为了吃到葡萄，牙一咬做了个重大决定：它决定绝食三天把自己瘦下来，再进去！老狐狸如愿以偿，然而，葡萄园里的葡萄真的是世界上最好吃的葡萄，一旦进去，老狐狸就把自己怎么进来的忘了个精光。 它美美地足足地吃了三天，结果又把自己吃的肥了，这回是出不去了。无奈，老狐狸痛定思痛，只好再绝食三天，再瘦得跟进去时一样，才从洞里爬出来。 年轻的狐狸认为老狐狸的做法是值得肯定的，生命的价值在于体验，得到和失去并不重要，人的一生就是在一次次进去一次次地出来，在这不同的进去和出来中体味人生完成人生。 还有的狐狸认为，老狐狸是愚蠢的，认为生命的价值在于追求一种终极的理想和目标，做任何事情都要考虑达到什么目的，如果进去前与出来后是一样的，那就不该进去了，因为像那只老狐狸那样，只是白白浪费了六天的生命，而许多人，一生的全部生命就在那种进去与出来中浪费掉了，他们得到的只是脸上的皱纹，头上的白发和衰老的生命力。
문제 형식	오류가 있는 문장 고르기	빈칸에 알맞은 단어 고르기	빈칸에 알맞은 문장 고르기	장문을 읽고 4~5개 질문에 답하기
시험 목적	어법 이해 능력 테스트	문맥을 파악하고 유의어를 구분하는 능력 테스트	문맥을 파악하는 능력 테스트	글의 주제 및 세부적인 정보를 파악하는 능력 테스트
문항 수	10문항	10문항	10문항	20문항
시험 시간	약 10~12분	약 10~12분	약 5~7분	약 15~18분
	50분			

풀이 비법

제1부분 어법적으로 접근해라!

시험에 자주 출제되는 접속사, 특수구문(把자문, 被자문, 비교문, 강조 구문 등)의 기본 어순을 기억하고, 기본 어순에 근거하여 주어, 목적어, 부사어의 위치 오류가 있는지 확인하자!

제2부분 시험에 자주 출제되는 조합을 기억해라!

빈칸 앞뒤 어휘를 이해하고, 주어-술어, 술어-목적어, 부사어-술어 조합을 찾아 보자! 빈칸에 어울리지 않는 어휘를 하나하나 지워가다 보면 가장 어울리는 조합을 찾을 수 있다.

제3부분 글의 흐름을 이해하자!

빈칸 앞뒤 문장의 흐름을 이해하고, 힌트를 찾아서 제일 어울리는 문장을 찾아야 한다.

제4부분 질문과 보기를 먼저 파악하자!

질문과 보기를 먼저 파악해서 지문의 내용을 미리 파악하자! 질문과 보기를 먼저 읽으면 내가 어떤 내용을 중점적으로 봐야 하는지 알 수 있다.

독해 영역 출제 비율

제1부분	
기본 어순	15%
문장성분의 결여와 남용	20%
접속사, 부사, 강조 구문	10%
짝꿍 표현, 고정격식	10%
특수구문	18%
조동사, 보어, 동태조사	17%
기타	10%

제2부분	
고정격식	25%
동사, 양사, 부사	10%
성어	10%
유의어	15%
짝꿍 표현	23%
접속사	17%

제3부분	
접속사와 부사로 고르기	40%
문장성분으로 고르기	25%
맥락으로 고르기	35%

제4부분	
세부 내용 파악하기	50%
주제 파악하기	30%
특정 어휘의 의미 파악하기	20%

쓰기

	쓰기
미리보기	三、书写 第101题：缩写。 (1) 仔细阅读下面这篇文章，时间为10分钟，阅读时不能抄写、记录。 (2) 10分钟后，监考收回阅读材料，请你将这篇文章缩写成一篇短文，时间为35分钟。 (3) 标题自拟，只需复述文章内容，不需加入自己的观点。 (4) 字数为400左右。 (5) 请把作文直接写在答题卡上。 有位刚刚退休的资深医生，医术非常高明，许多年轻的医生都前来求教，要求投靠在他门下。资深医生最终选了其中一位年轻的医生，帮忙看诊，两人以师徒相称。应诊时，年轻医生成为得力助手，资深医生理所当然是年轻医生的导师。由于两人合作无间，诊所的病患者与日俱增，诊所声名远播。为了分担门诊时越来越多的工作量，避免患者等得太久，医生师徒决定分开看诊。 病情比较轻微的患者，由年轻医生诊断；病情较严重的，由师父出马。实行一
문제 형식	한 편의 글을 읽고 요약하기
시험 목적	글을 빠르고 정확하게 읽고 요약하여, 어법에 맞게 작문하는 능력 테스트
문항 수	1문항
시험 시간	45분

풀이 비법

지문을 읽는 시간, 10분을 잘 활용하자!

지문을 읽는 10분 동안 '속독–정독–암기'를 잘 배분해야 한다. 6분 동안 속독과 정독으로 전체 내용을 파악하고, 4분간은 써야 할 내용과 쓰지 않아도 되는 내용을 결정해 암기하자!

자신의 견해나 감정은 OUT!

글을 요약한다는 것은 말 그대로 주어진 내용을 간단하게 다시 쓰는 것이다. 따라서 글의 중심 내용에 집중해 써야지, 자신의 견해나 감정을 써서는 안 된다.

묘사는 과감히 생략하고, 핵심 내용에 집중하자!

글자 수가 제한되어 있고, 우리가 암기할 수 있는 내용 역시 한정적이므로, 상황 묘사, 인물 묘사는 과감히 생략하고, 시간·장소·인물·사건·원인·결과 등 이야기의 핵심 내용 위주로 요약해서 써야 한다.

틀린 글자가 없어야 한다!

글자가 틀려도 감점의 요인이 되기 때문에 정확하게 써야 한다. 평소 잘 알고 있는 글자라도 시험에서는 틀리기 쉬우니 다 쓰고 나서 다시 한번 검토하는 것이 좋다.

쓰기 영역 출제 비율

쓰기	
옛날 이야기	20%
고사성어	15%
성공 실화	40%
일상생활	25%

일러두기

01 이 책에 나오는 인명, 지명은 중국어 발음을 한국어로 표기했습니다.

예 小明 샤오밍　　上海 상하이

02 품사는 다음과 같은 약어로 표기했습니다.

품사	약자	품사	약자	품사	약자
명사/고유명사	명 / 고유	부사	부	접속사	접
대사	대	수사	수	감탄사	감
동사	동	양사	양	조사	조
조동사	조동	수량사	수량	의성사	의성
형용사	형	개사	개	성어	성

03 본서·해설서 문제 해설 아래에는 HSK 5급 이상 단어들만 정리했습니다. (일부 HSK 1~4급 단어도 포함) 그중에서도 HSK 6급 단어에는 ★ 을 표기했습니다.

04 본서 내공쌓기에 정리된 내용 중, 특히 중요한 부분에는 ✨ 을 표기했습니다.

05 독해 영역 실력 다지기 지문도 음원으로 제공합니다. 트랙명은 해설서에서 확인하실 수 있습니다.

06 필수단어장에서 배경색이 칠해진 단어는 빈출 단어입니다.

예 表示 biǎoshì 동 나타내다, 표시하다

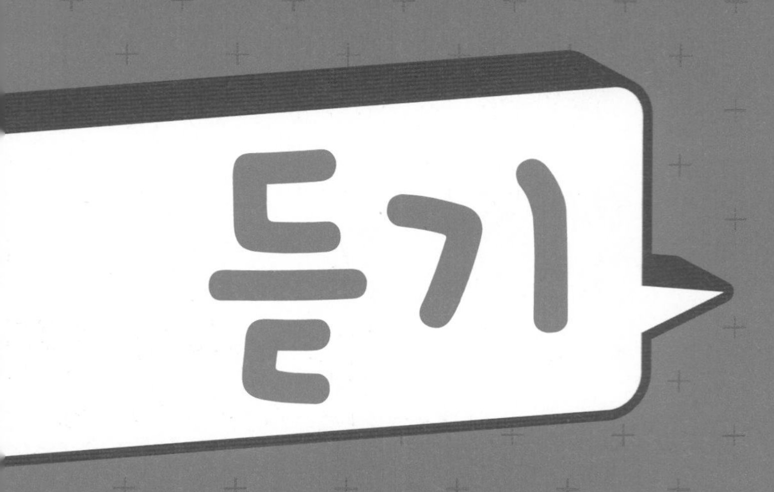

제1부분 단문 듣고 일치하는 내용 고르기 [15문항]

제2부분 인터뷰 듣고 질문에 답하기 [15문항]

제3부분 단문 듣고 3~4개 질문에 답하기 [20문항]

저자직강

출제 경향

제1부분

따로 질문이 있는 유형이 아니라 녹음을 듣고 바로 답을 찾아야 하므로, 세부적인 내용이 답이 되거나 화자의 견해·주장이 답이 되는 경우가 많다. 또한 중국·자연과학 관련 내용은 사실에 입각해 출제되는 경우가 많기 때문에, 배경지식이 있다면 답을 좀 더 쉽게 찾을 수 있다. 최근 시험에는 중국의 이해· IT 관련 문제의 비중이 점점 높아지고 있는 추세이다.

제2부분

- **인물**: 문화예술인, 스포츠인, 기타 전문가를 인터뷰한 내용을 다룬다. 이 중 '문화예술인'의 출제 비중이 50% 이상으로 가장 높다.
- **사물**: 특별히 어떤 분야에 치우쳐서 나오지는 않으며, 최근에는 중국에서 떠오르는 핫이슈나 문화적으로 자랑할 만한 주제로 대화가 진행된다.

제3부분

과학·자연·사회·IT 기술·문화와 관련된 내용을 다루는 '설명문', 교육·직장과 관련된 내용을 다루는 '논설문', '이야기' 유형으로 나눌 수 있다. 녹음이 길고 딸린 문항 수가 많으니, 반드시 보기를 먼저 읽어서 녹음의 주제를 파악하고, 질문을 짐작해 두어야 한다. 설명문 유형 녹음에는 특히 고난도 어휘, 전문 용어가 많이 등장하여 체감 난도가 높다.

실전! 풀이 비법 한눈에 보기

"녹음을 듣기 전, 보기에서 핵심 어휘 찾기"

第一部分

순간적인 집중력을 요구하는 파트이며 문제의 난도가 높지 않다.

1. A 铁人三项是奥运会比赛项目
   (B) 铁人三项对体能要求极高
   C 铁人三项由两人协作完成
   D 铁人三项都是田径项目

녹음을 듣기 전에 보기에 반복 등장하는 '핵심 어휘'를 체크하자.

2. (A) 雾虹中的水滴很小
   B 雾虹会反射出七种颜色
   C 雾虹极为罕见
   D 雾虹的成因难以解释

모르는 글자는 이미지화 시켜라. 雾虹(무홍)→A

3. A 要正确做出选择
   B 要处理好与同事的关系
   C 凡事不能太过着急
   (D) 在磨难面前要坚强

'주제문'이 보기인 것을 보니 태도, 철학 관련 녹음일 확률이 높다.

당위를 나타내는 어휘 '应该/该/得/必须/无需/要(~해야 한다)' 뒤에 핵심 내용이 많이 나온다.

4. A 春节气氛越来越淡
   B 节日带动了爆竹的销量
   C 节日出行需上网买票
   (D) 庆祝春节的方式日趋多样化

5. A 法官很聪明
   (B) 法官让证人讲述亲眼见到的事
   C 证人说谎了
   D 证人不知道自己的生日

등장인물의 행동과 특징에 집중하자.

각 보기의 키워드를 '누가' 언급하는지도 확인해야 한다.

…(중략)…

1.
铁人三项比赛是由公路长跑、公路自行车、天然水域游泳三个项目组成的，且属于新兴综合性运动竞赛项目。参加比赛的运动员需要一鼓作气赛完全程，这对运动员的速度、技巧以及体能都是巨大的挑战。

마지막 문장이 답인 경우가 많다.

2.
雨过天晴时，天空经常会出现七色的彩虹。那你听说过白色彩虹吗？这种彩虹又叫雾虹，看上去好像一扇拱形的门。因为雾虹中的水滴非常小，不能像七色彩虹里的水滴一样反射出光，所以我们只能看到白色。

'因为(왜냐하면)/因此/所以(그래서), 不是A而是B(A가 아니고 B이다)' 등 접속사 뒷부분이 답인 경우가 많다.

3.
人的一生中遇到磨难是难以避免的。因此，人们无需对所有的困难与痛苦都过于敏感。有时，你会发现，精神和心理上的"无动于衷"与"坚强"才是人们对抗磨难最"有利"的武器。

4.
随着人们环保意识的提高，很多人在春节时已经不再燃放烟花爆竹，而是选择更现代的方式来庆祝新年。例如：外出旅行、与亲友聚餐等形式，而节日的氛围也依旧十分浓厚。

비슷한 표현을 익히자!
亲眼所见(직접 눈으로 본 것이다)
→ 亲眼见到(직접 봤다)

5.
在法庭上，一个法官对证人说："我要先告诉你，你只可以说你亲眼所见的，不能说从别人那里听到的。现在，我来问你个问题：你是什么时候出生的？"证人十分惊慌地回答："哎，法官，我可不能说，这是我听别人讲了才知道的啊！"

…(중략)…

정답 및 해설 → 본서 p. 19 / 20 / 26 / 32 / 40

"녹음이 재생되기 전, 보기를 통해 녹음 유형을 파악하고,
핵심 키워드 및 세부 내용을 체크하자"

第二部分

16. **A** 爱上阅读
    B 崇拜作者
    C 去故宫看怪兽
    D 拜访住在皇城根的老人

보기를 통해 '인터뷰 주제'를 추측하자.

17. **A** 画出了怪兽的样子
    B 展示了故宫的布局
    C 描绘了宫殿的雄伟
    D 标出了故事发生的位置

…(중략)…

'希望(희망하다), 重要(중요하다), 主要(주로), 原因(원인)' 뒤에 핵심 내용이 많이 나온다.

第16到20题是根据下面一段采访：

男：与您之前的作品相比《故宫里的大怪兽》系列在哪方面更具有特色呢？[16] 您最希望小读者从作品中领悟到什么呢？

女：我以往的作品多是以学校为背景的，而这次则是以故宫为背景，挖掘了不少关于传统文化与中国神话的内容。[16] 我希望阅读完这套丛书的孩子，会产生去故宫看一下那些怪兽的想法，那些都是古人留给我们的，且充满想象力的杰作。[17] 因此我在每一本书的首页都附上了"怪兽地图"，标志出了故事发生的地点。

…(중략)…

접속사 뒤에 중심 내용이 많이 나온다.

16 女的希望读完这套书的孩子会产生怎样的想法？
17 关于书中的"怪兽地图"，可以知道什么？
18 这套书涉及了哪方面的内容？
19 关于女的，下列哪项正确？
20 女的如何看待中国的儿童文学翻译行业？

…(중략)…

인터뷰 문제는 대부분 들리는 순서대로 풀린다.

第三部分

31. **A** 喷射范围很窄
    B 会在地面上挥发
    C 喷射路线可避开
    D 喷出以后瞬间化成粉末

32. **A** 向顺风处逃
    B 戴护目镜
    C 蹲下抱头
    D 在水中憋气半分钟

모르는 어휘는 이미지화 시키자.(憋气 답답하다 →A) 모르는 것에 집착하지 말고, 아는 것에 집중하자.

…(중략)…

第31到33题是根据下面一段话：

火山爆发算得上是自然界里最有威力的现象之一。可如果遇到火山爆发，我们应怎么逃生呢？一是应对熔岩产生的危害。[31] 熔岩流对生命的威胁比较小，原因是人们能够避开熔岩流的路线。…(중략)… 若周围没有坚固的地下建筑物，则可跳进水里，屏住呼吸约半分钟，等到球状物滚过去后再离开水面。[33] 需要记住的是火山在喷发之前一般会伴随着某些现象，如很大的隆隆声、从火山上冒出的缕缕蒸气或是刺激性的酸雨，以及江河里的硫黄气味，这些都是警告信号。开车逃离的时候需要注意的是，火山灰会让路面打滑，此最好别走峡谷路线，原因是那里易有火山泥流经过。

31 熔岩流对生命威胁最小的原因是什么？
32 在附近没有建筑物的时候，可以如何应对气体球状物危害？
33 根据这段话，下列哪项正确？

…(중략)…

정답 및 해설 → 본서 p. 46 / 64

듣기 공부 비법

듣기 영역 시험 시간 약 35분

평소에 녹음을 많이 들어 중국어 발음에 익숙해져야 하며, 무작정 어휘를 외우는 것이 아니라 어휘와 녹음을 함께 들으면서 중요 구문을 외우는 것이 듣기 실력을 높이는 데 도움이 된다.

01 일상생활/자연과학

STEP 1 유형 파악하기

✖ 다양한 주제들이 광범위하게 등장한다. 건강이나 생활 방면의 조언처럼 '친숙한 내용'에서부터 경제, 사회, 문화 방면의 이슈나 연구, 특정 동물·식물이나 자연현상에 대해 설명하는 '생소한 내용'까지, 골고루 출제된다.

▶ 출제경향

1 최신 이슈/연구 내용

다양한 방면의 최신 이슈, 특히 로봇·인공지능 관련 내용이 최근 전 영역에 걸쳐 많이 출제되고 있다. 연구 내용에 대한 글도 많이 출제되는데, 대개 녹음 초반에 '研究指出(연구에 따르면)'라는 표현이 등장하고, 연구 결과가 답이 되는 형식으로 출제된다.

2 동물·식물/자연현상

동물·식물 관련 문제는 특정 동물이나 식물의 생김새나 서식지, 생물적 특징 등을 주로 이야기한다. 빈출 동물·식물의 명칭 정도는 공부할 필요가 있다. 자연현상 관련 문제는 지구·우주·물질 등 자연현상의 개념 및 특징, 원리 등을 설명하며, 연구 결과를 전달하는 내용으로 주로 출제된다.

▶ 문제풀이 비법

1 녹음을 듣기 전에 보기에 반복 등장하는 '핵심 어휘'를 체크하자.

미리 '핵심 어휘'를 체크해 두고 그와 관련된 세부 특징에 집중해 녹음을 들으면 주제가 생소해서 못 알아듣는 내용이 많더라도 정답을 찾을 수 있다.

2 고유명사/전문 용어에 대한 두려움을 버리자. 단어의 속성이 드러나는 글자에서 힌트를 얻자.

고유명사/전문 용어를 정확히 해석할 필요가 전혀 없다. 단어의 속성이 드러나는 '글자'에서 힌트를 얻는 것만으로도 문제를 풀기에는 충분하다. [예: 河马 하마, 啄木鸟 딱따구리, 鸽子花 제비꽃, 纺锤树 병나무]

제1부분 예제1 track 01

1 **A** 铁人三项是奥运会比赛项目　**B** 铁人三项对体能要求极高
C 铁人三项由两人协作完成　**D** 铁人三项都是田径项目

정답&풀이

STEP 1 녹음을 듣기 전, 보기에서 핵심 어휘 찾기

◆ '铁人三项(철인3종경기)'이 보기에 반복 등장하는 것을 보아, 이것에 대해서 설명하겠구나.

◆ 각 보기의 세부 내용도 확인해야지!

A 奥运会比赛项目 | **B** 对体能要求极高 | **C** 由两人协作完成 | **D** 都是田径项目

铁人三项比赛是由公路长跑、公路自行车、天然水域游泳三个项目组成的，且属于新兴综合性运动竞赛项目。参加比赛的运动员需要一鼓作气赛完全程，这对运动员的速度、技巧以及体能都是巨大的挑战。

A 铁人三项是奥运会比赛项目
B 铁人三项对体能要求极高
C 铁人三项由两人协作完成
D 铁人三项都是田径项目

철인3종경기는 도로 장거리 달리기, 도로 자전거, 천연 수역 수영이라는 세 가지 종목으로 구성된 것으로, 새로운 종합 운동경기 종목에 속한다. 경기에 참가하는 선수는 단숨에 전 코스를 완주해야 한다. 이는 선수의 스피드와 테크닉 및 체능에 있어 큰 도전이다.

A 철인3종경기는 올림픽 경기 종목이다
B 철인3종경기는 체능에 대한 요구치가 매우 높다
C 철인3종경기는 두 사람이 협력하여 완성한다
D 철인3종경기는 모두 육상 종목이다

STEP 2 보기의 세부 내용을 녹음과 대조하며 듣기

1 B [对……体能都是巨大的挑战 ~체능에 있어 큰 도전이다] '体能(체능)'에 큰 도전이라는 말은 요구가 높다는 뜻이다. 소거법으로 정답 후보를 좁히면서 들으면, 더욱 쉽게 답을 찾을 수 있다는 점을 항상 명심하자.

A 铁人三项是奥运会比赛项目 → 언급되지 않았어.

B 铁人三项对体能要求极高 → 마지막에 언급된 내용과 의미가 통하는 내용이야.

C 铁人三项由两人协作完成 → 언급되지 않았어.

D 铁人三项都是田径项目 → '수영' 종목이 포함되어 있기 때문에, 모두 육상 종목이라는 설명은 틀렸지.

铁人三项比赛 tiěrén sānxiàng bǐsài 철인3종경기 | **由** yóu 개 ~로 [由A组成: A로 구성되다] | **公路** gōnglù 명 도로, 고속도로 | **长跑** chángpǎo 명 장거리 달리기 | **天然** tiānrán 형 천연의, 자연의 | **水域** shuǐyù 명 수역 | **项目** xiàngmù 명 종목, 항목 | **组成** zǔchéng 동 구성하다 | **属于** shǔyú 동 ~에 속하다 | **新兴** xīnxīng 형 신흥의 | **综合** zōnghé 동 종합하다 | ★**竞赛** jìngsài 명 경기, 시합 | **运动员** yùndòngyuán 명 운동선수 | **一鼓作气** yìgǔ zuòqì 성 단숨에 해치우다 | **全程** quánchéng 명 전체 과정 | **技巧** jìqiǎo 명 테크닉, 기교 | **以及** yǐjí 접 및, 그리고 | **体能** tǐnéng 명 체능 [신체의 운동 능력] | **巨大** jùdà 형 아주 크다 | **挑战** tiǎozhàn 명 도전 | **奥运会** Àoyùnhuì 고유 올림픽 | **协作** xiézuò 동 협력하다 | **田径** tiánjìng 명 육상

제1부분 예제2 track 02

2 A 雾虹中的水滴很小　　B 雾虹会反射出七种颜色
C 雾虹极为罕见　　D 雾虹的成因难以解释

STEP 1 녹음을 듣기 전, 보기에서 핵심 어휘 찾기

- 보기에 '雾虹'이 반복해서 나오는 걸로 보아 이것에 대해서 설명하겠구나. 아마도 '雾虹'은 '안개(雾)+무지개(彩虹)'와 관련한 내용이겠지. 발음은 'wuhong'일 테고. 이게 정확히 무슨 뜻인지는 더 생각할 필요 없어. 고유명사/전문 용어에 집착을 버리자!
- 각 보기의 세부 내용도 확인해야지!

A 水滴很小 | B 七种颜色 | C 罕见 | D 成因难以解释

雨过天晴时，天空经常会出现七色的彩虹。那你听说过白色彩虹吗？这种彩虹又叫雾虹，看上去好像一扇拱形的门。因为雾虹中的水滴非常小，不能像七色彩虹里的水滴一样反射出七种颜色，所以人只能看到白色。

비가 그치고 날이 맑아질 때, 하늘에는 일곱 가지 색의 무지개가 자주 뜬다. 그렇다면 당신은 흰색 무지개를 들어 본 적이 있는가? 이러한 무지개는 '무홍[雾虹]'이라고도 부르는데, (이것은) 하나의 아치형 문처럼 보인다. 무홍 속 물방울은 매우 작기 때문에, 일곱 가지 색깔의 무지개 속 물방울처럼 일곱 가지 색을 반사해 낼 수 없어서 사람은 흰색만 볼 수 있는 것이다.

A 雾虹中的水滴很小	A 무홍 속 물방울은 작다
B 雾虹会反射出七种颜色	B 무홍은 일곱 가지 색을 반사할 수 있다
C 雾虹极为罕见	C 무홍은 매우 보기 드물다
D 雾虹的成因难以解释	D 무홍의 형성 원인은 설명하기 어렵다

STEP 2 보기의 세부 내용을 녹음과 대조하며 듣기

2 A [雾虹中的水滴非常小 무홍 속 물방울은 매우 작다] 보기 A가 녹음에 거의 그대로 언급됐다.

A 雾虹中的水滴很小 → 물방울이 작다고 언급했어.

B 雾虹会反射出七种颜色 → 반사를 못한다고 했으니 답이 아니야.

C 雾虹极为罕见 → 언급되지 않았어.

D 雾虹的成因难以解释 → 일곱 가지 색을 반사할 수 없다고 한 게 무홍의 형성 원인이야.

雨过天晴 yǔguò tiānqíng 비가 그치고 날이 개다 | **天空** tiānkōng 명 하늘 | **彩虹** cǎihóng 명 무지개 | **雾虹** wùhóng 명 무홍, 안개 무지개 | **看上去** kàn shàngqu 보아 하니 | **扇** shàn 양 짝, 틀 | **拱形** gǒngxíng 명 아치 | **水滴** shuǐdī 명 물방울 | **反射** fǎnshè 동 반사하다 | **罕见** hǎnjiàn 형 보기 드물다 | **难以** nányǐ 동 ~하기 어렵다 | **解释** jiěshì 동 설명하다, 해석하다

STEP 2 내공 쌓기

1 일상생활 track 03

사람들의 최근 관심사나 이슈가 시험에도 많이 출제되고 있다. 관련 어휘를 잘 암기하여 녹음의 내용을 정확히 파악하자.

건강과 질병	**疲劳** píláo 형 피로하다, 지치다 | **缓解疲劳** huǎnjiě píláo 피로를 풀다 | **压力** yālì 명 스트레스 | **缓解压力** huǎnjiě yālì 스트레스를 풀다 [≒消除压力 xiāochú yālì] | **新陈代谢** xīnchén dàixiè 명 신진대사 | **血液循环** xuèyè xúnhuán 혈액순환 | **神经** shénjīng 명 신경 | **消化** xiāohuà 동 소화하다 | **消化不良** xiāohuà bùliáng 소화불량 | **恢复** huīfù 동 회복하다, 회복되다 | **增强免疫力** zēngqiáng miǎnyìlì 면역력을 강화하다 | **免疫力低下** miǎnyìlì dīxià 면역력이 떨어지다 | **过敏** guòmǐn 동 (약물이나 외부 자극에) 알레르기 반응을 보이다
	患 huàn 동 병이 들다, 앓다 | **疾病** jíbìng 명 질병 | **导致疾病** dǎozhì jíbìng 질병을 유발하다 | **癌症** áizhèng 명 암 | **抗癌** kàng'ái 동 암을 치료하다 | **艾滋病** àizībìng 명 에이즈 | **老年痴呆症** lǎonián chīdāizhèng 명 알츠하이머병, 치매 | **亚健康** yàjiànkāng 명 [건강한 상태와 질병의 중간 상태, 병은 없지만 몸이 좋지 않은 상태] | **高血压** gāoxuèyā 명 고혈압 | **癔病** yìbìng 명 히스테리 | **抑郁症** yìyùzhèng 명 우울증 | **抑郁** yìyù 형 우울하다, 울적하다 | **焦虑** jiāolǜ 동 마음을 졸이다 | **失眠** shīmián 동 잠을 이루지 못하다 | **心理健康** xīnlǐ jiànkāng 심리 건강 | **精神健康** jīngshén jiànkāng 정신 건강 | **食物中毒** shíwù zhòngdú 명 식중독
	治疗 zhìliáo 동 치료하다 | **食疗** shíliáo 명 식이요법 ['饮食疗法'의 줄임말] | **素食** sùshí 명 채식 | **养生** yǎngshēng 동 보양하다, 양생하다 | **节食** jiéshí 동 음식을 절제하다 ['节制饮食'의 줄임말] | **保健食品** bǎojiàn shípǐn 명 건강식품 | **蛋白质** dànbáizhì 명 단백질 | **维生素** wéishēngsù 명 비타민 | **矿物质** kuàngwùzhì 명 미네랄 | **微量元素** wēiliàng yuánsù 명 미량원소 | **副作用** fùzuòyòng 명 부작용 | **危害健康** wēihài jiànkāng 건강을 해치다 | **咖啡因** kāfēiyīn 명 카페인 | **酒精** jiǔjīng 명 알코올 | **环境激素** huánjìng jīsù 환경호르몬 | **有氧运动** yǒuyǎng yùndòng 명 유산소운동 | **瑜伽** yújiā 명 요가 | **攀岩** pānyán 동 암벽을 등반하다 | **柔韧性** róurènxìng 명 유연성 | **健身** jiànshēn 동 신체를 건강하게 하다, 튼튼하게 하다 | **身体虚弱** shēntǐ xūruò 몸이 허약하다 | **身体健壮** shēntǐ jiànzhuàng 몸이 건장하다 | **身体健康** shēntǐ jiànkāng 신체가 건강하다 | **延缓** yánhuǎn 동 늦추다, 연기하다, 지연시키다 | **延缓衰老** yánhuǎn shuāilǎo 노화를 늦추다 | **抗衰老** kàngshuāilǎo 명 노화 예방 | **活力** huólì 명 활력, 생기

환경 오염	环境污染 huánjìng wūrǎn 명 환경 오염 ǀ 废弃 fèiqì 동 폐기하다 ǀ 废物 fèiwù 명 폐품, 폐기물 ǀ 汽车尾气 qìchē wěiqì 자동차 배기가스 ǀ 温室气体 wēnshì qìtǐ 명 온실가스 ǀ 排放温室气体 páifàng wēnshì qìtǐ 온실가스를 배출하다 ǀ 破坏生态环境 pòhuài shēngtài huánjìng 생태 환경을 파괴하다 ǀ 土地盐碱化 tǔdì yánjiǎnhuà 토지 알칼리화 ǀ 沙漠化 shāmòhuà 동 사막화되다 ǀ 沙尘暴 shāchénbào 명 황사 ǀ 酸雨 suānyǔ 명 산성비 ǀ 臭氧层 chòuyǎngcéng 명 오존층 ǀ 破坏臭氧层 pòhuài chòuyǎngcéng 오존층을 파괴하다 ǀ 绿化 lǜhuà 동 녹화하다 [나무나 풀을 심어 환경을 푸르게 함] ǀ 可持续发展 kěchíxù fāzhǎn 지속 가능한 발전 ǀ 回收再利用 huíshōu zàilìyòng 회수하여 재활용하다 ǀ 生活垃圾 shēnghuó lājī 생활 쓰레기 ǀ 污染 wūrǎn 동 오염되다 ǀ 恶化 èhuà 동 악화되다 ǀ 森林锐减 sēnlín ruìjiǎn 숲이 급격하게 줄다 ǀ 化学品污染 huàxuépǐn wūrǎn 화학품 오염 ǀ 能源短缺 néngyuán duǎnquē 자원이 부족하다
경제	金融危机 jīnróng wēijī 금융 위기, 외환 위기 ǀ 投资 tóuzī 동 투자하다 ǀ 股市 gǔshì 명 주식시장 ǀ 股东 gǔdōng 명 주주 ǀ 赔钱 péiqián 동 손해를 보다, 적자를 보다 [=亏损 kuīsǔn] ǀ 挣钱 zhèngqián 동 돈을 벌다 ǀ 资产 zīchǎn 명 자산 ǀ 理财 lǐcái 동 재산을 관리하다, 재테크하다 ǀ 数字货币 shùzì huòbì 디지털 화폐 ǀ 积蓄 jīxù 동 축적하다, 모으다 ǀ 欠债 qiànzhài 동 빚을 지다 ǀ 还款 huánkuǎn 동 돈을 갚다 ǀ 盈利 yínglì 명 (기업의) 이윤, 이익 ǀ 成本 chéngběn 명 자본금, 원가 ǀ 贸易 màoyì 명 무역 ǀ 效益 xiàoyì 명 효과와 이익, 효익 ǀ 垄断 lǒngduàn 동 독차지하다, 독점하다 ǀ 投机 tóujī 동 투기하다 ǀ 绿色经济 lǜsè jīngjì 녹색 경제 ǀ 信用卡 xìnyòngkǎ 명 신용카드 ǀ 消费模式 xiāofèi móshì 소비 형태 ǀ 白领 báilǐng 명 샐러리맨, 화이트칼라 ǀ 蓝领 lánlǐng 명 블루칼라, 육체노동자
기타 생활	上瘾 shàngyǐn 동 (어떤 것을 너무 좋아하여) 중독되다 ǀ 青睐 qīnglài 동 흥미를 가지다, 중시하다, 주목하다 ǀ 网恋 wǎngliàn 동 인터넷을 통해 연애하다 ǀ 网民 wǎngmín 명 누리꾼, 네티즌 [=网友 wǎngyǒu] ǀ 手机软件 shǒujī ruǎnjiàn 모바일 앱 ǀ 中毒 zhòngdú 명 중독 ǀ 整容手术 zhěngróng shǒushù 성형수술 ǀ 做手术 zuò shǒushù 수술을 하다 ǀ 娱乐 yúlè 명 오락, 즐거움 ǀ 烟民 yānmín 명 흡연자 ǀ 剩男剩女 shèngnán shèngnǚ 결혼 적령기를 넘긴 남녀 ǀ 自助游 zìzhùyóu 명 배낭여행 ǀ 跟团游 gēntuányóu 명 패키지여행 ǀ 旺季 wàngjì 명 성수기 ǀ 淡季 dànjì 명 비수기, 불경기 ǀ 智力 zhìlì 명 지능, IQ ǀ 注意力分散 zhùyìlì fēnsàn 주의력이 분산되다 ǀ 肢体语言 zhītǐ yǔyán 명 보디랭귀지 ǀ 驱蚊 qūwén 동 모기를 쫓다 ǀ 姿势 zīshì 명 자세 ǀ 噪音 zàoyīn 명 소음 ǀ 分贝 fēnbèi 명 데시벨 ǀ 防腐 fángfǔ 동 부패를 방지하다 ǀ 腐败 fǔbài 형 (조직·제도 등이) 부패하다 ǀ 夸张 kuāzhāng 동 과장하다 ǀ 接触 jiēchù 동 접촉하다

2 자연과학 track 04

과학 관련 지문은 내용 자체의 수준이 높기보다는 용어가 생소해서 어렵게 느껴지는 경우가 많다. 아래 정리된 어휘는 시험에 자주 나오니 꼭 알아 두자.

자연현상	自然灾害 zìrán zāihài 명 자연재해 ǀ 地震 dìzhèn 명 지진 ǀ 海啸 hǎixiào 명 지진해일, 쓰나미 ǀ 暴风雨 bàofēngyǔ 명 폭풍우 ǀ 台风 táifēng 명 태풍 ǀ 洪水 hóngshuǐ 명 홍수 ǀ 洪涝 hónglào 명 홍수와 침수 ǀ 淹没 yānmò 동 물에 잠기다, 침수되다 ǀ 泥石流 níshíliú 명 토석류, 토사류 [홍수로 산사태가 나서 진흙과 돌이 섞여 흐르는 물] ǀ 爆发 bàofā 동 폭발하다 ǀ 火山爆发 huǒshān bàofā 화산 폭발 ǀ 火山喷发 huǒshān pēnfā 화산이 용암을 분출하다 ǀ 冰川融化 bīngchuān rónghuà 빙하가 녹다 ǀ 破坏 pòhuài 동 파괴하다 ǀ 蒸发 zhēngfā 동 증발하다 ǀ 液化 yèhuà 동 액화하다
날씨/기후	晴朗 qínglǎng 형 쾌청하다 ǀ 潮湿 cháoshī 형 습기가 많다, 눅눅하다 ǀ 干燥 gānzào 형 건조하다 ǀ 雾 wù 명 안개 ǀ 水蒸气 shuǐzhēngqì 명 수증기 ǀ 飘 piāo 동 (바람이 부는 대로) 날리다 ǀ 闪 shǎn 동 빛이 번쩍하다 ǀ 雷 léi 명 우레, 천둥 ǀ 严寒天气 yánhán tiānqì 혹한의 날씨 ǀ 晒 shài 동 (태양 빛과 열이 물체에) 비추다, 쬐다 ǀ 太阳 tàiyáng 명 해, 태양 ǀ 阳光 yángguāng 명 햇빛, 일광 ǀ 夕阳 xīyáng 명 석양 ǀ 月亮 yuèliang 명 달 ǀ 天空 tiānkōng 명 하늘

지형	土壤 tǔrǎng 명 토양 | 沙漠 shāmò 명 사막 | 草地 cǎodì 명 잔디밭 | 田野 tiányě 명 들판, 들 | 森林 sēnlín 명 삼림 | 平原 píngyuán 명 평원 | 山脉 shānmài 명 산맥 | 海拔 hǎibá 명 해발 | 悬崖 xuányá 명 낭떠러지, 벼랑 | 岸 àn 명 해안, 기슭 | 岛屿 dǎoyǔ 명 섬, 도서 | 湖泊 húpō 명 호수 | 瀑布 pùbù 명 폭포 | 肥沃 féiwò 형 (토지가) 기름지다, 비옥하다 | 干旱 gānhàn 형 (강수량이 부족하여 토양·기후가) 메마르다, 가물다 | 南北两极 nánběi liǎngjí 남극과 북극
에너지/자원	能量 néngliàng 명 에너지 | 电能 diànnéng 명 전기에너지 | 静电 jìngdiàn 명 정전기 | 氧气 yǎngqì 명 산소 | 二氧化碳 èryǎnghuàtàn 명 이산화탄소 | 氢 qīng 명 수소 | 煤炭 méitàn 명 석탄 | 石油 shíyóu 명 석유 | 煤气 méiqì 명 석탄가스 | 天然气 tiānránqì 명 천연가스 | 蕴藏 yùncáng 동 묻히다, 매장되다 | 塑料 sùliào 명 플라스틱 | 绿色能源 lǜsè néngyuán 명 청정에너지, 대체에너지 | 化学物质 huàxué wùzhì 화학물질 | 有害物质 yǒuhài wùzhì 유해 물질
동물	生态环境 shēngtài huánjìng 생태 환경 | 生物 shēngwù 명 생물 | 细胞 xìbāo 명 세포 | 昆虫 kūnchóng 명 곤충 | 飞禽走兽 fēiqín zǒushòu 날짐승과 들짐승, 새와 짐승 | 蜜蜂 mìfēng 명 꿀벌 | 蝴蝶 húdié 명 나비 | 蜻蜓 qīngtíng 명 잠자리 | 蚂蚁 mǎyǐ 명 개미 | 蜗牛 wōniú 명 달팽이 | 啄木鸟 zhuómùniǎo 명 딱따구리 | 翅膀 chìbǎng 명 날개 | 巢穴 cháoxué 명 둥지, 보금자리 | 大象 dàxiàng 명 코끼리 | 河马 hémǎ 명 하마 | 千里马 qiānlǐmǎ 명 천리마 | 狐狸 húli 명 여우 | 老虎 lǎohǔ 명 호랑이 | 斑马 bānmǎ 명 얼룩말 | 凶猛 xiōngměng 형 사납다 | 冬眠 dōngmián 동 동면하다, 겨울잠 자다
식물	播种 bōzhòng 동 파종하다, 씨를 뿌리다 | 发芽 fāyá 동 싹이 트다, 발아하다 | 茎 jīng 명 식물의 줄기 | 枝繁叶茂 zhīfán yèmào 가지가 많고 잎이 무성하다 | 授粉 shòufěn 명 수분, 꽃가루받이 | 繁殖 fánzhí 동 번식하다 | 开花结果 kāihuā jiēguǒ 꽃이 피어 열매를 맺다 | 果实 guǒshí 명 과실, 열매 | 栽培 zāipéi 동 재배하다 | 茁壮成长 zhuózhuàng chéngzhǎng 건강하게 자라다 | 茂盛 màoshèng 형 (풀과 나무가) 무성하다, 우거지다 | 年轮 niánlún 명 연륜, 나이테 | 腐烂 fǔlàn 동 (유기체가 미생물의 번식으로) 부식되다, 썩다 | 腐蚀 fǔshí 동 부식하다
지구/우주	地球重力 dìqiú zhònglì 지구 중력 | 引力 yǐnlì 명 만유인력 | 地心 dìxīn 지구 중심 | 离心力 líxīnlì 명 원심력 | 赤道 chìdào 명 적도 | 纬度 wěidù 명 위도 | 经度 jīngdù 명 경도 | 南极 nánjí 명 남극 | 北极 běijí 명 북극 | 恒星 héngxīng 명 항성 | 行星 xíngxīng 명 행성 | 北斗 běidǒu 명 북두칠성 | 卫星 wèixīng 명 위성 | 航天 hángtiān 동 우주 비행하다 | 辐射 fúshè 명 복사하다, 방사하다 | 航天科技 hángtiān kējì 항공 우주 과학 기술
과학기술	零件 língjiàn 명 부품 | 机械 jīxiè 명 기계 | 半导体 bàndǎotǐ 명 반도체 | 系统 xìtǒng 명 시스템 | 航空 hángkōng 명 항공 | 火箭 huǒjiàn 명 미사일, 로켓 | 雷达 léidá 명 레이더 | 机器人 jīqìrén 명 로봇 | 数字技术 shùzì jìshù 디지털 기술

tip '牛' '马' '鸟'나 '花' '树'가 명칭에 있으면 그것이 동물이나 식물과 관련된 것임을 알 수 있다.

배운 내용 점검하기

녹음을 듣고 빈칸을 채우세요. track 05

1 ________很多垂钓迷________，钓鱼的好处就是能够静静地坐在那儿等鱼上钩，说那种心情是望眼欲穿可能有些________，可垂钓的时候精神集中________可以让人把生活中的烦心事和琐事暂时抛在脑后。

2 冬季空气很________，容易产生________。人们可以通过增大物体和身体的________面积来减少静电带来的痛觉。如用整个手掌去触摸金属物体，这样电荷会________分布在手掌上，从而减小通过的电流和产生的电场，人就不易感到疼了。

해석&어휘 1 많은 낚시광들이 말하는 것을 들어 보면, 낚시의 장점은 조용히 그곳에 앉아 고기가 낚이기를 기다릴 수 있다는 것이다. 그러한 기분을 눈이 빠지도록 기다린다고 이야기하는 것은 다소 과장되었을 수도 있지만, 낚시를 할 때 정신을 집중하는 것은 확실히 생활 속의 고민거리와 사소한 일을 잠시 뒤로 미루게 할 수 있다.

垂钓迷 chuídiàomí 낚시광 | 钓鱼 diàoyú 동 낚시하다 | 上钩 shànggōu 동 낚시 바늘에 걸리다 | 望眼欲穿 wàngyǎn yùchuān 성 눈이 빠지게 기다리다, 매우 간절히 바라다 | 夸张 kuāzhāng 동 과장하다 | 精神 jīngshen 명 정신 | 集中 jízhōng 동 집중하다 | 的确 díquè 부 확실히, 분명히 | 烦心事 fánxīnshì 명 고민거리 | 琐事 suǒshì 명 자질구레한 일, 번거로운 일 | 抛 pāo 동 던지다 | 脑后 nǎohòu 생각의 뒷전, 기억 밖, 기억의 뒷전

2 겨울철에는 공기가 건조해서 정전기가 발생하기 쉽다. 사람들은 물체와 신체의 접촉 면적을 넓혀서 정전기로 인한 통증을 줄일 수 있다. 예를 들어 손바닥 전체로 금속을 만지면 전하가 손바닥에 골고루 분포되어, 통과하는 전류와 발생되는 전기장을 줄일 수 있어서, 사람은 쉽게 통증을 느끼지 못한다.

干燥 gānzào 형 건조하다, 메마르다 | 静电 jìngdiàn 명 정전기 | 增大 zēngdà 동 증대하다 | 接触 jiēchù 동 닿다, 접촉하다 | 面积 miànjī 명 면적 | 痛觉 tòngjué 명 통증, 통각 | 触摸 chùmō 동 만지다, 건드리다 | 电荷 diànhè 명 전하 [전기를 운반하는 입자] | 金属 jīnshǔ 명 금속 | 从而 cóng'ér 접 따라서 | 电流 diànliú 명 전류 | 电场 diànchǎng 명 전기장, 전장

정답 **1** 听, 说过, 夸张, 的确 **2** 干燥, 静电, 接触, 均匀

STEP 3 실력 다지기

Day 03 track 06

1. **A** 老年人思想顽固
   B 电子游戏容易上瘾
   C 跟着视频健身效果好
   D 电子游戏使老年人心态更健康

2. **A** 人们经常盲从大众
   B 鸟笼要买好看的
   C 人们会为空鸟笼买一只鸟
   D “鸟笼效应”提醒我们要节省时间

3. **A** “外食族”更重视营养均衡
   B 生活节奏快催生了“外食族”
   C “外食族”对饭菜非常挑剔
   D 白领们烹饪水平很好

4. **A** “老人手机”操作简单
   B “老人手机”辐射很大
   C “老人手机”升级快
   D “老人手机”音量过小

5. **A** 驱蚊报名不副实
   B 驱蚊报印刷成本高
   C 驱蚊报多介绍如何驱蚊
   D 驱蚊功效使该报纸销量大增

정답 및 해설 → 해설서 p.004

Day 04 track 07

6. **A** 喝运动型饮料会失眠
   B 运动型饮料不宜在高温下保管
   C 运动型饮料酒精含量高
   D 运动型饮料富含多种物质

7. **A** “零和效应”代表双方实力相当
   B “零和效应”能促使双方判断达成共识
   C “零和效应”可使人忘掉烦恼
   D “零和效应”是生活中必须遵守的规则

8. **A** 听歌有助于思考
   B 勿在噪音大的时候唱歌
   C 高分贝音乐能使人快乐
   D 激素分泌过少会影响智力

9. **A** 电量不要一次充满
   B 开机的时候手机会漏电
   C 劣质手机电池损耗大
   D 切勿边充电边玩儿手机

10. **A** 投资前要做好风险评估
    B 分散投资风险高
    C 收益越高风险越小
    D 投资要选择有高风险的项目

정답 및 해설 → 해설서 p.006

Day 05 track 08

11. **A** 噪音污染的标准无法界定
    B 雨天人易发脾气
    C 白噪音能助眠
    D 白噪音多出现于白天

12. **A** 要积累经验
    B 要学会释放压力
    C 做事要三思而后行
    D 要摆脱经验的束缚

13. **A** 游戏能提高注意力
    B 益智玩具种类很多
    C 魔方深受人们喜爱
    D 魔方是成年人的“专利”

14. **A** 斑马的条纹使其不易暴露
    B 斑马听觉敏锐
    C 斑马身体会随着温度变色
    D 斑马肌肉发达

15. **A** 氧气可提高细胞活性
    B 人体对氧气的需求大
    C 肺活量变化小
    D 肺部最易感染病毒

정답 및 해설 → 해설서 p.009

Day 06 track 09

16. **A** 陨石坑越少年代越久远
    B 陨石坑成因难以考证
    C 陨石坑数量可鉴定地质年龄
    D 冥王星存在生命

17. **A** 台风由低气压造成
    B 海浪是自发形成的
    C 海啸破坏力大
    D 海上无风也会有浪

18. **A** 蜂类产品出现于工业时代
    B 蜜蜂很早已被人类驯化
    C 蜂蜜保鲜时间长
    D 人类使用蜂蜜历史悠久

19. **A** 崖柏大多是人工种植
    B 崖柏很珍贵
    C 崖柏长在山脚下
    D 崖柏的品种丰富

20. **A** 绿萝有降压功效
    B 绿萝生命力很弱
    C 绿萝是喜阳植物
    D 绿萝能净化空气

정답 및 해설 → 해설서 p.011

02 태도와 철학

STEP 1 유형 파악하기

✖ 인간관계, 가정교육, 회사 생활, 성공 방면과 관련된 삶의 태도나 철학, 또는 특정 사회 현상에 대한 화자의 견해나 주장이 녹음으로 제시된다. 자주 나오는 주제와 표현만 익혀도 반은 맞추고 들어가니 반드시 숙지하자!

▶ 출제 경향

1 인간관계, 가정교육

원활한 인간관계를 위한 교훈이나 가정교육 방법 및 양육 태도 등을 조언하는 내용으로 출제된다.

2 회사 생활, 성공

학습, 업무 방면에서 어떤 태도를 가져야 하는지 주장하는 내용이 대부분이며, 주로 '겸손'과 '노력'의 중요성을 강조한다.

▶ 문제풀이 비법

1 '주제문'이 곧 정답이다.

주제문은 일반적으로 녹음 시작 부분에 나오지만, 마지막에 주제를 한 번 더 언급하기도 한다.

2 '주제문'에는 '당위성을 나타내는 표현'이 사용된다.

[예시: 要, 应该, 必须(~해야 한다)/尽量(되도록 ~해야 한다)/不能, 不要(~하면 안 된다)]
보기에 위 표현들이 있으면 태도/철학 관련 녹음일 가능성이 높으니, 녹음 속 '주제문'에 집중해 듣자. 단, 중간에 내용이 반전될 수 있으므로, '其实(사실은)' '但是(그러나)' '实际上(실제로)' 같은 연결어에도 집중하며 내용의 흐름을 파악해야 한다.

제1부분 예제 track 10

1 A 要正确做出选择　　B 要处理好与同事的关系
C 凡事不能太过着急　　D 在磨难面前要坚强

STEP 1 녹음을 듣기 전, 보기에서 핵심 어휘 찾기

◆ '要' '不能' 등의 어휘가 있는 걸로 보아 논설문일 확률이 높군!

◆ 각 보기의 키워드도 확인해야지!

A 选择 | **B** 与同事的关系 | **C** 着急 | **D** 坚强

人的一生中遇到磨难是难以避免的。因此，人们无需对所有的困难与痛苦都过于敏感。有时，你会发现，精神和心理上的"无动于衷"与"坚强"才是人们对抗磨难最"有利"的武器。

사람이 일생 중에 겪게 되는 고난은 피하기 어렵다. 따라서, 사람들은 모든 어려움과 고통에 대해 지나치게 민감할 필요가 없다. 언젠가 당신은 정신적, 심리적 '무관심'과 '강인함'이야말로 사람들이 고난에 맞서는 가장 '유리한' 무기임을 발견할 것이다.

A 要正确做出选择	A 올바르게 선택해야 한다
B 要处理好与同事的关系	B 동료와의 관계를 잘 처리해야 한다
C 凡事不能太过着急	C 모든 일은 너무 조급해서는 안 된다
D 在磨难面前要坚强	D 고난 앞에서 강인해야 한다

STEP 2 보기의 세부 내용을 녹음과 대조하며 듣기

1 D ["坚强"才是人们对抗磨难……的武器 '강인함'이야말로 사람들이 고난에 맞서는 ~ 무기이다] 녹음 마지막 문장에 보기 D의 주요 표현이 거의 그대로 언급됐다. '~할 필요 없다'라는 의미의 '无需'가 나오는 지점부터 집중해서 잘 들었다면 좀 더 정답을 확신할 수 있었을 것이다.

A 要正确做出选择 → 상식적인 말이지만, 녹음은 선택과 관련한 이야기가 아니야.

B 要处理好与同事的关系 → 언급되지 않았어.

C 凡事不能太过着急 → '着急(조급함)'가 아니라 '无动于衷'과 '坚强'을 강조했지.

D 在磨难面前要坚强 → 녹음 '坚强才是人们对抗磨难……的武器'와 일치해!

一生 yìshēng 명 일생 | **磨难** mónàn 명 고난, 시련 | **难以** nányǐ 동 ~하기 어렵다 | **避免** bìmiǎn 동 피하다, 모면하다 | **因此** yīncǐ 접 따라서, 이로 인하여 | **无需** wúxū 부 ~할 필요가 없다 | **困难** kùnnan 명 어려움, 곤란 | **痛苦** tòngkǔ 명 고통, 아픔 | **过于** guòyú 부 지나치게, 너무 | **敏感** mǐngǎn 형 민감하다 | **有时** yǒushí 부 언젠가 | **精神** jīngshén 명 정신 | **无动于衷** wúdòngyúzhōng 성 무관심하다, 조금도 동요하지 않다 | **坚强** jiānqiáng 동 굳세게 하다, 공고히 하다 | **对抗** duìkàng 동 맞서다, 대항하다 | **有利** yǒulì 형 유리하다, 이롭다 | **武器** wǔqì 명 무기 | **凡事** fánshì 명 모든 일, 만사 | **处理** chǔlǐ 동 처리하다

STEP 2 내공 쌓기

1 빈출 주제 문장 track 11

태도와 철학 부분에서는 주제만 파악해도 문제를 풀 수 있다. 정리된 빈출 주제 문장을 반드시 익혀 두자.

(1) 인간관계

더불어 살아가는 것의 중요성에 대한 주제가 많이 나온다.

- 合作需要让步。Hézuò xūyào ràngbù. 협력은 양보가 필요하다.
- 赞美有助于人际交往。Zànměi yǒuzhùyú rénjì jiāowǎng. 칭찬은 인간관계에 도움을 준다.
- 应学会倾听。Yīng xuéhuì qīngtīng. 경청하는 것을 배워야 한다.
- 要乐于助人。Yào lèyú zhùrén. 다른 사람을 기꺼이 도와야 한다.
- 要懂得分享。Yào dǒngde fēnxiǎng. 함께 나눌 줄 알아야 한다.
- 学会分享快乐和分担悲伤一样重要。Xuéhuì fēnxiǎng kuàilè hé fēndān bēishāng yíyàng zhòngyào.
  기쁨을 함께 나누는 것과 슬픔을 나누는 것은 똑같이 중요하다.
- 路遥知马力，日久见人心。Lù yáo zhī mǎlì, rì jiǔ jiàn rénxīn.
  길이 멀어야 말의 힘을 알 수 있고, 세월이 흘러야 사람의 마음을 알 수 있다.

(2) 가정교육

자라나는 아이들에게 부모의 가르침과 사랑이 필요하다는 주제로 많이 출제된다.

- 家长要给孩子树立榜样。Jiāzhǎng yào gěi háizi shùlì bǎngyàng. 학부모는 아이에게 모범을 보여야 한다.
- 父母是孩子最重要的教育资源。Fùmǔ shì háizi zuì zhòngyào de jiàoyù zīyuán.
  부모는 아이의 가장 중요한 교육 자원이다.
- 家庭对个人素质的影响非常大。Jiātíng duì gèrén sùzhì de yǐngxiǎng fēicháng dà.
  가정이 개인의 소양에 끼치는 영향은 매우 크다.
- 要注重父母帮孩子培养良好的习惯。Yào zhùzhòng fùmǔ bāng háizi péiyǎng liánghǎo de xíguàn.
  부모는 아이를 도와 좋은 습관을 기르는 데에 주의를 기울여야 한다.
- 要给予儿童足够的爱。Yào jǐyǔ értóng zúgòu de ài. 아이에게 충분한 사랑을 주어야 한다.

(3) 성공

성공하기 위해서는 노력이 중요하고 기회를 잘 잡아야 하지만, 모든 것을 얻으려고 하면 안 된다는 태도를 강조한다.

- 一分耕耘，一分收获。Yì fēn gēngyún, yì fēn shōuhuò. 노력한 만큼 수확을 얻는다.
- 成功离不开勤奋。Chénggōng líbukāi qínfèn. 성공은 근면함이 없어서는 안 된다.
- 失败是成功之母。Shībài shì chénggōng zhī mǔ. 실패는 성공의 어머니이다.
- 没有汗水，就没有成功时的泪水。 Méiyǒu hànshuǐ, jiù méiyǒu chénggōng shí de lèishuǐ.
  땀이 없으면 성공의 눈물도 없다. [=노력해라.]
- 成功要靠实际行动。 Chénggōng yào kào shíjì xíngdòng. 성공은 실제 행동에 달려 있다.
- 不要盲目坚持无法实现的目标。Búyào mángmù jiānchí wúfǎ shíxiàn de mùbiāo.
  이룰 수 없는 목표를 맹목적으로 고집하지 마라.
- 要学会取舍。Yào xuéhuì qǔshě. 취사선택을 할 줄 알아야 한다.
- 要善于把握机会。Yào shànyú bǎwò jīhuì. 기회를 잘 잡을 줄 알아야 한다.
  [把握机会 bǎwò jīhuì = 抓住机会 zhuāzhù jīhuì 기회를 잡다]
- 机会只留给有准备的人。Jīhuì zhǐ liú gěi yǒu zhǔnbèi de rén. 기회는 준비된 자에게만 주어진다.
- 做事不可以急功近利。Zuòshì bù kěyǐ jígōng jìnlì. 일을 할 때는 눈앞의 성공과 이익만을 추구해서는 안 된다.
- 做事要善始善终。Zuòshì yào shànshǐ shànzhōng. 일을 할 때는 처음부터 끝까지 한결같아야 한다.
- 谈判时不能斤斤计较。Tánpàn shí bù néng jīnjīn jìjiào. 협상할 때는 지나치게 따져서는 안 된다.
- 成功贵在坚持。Chénggōng guì zài jiānchí. 성공은 지속하는 것이 중요하다.
- 有时候放弃也是一种智慧。Yǒushíhou fàngqì yě shì yì zhǒng zhìhuì.
  때로는 포기하는 것도 일종의 지혜이다.
- 退一步是为了更好地前进。Tuì yí bù shì wèile gèng hǎo de qiánjìn.
  한 걸음 물러서는 것은 더 나은 전진을 위한 것이다.
- 要正视自己的缺点。Yào zhèngshì zìjǐ de quēdiǎn. 자신의 단점을 정확히 봐야 한다.

(4) 삶, 행복

과거를 성찰하고 현재 자신의 삶을 소중히 여기며, 목표를 세우고 지켜 나가는 것의 중요성에 대한 내용이 출제된다.

- 要善于自我反省。Yào shànyú zìwǒ fǎnxǐng. 스스로 반성할 줄 알아야 한다.
- 不要过于追求完美。Búyào guòyú zhuīqiú wánměi. 지나치게 완벽을 추구하지 마라.
- 要积极地看待人生。Yào jījí de kàndài rénshēng. 긍정적으로 인생을 대해야 한다.
- 知足者常乐。Zhīzúzhě chánglè. 만족을 아는 사람은 항상 즐겁다.
- 生活要有目标和规划。Shēnghuó yào yǒu mùbiāo hé guīhuà. 인생은 목표와 계획이 있어야 한다.
- 宽容是一种美德。Kuānróng shì yì zhǒng měidé. 관용은 일종의 미덕이다.
- 微小的幸福就在身边，容易满足就是天堂。Wēixiǎo de xìngfú jiù zài shēnbiān, róngyì mǎnzú jiùshì tiāntáng. 아주 작은 행복은 곁에 있고 쉽게 만족하는 것이 곧 천국이다.
- 当下的每天都是人生的春天。Dāngxià de měi tiān dōu shì rénshēng de chūntiān. 요즘 매일이 인생의 봄이다.
- 不要总与别人比较。Búyào zǒng yǔ biérén bǐjiào. 자꾸 다른 사람과 비교하지 마라.
- 要乐观面对生活。Yào lèguān miànduì shēnghuó. 낙관적으로 삶을 대해야 한다.
- 危机能够使人更成熟。Wēijī nénggòu shǐ rén gèng chéngshú. 위기는 사람을 더 성숙하게 할 수 있다.

(5) 기타

위 주제 외에 시험에 많이 나오는 격언들이다. 꼭 시험을 위해서가 아니더라도 평소에 마음에 새겨 두면 좋은 표현들이니, 알아 두도록 하자.

- 笑一笑，十年少。Xiào yi xiào, shí nián shào. 웃으면 10년이 젊어진다.
- 身体是革命的本钱。Shēntǐ shì gémìng de běnqián. 건강은 혁명의 밑천이다.
- 一寸光阴一寸金。Yícùn guāngyīn yícùn jīn. 시간은 금이다.
- 有志者事竟成。Yǒuzhìzhě shì jìng chéng. 뜻이 있는 곳에 길이 있다.
- 全力以赴。Quánlìyǐfù. 전력을 다하여 일에 임하다.
- 己所不欲，勿施于人。Jǐsuǒbúyù, wùshīyúrén. 자기가 싫은 것은 남에게도 강요하지 마라.
- 百尺竿头，更进一步。Bǎichǐ gāntóu, gèngjìnyíbù. 이미 도달한 탁월한 경지에 만족하지 않고 더욱더 노력하다.
- 美梦成真。Měimèng chéngzhēn. 꿈은 이루어진다.
- 授人以鱼不如授人以渔。Shòurényǐyú bùrú shòurényǐyú. 물고기를 잡아 주기보다 물고기 잡는 법을 가르쳐라.
- 三人行，必有我师。Sān rén xíng, bì yǒu wǒ shī. 세 명이 있으면, 반드시 나의 스승이 있다. [=누구에게나 배울 점은 있다.]

2 빈출 어휘 track 12

화자의 태도와 주장을 나타내는 글이 많기 때문에 아래와 같은 표현들을 많이 알아 두면 글의 성격을 파악하는 데 도움이 된다.

동의 표현	同意 tóngyì 동 동의하다 | 赞成 zànchéng 동 찬성하다 | 赞同 zàntóng 동 찬성하다 | 支持 zhīchí 동 지지하다 | 认同 rèntóng 동 인정하다 | 认可 rènkě 동 승낙하다 | 许可 xǔkě 동 허가하다 | 称赞 chēngzàn 동 칭찬하다 | 佩服 pèifú 동 감탄하다

반대 표현	反对 fǎnduì 동 반대하다 | 批判 pīpàn 동 비판하다 | 责怪 zéguài 동 질책하다 | 责备 zébèi 동 탓하다, 꾸짖다 | 指责 zhǐzé 동 나무라다, 비난하다 | 忽视 hūshì 동 무시하다 | 厌恶 yànwù 동 싫어하다 | 可恶 kěwù 형 밉다, 혐오스럽다 | 讽刺 fěngcì 동 풍자하다 | 嘲笑 cháoxiào 동 비웃다, 조롱하다 | 埋怨 mányuàn 동 불평하다, 원망하다 | 抱怨 bàoyuàn 동 원망하다 | 不承认 bù chéngrèn 인정하지 않다
긍정적 표현	潜力大 qiánlì dà 잠재력이 크다 | 可靠 kěkào 형 신뢰하다, 믿을 만하다 | 熏陶 xūntáo 동 장기적으로 좋은 영향을 끼치다 | 榜样 bǎngyàng 명 본보기, 모범 | 善于 shànyú 동 ~에 능하다 | 擅长 shàncháng 동 장기가 있다, 뛰어나다 | 宽容 kuānróng 동 너그럽게 받아들이다, 용서하다 | 容忍 róngrěn 동 용인하다 | 幸运 xìngyùn 형 행운이다 | 自豪 zìháo 형 스스로 자랑스럽게 생각하다 | 可信 kěxìn 형 믿을 만하다 | 谦虚 qiānxū 형 겸손하다 | 虚心 xūxīn 형 겸손하다, 겸허하다 | 超常发挥 chāocháng fāhuī 뛰어난 기량을 발휘하다 | 向A开辟新途径 xiàng A kāipì xīn tújìng A를 향해 새로운 길을 개척하다 | 向A迈出一大步 xiàng A màichū yí dàbù A에 성큼 다가서다 | 发挥A作用 fāhuī A zuòyòng A한 작용을 발휘하다 | 受A启发 shòu A qǐfā A의 깨달음을 받다
중립적 표현	可有可无 kěyǒu kěwú 있어도 되고 없어도 되다 | 保留意见 bǎoliú yìjiàn 의견을 보류하다 | 中立 zhōnglì 동 중립하다 | 保持中立 bǎochí zhōnglì 중립을 지키다
부정적 표현	悲伤 bēishāng 동 슬프다 | 失望 shīwàng 동 실망하다 | 惋惜 wǎnxī 동 안타까워하다 | 失败 shībài 동 실패하다 | 恐惧 kǒngjù 동 무서워하다 | 急功近利 jígōng jìnlì 성 눈앞의 성공과 이익에만 급급하다 | 蒙蔽 méngbì 동 속이다, 기만하다 | 偏见 piānjiàn 명 편견 | 虚伪 xūwěi 형 가식적이다, 거짓이다 | 否定 fǒudìng 동 부정하다 | 猜疑 cāiyí 동 의심하다 | 怯懦 qiènuò 형 겁이 많고 나약하다, 비겁하다 | 畏惧 wèijù 동 무서워하고 두려워하다 | 束缚 shùfù 동 속박하다 | 压抑 yāyì 동 억압하다, 억누르다 | 强迫 qiǎngpò 동 강요하다 | 强制 qiángzhì 동 강제하다 | 沮丧 jǔsàng 동 실망하다, 낙담하다

배운 내용 점검하기

녹음을 듣고 빈칸을 채우세요. track 13

1 ________父母只可以教孩子一件事情，那________是教他们如何自制。

2 的确，人们在追求与________便捷生活的同时，人们也在不知不觉中将曾经拥有的与________坚守的东西丢失了。

3 ________多学门技术就多些保障，________“博而不精”往往很难独当一面。

해석&어휘 1 만약 부모가 아이에게 한 가지만 가르칠 수 있다면, 가장 좋은 것은 그들에게 자제하는 법을 가르치는 것이다.

假如 jiǎrú 접 만약 | 如何 rúhé 대 어떻게, 왜 | 自制 zìzhì 동 자신을 억제하다, 자제하다

2 확실히 사람들은 빠르고 편리한 생활을 추구하고 누리는 동시에, 예전에 소유했었고 반드시 지켜야만 하는 것들을 자신도 모르게 잃어버렸다.

的确 díquè 부 확실히 | 追求 zhuīqiú 동 추구하다 | 享受 xiǎngshòu 동 누리다 | 便捷 biànjié 형 빠르고 편리하다 | 不知不觉 bùzhī bùjué 성 자기도 모르는 사이에 | ★拥有 yōngyǒu 동 소유하다, 보유하다 | 坚守 jiānshǒu 동 결연히 지키다 | 丢失 diūshī 동 잃다

3 기술을 많이 배우면 많은 것이 보장되더라도 '기술이 얕고 뛰어나지 않으면' 한 몫을 하기가 힘들다.

虽说 suīshuō 접 비록 ~라 하더라도 | 门 mén 양 가지, 과목 [학문·기술 따위의 항목을 세는 단위] | 技术 jìshù 명 기술, 기교 | 保障 bǎozhàng 동 보장하다 | 博而不精 bó'érbùjīng 성 폭넓게 많이 알지만 정통하지는 못하다 | 独当一面 dúdāng yímiàn 성 독자적으로 어느 한 부분을 담당하다

정답 1 假如, 最好 2 享受, 必须 3 虽说, 可

Day 08 track 14

1. **A** 儿童要尽快学会独立
   B 儿童不应该依赖父母
   C 儿童自立能力差
   D 要给予儿童足够的爱

2. **A** 别浪费时间
   B 身体健康是前提
   C 医疗水平越来越差
   D 要不断学习

3. **A** 要学会交流
   B 失败会促使人成长
   C 交友时应诚实
   D 流泪是情感的宣泄

4. **A** 表情会泄露你的年龄
   B 要积极地看待人生
   C 机会得靠个人争取
   D 所有人都会遭遇坎坷

5. **A** 应敢于尝试
   B 心态要乐观
   C 做事不可以急功近利
   D 生活要有目标和规划

정답 및 해설 → 해설서 p.014

Day 09 track 15

6. **A** 最可靠的是第一印象
   B 正确评估离不开长期观察
   C 不要过于看重员工的不足
   D 管理者应多听取员工意见

7. **A** 养老院不如家里的设施完善
   B 老人在家会感到更舒服
   C 很多儿女不上心
   D 老龄化现象严重

8. **A** 失败使家庭成员产生矛盾
   B 学校对学生的教育不够
   C 书本内容比家庭教育更有用
   D 家庭对个人素质的影响更大

9. **A** 不要安于现状
   B 要珍惜现在所拥有的
   C 不要半途而废
   D 懂得感恩的人会更成功

10. **A** 人不能骄傲
    B 要正视自己的不足
    C 要感谢他人的批评
    D 对人要真诚

정답 및 해설 → 해설서 p.016

03 중국 이해

STEP 1 유형 파악하기

✖ 중국의 역사, 문화, 인물, 관광, 풍속 등, 중국과 관련된 다양한 주제의 녹음이 제시된다.

▶ 출제경향

1 과거의 중국

중국의 전통문화·역사·인물·지형 등에 대한 문제가 꾸준히 출제되고 있다. 특정 명칭의 유래, 전설이나 신화, 인물의 업적, 지리적 특징 등 세부 내용을 설명하는 형식으로 출제된다.

2 현재의 중국

'马云(마윈)'과 같은 현대의 중국 및 세계에 큰 영향을 미치는 인물은 물론, 중국의 관광 명소 등에 대한 내용이 출제되고 있다. 또 과거와 달라진 현대의 명절 풍습 등을 설명하기도 한다.

▶ 문제풀이 비법

1 중국을 부정적으로 서술하는 보기는 우선순위에서 제외하자.

중국 관련 문제는 일반적으로 장점과 관련된 문제들이 많이 출제되므로 보기에 중국과 관련된 부정적 내용이 있으면 답이 아닐 확률이 높다.

2 사실에 입각한 문제들이 출제된다.

중국 관련 문제는 중국의 실제 역사, 문화, 인물들의 사실에 입각해서 문제가 출제되기 때문에 내가 알고 있는 배경지식을 활용해 문제를 풀 수 있다.

제1부분 예제 track 16

1 **A** 春节气氛越来越淡　　**B** 节日带动了爆竹的销量
　C 节日出行需上网买票　　**D** 庆祝春节的方式日趋多样化

정답&풀이

STEP 1 보기에서 핵심 어휘 찾기

◆ '春节' '节日' '庆祝'로 보아, 명절과 관련한 이야기가 나오겠구나!

◆ 각 보기의 키워드도 확인해야지!

A 越来越淡 | **B** 爆竹的销量 | **C** 上网买票 | **D** 方式……多样化

随着人们环保意识的提高，很多人在春节时已经不再燃放烟花爆竹，而是选择更现代的方式来庆祝新年。例如：外出旅行、与亲友聚餐等形式，而节日的氛围也依旧十分浓厚。

사람들의 환경보호 의식이 높아지면서, 많은 사람들이 춘절 기간에 더 이상 폭죽을 터뜨리지 않고 보다 더 현대적인 방식으로 새해를 기념한다. 예를 들어 외부로 여행을 가거나, 친구, 가족들과 함께 모여서 식사를 하는 등의 형식으로, 명절 분위기도 여전히 매우 짙다.

A 春节气氛越来越淡	A 춘절 분위기가 점점 옅어지고 있다
B 节日带动了爆竹的销量	B 명절이 폭죽의 판매량을 이끌었다
C 节日出行需上网买票	C 명절에 외출하려면 인터넷으로 표를 구입해야 한다
D 庆祝春节的方式日趋多样化	D 춘절을 기념하는 방식이 나날이 다양화되고 있다

STEP 2 보기의 세부 내용을 녹음과 대조하며 듣기

1 D [现代的方式来庆祝新年 현대적인 방식으로 새해를 기념하다] 많은 사람들이 '现代的方式(현대적인 방식)'으로 새해를 '庆祝(기념하다)'한다고 하며, 다양한 기념 방식을 예로 언급했다.

A 春节气氛越来越淡 → 마지막에 '명절 분위기가 짙다'고 했으니 답이 아니지.

B 节日带动了爆竹的销量 → 춘절에 더 이상 폭죽을 터뜨리지 않는다고 했고, '销量'이라는 표현 역시 언급되지 않았어.

C 节日出行需上网买票 → 인터넷으로 표를 산다는 내용도 언급되지 않았어.

D 庆祝春节的方式日趋多样化 → 폭죽을 터뜨리는 대신, 다양하게 춘절을 보낸다고 했어.

随着 suízhe 개 ~에 따라서 | **环保** huánbǎo 환경보호 ['环境保护'의 줄임말] | ★**意识** yìshí 명 의식 | **春节** Chūnjié 고유 춘절 [음력 1월 1일] | **燃放** ránfàng 동 폭죽 따위에 불을 붙여 터뜨리다 | **烟花爆竹** yānhuā bàozhú 명 불꽃놀이 | **现代** xiàndài 명 현대 | **方式** fāngshì 명 방식 | **庆祝** qìngzhù 동 경축하다 | **新年** xīnnián 명 신년 | **例如** lìrú 동 예를 들다 | **亲友** qīnyǒu 명 친척과 친구 [≒亲戚和朋友] | **聚餐** jùcān 동 회식하다, 함께 모여 식사하다 | **形式** xíngshì 명 형식 | **氛围** fēnwéi 명 분위기 | ★**依旧** yījiù 형 여전하다 | **浓厚** nónghòu 형 짙다, 농후하다 | **淡** dàn 형 옅다 | **爆竹** bàozhú 명 폭죽 | **销量** xiāoliàng 명 판매량 | **日趋** rìqū 부 나날이

STEP 2 내공 쌓기

1 핵심 어휘 및 표현 track 17

듣기 문제는 기본적으로 녹음에 근거하여 문제를 풀어야 하지만, 배경지식이 있다면 녹음을 이해하고 정답을 고르는 데 큰 도움이 된다. 평소에 중국 관련 뉴스에 귀를 기울이고, 관련 서적을 꾸준히 탐독하고, 중국 사회 전반의 동향을 체크하는 습관을 기르자.

(1) 건축

四合院 Sìhéyuàn 사합원	베이징 전통 주택 양식으로, 가운데 정원을 두고, 동서남북 네 방향에서 집채가 '口'자 형태로 둘러싼 구조이다.
窑洞 Yáodòng 동굴 집	서북 황토고원 거주민들의 옛 주거 형태(동굴집, 토굴집)로, 건축 목재가 부족한 황토고원의 지역적 특성이 반영된 결과이다. 방한 효과가 뛰어나고 여름에는 시원하다.
孔庙 Kǒngmiào 공묘	철학가이자 사상가인 공자(孔子 Kǒngzi)의 제사를 지내기 위해 지어진 사당으로, 중국 3대 고(古)건축물중 하나이다. 유네스코 세계문화유산에 공자 묘소(孔林 Kǒnglín), 공자 저택(孔府 kǒngfǔ)와 함께 3공(三孔 sānkǒng)으로 등록되었다.

(2) 공예품

苏绣 sūxiù 쑤저우 자수	중국 4대 자수 중 쑤저우 지역에서 발원한 자수로, 가장 오래된 자수 중 하나이다. 청나라 때 성황을 이루었고, 이후에는 서양화의 특징을 흡수해 빛과 어둠이 강렬하고 입체감 있는 스타일을 만들어 냈다.

唐三彩 tángsāncǎi 당삼채	당나라 시기의 도자기로 세가지 색(백색, 녹색, 갈색)으로 배합된 도자기가 많은 것에서 유래한 명칭이다. 주로 뤄양, 장안 귀족의 장례용으로 제작되었으며, 한국, 인도, 이집트, 이탈리아 등으로 수출했다.
剪纸 jiǎnzhǐ 전지(종이공예)	민간 공예로, 도안을 따라 오려서 만드는 종이공예이다. 한 장의 종이가 끊김 없이 연결되어 문양을 이루는 것이 특징이다.
油纸伞 yóuzhǐsǎn 유지우산	전통 공예품으로, 기름 먹인 종이로 만든 우산이다. 아시아 각지로 퍼져 나갔으며, 결혼식이나 종교 축제에서도 쓰인다.
孔明灯 kǒngmíngdēng 공명등, 풍등	불로 데워진 공기로 공중으로 띄우는 풍등으로, 종이로 만들어졌다. 제갈공명이 구조 요청을 위해 고안했다고도 전해지며, 고대에는 군사용으로 많이 사용되었지만, 현재는 원소절(元宵节 Yuánxiāojié)이나 중추절(中秋节 Zhōngqiūjié)에 복을 기원(祈福 qífú)하는 용도로 사용된다.

(3) 명절

元宵节 Yuánxiāojié 원소절, 정월대보름	음력 1월 15일로, 거리나 사찰을 등으로 화려하게 장식한다. 역사가 오래된 만큼 지방마다 풍속은 다르지만, 보통 '탕위안(汤圆 tāngyuán)'을 먹고 꽃등을 감상(赏花灯 shǎng huādēng)하고 등롱 수수께끼 놀이(猜灯谜 cāi dēngmí)를 한다.
端午节 Duānwǔjié 단오절	음력 5월 5일로, 초나라의 애국 시인 '굴원(屈原 Qū Yuán)'이 '미뤄강(汨罗江 mìluó jiāng)'에 몸을 던져 죽은 날을 추모하는 날이다. 당시 백성들이 그의 시신을 찾기 위해 배를 타고 강으로 나간 것이 지금의 '용선경기(龙舟赛 lóngzhōusài)'가 되었다. 또, 물고기들이 그의 시신을 훼손하지 못하게 '쫑즈(粽子 zòngzi)'를 던졌는데, 그 후로 쫑즈는 단오절을 대표하는 음식이 되었다.
中秋节 Zhōngqiūjié 중추절	음력 8월 15일로, 중국의 주요 명절 중 하나이다. 이날에는 온 가족이 함께 모여 일 년 중 가장 밝고 둥근 달을 감상(赏月 shǎngyuè)하고, 중추절을 대표하는 음식 '월병(月饼 yuèbǐng)'을 먹는다.
国庆节 Guóqìngjié 국경절	양력 10월 1일로, 중화인민공화국의 건국 기념일이다. 연휴 기간은 약 1주일 정도이며, 이 기간을 '10월 1일 황금주간(十一黄金周 shíyī huángjīnzhōu)' 또는 '국경절 연휴(国庆长假 guóqìng chángjià)'라고 부른다.
腊八节 Làbājié 납팔절	음력 12월 8일로, 석가모니가 득도하여 부처가 된 날이다. 석가모니의 득도를 축하하며 '납팔죽(腊八粥 làbāzhōu)'을 끓여 부처님과 조상에게 바친다.

(4) 악기

古筝 gǔzhēng 고쟁	전국시대부터 전해 내려오는 중국의 전통 탄현악기로, 줄을 두드려서 소리를 낸다. 목재로 된 긴 장방형 목판 위에 현이 있는 형태로 우리나라의 가야금과 비슷한 모양이다.
古琴 gǔqín 고금/칠현금	중국에서 가장 오래된 현악기로, 7개의 현을 뜯어 음을 낸다. 유네스코 세계무형유산(联合国教科文组织世界非物质文化遗产 liánhéguó jiàokēwén zǔzhī shìjiè fēiwùzhì wénhuà yíchǎn)으로 등재되어 있다.
二胡 èrhú 얼후	당나라에서 시작된 현악기로, 활로 현을 켜서 소리를 내는 현악기다. 명칭에서 알 수 있듯이 2개 현으로 되어 있다. 남방 지역에서 많이 사용되어 '남호(南胡 nánhú)'라고도 불린다.

⑸ 공연 예술

昆曲 kūnqǔ 곤곡	14세기 쑤저우 쿤산(昆山 Kūnshān)에서 발원한 전통극으로 명나라 중엽부터 약 300년 간 번성했다. 노래, 춤, 무술이 혼합된 표현 예술로 유네스코 세계무형유산이기도 하다.
京剧 jīngjù 경극	노래, 대사, 동작, 무술이 종합된 공연 예술로, 유네스코 세계무형유산으로 등재되었다. 베이징에서 발전하여 경극이라고 불리며, 현대 경극은 여자역의 남자 배우가 없어지고, 연기나 대사가 보다 사실적으로 변했다.
相声 xiàngsheng 만담	민간 설창(说唱 shuōchàng) 문예의 일종이다. '설창'은 말하고 노래한다는 의미로 두 사람이 말과 노래, 흉내 내기 등을 통해 웃음을 주는 형식이다.
小品 xiǎopǐn 소품, 콩트	2인 이상이 하는 콩트이다. 자오번산(赵本山)이 대표적인 배우로, 자신의 사단을 이끌기도 했다. 명·청시대 유행한 산문의 한 형식이기도 하고, 산문에서 편폭이 짧은 문학 양식을 가리키기도 한다.
变脸 biànliǎn 변검	쓰촨의 전통극인 '천극(川剧)'의 특징 중 하나로, 배우가 마스크의 일종인 '리엔푸(脸谱)'를 극의 분위기에 맞게 바꾸는 연출 기법을 말한다.

⑹ 인물

李时珍 Lǐ Shízhēn 이시진	명나라의 의학자이자 과학자로, 800여 종의 문헌을 집필하였고 1,892종의 약재를 망라한 약학서인 『본초강목(本草纲目)』을 편찬했다.
梅兰芳 Méi Lánfāng 매란방	청나라 말기부터 중화인민공화국(현재 중국)에 걸쳐 활동하면서 세계적으로 경극을 알린 경극 배우이다. 당시에는 남자 배우가 여자 배역을 맡았는데, 매란방은 주로 여자 배역을 하였다.
齐白石 Qí Báishí 치바이스, 제백석	근현대 시기의 화가로 중국 미술계의 거장이다. 시(诗), 서(书), 화(画), 각(刻) 모두 탁월했으며, 특히 새우, 화초, 곤충 등을 소재로 그림을 많이 그렸다.
莫言 Mòyán 모옌	중국 최초의 노벨문학상(诺贝尔文学奖 Nuòbèi'ěr Wénxuéjiǎng) 수상 작가로, 중국 민간설화와 역사를 동시대에 융합해 환상적인 리얼리즘을 표현했다고 평가받는다. 모옌은 '글(작품)을 통해서만 말한다'는 의미의 필명이다. 대표작으로는 『붉은 수수밭(红高粱)』, 『개구리(蛙)』 등이 있다.
白居易 Bái Jūyì 백거이	당나라 3대 시인 중 한 사람으로, 시의 소재가 광범위하고 형식이 다양하며 언어가 평이한 것이 특징이다. 대표작으로 「장한가(长恨歌)」, 「비파행(琵琶行)」 등이 있다.
荀子 Xúnzǐ 순자	전국시대 사상가이다. 맹자의 성선설을 비판하고, 성악설을 주장했으며, 예(礼)를 강조했다. 공자를 스승으로 모셨지만, 사상에 있어 보다 합리적이라는 평가를 받는다. 대표작으로는 학습의 중요성을 쓴 『권학(劝学)』이 있다.
王羲之 Wáng Xīzhī 왕희지	서성(书圣)으로 존경받는 동진시대의 서예가이다. 특히, 해서, 행서, 초서의 서체를 예술의 경지로 올려놓은 인물로 평가받는다. 대표작 『난정서(兰亭序)』는 '천하제일행서'로 불린다.
钱钟书 Qián Zhōngshū 치앤중슈	저명한 문학가로 칭화대, 옥스퍼드대 등을 거친 수재이다. 중국 지식인 계층의 다양한 군상(群像)을 풍자한 장편소설 『포위된 성(围城)』이 대표작이다.

金庸 Jīn Yōng 진용, 김용	홍콩에서 주로 활동한 무협 소설(武俠小說 wǔxiá xiǎoshuō) 작가이자 언론인이다. 그의 소설은 전 세계에서 1억 부가 넘게 판매되었고, 그의 소설을 연구하는 '김학(金学)'이라는 학문도 있다. 대표작은 『신조협려(神雕俠侶)』, 『의천도룡기(倚天屠龙记)』, 『소오강호(笑傲江湖)』 등이 있다.
花木兰 Huā Mùlán 화목란, 뮬란	아버지를 대신해 전쟁터에 나가 큰 공을 세운 여성으로 민간에서 구전되어 온 북조시대 악부 민가 「목란사(木兰辞)」의 주인공이다. 충(忠)과 효(孝)의 내용을 담고 있는 화목란 이야기는 지금까지 사랑받고 있다.
韩愈 Hán Yù 한유	당나라의 문인이자 정치가이며 그의 벗 유종원(柳宗元 Liú Zōngyuán)과 함께 고문(古文) 운동을 본격적으로 시작했다.
黄庭坚 Huáng Tíngjiān 황정견	북송시대 시인이자 서예가로, '강서시파'의 조종(祖宗), 원조로 여겨진다. 여러 곳의 지방관도 역임했으나 유배지를 전전하다가 세상을 떠났다. 대표작으로 『산곡집(山谷集』이 있다.
张衡 Zhāng Héng 장형	후한시대의 학자로, 특히 천문학 분야에서 많은 업적을 남겼는데, 태사령이 되어 천문관측을 책임졌다. 대표적인 발명품으로 구리(铜 tóng)로 천문을 관측하는 기기인 '혼천의(浑天仪 húntiānyí)'와 지진을 기록하고 예측하는 '지동의(地动仪 dìdòngyí)'가 있다.
鲁迅 Lǔ Xùn 루쉰	중국의 현대 문학가이자 사상가이다. 대표작으로는 『아큐정전(阿Q正传)』이 있으며, 후에 그의 주장에 따라 문학계의 통일전선이 형성되었다.
武则天 Wǔ Zétiān 무측천, 측천무후	당나라 고종 이치(李治)의 황후로, 고종이 죽은 뒤 조정을 장악하고 권력을 독점했다. 그 후 당(唐)에서 주(周)로 나라 이름을 바꾸고 스스로 황제가 되었다. 중국 역사상 최초이자 유일무이한 여황제이다.
老舍 Lǎo Shě 라오서	중국의 현대 소설가이자 극작가로, 대표작으로는 소설 『낙타샹즈(骆驼祥子)』, 『사세동당(四世同堂)』과 희곡 『찻집(茶馆)』, 『생일(生日)』 등이 있다.
马云 Mǎ Yún 마윈	중국 최대 전자 상거래 회사인 알리바바(阿里巴巴 Ālǐbābā)의 창업주로, 영어 강사로 일하다 알리바바를 설립한 후 전자 상거래 사이트 타오바오(淘宝 táobǎo), 온라인 결제 시스템 알리페이, 온라인 쇼핑 사이트 T몰 등을 연이어 성공시켰다.

(7) 작품

水浒传 Shuǐhǔzhuàn 수호전	중국 최초로 백화문(白话文 báihuàwén 구어를 반영한 글말)으로 쓰인 소설이다. 108명의 호걸이 양산박(梁山泊 Liángshānpō)에서 봉기하여 탐관오리를 징벌하고 조정에 들어가 공을 세우지만 씁쓸한 죽음을 맞기도 한다는 내용이다. 여러 작가의 손을 거쳤지만, '시내암(施耐庵 Shī Nài'ān)'과 '나관중(罗贯中 Luó Guànzhōng)'에 의해 완성된 것으로 알려져 있다.
三国演义 Sānguó Yǎnyì 삼국연의	작가 나관중(罗贯中 Luó Guànzhōng)이 집필한 작품으로 우리에겐 삼국지라는 명칭으로 친숙하다. 후한 말에 삼국시대(위, 촉, 오)를 거쳐 진(晋)나라가 통일하기까지의 역사를 배경으로 한 소설이다.
西游记 Xīyóujì 서유기	황제의 칙령으로 불전을 구하러 현장삼장(玄奘三藏 Xuánzàng Sān Zàng)이 손오공(孙悟空 Sūn Wùkōng)을 데리고 인도에 가는 내용의 소설이다. 승려 현장이 천축에서 불경을 가져온 역사적 사실이 소설의 제재이다. 현존하는 책에 저자가 기록되어 있지 않으며, 명나라 오승은(吴承恩 Wú Chéng'ēn)으로 추정한다.

金瓶梅 Jīnpíngméi 금병매	『수호전』의 서문경과 반금련의 정사에 이야기를 보태어 쓴 소설로, 전설이나 역사적 배경을 바탕으로 하지 않은 중국의 첫 소설이다. 등장인물들의 색욕, 권력욕, 질투와 모함 등을 잘 묘사한 작품으로 꼽힌다. 현존하는 제일 오래된 판본에 소소생(笑笑生)이 저자라고 되어 있으나 누구인지 정확하지 않다.
红楼梦 Hónglóumèng 홍루몽	청나라 상류층 가문의 영화와 몰락, 그리고 가보옥(贾宝玉), 임대옥(林黛玉), 설보채(薛宝钗) 등 주인공들의 애정과 비극을 다룬 소설이다. 저자는 청나라 조설근(曹雪芹 Cáo Xuěqín)으로 알려져 있다.
四大奇书 sìdà qíshū 4대 기서	『수호전』, 『삼국연의』, 『서유기』, 『금병매』를 가리키며, 중국 고대 소설의 4가지 유형을 대표한다. 『금병매』 대신 『홍루몽』을 포함시켜 '4대 명저(四大名著 sìdàmíngzhù)'라고도 부른다.

(8) 유명 관광지와 도시

青藏高原 Qīngzàng Gāoyuán 칭짱고원	세계의 지붕(世界屋脊 shìjiè wūjǐ)이라고 불리는 세계에서 가장 높고 중국에서 가장 큰 고원이다. 티베트 고원이라고도 불린다.
黄山 Huáng Shān 황산산	중국 10대 풍경명승구에 유일하게 포함된 산으로 '천하제일기산(天下第一奇山)'으로 불린다. 안후이성(安徽省)에 위치한 화강암 산으로 기송(奇松), 괴석(怪石), 운해(云海), 온천(温泉)이 유명하며, 유네스코 세계자연유산(联合国教科文组织世界自然遗产 liánhéguó jiàokēwén zǔzhī shìjiè zìrán yíchǎn)으로 지정되어 있다.
五岳 Wǔ Yuè 오악	중국 5대 명산, 즉 동쪽에 타이산산(泰山), 서쪽에 화산산(华山), 남쪽에 헝산산(衡山), 북쪽에 헝산산(恒山), 중부에 쑹산산(嵩山)을 가리킨다.
长空栈道 Chángkōng Zhàndào 장공잔도	오악의 하나인 화산산(华山)의 5개 봉우리 중 남봉을 오르는 코스 중 하나이다. 코스는 세 구간으로 나뉘는데, 깎아지를 듯한 절벽(悬崖绝壁 xuányá juébì)을 따라 좁은 길을 아찔하게 걸어가야 하는 것으로 유명하다.

(9) 중국차와 음식

普洱茶 pǔ'ěrchá 보이차	발효한 흑차의 일종이다. 푸얼차라는 명칭은 윈난성에서 생산된 차가 푸얼현(普洱县) 차(茶) 시장에서 모여 출하된 것에서 유래한다. 오래 우릴수록 떫은맛(涩味 sè wèi)이 사라지고, 좋은 차로 평가된다.
花椒 huājiāo 산초	훠궈(火锅 huǒguō)에 많이 쓰이는 산초는 특이한 맛이 나는 향신료(香料 xiāngliào) 열매로, 낱알이 많아서 다산의 의미를 담고 있다. 중국의 춘추전국시대에는 남녀 사이의 언약의 징표로 주고받았다.

(10) 풍습

春联 chūnlián 춘련	춘절(春节)에 소망이나 집안의 평안을 기원하는 내용을 빨간 종이에 적어 문, 기둥 등에 붙이는 것으로, 송나라 때부터 붙이기 시작하였다.
年夜饭 niányèfàn 녠예판 [=团圆饭]	음력 섣달 그믐날 저녁(음력 12월 30일)에 가족이 모여서 함께 먹는 음식을 가리킨다. 고대에 연말 제사를 지내는 것에서 유래했다.
二十四节气 èrshísì jiéqì 24절기	농사를 짓는 데 필요한 기상과 동식물의 변화를 음력이 아닌 태양 운동을 기준으로 정한 것이다. 24절기의 명칭은 중국 주(周)나라 때 화북 지방의 기상 상태에 맞춰 붙여졌다.

⑾ 기타

丝绸之路 Sīchóu zhī lù 실크로드	중국 한나라 시기에 서역 국가들과 비단을 비롯한 여러 가지 무역을 하면서 정치와 경제 문화를 이어 준 교통로이다. 이 길은 중국 중원(中原) 지방에서 시작하여 지중해 동안과 북안에 이른다.
象棋 xiàngqí 중국 장기	초한지(초나라와 한나라의 전쟁)를 배경으로 한 게임으로, 한국 장기의 유래이기도 하다. 장기판 중앙에 강이 있고, 졸, 상, 포의 규칙이 한국 장기와는 차이가 있다.
四大发明 sìdà fāmíng 4대 발명	세계 문명에 큰 영향을 준 발명으로, 지식의 기록과 전파를 쉽고 빠르게 한 종이 제지술(造纸术)과 활자 인쇄술(印刷术), 군사적 측면에 영향을 준 화약(火药), 항해술을 발전시킨 나침반(指南针)을 가리킨다.
四大书院 sìdà shūyuàn 4대 서원	서원은 중국 고대 교육기관으로 당나라 현종 때 처음 등장하였고, 송나라 주희가 발전시켰다. 4대 서원은 3대 서원인 응천부서원(应天府书院), 악록서원(岳麓书院), 백록동서원(白鹿洞书院)에 숭양서원(嵩阳书院)이나 석고서원(石鼓书院)을 포함시켜 이른다.
四大美女 sìdà měinǚ 4대 미인	중국의 역사상 유명한 네 명의 미녀로, 월나라의 서시(西施 Xīshī), 왕소군(王昭君 Wáng Zhāojūn), 초선(貂蝉 Diāochán), 양귀비(杨贵妃 Yáng Guìfēi, 杨玉环 Yáng Yùhuán)를 가리킨다. 각각 '침어낙안(沉鱼落雁 chényú luòyàn), 폐월수화(闭月羞花 bìyuè xiūhuā)'로 지칭했다.

함께 알아 두면 좋은 표현

- **联合国教科文组织世界非物质文化遗产** liánhéguó jiàokēwén zǔzhī shìjiè fēiwùzhì wénhuà yíchǎn 유네스코 세계무형유산
- **联合国教科文组织世界自然遗产** liánhéguó jiàokēwén zǔzhī shìjiè zìrán yíchǎn 유네스코 세계자연유산
- **相传** xiāngchuán ~라고 전해 내려오다
- **被称为** bèi chēngwéi ~라고 불리다, ~로 알려지다
- **被评为** bèi píngwéi ~로 선정되었다
- **被载入** bèi zǎirù ~에 등재되었다

배운 내용 점검하기

녹음을 듣고 빈칸을 채우세요. track 18

1 中国大多数中药店都______________"堂"，________同仁堂等。原来，________汉代名医张仲景做官的时候曾经在办公的大堂中行医，还______________"坐堂医生"。

2 近日，专家在被称为"世界第五大长寿之乡"的广西巴马县________了一次________。调查发现，这里大多数长寿老人都____________、爱交谈、家庭关系和睦、心境________。

해석&어휘 **1** 중국의 대다수 중약국들은 자칭 '당(堂)'으로 부르는데, 예를 들어 동인당(同仁堂)등이 있다. 원래, 한나라 명의였던 장중경이 벼슬길에 올랐을 때, 업무 공간에서 의료 행위를 했고, 스스로를 '좌당의사(坐堂医生)'라고 불렀다고 전해진다.

中药店 zhōngyàodiàn 명 중약국, 한약방 | 堂 táng 명 넓고 큰 방, 홀 | 同仁堂 Tóngréntáng 고유 동인당 [중약방의 하나] | 相传 xiāngchuán 동 ~라고 전해 내려오다 | 名医 míngyī 명 명의 | 张仲景 Zhāng Zhòngjǐng 고유 장중경 [중국 동한의 의학가] | 曾经 céngjīng 부 일찍이 | 办公 bàngōng 동 집무하다 | 行医 xíngyī 동 의료 행위를 하다

2 최근 전문가들이 '세계 제5대 장수마을'로 불리는 광시성 바마현에서 조사를 진행했다. 조사에 따르면 이곳의 대다수 장수 노인들은 모두 성격이 활발하고 이야기 나누기를 좋아하며, 가정이 화목하고 마음이 평온하다고 한다.

近日 jìnrì 명 최근 | 专家 zhuānjiā 명 전문가 | 称为 chēngwéi 동 ~라고 부르다 | 长寿 chángshòu 형 장수하다, 오래 살다 | 之 zhī 조 ~의, ~한, ~는 [관형어와 중심어 사이에 쓰여 수식 관계를 나타냄] | 乡 xiāng 명 시골, 촌 | 广西 Guǎngxī 고유 광시성 | 县 xiàn 명 현 [중국 행정 구획 단위의 하나] | 家庭 jiātíng 명 가정 | ★和睦 hémù 형 화목하다, 사이가 좋다 | 心境 xīnjìng 명 기분, 심리 상태 | 稳定 wěndìng 형 안정되다

정답 **1** 自称为, 比如, 相传, 称自己为 **2** 进行, 调查, 性格活泼, 稳定

STEP 3 실력 다지기

Day 23 track 19

1. A 《劝学》一共一千字
   B 荀子鼓励人们不断求知
   C 《劝学》由荀子的后人编写
   D 荀子崇尚哲学

2. A 江西诗派以黄庭坚为代表
   B 江西诗派成立于唐代中期
   C 江西诗派留下的诗歌很少
   D 黄庭坚的诗歌多描写山水

3. A 城有防洪的作用
   B 镇多是险要之地
   C 镇比城交通发达
   D 城在镇的边缘

4. A 长空栈道禁止攀爬
   B 长空栈道由铁板铺成
   C 长空栈道是华山最险之处
   D 长空栈道位于华山东侧山顶

5. A 花椒从清代开始种植
   B 古时花椒可作为定情物
   C 花椒香气怡人
   D 花椒是一种经济作物

정답 및 해설 → 해설서 p.019

Day 24 track 20

6. A 茶叶博物馆对外出口茶叶
   B 茶叶博物馆位于杭州市
   C 茶叶博物馆刚刚成立
   D 茶叶博物馆有4个展厅

7. A 字母词在词典中使用频率很高
   B 《新尔雅》是最先收录字母词的词典
   C 汉语词典不收录字母词
   D 汉语词典从未改版

8. A 高台狮子流传地域特别广
   B 高台狮子表演难度大
   C 四川杂技民族特色鲜明
   D 高台狮子表演占地面积很大

9. A 游客可在主题公园内扮演功夫明星
   B 该公园是电视剧拍摄基地
   C 主题公园内的设计人员个个身手敏捷
   D 该公园深受武术爱好者喜爱

10. A 普洱茶珍呈块状
    B 普洱茶珍需冷冻保管
    C 普洱茶珍很难冲泡
    D 普洱茶珍工序复杂

정답 및 해설 → 해설서 p.022

04 이야기

STEP

1 유형 파악하기

✖ 어떤 인물의 이야기, 혹은 동물, 사물 등을 의인화한 우화로 우리에게 교훈이나 웃음을 준다. 친숙한 어휘들이 등장해 얼핏 듣기에는 어렵지 않지만, 전반적으로 이해해야 정답을 고를 수 있는 문제나, 문장에 숨은 의미까지 파악해서 풀어야 하는 문제도 있으므로 처음부터 끝까지 집중해서 들어야 한다.

▶ 출제경향

1 교훈

중국의 역사적 인물이나 근·현대 시기 유명인이 등장하기도 한다. 동물을 의인화하여 사건을 전개하는 우화는 동물의 특징과 연관 지어서 출제되는데, '여우는 교활하고 곰은 둔하다'와 같은 통념을 기반으로 한다.

2 유머

주로 녹음의 말미에 우리가 일반적으로는 생각하지 못하는 방향으로 반전되며 마무리된다.

▶ 문제풀이 비법

1 등장인물의 행동과 말에 집중하자.

등장인물의 행동이나 말이 답이 되는 경우가 많다. 녹음을 듣기 전에 보기에서 등장인물의 이름, 명칭의 발음을 미리 파악해 두면 녹음을 들을 때 훨씬 수월하다.

2 마지막 내용에 집중하며, 반전에 유의하자.

대부분 녹음 마지막 부분에서 정답이 등장하고, 마지막에 내용이 반전될 수 있으니 녹음 끝까지 긴장을 놓치지 말자. 또한, 반전되는 내용에는 의미가 숨겨져 있는 경우가 많으니, 표면적인 내용만 듣지 말고 속에 숨겨진 의미가 무엇인지를 파악해야 한다.

3 이야기의 흐름까지 잡아야 한다. [예시: 등장인물, 사건의 전개 양상 등]

이야기 유형은 주제가 답이 되기도 하지만 그저 사실 관계를 묻기도 한다. PBT(지필고사)의 경우 메모가 가능하니 녹음을 들으면서 메모하여 내용을 놓치지 말자.

제1부분 예제 track 21

1 **A** 法官很聪明　　**B** 法官让证人讲述亲眼见到的事
C 证人说谎了　　**D** 证人不知道自己的生日

STEP 1 보기에서 핵심 어휘 찾기

◆ '法官(판사)' '证人(증인)'이 등장인물이겠구나!

◆ 각 보기의 키워드를 '누가' 언급하는지도 확인해야지!

A 聪明 | **B** 让证人讲述亲眼见到的事 | **C** 说谎了 | **D** 不知道自己的生日

在法庭上，一个法官对证人说："我要先告诉你，你只可以说你亲眼所见的，不能说从别人那里听到的。现在，我来问你个问题：你是什么时候出生的?"证人十分惊慌地回答："哎，法官，我可不能说，这是我听别人讲了才知道的啊!"	법정에서 한 판사가 증인에게 말했다. "먼저 알려 드리겠습니다. 당신은 직접 본 것만 말할 수 있고, 다른 사람에게서 들은 것은 말할 수 없습니다. 이제 제가 질문을 하겠습니다. 언제 태어나셨나요?" 증인은 매우 당황하며 대답했다. "아이고, 판사님. 저는 말할 수 없습니다. 이건 다른 사람의 말을 들어야 알 수 있는 사실입니다!"
A 法官很聪明 B 法官让证人讲述亲眼见到的事 C 证人说谎了 D 证人不知道自己的生日	A 판사는 매우 똑똑하다 B 판사는 증인에게 직접 본 것을 진술하라고 했다 C 증인은 거짓말을 했다 D 증인은 자신의 생일을 모른다

STEP 2 보기의 세부 내용을 녹음과 대조하며 듣기

1 B [法官: 직접 본 것만 말할 수 있고, 들은 것은 말할 수 없다, 생일 묻기 / 证人: 말할 수 없다, 생일은 다른 사람의 말을 들어야 알 수 있다]
녹음 초반에 '法官(판사)'이 '证人(증인)'에게 '직접 본 것(亲眼所见)'만 말하라고 한 부분이 보기 B와 일치한다. 인물별로 관련 내용을 메모하며 들었다면 쉽게 답을 찾을 수 있다.

A 法官很聪明 → 판사의 총명함에 대한 언급은 없었어.
B 法官让证人讲述亲眼见到的事 → 판사가 직접 본 것만 말하라고 했지. B가 녹음 내용과 일치하는구나.
C 证人说谎了 → 증인의 대답이 상식적으로 알맞은 대답은 아니었지만, 그렇다고 '거짓말'이라고 볼 수는 없지.
D 证人不知道自己的生日 → 증인은 '본인의 출생'은 '직접 보지 못했으니' 말할 수 없다고 한 거야.

法庭 fǎtíng 명 법정 | **法官** fǎguān 명 판사, 법관, 재판장 | **证人** zhèngrén 명 증인 | **亲眼** qīnyǎn 부 직접 자신의 눈으로 | **所** suǒ 조 ['명사+~+동사'의 형태로 쓰여, 중심어가 동사의 객체임을 나타냄] | **惊慌** jīnghuāng 형 놀라 당황하다 | **讲述** jiǎngshù 동 진술하다 | **说谎** shuōhuǎng 동 거짓말하다

STEP 2 내공 쌓기

1 이야기 내용 흐름 잡기

이야기 유형의 녹음이 어떻게 전개되는지 형식을 파악해 두면 내용을 이해하기 훨씬 쉬워진다.

도입	배경과 인물을 소개하거나, 줄거리와 주제를 제시한다.
	배경과 등장인물의 정보를 파악하고, 어떤 내용이 나올지 예측한다.
전개	사건을 시간순으로 나열하고 묘사한다.
	'언제, 어디서, 누가, 무엇을, 어떻게, 왜' 등 육하원칙에 집중하며 들어야 한다.
마무리	앞에서 일어난 사건들의 '결과'나 전체 내용의 '주제'를 제시한다.
	이 부분에서 주제가 언급되고 곧 정답으로 연결되는 경우가 많다.

2 감정 표현 track 22

이야기 유형에서는 인물의 감정을 표현하는 어휘가 자주 출제된다.

긍정적 기분	欣慰 xīnwèi 형 기쁘고 안심되다 | 感慨 gǎnkǎi 동 감개하다 | 荣幸 róngxìng 형 영광스럽다 | 喜悦 xǐyuè 형 기쁘다, 유쾌하다 | 享受 xiǎngshòu 동 누리다 | 珍惜 zhēnxī 동 귀하게 여기다 | 愉快 yúkuài 형 유쾌하다 | 满足 mǎnzú 동 만족하다 | 感激 gǎnjī 동 감격하다 | 惊喜 jīngxǐ 동 놀랍고 기쁘다
부정적 기분	厌恶 yànwù 동 싫어하다 | 绝望 juéwàng 동 절망하다 | 后悔 hòuhuǐ 동 후회하다 | 懊悔 àohuǐ 동 후회하다 | 消极 xiāojí 형 소극적이다 | 无缘 wúyuán 동 인연이 없다 | 不耐烦 búnàifán 형 못 참다, 성가시다 | 灰心 huīxīn 동 낙심하다 | 愤怒 fènnù 형 분노하다 | 为难 wéinán 동 난처하다 | 难为情 nánwéiqíng 형 난감하다, 쑥스럽다 | 荒唐 huāngtáng 형 황당하다 | 吃苦头 chī kǔtóu 애를 먹다, 쓴맛을 보다 | 尝到苦头 chángdào kǔtóu 쓴맛을 보다 | 反感 fǎngǎn 동 반감을 가지다 | 忌讳 jìhuì 동 기피하다, 꺼리다
공포와 놀람	恐怖 kǒngbù 형 공포스럽다 | 畏惧 wèijù 동 무서워하고 두려워하다 | 恐惧 kǒngjù 동 겁먹다, 두려워하다 | 震惊 동 zhènjīng 깜짝 놀라다 | 惊讶 jīngyà 형 놀랍고 의아하다 | 慌张 huāngzhāng 형 당황하다, 허둥대다 | 惊奇 jīngqí 형 놀랍고 의아하다

3 주제를 나타내는 성어 track 23

녹음의 주제를 짧은 성어로 나타내는 경우가 있다. 빈출 성어는 꼭 외워서 문제를 틀리지 않도록 하자.

- 半途而废 bàntú'érfèi 중도에서 그만두다
- 不可思议 bùkě sīyì 상상할 수 없다, 불가사의하다
- 不相上下 bùxiāng shàngxià 막상막하이다, 우열을 가릴 수 없다
- 得不偿失 débùchángshī 얻는 것보다 잃는 것이 많다
- 斤斤计较 jīnjīn jìjiào 중요하지 않은 일을 지나치고 좀스럽게 따지다
- 举世闻名 jǔshì wénmíng 전 세계에 이름이 알려지다
- 杞人忧天 qǐrén yōutiān 기우, 쓸데없는 걱정을 하다
- 苦尽甘来 kǔjìn gānlái 고진감래, 고생 끝에 낙이 오다
- 齐心协力 qíxīn xiélì 한마음 한뜻으로 함께 노력하다
- 千方百计 qiānfāng bǎijì 갖은 방법을 다 써 보다
- 全力以赴 quánlìyǐfù 최선을 다하다
- 再接再厉 zàijiē zàilì 계속해서 한층 더 노력하다
- 走马观花 zǒumǎ guānhuā 대충대충 보고 지나가다, 표면적으로 이해하다, 수박 겉핥기 [=走马看花]
- 恍然大悟 huǎngrán dàwù 문득 깨닫다

4 이야기 속 숨은 의미 찾기 track 24

이야기 속 숨은 의미를 찾는 유형은 녹음에 쓰인 어휘와 보기 어휘만 대응시켜서는 문제를 풀 수 없다. 표면적인 내용만 듣지 말고, 숨겨진 의미가 무엇인지에 집중하며 들어야 답을 맞힐 수 있다.

- 丈夫给一家杂志社写了三封信，提了些合理化建议。出版社为了表达感谢，给他寄了两本样刊。丈夫非常高兴。我问他下一步有什么打算，他一本正经地说："我准备向汽车公司提意见。"
  남편이 한 잡지사에 편지를 세 통 써서 몇 가지 합리적인 제안을 했다. 이에 출판사는 감사를 표하기 위해 그에게 견본 간행물 두 권을 보내줬다. 남편은 매우 기뻐했다. 내가 그에게 다음에는 어떤 계획이 있느냐고 물었더니 그는 진지하게 "자동차 회사에 의견을 보낼 준비를 하고 있어."라고 말했다.
  → 남편은 잡지사에 의견을 내 잡지를 받았으니, 이번에는 자동차 회사에 의견을 내 자동차를 받겠다는 심산이다.

- 小李出门办事，到了目的地，发现没有停车位。只好把车停在马路边。他在玻璃上留了一张纸条，上面写着：我来此办事。回来的时候玻璃上多了一张警察的罚单，而且那张纸条上多了一行字：我也是。
샤오리는 볼일이 있어 밖에 나갔다. 그런데 목적지에 도착했는데 주차할 곳이 없었다. 어쩔 수 없이 차를 길가에 세웠다. 그리고 그는 유리에 메모를 남겼다. (유리) 위에는 '이곳에 일 보러 왔습니다.'라고 쓰여 있었다. 돌아왔을 때 유리 위에는 경찰의 벌금 통지서가 한 장 있었고, 그 메모지에는 '저 역시 그렇습니다.'라는 한 줄이 더 적혀 있었다.
→ 경찰 본인 역시, 불법 주차한 사람에게 벌금을 부과하는 '일'을 하러 온 것이라고 유머러스하게 대응했다.

- 薛谭拜擅长唱歌的秦青为师，学了一段时间后，薛谭自认为已把本领已全部学到手了，便向秦青告辞。然而当听到老师优美且婉转洪亮的歌声后，他才意识到：要想真正掌握一门学问，切不可一知半解，而是要在漫长的时间里，付出相当的努力才行的。
설담은 노래를 잘하는 진청을 스승으로 삼았다. 얼마간 배우고 나서 설담은 이미 모든 기술을 다 익혔다고 여겨 진청에게 작별을 고했다. 그러나 선생님의 우아하고 구성지며 우렁찬 노래를 듣고 나서는, 진정으로 한 분야에 통달하려면 수박 겉핥기가 아니라 긴 시간 상당한 노력을 기울여야만 가능하다는 것을 깨달았다.
→ 한 분야에 통달하려면 긴 시간의 노력이 필요하며 단기간에 이뤄 낼 수 있는 것이 아니다.

- 有一只树蛙一心想像鸟儿一样在天空中飞翔。它起早贪黑地努力练习，仍然飞不起来。后来，一只老树蛙告诉它："没有翅膀，你的努力毫无意义啊!"很多时候，无法取得成功并不是不够努力，而是因为不具备基本条件，即使有再多附加条件，也无济于事。
개구리 한 마리가 마음속으로 새처럼 하늘을 날고 싶어 했다. 개구리는 일찍 일어나 늦게 자며 열심히 연습했지만 여전히 날 수 없었다. 후에 한 늙은 개구리가 "날개가 없으니 네 노력은 부질없어!"라고 했다. 성공하지 못하는 것은 노력이 부족해서가 아니라, 기본적인 조건이 충족되지 않아서이고, 설령 더 많은 조건을 갖다 붙인다 해도 아무 소용이 없는 경우가 많다.
→ 가질 수 없는 능력을 애써 가지려 노력하는 것은 의미가 없다.

- 黄药眠先生经常告诫学生：做学问不能老是听别人的话，孔子怎么说；庄子怎么说；柏拉图怎么说，关键是你自己怎么说。对问题要敢于发出自己的声音，哪怕声音再微弱，也毕竟是自己的。
황야오멘 선생은 항상 학생들에게 다음과 같은 메시지를 던진다. "학문을 할 때 항상 남의 말만 들으면 안 된다. 공자가 어떻게 말하든, 장자가 어떻게 말하든, 플라톤이 어떻게 말하든, 중요한 것은 스스로가 어떻게 말하느냐 하는 것이다. 문제에 대해 용감하게 자신의 목소리를 내야 하며, 아무리 목소리가 약하다고 해도 결국은 자신의 것이다."
→ 아무리 남의 말이 대단하다고 해도 가장 중요한 것은 자신의 의견을 낼 줄 알아야 한다는 것이다.

배운 내용 점검하기

녹음을 듣고 빈칸을 채우세요. track 25

1 爸爸带着六岁的女儿去野生________玩。走到美洲豹前时，女儿看到笼子上挂着一个警示牌，上面写着"油漆未干"四个字，____________地大叫起来："啊？我一直________美洲豹身上的斑纹都是真的呢!"

2 有个青年因为经常做事________而被老板解雇。后来，他去了一家古董店工作，上班的第一天他就打碎了一个很名贵的玻璃花瓶。老板____________地说："钱我会从你的工资中扣除的!"他马上____________，说："谢天谢地，我总算找到了一份长期的工作。"

해석&어휘 **1** 아빠가 6살 딸을 데리고 야생 동물원에 놀러 갔다. 재규어 우리에 도착했을 때, 딸은 우리에 '油漆未干(페인트가 아직 안 마름)'이라는 4글자가 쓰여진 경고판을 보고 놀라워하며 외쳤다. "어? 난 여태 재규어 몸의 얼룩무늬가 진짜인 줄 알았어!"
野生 yěshēng 명 야생 | 动物园 dòngwùyuán 명 동물원 | 美洲豹 měizhōubào 명 재규어 | 笼子 lóngzi 명 (동물을 가두는) 우리 | 警示牌 jǐngshìpái 경고 표지판 | ★油漆 yóuqī 명 페인트 | ★不禁 bùjīn 부 자기도 모르게, 금치 못하고 | ★惊奇 jīngqí 형 놀랍고 의아하다 | 斑纹 bānwén 명 얼룩무늬

2 한 청년이 일을 대충 하는 바람에 자꾸 사장에게 해고를 당했다. 훗날 그는 한 골동품점에서 일을 하는데, 출근 첫째 날부터 아주 진귀한 유리 꽃병을 깨 버렸다. 사장은 크게 화를 내며 말했다. "이 돈은 당신 월급에서 깎겠어요!" 그는 한숨을 돌리며 말했다. "감사합니다, 하느님. 드디어 장기적인 일자리를 찾았네요!"

粗心 cūxīn 형 세심하지 못하다 | 老板 lǎobǎn 명 사장 | ★解雇 jiěgù 동 해고하다 | 古董店 gǔdǒngdiàn 골동품 가게 | 打碎 dǎsuì 동 때려부수다 | 名贵 míngguì 형 유명하고 진귀하다 | 玻璃 bōli 명 유리 | 工资 gōngzī 명 월급 | 扣除 kòuchú 동 공제하다 | 松了一口气 sōngle yíkǒuqì 한숨 돌리다 | 长期 chángqī 명 장시간

정답 **1** 动物园, 不禁惊奇, 以为 **2** 粗心, 十分生气, 松了一口气

STEP 3 실력 다지기

Day 30 track 26

1. **A** 那个人补交了五两银子
   B 齐白石画了三只半虾
   C 那个人少买了一只虾
   D 齐白石未按规定作画

2. **A** 画画儿需要灵感
   B 画家想换家具
   C 朋友并不认可画家的画技
   D 朋友觉得刷墙是画蛇添足

3. **A** 百姓非常畏惧申渐高
   B 皇帝喜欢廉洁的大臣
   C 申渐高进谏减税获成功
   D 皇帝告诫大臣要节俭

4. **A** 品德靠自己培养
   B 不要轻易做决定
   C 小孩子不可以撒谎
   D 他们在公园

5. **A** 要以诚待人
   B 外表比内涵更重要
   C 做事不能只顾自己
   D 心胸狭隘的人最终会失败

정답 및 해설 → 해설서 p.024

인물 인터뷰

STEP 1 유형 파악하기

× 듣기 제2부분은 긴 인터뷰 녹음을 듣고 질문에 답하는 유형으로, 총 3개 녹음이 등장하는데, 보통 그중 2개는 특정 '인물'을 인터뷰하는 녹음으로 출제된다. 인터뷰 대상자는 크게 '문화예술인, 스포츠인, 기타 전문가' 등으로 분류할 수 있으며, 이 중 '문화예술인'의 출제 비중이 가장 크다. 인터뷰 대상은 모두 중국인 혹은 화교이며, '실제 인터뷰'를 바탕으로 한다. 최근 들어서는 해당 인물의 실명도 거론되기 때문에 중국의 시사, 스포츠, 연예 등에 관심이 많다면 아는 인물의 인터뷰가 등장할 수도 있다.

▶ 출제경향

1 문화예술인

문학가, 사진작가, 무용수, 배우, 조각가 등이 등장한다. 최신 출제 경향에 따르면, 절반 이상의 주제가 문화예술인의 인터뷰이고, 특히 문학가의 인터뷰가 가장 많다. 주로 '인물 소개, 문화예술 활동 시작 계기, 작품 특징, 성공에 필요한 자질과 경쟁력, 미래에 대한 비전과 계획'에 관한 내용이 자주 출제된다.

2 스포츠인

유명한 스포츠 선수는 빈도가 높지는 않더라도, 꾸준히 출제되는 주제이다. 생소한 운동 종목일 경우, 인터뷰 내용을 따라가는 것조차 어려울 수 있으므로, 빈출 운동 종목 명칭을 미리 공부해 둘 필요가 있다.

3 기타 전문가

주로 '창업'과 관련된 인물이 등장한다. 이 외에도 아나운서, 기자 등 방송 관련 인물이나, 과학계 인사, 금융계 인사, 기타 직업군에 종사하는 인물들이 직군을 가리지 않고 두루 출제된다.

▶ 문제풀이 비법

1 보기를 먼저 읽어 인터뷰 대상의 분야를 파악한다.

듣기 제2부분 인물 인터뷰는 인터뷰 대상자의 직종이나 분야를 파악하는 것만으로도 듣기가 훨씬 수월해지므로, 녹음이 시작되기 전에 보기를 통해 미리 파악해 두어야 한다.

2 실제 인터뷰를 바탕으로 출제되니, 배경지식이 큰 힘이 된다.

인물 인터뷰의 경우 실제 인물을 바탕으로 하기 때문에 평소 중국의 유명인들에 대한 기본 지식이 있다면 인터뷰 내용을 파악하는 데 많이 도움이 될 것이다.

제2부분 예제 track 27

1 A 爱上阅读
B 崇拜作者
C 去故宫看怪兽
D 拜访住在皇城根的老人

2 A 画出了怪兽的样子
B 展示了故宫的布局
C 描绘了宫殿的雄伟
D 标出了故事发生的位置

3 A 怪兽之间的争斗
B 皇帝一生的趣事
C 成语与寓言故事
D 中国神话和传统文化

4 A 从小就爱看童话
B 高中期间开始创作
C 呼吁社会关爱儿童
D 作品多以历史为背景

5 A 发展潜力无限
B 翻译队伍薄弱
C 题材范围非常广泛
D 已进入发展高峰期

정답&풀이

STEP 1 보기를 통해 '인터뷰 주제' 추측하기

◆ 보기에 쓰인 어휘로 보아, '문학' 작품과 관련된 인터뷰겠구나.

阅读 책 읽기 | 故事 이야기 | 童话 동화 | 创作 창작하다 | 作品 작품 | 翻译 번역하다 → 문학

◆ '故宫(고궁)' '怪兽(괴수)'가 반복적으로 나오는 것을 통해, 작품의 장르를 추측할 수 있어.

第1到5题是根据下面一段采访：

男：与您之前的作品相比《故宫里的大怪兽》系列在哪方面更具有特色呢？[1]您最希望小读者从作品中领悟到什么呢？

女：我以往的作品多是以学校为背景的，而这次则是以故宫为背景，挖掘了不少关于传统文化与中国神话的内容。[1]我希望阅读完这套丛书的孩子，会产生去故宫看一下那些怪兽的想法，那些都是古人留给我们的，且充满想象力的杰作。[2]因此我在每一本书的首页都附上了"怪兽地图"，标志出了故事发生的地点。

男：[3]《故宫里的大怪兽》系列涉及到许多中国传统文化与神话的内容，您认为儿童文学在创作上是不是有这方面的使命？

女：我并不认为自己是背负着什么"使命"在创作童话。我是北京人，奶奶家就在皇城根，周围有许多非常会讲故事的老人，从小就没少听故宫中怪兽的故事。长大以后逛故宫时，我一直觉得十分奇怪，故宫中有那么有意思

1~5번 문제는 다음 인터뷰 내용에 근거한다.

남: 선생님의 이전 작품과 비교했을 때 『고궁 안의 괴수』 시리즈는 어떤 점에서 더 특색이 있나요? [1]어린 독자들이 작품에서 무엇을 느끼기를 가장 바라시나요?

여: 저의 예전 작품은 대부분 학교를 배경으로 했습니다만, 이번에는 고궁을 배경으로 해서 전통문화와 중국 신화 내용에 관한 내용을 많이 발굴했습니다. [1]저는 이 시리즈를 다 읽은 아이들이 고궁에 가서 그 괴수들을 보고 싶다는 생각이 들었으면 좋겠습니다. 그것들은 고대인들이 우리에게 남겨 준 것이며, 풍부한 상상력의 걸작입니다. [2]따라서 저는 모든 책의 첫 번째 장에 '괴수 지도'를 첨부해서, 이야기가 발생한 지역을 표시해 두었습니다.

남: [3]『고궁 안의 괴수』 시리즈는 많은 중국 전통문화와 신화의 내용과 연관되어 있습니다. 선생님께서 생각하시기에 아동 문학 창작에 있어서 이러한 사명이 있는 것인가요?

여: 저는 제가 어떤 '사명'을 가지고 동화를 창작한다고 생각하지는 않습니다. 저는 베이징 사람으로, 할머니 댁이 바로 황청건(皇城根)에 있어서 주변에 이야기를

的怪兽，它们如吉祥物般随处可见，却几乎没有人知道，原因是什么呢？后来我懂了，那是因为没人认识，于是我下定决心要把它们写出来。

男：您走上儿童文学创作之路的原因是什么呢？未来有何打算？

女：[4]我从小时候起便很爱看童话，可大部分都是外国作品，在国内，兼具想象力与美感的作品实在不多。我是在怀孕时开始写童话的，当时一直都在幻想这样的情景：我给我的孩子读这些故事听，与他一同分享温暖的快乐时光。下一步我应该会将《故宫里的大怪兽》系列完成。

男：对于不少孩子与家长而言，他们选择的读物中，外国作品占很大比例，您如何看待这一现象？

女：我认为优质的儿童文学作品是不分地域的。现在的孩子可以读到那么多国际上优秀的作品，是他们的幸运。只是我认为[5]国内儿童文学的翻译队伍仍较为薄弱，不少作品翻译后会失色很多。但近几年，也有些特别好的翻译家，他们翻译的作品也非常受人们欢迎。

잘하는 노인분이 많아서, 어렸을 때부터 고궁의 괴수에 대한 이야기를 많이 들었지요. 크고 나서 고궁을 돌아다닐 때 저는 줄곧 매우 이상하다고 생각했습니다. 고궁에 그렇게 재미있는 괴수들이 있는데, 그것들은 마치 마스코트처럼 어디서나 볼 수 있지만 이를 아는 사람은 거의 없었죠. 왜일까요? 훗날 저는 그것을 아는 사람이 없기 때문이라는 점을 알게 되었습니다. 그래서 저는 그것들을 작품으로 써 내야겠다고 생각했습니다.

남: 아동 문학 창작의 길을 걷게 된 이유는 무엇인가요? 그리고 앞으로의 계획은 무엇이죠?

여: [4]저는 어렸을 때부터 동화를 좋아했습니다. 그러나 대부분 외국 작품으로, 국내에는 상상력과 아름다움을 다 갖춘 작품이 사실 별로 없습니다. 저는 임신을 했을 때부터 동화를 쓰기 시작했고, 그때는 줄곧 제가 저의 아이에게 이런 이야기를 들려주고, 아이와 함께 따듯하고 즐거운 시간을 공유하는 장면을 꿈꿔 왔습니다. 앞으로 저는 『고궁 안의 괴수』 시리즈를 끝낼 것입니다.

남: 많은 아이들과 학부모들이 책을 선택할 때 외국 작품이 큰 비중을 차지합니다. 이런 현상을 어떻게 생각하시나요?

여: 저는 양질의 아동 문학 작품은 지역을 가리지 않는다고 생각합니다. 요즘 아이들은 국제적으로 뛰어난 작품을 많이 읽을 수 있게 되어 행운인 것이죠. 다만 저는 [5]국내 아동 문학의 번역팀이 여전히 비교적 취약해서 많은 작품이 번역을 마친 뒤 그 맛을 잃어버리게 되는 경우가 많다고 생각합니다. 그렇지만 최근 몇 년 간 굉장히 좋은 번역가들이 생겼고, 그들이 번역한 작품 또한 많은 사람들의 사랑을 받고 있습니다.

STEP 2 질문을 미리 예상하며, 보기와 대조하며 녹음 듣기

1 C [产生……的想法 ~한 생각이 들다]　진행자의 질문이 곧 문제의 질문이었던 문제로, 진행자의 질문에 대한 인터뷰 대상자의 대답이 곧 정답으로 이어지는 경우가 많으니, 진행자의 질문에도 반드시 집중하자. 아이들이 '去故宫看一下那些怪兽(고궁에 가서 그 괴수들을 보고 싶다)'는 생각이 들었으면 좋겠다고 녹음에 비슷하게 언급했다. [D(×): 작가의 할머니 댁이 '皇城根(황청건)'이고 주변에 이야기를 잘하는 노인분이 많다고는 했지만, 아이들이 방문하기를 바란다고는 하지 않았다.]

2 D [标志出了故事发生的地点 이야기가 발생한 지역을 표시했다 → 标出了故事发生的位置 이야기가 발생한 위치를 표시했다]　하나의 대답에서 여러 문제의 실마리가 언급되기도 하니, 한 문항을 풀었다고 안심하지 말고 긴장을 유지하자! 녹음의 '标志(표시하다)'와 '地点(지역)'이 보기에 '标(표시하다)'와 '位置(위치)'라고, 약간만 다르게 표현됐다.

3 D [涉及到…… ~에 연관되다]　녹음에는 '中国传统文化与神话(중국 전통문화와 신화)'라고, 보기 D와 단어 배열이 반대로 언급되었지만, 내용상 차이는 없다. 대부분은 인터뷰 대상자의 말에서 정답 문장이 나오지만, 여기서는 진행자의 말에서 정답이 나왔다. 이와 같은 경우도 종종 있기 때문에 무조건 인터뷰 대상자의 말에서만 정답이 나온다고 생각해서는 안 된다.

4 A [从 …… 起 ~부터] 보기 A의 핵심 어휘가 녹음에 '从小时候(어렸을 때)' '爱看童话(동화를 좋아하다)'라고, 거의 그대로 언급되었다. [B(×): 창작 활동은 '임신했을 때부터' 시작했다고 했다. / D(×): 중국 전통문화와 신화를 배경으로 한다고 했다.]

5 B [翻译队伍仍较为薄弱 번역팀이 여전히 비교적 취약하다] 보기 B의 내용이 녹음에 거의 그대로 언급되었다. 나머지 보기는 전혀 언급되지 않았기 때문에 난도 자체는 높지 않지만, 녹음 마지막까지 집중해서 듣기가 쉽지 않다. 많은 연습을 통해서 끝까지 듣는 연습을 하자.

---

1 女的希望读完这套书的孩子会产生怎样的想法?

A 爱上阅读
B 崇拜作者
C 去故宫看怪兽
D 拜访住在皇城根的老人

2 关于书中的"怪兽地图", 可以知道什么?

A 画出了怪兽的样子
B 展示了故宫的布局
C 描绘了宫殿的雄伟
D 标出了故事发生的位置

3 这套书涉及了哪方面的内容?

A 怪兽之间的争斗
B 皇帝一生的趣事
C 成语与寓言故事
D 中国神话和传统文化

4 关于女的, 下列哪项正确?

A 从小就爱看童话
B 高中期间开始创作
C 呼吁社会关爱儿童
D 作品多以历史为背景

5 女的如何看待中国的儿童文学翻译行业?

A 发展潜力无限
B 翻译队伍薄弱
C 题材范围非常广泛
D 已进入发展高峰期

1 여자는 이 시리즈를 다 읽은 아이들이 어떤 생각을 하기 바라는가?

A 책 읽기를 좋아하게 되길
B 작가를 숭배하게 되길
C 고궁에 가서 괴수를 보고 싶어 하길
D 황청건에 사는 노인을 찾아뵙고 싶어 하길

2 책 속의 '괴수 지도'에 대해서 알 수 있는 것은 무엇인가?

A 괴수의 모습을 그려 냈다
B 고궁의 배치를 보여 준다
C 궁전의 웅장함을 그려 냈다
D 이야기가 발생한 위치를 표시했다

3 이 시리즈는 어떤 분야의 내용과 연관되어 있는가?

A 괴수들의 싸움
B 황제의 일생 중의 재미있는 일
C 고사성어와 우화
D 중국 신화와 전통문화

4 여자에 대해서 다음 중 옳은 것은 무엇인가?

A 어려서부터 동화를 좋아했다
B 고등학교 때부터 창작을 시작했다
C 사회에 아동의 관심과 사랑을 호소하고 있다
D 작품은 주로 역사를 배경으로 한다

5 여자는 중국 아동문학 번역계를 어떻게 생각하는가?

A 발전 잠재력이 크다
B 번역팀이 취약하다
C 소재의 범위가 매우 넓다
D 발전 정점에 도달했다

作品 zuòpǐn 명 작품, 창작품 | **相比** xiāngbǐ 동 비교하다 [与A相比: A와 비교하다] | **故宫** gùgōng 명 고궁 | **怪兽** guàishòu 명 괴수, 괴상하게 생긴 짐승 | ★**系列** xìliè 명 시리즈, 계열 | **具有** jùyǒu 동 가지다 | **特色** tèsè 명 특징, 특색 | **读者** dúzhě 명 독자 | ★**领悟** lǐngwù 동 깨닫다, 이해하다 | ★**以往** yǐwǎng 명 이전, 과거 | **背景** bèijǐng 명 배경 | **则** zé 접 오히려, 그러나 | ★**挖掘** wājué 동 발굴하다, 찾아내다 | **传统** chuántǒng 명 전통 | **神话** shénhuà 명 신화 | **套** tào 양 세트 | **丛书** cóngshū 명 총서, 갖가지 책을 모아 편성한 것 | **产生** chǎnshēng 동 생기다, 발생하다 | **想法** xiǎngfa 명 생각, 견해 | **古** gǔ 명 고대, 옛날 | **充满** chōngmǎn 동 가득 채우다 | **想象力** xiǎngxiànglì 명 상상력 | **杰作** jiézuò 명 걸작 | **首** shǒu 명 시작, 최초 | **附上** fùshàng 명 첨부하다, 함께 동봉해서 보내다 | **标志** biāozhì 동 표시하다, 나타내다 | ★**涉及** shèjí 동 연관되다, 관계되다, 상관되다 | **文学** wénxué 명 문학 | ★**创作** chuàngzuò 명 창작 | ★**使命** shǐmìng 명 사명, 명령 | **并** bìng 부 결코, 전혀, 별로 [부정사 앞에 쓰여 부정의 어투 강조] | **背负** bēifù 동 짊어지다, 책임지다 | ★**童话** tónghuà 명 동화 | **皇城根** Huángchénggēn 고유 황청건 [베이징의 한 지역 이름] | **如** rú 동 마치 ~와 같다 | **吉祥物** jíxiángwù 명 마스코트 | **般** bān 조 ~와 같은, ~와 같은 정도의 | **随处** suíchù 부 어디서나, 도처에 | **可见** kějiàn ~에서 볼 수 있다 | **下定** xiàdìng 동 (결심·단정 따위를) 내리다 | **决心** juéxīn 명 결심, 결의 [下定决心: 결심하다] | **未来** wèilái 명 미래 | **何** hé 대 무엇, 무슨 | **便** biàn 부 곧, 바로 [=就] | **大部分** dàbùfen 명 대부분 | **外国** wàiguó 명 외국 | **国内** guónèi 명 국내 | **兼** jiān 동 겸하다, 동시에 하다 | **具** jù 동 갖추다, 구비하다 | **美感** měigǎn 명 미적 감각 | **怀孕** huáiyùn 동 임신하다 | **幻想** huànxiǎng 동 공상하다, 몽상하다 | **情景** qíngjǐng 명 장면, 광경, 모습 | **一同** yìtóng 부 함께, 같이 | **分享** fēnxiǎng 동 (기쁨·행복·좋은 점 등을) 공유하다, 함께 나누다 | **温暖** wēnnuǎn 형 따뜻하다, 온난하다 | ★**时光** shíguāng 명 시기,

때, 시절 | 将 jiāng 개 ~를 [≒把] | 家长 jiāzhǎng 명 학부모, 가장 | 而言 éryán ~에 대해 말하자면, ~에 근거해 보면 [对于A而言: A에 대해 말하자면] | 读物 dúwù 명 도서, 읽을 것 | 占 zhàn 동 차지하다, 점령하다 | 比例 bǐlì 명 비중 | 如何 rúhé 대 어떻게, 어떤, 어떻게 하면 | ★看待 kàndài 동 (사람이나 사물에 대해) 어떤 견해나 태도를 가지다, 대(우)하다, 취급하다 | 现象 xiànxiàng 명 현상 | 优质 yōuzhì 명 양질, 우수한 품질 | 地域 dìyù 명 지역 | 幸运 xìngyùn 형 행운이다, 운이 좋다 | ★队伍 duìwu 명 팀, 대열, 행렬 | 仍 réng 부 여전히, 아직도 | 较为 jiàowéi 부 비교적 | ★薄弱 bóruò 형 약하다, 취약하다 | 失色 shīsè 동 본래의 색을 잃다 | 翻译家 fānyìjiā 명 번역가 | 爱上 àishàng 좋아하게 되다, 사랑하게 되다 | ★崇拜 chóngbài 동 숭배하다 | ★拜访 bàifǎng 동 예를 갖추어 방문하다 | ★展示 zhǎnshì 동 드러내다, 나타내다 | ★布局 bùjú 명 배치, 구성, 짜임새 | ★描绘 miáohuì 동 그리다, 묘사하다 | ★宫殿 gōngdiàn 명 궁전 | ★雄伟 xióngwěi 형 웅대하고 위세가 넘치다 [여기서는 명사적 용법으로 쓰임] | 标 biāo 동 표시하다 | 位置 wèizhi 명 위치 | 争斗 zhēngdòu 동 쟁투하다, 다투다 [여기서는 명사적 용법으로 쓰임] | ★皇帝 huángdì 명 황제 | 一生 yìshēng 명 일생 | 趣事 qùshì 명 재밌는 일, 우스운 일 | 成语 chéngyǔ 명 성어 | ★寓言 yùyán 명 우화, 우언 | 传统 chuántǒng 명 전통 | 高中 gāozhōng 명 고등학교 | 期间 qījiān 명 기간, 시간 | ★创作 chuàngzuò 동 창작하다 | ★呼吁 hūyù 동 호소하다, 구하다, 청하다 | 关爱 guān'ài 동 관심을 갖고 돌보다, 사랑으로 돌보다 | 文学 wénxué 명 문학 | 行业 hángyè 명 업종, 직종, 직업 | ★潜力 qiánlì 명 잠재 능력, 잠재력 | 无限 wúxiàn 형 무한하다, 끝이 없다, 한도가 없다 | ★题材 tícái 명 제재, 문학이나 예술 작품의 소재 | 范围 fànwéi 명 범위 | 广泛 guǎngfàn 형 광범(위)하다, 폭넓다 | 进入 jìnrù 동 진입하다, 들다 | ★高峰 gāofēng 명 고봉, 최고위층 [高峰期: 절정기, 피크]

STEP

2 내공 쌓기

1 주요 질문 유형 ●track 28

인터뷰 유형에서는 진행자의 질문과 문제의 질문이 일치하는 경우가 많으므로, 녹음을 들을 때 질문을 정확하게 파악하고, 인터뷰 대상자의 답변을 들어야 한다.

인터뷰 대상자의 인물 소개에 관하여

- ∨ 女的最可能是做什么的? 여자는 아마도 무엇을 하는 사람인가?
- ∨ 男的坚持的创作原则是什么? 남자가 고수하는 창작의 원칙은 무엇인가?
- ∨ 关于女的，可以知道什么? 여자에 관하여 알 수 있는 것은 무엇인가?
- ∨ 关于男的，下列哪项正确? 남자에 관하여 다음 중 옳은 것은 무엇인가?

인터뷰 대상자의 작품이나 활동에 관하여

- ∨ 下列哪项是表现……的方法? 다음 중 ~의 방법을 나타내는 것은 무엇인가?
- ∨ 关于这部作品的大众媒体效果，下列哪项正确? 이 작품의 대중매체 효과에 관하여, 다음 중 옳은 것은 무엇인가?
- ∨ 通过骑行，男的最想传达什么? 라이딩을 통해 남자가 가장 전하고 싶은 것은 무엇인가?
- ∨ 该网站是怎样留住客户的? 이 사이트는 어떻게 고객을 붙잡아 두는가?

인터뷰 대상자의 견해나 생각에 관하여

- ∨ 男的认为新的表演形式要以什么为根本? 남자는 새로운 공연 형식이 무엇을 기반으로 해야 한다고 여기는가?
- ∨ 女的怎样看待电影情节和音乐之间的关系? 여자는 영화 줄거리와 음악 사이의 관계를 어떻게 생각하는가?
- ∨ 男的怎么看竞争对手? 남자는 라이벌을 어떻게 보는가?
- ∨ 女的觉得做自由职业者怎么样? 여자는 프리랜서를 하는 것에 대해 어떻게 생각하는가?

2 분야별 주요 어휘 track 29

녹음의 대부분은 인터뷰 대상자의 답변으로 이루어지며, 자연히 이 부분에서 정답이 언급된다. 모든 어휘를 다 알 수는 없지만 빈출 분야별 기본 어휘와 핵심 빈출 어휘는 꼭 공부하도록 하자.

문화예술인	문학 작품	作家 zuòjiā 명 작가 | 读者 dúzhě 명 독자, 구독자 | 诗人 shīrén 명 시인 | 原稿 yuángǎo 명 원고 | 作品 zuòpǐn 명 작품 | 著作 zhùzuò 명 저서 | 书法 shūfǎ 명 서예 | 艺术 yìshù 명 예술 | 笔名 bǐmíng 명 필명 | 畅销书 chàngxiāoshū 명 베스트셀러 | 出版 chūbǎn 동 출판하다 | 改编 gǎibiān 동 각색하다 | 创作 chuàngzuò 동 창작하다 명 작품 | 灵感 línggǎn 명 영감 | 题材 tícái 명 제재, 주제 | 构想 gòuxiǎng 동 구상하다 명 구상 | 描写 miáoxiě 동 묘사하다 | 塑造 sùzào 동 형상화하다, 묘사하다 | 呈现 chéngxiàn 동 나타내다, 보이다 | 评论 pínglùn 동 논하다, 평론하다 | 平凡 píngfán 형 평범하다 | 清新 qīngxīn 형 참신하다 | 典型 diǎnxíng 형 전형적이다 | 生涯 shēngyá 명 생활, 일생 [作家生涯: 작가 생활] | 天赋 tiānfù 명 천부적 재능 [≒天分 tiānfèn] | 名著 míngzhù 명 명작 | 杰作 jiézuò 명 걸작 | 短篇 duǎnpiān 명 단편 | 长篇 chángpiān 명 장편
	그림, 조각	画家 huàjiā 명 화가 | 绘画 huìhuà 명 그림, 회화 동 그림을 그리다 | 漫画 mànhuà 명 만화 | 壁画 bìhuà 명 벽화 | 油画 yóuhuà 명 유화 | 色彩 sècǎi 명 색채, 성향 | 定制 dìngzhì 동 주문하여 만들다 | 工匠 gōngjiàng 명 공예가, 장인 | 雕塑 diāosù 동 조각, 조소 동 조소하다, 조각하다 | 木雕 mùdiāo 명 목조품 | 展览 zhǎnlǎn 동 전시하다 | 观赏 guānshǎng 동 감상하다
	공연	表演 biǎoyǎn 동 공연하다 | 巡回 xúnhuí 동 순회하다 [巡回演出: 순회공연하다] | 导演 dǎoyǎn 동 연출하다, 감독하다 | 戏剧 xìjù 명 희극, 연극 | 角色 juésè 명 배역, 역할 | 台词 táicí 명 대사 | 高潮 gāocháo 명 클라이맥스, 절정 | 舞台 wǔtái 명 무대 | 现代舞 xiàndàiwǔ 명 현대 무용 | 独舞 dúwǔ 명 독무 동 독무하다 | 舞蹈 wǔdǎo 명 춤 동 춤추다 | 基本功 jīběngōng 명 기본기 | 观看 guānkàn 동 관람하다, 관찰하다
	사진	拍摄 pāishè 동 촬영하다 | 摄影 shèyǐng 동 사진을 찍다 | 造型 zàoxíng 동 이미지를 만들다 | 技巧 jìqiǎo 명 기교, 테크닉 | 镜头 jìngtóu 명 (카메라) 렌즈 | 业余爱好者 yèyú àihàozhě 명 아마추어
	영화	制片人 zhìpiànrén 영화 제작자, 프로듀서 | 拍戏 pāixì 동 영화를 찍다 | 剪辑 jiǎnjí 동 편집하다 | 上映 shàngyìng 동 상영하다 | 演员 yǎnyuán 명 배우 | 情节 qíngjié 명 줄거리 | 剧本 jùběn 명 극본 | 电影节 diànyǐngjié 명 영화제 | 银幕 yínmù 명 은막, 스크린 | 影迷 yǐngmí 명 영화팬
	음악	欣赏 xīnshǎng 동 감상하다 | 音乐 yīnyuè 명 음악 | 古典音乐 gǔdiǎn yīnyuè 명 고전음악, 클래식 음악 | 民歌 míngē 명 민요 | 节奏 jiézòu 명 리듬 | 旋律 xuánlǜ 명 선율, 멜로디 | 配乐 pèiyuè 동 배경음악을 넣다 | 选曲 xuǎn qǔ 선곡하다
스포츠인	운동	奥运会 Àoyùnhuì 고유 올림픽 | 冬奥会 dōng'àohuì 고유 동계 올림픽 | 突破记录 tūpò jìlù 기록을 깨다 | 夺冠 duóguàn 동 우승을 쟁취하다 | 获得冠军 huòdé guànjūn 우승하다 | 卫冕 wèimiǎn 동 우승을 지키다, 타이틀을 방어하다 | 金牌 jīnpái 명 금메달 | 运动员 yùndòngyuán 명 운동선수 | 选手 xuǎnshǒu 명 선수 | 对手 duìshǒu 명 (경기나 싸움의) 상대, 적수 | 教练 jiàoliàn 명 코치 | 锻炼 duànliàn 동 훈련하다 | 体能 tǐnéng 명 신체 능력, 운동 능력 | 竞技 jìngjì 동 시합하다 | 比赛 bǐsài 명 경기 | 赛场 sàichǎng 명 경기장 | 训练场 xùnliànchǎng 명 훈련장 | 掌声 zhǎngshēng 명 박수 소리 | 退役 tuìyì 동 은퇴하다
	운동 종목	项目 xiàngmù 명 종목 | 花样游泳 huāyàng yóuyǒng 수중발레 | 滑冰 huábīng 명 스케이팅 | 滑雪 huáxuě 명 스키 | 速滑 sùhuá 명 스피드 스케이팅 [=速度滑冰 sùdù huábīng] | 体操 tǐcāo 명 체조 | 羽毛球 yǔmáoqiú 명 배드민턴 | 射箭 shèjiàn 명 양궁 | 射击 shèjī 명 사격 | 田径 tiánjìng 명 육상경기

기타 전문가	회사, 창업	企业 qǐyè 명 회사 | 跨国公司 kuàguó gōngsī 다국적기업 | 创业 chuàngyè 동 창업하다 | 创新 chuàngxīn 동 새것을 창조하다 | 继承 jìchéng 동 계승하다 | 行业 hángyè 명 직종, 업종 | 从事A行业 cóngshì A hángyè A 업(종)에 종사하다 | 董事长 dǒngshìzhǎng 명 대표, 이사장 | 管理者 guǎnlǐzhě 명 경영자, 관리자 | 经营者 jīngyíngzhě 명 경영자 | 上司 shàngsi 명 상사 | 畅销 chàngxiāo 동 잘 팔리다 | 营销 yíngxiāo 동 판매하다 | 促销 cùxiāo 동 판매를 촉진하다 | 物流 wùliú 명 물류 | 快递 kuàidì 명 택배 | 电子商务 diànzǐ shāngwù 전자 상거래 [=电商] | 广告宣传 guǎnggào xuānchuán 명 광고, 홍보 | 推广 tuīguǎng 동 널리 보급하다 | 品牌 pǐnpái 명 상표, 브랜드 | 投资 tóuzī 동 투자하다 | 招商 zhāoshāng 동 투자자를 유치하다 | 风险 fēngxiǎn 명 위험, 리스크 | 消费者 xiāofèizhě 명 소비자 | 提供服务 tígōng fúwù 서비스를 제공하다 | 成本 chéngběn 명 원가 | 资本 zīběn 명 자본, 자금 | 市场 shìchǎng 명 시장 | 输入 shūrù 동 수입하다 | 输出 shūchū 동 수출하다 | 口碑 kǒubēi 명 평가, 입소문 | 核心 héxīn 명 핵심 | 竞争力 jìngzhēnglì 명 경쟁력 | 基础设施 jīchǔ shèshī 명 인프라 | 模式 móshì 명 양식, 모델 | 平台 píngtái 명 플랫폼 | 体系 tǐxì 명 체계 | 制度 zhìdù 명 규칙, 제도 | 网站 wǎngzhàn 명 웹사이트 | 注册账户 zhùcè zhànghù 회원가입을 하다 | 收藏夹 shōucángjiā 명 즐겨찾기 | 用户 yònghù 명 사용자, 가입자 | 会员 huìyuán 명 회원 | 高端产品 gāoduān chǎnpǐn 고급 제품
	건축	建筑雄伟 jiànzhù xióngwěi 건축물이 웅장하다 | 建筑师 jiànzhùshī 명 건축사 | 建造 jiànzào 동 건축하다 | 修筑 xiūzhù 명 건설하다, 세우다 | 图纸 túzhǐ 명 도면 | 装修 zhuāngxiū 동 인테리어하다 | 布局 bùjú 명 구성, 배치 | 牢固 láogù 형 견고하다 | 结构合理 jiégòu hélǐ 구조가 합리적이다 | 油漆 yóuqī 명 페인트 | 黏 nián 형 끈적끈적하다 | 独一无二 dúyī wú'èr 성 유일무이하다, 하나밖에 없다 | 标志 biāozhì 동 상징하다, 의미하다 | 标志性建筑 biāozhìxìng jiànzhù 랜드마크
	여행	世界文化遗产 shìjiè wénhuà yíchǎn 명 세계문화유산 | 文物 wénwù 명 문물 | 驴友 lǘyǒu 명 배낭여행객 [=背包客 bēibāokè] | 壮观 zhuàngguān 명 웅장한 경관 형 웅장하다 | 遗址 yízhǐ 명 유적 | 博物院 bówùyuàn 명 박물관 [=博物馆 bówùguǎn] | 流传 liúchuán 동 세상에 널리 퍼지다
	교육	家长 jiāzhǎng 명 학부모 | 教育 jiàoyù 명 교육 | 领导气质 lǐngdǎo qìzhì 명 리더십 | 智商 zhìshāng 명 IQ, 지능지수 | 情商 qíngshāng 명 EQ, 감성지수 | 批评 pīpíng 동 비평하다, 꾸짖다 | 严厉 yánlì 형 호되다, 매섭다 | 期望 qīwàng 동 (미래의 사람이나 사물에 대해) 기대하다, 바라다 | 望子成龙 wàngzǐ chénglóng 성 자식이 훌륭한 인물이 되기를 바라다 | 出息 chūxi 명 장래성, 전도 [没出息: 장래성이 없다, 못나다] | 素质 sùzhì 명 소질, 자질 | 早教 zǎojiào 조기교육 | 溺爱 nì'ài 동 (자신의 아이를) 지나치게 귀여워하다 | 榜样 bǎngyàng 명 모범, 본보기 | 耐心 nàixīn 형 참을성이 있다, 인내심이 있다
	기타	空姐 kōngjiě 명 스튜어디스 | 护士 hùshi 명 간호사 | 警察 jǐngchá 명 경찰 | 工程师 gōngchéngshī 명 기사, 엔지니어 | 记者 jìzhě 명 기자 | 主持人 zhǔchírén 명 아나운서, 사회자 | 模特 mótè 명 모델 | 设计师 shèjìshī 명 디자이너 | 飞行员 fēixíngyuán 명 조종사 | 自由职业者 zìyóu zhíyèzhě 명 프리랜서 | 咨询师 zīxúnshī 명 상담사 | 职业 zhíyè 명 직업 | 生涯 shēngyá 명 생애

배운 내용 점검하기

녹음을 듣고 빈칸을 채우세요. track 30

男：您过去是一位＿＿＿＿＿＿，是怎么开始＿＿＿＿科幻小说的？

女：我本来就是个科幻＿＿＿＿＿＿，一有时间就会看科幻小说，后来看得越来越多，就想自己试着写，＿＿＿＿地，就成了一个业余科幻小说作家。其实无论在中国还是外国，许多科幻小说创作者都是利用业余时间进行创作的。

男：目前的中国，在科幻文学领域中＿＿＿＿什么阶段？

女：与其他国家相比，中国仍处于初级阶段。一是我们起步比较晚，文学的成熟度还不够，二是在受众群体市场方面，我们的＿＿＿＿＿＿和读者人数都不多。

男：有些人觉得科幻文学的作品都是万变不离其宗、千篇一律的，您怎么认为？

女：可能存在这方面的问题，科幻是＿＿＿＿的文学，需要新的想法和新的＿＿＿＿。比起其他类型的创作来说，这本身就很困难。而且，科幻小说的题材还存在着不断＿＿＿＿的问题。

해석&어휘 남: 당신은 과거에는 디자이너였는데, 어떻게 SF소설을 창작하기 시작하게 되었나요?

여: 저는 원래 SF소설 팬이었습니다. 시간만 나면 바로 SF소설을 읽었고, 나중에는 점점 더 많이 읽게 되다 보니 제가 한 번 써 보고 싶어졌고, 점차 한 명의 아마추어 SF소설 작가가 되었습니다. 사실 중국이든 외국이든, 많은 SF소설 작가들이 여가 시간을 이용하여 창작합니다.

남: 현재 중국은 SF문학 분야에서 어떤 단계에 있나요?

여: 다른 국가와 비교해서 중국은 여전히 기초 단계에 있습니다. 첫째로, 우리는 시작이 비교적 늦어서, 문학의 성숙도가 부족합니다. 둘째로, 독자 시장 측면에 있어서, 우리의 판매량과 독자 수가 모두 많지 않습니다.

남: 어떤 사람들은 SF문학 작품은 아무리 변해도 본질은 달라지지 않고 천편일률이라고 생각하는데, 작가님은 어떻게 생각하시나요?

여: 아마 이 방면의 문제가 존재할 겁니다. SF는 혁신의 문학이라서, 새로운 생각과 새로운 구상이 필요합니다. 다른 유형의 작품과 비교했을 때, 이 자체로 굉장히 어렵습니다. 게다가, SF소설의 소재는 또한 끊임없이 중복되는 문제도 있습니다.

设计师 shèjìshī 명 디자이너 | ★**创作** chuàngzuò 동 창작하다 명 작품 | **科幻小说** kēhuàn xiǎoshuō 명 SF소설, 공상과학소설 | **迷** mí 명 애호가, ~광 | **渐渐** jiànjiàn 부 점점, 점차 | **业余** yèyú 형 아마추어의, 여가의 | **利用** lìyòng 동 이용하다 | **目前** mùqián 명 지금, 현재 | **科幻** kēhuàn 명 SF, 공상과학 | **文学** wénxué 명 문학 | **领域** lǐngyù 명 분야, 영역 | **处于** chǔyú 동 어떤 지위나 상태에 처하다 | **阶段** jiēduàn 명 단계 | **相比** xiāngbǐ 동 비교하다 | **仍** réng 부 여전히, 아직도 | **初级** chūjí 명 초급 | **起步** qǐbù 동 시작하다 | **成熟度** chéngshúdù 성숙도 | **不够** búgòu 형 부족하다 | **受众** shòuzhòng 명 독자 | **群体** qúntǐ 명 단체 | **市场** shìchǎng 명 시장 | **销售量** xiāoshòuliàng 명 판매량 | **读者** dúzhě 명 독자 | **人数** rénshù 사람 수 | **万变不离其宗** wàn biàn bù lí qí zōng 성 아무리 변해도 본질은 달라지지 않다 | **千篇一律** qiānpiān yílǜ 성 (문장 따위가) 천편일률이다 | **存在** cúnzài 동 존재하다 | ★**创新** chuàngxīn 동 옛것을 버리고 새것을 창조하다 | **构想** gòuxiǎng 명 구상 | **类型** lèixíng 명 유형 | ★**本身** běnshēn 명 그 자체 | ★**题材** tícái 명 제재, 문학이나 예술 작품의 소재 | **不断** búduàn 부 끊임없이 | **重复** chóngfù 동 중복하다, 반복하다

정답 **设计师, 创作, 小说迷, 渐渐, 处于, 销售量, 创新, 构想, 重复**

Day 10 track 31

1. **A** 人脉很广
   B 手艺高
   C 藏品很多
   D 参加了广播节目

2. **A** 耗时很长
   B 没有精密仪器
   C 无原图可参考
   D 材料容易碎

3. **A** 乐于分享经验
   B 瞧不起手艺人
   C 竞争非常激烈
   D 偏爱收藏钱币

4. **A** 与同行辩论
   B 细致地观察一切
   C 刻意地模仿同行
   D 收集旧家具

5. **A** 古董木雕收藏价值非常高
   B 男的借钱开办了工厂
   C 男的计划培养接班人
   D 电脑雕刻最难学

정답 및 해설 → 해설서 p.028

Day 11 track 32

6. **A** 刺激
   B 恐惧
   C 震惊
   D 无聊

7. **A** 能磨炼意志
   B 能激发灵感
   C 能节约开销
   D 能治愈疾病

8. **A** 宣传片特别差
   B 有现场直播
   C 长达两个月
   D 在原始丛林举办

9. **A** 要敢于承担责任
   B 人的潜力是无限的
   C 体验不同的人生
   D 以实际行动保护环境

10. **A** 业务很忙
    B 更爱自驾游
    C 修车技术一流
    D 曾从香港骑行至北京

정답 및 해설 → 해설서 p.031

Day 12 track 33

11. **A** 跟随创业热潮
    B 变通促销方式以提高销量
    C 受进口环境影响
    D 传统行业利润少

12. **A** 提供就业机会
    B 解决部分信息不对称问题
    C 质量评估
    D 消除行业间的屏障

13. **A** 生活服务
    B 娱乐休闲
    C 教育培训
    D 理财投资

14. **A** 免费礼品
    B 投放广告
    C 短信推送
    D 用户口碑

15. **A** 提供私人定制型服务
    B 依靠好而精的内容
    C 加大优惠力度
    D 给用户分红

정답 및 해설 → 해설서 p.033

Day 13 track 34

16. **A** 竞争很激烈
    B 容易孤独
    C 自我管理
    D 开始时收入不高

17. **A** 自己没有知名度
    B 朋友间的交流不够
    C 要学会平衡淡季和旺季
    D 工作强度很大

18. **A** 风险大
    B 既有挑战性又有吸引力
    C 不是个好选择
    D 没有发展潜力

19. **A** 正准备找工作
    B 原来是一名自由职业者
    C 这个月要出国留学
    D 现在做网页设计

20. **A** 任务缺乏计划性
    B 无法和自己的爱好相结合
    C 正改变着人们的观念
    D 合作伙伴很多

정답 및 해설 → 해설서 p.036

02 사물 인터뷰

STEP 1 유형 파악하기

✗ 듣기 제2부분의 세 녹음 중 최소 한 녹음은 사물 인터뷰가 출제된다. 특별히 어떤 분야에 치우쳐서 나오지는 않으며, 최근에는 중국에서 떠오르는 핫이슈나 문화적으로 자랑할 만한 주제로 대화가 진행된다. 중요한 것은 '사람'에 대한 인터뷰가 아니라 어떤 특정 주제에 대해서 묻고 답한다는 것이다.

▶ 출제경향

1 전통 예술(품)

역사적, 예술적 가치가 높은 중국의 전통 예술(품)이 많이 출제된다. 서예처럼 실물 작품이 존재하는 형태일 수도 있고, 경극처럼 공연 예술 형태일 수도 있다.

2 IT 기술

중국의 IT 기술 발전을 바탕으로 하는 주제들이 출제된다. '인터넷의 보급'은 물론, 'IT 기술로 통제하는 물류 시스템'이나 '고도로 정확해진 기상 예측 시스템' 등의 주제가 등장하고 있다.

3 창업과 기업

창업하는 사람이 지녀야 하는 태도나 가치관, 기업 운영에 필요한 덕목이나 방법이 주제로 등장한다.

▶ 문제풀이 비법

◆ **사물에 대한 '견해'를 잘 들어야 한다.**

상식이나 추측으로 답을 찾으려 하면 안 된다. 반드시 인터뷰 대상이 언급한 내용을 답으로 선택해야 한다.

제2부분 예제 track 35

	A	B	C	D
1	A 古代阶级制度	B 书法史上的经典	C 书画家提出的准则	D 王羲之的书法作品
2	A 临摹碑帖	B 能够吃苦耐劳	C 遵守书画规范	D 热爱和尊重书法
3	A 急于求成	B 交际能力差	C 目标不确定	D 局限于一种字体
4	A 时代特色	B 作品价值	C 传统积累	D 个人性情
5	A 性格更温柔	B 观察更敏锐	C 历史知识更丰富	D 对学习更有激情

정답&풀이

STEP 1 보기를 통해 '인터뷰 주제' 추측하기

◆ 보기에 쓰인 어휘로 보아, '서예(书法)'와 관련된 인터뷰겠구나.

书法 서예 | 书画家 서화가 | 王羲之 왕희지 | 作品 작품 → 서예(书法)

第1到5题是根据下面一段采访：

男：您能结合您的创作经验来谈一下您对中国书法传统的解读与界定吗？

女：所谓传统，指的就是独具特色、世代相传的社会因素，如制度、风俗、艺术、道德等。通俗地说，传统就是老祖宗传下来的规矩。其中，有落后的也有好的，可大体来讲，还是正面的更多。[1]书法艺术的“传统”，指的是千百年以来在中国书法史上人们所公认的经典。具体可以理解成以东晋王羲之为领军人物，历经一千余年发展传承下来的经典的帖学体系。由后人继承传统，并对这门艺术进行梳理、探讨与研究。

男：对于初学者或者书法家来讲，您认为应该怎样学习与继承书法传统呢？

女：中国书法传统拥有悠久的历史，[2]我们首先需要尊重它，而且从心底去热爱这种文化。此外必须要从临摹源流的碑帖开始，这些最根本的东西一定得扎实。而现如今的有很多学习者缺少对传统的学习与尊重，[3]希望用两三个月或者一年半载来速成，这与艺术规律不符，也无法真正学习到书法的精髓。

男：那书法的创新应该以什么样的面貌呈现出来呢？

女：我觉得艺术创新应是一种顺理成章的、自然的，并以深厚的文化传统为基础的行为。有传承，才有可能发展，[4]因此，创新必须得建立在人们对传统的积蓄之上，然后结合个人的个性、性情、修养和时代特色等，这样才能有高度，从而拥有生命力。

男：您觉得学书法会对个人生活产生什么影响呢？

女：学习书法是一件怡养身心的事情，能够给人们带来无限的乐趣。它是集脑力、体力于一体的平衡劳动，有静也有动。手脑并用，是最佳的养生之道。一般来讲，书画家的心境较为平和，这是由于在艺术创作过程中，长时间专注于艺术构思与创造，可以避免外界的不良刺激。[5]而从事书法艺术的人，观察力也更敏锐和细腻。

1~5번 문제는 다음 인터뷰 내용에 근거한다.

남: 선생님의 창작 경험과 결부시켜 중국 서예 전통에 대한 선생님의 해석과 정의를 말씀해 주실 수 있을까요?

여: 소위 전통이란, 고유한 특징을 지니고 대대로 전해 내려오는 사회적 요소를 가리킵니다. 예컨대 제도, 풍속, 예술, 도덕 등이죠. 쉽게 말해서 전통은 곧 선조로부터 내려온 규범입니다. 그중에는 낙후된 것도 있고 좋은 것도 있습니다만, 전반적으로 보았을 때는 그래도 긍정적인 것이 더 많습니다. [1]서예 예술의 '전통'이 가리키는 것은 수천 년 동안 중국 서예사에서 사람들의 인정을 받은 고전입니다. 구체적으로는 동진(东晋)의 왕희지를 선구자로 하는, 천여 년 동안 전해져 내려오는 고전적인 첩학(帖學) 체계로 이해하면 되겠습니다. 후대가 그 전통을 계승하여, 이 예술에 대해 정리하고 탐구하고 연구해 나가고 있지요.

남: 선생님은 초심자나 서예가들은 어떻게 서예 전통을 공부하고 계승해야 한다고 생각하시나요?

여: 중국 서예 전통에는 유구한 역사가 있습니다. [2]우리는 우선 이 역사를 존중해야 하고, 마음속 깊은 곳에서부터 이러한 문화를 사랑해야 합니다. 이 밖에, 반드시 모사(临摹)의 뿌리인 비첩(碑帖)부터 시작해야 합니다. 이러한 가장 근본적인 것을 견고하게 다져야 합니다. 그런데 오늘날 많은 학습자들이 전통에 대한 공부와 존중이 부족하면서, [3]2~3개월이나 1년만에 속성으로 배우려고 하는데, 이는 예술의 규율에 맞지 않을 뿐만 아니라 서예의 정수를 배울 수도 없습니다.

남: 그렇다면 서예의 혁신은 어떠한 모습으로 나타나야 할까요?

여: 제 생각에 예술 혁신은 순리대로 이루어져야 하며, 자연스러우면서도, 견실한 문화 전통을 기반으로 한 것이어야 한다고 봅니다. 계승이 있어야만 발전할 수 있습니다. [4]따라서 혁신은 반드시 사람들이 전통을 축적한 것을 기반으로, 개인의 개성, 성정, 수양과 시대적 특징 등을 결합해야 합니다. 이렇게 해야만 품격이 있고, 따라서 생명력을 가질 수 있습니다.

남: 선생님은 서예가 개인의 삶에 어떠한 영향을 준다고 생각하시나요?

여: 서예를 배우는 것은 심신을 수양하는 일로, 무한한 즐거움을 가져다줄 수 있습니다. 서예를 배우는 것은 정신력과 체력을 합치는 균형 있는 일로, 정적이기도 동적이기도 하며, 뇌와 손을 함께 쓰는 가장 좋은 양생의 길입니다. 일반적으로 서예가의 마음은 평온한 편입니다. 이는 예술 창작을 할 때 오랜 시간 동안 예술의 구상과 창작에 골몰하면 외부에서 오는 안 좋은 자극을 피할 수 있기 때문입니다. [5]게다가 서예 예술에 종사하는 사람은 관찰력도 훨씬 날카롭고 섬세합니다.

STEP 2 질문을 미리 예상하며, 보기와 대조하며 녹음 듣기

1 B [在中国书法史上人们所公认的经典 중국 서예사에서 사람들의 인정을 받은 고전이다] 인터뷰 진행 순서와 문항 순서는 일반적으로 같다. '书法史上(서예사)'에서 사람들의 인정을 받은 '经典(고전)'이라며 B의 내용이 언급됐다. [D(×): '王羲之(왕희지)'가 언급되긴 했지만 '서예 작품'이라는 내용과는 일치하지 않는다.]

tip '所谓(소위, 이른바)' 뒤에는 어떤 개념에 대해, 화자가 내린 정의나 일반적인 인식이 등장한다. 문제로 나오기 좋은 부분이므로, 반드시 집중해서 잘 들어 두자.

2 D [首先需要尊重它，而且……去热爱这种文化 우선 그것을 존중해야 하고, ~ 이러한 문화를 사랑해야 한다] 초심자나 서예가들은 어떻게 서예 전통을 공부하고 계승해야 하냐는 진행자의 질문에, 여자는 '首先我们需要尊重它，而且并从心底里去热爱这种文化'라고 대답했다. 이 대답은 'D. 热爱和尊重书法(서예를 사랑하고 존중하는 것)'와 의미가 통한다.

3 A [速成 속성 → 急于求成 성과에 급급하다] 여자는 단기간에 '速成(속성)'으로 배우려는 사람들을 부정적으로 바라보고 있다. '단기간에 속성으로 배우려고 하는 것'은 보기 'A. 急于求成(성과에 급급하다)'과 의미가 통한다.

4 B [传统的积蓄之上……个人的个性、性情、修养和时代特色等 전통을 축적한 것 ~ 개인의 개성, 성정, 수양과 시대적 특징 등] 어떤 사항을 세 가지 이상 나열한다면, '아닌 것'이 무엇인지를 물을 확률이 높다. 이 문제도 마찬가지이다. '创新(혁신)'에 필요한 네 가지를 제시한 것에 'B. 作品价值(작품의 가치)'는 언급되지 않았다.

5 B [观察力也更敏锐和细腻 관찰력도 훨씬 날카롭고 섬세하다] 보기 B의 주요 어휘 '观察(관찰)' '敏锐(날카롭다)'가 녹음에 그대로 언급되었다.

---

1 女的认为什么是书法艺术方面的传统？
A 古代阶级制度
B 书法史上的经典
C 书画家提出的准则
D 王羲之的书法作品

2 女的觉得学习与继承书法传统的首要条件是什么？
A 临摹碑帖
B 能够吃苦耐劳
C 遵守书画规范
D 热爱和尊重书法

3 现在有些人在学习书法的时候主要存在什么问题？
A 急于求成
B 交际能力差
C 目标不确定
D 局限于一种字体

4 根据这段对话，下列哪项不属于艺术创新时需要考虑的因素？
A 时代特色
B 作品价值
C 传统积累
D 个人性情

1 여자는 서예 예술 분야의 전통이 무엇이라고 생각하는가?
A 고대의 계급 제도
B 서예사의 고전
C 서예가가 내놓은 규칙
D 왕희지의 서예 작품

2 여자는 서예 전통을 배우고 계승하기 위한 가장 중요한 조건이 무엇이라고 생각하는가?
A 비첩 모사하기
B 고생을 견디는 능력
C 서화 규범을 준수하는 것
D 서예를 사랑하고 존중하는 것

3 요즘 일부 사람들은 서예를 배울 때 주로 어떤 문제가 있는가?
A 성과에 급급하다
B 사교력이 부족하다
C 목표가 불확실하다
D 한 가지 글씨체에 국한되어 있다

4 이 대화에 따르면 다음 중 예술 혁신에서 고려해야 하는 요소가 아닌 것은 무엇인가?
A 시대적 특성
B 작품의 가치
C 전통의 누적
D 개인의 성정

5 和普通人相比，书法家有怎样的特点？
A 性格更温柔
B 观察更敏锐
C 历史知识更丰富
D 对学习更有激情

5 일반인과 비교해서 서예가는 어떤 특징이 있는가?
A 성격이 더 온유하다
B 더 날카롭게 관찰할 수 있다
C 역사에 대한 지식이 풍부하다
D 학습에 더욱 열정적이다

结合 jiéhé 동 결부하다, 결합하다 | ★创作 chuàngzuò 명 창작 | ★书法 shūfǎ 명 서예, 서법, 서도 | 传统 chuántǒng 명 전통 | 解读 jiědú 명 해석, 해독 | 界定 jièdìng 명 정의, 구분 | 所谓 suǒwèi 형 소위, 이른바 | 独具 dújù 형 고유하다 | 特色 tèsè 명 특징, 특색 | ★世代 shìdài 명 세대, 대대 | 相传 xiāngchuán 동 ~라고 전해지다, ~라고 전해 오다 | 因素 yīnsù 명 요소 | 如 rú 동 예컨대, 예를 들다 | 制度 zhìdù 명 제도 | 风俗 fēngsú 명 풍속 | 道德 dàodé 명 도덕, 윤리 | ★通俗 tōngsú 형 알기 쉽다, 대중적이다, 통속적이다 | A来说 A láishuō A로 말하자면 | 老祖宗 lǎozǔzōng 명 선조, 조상 | 传 chuán 동 전해지다, 전파되다 | 规矩 guīju 명 규율, 표준, 법칙 | 落后 luòhòu 형 낙후되다, 뒤떨어지다 | 大体 dàtǐ 부 대체로, 대략 | 正面 zhèngmiàn 명 긍정적인 면, 적극적인 면, 좋은 면 | 以来 yǐlái 명 동안, 이래 | ★公认 gōngrèn 동 모두가 인정하다, 공인하다 | 经典 jīngdiǎn 명 고전 | 具体 jùtǐ 명 구체적 | 东晋 Dōng Jìn 고유 동진 [중국의 왕조] | 王羲之 Wáng Xīzhī 고유 왕희지 [중국 동진의 서예가] | 领军人物 lǐngjūn rénwù 명 선구자, 리더 | 历经 lìjīng 동 두루 ~ 경험하다, 여러 번 ~ 겪다 | 余 yú 수 여, 남짓 | 传承 chuánchéng 동 계승되다, 전수하고 계승하다 | 帖学 Tièxué 고유 첩학 [중국의 서파 중 하나로, 진(晋)의 왕희지(王羲之)·왕헌지(王獻之) 2대의 전통적 서법을 계승] | ★体系 tǐxì 명 체계 | 后人 hòurén 명 후세, 후인 | ★继承 jìchéng 동 계승하다, 이어받다, 물려받다 | 梳理 shūlǐ 동 조리 있게 정리하다 | ★探讨 tàntǎo 명 탐구 | 初学者 chūxuézhě 명 초심자, 초보자 | 书法家 shūfǎjiā 명 서예가 | ★拥有 yōngyǒu 동 보유하다, 소유하다, 가지다 | 悠久 yōujiǔ 형 유구하다, 장구하다 [历史悠久: 역사가 유구하다] | 心底 xīndǐ 명 마음속 | 热爱 rè'ài 동 뜨겁게 사랑하다 | 此外 cǐwài 명 이 외에, 이 밖에 | 临摹 línmó 명 (글씨나 그림 따위를) 모사하다 | 源流 yuánliú 명 뿌리, 사물의 기원 | 碑帖 bēitiè 명 비첩 [비석에 새긴 글자나 그림 따위를 그대로 종이에 박아 낸 것으로, 주로 감상용이나 서예 교재로 쓰임] | 根本 gēnběn 형 근본적인, 중요한 | ★扎实 zhāshi 형 견고하다, 견실하다 | 现如今 xiànrújīn 명 지금, 현재 | 学习者 xuéxízhě 명 학습자 | 一年半载 yìniánbànzǎi 성 한 해나 반년 | 速成 sùchéng 동 속성하다 | 规律 guīlǜ 명 규율, 법칙 | 不符 bùfú 동 서로 맞지 않다, 일치하지 않다 | 无法 wúfǎ 동 할 수 없다, 방법이 없다 | 精髓 jīngsuǐ 명 정수, 정화 | ★创新 chuàngxīn 명 혁신, 창의성 | ★面貌 miànmào 명 면모, 모습, 용모 | ★呈现 chéngxiàn 동 나타나다, 드러나다, 양상을 띠다 | 顺理成章 shùnlǐ chéngzhāng 성 순리에 맞다, 순리에 맞게 일을 처리하다 | 丰厚 fēnghòu 형 풍성하다 | 行为 xíngwéi 명 행위 | 建立 jiànlì 동 이루다, 만들다, 세우다 | 积蓄 jīxù 명 축적 | 个人 gèrén 명 개인 | 个性 gèxìng 명 개성 | 性情 xìngqíng 명 성정, 성격 | ★修养 xiūyǎng 명 수양, 수련 | 时代 shídài 명 시대, 시기 | 如此 rúcǐ 대 이와 같다, 이러하다 | 从而 cóng'ér 접 따라서, 이리하여 | 生命力 shēngmìnglì 명 생명력 | 产生 chǎnshēng 동 나타나다, 생기다, 발생하다 | 怡 yí 형 즐겁다, 유쾌하다 | 养 yǎng 동 양성하다 [怡养 : (인격·품성 따위를) 수양하다] | 身心 shēnxīn 명 심신, 몸과 마음 | 无限 wúxiàn 형 무한하다, 끝이 없다 | ★乐趣 lèqù 명 즐거움, 재미 | 体力 tǐlì 명 체력 | 一体 yìtǐ 명 전체, 일체 | 平衡 pínghéng 형 균형 잡히다, 평형을 이루다 | 劳动 láodòng 명 일, 노동 | 静 jìng 형 정적인 | 动 dòng 형 동적인 | 佳 jiā 형 좋다, 훌륭하다 | 养生 yǎngshēng 동 양생하다, 보양하다 | 道 dào 명 길, 도로 | 书画家 shūhuàjiā 명 서화가 | 心境 xīnjìng 명 기분, 심정 | 平和 pínghé 형 온화하다, 부드럽다 | 专注 zhuānzhù 동 집중하다, 전념하다 | ★构思 gòusī 동 구상하다 명 구상 | 创造 chuàngzào 명 창작, 창조 | 避免 bìmiǎn 동 피하다, 면하다 | ★外界 wàijiè 명 외부, 바깥 세계 | 不良 bùliáng 형 좋지 않다, 불량하다 | 刺激 cìjī 명 자극 | 从事 cóngshì 동 종사하다, 몸담다 | 观察力 guāncháli 명 관찰력 | ★敏锐 mǐnruì 형 (감각이) 날카롭다, 예민하다 | 细腻 xìnì 형 섬세하다, 세밀하다 | 古代 gǔdài 명 고대 | 阶级 jiējí 명 계급 | 提出 tíchū 동 제의하다, 제기하다, 제출하다 | ★准则 zhǔnzé 명 준칙, 규범 | ★首要 shǒuyào 형 가장 중요하다 | ★吃苦 chīkǔ 동 고생하다 | 耐劳 nàiláo 형 고생을 견디다, 괴로움을 참다 | 遵守 zūnshǒu 동 (규정 등을) 준수하다, 지키다 | 书画 shūhuà 명 서화 | ★规范 guīfàn 명 규범, 표준, 준칙 | ★急于求成 jíyúqiúchéng 성 목적을 달성하기에 급급하다 | 交际能力 jiāojì nénglì 사교 능력, 교제 능력 | 目标 mùbiāo 명 목표 | 确定 quèdìng 동 확실히 하다, 확인하다 | ★局限 júxiàn 동 국한하다, 제한하다 | 字体 zìtǐ 명 글자체 | 属于 shǔyú 동 ~에 속하다 | 价值 jiàzhí 명 가치 | 温柔 wēnróu 형 온유하다 | 观察 guānchá 동 관찰하다 | ★激情 jīqíng 명 열정, 정열

STEP 2 내공 쌓기

1 주요 질문 유형 track 36

듣기 제2부분 인터뷰는 진행자의 질문과 인터뷰 대상자의 답변이 이어지는 형식으로, 인터뷰 대상자의 답변이 문제의 답으로 이어지는 경우가 많다. 대화 녹음을 들으며 이미 답을 체크했더라도, 나중에 문제 녹음을 들으면서 다시 한번 확인해야 한다.

정보/세부사항에 관하여

∨ 关于“双十一”，可以知道什么? '双十一'에 관하여 알 수 있는 것은 무엇인가?

∨ 关于高温预警警报，我们可知道什么? 고온 경보에 관하여 우리가 알 수 있는 것은 무엇인가?

∨ “千子莲”主要从事哪方面的服务? '千子莲'은 주로 어떤 분야의 서비스를 하는 곳인가?

∨ 下列哪项不是小豆的保健价值? 다음 중 팥의 건강 증진 가치가 아닌 것은 무엇인가?

태도/입장에 관하여

∨ 男的如何看待“千子莲”? 남자는 '千子莲'을 어떻게 생각하는가?

∨ 女的觉得这次展出的《清明上河图》火爆的原因是什么?
여자는 이번 '청명상하도' 전시의 흥행 요인이 무엇이라고 생각하는가?

2 분야별 주요 어휘 track 37

빈출 핵심 어휘를 공부해 두어야 녹음을 이해할 수 있고, 특정 분야의 어휘는 미리 공부해 두지 않으면 무슨 뜻인지 이해하기 어려우므로, 꾸준한 어휘 공부가 필수이다. HSK 전 영역에 걸쳐 빈번하게 출제되는 주제와 어휘들은 반드시 알아 두자.

전통 예술(품)	艺术 yìshù 명 예술 | 传世 chuánshì 동 세상에 전하다, 후세에 전해지다 | 珍品 zhēnpǐn 명 진품, 귀한 물건 | 珍宝 zhēnbǎo 명 진귀한 보물 | 艺术品 yìshùpǐn 명 예술품 | 评估 pínggū 동 (가치·수준·능력 등을) 평가하다 | 价值 jiàzhí 명 가치 | 拍卖 pāimài 동 경매하다 | 知名度 zhīmíngdù 명 지명도 | 故宫博物院 Gùgōng Bówùyuàn 고유 고궁박물관 | 库房 kùfáng 명 창고 | 画廊 huàláng 명 화랑 | 机构 jīgòu 명 기구, 기관 | 经营 jīngyíng 동 운영하다 | 培训 péixùn 동 양성하다
	材料 cáiliào 명 재료 | 创意 chuàngyì 동 창의하다, 새로운 의견을 생각하여 내다 | 个性 gèxìng 명 개성 | 美感 měigǎn 명 미적 감각 | 风貌 fēngmào 명 풍모 | 色彩 sècǎi 명 색채 | 元素 yuánsù 명 요소 | 瑕疵 xiácī 명 흠, 흠집 | 文化底蕴深厚 wénhuà dǐyùn shēnhòu 문화적 견식이 깊다 | 文化内涵 wénhuà nèihán 문화적 함의 | 受到震撼 shòudào zhènhàn 충격을 받다 | 精神 jīngshén 명 정신 | 继承 jìchéng 동 계승하다 | 传承 chuánchéng 동 전수하고 계승하다 | 民族传统 mínzú chuántǒng 민족의 전통 | 主题 zhǔtí 명 주제, 테마 | 生命力 shēngmìnglì 명 생명력 | 高潮 gāocháo 명 절정, 클라이맥스 | 卓越 zhuóyuè 형 탁월하다 | 出息 chūxi 명 전도성, 발전성 | 优越 yōuyuè 형 우월하다 | 荣誉 róngyù 명 명예 | 声势 shēngshì 명 성세, 위풍과 기세 | 激发 jīfā 동 (감정을) 불러일으키다 | 想象力 xiǎngxiànglì 명 상상력 | 题材 tícái 명 제재, 소재 | 作风 zuòfēng 명 기풍, 스타일 | 手法 shǒufǎ 명 기교 | 新颖 xīnyǐng 형 새롭다, 신선하다 | 杰出 jiéchū 형 걸출하다, 출중하다 | 赞叹 zàntàn 동 찬탄하다, 칭찬하며 감탄하다 | 崇拜 chóngbài 동 숭배하다 | 钦佩 qīnpèi 동 우러러 탄복하다, 경복하다 | 创造力 chuàngzàolì 명 창의력, 창조력 | 手艺 shǒuyì 명 손재주 | 技巧 jìqiǎo 명 기교, 곡예, 기술 | 技法 jìfǎ 명 기법
	陶瓷 táocí 명 도자기 | 制陶 zhìtáo 동 도자기를 만들다 | 烧制 shāozhì 동 가마에 넣어 굽다 | 景德镇 Jǐngdézhèn 고유 징더전 [장시(江西)성에 있는 도시로, 도자기 산지로 유명함] | 挖掘 wājué 동 발굴하다, 캐다 | 唐三彩 Tángsāncǎi 고유 당삼채 [당나라 시기의 도자 예술품의 일종] | 书法 shūfǎ 명 서예 | 书籍 shūjí 명 서적 | 真迹 zhēnjì 명 진적 [서예가나 화가가 손수 제작한 작품] | 赝品 yànpǐn 명 위조품 | 仿品 fǎngpǐn 명 모조품 | 收藏 shōucáng 동 소장하다 | 古董 gǔdǒng 명 골동품 | 相声 xiàngsheng 명 만담 | 杂技 zájì 명 잡기 | 排练 páiliàn 동 무대 연습을 하다 | 文艺 wényì 명 문예, 문학 | 散文 sǎnwén 명 산문, 에세이 | 造型 zàoxíng 동 조형하다, 형상을 만들다 | 塑造 sùzào 동 조소하다, 빚어서 만들다 | 雕塑 diāosù 동 조각하고 소조하다 명 조소품 | 雕刻 diāokè 동 조각하다 | 描绘 miáohuì 동 묘사하다, 생생하게 그려 내다 | 肖像 xiàoxiàng 명 초상(화)

IT·기술 ✨	互联网 hùliánwǎng 명 인터넷 | 网络 wǎngluò 명 인터넷 | 网民 wǎngmín 명 누리꾼, 네티즌 [= 网友 wǎngyǒu] | 用户 yònghù 명 사용자, 가입자, ID | 网页 wǎngyè 명 홈페이지 | 博客 bókè 명 블로그 | 留言板 liúyánbǎn 명 방명록 | 帐号 zhànghào 명 계정 | 密码 mìmǎ 명 비밀번호, 암호 | 搜索引擎 sōusuǒ yǐnqíng 검색엔진 | 多媒体 duōméitǐ 명 멀티미디어 | 自媒体 zìméitǐ 1인 미디어 | 视频 shìpín 명 비디오, 동영상 | 蓝牙 lányá 명 블루투스 | 链接 liànjiē 명 링크 | 平台 píngtái 명 플랫폼 | 虚拟 xūnǐ 형 가상의 | 虚拟世界 xūnǐ shìjiè 가상 세계, 사이버 세계 | 全球 quánqiú 명 전 세계 | 微信 Wēixìn 고유 위챗 [메신저 프로그램] | 鼠标 shǔbiāo 명 마우스 | 显示器 xiǎnshìqì 명 모니터 | 屏幕 píngmù 명 스크린, 화면 | 智能手机 zhìnéng shǒujī 명 스마트폰 | 商业 shāngyè 명 상업 | 技术 jìshù 명 기술 | 基础设施 jīchǔ shèshī 명 인프라 | 考核 kǎohé 동 대조하다, 심사하다 | 瘫痪 tānhuàn 동 (활동이나 시스템이) 마비되다 | 外行 wàiháng 형 문외한이다 | 竞争 jìngzhēng 동 경쟁하다 | 装备 zhuāngbèi 동 탑재하다, 설치하다 명 장비 | 设置 shèzhì 동 설치하다 | 配套 pèitào 동 조합하다, 조립하다 | 操作 cāozuò 동 조작하다, 다루다 | 性能 xìngnéng 명 성능 | 遥控 yáokòng 동 원격 조종하다 | 半导体 bàndǎotǐ 명 반도체 | 精密 jīngmì 형 정밀하다 | 升级 shēngjí 동 업그레이드하다 | 程序设计 chéngxù shèjì 명 프로그래밍
	网上交易 wǎngshàng jiāoyì 인터넷 상거래 | 电子商务 diànzǐ shāngwù 전자 상거래 [=电商 diànshāng] | 手续费 shǒuxùfèi 명 수수료 | 电子货币 diànzǐ huòbì 전자화폐 | 支付方式 zhīfù fāngshì 지불 방식 | 二维码 èrwéimǎ QR코드 | 扫码 sǎomǎ QR코드를 스캔하다 | 微商 wēishāng SNS를 사용하여 물건을 매매하는 상인
	上载 shàngzài 동 업로드하다 [=上传 shàngchuán] | 下载 xiàzài 동 다운로드하다 | 更新 gēngxīn 동 새로고침하다, 갱신하다 | 登录 dēnglù 동 로그인하다 | 搜索 sōusuǒ 동 검색하다 [=检索 jiǎnsuǒ] | 共享 gòngxiǎng 동 공유하다 | 直播 zhíbō 동 생중계하다
	病毒 bìngdú 명 바이러스 | 防毒 fángdú 명 백신 | 杀毒软件 shādú ruǎnjiàn 백신 프로그램 | 备份 bèifèn 명 백업하다 | 黑客 hēikè 명 해커 | 短信诈骗 duǎnxìn zhàpiàn 스미싱 | 恶性代码 èxìng dàimǎ 악성 코드 | 电话诈骗 diànhuà zhàpiàn 보이스피싱 | 垃圾邮件 lājī yóujiàn 스팸 메일 | 诈骗 zhàpiàn 동 사기치다, 편취하다, 갈취하다
창업·사업·성공 ✨	创业 chuàngyè 동 창업하다 | 创立 chuànglì 동 창립하다 | 设立 shèlì 동 설립하다 | 金融机构 jīnróng jīgòu 금융 기구 | 跨国公司 kuàguó gōngsī 다국적기업 | 民营企业 mínyíng qǐyè 민영기업 | 档案 dàng'àn 명 문서 | 信用 xìnyòng 동 신용하다 | 责任感 zérèngǎn 명 책임감 | 前途 qiántú 명 전도, 미래 | 客户 kèhù 명 손님, 고객 | 样品 yàngpǐn 명 샘플 | 供给 gōngjǐ 동 공급하다 [=供应 gōngyìng] | 推销 tuīxiāo 동 판로를 확장하다 | 畅销 chàngxiāo 형 판로가 넓다, 잘 팔린다 | 供不应求 gōngbùyìngqiú 성 공급이 수요를 따르지 못하다 | 成本 chéngběn 명 원가 | 资本 zīběn 명 자본, 자금 | 盈利 yínglì 동 이윤을 얻다
	雇佣 gùyōng 동 고용하다 | 严峻 yánjùn 형 혹독하다, 가혹하다 | 就业难 jiùyènán 취업난 | 求职压力 qiúzhí yālì 구직 스트레스 | 人才 réncái 명 인재 | 具备素质 jùbèi sùzhì 소양을 갖추다 | 天赋 tiānfù 명 선천적인 것, 천부적 재능 | 本事 běnshì 명 능력, 기량 | 潜力 qiánlì 명 잠재력 | 高明 gāomíng 형 뛰어나다, 빼어나다 | 笨拙 bènzhuō 형 멍청하다 | 擅长 shàncháng 동 ~에 뛰어나다, ~를 잘하다 | 专长 zhuāncháng 명 특기 | 精通 jīngtōng 형 정통하다, 통달하다 | 人性 rénxìng 명 인성, 성품 | 品质 pǐnzhì 명 품성 | 外向 wàixiàng 형 성격이 외향적이다 | 整齐 zhěngqí 형 정연하다, 가지런하다 | 座右铭 zuòyòumíng 명 좌우명 | 自主 zìzhǔ 형 자주적이다 | 坚强的毅力 jiānqiáng de yìlì 굳센 의지 | 魄力 pòlì 명 박력, 패기 | 机遇 jīyù 명 기회 | 值得借鉴 zhídé jièjiàn 참고할 만하다 | 反思 fǎnsī 동 반성하다 | 突破障碍 tūpò zhàng'ài 장애물을 뛰어넘다 | 良好动机 liánghǎo dòngjī 좋은 동기
행사·기념일	情人节 Qíngrénjié 고유 밸런타인데이, 2월 14일 | 妇女节 Fùnǚjié 고유 여성의 날, 3월 8일 青年节 Qīngniánjié 고유 청년절, 청년의 날, 5월 4일 母亲节 Mǔqīnjié 고유 어머니의 날, 5월 두 번째 일요일 儿童节 Értóngjié 고유 어린이날, 6월 1일 | 父亲节 Fùqīnjié 고유 아버지의 날, 6월 세 번째 일요일 七夕节 Qīxījié 고유 칠석(연인의 날), 음력 7월 7일 | 教师节 Jiàoshījié 고유 스승의 날, 9월 10일 万圣节 Wànshèngjié 고유 핼러윈데이, 10월 31일 双十一 Shuāngshíyī 고유 광군제, 11월 11일 [=光棍节 guānggùnjié] 平安夜 Píng'ānyè 고유 크리스마스 이브, 12월 24일 | 圣诞节 Shèngdànjié 고유 크리스마스, 12월 25일

신조어	素食主义 sùshí zhǔyì 명 채식주의 | 饮食习惯 yǐnshí xíguàn 명 식습관 | 活在当下 huózài dāngxià 욜로(YOLO) | 简约主义 jiǎnyuē zhǔyì 명 미니멀리즘 | 幸福安康文化 xìngfú ānkāng wénhuà 웰빙 문화 | 低碳族 dītànzú 저탄소족 [웰빙과 환경보호, 녹색 소비를 중시하는 사람을 지칭] | 人生目标清单 rénshēng mùbiāo qīngdān 버킷 리스트 | 康复 kāngfù 힐링 [≒治愈 zhìyù] | 非婚生活方式 fēihūn shēnghuó fāngshì 비혼 생활 방식 | 啃老族 kěnlǎozú 명 캥거루족 | 女权主义 nǚquán zhǔyì 페미니즘, 여성주의
신체·건강	遗传基因 yíchuán jīyīn 명 유전자 [=基因 jīyīn] | 遗传病 yíchuánbìng 명 유전병 | 人工繁殖 réngōng fánzhí 인공 번식 | 脉搏稳定 màibó wěndìng 맥박이 안정적이다 | 细菌感染 xìjūn gǎnrǎn 세균에 감염되다 | 癌症 áizhèng 명 암 | 治疗疾病 zhìliáo jíbìng 질병을 치료하다 | 注射药物 zhùshè yàowù 약물을 주사하다 | 促进血液循环 cùjìn xuèyè xúnhuán 혈액순환을 촉진시키다 | 临床试验 línchuáng shìyàn 임상 실험 | 疫病 yìbìng 명 유행성 전염병 | 疫苗 yìmiáo 명 백신 | 世界卫生组织 Shìjiè Wèishēng Zǔzhī 고유 세계보건기구, WHO
정치·경제	执行公务 zhíxíng gōngwù 공무를 집행하다 | 颁布法令 bānbù fǎlìng 법령을 공포하다 | 国际机构 guójì jīgòu 명 국제기구 | 联合国 Liánhéguó 고유 국제연합, 유엔(UN) | 政治交易 zhèngzhì jiāoyì 정치적 거래 | 外交途径 wàijiāo tújìng 외교 수단 | 舆论导向 yúlùn dǎoxiàng 여론의 방향 | 达成协议 dáchéng xiéyì 협의를 이루어 내다 | 经济体系 jīngjì tǐxì 경제체제 | 经济效益 jīngjì xiàoyì 경제적 이익 | 经济衰退 jīngjì shuāituì 경제 침체 | 金融危机(风波) jīnróng wēijī (fēngbō) 금융 위기 | 经济复苏 jīngjì fùsū 경제 회복 | 宏观经济 hóngguān jīngjì 거시적 경제 | 微观经济 wēiguān jīngjì 미시적 경제 | 发行货币 fāxíng huòbì 화폐를 발행하다 | 通货膨胀 tōnghuò péngzhàng 인플레이션, 통화팽창 [=通胀 tōngzhàng] | 通货紧缩 tōnghuò jǐnsuō 디플레이션, 통화수축 [=通缩 tōngsuō]
자연	地质结构 dìzhì jiégòu 지질구조 | 地势平坦 dìshì píngtǎn 지대가 평탄하다 | 肥沃的土壤 féiwò de tǔrǎng 비옥한 토양 | 洪水泛滥 hóngshuǐ fànlàn 홍수로 물이 범람하다 | 空气混浊 kōngqì hùnzhuó 공기가 혼탁하다 | 排放二氧化碳 páifàng èryǎnghuàtàn 이산화탄소를 배출하다 | 濒临灭绝 bīnlín mièjué 멸종 위기에 직면하다 | 湖泊 húpō 명 호수 [호수의 통칭] | 瀑布 pùbù 명 폭포 | 清澈 qīngchè 형 맑고 투명하다 | 浑浊 húnzhuó 형 혼탁하다 | 泛滥 fànlàn 동 범람하다 | 波浪 bōlàng 명 파도 | 沿海 yánhǎi 명 연해 | 峡谷 xiágǔ 명 협곡 | 堆积 duījī 동 쌓여 있다 | 沉淀 chéndiàn 동 침전하다 | 狭窄 xiázhǎi 형 비좁다 | 闭塞 bìsè 동 외지다, 소통되지 않다 | 雌雄 cíxióng 명 암컷과 수컷, 자웅 | 繁殖 fánzhí 동 번식하다 | 饲养 sìyǎng 동 먹이다

배운 내용 점검하기

녹음을 듣고 빈칸을 채우세요. track 38

女：近几年，电商在中国的________非常迅速，市场份额扩大得也非常快。您认为未来电商还会不会是________舞台的“主角”？

男：________________，电子商务的年增长率是130%。这使得中国成为________电子商务发展最快的国家，并且将成为全球最大的电子商务市场。随着互联网与________________在中国消费群体中不断渗透，移动电商的发展决不可小觑。

女：京东、阿里巴巴等大型电商公司上市以后，中国电商格局已经确定。您觉得留给其他电商企业的机会在哪里？

男：生鲜食品、农业电商等领域________存在巨大的商机。

女：那么您如何________和京东的竞争？

男：中国网购________已超过2亿，他们的购物习惯与消费需求不同。有些人对价格更加敏感，喜欢在网上的集贸市场买东西，而有些人更加喜欢“一站式购物”平台的快捷、简单，更加关注________与服务。中国市场非常大，不同________的电商都会有属于自己的机会。

해석&어휘 여: 최근 몇 년 동안, 중국에서 전자 상거래의 발전이 매우 빠르고, 시장 점유율도 매우 빠르게 확대되고 있는데요. 앞으로도 전자 상거래가 인터넷 무대의 '주인공'일 것이라고 생각하시나요?

남: 조사 결과, 전자 상거래의 연 성장률은 130%라고 합니다. 이는 중국이 전 세계에서 전자 상거래 발전이 가장 빠른 국가가 되게 만들었습니다. 또한 중국은 전 세계에서 가장 큰 전자 상거래 시장이 될 것입니다. 인터넷과 스마트폰이 중국 소비자들 속으로 끊임없이 스며들게 되면서, 모바일 전자 상거래의 발전도 절대 간과할 수 없게 되었습니다.

여: JD닷컴과 알리바바 등 대형 전자 상거래 업체가 주식을 상장한 후, 중국 전자 상거래의 패러다임은 이미 확립되었습니다. 다른 전자 상거래 업체에 남겨진 기회는 어디에 있다고 생각하시나요?

남: 신선 식품, 농업 전자 상거래 등의 분야에 여전히 큰 비즈니스 기회가 존재합니다.

여: 그렇다면 JD닷컴과의 경쟁에 대해 어떻게 생각하시나요?

남: 중국의 인터넷 쇼핑 사용자는 이미 2억 명을 넘어섰습니다. 이들의 구매 습관과 소비 수요는 (각자) 다릅니다. 어떤 사람은 가격에 더욱 민감하여, 인터넷 마켓에서 물건을 구입하는 것을 좋아합니다. 반면 어떤 사람들은 '원스톱 쇼핑' 플랫폼의 신속함과 단순함을 더욱 좋아하고, 브랜드와 서비스에 더욱 관심을 가집니다. 중국 시장은 매우 커서, 서로 다른 모델을 가진 전자 상거래 업체들 모두 자신만의 기회를 가질 수 있습니다.

电商 diànshāng 명 전자 상거래 ['电子商务'의 줄임말] | 迅速 xùnsù 형 신속하다, 재빠르다, 날래다 | 份额 fèn'é 명 배당액, 시장 점유율 | 扩大 kuòdà 동 (범위나 규모를) 확대하다, 넓히다 | 未来 wèilái 명 미래 | 舞台 wǔtái 명 무대 | 主角 zhǔjué 명 주인공 | 显示 xiǎnshì 동 보여 주다, 뚜렷하게 나타내 보이다 | 增长率 zēngzhǎnglǜ 명 증가율 | 使得 shǐde 동 ~로 하여금 ~하게 하다 | 全球 quánqiú 명 전 세계 | 智能手机 zhìnéng shǒujī 명 스마트폰 | 消费 xiāofèi 명 소비 | 群体 qúntǐ 명 단체, 집단 | ★渗透 shèntòu 동 스며들다, 침투하다 | 移动 yídòng 동 옮기다, 움직이다, (위치를) 변경하다 | 不可小觑 bùkě xiǎoqù 성 얕보아서는 안 된다 | 京东 Jīngdōng 고유 JD닷컴 [중국의 대표적 B2C 플랫폼] | 阿里巴巴 Ālǐbābā 고유 알리바바 [중국 최대의 전자 상거래 업체] | 大型 dàxíng 형 대형의 | 上市 shàngshì 동 출시되다, 시장에 나오다 | ★格局 géjú 명 짜임새, 구조 | 确定 quèdìng 동 확실히 결정을 내리다 | 企业 qǐyè 명 기업 | 生鲜食品 shēngxiān shípǐn 신선식품 [야채·채소·육류·수산물 등] | 农业 nóngyè 명 농업 | 领域 lǐngyù 명 분야, 영역 | 存在 cúnzài 동 존재하다 | 巨大 jùdà 형 (규모·수량 등이) 아주 크다, 많다 | 商机 shāngjī 명 비즈니스 기회, 상업 기회, 사업 기회 | 如何 rúhé 대 어떻게 | ★看待 kàndài 동 대(우)하다, 다루다, 취급하다 | 网购 wǎnggòu 동 인터넷 쇼핑을 하다 ['网上购物'의 줄임말] | ★用户 yònghù 명 사용자, 가입자, 아이디(ID) | ★需求 xūqiú 명 수요, 필요 | 敏感 mǐngǎn 형 민감하다, 감각이 예민하다, 반응이 빠르다 | 集贸 jímào 명 (농촌, 소도시 등의) 정기 시장, 재래시장 ['集市贸易'의 줄임말] | 一站式 yízhànshì 명 원스톱 [복잡한 행정 수속을 한 번에 처리하는 방법] | 平台 píngtái 명 플랫폼 | 快捷 kuàijié 형 빠르다, 신속하다 | 关注 guānzhù 동 주시하다, 관심을 가지다 | 品牌 pǐnpái 동 브랜드 | ★模式 móshì 명 모식, (표준) 양식, 패턴, 모델 | 属于 shǔyú 동 ~에 속하다

정답 **发展, 互联网, 调查显示, 全球, 智能手机, 仍然, 看待, 用户, 品牌, 模式**

STEP 3 실력 다지기

Day 26 track 39

1. **A** 网站被攻击
   B 银行系统瘫痪
   C 商品大量积压
   D 投诉显著增多

2. **A** 物流运输
   B 数据统计
   C 网络管理
   D 运营商洽谈

3. **A** 缺少进步的空间
   B 耗尽了互联网人口红利
   C 是对以前商业模式的革新
   D 提高中国商业基础设施水平

4. **A** 强化线下管理
   B 调高市场准入门槛
   C 创造公开透明的环境
   D 控制参加"双十一"的电商规模

5. **A** 活动为期一个星期
   B 收益越来越差
   C 已经连续举办了三届
   D 是网络促销活动日

정답 및 해설 → 해설서 p.038

Day 27 track 40

6. **A** 内容抽象难懂
B 不如四期展品分量高
C 在民间知名度高
D 展现灯会场景

7. **A** 宣传十分得力
B 迄今为止门票最便宜
C 有网络版展出
D 大众对传统文化更重视

8. **A** 展出相隔以6年最佳
B 展出不得超过两个月
C 休眠不少于四年
D 可以灵活掌握

9. **A** 对墨色影响很小
B 会使纸变得更硬
C 对其有保护作用
D 短期内不易被发觉

10. **A** 用琉璃罩密封作品
B 非常狭窄
C 配备防火设备
D 内部气温恒定不变

정답 및 해설 → 해설서 p.041

Day 28 track 41

11. **A** 艺术需振兴
B 人们缺少艺术熏陶
C 经济迅速发展
D 正在恢复理性

12. **A** 策划展览
B 培养藏家
C 扩大收藏范围
D 保管作品

13. **A** 有助于评估画作价值
B 是一个推动机构
C 能提升人的审美水平
D 可促进旅游业发展

14. **A** 高压
B 宽松
C 公正
D 正规

15. **A** 统一价格
B 承办工程
C 制定标准
D 画廊培训

정답 및 해설 → 해설서 p.044

01 설명문

STEP 1 유형 파악하기

✖ 설명문은 정보 전달을 목적으로 하는 글로, 듣기 제3부분 빈출 유형이다. 특정 현상에 대해서 다각도로 심도 있게 설명하며, 수준 높은 어휘, 전문 용어가 자주 쓰여 학생들이 특히 어려워한다. 하지만 아무리 주제가 다양하고 어휘가 어렵다 해도, HSK 5급 수준의 듣기 능력을 갖추고, HSK 6급 필수 어휘를 꾸준히 익혀 두었다면 충분히 풀 수 있는 수준으로 출제된다.

▶ 출제 경향

1 다양한 소재, 폭넓은 주제

경제, 사회, 문화, 건강, 심리, IT 기술 등, 점점 더 다양한 방면에서 각양각색의 소재가 출제되고 있다.

2 고난도 어휘, 전문 용어가 등장

글의 소재가 다양하고 새로워지면서, 출제되는 어휘도 점점 어려워지고 있는 추세이다.

▶ 문제풀이 비법

1 접속사, 의문문, 전문가 의견에 주목하자.

접속사 뒤, 부사어 '其实(사실은)' '实际上(실질적으로는)' 뒤에는 정답과 직결되는 내용이 언급되는 경우가 많다. 의문문은 주로 주제와 관련 깊은 내용에 대한 질문이므로, 의문문 뒤에도 역시 중요한 내용이 이어진다. 전문가 의견으로 언급된 부분은 '주제'나 '뒷받침 내용(예시)'일 수 있다.

2 모르는 어휘에 집착하지 말자. 모르는 것은 넘기고 아는 것에 집중하자.

보기를 먼저 훑어보았음에도 어려운 어휘 때문에 실마리가 전혀 잡히지 않을 수도 있다. 어려운 어휘는 굳이 해석하려 들지 말고, '빈칸' 혹은 임의의 'K' 등으로 대체하여 넘겨 버리자.

3 소거법이 특히 효과적인 유형이다.

소거법은 지문이 긴 듣기 제3부분의 설명문 유형에서 특히 효과적인 방법이다. 많은 경우에 녹음의 핵심 표현이 보기에 거의 그대로 언급되기 때문이다. [소거법: 언급되지 않은 내용을 지워 나가며 정답을 찾아가는 방법]

제3부분 예제 track 42

1 A 喷射范围很窄 B 会在地面上挥发 C 喷射路线可避开 D 喷出以后瞬间化成粉末

2 A 向顺风处逃 B 戴护目镜 C 蹲下抱头 D 在水中憋气半分钟

3 A 喷射物威胁最大 B 火山喷发前会有预兆
C 火山喷发以后会下酸雨 D 火山喷发不都是灾害

STEP 1 보기에서 '핵심 키워드' 및 '세부 내용' 체크하기

1 '喷射(분사하다)' '喷出(분출하다)'가 반복되는 것으로 보아, 이것이 핵심 키워드겠구나.

2 어떤 '행동'에 대해서 이야기하고 있네. 행동을 세부적으로 대조하며 들어야겠어.

逃 도망가다 | 戴护目镜 보안경을 쓰다 | 蹲下抱头 쭈그려 앉아 머리를 감싸다 | 在水中憋气半分钟 물속에서 30초간 숨을 참는다

3 반복되는 표현 '火山喷发(화산이 분출하다)'가 주제겠구나! 함께 사용된 표현도 잘 체크해야지.

세부 내용 喷射物威胁最大 분출물의 위협이 가장 크다

会有预兆 징조가 있다 | 会下酸雨 산성비가 내린다 | 不都是灾害 전부 재난인 것은 아니다

第1到3题是根据下面一段话:

火山爆发算得上是自然界里最有威力的现象之一。可如果遇到火山爆发，我们应怎么逃生呢?

一是应对熔岩产生的危害。[1]熔岩流对生命的威胁比较小，原因是人们能够避开熔岩流的路线。二是应对喷射物产生的危害。若恰巧在火山喷发地附近，头盔能够给予你一定程度上的保护。三是应对火山灰产生的危害。滑雪镜、通气管面罩和护目镜都可以保护眼睛；另外，还要使用湿布护住鼻子与嘴，如果有条件最好使用防毒面具。四是应对气体球状物产生的危害。[2]若周围没有坚固的地下建筑物，则可跳进水里，屏住呼吸约半分钟，等到球状物滚过去后再离开水面。

[3]需要记住的是火山在喷发之前一般会伴随着某些现象，如很大的隆隆声、从火山上冒出的缕缕蒸气或是具有刺激性的酸雨，以及江河里的硫黄气味，这些都是警告信号。开车逃离的时候需要注意的是，火山灰会让路面打滑，因此最好别走峡谷路线，原因是那里极易有火山泥流经过。

1~3번 문제는 다음 내용에 근거한다.

화산 폭발은 가히 자연계에서 가장 위력 있는 현상 중에 하나라고 할 만하다. 그럼 만약 화산 폭발을 만나게 되면 우리는 어떻게 탈출해야 할까?

첫째로, 용암으로 인해 발생하는 위험에 대응해야 한다. [1]용암류(분출된 용암이 흐르는 현상)가 생명에 미치는 위협은 비교적 적은 편인데, 그 이유는 사람들이 용암이 흘러 지나가는 길을 피할 수 있기 때문이다. 둘째, 분출물로 인한 위험에 대응해야 한다. 만약 공교롭게도 화산 분출지 근처에 있다면 헬멧이 당신을 어느 정도 보호해 줄 수 있다. 셋째, 화산재로 인한 위험에 대응해야 한다. 고글, 배기 안면 마스크, 보안경은 모두 눈을 보호할 수 있다. 그 밖에 젖은 천으로 코와 입을 보호해야 한다. 여건이 된다면 방독 마스크를 쓰는 것이 가장 좋다. 넷째, 구형 기체로 인한 위험에 대응해야 한다. [2]만약 주변에 견고한 지하 건축물이 없다면 물속으로 뛰어들어 숨을 약 30초 정도 참은 뒤 구형 기체가 흘러간 뒤에 물에서 나와야 한다.

[3]기억해야 하는 것은 화산이 분출되기 전에 일반적으로 어떤 현상을 수반한다는 것이다. 크게 우르릉거리는 소리, 화산에서 나오는 증기나 자극성 산성비, 강에서 나는 유황 냄새 모두 경고 신호이다. 차를 몰아 탈출할 때 주의해야 할 점은 화산재가 지면을 미끄럽게 하니, 이때 협곡으로는 가지 않는 것이 좋다는 점이다. 왜냐하면 그곳에는 화산이류가 흐를 가능성이 크기 때문이다.

STEP 2 접속사, 의문문, 전문가 의견에 주목하며, 소거법을 활용해 듣기

1 C [原因是…… 원인은 ~이다] 용암류가 생명에 미치는 위협이 적은 원인으로 언급된 '能够避开(피할 수 있다)'는 보기 'C. 喷射路线可避开(분출되어 지나가는 길을 피할 수 있어서)'와 의미가 통한다.

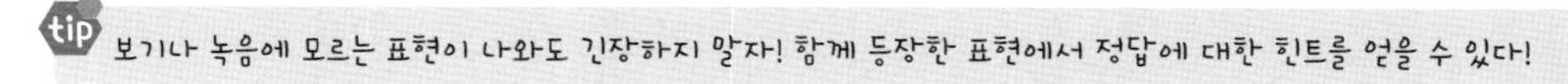

tip
보기나 녹음에 모르는 표현이 나와도 긴장하지 말자! 함께 등장한 표현에서 정답에 대한 힌트를 얻을 수 있다!

2 D [则可跳进水里，屏住呼吸约半分钟 물속으로 뛰어들어 숨을 약 30초 정도 참는다] '则可跳进水里(물속으로 뛰어들다)'나 '屏住呼吸约半分钟 (숨을 약 30초 정도 참는다)' 중에 하나만 들었어도 정답을 고를 수 있었을 것이다. [B(×): '护目镜(보안경)'은 화산재로 인한 위험에 대응하는 방법 중 하나로, 질문과는 상관 없다.]

3 **B** [火山在喷发之前一般会伴随着某些现象 화산이 분출되기 전에 일반적으로 어떤 현상을 수반한다 → 预兆 징조] '预兆(징조)'라는 표현이 직접 언급되지는 않았지만, 해당 개념을 예시를 들며 설명했다. [A(×): 위협이 비교적 적은 용암류에 대해서 언급되었지만 위협이 가장 큰 것에 대해서는 언급되지 않았다. / C(×): 산성비가 내리는 것은 화산이 분출하기 전 징조이다.]

---

1 熔岩流对生命威胁最小的原因是什么?

A 喷射范围很窄

B 会在地面上挥发

C 喷射路线可避开

D 喷出以后瞬间化成粉末

2 在附近没有建筑物的时候，可以如何应对气体球状物危害?

A 向顺风处逃

B 戴护目镜

C 蹲下抱头

D 在水中憋气半分钟

3 根据这段话，下列哪项正确?

A 喷射物威胁最大

B 火山喷发前会有预兆

C 火山喷发以后会下酸雨

D 火山喷发不都是灾害

1 용암류가 생명에 미치는 위협이 가장 적은 이유는 무엇인가?

A 분출 범위가 좁아서

B 지면에서 휘발될 수 있어서

C 분출되어 지나가는 길을 피할 수 있어서

D 분출 후 순식간에 분말로 변해서

2 근처에 건축물이 없을 때는 어떻게 구형 기체의 위험에 대응할 수 있는가?

A 바람이 부는 방향으로 도망간다

B 보안경을 착용한다

C 쭈그려 앉아 머리를 감싼다

D 물속에서 30초간 숨을 참는다

3 이 글에 근거해 다음 중 옳은 것은 무엇인가?

A 분출물의 위협이 가장 크다

B 화산이 분출하기 전에는 징조가 있다

C 화산이 분출하고 나면 산성비가 내린다

D 화산 분출이 전부 재난인 것은 아니다

火山 huǒshān 명 화산 | ★**爆发** bàofā 동 화산이 폭발하다 | **算得上** suàndeshang ~라고 할 수 있다 | **自然界** zìránjiè 명 자연계 | ★**威力** wēilì 명 위력 | **现象** xiànxiàng 명 현상 | **之一** zhī yī ~(의) 하나 [A是B之一: A는 B 중 하나이다] | **逃生** táoshēng 동 목숨을 건지다, 위험에서 빠져나오다 | **应对** yìngduì 동 대응하다, 대처하다 | **熔岩** róngyán 명 용암 | **产生** chǎnshēng 동 생기다, 발생하다, 나타나다 | **危害** wēihài 명 손상, 훼손, 손해 | **流** liú 명 흐름, 물결 | **威胁** wēixié 명 위협 | **避开** bìkāi 동 피하다 | **路线** lùxiàn 명 노선, 경로 | **喷射** pēnshè 동 분사하다, 내뿜다 | **物** wù 명 물질 [喷射物: 분출물] | **若** ruò 접 만약, 만일 [=倘若 tǎngruò] | ★**恰巧** qiàqiǎo 부 공교롭게도, 때마침 | **喷发** pēnfā 동 (화산이 용암을) 분출하다, 내뿜다 | **头盔** tóukuī 명 헬멧, 투구 | ★**给予** jǐyǔ 동 주다, 부여하다 | **程度** chéngdù 명 정도 | **火山灰** huǒshānhuī 명 화산재 | **滑雪镜** huáxuějìng 명 스키 고글 | **通气管** tōngqìguǎn 명 배기통 | **面罩** miànzhào 명 안면 마스크 | **护目镜** hùmùjìng 명 보안경 | **湿** shī 동 젖다, 축축하다, 눅눅하다 | **布** bù 명 천, 포 | **护住** hùzhù 동 보호하다, 감싸다 | **防毒面具** fángdú miànjù 명 방독면 | **气体** qìtǐ 명 기체 | **球状** qiúzhuàng 명 구형, 구상 | ★**坚固** jiāngù 형 견고하다, 튼튼하다 | **地下** dìxià 명 지하 | **建筑** jiànzhù 명 건축물 | **则** zé 부 바로 ~이다 [판단구에 쓰여 긍정을 나타냄] | **跳** tiào 동 뛰다 | **屏住** bǐngzhù 동 참다, 억누르다, 억제하다 | **呼吸** hūxī 명 호흡 | **约** yuē 부 대략, 대개 | **滚** gǔn 동 구르다, 뒹굴다 | **水面** shuǐmiàn 명 수면 | **伴随** bànsuí 동 동반하다, 수반하다 | **某** mǒu 대 어떤, 몇몇, 일부 | **隆隆** lónglóng 의성 우르릉, 꽈르릉 [천둥이나 포성이 크게 울리는 소리] | **冒** mào 동 뿜어나오다, 내뿜다 | **缕缕** lǚlǚ 형 잇달아 끊이지 않다, 끊임없다 | **蒸汽** zhēngqì 명 수증기 | **刺激性** cìjīxìng 명 자극성 | **酸雨** suānyǔ 명 산성비 | **以及** yǐjí 접 및, 그리고, 아울러 | **江河** jiānghé 명 하천, 강 | **硫黄** liúhuáng 명 유황 | ★**气味** qìwèi 명 냄새 | ★**警告** jǐnggào 동 경고하다 | **信号** xìnhào 명 신호 | **逃离** táolí 동 달아나다, 도주하다, 도망치다 | **路面** lùmiàn 명 노면, 도로 | **打滑** dǎhuá 동 (바퀴나 피대 등이) 헛돌다, 미끄러지다 | ★**峡谷** xiágǔ 명 협곡 | **火山泥流** huǒshān níliú 명 화산이류 [화산 분출로 쌓인 물질이 물과 섞여 산 아래로 빠른 속도로 흘러내려 가는 현상] | **范围** fànwéi 명 범위 | **窄** zhǎi 형 (폭이) 좁다, 협소하다 | **地面** dìmiàn 명 지면, 지표 | **挥发** huīfā 동 휘발하다, 날아가다 | **喷出** pēnchū 동 분출하다 | ★**瞬间** shùnjiān 명 순간, 눈 깜짝하는 사이 | **化成** huàchéng 동 ~로 변하다 | ★**粉末** fěnmò 명 분말, 가루 | **顺风** shùnfēng 명 순풍, 진행하는 쪽으로 부는 바람 | **处** chù 명 곳, 장소 | **蹲** dūn 동 쪼그리고 앉다, 웅크리고 앉다 | **抱头** bàotóu 동 (두 손으로) 머리를 감싸 쥐다 | ★**憋** biē 동 (억지로) 참다, 견디다 [憋气: 숨을 참다] | **项** xiàng 양 항, 항목 | ★**预兆** yùzhào 명 징조, 전조 | **全** quán 부 모두, 완전히 | **灾害** zāihài 명 (자연·인위적인) 재난, 재해

STEP 2 내공 쌓기

1 설명문 문단별 빈출 주요 표현 track 43

설명문의 전개 방식을 이해한 후 녹음을 들으면 보다 쉽게 내용을 이해하고 문제를 풀 수 있다.

(1) 서론: 설명 대상 소개, 주제 언급

- 研究表明/发现 yánjiū biǎomíng / fāxiàn 연구에 따르면
- 研究结果显示 yánjiū jiéguǒ xiǎnshì 연구 결과에 따르면
- 有数据表明 yǒu shùjù biǎomíng 데이터에 따르면
- 一项调查显示 yí xiàng diàochá xiǎnshì 한 조사에 의하면
- 据……指出 jù……zhǐchū (사람 또는 사물)에 따르면
- 据……显示 jù……xiǎnshì (데이터·통계·연구 결과·조사 등)에 따르면
- 据……证实 jù ……zhèngshí (사람 또는 누군가의 말)에 따르면

(2) 본론: 시간 · 공간 · 논리순으로 구체적으로 설명

- 第一A，第二B，第三C dì yī A, dì èr B, dì sān C 첫째로는 A, 둘째로는 B, 셋째로는 C이다

  取得成功的条件有很多，第一是决心，第二是毅力，第三是机遇。

  성공하기 위한 조건은 많이 있는데, 첫째로는 결심이고, 둘째로는 끈기이고, 셋째로는 기회이다.

- 一来A，二来B yīlái A, èrlái B 첫째로는 A, 둘째로는 B이다

  他想要找一份离家近的工作，一来可以照顾父母，二来可以节省花费。

  그가 집에서 가까운 직장을 얻고자 한 것은, 첫째로는 부모님을 돌볼 수 있어서이고, 둘째로는 돈을 아낄 수 있어서이다.

- 首先A，其次B，再次C，然后D，最后E
  shǒuxiān A, qícì B, zàicì C, ránhòu D, zuìhòu E 첫째로 A, 둘째로 B, 그다음 C, 그런 후에 D, 마지막으로 E이다

  首先，中国幅员辽阔；其次，中国人口众多；最后，发展可能性极高。

  첫째, 중국은 면적이 넓다. 둘째, 중국은 인구가 많다. 마지막으로 발전 가능성이 매우 높다.

(3) 결론: 요약, 정리, 주제 언급

- 综上所述 zōngshàng suǒ shù 앞서 말한 내용을 종합하다 [흔히 종합적인 결론을 도출할 때 쓰임]
- 总而言之 zǒng'éryánzhī = 总之 zǒngzhī 요컨대, 결론적으로 말하자면
- 换句话说 huàn jù huà shuō 바꾸어 말하면, 다시 말하면
- 得出了结论 déchū le jiélùn 결론을 얻어 냈다
- 由此可见 yóucǐ kějiàn 이로부터 알 수 있다

듣기 제3부분

배운 내용 점검하기

녹음을 듣고 문제를 풀어 보세요. track 44

A 电力　　　　B 石油

녹음 대본&해석&어휘

一项名叫"巴铁"的发明在第十九届北京科技产业博览会上精彩亮相，引起了人们的关注。它完全依靠电力驱动，是一种大运量宽体高架电车，人们也称其为"空中奔跑的巴士"。它不但拥有地铁般的大运力，还可以像公交车般在地面上运行。

问：巴铁依靠什么驱动？

A 电力　　B 石油

'巴铁(빠티에)'라는 이름의 발명품이 제19회 베이징 과학기술 산업 박람회에서 화려하게 공개되어 사람들의 주목을 받았다. '巴铁(빠티에)'는 완전히 전기에 의지해서 움직이는, 수송량이 많고 너비가 긴 고가도로 전차의 일종으로, 사람들은 이를 '공중에서 달리는 버스'라고도 부른다. 이 버스는 지하철에 버금가는 운송 능력을 가지고 있을 뿐만 아니라, 버스처럼 지면에서 운행될 수 있다.

질문: 빠티에는 무엇에 의지해서 움직이는가?

A 전기　　B 석유

项 xiàng 양 항, 항목 | 发明 fāmíng 명 발명(품) | 届 jiè 양 회, 기 | 科技 kējì 과학기술 | ★产业 chǎnyè 명 산업 | ★博览会 bólǎnhuì 명 박람회 | 亮相 liàngxiàng 명 (사람이나 사물이) 공개적으로 모습을 드러내다 | 关注 guānzhù 명 관심 | ★依靠 yīkào 동 의존하다, 기대다 | 电力 diànlì 명 전력 | 驱动 qūdòng 동 구동하다, 시동을 걸다 | 运量 yùnliàng 명 수송량 | 宽体 kuāntǐ (자동차·비행기 등의) 너비가 비교적 긴 | 高架 gāojià 고가도로 | 电车 diànchē 명 전차 | 称其为A chēng qí wéi A A라고 부르다 | 空中 kōngzhōng 명 공중 | 奔跑 bēnpǎo 동 질주하다 | 巴士 bāshì 명 버스 | ★拥有 yōngyǒu 동 보유하다, 가지다 | 般 bān 조 ~와 같은, ~와 같은 정도의 | 运力 yùnlì 명 운송 능력 | 地面 dìmiàn 명 지면, 바닥 | ★运行 yùnxíng 동 운행하다 | ★石油 shíyóu 명 석유

정답 **A**

Day 15 track 45

1. A 建都于元代
   B 为曲艺之乡
   C 是历史文化名城
   D 以自然景观著称

2. A 景点分散浪费时间
   B 不少古迹不对外开放
   C 没有代表性的纪念品
   D 短时间无法游览所有景观

3. A 经常举办拍卖活动
   B 一楼藏有文化典籍
   C 二楼有书法展览
   D 三楼主要展示书画用品

4. A 能根据喜好设置
   B 可代替密码
   C 只有四个数字
   D 可区分用户类别

5. A 保密性最高
   B 样式更新奇
   C 利于人脑识别
   D 增加了趣味性

6. A 网站泄露信息
   B 验证码不够清晰
   C 购票网页容易瘫痪
   D 登录步骤非常繁琐

7. A 验证码已被淘汰
   B 抢票软件都有病毒
   C 图片验证码有待优化
   D 用户可选择验证方式

정답 및 해설 → 해설서 p.048

Day 16 track 46

8. A 会损伤皮肤
   B 会使人心情不好
   C 含有红外线
   D 导致发育不良

9. A 伤害自尊心
   B 引发强迫症
   C 患上腰椎病
   D 容易暴露自身缺点

10. A 出门一定要防晒
    B 将手机屏幕调亮
    C 缩短手机使用时间
    D 不要在乎别人的看法

11. A 倡导和平
    B 履行义务
    C 渴望被其他人了解
    D 希望自己对别人有用

12. A 他人感兴趣的
    B 学术类的
    C 保护环境的
    D 能够开阔视野的

13. A 是自信的体现
    B 不具有代表性
    C 是他人形象的投射
    D 与真实自我无关

정답 및 해설 → 해설서 p.051

Day 17 track 47

14. **A** 蒸发海带汤
 B 提炼动物油
 C 净化海水
 D 分解淀粉

15. **A** 要放大量糖分
 B 一定要保证无菌环境
 C 不采用化学原料
 D 会产生很多废弃物

16. **A** 动物食用味精易过敏
 B 味精盖住了食物原味
 C 味精对人体无害
 D 味精会污染空气

17. **A** 营造轻松舒适的氛围
 B 带动消费
 C 迎合顾客的口味
 D 调动员工积极性

18. **A** 增强肠胃功能
 B 降低血脂
 C 激发灵感
 D 减少浪费

19. **A** 展示自身特色
 B 旋律要好听
 C 与视频一起播放
 D 符合当下潮流

정답 및 해설 → 해설서 p.054

Day 18 track 48

20. **A** 要付费使用
 B 有固定的格式
 C 已被广泛接受
 D 是主流文化

21. **A** 肢体动作很优美
 B 以夸张的手法自嘲
 C 遭到不少人的抵制
 D 表现愤怒的心理

22. **A** 营造愉快的氛围
 B 提高打字速度
 C 扩大交际圈
 D 节约上网成本

23. **A** 网络表情还不够生动
 B 网络表情能刻画复杂的概念
 C 人们不喜欢看漫画
 D 表情符号会引起误会

24. **A** 男人
 B 女人
 C 儿童
 D 老人

25. **A** 能缓解痛苦
 B 不含有害物质
 C 蛋白质含量低
 D 可以预防心脏病

26. **A** 悲痛时流出的眼泪与感冒时的不同
 B “哭”有益健康
 C 老年人流眼泪可预防疾病
 D 压抑会使眼泪中的蛋白质增加

27. **A** 人为什么哭
 B 哭的积极作用
 C 怎样避免伤心难过
 D 男人为什么不爱哭

정답 및 해설 → 해설서 p.057

02 논설문

STEP 1 유형 파악하기

✕ 논설문은 '화자의 의견과 관점'을 밝히는 글로, '화자의 주장'을 묻는 문제가 반드시 출제되기 때문에, '주제 파악'이 가장 중요하며, 주장을 뒷받침하는 '세부 근거'도 문제로 출제된다. 듣기 제3부분 논설문 유형은 듣기 제1부분 '태도와 철학' 유형과 녹음 내용이 매우 비슷하다. 다만 지문의 길이가 조금 더 길고, 녹음 하나에 배정된 문항 수가 3~4문항이라는 점에서 차이가 있다.

▶ 출제경향

1 교훈을 주는 내용

삶에 도움을 주고 모범이 되는 교훈성 글이 가장 많이 출제된다.

2 지식과 정보를 전달하는 내용

단순히 정보 전달에 그치지 않고, 화자의 태도도 함께 제시된다.

▶ 문제 풀이 비법

1 보기에 '要(~해야 한다)' '不能(~해서는 안 된다)' 등 당위를 나타내는 표현에 집중하자.

보통 마지막 문항에 '주제'를 묻는 문제가 출제된다. 보기가 '要' '不能' '应该' 등의 표현을 사용한 '당위'나 '관점'에 대한 내용으로 이루어져 있다면 논설문 유형임을 예상할 수 있다.

2 녹음의 진행 순서와 문제 순서는 다를 수 있다.

'주제'를 묻는 문제가 보통 마지막 문항에 나온다고 해서, 주제가 항상 녹음 마지막에 언급되는 것은 아니다. 즉, 문항 순서대로만 문제를 풀려다가는 낭패를 볼 수 있다. 화자의 주장, 글의 주제는 녹음의 시작과 마지막 부분에 모두 언급될 수도 있고, 둘 중 한 곳에서만 언급될 수도 있다.

3 예시, 비유가 어떤 주장을 뒷받침하는지 미리 생각해 보자.

녹음은 '화자의 의견, 주장 → 뒷받침 내용' 순서로 흐르는 경우가 많지만, 반대로 '뒷받침 내용 → 화자의 의견, 주장' 순서로 흐르기도 한다. 따라서, 보기를 보고 녹음 유형이 논설문일 것이라고 예상했다면, 녹음에 주장이 아직 언급되지 않았더라도, 녹음에 제시되고 있는 구체적인 비유, 예시가 화자의 어떤 주장을 뒷받침할 것인지 생각해 보며 듣는 것도 좋은 방법이다.

제3부분 예제 track 49

1	A 躺在地上装死	B 身体缩成球状	C 进入洞里	D 发出臭味
2	A 非常机械	B 盲目迟钝	C 理智机敏	D 凌乱分散
3	A 学会忍耐	B 要专注核心竞争力	C 要直面自己的不足	D 做事要遵守秩序

STEP 1 보기에서 '핵심 키워드' 및 '세부 내용' 체크하기

1 '동작'이 언급되었네. 세부 내용도 잘 체크하자!

躺 눕다 | 缩 움츠리다 | 进入 들어가다 | 发出 풍기다, 내다

세부 내용 装死 죽은 척하다 | 成球状 동그랗게 되다 | 洞里 구멍 안으로 | 臭味 악취

2 어떤 대상을 '형용'하는 말들이 제시되었네.

机械 융통성이 없다 | 盲目迟钝 맹목적이고 느리다 | 理智机敏 침착하고 민첩하다 | 凌乱分散 어수선하고 분산되다

3 '당위성'을 나타내는 표현 '学会' '要'가 쓰인 것을 보아, '논설문'일 가능성이 높겠구나.

세부 내용 忍耐 인내하다 | 竞争力 경쟁력 | 直面自己的不足 자신의 부족함을 직시하다 | 遵守秩序 질서를 준수하다

第1到3题是根据下面一段话：

狐狸是一种非常狡猾的动物，它不仅行动十分敏捷，而且擅长使用较复杂的策略。而刺猬却毫不起眼，每天忙着照顾自己的家和寻找食物。

[1]每当刺猬遭遇狐狸的攻击时，它都会蜷成圆球，将浑身的尖刺指向四面八方，因此虽然狐狸比刺猬更聪明，但在实际生活中却是刺猬屡战屡胜。这个现象告诉人们：虽然狐狸懂的比刺猬多，可刺猬知道的却是最重要的，而这足以让它从狡猾的狐狸手中逃脱。

其实人也可划分为两种类型，刺猬和狐狸，[2]狐狸的思维凌乱分散，从未集中形成统一观点或者一个整体理论，而刺猬却将复杂的世界简化为一个基本理念又或者是一条基本原则，并且发挥自己的指导和统帅作用。[3]刺猬的智慧在于懂得将一切挑战和进退两难的局面压缩成简单的"刺猬理念"，即专注个人的核心竞争力，不轻易分散自己的资源和精力。

1~3번 문제는 다음 내용에 근거하다.

여우는 매우 교활한 동물로, 행동이 매우 민첩할 뿐만 아니라, 비교적 복잡한 전략을 사용하는 데 능숙하다. 반면 고슴도치는 조금도 눈에 띄지 않으며, 매일 자신의 집을 돌보고 먹이를 찾느라 바쁘다.

[1]고슴도치는 여우의 공격을 받을 때마다 동그랗게 웅크려 온몸의 가시를 사방으로 향하게 하기 때문에, 비록 여우가 고슴도치보다 더 똑똑하지만, 실제 생활 속에서는 오히려 고슴도치가 싸울 때마다 이긴다. 이 현상은 사람들에게 '비록 여우가 고슴도치보다 아는 것이 많지만, 고슴도치가 깨달은 것이 도리어 가장 중요한 것으로, 이 점이 고슴도치가 교활한 여우의 손아귀에서 벗어나게 해 준다'는 것을 알려 준다.

사실 사람도 '고슴도치'와 '여우', 이 두 가지 유형으로 나눌 수 있다. [2]여우의 사고방식은 어수선하고 분산되어 있어서, 통일된 관점이나 전체적인 이론을 한데 모아 형성한 적이 없는 반면 고슴도치는 복잡한 세계를 하나의 기본 이념 또는 하나의 기본 원칙으로 단순화하여, 자신의 지도력과 리더십을 발휘한다. [3]고슴도치의 지혜는 모든 도전과 진퇴양난의 국면을 단순한 '고슴도치 이념'으로 압축할 줄 아는 것에 있다. 즉 개인의 핵심 경쟁력에 집중하여 자신의 자원과 에너지를 쉽게 분산시키지 않는 것이다.

STEP 2 당위를 나타내는 표현, 예시·비유 표현에 주목하며, 소거법을 활용해 듣기

1 B [蜷成圆球 동그랗게 웅크리다] '蜷成圆球'라는 표현을 들었을 때, '蜷(웅크리다)'이라는 어휘가 생소했겠지만, 몰라도 정답을 찾는 데는 문제없다. 녹음에서 '成圆球'를 들었으니, 비슷한 표현인 '成球状'이 쓰인 B를 답으로 고를 수 있다. 나머지 보기는 언급되지 않았다.

2 D [凌乱分散 어수선하고 분산되다] 보기 'D. 凌乱分散'이 녹음에 그대로 나왔다. [C(×): '민첩하다(机敏)'는 여우의 행동에 대한 설명이었고, '침착하다(理智)'는 고슴도치의 사고방식에 대한 설명이었다.]

3 B [刺猬的智慧……，即专注个人的核心竞争力…… 고슴도치의 지혜는 ~, 즉 개인의 핵심 경쟁력에 집중하여 ~] 처음에는 여우와 고슴도치의 특징만 소개하고, 마지막이 되어서야 주제 문장을 언급했다. 녹음 마지막 문장 '刺猬的智慧……，即专注个人的核心竞争力……'에 보기 B의 핵심 표현이 모두 등장했다. 문장이 길다고 어려워하지 말고 들은 어휘를 조합해서 정답을 찾는 연습을 하자.

1 遇到狐狸进攻时刺猬会怎么做?

A 躺在地上装死
B 身体缩成球状
C 进入洞里
D 发出臭味

2 狐狸的思维有什么特点?

A 非常机械
B 盲目迟钝
C 理智机敏
D 凌乱分散

3 刺猬理念对我们有什么启示?

A 学会忍耐
B 要专注核心竞争力
C 要直面自己的不足
D 做事要遵守秩序

1 여우의 공격을 받을 때 고슴도치는 어떻게 하는가?

A 바닥에 누워서 죽은 척한다
B 몸을 동그랗게 움츠린다
C 구멍으로 들어간다
D 악취를 풍긴다

2 여우의 사고방식은 어떤 특징이 있는가?

A 매우 융통성이 없다
B 맹목적이고 느리다
C 침착하고 민첩하다
D 어수선하고 분산되다

3 고슴도치 이념은 우리에게 어떤 깨달음을 주는가?

A 인내할 줄 알아야 한다
B 핵심 경쟁력에 집중해야 한다
C 자신의 부족함을 직시해야 한다
D 일을 할 때는 질서를 준수해야 한다

狐狸 húli 명 여우 | **狡猾** jiǎohuá 형 교활하다 | **行动** xíngdòng 명 행동, 거동 | ★**敏捷** mǐnjié 형 (생각·동작 등이) 민첩하다, 빠르다 | ★**擅长** shàncháng 동 (어떤 방면에) 뛰어나다, 잘하다 | ★**策略** cèlüè 명 전략, 책략, 전술 | **刺猬** cìwei 명 고슴도치 | **毫不** háobù 부 조금도 ~않다, 전혀 ~하지 않다 | **起眼** qǐyǎn 동 (주로 부정 형식에 쓰여) 눈에 띄다, 주의를 끌다 [毫不起眼: 조금도 눈에 띄지 않다] | **寻找** xúnzhǎo 동 찾다, 구하다 | **食物** shíwù 명 음식물 | ★**攻击** gōngjī 명 공격 | **蜷** quán 동 웅크리다 | **圆球** yuánqiú 명 구형 | ★**浑身** húnshēn 명 온몸, 전신 | **尖刺** jiāncì 명 가시 | **指向** zhǐxiàng 동 향하다, 가리키다 | **四面八方** sìmiàn bāfāng 성 사방팔방 | **屡战屡胜** lǚzhàn lǚshèng 성 싸울 때마다 이기다, 연전연승하다 | **现象** xiànxiàng 명 현상 | ★**足以** zúyǐ 부 충분히 ~할 수 있다, ~하기에 족하다 | **逃脱** táotuō 동 벗어나다 | ★**划分** huàfēn 동 (전체를 여러 부분으로) 나누다, 구획하다 | **类型** lèixíng 명 유형 | ★**思维** sīwéi 명 사유 | **凌乱** língluàn 형 어수선하다 | **分散** fēnsàn 동 분산하다 | **从未** cóngwèi 부 지금까지 ~한 적이 없다, 여태껏 ~하지 않다 | **集中** jízhōng 동 집중하다, 모으다 | **形成** xíngchéng 동 이루어지다, 형성되다 | **统一** tǒngyī 동 통일하다, 하나로 일치되다 | **观点** guāndiǎn 명 관점, 견해 | **整体** zhěngtǐ 명 전체, 전부 | **理论** lǐlùn 명 이론 | ★**简化** jiǎnhuà 동 단순화하다, 간단하게 하다 | **基本** jīběn 형 기본적이다 | **理念** lǐniàn 명 이념 | **原则** yuánzé 명 원칙 | **发挥** fāhuī 동 발휘하다 | **指导** zhǐdǎo 동 지도하다 | **统帅** tǒngshuài 동 통솔하다 | **智慧** zhìhuì 명 지혜 | **在于** zàiyú 동 ~에 있다 | **挑战** tiǎozhàn 명 도전 | **进退两难** jìntuì liǎngnán 성 진퇴양난 | ★**局面** júmiàn 명 국면, 형세, 양상 | ★**压缩** yāsuō 동 압축하다 | **专注** zhuānzhù 동 집중하다, 전념하다 | **个人** gèrén 명 개인 | **核心** héxīn 명 핵심 | **竞争力** jìngzhēnglì 명 경쟁력 | **轻易** qīngyì 형 (주로 부정형으로 쓰여) 쉽다, 간단하다 | **资源** zīyuán 명 자원 | **精力** jīnglì 명 에너지, 정력 | ★**进攻** jìngōng 동 공격하다, 진공하다 | **装死** zhuāngsǐ 동 죽은 체하다 | **球状** qiúzhuàng 명 구형, 둥근 형태 | **洞** dòng 명 구멍, 굴, 동굴 | **发出** fāchū 동 내뿜다, 발산하다 | **臭味** chòuwèi 명 악취, 나쁜 냄새 | ★**机械** jīxiè 형 융통성이 없다 | ★**盲目** mángmù 형 맹목적(인), 무작정의 | ★**迟钝** chídùn 형 (생각·감각·행동·반응 등이) 느리다, 둔하다 | ★**理智** lǐzhì 명 이성과 지혜 형 침착하다, 이지적이다 | **机敏** jīmǐn 형 민첩하다, 기민하다 | ★**启示** qǐshì 동 시사하다, 계시하다, 계발하다 | ★**忍耐** rěnnài 동 인내하다, 참다, 견디다 | **直面** zhímiàn 동 직시하다 | **不足** bùzú 형 부족하다 | **遵守** zūnshǒu 동 (규정 등을) 준수하다, 지키다 | **秩序** zhìxù 명 질서

STEP

2 내공 쌓기

논설문은 주로 화자가 주장하는 내용이 글의 중심 소재이자 주제가 된다. 논설문의 흐름과 논설문에서 많이 쓰이는 표현을 잘 알아 둔다면 녹음의 흐름을 보다 수월하게 따라갈 수 있을 것이다.

1 논설문 문단 구성

도입	전개	마무리
화자의 주장을 언급하거나 예시 소개	구체적인 근거나 예시 소개	주장을 재언급하거나 강화

2 논설문 전개 단계별 빈출 표현 ⊙track 50

(1) 도입

- 很多人认为A hěn duō rén rènwéi A 많은 사람들이 A라고 생각한다
- 关于A，人们的看法不尽相同 guānyú A, rénmen de kànfǎ bújìn xiāngtóng
  A에 관하여 사람들은 서로 다른 견해를 가지고 있다
- 要知道 yào zhīdào 알아야 한다
- 尤其是A/特别是A yóuqí shì A / tèbié shì A 특히 A이다
- 遗憾的是A yíhàn de shì A 아쉬운 것은 A이다
- 关键在于A guānjiàn zàiyú A 관건은 A에 있다
- 说实话/老实说 shuō shíhuà / lǎoshí shuō 솔직히 말해서
- 一定要/必须 yídìng yào / bìxū 반드시 ~해야 한다
- 应该 yīnggāi 마땅히 ~해야 한다
- 需要/须要 xūyào ~할 필요가 있다
- 不必 búbì ~할 필요가 없다
- 想要 xiǎng yào ~하려고 하다

(2) 전개

- 拿A来说 ná A lái shuō A를 예로 들어 말하자면
- 比如说 bǐrú shuō 예를 들어 말하자면
- 举个例子 jǔ gè lìzi 예를 들어서
- 以A为例 yǐ A wéilì A를 예를 들자면
- 就A来说 jiù A lái shuō A에 대해 말하자면
- 像A一样 xiàng A yíyàng 마치 A처럼
- 俗话说 súhuà shuō 속담에 이르길
- 有一句谚语：A yǒu yí jù yànyǔ: A 속담에 A라는 말이 있다
- 中国有句俗话：A Zhōngguó yǒu jù súhuà: A 중국에 A라는 속담이 있다
- 从A角度来说/看 cóng A jiǎodù lái shuō / kàn A의 관점에서 이야기하자면/보자면
- 这件事的起因很多，第一A，第二B，第三C
  zhè jiàn shì de qǐyīn hěn duō, dì yī A, dì èr B, dì sān C 이 일의 원인은 매우 많다. 첫째 A, 둘째 B, 셋째 C이다
- 原因有以下几点，一方面A，另一方面B
  yuányīn yǒu yǐxià jǐ diǎn, yìfāngmiàn A, lìng yìfāngmiàn B 원인은 다음과 같다. 한편으로는 A, 다른 한편으로는 B이다
- 首先A，其次B，然后C，最后D shǒuxiān A, qícì B, ránhòu C, zuìhòu D
  먼저 A, 두 번째로 B, 그다음은 C, 마지막으로 D이다

(3) 마무리

- 综合来说 zōnghé lái shuō 종합적으로 이야기하면
- 总之/总而言之 zǒngzhī / zǒng'éryánzhī 결론적으로, 요컨대
- 可见A kějiàn A A라는 것을 알 수 있다
- 由此可见A yóu cǐ kějiàn A 이로써 A를 알 수 있다
- 换句话说 huàn jù huà shuō 바꾸어 말하면, 다시 말하면
- 可以说 kěyǐ shuō ~라고 말할 수 있다
- 长久以来 chángjiǔ yǐlái 오랫동안

3 연결 표현 track 51

(1) 병렬

- 与此同时 yǔcǐ tóngshí 이와 동시에, 아울러
- 不仅如此 bùjǐn rúcǐ 뿐만 아니라
- 除此之外/此外 chúcǐ zhīwài / cǐwài 이 외에도
- 既A又B jì A yòu B A이기도 하고 B이기도 하다

(2) 원인

- 由于A，因此/因而B yóuyú A, yīncǐ / yīn'ér B A 때문에 B하다
- 之所以A，是因为B zhīsuǒyǐ A, shì yīnwèi B A인 까닭은 B 때문이다
- 对A产生影响 duì A chǎnshēng yǐngxiǎng A에 영향을 미치다
- 由A引起 yóu A yǐnqǐ A로 인해 발생하다
- 由A导致 yóu A dǎozhì A로 인해 초래하다
- 受到A控制/刺激 shòudào A kòngzhì / cìjī A의 제약을 받다/자극을 받다

(3) 전환

- 虽说/固然/尽管A，然而/而/却/则B suīshuō / gùrán / jǐnguǎn A, rán'ér / ér / què / zé B 비록 A일지라도 그러나 B하다
- 反之 fǎnzhī 이와 반대로, 바꿔 말하면
- 其实 qíshí 사실은
- 不但A反而B búdàn A fǎn'ér B A뿐만 아니라 오히려 B까지
- 尽管A还是B jǐnguǎn A háishì B A에도 불구하고 여전히 B하다

(4) 가설, 예시

- 如果/假如/倘若/若A，那么/便/则/就B rúguǒ / jiǎrú / tǎngruò / ruò A, nàme / biàn / zé / jiù B 만약에 A하면 B하다
- 要不然/否则 yàobùrán / fǒuzé 그렇지 않다면

(5) 조건

- 宁愿/宁肯A，也不B nìngyuàn / nìngkěn A, yě bù B A할지언정 B하지는 않겠다
- 宁愿/宁肯A，也要B nìngyuàn / nìngkěn A, yě yào B A할지언정 B하겠다
- 与其A，不如B yǔqí A, bùrú B A하느니 B하는 편이 낫다

배운 내용 점검하기

녹음을 듣고 문제를 풀어 보세요. track 52

A 不要过度运动　　　　B 多做仰头运动

녹음 대본&해석&어휘

调查表明，有七成以上的网友说自己不玩手机就睡不着。他们一天盯着手机的时间超过三个小时，医生表示：若连续坐几个小时，且头又一直前倾盯着手机，就会导致下颚松弛。因此，如果想要避免未老先衰的现象，就要控制低头盯着手机的时间，至少应每半小时做一次仰头运动，来锻炼颈部的肌肉。

연구 결과, 70% 이상의 네티즌이 자신은 휴대폰을 하지 않으면 잠이 오지 않는다고 말했다. 그들이 하루에 휴대폰을 보고 있는 시간은 3시간이 넘는다. 의사는 '만약 연속으로 몇 시간 앉아 있고, 머리가 또 계속 앞으로 기울어져 휴대폰을 주시한다면, 아래턱이 처지는 현상을 야기한다'고 말한다. 따라서 만약 늙기도 전에 노화되는 현상을 피하고 싶다면, 머리를 숙이고 휴대폰을 주시하는 시간을 조절해야 한다. 최소한 30분마다 고개를 드는 운동을 한 번씩 해서, 목 부분의 근육을 단련시켜야 한다.

问：根据这段话我们应该怎么做？

A 不要过度运动

B 多做仰头运动

질문: 이 글에 따르면 우리는 어떻게 해야 하는가?

A 과도하게 운동해서는 안 된다

B 고개를 드는 운동을 많이 해야 한다

表明 biǎomíng 동 표명하다, 분명하게 보이다 | 成 chéng 양 10분의 1 | 以上 yǐshàng 명 이상 | 网友 wǎngyǒu 명 네티즌 | 睡不着 shuìbuzháo 잠들 수 없다, 잠들지 못하다 | ★盯 dīng 동 주시하다 | 若 ruò 접 만약, 만일 | 连续 liánxù 동 연속하다, 계속하다 | 且 qiě 접 게다가 | 头 tóu 명 머리 | 倾 qīng 동 기울어지다 | 导致 dǎozhì 동 야기하다 | 下颚 xià'è 명 아래턱 | 松弛 sōngchí 형 늘어지다 | 避免 bìmiǎn 동 피하다, 모면하다 | 未老先衰 wèilǎo xiānshuāi 성 나이 들기 전에 먼저 늙다 | 现象 xiànxiàng 명 현상 | 控制 kòngzhì 동 제어하다, 컨트롤하다 | 低头 dītóu 동 머리를 숙이다 | 仰头 yǎngtóu 동 고개를 쳐들다, 머리를 젖히다 | 颈 jǐng 명 목 | 部 bù 명 부분 | 肌肉 jīròu 명 근육

정답 B

Day 32 track 53

1. A 春节放假
   B 建立业务联系后
   C 第一次见面时
   D 签订合同时

2. A 投其所好的
   B 亲手做的
   C 物美价廉的
   D 昂贵的

3. A 赠送礼品的时间要提前告知
   B 促销品不可作为客户赠礼
   C 送礼品是为公司免费宣传的好机会
   D 礼品要用统一包装

4. A 心态友善
   B 服装整齐
   C 姿态优雅
   D 话语简短

5. A 适当运用手势
   B 不断点头
   C 降低说话音量
   D 看着对方眼睛

6. A 越战越勇
   B 求同存异
   C 认真思考
   D 持之以恒

7. A 辩论的语速
   B 用餐礼节
   C 谈话的技巧
   D 个人的魅力

정답 및 해설 → 해설서 p.061

Day 33 track 54

8. A 二十年
   B 六十年
   C 八十年
   D 一百年

9. A 说“我爱你”非常困难
   B 与伴侣的相遇得花三十年的时间
   C 一个人一生要绕地球三十圈
   D 两个人相遇的可能性是千万分之一

10. A 要懂得珍惜
    B 人活着非常不容易
    C 要善于发现与观察
    D 要学会计算

11. A 制定计划
    B 放松身心
    C 合理利用时间
    D 选择好的书籍

12. A 要概况
    B 要简单
    C 要具体
    D 要有个性

13. A 反复修改
    B 重视长期安排
    C 准备很多计划
    D 计划要有灵活性

정답 및 해설 → 해설서 p.064

Day 34 track 55

14. **A** 半天
B 三四天
C 一年
D 三个月

15. **A** 两件
B 四件
C 五件
D 七件

16. **A** 学会主动道歉
B 尽可能地关心对方
C 常说对不起
D 别为小事争吵

17. **A** 教人如何吵架
B 夫妻间的家务分配
C 积极事情的作用
D 主动承认错误的重要性

18. **A** 气候适宜的海岛
B 气候多变的山区
C 远离城市的森林
D 距离非常远的城市

19. **A** 自由出行
B 跟团旅游
C 与朋友一起
D 由孩子决定

20. **A** 不暖和
B 价格昂贵
C 容易累
D 时间长

21. **A** 设施高档的
B 价格便宜的
C 卫生整洁的
D 服务品质高的

정답 및 해설 → 해설서 p.066

03 이야기

STEP 1 유형 파악하기

이야기 유형에는 등장인물에게 일어난 일화를 통해서 '교훈'이나 '철학적 메시지'를 전달하는 글이 출제된다. 보기에 인물의 '이름/행동' 관련 어휘가 있으면 이야기 유형의 녹음임을 예상할 수 있다. 옛날 이야기와 현대 이야기가 골고루 나오며, 옛날 이야기일 경우에는 실존했던 인물의 일화가 나올 수 있다.

▶ 출제 경향

1 일화

역사적 인물, 현대 유명인 등의 일화를 먼저 소개한 후 그와 관련된 교훈이나 주제를 언급한다. 주제가 직접 언급되지 않고, 전체적인 흐름을 통해 화자의 메시지를 유추해 내도록 하는 문제가 출제되기도 한다.

2 우화

동물의 삶에 인간의 삶을 빗대어 교훈을 주는 내용이 주로 출제된다.

▶ 문제풀이 비법

1 육하원칙으로 이야기 흐름을 파악하라.

이야기 유형에서는 등장인물이 누구인지, 언제 어디에서 무슨 일이 어떻게 왜 발생했는지에 초점을 맞추어 문제가 출제된다. 즉, 세부적인 내용까지 확인해야 하니, 반드시 집중해서 보기와 대조하며 들어야 한다. PBT(지필고사)일 경우, 메모하며 듣도록 하자. 그리고, 녹음을 들을 때는 문장 단위로 녹음을 끊어서 이해하는 데에만 급급하기보다는 전체적인 진행 흐름을 파악하면서 녹음을 들어야 한다.

2 마지막 내용을 반드시 들어야 한다.

마지막 문항은 주제나 교훈을 묻는 형식의 문제가 많이 출제된다. 이야기 유형은 글의 마무리 단계에서 이야기의 주제와 교훈이 언급된다. 때에 따라서 마지막 부분에서 주제를 언급하지 않는 경우도 있지만, 마지막 문장이 분명히 힌트가 되니 절대로 놓쳐서는 안 된다.

제3부분 예제 track 56

1	A 就业率高	B 尊敬师长	C 勤于实践	D 头脑冷静
2	A 礼物的种类	B 铅笔的用途	C 铅笔的质量	D 团结的力量
3	A 要学会跟他人合作	B 人生可走的路很多	C 要懂得感恩	D 人要有爱好

STEP 1 보기에서 '핵심 키워드' 및 '세부 내용' 체크하기

1 보기에 쓰인 단어를 종합하면 '학생'이나 '학교'와 관련된 이야기가 아닐까?

就业率 취업률 | 师长 선생님과 웃어른 | 实践 실천하다 → 학생, 학교

2 '铅笔(연필)'가 두 번 등장했네. 헷갈리지 않도록 함께 언급되는 내용도 보기와 잘 대조하자.

세부 내용 种类 종류 | 用途 용도 | 质量 품질 | 力量 역량

3 '要学会(~를 알아야 한다)/人生(인생)/要懂得(~할 줄 알아야 한다)/人要有(사람은 ~가 있어야 한다)'라는 표현으로 보아, '주제'를 묻는 문제겠구나.

세부 내용 合作 협력하다 | 路很多 길이 많다 | 感恩 감사하다 | 爱好 취미

第1到3题是根据下面一段话

[1]有所学校的毕业生就业率一直都特别高，研究人员对这所学校的毕业生做了调查，了解到该校有个特殊的传统——长久以来，[2]该校新生入学以后的第一堂课便是了解铅笔的各种用途。在上课时，学生们懂得了铅笔不但可以写字，还可以当作礼物送人，必要的时候还可用来化妆或画线。削下来的木屑能做成装饰画，将笔芯磨成粉以后，还能做润滑粉。另外，将一支铅笔分为好多份以后，能制成一副象棋，也可以当成玩具车的轮子。在户外探险的时候，将铅笔中的芯抽掉还可作为吸管，喝石头缝中的水。通过这节课，学生们明白了连一支铅笔都有如此多的用途，[3]那人就更是拥有无限潜力了。而且任意一种"用途"都足以让一个人生活下去。因此从这里毕业的学生不管处境怎样，都对未来充满着希望。

1~3번 문제는 다음 내용에 근거하다.

[1]어떤 학교의 졸업생 취업률이 줄곧 매우 높았다. 연구원은 이 학교의 졸업생에 대해 조사를 했고, 이 학교에는 특별한 전통이 있다는 것을 알게 되었다. 오랫동안 [2]이 학교 신입생들의 입학 후 첫 수업은 바로 '연필의 여러 용도를 이해하는 것'이었다. 수업을 할 때 학생들은 연필은 글씨를 쓸 수 있을 뿐만 아니라 다른 사람에게 선물로 줄 수도 있고, 필요할 때는 화장을 하거나 선을 그릴 수도 있다는 것을 알게 되었다. 깎고 남은 나무 부스러기로는 장식화(画)를 만들 수 있고, 연필심을 갈아 가루를 낸 뒤 윤활 가루도 만들 수도 있다. 이 밖에도 연필 한 자루를 여러 개로 나눈 뒤에 장기(象棋)로 만들 수 있으며, 장난감 자동차의 바퀴로 삼을 수도 있다. 야외 탐험을 할 때는 연필 속의 심을 빼내 빨대로 삼아 바위틈에 있는 물을 마실 수도 있다. 이 수업을 통해 학생들은 연필 한 자루조차 이렇게 다양한 용도가 있으니, [3]사람은 더 무한한 잠재력을 가지고 있으며, 어느 한 가지 '용도'만으로도 한 사람이 살아가는 데 충분하다는 것도 알게 되었다. 그래서 이곳을 졸업한 학생들은 처한 상황이 어떻든 상관없이 미래에 대한 희망을 가득 품고 있다.

STEP 2 육하원칙으로 이야기 흐름을 파악하며 듣기

1 A [就业率一直都特别高 취업률이 줄곧 매우 높다] 언제 어디서 정답과 관련된 문장이 언급될지 알 수 없다. 특히 녹음 첫마디에 집중하지 못하면 주제, 주요 정보를 연달아 놓쳐 답을 찾을 수 없게 되니, 반드시 처음부터 집중해 듣는 연습을 하자.

2 B [了解铅笔的各种用途 연필의 여러 용도를 이해하다] 이 학교에서는 '铅笔的各种用途(연필의 여러 용도)'를 이해하는 것이 '第一堂课(첫 번째 수업)'라고 언급했다. 이 학교만의 특징이니 이야기 전개에 중요한 정보일 것이라고 미리 예상할 수 있다.

3 B [人就更是拥有无限潜力 사람은 더 무한한 잠재력을 가지고 있다] 녹음이 끝나간다면 주제가 언급될 수 있으니 더욱 집중해야 한다. 연필의 여러 용도를 이해하는 수업을 하는 목적은 사람은 많은 쓰임이 있다는 것, 즉 인생에는 갈 수 있는 길이 많다(人生可走的路很多)는 것을 학생들이 깨닫게 하기 위해서였다.

1 那所学校的毕业生有怎样的特点?
A 就业率高
B 尊敬师长
C 勤于实践
D 头脑冷静

2 新生入学以后的第一堂课讲什么?
A 礼物的种类　　B 铅笔的用途
C 铅笔的质量　　D 团结的力量

3 通过那堂课学校希望学生能明白的道理是什么?
A 要学会跟他人合作
B 人生可走的路很多
C 要懂得感恩
D 人要有爱好

1 그 학교의 졸업생에게는 어떠한 특징이 있는가?
A 취업률이 높다
B 선생님과 웃어른을 존경한다
C 부지런히 실천한다
D 냉철하다

2 신입생이 입학한 뒤에 듣는 첫 번째 수업에서 가르치는 것은 무엇인가?
A 선물의 종류　　B 연필의 용도
C 연필의 품질　　D 단결력

3 이 수업을 통해 학교는 학생들이 무슨 이치를 깨닫게 되기를 바라는가?
A 다른 사람과 협력하는 법을 알아야 한다
B 인생에는 갈 수 있는 길이 많다
C 감사할 줄 알아야 한다
D 사람은 취미가 있어야 한다

所 suǒ 명 개, 곳, 군데 [병원·학교 따위를 세는 단위] | **毕业生** bìyèshēng 명 졸업생 | **就业率** jiùyèlǜ 명 취업률 | **研究人员** yánjiū rényuán 명 연구원 | **该** gāi 대 (앞에서 언급한) 이, 그, 저 | **特殊** tèshū 형 특별하다, 특수하다 | **传统** chuántǒng 명 전통 | **长久** chángjiǔ 명 오랜 시간 | **以来** yǐlái 명 동안, 이래 [长久以来 : 오랫동안] | **新生** xīnshēng 명 신입생 | **入学** rùxué 동 입학하다 | **堂** táng 양 시간, 교시 [수업 시간을 세는 단위] | **便** biàn 부 곧, 바로 [=就] | **各种** gè zhǒng 여러 가지의, 각종의 | **用途** yòngtú 명 용도 | **当作** dàngzuò 동 ~로 삼다, ~로 간주하다 | **用来** yònglái ~에 사용하다, ~에 쓰다 | ★**化妆** huàzhuāng 동 화장하다 | **画线** huàxiàn 동 선을 그리다 | ★**削** xiāo 동 깎다, 벗기다, 제거하다 | **木屑** mùxiè 명 나무 부스러기, 톱밥 | **装饰画** zhuāngshìhuà 명 장식화 | **将** jiāng 개 ~를 [=把] | **笔芯** bǐxīn 명 연필심 | **磨** mó 동 갈다, 문지르다 | **成** chéng 동 ~가 되다, ~로 변하다 | **粉** fěn 명 가루, 분말 | **润滑** rùnhuá 동 윤활하게 하다 | **分为** fēnwéi 동 ~로 나누다 | **当成** dàngchéng 동 ~로 삼다, ~로 간주하다 | **轮子** lúnzi 명 바퀴 | **户外** hùwài 명 야외, 집밖 | **探险** tànxiǎn 동 탐험하다 | **抽** chōu 동 빼내다, 뽑다, 꺼내다 | **掉** diào 동 ~해 버리다 [동사 뒤에 쓰여 제거나 떠나감을 나타냄] | **作为** zuòwéi 동 ~로 삼다, ~로 간주하다 | **吸管** xīguǎn 명 빨대 | **缝** fèng 명 틈, 틈새, 갈라진 곳 | **如此** rúcǐ 대 이와 같다, 이러하다 | ★**拥有** yōngyǒu 동 가지다, 지니다, 보유하다 | **无限** wúxiàn 형 무한하다, 끝이 없다 | **潜力** qiánlì 명 잠재력 | ★**任意** rènyì 형 임의의 | ★**足以** zúyǐ 부 ~하기에 족하다, 충분히 ~할 수 있다 | ★**处境** chǔjìng 명 (처해 있는) 상황, 상태, 처지 | **充满** chōngmǎn 동 가득하다, 충만하다 | **尊敬** zūnjìng 동 존경하다 | **师长** shīzhǎng 명 사장 [스승과 나이 많은 어른에 대한 존칭] | **勤于** qínyú 형 (~에) 부지런하다, 부지런히 (~를) 하다 | **实践** shíjiàn 동 실천하다 | **头脑冷静** tóunǎo lěngjìng 냉철하다 | **种类** zhǒnglèi 명 종류 | **团结** tuánjié 동 단결하다 | **力量** lìliang 명 힘 | **道理** dàoli 명 이치, 도리 | **合作** hézuò 동 협력하다, 합작하다 | **感恩** gǎn'ēn 동 고맙게 여기다, 은혜에 감사하다

STEP 2 내공 쌓기

1 이야기의 문단 구성

이야기 유형에는 녹음의 전체 내용을 아울러 이해해야 풀 수 있는 문제가 종종 출제된다. 이런 문제를 잘 풀기 위해서는 녹음의 전체적인 흐름을 이해하는 것이 중요하다.

도입	전개	마무리
등장인물이나 이야기의 배경 소개	구체적인 일화 전개	주제와 교훈 언급

2 빈출 성어 track 57

이야기 유형은 교훈을 나타내거나 인물·상황·사건을 소개할 때 짧게 압축하여 표현할 수 있는 '성어'를 많이 사용한다. 아래에 정리한 성어만큼은 반드시 익혀 두자!

- 半途而废 bàntú'érfèi (어떤 일을 완성하지 않고) 중도에 그만두다
- 彬彬有礼 bīnbīn yǒulǐ 점잖고 예절 바르다
- 从容不迫 cóngróng búpò 매우 침착하다, 매우 느긋하다
- 得不偿失 débùchángshī 얻는 것보다 잃는 것이 더 많다
- 得天独厚 détiāndúhòu 유리한 조건을 갖추다, 천혜의 자연조건을 갖추고 있다
- 供不应求 gōngbùyìngqiú 공급이 수요를 따르지 못하다
- 兢兢业业 jīngjīngyèyè 부지런하고 성실하다
- 精益求精 jīngyìqiújīng (학술·기술·작품·제품 등이) 훌륭하지만 더욱더 완벽을 추구하다, 더 잘하려고 애쓰다
- 津津乐道 jīnjīnlèdào 흥미진진하게 이야기하다
- 举世闻名 jǔshì wénmíng 세계적으로 유명하다, 명성이 자자하다
- 举世瞩目 jǔshì zhǔmù 전 세계가 다 주목하고 있다, 세계의 주목을 받다
- 举足轻重 jǔzú qīngzhòng 중요한 위치에 있어서 일거수일투족이 전체에 영향을 끼치다, 중요하다
- 刻不容缓 kèbùrónghuǎn 잠시라도 지체할 수 없다, 시급하다
- 寥寥无几 liáoliáo wújǐ 수량이 매우 적다, 매우 드물다
- 流连忘返 liúlián wàngfǎn 어떤 일에 미련을 두어 (놀이나 아름다운 경치에 빠져) 떠나지 못하다, 발길을 떼지 못하다
- 络绎不绝 luòyì bùjué (사람·수레·배 등의) 왕래가 빈번하여 끊이지 않다, 줄을 잇다
- 名副其实 míngfùqíshí 명실상부하다, 이름과 실제가 서로 부합되다
- 潜移默化 qiányí mòhuà 은연중에 감화되다, 무의식중에 감화되다
- 锲而不舍 qiè'érbùshě 중도에 그만두지 않고 끝까지 조각하다, 한번 마음먹으면 끝까지 해 내다
- 轻而易举 qīng'éryìjǔ 매우 수월하다, 식은 죽 먹기
- 全力以赴 quánlìyǐfù (어떤 일에) 모든 힘을 쏟다, 최선을 다하다
- 稍纵即逝 shāozòng jíshì (시간이나 기회가) 조금만 늦어도 사라져 버리다
- 世外桃源 shìwài táoyuán 무릉도원, 별천지
- 昙花一现 tánhuā yíxiàn 활약하던 사람 혹은 귀한 사물이 덧없이 사라지다, 반짝하고 사라지다
- 小心翼翼 xiǎoxīn yìyì 매우 조심스럽다
- 循序渐进 xúnxù jiànjìn 순서에 따라 조금씩 나아가다, 차근차근 단계를 밟아 나아가다
- 应有尽有 yīngyǒu jìnyǒu 없는 것이 없다, 모두 갖춰져 있다
- 蒸蒸日上 zhēngzhēng rìshàng 날로 번영하다, 나날이 발전하다
- 众所周知 zhòngsuǒzhōuzhī 모든 사람들이 다 알다, 주지하고 있는 바와 같이
- 总而言之 zǒng'éryánzhī 총괄적으로 말하면, 결론적으로 말하면

배운 내용 점검하기

녹음을 듣고 문제를 풀어 보세요. track 58

A 为官清廉　　　　B 生活富裕

녹음 대본&해석&어휘

白居易在杭州担任刺史时为官十分清廉，但他离任回老家后却写了一首检讨诗。原来，白居易在登天竺山的时候，发现了两块石头非常可爱，就带回了家。后来他想：如果每个人都像我一样从天竺山带走几块石头，那天竺山的石头岂不变得越来越少，这不是破坏了大自然吗？我的做法与贪污有何区别呢？于是，他便非常自责地写下了那首检讨诗。

问：关于白居易，可以知道什么？

A 为官清廉

B 生活富裕

백거이는 항저우에서 자사를 맡던 시기에 매우 청렴했다. 하지만 직위를 떠나 고향으로 돌아간 후 오히려 반성하는 시를 한 수 썼다. 알고 보니, 백거이는 톈주산을 오르다가 두 개의 돌을 발견했는데, 너무 예뻐서 집으로 가져왔다. 나중에 그는 '만약 모든 사람이 나처럼 톈주산에서 몇 개의 돌을 가져온다면, 톈주산의 돌이 점점 줄어들고, 이것은 대자연을 훼손시키는 것이 아니겠는가? 나의 방법이 횡령과 어떤 차이가 있는가?'라고 생각했다. 그래서 그는 크게 자책하며 그 반성하는 시를 썼다.

질문: 백거이에 관하여 무엇을 알 수 있는가?

A 청렴하게 관료 노릇을 했다

B 생활이 부유했다

白居易 Bái Jūyì 고유 백거이 [중국 당대의 저명한 시인] | 杭州 Hángzhōu 고유 항저우 | 担任 dānrèn 동 맡다, 담당하다 | 刺史 cìshǐ 명 자사 [고대 조정에서 파견한 주(州)·군(郡)의 지방 장관] | 官 guān 명 관리 | 清廉 qīnglián 형 청렴하다 | 离任 lírèn 동 이임하다 [맡아 보던 일을 내놓고 그 자리를 떠나다] | 老家 lǎojiā 명 고향 | 首 shǒu 양 수 [시·노래 등을 세는 단위] | ★检讨 jiǎntǎo 동 깊이 반성하다 | 诗 shī 명 시 | 原来 yuánlái 부 알고 보니 | 登 dēng 동 오르다 | 天竺山 Tiānzhú Shān 고유 톈주산 | 石头 shítou 명 돌 | 岂不 qǐbù (반어의 어기를 강조하여) 어찌 ~가 아닌가? | 破坏 pòhuài 동 훼손시키다 | 大自然 dàzìrán 명 대자연 | 做法 zuòfǎ 명 방법 | ★贪污 tānwū 명 횡령 | 何 hé 대 어떤, 어느 | 便 biàn 부 곧, 즉시 | 自责 zìzé 동 자책하다 | ★富裕 fùyù 형 부유하다

정답 **A**

Day 36 track 59

1. A 编写一部巨著
   B 开凿大坝
   C 花三个月修缮皇宫
   D 建设皇家园林

2. A 筹集活动资金
   B 设计图样
   C 挖开靠近宫门的大街
   D 动员大臣帮忙

3. A 两年半
   B 一个月
   C 10天
   D 3个月

4. A 高价出售了
   B 填入沟渠中
   C 投入江中
   D 焚烧销毁了

5. A 他家里非常穷
   B 认为他没出息
   C 他的脾气太差
   D 他不努力学习

6. A 对同事表示感谢
   B 比较谁的家庭最幸福
   C 讲述对彼此的想念
   D 评价自己的生活现状

7. A 离成功还很远
   B 不用继续努力
   C 已经忘记过去
   D 感到不如同学们

8. A 学习新的技能
   B 一直存在的自卑感
   C 老师给予的鼓励
   D 家人对自己的蔑视

정답 및 해설 → 해설서 p.069

Day 37 track 60

9. A 为行人提供食物
B 替人遮阳挡雨
C 储存家具
D 考察徒弟能力

10. A 不够精美
B 不能移动
C 造型独特
D 空间开阔

11. A 是用布做的
B 很笨重
C 装饰非常精美
D 有竹制骨架

12. A 35棵
B 25棵
C 15棵
D 12棵

13. A 想要换工作
B 把斧头弄丢了
C 老板打了他
D 没能完成预期的工作

14. A 因为老板一直鼓励他
B 斧头比较锋利
C 那时砍的树都很细
D 因为有其他工人帮他

15. A 做好准备工作很重要
B 犯错误后需及时道歉
C 力气太小无法当伐木工
D 木材工厂的工作特别辛苦

정답 및 해설 → 해설서 p.073

Day 38 track 61

16. A 掌柜笨手笨脚
B 伙计态度不好
C 国字号缺斤短两
D 国字号麻油掺假

17. A 要建连锁店
B 国字号将赔偿客人
C 掌柜将受到惩罚
D 国字号要关门

18. A 百姓们不再信任乔致庸
B 国字号垄断了麻油市场
C 不少伙计罢工了
D 国字号麻油的销量增长了

정답 및 해설 → 해설서 p.076

제1부분 오류가 있는 문장 고르기 [10문항]

제2부분 빈칸에 알맞은 단어 고르기 [10문항]

제3부분 빈칸에 알맞은 문장 고르기 [10문항]

제4부분 장문을 읽고 4~5개 질문에 답하기 [20문항]

저자직강

출제 경향

제1부분

중국어의 어법을 얼마나 숙지했는지 물어보는 유형으로, 중국어의 기본 어순부터, 把/被/比자문과 같은 특수구문, 보어, 어휘의 특수 성질과 관련된 문제가 다양하게 출제되고 있다. 접속사의 오류, 문장성분의 결여, 어휘의 남용, 짝꿍(호응) 문제의 출제 비율이 가장 높다.

제2부분

주어+술어 호응, 술어+목적어 호응, 접속사, 고정격식, 유의어, 성어 문제가 주로 출제된다. 양사, 부사 문제도 간혹 출제되니, 중국어 쓰임의 차이를 정확히 알아야 한다.

제3부분

접속사에 근거해서 푸는 문제, 문맥을 파악해서 푸는 문제, 접속사와 대사로 연결 관계를 파악해서 푸는 문제, 포인트 어휘와 문장 부호로 푸는 문제들이 골고루 출제되므로, 시험에 자주 나오는 짝꿍 표현, 접속사를 숙지해 놓는 것이 중요하다.

제4부분

문제 유형은 세부 내용 파악하기, 주제 파악하기, 특정 어휘의 의미 파악하기로 나눌 수 있으며, 세부 내용 파악하기 유형이 시험에 가장 많이 출제된다. 설명문 형식이 많이 출제되기는 하지만, 논설문, 이야기 형식도 골고루 출제되며, 중국의 과학기술, 문물을 주제로 한 글도 종종 출제되니, 평소 중국 관련 기본 배경지식을 숙지해 놓는 것이 좋다.

실전! 풀이 비법 한눈에 보기

"기본 어순에 맞는 문장인지, 결여된 문장성분은 없는지 먼저 체크하자!"

중국어의 기본 어순: 주어(+부사어)+술어+목적어

第一部分

51. A 莎士比亚的戏剧数百年来一直在舞台上被演出，并传遍全球，他本人也被世人誉为世界级的文豪。
    B 我刚搬进新居时，曾经错拿过邻居的一把雨伞，足足用了一个星期。
    Ⓒ 在王洛宾改编的歌曲中，使最著名的曲目要数《在那遥远的地方》了。
    D 西安环境优美、文物古迹荟萃，被列为世界四大历史名城之一。

주어 결여 유형은 일반적으로 '在/通过/当'으로 시작한다.

개사구 뒤에는 확실한 주어가 있어야 하므로, '使'를 삭제해서 '最著名的曲目'를 주어로 만든다.

52. A 过了一座桥，车驶入一条热闹的街道，然后蓝天饭店就真的出现在我们眼前了。
    B 大山子艺术团由于在五一黄金周举行活动，所以吸引了很多国内外游客前来观看。
    C 这种传感器，可以安装在卫星、飞机、气球上，甚至可以放在吉普车里或握在手里。
    Ⓓ 凡是了解他的人都知道，尽管生活多么艰难，他都会笑着面对。

尽管 → 无论
접속사가 문맥에 어울리는지, 짝꿍 접속사와 쓰였는지 확인하자.
[참고: 无论+의문 형식+都 | 尽管A, 但B]

정답 및 해설 → 본서 p. 99 / 105

"짝꿍 표현이나 고정격식이 쓰였는지 먼저 체크하자! "

第二部分

61. 体育运动能_________人的身体健康和心理状态，但对于不常锻炼的人来说，高强度的锻炼会_______人体造成危害，所以专家提醒人们应根据个人的身体_______适当地调整锻炼强度。

A	调整	从	形状
B	改良	为	情况
Ⓒ	改善	对	状况
D	改正	以	状态

고정격식을 떠올리자! [对+대상+造成危害]

유의어들이 보기로 제시된다.

짝꿍표현을 떠올리자!
[改善/调整+心理状态]
[身体+状况/状态]

정답 및 해설 → 본서 p. 164

第三部分

71-80

'却'는 어기를 전환 시키는 부사이다.

有一个挑水夫，他有　　　一只完好无损，而另一只则有裂痕。他总是将它们分别挂在扁担的端去挑水，而每一趟长途挑运后，完好无损的水桶总能把满满一桶水从河边运送到主人家中，(71) ___E___，却往往只剩下半桶水。三年以来，挑水夫便是这样每天将一桶半的水送到主人家的。自然地，"好水桶"对自己可以装满满一桶水的事实感到非常自豪。"破水桶"呢？(72) ___D___，又因仅能负起"一半责任"而伤心。

'既A又B' 구문을 떠올리자.

빈칸 뒤 '忍不住'를 통해서 일정 시간(三年) 참다가 이야기한 것을 알 수 있다.

就这样，(73) ___C___，破水桶终于忍不住了，在小河边对挑水夫说道："我感到非常惭愧，一定要向你道歉。"挑水夫问道："你为什么会感到惭愧呢？"破水桶回答道："过去的三年里，由于一路上水不停地从我这里漏出去，我只可以将半桶水送到你的主人家，我的缺陷让你做了全部的工作，(74) ___B___。"挑水夫听后，感到十分难受，然而，他却充满爱意地说道："一会儿我们在经过回主人家的路上时，你要好好儿留意路边盛开的花啊，可能会有惊喜！"当他们路过平时走的那条路过时，破水桶果然眼前一亮，路的一旁开满了五彩缤纷的野花，沐浴在温暖的阳光下，这情景让它开心了许多！可走到路的尽头，它又开始难过了，因为一半的水又都漏在路上了！

빈칸이 문장 끝에 있는 경우, 주어가 없이 술어로 시작하는 문장이나 결과를 나타내는 문장이 주로 온다.

破水桶再一次向挑水夫道歉。挑水夫温柔地说道："你注意到了吗？路的两边只有你那边有花朵，而好水桶那一边却没有。我知道你'存在缺陷'，(75) ___A___，在你那边的路上撒下了花种，每次我从河边回来，你便替我浇了一路的花！三年来，这些美丽的花朵为主人的餐桌做了装饰。若你不是这般'模样'，主人的餐桌上也就不会有如此美丽的花朵了！"

앞 문장이 '원인'에 대한 내용이면 '因此'로 시작되는 문장을 넣어주는 것이 좋다.

A 因此我便加以利用

B 却仅收到了一半的成果

C 在饱尝了三年"失败的痛苦"之后

D 它既对自己的缺陷感到羞愧

E 但是有裂痕的水桶

접속사, 부사는 큰 힌트가 된다.

정답 및 해설 → 본서 p. 232

"질문에서 키워드를 먼저 체크하고, 키워드 중심으로 지문을 읽자"

第四部分

81-100

白鹤梁是一段长1600米、平均宽度14米左右的石梁。它位于重庆市涪陵区北边的长江中，由于以前常有白鹤栖息于该梁之上"白鹤梁"便由此而得名。白鹤梁大部分时间都是被淹没在江水中的，只有在枯水期才会显露出来。[84]石梁上不仅刻有古人用来记录长江枯水位的石鱼，[81]还有大量诗文题刻，其中提到了石鱼距离枯水线的尺度以及石鱼出水的时间等。[81]这些水文资料极其珍贵，它们为探索[81]1300多年来长江枯水期的水量与其变化规律提供了大量的科学依据，所以人们把白鹤梁誉为"世界第一古代水文站"。再加上白鹤梁上的题刻[81]大多数都是出自历代名家之手，具有极高的艺术价值，因此它便成为了三峡库区内唯一一个国家级文物保护单位。

白鹤梁的表层由软质页岩与硬质砂岩组成，由于砂岩下的泥质岩易被水流淘空，使得悬空的砂岩岩体容易翻转或崩落，再加上船的撞击、风化等因素，导致白鹤梁的题刻和石鱼整体虽然保存得较为完好，[82]但也开始出现部分损坏的现象。更为值得一提的是，白鹤梁的标高为139米，但三峡工程坝前水位将会达到176米，这就意味着在三峡工程竣工以后，白鹤梁将永远被淹没在水下。

与此同时，来自国内各地的专家们都在为保护这一珍贵的国宝而出谋献策。其中，上海大学提出了建立"水下博物馆"的方案，他们认为[83]可造一个密封的双层椭圆形壳体，把它罩于石梁

…(중략)…

81. 下列哪项不属于白鹤梁成为国宝级文物单位的原因？

(원인이 '아닌' 것을 찾아야 하므로, 지문과 보기를 대조해 소거법을 활용해서 답을 찾자.)

A 有很多珍贵的水文资料 ×　　B 年代久远 ×
C 名家题刻艺术价值极高 ×　　Ⓓ 石梁雄伟壮美

82. 根据第2段，白鹤梁：

(단락을 특정하여 어떤 대상에 대해 질문하는 유형이다.)

A 和三峡大坝等高　　Ⓑ 已出现损坏情况
C 表层岩质极其坚硬　　D 附近适合居住

83. 关于"水下博物馆"方案，下列哪项正确？

('水下博物馆'이라는 어휘를 지문에서 찾고 주변에 보기와 비슷한 어휘가 있는지 확인하자.)

A 为促进旅游业而设计　　Ⓑ 需建密封的双层壳体
C 要把白鹤梁整体迁移　　D 要重建石梁的底座

(독해 제4부분의 핵심 유형이다! 보기에 언급된 어휘 중심으로 내용을 확인하자!)

84. 根据上文，可以知道什么？

A 三峡附近时常发生洪水　　B 白鹤梁比三峡工程晚竣工
C 黄河下游是白鹤的主要栖息地　　Ⓓ 石鱼用来记录枯水位

정답 및 해설 → 본서 p. 258

독해 공부 비법

⏱ 독해 영역 시험 시간 50분

중국어의 기본 어법을 잘 익히고, 어휘를 최대한 많이 외워 두는 것이 중요하다. 또한 평소에 문제를 많이 풀어 독해 문제 풀이 방식에 익숙해지는 것도 중요하다. 독해는 시간 싸움이니 시간 안에 푸는 연습을 꾸준히 해서, 시간을 단축하는 나만의 독해 비법을 만들자!

기초 어법

본 파트에서는 앞으로 설명에 등장할 중국어의 기초적인 어법에 대해서 정리하려고 한다.

1 중국어의 문장성분과 기본 어순

기본 성분: 주어, 술어, 목적어 | 수식 성분: 관형어, 부사어 | 보충 성분: 보어 [정도/결과/방향/수량/가능]

> 부사어, 관형어+주어+부사어+**동사술어**+보어+관형어+목적어
> 부사어, 관형어+주어+부사어+**형용사술어**+보어

개사+명사	대사	조사	명사	부사	동사	동사	조사	수사+양사	명사
在星巴克，	我	的	朋友	刚刚	喝	完	了	一杯	咖啡。
부사어	관형어	的	주어	부사어	술어	보어	了	관형어	목적어

스타벅스에서 나의 친구는 막 커피 한 잔을 다 마셨다.

개사	형용사	조사	명사	명사	동사	명사	대사	조사	명사	형용사	부사
在	美丽	的	沙滩	上	散步	时，	我	的	心情	轻松	极了。
부사어							관형어+的		주어	술어	보어

아름다운 모래사장에서 산책할 때, 나의 마음은 무척 편안하다.

2 동태조사 了, 着, 过

동사 뒤에 쓰여 동작의 상태를 나타내는 조사로 '了' '着' '过'가 있다.

了 le	동작의 완성을 나타내며, 일반적으로 동작의 '과거 완료'를 나타내지만, '미래 완료'도 나타낼 수 있다. 他来我家借了一本书。 그는 우리 집에 와서 책 한 권을 빌렸다. →과거 완료 我明天下了班就给你打电话。 내일 퇴근하자마자 너에게 전화할게. →미래 완료 [보충 설명: '下班'은 이합동사이기 때문에 동태조사 '了'가 '下班' 가운데에 위치한다.]
着 zhe	동작의 지속 및 진행, 상태의 지속을 나타낸다. 小张一个人在咖啡厅里看着书。 샤오장은 혼자 카페에서 책을 보고 있다. →동작의 지속 这几天北京正下着雪呢。 요며칠 베이징에 눈이 내리는 중이다. →동작의 진행 [正/在/正在+동사+着+목적어+(呢)] 都春天了，你怎么还穿着毛衣呢？ 벌써 봄인데 넌 왜 아직도 스웨터를 입고 있니? →상태의 지속 '동사$_1$+着+(목적어)+동사$_2$' 형식에서 동사$_1$은 동사$_2$의 방식 혹은 수단을 나타낸다. 姐姐拿着书去了图书馆。 언니는 책을 갖고 도서관에 갔다. 躺着吃东西不容易消化。 누워서 음식을 먹으면 소화가 잘 안 된다. '장소+동사+着+불특정한 사람/사물' 형식은 어떤 장소에 어떤 사람이나 사물이 존재함을 나타낸다. 对面坐着一个陌生人。 맞은편에 낯선 사람이 앉아 있다. 客厅里挂着一幅有名的山水画。 거실에 유명한 산수화가 걸려 있다.
过 guo	과거의 경험이나 동작의 완료를 나타낸다. '형용사+过'는 과거와 현재의 상황이 달라졌음을 나타낸다. 这儿曾经发生过两次交通事故。 여기서 일찍이 두 번의 교통사고가 난 적이 있다. →曾经+동사+过 奶奶从来没买过这么贵的衣服。 할머니는 여태껏 이렇게 비싼 옷을 사 본 적이 없다. →从来+没(有)+동사+过 我也勇敢过。 나는 용감했던 적이 있다. [현재는 소심해졌음] →형용사+过

3 비교문

(1) '比'자 비교문

A + 比 + B + 형용사/동사구 술어
更/还 수량보어/정도보어

∨ A + 比 + B + 형용사/동사구 술어 A는 B보다 ~하다

今天比昨天凉快。 오늘은 어제보다 시원하다.
写书比看书有意思。 책을 쓰는 것이 보는 것보다 재미있다.

∨ A + 比 + B + 还/更 + 형용사/동사 술어 A는 B보다 더욱 ~하다

还/更 이외의 정도부사(很, 非常, 十分, 有点儿 등)는 사용할 수 없다. 술어 뒤에 '极了' 등도 쓸 수 없다.

蔬菜比肉还/更贵。 채소가 고기보다 더 비싸다.
丈夫比我还了解我的父母。 남편이 나보다 우리 부모님을 더 잘 안다.

∨ A + 比 + B + 동사/형용사 술어 + 수량보어 [一点儿/一些/구체적인 수] A는 B보다 (수량보어)만큼 더 ~하다

我这次考试比上次考得好一点儿。 나는 이번 시험을 저번 시험보다 조금 더 잘 봤다.
今天的气温比昨天高五度。 오늘 기온이 어제보다 5도 더 높다.

∨ A + 比 + B + 동사/형용사 술어 + 정도보어 [得多/多了/得很] A는 B보다 많이 ~하다

这次考试比上次容易得多。 이번 시험이 지난번보다 많이 쉽다.
朋友的妈妈比记忆中显得年轻多了。 친구의 어머니는 기억 속에 비해 많이 젊어 보이신다.
你今天的脸色看起来比昨天好得很。 너 오늘 안색이 어제보다 (많이) 좋아 보인다.

∨ A + 比 + B + 早/晚/多/少 + 동사 + 수량보어 + (목적어) A는 B보다 (수량보어)만큼 (동사)하다

他比别的朋友晚到了一个小时。 그는 다른 친구들보다 한 시간 늦게 도착했다.
弟弟比我多学了两年汉语。 동생은 나보다 중국어를 2년 더 배웠다.

(2) 기타 비교문

∨ A + 有 + B + (这么/那么) + 형용사/동사 A는 B만큼 (이렇게/그렇게) ~하다

首尔有北京这么热吗？ 서울이 베이징만큼 덥니?
上海的人口有北京那么多。 상하이의 인구는 베이징만큼 많다.

'有' 비교문에는 술어 뒤에 구체적인 차이를 나타내는 '一点儿/一些/多了/得多'나 수량보어를 쓸 수 없다.

我的姐姐有她那么漂亮一些。(×) → 我的姐姐有她那么漂亮。(◯) 우리 언니는 그녀만큼 예쁘다.
我的体重有他重三公斤。(×) → 我的体重有他那么重。(◯) 나의 체중은 그만큼 무겁다.

∨ A + 没有/不如 + B + (这么/那么) + 형용사/동사 A는 B만큼 (이렇게/그렇게) ~하지 않다

他现在没有以前那么健康。 그는 지금 예전처럼 그렇게 건강하지 않다.
弟弟不如哥哥那么精打细算。 남동생은 형만큼 그렇게 꼼꼼하고 치밀하지 않다.

∨ A + 跟/和/同/与 + B + 一样/相同/差不多 A는 B와 같다/비슷하다

'一样/相同'의 부정형은 앞에 부정부사 '不'를 넣어서 표현한다. '一样'은 정도부사의 수식을 받지 않는다.

我的想法和你的想法一样。 내 생각과 너의 생각은 같다.
南方的冬天和北方不一样。 남방의 겨울과 북방의 겨울은 다르다.

'跟……一样'은 부사어, 관형어, 보어로 쓰일 수 있다.

她跟小时候一样喜欢笑。그녀는 어릴 때와 같이 웃는 것을 좋아한다. →부사어

我想买一部跟你一样的手机。나는 너랑 같은 휴대폰을 사고 싶다. →관형어

她妹妹长得跟她一样漂亮。그녀의 여동생은 그녀처럼 예쁘다. →보어

∨ **A + 像 + B + 这么/那么/这样/那样 + 형용사/동사구:** A는 B와 같다

부정형은 '像' 앞에 부정부사 '不'를 넣어서 표현한다.

老师的发音像中国人那样标准。선생님의 발음은 중국인처럼 정확하다.

今天不像前几天那么忙。오늘은 며칠 전처럼 그렇게 바쁘지 않다.

∨ **越来越 + 형용사/동사구 + (了)** 점점 ~하다

'越'는 학생들이 잘 틀리는 글자이니, 특히 PBT 수험생은 글자를 정확하게 쓰는 연습이 필요하다.

最近，人们越来越喜欢练瑜伽了。최근 들어, 사람들이 점점 요가하는 것을 좋아하게 되었다.

∨ **一 + 양사 + 比 + 一 + 양사 + 형용사/동사구 + (了)** 점점 ~하다

这次考试的问题一个比一个难。이번 시험 문제는 점점 어렵다.

4 '把'자문과 '被'자문

(1) 기본 어순

시간부사, 부정부사, 조동사는 개사 '把/被' 앞에 위치한다.

주어+부사어[시간부사/부정부사/조동사+把/被+목적어]+술어+기타성분

	시간명사	부정부사	조동사	개사구[把+목적어]			
他	上周	没	能	把	这件事情	做	完。
주어	부사어					술어	기타성분

그는 지난주에 이 일을 다 하지 못했다.

	시간부사	부정부사	개사구[被+목적어]			
他	从来	没	被	父母	批评	过。
주어	부사어				술어	기타성분

그는 지금까지 부모님께 야단맞은 적이 없다.

(2) '把'자문/'被'자문의 특징

① 행위의 대상은 서로 알고 있는 특정한 것이어야 한다.

儿子把一个蛋糕吃完了。(×) → 儿子把那个蛋糕吃完了。(◯) 아들이 그 케이크를 다 먹었다.

一个花瓶被弟弟打碎了。(×) → 那个花瓶被弟弟打碎了。(◯) 남동생이 꽃병을 깨뜨렸다.

② 기타성분으로 쓸 수 있는 것은 다음과 같다.

- '把'자문에 기타성분으로 '了' '着'는 쓸 수 있다. [단! '过'는 쓸 수 없음]

  女儿把新买的玩具扔了。딸이 새로 산 장난감을 버렸다.

  你出门时该把伞带着。너는 나갈 때 우산을 챙겨야 한다.

  老师把他批评过。(×) → 老师批评过他。(◯) 선생님은 그를 꾸짖은 적이 있다.

• '被'자문에 기타성분으로 '了' '过'는 쓸 수 있다. [단! '着'는 쓸 수 없음]

新买的手机被孩子摔坏了。 새로 산 휴대폰을 아이가 떨어뜨려 망가졌다.

他被老师表扬过。 그는 선생님께 칭찬받은 적이 있다.

今天的报纸被他拿着。(×) → 他拿着今天的报纸。(◯) 그가 오늘 신문을 들고 있다.

• 가능보어를 제외한 나머지 보어

결과보어 | 朋友把我的自行车借走了。 친구가 내 자전거를 빌려 갔다.
厨房被他们俩弄脏了。 주방이 그 둘에 의해 더러워졌다.

방향보어 | 他把钥匙从保险箱里拿出来了。 그는 열쇠를 금고에서 꺼냈다.
冬天的衣服被妈妈收起来了。 어머니께서 겨울옷을 정리하셨다.

정도보어 | 她把桌椅摆放得整整齐齐的。 그녀는 책걸상을 가지런히 놓았다.
爸爸被孩子气得说不出话来。 아버지는 아이 때문에 기가 막혀 말도 할 수 없었다.

시량보어 | 公司把年会的时间提前了一个星期。 회사는 연례 회의 시간을 일주일 앞당겼다.
比赛被裁判延长了十五分钟。 경기는 심판에 의해 15분 연장되었다.

동량보어 | 女儿把妈妈的信读了三遍。 딸은 엄마의 편지를 세 번 읽었다.
他因为偷东西，被爸爸打了一顿。 그는 물건을 훔쳐서 아버지께 한 대 맞았다.

• '把'자문/'被'자문의 기타성분으로 가능보어는 쓸 수 없다.

他把这部电影看不懂。(×)

→ 他看不懂这部电影。(◯) 그는 이 영화를 이해하지 못한다.

这么多的内容考试前被同学们背不了。(×)

→ 考试前同学们背不了这么多的内容。(◯) 시험 전에 학우들이 이렇게 많은 내용을 외울 수 없다.

• '把'자문은 기타성분으로 동사 중첩형을 쓸 수 있다. [단, '被'자문에는 쓸 수 없음]

把你的建议说说。(◯) 네 의견을 말해 보렴.

③ 동작동사는 '被'자문의 술어로 쓸 수 없다. [단! '把'자문에는 쓸 수 있음]

头被他抬了起来。(×) → 他把头抬了起来。(◯) 그는 머리를 들었다.

5 보어

술어 뒤에서 의미를 보충하는 문장성분으로, '정도보어' '결과보어' '방향보어' '수량보어' '가능보어'가 있다.

정도보어	결과보어	방향보어	수량보어	가능보어
술어+得+정도보어	술어+결과보어	술어+방향보어	술어+수량보어	술어+得/不+결과보어
长得很快 빨리 자라다 漂亮极了 매우 예쁘다	吃完了 다 먹었다 发给经理 사장에게 보내다 住在这儿 여기에 살다	过来 오다 进去 들어가다 拿出来 꺼내다 坐下来 앉다	大三岁 세 살 많다 学了半年 반년 동안 배웠다	听得懂 알아들을 수 있다 听不懂 알아들을 수 없다 去不了 갈 수 없다

01 기본 어순

STEP 1 유형 파악하기

중국어의 '기본 어순'을 바탕으로 정확하게 '해석'만 해도 오류를 파악할 수 있는 수준으로 문제가 출제된다.

1 주어/술어/목적어의 순서가 바뀐 경우

2 수식 성분과 중심 성분의 위치가 바뀐 경우 [관형어/부사어]

제1부분 예제

A 看到金字塔，人们不禁产生了一个疑问：上古时期，如此庞大的建筑物到底是如何建成的？

B 在互联网环境中，将耗费在浏览电子设备上大量时间。

C 她舍己救人的精神深深地打动了我们，于是，我根据她的事迹写了一本书。

D 上百人的集体里，出现些矛盾是难免的，只要能够及时解决就行了。

정답&풀이 B [주어+술어+목적어]

在互联网环境中，将耗费在浏览电子设备上大量时间。
→ 在互联网环境中，大量时间将耗费在浏览电子设备上。

중국어의 기본 어순 '주어+술어+목적어'를 항상 기억하자. 보기 B는 '주어 위치'가 잘못된 문장이다. 문장 맨 앞의 개사구 '在互联网环境中'은 부사어이지 주어가 아니다. 문맥상, 문장 끝에 있던 '大量时间(많은 시간)'이 주어로서, '将(부사어)+耗费(술어)' 앞에 놓여야 한다.

A 看到金字塔，人们不禁产生了一个疑问：上古时期，如此庞大的建筑物到底是如何建成的？
B 在互联网环境中，将耗费在浏览电子设备上大量时间。
C 她舍己救人的精神深深地打动了我们，于是，我根据她的事迹写了一本书。
D 上百人的集体里，出现些矛盾是难免的，只要能够及时解决就行了。

A 피라미드를 보자 사람들은 저절로 의문이 생겼다. '고대 시대에 이렇게 큰 건축물을 도대체 어떻게 지은 것인가?'
B 인터넷 환경에서 많은 시간이 전자 기기를 살펴보는 데 소모될 것이다.
C 자신의 희생을 무릅쓰고 남을 구한 그녀의 정신은 우리를 크게 감동시켰다. 그래서 나는 그녀의 업적에 근거해 책을 썼다.
D 백여 명의 단체에서 갈등이 생기는 것은 어쩔 수 없는 일이다. 제때에 해결할 수 있기만 하면 된다.

金字塔 Jīnzìtǎ 고유 피라미드 | ★**不禁** bùjīn 부 저절로, 자기도 모르게 | **产生** chǎnshēng 동 생기다, 발생하다, 나타나다 | **疑问** yíwèn 명 의문, 의혹 | **上古** shànggǔ 명 고대 | **时期** shíqī 명 (특정한) 시기 | **如此** rúcǐ 대 이와 같다, 이러하다 | ★**庞大** pángdà 형 (형체·조직·수량 등이) 매우 크다, 거대하다 | **建筑物** jiànzhùwù 명 건축물 | **如何** rúhé 대 어떻게, 어떻게 하면 [≒怎么] | **建成** jiànchéng 동 다 짓다, 완공하다 | **将** jiāng 부 ~할 것이다 | ★**耗费** hàofèi 동 소모하다, 써 버리다 | **浏览** liúlǎn 동 대충 읽어 보다, 대강 훑어보다 | **电子** diànzǐ 명 전자 | **设备** shèbèi 명 설비, 시설 | **舍己救人** shějǐjiùrén 성 자신을 희생하여 남을 구하다, 죽음을 무릅쓰고 남을 구하다 | **精神** jīngshén 명 정신 | **打动** dǎdòng 동 감동시키다 | ★**事迹** shìjì 명 업적, 사적 | **集体** jítǐ 명 단체, 집단 | **矛盾** máodùn 명 갈등, 대립, 불화 | **难免** nánmiǎn 동 피하기 어렵다, 불가피하다

STEP 2 내공 쌓기

1 '주어/술어/목적어' 순서가 바뀐 경우

중국어 문장의 기본 어순 '주어+술어+목적어'에 근거해 정확하게만 해석한다면 충분히 발견할 수 있다. 항상 '누가' '무엇을' '했는지'를 먼저 확인하고, 그 상관 관계를 논리적으로 따져 봐야 한다.

| 빈출 유형 1 | 주어와 술어의 순서가 바뀐 경우

case study 附近河流的水源主要来自雨水、冰雪融水和地下水，且丰富流量，水质好。(×)

→ 附近河流的水源主要来自雨水、冰雪融水和地下水，且流量丰富，水质好。(○)

근처 하천의 수원은 주로 빗물, 얼음과 눈이 녹은 물, 그리고 지하수로, 유량이 풍부하고 수질이 좋다.

해설 '流量(유량)'은 주어, 형용사 '丰富(풍부하다)'는 술어이다.

| 빈출 유형 2 | 술어와 목적어의 순서가 바뀐 경우

case study 我在小学历史书中就学过，岳飞是南宋时期的英雄，他曾屡次率领岳家军敌人打败。(×)

→ 我在小学历史书中就学过，岳飞是南宋时期的英雄，他曾屡次率领岳家军打败敌人。(○)

초등학교 역사책에서 악비[岳飞]가 남송 시대의 영웅이며, 여러 차례 자신의 가병들을 이끌고 적을 물리쳤다는 것을 배운 적이 있다.

해설 동사 '打败(물리치다)'가 술어이므로, 목적어 '敌人(적)'보다 앞에 위치해야 한다.

2 '수식 성분'과 '중심 성분'의 위치가 바뀐 경우

| 빈출 유형 1 | 관형어와 중심어의 순서가 바뀐 경우

case study 青海省位于中国的西北部，深居内陆，具有高原大陆性气候明显的。(×)

→ 青海省位于中国的西北部，深居内陆，具有明显的高原大陆性气候。(○)

칭하이성[青海省]은 중국의 서북부 내륙에 위치하여, 뚜렷한 고원 대륙성 기후를 가지고 있다.

해설 수식성분인 '明显的(관형어+的)'를 '高原大陆性气候' 앞으로 옮겨 준다.

관형어가 여러 개 있을 때 어순

소유+시간/장소+(지시대사+수사+양사)+[주술구/동사구/개사구]+2음절 형용사(구)+的 없는 형용사/명사(구)

(지시대사+수사+양사)는 2음절 형용사(구) 앞이기만 하면 상황에 따라 순서를 달리할 수 있다.

소유	수사+양사	동사구	2음절 형용사(구)	명사			
巴西队的	一位	有着15年执教经验的	优秀(的)	足球	教练	到我校	进行指导。
관형어					주어	술어1+목적어1	술어2+목적어2

브라질팀 감독 경력이 15년 있는 훌륭한 축구 코치가 우리 학교에 와서 지도한다.

| 빈출 유형 2 | 부사어와 술어의 순서가 바뀐 경우

case study 大量调查表明，苹果中富含叶酸，能有效防止心脏病发生，适合特别中老年人食用。(×)

→ 大量调查表明，苹果中富含叶酸，能有效防止心脏病发生，特别适合中老年人食用。(○)

많은 조사에서, 사과에 엽산이 풍부하여 심장병 발생을 방지하는 데 효과가 있으며, 특히 중장년층이 먹기 적합한 것으로 나타났다.

해설 부사어(特别)는 일반적으로 술어 앞에 위치하기 때문에, 정도부사 '特别'를 동사 '适合' 앞으로 옮겨 준다.

부사어가 여러 개 있을 때의 어순

시간명사+부사+조동사+……地[주어 묘사]+개사구+……地[동작 묘사]

부사어는 관형어에 비해 비교적 어순이 자유로운 편이다.

일부 부사는 조동사 뒤에 위치한다. 장소, 범위, 대상 등을 나타내는 부사어는 필요에 따라 위치가 바뀔 수 있다.

	시간명사	부사	개사구	……地[동작 묘사]	
他	刚才	居然	从后门	悄悄地	溜走了。
주어	부사어				술어

그는 방금 놀랍게도 뒷문으로 슬그머니 빠져나갔다.

배운 내용 점검하기

다음 문장에서 틀린 곳을 찾아 고치세요.

1 相传，在古代的河东，有个叫杜康的人酒发明了。

2 牛奶、奶酪、酸黄瓜含抗氧化物质的，能有效地清除对人体有害的活性氧气。

3 有时候她喜欢什么事儿也不干，一个人坐在那里呆呆地想心事。

정답&해설&해석&어휘

1 '发明(발명하다)'과 '酒(술)'는 술어와 목적어 관계이므로 순서를 '发明(술어)+了+酒(목적어)'로 바꿔야 한다.

相传，在古代的河东，有个叫杜康的人发明了酒。

고대 허둥에 두강이라 불리는 사람이 술을 발명했다고 전해진다.

相传 xiāngchuán 동 ~라고 전해지다 | 古代 gǔdài 명 고대 | 河东 Hédōng 고유 허둥 [지명] | 杜康 Dùkāng 고유 두강 [주대에 양조 기술이 뛰어났던 사람] | 发明 fāmíng 동 발명하다

2 '含抗氧化物质的'는 '관형어+的' 구문이므로, 수식하는 대상인 '牛奶、奶酪、酸黄瓜' 앞에 와야 한다.

含抗氧化物质的牛奶、奶酪、酸黄瓜，能有效地清除对人体有害的活性氧气。

항산화 물질을 함유한 우유, 치즈, 피클은 인체에 유해한 활성산소를 효과적으로 없앨 수 있다.

奶酪 nǎilào 명 치즈 | 酸黄瓜 suānhuángguā 명 피클, 오이지 | 含 hán 동 함유하다 | 抗氧化物质 kàngyǎnghuà wùzhì 항산화 물질 | 有效 yǒuxiào 형 효과가 있다 | ★清除 qīngchú 동 깨끗이 없애다 | 人体 réntǐ 명 인체 | 有害 yǒuhài 동 유해하다 | 活性氧气 huóxìng yǎngqì 활성산소

3 '呆呆地'는 행동을 묘사하는 부사어로 술어 '坐' 앞에 위치해야 한다.

有时候她喜欢什么事儿也不干，一个人呆呆地坐在那里想心事。

때때로 그녀는 아무 일도 하지 않고 혼자서 우두커니 그곳에 앉아서 걱정거리를 생각하길 좋아한다.

呆 dāi 형 멍하다 | 心事 xīnshì 명 걱정거리, 시름

STEP 3 실력 다지기

Day 03

1. **A** 经济增长的基础资源是储蓄，可最大限度的储蓄增长率并不代表最好的经济增长率。

   B 一部叫座的电影，不仅要有好的导演和剧本，还要与演技好的演员相配合。

   C 八棱金杯于1970年出土，是国家一级保护文物，也是唐朝很有代表性的作品。它对研究唐代的造型艺术与金属工艺等都有很大帮助。

   D 许多文人雅士通过给自己的书房命名来言志寄情，明代文学家归有当因远祖曾居住在江苏项脊泾，就凭自己的书房命名为项脊轩，以示纪念。

2. **A** 热点问题常常因迅速出现而使人缺乏足够的心理准备，若不及时解决，势必会造成混乱。

B 对于未来，他除了要继续环游世界外，还想制作了一部影片，与更多人分享他的经历。

C 乔恩躲到自己的家里，擦干眼泪，抖抖索索地拿出纸笔，一字一顿地写下了遗书。

D 一到天色快要暗下来的时候，成群的蚊子就奏响它们的交响曲，肆无忌惮地往人们身上叮。

3. **A** 圣诞节的庆祝活动内容本来具有浓厚的宗教色彩，但到近代已日趋淡薄。

B 赵州桥具有极高的历史、科学和艺术价值，它充分体现了我国古代劳动人民的智慧。

C 有心理学家认为，人类得到了维持生存的本能的冲动从动物祖先那里。

D 除了上大课外，分小班上习题课是个特别好的形式，可以有针对性地解决学生普遍存在的问题。

4. **A** 硅藻泥是一种新型的墙壁装饰材料，有防火阻燃、净化空气等多种功能。

B 他对花粉过敏，因此，一到夏天，他就将自己包得严严实实的。

C 天刚亮，参加比赛的运动员就陆续赶到了赛场。

D 清明节已经有2500多年的历史了，它大约始于周代至今。

정답 및 해설 → 해설서 p.078

Day 04

5. **A** 随着晋级名额的减少，谁将成为最终的三强已成为人们热议的讨论。

B 越来越多材质平凡但创意非凡的艺术品出现在大众眼前。

C 中华鲟濒临灭绝的现象引起了生物学家的广泛关注。

D 成熟是由两部分组成的，一半是对残缺的接纳，另一半是对美好的追求。

6. **A** 关于母亲的身体健康，他一直很关心。

B 树的年轮能指示方向，年轮窄的一面是北，宽的一面则是南。

C 她很喜欢游泳，每天都会去游泳馆游三四个小时。

D 一个人只要诚恳，就总可以打动他人。

7. **A** 这一个月的付出终究没白费。

B 河谷地带，特别是中下游地区，大多是古文明的发祥地或者古代人类的起源地。

C 良好的家庭关系是一个人拥有健康人格的关键和基础。

D 对学生来说，每天进行40分钟的户外活动可减少近视的显著发生。

8. **A** 饥饿可以使本来不太好吃的东西变得非常可口。

B 至少在周代，饮食礼仪就已形成一套相当完善的制度一直传承到现代。

C 红豆汤具有止渴消暑、清热解毒的功效。

D 生活中，你将会遇到各种各样的人，不要期待所有人都可以跟你合拍。

정답 및 해설 → 해설서 p.080

9. A 天空中飘着云朵，一个藏族少年唱着歌，骑着马慢慢地走过来，此情此景真是非常美极了。
   B 胜利的消息一传出来，现场的人就欢呼了起来，每个人的心头都洋溢起了一种前所未有的幸福感。
   C 这么多年来，父亲从未离开过家，直到妹妹考上大学后，父亲才放心地去北京探望母亲并且留在了那里。
   D 国庆节前夕，北京市园林局准备在天安门广场摆放成千上万盆花，届时天安门会呈现出一派节日景象。

10. A 人类的活动是导致全球变暖的主要原因。
   B 专家认为，减少"烟害"，特别是劝阻青少年戒烟，对预防肺癌有重要意义。
   C 按照跳蚤的个头儿与它的跳远距离的比例，若它像人那么高，那么它的跳远距离达到三四百米。
   D 苏通大桥建设的初衷是拉近苏南和苏北的距离，以此来实现推进江苏省沿江开发战略的实施。

11. A 人的一生中，犹豫不决、思前想后固然能够免去一些做错事的可能，不过也可能会失去许多成功的机会。
   B "二月二，龙抬头"是中国民间广为流传的谚语，意思是春季来临，开始万物复苏。
   C 让员工各抒己见、畅所欲言，更有利于调动员工的积极性，集中他们的智慧，更好地完成任务。
   D 汗水和泪水的化学成分很相似，但是前者可以为你赢得成功，后者却只能为你换来同情。

12. A 读书时应该随处存疑。
   B 如果世上真的有奇迹，那也只是"拼搏"的另一个名字。
   C 以上观点仅仅是我个人工作经验的总结，希望能够对同学们有所帮助。
   D 刚打开瓶盖儿，空气里便开始弥漫着浓烈馥郁的香气四溢。

정답 및 해설 → 해설서 p.082

02 문장성분의 결여와 남용

STEP 1 유형 파악하기

필수 문장성분이 결여되거나 불필요한 어휘가 첨가되어 있는 유형이다. 앞서 공부한 '기본 어순' 단원과 같이, 중국어의 기본적인 문장성분을 이해하고 있어야 하고, 의미에만 치중해서 해석하지 말고 문장성분을 하나하나 따지면서 해석하여 어떤 문장성분이 빠져 있는지 찾을 수 있어야 한다.

1 필수 문장성분의 결여

2 문장성분의 남용

3 어휘의 오용

제1부분 예제

A 莎士比亚的戏剧数百年来一直在舞台上被演出，并传遍全球，他本人也被世人誉为世界级的文豪。

B 我刚搬进新居时，曾经错拿过邻居的一把雨伞，足足用了一个星期。

C 在王洛宾改编的歌曲中，使最著名的曲目要数《在那遥远的地方》了。

D 西安环境优美、文物古迹荟萃，被列为世界四大历史名城之一。

정답&풀이 C [문장성분 '주어'의 결여]

在王洛宾改编的歌曲中，使最著名的曲目要数《在那遥远的地方》了。
→ 在王洛宾改编的歌曲中，最著名的曲目要数《在那遥远的地方》了。

'주어의 결여' 유형은 보통 개사구와 겸어문(使，让)이 같이 쓰여, 개사구를 주어로 착각하게 만드는 형식으로 자주 출제된다. 동사 '使'를 삭제해서 '最著名的曲目'를 주어로 만들어 주어야 한다.

A 莎士比亚的戏剧数百年来一直在舞台上被演出，并传遍全球，他本人也被世人誉为世界级的文豪。
B 我刚搬进新居时，曾经错拿过邻居的一把雨伞，足足用了一个星期。
C 在王洛宾改编的歌曲中，使最著名的曲目要数《在那遥远的地方》了。
D 西安环境优美、文物古迹荟萃，被列为世界四大历史名城之一。

A 셰익스피어의 희극은 수백 년간 무대 위에서 공연되며, 전 세계로 전파되었고, 셰익스피어 본인도 사람들에게 전 세계적인 문호로 칭송받는다.
B 내가 막 새집으로 이사했을 때, 이웃의 우산을 실수로 잘못 들고 와서 꼬박 일주일을 썼다.
C 왕뤄빈이 편곡한 곡 중 가장 유명한 곡으로 「그 먼 곳에서」를 꼽는다.
D 시안은 환경이 아름답고 문물 고적이 모여 있어, 세계 4대 역사적 유명 도시 중 하나로 분류된다.

莎士比亚 Shāshìbǐyà 고유 셰익스피어 [영국의 극작가이자 시인] | **戏剧** xìjù 명 희극, 연극 | **舞台** wǔtái 명 무대 | **演出** yǎnchū 동 공연하다 명 공연 | **传遍** chuánbiàn 동 두루 퍼지다 | **全球** quánqiú 명 전 세계 | ★**本人** běnrén 대 본인, 나 | **世人** shìrén 명 세상 사람, 일반 사람 | **誉为** yùwéi ~라고 칭송되다, ~라고 불리다 | **文豪** wénháo 명 문호, 우수한 작가 | **新居** xīnjū 명 새집 | **曾经** céngjīng 부 일찍이, 이전에 | **足足** zúzú 부 꼬박, 족히 | **王洛宾** Wáng Luòbīn 고유 왕뤄빈 [인명] | **改编** gǎibiān 동 편곡하다 | **歌曲** gēqǔ 명 노래 | **曲目** qǔmù 명 (희곡·노래·음악 작품 등의) 제목 **西安** Xī'ān 고유 시안 [중국 산시성의 성도] | **优美** yōuměi 형 우아하고 아름답다 | ★**文物** wénwù 명 문물, 문화재 | **古迹** gǔjì 명 고적 | **荟萃** huìcuì 동 (우수한 인물이나 멋진 물건 따위가) 모이다 | **列为** lièwéi 동 (어떤 부류에) 속하다, 들다 [被列为: ~에 분류되다] | **名城** míngchéng 명 유명한 도시, 이름난 도시 | **之一** zhī yī ~(의) 하나

STEP
2 내공 쌓기

1 필수 문장성분의 결여

문장의 기본 뼈대가 없으면 완전한 문장을 만들 수 없다. 주어, 술어, 목적어, (필요에 따라서는) 보어 등 문장에서 빠져서는 안 될 주요 성분들이 빠지지 않았는지 꼭 체크해 보아야 한다.

| 빈출 유형 1 | 주어가 없는 경우

문장 맨 앞에 '在' '从' '当' '通过' '经过' 등으로 이루어진 개사구가 위치하는 경우, 개사구를 주어로 착각하기 쉽다. 주어가 빠진 오류 문장은 아닌지, 반드시 짚고 넘어가자.

case study 在母亲的鼓励下使他的信心大大增加了。(×)

→ 母亲的鼓励使他的信心大大增加了。(○) 어머니의 격려는 그의 자신감을 크게 높여 주었다.

→ 在母亲的鼓励下，他的信心大大增加了。(○) 어머니의 격려 아래, 그의 자신감이 크게 높아졌다.

해설 개사구를 해체하고 '母亲的鼓励(어머니의 격려)'를 동사 '使'의 주어로 만들거나, '使'를 제거해서 '他的信心(그의 자신감)'을 주어로 만들어 문장의 오류를 바로잡을 수 있다.

| 빈출 유형 2 | 술어 역할을 하는 '是' '有' 등이 빠진 경우

문장에 주어와 목적어는 있지만 술어가 빠진 경우이다. 동사(了解)만 보고 술어가 있다고 섣불리 판단하지 말고, 의미 관계를 따져 보고, '是' '有' 등의 술어가 빠진 것은 아닌지 잘 체크해 보자. 술어 역할이 아닌 동사가 술어로 쓰인 척 가장한 경우가 많다.

case study 文学作品了解一个国家的方法。(×)

→ 文学作品是了解一个国家的方法。(○) 문학 작품은 국가를 이해하는 하나의 방법이다.

해설 주어 '作品(작품)'이 목적어 '方法(방법)'를 이해하는 것이 아니라, 주어 '作品(작품)'이 목적어 '方法(방법)'의 한 종류라는 관계를 나타내므로, 관계동사 '是'을 넣어 주는 것이 적절하다.

| 빈출 유형 3 | 목적어가 없는 경우

목적어가 없는 경우는 상대적으로 파악하기 쉽지만, 실수하기 쉬우니 절대로 방심하지 말자. 주로 '有' '是' '成为' '接待' 등의 동사 뒤에 목적어가 결여되어 출제된다.

case study 教授让我们三年级的学生去接待。(×)

→ 教授让我们三年级的学生去接待新生。(○) 교수님은 우리 3학년 학생에게 신입생을 맞이하라고 하셨다.

해설 동사 술어 '接待(맞이하다)'는 반드시 목적어를 수반하기 때문에, 문맥상 적절한 목적어(新生)를 써 주어야 한다.

| 빈출 유형 4 | 보어가 없는 경우

주로 '把'자문, '被'자문에 나온다.

case study 买来的小鱼，当天就被家里的白猫吃。(×)

→ 买来的小鱼，当天就被家里的白猫吃掉了。(○) 사 온 물고기를 집에 있는 흰 고양이가 그날 잡아먹어 버렸다.

해설 '被자문'의 기본 어순은 '주어+被+목적어+술어+기타성분'이다. 아래 문장은 술어(吃) 뒤에 기타성분이 빠진 오류 문장이다. '被자문'의 기타성분 자리에는 보어가 올 수 있다.

2 문장성분의 남용

문장성분이 불필요하게 중복되어 사용된 경우로, 주로 의미가 비슷한 어휘가 중복으로 사용되어 제시된다. 반대되는 의미의 어휘가 불필요하게 쓰이기도 한다.

| 빈출 유형 1 | 주어/술어/목적어가 중복된 경우

case study 在世界上的某些地方地区依然存在着原始部落，他们的生活比我们的简单得多。(×)

→ 在世界上的某些地方依然存在着原始部落，他们的生活比我们的简单得多。(○)

→ 在世界上的某些地区依然存在着原始部落，他们的生活比我们的简单得多。(○)

세계 어떤 지역에는 여전히 원시 부락이 존재하고 있으며, 그들의 생활은 우리보다 훨씬 단조롭다.

해설 의미가 비슷한 어휘 '地方(장소)'과 '地区(지역)'가 불필요하게 중복으로 주어에 쓰인 경우이다.

case study 重庆的夏天特别热，所以重庆又有统称"火炉"之称。(×)

→ 重庆的夏天特别热，所以重庆又有"火炉"之称。(○) 충칭의 여름은 너무 더워서, 충칭은 '화로'라고도 불린다.

해설 '有A之称(A라는 명칭이 있다)'이라는 표현이 쓰였으므로, 동사 '统称(통칭하여 부르다)'은 불필요하다.

case study 为了备好课，老师阅读了很多参考材料资料。(×)

→ 为了备好课，老师阅读了很多参考材料。(○)

→ 为了备好课，老师阅读了很多参考资料。(○) 수업을 잘 준비하기 위해서, 선생님은 많은 참고 자료를 읽었다.

해설 의미가 비슷한 어휘 '材料(자료)'와 '资料(자료)'가 불필요하게 중복으로 목적어에 쓰인 경우이다.

| 빈출 유형 2 | 관형어가 불필요하게 더 있는 경우

case study 近年来，对于"温室效应"研究理论的科学研究在一步步深入，同时也出现了一些不同观点。(×)

→ 近年来，对于"温室效应"理论的科学研究在一步步深入，同时也出现了一些不同观点。(○)

최근 들어 '온실효과' 이론에 대한 과학 연구가 점차 심화되는 동시에, 서로 다른 관점들이 나타났다.

해설 의미가 비슷한 어휘 '研究(연구)'와 '理论(이론)'이 불필요하게 중복으로 관형어에 쓰인 경우이다.

| 빈출 유형 3 | 부사어가 불필요하게 더 있는 경우

case study 人们保健意识的逐步日益增强，孕育了大批的保健品消费群体。(×)

→ 人们保健意识的日益增强，孕育了大批的保健品消费群体。(○)

사람들의 건강 의식이 날로 높아져서 큰 건강상품 소비 집단을 만들어 냈다.

→ 人们保健意识的逐步增强，孕育了大批的保健品消费群体。(○)

사람들의 건강 의식이 점차 높아져서 큰 건강상품 소비 집단을 만들어 냈다.

해설 의미가 비슷한 부사 '逐步(점차)'와 '日益(나날이)'가 불필요하게 중복으로 부사어에 쓰인 경우이다.

case study 现代家庭用于体育锻炼和增强体质方面的消费明显不足，导致很多人的体质越来越每况愈下。(×)

→ 现代家庭用于体育锻炼和增强体质方面的消费明显不足，导致很多人的体质每况愈下。(○)

현대 가정은 체육 단련과 체력 증진에 소비가 현저히 부족하여 많은 사람들의 체력이 갈수록 나빠지고 있다.

해설 '每况愈下'라는 표현 자체에 '점점 상황이 나빠지다'라는 의미가 있으므로 '越来越(점점)'는 불필요하다.

3 어휘의 오용

| 빈출 유형 1 | 수량사/방위사가 잘못 쓰인 경우

'近/接近/超过' 등은 '多/左右/上下' 같은 수량사, 방위사와 일반적으로 같이 쓰지 않는다.

近 가깝다 | 接近 가깝다 | 超过 초과하다 | 达到 도달하다 | 高达 도달하다 | 至少 최소한 | 起码 최저 한도로
最多 가장 많다 | 最高 가장 높다 | 最低 가장 낮다 | 约 약 | 大约 대략 | 大概 대략

多 많다 | 左右 가량, 안팎 | 上下 가량, 안팎 | 以上 이상 | 以下 이하 | 以内 이내 | 以外 이외

독해 제1부분

case study 西沙群岛的夏季气温有时高达60摄氏度左右，就算是一块肥皂几分钟就可以融化。(×)
→ 西沙群岛的夏季气温有时高达60摄氏度，就算是一块肥皂几分钟就可以融化。(○)
시사[西沙] 군도의 여름철 기온은 때로는 60도에 달하는데, 비누 한 덩어리가 몇 분이면 녹아 버리는 정도이다.
→ 西沙群岛的夏季气温有时在60摄氏度左右，就算是一块肥皂几分钟就可以融化。(○)
시사[西沙] 군도의 여름철 기온은 때로는 60도 정도로, 비누 한 덩어리가 몇 분이면 녹아 버리는 정도이다.
해설 '高达'와 '左右'는 같이 쓰지 않는다. 둘 중 하나만 써 주어야 한다.

| 빈출 유형 2 | 양면사가 잘못 쓰인 경우

양면사란 정반대의 의미를 모두 갖고 있는 어휘를 뜻한다. 양면사 특성상, 앞 절의 내용에 따라 뒤 절의 내용이 바뀌게 되므로, 앞 절에 양면사를 썼다면 뒤에도 양면사를 써서 문장의 균형을 맞춰야 한다.

是否 ~인지 아닌지 | 是不是 ~인지 아닌지 | 能否 ~할 수 있을까? | 能不能 ~할 수 있을까? | 到底 끝까지 ~하다
大小 큰 것과 작은 것 | 长短 긴 것과 짧은 것 | 远近 먼 곳과 가까운 곳
重轻 무거운 것과 가벼운 것 | 好坏 좋고 나쁨 | 多寡 다소 | 成败 승패 | 优劣 우세 | 与否 여부

case study 你是否比别人付出了更多的努力，决定着你成功。(×)
→ 你是否比别人付出了更多的努力，决定着你能否成功。(○)
네가 다른 사람보다 더 많은 노력을 했는지 아닌지에 따라 너의 성공 여부가 결정된다.
해설 문맥상 뒤 절에도 적절한 양면사를 사용해 문장의 균형을 맞춰 주어야 한다.

| 빈출 유형 3 | '정도부사'와 '정도보어/형용사중첩/정도부사'가 함께 쓰인 경우

case study 秦岭北侧的西安和南侧的安康，冬季气温相差特别十分巨大。(×)
→ 秦岭北侧的西安和南侧的安康，冬季气温相差特别巨大。(○)
→ 秦岭北侧的西安和南侧的安康，冬季气温相差十分巨大。(○)
진령[秦岭] 북쪽의 시안[西安]과 남쪽의 안캉[安康]은 겨울철 기온 차이가 매우 크다.
해설 정도의 심화를 나타내는 정도부사가 중복되어 쓰였으므로, 둘 중 하나만 써 주어야 한다.

배운 내용 점검하기

다음 문장에서 틀린 곳을 찾아 고치세요.

1 演出马上开始，正在井然有序地排队入场。

2 网站是一种通讯工具之一，人们可以通过它来发布自己想要公开的咨询。

3 宋代中国古代地图学的鼎盛时期。

정답&해설&해석&어휘

1 '排队入场(줄을 서서 입장하다)'이라는 행동의 주체가 없으므로 적당한 주어(人们)를 넣어 주어야 한다.
演出马上开始，人们正在井然有序地排队入场。 공연이 곧 시작돼서, 사람들은 질서 정연하게 줄을 서서 입장하고 있다.
井然有序 jǐngrán yǒuxù 성 질서 정연하다 | 排队 páiduì 동 줄을 서다, 순서대로 정렬하다 | 入场 rùchǎng 동 입장하다

2 '一种'과 '之一'는 비슷한 의미이므로, 둘 중에 하나만 써야 한다.
网站是一种通讯工具，人们可以通过它来发布自己想要公开的咨询。
사이트는 일종의 통신 도구이다. 사람들은 이를 통해 자신이 공개하고 싶은 문의를 게시할 수 있다.
★通讯 tōngxùn 명 통신 | 工具 gōngjù 명 도구, 수단 | 之一 zhī yī ~(의) 하나 [A是B之一: A는 B 중 하나이다] | ★发布 fābù 동 선포하다, 발포하다 | 公开 gōngkāi 동 공개하다 | 咨询 zīxún 동 자문하다, 의견을 구하다

3 술어가 빠진 문장이므로, 주어와 목적어가 호응할 수 있는 동사 '是'를 넣어야 한다.
宋代是中国古代地图学的鼎盛时期。 송대는 중국 고대 지도학의 전성기다.
宋代 Sòng dài 송나라 시기 | ★先进 xiānjìn 형 선진의, 남보다 앞선, 진보적인 | 制图 zhìtú 동 제도하다 | 古代 gǔdài 명 고대 | 地图学 dìtúxué 명 지도학 | 鼎盛 dǐngshèng 형 바야흐로 한창 흥성하다, 한창이다 | 时期 shíqī 명 시기

Day 07

1. **A** 这篇文章讲述了农业的重要性，并且展示了农村“大有可为”的广阔天地，令回乡青年们备受启发。
   B 她的表达能力的确不差，正是因为她把这段历史讲得有声有色，才让听众们个个都陶醉其中。
   C 演化生物学家利用计算机模拟出了世界第一朵花的模样，它看上来就像是白莲花和白百合的结合体。
   D 在色彩搭配上，北京奥运会奖牌的金、银、铜牌分别配以白玉、青白玉和青玉。

2. **A** 他觉得这些年上海的变化太大了，环境变了，上海人的精神面貌也变了。
   B 在近现代美术史中，齐白石是为数不多的既被艺术家尊崇，又被老百姓所喜爱的之一艺术家。
   C 黄牛是人类的朋友，一直以“勤劳朴实”的性情为人所称道。
   D 随着社保制度的大幅改革，养老问题已成为现今社会关注的热门话题。

3. **A** 她写文章是非常认真的，文章写出来以后，总是要一遍遍地修改。
   B 现代人对“吃”早已不再是吃饱就能满足的了，而是更加讲求饮食结构的营养化。
   C 我的父亲虽然不是什么有名的伟人，但是在我心里却是最值得尊敬的人。
   D 湖北的古昭公路是中国第一条水上生态保护公路，它好像宛如一条玉带盘旋在玉溪河上。

4. **A** 她的歌声清亮、质朴，散发着泥土的芳香，使听众带到了那美丽富饶的河西走廊。
   B 门往往是回避、隐秘的象征，在关着的门里，人们能够不受拘束，专注于自己的事而不被打扰。
   C 近几年，骑马爱好者数量剧增，这使得赛马运动迅速发展，许多骑马俱乐部也随之出现。
   D 人们通常用“太阳从西边出来”比喻不可能发生的事，可是如果在金星上看日出，这却是一个客观事实。

정답 및 해설 → 해설서 p.085

Day 08

5. **A** 辛苦一段时间后，适当给自己一些奖励，更有动力让接下来的努力。
   B 孔雀开屏既是一种防御行为，也是一种吸引雌孔雀的求偶手段。
   C 对于葡萄酒爱好者而言，盲品才是他们最享受的方式。
   D 绿萝因生命力十分顽强，被称为“生命之花”。

6. **A** 这件事情发生得太突然了，我想了好长时间，也没想出个所以然来。
   B 胃和情绪的关系密切，心情愉快时，我们会食欲倍增，反之，则吃什么都有胃口。
   C 搬运食物的蚂蚁都是排成长列，沿着食物源和蚁巢之间的一些固定路线行进的。
   D 他过去所熟悉的学校生活，在他的记忆里已被渐渐地淡忘了。

7. **A** 科学家发现，互相帮助是动物们战胜强敌的重要法宝。
   B 国子学是唐代的最高国家教育机构。
   C 当外在压力增加时，应该我们就增强内在的动力。
   D 永远不要以为一踩刹车就可以把汽车停住。

8. **A** 苏州园林里的门和窗，图案设计和精良做工都是工艺美术的经典。
   B 小时候，我非常盼望过元宵节，因为可以吃到母亲亲手做的汤圆。
   C 夫妻之间出现矛盾的时候，吵架或者忍耐都不是解决矛盾的好办法。
   D 反思不是去后悔，而是为前进铺平道路。

정답 및 해설 → 해설서 p.087

Day 09

9. **A** 石膏是世界上最早用于制造香水瓶的原料。
   B 未来是一个什么样的世界取决于人们现在如何培养下一代。
   C 北极燕鸥是目前已知迁徙路线最长的。
   D 粤绣以其鲜艳的色彩与多样的针法独树一帜。

10. **A** 北京城讲究"四方四正"，城里的胡同和街道都是正东正西，正南正北。
    B 是否诚信是团队可持续发展的重要条件之一。
    C 听着这首歌曲，我不由得想起了母亲的背影。
    D 现在，已经有很多家银行宣布网银转账免费，将来可能会有更多银行跟进。

11. **A** 汽车的刹车系统完全独立于其他电子设备，因此，一辆汽车的"所有电子设备同时出现故障"的情况是说得不通的。
    B 高度紧张导致的压力是可以致命的，它会提高患心脏病的几率。
    C 那些初学滑冰的人，不仅滑不起来，而且东倒西歪，就像刚学走路的孩子。
    D 哈密瓜不像西瓜那么娇贵，它不怕干旱、喜欢阳光，管理瓜田也不需要什么很复杂的技术。

12. **A** 在距今2.52亿年前的大灭绝中，超过90%的海洋生物和75%的陆地生物从此消失，火山喷发大规模的一直被认为是罪魁祸首。
    B 现在，烟袋斜街已跟鼓楼等知名景区一样，成为了每一个在北京的人闲暇时欣赏古建筑、看古玩以及寻找美食的好去处。
    C 这些在古画中仅为点缀的草虫，在齐白石的画作中却成了"视觉中心"和真正的"主角"。
    D 如今无线充电技术并不太完善，它还存在一些诸如成本较高、充电效率较低等问题。

정답 및 해설 → 해설서 p.089

03 접속사

STEP 1 유형 파악하기

독해 제1부분에서는 접속사가 잘못 쓰인 문제, 즉 앞 절과 뒤 절의 접속사 호응이 맞지 않는 유형이 자주 출제된다. 기본 접속사부터 빈출 접속사, 혼동하기 쉬운 접속사까지 완벽하게 공부하도록 하자.

1 접속사 호응이 맞지 않는 경우
2 접속사 구문이 문맥에 맞지 않는 경우
3 접속사의 위치가 틀린 경우

제1부분 예제

A 过了一座桥，车驶入一条热闹的街道，然后蓝天饭店就真的出现在我们眼前了。
B 大山子艺术团由于在五一黄金周举行活动，所以吸引了很多国内外游客前来观看。
C 这种传感器，可以安装在卫星、飞机、气球上，甚至可以放在吉普车里或握在手里。
D 凡是了解他的人都知道，尽管生活多么艰难，他都会笑着面对。

정답&풀이 **D** [无论/不论/不管+A(의문 형식)+都+B A를 막론하고 B하다]

凡是了解他的人都知道，尽管生活多么艰难，他都会笑着面对。
→ 凡是了解他的人都知道，无论生活多么艰难，他都会笑着面对。

'尽管'은 이 문장에 의미상으로도 어울리지 않고, 어법적으로도 호응하지 않는다. 접속사 '尽管'은 '可是/但是/不过' 등과 호응한다. 문장에 '多么'와 '都'가 있는 것으로 보아, '尽管' 자리에는 '无论'을 써야 한다. '无论/不论/不管+의문 형식+都' 공식을 꼭 숙지하자!

A 过了一座桥，车驶入一条热闹的街道，然后蓝天饭店就真的出现在我们眼前了。	**A** 다리를 하나 건너 자동차가 번화한 거리로 들어서자, 란티엔 호텔이 정말 우리 앞에 나타났다.
B 大山子艺术团由于在五一黄金周举行活动，所以吸引了很多国内外游客前来观看。	**B** 따산즈예술단은 5·1절 황금연휴 기간에 공연을 하여, 많은 국내외 여행객들이 관람하도록 했다.
C 这种传感器，可以安装在卫星、飞机、气球上，甚至可以放在吉普车里或握在手里。	**C** 이런 센서는 위성, 비행기, 애드벌룬에 장착할 수 있으며 심지어 지프차에 놓거나 손에 쥘 수도 있다.
D 凡是了解他的人都知道，尽管生活多么艰难，他都会笑着面对。	**D** 그를 아는 사람이라면 누구나 다 알고 있듯이, 아무리 삶이 고달프더라도 그는 웃으면서 대면한다.

驶入 shǐrù 동 (차·배 따위가 어떤 곳에) 들어오다 | **真的** zhēnde 정말로 | **眼前** yǎnqián 명 눈앞 | **团** tuán 명 단체, 집단 | **黄金周** huángjīnzhōu 명 황금 주간 | **游客** yóukè 명 여행객, 관광객 | **观看** guānkàn 동 보다, 참관하다 | **传感器** chuángǎnqì 명 센서, 감지기 | **安装** ānzhuāng 동 설치하다, 장착하다 | ★**卫星** wèixīng 명 위성 | **气球** qìqiú 명 애드벌룬, 기구 | **吉普车** jípǔchē 명 지프차 | **握** wò 동 (손으로) 잡다, 쥐다 | ★**凡是** fánshì 부 대강, 대체로, 무릇, 모든, 다 | ★**艰难** jiānnán 형 어렵다, 곤란하다, 힘들다 | **面对** miànduì 동 직면하다, 마주 대하다

STEP
2 내공 쌓기

1 기본 접속사 구문 track 62

(1) 인과

앞 절에서는 원인을 나타내고, 뒤 절에서는 결과를 나타낼 때 쓰는 접속사이다.

- 因为A，所以B A이기 때문에 그래서 B하다

  因为公司的电梯发生了故障，所以员工们只好走楼梯。
  회사 엘리베이터가 고장 나서 직원들은 계단으로 걸어갈 수밖에 없었다.

- 由于A，所以/因此/因而B A이기 때문에 그래서 B하다

  由于这项活动是临时决定的，因此来现场的观众不多。
  이 행사는 임시로 결정된 것이어서 현장에 온 관중이 많지 않았다.

- 之所以A，是因为B A인 까닭은 B이기 때문이다 [앞 절에 먼저 결과를 거론하고 뒤 절에서 원인을 강조]

  他之所以被大众喜爱，是因为创作了无数优秀的作品。
  그가 대중들에게 사랑받는 이유는 수많은 훌륭한 작품들을 창작했기 때문이다.

(2) 점층

앞 절에 언급한 것보다 발전된 동작이나 상황이 뒤에 나타나는 관계에 쓰는 접속사로, 주어의 위치가 중요하다. 주어가 2개일 때, 주어가 1개일 때의 접속사 위치를 잘 파악하자!

- 不但/不仅/不光A，而且/还/也/甚至B A일 뿐만 아니라 B하다

  不但姐姐很漂亮，而且妹妹也很漂亮。언니가 아름다울 뿐 아니라, 여동생도 아름답다. → 주어 2개
  姐姐不但很漂亮，而且很聪明。언니는 아름다울 뿐 아니라, 똑똑하기도 하다. → 주어 1개

- 连A都B，别说/更别说/更不用说C了 A조차도 B한데, C는 말할 필요도 없다

  我精心培育的植物连芽都没发，更别说开花了。
  내가 정성 들여 키운 식물이 싹도 안 틔웠는데, 꽃(을 피우는 것)은 말할 것도 없다.

(3) 전환

앞뒤 내용이 상반되는 관계를 나타낼 때 쓰는 접속사이다.

- 虽然/虽说/固然/尽管A，但是/可是/然而/不过/还是/而/却/则B 비록 A하지만 그러나 B하다

  别人的建议固然重要，然而自己的想法更重要。다른 사람의 의견도 중요하지만, 자신의 생각이 더 중요하다.

- A，其实B A이지만 사실은 B이다

  这道题看起来很难，其实一点儿也不难。이 문제는 어려워 보이지만, 사실 조금도 어렵지 않다.

(4) 조건

앞 절에서 조건을 제시하고, 뒤 절에서 그 결과를 나타낼 때 쓰는 접속사이다.

- 无论/不管/不论A，都/也/总/反正B A를 막론하고 B하다 [어떤 가정이나 조건에서도 결과가 변하지 않음]

  游乐园里，无论大人还是孩子，都绽放着开心的笑容。놀이공원에서는 어른 아이 할 것 없이 모두가 활짝 웃는 얼굴이다.
  → A에는 '의문 형식/정반의문문/선택의문사(还是)/병렬 관계'가 와야 한다.

- 除非A，否则/要不/不然/要不然B 오직 A해야지, 그렇지 않으면 B하다

  除非把活儿都干完，不然她不会休息的。일을 다 끝내야지, 그렇지 않으면 그녀는 쉬지 않을 것이다.

- 只要A，就/便B A하기만 하면 B하다 [A: 충분 조건, B: 결과]

  只要细心、冷静地分析问题，就能找出答案。그저 치밀하고 냉정하게 문제를 분석하기만 한다면 답은 찾아낼 수 있다.

(5) 가정

앞 절이 어떠한 상황을 가정하고, 뒤 절이 그 가정에 따르는 결과를 나타낼 때 쓰는 접속사이다.

- 如果/要是/假如/假使[A]，那么/就/便[B] 만약 A하면 B이다 [=如果A的话，就B]

  如果有晚上飞杭州的航班，那么我就坐晚上的飞机去。
  만약 밤에 항저우로 가는 항공편이 있다면, 나는 저녁 비행기를 타고 갈 거야.

- 即使/哪怕[A]，也[B] 설령 A일지라도 B이다 [가정·양보의 의미를 갖고 있으며, 아직 일어나지 않은 가설의 상황에 쓰임]

  作为家长，即使不能完全理解孩子，也不应该事事反对。
  부모로서 아이를 완전히 이해하지 못하더라도, 사사건건 반대하지는 말아야 한다.

- 幸亏/幸好[A]，要不然/不然/否则[B] 다행히 A했으니 망정이지 그렇지 않다면 B이다

  幸好提前把会议材料打印好了，要不然早上准备一定来不及。
  다행히 회의 자료를 미리 출력해 놨으니 망정이지, 그렇지 않았다면 아침에 준비하는 것이 분명히 늦었을 것이다.

(6) 병렬

두 개 이상의 단어나 문장을 연결해 동시에 일어나는 일을 묘사하거나, 하나의 사물에 대해 다양한 방면으로 설명하거나 묘사할 때 쓰는 접속사이다.

- 既/又[A]又[B] A이기도 하고 B이기도 하다 [두 가지 동작이나 상태가 동시에 진행되거나 존재하는 것을 나타냄]

  在北京，人们既可以看到现代中国的发展，又可以感受到传统的中国文化。
  베이징에서 사람들은 현대 중국의 발전을 볼 수 있고 또 전통적인 중국 문화도 느낄 수 있다.

- 既[A]，也[B] A이기도 하고 B이기도 하다 [일반적으로 동일 주어의 복문에 쓰임]

  一部分大学生认为，创业既能积累经验，也能培养自己的能力。
  일부 대학생들은 창업하는 것이 경험도 쌓고 자신의 능력도 키울 수 있다고 생각한다.

(7) 연속

연속적으로 발생하는 몇 개의 동작이나 일을 차례대로 설명할 때 쓰는 접속사이다.

- 先[A]，然后(再)/接着[B] 먼저 A하고 그러고 나서 B한다

  我做任何事都会先征求一下父母的意见，然后(再)决定。
  나는 무슨 일을 하든지 먼저 부모님의 의견을 물어보고, 그러고 나서 결정한다.

- (一)[A]，就[B] A하자마자 곧 B하다 [두 동작이 거의 연속적으로 발생됨을 나타냄]

  我一有高兴的事儿，就想和朋友分享。 나는 기쁜 일이 있으면 바로 친구와 공유하고 싶다.

(8) 선택

둘 이상의 절에서 한 가지 이상의 선택 관계를 나타내는 접속사이다.

- (是)[A]，还是[B]? A인가 아니면 B인가? [선택의문문]

  面对选择时，是果断决策更好还是三思而行更好呢?
  선택에 직면했을 때는 과감한 결단이 좋을까 아니면 심사숙고하는 것이 좋을까?

- 不是[A]，而是[B] A가 아니고 B이다 [앞 절(A)을 부정하고 뒤 절(B)을 긍정함]

  专家建议：想要戒烟不是突然不抽烟，而是循序渐进地减少每天抽烟的次数。
  전문가들은 담배를 끊고 싶다면 갑자기 담배를 피우지 않는 것이 아니라, 매일 담배를 피우는 횟수를 점점 줄여야 한다고 조언한다.

- 与其[A]，(还)不如[B] A하느니 차라리 B하는 편이 낫다 [B를 선택]

  与其读不感兴趣的专业，不如再准备一年，重新参加考试。
  관심 없는 전공을 공부하느니 차라리 1년 더 준비해서 다시 시험을 보겠다.

- 宁可/宁愿/宁肯A，也不B A할지언정 B하지는 않겠다 [A를 선택함]

  我宁可每天加班完成工作，也不想把工作带回家做。
  나는 매일 야근을 해서 일을 끝낼지언정, 일을 집으로 가지고 가서 하고 싶지 않다. [야근을 선택함]

- 宁可/宁愿/宁肯A，也要B A할지언정 B하겠다 [B를 선택함]

  现在，有很多年轻人宁可挨饿，也要为拥有苗条的身材而减肥。
  현재 많은 젊은이들은 굶을지언정, 날씬한 몸매를 가지기 위해서 다이어트를 한다. [다이어트를 선택함]

(9) 목적

어떠한 목적과 그 목적을 달성하기 위한 행동이나 방법을 나타낼 때 쓰는 접속사이다.

- 为了A，B A하기 위해서 B하다 [앞 절(A)은 목적을, 뒤 절(B)은 행위를 나타냄]

  为了能早点见到儿子，妈妈一大早就来到了车站。
  아들을 일찍 만나기 위해서 엄마는 아침 일찍 역에 도착하셨다.

- A，以免/免得/省得B B하지 않도록 A하다 [B: 바라지 않는 결과]

  专家指出，高跟鞋和平底鞋应该交替穿，以免造成脚部疼痛。
  전문가들은 하이힐과 플랫슈즈를 번갈아 신어, 발이 아프지 않도록 해야 한다고 한다.

헷갈리는 접속사, 예문으로 비교하기

+ 不是A，而是B vs. 不是A，就是B
  她喜欢的不是面包，而是蛋糕。그녀가 좋아하는 것은 빵이 아니라 케이크이다. [후자를 선택]
  她喜欢的不是面包，就是蛋糕。그녀가 좋아하는 것은 빵 아니면 케이크이다. [둘 중의 하나 선택]

+ 宁愿A，也不B vs. 宁愿A，也要B
  我宁愿饿死，也不吃他做的菜。나는 굶어 죽을지언정 그가 만든 음식은 먹지 않겠다. [전자를 선택]
  妈妈宁愿自己不吃，也要让孩子吃饱。엄마는 자신이 먹지 않을지언정 아이를 배불리 먹이려고 한다. [후자를 선택]

+ 除了A，也/还B vs. 除了A，都/就B
  在韩国，除了三星公司，还有很多待遇不错的公司。
  한국에는 삼성 말고도 대우가 좋은 회사가 많아요. [삼성 외에 다른 회사도 있음]
  开始工作后，我除了星期天会在家吃饭，别的时间都在外面吃。
  일을 시작한 후, 나는 일요일에만 집에서 밥을 먹고, 다른 시간에는 모두 밖에서 먹는다. [일요일만 제외함]

+ 既然A，就/那B vs. 既A，又B
  既然我们都喜欢吃西瓜，就买个大的吧。우리가 모두 수박을 좋아하니, (기왕이면) 큰 걸로 사자. [인과 관계]
  我们既喜欢吃西瓜，又喜欢吃香蕉。우리는 수박을 좋아하고, 또 바나나도 좋아한다. [병렬 관계]

+ 虽然A，但是B vs. 即使A，也B →주어의 위치 주의
  虽然很累，但是小王坚持跑完了三公里。비록 피곤하지만, 샤오왕은 3km를 완주했다.
  即使很累，小王也坚持跑完了三公里。
  피곤하더라도, 샤오왕은 3km를 완주했다.

+ 尽管A，可(是)B vs. 不管A，都B
  尽管这个季节的重庆很热，可还是有很多人去那里旅游。
  비록 이 계절의 충칭은 매우 덥지만, 그래도 많은 사람들이 그곳으로 여행을 간다.
  不管夏天有多热，人们都会去重庆旅游。
  여름이 얼마나 덥든 간에, 사람들은 충칭으로 여행을 간다.

2 출제 유형

| 빈출 유형 1 | 접속사 호응이 맞지 않는 경우

접속사 호응 문제는 앞에 정리한 접속사 구문을 자주 보고 익혀 놓기만 하면 틀린 곳을 금방 찾을 수 있다.

case study 一个人只有平时做好了充分的准备，就不会错过成功的机会。(×)
→ 一个人只有平时做好了充分的准备，才不会错过成功的机会。(○)
평소에 충분히 준비를 해야만 성공의 기회를 놓치지 않을 것이다.
해설 '只有'는 '才'와 호응한다. '只有A才B(A해야만 비로소 B하다)' 구문으로 써야 올바르다.

case study 她父亲是韩国人，母亲是中国人，所以她不仅韩语说得很好，然而汉语也说得非常流利。(×)
→ 她父亲是韩国人，母亲是中国人，所以她不仅韩语说得很好，而且汉语也说得非常流利。(○)
그녀의 아버지는 한국인이고 어머니는 중국인이라서, 그녀는 한국어를 잘할 뿐 아니라 중국어도 매우 유창하게 한다.
해설 '不仅'은 '而且'와 호응하고 '然而'은 '虽然'과 호응한다. '韩语说得很好'와 '汉语也说得非常流利'는 전환 관계가 아니라 점층 관계이므로, 점층 관계를 나타내는 접속사 구문 '不仅A，而且B(A일 뿐만 아니라 B하다)'로 써야 한다.

| 빈출 유형 2 | 접속사 구문이 문맥에 맞지 않는 경우

접속사 호응에는 문제가 없지만, 접속사 구문이 나타내는 뜻이 문맥에 어울리지 않는 경우이다.

case study 她穿着一件毛衣一条牛仔裤，因为看上去不怎么时尚，所以给人的感觉很好。(×)
→ 她穿着一件毛衣一条牛仔裤，虽说看上去不怎么时尚，但是给人的感觉很好。(○)
그녀는 스웨터와 청바지를 입고 있다. 비록 그다지 유행하는 것 같아 보이지는 않지만 사람들에게 주는 느낌은 좋다.
해설 '因为A，所以B'는 인과 관계를 나타내는 접속사이다. 이 문장은 문맥상 인과 관계가 아니라 전환 관계이므로, '虽说A，但是B(비록 A하지만 B하다)' 같은 전환 관계 접속사 구문을 써 주어야 한다.

case study 散步是一种老少皆宜的运动，除非是高血压和心脏病患者，否则能安全地进行。(×)
→ 散步是一种老少皆宜的运动，即使是高血压和心脏病患者，也能安全地进行。(○)
산책은 어른과 아이 모두에게 알맞은 운동으로, 설령 고혈압, 심장병 환자라 할지라도 안전하게 할 수 있다.
해설 '除非A，否则B'는 '오직 A해야지, 그렇지 않으면 B하다'라는 의미의 조건 관계 접속사 구문이므로, 문맥상 어색하다. 앞뒤 절을 자연스럽게 연결하려면 가설 관계 접속사 구문 '即使A(극단적인 가설)，也B(결과)'를 써 주어야 한다.

| 빈출 유형 3 | 접속사의 위치가 틀린 경우

주어가 두 개일 때 주어는 접속사 뒤에 각각 놓아야 한다.

case study 员工不但要准时上班，而且领导也要准时上班。(×)
→ 不但员工要准时上班，而且领导也要准时上班。(○)
직원이 정시에 출근해야 할 뿐만 아니라 사장도 정시에 출근해야 한다.
해설 주어가 앞 절에 '员工'과 뒤 절에 '领导'로, 총 두 개이므로 주어는 접속사 뒤에 각각 위치해야 한다.

case study 父母既然不同意你出国留学，你那就别违背他们的意思了。(×)
→ 既然父母不同意你出国留学，那你就别违背他们的意思了。(○)
부모가 너의 유학에 동의하지 않은 이상, 너는 부모님의 뜻을 어기지 마.
해설 주어가 앞 절에 '父母'와 뒤 절에 '你'로, 총 두 개이므로 주어는 접속사 뒤에 각각 위치해야 한다.

배운 내용 점검하기

다음 문장에서 틀린 곳을 찾아 고치세요.

1 不但她知道这件事，然而我也知道。

2 连大人才搬不动，别说孩子了。

3 这个小伙子既然积极又能干，真是没说的。

정답&해설&해석&어휘 **1** '不但'은 '然而'이 아니라 '而且'와 호응한다. [不但A而且B: 할 뿐만 아니라 B하다]
不但她知道这件事，而且我也知道。 그녀가 이 일을 알 뿐 아니라, 나도 안다.

2 '连'은 '才'가 아니라 '都'와 호응한다. [连A都B: A조차도 B하다]
连大人都搬不动，别说孩子了。 어른도 못 옮기는데, 아이들이야 말할 필요 없지.
★大人 dàren 명 성인, 어른 | 不动 budòng [동사 뒤에 쓰여 동작이 효과를 볼 수 없음을 나타냄] | 别说 biéshuō 접 ~는 말할 것도 없고

3 문맥상 '既然A，也B'보다는 '既A又B' 구문으로 쓰는 것이 적절하다. [既然A，也/还B: 이미 A한 바에야 B하다]
这个小伙子既积极又能干，真是没说的。 이 청년은 적극적이고 능력도 있어, 나무랄 데가 없다.
能干 nénggàn 형 유능하다, 일을 잘하다, 재능 있다 | 没说的 méi shuō de 나무랄 데가 없다

STEP 3 실력 다지기

Day 11

1. **A** 虽然你不可以左右天气，但是你可以尝试改变自己的心情。
   B 兔子的胆子非常小，遇到一点儿响动就会吓得惊慌失措，四处奔逃。
   C 只有在夏天，才可以看到这种植物。
   D 不但他喜欢京剧，而且喜欢京剧的各种服饰。

2. **A** 长久以来，关于智商起源问题的研究，在心理学界一直是一片空白。
   B 加油站是易燃易爆，安全起见，一定要严格遵守加油站管理规定。
   C 总之，这是一次很棒的体验，不是每个人都会有这样的经历。
   D 如果你不愿意再继续接收这类邮件，请点击"退订"。

3. **A** 5年前，为了考北京电影学院，我从四川的一个小镇只身来到北京。
   B 榜样的力量远远超过说教更有效。
   C 文学是一种语言艺术，有时只改一字，便会带来"点石成金"之妙。
   D 星星其实有多种颜色，这与其表面的温度有关。

4. **A** 北京王府井商圈历史悠久、交通便利，北京的核心商圈。
   B 人类在艰难的生存斗争中，头脑日益发达，知识也日渐丰富。
   C 我喜爱这灿烂绚丽的秋色，因为它标志着繁荣与成熟，还意味着欢乐与愉快。
   D 汽车在拐弯儿时要特别小心，应放慢行驶速度，否则很容易出交通事故。

정답 및 해설 → 해설서 p.092

Day 12

5. **A** 人们保健意识的逐渐增强为保健品市场创造了更多的消费群体。
   B 以前日本、朝鲜和越南都使用着汉字，但是程度各有不同。
   C 在造纸术产生前，丝帛是最好的绘画、写字材料。
   D 生活如同一杯酒，不经过反复提炼，便不会甘醇可口。

6. **A** 她把工作交代完了，就用一种询问的目光看着我，好像在问:“你听懂了吗?”
   B 由于一直在上学，她到40岁才结婚，两年后有了自己的孩子，然后放弃工作专门在家照顾孩子。
   C 漳州木偶头雕刻，是一种传统民间工艺，属于木偶戏道具制作中的特殊一门技艺。
   D 别看他已经是成人了，可做起事来、说起话来，还是那么没轻没重、没深没浅的，像个孩子。

7. **A** 我站在山下，抬头望着攀岩选手们，在心里默默地为他们加油。
   B 当遇到重大问题需要他拿主意的时候，反倒他犹豫了。
   C 秦兵马俑的再次发掘引起了国内外媒体的广泛关注。
   D 她画的画儿充满了浪漫的色彩，深受年轻人喜爱。

8. **A** 在冬季，早餐时不妨多吃些优质蛋白及维生素食物，这有助于增加精力和提高工作效率。
   B 尽管人们都会将低热量食品与长寿联系起来，但是对其中的原因却一直不太清楚。
   C 彩色路面可引起司机们的注意，从而能避免车辆的混行，大大增加了安全性。
   D 西藏有三大特产，藏羊，牦牛，酥油草。它叫“藏北三宝”。

정답 및 해설 → 해설서 p.094

04 부사

STEP 1 유형 파악하기

부사 파트의 빈출 유형은 '부사의 위치 오류'이다. 시험에 자주 나오는 유형임에도, 어휘력 부족으로 무엇이 부사인지 몰라서 틀리는 경우가 꽤 있다. 내공 쌓기에 정리한 부사 어휘들을 꼼꼼하게 공부하여 어휘력을 쌓고, 빈출 유형까지 공부한다면 부사 파트는 걱정 없다.

1 부사의 위치 　　 2 부정부사의 위치 　　 3 예외적인 경우

제1부분 예제

A 白居易来到杭州以后，很快便爱上了这儿，尤其喜欢西湖。
B 既然同学们都爱听你唱歌，你就不要推辞了，又唱一首吧，别扫了同学们的兴。
C 作为年轻人，工作压力大一些没事，最重要的是找到一个能发挥自己专长的工作岗位。
D 作家是一个神秘的职业，他们喜爱思考，并将自己的思考记录下来。他们的笔触大胆、坦率，总能让人感到震撼与冲击。

정답&풀이 **B** [又 과거에 했던 행위를 또 반복했음 / 再 미래에 동작을 반복함]

既然同学们都爱听你唱歌，你就不要推辞了，又唱一首吧，别扫了同学们的兴。
→ 既然同学们都爱听你唱歌，你就不要推辞了，再唱一首吧，别扫了同学们的兴。

부사의 사용이 틀린 경우이다. 문맥상 '다시 노래를 부르라'는 '미래'의 '청유'를 나타내는 의미이므로, 과거에 했던 행위를 또 반복했음을 나타내는 '又'는 부적절하다. 미래에 동작을 반복함을 나타내며, 명령문과 함께 쓸 수 있는 부사 '再(다시, 재차)'로 바꿔야 한다. [再……吧: 다시 ~해라]

A 白居易来到杭州以后，很快便爱上了这儿，尤其喜欢西湖。
B 既然同学们都爱听你唱歌，你就不要推辞了，又唱一首吧，别扫了同学们的兴。
C 作为年轻人，工作压力大一些没事，最重要的是找到一个能发挥自己专长的工作岗位。
D 作家是一个神秘的职业，他们喜爱思考，并将自己的思考记录下来。他们的笔触大胆、坦率，总能让人感到震撼与冲击。

A 백거이는 항저우에 온 후, 바로 이곳을 좋아하게 되었는데, 특히 시후호를 좋아했다.
B 이왕 학우들이 네가 노래 부르는 걸 좋아하니 사양 말고 한 곡 더 불러. 학우들 흥 깨지 말고.
C 젊은이로서 직업적 스트레스가 좀 큰 것은 괜찮다. 가장 중요한 것은 자신의 재능을 발휘할 수 있는 일자리를 찾는 것이다.
D 작가는 신비로운 직업이다. 그들은 생각하는 것을 좋아하며, 자신들의 생각을 써 내려간다. 그들의 필치는 대담하고 솔직하여 사람들에게 감동과 충격을 준다.

白居易 Bái Jūyì 고유 백거이 [당나라 시기의 저명한 시인] | **杭州** Hángzhōu 고유 항저우 | **便** biàn 부 곧, 바로 [=就] | **西湖** Xīhú 고유 시후호 | **推辞** tuīcí 동 사양하다 | **首** shǒu 양 수 [시·사·노래 등을 세는 단위] | **扫** sǎo 동 없애다 | **兴** xìng 명 흥 | **作为** zuòwéi 개 ~의 신분·자격으로서 [반드시 명사성 목적어를 취해야 함] | **年轻人** niánqīngrén 명 젊은이 | **发挥** fāhuī 동 발휘하다 | ★**专长** zhuāncháng 명 특기 | ★**岗位** gǎngwèi 명 직장 | **神秘** shénmì 형 신비하다 | **思考** sīkǎo 동 사고하다 | **并** bìng 접 그리고 | **将** jiāng 개 ~를 [=把] | **记录** jìlù 동 기록하다 | **笔触** bǐchù 명 필치, 필법 | **大胆** dàdǎn 형 대담하다 | **坦率** tǎnshuài 형 솔직하다 | ★**震撼** zhènhàn 동 감동시키다 | ★**冲击** chōngjī 동 충격하다

STEP

2 내공 쌓기

1 부사의 종류 track 63

(1) 정도부사: 주로 형용사와 심리활동 동사 앞에서 정도를 나타낸다.

- 很 hěn 매우, 몹시 [객관적인 어감, 很……了 (X)]
- 太 tài 아주, 매우 [주관적인 어감, 太……了]
- 真 zhēn 정말로, 참으로
- 挺 tǐng 꽤, 아주, 상당히 [挺……的]
- 够 gòu 제법, 퍽
- 非常 fēicháng 대단히, 심히 [≒十分]
- 十分 shífēn 매우 ['非常'의 문어체]
- 相当 xiāngdāng 상당히
- 特别 tèbié 특히, 유달리 [≒尤其]
- 尤其 yóuqí 특히, 더욱
- (比)较 (bǐ)jiào 비교적 [비교문에 주로 쓰임]
- 更 gèng 훨씬, 더욱 [비교문에 주로 쓰임]
- 更加 gèngjiā 더욱더, 한층 [更加+2음절 어휘]
- 最 zuì 가장
- 有点儿 yǒudiǎnr 조금 [有点儿+형용사]
- 多(么) duō(me) 얼마나 [주로 감탄문에 쓰임]
- 极 jí 매우, 극히 [형용사+极了]
- 白 bái 헛되이, 쓸데없이 [白+동사]

용법에 더 주의해야 하는 정도부사

- 格外 géwài 각별히, 특별히 [格外+2음절 어휘]
  雨后的黄山景色格外迷人。 비 온 뒤 황산산[黄山]의 경치는 유난히 사람을 매혹시킨다.
- 稍微 shāowēi 조금, 약간, 다소 [稍微+동사/형용사+一下/一点儿] [稍微+有点儿+형용사]
  老师建议我稍微调整一下学习方法。 선생님은 나에게 공부 방법을 약간 조정할 것을 제안했다.
- 丝毫 sīháo 조금도, 추호도 [丝毫+부정부사(不/没/没有)]
  父母的反对丝毫没有动摇他出国留学的决心。 부모의 반대는 그의 해외 유학 결심을 조금도 동요시키지 않았다.
- 越 yuè (점점) 더 [越A越B A할수록 B하다]
  人们都希望挣的钱越多越好。 사람들은 돈을 많이 벌면 벌수록 좋기를 바란다.
- 越来越 yuè lái yuè 점점 더 [越来越+형용사/동사+(了)] [越来越+정도부사(X)]
  老张头疼得越来越厉害了。 라오장[老张]은 두통이 점점 심해졌다.

(2) 시간부사: 시간의 이름, 늦음, 지속 등을 나타낸다.

- 才 cái 비로소, ~에야 [일의 발생이 늦음을 의미]
- 就 jiù 곧, 즉시 [시간이 짧음을 의미]
- 刚 gāng 지금, 막, 바로 [일이 방금 전에 발생함]
- 立刻 lìkè 즉시, 곧, 당장 [=马上] [미래의 일]
- 立即 lìjí 곧, 즉시, 당장 [≒马上]
- 随即 suíjí 즉시, 곧 [≒马上]
- 及时 jíshí 즉시, 신속히 [규정된 시간 안에 행동을 마침]
- 快(要) kuài(yào) 곧 ~할 것이다 [快要……了]
- 将 jiāng 막 ~하려 하다 [=将要]
- 即将 jíjiāng 곧, 머지않아 [即将+2음절 어휘]
- 不一会儿 bùyíhuìr 곧, 머지않아
- 都 dōu 이미 [=已经] [都/已……了]
- 已经 yǐjīng 이미 [已经……了]
- 曾经 céngjīng 이미 [曾经……过]
- 向来 xiànglái 본래부터, 줄곧
- 一向 yíxiàng 줄곧 [긴 시간을 의미하며 지금까지 계속됨]
- 一直 yìzhí 줄곧 [멈춤 없이 지속됨] [一直(在)+동사]
- 始终 shǐzhōng 시종일관, 언제나, 처음부터 한결같이
- 经常 jīngcháng 늘, 항상, 언제나 [빈번하고 규칙적] [≒常常]
- 总(是) zǒngshì 항상 [=老是]
- 永远 yǒngyuǎn 영원히, 늘, 항상
- 随时 suíshí 수시로, 언제나 [시간에 구애받지 않음]

- 时时 shíshí 항상, 늘, 시각마다 [≒时时刻刻]
- 顿时 dùnshí 갑자기, 바로, 문득 [단순한 과거의 사실 서술]
- 偶尔 ǒu'ěr 간혹, 이따금 [=有时候]
- 回头 huítóu 나중에, 잠시 후에
- 从此 cóngcǐ 이제부터, 지금부터
- 还(是) háishì 아직도, 여전히
- 正好 zhènghǎo 마침, 때마침 [=恰好]
- 正(在) zhèngzài ~하는 중이다 [진행형, 正在…… (呢)]
- 先 xiān 먼저 [선후 관계를 나타냄]

용법에 더 주의해야 하는 시간부사

- 从来 cónglái 여태껏, 지금까지 [从来+没/不+동사+过]
  哥哥从来没怀疑过我和弟弟。 형은 나와 남동생을 여태껏 의심해 본 적이 없다.
- 一个劲儿 yígèjìnr 끊임없이, 시종일관 [一个劲儿+地]
  枪一响，他就一个劲儿(地)往前跑。 총소리가 나자, 그는 계속 앞을 향해 달렸다.
- 早晚 zǎowǎn 조만간 [早晚+会/要]
  同事们都认为我早晚会辞职，但事实上我坚持到了最后。
  동료들은 모두 내가 조만간 사직할 것이라고 생각했지만 실제로 나는 끝까지 버텼다.
- 一时 yìshí 때로는 ~하고 때로는 ~하다 [一时……一时……]
  小孩子的情绪总是不稳定，一时高兴，一时哭闹。
  어린아이의 기분은 늘 안정되지 않아, 때로는 기뻐하기도 하고 때로는 울기도 한다.
- 起初 qǐchū 처음에, 최초에 [≒最初]
  起初，他没有发现装修中的问题。 처음에 그는 인테리어 공사 문제를 발견하지 못했다.

(3) 부정부사: 행위나 동작, 상태 등을 나타내는 말 앞에 놓여 부정을 나타낸다.

- 不 bù ~가 아니다 [주관적 의지/현재/미래]
- 没 méi ~가 아니다 [객관적 상황/과거]
- 别 bié ~하지 마라 [别……了] [=不要]
- 勿 wù ~하지 마라, ~해서는 안 된다 [문어체]
- 不必 búbì ~하지 마라, ~할 필요가 없다
- 不曾 bùcéng 일찍이 ~한 적이 없다 ['曾经'의 부정형]
- 从未 cóngwèi 지금까지 ~하지 않았다 [=从来没有]
- 未必 wèibì 반드시 ~한 것은 아니다 [완곡한 어감] [=不一定]
- 不见得 bújiànde 반드시 ~라고는 할 수 없다 [=不一定]

용법에 더 주의해야 하는 부정부사

- 非 fēi 반드시 ~해야 한다 [非……不可/不行] [=一定要]
  那位警察在接受采访时说，非找到这次事故的主犯不可。
  그 경찰은 인터뷰에서 이번 사고의 주범을 반드시 찾아야 한다고 말했다.
- 不免 bùmiǎn 피할 수 없이, 피치 못하게 [일반적으로 부정 형식과 쓰지 않음]
  这样的结果，不免令人失望。 이러한 결과는 사람들을 실망하게 하지 않을 수 없다.
- 难以 nányǐ ~하기 어렵다 [=难以+다음절 동사]
  上次的重逢，令我们所有人都难以忘怀。 지난번 재회한 것을 우리 모두 잊기 어렵다.

(4) 빈도부사: 어떤 일이 반복적으로 출현하는 상황을 나타낸다.

- 也 yě ~도 또한 [주어+也]
- 还 hái 또, 더 [수량이 증가하거나 범위가 확대됨을 의미]
- 时常 shícháng 자주 [=时不时] [방언투]
- 常常 chángcháng 항상, 늘, 자주 [동작 행위의 중복 발생 횟수가 많음]
- 往往 wǎngwǎng 자주, 종종, 흔히 [동작이나 사건이 일정한 조건하에 출현, 규칙성을 가짐]
- 不断 búduàn 끊임없이
- 屡次 lǚcì 누차, 여러 번 [비교적 가벼운 어기]
- 一再 yízài 몇 번이나, 거듭, 반복해서 [비교적 무거운 어기]

용법에 더 주의해야 하는 빈도부사

- **再** zài 다시, 재차 [일반적으로 아직 실현되지 않은 미래의 일에 쓰임] [조동사+再] [再……吧]
  小两口打算明年再买新房子。 젊은 부부는 내년에 새집을 살 계획이다.
- **又** yòu 또, 다시, 거듭 [과거의 일이 반복됨을 나타냄] [복수의 동작이나 상황이 번갈아 가며 반복하여 발생함] [又……了]
  不出南老师的预料，几个月前出现的问题这个月的考试中果然又出现了。
  남[南] 선생님의 예상을 벗어나지 않고, 몇 달 전에 나왔던 문제가 이번 달 시험에 또 나왔다.
  新搬来的邻居又礼貌又热心。 새로 이사 온 이웃은 예의 바르고 친절하다.
- **一连** yìlián 계속해서, 잇따라, 연이어 [一连+수량사]
  这场大雨一连下了五六天。 이번 큰비는 연이어 5~6일 내렸다.
- **重新** chóngxīn 다시, 거듭, 재차 [重新+동사+一下/一次/一遍] [술어 바로 앞에 위치할 수 있음] ['重' 발음에 유의]
  这份文件需要重新下载一次。 이 문서는 다시 한번 다운로드 받아야 한다.

(5) 어기부사: 태도, 긍정, 추측, 강조, 의문 등 각종 어기를 나타낸다.

- 差点儿 chàdiǎnr 하마터면, 가까스로 [差点儿+没+동사]
- 几乎 jīhū 거의 [=差点儿]
- 大约 dàyuē 대략, 얼추 [=大概+숫자]
- 可能 kěnéng 아마도
- 倒 dào 오히려, 도리어 [주어+倒]
- 却 què 도리어, 오히려 [주어+却]
- 反而 fǎn'ér 오히려, 역으로
- 可 kě ①그러나 [=可是] ②강조의 의미 [可……了]
- 终于 zhōngyú 마침내, 결국 [终于……了]
- 毕竟 bìjìng 어디까지나, 드디어, 결국
- 总算 zǒngsuàn 겨우, 간신히, 마침내 [=幸亏]
- 好不容易 hǎobùróngyì 겨우, 간신히 [≒好容易]
- 竟然 jìngrán 뜻밖에, 의외로 [≒居然]
- 居然 jūrán 뜻밖에, 의외로 [주어 앞에 쓸 수 있음]
- 不料 búliào 뜻밖에, 의외에 [不料A，竟然/却B]
- 一定 yídìng 반드시, 꼭, 필히 [一定+要/得]
- 至少 zhìshǎo 최소한, 적어도 [至少+숫자] [≒起码]
- 甚至 shènzhì 심지어
- 尽量 jǐnliàng 되도록, 최대한
- 决 jué 결코, 절대로 ['绝+부정부사' 형태로 많이 쓰임]
- 万万 wànwàn 결코, 절대로 [万万+부정문]
- 只好 zhǐhǎo 부득이, 할 수 없이 [=不得不]
- 难道 nándào 설마 ~하겠는가? [难道……吗?]
- 究竟 jiūjìng 도대체, 대관절 [究竟……吗(x)]
- 干脆 gāncuì 아예, 차라리
- 突然 tūrán 갑자기, 별안간
- 并 bìng 결코, 조금도 [并+不]
- 恐怕 kǒngpà 아마 ~할 것이다 [恐怕+부정적인 사건]
- 果然 guǒrán 과연, 생각한대로
- 偏偏 piānpiān 하필이면, 기어코, 일부러 [①주관적으로 고의인 것 ②사실이 현실과 반대일 때]
- 其实 qíshí 사실은, 실제는 [其实+주어]
- 多亏 duōkuī 덕분에, 다행히 [多亏A，才B] [多亏A，要不/否则/不然B]
- 万一 wànyī 만일, 혹시 [일어나지 않길 바라는 일에 쓰임]
- 何必 hébì 구태여 ~할 필요가 있겠는가, 그럴 필요가 없다 [何必……(呢)]

- 简直 jiǎnzhí 그야말로, 완전히 [과장의 의미를 더함]
- 一旦 yídàn 일단 ~한다면 [一旦A，就B]
- 顺便 shùnbiàn ~하는 김에 [顺便+동사구]
- 本来 běnlái 본래, 원래 [本来+(就)] [本来A，但是B]

용법에 더 주의해야 하는 어기부사

- **明明** míngmíng 명백히, 분명히 [뒤 구절에서 대개 의미가 전환됨]
  李老师明明是个和蔼的人，可总爱装得很严厉。
  리[李] 선생님은 분명 상냥한 사람이지만, 늘 엄한 척하기를 좋아한다.
- **千万** qiānwàn 절대, 부디, 제발 [千万+不要/别+동사]
  无论取得多大的成就，也千万不要夜郎自大。 아무리 좋은 성과를 거두었다 해도 절대 자만하지 마라.
- **难怪** nánguài 어쩐지, 과연 [=怪不得] [难怪+결과, 原来+원인]
  难怪到处都找不到眼镜，原来他正戴着。 어쩐지 안경을 찾을 수가 없더라니, 그가 쓰고 있었구나.
- **到底** dàodǐ ①도대체, 대관절 ②끝내, 결국 [到底+의문대사/정반의문문]
  大家到底能不能迎难而上？ 모두들 과연 난국에 맞설 수 있을까?
- **不禁** bùjīn 금치 못하다, 자기도 모르게 [不禁+동사/형용사+起来/了] [≒不由得]
  他的身体不禁颤抖起来了。 그의 몸이 저도 모르게 떨리기 시작했다.
- **仿佛** fǎngfú 마치 ~인 듯하다 [仿佛……似的]
  爷爷说起以前的事总是记忆犹新，仿佛就在他眼前似的。
  할아버지는 이전의 일을 늘 기억이 생생하게 말씀하시는데, 마치 그의 눈앞에 있는 것 같다.
- **幸亏** xìngkuī 다행히, 운 좋게 [幸亏A，才B] [幸亏A，不然/否则/要不B]
  幸亏钥匙没被拿走，不然就开不了门了。 열쇠를 가져가지 않아서 다행이지, 그렇지 않으면 문을 열 수 없었을 거야.

(6) 범위부사: 사람이나 사물, 사건 혹은 동작의 범위를 나타낸다.

- 就 jiù 오직, 단지, 다만 [=只(有)] [읽을 때 '就'에 강세 두기]
- 都 dōu 모두, 다 [복수 어휘+都]
- 皆 jiē 모두, 전부, 다 [=都]
- 均 jūn 모두 [=都]
- 只 zhǐ 단지, 다만
- 一共 yígòng 전부, 모두 [一共+(동사)+수량사+(목적어)]
- 一概 yígài 전부, 모조리 [一概+동사/형용사]
- 一同 yìtóng 같이, 함께 [=一块儿]
- 一起 yìqǐ 같이, 함께 [=一块儿]
- 到处 dàochù 도처에 [到处+동사구/주술구]
- 大概 dàgài 대체로, 대개 [大概+수량구/동사구]
- 随地 suídì 어디서나, 아무데나 [일반적으로 随地+부정문]

용법에 더 주의해야 하는 범위부사

- **仅(仅)** jǐn(jǐn) 다만, 단지 [부정부사(不)+仅(仅)]
  成功绝不仅仅只凭机遇。 성공은 결코 기회에만 의지한 것이 아니다.
- **光** guāng 다만, 오직 [부정부사(不)+光]
  找工作时，我们不光要看工资。 직장을 구할 때, 우리는 단지 임금만 보아서는 안 된다.
- **凡是** fánshì 대체로, 대강, 무릇 [凡是A，都/一律/一概B]
  凡是自律的人，都能有一番成就。 대체로 자율적인 사람은 모두 성과를 낼 수 있다.

(7) 상태부사: 동작이나 상태의 상황을 나타낸다.

- 暗暗 àn'àn 슬며시, 은근히, 남몰래
- 悄悄 qiāoqiāo 살그머니 [동작이 가볍고 소리가 작음을 강조]
- 偷偷 tōutōu 남몰래, 살짝 [남에게 보이지 않음을 강조]
- 一下子 yíxiàzi 단시간에, 갑자기 [=一下儿]
- 亲自 qīnzì 몸소, 친히
- 先后 xiānhòu 뒤이어, 계속, 연이어 [동작의 선후 관계 강조]
- 陆续 lùxù 끊임없이, 잇따라 ['陆陆续续' 형태로 술어로 쓰일 수 있음]
- 纷纷 fēnfēn (많은 사람·사물이) 잇달아, 쉴 새 없이
- 仍然 réngrán 변함없이, 여전히 [=依然, 依旧]
- 特地 tèdì 특별히, 모처럼
- 突然 tūrán 갑자기, 별안간 [=忽然]
- 忽然 hūrán 갑자기, 문득 [=突然]
- 猛然 měngrán (짧은 시간 내에) 갑자기, 뜻밖에
- 单独 dāndú 단독으로, 혼자서
- 分明 fēnmíng 명백히, 분명히
- 日益 rìyì 날로, 나날이 [日益+2음절 동사/형용사]
- 逐渐 zhújiàn 점점, 점차 [자연스러운 변화]
- 逐步 zhúbù 한걸음 한걸음, 차츰차츰 [의식적이고 단계가 있는 변화] [逐步+2음절 동사/형용사]

용법에 더 주의해야 하는 범위부사

- 一口气 yìkǒuqì 단숨에 [一口气+동사+보어/수량사+목적어]
  老李一口气喝完了杯子里的酒。 라오리[老李]는 단숨에 컵에 든 술을 다 마셨다.
- 渐渐 jiànjiàn 점점, 점차 [渐渐+형용사+了/起来/下去] [渐渐+동사+了/起来]
  立春以后，上海的天气渐渐暖和了。 입춘이 지나자 상하이의 날씨는 점점 따뜻해졌다.

2 출제 유형

| 빈출 유형 1 | 부사의 위치가 틀린 경우

부사는 일반적으로 주어 뒤, 술어(동사/형용사) 앞에 위치하며 동사나 형용사를 수식한다. 부사는 부사어로 쓰이며, 부사어가 여러 개 나올 때는 '부사+조동사+개사구' 순서로 위치한다.

他已经来了。 그는 이미 왔다. → 부사+동사 술어

她很聪明。 그녀는 매우 똑똑하다. → 부사+형용사 술어

最近我也能在家工作。 최근에는 나도 집에서 일할 수 있다. → 부사+조동사+개사구

case study 经过几次搬迁之后，我们一家人在南京终于定居下来了。(×)
→ 经过几次搬迁之后，我们一家人终于在南京定居下来了。(○)
이사를 몇 번 한 후에야 우리 가족은 마침내 난징[南京]에 정착했다.
해설 부사(终于)는 개사(在) 앞에 위치해야 한다.

case study 有他一个人只在房间里。(×)
→ 只有他一个人在房间里。(○) 그 사람 혼자 방에 있다.
해설 '只'는 부사이기 때문에 보통은 주어 뒤, 술어 앞에 오지만, 한정하는 범위에 따라 그 위치가 바뀔 수 있다.

독해 제1부분

| 빈출 유형 2 | 부정부사의 위치가 틀린 경우

부정부사는 일반적으로 다른 부사보다 뒤에 위치한다.

case study 我在接受治疗，可效果不一直明显。(×)

→ 我在接受治疗，可效果一直不明显。(○) 나는 치료를 받는 중인데 효과가 줄곧 확연히 드러나지 않는다.

해설 일반적으로, 부정부사(不)는 다른 부사(一直)보다 뒤에 위치한다.

| 빈출 유형 3 | 예외적인 경우

일부 부사는 주어 앞에도 올 수 있다.

일부 어기부사

原来 yuánlái 알고 보니 | 忽然 hūrán 갑자기, 문득 | 突然 tūrán 별안간, 갑자기 | 到底 dàodǐ 도대체
幸亏 xìngkuī 운 좋게도 | 反正 fǎnzhèng 어차피, 어쨌든 | 果然 guǒrán 과연 | 偏偏 piānpiān 일부러, 기어코
恐怕 kǒngpà ~일 것이다 | 难道 nándào 설마 ~하겠는가? | 怪不得 guàibude 과연, 어쩐지

일부 범위부사

就 jiù 그저, 단지[=只有 zhǐyǒu] | 只 zhǐ 단지 | 仅 jǐn 겨우, 가까스로
仅仅 jǐnjǐn 간신히, 겨우 | 光 guāng 다만, 오직 | 单 dān 오로지, 다만

case study 你不知道吗难道? (×)

→ 你难道不知道吗? / 难道你不知道吗? (○) 설마 너 설마 모르는거 아니지?

해설 부사는 원래 주어 뒤에 쓰여야 하지만, 부사 '难道'는 주어 앞에도 쓰일 수 있다.

일부 부사는 예외적으로 부정부사 뒤에 위치하기도 한다.

一起 yìqǐ 함께 | 马上 mǎshàng 바로 | 立刻 lìkè 바로 | 曾 céng 일찍이 | 只 zhǐ 단지 | 光 guāng 다만, 오직
单 dān 오로지, 다만 | 净 jìng 오로지 | 仅 jǐn 겨우, 가까스로 | 仅仅 jǐnjǐn 간신히, 겨우

case study 我们好久一起没去逛街了。(×)

→ 我们好久没一起去逛街了。(○) 우리는 오랫동안 함께 쇼핑을 가지 않았다.

해설 '一起'는 부정부사(没) 뒤에 위치하는 일부 부사이다.

'都' '全' '太' '很' '一定' 등은 부정부사 앞뒤에 모두 위치할 수 있지만, 위치에 따라 그 뜻이 달라진다.

我们都不是亚洲人。 우리는 모두 아시아인이 아니다. →전체 부정

我们不都是亚洲人。 우리가 모두 아시아인인 것은 아니다. →부분 부정

배운 내용 점검하기

다음 문장에서 틀린 곳을 찾아 고치세요.

1 最大学毕业生们关注的是各行业的就业现状以及工资待遇情况。

2 姐姐从美国给我寄来了很多包裹，我拆开一看，里面是都日用品。

3 我回想起不禁我们初次见面的那一天。

정답&해설& 해석&어휘

1 정도부사(最)는 동사나 형용사를 수식하므로 명사 '大学毕业生们'이 아니라 동사 '关注' 앞에 위치해야 한다.
大学毕业生们最关注的是各行业的就业现状以及工资待遇情况。
대학 졸업생이 가장 관심을 갖는 것은 각 업계의 취업 현황과 월급 대우 조건이다.
关注 guānzhù 동 관심을 가지다 | 行业 hángyè 명 업계 | ★就业 jiùyè 명 취업 | ★现状 xiànzhuàng 명 현황 | 以及 yǐjí 접 및 | 待遇 dàiyù 명 대우

2 부사 '都'는 일반적으로 술어 앞에 위치해야 한다.
姐姐从美国给我寄来了很多包裹，我拆开一看，里面都是日用品。
언니가 미국에서 내게 소포를 많이 보내 왔는데, 풀어 보니 안에는 모두 생활용품이었다.
包裹 bāoguǒ 명 소포 | 拆开 chāikāi 동 뜯다, 열다 | 日用品 rìyòngpǐn 명 생활용품

3 '不禁'은 부사로, 술어 앞에 위치해야 한다.
我不禁回想起我们初次见面的那一天。 나는 나도 모르게 우리가 처음 만난 그날을 떠올렸다.
★不禁 bùjīn 부 자기도 모르게 | 回想 huíxiǎng 동 회상하다, 떠올리다 | 初次 chūcì 명 처음

STEP 3 실력 다지기

Day 15

1. A 研究表明，平时经常按摩头部不仅能打通脑部经络，致使头发得到更深的滋养。
   B 我见爷爷病成那个样子，心里一酸，眼泪像断了线的珠子，扑簌簌滚落了下来。
   C 你不能再像以前那样游手好闲了，这次考到技术证后，赶快先找一份稳定的工作吧!
   D 被称为数学界"王者"的"金元数学研究生暑期培训学校"曾由程先生任校长。

2. A 我在更衣室换好了衣服后，马上就开始了一天的工作。
   B 来中国后，为了快速提高汉语水平，他每天都和中国朋友呆在一起。
   C 不少人终身在自己的专业领域里埋头苦干，没有功夫抬头向周围观望。
   D 最近，红心猕猴桃的外国客户增多，海外销售也在不断降温。

3. A 我们刚到北京那天，黑墨般的乌云布满天空，倾盆大雨顿时倾泻而下。
   B 小王这个人心眼儿非常好，你有什么困难找她帮忙，只要能办到，她都会帮助你。
   C 如今，"拖延症"已经年轻人苦恼的问题成为了。
   D 在工厂实习的最后一天是同学们最愉快、最紧张、也最有意义的一天。

4. A 世上有三种东西是别人抢不走的，一是学进大脑里的知识；二是吃到肚子里的食物；三是藏在心里的梦想。
   B 商业航天是一个高投入、高科技的产业，体系成熟之后的产出价值也相当可观。
   C 与部首检字法、拼音检字法一样，四角号码查字法也是一种很常见的汉字检字方法，它还可以用于汉字输入，效率比笔画输入法高得多 。
   D 每年夏末秋初，无花果成熟后，我们兄弟几个就能尝到最新鲜的无花果。对我来说，无花果的味道，总是"童年里的家乡"。

정답 및 해설 → 해설서 p.096

5. **A** 亲自在土地上播种粮食的劳动者常将土地视为命根子，并把它比作哺育自己的母亲。
   B 一路走来，有雨趣而无淋漓之苦，自然也就感到格外意兴盎然。
   C 天气变化复杂，“看云识天气”具有一定的局限性，因此还得借助仪器来测量。
   D 陆地上所有的几乎哺乳动物脸上都长有触须。

6. **A** 城市原住民的生活和传统风俗这些非物质文化遗产的保护十分重要，何况这些东西丢失了，那么城市最重要的精神个性就没有了。
   B 杭州地处温带，物产丰富，气候温和，四季分明，是名满天下的“鱼米之乡”。
   C 俗话说:“种瓜得瓜，种豆得豆。”做了什么事情就会得到怎样的结果，自己付出多少努力就将收获多少成果。
   D 以“形美、味甘、香郁、色绿”而著称于世的普洱茶，在历史上留下了很多神奇的传说。

7. **A** 鲜牛奶营养价值很高，而且容易被人体吸收，是人们生活中的重要滋养品。
   B 小漏洞可能会造成大灾难，忽视细节往往会导致失败的原因。
   C 他是一个有想干的事儿就马上去做的人，因为喜欢踢球，就在家里建了一个小小的足球场。
   D 要想处理好婆媳关系，需要一种比较通达的人生态度与人生智慧。

8. **A** 婺源美丽的油菜花，来自全国各地的游客吸引了过来。
   B 这就是我的老师，一个挑战命运的人，一个追逐自我人生价值的普通人。
   C 你来上海三年了还不适应，你看人家王强，都快成上海人了。
   D 路本来就不好走，何况又下这么大的雨，我想李天不会来了。

정답 및 해설 → 해설서 p.099

是자문, 是……的 강조 구문

STEP 1 유형 파악하기

'是'자문과 '是……的' 강조 구문은 문형 구조와 해석이 비슷해 혼동하기 쉽지만 사실은 명백히 다른 구문이다. 헷갈리지 않도록 어떻게 다른지 정확하게 공부해야 한다.

1 '是'자문: 주어와 목적어의 호응이 논리적으로 틀린 경우 [A: 특정한 대상, B: 설명]

2 '是……的' 강조 구문: '的'가 빠지거나 시점이 틀린 경우

제1부분 예제

A 深秋的岳麓山，是人们登高、赏红叶的最好时候。

B 那几部音乐作品因为只有文字记载，没有乐谱资料，所以既无法演唱，也无法演奏。

C 无论是进行器械训练还是有氧运动，开始之前最好都先做一下拉伸运动。

D 院子的大门非常敞亮，左右各有一个石狮子，下面还有几级高台阶。

정답&풀이 A [특정한 대상+是+설명]

深秋的岳麓山，是人们登高、赏红叶的最好时候。
→ 深秋的岳麓山，是人们登高、赏红叶的最好场所。

문제에 '是'가 나오면 일단 '是' 앞뒤 '주어와 목적어의 호응'이 맞는지 확인해야 한다. 주어가 장소(岳麓山 위에루산)이므로, 목적어 '时候(시기, 때)'를 주어와 호응할 수 있도록 '场所(장소)'로 바꿔 줘야 한다.

A 深秋的岳麓山，是人们登高、赏红叶的最好时候。
B 那几部音乐作品因为只有文字记载，没有乐谱资料，所以既无法演唱，也无法演奏。
C 无论是进行器械训练还是有氧运动，开始之前最好都先做一下拉伸运动。
D 院子的大门非常敞亮，左右各有一个石狮子，下面还有几级高台阶。

A 늦가을의 웨루산은 사람들이 등산하고 단풍을 감상하기에 가장 좋은 장소이다.
B 그 몇몇 음악 작품은 문자 기록만 있고 악보 자료는 없어서, 노래를 할 수도 없고 연주할 수도 없다.
C 기구를 이용한 훈련을 하든 유산소 운동을 하든, 시작 전에 스트레칭을 하는 것이 가장 좋다.
D 정원의 대문은 매우 넓고 환하며, 좌우에는 각각 돌사자가 있고 아래에는 몇 층의 높은 계단이 있다.

深秋 shēnqiū 명 늦가을, 만추 | 岳麓山 Yuèlùshān 고유 위에루산, 악록산 | 登高 dēnggāo 동 높은 곳에 오르다 | 赏 shǎng 동 감상하다 | 红叶 hóngyè 명 단풍 | ★场所 chǎngsuǒ 명 장소 | 部 bù 양 부, 편 [서적이나 영화 편수 등을 세는 단위] | 作品 zuòpǐn 명 (문학·예술의) 작품, 창작품 | 文字 wénzì 명 문자 | ★记载 jìzǎi 명 기록 [文字记载: 문자 기록] | ★乐谱 yuèpǔ 명 악보 | 资料 zīliào 명 자료 | 既 jì 접 ~할 뿐만 아니라, ~가며, ~하고도 [既A也B: A할 뿐만 아니라 또한 B하다] | 无法 wúfǎ 동 방법이 없다, 할 수 없다 | 演唱 yǎnchàng 동 노래를 부르다 | ★演奏 yǎnzòu 동 연주하다 | 器械 qìxiè 명 기구, 기계 | 训练 xùnliàn 동 훈련하다 | 有氧运动 yǒuyǎng yùndòng 유산소 운동 | 拉伸运动 lāshēn yùndòng 스트레칭 | 院子 yuànzi 명 정원, 뜰 | 大门 dàmén 명 대문 | 敞亮 chǎngliàng 형 널찍하고 밝다 | 石 shí 명 돌 | 狮子 shīzi 명 사자 | 级 jí 양 층, 계단 [층계·계단·탑 등의 층을 세는 단위] | 台阶 táijiē 명 계단, 층계, 섬돌

STEP
2 내공 쌓기

1 '是'자문

| 빈출 유형 | 주어와 목적어의 호응이 논리적으로 틀린 경우

'是'자문은 주어와 목적어의 호응 관계가 맞지 않는 유형으로 자주 출제된다. '是'자문의 구조는 'A是B'로, 여기서 A가 주어, B가 목적어로, A에는 특정한 대상이, B에는 A에 대한 설명이 와야 한다. '是'자문에서 주어와 목적어는 동격이거나 비슷한 개념이어야 한다. 문장에 '是'가 있다면 주어와 목적어를 먼저 찾아 논리 관계를 확인하자.

case study 拉萨位于中国西部，是一座具有1300多年历史的文化书籍。(×)
→ 拉萨位于中国西部，是一座具有1300多年历史的文化名城。(○)
라싸[拉萨]는 중국 서쪽에 위치하고 있으며 1300여 년의 역사를 가진 문화 도시이다.

해설 주어 '拉萨(라싸)'와 목적어 '书籍(책)'는 같은 범주의 단어가 아니므로, 주어-목적어 호응이 논리적으로 맞지 않다. 목적어를 '名城(유명한 도시)'으로 바꾸면 문장의 오류를 바로잡을 수 있다. '拉萨'가 설령 지명인지 몰랐더라도 '位于(~에 위치하다)'가 쓰였다는 점에서 주어가 '장소'라는 점을 알 수 있다. 덧붙여, 뒤 절의 목적어 '书籍(책)'는 주어뿐만 아니라, 바로 앞에 쓰인 양사 '座(도시를 세는 양사)'와도 어울리지 않는다.

case study 啤酒在中国各类美酒行列中是最年轻，仅有100多年的历史。(×)
→ 啤酒在中国各类美酒行列中是最年轻的酒种，仅有100多年的历史。(○)
맥주는 중국의 여러 가지 맛있는 술 가운데 가장 젊은 술로, 역사가 100여 년밖에 되지 않았다.

해설 시험에 자주 출제되는 '목적어가 결여된 오류' 패턴이다. 주어는 '啤酒(맥주)'인데 '是' 뒤에 '年轻(젊다)'만 있으면 '맥주는 젊다'라는 내용이 되므로, 논리적으로 맞지 않다. '的+명사'를 추가해 내용을 보충해야 한다.

case study 世界环境日定于每年的6月5日，这个日子是联合国鼓励全球居民提高环保意识。(×)
→ 世界环境日定于每年的6月5日，是联合国鼓励全球居民提高环保意识的日子。(○)
세계 환경의 날은 매년 6월 5일로 정해졌으며, 유엔이 전 세계 사람들에게 환경보호 의식을 높이도록 장려하는 날이다.

해설 고정격식 'A是B的日子'는 'A는 B하는 날이다'라는 뜻으로, 자주 쓰이는 표현이니 반드시 기억해 두자.

2 '是……的' 강조 구문

| 빈출 유형 1 | '的'가 생략된 경우

'是……的' 강조 구문은 '是……的' 사이에 강조하려는 내용이 나오며, 일반적으로 '的'를 생략하면 안 된다. 부정형을 만들 때는 일반적으로 '不是'를 사용한다.

case study 在当前的经济情况下，只能考虑降低原材料品质来减少成本，而这是有损消费者。(×)
→ 在当前的经济情况下，只能考虑降低原材料品质来减少成本，而这是有损消费者的。(○)
현재의 경제 상황에서는, 원재료 품질을 낮춰 원가를 절감하는 것밖에 생각할 수 없는데, 이것은 소비자에게 손해를 끼치는 것이다.

해설 문맥상 '是' 앞뒤의 내용은 동격 관계가 성립하지 않으며, 화자는 '是' 뒤 내용을 강조하려는 것으로 보인다. 그렇다면 이 문장은 '是……的' 강조 구문을 써야 하는 문장이다. '是……的' 강조 구문에서는 '的'을 생략하면 안 된다.

| 빈출 유형 2 | '시점'이 잘못된 경우

'是……的' 강조 구문은 기본적으로 '과거'의 일을 나타내기 때문에 문장의 시점이 미래라면 '是……的' 강조 구문을 쓸 수 없다. 또한 '是……的' 강조 구문 자체가 이미 과거의 시점을 나타내고 있으므로 일반적으로 과거완료에 쓰는 동태조사 '了'와 함께 쓰지 않는다.

case study 上星期我们是一起去了贵州旅行的，那儿的风景真是美极了，就像仙境一样。(×)
→ 上星期我们是一起去贵州旅行的，那儿的风景真是美极了，就像仙境一样。(○)
지난주에 우리는 구이저우[贵州]로 여행을 갔는데 그곳의 경치가 정말 아름다워 마치 신선이 사는 곳 같았다.

해설 '是……的'가 이미 '과거'의 시점을 나타내고 있으므로, '了'를 함께 쓰면 안 된다.

'是……的' 강조 구문의 주요 특징

1 시간, 장소, 방식, 조건, 목적, 동작 행위자 강조

'是……的'는 이미 발생한 과거의 일과 관련된 '시간, 장소, 방식, 조건, 목적, 동작 행위자'를 강조해 말할 때 사용한다. 부정형은 '不是……的'이다. 일반적으로 '的'는 생략할 수 없다.

你们是哪年结婚的? 너희는 몇 년도에 결혼했니?→시간

我们俩是在中国认识的。 우리 둘은 중국에서 알게 되었다.→장소

他是坐船来的北京。 그는 배를 타고 베이징에 왔다.→방식

他的汉语是在李老师的帮助下学好的。 그의 중국어는 리[李] 선생님의 도움으로 배운 것이다.→조건

我是去出差的。 나는 출장을 간 것이다.→목적

这条消息是谁告诉你的? 이 소식은 누가 너에게 알려 주었니?→동작 행위자

我不是跟他一起去的北京。 나는 그와 함께 베이징에 간 것이 아니다.→부정

2 화자의 생각, 견해, 태도 강조

'是……的'는 화자의 생각, 견해, 태도를 청자가 받아들이고 신뢰하도록 강조하는 역할도 한다. 이 경우 '是……的'는 긍정의 어기를 나타내기 때문에 '不是……的'와 같은 부정 형식으로는 잘 사용하지 않는다.

他们俩的问题是很难解决的。 그 둘의 문제는 해결하기 어렵다.

她的发音是很正确的。 그녀의 발음은 매우 정확하다.

他的想法是不合理的。 그의 생각은 합리적이지 않다.

배운 내용 점검하기

다음 문장에서 틀린 곳을 찾아 고치세요.

1 他是昨天才来，什么都还不知道，你多教教他吧!

2 通过体检可以了解自身的健康状况，发现一些早期疾病并及时治疗，所以体检是预防疾病的重要。

3 病人早上七点是吃的药，晚上八点还得再吃一次。

정답&해설& 해석&어휘

1 '是' 앞뒤 주어와 목적어가 동격이 아니므로, '是……的' 강조 구문을 떠올리자. '是……的' 강조 구문에서 '的'는 일반적으로 생략하지 않는다.

他是昨天才来的，什么都还不知道，你多教教他吧! 그는 어제서야 와서 아무것도 모르니 네가 많이 좀 가르쳐 주렴!

2 '是' 뒤에는 일반적으로 '(的)+명사' 형태가 온다. '重要'는 형용사이므로 목적어가 될 수 없다. 뒤에 '手段' 등의 어휘를 추가해 줘야 옳은 문장이 된다.

通过体检可以了解自身的健康状况，发现一些早期疾病并及时治疗，所以体检是预防疾病的重要手段。

신체검사를 통해 자신의 건강 상태를 알 수 있고 조기에 질병을 발견해 제때 치료할 수 있다. 그래서 신체검사는 질병을 예방하는 중요한 수단이다.

体检 tǐjiǎn 명 신체검사 | 自身 zìshēn 명 자신 | 状况 zhuàngkuàng 명 상태 | 早期 zǎoqī 명 조기 | ★疾病 jíbìng 명 질병 | 治疗 zhìliáo 동 치료하다 | 预防 yùfáng 동 예방하다

3 강조하려는 내용을 '是'와 '的' 사이에 두어야 한다. 문맥상 '早上七点'이라는 시점을 강조하는 내용이므로 '早上七点' 앞에 '是'를 두어야 한다.

病人是早上七点吃的药，晚上八点还得再吃一次。 환자는 아침 7시에 약을 먹었고 저녁 8시에 또 한 번 먹어야 한다.

Day 18

1. **A** 历代很多碑文都是名家撰写的，因此石碑便集中成了书法家们真迹的场所。
   B 冯如是我国最早从事飞机制造和设计的人。
   C 平时沉默寡言，但只要谈及他的专业时，就变得格外健谈。
   D 古人把文词停顿的地方叫做“读”或者“句”。

2. **A** 他戴黑色礼帽，穿白色西装，双手拿着一大把钱，展开成扇形，正在向摄像机微笑。
   B 虽然这件事对你来说不是很难，但也不会那么容易，你还是好好准备一下吧！
   C 东北的大豆是中国境内产量最高的地区。
   D 水葫芦在各地抢占水面、影响航运、窒息鱼类，甚至危害到了其它水生植物的生长。

3. **A** 由于高山缺氧，体力又消耗太大，有些人坚持不住，走得很吃力，不得不中途返回基地。
   B 对这件事，有些人反对，有些人赞成，有些人表示怀疑。总而言之，人们的看法并不一致。
   C 如有疑似心脏病的胸痛，一定要静卧，切勿避免盲目走动。
   D 困难没什么了不起的，只要我们不害怕，认真对待，就一定可以克服。

4. **A** 纵览世界服装设计大师、名家的作品，在设计中所体现的美感和张力，无比给人们以强烈的审美震撼。
   B 同学们都在认真听讲，我却迟到了，只得硬着头皮走进教室。
   C 为了推动语言教育事业的发展，商务印书馆设立了语言学出版基金。
   D 学生平时在日记中能条理清楚地记录生活的话，写作文时选取材料就可以得心应手了。

정답 및 해설 → 해설서 p.101

5. **A** 只有当兴趣和劳动乃至理想有机结合在一起的时候，人们身上的潜力才可以最大程度地发挥出来。
   B 与通话相比，发短信交流能够避免因措辞不当而带来的窘迫和尴尬，因此沟通起来更轻松。
   C 人在咀嚼时，粗纤维通过对牙齿表面的反复摩擦，能够清除掉黏附在牙面上的细菌，从而达到抗菌的效果。
   D 神话因为玄幻瑰奇，所以仍然来源于现实生活，它反映了先民们征服自然，追求美好生活的愿望。

6. **A** 我一个人在这座城市生活了近三十年，直到退休以后就回到自己的家乡。
   B 住在这儿的时候并没有什么感觉，可我今天就要离开这里了，却不免有些的留恋。
   C 我不打算自己开公司，因为我并不具备做生意的能力，更何况我对做生意一点儿兴趣也没有。
   D 考完试，同学们一起聚餐，一边尽情地吃着美食，一边天南海北地聊着天，直到很晚才尽兴而归。

7. **A** 王总有急事要去一趟广州，所以他把会议的日期推迟了两天。
   B 文学作品是了解一个国家最好的方式的。
   C 今年本公司最大的目标是，一定要把产品的销售量提高上去。
   D 这所学校不仅教学条件很差，而且教学秩序也非常混乱。

8. **A** 儿童最好每日吃四餐，其热量分配为：早餐20-30%，午餐40%，晚餐20-30%，加餐10-15%。
   B 知识就像人体的血液一样非常宝贵。若一个人缺少血液，身体便会衰弱；若一个人缺少知识，头脑便会枯竭。
   C 热油快炒是我国传统的烹制技术，这种炒法不仅可以保持蔬菜的原有色泽，还能使蔬菜吃上来味道鲜美，脆嫩可口。
   D 从市场上买回来的海带上，一般附着一层白色的粉末，人们常会将这些粉末当作脏东西洗净。事实上，这种粉末是一种对人体有利的物质。

정답 및 해설 → 해설서 p.103

06 짝꿍 표현과 고정격식

STEP 1 유형 파악하기

이 책에서는 중국인들이 습관적으로 호응해서 쓰는 표현을 '짝꿍 표현'이라고 한다. 주어+술어 조합, 술어+목적어 조합, 부사어+술어 조합 등 다양하게 있다. 반드시 특정 개사와 함께 쓰는 표현은 '고정격식'이라고 부른다. 평소에 틈틈이 외워 두면 문장을 보자마자 틀린 부분을 잡아 낼 수 있게 되므로 반드시 숙지하도록 하자.

1 짝꿍 호응이 맞지 않는 경우

2 고정격식 조합이 잘못된 경우

제1부분 예제

A 当她经过校长办公室的时候，意外地闻到了一股刺耳的吵闹声。

B 赵州桥由我国隋朝工匠李春设计建造而成，是世界上现存的最古老的石拱桥。

C 智商测试的成绩并不是固定不变的，一个人所处的环境会对他的智商产生很重要的影响。

D 在生理上，睫毛被称为眼睛的"卫士"，当汗流满面的时候，它能够阻止汗水流进眼睛。

정답&풀이 **A** [闻到 (냄새를) 맡다 / 听到 (소리를) 듣다]

当她经过校长办公室的时候，意外地闻到了一股刺耳的吵闹声。
→ 当她经过校长办公室的时候，意外地听到了一阵刺耳的吵闹声。

술어와 목적어의 호응이 맞지 않는 경우이다. '闻到(맡다)'는 일반적으로 '味儿(냄새)'과 호응한다. 목적어 '吵闹声(말다툼 소리)'과 호응하는 술어(听到)와 양사(阵)로 수정해야 한다.

A 当她经过校长办公室的时候，意外地闻到了一股刺耳的吵闹声。
B 赵州桥由我国隋朝工匠李春设计建造而成，是世界上现存的最古老的石拱桥。
C 智商测试的成绩并不是固定不变的，一个人所处的环境会对他的智商产生很重要的影响。
D 在生理上，睫毛被称为眼睛的"卫士"，当汗流满面的时候，它能够阻止汗水流进眼睛。

A 그녀는 교장실을 지날 때, 뜻밖에도 귀를 찌르는 듯한 말다툼 소리를 들었다.
B 자오저우 다리는 중국 수나라의 장인 리춘이 설계하고 건축한 것으로, 세계에서 현존하는 가장 오래된 아치형 돌다리다.
C IQ 테스트의 성적은 고정불변한 것이 아니다. 사람이 처한 환경은 그의 IQ에 중요한 영향을 미친다.
D 생리적으로 눈썹은 눈의 '보디가드'라고 불린다. 땀이 얼굴 가득 흐를 때 눈썹은 땀이 눈에 흘러 들어가는 것을 막아 줄 수 있다.

意外 yìwài 형 뜻밖의, 의외의 | **闻** wén 동 (냄새를) 맡다 | **股** gǔ 양 [맛·기체·냄새·힘 따위를 세는 단위] | **刺耳** cì'ěr 형 귀에 거슬리다 | **吵闹** chǎonào 동 말다툼하다 [吵闹声: 말다툼 소리] | **阵** zhèn 양 [잠시 동안 지속되는 일이나 동작을 세는 단위] | **赵州桥** Zhàozhōu Qiáo 고유 자오저우 다리 | **隋朝** Suí cháo 수나라 | **工匠** gōngjiàng 명 장인, 공예가 | **设计** shèjì 동 설계하다 | **建造** jiànzào 동 건조하다, 건축하다, 세우다 | **现存** xiàncún 동 현존하다 | **古老** gǔlǎo 형 오래되다 | **石拱桥** shígǒngqiáo 아치형 돌다리 | ★**智商** zhìshāng 명 IQ [지능 지수] | **测试** cèshì 명 테스트 | **并** bìng 부 결코, 전혀, 조금도, 그다지, 별로 [부정사 앞에 쓰여 부정의 어투 강조] | **固定** gùdìng 형 고정되다 | **所** suǒ 조 [주로 단음절 동사 앞에 '~+동사'의 형태로 쓰여, 그 동사와 함께 명사적 성분이 됨] | **处** chǔ 동 처하다, 놓이다 | **产生** chǎnshēng 동 생기다 | ★**生理** shēnglǐ 명 생리 | **睫毛** jiémáo 명 속눈썹 | **称为** chēngwéi 동 ~라고 부르다 [被称为: ~라고 불리다] | **卫士** wèishì 명 보디가드 | **汗流满面** hànliú mǎnmiàn 성 얼굴이 온통 땀투성이다 | **阻止** zǔzhǐ 동 저지하다 | **汗水** hànshuǐ 명 땀

STEP
2 내공 쌓기

1 짝꿍 표현 track 64

이 책에서는 중국인들이 습관적으로 호응해서 쓰는 표현을 '짝꿍 표현'이라고 한다. 반드시 이 조합으로만 쓰이는 것은 아니지만, 짝꿍으로 알아 두면 어휘를 구사하는 데 큰 도움이 된다.

(1) 주어+술어

道路狭窄 dàolù xiázhǎi	도로가 좁다	乡间的道路十分狭窄。 마을의 도로는 매우 좁다.
工作繁忙 gōngzuò fánmáng	업무가 많고 바쁘다	小李一年到头工作总是很繁忙。 샤오리[小李]는 일년 내내 업무가 많고 바쁘다.
街道繁华 jiēdào fánhuá	거리가 번화하다	夜晚，城市的街道却显得异常繁华。 밤에는 도시의 거리가 오히려 몹시 번화해 보인다.
历史悠久 lìshǐ yōujiǔ	역사가 유구하다	这座城市的历史很悠久，人文气息也很浓厚。 이 도시의 역사가 유구하고, 인문의 숨결도 짙다.
情况严重 qíngkuàng yánzhòng	상황이 심각하다	刚被送过来的时候，病人的情况很严重。 (환자가) 막 이송돼 왔을 때 환자의 상황이 심각했다.
人口激增 rénkǒu jīzēng	인구가 급증하다	上世纪六七十年代，中国人口一度激增。 1960~1970년대에 중국의 인구는 한차례 급증했다.
物价上涨 wùjià shàngzhǎng	물가가 오르다	疫情导致部分物价持续上涨。 전염병은 일부 물가의 지속적인 상승을 초래했다.

(2) 술어+목적어

安装软件 ānzhuāng ruǎnjiàn	프로그램을 설치하다	学校统一为学生们安装了教学软件。 학교는 학생들을 위해 학습 프로그램을 통합적으로 설치했다.
包含意思/内容 bāohán yìsi / nèiróng	의미/내용을 포함하다	校长的话里包含了好几层意思。 교장 선생님의 말씀에는 여러 가지 의미가 포함되어 있다.
包括+A、B bāokuò+ A、B	~를 포함하다	费用里包括接机、住宿、导游等项目。 요금에는 비행기 픽업, 숙박, 가이드 등의 항목이 포함되어 있다.
表明立场/意见 biǎomíng lìchǎng / yìjiàn	입장/의견을 밝히다, 표명하다	他完整地表明了集团的立场。 그는 집단의 입장을 고스란히 밝혔다.
表示反对/感谢/同意 biǎoshì fǎnduì / gǎnxiè / tóngyì	반대/감사/동의를 표시하다	车主向民警表示感谢。 차주는 인민 경찰에게 감사를 표했다.
采取措施/方法 cǎiqǔ cuòshī / fāngfǎ	조치/방법을 취하다	政府采取了一系列稳定物价的措施。 정부는 물가를 안정시키는 일련의 조치를 취했다.
产生影响 chǎnshēng yǐngxiǎng	영향을 미치다 [产生+추상]	暴雨对今年的收成产生了不利影响。 폭우는 올해의 수확에 안 좋은 영향을 미쳤다.
承认错误 chéngrèn cuòwù	잘못을 인정하다	每个人都要勇于承认自己犯的错误。 모든 사람은 과감하게 자신이 저지른 잘못을 인정하여야 한다.

促进发展 cùjìn fāzhǎn	발전을 촉진하다	双边会谈促进了两国的经济发展。 양자 회담은 양국의 경제 발전을 촉진했다.
导致后果 dǎozhì hòuguǒ	나쁜 결과를 초래하다	战争只会导致更严重的后果。 전쟁은 더 심각한 결과를 초래할 뿐이다.
发泄不满 fāxiè bùmǎn	불만을 표출하다	成熟的人懂得正确地发泄自己的不满。 성숙한 사람은 자신의 불만을 올바르게 표출할 줄 안다.
改正缺点/错误 gǎizhèng quēdiǎn / cuòwù	결점/잘못을 바로잡다	及时改正缺点，有利于人们成为更好的自己。 제때 결점을 바로잡는 것이 더 나은 자신이 되는 데 도움이 된다.
扩大范围/规模 kuòdà fànwéi / guīmó	범위/규모를 확대하다	这家商店决定扩大经营范围。 이 상점은 경영 범위를 확대하기로 결정했다.
含有成分/物质 hányǒu chéngfèn / wùzhì	성분/물질을 함유하다 [含有+성분/내용]	镇定剂里含有止疼药的成分。 진정제에는 진통약 성분이 함유되어 있다.
获得好评 huòdé hǎopíng	호평을 얻다	电视台的节目获得了观众好评。 방송국 프로그램이 관중의 호평을 얻었다.
加快速度 jiākuài sùdù	속도가 빠르다	现在没有时间了，你赶紧加快速度。 지금 시간이 없으니까, 너 빨리 서둘러.
加强团结/组织 jiāqiáng tuánjié / zǔzhī	단결을 강화하다 / 조직을 보강하다	李老师为加强同学们的团结而做出了努力。 리[李] 선생님은 학우들의 단결을 강화하기 위해 노력했다.
坚持锻炼 jiānchí duànliàn	꾸준히 단련하다	这么多年来，他一直坚持锻炼身体。 이렇게나 오랫동안 그는 꾸준히 신체를 단련하고 있다.
减少产量/人数/数量 jiǎnshǎo chǎnliàng / rénshù / shùliàng	생산량/인원 수/수량을 줄이다 [减少+숫자]	为了保证质量，公司决定减少产量。 품질을 보증하기 위해 회사는 생산량을 줄이기로 결정했다.
减轻压力/负担/重量 jiǎnqīng yālì / fùdān / zhòngliàng	스트레스/부담/중량을 줄이다	我不知道用什么办法减轻弟弟的负担。 나는 어떤 방법으로 남동생의 부담을 줄여 줘야 할지 모르겠다.
具有价值 jùyǒu jiàzhí	가치를 가지고 있다 [具有+추상]	景德镇的青花瓷器，具有极高的收藏价值。 징더전[景德镇]의 청화 자기는 높은 소장 가치를 지니고 있다.
拉近/缩短距离 lājìn / suōduǎn jùlí	거리를 좁히다/줄이다	音乐拉近了艺术家和观众的距离。 음악은 예술가와 관중의 거리를 좁혔다.
失去信心 shīqù xìnxīn	자신감을 잃다 [失去+추상]	一次失利，不至于让我们失去信心。 한 번의 실패가 우리로 하여금 자신감을 잃게 하지는 않는다.
实现愿望/目标 shíxiàn yuànwàng / mùbiāo	소원/목표를 이루다	家长要尽量实现孩子们的愿望。 학부모는 가능한 아이의 바람을 이뤄 줘야 한다.
提高水平/效率 tígāo shuǐpíng / xiàolǜ	수준/효율을 향상시키다	这位艺术家毕生都在努力提高自己的雕刻水平。 이 예술가는 평생 자신의 조각 수준을 향상시키려는 노력을 했다.
享有盛名/美誉/盛誉 xiǎngyǒu shèngmíng / měiyù / shèngyù	명성/명성/명예를 누리다 [享有+명성/자유/권리]	苏州享有“东方威尼斯”的盛名。 쑤저우[苏州]는 ‘동방의 베니스’라는 명성을 누린다.

欣赏风景 xīnshǎng fēngjǐng	풍경을 감상하다	从这个角度看，能很好地欣赏日出的风景。 이 각도에서 보면, 일출 풍경을 잘 감상할 수 있다.
引起关注 yǐnqǐ guānzhù	관심을 끌다	神九的成功发射引起了全世界的关注。 선지우[神九]의 성공적인 발사는 전 세계의 관심을 끌었다.
拥有财产/土地/人口 yōngyǒu cáichǎn / tǔdì / rénkǒu	자산/토지/인구를 소유하다	在国外，私人可以合法拥有大量土地。 외국에서 개인은 합법적으로 대량의 토지를 소유할 수 있다.
造成损失/误会/后果 zàochéng sǔnshī / wùhuì / hòuguǒ	손실/오해/나쁜 결과를 초래하다 [造成+안 좋은 일]	球员的受伤，给俱乐部造成了巨大的损失。 선수의 부상은 클럽[동호회]에 큰 손실을 초래하였다.
占有土地/市场 zhànyǒu tǔdì / shìchǎng	토지/시장을 점유하다	苹果手机仍占有相当多的市场份额。 아이폰은 여전히 상당히 많은 시장 점유율을 차지하고 있다.
征求意见 zhēngqiú yìjiàn	의견을 구하다	工作小组就此次计划征求了专家的意见。 업무팀은 이번 계획에 대한 전문가의 의견을 구했다.
制定计划 zhìdìng jìhuà	계획을 세우다	行动前，要制定详细的计划。 행동을 하기 전에 자세한 계획을 세워야 한다.
注意安全 zhùyì ānquán	안전에 주의하다	高速路上，要时刻注意行车安全。 고속도로에서는 시시각각 운행 안전에 주의하여야 한다.

(3) 부사어+술어

严厉批评 yánlì pīpíng	호되게 비판하다	考官严厉地批评了他的作弊行为。 교관은 그의 부정 행위를 호되게 비판했다.
充分发挥 chōngfèn fāhuī	충분히 발휘하다 [充分+동사]	这项工作充分发挥了工程师的才能。 이 업무는 엔지니어의 재능을 충분히 발휘시켰다.
频繁出现 pínfán chūxiàn	빈번하게 나타나다	最近，这条广告在电视上频繁出现。 최근 이 광고가 TV에서 빈번하게 나온다.
迅速扩散 xùnsù kuòsàn	신속하게 확산하다	病毒迅速扩散到了全身。 바이러스가 재빠르게 온몸으로 확산했다.
圆满解决 yuánmǎn jiějué	원만하게 해결되다	大家圆满解决了这次难题。 모두들 이번 난제를 원만하게 해결했다.
以免+안 좋은 상황 yǐmiǎn	~하지 않도록, ~하지 않기 위해서	工作时要格外认真，以免出错。 일을 할 때는 실수하지 않도록 각별히 꼼꼼해야 한다.

| 빈출 유형 | 짝꿍 어휘 조합이 잘못된 경우

case study 多样化的速冻食品减轻了人们在饮食上所花费的时间。(×)

→ 多样化的速冻食品减少了人们在饮食上所花费的时间。(○)

다양화된 급속 냉동식품이 사람들이 음식에 소비하는 시간을 줄였다.

설명 '시간을 줄이다'라는 뜻으로 쓰이는 짝꿍 표현은 '减少时间'이다. '减轻'은 주로 부담이나 스트레스가 줄어듦을 나타낼 때 쓰는 어휘로, 짝꿍 표현으로는 '减轻压力(스트레스를 줄이다)'가 있다.

case study 北极海域的冰层在冬季的融化速度正在逐年加强。(×)

→ 北极海域的冰层在冬季的融化速度正在逐年加快。(○)

북극 해역의 얼음층이 겨울에 녹는 속도가 해마다 빨라지고 있다.

설명 속도가 '빨라지다'라는 뜻으로 써야 하므로 '加快'를 써 주어야 한다. '加强'은 '강화하다'라는 뜻이다.

2 고정격식 track 65

고정격식은 자주 함께 쓰이는 개사구 조합을 정리해 놓은 것이다. 고정적으로 정해진 개사와 함께 쓰이므로 개사를 잘못 조합해 쓰지 않도록 주의해야 한다.

- A 被(B)打了一顿 A bèi (B) dǎ le yí dùn A는 (B한테) 한 대 맞았다
  小李被小张打了一顿。샤오리[小李]는 샤오장[小张]에게 한 대 맞았다.
- A 被(B)拒绝 A bèi (B) jùjué A는 (B에게) 거절당하다
  他的请求被拒绝了。그의 요구는 거절당했다.
- A 被(B)弄坏 A bèi (B) nònghuài A는 (B에 의해) 고장 나다
  窗户被邻居家的小孩儿弄坏了。창문은 이웃집 아이에 의해 고장 났다.
- A 被(B)取消 A bèi (B) qǔxiāo A는 (B에 의해) 취소되다
  本次促销活动被厂家取消了。이번 판촉 행사는 제조업자에 의해 취소됐다.
- A 被(B)污染 A bèi (B) wūrǎn A는 (B로 인해) 오염되다
  河水被大量垃圾污染了。강물이 다량의 쓰레기로 인해 오염됐다.
- A 毕业于 B A bìyèyú B A는 B를 졸업하다
  李局长毕业于清华大学。리[李] 국장은 칭화대학교를 졸업했다.
- A 成立于 B A chénglìyú B A는 B에 설립되다
  中国最大的互联网公司阿里巴巴成立于1999年。중국 최대 인터넷 기업인 알리바바는 1999년에 설립됐다.
- 当 A 时 dāng A shí / 当 A 的时候 dāng A de shíhòu A할 때
  当一个人遇到困难的时候，最需要的就是鼓励和安慰。사람이 어려움을 겪을 때, 가장 필요한 것은 바로 격려와 위안이다.
- A 对 B 很合适 A duì B hěn héshì A는 B에(게) 어울리다
  设计师的工作对她很合适。디자이너 일은 그녀에게 잘 맞는다.
- A 对 B 进行 C A duì B jìnxíng C A는 B에 대해 C를 진행하다 [C: 동사(구)]
  记者对此次事件进行了跟踪报道。기자는 이 사건에 대해 추적 보도를 진행했다.
- A 对 B 有意见 A duì B yǒu yìjiàn A는 B에 대해 불만이 있다
  客人对商场的售后服务有很大的意见。고객은 가게의 A/S에 대해 큰 불만이 있다.
- A 给 B 打电话 A gěi B dǎ diànhuà A는 B에게 전화를 걸다
  编辑给作家打了很多次电话。편집자는 작가에게 여러 번 전화를 걸었다.

- A 给 B 发短信 A gěi B fā duǎnxìn A는 B에게 문자를 보내다
  一出考场，他就给家人发了好几条短信。시험장을 나오자마자, 그는 가족에게 문자 몇 통을 보냈다.
- A 给 B 找麻烦[≒添麻烦] A gěi B zhǎo máfan A가 B를 성가시게 하다, A가 B에게 폐를 끼치다
  竞争对手不断给我们找麻烦。경쟁 상대가 끊임없이 우리를 성가시게 한다.
- A 和/跟/与 B 差不多 A hé / gēn / yǔ B chàbuduō A는 B와 비슷하다
  这会儿，他的心情和我差不多。이때, 그의 감정은 나의 감정과 비슷했다.
- A 和/跟/与 B 打招呼 A hé / gēn / yǔ B dǎ zhāohu A는 B와 인사하다
  总理亲切地跟各国记者打了招呼。총리는 친근하게 각국의 기자와 인사했다.
- A 和/跟/与 B 分手 A hé / gēn / yǔ B fēnshǒu A는 B와 헤어지다
  同学和她的男朋友和平分手了。학교 친구는 그녀의 남자 친구는 좋게 헤어졌다.
- A 和/跟/与 B 结婚 A hé / gēn / yǔ B jiéhūn A는 B와 결혼하다
  闺蜜终于跟爱她的人结婚了。절친은 마침내 그녀를 사랑하는 사람과 결혼했다. [闺蜜: 매우 친한 친구]
- A 和/跟/与 B 商量(C) A hé / gēn / yǔ B shāngliang (C) A는 B와 (C)를 상의하다
  李组长和大家商量着展销会的细节。리[李] 조장은 모두와 전람회의 세부 사항을 상의하고 있다.
- A 和/跟/与 B 相似 A hé / gēn / yǔ B xiāngsì A는 B와 비슷하다
  上海的气候和釜山相似。상하이의 기후는 부산과 비슷하다.
- A 为 B 准备 A wèi B zhǔnbèi A는 B를 (위해) 준비하다
  姐姐为妹妹准备了一份惊喜。언니는 여동생을 위해 서프라이즈를 준비했다.
- A 为/给 B 提供 C A wèi / gěi B tígōng C A는 B에게 C를 제공하다
  这个湖泊为当地居民提供了可饮用的淡水资源。이 호수는 지역 주민들에게 마실 수 있는 담수 자원을 제공했다.
- A 向 B 表达 A xiàng B biǎodá A는 B에게 표현하다
  患者向医护人员表达了感激之情。환자는 의료진에게 감사의 마음을 표현했다.
- A 向 B 请教 A xiàng B qǐngjiào A는 B에게 가르침을 청하다
  他向专家请教了解决办法。그는 전문가에게 해결 방법을 청했다.
- A 以 B 为本 A yǐ B wéi běn A는 B를 근본으로 하다
  教育要以人为本。교육은 사람을 근본으로 한다.
- A 以 B 为中心 A yǐ B wéi zhōngxīn A는 B를 중심으로 삼다
  此次经济部署以东北地区为中心。이번 경제 안배는 둥베이 지역을 중심으로 삼았다.
- A 由 B 构成 A yóu B gòuchéng A는 B로 구성되다
  这本小说由三个章节构成。이 소설은 3개 챕터로 구성되어 있다.
- A 由 B 引起 A yóu B yǐnqǐ A는 B로 인해 일어나다
  我的头疼起初是由感冒引起的。내 두통은 처음에 감기로 인해 일어난 것이다.
- A 与 B (息息)相关 A yǔ B (xīxī) xiāngguān A는 B와 밀접한 관계가 있다
  个人的幸福与国家的发展息息相关。개인의 행복은 국가의 발전과 밀접한 관계가 있다.
- 把 A 当成 B bǎ A dàngchéng B A를 B로 삼다
  张老师把学生当成自己的孩子。장[张] 선생님은 학생을 자신의 아이로 삼는다.

- 把 A 发到 B bǎ A fādào B A를 B로 보내다
  公司要求尽快把这个决定发到客户手上。회사는 가능한 한 빨리 이 결정을 고객에게 보낼 것을 요구했다.
- 把 A 发给 B bǎ A fāgěi B A를 B에게 보내다
  学校把成绩单发给了家长。학교는 성적표를 학부모에게 보냈다.
- 把 A 翻译成 B bǎ A fānyìchéng B A를 B로 번역하다
  他用业余时间把这部小说翻译成了英语。그는 여가 시간을 이용하여 이 소설을 영어로 번역했다.
- 把 A 交给 B bǎ A jiāogěi B A를 B에게 건네주다
  他把采访稿交给主编了。그는 인터뷰 원고를 편집장에게 건넸다.
- 把 A 叫做 B bǎ A jiàozuò B A를 B로 부르다
  人们把黄河叫做"母亲河"。사람들은 황허강을 '젖줄'이라고 부른다.
- 把 A 借给 B bǎ A jiègěi B A를 B에게 빌려주다
  他把参考资料借给同桌了。그는 참고 자료를 짝꿍에게 빌려줬다.
- 从 A 出发 cóng A chūfā A에서 출발하다
  从东海出发，两个小时就能到。동해에서 출발하면, 두 시간이면 도착할 수 있다.
- 从 A 来看 cóng A láikàn A에서 말하자면/보자면
  从长远来看，公司的决定是正确的。장기적인 관점에서 보면, 회사의 결정은 틀림이 없다.
- 从 A 起 cóng A qǐ A부터 시작하다 [=从A开始]
  从一年前起，妈妈就开始做瑜伽教练了。1년 전부터 엄마는 요가 강사 일을 시작하셨다.
- 就 A 而论 jiù A érlùn A를 논하자면
  就茶艺而论，妈妈比我高得多。다도를 논하자면 엄마의 실력이 나보다 더 높다.
- 就 A 来说 jiù A láishuō A에 대해 말하자면 [A: 상황]
  就期末考试总成绩来说，小丽的是高一点。기말고사 성적으로 보면 샤오리[小丽]의 성적이 높다.
- 令 A 惊讶 lìng A jīngyà A를 놀라게 하다 [令+대상+감정]
  孩子的成长总是会令人惊讶。아이의 성장은 늘 사람을 놀라게 한다.
- 为 A 做出贡献 wèi A zuòchū gòngxiàn A를 위해 공헌을 하다
  专家组为新药的研发做出了巨大的贡献。전문가 집단은 신약 개발에 큰 공헌을 했다.
- 向 A 道歉 xiàng A dàoqiàn A에게 사과하다
  药厂针对假药事件向患者道了歉。제약 공장은 가짜 약물 사건에 대해 환자에게 사과했다.
- 以 A 为目的 yǐ A wéi mùdì A를 목적으로 삼다
  这次比赛以增进两队间的友谊为目的。이번 경기는 양 팀 간의 우의를 증진하는 것을 목적으로 삼는다.
- 由 A 承担(B) yóu A chéngdān (B) A가 (B를) 부담하다, 감당하다
  此次活动的全部费用由主办方承担。이번 행사의 전체 비용은 주최자가 부담한다.
- 由 A 主办 yóu A zhǔbàn A가 주최하다
  第32届奥运会由日本主办。제32회 올림픽은 일본이 주최한다.
- 由 A 主持 yóu A zhǔchí A가 진행하다
  公司的圣诞晚会由王丽主持。회사의 크리스마스 파티는 왕리[王丽]가 진행한다.

• 由 A 组成 yóu A zǔchéng A로 구성되다
水由氢元素和氧元素组成。물은 수소와 산소로 구성되어 있다.

• 由 A 组织 yóu A zǔzhī A에서 조직하다
3·15晚会由消费者权益保护协会组织。3·15연회는 소비자의 권익 보호 협회에서 조직한다.

• 在(A)程度上 zài (A) chéngdù shang (A) 정도에서
他的决定在很大程度上影响了公司的发展方向。그의 결정은 회사의 발전 방향에 많은 영향을 주었다.

• 在(A)比赛中 zài (A) bǐsài zhōng (A) 시합에서
孙杨在游泳比赛中一直表现出色。쑨양[孙杨]은 수영 대회에서 줄곧 좋은 성적을 보였다.

• 在(A)交往中 zài (A) jiāowǎng zhōng (A) 교류 중에
在与朋友的交往中，我们要时刻尊重对方。친구와 교류하는 중에 우리는 늘 서로를 존중해야 한다.

• 在(A)过程中 zài A guòchéng zhōng (A) 과정에서
在准备考试过程中，要劳逸结合。시험을 준비하는 과정에서 공부와 휴식을 잘 조절해야 한다.

• 在(A)情况下 zài (A) qíngkuàng xià (A의) 상황 아래
在任何情况下，我们都不能做损害他人利益的事。어떠한 상황에서도 우리는 타인의 이익에 손해를 끼치는 일을 해서는 안 된다.

• 在(A)帮助下 zài (A) bāngzhù xià (A의) 도움 아래
在工程师的帮助下，大桥的施工任务顺利完成了。엔지니어의 도움 아래, 대교 시공 임무가 순조롭게 완성됐다.

• 在(A)条件下 zài (A) tiáojiàn xià (A의) 조건 아래
双方在遵循互惠互利的条件下，签订了合同。양측은 상호 이익과 혜택을 따르는 조건하에, 계약을 체결했다.

• 在 A 时期 zài A shíqī A 시기에
在经济高速发展时期，更要注重人才的培养。경제가 급속히 발전하는 시기에는 인재의 양성을 더욱 중시해야 한다.

| 빈출 유형 | 고정격식 조합이 잘못된 경우

case study 专家提醒，当长时间坐在电脑前工作，应多喝一些茶水以减少电磁波的辐射。(×)
→ 专家提醒，当长时间坐在电脑前工作时，应多喝一些茶水以减少电磁波的辐射。(○)
전문가들은 장시간 컴퓨터 앞에 앉아 일을 할 때 차를 많이 마셔서 전자파 복사를 줄여야 한다고 말한다.
설명 '~할 때'라는 의미의 고정격식은 '当A时' 또는 '当A的时候'이다.

배운 내용 점검하기

다음 문장에서 틀린 곳을 찾아 고치세요.

1 近年来，随着中国在人工智能等领域投入不断广大，"中国制造"正逐渐向"中国智造"转变。

2 他在老师面前战战兢兢地引进了自己的错误。

3 今天我身体不舒服，所以同学们都问我要不要去看医生，我点点头表现同意。

1 형용사 '广大'는 '면적이나 공간이 넓다, 크다'를 나타내는 어휘로, 명사 '投入(투자)'와는 어울리지 않는다. 명사 '投入'와 어울리는 형용사는 범위나 규모에 쓰이는 '扩大(확대하다)'이다.

近年来，随着中国在人工智能等领域投入不断扩大，"中国制造"正逐渐向"中国智造"转变。
최근 몇 년간 중국의 인공지능 등의 방면 투자가 끊임없이 확대됨에 따라, '中国制造(중국제조)'가 점차 '中国智造(중국지조)'로 변화하고 있다.

人工智能 réngōng zhìnéng 인공지능 | 领域 lǐngyù 명 분야, 영역 | 投入 tóurù 명 투자 | 不断 búduàn 부 끊임없이 | 扩大 kuòdà 형 확대하다 | 中国制造 Zhōngguó zhìzào [노동 생산에 중점을 두는 것] | 逐渐 zhújiàn 부 점차 | 中国智造 Zhōngguó zhìzào [지능을 이용한 생산에 중점을 두는 것] | 转变 zhuǎnbiàn 동 바꾸다

2 목적어 '错误(잘못)'와 호응하는 동사는 여러 가지가 있지만, 문맥상 '잘못을 인정하다'라고 해야 하므로 적절한 어휘는 '承认(인정하다)'이다. '引进'은 '(사람/자금/기술을) 끌어들이다'라는 뜻으로 '引进技术(기술을 끌어들이다)'로 많이 쓴다.

他在老师面前战战兢兢地承认了自己的错误。 그는 선생님 앞에서 벌벌 떨며 자신의 잘못을 인정했다.

战战兢兢 zhànzhànjīngjīng 성 두려워서 벌벌 떠는 모양, 전전긍긍하다 | 引进 yǐnjìn 동 (사람·자금·기술·장비 따위를) 끌어들이다, 도입하다 | 承认 chéngrèn 동 시인하다

3 '동의를 표현하다'라는 의미를 나타낼때는 '表示'라는 동사를 사용해 '表示同意'라고 쓴다.

今天我身体不舒服，所以同学们都问我要不要去看医生，我点点头表示同意。
오늘은 내가 몸이 아파서, 반 친구들이 내게 병원에 가지 않겠냐고 물었고, 나는 고개를 끄덕여 동의했다.

点头 diǎntóu 동 (동의·승인·찬성·인사 따위의 표시로) 머리를 끄덕이다 | 表现 biǎoxiàn 동 표현하다, 나타내다

STEP 3 실력 다지기

Day 24

1. **A** 最近她搜集到三张十分珍贵的七十年前的邮票：一张是本国的，另两张是外国的。
   B 她虽然是个小姑娘，但从来不喜欢打扮，给大家的感觉是天然美。
   C 香港面积不大，但景点好看的很多。
   D 老板还没把实际情况了解清楚，就发号施令，结果引起很多人的不满。

2. **A** 白色的浪花在红色的河床上翻滚，阳光照耀下犹如一道彩虹落入山谷。
   B 樱桃鲜嫩多汁、酸甜可口、多种营养物质，还有美容养颜的功效，深受人们的喜爱。
   C 他们就像蚂蚁一样头脑聪明，但作为个体微不足道，只有在群体中才能获得力量。
   D 辨别反义词与同义词对于积累词汇、提高表达能力是非常必要的。

3. **A** 《鸟兽百科》这部著作曾经在生物学界产生过很大影响。
   B 科学家认为，学龄前儿童每天的最佳睡眠时间是11－12小时。
   C 展览馆里摆满了各种精美的艺术品，令人眼花缭乱。
   D 这扇门无论破损严重，但经过木匠的精心修理，仍能使用。

4. **A** 不付出任何代价就想获得成功是不可能的。
   B 甲骨文是19世纪末被发现的。
   C 皮肤在晚上10点到11点之间一般进入保养状态。
   D 古时候只有君王才可以占卜算卦，它是根据八卦规律的组合进行推算的。

정답 및 해설 → 해설서 p.106

5. **A** 我们要如海绵般吸收有用的知识。
   B 经过他的介绍，同学们对长城有了更深的了解。
   C 现代的健康观主要包括心理健康、身体健康与良好的社会适应能力。
   D 严格控制地下水的过量抽取和及时回灌地下水是防止地面不塌陷最好的办法。

6. **A** 经过动物保护人员多年努力的，湖北的神农架金丝猴现已得到有效保护。
   B 外国常举办博览会，也就是组织很多国家参加的一种大型产品展览会。有的时候一个国家的大型产品展览会也叫博览会。
   C 如今用人单位对学历的要求越来越高，为了以后好找工作，我准备读博士。
   D 母亲的音容笑貌一幕幕地浮现在他的脑海里，久久无法散去。

7. **A** 这种能够吸纳回收雨水的路面技术的采用，对于缺水的城市来说，无疑是一个福音。
   B 网络文学由备受质疑到获得大众认可，欢度了一段漫长的时期。
   C 相声发源于清代的北京，但是却成就于天津。
   D 如果想减肥，只有将控制饮食和进行运动相结合才能达到满意的效果。

8. **A** 当老师讲到这个动人的故事时，我想起了以前很多难忘的往事。
   B 每种选择都有不一样的结局，就像走不一样的路就会看到不同的风景。
   C 胶州湾跨海大桥又名青岛海湾大桥，是现在世界上最长的跨海大桥。
   D 超声波是人类受到蝙蝠夜间飞行的启发而发现的。

정답 및 해설 → 해설서 p.108

07 특수구문 [비교문/겸어문/把자문/被자문]

STEP 1 유형 파악하기

여러 구문을 다 모아 놓다 보니 분량이 많지만, 중국어의 기본 어법을 바탕으로 각 구문의 기본적인 격식을 이해하고 보면 완전히 새로운 내용은 아니다. 차근차근 빈출 유형을 살펴보며 실력을 쌓자.

1 격식이 틀린 경우

2 용도에 맞지 않는 구문을 쓴 경우

3 다른 구문의 격식과 섞어 쓴 경우

제1부분 예제

A 她家的厨房里放着一个玻璃缸，里面没有养鱼，却放满了各种各样的打火机。

B 哥哥一米七，弟弟一米七二，弟弟不如哥哥高。

C 中国戏曲源于民间说唱、歌舞与滑稽戏。

D 严肃的老师和开朗的老师都会影响学生。因此，好老师不一定仅有一种类型，可他通常会给学生留下很深刻的印象。

정답&풀이 B [A+不如+B+형용사 A보다 B가 더 ~하다(= A가 B만 못하다)]

哥哥一米七，弟弟一米七二，弟弟不如哥哥高。
→ 哥哥一米七，弟弟一米七二，哥哥不如弟弟高。

'A+不如+B+형용사'는 'A보다 B가 더 ~하다'라는 의미이다. 앞 절 내용에 따르면 동생이 형보다 2cm 더 크므로, '弟弟'와 '哥哥'의 순서가 바뀌어야 한다. [혹은 '弟弟比哥哥高(동생이 형보다 크다)'로 고칠 수도 있다.]

A 她家的厨房里放着一个玻璃缸，里面没有养鱼，却放满了各种各样的打火机。
B 哥哥一米七，弟弟一米七二，弟弟不如哥哥高。
C 中国戏曲源于民间说唱、歌舞与滑稽戏。
D 严肃的老师和开朗的老师都会影响学生。因此，好老师不一定仅有一种类型，可他通常会给学生留下很深刻的印象。

A 그녀의 집 주방에는 유리 어항이 하나 있는데, 안에 물고기를 기르는 것이 아니라 각양각색의 라이터가 가득하다.
B 형은 170cm이고, 동생은 172cm로, 형이 동생보다 크지 않다.
C 중국의 희곡은 민간의 설창, 가무, 골계극에서 기원한다.
D 엄격한 선생님과 명랑한 선생님 모두 학생에게 영향을 줄 수 있다. 따라서, 좋은 선생님이 하나의 유형이라는 법은 없다. 그렇지만 좋은 선생님은 통상적으로 학생에게 깊은 인상을 남긴다.

玻璃瓶 bōlípíng 명 유리 항아리 | **各种各样** gèzhǒng gèyàng 성 여러 종류, 각종, 각양각색, 가지각색 | **打火机** dǎhuǒjī 명 라이터 | **戏曲** xìqǔ 명 희곡 | ★**起源** qǐyuán 동 기원하다 [起源于: ~에서 기원하다] | ★**民间** mínjiān 명 민간 | **说唱** shuōchàng 명 설창, 강창 [운문과 산문으로 꾸며져 있는 민간 문예] | **歌舞** gēwǔ 명 가무, 노래와 춤 | **滑稽戏** huájīxì 고유 골계희, 골계극 [상하이·장쑤·저장 일대에서 유행하는 익살을 주요 수단으로 하는 광대극으로 '滑稽(골계)'에 뿌리를 두고 있음] | **严肃** yánsù 형 (표정·기분 등이) 엄숙하다, 근엄하다 | ★**开朗** kāilǎng 형 (생각이) 트이다, (성격이) 명랑하다, 활달하다, 쾌활하다, 낙관적이다 | **类型** lèixíng 명 유형 | **通常** tōngcháng 명 보통, 통상 | **深刻** shēnkè 형 (인상이) 깊다, (느낌이) 매우 강렬하다

1 비교문

독해 제1부분 비교문에는 '比'자 비교문이 주로 출제된다.
'比'자 비교문은 두 대상의 성질, 정도의 차이를 비교하는 문형으로, 아래 기본 어순을 따른다.
'比'자 비교문의 부정은 '没有/不如'를 이용해서 표현한다. [(예) A没有B好 = A不如B好 = B比A好]

A + 比 + B + 형용사/동사구 술어
更/还 수량보어/정도보어

新公司的业务量比以前的公司还大。새로운 회사의 업무량이 이전 회사보다 더 많다.

姐姐比我更有经验。언니는 나보다 더 경험이 있다.

我的外套比妹妹的贵一百块。나의 외투는 여동생 것보다 백 위안이 비싸다.

这本书的词汇比那本书丰富得多。이 책의 어휘는 그 책보다 훨씬 풍부하다.

| 빈출 유형 1 | '比'자 비교문에 정도를 나타내는 표현을 잘못 사용한 경우

'比'자 비교문에서는 '很' '非常' '十分' '有点儿' 등의 정도부사나 '极了'와 같은 정도보어를 쓸 수 없다.
정도부사 '更/还'나 정도보어 '得多/多了/得很'을 사용해야 한다.

case study 这些钻石的价值比白色的钻石很高，也更受买家欢迎。(×)
→ 这些钻石的价值比白色的钻石更高，也更受买家欢迎。(○)
이런 다이아몬드의 가치는 백색 다이아몬드보다 더 높으며, 구매자들에게 더욱 인기가 있다.
해설 비교문의 술어 앞에는 정도부사 '很'을 쓸 수 없다. 비교의 의미가 있는 부사 '更'이나 '还'를 써야 한다.

| 빈출 유형 2 | '수량보어'나 '부정부사'의 위치가 잘못된 경우

case study 今天的气温比昨天六度高。(×)
→ 今天的气温比昨天高六度。(○) 오늘 기온이 어제보다 6도 더 높다.
해설 '比'자 비교문에서 수량보어(六度)는 술어 뒤에 위치해야 한다.

case study 今年的冬天比去年稍微一点儿冷。(×)
→ 今年的冬天比去年稍微冷一点儿。(○) 올해 겨울은 작년보다 조금 더 춥다.
해설 '比'자 비교문에서 수량보어(一点儿)는 술어 뒤에 위치해야 한다.

case study 他来得比我不早。(×)
→ 他来得不比我早。(○) 그는 나보다 일찍 오지 않았다.
해설 '比'는 개사이므로, 부정부사 '不'는 개사 '比' 앞에 위치하는 것이 올바르다.

2 겸어문

독해 제1부분에는 '사역'을 나타내는 동사 '使/让'을 술어1로 사용한 겸어문이 주로 출제된다.
[겸어문: 한 문장에 동사가 두 개 이상 있고, 술어1(使/让)의 목적어가 술어2의 의미상 주어를 겸하는 문장]

주어 + 使/让 + 목적어 + 술어2 [주어: 행동을 시키는 주체 / 목적어: 행동 주체]

朋友们的话让我非常感动。친구들의 말은 나를 매우 감동시켰다.

| 빈출 유형 1 | **불필요하게 '使/让'을 쓴 경우**

겸어문에서 가장 자주 출제되는 유형이다. 특히 부사어로 문장이 시작되는 경우에 주의하자. 문장 맨 앞에 있다고 주어라고 단순하게 생각해서는 안 된다. '사역'의 의미가 없는데 불필요하게 '使'를 쓰진 않았는지, 의미 관계만 상식적인 수준에서 파악해도 풀 수 있다.

case study 通过不懈的努力，让她终于取得了硕士学位。(×)

→ 通过不懈的努力，她终于取得了硕士学位。(○)

끊임없는 노력을 통해서, 그녀는 드디어 석사 학위를 취득했다.

해설 문장 앞머리의 '通过不懈的努力'는 주어가 아니라 부사어이다. 게다가 문맥상 '그녀가' 학위를 취득하도록 누가 만든 것이 아니므로 '让'은 불필요한 성분이며 '她'가 이 문장의 주어이다.

case study 在大家的帮助下，使我战胜了困难。(×)

→ 在大家的帮助下，我战胜了困难。(○) 모두의 도움으로 나는 어려움을 이겨 냈다.

해설 다른 사람이 '我'가 어려움을 이겨 내도록 만든 것이 아니라, '我'가 스스로 어려움을 이겨 낸 것이다.

| 빈출 유형 2 | **'把'자문/'被'자문과 혼동한 경우**

'把'자문과 '被'자문 그리고 '겸어문' 모두 형식이 비슷해 보이기 때문에, 꼼꼼히 해석하지 않으면 틀린 줄 모르고 지나갈 수 있다. 오로지 정확한 해석이 밑바탕되어야 답을 찾을 수 있다.

case study 我姐姐把我去中国工作。(×)

→ 我姐姐让我去中国工作。(○) 우리 언니는 나를 중국에 가서 일하게 했다.

해설 문장에 '把'자가 쓰였지만 '把'자문 형식에 전혀 맞지 않으며, 문맥상 '~하게 시켰다'라는 사역의 의미가 있어야 자연스러우므로, '把' 대신 '让'을 쓰는 것이 적절하다.

| 빈출 유형 3 | **'用'을 써야 하는 자리에 잘못 쓴 경우**

개사 '用'은 '~로써, ~를 이용해서'라는 의미로, 일반적으로 뒤에 도구가 제시되며, 이 도구로 어떤 동작을 '한다'는 능동적인 의미가 있다. 이것은 겸어문과는 전혀 다른 용법이지만 형식이 비슷하기 때문에 얼핏 보면 맞다고 생각할 수 있다. 그러나 꼼꼼히 해석해 보면 역시 틀린 문장임을 알 수 있다.

case study 我的家乡盛产大理岩，使大理岩雕成的各种工艺品，在国内外都很受欢迎。(×)

→ 我的家乡盛产大理岩，用大理岩雕成的各种工艺品，在国内外都很受欢迎。(○)

내 고향은 대리석을 많이 생산하고 있으며, 이 대리석으로 조각한 각종 공예품들은 국내외에서 인기가 많다.

해설 '使' 뒤 '大理岩(대리석)'이 '雕(조각하다)'라는 행동의 주체가 아니므로, '使'자문을 쓰는 것은 옳지 않다. '大理岩'와 '雕'는 '도구-동작' 관계로 보이므로, '使' 대신 개사 '用'을 써 주어야 한다.

3 '把'자문과 '被'자문

'把'자문: 주어 [행위 주체] + 부사어 + 把 + 목적어 [행위 대상] + 술어 + 기타성분
'被'자문: 주어 [행위 대상] + 부사어 + 被 + 목적어 [행위 주체] + 술어 + 기타성분

我把妈妈的钱包拿来了。나는 엄마의 지갑을 가져왔다.

我的钱包被小偷儿偷走了。내 지갑을 도둑에게 도둑맞았다.

| 빈출 유형 1 | '把/被'를 써야 하는데 쓰지 않은 경우

case study 喜欢读书的人最大的乐趣就是读到一本好书，然后它介绍给朋友，和朋友一起分享。(×)

→ 喜欢读书的人最大的乐趣就是读到一本好书，然后把它介绍给朋友，和朋友一起分享。(○)

독서를 좋아하는 사람의 가장 큰 기쁨은 좋은 책 한 권을 읽고 난 후에 그것을 친구에게 소개하고 함께 나누는 것이다.

해설 '它'는 앞 절의 '喜欢读书的人(독서를 좋아하는 사람)'이 읽은 '一本好书(좋은 책 한 권)'를 가리킨다. 즉, 주어가 아니라 행위의 '대상'이다.

case study 如果没有别人尊重，那么这个人就不会尊重别人，也就很难去遵守社会规范。(×)

→ 如果没有被别人尊重，那么这个人就不会尊重别人，也就很难去遵守社会规范。(○)

만약 다른 사람에게 존중받지 못한다면, 이 사람은 다른 이를 존중할 수 없으며 사회 규범도 준수하기 힘들 것이다.

해설 '다른 사람에게 존중받지 못한다면'으로 의미가 만들어져야 하는 부분이므로, 피동문을 만드는 '被'가 필요하다.

| 빈출 유형 2 | '把/被'를 불필요하게 쓴 경우

case study 他突然意识到把自己心目中的理想情人正是眼前这个不谙世事的少女。(×)

→ 他突然意识到自己心目中的理想情人正是眼前这个不谙世事的少女。(○)

그는 문득 자신 마음속에 있는 이상형이 바로 눈앞에 있는 세상 물정 모르는 소녀라는 것을 깨달았다.

해설 기본 어순 '주어(他)+술어(意识)+목적어(自己……)'를 잘 따르고 있는 문장으로, 개사 '把'는 불필요하다. 덧붙여, 지각동사[认识/知道/意识 등]는 '把'자문과 함께 쓰지 않는다.

case study 大名鼎鼎的王教授也被应邀参加了这次学术研讨会。(×)

→ 大名鼎鼎的王教授也应邀参加了这次学术研讨会。(○)

명성이 높은 왕[王] 교수도 초대를 받아 이번 학술 심포지엄에 참가했다.

해설 '应邀'은 '~의 요청에 응하다'라는 의미로, 이미 피동의 의미를 갖고 있기 때문에 피동문을 만드는 '被'는 불필요하다.

| 빈출 유형 3 | '把'와 '被'를 혼동한 경우

'把'자문과 '被'자문은 형식이 같기 때문에 서로 바꿔 썼을 때 얼핏 보면 문제없는 문장처럼 보일 수 있다. 그러나 주어가 행동하는 주체일 경우 '把'자문을 쓰고, 주어가 행동을 받는 대상일 경우 '被'자문을 써야 한다.

case study 我一不小心就被自己的手烫伤了。(×)

→ 我一不小心就把自己的手烫伤了。(○) 나는 실수로 손을 데었다.

해설 여기서는 주어 '我'가 다친 주체이므로, 피동의 의미를 나타내는 '被'가 아니라 '把'로 고쳐 주는 것이 옳다.

case study 经过科学家的研究，大脑把秘密正一个一个解开。(×)

→ 经过科学家的研究，大脑的秘密正一个一个被解开。(○)

과학자들의 연구로 대뇌의 비밀이 하나씩 벗겨지고 있다.

해설 '大脑(대뇌)'가 '解开(벗기다)'의 주체가 아니므로 '把'자문은 어울리지 않는다. '被'자문으로 고치고, '的'를 추가해 '대뇌의 비밀이 풀리다'로 바꾸는 편이 문맥상 자연스럽다.

| 빈출 유형 4 | '用'을 써야 하는 자리에 '把'를 쓴 경우

개사 '用(~로써, ~를 이용해서)'은 '用+도구' 형태로 쓰여, 이 도구로 어떤 동작을 '한다'는 능동적인 의미를 나타내는데, 얼핏 보면 '把'자문과 형식이 비슷해 보여서 실수하기 쉽다. 그러나 의미하는 바가 전혀 다르기 때문에, 해석만 꼼꼼히 해 보면 틀린 문장임을 쉽게 알 수 있다.

case study 他把剪刀剪掉了新裤子上的标签。(×)

→ 他用剪刀剪掉了新裤子上的标签。(○) 그는 가위로 새 바지의 라벨을 잘랐다.

해설 '剪刀(가위)'를 '이용해' 바지를 자르는 것이므로 '把'를 '用'으로 고쳐야 한다.

| 빈출 유형 5 | '把'자문에 쓸 수 없는 동사를 술어로 쓴 경우

'把'자문 술어에는 '동사'만 쓰인다. 그런데 이때 같이 쓸 수 없는 동사가 몇 가지 있다. '把'자문은 특성상 '어떤 것을 어떻게 처리하다'라는 의미일 때만 쓸 수 있는데, 동사가 그런 의미를 내포할 수 없는 경우, 즉 '감각, 인지, 지각, 심리' 등을 나타내는 경우에는 '把'자문으로 쓸 수 없다.

감각/인지/지각	觉得 juéde 생각하다 | 感到 gǎndào 느끼다 | 发现 fāxiàn 발견하다 | 听见 tīngjiàn 들리다 看到 kàndào 보다 | 知道 zhīdào 알다 | 认为 rènwéi 생각하다 | 认识 rènshi 알다
심리	同意 tóngyì 동의하다 | 赞成 zànchéng 찬성하다 | 愿意 yuànyì 원하다 | 主张 zhǔzhāng 주장하다 反对 fǎnduì 반대하다 | 关心 guānxīn 관심을 갖다 | 讨厌 tǎoyàn 싫어하다 | 害怕 hàipà 무서워하다 怀疑 huáiyí 의심하다 | 相信 xiāngxìn 믿다 | 决定 juédìng 결정하다 | 希望 xīwàng 희망하다 生气 shēngqì 화내다
신체 상태	站 zhàn 서다 | 坐 zuò 앉다 | 躺 tǎng 눕다 | 趴 pā 엎드리다
방향	上 shàng 오르다 | 下 xià 내리다 | 进 jìn 들어가다 | 去 qù 가다 | 出 chū 나가다 | 回 huí 돌아가다 到 dào 도착하다 | 来 lái 오다 | 过去 guòqù 지나가다 | 起来 qǐlái 일어나다
출현	出生 chūshēng 태어나다 | 出现 chūxiàn 나타나다 | 产生 chǎnshēng 출산하다
시작/끝	开始 kāishǐ 시작하다 | 结束 jiéshù 끝나다 | 成为 chéngwéi ~가 되다
기타	有 yǒu 있다 | 在 zài ~에 있다 | 是 shì ~이다 | 叫 jiào 부르다 | 像 xiàng ~와 같다 | 姓 xìng 성이 ~이다 当 dàng ~로 삼다 | 等于 děngyú ~와 같다 | 不如 bùrú ~만 못하다

case study 你不知道吗？我家人早在杭州的时候就把他认识了。(×)
→ 你不知道吗？我家人早在杭州的时候就认识他了。(○)
당신은 우리 가족이 예전에 항저우[杭州]에 있었을 때 그를 알았다는 것을 모르나요?
해설 동사 '认识(알다)'가 술어로 쓰인 문장은 '把'자문으로 쓸 수 없다.

'把'자문에서 쓸 수 없는 동사는 대부분 '被'자문에서도 쓸 수 없는데, 예외적으로 몇 가지 감각동사나 인지동사는 '被'자문에서 쓸 수 있다. [예: 看见, 听见, 知道, 发现……]

妈妈把我看见了。(×)　　　我被妈妈看见了。(○) 엄마가 봤다

● 把자문/被자문 빈출 구문 ●

- 把A翻译成B bǎ A fānyìchéng B A를 B로 번역하다
- 把A交给B bǎ A jiāogěi B A를 B에게 건네주다
- 把A称为/叫做B bǎ A chēngwéi / jiàozuò B A를 B로 부르다
- 把A当做/当成B bǎ A dàngzuò / dàngchéng B A를 B로 삼다
- A被(B)称为C A bèi (B) chēngwéi C A는 (B에 의해) C라고 불린다
- A被(B)批评 A bèi (B) pīpíng A는 (B에게) 꾸지람을 듣다
- A被(B)拒绝 A bèi (B) jùjué A는 (B에게) 거절당하다
- A被(B)打 A bèi (B) dǎ A는 (B한테) 맞았다
- A被(B)录取 A bèi (B) lùqǔ A는 (B에 의해) 합격하다
- A被(B)取消 A bèi (B) qǔxiāo A는 (B에 의해) 취소되다

| 빈출 유형 6 | 기타성분이 없는 경우

'把'자문과 '被'자문, 특히 '把'자문의 핵심 성분은 '기타성분'이다. 해당 성분을 어떻게 처리했는지를 나타내는 결정적인 성분이기 때문에 절대로 생략하면 안 된다.

case study 他们看了看我们的车子下陷的情况，就提出要帮我们把车子推。(×)
→ 他们看了看我们的车子下陷的情况，就提出要帮我们把车子推出来。(○)
그들은 우리 차가 빠진 것을 보곤 우리를 도와 차를 밀어 주겠다고 제안했다.
해설 술어(推)만 있고 기타성분이 없으니, 문맥상 방향보어 '出来'를 기타성분으로 추가해 주어야 한다.

| 빈출 유형 7 | 부사어의 위치가 틀린 경우

부사어의 기본적인 어순 '부사+조동사+개사구'에 따라 부사와 조동사는 개사인 '把/被' 앞에 위치한다. 부사가 여러 개 나올 경우, 일반부사+부정부사 순서로 쓴다. [예: 从来+没]

case study 这些零食被孩子们早晚会吃光。(×)
→这些零食早晚会被孩子们吃光。(○)
이 간식들은 조만간 아이들이 먹어 치울 것이다.
해설 '부사(早晚)+조동사(会)'는 '把/被' 앞에 위치해야 한다.

case study 他被父母没从来批评过。(×)
→ 他从来没被父母批评过。(○)
그는 지금까지 부모님께 야단맞은 적이 없다.
해설 부사어의 위치는 '被' 앞이며, 부정부사(没)는 주로 다른 부사들보다 뒤에 위치한다.

'被'자문의 특징 (보충편)

① 어기를 강조하기 위해 동사 앞에 조사 '给'가 오기도 하며, 개사 '给'는 개사 '被' 대신 쓰기도 한다. 그러나 개사 '给'가 '被' 대신 쓰였을 때는 뒤에 조사 '给'를 쓸 수 없다.

我被朋友的话(给)刺激了。나는 친구의 말에 자극받았다. → 주어 + [被 + 목적어(행위자)] + (给) + 동사 + 기타성분
他的孩子在学校给(人)欺负了。그의 아이는 학교에서 남에게 괴롭힘을 당했다.
→ 주어 + [给 + 목적어(행위자)] + 동사 + 기타성분

② '被'를 쓰지 않고 '受/受到/挨'로 피동을 표시할 수 있다.

这款新手机上市后，受到了年轻人的欢迎。이 새 휴대폰은 출시된 후, 젊은이들에게 환영을 받았다.
弟弟小时候总是挨姐姐的欺负。남동생은 어릴 때 항상 누나에게 괴롭힘을 당했다.

배운 내용 점검하기

다음 문장에서 틀린 곳을 찾아 고치세요.

1 台下的观众都把他精彩的表演感动了。

2 昨天，我偶然在街上遇见一个老同学，他看起来和以前老了很多。

3 我上大三的时候，小丽就已经开始工作了，她的工资有我的多三千块也是自然的。

정답&해설& 해석&어휘

1 관중들이 그의 연기'를' 감동한 것이 아니라 연기'에' 감동을 받은 것이므로 '把'가 아니라 '被'를 써야 한다.

台下的观众都被他精彩的表演感动了。 무대 아래의 관중들은 그의 다채로운 연기에 감동받았다.

台下 tái xià 무대 아래 | 观众 guānzhòng 명 관중 | 感动 gǎndòng 동 감동하다

2 문맥상 현재의 친구 모습을 예전과 비교하고 있으므로, 개사 '和'를 비교문을 만드는 개사 '比'로 고쳐 주어야 한다.

昨天，我偶然在街上遇见一个老同学，他看起来比以前老了很多。
어제 나는 우연히 길거리에서 옛 친구를 만났는데, 그는 예전보다 훨씬 나이가 들어 보였다.

偶然 ǒurán 부 우연히 | 遇见 yùjiàn 동 만나다

3 '有'자 비교문에는 '구체적인 수량'을 쓸 수 없으므로, 3천 위안이라는 구체적인 수량을 언급할 수 있도록 '有'를 '比'로 고쳐 주어야 한다.

我上大三的时候，小丽就已经开始工作了，她的工资比我的多三千块也是自然的。
내가 대학교 3학년일 때 샤오리[小丽]는 이미 일을 시작했기 때문에 그녀의 월급이 나보다 3천 위안 많은 것은 자연스러운 일이다.

工资 gōngzī 명 임금 | 自然 zìran 형 자연스럽다

STEP 3 실력 다지기

Day 28

1. **A** 鸟的羽毛不仅具有保温作用，而且使鸟在空气中运动时受到的阻力最小，有利于飞翔。
   B 儿子出了这么大的事，他不但不想办法解决，而且像没事儿的人一样照常每天打麻将。
   C 一个人的思维如果跟不上时代前进的步伐且不愿主动学习新知识的话，那么除非经验再丰富，也终究会被取代。
   D 东北虎额前有一个"王"字形的斑纹，一身淡黄色的长毛上夹杂着黑色条纹。

2. **A** 布谷鸟和杜鹃是同族，它们的习性也极其相似。
   B 如果没有强壮的体魄，理论水平、业务能力再高、再强也无法得到充分发挥。
   C 即便是班里最不守纪律的学生，内心深处也未必并非不期待老师的关怀。
   D 学习是一种复杂艰苦的劳动，只有方法得当，目标明确，勇于攀登，持之以恒，才有希望达到光辉的顶峰。

3. **A** 楼阁是中国园林与自然风景名胜中常常出现的景观。
   B 我们应该加强儿童的安全教育，避免防止意外的发生。
   C 图腾是原始社会某一部落或者民族的崇拜物，同时也常被视为该部落或者民族的标记。
   D 榨菜是中国名特产之一，能够用来做汤、炒菜和佐餐，中国各地的榨菜中，以四川涪陵县出产的最为有名。

4. **A** 牡丹是中国的国花，在中国，以河南洛阳的牡丹尤为有名。
   B 人在睡觉时对环境变化的适应能力得降低，此时，人也更易受凉生病。
   C 从《红楼梦》中，读者们能够深刻地感受到作家曹雪芹对那个时代的"爱憎"之情。
   D 不少人爱拿过去与现在作比较，殊不知，很多痛苦就是这样产生的。

정답 및 해설 → 해설서 p.110

5. **A** 随着脑神经科学的发展，逐渐明白，在意识的“岛屿”外，还有着浩瀚的潜意识的“海洋”。
   B 她到上海以后，心情一直无法平静下来，一连好几晚都兴奋得睡不着。
   C 时间可以抚平心灵创伤，所以很多人说，时间是最好的医生。
   D 空气中存在的灰尘、细菌和过滤性病毒等物质，会对呼吸系统和肺部有害。

6. **A** 大量事例告诉我们，要想拥有成功的人生，就应该不断地努力、永不言弃。
   B 企业受社会文化影响，在发展过程中形成的具有特色的经营哲学、伦理道德、价值观等意识形态的总和。
   C 她每次旅游回来总会将在各地的见闻仔细地告诉我，因此我虽然足不出户，倒也增长了很多见识。
   D 饲养蜜蜂为农作物授粉已成为许多国家一项不可忽视的农业增产措施。

7. **A** 这里山清水秀，碧海蓝天拍起照来多有诗意呀！
   B 血栓是在血管里形成的血块，若发生在脑血管中，便会引起脑梗塞、中风等脑血管疾病。
   C 他这个人一发起火来，就会什么都不顾，碗啊、盆啊都会成为他发泄的对象。
   D 尽管气候条件和地理环境极其恶劣，登山队员还是克服了困难，攀登胜利到了顶峰。

8. **A** 不少科学家都认定，宇宙诞生于距今大约150亿年以前的一次大爆炸。
   B 衣服卷起来整理既然节省了空间，又不容易出现褶皱。
   C 国家历史博物馆今天展出了一批新出土的文物。
   D 这家网站发布了许多适合学生寒假实习的信息。

정답 및 해설 → 해설서 p.113

08 뉘앙스

STEP 1 유형 파악하기

'导致(초래하다)'와 같은 몇몇 어휘들은 뒤에 일반적으로 부정적인 상황이 언급된다. 빈출 유형은 '导致'와 같은 어휘들이 용법에 맞지 않게 긍정적인 상황과 함께 쓰인다거나, 부정부사 '不'나 '没'가 문맥상 불필요하게 사용된 경우이다. 이 유형은 출제 방식이 고정적이어서 몇 번 연습해 보면 금방 감을 잡을 수 있다.

1 술어와 목적어의 뉘앙스가 반대되는 경우 [导致/造成/致使+긍정적인 사건(×)]

2 부정부사가 문맥에 맞지 않게 들어간 경우

3 어휘가 중복으로 사용된 경우

제1부분 예제

A 陈安之先生的演讲之所以感人至深，是因为他在演讲的时候倾注了真挚饱满的感情。

B 一种观念只有被大家普遍接受、掌握和理解，并且转化为整个社会的意识，才能够成为大家自觉遵守和执行的准则。

C 太阳如一个害羞的女孩，一会儿露出娇容，一会儿躲进云间，使整个世界都变得五彩缤纷。

D 吴医生否定了小组提出的保守治疗方案，决定尽快为病人进行手术，以免别耽误病情。

정답&풀이 D [以免+안 좋은 일]

吴医生否定了小组提出的保守治疗方案，决定尽快为病人进行手术，以免别耽误病情。

→ 吴医生否定了小组提出的保守治疗方案，决定尽快为病人进行手术，以免耽误病情。

'以免(~하지 않도록)' 뒤에는 보통 안 좋은 일이 온다. 그런데 '耽误病情(병세가 악화되다)'이라는 부정적인 상황 앞에 '别'가 있으면 긍정적인 상황을 의미하게 되므로, '别'를 삭제해 주어야 한다.

A 陈安之先生的演讲之所以感人至深，是因为他在演讲的时候倾注了真挚饱满的感情。

B 一种观念只有被大家普遍接受、掌握和理解，并且转化为整个社会的意识，才能够成为大家自觉遵守和执行的准则。

C 太阳如一个害羞的女孩，一会儿露出娇容，一会儿躲进云间，使整个世界都变得五彩缤纷。

D 吴医生否定了小组提出的保守治疗方案，决定尽快为病人进行手术，以免别耽误病情。

A 천안즈 선생의 강연이 깊은 감동을 주는 것은, 그가 강연을 할 때 진심 가득한 감정을 온 힘을 다해 쏟았기 때문이다.

B 관념은 모두에게 보편적으로 받아들여지고, 파악되고, 이해되고, 또 전체 사회의 의식으로 전환되어야, 비로소 사람들이 자발적으로 준수하고 수행하는 규범이 될 수 있다.

C 태양은 마치 부끄러워하는 소녀와 같다. 잠시 아름다운 모습을 보였다가, 잠시 구름 사이에 숨어 들어가면서, 온 세상을 오색찬란하게 만든다.

D 우 의사는 팀이 제시한 보수적인 치료 방법을 부정하고, 병세가 악화되지 않도록 최대한 빨리 환자를 위해 수술을 진행하기로 결정했다.

演讲 yǎnjiǎng 명 강연, 연설, 웅변 | 之所以 zhīsuǒyǐ 접 ~한 까닭, ~의 이유 [之所以A是因为B: A한 까닭은 B 때문이다] | 感人 gǎnrén 동 감동시키다, 감격시키다 | 至深 zhìshēn 형 매우 깊다 | 倾注 qīngzhù 동 (힘이나 감정 따위를) 쏟아붓다, 기울이다, 집중하다 | ★真挚 zhēnzhì 형 성실한, 참된, 진실의, 마음에서 우러나는 | 观念 guānniàn 명 관념, 생각 | 掌握 zhǎngwò 동 파악하다, 숙달하다 | 转化 zhuǎnhuà 동 전환하다 | 整个 zhěnggè 형 전체의, 전부의, 전반적인 | ★意识 yìshí 명 의식 | 自觉 zìjué 형 자발적인, 자진하여 | 遵守 zūnshǒu 동 준수하다, 지키다 | ★执行 zhíxíng 동 실행하다, 집행하다 | ★准则 zhǔnzé 명 규범, 준칙 | 如 rú 동 ~와 같다, ~와 비슷하다 [≒好像] | 露出 lùchū 동 드러내다, 노출시키다 | 娇容 jiāoróng 명 아름다운 용모 | 躲 duǒ 동 숨다, 피하다 | 五彩缤纷 wǔcǎi bīnfēn 성 오색찬란하다 | 吴 wú 고유 우 [성씨] | 否定 fǒudìng 동 부정하다 | 小组 xiǎozǔ 명 그룹, 조, 소그룹 | 提出 tíchū 동 제의하다, 제기하다, 제출하다 | ★保守 bǎoshǒu 형 보수적이다 | 治疗 zhìliáo 동 치료하다 | 方案 fāngàn 명 방안 [提出方案: 방안을 제시하다] | 尽快 jǐnkuài 부 되도록 빨리 | 病人 bìngrén 명 환자, 병자 | 手术 shǒushù 동 수술하다 [为A进行手术: A를 위해 수술을 진행하다] | ★以免 yǐmiǎn 접 ~하지 않도록, ~않기 위해서 [以免+안 좋은 일] | 耽误 dānwu 동 일을 그르치다 | 病情 bìngqíng 명 병세

STEP

2 내공 쌓기

| 빈출 유형 1 | 술어와 목적어의 뉘앙스가 반대되는 경우

부정적인 어감을 나타내는 동사 뒤에는 부정적인 사건이 와야 하는데, 뉘앙스에 맞지 않게 긍정적인 사건 혹은 특별히 부정적이지 않은 사건이 제시되었다면 오류 문장일 가능성이 높다. '引起 yǐnqǐ (어떠한 사건/상황을) 일으키다'는 중립적인 어감을 나타내는 동사이므로, 긍정적인 상황에도 쓰일 수 있고, 부정적인 상황에도 쓰일 수 있다.

- 导致 dǎozhì 동 (부정적인 사건을) 일으키다, 초래하다
- 造成 zàochéng 동 (부정적인 사태를) 발생시키다, 초래하다
- 致使 zhìshǐ 동 (부정적인) 결과를 만들다 [致使+ 주술구]

+ 부정적인 사건

case study 二氧化碳是发挥地球变暖的主要原因。(×)

→ 二氧化碳是造成地球变暖的主要原因。(○) 이산화탄소는 지구온난화를 유발하는 주요 원인이다.

해설 지구 온난화는 부정적인 일이므로, 술어를 부정적인 어감의 '造成'으로 바꿔 써야 한다.

case study 中国传统文化大多产生于农耕时代，但致使其文化精神绵延五千年而不绝。(×)

→ 中国传统文化大多产生于农耕时代，但其文化精神(却)绵延五千年而不绝。(○)

중국 전통문화는 대부분 농경시대에 만들어졌지만 그 문화 정신은 오천 년간 이어져 오며 끊어지지 않았다.

해설 문화 정신이 오천 년간 끊이지 않은 것은 특별히 부정적인 일은 아니므로, 부정적인 어감의 동사 '致使'를 삭제한다.

case study 你的错误带来公司损失了几十万元。(×)

→ 你的错误导致公司损失了几十万元。(○) 너의 실수가 회사에 몇십만 위안을 손해 보게 했다.

해설 '带来' 뒤에는 명사성 목적어만 올 수 있으며, 회사 이익이 손실 난 것은 부정적인 일이므로, 술어를 부정적인 어감의 '导致'로 바꿔 써야 한다.

| 빈출 유형 2 | 부정부사가 문맥에 맞지 않게 들어간 경우

'금지'를 나타내는 어휘 역시 '부정적인 상황'과 함께 쓰여야 한다. 그런데 이런 어휘가 부정부사[不, 没, 不要, 别 등]와 동시에 쓰이면 '부정'이 중복되면서 논리적으로 말이 되지 않는 경우가 많다. 부정부사와 부정 어휘를 절대로 같이 쓰면 안 되는 것은 아니지만 두 개가 동시에 출현한다면 틀린 문장일 가능성이 있으므로 정확한 해석을 통해 정오를 가려내자. [防止/避免 + 不/不要/不再/没/别: 금지 의미의 중복]

금지를 나타내는 어휘

避免 bìmiǎn 동 피하다, 모면하다 | 防止 fángzhǐ 동 방지하다, 피하다 | 切忌 qièjì 동 극구 삼가다
禁止 jìnzhǐ 동 금지하다 | 劝阻 quànzǔ 동 충고하여 그만두게 하다, 그만두게 말리다 | 阻止 zǔzhǐ 동 저지하다, 가로막다
以免 yǐmiǎn / 免得 miǎnde / 省得 shěngde 접 ~하지 않도록, ~않기 위해서

case study 为了防止今后不再发生类似的事件，我们每个人都应该提高警惕。(×)
→ 为了防止今后再发生类似的事件，我们每个人都应该提高警惕。(○)
앞으로 다시 이런 일이 발생하는 것을 방지하기 위해서 우리 모두 경계심을 높여야 한다.
해설 '다시 이런 일이 발생하지 않는 것을 방지하기 위해서'라는 말은 논리적으로 어색하다. 즉, '不'를 삭제해야 한다.

case study 研究者认为，要想保持健康，人们应该避免不摄取大量咖啡因。(×)
→ 研究者认为，要想保持健康，人们应该避免摄取大量咖啡因。(○)
연구자들은 건강하고 싶다면 다량의 카페인 섭취는 피해야 한다고 생각한다.
해설 앞의 전제와 어우러지려면 '다량의 카페인 섭취'를 피해야 하는 것이 논리적이다. 즉, '不'를 삭제해야 한다.

| 빈출 유형 3 | 어휘가 중복으로 사용된 경우

case study 怎样才能避免阻止过度的竞争呢？(×)
→ 怎样才能阻止过度的竞争呢？(○) 어떻게 해야 과도한 경쟁을 막을 수 있을까요?
해설 '避免'과 '阻止'는 모두 나쁜 상황을 피하거나 저지한다는 의미이므로, 둘 중에 하나만 써야 한다.

배운 내용 점검하기

다음 문장에서 틀린 곳을 찾아 고치세요.

1 我经常晒太阳和呼吸新鲜空气，还坚持锻炼身体，这造成我的身体慢慢好起来了。

2 妈妈经常告诉我注意安全，避免不发生事故。

3 在粮食中放少量干海带，可以吸收水分，防止避免粮食生虫发霉。

정답&해설&해석&어휘

1 '造成'은 부정적인 어감의 동사로, '몸이 점점 좋아지기 시작했다'는 긍정적인 내용과 쓰기에는 부적절하다.
我经常晒太阳和呼吸新鲜空气，还坚持锻炼身体，这使我的身体慢慢好起来了。
나는 자주 햇빛을 쬐고 신선한 공기를 마시며 운동을 꾸준히 한다. 이렇게 하니 내 몸이 점점 좋아지기 시작했다.
晒 shài 동 햇볕을 쬐다 | 呼吸 hūxī 동 호흡하다 | 空气 kōngqì 명 공기 | 使 shǐ 동 ~하게 하다

2 '避免' 뒤에는 부정적인 상황이 와야 하므로, '发生事故' 앞에 사용된 '不'를 삭제해야 한다.
妈妈经常告诉我注意安全，避免发生事故。 엄마는 자주 내게 사고가 나지 않게 안전에 주의하라고 일러 주셨다.
避免 bìmiǎn 동 피하다 | ★事故 shìgù 명 사고

3 의미가 비슷한 단어 '防止'와 '避免'이 중복 사용된 경우로, 문맥상 둘 중 하나만 써야 한다.

在粮食中放少量干海带，可以吸收水分，防止粮食生虫发霉。
在粮食中放少量干海带，可以吸收水分，避免粮食生虫发霉。
만약에 곡물에 마른 다시마를 소량 넣어 두면 수분을 흡수할 수 있고, 곡물에 벌레가 생기거나 곰팡이가 피는 것을 방지할 수 있다.

粮食 liángshi 명 식량, 곡물류 | 少量 shǎoliàng 명 소량 | 干 gān 형 마르다 | 海带 hǎidài 명 다시마 | 吸收 xīshōu 동 흡수하다 | 水分 shuǐfèn 명 수분 | 虫 chóng 명 벌레 | 发霉 fāméi 동 곰팡이가 피다

STEP 3 실력 다지기

Day 31

1. **A** 这个问题在中国医学界乃至世界医学界都是颇有争议的问题。
   B 人们爱吃快餐食品，可很多人未必了解长时间食用快餐食品其实对身体健康并不好。
   C 在我生活最艰难时，她同情我、帮助我，我对她特别感激。
   D 人们可能会有一个疑惑：中国古人把张家界并未列入"三山五岳"，这是什么缘故呢?

2. **A** 一个人能力再强，也难以战胜一个团队。
   B 2004年是中国自1950年有完整气象记录以来平均气温最低的一年。
   C 桂花糕是以糖、桂花以及糯米粉为原料制作而成的美味且精致的糕点。
   D 有研究发现，西兰花和番茄同时食用，具有防癌效果会更佳。

3. **A** 《甲骨文合集》是一部研究甲骨文的雕塑，在海内外学术界享有极高的声誉。
   B 人们在说话选词时总是尽量地追求简短。
   C 重要的不是所站的位置，而是所朝的方向。
   D 在那种十分艰难的环境下，这些鼓励的话对我来说弥足珍贵。

4. **A** 一个人去一家公司面试，通过了几轮筛选，却结果在最后一轮被淘汰了。
   B 他今天说这番话的含意，同事们一听心里就都明白了，原来他是在夸赞自己。
   C 噪声泛指令人讨厌的各种声音，它会影响人们的身心健康和工作效率。
   D 马和牛赛跑，牛肯定输，但这不是牛无能，而是安排这种比赛的人无能。

정답 및 해설 → 해설서 p.115

5. **A** 我们不能抱着老皇历不放，某些以前的经验未必全都适合现有的情况。
   B 铁人三项从天然水域游泳、公路自行车、公路长跑三个项目组成，运动员需要一鼓作气赛完全程。
   C 苹果富含微量元素与维生素，不但可以提高免疫力，而且能够改善心血管功能。
   D 据报道，产生心理问题的时候，选择求医的女性比例明显大于男性。

6. **A** 倘若一个人能在任何情况下都可以感受到快乐，因为他便会成为世上最幸福的人。
   B 种葡萄的时候，先铺上一层砂石，使生长环境变得贫瘠，葡萄为了汲取各种矿物质和水分，就会拼命往地下扎根，根扎得越深，结出的果实越甜。
   C 云南一直有着十分独特的魅力，除了丰富的美食以外，还有让人津津乐道的“泡汤”——温泉。
   D 当时她的小说《生命》刚获大奖，广州电影制片厂的导演要把其改编成电影，便在广州搞了个座谈会，我作为专业电影评论者应邀出席。

7. **A** 每一个人都有梦想，不同的是，当遇到挫折时，不少人都放弃了自己的梦想。
   B 植物需要不断地从土壤里获得无机元素和有机物质，以满足生长发育的需要，而这些物质只有溶解于水中才可以被植物的根系吸收。
   C 青少年的心智尚未成熟，对事物缺少分辨力，好奇心又很强，因此极易受到大众媒介中不良信息的诱导，从而产生行为上与思想上的偏差。
   D 我国是我们民族悠久历史的见证，是我们与祖先沟通的重要渠道，也是我们走向未来的坚实基础，因此我们应当永远珍惜古代的文明成果。

8. **A** 取得成绩不盲目乐观，遇到困难不失望悲观，这是许多成功人士总结出的经验。
   B 若有一天我能够对我们的公共利益有所贡献，我会觉得自己是最幸福的人。
   C 在阅读文学名著的过程中，使我学到了很多做人的道理。
   D 一些应聘的大学生其实并不清楚怎么制作一份合格的简历。

정답 및 해설 → 해설서 p.117

09 조동사, 보어, 동태조사

STEP 1 유형 파악하기

출제 비중이 높은 파트는 아니지만 매 회 꾸준히 출제되는 파트이다. 문맥을 고려해 해석하고, 짝꿍 어휘들을 외워 두면 충분히 득점할 수 있는 수준으로 출제된다.

1 조동사: 위치가 틀리거나 문맥에 어울리지 않는 조동사를 사용한 경우
2 보어: 문맥에 어울리지 않는 방향보어를 사용한 경우
3 동태조사: 같이 쓸 수 없는 어휘와 동시에 쓴 경우

제1부분 예제

A 女娲是中国上古神话中一位造福人类、化育万物的女神。
B 你既然来到中国，应该就到昆明、上海、北京去看一看。
C 判断一个人时，我们不但得看他说了些什么，更要看他做了些什么。
D 《十面埋伏》是一首十分有名的琵琶独奏曲，该乐曲在16世纪前便流传于中国民间。

정답&풀이 B [부사+조동사+개사]

你既然来到中国，应该就到昆明、上海、北京去看一看。
→ 你既然来到中国，就应该到昆明、上海、北京去看一看。

조동사의 위치가 틀린 문제이다. 조동사(应该)의 기본적인 위치는 부사(就) 뒤이다. 6급 독해 제1부분에서는 예외적인 어순은 잘 나오지 않으므로, 부사어의 기본 어순 '부사+조동사+개사구+동사'를 꼭 외워 두자!

A 女娲是中国上古神话中一位造福人类、化育万物的女神。
B 你既然来到中国，应该就到昆明、上海、北京去看一看。
C 判断一个人时，我们不但得看他说了些什么，更要看他做了些什么。
D 《十面埋伏》是一首十分有名的琵琶独奏曲，该乐曲在16世纪前便流传于中国民间。

A 여와는 중국 상고 신화에서 인류에게 복을 내려 주고 만물을 길러 내는 여신이다.
B 중국에 왔으면 쿤밍, 상하이, 베이징에 가 보아야 한다.
C 한 사람을 판단할 때 우리는 그가 어떤 말을 했는지를 봐야 할 뿐만 아니라 그가 무엇을 했는지를 더 잘 살펴야 한다.
D 「십면매복」은 유명한 비파 독주곡으로, 이 악곡은 16세기 이전 중국 민간에서 널리 전해졌다.

女娲 nǚwā 고유 여와 [중국 고대 신화 속의 여신으로 복희와 더불어 인류의 시조로 간주됨] | **上古** shànggǔ 명 상고 (시대) [중국에서는 상(商)·주(周)·진(秦)나라·한(汉)까지를 말함] | **神话** shénhuà 명 신화 | **造福** zàofú 동 행복을 가져오다, 이롭게 하다, 행복하게 하다 | **人类** rénlèi 명 인류 | **化育** huàyù 동 천지자연이 만물을 생성·발육시키다 | **万物** wànwù 명 만물 | **女神** nǚshén 명 여신 | **昆明** kūnmíng 고유 쿤밍 [윈난성의 성도] | **上海** Shànghǎi 고유 상하이 [지명] | **十面埋伏** Shímiàn Máifú 고유 십면매복 [원나라 사람이 쓴 희곡으로 한신이 구리산에서 항우를 10면에서 매복하여 포위하였다는 고사를 기록함] | **琵琶** pípa 명 비파 | **独奏曲** dúzòuqǔ 명 독주곡 | **乐曲** yuèqǔ 명 악곡, 음악 작품 | **流传** liúchuán 동 대대로 전해 내려오다, 세상에 널리 퍼지다 | ★**民间** mínjiān 명 민간

STEP
2 내공 쌓기

1 조동사

| 빈출 유형 1 | 조동사의 위치가 틀린 경우

조동사는 부사어로서, 술어 앞에 위치한다. 부사어가 여러 개일 경우 '부사+조동사+개사구' 순서로 써야 한다.

case study 他们出门已经两个多小时了，现在该也到了吧！(×)
→ 他们出门已经两个多小时了，现在也该到了吧！(○)
그들이 나간 지 벌써 두 시간이 넘었는데, 지금은 이미 도착했겠지!
해설 부사(也)와 조동사(该)의 순서가 바뀐 경우이다. '부사+조동사+개사구' 순서를 잊지 말자.

예외적인 경우이지만, 의미 관계상 부사어가 기본 어순을 따르지 않을 때가 있다. 따라서 문장이 전달하려는 의미를 정확하게 파악하는 것이 중요하다.
你在中国应该学汉语。 너는 중국에서 마땅히 중국어를 공부해야 한다. [=중국에 있을 때는 다른 것 말고 중국어를 공부해야 한다.]
你应该在中国学汉语。 너는 마땅히 중국에서 중국어를 공부해야 한다. [=다른 곳이 아니라 중국에서 중국어를 공부해야 한다.]

| 빈출 유형 2 | 문맥에 어울리지 않는 조동사를 쓴 경우

문맥에 어울리지 않게 엉뚱한 조동사를 쓴 경우이다. 보통은 해석만 해 봐도 이상한 점을 바로 알아챌 수 있다. 평소 회화 공부를 할 때는 비슷한 뜻을 가진 조동사들의 용법을 구분하는 부분 때문에 조동사가 어렵게 느껴지는데, 의외로 HSK 6급 독해 제1부분에서는 체감 난도가 낮다. 의미가 전혀 비슷하지 않은, 엉뚱한 조동사를 써서 문장의 흐름을 해치는 경우로 문제가 더 자주 출제되기 때문이다.

바람	要 yào ~해야 한다 [의무의 의미도 있음] | 想 xiǎng ~하고 싶다 | 愿 yuàn ~하길 바라다 愿意 yuànyì ~하길 바라다 | 肯 kěn 기꺼이 ~하다 | 敢 gǎn 감히 ~하다
가능	会……(的) huì …… de ~할 수 있다 | 能 néng ~할 수 있다 | 能够 nénggòu ~할 수 있다 可 kě 가능하다 | 可以 kěyǐ 가능하다 [허락의 의미도 있음] | 可能 kěnéng 가능하다 → '가능'을 나타내는 조동사는 미래 시점과 함께 쓰이는 경우가 많다
당위, 필요	应 yīng 마땅히 ~해야 한다 | 应该 yīnggāi 마땅히 ~해야 한다 [추측의 의미도 있음] 应当 yīngdāng 마땅히 ~해야 한다 | 该 gāi 마땅히 ~해야 한다 | 得 děi ~해야 한다 | 要 yào ~해야 한다

case study 世界很多地方都缺水，我们会节约用水。(×)
→ 世界很多地方都缺水，我们要/应该节约用水。(○)
세계 많은 지역에 물이 부족하니, 우리는 물을 절약해서 사용해야 한다.
해설 문맥상 '절약할 것이다'라는 내용보다는 '절약해야 한다'는 내용이 적절하므로, 미래의 추측을 나타내는 '会'보다는 당위성을 나타내는 '要'나 '应该'가 더 적절하다.

2 보어

(1) 방향보어

방향을 나타내는 동사의 음절에 따라 '단순방향보어[来/去/上/下/进/出/过/回/开/起]'와 '복합방향보어[上/下/进/出/过/回/开/起 + 来/去]'로 나뉜다.

	上	下	进	出	过	回	开	起
来	上来 올라오다	下来 내려오다	进来 들어오다	出来 나오다	过来 다가오다	回来 돌아오다	开来 퍼져 나오다	起来 일어나다
去	上去 올라가다	下去 내려가다	进去 들어가다	出去 나가다	过去 지나가다	回去 돌아가다	开去 퍼져 나가다	×

| 빈출 유형 1 | 문맥에 어울리지 않는 엉뚱한 방향보어를 사용한 경우

방향보어는 뜻만 외우면 쉽게 잊어버리므로, 같이 쓰는 동사와 함께 '동사+방향보어' 통째로 기억하자.

起来	평가, 예측, 시도	听起来 듣기에 | 吃起来 먹기에
	동작 및 상태가 시작되며 지속됨	哭起来 울기 시작하다 | 唱起歌来 노래 부르기 시작하다
	(잊고 있었던 것을) 기억해 냄	想起来 (잊고 있었는데) 기억이 나다
出来	동작이 완성되거나 실현됨	说出来 말을 하다, 말을 뱉다 | 想出来 (없던 것을) 생각해 내다
	발견, 식별, 인지	认出来 알아보다
上来	동작의 완성 여부를 나타냄	叫上来 부르다 | 答上来 대답하다
下来	과거에서 현재까지 동작이 지속됨	传下来 전해 내려오다 | 坚持下来 (노력 등을) 지속해 오다
	동작의 완성, 결과, 고정	停下来 정지하다 | 留下来 남겨 두다 | 脱下来 벗다
下去	미래까지 상황이 계속됨	说下去 계속 말하다 | 坚持下去 (노력 등을) 지속해 나가다
过来	본래의 정상적인 상태로 돌아옴	醒过来 깨어나다 | 恢复过来 회복되다
过去	정상적인 상태를 잃음	晕过去 기절하다 | 昏过去 의식을 잃다

case study 这次男朋友送给我的巧克力吃过来非常甜。(×)

→ 这次男朋友送给我的巧克力吃起来非常甜。(○)

이번에 남자 친구가 나에게 선물한 초콜릿은 먹기에 매우 달다.

해설 방향보어 '过来'는 '본래의 정상적인 상태로 돌아오는 것'을 나타내므로 적절하지 않다. '평가'의 의미를 나타낼 때는 '起来'가 적합하다.

case study 他哭了好长时间才停上来，向我诉说了事情的前前后后。(×)

→ 他哭了好长时间才停下来，向我诉说了事情的前前后后。(○)

그는 한참을 울다가 비로소 멈추고는, 나에게 전후 사정을 하소연했다.

해설 문맥상 '울다가 멈추고'로 이어지는 것이 적절하므로, '완성이나 결과'를 나타내는 '下来'를 함께 사용해 '停下来'로 쓰는 것이 적합하다.

| 빈출 유형 2 | 방향보어와 목적어의 위치가 틀린 경우 ① [단순방향보어]

단순방향보어 '来, 去'가 장소 목적어와 함께 쓰일 경우, 목적어는 '来/去' 앞에 위치한다.

case study 外面下着大雪，所以牧师请人们进来教堂取暖。(×)
→ 外面下着大雪，所以牧师请人们进教堂来取暖。(○)
밖에 큰 눈이 내리고 있어서, 목사는 사람들을 교회로 불러 따뜻하게 했다.
해설 장소 목적어 '教堂(교회)'은 술어 '进' 뒤, 단순방향보어 '来' 앞에 위치해야 한다.

단순방향보어가 '上, 下, 进, 出'일 때 목적어는 단순방향보어 뒤에 위치한다.

case study 没想到，他们这么快就爬山上了。(×)
→ 没想到，他们这么快就爬上山了。(○) 그들이 이렇게 빨리 산에 오를 줄은 몰랐다.
해설 목적어 '山'은 단순방향보어 '上' 뒤에 위치해야 한다.

| 빈출 유형 3 | 방향보어와 목적어의 위치가 틀린 경우 ② [복합방향보어]

장소 목적어일 경우 복합방향보어 사이에 위치한다. ✨

case study 考试结束以后，弟弟失望地走出来教室。(×)
→ 考试结束以后，弟弟失望地走出教室来。(○) 시험이 끝난 후, 동생은 실망하며 교실에서 걸어 나왔다.
해설 장소 목적어 '教室(교실)'는 복합방향보어 '出来' 사이에 써야 한다.

일반 목적어일 경우 '来, 去'는 일반적으로 목적어 뒤에 위치한다.

case study 他在警察的审问下说出来了真相。(×)
→ 他在警察的审问下说出了真相来。(○) 그는 경찰의 심문에 진상을 말했다.
해설 목적어 '真相(진상)'은 복합방향보어 '出来' 사이에 위치해야 한다.

이합동사일 경우 이합사의 목적어 부분은 복합방향보어의 사이에 위치한다. ✨

case study 大家坐在炉火前唱起来歌。(×)
→ 大家坐在炉火前唱起歌来。(○) 모두들 난롯불 앞에 앉아서 노래를 부르기 시작했다.
해설 이합동사 '唱歌(노래를 부르다)'의 목적어 부분 '歌'는 복합방향보어 '起来' 사이에 두어야 한다.

⑵ 결과보어, 동량보어, 가능보어, 정도보어

① 결과보어: 술어와 결과보어 사이에 어떤 성분도 들어가지 않는다.
做作业完了(×) / 做完作业了(○) 숙제를 다 했다

② 동량보어: 다른 보어들과 마찬가지로 술어 뒤에 위치한다.
坚持一会儿 좀 더 견디다

③ 가능보어와 정도보어 비교

	가능보어	정도보어
긍정형	做得出 만들어 낼 수 있다 ['做'를 할 수 있다]	做得好 잘한다 ['做'를 잘하다]
부정형	做不出 만들어 낼 수 없다 ['做'를 할 수 없다]	做得不好 잘 못한다 ['做'를 잘 못하다]
의문형	做得出做不出？ 만들어 낼 수 있니, 없니?	做得好不好? 잘하니, 못하니?
중점	做得出 ['做'에 포인트가 있음]	做得好 ['做'의 '정도'에 포인트가 있음]

3 동태조사

| 빈출 유형 1 | 시점이 다른 동사와 동시에 쓴 경우

동태조사는 문장이 완료인지 진행인지 등을 나타내므로 자체적으로 시점을 드러낼 수 있다. 만약 시점 관련 어휘와 함께 쓰였다면, 그 어휘가 나타내는 시점과 동태조사가 나타내는 시점이 일치해야 한다.

		습관, 반복, 지속	심리활동 동사	인지동사
了	동작의 완성	×	×	○
着	상태의 지속	○	×	×
过	과거의 경험	×	△	×

습관, 반복, 지속적 행위를 나타내는 어휘가 문장에 있는 경우 동태조사 '了' '过'를 쓸 수 없다.
[每天 / 总是 / 常常 / 往往 / 始终 / 一个劲儿 / 一直 등]

case study 最近，她每天都去补习班学习了汉语。(×)
→ 最近，她每天都去补习班学习汉语。(○) 요즘 그녀는 매일 학원에 가서 중국어를 공부한다.
해설 동태조사 '了'는 '每天'처럼 반복, 지속을 나타내는 어휘와 함께 쓸 수 없다.

심리활동 동사는 동태조사와 함께 쓸 수 없다.
[感觉 / 喜欢 / 怀疑 / 爱 / 希望 / 想念 등]

case study 姐姐现在才感觉了汉语的难度。(×)
→ 姐姐现在才感觉到汉语的难度。(○) 언니는 이제야 중국어의 난도를 느꼈다.
해설 '感觉(느끼다)'는 심리동사이므로, 동태조사 '了'와 쓸 수 없다.

인지동사는 동태조사 '了'를 제외한 조사와는 함께 쓸 수 없다.
[知道 / 认识 / 认为 / 以为 / 了解 등]

他理解过我的心情。(×)　　老师知道着这件事。(×)

| 빈출 유형 2 | 동태조사의 위치가 틀린 경우

동태조사는 동사 바로 뒤에 쓰인다. 결과보어, 단순방향보어가 쓰인 문장에서 동태조사 '了'는 보어 바로 뒤에 위치한다.

妹妹很快就做完了今天的作业。여동생은 빠르게 오늘 숙제를 끝냈다. → 동사+결과보어+了
他从书包里拿出了本子。그는 책가방에서 노트를 꺼냈다. → 동사+방향보어+了

조동사 뒤에는 동태조사가 올 수 없다.

我能着用汉语聊天儿。(×)

	了	着	过	
이합동사에 쓰일 경우	중간	중간	중간	이합동사의 경우, 동태조사는 이합동사 사이에 위치한다. 下雨着(×) / 下着雨(○)
동사 중첩에 쓰일 경우	중간	×	×	이미 과거에 발생한 동작을 나타내는 동사를 중첩할 경우, 조사 '了'는 동사 중첩 사이에 위치하며, '着''过'는 함께 오지 못한다. 看看了(×) / 看了看(○)
연동문에 쓰일 경우	동사2 뒤	동사1 뒤	마지막 동사	她去了超市买一些苹果。(×) → 她去超市买了一些苹果。(○) 그녀는 마트에 가서 사과를 좀 샀다. 단, 동사2가 동사1의 목적, 방식을 나타낼 때 '了'는 동사2 뒤에 온다. 我用鸡蛋做了蛋糕。(○) 나는 계란으로 케이크를 만들었다.
겸어문에 쓰일 경우	동사2 뒤	×	동사2 뒤	妈妈让了我洗碗。(×) → 妈妈让我把碗洗了。(○) 엄마는 나에게 설거지를 하라고 하셨다.

tip '了'는 문장 끝에 쓰여 상태의 변화를 나타낼 수 있다. 이때는 동태조사가 아니라 어기조사이다.

case study 过去我从来没有爬山过，第一次爬山不免有些紧张。(×)

→ 过去我从来没有爬过山，第一次爬山不免有些紧张。(○)

예전에 나는 등산을 해 본 적이 없어서 처음으로 등산을 하니 좀 긴장될 수밖에 없다.

해설 '爬山(등산하다)'은 이합동사이므로, 동태조사 '过'는 동사 '爬' 뒤에 위치해야 한다.

● 조사와 함께 외워야 하는 빈출 격식, 문형 ●

了 **已经……了** yǐjīng……le 이미 ~했다 | **别……(了)** bié……le ~하지 마라
极了 jí le 매우 ~하다 | **太……了** tài……le 너무 ~하다
要/快/快要/就要……了 yào / kuài / kuàiyào / jiùyào……le 곧 ~할 것이다

着 **正/在/正在+동사+着+목적어+(呢)** ~하고 있다
동사1+着+(목적어)+동사2: 동사1은 동사2의 방식 혹은 수단을 나타냄
장소+동사+着+불특정한 사람/사물: 어떤 장소에 어떤 사람이나 사물이 존재함을 나타냄

过 **曾(经)……过** céng(jīng)……guo 일찍이 ~했다 | **从来没……过** cónglái méi……guo 여태껏 ~한 적이 없다

배운 내용 점검하기

다음 문장에서 틀린 곳을 찾아 고치세요.

1 你一定会通过了HSK六级考试的。

2 还有三个月才毕业，可是小王已经把行李邮回去家了。

3 这瓶白酒味道很好，你也喝尝尝一口吧。

정답&해설& 해석&어휘

1 미래 추측을 나타내는 '会……的'가 있으므로, 완료를 나타내는 동태조사 '了'를 빼야 올바른 문장이 된다.
你一定会通过HSK六级考试的。 너는 반드시 HSK 6급 시험을 통과할 거야.

2 장소 목적어는 복합방향보어 사이에 위치해야 한다. 즉, 목적어 '家'는 방향보어 '回去' 사이에 와야 한다.
还有三个月才毕业，可是小王已经把行李邮回家去了。 3개월 후에야 졸업하는데 샤오왕은 이미 짐을 집으로 보냈다.
行李 xíngli 명 여행짐, 수화물 | 邮 yóu 동 우편으로 부치다

3 동량보어는 기본적으로 술어 뒤에 위치한다. 동량보어 '一口'는 술어 '喝' 뒤에 위치해야 한다.
这瓶白酒味道很好，你也喝一口尝尝吧。 이 고량주는 맛이 정말 좋아, 너도 한 입 맛보렴.
瓶 píng 양 [병을 세는 단위] | 白酒 báijiǔ 명 바이주, 고량주

STEP 3 실력 다지기

Day 34

1. A 音乐的旋律、音色、节奏、力度和速度，会影响人们的情绪。不同的歌曲可使欣赏者产生不同的情绪。
   B 苏州是一座水城，又拥有“东方威尼斯”之称。苏州城中众多的古典园林，汇集了中国园林建筑艺术的精华。
   C 坐飞机之前不应吃得太饱。因为吃得太饱一方面会加重心脏与血液循环的负担；另一方面会引起恶心和呕吐等症状。
   D 我们在拒绝别人的邀请时，应该适当地表达我们的歉意。但是切忌不要过分地表达歉意，以免对方以为你不够真诚。

2. A 五彩缤纷的鲜花从花瓶、花篮逐渐走向了餐碟，成为一道道色香味俱全的菜肴。
   B 这种植物生命力非常旺盛，只要置于水中便能疯狂繁殖出来。
   C 在追求质量、讲究品味的生活理念下，大家纷纷把目光投向了家居装修的细节。
   D 无处不在的人造灯光使得人们的自然睡眠节奏不断向后移动。

3. A 南京自古以来都有“六朝古都”之称。
   B 全球角度看，汽车是最严重的铅污染源。
   C 洗澡的时候，水温应该和体温接近，即40℃左右。
   D 《桃花扇》是清代著名戏剧家孔尚任的代表作，也是中国四大名剧之一。

4. A 人类不断改造生物圈，可生物圈只能按照自己的内在规律变化和发展。
   B 有的人本来很幸福，看下来却很烦恼；有的人本来应该烦恼，看下来却很幸福。
   C 据统计，中国正在使用的方言就有80余种，已消亡的古代方言更是不计其数。
   D 糕点茶食是中国饮食文化一个非常重要的部分，有苏式、京式与广式三大糕点体系。

정답 및 해설 → 해설서 p.120

5. **A** 外国人学汉语的时候，如果忽视了语境这一重要因素，就很难达到预期的学习目标。
   B 为了“博采众长”的目的，他先后向七位音乐大师求教。
   C 在武松看来，景阳冈的老虎，刺激它是那样，不刺激它也是那样，总之是会吃人的。
   D 人们常说“人非草木，孰能无情”，其实草木也是有知觉有丰富的感情的。

6. **A** 即便栽培成本较低，且成活率极高，垂柳才得以广泛种植。
   B 大自然最美的季节是欣欣向荣、万物复苏的春天。
   C 太行山上错落有致的奇石令人叹为观止。
   D 本次活动旨在展现当地极具特色的民俗风情，从而打造民族文化品牌。

7. **A** 泡玫瑰花茶时，水温很重要，因为水温会被影响花茶的口感和颜色。
   B 电视作为渗透率最高的强势媒体，对大众有着广泛而又深刻的影响。
   C 徐霞客是明代杰出的地理学家、旅行家、文学家，也是伟大的爱国主义者。
   D 广泛阅读好的文学作品，能够让人了解古今中外各时代、各社会的生活场景。

8. **A** 他成绩提高得很快，遭到了老师的表扬。
   B 18世纪以后，世界人口的增长速度才明显加快起来。
   C 长期以来，中国城市路面非“黑”即“白”，彩色路面还不太常见。
   D 王教授虽然每天工作都非常忙，但是还是抽时间与大家一起学习。

정답 및 해설 → 해설서 p.122

10 유의어, 문맥에 맞지 않는 어휘

유형 파악하기

이 유형은 유의어 간 미묘한 뜻의 차이와 어휘의 정확한 용법을 알아야 풀 수 있는 문제로 구성되어 있다. 따라서 한자가 비슷한 단어, 해석이 비슷한 단어의 정확한 쓰임을 정확히 알아야 한다. 이 유형은 독해 제2부분의 '유의어' 파트 p.199~p.211도 참고하여 같이 공부하자.

1 비슷한 의미의 어휘가 잘못 쓰인 경우

2 문맥상 전혀 관계없는 어휘가 쓰인 경우

제1부분 예제

A 想要保持健康，适度运动与均衡饮食必不可少。
B 勇敢的人并非无法感觉到恐惧，而是因为已经征服了恐惧。
C 人类生产力的提拔和科学进步总是相辅相成的。
D 富春江沿岸的几个县城，几乎都有一条沿江的街道。

정답&풀이 C [提拔 인재를 발탁하다]

人类生产力的提拔和科学进步总是相辅相成的。→ 人类生产力的发展和科学进步总是相辅相成的。

'提拔'는 '인재를 발탁하다'라는 의미이므로, 문맥상 아무런 관련이 없다. 앞의 '人类生产力(인류 생산력)'와 연결 지을 수 있는 어휘로 고치는 것이 알맞다.

A 想要保持健康，适度运动与均衡饮食必不可少。
B 勇敢的人并非无法感觉到恐惧，而是因为已经征服了恐惧。
C 人类生产力的提拔和科学进步总是相辅相成的。
D 富春江沿岸的几个县城，几乎都有一条沿江的街道。

A 건강을 유지하고 싶다면, 적절한 운동과 균형 잡힌 식사가 반드시 필요하다.
B 용감한 사람은 공포를 느끼지 못해서가 아니라, 이미 그 공포를 극복했기 때문이다.
C 인류 생산력의 발전과 과학의 진보는 항상 상호보완적이다.
D 푸춘강 연안의 몇 개의 현 정부 소재지는 거의 모두 강을 따라 길이 있다.

保持 bǎochí 동 유지하다, 지키다, 보지하다 | **适度** shìdù 형 (정도가) 적절하다, 적당하다 | **均衡** jūnhéng 형 균형이 잡히다 | ★**饮食** yǐnshí 동 음식을 먹고 마시다 | **必不可少** bìbùkěshǎo 성 없어서는 안 된다, 반드시 필요하다 | **并** bìng 부 결코, 전혀, 조금도, 그다지, 별로 [부정사 앞에 쓰여 부정의 어투 강조] | **非** fēi 동 ~가 아니다 | **无法** wúfǎ 동 방법이 없다, 할 수 없다 | ★**恐惧** kǒngjù 동 겁먹다, 두려워하다, 공포감을 느끼다 | ★**征服** zhēngfú 동 정복하다, 굴복시키다 | **人类** rénlèi 명 인류 | **生产** shēngchǎn 동 생산하다 | ★**提拔** tíbá 동 발탁하다, 등용하다 | **进步** jìnbù 동 진보하다 | ★**相辅相成** xiāngfǔ xiāngchéng 성 서로 보완하고 도와서 일을 완성하다, 서로 도와서 일이 잘 되어 나가도록 하다 | **富春江** Fùchūn Jiāng 고유 푸춘강 | **沿岸** yán'àn 명 연안 [강·호수·바닷가에 연한 지방] | **县城** xiànchéng 명 현 정부 소재지

STEP
2 내공 쌓기

1 출제 유형

| 빈출 유형 1 | 비슷한 의미의 어휘가 잘못 쓰인 경우

의미가 비슷한 어휘를 모두 공부하는 것은 불가능하지만, 그래도 빈출 유의어들은 반드시 공부해 두자! [독해 제2부분 p.199~p.211도 참고]

case study 随意毁坏人民币的行为，严肃影响了正常的货币流通秩序。(×)
→ 随意毁坏人民币的行为，严重影响了正常的货币流通秩序。(○)

마음대로 인민폐를 훼손시키는 행동은 정상적인 화폐 유통 질서에 심각한 영향을 끼친다.

설명 '严肃'는 '(표정이나 분위기 등이) 엄숙하다'라는 의미이다. 문맥을 고려하여 '(상황이나 문제가) 심각하다'라는 의미를 나타내는 '严重'을 써야 한다.

| 빈출 유형 2 | 문맥상 전혀 관계없는 어휘가 쓰인 경우 [술목 관계 중심으로]

이 유형으로 출제되는 어휘들은 HSK 6급 어휘인 경우가 많은데, 그중에서도 출제 빈도가 낮은 어휘들이 쓰여 수험생들이 아예 해석을 못하는 경우가 많다. 6급 어휘의 한자, 발음, 뜻을 모두 외울 수는 없어도, 뜻 정도는 떠올릴 수 있도록 전체 단어를 여러 번 읽어 보며 어휘력을 키우자. [6급 어휘는 부록 '필수단어장'에 모두 정리되어 있다.]

case study 新上任的经理与副经理的关系有点不太粗鲁。(×)
→ 新上任的经理与副经理的关系有点不太融洽。(○)

새로 부임한 사장과 부사장의 관계는 그다지 친밀하지 않다.

해설 '粗鲁 cūlǔ'는 '(성격이나 행동이) 거칠고 우악스럽다'는 뜻이므로, 문맥상 주어 '关系(관계)'와 호응하지 않는다. 문맥상 '关系'와 호응할 만한 어휘는 '融洽 róngqià (사이가) 좋다, 조화롭다'이다. [짝꿍 어휘: 关系融洽(관계가 친밀하다) / 举动粗鲁(행동거지가 거칠다)]

2 빈출 유의어 ⊙track 66

① 提拔 vs. 发展

提拔 tíbá	동 등용하다, 발탁하다 [提拔+사람] 명 등용 听说，这家公司很注重提拔刚入职的新人。 듣자 하니, 이 회사는 갓 입사하는 신입을 발탁하는 데 신경을 쓴다고 한다.
发展 fāzhǎn	동 발전하다, 확대하다 명 발전, 확대 동 (회원을) 확충하다, 가입시키다, (사람을) 채용하다 眼下，新能源产业的发展已经被很多企业视为战略决策的重要组成部分。 현재 신에너지 산업의 발전은 이미 많은 기업에서 전략적 의사 결정의 중요한 구성 부분으로 여겨지고 있다.

② 灵敏 vs. 敏锐

灵敏 língmǐn	형 (외부에 대한 반응이) 빠르다, (오감이) 예민하다, 민감하다 [사람·사물·도구에 대하여 쓸 수 있음] 比赛中，他动作灵敏地避开了对手的攻击。 시합 중에 그는 상대방의 공격을 재빠르게 피했다.
敏锐 mǐnruì	형 (눈빛이) 날카롭다, (감각이) 예민하다, (안목·식견이) 예리하다 老鹰用它敏锐的目光观察着周围的一切。 독수리는 날카로운 시선으로 주위의 모든 것을 관찰하고 있다.

③ 严肃 vs. 严重

严肃 yánsù	형 (표정·분위기·말·행동이) 엄숙하다, 근엄하다 几十年的审计工作使他养成了严肃认真的处事态度。 몇십 년 동안의 감사 업무가 그의 엄숙하고 진지한 업무 태도를 길러 냈다.
严重 yánzhòng	형 (문제·상황·병이) 심각하다 [상황이 악화되거나 위급해짐] 由于没能及时采取有效的防疫措施，部分国家的疫情已变得十分严重。 제때 효과적인 방역 조치를 취하지 못하였기 때문에, 일부 국가의 전염병이 이미 매우 심각해졌다.

④ 迫害 vs. 损害

迫害 pòhài	동 박해하다 [주로 정치적인 분쟁 도중 위협·압박하여 사람을 해치는 것을 의미함] 某些高官倚仗权势大肆迫害老百姓。 어떤 고관들은 권세를 등에 업고 마구 백성들을 박해한다.
损害 sǔnhài	동 손상시키다, 침해하다 [건강·권리·명예 등 추상적인 것에 해를 가할 때 함께 자주 쓰임] 制造假冒伪劣商品不仅损害了消费者的利益，也会损害企业自身的声誉。 위조품을 만드는 것은 소비자의 이익을 해칠 뿐만 아니라, 기업 스스로의 명예도 해칠 수 있다.

⑤ 享有 vs. 具有 vs. 具备

享有 xiǎngyǒu	동 (권리·명예 등을) 향유하다, 누리다 在古代，皇室享有至高无上的权力。 고대에 황실은 더할 나위 없는 권력을 누렸다.
具有 jùyǒu	동 (뜻·수준·풍격·가치·매력·작용을) 구비하다, 갖추다 [추상적인 어휘가 목적어로 많이 쓰임] 红枣具有补气养血的功效，是很多健康达人的养生首选。 붉은 대추는 원기를 보충하고 피를 맑게 하는 효능이 있어서 많은 건강의 달인들이 양생에 있어서 으뜸으로 뽑는다.
具备 jùbèi	동 (조건·미덕·재능·능력을) 갖추다 [이미 표준에 달함을 뜻함] 作为领导者，应该具备分析和解决问题的能力。 지도자로서 마땅히 문제를 분석하고 해결하는 능력을 갖추어야 한다.

⑥ 独自 vs. 独特

独自 dúzì	부 단독으로, 혼자서 [문장에서 주로 부사어로 많이 쓰임] 学前教育的目的是培养孩子独立思考和独自面对问题的能力。 선행 학습의 목적은 아이가 독립적으로 사고하고 스스로 문제에 직면하는 능력을 키우는 것이다.
独特 dútè	형 독특하다 [문장에서 주로 술어나 관형어로 많이 쓰임] 由于东坡肉的配方独特、做法简单、口感极佳，因此深受人们的喜爱。 동파육은 레시피가 독특하면서 조리법이 단순하고 식감도 좋아서 많은 인기를 얻는다.

⑦ 合理 vs. 合法

合理 hélǐ	형 합리적이다, 도리에 맞다 [일 처리 결과를 묘사할 때 주로 쓰이며, 사리·정의에 부합함을 나타냄] 很多时候，从孩子口中说出的话似乎比有些成年人的话更合理。 아이들 입에서 나오는 말이 몇몇 성인들의 말보다 합리적일 때가 많다.
合法 héfǎ	형 적법하다, 합법적이다 [법령이나 규범에 맞음] 虽然在法定期限内要求偿还全部债务是原告的合法诉求，但被告显然无力偿还。 비록 법정 기한 내에 채무 전액을 갚으라고 하는 것은 원고의 적법한 요구이긴 하지만 피고는 분명히 갚을 능력이 없다.

⑧ 开发 vs. 开展

开发 kāifā	동 개발하다 [개발을 통해 천연자원을 개척하거나 땅을 개간하여 활용할 수 있도록 만듦] 地铁线路的全面贯通为开发新城市提供了有力保障。 지하철 노선의 전면 개통은 신도시 개발에 힘을 보탰다.
开展 kāizhǎn	동 전개하다, 넓히다, 확대하다 [어떤 활동을 시작하여 크게 발전/성장시켜 나감] 政府部门在开展各项工作的同时，也应建立良好的群众基础。 정부 부처는 각 프로젝트의 업무를 전개하는 동시에, 좋은 대중적인 기반을 구축해야 한다.

⑨ 欢度 vs. 度过

欢度 huāndù	동 즐겁게 보내다 ['欢'에 '즐겁다, 유쾌하다'라는 의미가 있으므로, 부정적인 표현은 함께 쓰일 수 없음 (예: 欢度危险关头(×)] 无论哪个国家，哪种文化，欢度佳节都是人们表达美好愿望的一种方式。 어떤 나라든, 어떤 문화든, 명절을 즐겁게 보내는 것은 모두 사람들이 아름다운 바람을 표현하는 방식이다.
度过 dùguò	동 보내다, 지내다 [단어에 긍정적이거나 부정적인 뉘앙스가 내포되어 있지 않음] 熊猫宝宝顺利度过了出生后的"危险期"，现由饲养员精心照顾。 아기 판다는 태어난 후 '고비'를 무사히 넘겼고, 현재 사육사가 정성껏 돌보고 있다.

⑩ 节律 vs. 节奏

节律 jiélǜ	명 (물체 운동의) 리듬과 법칙, (시의) 운율, 리듬 进行有氧运动时，保持有节律的呼吸可以达到更好的运动效果。 유산소 운동을 할 때 호흡을 규칙적으로 유지하면 더 좋은 운동 효과를 얻을 수 있다.
节奏 jiézòu	명 (음악의) 리듬 改版后的昆曲节奏明快，内容新颖，受到了很多年轻人的喜爱。 개정 후의 곤곡 리듬은 명쾌하고, 내용이 새로워 많은 젊은이들에게 인기가 많다. [昆曲: 장쑤성 남부와 베이징·허베이 등지에서 유행했던 지방 희곡]

⑪ 遭到 vs. 受到

遭到 zāodào	동 (불행이나 불리한 일을) 만나다, 부닥치다 [遭到+안 좋은 일] 由于和之前的作品相似度过高，这部小说的情节一公布就遭到了大量网友们的质疑。 이전 작품과 유사성이 너무 높아서, 이 소설의 줄거리는 발표되자마자 많은 네티즌들로부터 의심을 받았다.
受到 shòudào	동 ~를 받다 [受到+긍정적/부정적인 표현. 주로 추상적인 어휘가 목적어로 옴] 在本次跳水比赛中的精彩表现让他受到了评委和观众的一致肯定。 이번 다이빙 경기에서의 뛰어난 활약은 그가 심사위원과 관중으로부터 만장일치의 인정을 받게 했다.

⑫ 由于 vs. 因此

由于 yóuyú	접 ~로 인하여, ~때문에 [원인을 나타내며, 주로 동작의 결과를 야기하는 조건을 나타냄] 由于新能源的广泛应用，近年来环境问题得到了明显改善。 대체에너지의 광범위한 응용으로, 최근 환경 문제가 뚜렷하게 개선되었다.
因此 yīncǐ	접 그리하여 [결과를 나타내며, 앞에 접속사가 쓰일 경우, '由于'와만 호응함] 俗话说:"一分耕耘，一分收获"，因此只有付出努力才会有收获。 '一分耕耘，一分收获(뿌린대로 거둔다 [=노력한 만큼 성과를 거둔다])'라는 속담처럼, 노력을 해야만 성과가 있을 것이다.

⑬ 发明 vs. 发现

发明 fāmíng	동 발명하다 [이제껏 없었던 새로운 물건 등을 처음으로 만들어 냄. 주로 发明+구체적인 사물] 外国科研工作者发明的微格金属将在不久的未来被广泛应用于航空航天领域。 외국 연구자들이 발명한 마이크로 금속은 머지않은 미래에 항공우주 분야에 광범위하게 응용될 것이다.
发现 fāxiàn	동 발견하다 [이전부터 존재했지만 그동안 몰랐던 상황/사람을 알게 되었음을 나타냄] 继牛顿发现了"万有引力"定律后，几个世纪以来，人们对于宇宙的探索就从未停息。 뉴턴이 '만유인력'의 법칙을 발견한 이후, 수세기 동안 사람들은 우주 탐사를 멈추지 않았다.

⑭ 实施 vs. 实现

实施 shíshī	동 (정책·법령·강령 등을) 실행하다, 실시하다 这项计划必须经过上级的同意才可以实施。 이 계획은 반드시 상사의 동의를 얻어야 비로소 실행할 수 있다.
实现 shíxiàn	동 (목표·꿈 등을) 실현하다, 달성하다 弟弟终于实现了自己的梦想。 남동생은 마침내 자신의 꿈을 이뤘다.

⑮ 经营 vs. 营业

经营 jīngyíng	동 (기업을) 경영하다, 운영하다
	他曾在这里经营过一家店铺。 그는 일찍이 이곳에서 상점을 운영한 적이 있다.
营业 yíngyè	동 영업하다 [상업·서비스업 등의 경영 업무를 지칭함]
	由于装修，这家店暂停营业。 인테리어 때문에 이 가게는 잠시 영업을 중단한다.

배운 내용 점검하기

다음 문장에서 틀린 곳을 찾아 고치세요.

1 中国是风筝的故乡，而潍坊是发现风筝和放飞风筝最早的地方。

2 养成合法的饮食习惯、树立正确的健康观已成为很多现代人的生活理念。

3 多年来，人们都以为阑尾不享有任何生理功能，是人体中一个多余的器官。

정답&해설& 해석&어휘

1 인류가 처음 만든 물건은 보통 '발명하다(发明)'라고 한다. '发现(발견하다)'는 이전부터 존재했던 것을 알게 된 경우에 쓴다.

中国是风筝的故乡，而潍坊是发明风筝和放飞风筝最早的地方。

중국은 연의 고향이고, 웨이팡은 연을 발명하고 연을 날린 지 가장 오래된 지역이다.

风筝 fēngzheng 명 연 | 故乡 gùxiāng 명 고향 | 潍坊 wéifāng 고유 웨이팡 [산둥성에 위치한 해안 도시] | 发明 fāmíng 동 발명하다

2 '식사 습관'은 '법'과는 관련이 없으므로 '合法'는 적절하지 않다.

养成合理的饮食习惯、树立正确的健康观已成为很多现代人的生活理念。

합리적인 식사 습관을 기르고, 정확한 건강관을 수립하는 것은 이미 많은 현대인들의 생활 이념이 되었다.

养成 yǎngchéng 동 (습관 등을) 기르다 | 合理 hélǐ 형 합리적이다 | 树立 shùlì 동 수립하다

3 술어 '享有(누리다)'는 명성, 명예 등을 목적어로 취하므로, 이 문장의 목적어 '生理功能(생리 기능)'과는 어울리지 않는다. 따라서, '享有' 대신 '가지고 있다'라는 의미의 동사 '具有'를 써 주어야 한다.

多年来，人们都以为阑尾不具有任何生理功能，是人体中一个多余的器官。

오랫동안 사람들은 충수가 어떠한 생리 기능도 가지고 있지 않은, 인체에서 불필요한 기관이라고 여겼다.

阑尾 lánwěi 명 충수 [내장 기관] | 具有 jùyǒu 동 있다 | 任何 rènhé 대 어떠한 | 多余 duōyú 형 여분의, 나머지 | 器官 qìguān 명 기관

STEP 3 실력 다지기

Day 37

1. **A** 在这种万分激动的情况下，你纵有千言万语，却也不知从何说起。

   B 北京说去过也去过，不过那一次只住了两天，没有留下什么印象。

   C 中国是世界上天文学起步最早、发展最快的国家之一，天文学也是中国古代最发达的四门之一自然科学。

   D 要想找一份好工作，一方面要努力提高自己各方面的能力，另一方面也要增加自己的实践经验。

2. **A** 虽然不说话，可她眼神中暗含着的意思我是能够领会的。
   B 她的服务态度特别好，不管什么样的客人，她总是热情耐心地接待。
   C 鱼群在水面上闪烁着点点银光，犹如夏日晴空中点缀的繁星。
   D 我虽然只去过两次上海，却上海人的友好与热情给我留下了非常深刻的印象。

3. **A** 中国人看我是黄头发的外国人，都打招呼我，他们都特别热情和友好。
   B 她在这座城市工作了四十多年，直到退休以后才回到自己的家乡。
   C 那时女儿刚毕业参加工作，很难有空回家，家中不免冷冷清清的。
   D 节目之所以以瓷器为主题，是因为瓷器文化在中国源远流长，具有十分广泛的群众基础。

4. **A** 近十几年来，欧洲一些风能资源较为丰富的国家加大了风电开发的力度。
   B 华清池素有“天下第一温泉”之称的美名，是中国汉语典籍中有文字记载、开发利用最早的温泉。
   C 蜂蜜被誉为“大自然中最完美的营养食品”，具有延年益寿的功效。
   D 他想起了他的女儿，话又停了，手指颤抖着，能够看出他的心情很激动。

정답 및 해설 → 해설서 p.124

Day 38

5. **A** 中原大地是华夏民族文化的摇篮，有着辉煌灿烂的历史。
   B 虽然随着时间的推移，如今现存于世的藏书阁已为数不多了。
   C 脑子累的时候，欣赏片刻轻松愉快的歌曲，大脑疲劳就会消失。
   D 老年人想要实现健康长寿的愿望的话，离不开科学的饮食和规律的生活。

6. **A** 我们需要学会分享快乐，这样才可以得到更多的快乐。
   B 绍兴是很多名人的故乡，如鲁迅、蔡元培、周恩来等都是绍兴。
   C 若将语言比作高楼大厦，那构筑这座大厦的材料就是词汇。
   D 戏曲表演在长期发展的过程中，逐渐形成唱、念、做、打等多种艺术手段。

7. **A** 文字虽然是无声的，却可以生动地刻画有声的音乐。
   B 把一捧盐放到一杯水中，杯子里的水平面不仅不会升高，反而会有所降低。
   C 如果在阴雨连绵的天气里，南瓜蔓梢由下垂转为上翘，那就说明阴雨天气即将要结束了。
   D 市场的东西比商场的非常便宜，所以我们常去市场买东西。

8. **A** 每个人在不同的时期，对于成功的理解也许都是不同的。
   B 为了避免今后类似事件不再发生，小区保安采取了切实有效的安全措施。
   C 在轻工产品的众多发明当中，电炉的发明者是一名新闻记者，这也算得上是一则“新闻”吧。
   D 李夫人丧子后又得一女，无论是从母性本能还是从自身权益出发，她对荣儿都会宠爱有加的。

정답 및 해설 → 해설서 p.127

01 고정격식

STEP 1 유형 파악하기

✖ 고정격식은 하나의 표현처럼 통째로 외워 두기만 하면 정답을 쉽게 찾을 수 있다. 고정격식은 HSK 급수나 영역에 관계없이 필수로 공부해야 하는 파트이다. 자주 반복해 학습하면서 익히자.

▶ 출제 경향

고정격식은 출제율 자체는 높지 않지만 어렵지 않은 난도로 출제되기 때문에 절대 실점해서는 안 되는 부분이다. 고정격식은 일반적으로 '개사구+동사/형용사' 조합으로 이루어져 있으며, 특정 동사나 형용사가 어떤 개사와 쓰이는지에 중점을 두어 암기하자.

▶ 문제풀이 비법

1 빈칸의 앞뒤를 잘 살펴보자.

빈칸의 앞뒤를 잘 살펴 고정격식 문제인지 확인하고, 매칭되는 고정격식이 있다면 공식에 맞는 어휘를 답으로 고르자. 보기에는 개사가 제시되기도 하고 동사/형용사가 제시되기도 한다.

2 카테고리별로 고정격식을 외워 두자.

고정격식은 첫째도 암기, 둘째도 암기이므로, 암기 비법이 곧 문제 풀이 비법이다. 비교와 관련된 고정격식에는 주로 '与' '跟' '和'와 같은 개사가 쓰이고 범위와 관련된 고정격식에는 '在' '从'과 같은 개사가 쓰이는 등, 카테고리별로 자주 쓰이는 개사가 따로 있다. 따라서 카테고리를 나누어 접근하면, 보다 수월하게 고정격식을 외울 수 있다.

제2부분 예제

1 体育运动能＿＿＿＿＿人的身体健康和心理状态，但对于不常锻炼的人来说，高强度的锻炼会＿＿＿＿＿人体造成危害，所以专家提醒人们应根据个人的身体＿＿＿＿＿适当地调整锻炼强度。

A 调整　　从　　形状
B 改良　　为　　情况
C 改善　　对　　状况
D 改正　　以　　状态

정답&풀이 **1 C**

빈칸 1 목적어 '人的身体健康和心理状态(사람의 신체 건강과 심리 상태)'와 호응하는 술어는 보기 중 '调整(조절하다)'과 '改善(개선하다)'이다. '改良(개량하다)'은 주로 토양이나 품종을 좋게 만드는 것을 의미하고 '改正(개정하다)'은 잘못된 부분을 고치는 것을 의미한다. 참고로 보기에 제시되지는 않았지만 '改进(개선하다)'이라는 단어도 외워 두자. 빈출 활용 형태는 '改进技术(기술을 개선하다)'이다.

A 调整 tiáozhěng 동 (사람·물가·경제·계획을) 조절하다, 조정하다 [혼란하고 비합리적인 불균형 상태를 변화시킴]
调整物价 물가를 조절하다 | 调整方案 방안을 조정하다

B 改良 gǎiliáng 동 (토양·품종 등을) 개량하다
改良技术 기술을 개량하다 | 改良品种 품종을 개량하다

C 改善 gǎishàn 동 (관계·생활·조건을) 개선하다 [더 좋게 변화시킴]
改善两国关系 양국 관계를 개선하다 | 改善生活条件 생활 조건을 개선하다 | 改善待遇 대우를 개선하다

D 改正 gǎizhèng 동 (잘못·착오를) 개정하다, 시정하다
改正错误 잘못을 고치다 | 改正缺点 결점을 고치다 | 改正内容 내용을 바꾸다

빈칸2 해를 끼치는 '대상'을 나타내는 부분이므로, 개사 '对'가 적절하다. '对A造成危害(A에 대해 위험을 초래하다)'는 자주 쓰이는 표현이니, 고정격식으로 외워 두자.

A 从 cóng 개 ~에서, ~로부터
从A到B A에서 B까지 [A: 출발점, B: 도착점] | 从A开始 A부터 시작해서 [A: 출발점]

B 为 wèi 개 ~를 위하여, ~ 때문에
为A准备 A를 위해 준비하다 | 为A担心 A 때문에 걱정하다

C 对 duì 개 ~에(게), ~에 대해
对A有意见 A에 대해 불만이 있다 | 对A充满信心 A에 대해 자신감이 충만하다
对A造成B A에 대해 B를 초래하다 [B에는 주로 '危害, 影响, 污染' 등이 쓰임]
不正确的坐姿会对身体造成很大危害。 올바르지 않은 앉은 자세는 신체에 큰 해를 끼칠 수 있다.

D 以 yǐ 개 ~로서, ~를 근거로
以A为B A를 B로 삼다 | 以A的身份 A의 신분으로서

빈칸3 '形状(형상)'은 물체나 도형의 외형을 뜻하는 말이므로 빈칸에 어울리지 않는다. 나머지 보기는 모두 '상태', '상황'을 의미하는 말로, 문맥상 빈칸에 들어갈 수 있다. 특히 '身体状况(몸 상태)'과 '身体状态(몸 상태)'는 자주 쓰는 표현이니 잘 기억해 두자.

A 形状 xíngzhuàng 명 (물체의) 형상, 모양, 생김새
各种各样的形状 다양한 모양 | 形状各异 모양이 다르다

B 情况 qíngkuàng 명 상황, 정황, 형편 [한 사건의 구체적 변화 혹은 전체 과정]
交通情况 교통 상황 | 具体情况 구체적인 상황

C 状况 zhuàngkuàng 명 (구체적인) 상태, 상황, 형편
身体状况 몸 상태 | 经济状况 경제 상황

D 状态 zhuàngtài 명 상태 [사람이나 사물이 드러내는 형태]
身体状态 몸 상태 | 精神状态 정신 상태 | 保持A状态 A 상태를 유지하다

体育运动能改善人的身体健康和心理状态，但对于不常锻炼的人来说，高强度的锻炼会对人体造成危害，所以专家提醒人们应根据个人的身体状况适当地调整锻炼强度。

스포츠는 사람의 신체 건강과 심리 상태를 개선할 수 있다. 하지만 자주 운동을 하지 않는 사람에게는 고강도 운동이 인체에 해를 끼칠 수 있어서, 전문가들은 사람들에게 개인의 신체 상태에 따라 운동 강도를 적절히 조절해야 한다고 조언한다.

독해 제2부분

A 调整(○)	从(×)	形状(×)		A 조절하다 / ~로부터 / 형상
B 改良(×)	为(×)	情况(○)		B 개량하다 / ~를 위하여 / 상황
C 改善	对	状况		C 개선하다 / ~에(게) / 상태
D 改正(×)	以(×)	状态(○)		D 개정하다 / ~로서 / 상태

心理 xīnlǐ 명 심리 | **状态** zhuàngtài 명 상태 | **常** cháng 부 늘, 자주 | **来说** láishuō ~로 말하자면 [对(于)A来说: A에게 있어서] | **高强度** gāo qiángdù 명 고강도 | **人体** réntǐ 명 인체 | **造成** zàochéng 동 초래하다, 야기하다 [造成+안 좋은 일] | **危害** wēihài 명 해, 위해 | **专家** zhuānjiā 명 전문가 | **个人** gèrén 명 개인 | **适当** shìdàng 형 적절하다, 적합하다, 적당하다 | **调整** tiáozhěng 동 조절하다, 조정하다 [调整强度: 강도를 조절하다]

STEP 2 내공 쌓기

1 주제별 빈출 고정격식 track 67

(1) 관계/감정

- A被(B)感动 A bèi (B) gǎndòng A는 (B에게) 감동받다

  观众被曲折的剧情感动了。관객은 우여곡절이 많은 줄거리에 감동받았다.

- A被(B)批评 A bèi (B) pīpíng A는 (B에게) 꾸지람을 듣다

  销售部的小王被张经理严厉地批评了一顿。판매 부서의 샤오왕은 장 사장에게 호되게 꾸지람을 들었다.

- A对B充满期待 A duì B chōngmǎn qīdài A는 B에 대해 기대가 넘치다

  家长对明天孩子们在晚会上的表现充满期待。학부모는 내일 아이들의 파티에서의 활약에 대해 기대가 넘친다.

- A对B感兴趣 A duì B gǎn xìngqù A는 B에 대해 흥미를 느끼다

  最近，越来越多的年轻人开始对"背包旅行"感兴趣了。
  최근 점점 더 많은 젊은이들이 '배낭여행'에 대해 흥미를 느끼기 시작했다.

- A对B满意 A duì B mǎnyì A는 B에 대해 만족하다

  我们对博物馆工作人员的介绍很满意。우리는 박물관 직원의 설명에 대해 만족한다.

- A对B产生/有偏见 A duì B chǎnshēng / yǒu piānjiàn A는 B에 대해 편견이 생기다/있다

  有些人会因为剧中的角色而对演员产生偏见。몇몇 사람들은 극 중의 배역 때문에 배우에 대해 편견이 생긴다.

- A对B有意义 A duì B yǒu yìyì A는 B에 대해 의의가 있다

  韩国的经济对世界的发展有着重要的意义。한국의 경제는 세계의 발전에 대해 중요한 의의가 있다.

- A对B有信心 A duì B yǒu xìnxīn A는 B에 대해 자신이 있다

  大家都对公司明年即将上市的商品很有信心。모두 회사가 내년에 곧 출시할 상품에 대해 자신이 있다.

- A给B添麻烦 A gěi B tiān máfan A는 B에게 폐를 끼치다, A는 B를 귀찮게 하다

  隔壁装修时的噪音，给邻居们添了不少麻烦。이웃집이 수리할 때의 소음은 이웃들에게 많은 폐를 끼쳤다.

- A与/和/跟B见面 A yǔ / hé / gēn B jiànmiàn A는 B와 만나다

  G20峰会上，各国首脑和嘉宾如期在杭州见面了。
  G20 정상회의에서 각국 정상은 귀빈과 예정대로 항저우에서 만났다.

- A与/和/跟B联系 A yǔ / hé / gēn B liánxì A는 B와 연락하다

  经理因为产品质量问题，正在和厂家联系。사장은 상품 품질 문제 때문에 제조업자와 연락하고 있다.

- A与/和/跟B聊天(儿) A yǔ / hé / gēn B liáotiān(r) A는 B와 이야기하다

  今天的节目临时增加了一个观众和嘉宾现场聊天的环节。
  오늘 프로그램은 임시로 관중이 게스트와 현장에서 이야기하는 코너를 늘렸다.

- A与/和/跟B有关系 A yǔ / hé / gēn B yǒu guānxi A는 B와 관계가 있다

  环境污染与人们长期不良的生活习惯有关系。 환경오염은 사람들의 장기간의 좋지 않은 생활 습관과 관계가 있다.

- A为B操心 A wèi B cāoxīn A는 B를 염려하다

  无论子女的年纪有多大，父母总是会为他们操心。 자녀의 나이가 얼마가 되든 부모는 늘 그들을 염려할 것이다.

- A为B担心 A wèi B dānxīn A는 B를 걱정하다

  由于临时更换了嘉宾，我们都在为这期节目的收视率担心。
  게스트를 임시로 바꾸었기 때문에, 우리는 이 프로그램의 시청률을 걱정하고 있다.

- A为B着想 A wèi B zhuóxiǎng A는 B를 (위해) 생각하다/고려하다

  当我们懂得为他人着想时，就表示我们已经成长了。
  우리가 다른 사람을 생각하게 될 줄 알았을 때, (그때가) 바로 우리가 이미 성장했음을 나타낸다.

- A向B道歉 A xiàng B dàoqiàn A는 B에게 사과하다

  这起交通事故是因超速行驶引起的，此时肇事司机正在向伤者及家属道歉。
  이 교통사고는 과속 운전으로 인해 발생한 것으로, 지금 사고를 일으킨 운전자는 부상자와 가족에게 사과하고 있다.

- 给A留下深刻的印象 gěi A liúxià shēnkè de yìnxiàng A에게 깊은 인상을 남기다

  他对公司未来的计划，给我们留下了深刻的印象。 회사의 미래에 대한 그의 계획이 우리에게 깊은 인상을 남겼다.

(2) 일상 행동

- A被(B)打碎 A bèi (B) dǎsuì A가 (B에 의해) 깨지다

  盛菜的盘子被孩子不小心打碎了。
  음식이 담긴 접시가 아이의 실수로 깨졌다. [=아이가 실수로 음식이 담긴 접시를 깨뜨렸다.]

- A被(B)拿走 A bèi (B) názǒu A는 (B가) 가져가 버리다

  充电器刚才被姐姐拿走了。
  충전기는 방금 언니가 가져가 버렸다. [=언니가 방금 충전기를 가져가 버렸다.]

- A被(B)弄脏 A bèi (B) nòngzāng A는 (B에 의해) 더러워지다

  妈妈新买的桌布被弟弟弄脏了。
  엄마가 새로 사신 식탁보는 남동생에 의해 더러워졌다. [=남동생이 엄마가 새로 사신 식탁보를 더럽혔다.]

- A出生于/在B A chūshēngyú / zài B A는 B에서 태어나다

  他出生在广阔无垠的大草原。 그는 광활한 대초원에서 태어났다.

- A向/给B介绍C A xiàng / gěi B jièshào C A가 B에게 C를 소개하다

  工程师向记者们介绍了大坝的蓄洪功能。 엔지니어는 기자들에게 댐의 저수 기능을 소개했다.

- A把B放在C A bǎ B fàngzài C A는 B를 C에 두다

  同事把旅行照片放在办公桌上。 동료는 여행 사진을 사무실 책상 위에 올려 뒀다.

- A把B挂在C A bǎ B guàzài C A는 B를 C에 걸다

  姐姐把她和姐夫的结婚照挂在了卧室的墙上。 언니는 그녀와 형부의 결혼 사진을 침실 벽에 걸었다.

- A把B还给C A bǎ B huángěi C A는 B를 C에게 돌려주다/갚다

  查完资料后，我把电脑还给了同事。 자료를 다 검토한 후, 나는 컴퓨터를 동료에게 돌려주었다.

- A把B扔进/在C A bǎ B rēngjìn / zài C A는 B를 C에 던져 넣다

  他把垃圾随手扔在了地上。그는 쓰레기를 마음대로 바닥에 던져 버렸다.

⑶ 교육/의견

- A向B解释 A xiàng B jiěshì A는 B에게 해명하다/설명하다

  发生误会时，应该想办法向对方解释，以免关系恶化。
  오해가 생겼을 때, 관계가 악화되지 않도록 상대방에게 해명할 방법을 생각해야 한다.

- A向B学习 A xiàng B xuéxí A는 B를 본받다

  大家应该向乐于助人的人学习。모두 남을 기꺼이 돕는 사람을 본받아야 한다.

- A在B指导下 A zài B zhǐdǎo xià A는 B의 지도 아래

  同学们在老师的指导下顺利地完成了这次的活动任务。
  학생들은 선생님의 지도 아래 이번 행사 임무를 순조롭게 마쳤다.

- 从A(的)角度来看 cóng A (de) jiǎodù láikàn A의 각도/관점에서 볼 때

  从增长知识的角度来看，互相交流是很有效的方法。
  지식을 늘리는 관점에서 볼 때, 서로 소통하는 것은 효과적인 방법이다.

- 对A来说 duì A láishuō A의 입장에서, A에게 있어서

  对没受过训练的学生来说，"奥数"题确实很难。
  훈련을 받지 못한 학생의 입장에서 '수학올림피아드' 문제는 확실히 어렵다.

- 就A而言 jiù A éryán A에 대해 말하자면, A로 말하자면

  就这次期中考试的成绩而言，大家都有了不小的进步。
  이번 중간고사 성적에 대해 말하자면, 모두들 큰 발전이 있었다.

- 就A来看 jiù A láikàn A에서 보면

  就他平时的表现来看，我觉得这次比赛他也会给我们带来惊喜。
  그의 평소 활약으로 보면, 나는 이번 대회에서도 그가 우리에게 놀라움을 가져다줄 것이라고 생각한다.

- 拿A来说 ná A láishuō A를 갖고 말하자면, A를 예로 들자면

  拿同桌的英语学习方法来说，我觉得挺实用的。
  짝꿍의 영어 공부 방법을 갖고 말하자면, 나는 매우 실용적이라고 생각한다.

- 在A(的)问题上 zài A (de) wèntí shang A의 문제에 있어서 [방면/내용]

  在青少年的教育问题上，国家应给予更多重视。청소년 교육 문제에 있어서 국가는 더욱 많이 중시해야 한다.

⑷ 직장/학교

- A被(B)录取 A bèi (B) lùqǔ A는 (B에 의해) 합격하다

  哥哥终于被他梦寐以求的大学录取了。형은 마침내 그가 꿈에서도 바라던 대학에 합격했다.

- A被(B)录用 A bèi (B) lùyòng A는 (B에 의해) 채용되다

  姐姐通过了最后一轮面试后，被三星公司正式录用了。
  언니는 최종 면접에 통과한 후, 삼성에 정식으로 채용되었다.

- A被(B)批准 A bèi (B) pīzhǔn A는 (B에 의해) 승인되다

  这项专利申请终于被批准了。이 특허 신청은 마침내 승인되었다.

- A被(B)评为/选为C A bèi (B) píngwéi / xuǎnwéi C A는 (B에 의해) C로 선정되다/뽑히다

  这位企业家被人们评为"良心企业家"。이 기업가는 사람들에 의해 '양심 기업가'로 선정되었다.

- A对B造成C的损失 A duì B zàochéng C de sǔnshī A는 B에 대해 C한 손실을 초래하다
  地震对无数个家庭造成了巨大的损失。지진은 수많은 가정에 막대한 손실을 초래했다.
- A为B提供C A wèi B tígōng C A는 B에게 C를 제공하다
  新城市的开发为就业者提供了更多的岗位。신도시 개발은 취업자에게 더 많은 일자리를 제공했다.
- 以A(的)资格 yǐ A (de) zīgé A의 자격으로
  他以公司首席执行官(的)资格下达了这次的指令。그는 회사 CEO의 자격으로 이번 지령을 내렸다.
- 由A担任(B) yóu A dānrèn (B) A가 (B를) 담당하다 [A: 주체자]
  工程的审计工作由资深设计师戴帆担任。공정의 회계감사 업무는 베테랑 디자이너 다이판이 담당한다.
- 由A负责(B) yóu A fùzé (B) A가 (B를) 맡다/책임지다 [A: 주체자]
  饭店这次的装修工作，由之前的施工队负责。호텔의 이번 인테리어 작업은 이전의 시공팀이 맡는다.

(5) 범위

- 从A到B cóng A dào B A에서부터 B까지 [A: 출발점, B: 도착점]
  从酒店到高铁站打车大约要20分钟。호텔에서부터 고속철도역까지는 택시로 대략 20분이 걸린다.
- 在A方面 zài A fāngmiàn A 방면에서
  销售商在新产品的质量方面，提出了很高的要求。판매상은 신제품 품질 방면에서 높은 요구 사항을 제시했다.
- 在A(的)范围内 zài A (de) fànwéi nèi A의 범위 내에서
  HSK考试的内容大部分都在我们平时学习(的)范围内。HSK 시험 내용은 대부분 우리가 평소 공부한 범위 내이다.
- 在A条件下 zài A tiáojiàn xià A 조건 아래
  哈密瓜在昼夜温差大的条件下，结出的果实会更甜。하미과는 일교차가 큰 조건에서 열리는 과실이 더 달다.
- 在A之间 zài A zhī jiān A 사이에
  这件事在朋友之间已经是公开的秘密。이 일은 친구 사이에 이미 공공연한 비밀이다.

(6) 시간/장소

- A离B近 A lí B jìn A는 B에서 가깝다 [B: 기준점]
  我们家离孩子的学校很近。우리 집은 아이의 학교에서 가깝다.
- A离B远 A lí B yuǎn A는 B에서 멀다 [B: 기준점]
  她的公司离住的地方很远。그녀의 회사는 사는 곳에서 멀다.
- A起源于B A qǐyuányú B A는 B에서 기원하다
  这个地名起源于一个古老的传说。이 지명은 오래된 전설에서 기원한다.
- 从A出来 cóng A chūlái A에서 나오다
  溪水从山涧缓缓地流了出来。시냇물이 산골짜기에서 천천히 흘러나왔다.
- 在/从A开始 zài / cóng A kāishǐ A에서/A에서부터 시작하다
  这场世界瞩目的决赛将在今天8点正式开始。세계가 주목하는 이번 결승전은 오늘 8시에 정식으로 시작한다.
- 从A以来 cóng A yǐlái A한 이래로
  公司从成立以来，产品一直都很受消费者的青睐。회사가 설립된 이래로 상품은 줄곧 소비자의 주목을 받아 왔다.
- 在A期间 zài A qījiān A 기간에
  同学们在放假期间，参加了学校的夏令营活动。학생들은 방학 기간에 학교의 여름캠프 활동에 참가했다.

⑺ 방법/구성

- A以B为口号 A yǐ B wéi kǒuhào A는 B를 슬로건으로 삼다

  本次大赛以“友谊第一，比赛第二”为口号。이번 대회는 '우정이 제일이고 시합은 다음이다'를 슬로건으로 삼는다.

- A以B为目标 A yǐ B wéi mùbiāo A는 B를 목표로 삼다

  今年，学校的篮球队以获得全国冠军为目标。올해 학교의 농구팀은 전국 우승을 목표로 삼는다.

- A以B为生 A yǐ B wéi shēng A는 B로 살아가다

  生活在江南的渔民们主要以打鱼为生。양쯔강 이남 지역에서 생활하는 어민들은 주로 물고기를 잡으며 살아간다.

- A由B组成 A yóu B zǔchéng A는 B로 구성되다

  这个新团队是由不同领域的专家组成的。이 새로운 단체는 서로 다른 분야의 전문가로 구성되었다.

- 以A(的)方式 yǐ A (de) fāngshì A의 방식으로

  现在的人们多以发短信(的)方式进行联系。오늘날 사람들은 대부분 문자를 보내는 방식으로 연락을 한다.

- 以A(的)手段 yǐ A (de) shǒuduàn A의 수단으로

  那个人以十分低级(的)手段骗取了老人们的钱财。그 사람은 매우 저급한 수단으로 노인들의 금품을 갈취했다.

- 以A为主 yǐ A wéi zhǔ A를 주로 하다/삼다

  这本书以介绍中国的传统文化为主。이 책은 중국의 전통문화를 소개하는 것을 주로 한다.

⑻ 비교

- A和/跟/与B一样 A hé / gēn / yǔ B yíyàng A는 B와 (똑)같다

  九寨沟还和以前一样，风景秀丽。주자이거우는 여전히 이전과 같이, 풍경이 수려하다.

- A和/跟/与B不同 A hé / gēn / yǔ B bùtóng A는 B와 다르다

  爸爸处理事情的方式跟妈妈不同。아빠가 일을 처리하는 방법은 엄마와 다르다.

- A和/跟/与B有关/相关/有关联 A hé / gēn / yǔ B yǒuguān / xiāngguān / yǒu guānlián A는 B와 관련이 있다

  新闻里播放了一系列与犯罪有关的报道。뉴스에서 일련의 범죄와 관련된 보도를 방송했다.

- A和/跟/与B无关 A hé / gēn / yǔ B wúguān A는 B와 무관하다

  消费者的选择与产品广告无关。소비자의 선택은 상품 광고와 무관하다.

- A和/跟/与B相比 A hé / gēn / yǔ B xiāngbǐ A는 B와 비교하다

  和三个月前相比，奶奶的身体有了明显的好转。3개월 전과 비교했을 때, 할머니의 건강은 눈에 띄는 호전이 있다.

⑼ 기타

- A把B称为C A bǎ B chēngwéi C A는 B를 C라고 부르다

  人们把医护人员称为“白衣天使”。사람들은 의료진을 '백의천사'라고 부른다.

- A把B列为C A bǎ B lièwéi C A는 B를 C에 속하게 하다

  联合国教科文组织把尊重各国历史列为重要发展目标。
  유네스코는 각국의 역사를 존중하는 것을 중요한 발전 목표로 꼽았다.

- A被(B)视为C A bèi (B) shìwéi C A는 (B에 의해) C로 여겨지다/보이다

  “进博会(CIIE)”被视为展示全球经济发展成果的大舞台。
  '중국국제수입박람회(CIIE)'는 글로벌 경제 발전의 성과를 보여 주는 큰 무대로 여겨진다.

- A给B带来C A gěi B dàilái C A는 B에게 C를 가져다주다

孩子的出生给一家人带来了前所未有的快乐。아이의 출생은 가족에게 이전까지 없던 즐거움을 가져다줬다.

- A以B著称 A yǐ B zhùchēng A는 B로 유명하다

成都是一座以美食著称的城市。청두는 맛있는 요리로 유명한 도시이다.

- A由B导致 A yóu B dǎozhì A는 B로 인해 야기되다

此次的泥石流由连续多日的降雨导致。이번 산사태는 며칠간 계속된 강우로 인해 야기되었다.

- A由B造成 A yóu B zàochéng A는 B로 인해 초래되다

据报道，这起爆炸事故是由煤气罐漏气造成的。보도에 따르면 이번 폭발 사고는 가스 누출로 인해 초래된 것이다.

- A有利于/有助于/有益于B A yǒulìyú / yǒuzhùyú / yǒuyìyú B A는 B에 이롭다/도움이 되다/유익하다

早睡早起有利于身体健康。일찍 자고 일찍 일어나는 것은 신체 건강에 이롭다.

- (素)有"A"(的)美誉 (sù) yǒu "A" (de) měiyù 'A'라는 명성이 있다

苏州(素)有"东方威尼斯"(的)美誉。쑤저우는 '동양의 베니스'라는 명성이 있다.

- 在(A)生活上/中 zài (A) shēnghuó shang / zhōng (A) 생활에 있어서

科技的发展让人们在日常生活上获得了更多的便利。
과학기술의 발전은 사람들로 하여금 일상생활에 더 많은 편리함을 얻게 했다.

- 倾向于A qīngxiàngyú A A하는 경향이 있다

疫情之下，越来越多的家庭倾向于订外卖或在家就餐。
전염병 발생 상황 아래, 점점 더 많은 가정이 배달을 주문하거나 집에서 식사를 하는 경향이 있다.

- A，同时也B A, tóngshí yě B A하면서 동시에 B하다

适当储蓄不仅是一种良好的生活习惯，同时也能缓解燃眉之急。
적절한 저축은 좋은 생활 습관일 뿐만 아니라, 동시에 급한 불을 끌 수도 있다.

- 置身于A(中) zhìshēnyú A (zhōng) A에 몸을 두다

消防员不顾生命危险将自己置身于火海(中)，挽救了无数生命。
소방대원은 생명의 위험을 무릅쓰고 자신의 몸을 불바다에 던져 수많은 목숨을 구했다.

배운 내용 점검하기

빈칸에 알맞은 단어를 골라 보세요.

1 我从来不会做(　　　)别人添麻烦的事。

A 向　　　　B 给

2 这个代表团是(　　　)十几个国家的优秀科研人员组成的。

A 由　　　　B 由于

해석&어휘 **1** 나는 여태껏 다른 사람에게 폐를 끼치는 일을 한 적이 없다.

添 tiān 동 더하다 [添麻烦: 폐를 끼치다]

2 이 대표단은 십여 개 국가의 우수한 과학 연구원으로 구성되었다.

代表团 dàibiǎotuán 명 대표단 | 科研人员 kēyán rényuán 과학 연구원 | 组成 zǔchéng 동 구성하다, 조성하다 [由A组成: A로 구성되다]

정답 **1 B** **2 A**

Day 02

1. ____________动物相比，人是以最孱弱和无助的姿态来到这个世界的。人类的各项生理____________都需要比动物更长的时间来完善。此外，我们还要从环境中不断学习自然和本能所没有____________我们的生存技能。

A	和	细胞	授予	**B**	与	器官	赋予
C	为	知觉	传递	**D**	跟	性能	教授

2. 一把铁钥匙上刻有一段文字："我休息的话，就会生锈。"____________懒惰的人来说这句话可以作为座右铭；同时对于勤奋的人来说这也是____________。如果人不尽情发挥自己的才能，就会像被____________的铁钥匙一样，渐渐生锈，成为废物。

A	关于	激励	蔑视	**B**	有关	示意	放弃
C	对于	警示	遗弃	**D**	至于	赞颂	舍弃

정답 및 해설 → 해설서 p.129

Day 05

3. 蚕丝除了可以制作服装外，还有许多别的____________。研究人员指出：蚕丝不仅仅能____________在生物体里，还可以被自然环境降解。这就____________着，利用蚕丝能够制作日常用品，例如水杯，和聚苯乙烯水杯相比，用蚕丝做成的水杯更____________于保护环境。

A	用途	消融	意味	有利
B	优点	腐化	体现	优秀
C	职位	渗入	比方	优胜
D	特点	融解	预示	方便

4. 葫芦画是很古老的汉族工艺品，____________于宋朝，到了清朝康熙年间已非常兴盛。在民间，葫芦有"宝葫芦"的____________，一直被人们____________吉祥之物，以它为题材的民间故事也不胜枚举。古时候，在葫芦上刻画或____________的艺术被称为"葫艺"，深受人们的喜爱。

A	开设	口碑	当作	扮演
B	创制	魅力	选为	修理
C	起源	美誉	视为	装饰
D	开辟	声誉	誉为	假装

5. 很多人对女司机有一种__________，认为她们开车技术不__________，容易引发交通事故，但上海交警部门__________的数据显示，2018年，女司机醉驾以及交通肇事的__________都低于男司机。这打破了很多人对女司机的刻板印象。

A 争议　资深　颁发　幅度
B 偏见　娴熟　发布　比例
C 谣言　先进　颁布　密度
D 舆论　熟练　散步　比重

정답 및 해설 → 해설서 p.131

Day 06

6. 思乡是中国人的一个__________的话题，历代文人墨客也都从不同的__________，以多种方式吟咏它，思乡能唤起人们__________中美好的回忆，也能在一定程度上__________精神的空虚。

A 永远　立场　精神　补充
B 永恒　角度　心灵　弥补
C 永久　方面　心胸　偿还
D 不朽　力度　灵魂　补偿

7. 冬天是哈尔滨最美的季节，很多南方人都会选择在冬天来哈尔滨__________冬景，漫步在哈尔滨的街道，晶莹的冰灯，__________异域风情的建筑，让人仿佛__________于冰雪王国。

A 观赏　充足　身处
B 欣赏　充满　置身
C 鉴赏　充实　处在
D 游览　充分　融入

8. 随着电子商务的发展，负责__________的物流行业已经从幕后走到了台前，__________电子商务行业提供良好的支撑，__________至2030年，中国国内的自动化物流系统市场规模将超过2000亿元，未来几年行业增速有望__________。

A 运输　为　预计　保持
B 托运　在　估计　仍旧
C 搬运　到　预测　依旧
D 输送　从　预料　保留

정답 및 해설 → 해설서 p.135

 동사, 양사, 부사

STEP 1 유형 파악하기

✖ 독해 제2부분에서는 한 글자 동사와 양사, 부사가 보기로 자주 출제된다.

▶ 출제 경향

앞뒤 문맥을 따질 필요 없이 함께 호응하는 어휘만 알아도 바로 답을 찾을 수 있도록 출제된다. 주로 6급 필수단어에서 출제되어 어휘의 난도가 높은 편이다. 출제 빈도는 낮은 편이지만, 고득점을 원한다면 철저히 대비하자.

▶ 문제풀이 비법

1 한 글자 동사는 고정적으로 쓰이는 어휘가 따로 있다.

'抽空儿(짬을 내다)' '栽树(나무를 심다)'처럼 '술어+목적어' 구조를 이루어 관용적인 고정 표현으로 쓰는 경우가 많다.

2 양사도 짝꿍을 이루는 명사가 따로 있다.

양사 '个(명, 개)'는 여러 명사와 두루두루 호응하지만, 대부분의 양사는 한 글자 동사와 마찬가지로 특정 명사와 호응하기 때문에 양사와 짝꿍을 이루는 명사를 함께 익혀야 한다.

3 부사는 문맥 파악이 중요하다.

지문의 전체적인 흐름에 알맞은 부사를 골라야 하기 때문에 문장의 전반적인 뉘앙스와 부사 어휘 각각의 뜻도 정확히 알고 있어야 한다.

제2부분 예제

1 好的照片应让观众第一眼看到它的时候就能产生视觉冲击，它必须可以______起人内在的情绪，这样的照片总是具有一种______的力量，让人久久______而不忍离开。

A	唤	神奇	凝视	B	掰	显著	留恋
C	披	庄重	注视	D	铺	深沉	谨慎

정답&해설 **1 A**

빈칸 1 빈칸은 술어 자리이며, 주어 '它'가 가리키는 것은 '照片(사진)', 목적어는 '情绪(감정)'이다. 사람의 감정이나 기억을 대상으로 사용하기에 적절한 동사는 보기 중 '唤(감정을 부르다)'이다. 짝꿍 표현 '唤起情绪(감정을 불러일으키다)'도 함께 기억해 두자.

A 唤 huàn 동 (감정·기억을) 부르다
唤起情绪 감정을 불러일으키다 | 呼风唤雨 소동을 일으키다

B 掰 bāi 동 (손으로) 물건을 쪼개다, 뜯다, 따다 동 (관절 등이) 빠지다
掰成 ~로 쪼개다 | 掰膀子 어깨가 빠지다

C 披 pī 동 (옷·천 따위를) 걸치다
披着衣服 옷을 걸치다 | 一只披着羊皮的狼 양의 탈을 쓴 늑대

D 铺 pū 동 (물건을) 깔다, 펴다
铺床 이불을 깔다 | 把A铺在B A를 B에 깔다

빈칸2 '사람으로 하여금 ~ 떠나고 싶지 않게 만든다'는 빈칸 뒤 내용과 문맥상 가장 어울리는 보기는 '神奇(신기하다)'이다. 다른 보기는 빈칸 바로 뒤 '力量(힘)'과는 어울릴지 몰라도, 뒤 문장과 연결해 해석하면 의미가 어색하다.

A 神奇 shénqí 형 신기하다, 기묘하다, 신비롭고 기이하다 — 神奇的现象 신기한 현상 | 神奇的力量 신기한 힘

B 显著 xiǎnzhù 형 현저하다, 뚜렷하다, 두드러지다 — 效果显著 효과가 뚜렷하다 | 显著的功能 두드러진 기능

C 庄重 zhuāngzhòng 형 위엄 있다, 장중하다 — 言谈庄重 어투가 위엄 있다 | 举止庄重 행동거지가 위엄 있다

D 深沉 shēnchén 형 (목소리·성격·생각·감정 등이) 깊다 — 音色深沉 음색이 깊다 | 思想深沉 사상이 깊이 있다

빈칸3 이 문장의 주어는 '照片(사진)'이다. '사진은 사람으로 하여금 ~ 떠나고 싶지 않게 만든다'는 해석으로 볼 때 빈칸에는 '보는 것'과 관련된 내용이 어울리므로, 적절한 보기는 '凝视(응시하다)'와 '注视(주시하다)'이다.

A 凝视 níngshì 동 (주목해서) 응시하다 — 互相凝视 서로 응시하다 | 久久凝视 오랫동안 응시하다

B 留恋 liúliàn 동 차마 떠나지 못하다, 미련을 가지다 — 留恋不舍 떠나기 아쉽다 | 留恋过去 과거에 미련을 가지다

C 注视 zhùshì 동 (면밀하게) 주시하다, 주의 깊게 살피다 — 密切注视 꼼꼼하게 주시하다 | 引人注视 관심을 받다

D 谨慎 jǐnshèn 형 (언행이) 신중하다, 조심스럽다 — 小心谨慎 주의 깊고 신중하다 | 谦虚谨慎 겸손하고 신중하다

好的照片应让观众第一眼看到它的时候就能产生视觉冲击，它必须可以唤起人内在的情绪，这样的照片总是具有一种神奇的力量，让人久久凝视而不忍离开。

좋은 사진은 관객이 사진을 처음 봤을 때 바로 시각적 충격을 느끼게 만들어야 하고, 반드시 사람에게 내재된 감정을 불러일으킬 수 있어야 한다. 이러한 사진은 항상 신기한 힘을 가지고 있어서, 사람으로 하여금 오랫동안 응시하며, 떠나고 싶지 않게 만든다.

A 唤　神奇　凝视
B 掰(×)　显著(×)　留恋(×)
C 披(×)　庄重(×)　注视(○)
D 铺(×)　深沉(×)　谨慎(×)

A 부르다 / 신기하다 / 응시하다
B 쪼개다 / 현저하다 / 차마 떠나지 못하다
C 걸치다 / 위엄 있다 / 주시하다
D 깔다 / 깊다 / 신중하다

眼 yǎn 명 눈 | 产生 chǎnshēng 동 생기다, 발생하다, 나타나다 | 视觉 shìjué 명 시각 | ★冲击 chōngjī 명 충격 | ★内在 nèizài 형 내재적인, 내재하는 | 情绪 qíngxù 명 감정, 기분, 마음, 정서 | 具有 jùyǒu 동 가지다, 지니다, 있다 | 力量 lìliang 명 힘, 능력, 역량 | 久久 jiǔjiǔ 부 오랫동안, 오래도록 | 不忍 bùrěn 동 차마 ~하지 못하다

STEP
2 내공 쌓기

1 한 글자 동사 track 68

한 글자 동사는 고정적으로 쓰이는 어휘가 따로 있다. 고득점을 위해 각 동사가 어떤 명사를 목적어로 취하는지 예문을 통해 기억해 두자.

扒 bā	붙잡다, 매달리다	小马扒着车门不放手。 샤오마가 차 문을 잡고 놓지 않는다.
掰 bāi	(두 손으로 물건을) 쪼개다, 뜯다	他毫不费力地就把橘子掰成了两半。 그는 조금도 힘을 쓰지 않고 귤을 반으로 쪼갰다.
绑 bǎng	묶다	如今，很多人会把银行账号绑定在手机上，这样出门付款会更加方便。 오늘날, 많은 사람들은 은행 계좌 번호를 휴대폰에 연동하는데, 이렇게 하면 밖에서 결제하기 더 편리하다.
产 chǎn	출산하다, 낳다	这几名产妇在同一天、同一家医院各产下了一名男婴，她们觉得很有缘分。 이 산모들은 같은 날 같은 병원에서 아들을 출산하여, 그녀들은 인연이 깊다고 생각한다.
呈 chéng	(빛깔을) 띠다, 드러내다	雨后的彩虹呈七种颜色主要是由于光的折射而产生的。 비 온 후 무지개가 7가지 색을 띠는 주된 이유는 빛의 굴절 때문에 생기는 것이다.
抽 chōu	꺼내다, 빼내다	其实抽些时间做运动并没有那么难，最重要的是"迈出第一步"。 사실 시간을 내서 운동을 하는 것은 그렇게 어렵지 않고, 가장 중요한 것은 '첫걸음을 내딛는 것'이다.
蹬 dēng	(발과 다리로) 뻗다, 디디다, 밟다	睡前躺在床上蹬蹬脚有助于大脑供血，促进睡眠。 자기 전에 침대에 누워 발을 뻗는 것은 대뇌에 혈액을 공급하고 수면을 촉진하는 데 도움이 된다.
盯 dīng	(긴 시간 한 곳을 집중해서) 주시하다, 응시하다	她目不转睛地盯着那位穿着时髦的女人。 그녀는 유행하는 옷을 입은 그 여자를 뚫어지게 쳐다보고 있다.
端 duān	(반듯하고 가지런하게) 받쳐 들다	工作人员小心翼翼地端着化学药品的瓶子。 일꾼들이 화학약품 병을 조심스럽게 받쳐 들고 있다.
搁 gē	(물건을 일정한 장소에) 방치하다, 두다, 놓다, 내버려 두다	这张桌子已经被搁在门口很久了。 이 책상은 이미 문 앞에 방치된 지 오래되었다.
唤 huàn	(감정·기억을) 부르다	听了他的音乐，仿佛能唤起我儿时的记忆。 그의 음악을 듣고 나니, 마치 나의 어린 시절의 기억을 불러일으키는 것 같았다.
晃 huàng	흔들리다, 요동하다	起风了，一只小船在江面上不停地晃。 바람이 불어서, 작은 배 한 척이 강 위에서 끊임없이 흔들린다.
捡 jiǎn	줍다	小张一副得意忘形的样子，就好像捡到了金子似的。 샤오장은 득의양양한 모습이었는데, 마치 금을 주운 것 같았다.
卷 juǎn	(둥글게) 말다, 감다	爸爸小心翼翼地把这幅名画卷了起来。 아버지는 이 명화를 조심스럽게 말았다.
扛 káng	어깨에 메다	他身强力壮，八十公斤的大米，扛起来就走。 그는 몸이 매우 건장해서, 80kg의 쌀을 어깨에 메고 갔다.

啃 ✨ kěn	베어 먹다, 갉아먹다	老人的牙齿已经啃不动这么硬的东西了。 노인의 치아는 이미 이렇게 딱딱한 것을 베어 먹을 수 없게 되었다.
跨 ✨ kuà	(큰 걸음으로) 뛰어넘다	我还清楚地记得第一次跨进大学校门时的感受。 나는 아직도 처음 대학교 교문에 들어섰을 때의 느낌을 똑똑히 기억한다.
眯 mī	실눈을 뜨다	妹妹笑起来时，眼睛总是眯成一条缝儿。 여동생은 웃을 때 눈이 항상 실눈이 되어 버린다.
捏 niē	(엄지손가락과 다른 손가락을 이용해서) 집다	打嗝时，捏着鼻子喝点儿水就好了。 딸꾹질을 할 때, 코를 잡고 물을 마시면 괜찮아진다.
拧 ✨ nǐng	비틀어 돌리다, 비틀다	有些阀门拧起来很容易，但拧开之后再关紧就比较困难。 어떤 밸브는 돌리기는 쉽지만, 열고 나서 다시 꽉 잠그기 어렵다.
挪 ✨ nuó	위치를 옮기다, 이동하다	今天这里要大扫除，请先把桌子挪到旁边。 오늘 이곳은 대청소를 해야 하니, 먼저 탁자를 옆으로 옮겨 주세요.
捧 ✨ pěng	(두 손으로) 받쳐 들다	她高兴地捧着那束鲜花，献给了警察。 그녀는 기쁘게 그 꽃다발을 들어서, 경찰에게 주었다.
铺 ✨ pū	(물건이나 자리를) 깔다, 펴다	厚厚的落叶铺在地上，像柔软的地毯。 두툼한 낙엽을 바닥에 까니, 마치 부드러운 카펫 같다.
瞧 qiáo	보다, 구경하다	弟弟一瞧见外面下雪，就吵着要出去玩儿。 남동생은 밖에 눈이 내리는 것을 보자마자 나가서 놀자고 소리를 질렀다.
翘 ✨ qiào	(한쪽 끝이 위로) 들리다	老爷爷气得胡子都翘起来了。 할아버지는 화가 나서 수염이 치켜 올라갔다.
牵 ✨ qiān	끌다, 잡아당기다	他突然回想起了和妻子一起牵手走过的这几十年岁月。 그는 아내와 함께 손을 잡고 걷던 수십 년의 세월을 갑자기 떠올렸다.
嚷 rǎng	고함치다	姐姐没控制住，又对弟弟嚷了起来。 누나는 주체하지 못하고 또 남동생에게 소리를 질렀다.
绕 ✨ rào	둘둘 감다, 두르다	弟弟对地球为什么总是要绕着太阳转感到很好奇。 남동생은 지구가 왜 항상 태양 주위를 도는지 궁금해했다.
揉 róu	(손으로 반복적으로) 문지르다, 비비다	洗袜子的时候，多揉几遍才能洗干净。 양말을 빨 때는 여러 번 더 문질러야 깨끗해진다.
升 shēng	떠오르다, 오르다	科学家表示，太阳每天升起的时间都是不一样的。 과학자들은 해가 매일 뜨는 시간이 다 다르다고 말한다.
拾 ✨ shí	(바닥에서 물건을) 줍다, 집다	小孩儿把地上的垃圾拾起来，扔到了垃圾箱里。 아이는 바닥의 쓰레기를 주워 쓰레기통에 버렸다.
耍 ✨ shuǎ	장난하다, 농락하다	小丽爱耍小脾气，动不动就生气。 샤오리는 잘 토라지고, 걸핏하면 화를 낸다.
提 tí	제기하다, 제시하다	HSK6级考试中，常常会提到一些实时内容。 HSK 6급 시험에서는 늘 약간의 실시간으로 발생한 내용이 언급되고는 한다.
贴 ✨ tiē	붙이다	春节时，孩子们最喜欢的事就是贴春联。 춘절에 아이들이 가장 좋아하는 일은 바로 춘련을 붙이는 것이다.
挖 ✨ wā	발굴하다, 파다	考古学家们在河南境内挖出数件文物。 고고학자들은 허난 구역에서 몇 개의 문물을 발굴해 냈다.

독해 제2부분

望 ✨ wàng	멀리 바라보다	我望着茫茫的大海，陷入了沉思。 나는 망망대해를 바라보며 깊은 사색에 잠겼다.
绣 xiù	수놓다, 자수를 놓다	钱包上龙的图案是奶奶一针一线绣出来的。 지갑의 용 무늬는 할머니가 한 땀 한 땀 수놓으신 것이다.
摇 yáo	(좌우로 손이나 꼬리 등을) 흔들다	对于这几个月的销售额的下降，会计无奈地摇了摇头。 이 몇 개월간의 매출 하락에 대해 회계사는 어찌해 볼 도리 없이 고개를 저었다.
孕 yùn	임신하다	女人在孕期，一定要注意补充营养。 여자는 임신 중에 영양 보충에 반드시 주의를 기울여야 한다.
熨 yùn	다림질하다	熨完以后，这些衣服跟新的一样。 다림질을 마치면 이 옷들은 새것과 같다.
栽 ✨ zāi	심다, 재배하다	据记载，中国是最早栽桑养蚕的国家。 기록에 따르면 중국은 최초로 뽕나무를 심고 누에를 기른 국가이다.
攒 ✨ zǎn	모으다, 조금씩 쌓다	我想把钱攒起来买房子。 나는 돈을 모아서 집을 사고 싶다.
扎 ✨ zhā	(뾰족한 것으로) 찌르다	车的两个车胎在碎石路上被扎破了。 자동차의 바퀴 두 개가 자갈길에서 찔려 터졌다.
眨 ✨ zhǎ	(눈을 빠르게) 깜빡거리다	天上的星星一闪一闪的，好像在眨眼睛。 하늘에서 별이 반짝이는 것이, 마치 눈을 깜빡이는 것 같다.
招 zhāo	(애증을) 자아내다, 불러일으키다	迪士尼的卡通形象十分招人喜爱，甚至有很多都是成人“粉丝”。 디즈니 캐릭터는 많은 사람들의 사랑을 받는다. 심지어 성인 '팬'도 많다.
皱 zhòu	찌푸리다, 구기다, 찡그리다	教授皱着眉头想了半天也没想出一个让自己满意的答案。 교수는 미간을 찌푸리며 한참을 생각했지만 스스로 만족하는 대답을 생각해 내지 못했다.
拄 ✨ zhǔ	몸을 지탱하다, 짚다	老人拄着拐杖向他走来。 노인은 지팡이를 짚고서 그를 향해 걸어왔다.

tip **빈출 한 글자 형용사**

- 扁 biǎn 평평하고 납작하다
  妹妹的眼睛圆圆的、鼻子扁扁的，十分可爱。여동생의 눈은 동그랗고 코는 납작한 것이, 매우 귀엽다.
- 牢 láo 견고하다, 단단하다
  爷爷的话我一直牢记在心。할아버지의 말씀을 나는 줄곧 마음에 단단히 새겼다.
- 软 ruǎn 부드럽다
  父亲年纪大了，只能吃一些软的食物。아버지는 나이가 드셔서 부드러운 음식만 드실 수 있다.
- 秃 tū 대머리이다
  张大叔是个秃头，脑袋上一根头发也没有。장씨 아저씨는 대머리라서, 머리에 머리카락이 하나도 없다.
- 腥 xīng (고기나 생선 등이) 비리다
  专家发现，铁含量高的酒有更重的鱼腥味。
  전문가들은 철분 함량이 높은 술이 더 심한 비린내가 난다는 것을 발견했다.

2 양사 track 69

倍 bèi ✨	배, 곱절 [배수를 의미함]	两倍 두 배
串 chuàn ✨	꼬치, 알알이	那一串串的葡萄 그 포도송이
道 dào	개 [요리 등을 세는 단위]	一道菜 요리 한 가지
根 gēn ✨	개, 대 [초목이나 기다란 물건을 세는 단위]	一根竹竿 대나무
颗 kē ✨	알, 방울 [둥글고 작은 알맹이를 세는 단위]	这颗心 마음 | 一颗珠子 구슬 한 알
篇 piān	편 [문예 작품이나 글, 책의 페이지 등을 세는 단위]	一篇文章 글 한 편
片 piàn	조각 [평평하고 얇은 물건을 세는 단위. 기상, 경치, 사상 등에도 쓰임]	如一片废墟 폐허와 같다 一片片嫩绿的新叶 연녹색의 새 잎
首 shǒu ✨	수 [문학 작품, 특히 시 등을 세는 단위]	这首诗的含意 이 시의 함의 | 一首歌 노래 한 곡
条 tiáo ✨	[가늘고 긴 물건을 세는 단위]	一条河 강 | 一条路 길
张 zhāng	장 [넓고 평평한 면을 가진 것을 세는 단위]	十几张桌子 열 몇 개의 책상
枝 zhī	송이, 가지 [나뭇가지 등을 세는 단위]	一枝梅花 매화 한 송이
栋 dòng	동 [건물을 세는 단위]	盖了这栋房子 이 집을 지었다
番 fān	번 [횟수를 세는 단위]	三番五次 여러 번
粒 lì	톨, 알 [작은 알갱이를 세는 단위]	一粒米 쌀 한 톨
枚 méi ✨	매, 개 [작고 납작한 조각을 세는 단위]	一枚邮票 우표 한 장
束 shù	다발, 묶음, 단	一束鲜花 꽃다발 | 一束阳光 한 줄기 햇살
艘 sōu	척 [배를 세는 단위]	这艘船上的船员 이 배 위의 선원
株 zhū	그루 [나무를 세는 단위]	那株柳树 그 버드나무
幢 zhuàng	채, 동 [건물이나 집을 세는 단위]	一幢楼房 건물 한 채

3 부사 track 70

① 必然 vs. 一定 vs. 势必

必然 bìrán	부 필연적으로, 반드시 형 필연적이다 명 필연, 필연적인 결과 [객관적인 규율/도리로 판단하는 경우 사용하므로, 비교적 객관적인 어감]
	人长期不运动，身体状况必然会越来越差。 사람이 장기간 운동을 하지 않으면, 신체 상태가 반드시 점점 나빠진다. 这两种现象之间有着必然的联系。 이 두 현상 사이에는 필연적인 관계가 있다. 他必然是个老师。(×) → 'A是B' 구문에 쓰지 않음

一定 yídìng	부 반드시, 필히, 꼭 형 어느 정도의, 일정하다 [비교적 주관적인 어감, 화자의 결연한 태도를 드러내기도 함] 明天的会议你一定要参加。내일 회의에 당신은 꼭 참석해야 합니다. → 명령문에 쓸 수 있음 他一定是个老师。그는 반드시 선생님일 것이다.
势必 shìbì	부 반드시, 꼭, 필연코 [문어체, 복문에서 비교적 객관적인 추론 등을 나타낼 때 자주 쓰며, 주로 동사구가 따라옴] 他这种玩世不恭的态度势必会给他的生活和工作带来影响。 그의 이런 불손한 태도는 반드시 그의 삶과 일에 영향을 가져올 것이다.

② 并非 vs. 绝对

并非 bìngfēi	부 결코 ~하지 않다 ['并不'와 같은 의미이나 조금 더 문어체임] 每个人对幸福的理解都不同，金钱也并非是衡量幸福的唯一标准。 사람마다 행복에 대한 이해가 다르고, 돈 역시 행복을 판단하는 유일한 기준이 아니다.
绝对 juéduì	부 분명히, 절대로, 완전히 부 몹시, 가장 형 절대의, 절대적인 你这样做将来绝对会后悔的。너 이런 식으로 하면 나중에 분명히 후회할 거야.

③ 不料 vs. 居然 vs. 竟然

不料 búliào	부 뜻밖에, 의외로 [뒤 절에 쓰여 앞 절의 상황에서 예상치 못함을 나타냄] 探险队在森林里迷路了，不料，此时一只毒蛇也正在靠近他们。 탐험대는 숲속에서 길을 잃었고, 뜻밖에 이때 독사 한 마리가 그들에게 접근하고 있었다.
居然 jūrán	부 뜻밖에, 생각 밖에 ['竟然'보다 어감이 가벼움] 在这么短的时间里，他居然能把汉语说得那么好。→ 긍정: (~하기 힘들지만) 뜻밖에 ~하게 되다 이렇게 짧은 시간 내에 그는 뜻밖에 중국어를 잘할 수 있게 되었다. 作为父母，居然在危难时刻抛下了自己的孩子。→ 부정: (~해선 안 되는데) 뜻밖에 ~하게 되다 부모로서, 뜻밖에 위기 상황에서 자신의 아이를 내팽개쳤다.
竟然 jìngrán	부 생각지도 않게, 뜻밖에, 의외로 这两个人本来聊得好好儿的，竟然吵了起来。 이 두 사람은 원래 잘 이야기하고 있었는데, 생각지도 않게 말다툼을 하기 시작했다.

④ 赶紧 vs. 赶快 vs. 赶忙 vs. 连忙 vs. 急忙

아래 부사들은 '地'와 함께 쓰지 않는다. '赶紧' '赶快'는 주로 명령문에 쓰이고, 나머지는 주로 평서문에 쓰인다.

赶紧 gǎnjǐn	부 서둘러, 급히, 재빨리 [서두르지 않으면 좋지 않은 결과가 생길 것임을 암시함] 这次考试的申请日期截止到明天，你赶紧报名吧。 이번 시험의 신청 기간이 내일까지이니, 너는 서둘러 신청하도록 해라.

赶快 gǎnkuài	부 어서, 빨리, 얼른 [속도를 올려야 함을 의미함] 所有的志愿者都到齐了，赶快分配任务吧。 모든 지원자가 도착했으니, 어서 임무를 분배하세요.
赶忙 gǎnmáng	부 급히, 서둘러, 재빨리 [=连忙, 急忙, 단순히 행동이 빠름을 의미함] 我吓了一跳，赶忙回头看了看是谁在后面。 나는 깜짝 놀라서, 누가 뒤에 있는지 급히 고개를 돌려서 보았다.
连忙 liánmáng	부 얼른, 급히, 분주히, 바삐 [잇달아 일이 발생함을 나타냄] 看到家里来客人了，孩子们连忙站起来打招呼。 집에 손님이 오는 것을 보고, 아이들은 연달아 일어나 인사를 했다.
急忙 jímáng	부 황급히, 급히, 분주히 [매우 조급하여 행동을 빨리 한다는 것을 의미함] 看到有人受伤，小李急忙拨打了急救中心的电话。 부상자가 있는 것을 보고, 샤오리는 황급히 구급센터로 전화를 걸었다.

⑤ 亲手vs. 亲自 vs. 亲身

亲手 qīnshǒu	부 직접, 자기 손으로, 손수 [손으로 했다는 의미가 강함] 我小时候穿的衣服几乎都是奶奶和妈妈亲手做的。 내가 어렸을 때 입은 옷은 거의 할머니와 어머니께서 직접 만드신 것이다.
亲自 qīnzì	부 직접, 몸소, 친히 [중요하게 생각해서 직접 했다는 의미가 강함] 工作上的事父亲总是要亲自处理才会安心。 사업상의 일은 아버지께서 항상 직접 처리해야 안심할 수 있다.
亲身 qīnshēn	부 직접, 친히, 스스로, 몸소 [경험이나 체험의 의미가 강함] 这位作家在他的小说中融入了自己的亲身经历。 이 작가는 그의 소설에 자신이 직접 겪은 경험을 녹여 냈다.

⑥ 暗暗 vs. 悄悄 vs. 偷偷

暗暗 ànàn	부 은근히, 슬며시, 남몰래, 홀로 [다른 사람에게 발각되지 않고 일을 진행시킨다는 의미로 쓰일 때는 '悄悄'나 '偷偷'와 바꿔 쓸 수 있고, 심리적이고 내적으로 비밀스럽다는 의미로 쓰일 때는 바꿔 쓸 수 없음] 得到人们的称赞后，她心里暗暗有些骄傲。 다른 사람의 칭찬을 받고, 그녀는 마음속으로 은근히 의기양양해한다.
悄悄 qiāoqiāo	부 살그머니, 남모르게 [소리가 매우 작거나 없다는 뜻으로, 다른 사람이나 일에 영향을 끼치지 않게 주의한다는 것을 의미함] 电影已经开始了，他悄悄地进场并找到了自己的座位。 영화가 이미 시작해서 그는 살그머니 안으로 들어와 자기 자리를 찾았다.
偷偷 tōutōu	부 몰래, 슬쩍 [남이 눈치채지 못하게 한다는 의미로 두려움과 걱정의 정서가 내포되어 있음] 伤心的时候，我总是一个人躲在房间里偷偷地哭。 슬플 때, 나는 항상 혼자 방에 틀어박혀 몰래 울었다.

⑦ 特别 vs. 特意 vs. 专门 vs. 尤其

特别 tèbié	[부] 특히, 각별히, 유달리 [형] 특별하다, 특이하다 [전체에서 아주 뛰어나다는 것을 강조함] 辛苦地工作一天后，回家吃起饭来总感觉特别好吃。 하루 종일 힘들게 일하고 집에 돌아가 밥을 먹으면 특히 맛있게 느껴진다.
特意 tèyì	[부] 특별히, 일부러 [=特地, 专门] 这一大桌的饭菜都是我特意为爸爸妈妈准备的。 이 큰 식탁의 음식은 모두 내가 특별히 아버지와 어머니를 위해 준비한 것이다.
专门 zhuānmén	[부] 전문적으로, 특별히, 일부러 [형] 전문적인, 전문의 这本书的作者是专门研究对外汉语教学的梁老师。 이 책의 작가는 대외 중국어 교육을 전문적으로 연구하는 량 선생님이다.
尤其 yóuqí	[부] 특히, 더욱 ['한층 더'의 의미로 전체에서 두드러짐을 강조함] 他喜欢吃中国菜，尤其是宫保鸡丁。→'尤其' 뒤에 명사 목적어가 오면 '是'를 같이 씀 그는 중국 음식을 좋아하는데, 특히 궁바오지딩을 좋아한다.

⑧ 完全 vs. 统统 vs. 全都

完全 wánquán	[부] 완전히, 전부 [형] 완전하다, 충분하다 随着时间的流逝，很多传统文化几乎完全被淡忘了。 시간이 지나면서 많은 전통문화가 거의 완전히 잊혀졌다.
统统 tǒngtǒng	[부] 모두, 통틀어 [=通通, 남긴 것이 하나도 없음, 동사와 형용사 모두 수식함] 疫情期间，凡是进出这家商店的人统统都要测量体温。 전염병 발생 기간에 무릇 이 상점을 드나드는 사람이라면 모두 체온을 재야 한다.
全都 quándōu	[부] 모두, 전부, 다, 예외 없이 [=全部都] 我们班的学生全都是亚洲人。 우리 반 학생은 모두 아시아인이다.

⑨ 常常 vs. 经常 vs. 往往

常常 chángcháng	[부] 늘, 항상, 수시로, 종종 [단순한 반복을 의미함] 买了车以后，我就常常开车去上班。 차를 사고 나서, 나는 늘 운전해서 출근한다.
经常 jīngcháng	[부] 늘, 항상, 언제나 [↔不经常] [형] 보통이다, 일상적이다 虽然牟老师的视力不太好，但是她经常不戴眼镜。 ＝虽然牟老师的视力不太好，但是她不经常戴眼镜。 비록 머우 선생님은 시력이 좋지 않지만, 그녀는 안경을 잘 쓰지 않는다.
往往 wǎngwǎng	[부] 흔히, 왕왕, 때때로 [과거 시점의 일에 쓰이며 미래 시점에 쓰지 않음, 일정한 규율이나 규칙이 있음을 암시함, 부정문이나 의문문에 쓰지 않음] 研究表明，难吃的午餐往往会影响上班族的工作效率。 연구에 따르면, 맛없는 점심 식사는 흔히 직장인의 업무 효율에 영향을 끼친다고 한다.

⑩ 一直 vs. 始终 vs. 从来 vs. 向来 vs. 一向

一直 yìzhí	뷰 계속해서, 끊임없이 [일정한 시간 내에 발생한 일을 가리키며 미래 시점에도 쓸 수 있음] 这场雪一直下个不停。 눈이 계속 내린다. 这份工作我想一直做下去。 이 일은 내가 계속 해 나가고 싶다. [始终(×)]
始终 shǐzhōng	뷰 끝내, 처음부터 한결같이, 결국 [미래 시점에 쓸 수 없음, 부사이므로 위치에 주의] 教授在课堂上说的那番话，我始终无法理解。 교수님이 수업 시간에 하신 그 말을 나는 끝내 이해할 수 없었다.
从来 cónglái	뷰 지금까지, 여태껏 [부정문에 주로 쓰임] 去中国留学以前，我从来没吃过中国菜。 → 부정형으로 쓰일 경우 '从来没+술어+过' 중국에 유학 가기 전에 나는 중국 음식을 먹어 본 적이 없다. 南老师对学生从来都是真诚相待。 → 긍정형으로 쓰일 경우 '从来+都/就+정도부사' 남 선생님은 학생들에게 언제나 진심으로 대한다.
向来 xiànglái	뷰 줄곧, 본래부터, 여태까지 [긍정문에 주로 쓰임] 我和妹妹的房间向来是我们自己打扫。 나와 여동생의 방은 줄곧 우리가 스스로 청소했다.
一向 yíxiàng	뷰 내내, 줄곧, 본래 [긍정문에 주로 쓰이며 '没'와 함께 쓰지 않음] 面对外界的质疑，那位作家一向是一笑置之。 외부의 의혹에 맞서, 그 작가는 내내 웃어넘겼다.

⑪ 千万 vs. 万万

千万 qiānwàn	뷰 부디, 제발, 절대로 [긍정문과 부정문에 모두 쓰임] 这段时间的传染病蔓延得很快，你千万要小心。 이 기간의 전염병은 빨리 퍼지니, 부디 조심해야 한다.
万万 wànwàn	뷰 결코, 절대로 [부정문에만 쓰이며 '千万'보다 강한 어감] 这次的比赛大家万万不可小看对手的实力。 이번 대회에서 모두 상대의 실력을 결코 얕잡아 보면 안 된다.

⑫ 几乎 vs. 简直 vs. 差点儿

几乎 jīhū	뷰 거의, 하마터면 [거의 근접함을 강조하며 비교적 객관적인 사실에 대해 서술함] 奶奶腿不好，几乎走几步就要歇一会儿。 할머니는 다리가 좋지 않아서 거의 몇 걸음 걸으시고는 잠시 쉬셔야 한다.
简直 jiǎnzhí	뷰 그야말로, 정말 [과장의 말투를 지니며 반드시 진실이 아닐 수 있음, 감탄문에도 쓰임] 这些韩服的颜色特别鲜艳，简直像一束束绽放的花朵。 이 한복들의 색깔이 아주 선명하네요. 그야말로 활짝 핀 꽃다발 같아요.

差点儿 chàdiǎnr	부 하마터면, 거의 ~할 뻔하다 [실현될 뻔했지만 실현되지 않은 것을 가리킴] 弟弟在去学校的路上差点儿出交通事故。 남동생이 학교 가는 길에 하마터면 교통사고를 당할 뻔했다.

⑬ 到底 vs. 究竟 vs. 毕竟 vs. 终究

到底 dàodǐ	부 도대체 [의문문에 쓰이며, 추궁의 의미가 있음] 부 결국, 마침내, 끝내 你到底把钱包丢在哪儿了? 너는 도대체 지갑을 어디에서 잃어버린 거니?
究竟 jiūjìng	부 도대체, 대관절 [의문문에 쓰이며, 추궁의 의미가 있음] 명 결말, 결과 吸烟的人究竟知不知道吸烟有害健康呢? 흡연자는 흡연이 건강에 해롭다는 걸 도대체 알긴 하나요?
毕竟 bìjìng	부 어쨌든, 아무튼, 마침내 [의문문에 쓰이지 않고, 추궁의 의미도 없음] 儿子毕竟长大了，很多事不要干涉太多。 아들은 어쨌든 다 컸으니, 많은 일에 너무 간섭하지 마라.
终究 zhōngjiū	부 어쨌든, 결국, 필경 [=毕竟] 他终究是个小孩子，你就原谅他吧。 그는 어쨌든 어린아이이니, 네가 그를 용서해라.

⑭ 到底 vs. 终于 vs. 总算

到底 dàodǐ	부 결국, 마침내, 끝내 [바라지 않던 일에 대한 부정적인 결과를 강조함] 부 도대체 他们到底还是放弃了这段长达十年的婚姻。 그들은 결국 10년이라는 긴 결혼 생활을 포기했다.
终于 zhōngyú	부 마침내, 결국, 드디어 [바라던 일에 대한 긍정적인 결과를 강조함] 通过多年的努力，她终于取得了律师资格证。 → 빈출 활용 형태 '终于……了' 다년간의 노력으로 그녀는 마침내 변호사 자격증을 취득했다.
总算 zǒngsuàn	부 마침내, 겨우 부 대체로 ~한 셈이다 [결과보다 과정을 강조하며 그럭저럭 괜찮음을 의미함] 虽然没有盛大的婚礼，但他们总算是成立自己的家庭了。 비록 성대한 결혼식은 없었지만, 그들은 마침내 자신의 가정을 이루었다.

⑮ 马上 vs. 立刻

马上 mǎshàng	부 곧, 즉시 [시간의 길이와 관계없이 포괄적으로 쓸 수 있음, 주어 앞에 쓸 수 있음] 这家公司近期马上会推出新产品。[立刻 (×)] 이 회사는 가까운 시일 안으로 곧 신상품을 출시할 것이다.
立刻 lìkè	부 즉시, 당장 [짧은 시간 내에 금방 발생하는 것, 주어 앞에 쓰지 못함] 众所周知，患者在胃部手术之后，不宜立刻进食。 모두 알다시피, 환자가 위 수술 후에 바로 식사하는 것은 좋지 않다.

⑯ 轻易 vs. 随便

轻易 qīngyì	부 수월하게, 쉽게 부 함부로, 마음대로 형 경솔하다 人们往往会轻易地忘记自己的过失，而牢记他人的错误。 사람들은 종종 자신의 과실을 쉽게 잊지만 다른 사람의 실수는 마음에 새겨 둔다.
随便 suíbiàn	부 마음대로, 편한 대로 부 함부로, 제멋대로 형 부주의하다 大部分公司职员在工作时间是不可以随便着装的。 대부분의 직장인들은 업무 시간에 마음대로 옷을 입을 수 없다.

⑰ 照常 vs. 照旧 vs. 照样 vs. 仍然

照常 zhàocháng	부 평소대로, 평소와 같이 [평소와 다름이 없음을 강조함, 부사이므로 위치에 주의] 这家超市在周末和节假日也照常营业。 이 슈퍼는 주말과 공휴일에도 평소대로 영업을 한다.
照旧 zhàojiù	부 예전처럼, 여전히 [이전과 같음을 강조함] 听说这学期的实验照旧是张教授带领大家完成。 듣자 하니 이번 학기의 실험은 예전처럼 장 교수님이 모두를 이끌어 완성했다고 한다.
照样 zhàoyàng	부 여전히, 변함없이, 종전대로 [이전에서 변화가 없음을 강조함] 天气已经很热了，但他照样喝热水。 날씨가 이미 더워졌는데, 그는 여전히 뜨거운 물을 마신다.
仍然 réngrán	부 여전히, 변함없이, 아직도 [원래의 상황이 변하지 않았고 원래의 모습을 유지함] 부 원래대로, 그대로 [변화가 있었으나 다시 변하기 전으로 돌아감] 分手后仍然保持联系的“恋人”有很多。 헤어진 후에도 여전히 연락하는 ‘연인’이 많다.

⑱ 尽量 vs. 尽快 vs. 尽情 vs. 尽管

尽量 jǐnliàng	부 가능한 한, 되도록 [할 수 있는 최대의 능력을 발휘함] 如果已经树立了目标，那就应该尽量去实现。 만약 이미 목표를 세웠다면, 가능한 한 실현해야 한다.
尽快 jǐnkuài	부 되도록 빨리 [가능한 한 가장 빠른 속도로 진행함] 每个网购的人都希望厂商可以尽快发货。 인터넷에서 쇼핑하는 사람들은 모두 제조판매상이 되도록 빨리 물건을 보내 주길 바란다.
尽情 jìnqíng	부 마음껏, 하고 싶은 바를 다 하여 [감정적으로 통제되는 것이 없음, ‘尽’은 제4성임을 주의] 无论是舞者还是观众，都在尽情地享受着舞蹈的魅力。 무용수건 관중이건, 모두가 마음껏 춤의 매력을 즐기고 있다.
尽管 jǐnguǎn	부 얼마든지, 마음 놓고 [조건의 한계가 없고 걱정 없이 마음대로 할 수 있음] 접 비록 ~라 하더라도 办理留学签证的事你就尽管交给我吧。 유학 비자를 받는 일은 얼마든지 내게 맡겨.

⑲ 陆续 vs. 纷纷 vs. 连连 vs. 一连 vs. 不断

陆续 lùxù	부 끊임없이, 계속하여, 잇따라 [매우 명확하지 않더라도 선후 관계가 있음을 의미하며 '**先后**'에 상당함, '**陆陆续续**'처럼 중첩해서 쓸 수 있음] 开幕式即将开始，各国代表团已陆续进入运动场。 개막식이 곧 시작해서 각국의 대표단이 이미 잇따라 운동장으로 들어섰다.
纷纷 fēnfēn	부 (많은 사람이나 물건이) 쉴 새 없이, 잇따라, 계속하여 [여기저기서 쉬지 않고 이어짐] 当大家都在纷纷发表意见时，只有他什么也没说。 모두가 쉴 새 없이 의견을 발표할 때, 오직 그만 아무것도 말하지 않았다.
连连 liánlián	부 계속해서, 줄곧, 연거푸 [비교적 짧은 시간을 수식함, 시간사나 수량사가 올 수 없음] 同事们听了他的建议后，都连连点头，表示同意。 동료들은 그의 건의를 들은 후 계속해서 고개를 끄덕이며 동의를 나타냈다.
一连 yìlián	부 연이어, 연달아, 계속해서 [비교적 긴 시간을 수식할 수 있음, 시간사나 수량사가 올 수 있음] 今年中秋节放假时，我在家一连睡了两天。 올해 중추절 연휴에 나는 집에서 이틀 내내 잠을 잤다.
不断 búduàn	부 끊임없이, 부단히, 늘 [일반적으로 추상적인 동작이나 행위와 함께 쓰임] 企业追求不断创新的同时，也应该把基础打好。 기업은 끊임없이 혁신을 추구하는 동시에, 기반도 잘 다져야 한다.

⑳ 何必 vs. 何尝 vs. 何况

何必 hébì	부 구태여 ~할 필요가 있는가, ~할 필요가 없다 [반문의 어감] 离比赛开始还有一个小时，何必这么早就出发呢? 경기 시작까지 한 시간 남았는데, 굳이 이렇게 일찍 출발할 필요가 있니?
何尝 hécháng	부 언제 ~한 적이 있었느냐, ~한 적이 없다 [반문의 어감] 看到子女受了委屈，作为父母，何尝不伤心呢? 자식이 억울해하는 것을 보고, 부모로서 어찌 상심하지 않겠는가?
何况 hékuàng	접 하물며, 더구나 [반문의 어감, '**更/又**'의 수식을 받을 수 있음, 앞 절에 '**尚且/都/也**'가 자주 같이 쓰임] 弟弟连话都不会说，(更)何况是写字呢? 남동생은 말도 못하는데, 하물며 글씨를 쓰겠니?

㉑ 反而 vs. 反倒 vs. 反正

反而 fǎn'ér	부 오히려, 역으로 [예상했던 바와 달라 의외라는 어감이 있으며 문어체임, '**倒**'가 앞에 올 수 있음] 접 오히려, 역으로, 도리어 [앞 절에 '**不但/不仅**' 등이 함께 쓰임] 广告里说这种药很有效，但很多人表示服用后病情(倒)反而更严重了。 광고 안에서 이런 약이 효과가 있다고 말했는데, 많은 사람들이 복용 후 병세가 오히려 악화되었다고 했다.

反倒 fǎndào	부 오히려, 도리어 ['反而'과 비슷하게 많이 쓰이지만 더 구어체임, '而'이 앞에 올 수 있음] 姐姐开始节食减肥后不但没瘦，(而)反倒胖了不少。 언니는 다이어트를 시작하고 나서 살이 빠지지 않았을 뿐 아니라 오히려 살이 많이 쪘다.
反正 fǎnzhèng	부 어쨌든, 어차피, 결국 [단호한 어감이 있으며, 결과가 동일함을 의미함] 反正这项任务必须明天完成，我们还是抓紧时间做吧。 어쨌든 이 임무는 내일 반드시 완수해야 하니, 우리는 서둘러 하는 것이 좋겠다.

㉒ 原来 vs. 本来

原来 yuánlái	부 알고 보니 [실제 상황을 알아냈음을 나타냄] 명 원래, 본래 原来，他上课总是迟到的原因是他在上课前还要去打一份工。 알고 보니, 그가 수업에 항상 늦는 이유는 수업 전에 아르바이트를 하러 가서였다.
本来 běnlái	부 원래, 본래 [=原本, '本来A, (原本)B'의 형식으로도 쓰임] 医生们本来担心手术时间会超时，没想到竟提前完成了。 의사들은 원래 수술 시간이 초과될 거라 걱정했는데, 생각지도 못하게 앞당겨서 끝났다.

독해 제2부분

배운 내용 점검하기

빈칸에 알맞은 단어를 골라 보세요.

1 爸爸很喜欢(　　　)女儿的小脸蛋。

A 端　　　　B 捏

2 他推开窗户，想看看外面(　　　)为什么那么吵。

A 究竟　　　　B 毕竟

해석&어휘 **1** 아버지는 딸의 볼을 꼬집는 것을 좋아하신다.
脸蛋 liǎndàn 명 볼 | ★端 duān 동 받쳐 들다 | ★捏 niē 동 (두 손가락으로) 집다

2 그는 밖이 도대체 왜 그렇게 시끄러운지 보려고 창문을 열었다.
推开 tuīkāi 동 밀어 열다 | 吵 chǎo 형 시끄럽다, 떠들썩하다 | 毕竟 bìjìng 부 드디어, 결국

정답 **1** B　**2** A

Day 08

1. 古时候江南大户人家中，__________有女婴出生，他们就会在庭院里__________一棵香樟树，等女儿要嫁人的时候，家人会把树砍掉，并用其做成两个箱子，放进丝绸__________嫁妆，寓意“两厢厮守(两箱丝绸)”。

A 倘若　栽　作为
B 不然　藏　为了
C 只有　挖　承担
D 否则　挪　由于

2. 有关调研数据显示，在音频技术和用户__________的双重刺激下，中国的有声阅读市场规模或将逼近45亿，__________出上涨趋势。随着市场的逐渐成熟以及用户对内容付费接受程度的__________提高，有声阅读市场__________巨大。

A 需要　表现　一直　能力
B 要求　显露　一向　发展
C 必要　发现　持续　体力
D 需求　呈现　不断　潜力

정답 및 해설 → 해설서 p.140

Day 10

3. 上海世博会世界各个国家的展馆__________并未设计餐饮功能，可来自世界各地的参展者们很快便发现，美食也是传播文化的重要__________之一。因此，在较短的时间内，独具__________的餐馆便在各个国家馆中如同雨后春笋一般冒了出来，成为了上海世博园中最为“诱人”的一__________风景线。

A 最初　样式　色彩　张
B 原本　方法　美味　片
C 本来　途径　特色　道
D 开始　路途　特点　条

4. 对于如何鉴别真假古董，文物鉴别大家马未都说，他每个月都会__________空儿到博物馆泡上一天，不干别的，就__________着古董看，收藏界管这叫做“养眼”，__________，眼睛就会只适应真品的感观，__________看到假的就很扎眼。

A 抽　盯　长此以往　一旦
B 拿　看　地久天长　凡是
C 取　瞧　长年累月　通常
D 有　望　久而久之　一般

5. 敦煌壁画集民族风格和中国气派于一体，形成了自成__________的中国佛教式艺术，当时的画家在__________和弘扬传统民族艺术的基础上，以严谨的态度和宽广的胸怀__________外来艺术，__________值得称赞。

A 主题　承接　鉴定　一定
B 体系　继承　借鉴　尤其
C 事业　继续　举办　难以
D 题材　寄予　采用　必然

정답 및 해설 → 해설서 p.143

Day 12

6. 严冬时节，积雪__________大地，地面温度不会因寒流侵袭而变得太低，为农作物提供了__________的越冬条件。雪水中的氮化物比普通雨水高五__________，可以使土地更加肥沃，所以，__________也有“瑞雪兆丰年”的说法。

A 包围　精良　个　人间
B 覆盖　良好　倍　民间
C 笼罩　优良　点　人民
D 掩盖　优秀　些　凡间

7. 科研人员发现月球上曾经出现过“火喷泉”。它是在熔岩__________的过程当中，熔岩中__________的容易挥发的化合物变为气体以后持续膨胀，以致熔岩__________到达地表，便会在空中__________的现象。

A 动员　停留　一向　摧毁
B 分散　暴露　顿时　来临
C 上升　存在　一旦　爆炸
D 储藏　显露　随即　破裂

8. 目前，北京轨道交通__________了刷二维码乘坐地铁，乘客进站只需打开易通行手机应用__________扫码即可。需要注意的是，使用该应用时每个用户都要__________定一个支付方式，而这并不需要__________任何押金。

A 开通　程序　连　交付
B 实现　软件　绑　缴纳
C 完成　工程　扎　提交
D 成立　数据　牵　给予

정답 및 해설 → 해설서 p.147

03 성어

STEP 1 유형 파악하기

✖ 독해 제2부분 보기에는 의미가 서로 다른 성어들이 주로 출제된다. 따라서 각 성어의 의미만 정확하게 알고 있다면 문맥상 어울리는 성어를 찾는 것은 어렵지 않다. 중국어 성어는 무궁무진하게 많지만, 자주 출제되는 필수 성어 위주로 공부하여 정답률을 높이도록 하자.

▶ 출제 경향

매 시험마다 한 문제 이상 꾸준히 출제되고 있다. 책에 정리된 빈출 성어만 공부해도 충분히 대비가 가능하다.

▶ 문제풀이 비법

1 다른 빈칸을 먼저 풀자.

비교적 쉬운 다른 빈칸을 먼저 풀어서 정답 후보를 좁힌 다음에 성어 빈칸을 풀자.

2 성어의 뜻을 모른다고 바로 포기하지 말자.

한두 개의 글자만으로도 성어의 의미를 유추할 수도 있다. 모르는 성어가 보기에 등장하더라도 답을 충분히 골라 낼 수 있으니 성어의 각 한자도 유심히 봐야 한다.

제2부분 예제

1 人们一直以来都对地球的内部构造________为好奇，然而在很长一段时间之内，人们对它的认知都非常有限，充满强烈科幻色彩的解释________，这本书的内容就是近几十年来科学家为揭开地球________所做的努力。

A 很　接连不断　秘密
B 颇　层出不穷　奥秘
C 极　陆陆续续　神秘
D 特　屡见不鲜　奥妙

정답&해설 **1 B**

빈칸 1 빈칸은 부사어 자리로 뒤의 '为'를 수식한다. 제시된 보기는 모두 정도부사로 의미는 비슷하지만, 이 중 '为'와 함께 쓸 수 있는 부사는 '颇'와 '极'뿐이다.

A 很 hěn 부 매우, 대단히, 아주

B 颇 pō 부 상당히, 자못
见到许久未见的朋友，大家都显得颇为兴奋。오랜만에 친구를 만나니 모두들 상당히 흥분한 것처럼 보인다.

C 极 jí 부 아주, 극히, 지극히, 몹시, 매우 [가장 높은 정도를 나타냄]

D 特 tè 부 특히, 아주

빈칸 2 '지구에 대해 아는 것이 없으므로 공상 과학적인 해석들이 나타났다'는 맥락에 함께 쓸 수 있는 성어는 '层出不穷(끊임없이 나타나다)'과 '屡见不鲜(많이 나타나 흔히 볼 수 있다)'이다. '接连不断'과 '陆陆续续'는 단순히 횟수가 많음을 강조할 뿐, '나타나다'라는 의미가 없기 때문에 답이 될 수 없다.

A 接连不断 jiēliánbúduàn 성 끊임없이 이어지다
小丽成为模特后，接连不断地收到了很多设计师的邀约。
샤오리는 모델이 된 후 끊임없이 많은 디자이너의 초대를 받았다.

B 层出不穷 céngchū bùqióng 성 끊임없이 나타나다, 꼬리를 물고 나타나다
近年来，韩国的各大化妆品品牌层出不穷地出现在中国市场上。
최근 들어, 한국의 각 화장품 브랜드들이 끊임없이 중국 시장에 등장했다.

C 陆陆续续 lùluxùxù 부 잇달아, 끊임없이
这家面包店一开门，客人们便陆陆续续地进来光顾。이 빵집이 문을 열자마자 손님들이 잇달아 찾아왔다.

D 屡见不鲜 lǚjiàn bùxiān 성 흔히 볼 수 있다
演艺圈的艺人们进出检察院已经是屡见不鲜的现象了。
연예계의 연예인들이 검찰에 출두하는 것은 이미 흔히 볼 수 있는 현상이다.

빈칸 3 빈칸 앞의 '揭开(풀다)' '地球(지구)'와 호응하며 문맥에도 어울리는 어휘여야 하는데, 보기 중 '神秘(신비하다)' 빼고 모두 가능하다. '비밀스럽다'라는 어감 없이 '신기하고 묘하다'라는 의미만 있는 '神秘'는 동사 '探寻(탐구하다)' 등과 쓰여야 적합하다.

A 秘密 mìmì 명 비밀, 기밀
泄露秘密 비밀을 누설하다 | 秘密文件 기밀 서류

B 奥秘 àomì 명 신비, 비밀, 수수께끼
宇宙的奥秘 우주의 신비 | 自然的奥秘 자연의 신비

C 神秘 shénmì 형 신비하다
神秘人物 신비한 인물 | 神秘的气氛 신비로운 분위기

D 奥妙 àomiào 형 오묘하다
奥妙之处 오묘한 점 | 探寻A奥妙 A의 오묘함을 탐구하다 | 深海的奥妙 심해의 오묘함

人们一直以来都对地球的内部构造颇为好奇，然而在很长一段时间之内，人们对它的认知都非常有限，充满强烈科幻色彩的解释层出不穷，这本书的内容就是近几十年来科学家为揭开地球奥秘所做的努力。

사람들은 줄곧 지구의 내부 구조에 대해 상당히 호기심을 가지고 있었다. 그러나 오랜 시간 동안 사람들의 지구에 대한 인지가 매우 제한적이어서, 강렬한 공상 과학 색채가 가득한 해석들이 끊임없이 나타났다. 이 책의 내용은 최근 몇 십 년 동안 과학자가 지구의 신비를 풀기 위해 들인 노력을 담고 있다.

A	很(×)	接连不断(×)	秘密(○)
B	颇	层出不穷	奥秘
C	极(○)	陆陆续续(×)	神秘(×)
D	特(×)	屡见不鲜(○)	奥妙(○)

A 매우 / 끊임없이 이어지다 / 비밀
B 상당히 / 끊임없이 나타나다 / 신비
C 아주 / 잇달아 / 신비하다
D 특히 / 흔히 볼 수 있다 / 오묘하다

一直以来 yìzhí yǐlái 그동안, 지금껏 | **内部** nèibù 명 내부 | **构造** gòuzào 명 구조 | **好奇** hàoqí 형 호기심을 갖다, 궁금해하다, 이상하게 생각하다 | **认知** rènzhī 명 인지 | **有限** yǒuxiàn 형 유한하다, 한계가 있다 | **充满** chōngmǎn 동 가득 채우다 | **强烈** qiángliè 형 강렬하다, 맹렬하다 | **科幻** kēhuàn 명 공상 과학, SF | **色彩** sècǎi 명 색깔, 색채 | **科学家** kēxuéjiā 명 과학자 | **揭开** jiēkāi 동 열다

STEP
2 내공 쌓기

1 빈출 성어 track 71

- 爱不释手 àibúshìshǒu 손에서 뗄 수 없을 정도로 매우 아끼다
  张爱玲的小说被很多70后和80后视为爱不释手的“珍品”。
  장아이링의 소설은 많은 70~80년대생들에게 손에서 뗄 수 없는 '보물'로 여겨진다.

- 安居乐业 ānjū lèyè 안정된 생활을 누리며 즐겁게 일하다
  “安居乐业”四个字说起来容易，实践起来却很难。
  '안정된 생활을 누리며 즐겁게 일하다'라는 사자성어는 말하기는 쉽지만 실천하기는 어렵다.

- 半途而废 bàntú'érfèi (어떤 일을 완성하지 않고) 중도에 그만두다
  阻碍成功最大的因素是半途而废。 성공을 저해하는 가장 큰 요인은 중도에 그만두는 것이다.

- 博大精深 bódà jīngshēn (이론·학식·사상·작품 등이) 넓고 심오하다, 해박하다
  故宫此次展出的各项文物展现了中国博大精深的文化。 고궁에 이번에 전시된 각 문물은 중국의 넓고 심오한 문화를 드러냈다.

- 不可思议 bùkě sīyì 불가사의하다, 상상할 수 없다, 이해할 수 없다
  看过这部电影的人都为编剧不可思议的创造力而感叹。
  이 영화를 본 적 있는 사람은 각본가의 불가사의한 창의력에 모두 감탄한다.

- 不相上下 bùxiāng shàngxià 막상막하이다, 차이가 없다, 서로 우열을 가릴 수 없다
  两家产品的人气不相上下。 두 제품의 인기가 막상막하이다.

- 不言而喻 bùyán'éryù 말하지 않아도 안다, 말할 필요 없다
  领导的意思大家都不言而喻，小王却迟迟没有明白。
  대표의 뜻은 모두가 말하지 않아도 아는데, 샤오왕은 꾸물거리며 이해를 못했다.

- 不择手段 bùzé shǒuduàn (목적을 이루기 위해) 수단과 방법을 가리지 않다
  不择手段地追逐名利，迟早会让自己身败名裂。
  수단과 방법을 가리지 않고 명예와 이익을 좇으면 언젠가 명예와 지위를 잃게 될 수 있다.

- 层出不穷 céngchū bùqióng 끊임없이 나타나다, 꼬리를 물고 나타나다
  即使困难层出不穷，民警们也没有停止追捕犯人。
  비록 어려운 일이 끊임없이 나타나지만, 인민 경찰들은 범인을 추격하여 체포하는 일을 멈추지 않는다.

- 称心如意 chènxīnrúyì 마음에 꼭 들다, 만족하다, 만족할 만하다
  人们总是抱怨：在衣橱中找不到“现在要穿的那件”称心如意的衣服。
  사람들은 늘 옷장에서 '지금 입을' 마음에 드는 옷을 찾을 수 없다고 불평한다.

- 川流不息 chuānliú bùxī 사람이나 차의 행렬이 흐르는 물처럼 끊이지 않다
  走在川流不息的人群中，突然感到自己非常渺小。 쉼 없이 지나가는 사람들 속에서 갑자기 자신이 보잘것없다고 느꼈다.

- 得天独厚 détiāndúhòu 특별히 뛰어난 조건을 갖추다, 처한 환경이 유달리 좋다
  雨量充沛、土壤肥沃，是该地区栽培大豆得天独厚的地理条件。
  강수량이 충분하고 토지가 비옥한 것이 이 지역이 콩을 재배하기에 유달리 좋은 지리 조건이다.

- 风土人情 fēngtǔrénqíng 한 지방 특유의 자연환경과 풍속·예절·습관 등의 총칭, 풍토와 인정
  “泼水节”是傣族的传统节日，它体现了当地的风土人情。
  '발수절'은 다이족의 전통 명절로, 그것은 현지의 풍토와 인정을 구현했다.
  [泼水节: 소수 민족인 다이족, 더앙족의 최대 전통 명절. 이 기간 동안 서로 청정한 물을 뿌리며 과거의 불순한 것을 씻어 버리고 새해를 맞이하는 풍습이 있음]

- 供不应求 gōngbúyìngqiú 공급이 수요를 따르지 못하다, 공급이 수요를 만족시키지 못하다
  由于疫情的影响，今年的口罩市场已供不应求。
  전염병의 영향으로 인해 올해 마스크 시장은 이미 공급이 수요를 따르지 못하고 있다.
- 饥肠辘辘 jīcháng lùlù 배가 몹시 고파 꼬르륵 소리가 나다
  过度的节食减肥难免让人产生饥肠辘辘的感觉。과도한 다이어트는 사람을 허기지게 하기 마련이다.
- 见义勇为 jiànyì yǒngwéi 정의로운 일을 보면 용감하게 뛰어들다, 불의를 보면 참지 못하다
  这次大会表彰了李明同学见义勇为的行为。이번 총회는 리밍 학생이 정의로운 일에 용감하게 뛰어든 행동을 표창했다.
- 津津有味 jīnjīnyǒuwèi (음식이) 매우 맛있다, (이야기가) 매우 흥미롭다, 흥미진진하다
  妈妈津津有味地吃着儿子亲手为自己做的蛋糕。엄마는 아들이 직접 자신을 위해 만든 케이크를 맛있게 먹고 있다.
- 锦绣前程 jǐnxiùqiánchéng 마치 수놓은 비단과 같은 장래
  从这里走出的毕业生，都将有着锦绣前程。여기를 나온 졸업생들은 모두 비단 같은 장래가 있을 것이다.
- 精益求精 jīngyìqiújīng (학술·기술·작품·제품 등이) 훌륭하지만 더욱더 완벽을 추구하다
  作为主治医师，他对自己的要求总是精益求精。주치의로서 그는 자신의 요구에 대해 항상 더 완벽을 추구한다.
- 兢兢业业 jīngjīngyèyè 부지런하고 성실하다
  李老师在平凡的岗位上兢兢业业四十多年。리 선생님은 평범한 직장에서 부지런하고 성실하게 40여 년간 일하셨다.
- 举世闻名 jǔshìwénmíng 명성이 자자하다, 온 세상이 다 알다
  古埃及人的智慧造就了今天举世闻名的金字塔。고대 이집트인들의 지혜는 오늘날 명성이 자자한 피라미드를 만들었다.
- 举足轻重 jǔzú qīngzhòng 중요한 위치에 있어서 일거수일투족이 전체에 영향을 끼치다
  这位外籍教练在球队的地位举足轻重。이 외국인 코치는 팀에서의 지위가 아주 중요하여 일거수일투족이 전체에 영향을 끼친다.
- 聚精会神 jùjīng huìshén 정신을 집중하다, 열중하다, 몰두하다
  齐白石创作每一幅作品都是聚精会神、心无旁骛的。
  치바이스는 창작하는 매 작품마다 정신을 집중하여 다른 일에는 신경 쓰지 않았다.
- 空前绝后 kōngqián juéhòu 전무후무하다
  此次金融危机对全球经济的影响可以用"空前绝后"来形容。
  이번 금융 위기가 전 세계 경제에 미친 영향은 '전무후무하다'라고 형용할 수 있다.
- 苦尽甘来 kǔjìn gānlái 고진감래하다, 고생 끝에 낙이 오다
  十几年的坚持终于让研究员们等到了苦尽甘来的这一天。
  십여 년간 고수한 끝에 마침내 연구원들에게 고진감래의 날이 왔다.
- 络绎不绝 luòyìbùjué (사람·수레·배 등의) 왕래가 빈번하여 끊이지 않다
  在媒体的报道下，这家店的客人络绎不绝。대중매체의 보도로 이 가게의 손님이 끊이지 않는다.
- 名不副实 míngbúfùshí 유명무실하다, 명성이 실상과 부합되지 않다 [↔ 名副其实 명실상부하다]
  市场上有些"名牌"名不副实。시장에 몇몇 '유명 브랜드'들은 유명무실하다.
- 齐心协力 qíxīn xiélì 한마음 한뜻으로 협력하다, 마음을 합쳐 함께 노력하다
  父亲一直教育我们，只要一家人齐心协力，就没有克服不了的困难。
  아버지는 줄곧 우리에게 가족끼리 한마음 한뜻으로 협력하면 극복하지 못할 어려움은 없다고 교육하셨다.
- 全力以赴 quánlìyǐfù (어떤 일에) 최선을 다하다, 모든 힘을 쏟다
  科比和他的队员们对待每次比赛都会全力以赴。코비와 그의 팀원들은 매 경기마다 최선을 다해 임한다.

- 无可奉告 wúkěfènggào 드릴 말씀이 없다, 알릴 만한 것이 없다
  这些内容涉及艺人的个人隐私，作为经纪人我无可奉告。
  이 내용들은 연예인의 개인 사생활에 관련되어 있어서 매니저로서 저는 드릴 말씀이 없습니다.

- 无可奈何 wúkěnàihé 어찌할 도리가 없다, 속수무책이다, 방법이 없다
  对于生活中那些无可奈何的事，我们应该学会“放下”。
  삶 속의 어찌할 도리가 없는 일들에 대해 우리는 '내려놓는' 법을 배워야 한다.

- 无微不至 wúwēi búzhì 세세한 데까지 신경 쓰다
  姐姐从小就善解人意，对一家人的照顾更是无微不至。
  누나는 어려서부터 다른 사람의 속마음을 잘 이해하여 가족에 대한 세세한 부분까지 신경 쓴다.

- 物美价廉 wùměijiàlián 물건이 품질도 좋고 값도 싸다
  这家网店的商品物美价廉，回头客很多。이 온라인 쇼핑몰의 상품은 품질도 좋고 가격도 저렴해서 단골 손님이 많다.

- 循序渐进 xúnxù jiànjìn 차례대로 한걸음 한걸음 앞으로 나아가다
  专家提醒人们，运动时应循序渐进地增加强度，不宜急于求成。
  전문가들은 사람들에게 운동할 때는 차근차근 조금씩 강도를 높여야 하며, 서두르지 말아야 한다고 일깨워 준다.

- 优胜劣汰 yōushèng liètài 우승열패하다, 강한 것은 번성하고 약한 것은 쇠퇴하다
  从古至今，自然界一直遵循着优胜劣汰的规则。예부터 지금까지 자연계는 줄곧 우승열패의 규칙을 따른다.

- 有条不紊 yǒutiáobùwěn (조금도 어지럽지 않고) 질서 정연하다
  这次的计划正在有条不紊地进行。이번 계획은 질서 정연하게 진행되고 있다.

- 与日俱增 yǔrì jùzēng 날이 가면 갈수록 증가하다
  随着不断地了解，他们俩的感情与日俱增。끊임없이 알아가면서 두 사람의 감정은 날이 갈수록 깊어졌다.

- 朝气蓬勃 zhāoqìpéngbó 생기발랄하다, 활력이 넘치다, 패기가 넘치다
  那些朝气蓬勃的学生就好像春天的花朵一样。그 생기발랄한 학생들은 마치 봄날의 꽃봉오리 같다.

- 众所周知 zhòngsuǒzhōuzhī 모든 사람들이 다 알다
  金庸先生对中国文学的巨大贡献是众所周知的。진용 선생의 중국 문학에 대한 큰 공헌은 모든 사람들이 다 알고 있다.

배운 내용 점검하기

빈칸에 알맞은 단어를 골라 보세요.

1 现在，大学毕业生也很难找到一份让他(　　　)的工作。

A 称心如意　　　B 优胜劣汰

2 目前这种商品在市场上(　　　)，所以应该继续大量生产。

A 供不应求　　　B 博大精深

해석&어휘 **1** 요즘은 대학 졸업생도 마음에 꼭 들게 하는 직장을 찾기가 매우 어렵다.

毕业生 bìyèshēng 명 졸업생 | ★称心如意 chènxīnrúyì 성 마음에 꼭 들다 | ★优胜劣汰 yōushèng liètài 성 우승열패하다

2 요즘 이런 상품은 시장에서 공급이 수요를 따르지 못하기 때문에 계속 대량생산해야 한다.

目前 mùqián 명 지금, 현재 | 商品 shāngpǐn 명 상품 | 市场 shìchǎng 명 시장 | 继续 jìxù 동 계속하다 | 大量 dàliàng 형 대량의 | 生产 shēngchǎn 동 생산하다 | ★供不应求 gōngbúyìngqiú 성 공급이 수요를 따르지 못하다 | ★博大精深 bódà jīngshēn 성 해박하다

정답　**1** A　**2** A

Day 14

1. 汉语俗语中“不分青红皂白”是指不分是非。__________，青红白是__________颜色的，那么“皂”是什么意思？其实“皂”指的是黑色，在__________，衙门中的差役穿的黑布衣就是皂衣。

A 无可奉告　表示　先前　　B 众所周知　形容　古代
C 原来如此　比喻　以前　　D 模糊不清　表达　之前

2. 某一档科普节目邀请一名消防员做了一个实验，模拟炒菜时，因油温过高而引发燃烧的事故。__________的常识告诉人们，此时应该把锅盖儿盖上。可是这名消防员却给了我们一个__________的处理方法：向锅里倒食用油！随着食用油的倒入，火焰__________熄灭。这是由于低温油覆盖高温油，可以迅速使锅内的温度降低，__________使火苗熄灭。

A 终生　不由自主　随时　果然
B 暂时　不知所措　立刻　即使
C 以往　不可思议　逐渐　从而
D 目前　不约而同　立即　然而

정답 및 해설 → 해설서 p.151

Day 15

3. 琴台路位于成都古代建筑较为密集且文化气息非常__________的地方，它以卓文君与司马相如的爱情故事作为__________，向人们展现着汉代宴饮、舞乐和礼仪等__________。不仅如此，它还是成都的珠宝一条街，汇聚了不少__________珠宝店。

A 榜样　边界　称心如意　宽阔
B 类型　思路　朝气蓬勃　庞大
C 浓厚　主线　风土人情　大型
D 丰厚　布置　锦绣前程　高尚

4. 小时候，我们都渴望能够拥有一对“独立”的翅膀，可以挣脱爸妈__________的庇佑；长大以后，我们都渴望能够拥有一对“追梦”的翅膀，可以到达自己努力__________的远方；难过的时候，我们都渴望能够拥有一对“超越”的翅膀，使自已飞过__________；被__________的时候，我们都渴望能够拥有一对“自由”的翅膀，可以让心灵自由翱翔。

A 层出不穷　克服　嫌弃　疏远　B 无微不至　追寻　绝望　束缚
C 不相上下　攀爬　懊恼　围绕　D 川流不息　靠近　悲伤　环绕

5. 从名字上来看，空气清新剂应该可以＿＿＿＿＿空气，使气味变得清新。事实上却不然，空气清新剂＿＿＿＿＿，它只是用香味遮掩异味，而并不可以真正＿＿＿＿＿空气的质量。香味＿＿＿＿＿到空气里，反而会产生污染物。

A 纯净　莫名其妙　改正　覆盖
B 清楚　空前绝后　调整　涂改
C 明朗　日新月异　改进　扩大
D 清洁　名不副实　改善　释放

정답 및 해설 → 해설서 p.153

Day 16

6. 宋代商业经济＿＿＿＿＿繁荣，物价＿＿＿＿＿，房价也水涨船高。在首都汴京，许多老百姓不能＿＿＿＿＿高昂的房价，便只能租房。所租的房子一般有两种，一种是民间房东的房子，另一种＿＿＿＿＿是官府用来出租的公房。

A 日益　与日俱增　承担　则
B 一向　供不应求　负担　即
C 一度　层出不穷　支撑　亦
D 逐年　空前绝后　筹备　便

7. 现在正值春茶上市之季，每日来仙都镇高村的茶商＿＿＿＿＿。高＿＿＿＿＿的铁观音售价也高，让村民们的钱包都鼓了起来。不少茶商都来购买茶叶，他们或是＿＿＿＿＿，或是议价，有些人忙着搬运，有些人忙着称重，全村上下好不＿＿＿＿＿。

A 爱不释手　品位　评价　美味
B 络绎不绝　品质　品尝　热闹
C 安居乐业　体质　零售　急促
D 得天独厚　气度　询问　疲惫

8. 在户外拍照，太阳光的重要性＿＿＿＿＿。有的时候摄影师也会利用太阳来"做文章"，使其成为一个＿＿＿＿＿的构图元素。部分摄影师会将太阳拍摄得比人还要大，怎样把握太阳和人的＿＿＿＿＿，只有＿＿＿＿＿过的人才可以亲身体会到这中间的难度。

A 不择手段　高超　范围　研究
B 不慌不忙　卓越　阶级　传达
C 不由自主　宏亮　规模　计划
D 不言而喻　巧妙　位置　尝试

정답 및 해설 → 해설서 p.158

04 유의어

STEP 1 유형 파악하기

✖ 총 10개 문항이 출제되는 독해 제2부분에서 유의어 문제는 자주 출제된다. 중국어 유의어는 그 양이 방대하지만, 빈출 어휘만 익혀도 충분히 문제를 풀 수 있으니 너무 겁먹지 말자.

▶ 출제 경향

거의 모든 지문마다 하나씩은 꼭 포함되는 유형으로, 독해 제2부분의 특성상 빈칸의 앞뒤 내용을 반드시 파악해야 한다. 유의어는 한국어 뜻만 비교하면 구분하기 어려운 경우가 많으므로, 각각의 정확한 뜻과 용법을 공부해야 한다.

▶ 문제풀이 비법

1 한국어 해석뿐만 아니라, 활용법에도 집중하자.

'受到'와 '收到' 모두 '받다'라고 해석되지만, '受到' 뒤에는 추상적인 어휘가 오고 '收到' 뒤에는 구체적인 어휘가 와야 한다. 즉, '受到欢迎(환영받다)'은 맞고, '收到欢迎'은 틀리다. 이렇게 용법까지 정확히 알고 있어야 문제를 풀 수 있다.

2 품사까지 확실히 알아 두자.

품사를 통해서도 정답을 판별할 수 있다. 예를 들어, 동사 술어는 목적어를 가지는 반면, 형용사 술어는 목적어를 가지지 않는다는 차이점을 통해 정답을 추려 낼 수 있다.

제2부분 예제

1 互联网上常年__________着一份"中国十大最难懂方言排行榜"，温州话位列第一，荣获"中国最难懂方言"的__________。四川、陕西话等也在榜单内。但是，有网友表示，这些都没有自己的家乡话难懂，这个排名不__________实际。

A 上传　　名称　　适合
B 流传　　称号　　符合
C 宣传　　称呼　　适应
D 传播　　称谓　　适当

정답&해설 **1 B**

빈칸 1 빈칸은 목적어 '中国十大最难懂方言排行榜(중국의 가장 이해하기 어려운 사투리 10대 랭킹)'의 술어 부분이다. 뒤 내용까지 더 살펴보면 이 '사투리 랭킹'이 사람들에게 널리 알려져 있어야 하는 상황이므로, 빈칸에 적절한 어휘는 보기 중 '流传(전해지다)'과 '传播(전파하다)'이다.

A 上传 shàngchuán 동 업로드하다 [↔ 下载 다운로드하다]
上传到网上 인터넷에 업로드하다 | 上传速度 업로드(하는) 속도

B 流传 liúchuán 동 전해지다, 세상에 널리 퍼지다
广泛流传 널리 퍼지다 | 流传到A A까지 전해지다

C 宣传 xuānchuán 동 (대중을 향하여) 선전하다, 홍보하다
宣传法规 법규를 선전하다 | 宣传政策 정책을 홍보하다

D 传播 chuánbō 동 전파하다, 널리 퍼뜨리다
传播新闻 뉴스를 전파하다 | 传播信息 소식을 전파하다

빈칸 2 빈칸은 술어 '荣获(영예를 누리다)'와 호응하는 목적어 부분으로, '称号(칭호)'가 빈칸에 들어가 '荣获A称号(A라는 영예를 누리다)'라는 표현으로 쓰여야 문맥에 어울린다.

A 名称 míngchēng 명 명칭, 이름

B 称号 chēnghào 명 (주로 영광스런) 칭호, 호칭

C 称呼 chēnghu 명 호칭

D 称谓 chēngwèi 명 (사람이나 사물에 대한) 호칭, 명칭

빈칸 3 빈칸은 목적어 '实际(실제, 현실)'와 호응하는 술어 부분으로, 앞선 내용을 미루어 보아 '실제와 맞지 않다, 다르다'라는 맥락으로 이어져야 자연스럽다. 이에 알맞은 보기는 '符合(부합하다)'이다. '符合实际(실제에 부합하다)'는 자주 출제되는 짝꿍 표현이니 꼭 기억해 두자.

A 适合 shìhé 동 적합하다, 알맞다, 적절하다
适合A的B A에게 적합한 B | A适合B A는 B하기에 알맞다 [A에게 적합하다: 对A适合(×) → 对A合适(○)]

B 符合 fúhé 동 (수량·내용·형식 등이) 부합하다, 일치하다
符合实际 실제에 부합하다 | 符合要求 요구에 부합하다

C 适应 shìyìng 동 적응하다
适应环境 환경에 적응하다 | 适应生活 생활에 적응하다

D 适当 shìdàng 형 (규정이나 조치 등이) 적절하다, 알맞다
适当的时间 적절한 시간 | 适当地使用 적절하게 사용하다

互联网上常年流传着一份"中国十大最难懂方言排行榜"，温州话位列第一，荣获"中国最难懂方言"的称号。四川、陕西话等也在榜单内。但是，有网友表示，这些都没有自己的家乡话难懂，这个排名不符合实际。

인터넷에는 오랫동안 '중국의 가장 이해하기 어려운 사투리 10대 랭킹'이 전해져 오고 있는데, 원저우 말이 1위를 차지하면서 '중국의 가장 이해하기 어려운 사투리'라는 칭호를 누리게 되었다. 쓰촨, 산시 말 등도 순위에 올라 있었다. 그런데 어떤 네티즌은 이 사투리들 모두 자신의 고향 말만큼 어렵지 않다며, 이 순위는 실제에 부합하지 않는다고 말했다.

A	上传(×)	名称(×)	适合(×)
B	**流传**	**称号**	**符合**
C	宣传(×)	称呼(×)	适应(×)
D	传播(○)	称谓(×)	适当(×)

A 업로드하다 / 명칭 / 적합하다
B 전해지다 / 칭호 / 부합하다
C 선전하다 / 호칭 / 적응하다
D 전파하다 / 호칭 / 적절하다

常年 chángnián 명 오랫동안 | ★**方言** fāngyán 명 사투리, 방언 | **排行榜** páihángbǎng 명 랭킹, 순위 차트 | **温州** Wēnzhōu 고유 원저우시 | **位列** wèiliè (순위·등급·레벨을) 차지하다 | **荣获** rónghuò 동 영예를 누리다 | **四川** Sìchuān 고유 쓰촨성 | **陕西** Shǎnxī 고유 산시성 | **榜单** bǎngdān 명 순위 차트 | **网友** wǎngyǒu 명 네티즌 | **家乡** jiāxiāng 명 고향 | **排名** páimíng 명 순위, 랭킹

1 주요 유의어 track 72

실제 시험에서 출제율이 높으며, 수험생들이 자주 헷갈려 하는 유의어이다. 추가 유의어는 부록을 참고하자.

① 包含 vs. 包括 vs. 包涵

包含 bāohán	동 (의미·도리·성질 등을) 포함하다, 함유하다, 담다, 들다 [내부의 관계를 강조함] 包含几个方面 몇 개 방면을 포함하다 | 包含几层意思 여러 의미를 포함하다 | 包含着 포함하고 있다 这篇文章的最后一句话包含了几层意思。이 글의 마지막 문장은 여러 의미를 포함하고 있다.
包括 bāokuò	동 포함하다 [각 부분을 열거하거나 중점적으로 한 부분을 가리킴] 包括A在内 A를 포함하다 | 包括A原因 A 원인을 포함하다 | 包括+사람 ~를 포함하다 | 包括A方面 A 분야/방면을 포함하다 这本书的内容包括了历史、地理、经济等各个方面。 이 책의 내용은 역사, 지리, 경제 등 각 분야를 포함했다.
包涵 bāohan	동 양해하다, 용서하다 [목적어를 취하지 않음] 多多包涵 많은 양해 바랍니다 | 请包涵 양해해 주십시오 我今天的发言有很多不足，请各位多多包涵。 오늘 저의 발표는 부족한 점이 많으니 여러분의 많은 양해 바랍니다.

② 采访 vs. 采纳 vs. 采取 vs. 采用

采访 cǎifǎng	명 인터뷰, 취재 동 취재하다, 탐방하다 [뉴스 매체 등과 관련됨] 采访节目 인터뷰 프로그램 | 接受采访 인터뷰를 받아들이다 | 媒体采访 언론 인터뷰 | 采访名人 유명 인사를 취재하다 那位作家拒绝接受任何媒体的采访。그 작가는 어떤 매체의 인터뷰든 받아들이는 것을 모두 거절한다.
采纳 cǎinà	동 (의견·건의·요구 등을) 받아들이다 ['채택하다'라는 의미까지 포함하지는 않으며, 추상적인 사물을 목적어로 가짐] 采纳意见/建议/方法 의견/건의/방법을 받아들이다 | 被A采纳 A에 의해 채택되다 李科长提出的建议并没有被公司采纳。리 과장이 발의한 건의는 회사에 의해 채택되지 않았다.
采取 cǎiqǔ	동 (어떤 방침·정책·조치·수단·형식·태도 등을) 취하다, 선택하여 실행하다, 채택하다 采取措施 조치를 취하다 | 采取行动 행동을 취하다 | 采取方法 방법을 취하다 政府应该对"校园暴力"事件采取有效的预防措施。 정부는 '학교 폭력' 사건에 대해 효과적인 예방 조치를 마땅히 취해야 한다.
采用 cǎiyòng	동 채택하다, 채용하다 [실행·사용의 의미를 강조함] 采用新方法 새로운 방법을 채택하다 | 采用技术 기술을 채택하다 | 采用方式 방식을 채택하다 这种化妆品是采用了最新技术研制出来的。이런 화장품은 최신 기술을 채택하여 연구된 것이다.

③ 参观 vs. 参加 vs. 参与

参观 cānguān	동 (상황이나 시설을 자세히 살피기 위해서 짧은 기간 동안) 참관하다, 방문하다 参观博物馆 박물관을 방문하다 | 参观动物园 동물원에 방문하다 | 值得参观 둘러볼 만하다 很多韩国人都想去参观哈尔滨的"安中根纪念馆"。 많은 한국인들이 하얼빈의 '안중근 의사 기념관'에 참관하러 가고 싶어 한다.
参加 cānjiā	동 (구체적 조직이나 활동에) 참가하다, 참석하다 参加考试/会议/面试/婚礼/活动 시험/회의/면접/결혼식/활동에 참석하다 我在留学期间，参加过很多志愿活动。나는 유학 기간 동안 많은 자원 봉사 활동에 참가한 적이 있다.
参与 cānyù	동 (상대적으로 중요한 기획이나 활동에) 참여하다 参与讨论 토론에 참여하다 | 参与活动 활동에 참여하다 | 积极参与 적극적으로 참여하다 我们班的所有同学都会参与这次讨论。우리 반의 모든 학생들은 모두 이번 토론에 참여할 것이다.

④ 充实 vs. 充分 vs. 充足 vs. 充满 vs. 充沛

充实 chōngshí	형 (내용·인원·물자 등이) 충실하다, 풍부하다, 충분하다 동 충실하게 하다, 풍부하게 하다, 충분하게 하다 [의미 있는 목표를 위해 노력함, 사람을 만족시키는 심리적인 느낌] 生活充实 생활이 풍부하다 | 内容/感情充实 내용/감정이 풍부하다 | 充实自己 자신을 풍요롭게 하다 这位作家的作品一向内容充实、条理清晰。 이 작가의 작품은 줄곧 내용이 충실하고 짜임새가 있다.
充分 chōngfèn	형 충분하다 [주로 추상적인 사물에 많이 쓰임, '充分+술어'의 형태로 자주 쓰임] 理由/时间/营养/条件充分 이유/시간/영양/조건이 충분하다 | 充分地说明 충분히 설명하다 | 充分利用 충분히 이용하다 对方没有给出充分的理由说服我方投资。 상대방은 우리 측의 투자를 설득할 만한 충분한 이유를 제시하지 못했다.
充足 chōngzú	형 충분하다, 충족하다 [주로 구체적인 사물에 많이 쓰이며 필요한 수요를 만족시키는 것을 의미함] 费用/人力/睡眠/阳光充足 비용/인력/잠/햇빛이 충분하다 | 充足的货源 충분한 공급원 充足的睡眠是保证健康的前提。충분한 수면은 건강을 보장하는 전제이다.
充满 chōngmǎn	동 가득 차다, 가득 채우다, 충만하게 하다 [充满+추상 목적어] 充满笑声/力量/希望 웃음소리/힘/희망이 넘치다 | 充满信心 믿음이 가득하다 | 充满活力 활기차다 课间的时候，教室里总是充满着学生们的笑声。 쉬는 시간에 교실 안은 항상 학생들의 웃음소리로 가득하다.
充沛 chōngpèi	형 넘쳐흐르다, 충분하다, 왕성하다 精力充沛 정력이 넘쳐흐르다 | 雨量充沛 강우량이 충분하다 | 体力充沛 체력이 왕성하다 及时补充维生素有助于我们恢复充沛的体力。 비타민을 제때 보충하는 것은 우리가 왕성한 체력을 회복하는 데 도움을 준다.

⑤ 处理 vs. 办理

处理 chǔlǐ	동 (문제를) 해결하다, 처리하다, (일을) 안배하다 [결과를 강조하며 어기가 강한 편임] 处理事情 일을 처리하다 | 处理故障/事故 고장/사고를 처리하다 | 处理商品 상품을 처리하다 警方处理这起事故时，采取了及时有效的措施。 경찰 측은 이 사고를 처리할 때, 즉시 유효한 조치를 취했다.
办理 bànlǐ	동 수속하다, (사무를) 처리하다, 수행하다, 절차를 밟아 처리하다 [과정을 강조함] 办理护照 여권 수속을 하다 | 办理业务 업무를 처리하다 | 通过A办理手续 A를 통해 수속을 밟다 我通过旅行社办理了出国手续。나는 여행사를 통해 출국 수속을 밟았다.

⑥ 传播 vs. 传达 vs. 流传 vs. 传承

传播 chuánbō	동 전파하다, 널리 퍼뜨리다 [이상·관념·지식 등을 넓은 지역에 퍼뜨림] 명 전파 传播知识/文化/思想 지식/문화/사상을 전파하다 | 广泛传播 널리 퍼뜨리다 | 传播速度 전파 속도 疫情的传播速度之快超出了所有人的想象。 전염병의 전파 속도의 빠르기가 모든 사람의 상상을 뛰어넘었다.
传达 chuándá	동 전달하다 [소통·관계를 강조하며, 문서·지시·명령 등으로 비교적 정식적으로 전달함] 传达命令 명령을 전달하다 | 传达指示 지시를 전달하다 对于上级传达下来的的命令，员工们并没有完全服从。 상부에서 전달된 명령에 대해 직원들은 결코 완전히 복종하지 않았다.
流传 liúchuán	동 (사적·작품 등이) 세상에 널리 퍼지다 [널리 퍼져 후대까지 전해짐] 千古/广泛流传 오랜 세월/광범위하게 널리 퍼지다 | 流传至今 오늘날까지 널리 퍼지다 李白的很多诗歌被人们誉为经典，并流传至今。 이백의 많은 시가는 사람들에게 고전으로 칭송받고 오늘날까지 널리 퍼져 있다.
传承 chuánchéng	동 (기예·문화 등을) 전승하다, 계승하다 传承文化 문화를 전승하다 | 传承文明 문명을 전승하다 | 传承给后人 후대인에게 계승하다 这些文化遗产值得我们世世代代传承下去。 이 문화유산들은 우리가 대대손손 계승해 나갈 만한 가치가 있다.

⑦ 到达 vs. 达到

到达 dàodá	동 (어떠한 장소에) 도착하다, 도달하다 [到达+장소 목적어] [↔ 出发] 到达北京 베이징에 도착하다 | 到达目的地 목적지에 도착하다 | 按时到达 제때 도착하다 飞机到达目的地的时间是下午三点。비행기가 목적지에 도착하는 시간은 오후 세 시이다.
达到 dádào	동 (어떠한 수준에) 이르다, (목표를) 달성하다 [达到+추상 목적어/숫자] 达到A水平 A 수준에 이르다 | 达到目标 목표를 달성하다 | 达到+정도/목표 ~에 이르다 据报道，市民们春节期间网购的频率已达到平时的3倍。 보도에 따르면, 시민들이 춘절 기간에 인터넷 구매를 한 빈도 수가 이미 평소의 세 배에 달한다고 한다.

⑧ 负担 vs. 包袱 vs. 压力

负担 fùdān	동 (책임·업무·비용 등을) 감당하다, 부담하다 명 부담, 비용 负担学费 학비를 감당하다 | 负担不起 감당하지 못하다 | 成为负担 부담이 되다 该学生因负担不起高昂的学费而选择退学。 이 학생은 비싼 학비를 감당하지 못해서 학교를 그만두는 것을 선택했다.
包袱 bāofu	명 (심리적) 부담 成为包袱 짐이 되다 | 思想包袱 마음의 짐 | 偶像包袱 주로 연예인들이 가지는 본인의 이미지에 대한 심리적 부담감 不要让不必要的人际关系成为我们生活的包袱。 불필요한 인간관계가 우리 삶의 부담이 되지 않게 해야 한다.
压力 yālì	명 스트레스, 정신적 부담 工作压力 업무 스트레스 | 压力很大 스트레스가 크다 | 没有压力 스트레스가 없다 | 受到压力 스트레스를 받다 | 给A压力 A에게 스트레스를 주다 | 造成压力 스트레스를 야기하다 "主场比赛"会给选手们造成巨大的心理压力。 '홈경기'는 선수들에게 아주 큰 심리적 부담을 줄 수 있다.

⑨ 改进 vs. 改善 vs. 改良

改进 gǎijìn	동 (오래된 기풍이나 방법을 새롭게) 바꾸다, 개선하다 改进方法 방법을 바꾸다 | 改进技术 기술을 바꾸다 | 不断改进 끊임없이 바꾸다 近年来，农作物的种植技术一直在不断地改进。 최근 몇 년간 농작물 재배 기술이 줄곧 끊임없이 개선되고 있다.
改善 gǎishàn	동 (원래의 상황을 좋게) 개선하다 改善环境 환경을 개선하다 | 改善生活 생활을 개선하다 | 改善关系 관계를 개선하다 改善大学校园周围的环境是当前十分重要的任务。 대학 캠퍼스 주변 환경을 개선하는 것은 현재 매우 중요한 임무이다.
改良 gǎiliáng	동 (결점을 없애서 더 좋게) 개량하다 改良品种 품종을 개량하다 | 改良土壤 토양을 개량하다 | 进行改良 개량을 진행하다 最近，很多设计师都对传统韩服进行了改良。 최근, 많은 디자이너들이 전통 한복을 개량했다.

⑩ 构成 vs. 造成 vs. 组成

构成 gòuchéng	동 구성하다, 조성하다, 형성하다 [구성한 성분 간에는 반드시 관련이 있음] 由A构成 A로 구성하다 | 构成犯罪 범죄를 구성하다 | 构成威胁 위협을 조성하다 肥胖对我们身体健康构成了严重的威胁。 비만은 우리의 신체 건강에 심각한 위협을 준다.
造成 zàochéng	동 (좋지 않은 결과를) 초래하다, 조성하다, 야기하다 [造成+안 좋은 일] 造成损失 손실을 초래하다 | 造成误会 오해를 낳다 | 造成后果 나쁜 결과를 낳다 由于没有进行及时沟通，从而造成了双方的误会。 제때 소통을 하지 않아서 양측의 오해를 낳았다.

组成 zǔchéng	동 구성하다, 조성하다 [개체가 모여 전체가 된다는 의미로, 구성된 성분 간에 관련이 없을 수도 있음] 组成集体 단체를 구성하다 | 组成一排 한 열을 구성하다 | 由A组成 A로 구성되다 这次的调查小组由三个部门组成。이번 조사 팀은 세 개의 부서로 구성되어 있다.

⑪ 关注 vs. 关心 vs. 关怀

关注 guānzhù	동 주목하다, 관심을 갖고 주시하다, 중시하다 명 관심 关注的问题 관심을 갖는 문제 | 引起关注 관심을 끌다 | 受到关注 주목을 받다 网上关于疫情的报道引起了世界的关注。인터넷의 전염병에 관한 보도가 세계의 관심을 끌었다.
关心 guānxīn	동 신경을 쓰다, 마음을 쓰다, 관심을 갖다, 관심을 기울이다 [주로 다른 사람이나 사물에게 주의를 기울이고 중요시하는 것을 의미함] 명 관심 非常关心孩子 아이에게 매우 관심을 갖다 | 关心子女/别人 자녀/다른 사람에게 관심을 기울이다 | 受到关心 관심을 받다 | 缺乏关心 관심이 부족하다 作为家长，要多关心子女的心理健康。가장으로서 자녀의 심리 건강에 많은 관심을 기울여야 한다.
关怀 guānhuái	동 관심을 보이다, 배려하다, 보살피다 명 관심, 배려, 친절 [주로 윗사람이 아랫사람에게, 단체나 조직이 개인에게 관심을 보이는 것을 의미함] 深切的关怀 깊은 배려 | 给予关怀 관심을 주다 社会对于留守儿童的深切关怀使他们再次感受到了温暖。 남겨진 어린이에 대한 사회의 깊은 배려는 그들이 다시 따뜻함을 느끼게 했다. [留守儿童: 부모 모두 또는 한쪽이 돈 벌러 도시로 떠나고 홀로 농촌에 남아 있는 아동]

⑫ 广泛 vs. 广大 vs. 扩大

广泛 guǎngfàn	형 (내용·취미 등의 범위가) 광범위하다, 넓다, (여러 방면으로) 널리 퍼지다 内容/题材广泛 내용/소재가 광범위하다 | 用途广泛 용도가 광범위하다 | 范围广泛 범위가 넓다 这次考试的范围相当广泛。이번 시험 범위는 상당히 넓다.
广大 guǎngdà	형 (면적·공간이) 넓다, (범위·규모가) 크다, 방대하다 [사람을 가리킬 수 있음] 世界广大 세계가 넓다 | 广大读者 대규모의 독자 为了回报广大消费者，公司决定降价出售新产品。 많은 소비자들에게 보답하기 위해, 회사는 신상품을 가격을 내려서 판매하기로 결정한다.
扩大 kuòdà	동 (범위나 규모 등이 원래보다 커지게) 확대하다, 넓히다 扩大规模 규모를 확대하다 | 扩大影响 영향을 확대하다 | 扩大面积 면적을 넓히다 为了容纳更多的学生，学校扩大了宿舍面积。 더 많은 학생을 수용하기 위해 학교는 기숙사 면적을 넓혔다.

⑬ 规定 vs. 规矩 vs. 规律 vs. 规则

规定 guīdìng	동 (방식·방법·수량·품질 등을) 규정하다 명 규정 [어떤 사물에 대해 결정을 내린다는 의미로, 어떤 방식이나 질적인 내용에 많이 사용함] 规定日期/标准 기일/표준을 규정하다 | 学校的规定 학교의 규정 | 按照规定 규정에 따라서 | 违反规定 규정을 위반하다 按照学校的规定，新生应在入学前缴纳学费。 학교의 규정에 따라, 신입생은 입학 전에 등록금을 납부해야 한다.
规矩 guīju	명 규칙, 표준, 법칙 [사람이 정하거나 자연적으로 형성된 일정한 규정이나 제도·관례·관습] 没有规矩 규칙이 없다 | 规矩多 규칙이 많다 | 守规矩 규칙을 준수하다 | 立规矩 규칙을 세우다 一个人的规矩是他在生活中逐渐养成的。 한 사람의 규칙은 그가 삶에서 점차 길러 온 것이다.
规律 guīlǜ	명 규칙, 규율, 법칙 형 규칙적이다, 규율에 맞다 [되풀이되는 규칙, 제약성이 약함] 生活规律 생활 규칙 | 自然规律 자연 규율 | 违反规律 규칙을 어기다 | 形成规律 규율을 형성하다 生活有规律的人身体也自然更健康。 생활에 규칙이 있는 사람은 몸도 자연히 더 건강해진다.
规则 guīzé	명 규칙, 규율, 법칙 [사람이 공동으로 지켜야 하는 문자화된 규칙, 제도] 游戏规则 게임 규칙 | 遵守规则 규칙을 준수하다 | 交通规则 교통 규칙 无论是行人还是车辆，都应该遵守交通规则。 보행자든 차량이든 모두 교통 규칙을 준수해야 한다.

⑭ 及时 vs. 按时 vs. 准时

及时 jíshí	부 제때에, 바로, 즉시 형 시기적절하다, 때가 맞다 [시기적절하게 행동이 이루어짐] 及时赶到 제때에 도착하다 | 来得及时 때맞춰 오다 | 及时解决 제때에 해결하다 | 及时雨 단비 幸亏救援人员及时赶到，否则就会出现人员伤亡。 다행히 구조대원들이 제때 도착했으니 망정이지, 그렇지 않았다면 인명 피해가 날 뻔했다.
按时 ànshí	부 제때에 [규정된 시간 즈음에 행동을 완성함, 규칙성을 강조함] 按时吃药 제때에 약을 먹다 | 按时完成 제때에 완성하다 | 按时到达 제때에 도착하다 新来的小李总是无法按时完成上级交给他的任务。 새로 온 샤오리는 상사가 그에게 준 임무를 늘 제때 완수하지 못한다.
准时 zhǔnshí	부 정시에 형 (규정된) 시간을 잘 지키다 [규정된 시각을 지켜 행동을 완성함] 准时上下班 정시에 출퇴근하다 | 准时起飞 정시에 이륙하다 如果飞机不能准时起飞，就应该马上广播通知乘客。 만약에 비행기가 정시에 이륙하지 못한다면 바로 승객들에게 방송하여 통지해야 한다.

⑮ 记录 vs. 记载

记录 jìlù	명 기록, 성적 동 기록하다 [문자·녹음기·카메라 등으로 현장에서 바로 기록함] 电话记录 전화 기록 | 采访记录 취재 기록 | 打破记录 기록을 깨다 记者在整理发言稿的时候，重新看了一遍采访记录。 기자는 발표문을 정리할 때 취재 기록을 다시 봤다.

记载 jìzǎi	명 (써 놓은) 기록, 글 [문자로 기록한 것, 대표적으로 역사서] 동 기재하다, 기록하다 历史记载 역사 기록 | 详细的记载 자세한 기록 | 根据记载 기록에 따르면 李时珍的《本草纲目》对蜗牛的药用及药性有着详细的记载。 이시진의 「본초강목」에는 달팽이의 약용과 약성에 대한 자세한 기록이 있다.

⑯ 坚持 vs. 保持 vs. 维持

坚持 jiānchí	동 (어떤 태도나 주장 등을) 굳게 지키다, 견지하다, 고수하다 ['保持' '维持'보다 어기가 세며 단호함을 강조] 坚持锻炼 운동을 꾸준히 하다 | 继续坚持 계속 견지하다 | 坚持到底 끝까지 견지하다 | 坚持不懈地努力 조금도 느슨하게 하지 않고 끝까지 노력하다 通过坚持不懈地努力，她终于成为了享誉世界的科学家。 조금도 느슨하게 하지 않고 끝까지 노력함으로써, 그녀는 마침내 세계적으로 명성이 자자한 과학자가 되었다.
保持 bǎochí	동 (원래의 좋은 상태나 모습을) 유지하다 保持联系/安静/卫生/身材 연락/정숙/위생/몸매를 유지하다 想要保持苗条的身材，就必须坚持运动还有控制饮食。 날씬한 몸매를 유지하고 싶다면, 반드시 꾸준히 운동하고 식단을 조절해야 한다.
维持 wéichí	동 (현재 상황이 좋지 않지만 어떤 방법·노력 등으로 상태를) 유지하다, 그대로 지탱하다, 지켜 나가다 维持生计/关系/秩序/生命 생계/관계/질서/생명을 유지하다 这位病人一直在靠药物维持生命。 이 환자는 줄곧 약물에 의지해 생명을 유지하고 있다.

⑰ 连续 vs. 陆续 vs. 持续 vs. 继续

连续 liánxù	동 연속하다, 하나하나 연결되다 [끊임없이 연속됨] 连续不断 연속하여 끊이지 않다 | 连续几年 몇 년째 | 连续几次 연속 몇 번 | 电视连续剧 TV 연속극 细雨已经连续下了三天了。 가랑비가 이미 사흘 연속 내렸다.
陆续 lùxù	부 잇따라, 계속해서 [앞뒤 연이어, 끊겼다 이어졌다를 반복함, 선후를 강조함, 품사가 부사임을 주의] 陆续入场/离场 잇따라 입장/퇴장하다 | 陆续回来 연이어 돌아오다 | 陆续出去 잇따라 나가다 所有人都已经陆续进入了会场。 모든 사람이 이미 속속 회의장으로 들어갔다.
持续 chíxù	동 지속하다, 이어지다 [끊임없이 계속되고, 일정한 시간을 유지함] 持续发生 계속 발생하다 | 持续上升 계속 상승하다 | 持续一年 1년 지속하다 近年来，中国的经济出现了持续增长的趋势。 최근 몇 년 사이에, 중국의 경제는 계속해서 성장하는 추세를 보였다.
继续 jìxù	동 계속하다, 이어져 나가다 [중간에 멈췄다가 다시 이어서 시작함] 继续努力 계속 노력하다 | 继续工作 계속 일하다 | 继续说 계속 말하다 弟弟在比赛中摔倒后，又继续爬起来跑到了终点。 남동생은 시합에서 넘어지고도 다시 일어나 결승점까지 계속 달렸다.

⑱ 面对 vs. 面临

面对 miànduì	동 (능동적으로) 마주하다, 직면하다 [목적어가 꼭 필요하지는 않으며, 구체적·추상적 어휘 모두 올 수 있음] 面对问题/困难 문제/어려움에 직면하다 | 积极地/勇敢地面对 적극적으로/용감하게 마주하다 | 共同面对 함께 맞서다 我们应该勇敢地面对生活中的难题。우리는 마땅히 용감하게 생활 중의 난제에 직면해야 한다.
面临 miànlín	동 (수동적으로, 의도치 않게) 직면하다 [목적어가 꼭 필요하며, 추상적 어휘가 와야 함] 面临问题 문제에 직면하다 | 面临困难 어려움에 직면하다 | 面临挑战 도전에 직면하다 水中的企鹅若要上岸，就要面临巨大的挑战。 물속의 펭귄이 만약 육지로 오르려면 큰 도전에 직면해야 한다.

⑲ 偶然 vs. 偶尔

偶然 ǒurán	부 우연히 형 우연하다 [↔ 必然, 형용사적 용법도 있기 때문에 술어나 관형어로도 쓸 수 있음] 偶然发现 우연히 발견하다 | 偶然听到 우연히 듣다 | 偶然遇到 우연히 만나다 姐姐偶然在网上发现了一种减肥食品。언니는 우연히 인터넷에서 다이어트 식품을 발견했다.
偶尔 ǒu'ěr	부 가끔, 간혹 [↔ 经常] 偶尔去看电影 가끔 영화를 보러 가다 | 偶尔发生 간혹 발생하다 由于我是一个人生活，所以只是偶尔在家做饭吃。 나는 혼자 살아서 가끔 집에서 밥을 해 먹는다.

⑳ 亲身 vs. 本身 vs. 自己 vs. 自身

亲身 qīnshēn	부 직접, 친히, 몸소 [직접 경험한 것에 초점을 둠] 亲身体会 직접 체험하다 | 亲身经历 직접 겪다 | 亲身感受 직접 느끼다 很多事只有在自己亲身体验后，才能真正地理解。 많은 일은 자신이 직접 경험해야 비로소 진정으로 이해할 수 있다.
本身 běnshēn	대 (그룹·사물·단체·기관·사람 등의) 그 자신, 그 자체 [주로 그룹·부문·사물 등을 지칭함] 我本身 나 자신 | 语言本身 언어 그 자체 语言本身就具有地域性，我们不应该片面地理解。 언어는 그 자체로 지역성을 지녀서, 우리가 단편적으로 이해해서는 안 된다.
自己 zìjǐ	대 자기, 자신, 스스로 [앞에 나왔던 명사나 대사를 다시 가리키며, 동사 앞에 쓰일 때는 주로 외부의 힘을 빌리지 않음을 강조하고 명사 앞에 쓰일 때는 친밀한 관계를 나타냄] 自己来 스스로 하다 | 我自己 나 혼자 | 自己人 자기, 친한 사람 父母应培养孩子自己解决问题的能力。 부모는 아이들이 스스로 문제를 해결하도록 능력을 길러 줘야 한다.
自身 zìshēn	명 자기, 자신 [다른 것이 아니라 자기 자신임을 강조함] 自身因素 자신의 원인 | 自身价值 본인 가치 | 自身的问题 자신의 문제 出现问题后，很多人会忽视自身的因素。문제가 생긴 후 많은 사람들은 자신의 원인을 무시한다.

㉑ 适当 vs. 适合 vs. 适宜 vs. 符合 vs. 合适

'适当' '适宜' '合适'는 형용사이므로 목적어를 취하지 않는다.

适当 shìdàng	형 적절하다, 알맞다 [규정, 의견, 방식, 조치 등이 요구나 상황에 알맞게 부합됨을 나타냄] 适当地处理/表现 적절하게 처리하다/표현하다 | 适当饮酒/运动/温度 적절한 음주/운동/온도 适当地表现你对别人的关心会拉近彼此的距离。 당신의 다른 사람에 대한 관심을 적절하게 표현하면 서로 간의 거리를 좁힐 것이다.
适合 shìhé	동 알맞다, 적절하다, 적합하다 [주로 실제 상황이나 객관적 요구에 쓰임] 适合自己 자기에 맞다 | 适合A的口味 A의 입맛에 맞다 | 适合当医生 의사가 되기에 적합하다 无论人还是东西，别人说好不一定真的好，适合自己的才是最好的。 사람이든 물건이든 다른 사람이 좋다고 해서 반드시 좋은 것은 아니다. 자신에게 맞는 것이야말로 제일 좋은 것이다.
适宜 shìyí	형 적당하다, 알맞다, 적합하다, 적절하다 [사람이 편하게 느낀다는 의미도 포함함] 温度/气候适宜 온도/기후가 적당하다 | 适宜的环境 알맞은 환경 | 适宜生长 성장에 적합하다 中国的气候非常适宜桑树生长，因此南北各地均有分布。 중국의 기후는 뽕나무가 자라기에 매우 적합해서 남북 각지에 (뽕나무가) 고루 분포되어 있다.
符合 fúhé	동 부합하다, 일치하다 [수량·성질·형상·경과 등에 쓰임] 符合要求/条件/标准 요구/조건/표준에 부합하다 | 与A(相)符合 A와 (서로) 부합하다 赞美他人也应符合事实，不宜过分夸张。 남을 칭찬하는 것도 사실에 부합해야 하며, 지나치게 과장해서는 안 된다.
合适 héshì	형 (실제 상황이나 객관적인 요구에 부합하여) 알맞다, 적합하다, 적당하다 正合适 딱 맞다 | 大小合适 크기가 적합하다 | 合适的工作 알맞은 일 | 对A合适 A에 적합하다 这条裤子我穿大小正合适，但是价格有点儿贵。 이 바지는 내가 입기에 사이즈는 딱 알맞지만, 가격이 조금 비싸다.

㉒ 维护 vs. 保护 vs. 爱护

维护 wéihù	동 지키다, 수호하다, 유지하고 보호하다 [지속성을 띰] 维护自尊心/名声 자존심/명성을 지키다 | 维护秩序/和平 질서/평화를 수호하다 | 维护声誉 명성을 지키다 | 维护个人利益 개인의 이익을 지키다 树立一个品牌很难，而维护一个品牌则是难上加难。 하나의 브랜드를 설립하기는 어렵고, 하나의 브랜드를 지키는 것은 더 어렵다.
保护 bǎohù	동 보호하다, 손상되지 않게 하다 [보살핌을 통해 손상되지 않게 하는 목적에 이름] 保护环境/子女/妇女儿童 환경/자녀/여성과 어린이를 보호하다 | 受到保护 보호를 받다 每一位消费者的权益都应该受到法律的保护。 모든 소비자의 권익은 법률의 보호를 받아야 한다.
爱护 àihù	동 아끼고 보호하다, 애호하다 [해를 입지 않게 사랑으로 보살핀다는 의미로, 다른 어휘들보다 보호한다는 어감이 강함] 爱护动物/花草 동물/화초를 보살피다 | 爱护公共财物 공공재산을 소중히 하다 | 对A爱护 A에 대해 아끼고 보호하다 军人们像爱护眼睛一样爱护他们的军装。 군인들은 눈을 보호하는 것과 같이 그들의 군복을 아낀다.

㉓ 显示 vs. 表示 vs. 表达 vs. 表明 vs. 表现

显示 xiǎnshì	동 (능력·재능·생명력·의미 등을) 뚜렷하게 나타내 보이다, 분명하게 표현하다, 보여 주다 동 자랑하다 显示才能 재능을 보여 주다 | 调查显示 조사가 보여 주다 | 显示自己 자기를 드러내 보이다, 자랑하다 书架上无数的奖杯充分显示了他的才能。 책꽂이의 수많은 트로피는 그의 재능을 충분히 보여 주었다.
表示 biǎoshì	동 (태도·사상을) 나타내다, 표시하다 表示感谢 감사를 나타내다 | 表示同意 동의를 나타내다 | 向A表示B A에게 B를 표시하다 教师节是学生们向老师表示感谢的日子。 스승의 날은 학생들이 선생님에게 감사를 표하는 날이다.
表达 biǎodá	동 (생각·감정을) 표현하다, 나타내다 表达感情 감정을 표현하다 | 表达意思 뜻을 나타내다 这篇文章表达了作者深切的思乡之情。 이 글은 작가의 고향을 그리워하는 깊은 마음을 표현했다.
表明 biǎomíng	동 표명하다, 분명하게 보이다 [분명히 한다는 것을 강조하며, '증명하다, 설명하다'라는 의미도 가짐] 表明态度 태도를 밝히다 | 表明身份 신분을 밝히다 | 表明立场 입장을 분명히 하다 | 表明意见 의견을 표명하다 | 公开表明 공개적으로 표명하다 调查人员已经向嫌疑人表明了自己的身份。 조사원은 이미 용의자에게 자신의 신분을 밝혔다.
表现 biǎoxiàn	동 (태도·생각·감정 등을) 표현하다, 나타내다 명 표현, 품행, 행동 表现感情 감정을 표현하다 | 表现品质 품격을 보여 주다 | 表现思想 생각을 표현하다 专家表示，人们的言行能表现其受教育的程度。 전문가가 밝히기를, 사람들의 언행은 교육받은 정도를 나타낼 수 있다고 한다.

㉔ 形成 vs. 成为 vs. 达成

形成 xíngchéng	동 (어떤 발전이나 변화를 통해 무언가를) 형성하다, 이루다, 구성하다 [발전 변화의 과정을 강조함] 形成习惯 습관을 형성하다 | 形成规律 규율을 형성하다 | 形成A现象 A 현상을 형성하다 | 逐渐形成 점점 형성되다 | 因A而形成 A 때문에 형성되다 现在的局势是因两国常年战争不断而形成的。 현재의 정세는 두 나라의 오랜 전쟁이 끊이지 않아서 형성된 것이다.
成为 chéngwéi	동 ~가 되다, ~로 변하다 [결과를 강조함] 成为冠军 챔피언이 되다 | 成为明星 스타가 되다 | 成为习惯 습관이 되다 | 成为现实 현실이 되다 当理想成为现实的那一刻，他激动得一句话也说不出来。 이상이 현실이 되는 그 순간, 그는 한 마디의 말도 할 수 없을 정도로 감격했다.
达成 dáchéng	동 (어떤 결과를) 달성하다, 이르다, 얻다 [주로 의논 후 얻은 결과를 지칭함] 达成协议 협의를 달성하다 | 达成一致 합의를 보다, 일치에 이르다 | 达成共识 합의에 이르다 两国首脑在激烈地交涉后，终于达成了共识。 양국 정상은 격렬한 교섭 끝에 마침내 합의를 이뤄 냈다.

㉕ 形态 vs. 形状

形态 xíngtài	명 형태 [사람·동식물·사물의 모습·자태를 의미함, 사상·의식 등 추상적인 대상도 가리킴] 文化形态 문화적 형태 ǀ 内部形态 내부 형태 ǀ 社会形态 사회 형태 ǀ 意识形态 이데올로기 世界各国的社会形态都有所不同，想要深入了解其实并不容易。 세계 각국의 사회 형태가 모두 달라서, 깊이 이해하려고 해도 사실 결코 쉽지 않다.
形状 xíngzhuàng	명 모양, 형상, 외관 [물체의 외관을 의미함] 形状单一 모양이 단일하다 ǀ 形状复杂 모양이 복잡하다 ǀ 形状各异 모양이 제각각이다 这些形状各异的图形总能给人无限的想象空间。 이렇게 모양이 제각각인 도형들은 늘 사람에게 무한한 상상의 여지를 줄 수 있다.

㉖ 严肃 vs. 严厉 vs. 严格 vs. 严重

严肃 yánsù	형 (분위기·표정·태도가) 엄숙하다, 진지하다 동 엄숙하게 하다 气氛严肃 분위기가 엄숙하다 ǀ 表情严肃 표정이 진지하다 ǀ 场合严肃 상황이 진지하다 记者们提前感到了会议严肃的气氛。 기자들은 미리 회의의 엄숙한 분위기를 느꼈다.
严厉 yánlì	형 (사나울 뿐 아니라 인내하기 어렵게) 매섭다, 호되다 [타인에게만 사용함] [↔ 温和] 严厉地批评 매섭게 비판하다 ǀ 严厉打击 엄하게 다스리다 中国政府对贩毒行为一向采取严厉打击的政策。 중국 정부는 마약 밀매 행위에 대해 줄곧 엄격하게 단속하는 정책을 취해 왔다.
严格 yángé	형 엄격하다, 엄하다 [말·태도·규율이 엄하고 철저함을 나타내며 타인뿐만 아니라 자신에게도 사용 가능함] 동 엄격히 하다, 엄하게 하다 严格遵守 엄격히 준수하다 ǀ 严格的要求 엄격한 요구 ǀ 严格管理 엄격하게 관리하다 国家干部要严格遵守纪律，不能泄露国家机密。 국가 간부는 엄격하게 규율을 준수해야 하고 국가 기밀을 누설해서는 안 된다.
严重 yánzhòng	형 (정세·추세·정황 등이) 심각하다, (정도가) 심하다 损失/病情/情况严重 손실/병세/상황이 심각하다 ǀ 严重的后果/影响 심각한 결과/영향 众所周知，病情期间不戴口罩后果是非常严重的。 모두가 알다시피 전염병 기간에 마스크를 쓰지 않는 결과는 매우 심각하다.

㉗ 引起 vs. 导致 vs. 造成

引起 yǐnqǐ	동 (긍정적 혹은 부정적인 결과를) 끌다, 야기하다 引起注意 주의를 끌다 ǀ 引起怀疑/误会 의심/오해를 야기하다 ǀ 引起轰动 센세이션을 불러일으키다 《寄生虫》这部电影一经上映便引起了轰动。 『기생충』이라는 이 영화는 개봉하자마자 바로 센세이션을 불러일으켰다.
导致 dǎozhì	동 (부정적인 결과를) 초래하다 [대개 '造成'과 바꿔 쓸 수 있음] 导致危机 위기를 초래하다 ǀ 导致A结果 A 결과를 초래하다 疫情期间，人们对口罩的需求量剧增导致了口罩的供不应求。 전염병 기간 동안, 사람들의 마스크에 대한 수요량이 급증하여 마스크의 공급 부족을 야기했다.

造成 zàochéng	동 (부정적인 영향이나 허상 등을) 초래하다 造成负担/假象/损失 부담/허상/손실을 초래하다 ∣ 对A造成影响 A에 (부정적인) 영향을 끼치다 竞争激烈的就业市场给现在的年轻人造成了极大的负担。 경쟁이 치열한 취업 시장은 현재의 젊은이들에게 큰 부담을 초래했다.

㉘ 责任 vs. 担任 vs. 担负 vs. 承担

责任 zérèn	명 (마땅히 해야 할) 책임 [본분으로서 해야 하는 일, 책임져야 하는 실수] 负/承担责任 책임을 지다 ∣ 有责任 책임이 있다 ∣ 尽责任 책임을 다하다 ∣ 追究责任 책임을 묻다 ∣ 推卸责任 책임을 전가하다 作为消费者，有权对这种劣质的产品追究责任。 소비자로서, 이런 저품질 상품에 대해 책임을 물을 권리가 있다.
担任 dānrèn	동 (직무·일을) 맡다, 담당하다, 담임하다 担任+직위/일 ~를 맡다 他在报社担任编辑工作已经三年了。 그는 신문사에서 편집 업무를 맡은 지 이미 3년이 되었다.
担负 dānfù	동 (책임·업무·비용 등을) 맡다, 지다, 부담하다 担负责任 책임을 맡다 ∣ 担负使命 사명을 맡다 ∣ 担负重担 중책을 맡다 军人们担负着保卫国家的重大使命。 군인들은 국가를 지키는 중대한 사명을 맡고 있다.
承担 chéngdān	동 지다, 부담하다, 담당하다, 맡다 [수동적이며 좋지 않은 것을 의미함] 承担责任 책임을 지다 ∣ 承担损失 손실을 감당하다 ∣ 承担费用 비용을 부담하다 很多新婚夫妇会选择一起承担婚礼的费用。 많은 신혼부부들이 결혼식 비용을 함께 부담하는 것을 선택한다.

㉙ 增加 vs. 增长

增加 zēngjiā	동 (수량이) 증가하다, 늘리다 [수사의 제한이 없음] 增加人员/工资/人手/人数 인원/월급/일손/사람 수를 늘리다 ∣ 增加信心 자신감을 증가시키다 调查显示，参加本次汉语考试的人数比往年增加了2倍。 조사에 따르면, 이번 중국어 시험에 참가한 인원이 작년에 비해 2배 늘어났다고 한다.
增长 zēngzhǎng	동 (비율이) 늘어나다, 증가하다 [수사는 백분율이나 배수만 가능함, 명사적 용법으로도 쓰임] 增长见识/知识 견문/지식을 넓히다 ∣ 经济增长 경제가 성장하다 ∣ 持续增长 지속적으로 성장하다 学习外语不但可以增长见识，还可以了解外国的文化。 외국어를 배우면 지식을 넓힐 수 있을 뿐만 아니라 외국의 문화도 이해할 수 있다.

㉚ 掌握 vs. 把握

掌握 zhǎngwò	동 장악하다, 정복하다, 파악하다, 숙달하다 [충분히 지배하고 이용하기 위해 학습을 통해 방법·지식을 습득함, 구체적·추상적인 사물에 쓰임]
	掌握技术 기술을 습득하다 | 掌握外语 외국어에 정통하다 | 掌握时间 시간을 통제하다 早在南北朝时期，中国就已掌握了成熟的制墨技术。 일찍이 남북조 시대에, 중국은 이미 숙련된 잉크 제조 기술을 습득했다.
把握 bǎwò	동 (손으로 꽉 움켜) 잡다, 쥐다 동 (추상적인 것을) 붙잡다, 움켜잡다 [학습할 필요가 없고, 주로 추상적인 사물에 쓰임] 명 성공의 가능성, 확신, 자신감 [주로 '有'와 '没(有)' 뒤에 쓰임]
	把握机会 기회를 잡다 | 把握不住 잡지 못하다 | 有把握 자신이 있다 | 毫无把握 전혀 자신이 없다 众所周知，那位选手从来不参加没有把握的比赛。 모두들 알다시피, 그 선수는 자신 없는 경기에는 절대로 출전하지 않는다.

배운 내용 점검하기

빈칸에 알맞은 단어를 골라 보세요.

1 如果这次项目失败了，我们要(　　　　)所有的责任。

A 担负　　　　　B 担任

2 他是个(　　　　)要求自己，却待人宽容的人。

A 严厉　　　　　B 严格

해석&어휘 **1** 만약 이번 프로젝트가 실패하면 우리는 모든 책임을 져야 한다.

项目 xiàngmù 명 프로젝트, 항목, 사항 | 担负 dānfù 동 (책임을) 지다, 부담하다 | 担任 dānrèn 동 맡다, 담당하다

2 그는 자기에게는 엄격하게 요구하지만, 오히려 다른 사람에게는 너그러운 사람이다.

待人 dàirén 사람을 대접하다, 사람을 대우하다 | ★宽容 kuānróng 형 너그럽다, 관대하다 | ★严厉 yánlì 형 매섭다, 호되다

정답 **1 A**　**2 B**

Day 23

1. 中草药命名__________一定的规则，最常见的是以药物的自然__________命名，听其名，便可知其貌。例如“七叶一枝花”，一根独茎上有7片叶子，只有一朵花生长在顶端。还有猫爪草、半边莲等，它们不仅是药名，而且也是采药的__________特征。

A 依据	形态	识别		**B** 按照	种类	选取
C 反应	姿势	审核		**D** 对比	形状	证明

2. “黑马”起初指的是在赛马场上并不被看好、最终却获得胜利的马。后来，该俚语__________发展成为体坛的惯用语。当一个原来并不被看好的运动队或者运动员，取得了优异成绩或者成为__________的时候，媒体就会以“出现黑马”加以__________、赞美。如今“黑马”的应用领域更为广泛，现用来比喻__________出人意料的优胜者或者难以预测的竞争对手。

A 一向　榜样　报到　活力
B 随时　典范　消息　魅力
C 频繁　典型　发表　努力
D 逐渐　冠军　报道　实力

정답 및 해설 → 해설서 p.162

Day 24

3. 这是一种人人都有的倾向：按照他人对自己的__________去生活，__________某人像对成功者那样对一个人，那么这个人也会__________出跟成功人士相同的能力。

A 希望	万一	表示		**B** 期待	假设	表现
C 盼望	假想	演化		**D** 企望	构想	发布

4. 金庸的主要身份是报人，其次才是武侠小说家。他的__________来源也主要是办报纸的营收，而__________武侠小说的版税。金庸__________了文人办报不但不倒，反而极度成功的__________，是中国新闻史上的一个__________。

A 收入　非　开创　先河　奇迹
B 资产　勿　开拓　起源　事迹
C 资源　则　开辟　源泉　行为
D 财富　便　开展　焦点　方针

5. 出于安全考虑，开车时应选择舒适度高、与脚面贴合、＿＿＿＿＿轻便的鞋子，另外，鞋跟高度最好不超过3厘米，使脚腕可以＿＿＿＿＿活动，总的来说，舒适的运动鞋或休闲鞋最＿＿＿＿＿驾驶时穿。

A 柔和　自在　适宜　　**B** 温暖　随意　恰当
C 柔软　自由　适合　　**D** 软和　尽情　适当

정답 및 해설 → 해설서 p.165

Day 25

6. 搏击操是有氧操的一种，它＿＿＿＿＿了太极与拳击等的基本动作，＿＿＿＿＿健美操的编排方法，是在强有力的音乐＿＿＿＿＿下完成的运动。它的动作比较简单，还可以缓解身心＿＿＿＿＿，因此，成为了人们喜欢的锻炼方式。

A 集合　号召　规律　素质
B 联合　尊重　规则　情绪
C 合成　尊敬　法规　考虑
D 结合　遵循　节拍　疲劳

7. 居住证是中国某些城市借鉴别的国家"绿卡"制度进行的积极＿＿＿＿＿，它为中国制定技术移民办法并且最终＿＿＿＿＿中国"绿卡"制度积累了很多经验。现在，上海和北京等大城市为了引进人才，都＿＿＿＿＿出台了该工作居住证制度，持有此证的人，在各个方面都能享受到与当地＿＿＿＿＿同等的待遇。

A 培养　体现　预测　群体
B 训练　成为　连续　个体
C 筹集　达成　持续　百姓
D 尝试　形成　相继　居民

8. 要想解决地域经济＿＿＿＿＿，我有三点建议。首先，应鼓励人口＿＿＿＿＿，支持人们搬到有更好发展机会的地方。其次，鼓励贫困地区向发达地区学习他们的商业＿＿＿＿＿和技术。再次，应加强当地大学的＿＿＿＿＿，教学生学习、使用新技术。

A 差距　起伏　形式　任务
B 分歧　活动　样式　责任
C 区别　搬迁　方式　工作
D 差异　流动　模式　使命

정답 및 해설 → 해설서 p.168

05 짝꿍 표현

STEP 1 유형 파악하기

✖ 독해 제1부분에서도 다루었던 짝꿍 표현은 독해 제2부분에서도 매우 중요하다. 짝꿍 표현의 일부 어휘만 알아도 문제를 비교적 수월하게 풀 수 있으니 절대로 소홀히 하지 말자.

▶ 출제 경향

빈칸 앞뒤의 표현과 호응하는 어휘로 보기가 구성된다. 빈출 짝꿍 표현의 분량이 적지 않지만, 외우지 않고 감으로만 풀 수는 없는 영역이므로, 반드시 평소에 꾸준히 공부해야 한다.

▶ 문제풀이 비법

1 빈칸 앞뒤에 구조조사가 있는지 확인하여 문장성분을 파악하자.

빈칸 앞뒤 구조조사(的, 得, 地)를 통해 빈칸의 문장성분을 파악할 수 있다.

① 관형어+的+주어/목적어　② 술어+得+정도보어　③ 부사어+地+술어

2 짝꿍 어휘를 찾자.

'(导致)后果 나쁜 결과를 (초래하다)' '(参加)比赛 시합에 (참가하다)'처럼 짝꿍 어휘를 보고 빈칸에 어울리는 보기를 찾자.

3 하나의 단어로 굳어진 표현은 통째로 외우자.

'历史悠久(역사가 유구하다)'처럼 관용적으로 굳혀진 표현은 하나의 단어처럼 외워야 한다.

제2부분 예제

1 所有的儿童文学作品都应站在"守护童年"的＿＿＿＿上，遵循幼儿思维的发展＿＿＿＿，同时应该充满希望与爱，富有想象力，＿＿＿＿古老传统中的美与善。

A	角度	顺序	教授
B	场面	规律	传播
C	场地	特点	转播
D	立场	规则	传递

정답&해설 **1 D**

빈칸 1　'站在(~에 서다)'와 호응하여 쓸 수 있는 어휘는 보기 중 추상적 어휘인 '角度(관점)'와 '立场(입장)'이다. 태도를 나타내는 표현 '站在A立场/角度(A 입장/관점에 서다)'를 꼭 외워 두자.

A 角度 jiǎodù 명 관점, 각도

站在A角度 A 관점에 서다 | 从A角度来看 A 관점에서 보면

B 场面 chǎngmiàn 명 장면, 신
惊人的场面 놀라운 장면 | 隆重的场面 성대한 장면

C 场地 chǎngdì 명 장소 [주로 문예·체육 활동이나 시공·실험에 사용되는 장소를 가리킴]
活动场地 행사장 | 比赛场地 경기장 | 演出场地 공연장

D 立场 lìchǎng 명 입장, 태도, 관점
站在A的立场 A의 입장에 서다 | 立场坚定 입장이 확고하다 | 表明立场 입장을 표명하다

빈칸 2 빈칸은 앞의 술어 '遵循(따르다)'의 목적어이다. 동사 '遵循'은 '规律(규율)' '特点(특징)' '规则(규칙)'와 모두 호응한다. 추가로 '遵循道理(도리를 따르다)'라는 표현도 공부해 두자.

A 顺序 shùnxù 명 순서, 차례
按(照)A顺序 A 순서에 따라 | 先后顺序 선후 순서 | 由大到小的顺序 큰 것에서 작은 것까지의 순서

B 规律 guīlǜ 명 법칙, 규율, 규칙
自然规律 자연 법칙 | 生活规律 생활 리듬

C 特点 tèdiǎn 명 특징, 특색, 특성
人物的特点 인물의 특징 | 掌握特点 특징을 파악하다 | 表现A的特点 A의 특징을 표현하다 | 具有特点 특징을 가지다

D 规则 guīzé 명 규칙, 규정
遵循规则 규칙을 따르다 | 遵守规则 규칙을 지키다 | 比赛规则 경기 규칙 | 制定规则 규정을 제정하다

빈칸 3 빈칸은 빈칸 뒤에 위치한 목적어 '古老传统中的美与善(오래된 전통 속의 아름다움과 선량함)'의 술어 부분으로, 보기 중 '传播(전파하다)'와 '传递(전달하다)'가 답이 될 수 있다. 다른 보기도 모두 '전하다'라고 해석되지만, '教授(전수하다)'는 '지식이나 기능'을 가르치고 전하는 것에 쓰이는 동사이고, '转播(중계 방송하다)'는 '매체'를 통해 전달하는 것에 쓰이는 동사이므로 답이 될 수 없다.

A 教授 jiāoshòu 동 전수하다, 교수하다
教授知识 지식을 전수하다 | 教授技术 기술을 전수하다

B 传播 chuánbō 동 전파하다, 널리 퍼뜨리다
传播知识 지식을 전파하다 | 传播疾病 질병을 널리 퍼뜨리다

C 转播 zhuǎnbō 동 중계 방송하다
转播比赛 경기를 중계 방송하다 | 实时转播 실시간으로 중계 방송하다 | 转播A节目 A 프로그램을 중계 방송하다

D 传递 chuándì 동 전달하다, 전하다
传递信息 정보를 전달하다 | 传递知识 지식을 전달하다 | 传递能量 에너지를 전달하다

所有的儿童文学作品都应站在"守护童年"的立场上，遵循幼儿思维的发展规则，同时应该充满希望与爱，富有想象力，传递古老传统中的美与善。

A 角度(○)	顺序(×)	教授(×)
B 场面(×)	规律(○)	传播(○)
C 场地(×)	特点(○)	转播(×)
D 立场	规则	传递

모든 아동문학 작품은 모두 '아동 수호'의 입장에 서야 한다. 아동의 사고 발달 규칙을 따르고, 동시에 희망과 사랑이 가득하고, 상상력이 풍부하며, 오래된 전통 속의 아름다움과 선량함을 전달해야 한다.

A 관점 / 순서 / 전수하다
B 장면 / 규율 / 전파하다
C 장소 / 특징 / 중계 방송하다
D 입장 / 규칙 / 전달하다

文学 wénxué 명 문학 | 作品 zuòpǐn 명 작품 | ★守护 shǒuhù 동 수호하다, 지키다 | 童年 tóngnián 명 아동 시기, 어린 시절 | ★遵循 zūnxún 동 따르다 | 幼儿 yòu'ér 명 유아 | ★思维 sīwéi 명 사고, 사유 | 充满 chōngmǎn 동 충만하다, 가득 차다, 넘치다 | 富有 fùyǒu 동 풍부하다 | 想象力 xiǎngxiànglì 명 상상력 | 古老 gǔlǎo 형 오래되다 | 传统 chuántǒng 명 전통 | 美 měi 형 아름답다 [여기서는 '아름다움'으로 쓰임] | 善 shàn 형 선량하다 [여기서는 '선량함'으로 쓰임]

STEP

2 내공 쌓기

1 주어+술어 track 73

- 成绩优异 chéngjì yōuyì 성적이 우수하다

  成绩优异并不是衡量一个人优秀的唯一标准。성적이 우수한 것은 결코 한 사람이 우수한지 평가하는 유일한 기준이 아니다.

- 公私分明 gōngsī fēnmíng 공과 사가 분명하다

  或许事情没发生在自己身上时，我们都能做到公私分明。
  아마 사건이 자신에게 일어나지 않았을 때 우리는 공과 사를 분명히 할 수 있을 것이다.

- 关系融洽 guānxì róngqià 관계가 좋다

  这两家公司的合作关系十分融洽。이 두 회사의 협력 관계가 매우 좋다.

- 疾病蔓延 jíbìng mànyán 질병이 만연하다

  国家采取的措施，有效地控制了疾病蔓延。국가가 취한 조치는 질병이 만연한 것을 효과적으로 통제하였다.

- 竞争激烈 jìngzhēng jīliè 경쟁이 치열하다

  化妆品市场的竞争十分激烈。화장품 시장의 경쟁이 매우 치열하다.

- 历史悠久 lìshǐ yōujiǔ 역사가 유구하다

  二胡与琵琶都是历史悠久的中国传统乐器。얼후와 비파는 모두 역사가 유구한 중국의 전통 악기이다.

- 情绪低落 qíngxù dīluò 기분이 가라앉다

  专家建议，人在情绪低落时，不宜做出重大决定。전문가는 기분이 우울할 때는 중대한 결정을 내려서는 안 된다고 제안한다.

- 态度诚恳 tàidù chéngkěn 태도가 진실하다

  看到朋友认错的态度十分诚恳，我也只好原谅了他。
  친구가 잘못을 인정하는 태도가 매우 진실한 것을 보고 나는 어쩔 수 없이 그를 용서했다.

- 效果显著 xiàoguǒ xiǎnzhù 효과가 두드러지다

  这个新研发出的药的治疗效果相当显著。이 새로 개발한 약은 치료 효과가 상당히 두드러진다.

- 资源丰富 zīyuán fēngfù 자원이 풍부하다

  自古以来，水资源丰富的地区经济发展都相对较快。
  예로부터 수자원이 풍부한 지역의 경제 발전이 상대적으로 빠르다.

2 술어+목적어 track 74

- 爱惜人才 àixī réncái 인재를 소중히 여기다

  一个懂得爱惜人才的企业才更有可能在激烈的竞争中取得胜利。
  인재를 소중히 여길 줄 아는 기업이야말로 치열한 경쟁에서 이길 가능성이 있다.

- 办理手续/业务 bànlǐ shǒuxù / yèwù 수속/업무를 처리하다
  市民们可以在一号大厅办理贷款手续。 시민들은 1번 창구에서 대출 수속을 처리할 수 있다.
- 扮演角色 bànyǎn juésè 역할을 맡다
  他在这部电影里扮演了一个侦探的角色。 그는 이 영화에서 탐정 역할을 맡았다.
- 保持联系 bǎochí liánxì 연락을 유지하다
  离开家乡已经半辈子了，但父亲仍跟儿时的玩伴保持着联系。
  고향을 떠난 지 이미 반평생이 되었지만, 아버지는 여전히 어린 시절 함께 놀던 친구와 연락을 유지하고 계신다.
- 保护环境 bǎohù huánjìng 환경을 보호하다
  保护风景区内的环境是每个游客应尽的义务。 관광지구 내의 환경을 보호하는 것은 모든 관광객이 당연히 해야 할 의무이다.
- 把握机会 bǎwò jīhuì 기회를 잡다
  公司希望我能把握这次出国进修的机会。 회사는 내가 이번 해외 연수의 기회를 잡을 수 있기를 바란다.
- 表达感情/思想/态度 biǎodá gǎnqíng / sīxiǎng / tàidu 감정/사상/태도를 표현하다
  这部作品表达了作者的爱国思想。 이 작품은 작가의 조국을 사랑하는 사상을 표현했다.
- 表示担忧 biǎoshì dānyōu 우려를 표하다
  从今天的情况看，我对那名选手接下来几场比赛的发挥表示担忧。
  오늘 상황에서 보자면 나는 그 선수의 이어질 몇 경기에서의 활약에 대해 우려가 된다.
- 表现自己 biǎoxiàn zìjǐ 자신을 표현하다
  善于表现自己并不是指时刻找机会炫耀自己。
  자신을 잘 표현한다는 것이 결코 늘 기회를 찾아서 거들먹거린다는 것은 아니다.
- 采纳意见/建议 cǎinà yìjiàn / jiànyì 의견/건의를 받아들이다
  销售部门采纳了客户代表的意见。 판매 부서는 고객 대표의 의견을 받아들였다.
- 采用技术/设备/计划 cǎiyòng jìshù / shèbèi / jìhuà 기술/설비/계획을 채택하다
  这款轮胎采用了新型的减震抗压技术。 이 타이어는 신형 충격 완화 압력 저항 기술을 채택했다.
- 采取措施/方法 cǎiqǔ cuòshī / fāngfǎ 조치/방법을 취하다
  近日，对于礼品过度包装的问题，国家已经采取了相应的管制措施。
  요 며칠 과도한 선물 포장 문제에 대해 국가는 이미 상응하는 통제 조치를 취했다.
- 产生好奇/问题/怀疑 chǎnshēng hàoqí / wèntí / huáiyí 호기심/문제/의심이 생기다
  课堂上，同学们总能对书上的内容产生好奇心。 수업 시간에 학생들은 늘 책의 내용에 대해 호기심을 가진다.
- 承担责任 chéngdān zérèn 책임을 지다
  消费者一致认为厂家应承担这次事故的全部责任。
  소비자들은 생산자가 이번 사고의 모든 책임을 져야 한다고 입을 모았다.
- 承担损失 chéngdān sǔnshī 손실을 부담하다
  据报道，国家将承担一部分疫情带来的损失。 보도에 따르면, 국가가 일부 전염병이 가져온 손실을 책임질 것이다.
- 充满好奇/信心 chōngmǎn hàoqí / xìnxīn 호기심/자신감이 가득하다
  孩子们总是对童话中的世界充满好奇。 아이들은 늘 동화 속 세계에 대해 호기심이 가득하다.
- 处理问题/事情 chǔlǐ wèntí / shìqing 문제/일을 처리하다
  公司在经过协商后，及时处理了这些产品的质量问题。 회사는 협의를 거친 후, 즉시 이 제품들의 품질 문제를 처리했다.

- 传达命令 chuándá mìnglìng 명령을 전달하다
  向下属传达命令时，应尽量做到言简意赅。아랫사람에게 명령을 전달할 때는 되도록 간단명료하게 표현해야 한다.
- 创作作品/小说 chuàngzuò zuòpǐn / xiǎoshuō 작품/소설을 창작하다
  金庸先生创作出了被人们誉为"经典"的作品。
  진용 선생은 사람들에게 '고전'이라고 칭송받는 작품을 창작해 냈다.
- 存在矛盾 cúnzài máodùn 모순이 존재하다
  "喜欢做"和"应该做"之间往往存在着矛盾。'좋아하는 일'과 '해야 하는 일' 사이에는 흔히 모순이 존재한다.
- 达到目的 dádào mùdì 목적을 달성하다
  这次采用的新排放标准是为了更好地达到节水的目的。
  이번에 채택된 새로운 배출 기준은 물을 절약하는 목적을 더 잘 달성하기 위한 것이다.
- 打破/摆脱束缚 dǎpò / bǎituō shùfù 속박을 타파하다/벗어나다
  这位作家的小说打破了传统的束缚，形成了自己独特的风格。
  이 작가의 소설은 전통의 속박을 타파하고, 자신의 독특한 풍격을 형성했다.
- 发出笑声 fāchū xiàoshēng 웃음소리를 내다
  南老师的演讲生动有趣，引得听众发出阵阵笑声。
  남 선생님의 강연은 생동감 있고 재미있어서 이따금 청중의 웃음을 자아낸다.
- 改善生活 gǎishàn shēnghuó 생활을 개선하다
  每个人都有改善自己生活的能力。사람들은 저마다 스스로의 삶을 개선하는 능력이 있다.
- 缓解压力 huǎnjiě yālì 스트레스를 완화하다
  在比赛前夕，运动员们会尝试各种方法来缓解压力。경기 전날 밤 선수들은 각종 방법을 시도하여 스트레스를 푼다.
- 恢复健康 huīfù jiànkāng 건강을 회복하다
  经过治疗，小张的身体终于恢复了健康。치료 후에 샤오장의 몸은 마침내 건강을 회복했다.
- 获得奖学金 huòdé jiǎngxuéjīn 장학금을 받다
  在很多国家，留学生比本国学生更容易获得奖学金。많은 국가에서 유학생이 본국의 학생보다 더 쉽게 장학금을 받는다.
- 积累能量 jīlěi néngliàng 역량을 축적하다
  多年的海外科研工作经历，已为他积累了不少的能量。
  다년간의 해외 과학 연구 업무 경험이 이미 그에게 많은 역량을 축적해 주었다.
- 减轻负担/压力 jiǎnqīng fùdān / yālì 부담/스트레스를 줄이다
  政府一直提倡"减轻学生的学习负担"，但效果并不理想。
  정부는 줄곧 '학생들의 학습 부담을 줄이겠다'고 제창했지만 효과는 결코 좋지 않았다.
- 接受采访 jiēshòu cǎifǎng 인터뷰를 받아들이다
  华为的首席财务官孟晚舟女士接受了央视记者的采访。
  화웨이의 최고재무책임자(CFO) 멍완저우 여사가 CCTV 기자의 인터뷰를 받아들였다.
- 具备能力/实力/条件/素质 jùbèi nénglì / shílì / tiáojiàn / sùzhì 능력/실력/조건/자질을 갖추다
  经过多年的不懈努力，中国具备了自主研发卫星定位系统的能力。
  다년간의 노력을 거쳐 중국은 독자적인 위성위치확인시스템 개발 능력을 갖추게 되었다.
- 开阔眼界 kāikuò yǎnjiè 시야를 넓히다
  多阅读不仅可以丰富我们的生活，还能开阔眼界。
  많이 읽는 것은 우리들의 생활을 풍부하게 할 수 있을 뿐만 아니라 시야도 넓힐 수 있다.

- 开拓市场 kāituò shìchǎng 시장을 개척하다
  近年来，有很多互联网公司都在开拓线下市场。최근 몇 년 동안 많은 인터넷 회사들이 오프라인 시장을 개척하고 있다.
- 克服困难 kèfú kùnnan 어려움을 극복하다
  员工们齐心协力共同克服了经济危机的困难。직원들은 한마음 한뜻으로 협력하여 경제 위기의 어려움을 함께 극복했다.
- 控制感情/情绪 kòngzhì gǎnqíng / qíngxù 감정을 조절하다
  家长在与孩子沟通时，应更加注意控制好自己的情绪 。
  보호자는 아이와 소통할 때 자신의 감정을 잘 조절하는 데 더 주의해야 한다.
- 满足需要 mǎnzú xūyào 수요를 만족시키다
  这款产品的新功能，满足了广大客户的需要。이 제품의 새로운 기능은 많은 고객의 수요를 만족시켰다.
- 起作用 qǐ zuòyòng 역할을 하다
  专家表示，柠檬水可起到缓解感冒症状的作用。
  전문가는 레몬물이 감기 증상을 완화하는 역할을 할 수 있다고 밝혔다.
- 取得成就/成绩/成功 qǔdé chéngjiù / chéngjì / chénggōng 업적/성적/성공을 거두다
  经过努力，公司取得了令人瞩目的成就。노력을 통해 회사는 사람들이 주목할 만한 업적을 거두었다.
- 善于表达 shànyú biǎodá 표현을 잘하다
  职场中，善于表达的人往往更容易获得信任。직장에서 표현을 잘하는 사람은 흔히 더 쉽게 신임을 얻는다.
- 受到威胁 shòudào wēixié 위협을 받다
  他不容许自己的利益受到威胁。그는 자신의 이익이 위협받는 것을 허용하지 않는다.
- 输入密码 shūrù mìmǎ 비밀번호를 입력하다
  虽然他已经多次确认密码正确，但系统仍不断显示“请重新输入密码”。
  비록 그는 이미 여러 번 비밀번호가 정확하다는 것을 확인했지만, 시스템은 여전히 '비밀번호를 다시 입력하세요'만 계속 보여 준다.
- 损害健康/名誉 sǔnhài jiànkāng / míngyù 건강/명예를 해치다
  抽烟会损害健康是众所周知的事，但还是有很多人在抽。
  흡연이 건강을 해칠 수 있다는 것은 모두가 아는 일이지만, 여전히 많은 사람들은 담배를 피운다.
- 提高/提升准确率 tígāo / tíshēng zhǔnquèlǜ 정확도를 향상시키다
  这项新技术进一步提高了识别汉字的准确率。이 신기술은 한자를 식별하는 정확도를 한층 더 향상시켰다.
- 提供服务 tígōng fúwù 서비스를 제공하다
  商场为每位客人都提供了优质的服务。백화점은 모든 손님에게 우수한 서비스를 제공했다.
- 挖掘潜力 wājué qiánlì 잠재력을 발굴하다
  他是一位很会挖掘选手潜力的教练。그는 선수의 잠재력을 잘 발굴하는 코치이다.
- 享受生活 xiǎngshòu shēnghuó 생활을 누리다, 생활을 즐기다
  很多年轻人会在为目标奋斗的同时，也享受当下的生活。많은 젊은이들이 목표를 향해 분투하는 동시에 현재의 삶을 즐긴다.
- 形成习惯 xíngchéng xíguàn 습관을 형성하다
  父母的溺爱让他形成了依赖别人的习惯。부모의 과보호는 그로 하여금 다른 사람에게 의지하는 습관을 형성하게 했다.
- 吸收水分 xīshōu shuǐfèn 수분을 흡수하다
  调查显示：沙漠中的植物往往能更好地吸收水分。조사에서 사막의 식물이 흔히 수분을 더 잘 흡수하는 것으로 나타났다.
- 养成习惯 yǎngchéng xíguàn 습관을 기르다
  孩子应该从小就养成自力更生的习惯。아이는 어려서부터 자력갱생하는 습관을 길러야 한다.

- 掌握知识/技术/技能 zhǎngwò zhīshi / jìshù / jìnéng 지식/기술/기능을 숙달하다, 정통하다
  掌握一门知识并不一定只局限于课堂。한 가지 지식을 숙달하는 것은 결코 수업에만 국한되는 것은 아니다.
- 占(有)重要地位 zhàn(yǒu) zhòngyào dìwèi 중요한 지위를 차지하다
  企业的口碑在市场中占(有)重要地位。기업의 평판은 시장에서 중요한 지위를 차지한다.
- 占(有)重要优势 zhàn(yǒu) zhòngyào yōushì 중요한 우세를 차지하다
  东南亚在旅游市场上占(有)重要优势。동남아는 여행 산업에서 중요한 우세를 차지한다.
- 珍惜时间/机会 zhēnxī shíjiān / jīhuì 시간/기회를 소중히 여기다
  越优秀的人，越懂得珍惜时间。우수한 사람일수록 시간을 소중히 여길 줄 안다.
- 遵循规律/规则/道理 zūnxún guīlǜ / guīzé / dàoli 법칙/규칙/규율을 따르다
  如今，各行各业的竞争无不遵循"强者生存"的规律在进行。
  오늘날, 각 업종의 경쟁은 '강자 생존'의 법칙에 따라 진행되지 않는 것이 없다.

3 부사어+술어 track 75

- 及时播种 jíshí bōzhǒng 때맞춰 파종하다
  农民们会在春天及时播种，这样才能确保秋收。농민들은 봄에 때맞춰 파종을 하는데, 이렇게 해야만 추수를 보장할 수 있다.
- 密切相关 mìqiè xiāngguān 밀접하게 관련되다
  粮食产量与降水量密切相关。곡물의 생산량은 강수량과 밀접하게 관련되어 있다.

4 관형어+명사(구) track 76

- 繁荣时期 fánróng shíqī 번영기
  唐代是各种题材诗歌和绘画的繁荣时期。당나라 시기는 각종 소재의 시가와 회화의 번영기이다.
- 合适的工作/机遇 héshì de gōngzuò / jīyù 적합한 일/찬스
  经历了几次失败后，姐姐终于找到了合适的工作。몇 번의 실패를 겪은 후 누나는 마침내 적합한 일을 찾았다.
- 广泛的应用 guǎngfàn de yìngyòng 광범위한 응용
  人工智能技术在各个领域都有着广泛的应用。인공지능 기술은 각 분야에서 모두 광범위한 응용이 이루어지고 있다.
- 辉煌的成就 huīhuáng de chéngjiù 눈부신 성과
  企业辉煌的成就离不开每个员工的努力。기업의 눈부신 성과는 모든 직원들의 노력과 떼려야 뗄 수 없다.
- 坚定的信念/意志 jiāndìng de xìnniàn / yìzhì 확고한 신념/의지
  成功的人往往有着更加坚定的信念。성공한 사람은 종종 훨씬 더 확고한 신념을 가지고 있다.
- 宽广的胸怀 kuānguǎng de xiōnghuái 넓은 마음
  作为团队的领导，拥有一个宽广的胸怀是非常重要的。팀의 리더로서, 넓은 마음을 가지는 것은 매우 중요하다.
- 美妙的回忆 měimiào de huíyì 아름다운 기억
  那次旅行成了她人生中一段美妙的回忆。그 여행은 그녀의 인생에서 아름다운 기억이 되었다.
- 密切的关系 mìqiè de guānxi 밀접한 관계
  公司的发展跟每个人的未来都有着密切的关系。회사의 발전은 모든 사람의 미래와 밀접한 관계가 있다.

- 热烈的气氛 rèliè de qìfēn 열렬한 분위기

只有去过现场的人，才能真正感受到赛场上热烈的气氛。
현장에 가 본 사람만이 진정으로 경기장의 열렬한 분위기를 느낄 수 있다.

- 深刻的印象 shēnkè de yìnxiàng 깊은 인상

张院士朴素的穿着给在场嘉宾留下了深刻的印象。장 원사의 소박한 옷차림은 현장의 내빈에게 깊은 인상을 남겼다.

- 壮烈的场面 zhuàngliè de chǎngmiàn 장렬한 장면

电影里壮烈的场面至今仍令人记忆犹新。영화 속 장렬한 장면은 지금까지도 사람들의 기억에 생생하다.

5 개사구와 관용어구 track 77

- 帮倒忙 bāngdàománg 돕는 것이 오히려 방해가 되다

在别人很忙的时候，你最好不要帮倒忙。다른 사람이 바쁠 때는, 네가 돕다가 오히려 방해가 되지 않는 것이 가장 좋다.

- 对A合适 duì A héshì A에 적합하다

这个比赛项目对他来说很合适。이 경기 종목은 그에게 적합하다.

- 给A提供B gěi A tígōng B A에게 B를 제공하다

酒店给客人们提供了"免费早餐"的服务。호텔은 손님들에게 '무료 조식' 서비스를 제공했다.

- 为A操心 wèi A cāoxīn A 때문에 걱정하다

小丽总为我的事操心，让我很感动。샤오리는 항상 나의 일을 걱정해서, 나를 감동시킨다.

- 由A构成 yóu A gòuchéng A로 구성되다

这部电视剧的情节是由三个部分构成的。이 드라마의 줄거리는 세 부분으로 구성되어 있다.

- 站在A的立场 zhàn zài A de lìchǎng A의 입장에 서다

父母在教育孩子时，应尽量多站在他们的立场考虑问题。
부모는 아이를 교육할 때 가능한 한 많이 그들의 입장에 서서 문제를 고려해야 한다.

배운 내용 점검하기

빈칸에 알맞은 단어를 골라 보세요.

1 国家已经对农业问题采取了很多(　　　)。

A 措施　　　B 应用

2 只有春天(　　　)播种，秋天才会有收获。

A 及时　　　B 按照

해석&어휘 **1** 국가는 이미 농업 문제에 대해 많은 조치를 취했다.
农业 nóngyè 명 농업 | 采取 cǎiqǔ 동 취하다, 채택하다 | 措施 cuòshī 명 조치, 대책 | 应用 yìngyòng 동 사용하다, 응용하다

2 봄에 제때 파종해야 가을에 수확을 할 수 있다.
★播种 bōzhǒng 동 파종하다 | 收获 shōuhuò 명 수확

정답 **1 A** **2 A**

Day 29

1. 1998年，作家蔡智恒用风格__________的语言，__________了中国第一部网络小说，随着互联网的迅猛发展，网络文学进入了__________时期，并逐渐体现出作家平民化、创作意图自由化、作品发表和反馈速度快的__________。

A 鲜明　创作　繁荣　特征
B 独特　编辑　繁华　特色
C 明显　谱写　发达　特性
D 特别　代写　昌盛　个性

2. 北戴河湿地是鸟类自然保护区，这里的鸟类__________丰富，中国有近三分之一的鸟类在此__________生息，"万鸟临海"是北戴河特有的__________。因此，北戴河湿地也被称为"世界四大观鸟地之一"。

A 资料　孕育　现象
B 资源　繁衍　盛况
C 种类　生育　状况
D 类别　繁殖　景象

정답 및 해설 → 해설서 p.172

Day 30

3. 一部分很重要的科学研究成果很难__________被转化成生产力，但是我们的__________应放长远一些，当前的工作是为了__________发展潜力，是在为未来的发展积累__________。

A 立刻　眼光　挖掘　能量
B 立即　视觉　激励　资源
C 偶尔　视线　开发　资产
D 然而　眼力　鼓励　动力

4. 仕女图具有__________的历史，唐代作为封建社会最为辉煌的时代，也是仕女图的繁荣兴盛阶段。它对仕女们的动作__________描绘十分细致，它还反映了当时社会的__________。

A 悠久　姿态　潮流
B 长久　形态　流行
C 长远　行动　时尚
D 悠长　态度　时髦

5. 啤酒公司曾＿＿＿＿＿一个令人头疼的难题：啤酒＿＿＿＿＿出后容易变酸。巴斯德发现罪魁祸首是乳酸杆菌，虽然＿＿＿＿＿煮沸的方法就能杀死乳酸杆菌，但啤酒也会被煮坏。多次试验之后，他发现以50-60＿＿＿＿＿的温度加热半小时，就可以杀死啤酒里的乳酸杆菌，无需煮沸，这种灭菌法被称为"巴氏灭菌法"。

A 遭受　熬　改良　毫米
B 找到　炸　采纳　立方米
C 遇到　酿　采取　摄氏度
D 遇见　采　引用　体积

정답 및 해설 → 해설서 p.175

Day 32

6. 作为中华美德的概括，"上善若水，厚德载物"＿＿＿＿＿为志士仁人所追求与推崇。这句话的意思是，最高＿＿＿＿＿的善行像水一样，以深厚宽广的＿＿＿＿＿来滋养、承载世间万物，令万物受益，而不与其发生矛盾和＿＿＿＿＿。

A 向来　场面　教养　纷争　**B** 尽早　气派　威信　分化
C 连续　境况　热诚　争吵　**D** 历来　境界　胸怀　冲突

7. 随着计算机的普及和数值预报手段的＿＿＿＿＿，天气预报准确率正在不断＿＿＿＿＿。英国气象局正在开发一种新的计算机模型，气象人员可以利用它＿＿＿＿＿面积仅为1平方千米地区的天气预报，以后人们还可以即时获得更小区域内更为精确的天气＿＿＿＿＿。

A 改革　提高　宣布　预报　**B** 改进　提升　发布　信息
C 进步　增加　宣扬　预测　**D** 改良　增添　公布　消息

8. 智能快递柜是随着快递业的不断发展而产生的新＿＿＿＿＿。用户在规定时间内＿＿＿＿＿密码，就能从柜子中取走自己的快递，它很好地解决了＿＿＿＿＿时无人收货的难题。不过，也有用户对此表示＿＿＿＿＿，不能当面签收，也就意味着不能当面检查货物是否在运送中被＿＿＿＿＿。

A 事务　访问　传达　焦急　糟蹋
B 事业　设置　交易　疑惑　败坏
C 事项　辨认　储存　质感　破坏
D 事物　输入　配送　担忧　损坏

정답 및 해설 → 해설서 p.178

06 접속사

STEP 1 유형 파악하기

✖ 접속사 유형은 난도가 높지 않아서 더더욱 놓쳐서는 안 되며, 시험장에 가기 전에 반드시 숙지해야 하는 부분이다. 지금까지 공부했던 기본적인 접속사 구문을 바탕으로, 6급에서 새로 추가되는 접속사 구문까지 꼭 기억하도록 하자.

▶ 출제 경향

빈칸 앞뒤에 언급된 접속사와 호응하는 접속사를 고르는, 비교적 쉬운 유형의 문제가 출제된다. 접속사는 전 영역에서 핵심적인 역할을 하니, 반드시 내 것으로 만들어 두자.

▶ 문제풀이 비법

1 빈칸 앞뒤의 맥락을 먼저 파악하자.

접속사 유형은 빈칸 앞뒤 절만 살펴봐도 정답을 찾을 수 있는 문제가 많으니, 보기에 접속사가 있으면 바로 빈칸의 앞뒤를 살펴보자.

2 자신 있는 빈칸부터 먼저 풀자.

몇 개의 빈칸만 확정하면 정답이 나오는 문제가 많이 출제된다. 따라서 모든 빈칸을 차례차례 풀기보다는, 제시된 보기를 보고 확신이 드는 빈칸부터 먼저 풀도록 하자.

제2부분 예제

1 打瞌睡是一种__________的生理现象，人仅可以__________四个小时完全清醒的状态，打瞌睡能为生命补充能量。可__________老年人不断打哈欠，就得考虑是不是脑血管疾病的前兆，需要__________到医院就诊。

A 正常	维持	假若	及时
B 真正	保护	虽然	立刻
C 正直	守护	与其	赶紧
D 正好	扶持	因为	马上

정답&해설 **1 A**

빈칸 1 빈칸은 뒤의 '生理现象(생리 현상)'을 수식하는 관형어로, 생리 현상과 같은 자연적인 규율이나 규칙을 수식할 수 있는 어휘는 보기 중 '正常(정상적이다)'뿐이다.

A 正常 zhèngcháng 형 정상적이다
正常体温 정상 체온 | 正常运行 정상 운행

B 真正 zhēnzhèng 형 진정한, 참된, 순수한
真正的朋友 진정한 친구 | 真正的爱情 진정한 사랑

C 正直 zhèngzhí 형 (성질이) 바르고 곧다, 정직하다
为人正直 사람됨이 바르고 곧다 | 正直的人 정직한 사람

D 正好 zhènghǎo 형 (시간·위치·수량·정도·크기·따위가) 딱 맞다, 꼭 맞다
长短正好 길이가 딱 맞다 | 大小正好 크기가 딱 맞다 | 来得正好 마침 잘 오다

빈칸 2 빈칸은 술어 자리로, 목적어 '状态(상태)'와 호응해야 한다. 상태나 상황과 호응할 수 있는 어휘는 보기 중 '维持(유지하다)'뿐이다.

A 维持 wéichí 동 (현재 상황이 더 악화되지 않도록) 유지하다, 지키다
维持现况 현황을 유지하다 | 维持秩序 질서를 유지하다

B 保护 bǎohù 동 (사물이나 사람이 해를 입지 않도록) 보호하다
保护环境 환경을 보호하다 | 保护森林 삼림을 보호하다

C 守护 shǒuhù 동 (침범·침해로부터 사람·가치 등을) 수호하다, 지키다
守护者 수호자 | 守护伤员 부상자를 지키다

D 扶持 fúchí 동 지원하다, 지지하다, 보살피다
扶持企业 기업을 지원하다 | 扶持方案 지원 방안

빈칸 3 뒤 절의 '就'와 호응하는 접속사를 고르는 문제로, 제시된 접속사 중 가정을 나타내는 접속사 '假若(만일, 만약)'만 답이 될 수 있다.

A 假若 jiǎruò 접 만일, 만약 [假若A，就B: 만약에 A라면 B하다]
云南小粒咖啡一般应种植在海拔800至1800米的山地上，假若海拔太高，咖啡味道就会过酸。
윈난 커피는 보통 해발 800~1800m 산지에서 재배되는데, 만약 해발이 너무 높으면 커피가 너무 신맛이 나게 된다.

B 虽然 suīrán 접 비록 ~할지라도 [虽然A，但是B: 비록 A할지라도 B하다]

C 与其 yǔqí 접 ~하기보다는 [与其A，不如B: A하기보다는 B하는 것이 낫다]

D 因为 yīnwèi 접 왜냐하면 [因为A，所以B: A 때문에 그래서 B하다]

빈칸 4 제시된 보기 모두 '즉시, 제때'라는 의미가 있으므로, 빈칸 뒤 '到医院就诊(병원에 가서 진료를 받다)'이라는 내용을 수식할 수 있다.

A 及时 jíshí 부 제때, 즉시
幸亏救援人员及时赶到，要不然人员伤亡将不可想象。
구조대원들이 제때 도착해서 다행이지, 그렇지 않았다면 인명 피해는 상상할 수 없을 것이다.

B 立刻 lìkè 부 즉시, 곧, 바로

C 赶紧 gǎnjǐn 부 서둘러, 재빨리, 황급히

D 马上 mǎshàng 부 즉시, 바로, 금방

打瞌睡是一种正常的生理现象，人仅可以维持四个小时完全清醒的状态，打瞌睡能为生命补充能量。可假若老年人不断打哈欠，就得考虑是不是脑血管疾病的前兆，需要及时到医院就诊。

조는 것은 정상적인 생리 현상이다. 사람은 겨우 네 시간 동안 완전히 깨어 있는 상태를 유지할 수 있다. 조는 것은 생명에 에너지를 보충해 줄 수 있다. 그런데 만약 노인이 계속해서 하품을 한다면 뇌혈관 질환의 징조인 것은 아닌지 고려해 보고, 제때 병원에 가서 진료를 받아야 한다.

A 正常	维持	假若	及时	A	정상적이다 / 유지하다 / 만약 / 제때
B 真正(×)	保护(×)	虽然(×)	立刻(○)	B	진정한 / 보호하다 / 비록 ~할지라도 / 즉시
C 正直(×)	守护(×)	与其(×)	赶紧(○)	C	정직하다 / 수호하다 / ~하기보다는 / 서둘러
D 正好(×)	扶持(×)	因为(×)	马上(○)	D	딱 맞다 / 지원하다 / 왜냐하면 / 즉시

打瞌睡 dǎ kēshuì 졸다 | ★**生理** shēnglǐ 명 생리 | **现象** xiànxiàng 명 현상 | **仅** jǐn 부 겨우, 단지, 다만 | ★**清醒** qīngxǐng 동 깨어나다, 정신을 차리다 | **状态** zhuàngtài 명 상태 | **补充** bǔchōng 동 보충하다 | ★**能量** néngliàng 명 에너지 | **老年人** lǎoniánrén 명 노인 | **不断** búduàn 부 계속해서, 끊임없이, 부단히 | **打哈欠** dǎ hāqian 하품을 하다 | **得** děi 조동 ~해야 한다 | **脑血管** nǎoxuèguǎn 명 뇌혈관 | ★**疾病** jíbìng 명 질환, 질병 | **前兆** qiánzhào 명 징조, 전조 | **就诊** jiùzhěn 동 진찰받다

STEP
2 내공 쌓기

1 인과 관계 track 78

보통 앞 절(A)에서 원인을 제시하고, 뒤 절(B)에는 그에 따른 결과나 판단을 나타낸다.

- 因为A，所以B　A하기 때문에 그래서 B하다

  因为学生们很努力，所以老师感到很欣慰。 학생들이 노력하기 때문에, 선생님은 기쁘고 안심이 된다.

- 由于A，(所以/因此/因而)B　A로 인하여 그래서 B하다

  由于台风的缘故，明天的展销会被主办方取消了。 태풍을 이유로, 내일 전람회는 주최 측에 의해 취소되었다.

- 之所以A，是因为B　A한 까닭은 B하기 때문이다 → A: 결과, B: 원인

  他之所以取得这么好的成绩，是因为付出了长期的不懈努力。
  그가 이렇게 좋은 성적은 받을 수 있었던 까닭은, 오랫동안 끊임없이 노력했기 때문이다.

- 因为/因/由于A而B　A하기 때문에 그래서 B하다

  他因为得到了大家的信任而感到十分满足。 그는 모두의 신임을 받았기 때문에 매우 만족했다.

- A，于是B　A하기 때문에 그래서 B하다 [A, B가 시간상 선후 관계에 있을 때 주로 쓰임]

  超市的西瓜正在打折，于是爷爷赶紧去买了两个。
  슈퍼마켓의 수박은 지금 할인 중이어서 할아버지께서는 서둘러 두 통을 사러 가셨다.

- A，所以B　A하기 때문에 그래서 B하다

  小丽家离公司很近，所以她总是回家吃午饭。
  샤오리의 집은 회사에서 가까워서 그녀는 늘 집에 돌아가서 점심 식사를 한다.

- (A)，从而B　(A해서) B하다

  在集体里，她处处为他人着想，从而得到了大家的认可。
  단체에서 그녀는 모든 일에서 다른 사람을 배려해서, 모두의 인정을 받았다.

- 既然A，那(么)就B　기왕 A하게 된 바에야, B하다 → A: 기정 사실, B: 주관적인 판단

  既然你那么喜欢吃这家的包子，那就再来两个吧。 너는 이 집 빠오즈를 먹는 것을 그렇게나 좋아하니 두 개 더 먹으렴.

- A，可见B　A를 통해 B를 알 수 있다 → A: 근거, B: 판단/결론

  这次选课代表大家一致投了王明的票，可见他在班级中很受欢迎。
  이번 과 대표 선출에서 모두가 함께 왕밍에게 투표한 것을 통해, 그가 학급에서 인기가 많다는 것을 알 수 있다.

2 점층 관계 track 79

앞 절의 내용보다 발전된 동작이나 상황이 뒤 절에 온다.

- 不但/不仅A，而且B A할 뿐만 아니라 게다가 B하다
  大理不但风景秀丽，而且美食也很有名。따리는 풍경이 수려할 뿐만 아니라, 맛있는 음식도 유명하다.
- 不但不/不但没(有)A，反而/反倒B A하지 않을 뿐 아니라 오히려 B하다
  听了他迟到的理由后，老师不但没有生气，反倒表扬了他。
  그가 늦은 이유를 듣고 난 후, 선생님은 화를 내지 않으셨을 뿐만 아니라 오히려 그를 칭찬하셨다.
- 连A都B A조차도 B하다
  连最擅长的语文都考砸了，他对这次考试的结果已经不抱任何希望了。
  가장 잘하는 어문 시험조차 망쳐서, 그는 이번 시험 결과에 이미 아무런 희망도 품지 않게 되었다.
- 除了A以外，还B A 외에 B 또한 → A와 B 모두 포함함
  除了历史以外，他还对数学感兴趣。역사 외에, 그는 수학에도 관심이 있다. [=역사와 수학 모두 관심이 있음]

3 전환 관계 track 80

앞뒤 내용이 서로 상반됨을 나타낸다.

- A，但是/可是/然而/不过/但/可/却B A하지만 그러나 B하다
  高速路服务区的饭菜种类很多，但都不是特别好吃。고속도로 휴게소의 음식은 종류는 다양하지만 모두 아주 맛있지는 않다.
- 虽然/虽说/固然/尽管A，但是/可是/然而/不过/还是/而/却/则B 비록 A하지만 그러나 B하다
  尽管我们给出了所有的方案，但还是没能说服客户。비록 우리는 모든 방안을 제시했지만 여전히 고객을 설득할 수 없었다.
- A，其实B A하지만 사실 B하다
  北京的人口很多，但其实大部分都是外来人口。베이징의 인구는 많지만 사실 대부분은 외지에서 온 사람들이다.

4 조건 관계 track 81

조건과 결과를 나타낸다.

- 无论/不论/不管A，都/也/总/反正B A를 막론하고 B하다 → 어떤 가정/조건(A)에서도 결과(B)가 변하지 않음을 나타냄
  不论过程多么艰苦，我都不会放弃。과정이 얼마나 고달프지 간에 나는 포기하지 않을 것이다.
- 只有/除非A，才B 오직 A해야만 비로소 B하다 → A: 유일한 조건, B: 결과
  只有亲身经历过，才能完全体会作者想表达的意思。
  오직 직접 경험해 봐야만 비로소 작가가 표현하고자 한 의미를 완전히 이해할 수 있다.
- 除非A，否则/要不/不然/要不然B 오직 A해야지 그렇지 않으면 B하다
  除非改掉不好的习惯，否则很难获得大家的认同。안 좋은 습관을 고쳐야지 그렇지 않으면 모두의 인정을 받기 힘들다.
- 只要A，(就/便)B A하기만 하면 B하다 → A: 충분조건, B: 결과 [A가 아닌 다른 조건도 같은 결과를 가져올 수 있음]
  只要还有一点希望，大家都不会放弃。작은 희망만 있다면 모두 포기하지 않을 것이다.
- 凡是A都B 무릇 A한 것은 모두 B하다 → 예외가 없음을 나타냄
  凡是青年时期受过挫折的人，都是幸运的。청년기에 좌절을 느껴 본 사람은 모두 운이 좋은 것이다.

5 가정 관계 track 82

앞 절에 가정을 제기하고 뒤 절에 결과를 나타낸다.

- 如果/要是/假如/假若/倘若/假使/若A，那(么)+(주어)+就/便/则B 만약 A하면 B하다
  如果明天还下大雨，那就下次再去北海公园吧。만약 내일 계속 큰비가 내린다면, 베이하이 공원에는 다음에 다시 가자.
- 即使/即便/哪怕/就是/就算A，也B 설령 A할지라도 B하다 → 아직 일어나지 않은 가설의 상황에 쓰임
  即使路途遥远，我们也要坚持到最后。설령 갈 길이 멀더라도 우리 끝까지 가 보자.
- 要不是A，就/该B 만약 A가 아니었다면 B하다
  要不是她及时出现帮我们解围，我们就麻烦了。
  만약 그녀가 제때에 나타나서 우리가 곤경에서 벗어나도록 도와주지 않았더라면, 우리는 골치 아프게 됐을 것이다.
- 幸亏/幸好A，要不然/不然/否则B 다행히 A해서 망정이지 그렇지 않았다면 B하다
  幸好提前预约了，要不然就没有位置了。다행히 미리 예약을 해서 망정이지 그렇지 않았다면 자리가 없었을 거야.

6 병렬 관계 track 83

앞뒤 문장이 동등한 관계이다.

- 一边/一面A，一边/一面B A하면서 B하다 → 동시에 A, B가 진행됨. A, B에는 주로 구체적인 동작동사가 쓰임
  姐姐喜欢一边浏览网页，一边看视频。언니는 웹 서핑을 하면서 영상을 보는 것을 좋아한다.
- 一方面A，(另)一方面B 한편으로는 A하고 (다른) 한편으로는 B하다 → A, B에는 주로 추상동사가 쓰임
  这次比赛，一方面要表现我们的实力，一方面要公平竞争。
  이번 경기는 한편으로는 우리의 실력을 발휘해야 하고 한편으로는 공평하게 경쟁해야 한다.
- 既A，又B A하기도 하고 B하기도 하다 → 주어가 하나일 때 쓰임
  街角咖啡店的咖啡，既便宜又好喝。길모퉁이 카페의 커피는 싸고 맛있다.
- 也A，也B A하기도 하고 B하기도 하다
  篮球也很有趣，排球也很有意思，无论哪个我都爱玩儿。농구도 흥미롭고 배구도 재미있어. 어느 것이든 나는 다 좋아.

7 연속 관계 track 84

연속적으로 발생하는 몇 개의 동작이나 일을 차례대로 설명한다.

- 先A，然后B 먼저 A하고 그러고 나서 B하다
  先看完比赛，然后再做评论。먼저 경기를 보고 나서 다시 평론하자.
- (一)A，就B A하자마자 곧 B하다 → A, B 두 동작이 거의 연속적으로 발생했음을 나타냄
  他一下飞机，就直奔家里。그는 비행기에서 내리자마자 곧장 집으로 갔다.

8 선택 관계 track 85

두 개 이상의 단어나 단문에서 한 가지를 선택한다.

- 不是A，就是B A가 아니면 B이다 → 둘 중 하나를 긍정함
  这次大赛的女主持人，不是王红就是李丽。이번 대회의 여자 진행자는 왕홍 아니면 리리이다.

- 不是A，而是B A가 아니고 B이다 → 앞 절(A)을 부정하고 뒤 절(B)을 긍정함

  不是他不想帮你，而是他自己也遇到了很多麻烦。
  그는 너를 도와주고 싶지 않은 것이 아니라 그 자신도 번거로운 일이 많은 것이다.

- 与其A，(还)不如B A하느니 B하는 편이 낫다 → 뒤 절(B)을 선택함

  与其静静地等待机会，不如积极主动地寻找。조용히 기회를 기다리느니 적극적이고 주동적으로 찾는 것이 낫다.

- 宁愿/宁可/宁肯A，也要B A할지언정 B하겠다 → 뒤 절(B)을 선택함

  厂长宁愿自己出资，也要保证新产品的正常生产。공장장은 자신이 투자할지언정, 신제품의 정상 생산을 보장할 것이다.

- 宁愿/宁可/宁肯A，也不B A할지언정 B하지는 않겠다 → 앞 절(A)을 선택함

  他宁愿自己忍受伤痛坚持比赛，也不愿连累队友。
  그는 자신이 부상 통증을 참으며 시합을 계속할지언정, 동료들을 끌어들이고 싶지는 않다.

9 목적 관계 track 86

어떤 목적과 그 목적을 달성하기 위한 행동이나 방법을 나타낸다.

- 为了A，B A하기 위해서 B하다 → A: 목적, B: 행위

  为了帮孩子们发现自己的兴趣，学校组织了很多课外活动。
  아이들이 자신들의 흥미를 찾는 것을 돕기 위해 학교는 많은 특별 활동을 구성했다.

- A，以便/是为了/为的是B A한 것은 B하기 위해서이다 → A: 행위, B:목적

  他把资料重新整理了一下，以便可以随时查阅。그가 자료를 다시 한번 정리한 것은 언제든 열람하기 위해서이다.

- A，以免/免得/省得B B하지 않도록 A하다 → B: 바라지 않는 결과

  今晚出去吃饭吧，省得妈妈又要一个人忙活。엄마께서 또 혼자 분주하시지 않도록 오늘 밤에는 나가서 밥 먹자.

10 기타 track 87

- 反之 반면에, 바꿔서 말하면, 이와 반대로

  研究显示，在看恐怖电影时，人们会渴望吃东西。反之，看喜剧片时，则不会。
  연구에 따르면, 공포 영화를 볼 때 사람들은 음식을 먹고 싶어 하는 반면, 코미디 영화를 볼 때는 그렇지 않다.

- 同时 동시에

  人类的大脑在识别听到、看到的信息的同时，其实也在完成一些其他任务。
  인류의 대뇌는 듣고 보는 정보를 인식하는 동시에 그 외 다른 임무들도 수행한다.

- 以及 및, 그리고, 아울러

  修建地铁要考虑选址、路线以及居民噪音等各种问题。
  지하철을 시공할 때 입지와 노선 및 주민 소음 등 여러 문제를 고려해야 한다.

배운 내용 점검하기

빈칸에 알맞은 단어를 골라 보세요.

1 她(　　　)得了第一名，(　　　)她平时学习非常努力。

A 因为　　所以　　　B 之所以　　是因为

2 他(　　　)承认错误，(　　　)怪别人。

A 如果　　那么　　　B 不但不　　反而

해석&어휘 1 그녀가 1등을 한 것은 평상시에 열심히 노력해서 공부하기 때문이다.
平时 píngshí 명 평상시, 평소

2 그는 자신의 잘못을 인정하지 않을 뿐 아니라 오히려 남을 탓한다.
怪 guài 동 (남을) 탓하다 | 反而 fǎn'ér 부 오히려

정답 1 B　2 B

3 실력 다지기

Day 35

1. 猕猴桃被人们称为“水果之王”，它不仅__________独特，酸甜美味，而且营养价值很高，__________受到大家的青睐。猕猴桃果肉中维生素的含量在所有的水果中几乎最多，此外，猕猴桃中的果胶和纤维素还可以__________肠道蠕动。

A 味道　从而　加重　　B 风尚　致使　陪伴
C 风味　因而　促进　　D 气息　然而　发起

2. 研究生毕业以后，王萍的工作已经被分配好了，是去一所高中从事会计工作。__________那个时候，她并不想__________这条路。于是平日里很听话的王萍不顾父亲的__________，去了一家银行上班。

A 然而　选择　劝阻　　B 虽然　选用　责骂
C 固然　采取　辅助　　D 不仅　选拔　领先

정답 및 해설 → 해설서 p.183

Day 36

3. 专家__________人们对绿叶蔬菜应现买现吃，__________别吃加热以后的剩菜，剩菜(特别是菠菜等绿叶蔬菜)存放时间过长会产生很多亚硝酸盐，__________表面上看上去没坏，吃起来也没异味，但也能够让人产生轻度的食物中毒，__________敏感与体弱的人群。

A 讨论　一贯　假如　好像是　　B 商量　的确　不但　以至于
C 研究　确切　即便　有别于　　D 建议　最好　即使　尤其是

4. 在中国传统文化中，喝茶的器具十分重要。紫砂壶是一种__________为名贵的茶壶，其命名也很有__________。它的命名方法很多，以象形、引申法最为常用，如八方壶、思源壶等。__________用哪种方法，紫砂壶的命名都要遵循__________的原则。

A 颇　规律　不管　雅俗共赏
B 愈　法规　况且　实事求是
C 皆　用法　不止　精益求精
D 挺　要点　固然　喜闻乐见

5. “亚健康”状态的各个阶段间＿＿＿＿有的时候界线并不很＿＿＿＿，可它们的关系就如同相互衔接的区间车般，＿＿＿＿“健康”向“疾病”驶去，“生命列车”＿＿＿＿启动，往往仅朝着前方行驶。

A 尽管　清晰　从　一旦
B 无论　了解　于　假如
C 不论　明显　至　假设
D 因为　差异　即　假定

정답 및 해설 → 해설서 p.185

Day 38

6. 有很多人＿＿＿＿遇到困难，他们一遇到问题就开始怀疑自己，但问题是不可避免的，＿＿＿＿我们尝试积极地去解决它，在这个过程中我们的能力就会获得＿＿＿＿，所以，不要怕有问题，它可能会给我们更多的机会。

A 畏惧　倘若　提高
B 害怕　如果　降低
C 敬畏　万一　进步
D 恐惧　如若　充实

7. 我看到不少选秀节目里，某些选手＿＿＿＿唱得非常一般，却仍然高喊“我不会放弃自己的音乐＿＿＿＿”，我不觉得这很感人。其实他们并不知道，＿＿＿＿在错误的道路上一直前进，还不如马上停下来，这个时候＿＿＿＿不走也是进步的。

A 纷纷　气魄　何况　不愧
B 轻轻　气概　以致　幸亏
C 明明　梦想　与其　哪怕
D 匆匆　本领　以免　多亏

8. 用一次性餐具的初衷，＿＿＿＿为的是减少疾病传播、讲卫生，＿＿＿＿实际使用的结果却＿＿＿＿，卫生问题并没有得到完全解决，原因是一次性餐具在生产、储存和运输的环节中，卫生＿＿＿＿令人担心。

A 固然　不但　与日俱增　形态
B 本来　然而　事与愿违　状况
C 就算　但是　斩钉截铁　情形
D 即便　可是　自力更生　处境

정답 및 해설 → 해설서 p.189

접속사와 부사로 고르기

STEP 1 유형 파악하기

✖ 빈칸 주변에 '접속사'나 '부사'가 있다면, 앞뒤 문장과 빈칸의 관계를 파악해 정답을 찾거나 '접속사/부사' 짝꿍을 찾아 답을 고를 수 있다. 관계를 파악해 정답을 찾아야 하는 유형에는 약간의 해석이 필요하지만, '접속사/부사' 짝꿍으로 정답을 찾는 유형에는 해석을 안 하고도 정답이 보이는 난도가 낮은 문제도 꽤 출제된다.

▶ 출제 경향

일상생활에서 마주칠 수 있는 다양한 현상을 과학적으로 설명하는 지문이나 역사적 이야기 등이 출제된다. 최근 들어 기승전결 구조의 '이야기'보다 정보 전달성 '설명문'이 많이 출제되고 있지만, 이야기 형식도 종종 출제되므로 평소에 다양한 글을 접하는 것이 중요하다.

▶ 문제풀이 비법

1 빈칸 앞뒤나 보기에 '접속사/부사'가 있는지 확인한다.

빈칸 앞뒤 문장이나 보기 문장에 접속사나 부사가 있는지 확인하자. '접속사/부사' 호응 관계만으로도 쉽게 답을 찾을 수 있는 경우가 많다.

2 접속사/부사를 바탕으로 '문장의 관계'를 파악하고 적절한 접속사를 고른다.

빈칸 앞뒤나 보기에 쓰인 '접속사/부사'로 '인과, 점층, 전환, 조건' 등 문장의 앞뒤 관계를 파악하면 다른 내용을 제대로 이해하지 못해도 답을 찾을 수 있는 확률이 높아진다.

3 글의 성격에 따라 알맞은 읽기 전략을 선택하자.

'설명문'이라면 글에서 설명하려는 대상과 설명 순서를 파악하고, 언급된 각각의 대상들의 관계성을 파악해야 한다. '논설문'이라면 어떤 주제에 대해 주장을 펼치려는 견지, 관점이 긍정적인지 부정적인지를 확인해야 한다. '이야기 글'이라면 등장인물들의 관계, 사건의 발생 순서와 그 흐름을 놓치지 말아야 한다.

제3부분 예제

1–5

有一个挑水夫，他有两只水桶，其中一只完好无损，而另一只则有裂痕。他总是将它们分别挂在扁担的端去挑水，而每一趟长途挑运后，完好无损的水桶总能把满满一桶水从河边运送到主人家中，(1) ______________，却往往只剩下半桶水。三年以来，挑水夫便是这样每天将一桶半的水送到主人家的。自然地，“好水桶”对自己可以装满满一桶水的事实感到非常自豪。“破水桶”呢？(2) ______________，又因仅能负起“一半责任”而伤心。

就这样，(3) ______________，破水桶终于忍不住了，在小河边对挑水夫说道：“我感到非常惭愧，一定要向你道歉。”挑水夫问道：“你为什么会感到惭愧呢？”破水桶回答道：“过去的三年里，由于一路上水不停地从我这里漏出去，我只可以将半桶水送到你的主人家，我的缺陷让你做了全部的工作，(4) ______________。”挑水夫听后，感到十分难受，然而，他却充满爱意地说道：“一会儿我们在经过回主人家的路上时，你要好好儿留意路边盛开的花啊，可能会有惊喜!”当他们路过平时走的那条路过时，破水桶果然眼前一亮，路的一旁开满了五彩缤纷的野花，沐浴在温暖的阳光下，这情景让它开心了许多! 可走到路的尽头，它又开始难过了，因为一半的水又都漏在路上了!

破水桶再一次向挑水夫道歉。挑水夫温柔地说道：“你注意到了吗? 路的两边只有你那边有花朵，而好水桶那一边却没有。我知道你‘存在缺陷’，(5) ______________，在你那边的路上撒下了花种，每次我从河边回来，你便替我浇了一路的花! 三年来，这些美丽的花朵为主人的餐桌做了装饰。若你不是这般‘模样’，主人的餐桌上也就不会有如此美丽的花朵了!”

A 因此我便加以利用
B 却仅收到了一半的成果
C 在饱尝了三年“失败的痛苦”之后
D 它既对自己的缺陷感到羞愧
E 但是有裂痕的水桶

1 E [但是……却…… 그러나] 빈칸 뒤에 어기를 전환시키는 ‘却(그러나)’가 쓰였으므로, 빈칸에는 앞 내용과 반대되는 내용이 나와야 자연스럽다. 빈칸 앞은 ‘흠이 없는 물통은 가득 찬 물 한 통을 옮길 수 있다(完好无损的水桶总能把满满的一桶水)’는 내용이므로, 빈칸에는 ‘금이 간 물통’에 대한 ‘부정적인 내용’이 나오는 것이 자연스럽다.

2 D [自豪 자랑스러워하다 ↔ 羞愧 창피해하다] 빈칸 앞뒤는 ‘좋은 물통’과 ‘망가진 물통’이 스스로를 어떻게 생각하는지에 대한 내용이다. 대상별로 키워드를 정리해 보면 ‘좋은 물통 – 自豪(자랑스러워하다)’ ‘망가진 물통 – ‘伤心(속상하다)’으로 정리된다. 이 사이에 들어갈 만한 내용은 ‘망가진 물통’이 ‘스스로를 부정적으로 여기는 내용’인 D이다. 또한 빈칸 뒤 절에 있는 부사 ‘又’와 보기 D에 있는 ‘既’는 함께 오는 접속사 구문이므로 기억해 두자.

3 C [忍不住 참을 수 없다] 빈칸 뒤는 망가진 물통이 ‘참을 수 없어서(忍不住)’ 결국 물지게꾼에게 사과를 하는 내용으로, ‘일정 시간 동안’ 참다가 이야기했다는 것을 알 수 있으므로 ‘3年(3년)’이라는 언급이 있는 C가 답으로 적합하다.

4 B [收到A成果 A의 성과를 얻다] 남은 보기 A의 ‘그래서 나는 그것을 이용해서(因此我便加以利用)’와 B의 ‘절반의 성과밖에 거둘 수 없었다(却仅收到了一半的成果)’ 중, 빈칸 앞 내용 ‘당신은 모든 일을 하고도(让你做了全部的工作)’와 자연스럽게 연결되는 보기는 ‘성과’에 대한 내용을 다루고 있는 B이다.

5 A [因此 그래서] 빈칸 앞에는 ‘결함(缺陷)’이 있다는 것을 알고 있음을 언급했고, 빈칸 뒤의 ‘씨앗을 뿌렸고(撒下了花种), 나를 대신해서 꽃에 물을 주었다(你便替我浇了一路的花)’라는 내용을 통해 ‘결함’을 ‘이용(利用)’해서 물을 줬다는 것을 알 수 있다. 따라서 A가 답으로 가장 어울린다.

有一个挑水夫，他有两只水桶，其中一只完好无损，而另一只则有裂痕。他总是将它们分别挂在扁担的端去挑水，而每一趟长途挑运后，完好无损的水桶总能把满满一桶水从河边运送到主人家中，(1) E 但是有裂痕的水桶，却往往只剩下半桶水。三年以来，挑水夫便是这样每天将一桶半的水送到主人家的。自然地，“好水桶”对自己可以装满满一桶水的事实感到非常自豪。“破水桶”呢？(2) D 它既对自己的缺陷感到羞愧，又因仅能负起“一半责任”而伤心。

就这样，(3) C 在饱尝了三年“失败的痛苦”之后，破水桶终于忍不住了，在小河边对挑水夫说道：“我感到非常惭愧，一定要向你道歉。”挑水夫问道：“你为什么会感到惭愧呢？”破水桶回答道：“过去的三年里，由于一路上水不停地从我这里漏出去，我只可以将半桶水送到你的主人家，我的缺陷让你做了全部的工作，(4) B 却仅收到了一半的成果。”挑水夫听后，感到十分难受，然而，他却充满爱意地说道：“一会儿我们在经过回主人家的路上时，你要好好儿留意路边盛开的花啊，可能会有惊喜！”当他们路过平时走的那条路过时，破水桶果然眼前一亮，路的一旁开满了五彩缤纷的野花，沐浴在温暖的阳光下，这情景让它开心了许多！可走到路的尽头，它又开始难过了，因为一半的水又都漏在路上了！

破水桶再一次向挑水夫道歉。挑水夫温柔地说道：“你注意到了吗？路的两边只有你那边有花朵，而好水桶那一边却没有。我知道你‘存在缺陷’，(5) A 因此我便加以利用，在你那边的路上撒下了花种，每次我从河边回来，你便替我浇了一路的花！三年来，这些美丽的花朵为主人的餐桌做了装饰。若你不是这般‘模样’，主人的餐桌上也就不会有如此美丽的花朵了！”

A 因此我便加以利用
B 却仅收到了一半的成果
C 在饱尝了三年“失败的痛苦”之后
D 它既对自己的缺陷感到羞愧
E 但是有裂痕的水桶

물지게꾼이 한 명 있었는데, 그에게는 물통이 두 개 있었다. 그중에 하나는 흠 없이 완전한 상태였고 다른 물통은 금이 가 있었다. 그는 항상 물통을 각각 멜대 양 끝에 달아 물을 기르러 갔고, 장거리로 물을 한 번씩 나를 때마다 흠이 없는 물통은 가득 찬 물 한 통을 강가에서 주인 댁까지 옮길 수 있었다. (1) E 그러나 금이 간 물통에는 항상 물이 반 통 밖에 남아 있지 않았다. 3년간 물지게꾼은 이렇게 매일 한 통 반의 물을 주인 댁까지 날랐다. 자연스럽게, ‘좋은 물통’은 자신이 가득 찬 물 한 통을 담을 수 있다는 사실을 무척 자랑스러워했다. ‘망가진 물통’은 어땠을까? (2) D 그는 자신의 결함에 대해 창피해했고, 또 자신이 ‘절반의 책임’밖에 질 수 없어 무척 속상해했다.

이렇게 (3) C 3년간 ‘실패의 고통’을 겪고 난 후, 망가진 물통은 결국 참을 수가 없어 시냇가에서 물지게꾼에게 말했다. “나는 너무 창피해요. 당신에게 꼭 사과를 해야겠어요.” 물지게꾼이 물었다. “넌 왜 창피해하는 거지?” 망가진 물통은 답했다. “지난 3년 동안 가는 내내 내게서 물이 새서 당신의 주인 댁까지 반 통의 물밖에 나를 수 없었잖아요. 나의 결함 때문에 당신은 모든 일을 하고도 (4) B 절반의 성과밖에 거둘 수가 없었어요.” 물지게꾼은 들은 후 마음이 매우 아팠다. 그러나 그는 도리어 애정을 담아 말했다. “잠시 후에 우리가 주인 댁으로 돌아가는 길을 지날 때 길가에 활짝 핀 꽃을 주의 깊게 살펴보렴. 아마 놀랄 거야!” 그들이 평소에 다니던 그 길을 지나갈 때 망가진 물통은 눈이 번쩍 뜨였다. 길 한 쪽에 오색찬란한 들꽃이 가득 피어 따뜻한 햇빛 아래 목욕하는 것을 보게 된 것이다. 이 광경은 망가진 물통의 기분을 한결 나아지게 했다. 그런데 거의 다 와갈 때쯤, 그는 또 다시 속상해졌다. 절반의 물이 또 길가에 샜기 때문이다!

망가진 물통은 다시 한번 물지게꾼에게 사과했다. 물지게꾼은 부드럽게 말했다. “봤어? 길 양쪽에서 네가 있는 쪽에만 꽃이 있고, 좋은 물통이 있는 쪽에는 없어. 나는 네게 ‘결함이 있다’는 것을 알고 있어. (5) A 그래서 나는 그것을 이용해서 네가 있는 쪽 길에 씨앗을 뿌렸고, 내가 강가에서 돌아올 때마다 너는 나를 대신해서 길 전체의 꽃에 물을 준 거야! 3년 동안 이 예쁜 꽃들은 주인 댁의 식탁에 장식으로 쓰였어. 만약 네가 이런 ‘모습’이 아니었다면, 주인 댁의 식탁 위에도 이렇게 아름다운 꽃은 없었을 거야!”

A 그래서 나는 그것을 이용해서
B 절반의 성과밖에 거둘 수가 없었어요
C 3년간 ‘실패의 고통’을 겪고 난 후
D 그는 자신의 결함에 대해 창피해했고
E 그러나 금이 간 물통에는

挑水夫 tiāoshuǐfū 물지게꾼 | **水桶** shuǐtǒng 명 물통 | **完好无损** wánhǎo wúsǔn 완전하고 손상이 없다 | **另** lìng 대 다른, 그 밖의 | **裂痕** lièhén 명 갈라진 틈 | **将** jiāng 개 ~를 [=把] | **分别** fēnbié 부 각각, 따로따로 | **扁担** biǎndan 명 멜대 | ★**端** duān 명 (사물의) 끝 | **长途** chángtú 명 장거리 | **挑运** tiāoyùn 동 메어 나르다 | **河边** hébiān 명 강가, 강변, 강기슭 | **运送** yùnsòng 동 운송하다, 수송하다 | **主人** zhǔrén 명 주인 | **剩下** shèngxià 동 남다, 남기다 | **以来** yǐlái 명 동안, 이래 | **便** biàn 부 곧, 바로 [=就] | **装** zhuāng 동 담다, 채워 넣다 | **事实** shìshí 명 사실 | **自豪** zìháo 형 스스로 자랑스럽게 생각하다, 스스로 긍지를 느끼다 | **仅** jǐn 부 겨우, 단지, 다만 | **负起** fùqǐ 동 책임을 지다, 감당하다 | **忍不住** rěnbúzhù 견딜 수 없다, 참을 수 없다 | **说道** shuōdào 동 ~라고 말하다 | **惭愧** cánkuì 형 부끄럽다, 창피하다, 송구스럽다 | **问道** wèndào 동 물어보다 | **漏** lòu 동 (물체가 구멍이나 틈이 생겨) 새다 | ★**缺陷** quēxiàn 명 결함, 결점, 부족한 점 | **替** tì 개 ~때문에 | **充满** chōngmǎn 동 가득 채우다 | **爱意** àiyì 명 (사람이나 사물에 대해) 애정 어린 마음 | **留意** liúyì 동 주의하다, 주시하다 | **路边** lùbiān 명 길가 | ★**盛开** shèngkāi 동 (꽃이) 활짝 피다, 만발하다 | **惊喜** jīngxǐ 형 (뜻밖의 좋은 일로) 놀라고도 기뻐하다 | **果然** guǒrán 부 과연, 생각한대로 | **眼前** yǎnqián 명 눈앞, 현재, 목전 | **亮** liàng 동 빛나다 | **旁** páng 명 옆, 곁 | **五彩缤纷** wǔcǎi bīnfēn 성 오색찬란하다 | **野花** yěhuā 명 들꽃, 야생화 | ★**沐浴** mùyù 동 햇빛과 비와 이슬을 흠뻑 받다 | **温暖** wēnnuǎn 형 따뜻하다, 온난하다 | **情景** qíngjǐng 명 광경, 장면, 모습 | **尽头** jìntóu 명 막바지, 끝, 말단 | **温柔** wēnróu 형 부드럽고 상냥하다, 온유하다 | **花朵** huāduǒ 명 꽃, 꽃봉우리 | **存在** cúnzài 동 존재하다 | **撒** sǎ 동 엎지르다, 흘리다, 떨어뜨리다 | **花种** huāzhǒng 명 꽃씨 | **浇** jiāo 동 뿌리다, 끼얹다 | **餐桌** cānzhuō 명 식탁 | **装饰** zhuāngshì 명 장식 | **若** ruò 접 만약, 만일 | ★**模样** múyàng 명 모양, 모습, 형상 | **如此** rúcǐ 대 이와 같다, 이러하다 | **加以** jiāyǐ 동 ~를 가하다, ~하다 [2음절 동사 앞에 쓰여 뒤의 동사가 앞에 제시된 사물에 대하여 어떤 동작을 가하는 것을 나타냄] | **利用** lìyòng 동 이용하다 | **仅** jǐn 부 겨우, 단지, 다만 | **收到** shōudào 동 받다, 얻다 | **成果** chéngguǒ 명 성과, 결과 | **饱尝** bǎocháng 동 실컷 겪다 | **痛苦** tòngkǔ 명 고통, 아픔, 비통 | **之后** zhīhòu 명 그 후, 그 뒤 | **羞愧** xiūkuì 형 부끄럽다, 창피하다 [感到羞愧: 부끄럽다]

STEP 2 내공 쌓기

빈칸의 앞뒤 절을 보면, 같이 쓰는 짝꿍 표현 중 하나만 보이는 경우가 있다. 이때는 글의 내용을 읽어 볼 것도 없이 빠진 짝꿍 표현이 있는 보기를 답으로 고르면 된다. 단순 암기만으로도 답을 찾을 수 있는 문제가 매회 출제되므로 이번 내공 쌓기의 내용은 반드시 모두 숙지하도록 하자.

1 빈출 부사 track 88

부사만 봐도 뒤 절에 어떤 내용이 나올지 대략적으로 유추할 수 있으므로 뜻과 쓰임을 잘 알아 두자.

又 yòu 또, 다시	앞 절의 내용을 보충, 추가한다. 앞뒤 절 모두 하나의 소재에 대해 설명한다. 晚饭之外，他又吃了一个汉堡包。 저녁 식사 외에, 그는 햄버거를 하나 더 먹었다.
其实 ✨ qíshí 사실은	앞 절에서 일반적인 인식을 제시하고, '其实' 뒤에는 상반되는 의견을 제시한다. '其实'가 이끄는 뒤 절 내용이 정답과 연결되는 경우가 많다. '实际上' '事实上'도 '其实'와 같은 역할을 한다. 大家都认为他是个守信用的人，但他其实是个骗子。 모두들 그가 신용이 있는 사람이라고 여기지만, 그는 사실 사기꾼이다.
甚至 shènzhì 심지어	앞 절의 내용이 '甚至' 뒤 절에서 더 심화된다. 她工作特别努力，甚至把休假都取消了。 그녀는 매우 열심히 일한다. 심지어는 휴가도 취소했다.
尤其 ✨ yóuqí 특히	앞 절보다 뒤 절에 더 심화된 내용이 서술된다. 他很喜欢看电影，尤其爱看浪漫爱情电影。 그는 영화 보는 것을 아주 좋아하는데, 특히 로맨스 영화 보는 것을 좋아한다.

2 빈출 접속사 track 89

빈칸 앞뒤나 보기 문장에 쓰인 접속사는 아주 큰 힌트를 준다. 아래에 정리한 빈출 접속사 구문이 각각 어떤 의미 관계를 나타내는지 반드시 숙지하고, 짝꿍으로 쓰이는 접속사 구문은 결합 순서까지 꼼꼼히 잘 익혀 두자.

인과 ✨	원인을 이끄는 접속사, 결과를 이끄는 접속사를 잘 구분하자.(便＝就＝所以)
	• 因为A所以B A 때문에 그래서 B하다 • 之所以A，是因为B A인 까닭은 B이기 때문이다 • 因为／因／由于A而B A이기 때문에 그래서 B하다 • 既然A，那么／就B 기왕 A하게된 바에야, B하다 • 因此／因而／从而A 그러므로 A이다 • 以致(于)A (나쁜 결과 A를) 초래하다 • 可见A A인 것을 알 수 있다 • 故A A인 이유로
	因为他性格活泼开朗，所以他有很多朋友。 그는 성격이 활달하고 명랑해서 친구들이 많다.
점층 ✨	앞 문장보다 심화되거나 강조된 내용이 제시된다.
	• 不但／不知／不光／不单A，而且／也／还／更B A일 뿐만 아니라 B하다 • 不但不／不但没A，反而／反倒B A하지 않을 뿐 아니라 오히려 B하다 • 除了A以外，B都 A를 제외하고 B는 모두 ~하다 • 并且 게다가 • 况且／何况 하물며 (더 이상 말할 필요가 없다)
	小张不但会开车，而且会修车。 샤오장은 운전을 할 줄 알 뿐만 아니라 수리도 할 줄 안다.
전환 ✨	앞 문장과 반대, 전환되는 내용이 제시된다.
	• 虽然／虽说／固然／尽管A，但是／然而／还是／却／则B 비록 A하지만 그러나 B하다 • 但是／可是／然而／不过A 그러나 A하다
	他们俩是亲兄弟，可是关系并不好。 그 둘은 친형제이지만, 사이가 좋지 않다.
조건	앞 절에 조건, 뒤 절에 결과가 제시된다.
	• 无论／不管A，都／也／总B A를 막론하고 B하다 • 只要A，就／便B A하기만 하면 B하다 • 只有／除非A，才B 오직 A해야만 비로소 B하다 • 除非A，否则／要不／要不然B 오직 A해야지 그렇지 않으면 B하다
	除非你同意，否则我一定不会去的。 네가 동의해야지 그렇지 않으면 나는 가지 않을 것이다.
가정 ✨	앞 절에 가정, 뒤 절에 (가정에 따른) 결과가 제시된다. '如果' 등의 접속사 없이 뒤 절에 '那么/就/便/则'만으로도 가정문이 성립할 수 있다.
	• 如果／假如／倘若／假使／若A，那么／就／便／则B 만약 A하면 B이다 • 即使／哪怕／就算A，也B 설령 A일지라도 B이다 • 否则／不然／要不然A 그렇지 않으면 A하다
	幸亏今天带伞了，要不然一定会变成落汤鸡的。 다행히 오늘 우산을 가져왔으니 망정이지, 그렇지 않았다면 물에 빠진 생쥐 꼴이 되었을 것이다.

병렬	A와 B는 동등한 관계이며 품사도 같다. • 既/又A，又B A이기도 하고 B이기도 하다 [주어가 한 개일 때] • 也A，也B A이기도 하고 B이기도 하다 [주어가 두 개일 때] • A并B A와 B 这种文具既美观，又实用；既省钱，又环保，真的很不错。 이런 문구류는 보기도 좋고 실용적이며, 돈도 아낄 수 있고 환경보호도 할 수 있어서 정말 좋다.
연속	일반적으로 시간의 순서대로 발생하는 동작이나 사건을 차례대로 설명한다. [A 발생 → B 발생] • 先A，然后B 먼저 A하고 그리고 나서 B하다 • 一A，就B A하자마자 B하다 • 接下来 다음은, 이어서 我一听到这首歌，就流下了眼泪。나는 이 노래를 듣자마자 눈물이 흘러내렸다.
선택	A와 B 중에 하나를 선택한다는 의미를 나타낸다. 구문에 쓰인 단어 하나 차이로 의미가 완전히 달라지기도 하니 주의하여 사용하자. • 不是A，就是B A가 아니면 B이다 [A 혹은 B] • 不是A，而是B A가 아니고 B이다 • 与其A，不如B A하느니 B하는 편이 낫다 • 宁愿/宁可/宁肯A，也不B A할지언정 B하지는 않겠다 • 宁愿/宁可/宁肯A，也要B A하느니 B하겠다 与其坐等机会的到来，不如自己主动创造机会。 기회가 오는 것을 앉아서 기다리느니 스스로 주동적으로 기회를 만드는 편이 낫다.
목적	어떠한 목적과 그 목적을 달성하기 위한 행동/방법을 나타낸다. • 为了A，B A하기 위해서 B하다 • A，以便/是为了B A한 것은 B하기 위해서이다 [B는 원하는 일] • A，以免/免得B A한 것은 B하지 않기 위해서이다 [B는 원하지 않는 일] 我要去书店多买几本书，以便学习汉语。 내가 서점에 가서 책을 여러 권 사려고 하는 것은 중국어 공부를 하기 위해서이다.

배운 내용 점검하기

빈칸에 알맞은 답을 고르시오.

西红柿虽称"爱情苹果"，但因为它同有毒的颠茄长得很像，本身又有一股臭味，**1** ________________。据说第一个吃西红柿的人是罗伯特·吉本·约翰逊，他站在法庭前的台阶上当众吃了一个，**2** ________________。此事发生在大约一百年前。

A 从而使西红柿成为了食品的一种

B 所以有一段时间没人敢吃西红柿

해석&어휘 토마토는 '사랑의 사과'라고 불렸지만 그것은 독이 있는 벨라도나풀과 비슷하게 생겼고 이상한 냄새까지 났기 때문에 **1** B 한동안 아무도 토마토를 먹으려 하지 않았다. 처음으로 토마토를 먹은 사람은 로버트 지본 존슨으로, 그는 법정의 계단에 서서 사람들 앞에서 그것을 먹었고 **2** A 그 결과 토마토는 식품의 한 종류가 되었다고 한다. 이 일은 약 백 년 전에 일어났다.

西红柿 xīhóngshì 명 토마토 | 虽 suī 접 비록 ~하지만 | 称 chēng 동 부르다, 말하다 | 同 tóng 부 같이, 함께 | 毒 dú 명 독 | 颠茄 diānqié 명 벨라도나 [식물] | ★本身 běnshēn 명 그 자신, 그 자체, 본인 | 股 gǔ 양 맛·기체·냄새·힘 따위를 세는 단위 | 臭味 chòu wèi 명 악취 | 据说 jùshuō 동 말하는 바에 의하면 ~라 한다 | 名 míng 동 이름을 ~라고 하다 | 罗伯特·吉本·约翰逊 Luóbótè Jíběn Yuēhànxùn 고유 로버트 지본 존슨 [인명] | 法庭 fǎtíng 명 법정 | 台阶 táijiē 명 계단, 층계 | 当众 dāngzhòng 부 대중 앞에서 | 此 cǐ 대 이, 이것 | 从而 cóng'ér 접 따라서, 그리하여 | 成 chéng 동 (~로) 되다, (으로) 변하다 | 食品 shípǐn 명 식품

정답&풀이 **1 B** 빈칸 앞 문장에 '因为'가 있으므로 '所以'가 있는 보기 B가 답으로 적절하다.

2 A 로버트 지본 존슨이 법정 계단에 서서 사람들 앞에서 토마토를 먹은 결과, '그리하여(从而)' 토마토는 식품의 한 종류가 되었으므로 문맥상 보기 A가 답으로 적절하다.

STEP 3 실력 다지기

Day 04

1-5.

早晨起床，打开窗帘，展现在我眼前的是一片银亮的世界。看到窗外那片片纯白的雪花，我便忍不住了，恨不得马上扑到那雪白的世界里。妈妈送我出了家门口，(1)__________，而我只顾着赏雪，自然感觉妈妈很啰唆，随口说了句："真烦人！快回家吧。"就头也不回地出发了。

"快点儿，妈妈，快拉着我跑啊！"雪地里一位母亲正拉着身后的女儿跑着，俩人高兴地笑着，突然，母亲脚下一滑，摔倒在雪地上。我赶紧跑过去把她拉了起来，但她却完全不顾自己，(2)__________。女儿也非常懂事地为妈妈拍下落到头发上的雪，小声地问道："妈妈您疼吗？"母亲由衷地笑了笑，笑得非常开心。

(3)__________，我的脑海中立刻浮现出了五年前似曾相识的那一幕：当时我也曾非常乖巧地扶着妈妈走路，给妈妈拍雪，但五年之后同样的雪天，我却只顾着自己兴致勃勃地玩儿雪，将妈妈的关心置之一旁。(4)__________，可十六岁的我应理解母亲的一番苦心，因为在她的眼中，我永远都是个没长大的孩子；或许刚才那位母亲摔得不轻，但女儿简简单单的一句："妈妈您疼吗？"便已经将她的疼痛完全化解了。此时，无论外界有多冷，一股股暖流也都会自然地涌上心头，(5)__________，也是如雪般纯洁的真情。

雪花飘呀飘，目送着那对母女远远离去，我急匆匆地转身往家跑，因为我想尽快见到爸妈，还要告诉他们："妈妈、爸爸，外面雪大路滑，一定要小心！"

A 或许妈妈并不会留意我的话

B 这便是最令人欣慰的事

C 并且三番五次地嘱咐我路上要小心

D 而是立刻将坐在雪地上的女儿扶了起来

E 看着母女俩在纷飞的大雪中紧紧相偎的身影

정답 및 해설 → 해설서 p.194

Day 05

6-10.

我一直认为，世间最幸福的人是读书人。因为他们除了拥有现实的世界外，还拥有另一个更丰富、更广阔的“世界”。(6)________，而“另一个世界”却是读书人独有的。这让我感慨万分——那些不能阅读的人或者失去阅读机会的人是多么不幸啊！(7)________。世上有很多的不平等，如：权利的不平等；财富的不平等，而丧失或拥有阅读能力却是一种精神的不平等。

一个人的一生是短暂的，只能经历自己拥有的那份苦难和喜悦。然而，通过阅读，人们可以进入不同的时空了解“他人”的世界。如此一来，(8)________，无形中就获得了超越有限生命的“无限可能”。阅读不仅使人多识了花草树木之名，(9)________，饱览世间存在的和非存在的一切。更重要的是，(10)________，还是对精神世界的升华。人们通过阅读，可以从历史人物与当代才俊的著作中学到他们的人格品质，并学会成为一个高尚的人。

A 他们的损失是无法补偿的
B 具有阅读能力的人
C 读书带给人们的不仅是知识的积累
D 现实世界是人人都有的
E 而且可以上至远古下至未来

정답 및 해설 → 해설서 p.196

Day 09

11-15.

绍兴素有“东方威尼斯”之称，而乌篷船则是绍兴人主要使用的交通工具。乌篷船船身细长，两头窄，中间宽，船上还盖着一扇扇半圆形的乌篷。船篷是由很薄的毛竹细条编成的，中间夹着防水的油毛毡。(11)________，而绍兴方言又把“黑”称作“乌”，乌篷船便由此而得名。

乌篷船的动力是靠脚蹬桨，船夫坐在船尾，用两脚划大桨，用双手拿小桨控制方向。(12)________，真可谓天下一绝。乘客坐在晃悠悠的船上，(13)________，欣赏古朴的水乡风景，还可将手伸出船外，非常惬意。

从前的绍兴，很多街巷都是河道，且商店的门多数都是朝河而开，那时，家家户户都有一只乌篷船，要进城赶集的时候，(14)________，买完东西后再继续往前划。除了赶集外，人们还经常划着乌篷船探亲访友，或者坐在船上看戏。

如今，(15)__________，在很多旅游景点都能看到乌篷船。许多来绍兴的游客也都会坐着乌篷船欣赏绍兴的美景。那悠荡的乌篷船和小桥、流水组成了一幅江南水乡独特的风景画，让游人流连忘返。

A 这种手脚并用的划船方法
B 人们就直接把船划到店门口
C 因为篷顶是用黑漆漆过的
D 乌篷船成了绍兴重要的旅游项目
E 不但可以看到岸边的柳树稻田

정답 및 해설 → 해설서 p.197

Day 11

16-20.

岩画，(16)__________，它是原始文化的一种载体。我国公元5世纪的北魏地理学家郦道元在《水经注》中，记录了黄河由宁夏流入内蒙古途中的岩画，他的描写当属世界上最早记录岩画的著作。

从全球范围来看，写实主义是岩画的主要风格。在造型上，只是把握基本形态，其构图比较凌乱和分散，整体感不强，显示了它的原始性。岩画的造型还有一个共同的特点，即不管是画面的构图还是物象的塑造，(17)__________。

岩画的内容丰富多彩。大约在旧石器时代末期，生活在北方草原上以狩猎为主的原始人群，开始在山洞中制作手印。约在距今一万年左右，岩画中出现了一些野生动物。到距今4000—3000年，出现了原始的畜牧业。画面中有猎人接近动物或抚摸、偎依、嬉戏动物的各种各样的图像。从距今3000年至公元最初几个世纪，岩画题材、内容除以前所见画面外，(18)__________。约从公元6—19世纪，在我国北方草原先后流行着突厥文、回鹘文、粟特文、西夏文、藏文和蒙文，作为文字出现之前代替文字记录生活的岩画，此时已完成历史使命，(19)__________。

荒古人类遗留在岩石上的画面，最早的据说已有四万年的历史，绵延至现代的原始部族仍有制作，如今，被人们发现的岩画遍及世界五大洲的150多个国家和地区，(20)__________。

A 还出现了大量畜牧岩画
B 主要集中分布于欧洲、非洲、亚洲的印度和中国
C 是绘制、凿刻在岩崖或石块上的图画
D 都采用平面造型的方法
E 走向了衰落的道路

정답 및 해설 → 해설서 p.199

02 문장성분으로 고르기

STEP 1 유형 파악하기

✖ 중국어의 문장성분과 문장구조를 잘 안다면 빈칸에 들어가야 할 문장성분을 파악하여 답을 찾기가 수월하다.

▶ **출제 경향**

주로 '주어'나 '술어' 같은 필수 문장성분이 빠져 있는 유형이 많다. 어려운 어휘가 점점 많이 출제되어 지문 난이도가 높아지고 있지만, 문장구조만 잘 파악해도 충분히 정답을 찾을 수 있는 유형이다.

▶ **문제풀이 비법**

1 주술목에 동그라미!

주술목에 동그라미를 그리면서 읽다 보면 해당 문장에서 결여된 성분이 무엇인지 한눈에 파악할 수 있다. 단, 빠르게 문장구조를 분석해 주술목을 찾아내기 위해서는 평소 어법 공부를 게을리 해서는 안 된다.

2 문장부호로 답을 찾을 수도 있다.

이 방법을 적용할 때는 문장 단위가 아니라 문단 단위로 범위를 넓혀야 한다. 문장과 문장을 이어 주는 문장부호의 의미를 정확히 파악하자. 또한, 접속사 용법도 함께 알아 두면 답을 찾기가 훨씬 수월해진다.

제3부분 예제

1–5

秦二世在位期间，赵高是当朝丞相，他野心勃勃，日夜盘算着想要篡夺皇位，但朝中究竟有多少大臣是听他摆布的？又有多少人会反对他？他心里没底，所以他想出了一个办法，(1) ______________，同时也能摸清楚谁是反对他的人。

一次上朝时，赵高命人牵来了一头鹿，满脸笑意地对秦二世说："陛下，我要将这匹好马献给您。"秦二世看了看，心里想：这哪儿是什么马，明明是一头鹿！就笑着对赵高说："丞相你搞错了，这分明是一头鹿，你为何会说它是马呢？"赵高却面不改色心不跳地说："请陛下仔细看一看，这确实是一匹千里马啊！"秦二世又看了一眼那头鹿，半信半疑地说："那为什么马的头上长着角呢？"赵高一转身，(2) ______________，并大声地说："如果陛下不相信我说的话，可问一问各位大臣。"大臣们全都被赵高的胡言乱语弄得不知所措，小声地嘀咕着：这个赵高到底在搞什么名堂？是马还是鹿这不都是明摆着么！然而，(3) ______________，还有那两只盯着众人且轱辘乱转的眼睛时，大臣们才突然弄懂了他的用意。

(4) ______________，不敢发表意见，因为如果说假话，对不起自己的良心，而说真话又害怕以后被赵高陷害。一些十分正直的人，(5) ______________。而一些平时便紧跟赵高的奸佞之人马上表示支持赵高的说法，对皇上说："这的确是一匹千里马啊！"事后，赵高利用各种手段将那些不听从自己命令的正直大臣都治了罪，有的甚至还遭到满门抄斩。

A 用手指着众大臣
B 准备以此试一试自己的威信
C 坚持认为是鹿而非马
D 当看见赵高的脸上露出了狡诈的笑容
E 有些有正义感但胆小的人都低下了头

1 B [试一试 한번 해 보다] 문장구조와 문맥을 파악해 보면, 빈칸에는 빈칸 바로 앞 '办法(방법)'를 설명하는 내용이 와야 한다. '办法(방법)'는 황위를 찬탈하려는 조고의 계획을 따를 사람과 반대할 사람을 알아내는 '방법'인데, 이러한 맥락을 반영하면서도 빈칸 뒤 '동시에 그를 반대할 수도 있을 사람을 헤아려 볼 수 있는(同时也能摸清楚谁是反对他的人)'과 내용이 이어지는 보기는 B뿐이다.

2 A [用手指着 손으로 가리키다] 조고가 몸을 돌려 큰 소리로 한 말은 '대신들에게 물어보십시오(可问一问各位大臣)'이다. 따라서 '大臣(대신)'을 언급하며 '동작'까지 지시하는 내용인 '손으로 대신들을 가리키며(用手指着众大臣)'가 들어가는 것이 적절하다.

3 D [狡诈 교활하다, 간사하다] 황위를 찬탈하려는 꿍꿍이를 가지고 대신들을 테스트하는 상황이므로 '교활하다(狡诈)'는 내용의 보기 D가 들어가는 것이 적절하다.

4 E [胆小 겁이 많다] 빈칸 뒤는 주어 없이 술어만 있는 문장이므로, 빈칸에는 주어가 있는 보기가 들어가야 한다. '의견을 밝힐 엄두를 내지 못하는(不敢发表意见)' 주체는 정의로운 대신들 즉, 보기 E의 '정의롭지만 용기가 없는 사람들(有些有正义感但胆小的人)'이다.

5 C [而 그러나] 빈칸 앞 '正直的人(정직한 사람)'이 주어 역할을 하고 있으므로, 빈칸에는 술어가 포함되어야 한다. 또한, 빈칸 뒤에 '而(그러나)'이 쓰여 어기가 전환되고 있으므로, 뒤 문장과 반대되는 내용이 나와야 한다. 빈칸 뒤는 '조고를 지지하는 내용'이므로 이와 반대되는 내용은 보기 C이다.

秦二世在位期间，赵高是当朝丞相，他野心勃勃，日夜盘算着想要篡夺皇位，但朝中究竟有多少大臣是听他摆布的？又有多少人会反对他？他心里没底，所以他想出了一个办法，(1) B 准备以此试一试自己的威信，同时也能摸清楚谁是反对他的人。

一次上朝时，赵高命人牵来了一头鹿，满脸笑意地对秦二世说："陛下，我要将这匹好马献给您。"秦二世看了看，心里想：这哪儿是什么马，明明是一头鹿！就笑着对赵高说："丞相你搞错了，这分明是一头鹿，你为何会说它是马呢？"赵高却面不改色心不跳地说："请陛下仔细看一看，这确实是一匹千里马啊！"秦二世又看了一眼那头鹿，半信半疑地说："那为什么马的头上长着角呢？"赵高一转身，(2) A 用手指着众大臣，并大声地说："如果陛下不相信我说的话，可问一问各位大臣。"大臣们全都被赵高的胡言乱语弄得不

진 2세가 재위할 때 조고는 조정의 승상으로, 야심이 넘쳐 밤낮으로 황위를 찬탈할 궁리를 했다. 그러나 조정에 그의 계획을 따를 대신이 얼마나 있을지, 또 그를 반대할 사람은 도대체 얼마나 될지 확신할 수가 없었다. 그래서 그는 (1) B 이것으로 자신의 위신을 시험해 보고, 동시에 그를 반대할 수도 있을 사람을 헤아려 볼 수 있는 방법을 하나 생각해 냈다.

한번은 조정에 가면서 조고는 사슴 한 마리를 끌고 오라고 명하고 만면에 웃음을 가득 띄우며 진 2세에게 말했다. "폐하, 신이 이 말을 폐하께 바치고자 합니다." 진 2세는 살펴보고는 속으로 생각했다. '이게 무슨 말이야. 분명히 사슴인데!' 그리고는 조고에게 웃으며 말했다. "승상이 착각했구나. 이는 명백히 사슴인데 왜 말이라고 하느냐?" 조고는 얼굴색 하나 변하지 않고 침착하게 말했다. "폐하, 자세히 봐 주십시오. 이것은 분명 천리마입니다!" 진 2세는 그 사슴을 다시 자세히 보고는 반신반의하며 말했다. "그렇다면 왜 말의 머리에 뿔이 달려 있느냐?" 조고는 몸을

知所措，小声地嘀咕着：这个赵高到底在搞什么名堂？是马还是鹿这不都是明摆着么！然而，(3) D 当看见赵高的脸上露出了狡诈的笑容，还有那两只盯着众人且轱辘乱转的眼睛时，大臣们才突然弄懂了他的用意。

(4) E 有些有正义感但胆小的人都低下了头，不敢发表意见，因为如果说假话，对不起自己的良心，而说真话又害怕以后被赵高陷害。一些十分正直的人，(5) C 坚持认为是鹿而非马。而一些平时便紧跟赵高的奸佞之人马上表示支持赵高的说法，对皇上说："这的确是一匹千里马啊!"事后，赵高利用各种手段将那些不听从自己命令的正直大臣都治了罪，有的甚至还遭到满门抄斩。

돌려 (2) A 손으로 대신들을 가리키며 큰 소리로 말했다. "만약 폐하께서 제 말을 믿지 않으신다면 대신들에게 물어보십시오." 대신들은 모두 조고의 허튼소리에 어쩔 줄을 몰라 작게 투덜댔다. '조고는 도대체 무슨 꿍꿍이지? 말인지 사슴인지는 눈앞에 훤히 보이잖아!' 그러나 (3) D 조고의 얼굴에 교활한 웃음이 비치고 두 눈이 팽글 돌면서 사람들을 지켜보는 것을 봤을 때, 대신들은 돌연 그의 저의를 깨닫게 되었다.

(4) E 정의롭지만 용기가 없는 사람들은 모두 고개를 숙이고 의견을 밝힐 엄두를 내지 못했다. 왜냐하면 거짓말을 하면 자신의 양심에 떳떳하지 못한 일이 되고, 진실을 말하면 나중에 조고에게 해를 당할까 두려웠기 때문이다. 일부 무척 정직한 사람들은 (5) C 사슴이지 말이 아니라는 생각을 고수했다. 그러나 평소 조고를 따르던 간신배는 즉각 조고의 의견을 지지하며 황제에게 말했다. "이것은 분명히 천리마입니다!" 이후 조고는 각종 수단을 다 써서 자신의 명령을 따르지 않은 정직한 대신들을 처단했고, 어떤 대신은 심지어 온 집안의 재산이 몰수된 뒤 참수당했다.

A 用手指着众大臣
B 准备以此试一试自己的威信
C 坚持认为是鹿而非马
D 当看见赵高的脸上露出了狡诈的笑容
E 有些有正义感但胆小的人都低下了头

A 손으로 대신들을 가리키며
B 이것으로 자신의 위신을 시험해 보고
C 사슴이지 말이 아니라는 생각을 고수했다
D 조고의 얼굴에 교활한 웃음이 비치고
E 정의롭지만 용기가 없는 사람들은 모두 고개를 숙이고

秦二世 Qín Èrshì 고유 진 2세 [진시황(秦始皇)의 막내아들] | **在位** zàiwèi 동 재위하다 | **期间** qījiān 명 기간, 시간 | **赵高** Zhào Gāo 고유 조고 [중국 진나라 때의 환관] | **当朝** Dāngcháo 고유 당조, 당대 | **丞相** chéngxiàng 명 승상 [고대, 군주를 보좌하던 최고 대신] | ★**野心** yěxīn 명 야심 | **勃** bó 형 왕성하다 | **日夜** rìyè 부 밤낮으로 | **盘算** pánsuan 동 궁리하다, 계획하다 | **篡夺** cuànduó 동 찬탈하다, 탈취하다 | **皇位** huángwèi 명 황위 | **朝** cháo 명 조정, 왕조 | ★**大臣** dàchén 명 대신, 중신 | **摆布** bǎibu 동 계획하다, 기획하다 [여기서는 명사적 용법으로 쓰임] | **没底** méidǐ 동 자신이 없다, 예측할 수 없다 | ★**威信** wēixìn 명 위신, 신망, 체면 | **摸** mō 동 짐작하다, 추측하다 | **命** mìng 동 명령하다, 지시하다 | ★**牵** qiān 동 끌다, 끌어 잡아당기다 | **头** tóu 양 마리, 두 | **鹿** lù 명 사슴 | **满脸** mǎnliǎn 명 만면, 온 얼굴 | **笑意** xiàoyì 명 조롱기, 웃음 | **陛下** bìxià 명 폐하 | **匹** pǐ 양 필 [말이나 소를 세는 단위] | **献** xiàn 명 바치다, 드리다 | ★**明明** míngmíng 부 분명히, 명백히 | **搞错** gǎocuò 동 잘못하다, 실수하다 | ★**分明** fēnmíng 부 명백히, 분명히 | **为何** wèihé 부 왜, 무엇 때문에 | **改色** gǎisè 동 안색을 바꾸다 | **跳** tiào 동 (심장이) 뛰다 | **千里马** qiānlǐmǎ 명 천리마 [하루에 천리를 달리는 말] | **半信半疑** bànxìn bànyí 성 반신반의하다 | **转身** zhuǎnshēn 동 몸을 돌리다, 몸의 방향을 바꾸다 | **手指** shǒuzhǐ 명 손가락 | **全都** quándōu 부 모두, 전부 | **胡言乱语** húyánluànyǔ 성 아무거나 지껄이다 | **不知所措** bùzhī suǒcuò 성 어찌할 바를 모르다 | **嘀咕** dígu 동 투덜거리다, 중얼거리다 | **搞** gǎo 동 공작하다, 꾸미다 | **名堂** míngtang 명 꿍꿍이, 사정 | **明摆着** míngbǎizhe 형 뚜렷하다, 명백하다 | **露出** lùchū 동 드러내다, 노출시키다 | **狡诈** jiǎozhà 형 교활하다, 간사하다 | **笑容** xiàoróng 명 웃는 얼굴, 웃음 띤 얼굴 | ★**盯** dīng 동 주시하다, 뚫어져라 쳐다보다 | **众人** zhòngrén 명 많은 사람 | **轱辘** gūlu 동 데굴데굴 구르다 | **乱转** luànzhuǎn 동 제멋대로 싸돌아 다니다 | **弄懂** nòngdǒng 동 알게 하다, 이해하게 하다 | **用意** yòngyì 명 속셈, 의도 | **正义感** zhèngyìgǎn 명 정의감 | **胆小** dǎnxiǎo 형 겁이 많다, 소심하다 | **发表** fābiǎo 동 발표하다 [发表意见: 의견을 밝히다] | **假话** jiǎhuà 명 거짓말 | ★**良心** liángxīn 명 양심 | **所** suǒ 조 (~에 의해) ~당하다, ~되다 ['被' '为'와 함께 쓰여 피동을 나타냄] | **陷害** xiànhài 동 모함하다, 모해하다 | **正直** zhèngzhí 형 정직하다, 바르고 곧다 | **便** biàn 부 곧, 바로 [=就] | **紧跟** jǐngēn 동 바짝 뒤따르다 | **奸佞** jiānnìng 명 간사하여 아첨을 잘하는 사람 [주로 간신을 가리킴] | **说法** shuōfa 명 의견, 견해 | **皇上** huángshang 명 황제, 황상 | **的确** díquè 부 확실히, 분명히 | **利用** lìyòng 동 이용하다 | **手段** shǒuduàn 명 수단, 방법 | **命令** mìnglìng 명동 명령(하다) | **治罪** zhìzuì 동 치죄하다, 벌을 내리다 | **遭到** zāodào 동 (불행이나 불리한 일을) 당하다, 겪다 | **满门** mǎnmén 명 온 집안, 일가 | **抄斩** chāozhǎn 동 (옛날, 죄인의 재산을) 몰수하고 참수하다

STEP

2 내공 쌓기

문장성분을 파악해 답을 찾기 위해서는 빠르고 정확하게 문장의 구조를 파악하는 연습이 바탕이 되어야 한다. 이 연습은 절대로 하루아침에 되지 않지만, 한번 단련되면 문장을 보자마자 구조가 눈에 들어오게 된다. 글의 구조를 파악하는 데는 문장부호가 큰 역할을 하는데, 한국어의 체계와 조금 다른 부분에 신경 써서 공부해 두면 도움이 된다.

1 문장성분으로 찾기

(1) 문장에 주어가 없을 때

빈칸 뒤에 술어만 있고 주어가 없는 경우이다. 주어는 명사인 경우가 많기 때문에 빈칸 뒤 문장의 술어와 호응하는 명사를 포함한 보기를 답으로 고르면 된다.

주어 술어
造纸术的发明，带来了书写材料的根本性变革，更为印刷术的发明提供了重要的承印材料。
제지술의 발명은 필기 재료의 근본적인 변혁을 가져왔으며 더욱이 인쇄술의 발명에 중요한 재료를 제공했다.

(2) 문장에 술어가 없을 때

문장에 주어만 있고 뒤에 빈칸이 있다면 이 자리는 술어 자리이다. 보기에서 주어 없이 술어로 바로 시작하는 문장이 있다면 정답일 확률이 높다.

주어 술어
明朝是宣纸生产的鼎盛时期，因此中国的水墨写意画也在这一时期得以迅猛发展。
명대는 화선지 생산의 황금기였기 때문에 중국의 수묵사의화도 이 시기에 빠르게 발전할 수 있었다.

(3) 문장에 목적어가 없을 때

맥락상, 어법상 목적어가 필요한 문장에 목적어 없이 주어와 동사 술어만 제시되어 있다면 빈칸은 제시된 술어의 목적어 자리이다. 따라서 주어, 술어와 각각 호응하는 목적어 보기를 찾아야 한다.

술어 목적어
一张宣纸要经过一年多的时间才能制造出来。
1년여의 시간이 걸려야 선지 한 장이 겨우 만들어진다.

(4) 빠진 문장성분이 없을 때

이런 경우에는 주어+술어+목적어를 모두 갖춘 '완전한 문장'이나 '부사어 문장'이 답일 수 있다.

주어 술어 목적어
由于有了宣纸，中国的书法绘画艺术才得以表现出绝妙的艺术神采和风韵。
선지가 있었기 때문에, 중국의 서예와 회화 예술은 비로소 절묘한 예술 정기와 운치를 표현할 수 있었다.

2 문장부호로 찾기

독해 제3부분 정답을 찾는 단서로 유용하게 활용할 수 있는 주요 문장부호 몇 가지를 아래에 소개한다.

“ ” 双引号 shuāngyǐnhào 큰 따옴표	대화문이 제시되므로, 보기에서 '你' '我' 같은 대사가 쓰인 대화체 문장을 찾자. 这只狐狸吃过很多很多葡萄，它甚至对自己的伙伴说：“这世上的好葡萄我都尝遍了！” 이 여우는 아주 많은 포도를 먹어 봤는데, 심지어 자신의 친구들에게 “이 세상에 좋은 포도는 내가 다 먹어 봤다!” 라고 말하기도 했다.

、 **顿号** dùnhào 모점	동등한 관계의 어휘를 나열할 때 사용한다. 休闲体育更注重放松身心、调整情绪、消除疲劳。 레저스포츠는 심신을 편하게 하고 기분을 조절하며 피로를 없애는 것을 더 중시한다.
: **冒号** màohào 쌍점, 콜론	제시적인 성격의 구절 뒤에 다음 문장을 끌어낼 때 사용하는데, 쌍점 앞과 뒤는 동등한 내용이다. 管理能力包括：计划能力、组织实施能力、决策能力、协调能力。 관리 능력은 계획 능력, 조직 실행 능력, 정책 결정 능력, 조정 능력을 포함한다.
; **分号** fēnhào 쌍반점	병렬되거나 대비되는 절 사이에 사용되므로, 앞 문장과 서술 구조가 비슷한 편이다. 一方面她一定要看文件，因为怕别人欺骗她；另一方面，文件越看越烦。 그녀는 다른 사람이 자신을 속일까 봐 걱정돼서 문건들을 살펴야 했고, 또 문건을 볼수록 더 짜증이 났다.
? **问号** wènhào 물음표	의문대사(谁/哪/什么/怎么)나 어기조사(吗/呢)가 있는 보기를 찾자. 他问："最多写五百字就够了，为什么要写一万字呢？" 그는 "최대 5백 자만 쓰면 충분한 것을 어찌 1만 자를 썼느냐?"고 물었다.

배운 내용 점검하기

빈칸에 알맞은 답을 고르시오.

研究表明，吃零食的学生比不吃零食的学生学习记忆率高出15%–20%。人们在紧张地工作一段时间后，**1** ________，适当吃点糕点、水果、糖类、花生、核桃之类的食物，能提高工作效率，增强记忆力和注意力。可见，吃零食 **2** ________。

A 根据自己的喜好

B 就等于随时给人体"加油"

해석&어휘 연구에 따르면 간식을 먹는 학생은 간식을 먹지 않는 학생보다 학습 기억력이 15~20% 높다고 한다. 사람들은 긴장하며 일을 한 후 **1** A 자신의 기호에 따라 적당하게 떡이나 빵 종류, 과일, 사탕 종류, 땅콩, 호두류의 음식을 먹으면 업무 효율도 높일 수 있고 기억력과 집중력도 높일 수 있다. 이것으로 보아, 간식을 먹는 것은 **2** B 수시로 인체에 '기름을 넣는 것'과 같다고 볼 수 있다.

表明 biǎomíng 동 표명하다, 분명하게 보이다 | **零食** língshí 명 간식, 주전부리 | **记忆率** jìyìlǜ 명 기억률 [기억이 얼마나 유지되는지 나타내는 것, 본문에서는 기억력이라고 함] | **高出** gāochū 동 한결 높다, 빼어나다 | **适当** shìdàng 형 적당하다, 적절하다 | **糕点** gāodiǎn 명 [케이크, 과자, 빵 따위의 총칭] | **糖类** tánglèi 명 당류 | **花生** huāshēng 명 땅콩 | **核桃** hétao 명 호두 | **之类** zhīlèi 등등, 따위 | **食物** shíwù 명 음식물 | **效率** xiàolǜ 명 효율 | **增强** zēngqiáng 동 높이다, 강화하다 | **记忆力** jìyìlì 명 기억력 | **注意力** zhùyìlì 명 주의력 | **可见** kějiàn 접 ~라는 것을 알 수 있다 | **喜好** xǐhào 동 좋아하다, 애호하다 | **等于** děngyú 동 ~와 같다 | **随时** suíshí 부 언제나, 아무 때나 | **人体** réntǐ 명 인체

정답&풀이 **1 A** 빈칸이 포함된 문장에 빠진 문장성분이 없으므로, 여기에는 부사어나 완전한 문장이 와야 한다. 따라서 적절한 보기는 A이다.

2 B 빈칸 앞의 '吃零食(간식을 먹는 것)'가 문장의 주어 역할을 하고 있으므로 뒤에는 적절한 술어가 와야 한다. 또한 이 문장은 문단의 마지막 부분으로, 앞에서 '可见(이것으로 보아)'으로 주제를 정리하고 있으므로 의미상 보기 B가 답으로 적절하다.

Day 15

1-5.

三十年代初期，胡适任北京大学的教授。(1)_________，这引起了一些不喜欢白话文只喜欢文言文的学生们的不满。

有一次，正当胡适讲到得意之处时，一个姓魏的学生忽然站起身来，气愤地问道："胡先生，难道说白话文就一点儿缺点也没有吗？"胡适笑着回答道："一点儿也没有。"那个学生变得更激动了："一定有！(2)________，这就意味着打电报要用更多的字，花的钱也就多了。"胡适的目光瞬间亮了起来，慢慢地解释道："那不一定吧！前两天有个朋友给我打来了电报，想让我去政府部门工作，我决定不去，便复电拒绝了他。回电的时候用的就是白话文，看起来也挺省字的。现在，请大家根据我的这个意思，使用文言文写个回电，看一看到底是文言文省字，还是白话文省字。"胡适刚一说完，大家便马上认真地写了起来。一刻钟的时间过去了，胡适让大家举手，说明所写的字数后，(3)_________，电文上是这么写的："才疏学浅，恐难胜任，不堪从命。"白话文的意思便是：学问不深，恐怕难以胜任这份工作，无法服从安排。胡适说道："这一份电报写得的确很不错，只用了十二个字。可我的白话文电报却仅用了五个字'干不了，谢谢！'"胡适又解释道："'干不了'含有才疏学浅、恐难胜任之意；而'谢谢'不仅对朋友的介绍表示了感谢，(4)_______。"

通过这件事，学生们明白了："废话多少"，并不取决于使用白话文还是文言文，(5)_________。这样白话文也是能比文言文更加省字的。

A 又有拒绝的意思
B 白话文的废话太多
C 而是要注意选用字词
D 他上课的时候经常对白话文大加赞许
E 挑出了一份用字最少的文言文电报

정답 및 해설 → 해설서 p.201

Day 18

6-10.

福建有一道名为"佛跳墙"的传统名菜，"佛跳墙"因其味道香浓、用料讲究、制法独特而驰名中外。(6)________，福建地区流传着一个传说。

有一天，布政司周莲应邀前往参加一位钱庄老板的宴请。当时，(7)________；她把鸭、鸡等肉类和一些海鲜一同放入盛绍兴酒的酒坛里加以煨制。这道菜上席后，坛盖一开，满屋就开始飘香，周莲则是吃到坛底朝天都不愿把筷子放下。

回府以后，(8)________，并对府上的厨子郑春发绘形绘色地描述了那道菜的材料以及烹饪方法。按照周莲的描述，郑春发不断尝试，终于做出了这道美味佳肴。并在食材和加工方法上加以改进，使这道菜的味道超越了之前。

后来，郑春发离开了周府，开了一家名为"聚春园"的饭店。此后，他又反复琢磨、不断研究且丰富了这道菜的用料，(9)________，"佛跳墙"也因此被他作为饭店的招牌菜。

有一天，几位秀才慕名而来。店小二捧着坛子走到秀才面前，揭开坛盖儿，香气便扑鼻而来，(10)________，其中一位秀才脱口说道："即便佛祖闻此菜之香，也必将跳墙破戒偷食。"而另一位秀才随即哼唱道："坛开菜香飘四方，佛闻弃禅跳墙到。"人们齐声称好。从那以后，这道菜便有了"佛跳墙"的名字。

A 秀才们纷纷称奇

B 关于这道菜的由来

C 钱庄老板娘亲自下厨做了一道拿手菜

D 周莲对这道菜念念不忘

E 使其制出的菜肴香味更加浓郁

정답 및 해설 → 해설서 p.202

Day 21

11-15.

众所周知，人体本身是无法制造钙的，要想补钙(11)________。调查显示，孕妇、老年人、儿童与青少年是易缺钙的主要人群。现在很多人虽然会特意地通过吃钙片补钙，可他们仍然缺钙。究其缘由，(12)________。

影响钙吸收的主要物质是维生素D，人体内如果没有充足的维生素D，钙就无法顺利地被吸收，即便吃再多的钙片也没有效果。维生素D是能够在人体内合成的，前提是需要有适当的阳光照射。(13)________，那就要在吃钙片的同时适当地补充维生素D。

另外，人体内钙的吸收程度还和肠道里的酸碱度有关，酸性的环境对钙的吸收有利，若在补钙的同时吃点儿维生素C、食醋或者酸奶等酸性食品，钙吸收的效果就会更好。值得注意的是：增强骨骼的关键元素是硼，每日摄取一些蔬菜、葡萄、梨、苹果和豆类食物，(14)__________。饮食里缺少硼，会让大量的钙被排出，使其无法在人体里起到应有的生理作用。还有，草酸和植酸也不利于钙的吸收，由于此类物质会与钙生成不溶性物质，使得肠道无法正常地吸收钙，(15)__________，因此，最好在两餐之间吃钙片，而不要在吃饭的时候吃。

A 如果没有办法保证足够的光照

B 而这两种酸大多存在于正餐里的蔬菜与谷类当中

C 是因为他们忽略了一些影响钙吸收的因素

D 就必须通过食物来补充

E 能让人体获得充足的硼

정답 및 해설 → 해설서 p.204

Day 23

16-20.

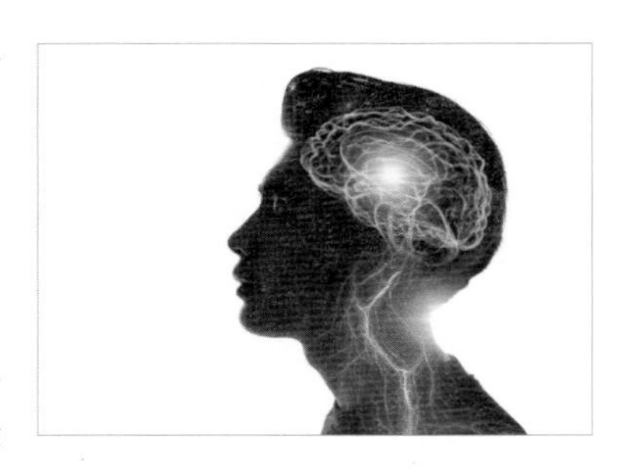

人的大脑有一个特性——对于习惯了的东西经常会“听而不闻”或者“视而不见”。比如住在铁路周围的人，最初会被火车的声响吵得无法入睡，而习惯以后则可以睡得很熟。(16)__________，没有办法注意到全部进入的信息，因此它会依照已有的经验(17)__________：通常，新奇的先于熟悉的；快的先于慢的；动的先于静的，并且出于“自我保护”，大脑会尤其注意那些有可能会危害到自身安全的信息。比如，在父母第一次大声责备孩子时，孩子可能会“如家长所愿”被吓哭，但次数多了孩子便会习惯。这之后，孩子们再被父母批评的话，(18)__________，或根本没有在听的状态。

责骂的时候，如果孩子紧张，大脑就会自动进入“逃生”机制。此时，孩子全部的注意力都集中在“怎么逃过此劫”上，父母的责骂便成了白费口舌。(19)__________：孩子们都具有模仿的天性，如果你大声地吼他，以后他也会大声地吼其他人。

管教孩子，(20)__________，从源头上根除。孩子不听话的时候，父母不如蹲下来，从孩子的角度来思考为什么他们会固执己见，等到真正地理解了他们心中的感受，或许便不会如此生气了。

A 责骂孩子还有个不好的后果

B 关键是要知道孩子为什么犯错

C 就会出现注意力游离

D 设立“优先处理”的顺序

E 这是由于人们大脑的资源有限

정답 및 해설 → 해설서 p.206

03 맥락으로 고르기

STEP 1 유형 파악하기

✖ 독해 제3부분에서 가장 많은 유형으로, 앞뒤 흐름을 제대로 이해하고 해석해야 알맞은 보기를 고를 수 있다. 연결어나 문장성분으로 답을 고르는 경우에는 해석이 필요하지 않기도 하지만, 맥락으로 정답을 골라야 하는 유형에서는 독해 제4부분만큼의 정확한 해석 능력이 요구된다.

▶ 출제 경향

최근 시험의 변별력이 높아지면서 단순한 힌트만으로 답을 찾을 수 있는 문제보다는 지문 해석과 맥락 파악에 시간을 쏟아야 하는 문제가 늘어나는 추세이다. 독해 제3부분은 기본적으로 빈칸의 앞뒤 내용이 가장 중요하지만, 때로는 글의 전체적인 내용을 알아야 빈칸의 앞뒤 내용이 이해되어 정답을 찾을 수 있다. 따라서 독해 속도를 높여 내용을 이해하는 시간을 단축하는 것이 하나의 팁이라고 할 수 있겠다.

▶ 문제풀이 비법

1 빈칸의 위치를 확인한다.

문장에서 빈칸이 앞에 있는지, 중간에 있는지, 마지막에 있는지에 따라서 빈칸을 중심으로 앞뒤 문장을 어떻게 연결할지가 결정된다.

2 빈칸 앞뒤 문장은 정확하게 해석하고 이해하자.

독해에서는 특히 '문제 풀이 시간 단축'이 핵심이다! 빈칸의 앞뒤 문장부터 해석하고, 단서가 부족할 경우 해석 범위를 앞뒤로 조금씩 넓혀가자. 덧붙여, 아무리 시간이 부족해도 빈칸의 앞뒤 문장은 '정확히' 해석하고 이해하자.

3 마지막 단락에 빈칸이 있다면 문장의 '주제'가 들어갈 가능성이 높다.

대부분의 경우 마지막 단락에 빈칸이 1~2개 출제되는데, 이때 마지막 빈칸이 '주제' 문장일 가능성이 높다. 앞 문항을 풀며 읽은 내용을 기반으로 이야기의 주제나 결말을 생각해 보면 어렵지 않게 답을 고를 수 있다.

제3부분 예제

1–5

一位商人打算雇佣一名助手，经过层层筛选，(1) ______________。这两个人都非常优秀，可只能留下一个人。应该怎么选择呢？商人冥思苦想，终于想出了一个测试的方法：他跟两名应聘者一起走进一间没有窗户的房间，之后，商人拿出一个盒子说："我这儿有5顶帽子，其中3顶是白色的，2顶是黑色的，现在关上灯，(2) ______________，打开灯后，你们要快速说出自己头上帽子的颜色。"

开灯以后，甲和乙看到商人头上戴着黑色帽子，又互相看了一眼，甲迟疑着没说话。

这时，乙大声地说：“(3) ______________!”最后乙被录取了。然而，乙到底是怎么猜出来的呢？

原来是这样的：商人戴的是黑帽子，那么就只剩下了1顶黑帽子与3顶白帽子。乙看见甲有些犹豫，就立刻推断出自己的帽子是白色的，因为若自己戴的是黑帽子，甲就可以马上猜出他自己的是白色的。(4) ______________，便得出了正确答案。

乙成功地运用了“由果推因”的逆向思维，这一思维要求人们既需要了解“结果”，(5) ______________，同时还要找出“起因”与“结果”之间的逻辑线索。

A 也要懂得追溯“起因”
B 我的帽子是白色的
C 我们每人从盒子里拿出一顶戴上
D 他从甲迟疑的表情反过来推理
E 有两名应聘者脱颖而出

1 E [脱颖而出 두각을 나타내다] 빈칸 뒤의 '이 두 사람(这两个人)'이 가리키는 것이 앞에 언급되지 않았으므로 빈칸에는 이 내용이 나와야 한다. 보기 E의 '두 명의 지원자(有两名应聘者)'가 빈칸 뒤의 '이 두 사람(这两个人)'이다.

2 C [戴上 쓰다] 빈칸 앞에 '작은 상자 하나(一个盒子)'가 언급되었고, 상자 안에는 모자가 있다고 했다. 빈칸 뒤에 '자신의 머리 위에 있는 모자의 색(自己头上帽子的颜色)'이 언급된 것으로 보아 중간에 모자를 쓰는 '동작'이 생략되었음을 알 수 있다. 따라서 '戴上(쓰다)'이 있는 보기 C가 빈칸에 들어가는 것이 자연스럽다.

3 B [A是B A는 B이다] 모자 색을 맞추는 테스트를 하는 내용이고 '을이 말했다 → "(빈칸)" → 을이 합격했다'의 흐름이며, 큰따옴표로 보아 이것은 을의 대사임을 짐작할 수 있다. 또한, 다음 문단에서 을의 모자가 흰색이라고 언급되어 있으므로 보기 B를 답으로 고를 수 있다.

4 D [从A得出B A에서 B를 얻어 내다] 을이 상인과 갑의 모자 색깔을 보고 자신의 모자 색을 추리해 냈으며 이를 빈칸 다음 문단에서 '역방향 사유(逆向思维)'라고 표현했으므로, '역으로 추리하여(反过来推理)'가 있는 보기 D가 정답이다.

5 A [起因 원인 – 结果 결과] 빈칸 앞에는 '结果(결과)'만 언급되었고 빈칸 뒤에는 '起因与结果(원인과 결과)'가 모두 언급되었으므로, 빈칸에는 '起因(원인)'이 들어가는 것이 적절하다.

一位商人打算雇佣一名助手，经过层层筛选，(1) E 有两名应聘者脱颖而出。这两个人都非常优秀，可只能留下一个人。应该怎么选择呢？商人冥思苦想，终于想出了一个测试的方法：他跟两名应聘者一起走进一间没有窗户的房间，之后，商人拿出一个盒子说：“我这儿有5顶帽子，其中3顶是白色的，2顶是黑色的，现在关

한 상인이 조수 한 명을 고용할 계획이었다. 여러 선별 과정을 거쳤고 (1) E 두 명의 지원자가 두각을 나타냈다. 이 두 사람 모두 매우 우수했지만 한 사람만 남길 수 있었다. 어떻게 선택을 해야 할까? 상인은 깊이 고민한 뒤, 마침내 테스트 방법을 생각해 냈다. 그는 두 명의 지원자와 함께 창문이 없는 방에 들어갔다. 그 다음 상인은 작은 상자 하나를 꺼내며 말했다. "여기에 5개의 모자가 있는데, 이 중

上灯，(2) **C** 我们每人从盒子里拿出一顶戴上，打开灯后，你们要快速说出自己头上帽子的颜色。”

开灯以后，甲和乙看到商人头上戴着黑色帽子，又互相看了一眼，甲迟疑着没说话。这时，乙大声地说：“(3) **B** 我的帽子是白色的!”最后乙被录取了。然而，乙到底是怎么猜出来的呢?

原来是这样的：商人戴的是黑帽子，那么就只剩下了1顶黑帽子与3顶白帽子。乙看见甲有些犹豫，就立刻推断出自己的帽子是白色的，因为若自己戴的是黑帽子，甲就可以马上猜出他自己的是白色的。(4) **D** 他从甲迟疑的表情反过来推理，便得出了正确答案。

乙成功地运用了“由果推因”的逆向思维，这一思维要求人们既需要了解“结果”，(5) **A** 也要懂得追溯“起因”，同时还要找出“起因”与“结果”之间的逻辑线索。

3개는 흰색이고 2개는 검은색입니다. 지금 불을 끌 테니 (2) **C** 각자 상자에서 하나씩 꺼내서 쓰세요. 불을 켜면 여러분은 빠르게 자신의 머리 위에 있는 모자의 색을 말해야 합니다.”

불을 켠 후 갑과 을은 상인의 머리 위에 검은색 모자가 있는 것을 보았고, 서로 눈을 한 번 마주쳤다. 갑은 망설이며 말을 하지 않았다. 이때 을이 큰 소리로 말했다. “(3) **B** 제 모자는 흰색입니다!” 최종적으로 을이 합격했다. 그렇다면 을은 도대체 어떻게 맞춘 것일까?

알고 보니 이런 것이었다. 상인이 쓴 것은 검은색 모자였다. 그렇다면 하나의 검은 모자와 세 개의 흰 모자가 남는다. 을은 갑이 다소 망설이는 것을 보고, 바로 자신의 모자가 흰색이라는 것을 추측해 냈다. 왜냐하면 만약 자신이 쓴 것이 검은색 모자라면 갑은 자신의 것이 흰색이라는 점을 바로 맞출 수 있었을 것이기 때문이다. (4) **D** 그는 갑이 망설이는 표정을 보고 역으로 추리하여 바로 정확한 답을 얻은 것이다.

을은 ‘결과를 가지고 원인을 추리하는’ 역방향 사유를 성공적으로 활용했다. 이 사유 방식은 사람들에게 ‘결과’를 이해하고 (5) **A** 또 ‘원인’을 추리할 줄 알아야 하며 동시에 ‘원인’과 ‘결과’ 사이의 논리의 단서를 찾아낼 것을 요구한다.

A 也要懂得追溯“起因”
B 我的帽子是白色的
C 我们每人从盒子里拿出一顶戴上
D 他从甲迟疑的表情反过来推理
E 有两名应聘者脱颖而出

A 또 ‘원인’을 추리할 줄 알아야 하며
B 제 모자는 흰색입니다
C 각자 상자에서 하나씩 꺼내서 쓰세요
D 그는 갑이 망설이는 표정을 보고 역으로 추리하여
E 두 명의 지원자가 두각을 나타냈다

商人 shāngrén 명 상인 | ★**雇佣** gùyōng 동 고용하다 | **名** míng 양 명 [사람을 세는 단위] | ★**助手** zhùshǒu 명 조수 | **层** céng 부 재차, 되풀이하여 | ★**筛选** shāixuǎn 동 선별하다, 골라내다 | **应聘者** yìngpìnzhě 지원자, 응시자 | **脱颖而出** tuōyǐng'érchū 성 두각을 나타내다, 자신의 재능을 완전히 드러내다 | **可** kě 접 [이어진 단문에서 사건의 전환을 나타냄, '可是(그러나)'에 상당함] | **冥思苦想** míngsī kǔxiǎng 성 깊이 사색하다, 심사숙고하다 | **测试** cèshì 동 측정하다, 시험하다 | **间** jiān 양 칸 [방을 세는 단위] | **之后** zhīhòu 명 그 후, 그 뒤 | **顶** dǐng 양 개, 채, 장 [꼭대기가 있는 물건을 세는 단위] | **白色** báisè 명 흰색 | **黑色** hēisè 명 검은색 | **打开** dǎkāi 동 켜다 | **快速** kuàisù 형 빠르다, 신속하다 | **头** tóu 명 머리 | **甲** jiǎ 명 갑 | **乙** yǐ 명 을 | ★**迟疑** chíyí 형 망설이다, 머뭇거리다 | **大声** dàshēng 명 큰소리 | **录取** lùqǔ 동 합격시키다, 채용하다 | **犹豫** yóuyù 형 망설이다, 머뭇거리다, 주저하다 | **立刻** lìkè 부 바로, 즉시, 곧 | **推断** tuīduàn 동 추리하고 판단하다, 미루어 판단하다 | **若** ruò 접 만약, 만일 | **表情** biǎoqíng 명 표정 | **反过来** fǎnguòlái 역으로 하다, 뒤집다 | ★**推理** tuīlǐ 동 추리하다, 추론하다 | **便** biàn 부 곧, 바로 [=就] | **得出** déchū 동 ~을 얻어 내다 | **运用** yùnyòng 동 활용하다, 응용하다 | **果** guǒ 명 결과 | **推** tuī 동 유추하다, 미루어 짐작하다 | **因** yīn 명 원인, 이유 | **逆向** nìxiàng 동 역방향으로 하다 | ★**思维** sīwéi 동 숙고하다, 사유하다 | **既** jì 접 ~할 뿐만 아니라, ~이며 [既A也B: A할 뿐더러 또한 B하다] | **懂得** dǒngde 동 (뜻·방법 등을) 알다, 이해하다 | **追溯** zhuīsù 동 근본으로 거슬러 올라가 살피다 | **起因** qǐyīn 명 (사건 발생의) 원인 | **之间** zhījiān 명 ~의 사이 | **逻辑** luójí 명 논리 | ★**线索** xiànsuǒ 명 단서, 실마리

STEP

2 내공 쌓기

독해 제3부분 문제를 푸는 데 있어서 빈칸의 앞뒤 맥락을 파악하는 것은 필수적이다. 다음 두 가지 경우로 어떻게 하면 빠르고 정확하게 맥락을 파악할 수 있는지 알아보도록 하자.

1 빈칸의 위치로 문제 풀기

(1) 문단/문장의 앞부분

빈칸이 문단이나 문장의 앞부분에 있을 경우, 뒤 내용의 '조건'이나 '원인' 또는 '화두'가 되는 내용이 오는 경우가 많다.

其实，生活中这种现象非常普遍：摄影师拍照时，为一个画面停留的时间一般是三秒；交通信号灯由黄灯变成红灯有三秒钟停顿；收视率最高的广告时间通常为三秒或者三秒的倍数。

사실 생활 속에서 이러한 현상은 매우 보편적이다. 사진작가가 사진을 찍을 때, 한 장면을 위해 멈추는 시간은 보통 3초이다. 교통 신호등이 노란색에서 붉은색으로 바뀌는 데에 3초의 멈춤이 있다. 시청률이 가장 높은 광고 시간은 일반적으로 3초 혹은 3초의 배수이다.

→ 문단의 첫 문장에는 주로 화두가 나온다. 빈칸 뒤에는 3초라는 시간에 대한 현상들을 언급하고 있으므로 빈칸에는 이와 관련한 소재에 대해서 글을 시작해야 한다.

(2) 문단/문장의 마지막

빈칸이 문단이나 문장의 마지막에 있을 경우, '결과, 결론' 또는 '근거'가 되는 내용의 보기를 고르면 된다.

随着造纸技术的发展，纸逐渐普及到人类的生活中。

제지 기술이 발전하면서 종이는 점차 인류 생활에 보급되었다.

→ 빈칸 앞에 제지 기술이 발전했다고 언급했으므로, 빈칸에는 그 결과가 오는 것이 자연스럽다.

(3) 문단/문장의 중간

빈칸이 문단이나 문장의 중간에 있을 경우, 앞뒤 문맥과 상황이 연결되는 보기를 고르면 된다.

以前，有一位利比里亚商人哈桑在挪威买了12000吨鲜鱼。运回利比里亚首都后，鱼竟然一下少了47吨！哈桑回想购鱼时，他是亲眼看着鱼老板过秤的，一点儿也没少称啊，一路上也平平安安，无人动过鱼。那么这47吨鱼的重量上哪儿去了呢？

옛날에 라이베리아의 상인 하싼은 노르웨이에서 1만 2천 톤의 물고기를 샀다. 라이베리아로 운반해 가니 물고기는 47톤이나 줄어 있었다. 하싼은 물고기를 살 때를 다시 생각해 봤는데 그는 생선 가게 사장이 무게를 재는 것을 직접 봤고, 조금도 적게 재지 않았으며 오는 길은 평안했고 물고기를 건드린 사람도 없었다. 그렇다면 이 47톤의 물고기는 어디로 가 버린 걸까?

→ 빈칸 뒤에 '조금도 적게 재지 않았다'는 내용의 대상이 무엇일지 생각해 보아야 한다. 또한 뒤에 이어지는 내용도 '아무런 문제가 없었다'는 맥락인 것을 보아, 본인 눈으로 물고기를 재는 것을 직접 확인했다는 내용이 들어가야 하는 것을 알 수 있다.

2 지시대사로 문제 풀기

빈칸 앞뒤로 지시대사가 제시되었다면 그것이 앞 내용의 어떤 것을 가리키는지 찾아야 한다. 만약 특정할 만한 개념이 아직 제시되지 않았다면, 빈칸에 가리키는 대상이 있는 경우가 많기 때문에 보기에서 그 대상을 찾아야 한다.

有很多男男女女，其中有的是夫妻，有的是恋人，……。

많은 남녀가 있었는데, 그중에 어떤 사람은 부부이고, 어떤 사람은 애인이고, …….

我觉得大家一定要把运动当成一种习惯，不要把它看成一个难题。

나는 모두가 운동을 습관처럼 여겨야 하며, 그것을 어려운 문제로 여겨서는 안 된다고 생각한다.

→ 두 문장 모두 뒤 절의 지시대사(其中，它)가 가리키는 대상을 찾아야 한다.

배운 내용 점검하기

빈칸에 알맞은 답을 고르시오.

1 ______________，在睡梦中听到有人喊：“森林起火啦！”我就像被火烫了一样一下子跳起来，听到紧急集合哨在黎明的山林里嘟嘟吹响！远处的浓烟笼罩了森林，**2** ______________。山火奔跑的声音，隔得很远都能听到。在森林大火的迅速燃烧中，**3** ______________，都在大火的追逐下顺风而逃，有的甚至在火中丧生。

A 近处的大火吞噬森林

B 几乎所有的野兽和家畜家禽

C 我到林场的第二天

해석&어휘 **1** C 내가 산림 농장에 온 이튿날, 꿈에서 어떤 사람이 “숲에 불이 났다!”라고 외치는 소리를 듣고 나는 마치 불에 댄 것처럼 단숨에 벌떡 일어났더니, 동이 틀 무렵 숲에서 긴급 소집을 알리는 호루라기 소리가 삐익삐익 들렸다. 멀리 짙은 연기가 숲을 뒤덮었고 **2** A 가까운 곳의 큰 불길이 숲을 집어삼켰다. 산불이 퍼지는 소리가 멀리 떨어진 곳에서도 들렸다. 숲에 불길이 빠르게 타오르자 **3** B 거의 모든 들짐승과 가축들은 뒤쫓아오는 불길의 추격을 받으며 바람 부는 방향으로 도망쳤고, 어떤 것은 심지어 불길 속에서 목숨을 잃었다.

睡梦 shuìmèng 명 꿈, 잠 | 喊 hǎn 동 외치다, 소리치다 | 起火 qǐhuǒ 동 불이 나다 | 火烫 huǒtàng 형 불에 닿은 듯이 뜨겁다, 화끈화끈하다 | 一下子 yíxiàzi 부 갑자기, 단숨에, 바로 | 紧急 jǐnjí 형 긴급하다 | 集合 jíhé 명 집합 | ★哨 shào 명 호루라기(~儿) | ★黎明 límíng 명 동틀 무렵, 여명, 날이 샐 무렵 | 嘟 dū 의성 삐익삐익, 뚜우뚜우 [기적·나팔·피리 따위의 소리] | 吹 chuī 동 입으로 힘껏 불다 | 远处 yuǎnchù 명 먼 곳, 먼 데 | 浓烟 nóngyān 명 짙은 연기, 검은 연기 | ★笼罩 lǒngzhào 동 뒤덮다, 휩싸이다, 자욱하다 | 奔跑 bēnpǎo 동 질주하다, 빨리 달리다 | 隔 gé 동 (공간적·시간적으로) 떨어져 있다, 사이를 두다 | 迅速 xùnsù 형 재빠르다, 신속하다 | 燃烧 ránshāo 동 타다, 연소하다 | 追逐 zhuīzhú 동 쫓다, 뒤쫓아 가다 | 顺风 shùnfēng 동 바람 부는 대로 따르다 | 逃 táo 동 도망치다, 달아나다 | 丧生 sàngshēng 동 목숨을 잃다 | 近处 jìnchù 명 가까운 곳, 근처 | 吞噬 tūnshì 동 삼키다, 통째로 먹다 | 野兽 yěshòu 명 들짐승 | 家畜 jiāchù 명 가축 | 家禽 jiāqín 명 가금 [닭·오리·거위 등이 포함]

정답&풀이 **1 C** 빈칸 뒤에 누가 꿈을 꿨는지 ‘주어’가 생략된 것을 알 수 있으므로, 뒤 문장의 주어 역할을 할 수 있는 ‘我(나)’가 들어간 C가 답으로 적합하다.

2 A 빈칸 바로 앞에 ‘远处(먼 곳)’가 나온 것으로 보아, 대비되는 내용인 보기 A의 ‘近处(가까운 곳)’가 나오면 장소를 설명하는 내용이 이어지므로 자연스럽다.

3 B 빈칸 앞 문장은 숲에 불이 나는 상황이고 뒤 문장은 ‘바람이 부는 방향으로 도망쳤다(顺风而逃)’라는 내용이므로, 도망친 대상이 누구인지 빈칸에 나와야 한다. 뒤 문장의 ‘都’로 보아 보기 C의 ‘我’보다는 보기 B의 ‘모든 들짐승과 가축들(所有的野兽和家畜家禽)’이 들어가는 것이 적절하다.

Day 27

1–5.

在无边无际的沙漠中，有一片非常美丽的绿洲，绿洲中藏着一颗闪亮的“珍珠”。这颗“珍珠”便是敦煌莫高窟。它位于我国甘肃省敦煌市鸣沙山与三危山的“怀抱”之中。鸣沙山东边山脚处是平均高度为17米的崖壁，长1600余米的崖壁上，凿有700多个大大小小的洞窟，(1)________，其中492个洞窟当中，一共有2100多尊彩色塑像，各种各样的壁画达4.5万余平方米。

莫高窟是我国古代无数艺术匠师为人类留下的宝贵文化遗产，窟中的彩色塑像，(2)________，其中最小的不如一个手掌大，而最大的有九层楼那么高。这些彩色塑像神态各异，个性鲜明，有威风凛凛的天王、强壮勇猛的力士、还有慈眉善目的菩萨。莫高窟壁画的内容十分丰富，有的是描绘自然的美丽风光；有的是描绘人们表演杂技、舞蹈和奏乐的场面；还有的是描绘古时劳动人民捕鱼、打猎、耕田和收割情景的。(3)________，壁画中的飞天，有舒展着双臂翩翩起舞的；有反弹琵琶轻拨银弦的；有倒悬身体自天而降的；有臂挎花篮采摘鲜花的；还有彩带飘拂漫天遨游的。欣赏着这些动人精美的壁画，(4)________。

莫高窟中还有个面积不太大的洞窟——藏经洞。洞中曾收藏着我国古代的各种铜像、帛画、文书、经卷和刺绣等总共六万余件。(5)________，导致大量珍贵的文物在战争中被掠夺，部分仅存的经卷，现收藏在国家图书馆等地。

莫高窟是誉满天下的艺术宝库，这里的每件文物、每幅壁画、每尊彩色塑像，均是中国古代人民智慧的结晶。

A 但由于清朝政府无能腐败
B 这便形成了规模十分宏伟的石窟群
C 其中最为引人注目的是飞天
D 每尊都是一件非常精美的艺术品
E 就如同进入了灿烂辉煌的艺术殿堂

정답 및 해설 → 해설서 p.208

6–10.

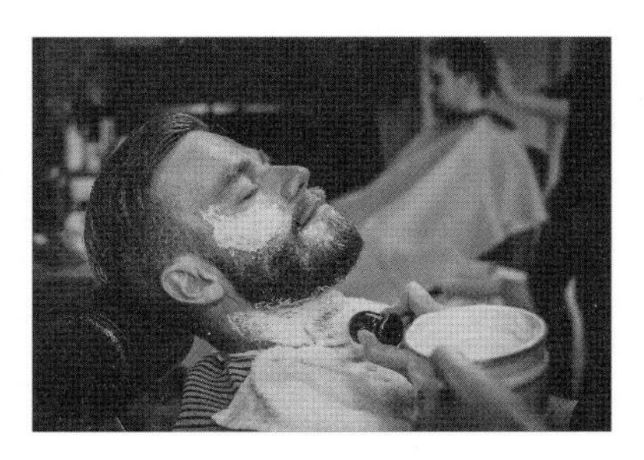

有一天，宰相请理发师替自己修面，修到一半的时候，理发师一不小心刮掉了宰相的眉毛，(6)________，他深知，如果宰相怪罪，自己肯定吃不了兜着走！

可聪明的理发师知道：在盛赞之下，怒气必定会消除。于是他计上心头，赶紧把手中的工作停了下来，故意两眼直勾勾地盯着宰相的肚子看。宰相见此，疑惑地问："(7)__________？"理发师连忙解释道："大家常说，宰相肚里能撑船。我觉得大人的肚子并不大，怎么可以撑船呢？"

宰相听完看，不由得大笑起来："那说的是宰相的气量很大，待人处事仁慈宽厚。"理发师听到后，连忙对宰相说道："大人，真的很抱歉，我刚刚失手刮掉了您的眉毛！您大人有大量，原谅我吧！"宰相听后，气愤地说道："没有眉毛让我如何见人？"正想发火，可又想起自己刚才说过的话，不能因为这么一点小事来治他的罪。无奈，(8)__________，豁达地说道："没事，你把笔拿过来，替我画上眉毛就是了。"就这样，理发师凭借着自己的智慧，先赞美了宰相，(9)__________，成功地躲过了灾祸。

由此可见，适度的赞美不但能缩短人与人之间的距离，(10)__________，在关键时刻，还可以化解矛盾，免遭劫难。

A 只好冷静下来

B 也可以增进彼此之间的亲近感

C 理发师惊恐万分

D 然后将自己的错误说出来

E 你盯着我的肚子做什么

정답 및 해설 → 해설서 p.210

11-15.

气象专家预报天气就像看病一样，也有很难"诊断"的"疑难杂症"。(11)__________。例如，寒潮、高温这些持续时间长、空间范围大的天气现象，预报准确率则较高。但是，像龙卷风、冰雹等这样的强对流天气现象，通常发生得非常突然，(12)__________，所以预报难度比较大，准确率也比较低。

春季与夏季是最让天气预报员头疼的两个季节。春天，冷暖空气频繁交汇，天气变化难以准确把握。夏天，很多时候明明早上天气还很晴朗，(13)__________。这是由于夏天午后极易出现热对流天气，大气中积聚的能量如同一壶在加热的水，当能量积累到一定程度后，水就会沸腾。而人们却难以准确预测出到底哪儿会先"冒泡"。

还有一点非常值得注意，气象台发布的日常天气预报是根据预报员的"经验性预报"和"数值预报"进行综合考虑后得出的结果，(14)__________。对灾害性或短期天气现象的预报，预报员的经验比数值预报更具有优势；相反，对中长期(3-7天)天气的预报，数值预报的准确率则要远远高于预报员的经验判断。然而，当时间扩展到14天，甚至28天的时候，(15)__________。

A 它是气象专家经过多次商讨后给出的结论

B 午后却会迎来一场大雨

C 并且具有很强的"局地性"特征

D 不同天气现象的预报准确率是不同的

E 数值预报就很难"派上用场"了

정답 및 해설 → 해설서 p.211

16-20.

近年来，一种星空灯逐渐在市场上流行起来。这种灯(16)__________，灯光就会投射到天花板和墙壁上，仿佛布满繁星的夜空，营造出一种浪漫奇妙的氛围，因此深受很多年轻人的喜爱。

其实星空灯是一种投射灯，它的投射距离比较短，一般在11米到21米间，适合在小空间中使用，因此大部分人会把它放在客厅或者卧室里。星空灯里还有一个装置，(17)__________，投射距离越近星空的图像越清晰，反之，则越模糊。

星空灯要在完全黑暗的环境中才可以产生最佳效果，因此(18)__________。有调查显示，在孩子的房间里装上星空灯，可以激发孩子对自然的兴趣。另外，在儿童入睡的时候把灯调成柔和的光线，还能起到促进睡眠的作用。

星空灯还具有放松心情的功效。有的餐厅空间较小，(19)__________，通常也会装上星空灯。如此一来，顾客会觉得自己是在充满浪漫气氛的星空下，而不是在很小的房间里，心情也会更加放松。

另外，(20)__________，比如宇宙星系、海底世界等。如今市面上还出现了很多大型的星空灯，它们一般被用来营造舞台效果，令人们有身临其境的感觉。

A 最好在夜晚使用

B 打开后，借助灯罩玻璃的特殊功效

C 为了缓解室内的压抑感

D 能调节投射光线的远近和角度

E 星空灯还能投射出不同的情景

정답 및 해설 → 해설서 p.213

세부 내용 파악하기

STEP 1 유형 파악하기

✖ 지문에서 언급된 원인이나 이유, 목적, 방법, 결과에 관해 묻는 유형이다. 이렇게 세부 내용을 파악해야 하는 문제는 출제율이 최대 90%에 달하는 최고 빈출 유형이므로, 이 유형의 문제만 잘 풀어도 충분히 높은 점수를 받을 수 있다. 먼저 질문에서 '키워드'를 확인하고, 그다음에 지문에서 대응하는 키워드를 찾아 앞뒤 내용을 확인해 정답을 찾는 방법으로 푼다.

▶ **출제 경향**

최근 독해 제4부분에서는 다양한 주제의 정보 전달형 설명문 형식의 글이 많이 출제되고 있다. 이는 곧 처음 접하는 주제의 글이 나올 확률이 높다는 것을 의미한다. 하지만 질문 내용은 지문 안에 반드시 있기 마련이니 미리 겁먹지 말고 질문의 키워드를 잘 찾아 정답을 고를 수 있도록 연습을 많이 해 두자.

▶ **문제풀이 비법**

1 지문은 질문의 키워드 중심으로 읽자.

지문을 모두 읽을 필요가 없다는 것을 항상 명심하자. 질문의 키워드를 지문에서 찾아 앞뒤 내용을 파악하는 것만으로도 문제는 충분히 풀린다. 질문의 키워드가 지문에 반드시 그대로 나오지는 않으나, 거의 비슷하게 표현되므로 유사한 어휘가 있다면 해당 어휘의 앞뒤 내용을 파악해야 한다.

2 모르는 단어는 모르는 대로 넘기자.

모르는 단어가 있어도 다른 내용들로 대조해서 답을 찾을 수 있다.

3 인과 관계만 파악해도 정답이 보인다.

'为什么/为何/原因是什么/什么原因' 등으로 질문했다면, 지문에서는 '因为/因此/所以/因而/是为了' 등의 접속사가 사용된 구절을 주의 깊게 읽자.

4 질문을 정확히 파악하자.

지문과 '일치하는 것'을 고르라고 하는 문제가 대부분이지만, '일치하지 않는 것'을 고르라고 하는 문제도 일부 출제된다. '是/不是' '属于/不属于' 등, 주요 표현을 확실하게 체크한 다음 지문과 대조해야 한다. 일치/불일치 문제를 풀 때는 예시로 든 내용, 열거하는 항목을 꼼꼼히 대조하자.

제4부분 예제

1-4

白鹤梁是一段长1600米、平均宽度14米左右的石梁。它位于重庆市涪陵区北边的长江中，由于以前常有白鹤栖息于该梁之上“白鹤梁”便由此而得名。白鹤梁大部分时间都是被淹没在江水中的，只有在枯水期才会显露出来。石梁上不仅刻有古人用来记录长江枯水位的石鱼，还有大量诗文题刻，其中提到了石鱼距离枯水线的尺度以及石鱼出水的时间等。

这些水文资料极其珍贵，它们为探索1300多年来长江枯水期的水量与其变化规律提供了大量的科学依据，所以人们把白鹤梁誉为“世界第一古代水文站”。再加上白鹤梁上的题刻大多数都是出自历代名家之手，具有极高的艺术价值，因此它便成为了三峡库区内唯一一个国家级文物保护单位。

白鹤梁的表层由软质页岩与硬质砂岩组成，由于砂岩下的泥质岩易被水流淘空，使得悬空的砂岩岩体容易翻转或崩落，再加上船的撞击、风化等因素，导致白鹤梁的题刻和石鱼整体虽然保存得较为完好，但也开始出现部分损坏的现象。更为值得一提的是，白鹤梁的标高为139米，但三峡工程坝前水位将会达到176米，这就意味着在三峡工程竣工以后，白鹤梁将永远被淹没在水下。

与此同时，来自国内各地的专家们都在为保护这一珍贵的国宝而出谋献策。其中，上海大学提出了建立“水下博物馆”的方案，他们认为可造一个密封的双层椭圆形壳体，把它罩于石梁上，这样，人们就可以通过隧道进入壳体内部进行维护、考察及参观。不过此方案成本耗费极高，技术难度也极高，且壳体还要承受巨大的水压，一旦发生破损，石梁就会被毁坏。后来专家们在该方案基础上做了改进，采用无压容器，让壳体内外的水压能达到平衡。

2009年5月18日，为白鹤梁量身定做的“水下宫殿”正式对外开放，白鹤梁也得以“水见天日”。

1 下列哪项不属于白鹤梁成为国宝级文物单位的原因?

A 有很多珍贵的水文资料　　**B** 年代久远
C 名家题刻艺术价值极高　　**D** 石梁雄伟壮美

2 根据第2段，白鹤梁:

A 和三峡大坝等高　　**B** 已出现损坏情况
C 表层岩质极其坚硬　　**D** 附近适合居住

3 关于“水下博物馆”方案，下列哪项正确?

A 为促进旅游业而设计　　**B** 需建密封的双层壳体
C 要把白鹤梁整体迁移　　**D** 要重建石梁的底座

4 根据上文，可以知道什么?

A 三峡附近时常发生洪水　　**B** 白鹤梁比三峡工程晚竣工
C 黄河下游是白鹤的主要栖息地　　**D** 石鱼用来记录枯水位

1 **D** [出自A之手 A의 손에서 나오다] 원인이 '아닌(不属于)' 것을 물었으므로 지문과 보기를 하나씩 대조하면서 문제를 풀면 된다. 첫 번째 단락에서 이러한 수문 자료는 매우 귀중하다(A), 1300여 년 동안(B), 대부분 역대 유명 작가의 손에서 나온 것으로 매우 높은 예술적 가치가 있다(C)라고 했으므로 정답은 내용이 언급되지 않은 D이다.

2 **B** [出现A现象 A 현상이 나타나다] 두 번째 단락에서 일부는 훼손되는 현상이 나타나기 시작했다(但也开始出现部分损坏的现象)고 했으므로 정답은 B이다. 백학량의 높이는 139미터(白鹤梁的标高为139米)이고 싼샤공정의 댐 앞 수위는 176미터(三峡工程坝前水位将会达到176米)라고 했으므로 A는 답이 아니고, 구멍이 생기기 쉽다(易被水流淘空)고 했으므로 C도 답이 아니다.

3 **B** [密封 밀폐하다] 세 번째 단락에 밀폐된 두 겹의 타원형 껍질을 만들어서(可造一个密封的双层椭圆形壳体)라고 언급했으므로 정답은 B이다.

4 **D** [用来A A에 쓰이다] 첫 번째 단락에서 돌다리 위에는 옛사람이 양쯔강의 저수위를 기록하는 데 썼던 돌물고기가 있다(石梁上不仅刻有古人用来记录长江枯水位的石鱼)고 했으므로 정답은 D이다. 마지막 질문이지만 근거 문장은 첫 번째 단락에 나왔다. 문제 순서가 지문의 진행 순서와 다를 수 있다는 점에 주의해야 한다.

白鹤梁是一段长1600米、平均宽度14米左右的石梁。它位于重庆市涪陵区北边的长江中，由于以前常有白鹤栖息于该梁之上"白鹤梁"便由此而得名。白鹤梁大部分时间都是被淹没在江水中的，只有在枯水期才会显露出来。[4]石梁上不仅刻有古人用来记录长江枯水位的石鱼，[1]还有大量诗文题刻，其中提到了石鱼距离枯水线的尺度以及石鱼出水的时间等。[1]这些水文资料极其珍贵，它们为探索[1]1300多年来长江枯水期的水量与其变化规律提供了大量的科学依据，所以人们把白鹤梁誉为"世界第一古代水文站"。再加上白鹤梁上的题刻[1]大多数都是出自历代名家之手，具有极高的艺术价值，因此它便成为了三峡库区内唯一一个国家级文物保护单位。

白鹤梁的表层由软质页岩与硬质砂岩组成，由于砂岩下的泥质岩易被水流淘空，使得悬空的砂岩岩体容易翻转或崩落，再加上船的撞击、风化等因素，导致白鹤梁的题刻和石鱼整体虽然保存得较为完好，[2]但也开始出现部分损坏的现象。更为值得一提的是，白鹤梁的标高为139米，但三峡工程坝前水位将会达到176米，这就意味着在三峡工程竣工以后，白鹤梁将永远被淹没在水下。

백학량은 길이가 1600m이고 평균 너비가 14m 정도인 돌다리이다. 충칭시 푸링구 북쪽의 양쯔강에 있으며 예전에 백학이 이 다리에 많이 서식했기 때문에 '백학량'이라는 이름을 얻게 되었다. 백학량은 대부분의 시간 동안 강물에 잠겨 있다가 저수위일 때만 드러난다. [4]돌다리 위에는 옛사람이 양쯔강의 저수위를 기록하는 데 썼던 돌물고기뿐 아니라 [1]많은 시구들도 새겨져 있다. 거기에는 돌물고기에서부터 저수위 선까지의 길이와 돌물고기가 물 밖으로 드러난 시간 등이 적혀 있다. [1]이러한 수문 자료는 매우 귀중하다. 그것들은 [1]1300여 년 동안 양쯔강이 수위가 낮아지는 시기의 강물의 양과 그 변화 규칙 등을 연구하는 데에 많은 과학적 근거를 제공해 주었기 때문에 사람들은 백학량을 '세계 제일의 고대 수문역'이라 칭한다. 게다가 백학량 위에 새겨진 것은 [1]대부분 역대 유명 작가의 손에서 나온 것으로, 매우 높은 예술적 가치가 있다. 따라서 백학량은 싼샤댐 지역의 유일한 국가급 문화재 보호구역이 되었다.

백학량의 표층은 연질 셰일과 경질 사암석으로 이루어져 있다. 사암석 아래의 이질암이 강물에 의해 구멍이 생기기 쉬워서, 허공에 떠 있는 사암석이 쉽게 뒤집히거나 무너지게 만든다. 게다가 배의 충돌과 풍화작용 등의 요인으로 인해 백학량에 새겨진 작품과 돌물고기가 전반적으로는 잘 보존되어 있는 편이지만, [2]일부는 훼손되는 현상이 나타나기 시작했다. 더욱이 언급할 필요가 있는 것은 백학량의 높이는 139m인데, 싼샤공정의 댐 앞 수위는 176m에 달하게 된다는 것이다. 이는 즉, 싼샤공정이 완료되면 백학량은 영원히 강물 아래에 잠기게 된다는 것을 의미한다.

与此同时，来自国内各地的专家们都在为保护这一珍贵的国宝而出谋献策。其中，上海大学提出了建立“水下博物馆”的方案，他们认为[3]可造一个密封的双层椭圆形壳体，把它罩于石梁上，这样，人们就可以通过隧道进入壳体内部进行维护、考察及参观。不过此方案成本耗费极高，技术难度也极高，且壳体还要承受巨大的水压，一旦发生破损，石梁就会被毁坏。后来专家们在该方案基础上做了改进，采用无压容器，让壳体内外的水压能达到平衡。

2009年5月18日，为白鹤梁量身定做的“水下宫殿”正式对外开放，白鹤梁也得以“水见天日”。

이와 동시에 국내 각지의 전문가들은 이 진귀한 국보를 지키기 위해 방안을 제시했는데, 그중에서 상하이대학이 '수중 박물관'이라는 방안을 냈다. 그들은 [3]밀폐된 두 겹의 타원형 껍질을 만들어서 그것을 돌다리 위에 씌우면 이렇게 사람들이 터널을 통해 껍질 안으로 들어가서 수리, 시찰, 견학 등을 할 수 있을 것이라 생각했다. 하지만 이 방안은 비용도 매우 높고, 기술 난도도 매우 높다. 게다가 껍질이 거대한 수압을 지탱해야 하는데, 파손되기라도 하면 돌다리가 훼손될 것이다. 나중에 전문가들은 이 방안을 기반으로 개선하여 무압력 용기를 채택했고, 껍질 내부와 외부의 수압이 균형을 이루도록 했다.

2009년 5월 18일, 백학량을 위해 맞춤 제작된 '수중궁전'이 정식으로 외부에 개방되었고, 백학량 역시 '물 속에서 밝은 세상을 볼 수 있게' 되었다.

1 下列哪项不属于白鹤梁成为国宝级文物单位的原因?

A 有很多珍贵的水文资料
B 年代久远
C 名家题刻艺术价值极高
D 石梁雄伟壮美

1 다음 중 백학량이 국보급 문화재 구역이 된 원인이 아닌 것은 무엇인가?

A 진귀한 수문 자료가 많이 있어서
B 제작 연도가 오래되어서
C 유명 작가가 새긴 작품의 예술적 가치가 매우 높아서
D 돌다리가 웅장하고 아름다워서

2 根据第2段，白鹤梁:

A 和三峡大坝等高
B 已出现损坏情况
C 表层岩质极其坚硬
D 附近适合居住

2 두 번째 단락에 따르면 백학량은:

A 싼샤댐과 높이가 같다
B 이미 훼손되는 상황이 나타났다
C 표층의 암석이 매우 단단하다
D 주변이 거주하기에 알맞다

3 关于“水下博物馆”方案，下列哪项正确?

A 为促进旅游业而设计
B 需建密封的双层壳体
C 要把白鹤梁整体迁移
D 要重建石梁的底座

3 '수중 박물관' 방안에 관해 다음 중 옳은 것은 무엇인가?

A 관광업을 촉진하기 위해 설계되었다
B 밀폐된 두 겹의 껍질을 만들어야 한다
C 백학량 전체를 옮겨야 한다
D 백학량의 바닥을 다시 만들어야 한다

4 根据上文，可以知道什么?

A 三峡附近时常发生洪水
B 白鹤梁比三峡工程晚竣工
C 黄河下游是白鹤的主要栖息地
D 石鱼用来记录枯水位

4 지문에 따르면 무엇을 알 수 있는가?

A 싼샤 주변은 홍수가 자주 일어난다
B 백학량은 싼샤공정보다 늦게 완공된다
C 황허 하류는 백학의 주요 서식지이다
D 돌물고기는 저수위를 기록하기 위해 쓰인다

白鹤梁 Báihèliáng 고유 백학량 | **平均** píngjūn 형 평균적인, 균등한 | **宽** kuān 명 너비 | **石梁** shíliáng 명 돌다리 | **位于** wèiyú 동 ~에 위치하다 [位于+장소] | **重庆** Chóngqìng 고유 충칭 | **市** shì 명 (행정 구역 단위의) 시 | **涪陵区** Fúlíngqū 고유 푸링구 | **北边** běibian 명 북쪽, 북방 | **常** cháng 부 늘, 자주 | **白鹤** báihè 명 백학, 시베리아 흰 두루미 | **栖息** qīxī 동 (새들이) 서식하다, 머물다 | **于** yú 개 ~에 [동사+于] | **该** gāi 대 이, 그, 저 | **梁** liáng 명 다리, 들보 | **便** biàn 부 곧, 바로 [=就] | **由此** yóucǐ 부 이에 따라, 이에 근거하여 | **得名** démíng 동 이름을 얻다 | **大部分** dàbùfen 명 대부분 | ★**淹没** yānmò 동 잠기다, 침몰되다 | **江水** jiāngshuǐ 명 강물 | **枯水期** kūshuǐqī 명 수위가 감소하는 시기, 갈수기 | **显露** xiǎnlù 동 드러나다, 나타내다 | **古人** gǔrén 명 옛 사람 | **用来** yònglái 동 ~에 쓰다 | **记录** jìlù 동 기록하다 | **枯水位** kūshuǐwèi 저수위 [가장 낮은 때의 수위] | **石** shí 명 돌 | **大量** dàliàng 형 많은, 대량의 | **诗文** shīwén 명 시문, 시와 글 | **题刻** tíkè 명 기념으로 남기기 위해 새긴 글자 | **提到** tídào 동 언급하다, 말하다 | **线** xiàn 명 선, 실 | **尺度** chǐdù 명 척도, 표준 | **以及** yǐjí 접 그리고, 및 | **水文** shuǐwén 명 수문 [자연계에서 일어나는 물의 각종 변화와 운동 현상] | **资料** zīliào 명 자료 | **极其** jíqí 부 매우, 아주 | ★**珍贵** zhēnguì 형 귀중하다, 진귀하다 | ★**探索** tànsuǒ 동 탐색하다, 탐구하다, 연구하다 | **水量** shuǐliàng 명 물의 양, 수량 | **规律** guīlǜ 명 법칙, 규칙, 규율 | ★**依据** yījù 명 근거, 바탕, 증거 [提供依据: 근거를 제공하다] | **誉为** yùwéi 동 ~라고 칭하다, ~라고

불리다 [把A誉为B: A를 B라고 칭하다] | 古代 gǔdài 명 고대 | 水文站 shuǐwénzhàn 명 수문·지질 관측소 | 再加上 zàijiāshàng 접 게다가, 그 위에 | 大多数 dàduōshù 형 대부분의, 대다수의 | 出自 chūzì 동 ~로부터 나오다 [出自A之手: A의 손에서 나오다] | ★历代 lìdài 명 역대 | 名家 míngjiā 명 유명 작가, 명가, 명인 | 具有 jùyǒu 동 있다, 가지다 | 极高 jígāo 형 극히 높다 | 价值 jiàzhí 명 가치 [具有价值: 가치가 있다] | 其 qí 대 그것 | 三峡 Sānxiá 고유 싼샤 [창장(长江)에 있는 세 개의 거대한 협곡이 만나는 구간] | 库区 kùqū 명 댐과 그 주변 지역 | 唯一 wéiyī 형 유일한, 하나밖에 없는 | 级 jí 명 등급, 계급 | ★文物 wénwù 명 문물, 문화재 | 单位 dānwèi 명 단위, 부문 | 表层 biǎocéng 명 물체의 표면, 표층 | 软 ruǎn 형 연하다, 부드럽다 | 质 zhì 명 성질, 본질 [软质: 연질(부드러운 성질)] | 页岩 yèyán 명 혈암 | 硬 yìng 형 단단하다, 딱딱하다 | 砂岩 shāyán 명 사암석, 사암 | 组成 zǔchéng 동 구성하다, 짜다 [由A组成: A로 구성되다] | 泥质岩 nízhìyán 명 이질암 | 水流 shuǐliú 명 물의 흐름, 물살 | 淘空 táokōng 동 남김없이 치다 | 使得 shǐde 동 ~로 하여금 ~하게 하다 | 悬空 xuánkōng 동 허공에 뜨다 | 岩 yán 명 암석, 바위 | 体 tǐ 명 몸체 | 翻转 fānzhuǎn 동 뒤집히다, 방향 또는 위치를 바꾸다 | 崩落 bēngluò 동 무너져 내리다 | 撞击 zhuàngjī 동 충돌하다, 부딪치다 | 风化 fēnghuà 명 풍화 | 因素 yīnsù 명 요인, 원인 | 导致 dǎozhì 동 (어떤 사태를) 야기하다, 초래하다 | 整体 zhěngtǐ 명 전체, 전부 | 保存 bǎocún 동 보존하다, 간수하다 | 较 jiào 부 비교적, 좀 | ★损坏 sǔnhuài 동 훼손시키다, 손상시키다 | 现象 xiànxiàng 명 현상 | 标高 biāogāo 명 해발 | 工程 gōngchéng 명 사업, 프로젝트 | 坝 bà 명 댐 | 水位 shuǐwèi 명 수위 | 达到 dádào 동 달하다, 이르다 | ★意味着 yìwèizhe 동 의미하다, 뜻하다 | 竣工 jùngōng 동 완공되다, 준공되다 | 国内 guónèi 명 전국, 국내 | 专家 zhuānjiā 명 전문가 | ★珍贵 zhēnguì 형 진귀하다, 보배롭고 귀중하다 | 国宝 guóbǎo 명 국보 | 出谋献策 chūmóuxiàncè 대책을 내다, 방법을 생각해 내다 | 提出 tíchū 동 (의견, 방법을) 내다, 제출하다, 제의하다 | 建立 jiànlì 동 만들다, 세우다, 이루다 | 博物馆 bówùguǎn 명 박물관 | 方案 fāng'àn 명 방안 [提出方案: 방안을 내다] | 造 zào 동 만들다, 제작하다 | ★密封 mìfēng 형 밀폐된, 밀봉한 | 双层 shuāngcéng 형 두 겹의 | ★椭圆 tuǒyuán 명 타원 | 形 xíng 명 형, 형상, 모양 | 壳体 kétǐ 명 껍질 [캡시드 바이러스의 핵산을 싸는 단백질 껍질] | 罩 zhào 동 씌우다, 덮다 | ★隧道 suìdào 명 터널, 굴 | 内部 nèibù 명 안, 내부 | ★维护 wéihù 동 수리하다, 유지하고 보호하다 | ★考察 kǎochá 동 시찰하다, 현지 조사하다 | 及 jí 접 ~와, 및 | ★成本 chéngběn 명 원가, 자본금 | ★耗费 hàofèi 동 들이다, 소모하다 | 难度 nándù 명 난도 | 承受 chéngshòu 동 지탱하다, 견뎌 내다 | 巨大 jùdà 형 거대하다, 아주 크다 | 水压 shuǐyā 명 수압 | 一旦 yídàn 명 일단 | 破损 pòsǔn 형 파손되다, 손상되다 | 毁坏 huǐhuài 동 훼손하다, 부수다 | 改进 gǎijìn 동 개선하다 | 采用 cǎiyòng 동 채택되다, 채용하다 | 无 wú 동 없다 | ★容器 róngqì 명 용기, 그릇 | 平衡 pínghéng 형 균형잡히다, 평형하다 | 量身定做 liángshēn dìngzuò 성 맞춤 제작하다 | ★宫殿 gōngdiàn 명 궁전 | 对外 duìwài 형 대외적인 | 开放 kāifàng 동 개방하다 | 得以 déyǐ 동 (기회를 빌어서) ~할 수 있다, (말미암아) ~하게 되다 | 见天日 jiàntiānrì 밝은 세상을 보다 | 属于 shǔyú 동 ~에 속하다 | 年代 niándài 명 연도, 시대 | 久远 jiǔyuǎn 형 오래되다, 까마득하다 | 极 jí 부 매우, 아주 | ★雄伟 xióngwěi 형 웅장하다, 우람하다 | 壮美 zhuàngměi 형 웅장하고 아름답다 | 大坝 dàbà 명 댐 | 岩质 yánzhì 명 암석, 암질 | ★坚硬 jiānyìng 형 단단하다, 견고하다 | ★居住 jūzhù 동 거주하다, 살다 | 促进 cùjìn 동 촉진하다, 재촉하다 | 旅游业 lǚyóuyè 명 관광업 | 设计 shèjì 동 설계하다, 디자인하다 | 需 xū 동 필요하다, 요구되다 | 建 jiàn 동 만들다, 세우다 | 迁移 qiānyí 동 옮겨 가다, 이전하다 | 重建 chóngjiàn 동 다시 만들다, 재건하다 | 底座 dǐzuò 명 바닥, 밑받침 | ★时常 shícháng 부 자주, 늘 | ★洪水 hóngshuǐ 명 홍수 [发生洪水: 홍수가 일어나다] | 下游 xiàyóu 명 하류지역 | 栖息地 qīxīdì 명 서식지

STEP

2 내공 쌓기

'원인, 이유, 목적, 방법, 결과' 등 질문에서 묻고 있는 내용을 우선 잘 파악하고 지문에서 해당하는 내용을 찾아야 한다. 질문과 지문에서 서로 호응하는 문구들을 잘 알아 두면 답을 찾기가 훨씬 쉬워지므로 아래 내공 쌓기의 내용을 숙지하도록 하자.

1 빈출 질문 유형 track 90

독해 제4부분은 지문을 읽기 전에 질문을 먼저 읽는 것이 핵심이다. 질문을 통해 지문에서 어떤 정보를 얻어야 하는지 파악하고 나서 문제를 풀면 지문을 전부 읽지 않아도 충분히 답을 찾을 수 있다. 빈출 질문 유형은 고정적이므로 미리 공부해 두면 실전에서 어렵지 않게 출제 의도를 파악할 수 있다.

- ∨ 为什么……? 왜 ~인가?
- ∨ ……的原因是: ~의 원인은:
- ∨ ……是因为? ~는 무엇 때문인가?
- ∨ ……的目的是什么? ~의 목적은 무엇인가?
- ∨ 关于……，可以知道什么? ~에 관해서 알 수 있는 것은 무엇인가?
- ∨ ……有什么意义? ~는 어떤 의의가 있는가?
- ∨ 根据上文，下列哪项正确/错误? 지문에 따르면 다음 중 옳은/틀린 것은 무엇인가?

✓ 下列哪项属于……？ 다음 중 ~에 속하는 것은 무엇인가? ✨

✓ 下列哪项不是……？ 다음 중 ~가 아닌 것은 무엇인가?

✓ 根据第1段，我们可以知道什么？ 첫 번째 단락에 따르면 우리는 무엇을 알 수 있는가? ✨

2 질문-지문 대응 포인트 track 91

때에 따라서 질문과 지문의 포인트가 바뀌어도 상관없다.

질문	지문
• 为什么……？ 왜 ~인가? • ……的原因是： ~의 원인은: • ……是因为： ~는 왜냐하면:	• 因为/由于…… 왜냐하면 / ~때문에 • 理由是…… 이유는 ~이다 • 原因是…… 원인은 ~이다 • 为了…… ~를 위해서 • 目的是…… 목적은 ~이다 • ……的目的 ~의 목적
刚到植物园的人为什么会感到被戏弄？ 막 식물원에 온 사람들은 왜 농락당한다고 생각하는가?	因为可以听到笑声，但无法找到发出笑声的人。 왜냐하면 웃는 소리를 들을 수는 있는데, 웃음소리를 내는 사람을 찾을 수는 없기 때문이다.
• 怎么/怎样/怎么样/如何……？ 어떻게 ~하였는가?	• 通过……方式 ~라는 방식으로 • 结果是/结论是/终于/最后…… 결과는/결론은/결국에는/최후에는 ~이다 • 这样/如此 이렇게
游览开封的时候，不少游客会有怎么样的遗憾？ 카이펑을 여행할 때, 많은 여행객들은 어떤 아쉬움이 있었는가?	也免不了会有如此遗憾： 이러한 아쉬움을 감출 수 없다.
• 最重要的是…… 가장 중요한 것은 ~이다 • 最初 맨 처음에 • 关键是…… 관건은 ~이다 • 总而言之 결론적으로	• 最关键的是…… 가장 관건인 것은 ~이다 • 起初 처음에 • 关键在于 관건은 ~에 있다 • 总之 결론적으로
年轻人最初用报纸作建筑材料的目的是什么？ 젊은이가 맨 처음에 신문을 건축 재료로 사용한 목적은 무엇인가?	起初，房子的主人只是想将废旧报纸当做建筑材料，来测试纸张的绝缘性。 처음에 집주인은 폐신문을 건축 재료로 삼아 종이의 절연성을 시험하고 싶었다.

배운 내용 점검하기

지문을 읽고 알맞은 답을 고르시오.

平时坐车时，怎样坐才是最礼貌的呢？在社交应酬中，如果是主人自己开车陪客人出去游玩，那么副驾驶座是最有礼貌的座位。因为客人坐到后面等于坐出租车，不合适。而在公务接待中，副驾驶座后面的座位是最礼貌的座位。既安全又方便。这时的副驾驶座被称为“随员座”，一

독해 제4부분

般是翻译、秘书的位置，让客人坐在这里显然是不礼貌的。

当然，对于坐车，人们最关心的还是安全问题，那么轿车里的哪个座位最安全呢？研究结果显示，出车祸时，车内后排乘客的安全指数比前排乘客高出至少59%；如果后排正中间的位置上有乘客，那么车祸时他的安全指数比后排其他座位的乘客高25%。这是因为与其他座位相比，后排正中间的位置与车头和左右两侧的距离最大，撞车时这个位置受到的挤压相对最轻。

其实，坐在哪个位置，安全都是相对的。在车上保障安全的前提是车上所有人员都要系上安全带，否则，再安全的汽车也无济于事。

1 自己驾车时，让客人坐哪里最合适？

A 副驾驶座　　　　B 后排座位

2 后排座位乘客比前排座位的乘客的安全指数高：

A 25%以上　　　　B 超过50%

3 根据上文，保障乘车安全最重要的是：

A 系好安全带　　　　B 选好安全座位

해석&어휘 평소 차를 탈 때 어떻게 앉아야 가장 예의 있는 것일까? 사교적인 에티켓에서 [1]만약 주인이 직접 운전해서 손님을 모시고 놀러 간다면, 조수석이 가장 예의 있는 자리이다. 손님이 뒤에 앉으면 택시를 탄 것과 같기 때문에 적절하지 않다. 그러나 공무 접대에서는 조수석 뒷자리가 가장 예의 있는 자리이다. 안전하면서도 편리하기 때문이다. 이때 조수석은 '수행원의 자리'라고 불리는데, 일반적으로 통역, 비서의 자리이며 손님에게 이곳에 앉게 하는 것은 명백한 실례이다.

당연히 차를 타는 것에 있어서 사람들이 가장 관심을 갖는 것은 역시 안전 문제이다. 그렇다면 승용차에서 어느 자리가 가장 안전할까? 연구 결과에 따르면 사고가 났을 때 [2]차 내 뒷좌석 승객의 안전지수는 앞좌석 승객보다 최소 59%가 높았다. 만약 뒷좌석 중간에 승객이 있다면, 사고가 났을 때 그의 안전지수는 뒷좌석 다른 자리의 승객보다 25%가 높다. 이는 다른 자리와 비교해서 뒷좌석의 정중앙 자리가 차 앞부분과 좌우 양측의 거리가 가장 멀어서 차가 부딪혔을 때 이 자리가 받는 충격이 상대적으로 가장 경미하기 때문이다.

사실 어느 자리에 앉느냐와 안전은 모두 상대적이다. [3]차내에서 안전을 보장하는 전제는 차내 모든 사람들이 안전벨트를 착용하는 것이다. 그렇지 않으면 아무리 안전한 차라 할지라도 아무 쓸모가 없다.

1 직접 운전할 때, 손님을 어디에 앉히는 것이 가장 적절한가?

A 조수석　　　　B 뒷좌석

2 뒷좌석 승객은 앞좌석 승객의 안전지수보다 몇 퍼센트 높은가:

A 25% 이상　　　　B 50% 이상

3 지문에 따르면 차를 탈 때 안전을 보장하는 가장 중요한 것은:

A 안전벨트를 착용하는 것　　　　B 안전한 자리를 고르는 것

社交 shèjiāo 명 사교 | ★**应酬** yìngchou 동 교제하다, 사교하다 | **主人** zhǔrén 명 주인 | **游玩** yóuwán 동 놀다 | **副驾驶座** fùjiàshǐzuò 조수석 | **等于** děngyú 동 ~와 같다 | ★**公务** gōngwù 명 공무 | **接待** jiēdài 동 접대하다, 응접하다 | **既** jì 접 ~할 뿐만 아니라, ~이며 [既A又B: A할 뿐만 아니라 또한 B하다] | **称为** chēngwéi 동 ~라고 부르다 [被称为: ~라고 불리다] | **随员** suíyuán 명 수행원 | **秘书** mìshū 명 비서 | **位置** wèizhi 명 위치 | **显然** xiǎnrán 형 분명하다, 뚜렷하다 | **轿车** jiàochē 명 승용차 | **显示** xiǎnshì 동 보여 주다 | **车祸** chēhuò 명 교통사고 | **后排** hòupái 명 뒷줄, 뒷자리 | **乘客** chéngkè 명 승객 | **指数** zhǐshù 명 지수 | **相比** xiāngbǐ 동 비교하다, 견주다 [与A相比: A와 비교하다] | **车头** chētóu 명 차의 앞부분 | **两侧** liǎngcè 명 양측, 양쪽 | **撞车** zhuàngchē 동 (차가) 충돌하다 | **挤压** jǐyā 동 누르다 | **相对** xiāngduì 형 상대적이다 | ★**保障** bǎozhàng 동 (생명·재산·권리 등을) 보장하다 | ★**前提** qiántí 명 전제, 전제 조건 | **人员** rényuán 명 인원, 요원 | **系** jì 동 매다, 묶다 | **安全带** ānquándài 명 (비행기·자동차 등의) 안전 벨트 | **无济于事** wújìyúshì 성 아무 쓸모없다, 아무런 도움이 되지 않다 | **以上** yǐshàng 명 이상

정답&풀이

1 A 직접 운전할(自己开车) 때는 조수석이 가장 예의있는 자리(副驾驶座是最有礼貌的座位)라고 했으므로 정답은 A이다.

2 B 최소 59%가 높았다(高出至少59%)고 했으므로 50% 이상(超过50%)이라고 한 B가 정답이다.

3 A 안전을 보장하는 전제는 차내 모든 사람들이 안전벨트를 착용하는 것(保障安全的前提是车上所有人员都要系上安全带)이라고 했으므로 보기 A가 답으로 적절하다.

Day 03

1-4.

"吃完饭以后喝酸奶有助于消化"可以说是很多人都认可的养生常识之一。然而，这一说法究竟有没有科学依据呢？实际上，酸奶中三分之一左右的乳糖均会被乳酸菌分解并产生一些乳糖酶，所以，即便是有"乳糖不耐受症"的人，也能安心地喝酸奶。但这仅仅只能说明酸奶本身容易被消化，而它真的能够促进食物的消化吗？

不少人觉得，既然人是靠胃酸消化食物的，那酸奶应该可以促进消化。的确，消化食物时我们靠的确实是胃酸，但胃酸太多会让胃壁产生烧灼感，胃酸太少则会引起消化不良。通常消化不良是由于我们吃得过多，胃酸供应不过来引起的。而酸奶是无法直接补充胃酸的，所以它与促进消化并无直接关系。

那么酸奶有什么好处呢？酸奶中富含的活性乳酸菌在经过了各种消化酶与胃液的"折磨"以后，仍会有部分活菌达到肠道。虽然乳酸菌在肠道里只能存活几小时至几天，可它们在这段时间里仍可发挥一定的功效，那就是帮助恢复肠道里的正常菌群，实现有害菌与有益菌的动态平衡。从这个角度来看，酸奶可谓是间接地促进了肠胃消化，但并非直接作用在刚吃进去的食物上。

总体来讲，酸奶对人体还是有益的，但它并不是治疗消化不良的特效药。要想消化系统健康，还是要避免暴饮暴食，多吃富含膳食纤维的食物。在这个基础上，每天再来一杯酸奶，就可以给我们的健康"锦上添花"了。

1. "吃完饭以后喝酸奶有助于消化"这种说法：

A 无直接科学依据　　**B** 遭到不少人的反对

C 被制造工厂大肆宣扬　　**D** 营养学家正在进行试验

2. 消化不良一般是由何种原因引起的？

A 咀嚼过慢　　**B** 食物过烫

C 吃了太多油腻的食物　　**D** 饱食后胃酸供应不足

3. 根据第3段，乳酸菌：

A 存活时间不长　　**B** 能迅速分解有益菌

C 会增加菌群种类　　**D** 抵达肠道的时候已经失去活性

4. 关于酸奶，下列哪项正确？

A 对人体是有益的　　**B** 不少人不能饮用

C 本身难以消化　　**D** 可刺激分泌更多的胃酸

정답 및 해설 → 해설서 p.215

5-8.

船型屋是一种黎族传统居住房屋，与云南傣族的竹楼、苗家的吊脚楼一样，它也是非常典型的少数民族传统建筑。从外形上看，船型屋如同一艘倒扣着的船。根据技术水平、自然气候以及地理条件的不同，黎族人民因地制宜地创建出了这种独特的茅草屋。它取材十分简单，但却非常讲究，是黎族数千年以来的建筑结晶，体现了黎族人民非凡的建筑智慧。

白查村是海南船型屋保存得最完整的自然村落之一。白查村的船型屋是落地船型屋，茅檐低矮，且长而阔，这种设计有助于防雨防风。房子由前后两节组成，门朝两端打开，屋子两侧立着六根略矮的柱子，中央立着三根高大的柱子，分别象征着女人与男人。白查村被称为"黎族最后一个古村落"，除船型屋以外，织锦和酿酒等特别具有黎族特色的传统工艺也都在此地被传承至今。来到白查村，随处可见身着传统服装的村民，他们在树荫下结伴制作木器和陶器、编织竹席、扎染织锦。

在黎族民间故事《雅丹公主》中，雅丹公主乘坐小船漂流到海滩上后，将小船拉上岸，先将船底朝天放到木桩上做成屋顶，然后割下茅草用来遮挡四周，这便是船型屋最原始的形态。我们根据《越绝书·记地传》里的记载："水行而山处，以船为车，以楫为马，往如飘风，去则难从"，再来观察现在船型屋的形态，能够推断出黎族祖先当时远征渡海迁徙的历史。海南多样的海洋文化，不但能够通过历代海上丝绸之路的交通站得以体现，在深山里的黎寨民居之中，也能够发现其原生态海洋文化的特征。

5. 关于船型屋，可以知道：

A 用材简单　　**B** 依山而建

C 专供工人居住　　**D** 模仿了傣族竹楼

6. 白查村的船型屋有什么特点?

A 高大狭窄　　**B** 利于遮风挡雨

C 高柱子代表姐妹　　**D** 体现了明代雕刻工艺

7. 白查村被称为"黎族最后一个古村落"的原因是什么?

A 长期以来和外界隔绝　　**B** 是最大的黎族村庄

C 民族特色文化保存完整　　**D** 船型屋仍然保留着最原始的功能

8. 根据最后一段，下列哪项正确?

A 船型屋可以反映海洋文化　　**B** 黎族人用船型屋来抵挡风浪

C 黎族先民由内陆迁移至海南　　**D** 海南是历代海上丝绸之路的终点

정답 및 해설 → 해설서 p.217

9-12.

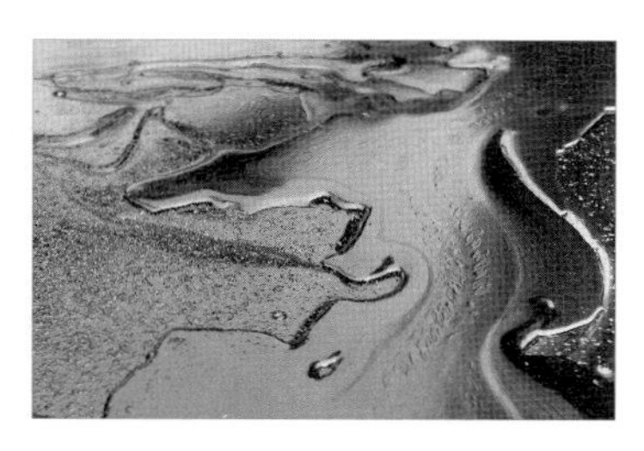

沈括，是中国古代十分著名的科学家兼政治家。他的父亲曾任多地知府，这也得以让他有了走南闯北的机会，并因此变得见多识广。沈括每到一个地方便会关注当地与自然科学相关的新鲜事。

他跟随父亲住在福建泉州的时候，听说江西铅山县有几条味道很苦且呈青绿色的溪水，村民们称其为“胆水”，把“胆水”放在铁锅里煎熬就能得到黄灿灿的铜。于是沈括千里迢迢地来到铅山县，亲眼目睹了“胆水炼铜”的全过程，并将其记录在《梦溪笔谈》里，这是中国关于“胆水炼铜”最早的记载。虽然当时由于技术的局限性，沈括尚无法明确地揭示“胆水炼铜”的化学原理，可他记录下了从“胆水”里提炼出铜的整个过程，并且还预测铅山附近可能有一个规模较大的铜矿。后人顺着“胆水”向北寻找，果不其然，在贵溪县发现了巨大的铜矿。

不仅如此，沈括还是中国最早提出“石油”一词的人，他是最早描绘石油形态、开采过程以及最早用石油烟煤替代松烟制墨的人。他在《梦溪笔谈》里有这样的描述：在延州和鄜州境内有种石油，过去说的“高奴县出产脂水”，指的便是这种东西。石油产自水边，并与泉水与砂石混杂，时断时续地流淌出来。当地人用野鸡尾将其沾取出来收集到瓦罐中。这种油与纯漆特别像，燃烧起来如同火炬，且会冒浓烟，它所沾染过的帐篷会全部变成黑色。我猜测这种烟可被利用，便尝试着收集它的烟煤，并做成墨，其光泽如黑漆，即便是松墨也无法与它相比。我把它命名为“延川石液”。这种墨日后定会在世上广泛流传。另外，石油产于地下且无穷无尽，它不像松木，到一定时期便会用完。沈括笔下的“延川石液”指的就是现在中国非常著名的长庆油田，是中国至关重要的能源基地。

9. 关于沈括，下列哪项正确？

A 很有见识　　B 从小就聪明过人
C 继承了母亲的职位　　D 对人文风俗非常感兴趣

10. 关于沈括对“胆水炼铜”的记载，可以知道：

A 省略了提炼过程　　B 并未解释其原理
C 遭到当地人的质疑　　D 准确对贵溪铜矿进行了定位

11. 根据最后一段，沈括觉得石油有什么优势？

A 用途十分广泛　　B 开采过程十分繁杂
C 受空间限制较大　　D 取之不尽，用之不竭

12. 根据上文，可以知道什么？

A 延川石液已枯竭　　B 沈括最早使用石油制墨
C 延川石液是由现代人命名的　　D 《梦溪笔谈》是物理专著

정답 및 해설 → 해설서 p.219

13-16.

世界上有没有比羽毛和棉花更轻的物质呢？有研究表明："全碳气凝胶"是迄今为止世界上最轻的物质。

它究竟有多么轻呢？用语言可能难以表达，为此，科学家们想出了一个好办法：把一块4立方厘米的全碳气凝胶放在一朵盛开的鲜花上，而脆弱的花瓣能够毫不费力地将它托住。全碳气凝胶中的颗粒达到了纳米量级，因而光透过它时会出现散射现象，如阳光穿透空气般。所以若无杂质，它会呈现出与天空相同的蓝色，这也让它赢得了个非常文艺的名字——"蓝烟"。

世界上密度最小的固体是气凝胶，在日常生活中特别常见，我们的指甲与头发也属于气凝胶。这类物质看起来好像"弱不禁风"，但实际上它在许多高科技领城中都有用武之地。首先，在粒子物理实验当中，可以将气凝胶作为探测器使用。气凝胶的高透光度、固态的性质和低折射系数，令其拥有传统做法无可比拟的优势。其次，在航天领域中，气凝胶也是不可缺少的。它最高可以承受相当于自身重量好几千倍的压力与上千摄氏度的高温。此外，因为它的导热性非常低，所以绝缘能力比玻璃纤维还要强。

目前，中国所研制的全碳气凝胶能够随意调整形状，有着特别强的延展性与弹性，被压缩80%以后仍然能够迅速恢复原状，因此又被人们称为"碳海绵"。它是目前吸油性最好的材料，并且不吸水、只吸油。这一特性能用来解决海上原油泄漏问题，把它撒到海面上，可以快速吸收漏油，因其弹性很强，吸进的油能够挤出来后再回收，"碳海绵"也能够重新使用。这样一来，不仅治理了被污染的环境，还降低了经济上的损失，可谓"一石二鸟"。

13. 科学家把"全碳气凝胶"放在鲜花上是为了什么？

A 鉴定其色彩　　**B** 测量光的反射率
C 证明其质地轻　　**D** 观察花是否会凋谢

14. 下列哪项不属于全碳气凝胶的属性？

A 高弹性　　**B** 透光度低
C 绝缘能力强　　**D** 耐热耐高压

15. "碳海绵"在处理原油泄漏上的优势是什么？

A 便于保存　　**B** 能够探测原油泄漏的程度
C 容易降解　　**D** 吸油能力强且可重复使用

16. 根据上文，下列哪项正确？

A 气凝胶全部都是人工合成的　　**B** 气凝胶是密度非常大的气体
C 纯净的全碳气凝胶呈蓝色　　**D** 全碳气凝胶尚未正式投入使用

정답 및 해설 → 해설서 p.222

17-20.

生物学家在不久之前于南太平洋偶然发现了已经消失了30年的古生物——鹦鹉螺。他们不但拍摄到了其活体状态的数字图像，而且成功地在鹦鹉螺身上安装了跟踪装置。生物学家的这一巨大发现将会帮助人类揭开有关鹦鹉螺生存深邃而古老的秘密。

鹦鹉螺的贝壳从背部向腹部卷曲平旋，形状与鹦鹉的头形相似，因此得名"鹦鹉螺"。它诞生于五亿余年以前的寒武纪末期，因为经历过"大灭绝时代"的物种大多都已经灭绝，所以科学家非常重视如鹦鹉螺这样的"幸存者"。鹦鹉螺在奥陶纪以后，进化成了海洋里最凶猛的肉食性动物，被称为"海中霸王"。在它的"全盛期"时，古海洋里生存着一种身体长达十米以上的巨型鹦鹉螺，它的软体居住在一个又薄又长的圆锥形壳中，没有尾巴与鳍。它的下腹部有一根柔软而有韧性的肉质管子，鹦鹉螺用这根管子将海水吸进去，并从反方向把海水排出去，从而进行移动。它还可以通过调节壳里的水量来控制其垂直位置。除了有壳这一点之外，巨型鹦鹉螺的形态倒是与现在的章鱼非常像。

此次，生物学家对所发现的每只鹦鹉螺都测量了大小，在得到它们的部分组织、黏液与外壳作为样本以后，就将它们放生了。研究人员之所以采集样本数据，是为了确定每一只鹦鹉螺的性别与年龄，顺便勘察南太平洋中鹦鹉螺的多样性。研究结果显示，大部分鹦鹉螺栖息的海洋区域都较为狭窄，它们如同潜水艇一般上下潜行，基本上只是在800米左右的海深范围里活动。

专家指出，日后这些鹦鹉螺极有可能会因为非法捕捞而遭受到威胁。因此，有关人员也在探讨进一步保护鹦鹉螺的方案。

17. 关于鹦鹉螺，下列哪项正确？

A 嗅觉十分灵敏　　**B** 软体在壳中
C 诞生于"大灭绝时代"以后　　**D** 可以任意改变身体大小

18. 鹦鹉螺在海中是怎样移动的？

A 摆动鳍划水　　**B** 依附于别的生物
C 收缩尾部的肌肉　　**D** 通过下腹的管子排水

19. 研究表明，鹦鹉螺的栖息地有什么特点？

A 范围狭窄　　**B** 特别炎热
C 水草非常茂盛　　**D** 生物种类单一

20. 根据上文，可以知道：

A 鹦鹉螺最后进化成了章鱼　　**B** 鹦鹉螺的性别无法确定
C 鹦鹉螺的生存将受到威胁　　**D** 科学家计划人工饲养鹦鹉螺

정답 및 해설 → 해설서 p.224

21-24.

在非洲的沙漠中栖息着一种名叫卷尾燕的鸟，这种鸟常与狐獴聚在一起。

关于卷尾燕和狐獴有一个有趣的故事：当卷尾燕看到老鹰在空中盘旋时，它们马上发出尖锐的叫声，狐獴听见以后撒腿便跑。几乎就在同一时刻，老鹰从天空中俯冲下来，但扑了个空。经过这一场劫难后，狐獴对卷尾燕变得非常信任。

没过多久，卷尾燕又发出相同的叫声，狐獴以为老鹰再次来袭，便赶快抛下口中的食物撤离。但这一次卷尾燕却骗了它们。在狐獴离开的瞬间卷尾燕飞身跃下，将它们的食物叼起并快速飞走。虽然之前卷尾燕救过它们的性命，可这一次的欺骗却让狐獴非常生气。

当下一次卷尾燕"故伎重演"的时候，结果没有一只狐獴离开。忽然，其中一只狐獴开始尖叫，于是它们再一次丢下手里的食物逃跑了。可这一次它们又错了，这个叫声实际上是卷尾燕模仿狐獴的声音发出来的，卷尾燕再次得到了食物。

让人奇怪的是，尽管卷尾燕一而再、再而三地欺骗狐獴，但它们却并不想把卷尾燕赶走，有的时候甚至还会主动给卷尾燕些食物。这是由于卷尾燕仅仅是在食物缺乏的冬季才会做出这样的欺骗行为，这是它为了解决自身生存危机的"无奈之举"。在其它的季节，它会为狐獴提供正确有效的"警报"。总的来说，卷尾燕算是狐獴值得信任的朋友。

狐獴不断被卷尾燕的"诡计"所欺骗，但仍选择与它和睦相处。这个现象告诉人们：当一个人犯错的时候，别轻易下定论，在很多情况下，他们可能也有身不由己的苦衷。给他人一次机会，便是给自己一次机会。

21. 关于卷尾燕的三次叫声，可以知道什么？

A 第一次是在向狐獴求助　　**B** 第二次是要报复狐獴

C 第三次是在欺骗狐獴　　**D** 每次都受到狐獴的抱怨

22. 关于狐獴，下列哪项正确？

A 惧怕老鹰　　**B** 行动迟缓

C 繁殖能力非常强　　**D** 栖息于山中

23. 下列哪项最有可能是第5段中画线词语的意思？

A 不得已的行为　　**B** 气恼的反抗之举

C 让人恐慌的举措　　**D** 为了达到目的不择手段

24. 狐獴对卷尾燕的态度，可以告诉我们什么？

A 不要只是一味地索取　　**B** 要多体谅别人

C 别盲目相信别人　　**D** 优胜劣汰，适者生存

정답 및 해설 → 해설서 p.227

25~28.

花轿，又名喜轿，是一种中式传统婚礼上使用的轿子。这种轿子通常装饰华丽，轿身大多是红色的，有喜庆吉祥的寓意，因而俗称“大红花轿”。

轿子原名“舆”，关于轿子最早记载于《史记》中，早在春秋时期就已经出现了。晋六朝盛行“肩舆”，即用人抬的轿子。到了唐五代，开始被称为“轿”。北宋时期，轿子仅供皇家使用，随后轿子渐渐发展到民间，成为了人们的代步工具并且日益普及。南宋孝宗皇帝专为皇后制造了一种“龙肩舆”，上面的装饰为4条龙，使用朱红漆的藤子编成踏凳、门窗以及坐椅，里面有红色的丝绸软被，外面有门帘围幛。这就是最早的花轿，在当时被人们称为“彩舆”。

从宋代起，人们便将轿子运用到娶亲上，并逐渐成为一种民俗。当时，待嫁的女子在家中打扮妥当，凌晨时男方会派鲜艳的大花轿来迎亲，这叫做“赶时辰”。据说那天如果有好几家同时娶亲，谁家赶的时间更早，将来就会更美满幸福，这个习俗，在如今的某些地区仍然非常盛行。

花轿主要是用于接新娘到新郎家举办婚礼，而花轿多由4个人抬，有的时候也会再加两个人替换，或在花轿前后放鞭炮、打伞等。

新娘到新郎家下轿时，还会有些民俗仪式。例如：新娘通常要“迈火盆”，火盆中放一些柳木和桃木，还要放些朱砂和红豆，而且必须使用柴火点燃，据说这样做寓意着新婚夫妇今后的日子会红红火火。

25. 为什么花轿多为红色？

A 为了醒目，让邻里皆知 **B** 有喜庆的寓意

C 皇上规定的 **D** 可更好地衬托新娘的美貌

26. 根据第2段，下列哪项正确？

A 花轿的历史比肩舆更悠久 **B** 最早的花轿出现在南宋

C 龙肩舆没有窗户 **D** 唐五代时轿子已盛行于民间

27. 关于“赶时辰”，可以知道：

A 多在凌晨开始 **B** 这一风俗现在已消失

C 能错开迎亲高峰 **D** 新娘此时无需打扮

28. 根据上文，下列哪项正确？

A 新娘下轿的时候要打伞 **B** 跨火盆考验新娘勇气

C 新娘上花轿的时候不能露面 **D** 花轿多为4个人抬

정답 및 해설 → 해설서 p.229

02 주제 파악하기

STEP 1 유형 파악하기

✖ 주제 파악하기 문제는 독해 제4부분 총 다섯 개의 지문(20문제) 중 거의 매 지문마다 한 문제씩은 출제된다. 글의 전체적인 흐름만 파악해도 주제를 자연스럽게 알 수 있게 되므로 절대로 놓칠 수 없는 문제이다.

▶ 출제 경향

설명문은 지문의 초반, 논설문이나 이야기글은 지문 말미에 주제문이 제시되는 경우가 많다. 단, 경우에 따라 주제문의 위치는 바뀔 수 있으며, 주제문을 명확하게 언급하지 않을 때도 있으므로 처음이나 마지막 내용을 확인하되 다른 부분도 유동적으로 확인할 필요가 있다. 또한 간혹 전체 글의 주제가 아닌 특정 단락의 주제를 묻는 문제도 출제되니 주의하자.

▶ 문제풀이 비법

1 대부분의 경우 첫 단락과 마지막 단락에 주제가 있다.

첫 단락과 마지막 단락의 내용을 취합해 보면 대부분 정답을 찾을 수 있다. 간혹 직접적인 힌트를 주지 않는 경우도 있는데, 이런 경우에는 모든 단락의 첫 번째 문장을 읽어 보고 그 내용을 간추린다면 답을 찾을 수 있을 것이다.

2 계속해서 반복되는 핵심 키워드를 파악하자.

글 전반에 걸쳐 반복 언급되는 어휘가 핵심 키워드이다. 한 단락에서만 언급된 것은 지엽적인 내용이므로 글의 주제가 될 수는 없다. 지문 내용을 이해하지 못해 글의 주제를 파악하기 어렵다면 핵심 어휘가 제시된 보기를 고르자.

3 주제를 묻는 문제는 맨 마지막에 풀자.

다른 세 개의 문제를 먼저 풀다 보면 자연스레 전체적인 내용을 이해할 수 있게 되므로, 주제를 찾는 문제는 되도록 맨 마지막에 풀도록 하자.

제4부분 예제

1–4

最近有生物学家发现章鱼逃生时会用“两足走路”，这种章鱼面对危险时会将八只“爪”中的六只向上弯曲折叠，而剩余的两只“爪”则会悄悄地向后挪动。研究显示，章鱼运用两腕足行走的速度比运用八腕足的速度快得多，最快的速度达到每秒0.14米左右。

生物学家还发现，章鱼具有“概念思维”，可以独立解决较为复杂的问题，正是这种能力使其能够用“两足走路”。章鱼是地球上曾出现过的与人差别最大的生物之一，因其有三个心脏和两个记忆系统（一个记忆系统是大脑，而另一个记忆系统直接和吸盘相连）。章鱼的大脑里有5亿个神经元，身上还有许多极为敏感的触觉和化学感受器。这种奇特的神经构造使章鱼具有一种超过其他动物的思维能力。

生物学家曾对章鱼进行过一个实验：把一个装着龙虾的玻璃瓶放进水里，用软木塞把瓶口塞住，章鱼围绕这个瓶子转了几圈以后就用触角把它缠住，之后通过变换各种角度，最后章鱼利用触角拔弄软木塞将瓶子成功打开，美美饱餐了一顿。该实验表明：章鱼能独立解决复杂问题，即具有所谓的"概念思维"。

通过进一步研究显示，章鱼从出生以后就开始独居，小章鱼仅需很短的时间就可以学会该有的本领。和大多数动物不同，小章鱼的学习并不是以父母的传授为主，虽然父母会遗传给它们一部分能力，但更多时候小章鱼是通过独自学习伪装、捕食、寻找更好的住处来提高自己解决问题的能力的。

生物学家现已证实：章鱼搬得动椰子壳，并能将其作为自己的"盔甲"来使用。这是第一个无脊椎动物利用工具的案例，了解章鱼到底怎样协调和控制它的八个柔软腕足有助于工程师设计出动作更加灵活的机器人或者机器手臂。

1 为什么章鱼比一般动物的思维能力强？

A 善于捕猎　　**B** 行动速度很快
C 洞察力很好　　**D** 神经构造奇特

2 生物学家的测试说明章鱼：

A 行为方式不同　　**B** 不能拔出软木塞
C 能处理复杂问题　　**D** 非常爱吃龙虾

3 关于小章鱼，可以知道：

A 出生时有九只腕足　　**B** 存活率很低
C 有独自学习本领的能力　　**D** 对住所要求苛刻

4 最适合做上文标题的是：

A 会"思考"的龙虾　　**B** 章鱼为什么喜欢独处
C "高智商"的章鱼　　**D** 惊险的海底世界

1 D [使 ~하게 만들다] 두 번째 단락 마지막 문장에서 독특한 신경 구조가 문어에게 기타 동물을 초월하는 사고 능력을 갖추게 했다(这种奇特的神经构造使章鱼具有一种超过其他动物的思维能力)고 했으므로 정답은 D이다.

2 C [独立解决 스스로 해결하다] 세 번째 단락에서 이 실험은 문어가 스스로 복잡한 문제를 해결할 수 있다는 것을 보여 준다(该实验表明：章鱼能独立解决复杂问题)고 했으므로 보기 C가 답으로 적절하다.

3 C [提高A的能力 A의 능력을 향상시키다] 네 번째 단락에서 새끼 문어는 혼자서 ~등을 배우면서 스스로 문제를 해결할 수 있는 능력을 향상시킨다(小章鱼是通过独自学习……来提高自己解决问题的能力的)고 했으므로 지문과 같은 내용인 '혼자서 배운다(独自学习)'가 있는 보기 C가 답으로 적절하다.

독해 제4부분

4 C [智商 IQ] 문어의 '사고(思维)'에 대해 다룬 글이므로 'IQ(智商)'가 언급된 C가 정답이다.

最近有生物学家发现章鱼逃生时会用“两足走路”，这种章鱼面对危险时会将八只“爪”中的六只向上弯曲折叠，而剩余的两只“爪”则会悄悄地向后挪动。研究显示，章鱼运用两腕足行走的速度比运用八腕足的速度快得多，最快的速度达到每秒0.14米左右。

生物学家还发现，章鱼具有“概念思维”，可以独立解决较为复杂的问题，正是这种能力使其能够用“两足走路”。章鱼是地球上曾出现过的与人差别最大的生物之一，因其有三个心脏和两个记忆系统(一个记忆系统是大脑，而另一个记忆系统直接和吸盘相连)。章鱼的大脑里有5亿个神经元，身上还有许多极为敏感的触觉和化学感受器。[1]这种奇特的神经构造使章鱼具有一种超过其他动物的思维能力。

生物学家曾对章鱼进行过一个实验：把一个装着龙虾的玻璃瓶放进水里，用软木塞把瓶口塞住，章鱼围绕这个瓶子转了几圈以后就用触角把它缠住，之后通过变换各种角度，最后章鱼利用触角拔弄软木塞将瓶子成功打开，美美饱餐了一顿。[2]该实验表明：章鱼能独立解决复杂问题，即具有所谓的“概念思维”。

通过进一步研究显示，章鱼从出生以后就开始独居，小章鱼仅需很短的时间就可以学会该有的本领。和大多数动物不同，小章鱼的学习并不是以父母的传授为主，虽然父母会遗传给它们一部分能力，但更多时候[3]小章鱼是通过独自学习伪装、捕食、寻找更好的住处来提高自己解决问题的能力的。

生物学家现已证实：章鱼搬得动椰子壳，并能将其作为自己的“盔甲”来使用。这是第一个无脊椎动物利用工具的案例，了解章鱼到底怎样协调和控制它的八个柔软腕足有助于工程师设计出动作更加灵活的机器人或者机器手臂。

최근 생물학자들은 문어가 도망칠 때 '두 발로 걷는다'는 것을 발견했다. 이러한 문어는 위험에 직면했을 때, 8개의 '다리' 중에서 6개를 위로 구부려 접고, 남은 2개의 '다리'는 바로 슬며시 뒤로 움직인다. 연구에 따르면, 문어가 두 다리로 걷는 속도는 8개의 다리를 사용하는 것보다 속도가 훨씬 빠르며, 최고 속도는 초당 약 0.14미터에 달한다.

생물학자들은 또한 문어가 '개념적 사고'를 가지고 있어서 비교적 복잡한 문제를 혼자 해결할 수 있으며, 바로 이러한 능력이 문어가 '두 다리로 걸을 수' 있게 한다는 것을 발견했다. 문어는 지구상에서 일찍이 나타난, 인류와 차이가 가장 큰 생물 중 하나이다. 문어는 3개의 심장과 2개의 기억 체계가 있다(한 가지 기억 체계는 대뇌이고, 다른 하나의 기억 체계는 빨판과 직접 연결되어 있다). 문어의 대뇌에는 5억 개의 신경세포가 있고, 몸에는 또한 매우 민감한 촉각 및 화학 센서가 많이 있다. [1]이러한 독특한 신경 구조는 문어에게 기타 동물을 초월하는 사고 능력을 갖추게 하였다.

생물학자들은 일찍이 문어를 대상으로 한 가지 실험을 진행한 적이 있다. 바닷가재를 담은 유리병 하나를 물에 넣고, 코르크 마개로 유리병 입구를 막았다. 문어는 이 병을 둘러싸고 몇 바퀴를 돈 후 촉각을 이용해 병을 감쌌다. 그 다음 다양한 각도를 변환하여 결국 촉각을 이용하여 코르크 마개를 움직여 성공적으로 열었고, 배불리 한 끼 식사를 했다. [2]이 실험은 문어가 스스로 복잡한 문제를 해결할 수 있다는 것 즉, 소위 말하는 '개념적 사고'를 갖추고 있다는 사실을 보여 준다.

한 단계 발전한 연구에 따르면, 문어는 태어난 후 바로 혼자 산다고 한다. 새끼 문어는 아주 짧은 시간만 있으면 필요한 능력을 배운다. 대부분의 동물과 달리 새끼 문어의 학습은 부모가 전수해 주는 것을 위주로 하는 것이 아니다. 물론 부모가 그들에게 일부 능력을 물려주기는 하지만 더 많은 경우 [3]새끼 문어는 혼자서 위장술, 먹이 잡기, 더 좋은 서식지 찾기 등을 배우면서 스스로 문제를 해결할 수 있는 능력을 향상시킨다.

생물학자들은 지금 이미 문어가 코코넛 껍질을 옮기고 또 그것을 자신의 '갑옷'으로 사용할 수 있다는 사실을 밝혀냈다. 이는 무척추동물이 도구를 사용한 첫 번째 사례이다. 문어가 도대체 어떻게 그 8개의 유연한 다리를 조율하고 통제하는지를 알아낸다면, 엔지니어들이 동작이 더 민첩한 로봇 혹은 기계팔을 만드는 데에 도움이 될 것이다.

1 为什么章鱼比一般动物的思维能力强?

A 善于捕猎
B 行动速度很快
C 洞察力很好
D 神经构造奇特

2 生物学家的测试说明章鱼:

A 行为方式不同
B 不能拔出软木塞
C 能处理复杂问题
D 非常爱吃龙虾

3 关于小章鱼，可以知道:

A 出生时有九只腕足
B 存活率很低
C 有独自学习本领的能力
D 对住所要求苛刻

4 最适合做上文标题的是:

A 会“思考”的龙虾
B 章鱼为什么喜欢独处
C “高智商”的章鱼
D 惊险的海底世界

1 왜 문어는 일반적인 동물에 비해 사고력이 강한가?

A 사냥을 잘해서
B 행동 속도가 빨라서
C 통찰력이 좋아서
D 신경 구조가 독특해서

2 생물학자들의 실험이 설명하는 문어는:

A 행동 방식이 다르다
B 코르크 마개를 빼낼 수 없다
C 복잡한 문제를 해결할 수 있다
D 바닷가재 먹는 것을 매우 좋아한다

3 새끼 문어에 관하여 알 수 있는 것은:

A 태어날 때 9개의 다리가 있다
B 생존률이 매우 낮다
C 혼자서 능력을 배울 줄 안다
D 서식지에 대한 요구사항이 까다롭다

4 지문의 제목으로 가장 적절한 것은:

A '생각'할 줄 아는 바닷가재
B 문어는 왜 혼자 지내는 것을 좋아하는가
C 'IQ 높은' 문어
D 놀라운 해저세계

生物学家 shēngwù xuéjiā 명 생물학자 | **章鱼** zhāngyú 명 문어, 낙지 | **逃生** táoshēng 동 목숨을 건지다, 위험에서 빠져나오다 | **面对** miànduì 동 직면하다, 마주 대하다 | **将** jiāng 부 ~하게 될 것이다 [=把] | **爪** zhuǎ 명 (짐승의) 발 | **弯曲** wānqū 동 구부리다 | **折叠** zhédié 동 개다, 접다 | **剩余** shèngyú 동 남기다, 남겨 두다 | **则** zé 부 바로 ~이다 | **悄悄** qiāoqiāo 부 은밀히, 몰래 | **挪动** nuódong 동 움직이다, 옮기다 | **显示** xiǎnshì 동 보여주다, 뚜렷하게 나타내 보이다 [研究显示: 연구에 따르면] | **运用** yùnyòng 동 활용하다, 운용하다 | **腕足** wànzú 명 (문어·쇠갑오징어 등의) 촉수, 다리 | **行走** xíngzǒu 동 걷다, 길을 가다 | **达到** dádào 동 도달하다, 달성하다 | **具有** jùyǒu 동 지니다, 가지다 | **概念** gàiniàn 명 개념 | ★**思维** sīwéi 명 사유, 사고 | **独立** dúlì 동 혼자의 힘으로 하다, 독자적으로 하다 | **较为** jiàowéi 부 비교적 [같은 종류의 사물과 비교해서 한 단계 위임을 나타냄] | **正是** zhèngshì 부 바로 ~이다 | **能够** nénggòu 조동 ~할 수 있다 | **曾** céng 부 일찍이, 이미, 벌써 | ★**差别** chābié 명 차이, 차별, 격차 | ★**生物** shēngwù 명 생물 | **心脏** xīnzàng 명 심장 | **记忆** jìyì 명 기억 | **系统** xìtǒng 명 체계, 계통, 시스템 | **吸盘** xīpán 명 흡반, 빨판 | **相连** xiānglián 동 연결되다 [和……相连: ~와 연결되다] | **神经元** shénjīngyuán 명 신경세포 [신경계의 단위] | **极为** jíwéi 부 아주, 매우, 대단히 | **敏感** mǐngǎn 형 민감하다 | **触觉** chùjué 명 촉각 [피부·모발 등의 감각 기관이 물체와 접촉할 때 생기는 느낌] | **化学** huàxué 명 화학 | **感受器** gǎnshòuqì 명 센서, 감각 기관 | **奇特** qítè 형 독특하다, 이상하다 | ★**神经** shénjīng 명 신경 | **构造** gòuzào 명 구조 | **实验** shíyàn 명 실험 | **装** zhuāng 동 담다, 넣다 | **龙虾** lóngxiā 명 바닷가재, 랍스터 | **玻璃瓶** bōlipíng 명 유리병 | **软木塞** ruǎnmùsāi 명 코르크 마개 | **瓶** píng 명 병 | **塞住** sāizhù 동 꼭 틀어막다, 밀폐하다 | **围绕** wéirào 동 둘러싸다 | **圈** quān 명 고리, 테 | **触角** chùjiǎo 명 촉각 | **缠** chán 동 둘둘 말다, 휘감다 | **变换** biànhuàn 동 변환하다, 바꾸다 | **角度** jiǎodù 명 각도 | **利用** lìyòng 동 이용하다, 활용하다 | **拔** bá 동 뽑다, 빼다 | **打开** dǎkāi 동 열다 | **美美** měiměi 부 마음껏, 한껏, 시원스럽게 | **饱餐** bǎocān 동 배불리 먹다, 포식하다 | **顿** dùn 양 번, 차례, 끼, 바탕 [식사·질책·권고 등을 세는 단위] | **该** gāi 대 (앞에서 언급한) 이, 그, 저 | **表明** biǎomíng 동 분명하게 밝히다 | **即** jí 부 즉, 바로, 곧 | **所谓** suǒwèi 형 소위, 이른 바 | **进一步** jìnyíbù (한 걸음 더) 나아가, 진일보하여 | **独居** dújū 동 혼자 살다 | **仅** jǐn 부 겨우, 가까스로 | **学会** xuéhuì 동 습득하다, 배워서 할 수 있다 | **本领** běnlǐng 명 기량, 능력, 수완, 재능 | **大多数** dàduōshù 형 대다수의, 대부분의 | ★**传授** chuánshòu 동 전수하다, 가르치다 | **为主** wéizhǔ 동 ~을 위주로 하다 [以A为主: A를 위주로 하다] | ★**遗传** yíchuán 동 유전하다 | **独自** dúzì 부 혼자서, 홀로, 단독으로 | **伪装** wěizhuāng 동 위장하다 | **捕食** bǔshí 동 (동물이) 먹이를 잡다 | **寻找** xúnzhǎo 동 찾다, 구하다 | **住处** zhùchù 명 거처 [寻找住处: 거처를 찾다] | ★**证实** zhèngshí 동 사실을 증명하다, 실증하다 | **搬动** bāndòng 동 옮기다, 이동시키다 | **椰子** yēzi 명 야자, 코코넛 | **壳** ké 명 껍질 | **作为** zuòwéi 개 ~로서 | **盔甲** kuījiǎ 명 투구와 갑옷 | **无脊椎动物** wújǐzhuī dòngwù 명 무척추동물 | **工具** gōngjù 명 도구, 수단 [利用工具: 도구를 사용하다] | ★**案例** ànlì 명 사례 | ★**协调** xiétiáo 동 조화롭게 하다, 어울리게 하다 | **控制** kòngzhì 동 통제하다, 제어하다 | **柔软** róuruǎn 형 유연하다, 부드럽고 연하다 | **有助于** yǒuzhùyú ~에 도움이 되다 | **工程师** gōngchéngshī 명 엔지니어 | **设计** shèjì 동 설계하다, 디자인하다 | **更加** gèngjiā 부 더욱더, 훨씬 | **灵活** línghuó 형 민첩하다, 날쌔다, 재빠르다 | **机器人** jīqìrén 명 로봇 | **机器** jīqì 명 기계 | **手臂** shǒubì 명 팔뚝 | **善于** shànyú 동 ~를 잘하다, ~에 능하다 | **捕猎** bǔliè 동 사냥하다, 잡다 | **行动** xíngdòng 형 행동, 행위, 거동 | **洞察力** dòngchálì 명 통찰력 | **测试** cèshì 동 실험하다 | **行为** xíngwéi 명 행동, 행위 | **处理** chǔlǐ 동 (문제를) 해결하다, 처리하다 | **存活率** cúnhuólǜ 명 (동식물 등의) 생존율 | **住所** zhùsuǒ 명 거주지, 사는 곳 | **苛刻** kēkè 형 (조건·요구 등이) 너무 지나치다, 가혹하다, 모질다 | ★**标题** biāotí 명 제목, 타이틀 | **独处** dúchǔ 동 혼자 살다, 독거하다 | ★**智商** zhìshāng 명 지능 지수(IQ) | **惊险** jīngxiǎn 형 아슬아슬하다, 스릴 있다 | **海底** hǎidǐ 명 해저

STEP
2 내공 쌓기

HSK 독해 영역의 관건은 '정확성'과 '속도'이다. 정해진 시간 안에 최대한 많은 문제를 맞추려면 모든 '필요한 부분'만 찾아 읽는 영리한 전략을 세워야 한다. 이러한 전략은 특히 '주제'를 찾을 때 효율적으로 활용할 수 있다.

1 빈출 질문 유형 track 92

글의 주제를 묻는 질문 방식은 매우 고정적이다. '主要'나 '标题' 등의 어휘가 들어가면 대부분 글의 주제를 찾으라는 문제이다.

- 上文主要谈的是什么? 지문에서 주로 이야기하는 것은 무엇인가?
- 上文主要想告诉我们什么? 지문에서 우리에게 주로 말하고자 하는 것은 무엇인가?
- 这篇文章介绍了什么? 이 지문이 소개하는 것은 무엇인가?
- 上文主要介绍的是: 지문에서 주로 소개하는 것은:
- 第3段主要介绍的是: 세 번째 단락이 주로 소개하는 것은:
- 下列哪项最适合做上文标题? 다음 중 지문의 제목으로 가장 적절한 것은 무엇인가?

2 필요한 부분 찾아 읽기

접속사/부사, 병렬/나열/점층 구조의 문장에 '주제'가 나오는 경우가 많으니 특히 주의해서 보아야 한다.

(1) 접속사/부사 track 93

전환, 목적, 인과 관계를 나타내는 접속사나 부사 뒤에 정답과 관련된 핵심 내용이 나오는 경우가 많으니, 시간이 부족하더라도 이 부분만큼은 반드시 정확하게 해석하도록 하자.

전환	• 可是/但是/不过/然而 그러나
	这次的失败虽然让他很不开心，但是却成为了一次很好的经历。 이번 실패는 비록 그를 울적하게 만들었지만 좋은 경험이 되었다.
목적	• 为了/为的是/以便 ~하기 위해서 • 以免/免得 ~하지 않기 위해서
	我们学习汉语为的是方便和中国人更好地交流。 우리가 중국어를 공부하는 것은 중국인과 교류를 더 잘하기 위해서이다.
인과	• 是因为/由于/于是 ~때문에 • 从而/可见 그러므로
	生活水平提高了，从而人们的幸福感也增加了。 생활 수준이 향상되면서 사람들의 행복감도 높아졌다.

(2) **병렬, 나열 구조** track 94

경우에 따라서는 모든 내용을 읽지 않아도 되므로, 각 부분의 키워드만 체크하고 넘어가자.

병렬, 나열	• 一是A，二是B，三是C 첫 번째는 A이고, 두 번째는 B이고, 세 번째는 C이다 • 第一A，第二B，第三C 첫 번째는 A이고, 두 번째는 B이고, 세 번째는 C이다 • 首先A，其次B，然后C，最后D 먼저 A, 그다음에 B, 그리고나서 C, 마지막으로 D이다 • 一边A，一边B A하면서 B하다 • 一方面A，另一方面B 한편으로는 A이고, 다른 한편으로는 B이다
	我们首先分析问题，其次要找出解决问题的关键，然后制定方案，最后才是实施方案。 우리는 먼저 문제를 분석하고, 그다음에 문제를 해결할 키포인트를 찾아내야 하고, 그리고 나서 방안을 만들고, 마지막으로 비로소 방안을 실행한다. 对于孩子的成长，她一方面感到欣慰，另一方面也表现出担忧。 아이의 성장에 대해서 그녀는 한편으로는 기쁘면서도 다른 한편으로는 걱정을 나타내기도 한다.

(3) **점층 구조** track 95

점층을 나타내는 접속사나 부사를 기준으로 문장을 의미 단위로 쪼개 읽으면 주요 내용이 한눈에 들어온다.

점층	• 又/再/再加上/也 또/다시/게다가/~도
	他连着几天一直熬夜，再加上今天没吃早饭，现在状态非常不好。 그는 며칠 밤을 줄곧 새운 데다가 오늘 아침 식사까지 거르는 바람에 현재 상태가 매우 좋지 않다.

배운 내용 점검하기

지문을 읽고 알맞은 답을 고르시오.

长城是中华文明的瑰宝，也是世界文化遗产，可与埃及金字塔齐名，是中国古代最伟大的一项建筑工程。从东到西长逾万里，被称为“万里长城”。

长城的历史可追溯到很远。早在公元前五世纪的战国时代，北方的秦、赵、燕等国，为了防御北方游牧民族的骚扰，就已在北部边境筑起了长城。与此同时，中原各国为互相防御也各自在边境筑起了长城。

到公元前221年，秦灭六国后，又击败了匈奴，为巩固和加强北部边防，便大规模扩建长城。秦不仅将从前燕、赵、秦北部的长城连接起来，并且增筑了很长一段新长城。

秦以后，西汉、北魏、北齐、北周以及隋唐各代都对长城有过修筑。到了明灭元后，为防止蒙古族卷土重来，明朝特别重视长城的修建，还把长城西端延长到了嘉峪关。明从建国第一年起用了一百余年时间才完成修筑长城的全部工程，这座明长城就是我们今天看到的万里长城。

1 第1段主要介绍什么?

A 长城的价值　　B 长城的设计

2 关于明代的长城，说法正确的是:

A 是用石头和砖块建造的　B 为了防止蒙古族的侵犯而修建

3 本文主要谈的是：
A 长城的奇特性　　　　B 长城的历史

해석&어휘 [1]장성은 중화문명의 보배이자 세계 문화유산이며, 이집트 피라미드와 함께 매우 유명한 중국 고대의 가장 위대한 건축 공정이다. 동쪽에서 서쪽까지 만리가 넘는다 하여 '만리장성'이라고 불린다.

장성의 역사는 아주 멀리까지 거슬러 올라갈 수 있다. 일찍이 기원전 5세기 전국시대에 북방의 진, 조, 연 등의 나라가 북방 유목민족의 소란을 막기 위해 북쪽 변경지역에 장성을 축조하기 시작했다. 이와 동시에 중원의 각 나라들이 서로 방어하기 위해 각자의 변경에 장성을 세우기 시작했다.

기원전 221년이 되자 진나라가 육국을 멸한 후 또 흉노를 격파했고, 북부 지역의 국경 수비를 공고히 하고 강화하기 위해 장성을 대규모로 증축했다. 진나라는 예전 연, 조, 진나라 북부 지역의 장성을 연결했을 뿐만 아니라 새로운 장성을 길게 증축했다.

진 이후 서한, 북위, 북제, 북조 및 수, 당에서도 장성을 축조했다. [2]명이 원을 멸한 후에 몽고족의 재기를 막기 위해, 명 왕조는 장성의 건설에 특히 신경 썼으며 장성의 서쪽 부분을 자위관까지 연장했다. 명은 건국 1년부터 백여 년에 걸쳐 장성 축조의 모든 공정을 완성했다. 명나라 시기의 장성이 바로 우리가 오늘날 보는 만리장성이다.

1 첫 번째 단락이 주로 소개하는 것은 무엇인가?
A 장성의 가치　　　　B 장성의 디자인

2 명나라 시기의 장성에 관하여 옳은 것은:
A 돌과 벽돌로 축조했다　　　　B 몽고족의 침입을 막기 위해 축조했다

3 지문에서 주로 말하는 것은:
A 장성의 특이점　　　　B 장성의 역사

中华 Zhōnghuá 고유 중화 [중국의 옛 이름] | **文明** wénmíng 명 문명, 문화 | **瑰宝** guībǎo 명 진귀한 보물 | ★**遗产** yíchǎn 명 유산 | **埃及** Āijí 고유 이집트 | **金字塔** jīnzìtǎ 명 피라미드 | **齐名** qímíng 동 다 같이 유명하다 | **古代** gǔdài 명 고대 | **伟大** wěidà 형 위대하다 | **建筑** jiànzhù 명 건축물 | **工程** gōngchéng 명 공정 | **逾** yú 동 넘다, 초과하다 | **万里长城** Wànlǐ Chángchéng 고유 만리장성 | **追溯** zhuīsù 동 거슬러 올라가다 | **公元** gōngyuán 명 서기 | **战国** Zhànguó 고유 전국시대 | **时代** shídài 명 시대 | **秦** Qín 고유 진나라 | **赵** Zhào 고유 조나라 [주대(周代)의 나라 이름] | **燕** Yān 고유 연나라 [주대(周代)의 나라 이름] | ★**防御** fángyù 동 방어하다 | **游牧民族** yóumù mínzú 명 유목민족 | ★**骚扰** sāorǎo 형 소란하다 [여기서는 '소란'의 뜻으로 쓰임] | ★**边境** biānjìng 명 변경, 국경 지대, 변방 | **筑** zhù 동 건축하다 | **与此同时** yǔcǐ tóngshí 이와 동시에 | **中原** Zhōngyuán 고유 중원 [황허강 중류의 남부 지역] | **灭** miè 동 멸하다, 없애다 | **击败** jībài 동 쳐부수다, 격파하다 | **匈奴** Xiōngnú 고유 흉노족 | ★**巩固** gǒnggù 동 공고히 하다, 튼튼히 다지다 | **加强** jiāqiáng 동 강화하다 | **边防** biānfáng 명 국경 수비 | **大规模** dàguīmó 형 대규모 | **扩建** kuòjiàn 동 증축하다 | **连接** liánjiē 동 연접하다 | **西汉** Xī Hàn 고유 서한 | **北魏** Běi Wèi 고유 북위 [남북조 시대 나라] | **北齐** Běi Qí 고유 북제 [남북조 시대 나라] | **北周** Běi Zhōu 고유 북주 [북조의 나라] | **以及** yǐjí 접 및, 그리고 | **隋** Suí 고유 수나라 | **唐** Táng 고유 당나라 | **修筑** xiūzhù 동 건설하다, 건축하다 | ★**防止** fángzhǐ 동 방지하다 | **蒙古族** Měnggǔzú 고유 몽골족 | **卷土重来** juǎntǔchóngIái 성 권토중래하다, 한번 패했다가 세력을 회복하여 다시 쳐들어오다 | **明朝** Míng cháo 명나라 | ★**修建** xiūjiàn 동 건설하다, 시공하다 | ★**端** duān 명 끝 | **延长** yáncháng 동 연장하다 | **嘉峪关** Jiāyù Guān 고유 자위관 [만리장성의 서쪽 끝에 있는 관문] | **建国** jiànguó 동 건국하다, 나라를 세우다 | **余** yú 수 ~여, 남짓 | **说法** shuōfa 명 견해, 의견 | **石头** shítou 명 돌 | **砖块** zhuānkuài 명 벽돌 | **建造** jiànzào 동 짓다, 건축하다 | ★**侵犯** qīnfàn 동 침범하다 | **奇特** qítè 형 특이하다

정답&풀이 **1 A** 첫 번째 단락에서는 장성의 문화유산으로서의 가치를 설명하고 있다. 따라서 정답은 A이다.

2 B 지문에 나라 이름이 여러 개 나오므로, 질문에서 묻고 있는 '명나라 시기(明代)'에 관한 내용을 최대한 빨리 찾는 것이 관건이다. 명은 몽고족의 재기를 막기 위해(为防止蒙古族卷土重来) 장성을 건설했다고 했으므로 정답은 B이다.

3 B 주제를 묻는 문제이다. 지문 전체에서 장성이 어느 시대에 어떤 이유로 건설되었는지 역사를 설명하고 있으므로 답으로 적절한 것은 보기 B이다.

Day 17

1-4.

可别以为植物只可以发出“雨打芭蕉”的“滴答”声或者风吹树叶的“沙沙”声。实际上，植物也拥有自己独特的“说话”方式，那就是“释放化学物质”，这就如同“窃窃私语”一样。

植物“说话”并没有声音，但可能会有气味——就像人们平时熟悉的黑胡椒的辛辣味、柠檬味和松香味等等。这些挥发性有机物不仅是植物主要的次生代谢产物，而且是植物与植物、植物与其他有机体之间传递信号的媒介。更让人惊奇的是，植物甚至还会说“方言”。因为不同种类的植物所释放的物质里，化合物的质量与数量都不相同。同一种类的植物间用一套化学性质相同的化合物交流起来效率也会更高。

那么，植物到底是如何“听”同伴“说话”的呢？研究表明，植物的“交流”是通过气孔吸收气体化合物来实现的，而它们之间互相交流的重要目的之一便是主动对可能出现的病虫害威胁进行防御。当一株植物遇到病虫害的时候，它就会释放物质“告诉”周围的同伴“危险将会到来”；同伴们在“收到”信号以后，便会马上启动自身的抗病基因，从而“全副武装”以对抗敌人。

植物的防御方法也十分巧妙：当遭遇昆虫侵害的时候，会马上改变释放物里各种化合物的比例，昆虫在感觉到食物的“味道”有变化时，就有可能会对它失去兴趣。另外，植物还具有一种“间接防御”手段。在植物叶片受伤的时候，植物便会在很短的时间里分泌出一种特别的花蜜，从而吸引正在侵害它的昆虫的天敌。植物真是聪明，懂得“以其人之道，还治其人之身”这个道理。

尽管植物的“对话”无法直接被人类听见，可它们的“交流”对自身的生存起到了至关重要的作用，破解植物的“交流”方式以及“对话内容”将有助于人类更好地理解自然。

1. 根据上文，植物是怎样说“方言”的？

A 加快新陈代谢 **B** 释放不同化合物
C 增加气孔数量 **D** 调整树叶的重叠方式

2. 第3段主要介绍的内容是什么？

A 植物“交流”的作用 **B** 植物的抗病因子
C 威胁植物存活的原因 **D** 植物如何分辨“亲疏”关系

3. 植物是如何进行“间接防御”的？

A 生成有毒物质 **B** 根部停止输送水分
C 摇动叶片赶走害虫 **D** 分泌花蜜吸引昆虫天敌

4. 下列哪项最适合做上文的标题？

A 机智的昆虫 **B** 植物的“语言”
C 闻“香”辨植物 **D** 植物怎样对抗病虫害

정답 및 해설 → 해설서 p.231

5-8.

有的时候，人们会为这样的问题感到很困惑："以前我看过这本小说吗?""这个地方特别眼熟，以前是不是来过?"这就是"似曾相识感"，又被称作"既视感"。它是指对没有经历过的事情或场景，有一种熟悉的感觉，仿佛在某时某地经历过似的。

"似曾相识"是人的大脑里记忆系统与知觉系统互相作用的结果。想要了解出现"似曾相识"感觉的原因，还要从记忆与知觉的分类入手。知觉包括对位置、物体与面孔等的感知，与知觉相似，记忆也分成多种类型。语义记忆指的是有关各种有组织的知识的记忆；而针对事情经过、经历和情节的记忆则被称作情景记忆，属于无意识记忆。每类记忆又可分成许多个子类，正因为记忆与知觉都是"分类"进行的，所以人们曾经历的某些场景的很多特征被存放在不相同的记忆系统里，可你却意识不到。

总的来讲，"似曾相识"主要出现在对场景的体验上，原因是每种知觉都是在某一个具体场景下产生的。这种场景通常是个大背景，无需刻意地关注便会在大脑里形成无意识的记忆。从童年起，人们的全部经历便会在头脑里留下痕迹。当你来到某个新的场景，其中的一些特征便可能会刺激到你某一部分的记忆，调动大脑里别的记忆系统与其相匹配。一旦场景里的某一特征与过去的经历匹配成功，便会出现"似曾相识感"。

尽管几乎所有人都会出现"似曾相识"的主观体验，可这并不意味着"似曾相识"在每一个人身上发生的频率都相同。一般来讲，人们对和情绪关系密切的事记得更牢，所以若情绪不太稳定，那么发生"似曾相识"的概率就会比较大。而在人的一生当中，青春期时，人体内分泌会产生很剧烈的变化，从而处于这一时期的青少年常会出现情绪不太稳定的表现，同时，记忆也会变得非常活跃，所以这个时期更容易产生"似曾相识感"。

5. 关于记忆，可以知道什么?

A 记忆是知觉的别称　　**B** 阅读可以提升记忆力
C 新的记忆会被旧的覆盖　　**D** 对经历的记忆属于情景记忆

6. 在哪种情况下会出现"似曾相识感"?

A 对某一事物特别着迷时　　**B** 不停重复单调的日常生活
C 回到童年记忆里的场所　　**D** 新场景的特征与过去相匹配

7. 根据第4段，下列哪项正确?

A 处于放松状态时记忆最为活跃　　**B** "既视感"受周围环境的影响
C "既视感"在青春期时发生率高　　**D** 记忆力越差"既视感"越难出现

8. 上文主要谈的是什么?

A 无意识行为是什么　　**B** "似曾相识感"的消极影响
C "似曾相识感"出现的原理　　**D** 人的大脑对记忆进行分类的局限性

정답 및 해설 → 해설서 p.234

9-12.

也许你在生活中会发现：有些很喜欢思考或钻研的人，他们并不常锻炼身体，可却很少感冒发烧。这种现象引起了研究人员的兴趣。

他们对149位同龄健康志愿者做了对比实验。实验中，志愿者被分成三组，除正常的饮食起居以外，第一组主要从事研究与思考工作；第二组每天按时进行一次慢跑锻炼；第三组没有任何锻炼和思考活动，每天过着悠闲的生活。为期八个星期的实验结束以后，志愿者便恢复到了他们参与实验前正常的生活与工作状态。

在之后的八个月中，研究人员还对这些志愿者的健康状况做了跟踪调查。结果发现：第一组人请病假的天数，仅为第三组的24%；第二组人请病假的天数则是第三组的52%；并且第一组与第二组的人在感染急性呼吸道疾病的严重程度与时间方面，较第三组的人分别降低了50%、40%。另外，研究者还指出，与进行实验以前相比，第一组与第二组的人健康状况要好得多，例如：感冒的发病率显著减少；可第三组人的身体状况反而变差了。

这一实验结果证明，专心地思考也如同“锻炼”一样，的确会使人的免疫力提高，效果甚至还超过了慢跑。研究者认为，人体的健康事实上是精神、身体和适应社会三个方面的和谐状态。生活中，人们总是会遇到各种各样的烦恼与困难，这会让人的情绪变得偏激，从而导致疾病。而若专心地思考某个问题，便能避免情绪波动，从而保持心态平衡，降低患病的几率。

尽管现在研究者尚未找出专心思考为什么可以保持身体健康的准确答案，可专心思考可产生和健身相同的甚至更好的效果已经是确凿无疑了。我们应该对这种“另类”的锻炼方式给予重视，多阅读多思考。

9. 关于那个实验，下列哪项正确？

A 实验持续了六个月　　**B** 志愿者年龄不同

C 第三组志愿者最悠闲　　**D** 第二组志愿者工作压力偏大

10. 根据第3段，可以知道什么？

A 不少志愿者退出了实验　　**B** 第一组人健康状况有所改善

C 天天锻炼身体的人请假次数最少　　**D** 无思考任务的人身体恢复得最快

11. 根据上文，研究人员的观点是什么？

A 情绪偏激易诱发疾病　　**B** 需客观看待烦恼与困难

C 锻炼是最好的养生方式　　**D** 慢跑对提高适应能力有帮助

12. 上文主要讲的是什么？

A 劳逸结合的好处　　**B** 思和学的辩证关系

C 专心思考有益身体健康　　**D** 健康离不开乐观的心态

정답 및 해설 → 해설서 p.236

13-16.

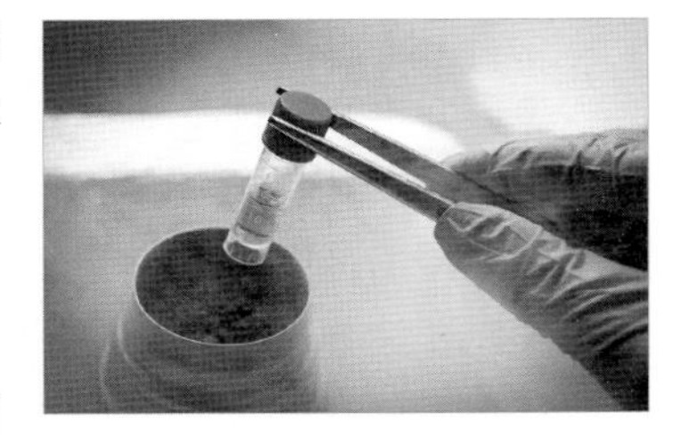

干细胞是具有自我复制能力的"多潜能细胞"。在某些条件下，它能分化为多种功能细胞，因为其具有再生人体以及组织器官的潜在功能，医学界把它称为"万用细胞"。通俗地说，干细胞是所有组织细胞更新换代的种子细胞，也是人体细胞的"生产工厂"。

人体干细胞分为两种类型：第一种是全能干细胞，可以直接克隆人体；第二种是多功能干细胞，可以用于复制各种组织和脏器。人类寄希望于利用干细胞的体外培养和分离，培育出器官与组织，并且最终通过组织或者器官移植实现临床疾病的治疗。

人类疾病的产生通常是以细胞、组织和器官坏死为病理基础的，比如大脑里某些神经细胞病变会引起肢体的震颤、麻痹或痴呆；角膜病变或损伤会引起失明；胰腺里胰岛细胞异常分泌会导致糖尿病等等。而干细胞则可以修复这些被损坏以后不可再生的组织或者器官，对心肌坏死、自身免疫疾病、癌症以及神经退行性等多方面的疾病都有一定的治疗效果，并且可以取代以往异体间的器官移植。

造血是人体生命活动十分重要的一部分。科学家于1909年就推测出血液里存在有造血功能的细胞，一直到二战以后，他们才通过进行动物的交叉输血实验证明了"造血干细胞"的存在。造血干细胞含量极少，大约是骨髓含量的1%。造血干细胞移植是现在根治某些遗传性疾以及20多种血液系统恶性肿瘤的最佳手段。

把脑部的干细胞培育成脑细胞并且移植给病患，能治疗帕金森氏症、脑部损伤等脑疾病。干细胞还可应用于体外培育人体器官。科学家设想利用动物组织工程与干细胞的结合来解决某些医学难题，比如在严格的控制下，将人体干细胞移植到动物体内进行培育，从而形成"嵌合体"，并且最终把这些来自人体干细胞的器官在临床移植治疗中进行应用。

13. 关于干细胞，下列哪项正确？

A 可以再生各种组织器官　　**B** 可以直接移植
C 自身不可分化　　**D** 任何干细胞都能克隆人体

14. 第3段主要讲的是：

A 组织移植的可靠性　　**B** 预防疾病的手段
C 干细胞的医学价值　　**D** 糖尿病的后果

15. 根据第4段，可以知道：

A 骨髓移植风险特别大　　**B** 造血干细胞只有人类才有
C 遗传性疾病难以根治　　**D** 造血干细胞含量极少

16. 最合适做上文标题的是：

A 组织移植——生命的延续　　**B** 万用细胞——干细胞
C 能够复制的生命　　**D** 器官的生产工厂

정답 및 해설 → 해설서 p.238

17-20.

近年来，科学家发明了一种材料，名叫“能量纸”，这种材料薄得像纸似的，却有着非凡的储存电量的能力。一张直径16厘米、厚度不足0.6厘米的“能量纸”可以储存一法拉电容，这与现在电子设备中使用的超级电容器相似。

这种材料是由一种高分子导电聚合物与纳米纤维素制成的，可以循环使用数百次，每次仅需几秒就能重新充满电。虽然该材料看上去像蓝色的纸张，也可以用来做成折纸作品，但是它摸上去却拥有塑料的质感。

科学家首先用高压水将纤维素中的纤维分解开，然后将这些直径只有18纳米的纤维加入到含有带电聚合物的水溶剂中，聚合物就会聚集在纤维上，形成一层很薄的镀层。这些被覆盖的纤维互相缠结，它们之间缝隙中的液体就成了电解液。

科学家认为这种材料使电子和离子同时具有导电性，从而创造了全新的记录，它对小型设备储存电荷的方法产生了极其重大的影响，未来甚至能够为更高容量的电力需要服务。

不同于人们目前使用的含有毒化学物质和大量金属的电容器或者电池，这种“能量纸”是由简单的材料制成的，即现成的高分子聚合物与可再生的纤维素，且这种“纸”又轻又可防水。它目前面临的最大挑战就是需研究出一整套工业流程来进行大规模的生产。它与一般的木浆纸也不同，这种材料需要经过脱水程序才可制成片材，如果可以解决这个问题，再加上商业伙伴的支持，未来也许这种“能量纸”就能随处可见了。

17. 关于“能量纸”，下列哪项正确?

A 不能折叠　　**B** 充电时间长
C 有强大的储电能力　　**D** 使用周期很短

18. 第3段主要介绍的是:

A 纳米纤维的生产方法　　**B** 电解液的种类
C 能量纸的制作过程　　**D** 塑料的溶解过程

19. 与现阶段的电容器相比，能量纸的优点有:

A 无毒　　**B** 耐腐蚀
C 无辐射　　**D** 成本很低

20. 目前此项技术面临的挑战是什么?

A 申请专利　　**B** 如何进行大规模生产
C 寻找更多投资伙伴　　**D** 怎样获得政策支持

정답 및 해설 → 해설서 p.241

21-24.

在《荔技图序》中，白居易如此描述荔枝："若离本枝，一日而色变，二日而香变，三日而味变，四日五日色香味尽去矣。"

荔枝的色香味为什么会这么快发生变化呢？这得从荔枝果实的结构讲起。荔枝外果皮上有一些突起的裂片，它们不仅很薄，还会使内部组织间留有空隙，水分极易从这些空隙中流出去使其仅剩下干巴巴的荔枝果实。

然而，这并不是荔枝所要面对的最糟的问题。荔枝壳含有大量过氧化物酶和多酚氧化酶，这些酶会把许多无色的多酚类物质都加工成黑色素，并且加工的速度非常快，"一日而色变"就充分说明了它们的工作效率。

虽然荔枝在采摘下来一天后，果肉还能保持相对良好的状态，可用不了多久，它便会步果壳的后尘，而"衰老"的原因则出在它自己的身上。植物的果实和人类一样，也需呼吸，在呼吸的过程中，果实里的糖类物质会被慢慢消耗掉，荔枝的呼吸强度极高，从树上被采摘下来以后，它们的"呼吸"作用还会加强。果肉里的糖类物质被迅速消耗掉，同时还会产生气味不好的醇醛类物质。荔枝在采摘四五日后香味会尽失，很大程度上是由于它们的"大喘气"。

除了"体质"的缺陷外，荔枝还有一个不利于"美容养颜"的缺点——释放乙烯，乙烯是果实的催熟剂。拿香蕉来说，没有成熟的青色香蕉摘下后，只要一喷乙烯，就会在短时间里变得黄澄澄的，看上去和成熟的香蕉一样。乙烯不仅能把青果催熟，还能把熟果催败，荔枝迅速蔫败的原因正是如此。被采摘下来以后，它便会释放出越来越多的乙烯，直到将自己催得"人老珠黄"，才会减少释放量。

总而言之，自身的种种缺陷注定了荔枝在脱离大树后，用不了多长时间便会"香消玉殒"。

21. 果皮的特点给荔枝造成了什么后果？

A 容易受到害虫侵袭　　**B** 成熟时间被延长
C 很难吸收营养　　**D** 果实水分易流失

22. 为什么荔枝被采摘后香味会很快消失？

A 发生了光合作用　　**B** 果肉暴露在阳光下
C 荔枝呼吸强度大　　**D** 香味被果皮吸附

23. 关于乙烯，下列哪项正确？

A 具有催熟功能　　**B** 能产生醇醛类物质
C 颜色很鲜亮　　**D** 气味难闻

24. 上文主要谈的是：

A 荔枝的栽培方法　　**B** 荔枝不易保鲜的原因
C 古人如何保存荔枝　　**D** 怎样挑选荔技

정답 및 해설 → 해설서 p.243

25-28.

戏婴图是中国古代传统绘画题材之一，艺术家们通过描绘古代儿童生活、玩耍等情景，来表达人对生活美满、多子多福的美好向往。

艺术作品中的儿童形象最早可追溯到战国时期。汉代的墓室画像砖和壁画中，已经有了很多儿童形象，可雕工、画工技法略显质朴古拙。唐朝的儿童形象创作虽然还没有形成独立的绘画体系，但是在体态身形、行为装扮、脸部表情等方面都从稚嫩走向了成熟。

宋代涌现出了很多擅长画儿童的画家，他们多数都来自民间，在绘画中添加民俗民风，逐渐形成了主题为儿童生活的"戏婴图"样式。其中苏汉臣的《秋庭戏婴图》就运用写实的手法，描绘了一对玩"推枣磨"游戏的兄妹，人物神情陶醉专注、衣着精心刻画，庭园巨石和花卉相映成趣，形成了一幅精致典雅又栩栩如生的童趣绘画。毫无疑问，宋代的儿童绘画已经有了独立的绘画主题，而且在表现技法上也已达到了高峰。戏婴图作为民间深受欢迎的装饰图案在当时也开始和实用性工艺品相交融，宋金时期的景德镇与磁州窑等瓷窑都在瓷枕、瓶和罐等物品上装饰了很多戏婴作品。除了平面创作以外，宋代还出现了造型别致生动的孩儿枕。

元、明、清时期，戏婴图逐渐开始出现祈求平安等表示吉祥的主题。明代艺术作品中的儿童多是憨厚可掬、大头的形象，这也是后来年画娃娃的原型。戏婴图案在工艺品装饰上得到大量应用，比如清代流行的"百子图"，以粉彩、珐琅彩装饰于瓷器上，色彩很雅致、做工又精巧，清代的竹木牙雕中也有大量的戏婴主题。随着明代和清代雕版印刷的发展，戏婴图还被大量应用于年画和版画的创作中，并且在日后成为桃花坞、杨柳青等年画中很重要的题材，表达着百姓对富贵吉祥生活的期盼。

25. 艺术作品最早出现儿童形象是在什么时候?

A 清代　**B** 宋金时　**C** 战国　**D** 明代

26. 关于《秋庭戏婴图》，下列哪项正确?

A 描述了秋天丰收的景象　**B** 采用写实的绘画手法
C 展现了明代高超的绘画技艺　**D** 是苏汉臣的绝笔书画

27. 根据第4段，可以知道:

A 木雕中不以戏婴为主题　**B** 唐代瓷器装饰特别质朴
C 年画娃娃形象源于明代戏婴图　**D** "百子图"已经失传

28. 上文主要介绍的是:

A 戏婴图的发展历程　**B** 中国瓷器的起源
C 年画的传承与发展　**D** 古代绘画题材的介绍

정답 및 해설 → 해설서 p.245

03 특정 어휘의 의미 파악하기

STEP 1 유형 파악하기

✖ 지문에 쓰인 특정 어휘의 의미를 보기에서 고르는 문제이다. 출제 비중이 높지는 않지만 매회 최소 1~2문제는 출제되며, 사자성어나 비유적인 표현처럼 생소한 어휘의 의미를 파악해야 하기 때문에 난도가 높은 편이다.

▶ 출제 경향

최근 HSK는 수험생들이 중국의 사회, 문화 전반에 관심을 가지기를 요구하고 있어서 '중국의 신기술 발표'나 '세계로 뻗어 나가는 중국 전통 예술의 위상' 등을 주제로 지문이 출제되기도 한다. 따라서 생소한 어휘들이 많이 나오고 그 의미를 묻는 문제도 출제되는데, 물론 미리 관련 내용을 숙지하고 있으면 독해할 때 훨씬 수월하겠지만 그 내용을 몰라서 문제를 풀지 못하는 경우는 없으므로 주제가 생소하다고 겁먹을 필요는 없다.

▶ 문제풀이 비법

1 밑줄 친 어휘의 의미는 앞뒤 문장의 문맥으로 파악한다.

제아무리 어려운 말이라도 결국 문맥 안의 어휘이다. 앞뒤 내용과 말이 통할 수밖에 없으며, 어려운 어휘를 제시한 만큼 앞뒤 내용에서 분명히 힌트를 줄 것이다.

2 아는 글자와 연결 짓자.

어려운 어휘가 제시되므로 처음 보는 한자가 나올 수도 있다. 우리가 모든 한자를 알 수는 없으니 모르는 글자는 무시하고, 알고 있는 글자의 의미에 집중해서 어휘의 의미를 유추하자.

제4부분 예제

1–4

所谓“微电影”，指的是适合在短时休闲状态和移动状态下观看的，具有完整的策划和系统制作体系支持的，“微时放映”、“微规模投资”和“微周期制作”的视频短片。内容融合了商业定制、公益教育、幽默搞笑、时尚潮流等元素，可单独成篇，也可以系列成剧。

微电影一开始兴起于草根阶层，大部分是使用各种摄影机、手机和照相机等拍摄的效果参差不齐的“小短片”。后来，随着一些专业团体的出现，令微电影从个人拍摄的随性表达，逐渐提升到了电影的层次。

最近几年里，各种类型的微电影呈迅速增长趋势。从电影类型上看，网民的原创作品层出不穷，而部分替品牌量身打造的商业微电影也逐渐盛行起来；从制作规模上看，很多专业团队甚至知名导演也都已跻身制作微电影的行列。微电影的制作已经形成了一定的规模，其格调及品质也得到提升，从而实现了“华丽转身”。另外，微电影的影响力正在逐渐增强，由此催生的“微电影节”和“微电影大赛”等活动也犹如雨后春笋般涌现出来。

微电影篇幅虽然短小，但并不影响它对社会问题的深刻思考及主题的深远立意。一些微电影不仅追求艺术的实现，而且主动承担起社会责任。它们关注现实社会事件，从热爱自然、关爱老人、帮扶贫弱到环境保护等各个方面，给予人文关怀及理性思考，凭借艺术的力量发出正义之声，从而温暖人心。

微电影播放的渠道也日趋多元化，不仅能通过网络等媒体呈现，而传统的电视播放平台也为其开了“绿灯”。微电影日益增加的传播平台和日趋专业化的制作团队，都是使其从非主流向主流过渡的重要因素。未来，微电影也可能进入电影发行体系、主流院线，通过更成熟的姿态来面向观众。

1 第2段中的画线部分最可能指的是:

A 少数民族　　**B** 普通群众

C 贫困学生　　**D** 大学社团

2 什么促成了微电影的“华丽转身”?

A 微电影节的举办　　**B** 投入了巨额的广告费

C 专业团队的加入　　**D** 电影素材的增加

3 上文没有涉及“微电影”的:

A 未来发展趋势　　**B** 诞生背景

C 定义内涵　　**D** 制作的规模

4 关于微电影，下列哪项正确?

A 起初多比较随性　　**B** 主题都特别肤浅

C 仅有一种播放平台　　**D** 受众多为老年人

1 B [兴起于A A에서 일어나기 시작하다] 처음에(开始)는 '草根阶层'에서 시작되었다가 나중에(后来)는 '专业团体(전문단체)'가 나타났다고 했으므로, '草根阶层'은 '전문단체'와 반대되는 표현임을 알 수 있다. 따라서 정답은 B이다.

2 C [跻身A行列 A의 행렬에 들어서다] 지문에서 '화려한 변신(华丽转身)'이 언급된 부분을 찾아 보면, 더 많은 전문 단체, 심지어 유명 감독도 모두 마이크로필름 제작 행렬에 들어섬(很多专业团队甚至知名导演也都已跻身制作微电影的行列)으로서 '화려한 변신(华丽转身)'을 이루었다고 했다.

3 B [涉及 언급하다] 첫 번째 단락에서 마이크로필름이란 무엇인지 정의하고 있고(C), 세 번째 단락에서 제작 규모에 대해 설명하고 있으며(D), 마지막 단락에서 앞으로의 발전 추세를 전망하고 있다(A). 지문에는 마이크로필름의 탄생 배경에 대한 언급은 없으므로 정답은 B이다.

4 A [随性 자유롭다] 개인이 혼자서 찍는 자유로운 표현에서 점차 영화의 차원으로 상승하게 되었다(从个人拍摄的随性表达，逐渐提升到了电影的层次)고 했으므로 정답은 A이다. 마이크로필름이 노인에게 관심을 가진다(关爱老人)고는 했지만 관객의 대부분이 노인인지는 알 수 없으므로 D는 답이 아니다.

[3]所谓“微电影”，指的是适合在短时休闲状态和移动状态下观看的，具有完整的策划和系统制作体系支持的，“微时放映”、“微规模投资”和“微周期制作”的视频短片。内容融合了商业定制、公益教育、幽默搞笑、时尚潮流等元素，可单独成篇，也可以系列成剧。

微电影一开始兴起于草根阶层，大部分是使用各种摄影机、手机和照相机等拍摄的效果参差不齐的“小短片”。[1,4]后来，随着一些专业团体的出现，令微电影从个人拍摄的随性表达，逐渐提升到了电影的层次。

最近几年里，各种类型的微电影呈迅速增长趋势。从电影类型上看，网民的原创作品层出不穷，而部分替品牌量身打造的商业微电影也逐渐盛行起来；从制作规模上看，[2,3]很多专业团队甚至知名导演也都已跻身制作微电影的行列。微电影的制作已经形成了一定的规模，其格调及品质也得到提升，从而实现了“华丽转身”。另外，微电影的影响力正在逐渐增强，由此催生的“微电影节”和“微电影大赛”等活动也犹如雨后春笋般涌现出来。

微电影篇幅虽然短小，但并不影响它对社会问题的深刻思考及主题的深远立意。一些微电影不仅追求艺术的实现，而且主动承担起社会责任。它们关注现实社会事件，从热爱自然、关爱老人、帮扶贫弱到环境保护等各个方面，给予人文关怀及理性思考，凭借艺术的力量发出正义之声，从而温暖人心。

微电影播放的渠道也日趋多元化，不仅能通过网络等媒体呈现，而传统的电视播放平台也为其开了“绿灯”。微电影日益增加的传播平台和日趋专业化的制作团队，都是使其从非主流向主流过渡的重要因素。[3]未来，微电影也可能进入电影发行体系、主流院线，通过更成熟的姿态来面向观众。

[3]소위 '마이크로필름'이란 잠시 휴식할 때와 이동하는 상태에서 보기에 적합하며, 완전한 기획 및 체계적인 제작 시스템이 뒷받침하는 것으로, '상영 시간이 짧고' '투자 규모가 작고' '제작 주기가 짧은' 단편 동영상을 일컫는다. 그 내용은 비즈니스 맞춤형, 공익 교육, 코미디, 패션 트렌드 등의 요소를 융합했으며, 단독으로 작품이 될 수도 있고 시리즈로 작품이 될 수도 있다.

마이크로필름은 처음에 풀뿌리 계층에서 시작되었다. 대부분 다양한 촬영 기기, 휴대폰, 카메라 등을 이용하여 촬영 효과가 제각기 다른 '단편 동영상'이었다. [1,4]나중에 몇몇 전문 단체가 나타나면서 마이크로필름을 개인이 혼자서 찍는 자유로운 표현에서 점차 영화의 차원으로 상승하게 만들었다.

최근 몇 년 동안, 다양한 유형의 마이크로필름이 빠른 성장 추세를 보이고 있다. 영화 유형별로 보면 네티즌의 독창적인 작품이 끊임없이 등장하며, 일부 브랜드를 위해 맞춤 제작된 상업적 마이크로필름도 점차 유행하기 시작했다. 제작 규모 측면에서 보면 [2,3]더 많은 전문 단체, 심지어 유명 감독도 모두 마이크로필름 제작 행렬에 들어섰고, 마이크로필름 제작이 이미 어느 정도 규모를 이루었으며, 그 스타일과 품질 역시 제고되어 이로써 '화려한 변신'을 이루었다. 이 밖에도 마이크로필름의 영향력이 현재 점차 강화되고 있어 이로 인해 나타난 '마이크로필름 축제' '마이크로필름 대회' 등의 행사도 우후죽순 생겨나기 시작했다.

마이크로필름은 비록 길이는 짧지만 그것이 작품의 사회 문제에 대한 깊은 사고와 주제의 심원한 의미에 결코 영향을 미치지 않는다. 일부 마이크로필름은 예술성 실현을 추구할 뿐만 아니라 또한 주동적으로 사회적 책임을 진다. 이러한 작품은 현실의 사회적 사건에 주목하고, 자연을 사랑하고, 노인에게 관심을 가지며, 취약 계층을 돕는 것에서부터 환경보호에 이르기까지 다양한 측면에서 인문적 관심과 이성적인 사고를 부여하며 예술의 힘으로 정의의 목소리를 내어 마음을 따뜻하게 한다.

마이크로필름의 상영 루트 역시 점차 다원화되고 있다. 마이크로필름은 인터넷 등 미디어를 통해 나타날 수 있을 뿐 아니라 전통적인 TV 플랫폼 역시 마이크로필름을 위해 '녹색불'을 켜 주었다. 마이크로필름의 점차 늘어나는 상영 플랫폼과 점차 전문화되는 제작팀은 그것이 비주류에서 주류로 넘어가도록 하는 중요한 요소이다. [3]앞으로 마이크로필름은 또한 영화 배급 시스템과 주류에 편입되어 더 성숙한 모습으로 관객을 향해 갈 것이다.

1 第2段中的画线部分最可能指的是：

A 少数民族
B 普通群众
C 贫困学生
D 大学社团

2 什么促成了微电影的"华丽转身"？

A 微电影节的举办
B 投入了巨额的广告费
C 专业团队的加入
D 电影素材的增加

3 上文没有涉及"微电影"的：

A 未来发展趋势
B 诞生背景
C 定义内涵
D 制作的规模

4 关于微电影，下列哪项正确？

A 起初多比较随性
B 主题都特别肤浅
C 仅有一种播放平台
D 受众多为老年人

1 두 번째 단락의 밑줄 친 부분이 가리키는 것은:

A 소수민족
B 일반 대중
C 가난한 학생
D 대학 동아리

2 무엇이 마이크로필름의 '화려한 변신'을 재촉했는가?

A 마이크로필름 축제의 개최
B 거액의 광고비를 투입한 것
C 전문 단체의 참여
D 영화 소재의 증가

3 지문에서 '마이크로필름'에 대해 언급하지 않은 것은:

A 향후 발전 추세
B 탄생 배경
C 내포된 의미의 정의
D 제작 규모

4 마이크로필름에 관하여 다음 중 옳은 것은 무엇인가?

A 처음에는 비교적 자유로웠다
B 주제가 모두 매우 깊지 못하다
C 한 가지 상영 플랫폼밖에 없다
D 관객은 대부분 노인이다

所谓 suǒwèi 형 ~라는 것은, ~란 | **微电影** wēidiànyǐng 마이크로필름 [웹드라마와 비슷한 형태의 영상물로 온라인에서만 감상할 수 있는 드라마나 영화] | **休闲** xiūxián 동 한가롭게 보내다, 한가하게 지내다 | **状态** zhuàngtài 명 상태 | **移动** yídòng 동 움직이다, 옮기다 | **观看** guānkàn 동 보다, 관람하다 | **具有** jùyǒu 동 지니다, 가지다 | **完整** wánzhěng 형 온전하다, 완전하다 | ★**策划** cèhuà 동 기획하다, 계획하다 | **系统** xìtǒng 명 시스템 | **制作** zhìzuò 동 제작하다 | ★**体系** tǐxì 명 체계, 체제 | **微** wēi 형 적다 | **放映** fàngyìng 동 상영하다, 방영하다 | **规模** guīmó 명 규모 | **投资** tóuzī 동 투자하다 | ★**周期** zhōuqī 명 주기 | ★**视频** shìpín 명 동영상 | **短片** duǎnpiàn 명 단편 영화, 짧은 영상 | **融合** rónghé 동 융합하다 | **商业** shāngyè 명 상업, 비즈니스 | **定制** dìngzhì 동 맞춤 제작하다 | **公益** gōngyì 명 공익, 공공이익 | **搞笑** gǎoxiào 동 웃기다 | **时尚** shíshàng 명 시대적 유행, 당시의 분위기 | ★**潮流** cháoliú 명 (사회적) 추세, 풍조, 경향 [时尚潮流: 유행] | ★**元素** yuánsù 명 요소 | **单独** dāndú 부 단독으로, 혼자서 | ★**系列** xìliè 명 시리즈, 계열 | **剧** jù 명 극 | **兴起** xīngqǐ 동 일어나기 시작하다, 발전하기 시작하다 [兴起于: ~에서 일어나기 시작하다] | **草根** cǎogēn 명 풀뿌리 [일반 사람, 보통 사람을 가리키는 말] | ★**阶层** jiēcéng 명 계층, 단계 | **大部分** dàbùfen 명 대부분 | **摄影机** shèyǐngjī 명 카메라 | **拍摄** pāishè 동 촬영하다 | **参差不齐** cēncībùqí 성 수준이 같지 않거나 물건이 가지런하지 않음을 이르는 말 | ★**团体** tuántǐ 명 단체 | **令** lìng 동 ~하게 하다, ~를 시키다 | **个人** gèrén 명 개인 | **随性** suíxìng 자유롭다, 내키는대로 | **逐渐** zhújiàn 부 점점, 점차 | **提升** tíshēng 동 진급시키다, 높이다 | ★**层次** céngcì 명 단계, 순서 | **类型** lèixíng 명 유형 | **呈** chéng 동 띠다, 나타내다 | **迅速** xùnsù 형 재빠르다, 신속하다 | **增长** zēngzhǎng 동 증가하다, 늘어나다 | **趋势** qūshì 명 추세 | **网民** wǎngmín 명 네티즌 | **原创** yuánchuàng 동 창시하다, 처음으로 만들다 | **作品** zuòpǐn 명 작품 | ★**层出不穷** céngchūbùqióng 성 끊임없이 나타나다, 꼬리를 물고 나타나다 | **替** tì 개 ~를 위하여 | **品牌** pǐnpái 동 브랜드 | **量** liáng 동 재다 | **打造** dǎzào 동 제조하다, 만들다 | ★**盛行** shèngxíng 동 성행하다, 널리 유행이다 | **团队** tuánduì 명 단체, 집단 | **知名** zhīmíng 형 저명한, 잘 알려진 | **导演** dǎoyǎn 명 감독, 연출자 | **跻身** jīshēn 동 (어떤 대열·위치에) 들어서다 | ★**行列** hángliè 명 행렬 | **形成** xíngchéng 동 형성되다, 이루어지다 | **格调** gédiào 명 (문예 작품의) 스타일 | **及** jí 접 및, ~와 | ★**品质** pǐnzhì 명 품질 | **得到** dédào 동 얻다, 획득하다 | **从而** cóng'ér 접 따라서, 그리하여 | **实现** shíxiàn 동 실현하다, 달성하다 | ★**华丽** huálì 형 화려하다, 아름답다 | **转身** zhuǎnshēn 동 몸을 돌리다, 변화하다 [≒变化] | **影响力** yǐngxiǎnglì 명 영향력 | **增强** zēngqiáng 동 강화하다, 증강하다 | **由此** yóucǐ 부 이에 따라, 이에 근거하여 | **催生** cuīshēng 동 빨리 태어나게 하다 | **大赛** dàsài 명 대형 경기, 큰 경기 | ★**犹如** yóurú 동 마치 ~와 같다 | **雨后春笋** yǔhòuchūnsǔn 성 우후죽순, 새로운 사물이 한때에 많이 생겨나다 | **般** bān 조 ~같은 | ★**涌现** yǒngxiàn 동 한꺼번에 생겨나다, 나타나다 | **篇幅** piānfú 명 문장의 길이 | **深刻** shēnkè 형 (인상이) 깊다 | **思考** sīkǎo 동 사고하다, 깊이 생각하다 | **主题** zhǔtí 명 주제 | **深远** shēnyuǎn 형 깊고 크다, 심원하다 | **立意** lìyì 동 생각을 정하다, 결심하다 | **追求** zhuīqiú 동 추구하다, 탐구하다 | **主动** zhǔdòng 형 주동적인 | **承担** chéngdān 동 담당하다, 맡다, 감당하다 | **关注** guānzhù 동 주시하다, 관심을 가지다 | ★**事件** shìjiàn 명 사건 | **热爱** rè'ài 동 뜨겁게 사랑하다 | **关爱** guān'ài 동 관심을 갖고 돌보다, 사랑으로 돌보다 | **帮扶** bāngfú 동 도와주다, 거들다 | **贫弱** pínruò 형 빈약하다, 가난하고 쇠약하다 | ★**给予** jǐyǔ 동 주다, 부여하다 | **人文** rénwén 명 인문, 인류 사회의 각종 문화 현상 | ★**关怀** guānhuái 동 (주로 윗사람이 아랫사람에게) 관심을 가지고 보살피다, 배려하다 | **理性** lǐxìng 형 이성적이다 | **凭借** píngjiè 개 ~에 근거하여, ~에 의거하여 | **力量** lìliang 명 힘, 역량 | **发出** fāchū 동 내뿜다, 발산하다 | ★**正义** zhèngyì 명 정의 | **声** shēng 명 소리 | **温暖** wēnnuǎn 동 따뜻하게 하다 | **人心** rénxīn 명 사람의 마음 | **播放** bōfàng 동 방송하다 | ★**渠道** qúdào 명 경로, 방법 | **日趋** rìqū 부 나날이, 날로, 더더욱 | ★**多元化** duōyuánhuà 동 다원화하다 | **网络** wǎngluò 명 인터넷 | **媒体** méitǐ 명 매스 미디어, 대중 매체 |

★呈现 chéngxiàn 동 나타나다, 드러나다, 양상을 띠다 | 传统 chuántǒng 형 전통적이다 | 平台 píngtái 명 플랫폼 | 绿灯 lǜdēng 명 파란불 | ★日益 rìyì 부 날로, 나날이 더욱 | 传播 chuánbō 동 전파하다, 널리 퍼뜨리다 | 专业化 zhuānyèhuà 동 전문화하다 | 非主流 fēizhǔliú 명 비주류 | ★主流 zhǔliú 명 주류 | ★过渡 guòdù 동 (사물이) 한 단계에서 점점 발전하여 다음 단계로 바뀌어 가다 | 因素 yīnsù 명 요소 | 未来 wèilái 명 향후, 미래 | 进入 jìnrù 동 진입하다, 들다 | ★发行 fāxíng 동 (영화를) 배급하다 | 院线 yuànxiàn 명 영화 발행 체제 | 成熟 chéngshú 형 성숙하다 | ★姿态 zītài 명 자세, 모습, 자태 | 少数民族 shǎoshù mínzú 명 소수 민족 | 普通 pǔtōng 형 보통이다, 일반적이다, 평범하다 | ★群众 qúnzhòng 명 군중, 대중 | ★贫困 pínkùn 형 빈곤하다, 곤궁하다 | 社团 shètuán 명 동아리, 서클 | 促成 cùchéng 동 재촉하여 이루어지게 하다, 서둘러 성사시키다 | 投入 tóurù 동 투자하다, 투입하다 | 巨额 jù'é 형 액수가 많은, 거액의 | 广告费 guǎnggàofèi 명 광고비 | 加入 jiārù 동 가입하다 | 素材 sùcái 명 (문학·예술의) 소재, 감 | ★涉及 shèjí 동 언급하다 | ★诞生 dànshēng 동 생기다, 나오다 | 背景 bèijǐng 명 배경 | ★定义 dìngyì 명 정의 | ★内涵 nèihán 명 (언어에 담겨있는) 내용, 의미 | ★起初 qǐchū 명 처음, 최초 | 肤浅 fūqiǎn 형 (이해가) 깊지 못하다, 부족하다 | 老年人 lǎoniánrén 명 노인

STEP

2 내공 쌓기

밑줄 유형에서는 주로 성어의 의미에 대해 물으므로 빈출 성어의 의미와 비슷한 대체 표현들을 익혀 두자. 대체 표현들은 제시된 성어와 그 의미가 완벽하게 일치하지 않는 경우도 있지만 상황에 따라 대체하여 쓸 수 있다. 또한 신조어와 그 외 자주 쓰이는 표현도 함께 학습해 보자.

1 빈출 질문 유형 track 96

'밑줄 유형' 문제 역시 질문에 고정적으로 쓰이는 키워드가 있다. 질문에 '划线(밑줄 친)' '指的是(가리키는)' '意思是(의미는)'라는 표현이 있으면 대개 '밑줄 유형' 문제이다.

- ∨ 第3段中划线词语是什么意思? 세 번째 단락에서 밑줄 친 단어는 무슨 의미인가?
- ∨ 文中划线句子的意思是: 지문에서 밑줄 친 문장의 뜻은:
- ∨ 第1段中的"不尽如人意"是想说明: 첫 번째 단락의 '不尽如人意'가 설명하는 것은:
- ∨ 第2段中, "这一变化"指的是: 두 번째 단락의 '这一变化'가 가리키는 것은:
- ∨ 第4段中, "丢卒保车"的意思最可能是: 네 번째 단락의 '丢卒保车'의 의미일 가능성이 가장 큰 것은:

2 빈출 성어 track 97

지문에 자주 나오는 성어와 대체 표현을 연결해서 익혀 두면 답을 찾기가 훨씬 수월해진다.

성어	의미	대체 표현
刻不容缓 kèbùrónghuǎn	잠시도 지체할 수 없다	• 必须马上行动 bìxū mǎshàng xíngdòng 반드시 바로 행동해야 한다 • 火烧眉毛 huǒshāo méimáo 대단히 급박하다 • 迫不及待 pòbùjídài 절박하여 한시도 지체할 수 없다
举世闻名 jǔshì wénmíng	세상에 이름을 떨치다, 유명하다	• 闻名世界 wénmíng shìjiè 세계적인 명성이 있다 • 誉满天下 yùmǎn tiānxià 명성이 천하에 자자하다 • 闻名天下 wénmíng tiānxià 세계적으로 유명하다
咬牙切齿 yǎoyá qièchǐ	격분하여 이를 갈다, 몹시 화 내다	• 十分生气 shífēn shēngqì 매우 화가 나다 • 生气痛恨 shēngqì tònghèn 화가 나서 통한하다 • 恨之入骨 hènzhīrùgǔ 뼈에 사무치도록 미워하다 • 深恶痛绝 shēnwù tòngjué 원한과 증오가 극에 달하다

归根到底 ✨ guīgēn dàodǐ	근본으로 귀결되다, 결국, 끝내	• 结果 jiéguǒ 결국, 드디어 • 最后 zuìhòu 최후, 맨 마지막 • 到底 dàodǐ 마침내, 결국 • 归根结底 guīgēn jiédǐ 결국, 끝내 • 总而言之 zǒng'éryánzhī 요컨대, 전체적으로 말하자면
兢兢业业 jīngjīngyèyè	부지런하고 성실하다	• 勤勉 qínmiǎn 부지런하다 • 埋头苦干 máitóukǔgàn 죽으라고 일에 매진하다 • 十分认真、勤奋地工作 shífēn rènzhēn、qínfèn de gōngzuò 매우 성실하고 근면하게 일하다
东张西望 dōngzhāng xīwàng	두리번거리다	• 左顾右盼 zuǒgù yòupàn 이리저리 두리번거리다 • 到处看不能集中 dàochù kàn bùnéng jízhōng 여기저기를 봐서 집중할 수 없다 • 三心二意 sānxīn'èryì 마음속으로 이리저리 망설이다
络绎不绝 ✨ luòyìbùjué	왕래가 잦아 끊이지 않다	• 行人车马来往不断 xíngrén chēmǎ láiwǎng búduàn 행인과 말의 왕래가 끊임없다 [현재는 손님을 지칭하는 경우가 많음]
无可奈何 ✨ wúkěnàihé	어쩔 도리가 없다	• 无奈 wúnài 어찌할 도리가 없다 • 没办法 méi bànfǎ 방법이 없다 • 只好 zhǐhǎo 부득이 • 没有解决的办法，只能这样 méiyǒu jiějué de bànfǎ, zhǐnéng zhèyàng 해결할 방법이 없으니, 이렇게 하는 수밖에
无微不至 wúwēi búzhì	매우 세밀하고 두루 미치다	• 照顾得非常周到，没有不照顾到的 zhàogù de fēicháng zhōudào, méiyǒu bú zhàogùdào de 매우 세밀하게 보살펴 미치지 않은 데가 없다 • 细致入微 xìzhìrùwēi 매우 세밀하다
娓娓道来 wěiwěidàolái	감칠맛 나게 말하다	• 侃侃而谈 kǎnkǎn'értán 당당하고 차분하게 말하다 • 不断地说或者生动地谈论 búduàn de shuō huòzhě shēngdòng de tánlùn 끊임없이 말하거나 혹은 생동감 있게 담론하다
万事开头难 wànshì kāitóu nán	시작이 반이다	• 做任何事开始都是最难的 zuò rènhé shì kāishǐ dōu shì zuì nán de 어떤 일이든 시작이 가장 어렵다
不相上下 ✨ bùxiāng shàngxià	막상막하이다	• 五十步笑百步 wǔ shí bù xiào bǎi bù 오십보백보 • 分不出高低好坏，水平相当 fēnbuchū gāodī hǎohuài, shuǐpíng xiāngdāng 우열을 가릴 수 없이 수준이 비슷하다 • 势均力敌 shìjūnlìdí 세력이 막상막하이다 • 旗鼓相当 qígǔ xiāngdāng 막상막하이다
不屑一顾 búxièyígù	거들떠볼 가치도 없다	• 轻视 qīngshì 경시하다, 얕보다 • 轻蔑 qīngmiè 경멸하다, 멸시하다 • 认为不重要、不值得一看 rènwéi bú zhòngyào、bù zhídé yí kàn 중요하지 않아서 볼 가치가 없다고 여기다 • 不足挂齿 bùzúguàchǐ 보잘것없다

不言而喻 ✨ bùyán'éryù	말하지 않아도 알다	• 心照不宣 xīnzhào bùxuān 군이 말하지 않아도 서로 마음으로 이해하다 • 显而易见 xiǎn'éryìjiàn 명백히 알 수 있다 • 不用说也知道 búyòng shuō yě zhīdào 말하지 않아도 알다
小心翼翼 xiǎoxīn yìyì	매우 조심하다	• 胆小 dǎnxiǎo 담이 작다, 겁이 많다 • 十分小心 shífēn xiǎoxīn 매우 조심하다 • 谨小慎微 jǐnxiǎo shènwēi 사소한 것에도 신중하고 소심하다
掩耳盗铃 yǎn'ěr dàolíng	눈 가리고 아웅하다	• 自己骗自己 zìjǐ piàn zìjǐ 자기 자신을 속이다 • 自欺欺人 zìqī qīrén 스스로를 기만하고 남도 속이다
一目了然 ✨ yímù liǎorán	일목요연하다	• 清楚 qīngchu 분명하다 • 显然 xiǎnrán 명백하다 • 显而易见 xiǎn'éryìjiàn 명백히 알 수 있다 • 十分明显 shífēn míngxiǎn 매우 뚜렷하다
知足常乐 zhīzú chánglè	만족을 알면 항상 즐겁다	• 懂得满足才会快乐 dǒngde mǎnzú cái huì kuàilè 만족을 알아야 비로소 즐겁다
千方百计 ✨ qiānfāng bǎijì	온갖 방법을 다 해 보다	• 想尽办法 xiǎngjìn bànfǎ 갖은 방법을 생각하다 • 想尽一切办法 xiǎngjìn yíqiè bànfǎ 모든 방법을 다 생각하다
天衣无缝 tiānyī wúfèng	흠잡을 데 없이 완전무결하다	• 十全十美 shíquán shíměi 완전무결하여 나무랄 데가 없다 • 完美无缺 wánměi wúquē 완전무결하다
层出不穷 ✨ céngchū bùqióng	차례로 나타나서 끝이 없다, 계속 일어나다	• 接连不断 jiēlián búduàn 연잇다 • 一直不停地出现 yìzhí bùtíng de chūxiàn 계속 멈추지 않고 일어나다
称心如意 ✨ chènxīn rúyì	마음에 꼭 들다, 생각대로 되다	• 称心称意 chènxīn chènyì 마음에 들다 • 心满意足 xīnmǎn yìzú 매우 만족해 하다 • 感到十分满意 gǎndào shífēn mǎnyì 매우 만족하다

3 신조어 track 98

신조어는 처음 보면 그 뜻을 바로 알아 내기 어렵기 때문에 최대한 많이 외워 두는 것이 좋다.

996工作制 996 gōngzuòzhì	오전 9시에 출근해서 오후 9시에 퇴근하고, 점심에 1~2시간 휴식하며 일주일에 6일 일하는 것
打工仔 dǎgōngzǎi	계약직으로 일하는 청년이나 여성
月光族 yuèguāngzú	월광족 [매달 자신의 월수입을 다 써 버리는 사람들]
榴莲族 liúliánzú	두리안족 [사회생활을 한 지는 오래되었지만 대인 관계가 원만하지 않은 사람들]
草莓族 cǎoméizú	딸기족 [예쁘지만 금방 물러지는 딸기처럼 겉모습은 멀쩡하지만 정신력이 약한 사람들] ≒ 玻璃心 bōlíxīn 유리멘탈

草根阶层 cǎogēnjiēcéng	풀뿌리 계층, 일반 백성 ≒ **平民阶层** píngmín jiēcéng, **平民百姓** píngmín bǎixìng
网红 wǎnghóng	왕훙, '**网络红人**(wǎngluò hóngrén 인터넷 스타)'의 줄임말
网红脸 wǎnghóngliǎn	인터넷에서 미인이라고 지칭되는 얼굴. 보통은 성형한 얼굴을 지칭 [전체적으로 비슷하게 생긴 얼굴들. 일자 눈썹, 큰 눈, 뾰족한 얼굴]
朋友圈(儿) péngyǒuquān(r)	중국의 메신저 프로그램 '**微信**(wēixìn 위챗)'의 SNS 기능, 모멘트
关注 guānzhù	팔로우
互粉 hùfěn	맞팔로우
点赞 diǎnzàn	SNS 상에서의 '좋아요'를 나타내며 '**为你点赞**'으로 많이 사용
车奴 chē'nú	차의 노예, 카푸어 [차량 구매 후 관리 및 유지 비용에 시달리는 사람]
房奴 fángnú	집의 노예, 하우스푸어 [집을 구매했지만 과도한 대출 이자 때문에 빈곤하게 사는 사람]
卡奴 kǎnú	신용카드의 노예 [신용카드를 돌려막기하거나 카드 빚에 찌들리는 사람]
低脂饮食 dīzhī yǐnshí	저지방 식품 [**低盐饮食** 저염 식품, **低碳饮食** 저탄수 식품]

배운 내용 점검하기

지문을 읽고 알맞은 답을 고르시오.

我们可以发现，从旧石器时代出现洞窟壁画、彩陶纹等以来，艺术形式往往多以纯感性的形象出现，模糊而又简单是这一时期艺术的特点。随着生产力的逐渐提高，绘画渐渐从生产劳动中分离开来，人们开始有了理性的认识，有了独立的理论，在审美标准上要求做到形似，逐渐要求描绘形象"逼真、清晰"，也就是说要"精确"不要"模糊"。

古人说："狗马最难，鬼魅最易。"因为狗马是人们常见的，一定要画"像"了，不"像"就不好，而鬼魅没有形，当然最容易了，这其实反映出的是当时人们崇尚"精确"的审美观。到了宋徽宗时代，因宋徽宗崇尚形似，追求细节的真实，所以院体画的状形之风甚盛行，如崔白的《寒雀图》、李嵩的《花篮图》等都是"精确"的画风，体现了当时绘画创作上的一种时尚。

而从南宋开始，这种时尚渐渐退去，取而代之的是一种诗情画意的描绘，画幅虽小却充满诗意，如南宋四大家之一马远的作品《寒江独钓图》，把"千山鸟飞绝，万径人踪灭，孤舟蓑笠翁，独钓寒江雪"的意境描绘得淋漓尽致。一叶扁舟，一个老翁坐在小舟上垂钓，画上除了这一处笔墨，其余都是空白，其实这些留白不是真正的空白，是"计白以当黑"，这就是画的妙处。

1 文中划线词语"狗马最难"是指：

A 画四条腿的动物最难　　B 画有形的东西最难

2 宋徽宗时代院体画的特点是：

A 追求细节的写实　　B 色彩很丰富

3 关于《寒江独钓图》正确的一项是：

A 富有诗情画意　　B 描绘得很精确

해석&어휘 구석기 시대에 동굴 벽화, 채식 도기 무늬 등이 나온 이후로 예술 형식은 종종 순수한 감성의 형상으로 나타났고, 모호하면서도 간단한 것이 이 시기 예술의 특징임을 알 수 있다. 생산력이 점차 높아지면서 회화도 점차 생산 노동에서 분리되었고 사람들에게 이성의 인식과 독립 이론이 생겨났다. 미의 기준은 생김새를 닮게 하는 것에서 점차 '진짜와 닮고 또렷하게' 묘사하는 쪽으로 변했는데, 이는 '모호함'이 아닌 '정교함'을 원한다는 것이었다.

[1]옛사람들은 '개와 말이 가장 어렵고 도깨비와 두억시니가 가장 쉽다'라고 했다. 왜냐하면 개와 말은 사람들이 자주 보기 때문에 '비슷하게' 그려야 하고 '비슷하지' 않으면 안 됐지만, 도깨비와 두억시니는 형체가 없어서 당연히 가장 쉽기 때문이었다. 이것은 사실 당시 사람들의 '정교함'을 숭상하는 심미관을 반영한 것이다. [2]송 휘종 때 휘종은 겉모습을 닮게 그리는 것을 좋아하고 섬세한 묘사를 추구했기 때문에 원체화의 실제풍이 매우 성행하였다. 예를 들어 최백의 『한작도』, 이숭의 『화람도』 등이 '정교한' 화풍이며 당시 회화 창작의 유행을 잘 표현했다.

그러나 남송 때부터는 이런 시류가 점차 사라지고 [3]시의 정취와 그림의 분위기 묘사가 이를 대신하게 되는데 화폭은 비록 작지만 시적인 정취가 넘쳐났다. 예를 들면 남송의 4대가 중 하나인 마원의 작품 『한강독조도』는 '온 산에 새들도 날지 않고 모든 길에 사람 발길 끊겼도다. 외로운 배에 도롱이 삿갓 쓴 노인이 눈 내려 차가운 강에 홀로 낚시질 하네'의 [3]예술적 정취를 남김 없이 묘사해 냈다. 작은 배 한 척에 노인이 배에서 낚시를 하고 있는데, 그림에서 시문을 제외하고는 모두 다 여백이다. 사실 이런 여백을 남겨 놓는 것은 진짜 여백이 아니라 '여백은 그림이, 그림은 여백이 되는 것'이다. 이것이 바로 그림의 절묘함이다.

1 지문에서 밑줄 친 '개와 말이 가장 어렵다'는 말이 가리키는 것은:

A 네 발 달린 동물을 그리는 것이 가장 어렵다　　B 실체가 있는 것을 그리는 것이 가장 어렵다

2 송 휘종 시대 원체화의 특징은:

A 섬세한 묘사의 실사를 추구한다　　B 색채가 풍부하다

3 『한강독조도』에 관하여 정확한 내용은:

A 시의 정취와 그림의 분위기가 풍부하다　　B 정교하게 묘사했다

旧石器时代 jiùshíqì shídài 명 구석기 시대 | 洞窟 dòngkū 명 동굴 | 壁画 bìhuà 명 벽화 | 彩陶 cǎitáo 명 중국 신석기 시대의 채문도기 | 纹 wén 명 무늬 | 以来 yǐlái 명 이래, 동안 | 形式 xíngshì 명 형식 | 纯 chún 형 순수하다, 단순하다 | 感性 gǎnxìng 명 감성 | 形象 xíngxiàng 명 형상, 이미지 | 模糊 móhu 형 모호하다 | 时期 shíqī 명 (특정한) 시기 | 生产力 shēngchǎnlì 명 생산력 | 逐渐 zhújiàn 부 점점, 점차 | 绘画 huìhuà 명 회화, 그림 | 渐渐 jiànjiàn 부 점점, 점차 | 生产 shēngchǎn 명 생산 | 劳动 láodòng 동 육체 노동을 하다 | 分离 fēnlí 동 분리하다, 헤어지다 | 理性 lǐxìng 형 이성적이다, 지적이다 | 独立 dúlì 동 독립하다, 홀로 서다 | 理论 lǐlùn 명 이론 | ★审美 shěnměi 동 아름다움을 감상하고 평가하다 | 形似 xíngsì 동 모양이 닮다 | ★描绘 miáohuì 동 묘사하다, 그리다 | 逼真 bīzhēn 형 마치 진짜와 같다 | ★清晰 qīngxī 형 또렷하다, 분명하다 | ★精确 jīngquè 형 정밀하고 확실하다 | 鬼魅 guǐmèi 명 도깨비와 두억시니 [모질고 사나운 귀신 중 하나] | 常见 chángjiàn 형 늘 보이는, 흔히 보는 | 反映 fǎnyìng 동 (사람·물체의 형상을) 되비치다, 반사하다 | 崇尚 chóngshàng 동 숭배하다 | 审美观 shěnměiguān 심미관 | 徽宗 Huīzōng 고유 휘종 [중국 북송의 제8대 황제] | 追求 zhuīqiú 동 추구하다 | 细节 xìjié 명 자세한 사정 | 真实 zhēnshí 형 진실하다 | 院体画 yuàntǐhuà 명 원체화 [중국 궁중의 화원에서 발달한 독특한 양식의 그림] | ★盛行 shèngxíng 동 성행하다, 널리 유행하다 | 崔白 Cuībái 고유 최백 | 寒雀图 Hánquètú 고유 한작도 | 李嵩 Lǐsōng 고유 이숭 | 花篮图 Huālántú 고유 화람도 | 画风 huàfēng 명 화풍 | 体现 tǐxiàn 동 구체적으로 드러내다 | ★创作 chuàngzuò 명 창작 | 时尚 shíshàng 명 시대적 유행 | 退 tuì 동 물러나다 | 取而代之 qǔ'érdàizhī 남의 지위를 빼앗아 대신 들어서다 | 诗情 shīqíng 명 시적인 정취 | 画意 huàyì 명 그림에 담긴 뜻 | 画幅 huàfú 명 그림, 화폭 | 充满 chōngmǎn 동 가득 차다, 충만하다 | 诗意 shīyì 명 시의 의미, 시적 정취 | 马远 Mǎyuǎn 고유 마원 [12세기 후반, 중국 남송의 화가] | 作品 zuòpǐn 명 (문학, 예술의) 작품 | 寒江独钓图 Hánjiāngdúdiàotú 고유 한강독조도 | 千山鸟飞绝 qiān shān niǎo fēi jué 산에는 새 한 마리 날지 않다 | 万径人踪灭 wàn jìng rén zōng miè 길에는 사람의 발길이 끊기다 | 孤舟蓑笠翁 gū zhōu suō lì wēng 외로운 배 위에 삿갓 쓴 늙은이 | 独钓寒江雪 dú diào hán jiāng xuě 강에는 눈만 내리고 혼자서 낚시질하다 | 意境 yìjìng 명 (예술 작품의) 경지 | 淋漓尽致 línlíjìnzhì 성 통쾌하기 그지없다, 남김없이 다 드러내다 | 扁舟 piānzhōu 명 작은 배 | 老翁 lǎowēng 명 노인 | 垂钓 chuídiào 동 낚시를 물속에 드리우다 | 笔墨 bǐmò 명 붓과 먹, 문장, 시문 | ★空白 kòngbái 명 여백, 공백 | 妙处 miàochù 명 묘한 점 | 写实 xiěshí 동 있는 그대로를 쓰다 | 色彩 sècǎi 명 색채, 경향 | 富有 fùyǒu 동 풍부하다

정답&풀이 1 B 밑줄 바로 뒤에 '개와 말은 사람들이 자주 보기 때문에 '비슷하게' 그려야 하기 때문(因为狗马是人们常见的，一定要画"像"了)'이라는 설명이 나왔으므로 답으로 적절한 것은 B이다.

2 A 휘종은 겉모습을 닮게 그리는 것을 좋아하고 섬세한 묘사를 추구했다(因宋徽宗崇尚形似，追求细节的真实)고 했다.

3 A 『한강독조도』는 화폭은 비록 작지만 시적인 정취가 넘쳐났고(画幅虽小却充满诗意), 예술적 정취를 남김 없이 묘사해 냈다(意境描绘得淋漓尽致)고 했으므로 정답은 A이다.

Day 30

1-4.

学术研究是一个承前启后的历史过程，前人通过实验发现某些特殊的现象，而后人则在该基础上延伸出全新的研究想法，这就对前人研究的可靠性与真实性提出了更高的要求。因此，越来越多的研究人员希望能看见前人的研究能够被更多的人继承和发扬。

近几年，某些研究机构与个人开始向之前发表过文章的原作者索要实验材料，并试图在和原作相近的实验条件下将前人的发现重现。但专家们经过一系列的重复研究后，得出的结论是：很多心理学实验正遭受着“不可重复”的质疑，被不少人认定是学术造假，说这是“心理学的道德危机”。然而，这一观点本身就值得商榷。

首先，实验无法被重复并不代表学术造假，也许还有别的因素：一是重复实验的操作和实验情景会对研究结果产生影响；二是重复实验和原始实验的样本可能有差别，例如经济水平、教育背景、年龄和文化等等，都可能会对实验结果造成影响。另外，社会与人均是动态变化的有机体，所以新理论出现，旧理论消失或不再适用，也是有可能的。

其次，由于近年来某些社会心理学领域的著名教授被发现数据造假，当“实验无法重复”和“造假”的消息同时占据着新闻版面的时候，读者通常会将两者联系起来。可若因此便将学术不端与实验无法重复等同起来，便很有可能已经犯了心理学中所说的“判断谬误”。

尽管实验无法重复并不代表学术不端，可心理学研究人员在发表学术期刊的时候却也应该有所警醒。

1. 研究人员希望看到前人的研究被重复的原因是什么？

A 增加研究的步骤　　**B** 对申报创新项目有帮助

C 引起学术界的共鸣　　**D** 表明该研究的可靠性

2. 第2段画线词语“这一观点”指的是什么？

A 心理学家要注重说话方式　　**B** 一部分心理学观点已经被推翻

C 重复实验需要还原全部条件　　**D** 实验不可重复表明学术造假

3. 下列哪项不会对重复实验的结果产生影响？

A 实验的透明度　　**B** 实验样本的差异

C 实验情景和操作　　**D** 社会和人的发展变化

4. 根据第4段，看待学术研究的时候应该注意什么？

A 杜绝判断谬误　　**B** 紧跟时代潮流

C 听取不同的意见　　**D** 选择多个发表渠道

정답 및 해설 → 해설서 p.248

5-8.

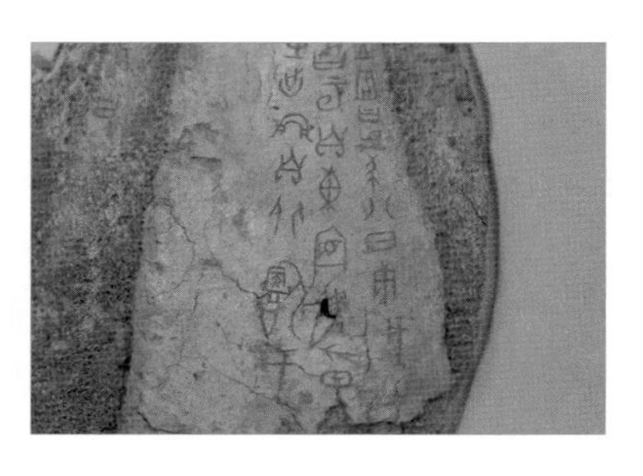

近来，国家典籍博物馆举办了一场年度大展，主题是“甲骨文记忆”，吸引了众多参观者前来探究甲骨文的奥秘。

目前，中国发现的最早的成熟文字就是甲骨文，它因刻写在兽骨或者龟甲上而得名。中国国家图书馆目前藏有35651片甲骨，约占其存世总量的25%。本次展览特意从国家图书馆的甲骨馆藏里挑出了65件极具代表性的藏品，这些甲骨文所载内容除了常见的祭祀主题以外，还包括疾病、田猎、农业和气象等等。此外，这次展出的甲骨除了龟甲外，还有人头骨和牛肩胛骨等等。

此次展览通过讲故事的方式对甲骨文的发现历史进行了介绍，以八个生动且具体的故事，配合模拟场景，把甲骨从私挖盗掘至科学发掘、从中药药材至信史资料的历史变迁娓娓道来。展览还特别选出了50多种在甲骨文研究历史上具有里程碑意义的著作。

另外，此次展览还尤为注重体验性与互动性。在展厅里有一处绿色区域，是专门为参观者准备的互动区，被称为“甲骨姓属林”。在这里，每片悬挂着的绿叶上都有一个用甲骨文写的生肖或者姓氏，在其旁边的展板上提供了相应的现代汉字的对照表。参观者可通过这些绿叶，参与到寻找属相和姓氏的互动游戏当中来，从而对相关的甲骨文有所认识。二楼的展厅还准备了“学童识字”区域，在此，备有一台触屏式甲骨文临摹打印机，小朋友们可在触屏上对甲骨文进行临摹，而且可以打印出自己的作品并拿回家。

5. 关于甲骨文，下列哪项正确？

A 存世量特别稀少　　**B** 多刻在龟甲或兽骨上

C 内容多与古代礼仪有关　　**D** 没有对应的现代汉字

6. 下列哪项最有可能是第3段中画线词语的意思？

A 细致地刻画　　**B** 生动地讲述

C 精准地翻译　　**D** 耐心地指导

7. 关于这次展览的特点，下列哪项不正确？

A 特意留下悬念　　**B** 展出的甲骨类型很多

C 注重互动性与体验性　　**D** 以讲故事的方式进行

8. 在“甲骨文姓属林”，参观者可以做什么？

A 打印临摹的属相图案　　**B** 通过游戏认识甲骨文

C 学习怎样制作甲骨文　　**D** 了解甲骨文字形的演变过程

정답 및 해설 → 해설서 p.251

Day 33

9-12.

散发着墨香的废旧报纸还能有什么用呢？答案是：可以建造房屋。一栋全部使用过期报纸为原料建造而成的"报纸屋"已经矗立88年了。

起初，房子的主人只是想将废旧报纸当做建筑材料，来测试纸张的绝缘性。可没想到的是，用报纸作建筑材料的效果竟然好得出乎意料。1922年，这位年轻人决定建造一栋"报纸新房"。

乍看起来，这座房子与其他木质房子别无二致。实际上，整座房子只有框架、地板以及房顶是由木板制成的，其他部分都是用报纸制作的。为了尽量让这座房子环保并保持原生态，房子的主人还发明了一种用面粉、苹果皮以及水调和而成的黏合剂，它可以使报纸黏合得天衣无缝，针对报纸不防水的特性，房子的主人还在3.5厘米厚的报纸墙体外层涂上了一层防水的亮光漆，以此确保万无一失。

"报纸屋"初具规模后，他索性把实验精神发挥到底，又用报纸做了灯具、桌椅等家具，甚至还做了一架钢琴！1924年，这里已变成了一座又温馨又结实的"避暑山庄"，他心满意足地在里面住了7年。

也许连他自己也没想到，他的"报纸屋"在历经一个世纪之后，除了房屋外墙的报纸有点儿泛黄脱落以外，其他部件都保存得十分完整。

现在，房主已离世，可"报纸屋"却仍然矗立在那里，从世界各地来参观的游人也络绎不绝。

9. 年轻人最初用报纸作建筑材料的目的是什么？

A 推广节能意识　　**B** 测试纸张绝缘性

C 节省工程开支　　**D** 搭建登山帐篷

10. 关于报纸屋，可以知道：

A 灵感来源于传说　　**B** 家具都是新购买的

C 地板是木质的　　**D** 墙上涂有墨水

11. 第3段画线词语可替换为：

A 周密结实　　**B** 引起关注

C 非常醒目　　**D** 举世闻名

12. 根据上文，下列哪项正确？

A 报纸屋被房主捐出去了　　**B** 建造报纸屋成本非常高

C 报纸屋至今仍保存完好　　**D** 报纸屋不能居住

정답 및 해설 → 해설서 p.253

독해 제4부분

13-16.

人们的童年记忆到底是从什么时候开始"褪色"的呢？现在，科学家已经确定了这个时间点。研究证明，从7岁起，童年记忆会快速衰退，到了八九岁时，大部分的孩子一般只能回想起童年生活的40%。

儿童明明记忆力很好，可他们却在短短的几年里把曾经印象深刻的事情忘得一干二净，这种矛盾令人困惑。于是，有位心理学家用了几年时间对4名儿童进行了持续地观察。

参与实验的儿童在四岁的时候第一次和研究人员见面，并且讲述自己经历的8个特殊事件，例如家庭旅行、过生日等等。后来，孩子们分别在6岁和10岁的时候对此再次进行复述，并且回忆之前描述过的细节。结果显示，孩子在6-7岁的时候回忆起的细节可以保持在65%-74%；而年龄稍大一些后，回忆起的内容却明显减少。在对孩子们的记忆差异进行深入分析后，研究人员有了极其重大的发现：7岁前的孩子，在回忆的时候往往缺乏对地点、时间等的表述。他们认为，这种现象会导致有关信息被忘掉，对早期记忆的保存产生不良影响。

研究人员认为，在7岁的时候，人形成记忆的方式开始发生改变——7岁前的孩子缺少地点和时间的概念；而年龄比较大的孩子，记忆的形式与内容更趋向于成人，他们在回忆往事的时候通常会加上叙述性的表述，这样更有助于保存记忆。此外，孩子的遗忘速度要比成人快得多，因此他们的记忆更替也更快，这意味着他们留下童年记忆的可能性不大，也就能解释儿童时期记忆力出色以及长大以后遗忘童年记忆的情况了。

这个发现给了研究人员很大启发，他们认为：如果可以提升叙事技巧，童年回忆或许可以被人们长久珍藏。

13. 第一次与研究人员见面时，儿童被要求做什么？

A 讲述自己经历的特殊事件　　**B** 阐述自己的梦想

C 计算数学题　　**D** 发表自己对某些事情的看法

14. 第3段中画线词语"这种现象"指的是：

A 幼童缺乏对时间和地点的描述　　**B** 幼童叙述逻辑混乱

C 年龄大的儿童注意力不集中　　**D** 成年生活对儿时记忆的干扰

15. 根据研究，人们在7岁时：

A 记忆方式发生改变　　**B** 自我认识很强

C 智力已定型　　**D** 表达水平与成人相同

16. 根据上文，儿童时期怎样做才可能将童年回忆长久保留？

A 经常到户外锻炼　　**B** 提升叙事技巧

C 常回忆往事　　**D** 多和家长沟通

정답 및 해설 → 해설서 p.255

17-20.

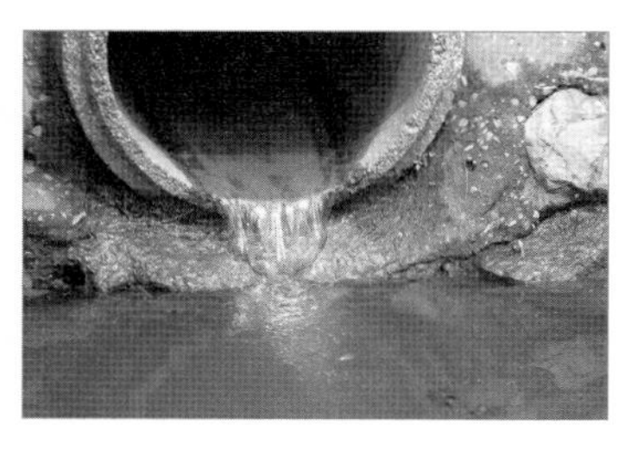

每逢夏天，都会有城市为内涝所苦，可历年来，江西赣州市的部分地区即使降水近一百毫米，也从没出现过明显内涝。这主要得益于该城市建于800多年以前的排水系统。设计建造该排水系统的人是北宋时期的刘彝。他在担任赣州知州的时候，曾经组织人员规划并且修建了城内的街道，根据地形特点和街道的布局，采取分区排水的规制，建造了两个排水干道系统，因为两条沟的走向与篆体的“福”、“寿”二字相似，又名“福寿沟”。

福寿沟总长12.3千米，“因势利导”是它的设计思想，即利用城市地形的落差，使污水和雨水自然排进江中。其精巧的断面和坡度设计，还可保证排水沟里形成的水流有足够的冲力冲走泥沙，不容易堵塞。同时，为了防止江水倒灌入城内，刘彝还在福寿沟出水口处“造水窗十二，视水消长而后闭之，水患顿息”，不愧是考虑周全，十分巧妙!

古代城市防涝排水的成功的事例不只有福寿沟一个。不久前，考古人员在南朝建康宫城遗址内，发现其城内有十分密集的排水沟。据史料推算，当时城里的人口总数应在150万到200万之间，这在当时是规模非常大的城市了。加上建康地处长江的中下游，降水量大，因此市政排污的建设和维护压力都特别大，然而翻查史料，却并未发现建康宫城内发生过大型内涝的记载。由此可见，应该是这些密集的排水沟发挥了重要的作用。

古代的城市排水除了依赖排水沟，也倚靠城中内河。就内河而言，河道的日常疏通与维护极其重要。南唐刘崇远在《全华子杂编》中有记载：“咸通中，金陵秦淮河中有小民棹扁舟业以淘河者。”这里指的就是专门挖掘污泥、保养河道的人。宋代孟元老在《宗京梦华录》中也有明确记载：“每遇春时，官差人夫监淘在城渠。”可见，宋代市政管理人员在雨季来临前，会事先做好疏通河道的准备工作，防止发生内涝。

17. 关于赣州排水系统，下列哪项正确?

A 专用于运送物资　　**B** 始建于明代
C 采用分区排水规制　　**D** 呈南北走向

18. 福寿沟出口处设水窗的目的是:

A 使雨水可以循环利用　　**B** 过滤江水里的杂质
C 防止江水倒灌　　**D** 测量水位高低

19. 根据第3段，可以知道:

A 长江地区地势很平坦　　**B** 古代城镇呈网状分布
C 建康城内涝很频繁　　**D** 建康城规摸大

20. 最后一段画线词语“淘河者”是指哪类人?

A 保养河道的人　**B** 修建运河的人　**C** 挖掘宝物的人　**D** 挖矿的人

정답 및 해설 → 해설서 p.257

Day 37

21-24.

北宋曾有一段时间，许多人都喜欢在都城汴京的夏幽坊附近租房或者买房，特别是文人墨客们，这导致那一带的房价持续增长，但是高居不落的房价却仍然无法挡住那些租房者和购房者的脚步。他们之所以选择去那儿居住，是因为希望成为朝廷龙图阁直学士宋敏求的邻居。

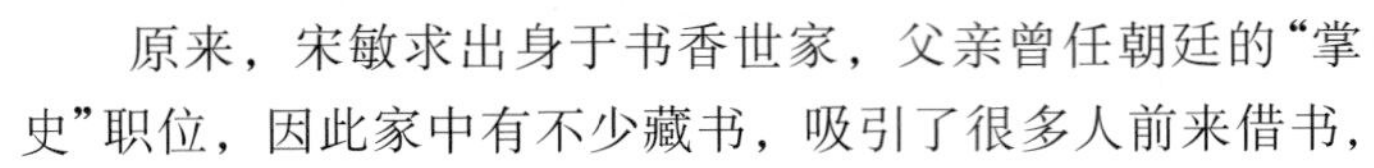

原来，宋敏求出身于书香世家，父亲曾任朝廷的“掌史”职位，因此家中有不少藏书，吸引了很多人前来借书，而他又十分慷慨大方，从来不会拒绝借书的人，也不介意别人把自己的家当作临时“阅览室”。不少人希望和他比邻而居，就是为了去他家读书、借书更加方便。

这些借书人之中也有很多名人大家。据说，王安石在编写《唐百家诗选》的时候，就曾经去宋敏求家查阅过很多资料。宋敏求对于拿出藏书为他人做嫁衣的事也并不在乎，相反，他还非常热情好客，主动为远道而来的借书人提供饮食和住宿，为的是让他们无后顾之忧，能读个痛快。史学家刘恕参加编撰《资治通鉴》的时候，曾经大老远地去宋敏求家借书。宋敏求看到为了编书风尘仆仆、不畏路途遥远的刘恕，顿时心生敬意，赶忙让人拿来好菜好酒招待刘恕，并且为他安排了舒适安静的房间让他能安心编书，这让刘恕非常感动。

现在看来，宋敏求之所以如此受欢迎，不仅是因他家的藏书，更是因为他的人格魅力。

21. 为什么很多人都在夏幽坊一带买房子?

A 想与宋敏求为邻　　**B** 周围环境好

C 为了结交大官　　**D** 属于商业中心区

22. 根据第2段，宋敏求:

A 收了不少徒弟　　**B** 为人慷慨大方

C 创办了图书馆　　**D** 继承了父亲的遗产

23. 第3段画线部分的意思是:

A 故意讨好他人　　**B** 为别人介绍朋友

C 促成别人的好事　　**D** 报答自己的恩人

24. 根据上文，下列哪项正确?

A 王安石和刘恕意见不同　　**B** 宋敏求家境十分贫寒

C 王安石非常崇拜刘恕　　**D** 刘恕受到了宋敏求的款待

정답 및 해설 → 해설서 p.260

25-28.

肥胖其实是人体内脂肪比例的超标，所以有人就想到：可以通过减少膳食里的脂肪摄取来减肥。“低脂饮食”就是因此而引发的灵感。

研究显示，人体三大基本营养元素蛋白质、碳水化合物、脂肪都能够为人体活动和代谢提供所需要的能量。虽然蛋白质不是生物体里的能源物质，不过必要的时候，1克蛋白质也能产生3千卡的热量。当这三种营养物质过量摄入的时候，多余的能量便会转化成脂肪储存起来，该原理是三大营养元素的“中心法则”。这个法则告诉人们，只有控制能量的摄入总量才能达到减肥的目的。人体内的蛋白质每天都需要更新，所以不宜摄入过少的蛋白质，人们只能在脂肪和碳水化合物二者上动脑筋，于是有些营养学家提出了“低碳水化合物饮食”的概念，就是通过减少碳水化合物的摄入总量来控制热量的摄入。碳水化合物含量最多的是主食(米、面)，因此减少主食摄入成了低碳水化合物饮食的特点。

在对全球各国肥胖情况的调查中，研究者发现，地中海一带的居民膳食中脂肪摄入总量和别的国家不相上下，可心血管疾病的发病率却相对较低。这主要归功于当地居民特殊的饮食结构：多吃海鲜、鱼、坚果类、豆类和蔬果等；其次才是谷类，且烹饪的时候用植物油来代替动物油。于是有些营养学家又提出了“地中海饮食”的概念，即不仅要均衡营养元素，来源也必须是健康的。

那么，低脂、低碳水化合物与地中海饮食方式究竟哪一种对减肥的效果更好呢？研究者通过一项比较研究发现，三种饮食方式都可以起到减重的效果，而其中减肥效果最佳的则是低碳水化合物饮食。

25. “低脂饮食”指的是：

A 减少食物中脂肪的摄入量　　**B** 高温会破坏蛋白质的结构
C 倡导吃新鲜的食物　　**D** 烹饪的时候不放盐

26. 关于三大营养要素，可以知道：

A 蛋白质能够分解脂肪　　**B** 都要每天更新
C 蛋白质产生的热量最多　　**D** 都可以提供能量

27. 为什么地中海地区居民心血管疾病的发病率低？

A 空气中富含大量负离子　　**B** 爱服用营养品
C 早晚温差大　　**D** 饮食习惯比较健康

28. 根据上文，下列哪项正确？

A 减肥容易使人疲劳　　**B** 三种饮食方式都有减肥功效
C 运动减肥效果最佳　　**D** 地中海饮食易使体重反弹

정답 및 해설 → 해설서 p.262

쓰기

저자직강

한 편의 글을 읽고 요약하기 [총 1문항]

출제 경향

최근에는 에피소드 형식의 지문이 늘어나고 있다. 주로 어떤 인물이 성공한 이야기, 겪었던 이야기 등이 출제되지만, 종종 고전 이야기나, 과학 관련 이야기처럼 생소한 주제의 지문이 출제되기도 한다.

실전! 풀이 비법 한눈에 보기

"이야기의 흐름과 핵심 정보를 파악하자"

문제 풀이 순서

STEP 1 흐름 파악하기

지문을 읽는 10분 동안 이야기의 흐름을 파악하자. 사건이 전개되는 양상과 각 사건의 등장인물, 시간, 장소, 감정 등을 머릿속으로 정리한다. 이야기의 주제와 교훈은 최대한 암기한다.

STEP 2 요약하기

사건을 기준으로 단락을 나누어 요약한다. 어려운 표현은 쉽게 바꾸어 쓰되, 이름, 지명 등의 고유명사나 주제, 교훈 등의 핵심 문장은 최대한 원문 그대로 쓸 수 있도록 노력하자.

徐国良是河南一家医院的外科医生，他拿起手术刀时能够救死扶伤，而拿起画笔时又能画得活灵活现。他在短短几个月的时间里，便创作出了数十幅意趣盎然的画作，因此被网友幽默地称为"被医生工作耽误的画家"。

徐国良对记者说，他从小就爱画画儿，高中时还曾学过素描，后来由于学医，这个爱好就被搁置了。一直到两三年前，为了能够更好地了解人体结构图，徐国良便开始亲手绘制人体解剖图。

등장인물이 겪은 경험과 교훈을 적어야 한다. 자신의 생각이 들어가면 감점 요인이 된다.

…(중략)…

所以，徐国良决定使用手绘图与患者进行交流。记者从徐国良绘制的手绘图里看到，他使用不一样颜色的圆珠笔绘制出了人体的各个器官结构，并标注出它们的名称。徐国良称："患者看到这些图片后，会更加了解自己的病情，也明白了医生是怎样进行诊治的，心理压力也得到了减轻，这就增进了医生与患者间的互相关系"。

除了利用手绘人体图和患者交流病情之外，徐国良还通过手绘图来教学。教学与临床中使用实景照片的情况比较多，而使用手绘图的情况较少。他说道："国内好的手绘人体解剖图还是不多，我希望能出一组这样的图片，应用到实践当中"。目前徐国良已绘制了50多幅人体解剖图，他希望日后可以出一组作品集。

另外，徐国良还计划推出一套科普漫画，目前该计划还处于构思阶段，他希望绘制出老百姓关心的常见病，并且说明病因、以及诊疗方法等内容。徐国良渴望通过漫画的形式向人们科普健康知识，让人们可以更好地预防疾病，并希望漫画能成为医患关系的一种"润滑剂"。

모범답안 및 해설 → 본서 p. 304~310

등장인물의 이름은 정확하게 써야 한다.

글의 주제가 잘 드러나는 제목을 쓰자. (제목 배점: 약 10점)

단락 앞 두 칸은 비우고 써야 한다.

			被	医	生	工	作	耽	的	画	家	—	—	徐	国	良			
		徐	国	良	是	一	名	外	科	医	生	，	他	拿	起	手	术	刀	时
能	救	人	，	拿	起	画	笔	时	又	能	画	得	十	分	逼	真	，	因	此

…(중략)…

漫	画	成	为	医	患	间	的	"	润	滑	剂	"。							

어려운 글자를 그대로 쓰는 것보다 쉬운 글자를 정확하게 적는 것이 낫다.

350자 이상 분량으로 요약해야 고득점 획득에 유리하다.

쓰기 공부 비법

⏱ 쓰기 영역 시험 시간 45분

쓰기는 짧은 시간에 지문을 이해하고, 외워서 적어야 하기 때문에, 평소에 짧은 글을 줄여 쓰는 연습을 해야 한다. 쓰고 난 후 중국인 선생님께 교정을 받아서 내가 자주 틀리는 부분을 확실하게 고치자. 육하원칙에 근거해서 '기-승-전-결'로 쓰는 연습을 하자!

줄여 쓰기

STEP 1 유형 파악하기

✖ 쓰기 영역에는 약 1,000자 분량의 지문을 10분 동안 읽고 35분 이내에 400자 내외로 요약하는 유형의 문제가 한 문항 출제되며, 배점이 100점이다. 지문을 읽는 시간에 메모는 일체 허용되지 않으며 눈으로만 읽어야 한다. 10분이 지나면 시험지는 회수한다.

▶ 출제 경향

최근 쓰기 영역에서는 에피소드 형식의 지문이 많이 출제되고 있으며, 특히 실제 있었던 사건이 제시되기도 하기 때문에 생소한 주제의 지문이 출제될 수도 있다.

▶ 문제풀이 비법

1 핵심 정보 파악하기

처음 두 단락에는 내용 전개에 필요한 주요 정보가 제공되므로, 이를 파악하면서 지문을 읽어야 한다. 일반적으로 등장인물과 특징, 사건의 시간·장소·주요 내용 등이 제시된다.

2 흐름 파악하기

이야기의 흐름을 파악하면서 읽어야 내용을 쉽게 이해하고 기억할 수 있으며, 요약도 수월하게 할 수 있다. 특히, '기승전결' 구조의 글에서는 인물의 감정보다는 사건의 전개 양상이 중심이 되기 때문에 흐름 파악이 더욱 중요하다. 이야기의 진행 과정마다 등장인물의 말이나 행동을 통해 시간, 장소, 발생 사건, 등장인물의 감정 등을 파악해야 한다.

3 주제 파악하기

지문의 주제를 정확하게 파악해야 방향을 잃지 않고 글을 요약할 수 있으며, 요약문의 필수 요소인 제목도 적절하게 지을 수 있다. 지문의 주제나 핵심 내용은 주로 마지막 단락에서 제시되는 경우가 많다.

예제

徐国良是河南一家医院的外科医生，他拿起手术刀时能够救死扶伤，而拿起画笔时又能画得活灵活现。他在短短几个月的时间里，便创作出了数十幅意趣盎然的画作，因此被网友幽默地称为“被医生工作耽误的画家”。

徐国良对记者说，他从小就爱画画儿，高中时还曾学过素描，后来由于学医，这个爱好就被搁置了。一直到两三年前，为了能够更好地了解人体结构图，徐国良便开始亲手绘制人体解剖图。

一次偶然的机会，徐国良发现手机中的绘图软件也可以用来画画儿。于是，他便开始用手机软件来绘画，内容也从人体解剖图变为了日常生活中的物品。徐国良表示自己的绘画灵感一方面来自于日常生活中所观察到的事物；另一方面则是为网络语录配图。他说：“医生的工作是忙碌的，强度也非常大，我画画儿的主要目的是为了减压。”现在，徐国良每隔两三天便会在手机里画幅画儿，每幅画大概一个小时左右。

虽然被人们戏称为“被医生工作耽误的画家”，可徐国良却一点儿也没有耽误自己的本职工作，而是把自身的绘画特长融入到了工作当中，利用手绘图帮助患者更好地了解病情，从而配合治疗。

对于外科医生来说，各种手术是家常便饭，每次手术之前与患者的“术前谈话”是每一位外科医生一定要进行的一道程序。徐国良表示，医生与患者交流时，常常使用实景照片，一般的患者大都难以理解，并且有一些还很血腥，这会给患者带来一定程度上的心理压力。

所以，徐国良决定使用手绘图与患者进行交流。记者从徐国良绘制的手绘图里看到，他使用不一样颜色的圆珠笔绘制出了人体的各个器官结构，并标注出它们的名称。徐国良称：“患者看到这些图片后，会更加了解自己的病情，也明白了医生是怎样进行诊治的，心理压力也得到了减轻，这就增进了医生与患者间的互相关系”。

除了利用手绘人体图和患者交流病情之外，徐国良还通过手绘图来教学。教学与临床中使用实景照片的情况比较多，而使用手绘图的情况较少。他说道：“国内好的手绘人体解剖图还是不多，我希望能出一组这样的图片，应用到实践当中”。目前徐国良已绘制了50多幅人体解剖图，他希望日后可以出一组作品集。

另外，徐国良还计划推出一套科普漫画，目前该计划还处于构思阶段，他希望绘制出老百姓关心的常见病，并且说明病因、以及诊疗方法等内容。徐国良渴望通过漫画的形式向人们科普健康知识，让人们可以更好地预防疾病，并希望漫画能成为医患关系的一种“润滑剂”。

단락별 풀이

제1~2단락

徐国良是河南一家医院的外科医生，他拿起手术刀时能够救死扶伤，而拿起画笔时又能画得活灵活现。他在短短几个月的时间里，便创作出了数十幅意趣盎然的画作，因此被网友幽默地称为“被医生工作耽误的画家”。

徐国良对记者说，他从小就爱画画儿，高中时还曾学过素描，后来由于学医，这个爱好就被搁置了。一直到两三年前，为了能够更好地了解人体结构图，徐国良便开始亲手绘制人体解剖图。

쉬궈량은 허난 한 병원의 외과 의사이다. 그는 메스를 들 때는 생명을 구하고 상처를 치료할 수 있고, 붓을 들 때는 생동감 있는 그림을 그릴 수 있다. 그는 몇 개월 만에 정취가 넘치는 그림 수십 장을 그려 내 네티즌들에게 농담으로 '의사 일로 방해받는 화가'라고 불린다.

쉬궈량은 기자에게 그는 어려서부터 그림 그리는 것을 좋아했고, 고등학생일 때 소묘를 배우기도 했었지만 훗날 의학 공부 때문에 이 취미를 방치하게 되었다고 말했다. 2~3년 전부터 인체구조도를 더 잘 이해하기 위해서 쉬궈량은 직접 인체해부도를 그리기 시작했다.

徐国良 Xú Guóliáng 고유 쉬궈량 [인명] | **河南** Hénán 고유 허난성 | **外科** wàikē 명 외과 | **手术刀** shǒushùdāo 명 메스, 수술용 칼 | **能够** nénggòu 조동 ~할 수 있다 | **救死扶伤** jiùsǐ fúshāng 성 생명을 구하고 상처를 치료하다 | **画笔** huàbǐ 명 그림 붓 | **活灵活现** huólíng huóxiàn 성 매우 생동감 있고 사실적이다 | **便** biàn 부 곧, 바로 [=就] | ★**创作** chuàngzuò 동 (문예 작품을) 창작하다 | **幅** fú 양 폭, 점 [옷감·종이·그림 등을 세는 단위] | **意趣** yìqù 명 정취 | **盎然** àngrán 형 (기분이나 흥미 등이) 차고 넘치다 | **画作** huàzuò 명 그림, 회화 작품 | **网友** wǎngyǒu 명 네티즌 | **称为** chēngwéi 동 ~라고 부르다 [被称为: ~라고 불리다] | **耽误** dānwu 동 (시간을 지체하다가) 일을 그르치다, 시기를 놓치다 | **画家** huàjiā 명 화가 | **高中** gāozhōng 명 고등학교 | **素描** sùmiáo 명 소묘, 데생 | **学医** xuéyī 동 의학을 배우다 | **搁置** gēzhì 동 방치하다, 내버려 두다, 방임하다 | **人体** réntǐ 명 인체 | **结构图** jiégòutú 명 구조도 | **亲手** qīnshǒu 부 직접, 손수 | **绘制** huìzhì 동 제작하다 | **解剖图** jiěpōutú 명 해부도

▶ 단락 주제 그림 그리는 의사 쉬궈량

그림을 그리는 외과 의사 '쉬궈량'에 대한 이야기이다. 쉬궈량이 왜 그림 그리는 의사가 되었는지 설명하는 부분이기 때문에 어릴 때부터 지금까지 어떻게 그림을 그렸는지 빼놓지 않고 서술해야 한다. 또한 주인공 이름은 꼭 외워서 쓸 수 있어야 한다.

▶ 포인트 구문

- **拿起手术刀时A，而拿起画笔时B** 메스를 들 때는 A하고, 붓을 들 때는 B하다 [문장의 연결]

  他拿起手术刀时技艺精湛，而拿起画笔时又画得栩栩如生。

  그가 메스를 들 때는 기예가 정밀하고, 붓을 들 때는 또 생동감 넘치게 그린다.

- **从小就+동사** 어렸을 때부터 ~하다

  我从小就对传统文化很感兴趣。나는 어렸을 때부터 전통문화에 흥미를 느꼈다.

▶ 쉬운 말로 고쳐 쓰기

- **河南一家医院的外科医生** 허난 한 병원의 외과 의사 → **一名外科医生** 외과 의사
- **活灵活现** 매우 생동감 있고 사실적이다 → **很生动** 생동감 있다

제3단락

一次偶然的机会，徐国良发现手机中的绘图软件也可以用来画画儿。于是，他便开始用手机软件来绘画，内容也从人体解剖图变为了日常生活中的物品。徐国良表示自己的绘画灵感一方面来自于日常生活中所观察到的事物；另一方面则是为网络语录配图。他说："医生的工作是忙碌的，强度也非常大，我画画儿的主要目的是为了减压。"现在，徐国良每隔两三天便会在手机里画幅画儿，每幅画大概一个小时左右。

한 번은 우연한 기회로 쉬궈량은 휴대폰의 그래픽 앱으로도 그림을 그릴 수 있다는 것을 알게 되었다. 그래서 그는 휴대폰 앱으로 그림을 그리기 시작했다. 그림의 내용 또한 인체 해부도에서 일상생활 속의 물건으로 바뀌었다. 쉬궈량은 자신의 그림의 영감이 한편으로는 일상생활에서 관찰한 사물에서 오기도 하고, 다른 한편으로는 인터넷 어록과 삽화에서 오기도 한다고 밝혔다. 그는 "의사는 일이 매우 바쁘고, 업무 강도도 굉장히 높습니다. 제가 그림을 그리는 주된 목적은 스트레스를 줄이기 위해서죠."라고 말했다. 현재 쉬궈량은 2~3일마다 휴대폰에 그림을 한 점 그리는데, 그림 한 점에 대략 한 시간 정도 걸린다.

偶然 ǒurán 형 우연하다 | **绘图** huìtú 동 도안을 그리다 | **软件** ruǎnjiàn 명 앱, 애플리케이션 | **绘画** huìhuà 동 그림을 그리다 | **变为** biànwéi 동 ~로 바뀌다 | **日常** rìcháng 명 일상 | **物品** wùpǐn 명 물품 | ★**灵感** línggǎn 명 영감 | **一方面** yìfāngmiàn 한편으로 [一方面A，另一方面B: 한편으로 A하면서 다른 한편으로는 B하다] | **所** suǒ 조 ['所+동사'의 형태로 쓰여, 그 동사와 함께 명사적 성분이 됨] | **观察** guānchá 동 (사물·현상을) 관찰하다, 살피다 | **事物** shìwù 명 사물 | **网络** wǎngluò 명 인터넷, 네트워크 | **语录** yǔlù 명 어록 | **配图** pèitú 삽화 | ★**忙碌** mánglù 형 바쁘다 | **强度** qiángdù 명 강도 | **减压** jiǎnyā 동 스트레스를 줄이다 | **隔** gé 동 (공간적·시간적으로) 떨어져 있다, 간격을 두다

▶ 단락 주제 일상에서 꾸준히 그림을 그리는 주인공

쉬궈량이 의사 일로 바쁜 와중에도 휴대폰으로 그림을 그린다는 내용이다. 휴대폰 앱으로 그림을 그린다는 것과 그림의 소재, 그림을 그리는 이유가 핵심 내용이므로 요약문에 들어가야 한다. 추가적으로 2~3일마다 한 시간씩 들여 그림을 그린다는 내용까지 언급하면 더 좋은 줄여쓰기가 될 수 있다.

▶ 포인트 구문

- **A变为B** A에서 B로 바뀌다

  只有努力学习，才能让美梦变为现实。열심히 공부해야만 비로소 아름다운 꿈을 현실로 바꿀 수 있다.

• 一方面A，另一方面B 한편으로는 A하고, 다른 한편으로는 B하다

他画画儿一方面是为了养家糊口，另一方面是想像父亲一样成为画家。

그가 그림을 그리는 것은 한편으로는 가족을 부양하기 위해서이고 다른 한편으로는 아버지 같이 화가가 되고 싶어서이다.

• 来自于A A에서 오다

这位作家的写作灵感都来自于日常生活。이 작가의 글쓰기 영감은 모두 일상생활에서 온다.

▶ 쉬운 말로 고쳐 쓰기

• 用手机软件来绘画 휴대폰 앱으로 그림을 그리다 → 用手机画 휴대폰으로 그림을 그리다

제4~6단락

虽然被人们戏称为“被医生工作耽误的画家”，可徐国良却一点儿也没有耽误自己的本职工作，而是把自身的绘画特长融入到了工作当中，利用手绘图帮助患者更好地了解病情，从而配合治疗。

对于外科医生来说，各种手术是家常便饭，每次手术之前与患者的“术前谈话”是每一位外科医生一定要进行的一道程序。徐国良表示，医生与患者交流时，常常使用实景照片，一般的患者大都难以理解，并且有一些还很血腥，这会给患者带来一定程度上的心理压力。

所以，徐国良决定使用手绘图与患者进行交流。记者从徐国良绘制的手绘图里看到，他使用不一样颜色的圆珠笔绘制出了人体的各个器官结构，并标注出它们的名称。徐国良称：“患者看到这些图片后，会更加了解自己的病情，也明白了医生是怎样进行诊治的，心理压力也得到了减轻，这就增进了医生与患者间的互相关系”。

비록 사람들에게 농담으로 ‘의사 일로 방해받는 화가’라고 불리긴 하지만, 쉬궈량은 자신의 본업에 전혀 지장을 주지 않고, 자신의 그림 특기를 업무에 녹여 내어, 손그림으로 환자가 병세를 더 잘 이해하도록 도와 치료에 협조할 수 있도록 한다.

외과 의사에게 있어서 여러 수술을 하는 것은 흔한 일이고, 매번 수술을 하기 전에 환자와 ‘수술 전 대화’를 하는 것은 모든 외과 의사가 반드시 진행해야 하는 절차이다. 쉬궈량은 의사는 환자와 소통할 때 종종 실제 사진을 사용하는데, 보통의 환자는 대부분 이해하기 어려운 데다가 피비린내도 나서 환자에게 어느 정도의 심리적 압박을 줄 수 있다고 밝혔다.

그래서 쉬궈량은 손그림으로 환자와 소통하기로 결정했다. 기자는 쉬궈량이 그린 손그림에서 그가 색이 다른 볼펜으로 인체의 각 장기 구조를 그리고 그 장기의 명칭을 표시한 것을 발견했다. 쉬궈량은 말했다. “환자가 이 그림들을 보고 나면 자신의 병세를 더 잘 이해하게 되고, 의사가 어떻게 치료를 할 것인지도 알게 되고 심리적 압박도 줄어드니, 이렇게 의사와 환자 간의 상호 관계가 증진됩니다.”

戏称 xìchēng 동 농담으로 말하다, 우스개로 ~라고 부르다 | **本职** běnzhí 명 본업 | **自身** zìshēn 명 자신, 본인 | ★**特长** tècháng 명 특기, 장기, 장점, 특색 | **融入** róngrù 동 녹다, 융합되어 들어가다 | **利用** lìyòng 동 이용하다 | **病情** bìngqíng 명 병세, 병상 | **从而** cóng'ér 접 따라서, 이리하여, 그리하여 | **配合** pèihé 동 협력하다, 협동하다 | **治疗** zhìliáo 동 치료하다 | **各种** gè zhǒng 여러 가지의, 각종의 | **手术** shǒushù 명 수술 | **家常便饭** jiācháng biànfàn 성 흔히 있는 일, 다반사 | ★**患者** huànzhě 명 환자, 병자 | **谈话** tánhuà 명 담화 | **道** dào 양 번, 차, 회 [횟수를 세는 단위] | **程序** chéngxù 명 절차, 순서, 단계 | **常常** chángcháng 부 종종, 흔히, 자주 | **实景照片** shíjǐng zhàopiān 실제 사진 | **难以** nányǐ 동 ~하기 어렵다 | **血腥** xuèxīng 형 피비린내가 나다, 잔인하다 | **程度** chéngdù 명 정도 | **心理** xīnlǐ 명 심리 | **圆珠笔** yuánzhūbǐ 명 볼펜 | ★**器官** qìguān 명 (생물체의) 기관 | **结构** jiégòu 명 구조, 구성 | **标注** biāozhù 동 표시하고 상세하게 설명을 달다 | **名称** míngchēng 명 이름, 명칭 | **称** chēng 동 말하다 | **诊治** zhěnzhì 동 진찰하고 치료하다 | **得到** dédào 동 얻다, 받다 | **减轻** jiǎnqīng 동 줄다, 감소하다 | **增进** zēngjìn 동 증진하다

쓰기

▶ 단락 주제 그림 그리는 재주를 직업에 유용하게 쓰는 쉬궈량

분량이 세 단락으로 길지만 결국은 쉬궈량이 그림 그리는 재주를 업무에 어떻게 활용하는지가 주된 내용이다. 중복되거나 불필요한 내용은 과감하게 덜어 내고 주인공이 그림으로 환자와 소통하는 방법, 그림으로 소통할 때의 이점을 간추려 써야 한다.

▶ 포인트 구문

- **一点儿也没有+动词** 조금도 ~하지 않다
  恶劣的天气一点儿也没有影响登山队员们登顶势气。
  열악한 날씨는 등산대원들의 정상에 오르고자 하는 열기에 조금도 영향을 주지 않았다.

- **把A融入到B** A를 B에 녹여 내다
  他把自己多年的创业经历与心得都融入到了这部作品中。
  그는 자신의 다년간의 창업 경력과 깨달음을 이 작품 속에 모두 녹여 냈다.

- **给A带来压力** A에게 스트레스를 주다
  比赛前，过度的心理暗示也会给队员们带来压力。 시합 전, 과도한 심리 암시도 선수들에게 스트레스를 줄 수 있다.

- **压力得到减轻** 스트레스를 줄이다
  适当的运动可以使我们的压力得到减轻。 적당한 운동은 우리의 스트레스를 줄일 수 있다.

▶ 쉬운 말로 고쳐 쓰기

- **患者** 환자 → **病人** 환자
- **家常便饭** 흔히 있는 일 → **很容易的事** 쉬운 일 / **常见的事情** 자주 있는 일

제7~8단락

除了利用手绘人体图和患者交流病情之外，徐国良还通过手绘图来教学。教学与临床中使用实景照片的情况比较多，而使用手绘图的情况较少。他说道："国内好的手绘人体解剖图还是不多，我希望能出一组这样的图片，应用到实践当中"。目前徐国良已绘制了50多幅人体解剖图，他希望日后可以出一组作品集。

另外，徐国良还计划推出一套科普漫画，目前该计划还处于构思阶段，他希望绘制出老百姓关心的常见病，并且说明病因、以及诊疗方法等内容。徐国良渴望通过漫画的形式向人们科普健康知识，让人们可以更好地预防疾病，并希望漫画能成为医患关系的一种"润滑剂"。

손그림 인체도를 이용해서 환자와 병세에 대해 소통하는 것 외에도 쉬궈량은 손그림을 통해 교육을 하기도 한다. 교육과 임상에서 실제 사진을 쓰는 상황이 많고, 손그림을 쓰는 상황은 적은 편이다. 그는 "중국 내에 좋은 손그림 인체해부도가 아직 많지 않습니다. 저는 이런 그림이 나와서 실제 상황에서 쓸 수 있기를 바랍니다."라고 말했다. 현재 쉬궈량은 이미 50여 점의 인체해부도를 그렸다. 그는 나중에 작품집을 하나 낼 수 있기를 희망한다.

그 밖에, 쉬궈량은 과학 보급 만화를 낼 계획이기도 하다. 현재 이 계획은 아직 구상 단계에 놓여 있고, 그는 대중이 관심 있는 흔한 병을 그리고, 병의 원인 및 치료법 등의 내용을 설명하고자 한다. 쉬궈량은 만화의 형식을 통해 사람들에게 건강 지식을 보급해서 사람들이 질병을 더 잘 예방할 수 있기를 간절히 바라고, 아울러 만화가 의료진과 환자 관계의 '윤활제'가 될 수 있기를 바란다.

教学 jiàoxué 동 가르치다 | ★**临床** línchuáng 명 임상 | **说道** shuōdào 동 ~라고 말하다 | **国内** guónèi 명 국내 | **应用** yìngyòng 동 응용하다, 이용하다, 사용하다 | **实践** shíjiàn 명 실천, 실행 | **目前** mùqián 명 현재, 지금 | **日后** rìhòu 명 나중, 장래, 뒷날 | **套** tào 양 세트, 벌 | **作品集** zuòpǐnjí 명 작품집 | **推出** tuīchū 동 내놓다, 출시하다 | **科普** kēpǔ 명 과학 보급 ['科学普及'의 줄임말] | ★**漫画** mànhuà 명 만화 | **该** gāi 대 (앞에서 언급한) 이, 그, 저 | **处于** chǔyú 동 (사람·사물이 어떤 지위·상태·환경·시간에) 놓이다, 처하다 | ★**构思** gòusī 명 구상 | **阶段** jiēduàn 명 단계 | **老百姓** lǎobǎixìng 명 대중, 일반인 | **常见病** chángjiànbìng 흔한 병 | **病因** bìngyīn 명 병의 원인 | **以及** yǐjí 접 및, 그리고, 아울러 | **诊疗** zhěnliáo 동 진료하다 | ★**渴望** kěwàng 동 갈망하다, 간절히 바라다 | **形式** xíngshì 명 형식 | **预防** yùfáng 동 예방하다, 미리 방비하다 | ★**疾病** jíbìng 명 질병, 병 | **医患** yīhuàn 명 의료진과 환자 | **润滑剂** rùnhuájì 명 윤활제

▶ **단락 주제 자신의 손그림으로 더 많은 발전을 꿈꾸는 주인공**

쉬궈량이 직접 그린 손그림으로 환자와 소통하거나 교육을 해 오고 있으며, 나중에 과학 보급 만화를 낼 계획도 있다는 내용이다. 마지막 문장은 글의 마무리이면서 주인공의 바람이므로 고득점을 위해서는 요약문에 꼭 언급해야 한다. 큰따옴표 속 주인공이 직접 말하는 부분은 쓰지 않아도 무방하다.

▶ **포인트 구문**

- **除了A之外，还B** A 외에도 B하다

  要想长寿健康，除了要有良好的生活习惯之外，还要定期做身体检查。
  건강하게 장수하고 싶다면 좋은 생활 습관을 지니는 것 외에도 정기적으로 신체 검사를 받아야 한다.

- **日后** 나중

  之前不断地积累，为他日后在科学领域取得成就奠定了基础。
  이전에 꾸준히 축적해 온 그는 나중에 과학 분야에서 성과를 거둘 수 있는 토대를 마련했다.

- **处于A阶段** A 단계에 놓여 있다

  "折叠屏手机"虽已问世，但"折叠屏"技术仍处于研究、改进阶段。
  '플립형 휴대폰'은 이미 출시되었지만 '플립형' 기술은 여전히 연구, 개선 단계에 놓여 있다.

- **通过A(的)形式** (A의) 형식을 통하여

  由于疫情的缘故，各教育机构都开始通过互联网的形式进行授课。
  감염병을 이유로, 각 교육기관에서는 인터넷 형식을 통해 수업을 진행하기 시작했다.

▶ **쉬운 말로 고쳐 쓰기**

- 日后 나중에 → 以后 이후
- 向人们科普知识 사람들에게 지식을 보급하다 → 向人们传递知识 사람들에게 지식을 전달하다

▶ **제목 짓기**

예 ① **被医生工作耽误的画家——徐国良 의사 일로 방해받고 있는 화가–쉬궈량**
주인공에 초점을 맞춘 제목으로, 지문에 나온 표현을 활용하여 제목을 지을 수 있다.

예 ② **徐国良的手绘人体解剖图 쉬궈량의 손그림 인체해부도**
손그림 인체해부도를 그리기 시작한 주인공 쉬궈량에 대한 이야기에 초점을 맞추어 제목을 지을 수 있다.

예 ③ **医患间的"润滑剂" 의료진과 환자 간의 '윤활제'**
쉬궈량이 환자와 소통할 때 사용하는 손그림을 지문 마지막에 언급된 '윤활제'에 비유하여 제목을 지을 수 있다.

모범답안

  被医生工作耽误的画家——徐国良
  徐国良是一名外科医生，他拿起手术刀时
能救人，拿起画笔时又能画得十分逼真，因此
被称为"被医生工作耽误的画家"。他告诉记者
自己从小就喜欢画画儿，但由于学医就不再画
了，他是从两三年前开始画人体解剖图的。

의사 일로 방해받고 있는 화가–쉬궈량

쉬궈량은 외과 의사로, 그가 메스를 들 때는 사람을 구할 수 있고, 붓을 들 때는 매우 생생하게 그림을 그릴 수 있다. 그래서 '의사 일로 방해받는 화가'라고 불린다. 그는 기자에게 자신은 어렸을 때부터 그림 그리기를 좋아했지만 의학 공부 때문에 더는 그림을 그리지 않다가, 2~3년 전부터 인체해부도를 그리기 시작했다고 말했다.

쓰기

徐国良偶然发现手机绘图软件也能画画儿，于是他就开始用手机画，内容从人体解剖图变为了日常生活用品。徐国良画画儿是为了减压，现在他隔两三天就会画一幅。

然而，这并没有耽误他的工作，相反，他希望利用手绘图帮助病人了解病情。因为外科医生手术前都会和病人进行谈话，可使用实景照片会给病人带来压力，所以他决定用手绘图和患者交流。他表示患者看到手绘图后，可以了解病情和医生的诊疗方法，从而增进了医生和患者之间互相信任的关系。

除此之外，徐国良还利用手绘图来教学，目前他已经画了50多幅人体解剖图，他希望以后能出一套作品集和科普漫画，并渴望通过向人们科普健康知识让人们更好地预防疾病，使漫画成为医患间的“润滑剂”。

문장부호 제외 376자

쉬궈량은 우연히 휴대폰 그래픽 앱으로도 그림을 그릴 수 있다는 것을 발견하고는 휴대폰으로 그림을 그리기 시작했다. 내용은 인체해부도에서 일상용품으로 바뀌었다. 쉬궈량이 그림을 그리는 것은 스트레스 해소를 위해서이고, 현재 그는 2~3일에 그림 한 점을 그리곤 한다.

그러나 이것은 결코 그의 업무에 지장을 주지 않았고, 반대로 그는 손그림을 이용해서 환자가 병세를 이해하는 데 도움을 주기를 희망한다. 외과 의사는 수술 전에 환자와 대화를 하게 되는데, 실제 사진을 사용하면 환자에게 스트레스를 줄 수도 있기 때문에, 그는 손그림으로 환자와 소통하기로 결정했다. 그는 환자가 손그림을 보고 병세와 의사의 진료 방법을 이해할 수 있게 되면서 의사와 환자 간의 상호 신뢰 관계가 증진된다고 밝혔다.

이 외에도, 쉬궈량은 손그림을 이용하여 교육을 하기도 하는데, 현재 그는 이미 50여 점의 인체해부도를 그렸다. 그는 나중에 작품집과 과학 보급 만화를 낼 수 있기를 바라며, 아울러 사람들에게 건강 지식을 보급함으로써 사람들이 질병을 더 잘 예방하고 만화가 의료진과 환자 간의 '윤활제'가 되기를 간절히 바란다.

STEP 2 내공 쌓기

1 줄여 쓰기 요령

① 수식어, 보충 설명, 중복 설명 등은 생략하거나 합친다.

老公自从上个月被公司辞退后，整天闷闷不乐、愁眉苦脸，还经常乱发脾气，让我很担心。

남편이 지난달 회사에서 해고된 후, 하루 종일 답답해하고 수심에 찬 얼굴로 툭하면 화를 내서 나를 걱정스럽게 했다.

→ 老公被公司辞退后，心情非常不愉快，这让我很担心。

남편이 회사에서 해고된 후, 매우 짜증을 내서 나를 걱정스럽게 했다.

② 구체적으로 설명하거나 여러 가지 사항을 열거하는 내용은 생략하거나 한 문장으로 축약한다.

斯拉特自己则一如既往地参加各种演讲活动，向公众展示并讲解他们的海洋清理系统，号召更多人关注海洋垃圾问题，并加入到清理海洋的队伍中。

슬라터 자신은 지난날과 다름없이 각종 강연 활동에 참석해 관중들에게 그들의 해양 청소 시스템을 보여 주고 설명하며, 더 많은 사람들이 해양 쓰레기 문제에 관심을 갖고, 바다를 청소하는 대열에 합류하도록 호소했다.

→ 斯拉特参加各种演讲活动，因此有越来越多的人也加入到了海洋清理的队伍中来。

슬라터는 각종 강연 활동에 참석했고, 이로 인해 점점 더 많은 사람들이 바다를 청소하는 대열에 합류하게 되었다.

③ 인물 간의 대화는 간접 화법으로 바꿔 쓴다.

父亲常常劝儿子："学些本事，不要只顾着吃喝玩乐，万一有一天我破产了，你可怎么办?"

아버지는 자주 아들에게 "먹고 마시고 노는 데만 신경 쓰지 말고 일의 수완을 좀 배우렴. 만일 어느 날 내가 파산이라도 하면 어쩌려고 그러니?"라고 타일렀다.

→ 父亲劝儿子学点儿本事，不要整天无所事事。

아버지는 아들에게 하루 종일 하는 일 없이 빈둥거리지 말고, 일의 수완을 좀 배우라고 타일렀다.

④ 어려운 표현은 쉬운 표현으로 바꿔 쓴다. 이때 틀리지 않게 쓰는 것이 중요하다.

与日俱增 날로 늘어나다 → 越来越多 갈수록 증가하다 / 一天比一天多 나날이 많아지다

百思不解 도무지 이해가 가지 않다 → 怎么也不能理解 도무지 이해가 가지 않다

泪流满面 눈물이 앞을 가리다 → 留下了很多眼泪 많은 눈물을 흘리다

不以为意 개의치 않다 → 不介意 개의치 않다 / 不在乎 대수롭지 않게 여기다 / 不放在心上 마음에 담아 두지 않다

⑤ 제목을 지을 때는 지문에 등장한 주요 사물과 주인공, 키워드나 주제문, 궁금증을 유발하는 표현 등을 활용할 수 있다.

一块旧桌布 오래된 식탁보　　儿子的变化 아들의 변화

父爱 아버지의 사랑　　坚持努力才能成功 꾸준히 노력해야만 성공할 수 있다

国王为什么选择了龙娃? 국왕은 왜 룽와를 선택했을까?

⑥ 분량은 문장부호를 제외하고 350자 이상 450자 이하로 쓰는 것이 가장 좋고, 글씨는 또박또박 깔끔하게 쓴다.

2 원고지 작성법

① 제목은 첫 번째 줄 중앙에 쓰거나 앞의 네 칸을 비우고 쓴다.

② 단락을 시작할 때는 앞의 두 칸을 비우고 쓴다.

③ 문장부호는 한 칸에 하나씩 쓰는 것이 원칙이지만 몇 가지 예외가 있다.

- 쌍점(:)과 큰따옴표(")가 다른 문장부호와 연달아 나오는 경우에는 문장부호 두개를 한 칸에 함께 쓴다.
- 행의 첫 번째 칸에는 문장부호를 쓰지 않는다. 단, 큰따옴표의 "와 책이름표의 《는 첫 번째 칸에 쓸 수 있다.
- 마지막 칸에서 문장이 끝나는 경우 문장부호는 다음 줄 첫 번째 칸이 아닌 마지막 글자와 같은 칸에 함께 쓴다.

3 문장부호의 용법

(1) 。 句号 jùhào **마침표** 평서문이나 약한 기원문의 문장 끝에서 마침을 나타낼 때 사용한다.

尹	哲	是	一	家	生	产	塑	料	吸	管	和	一	次	性	塑	料	杯	的	企
业	管	理	者	。															

윤철은 플라스틱 빨대와 일회용 플라스틱 컵을 생산하는 기업의 관리자이다.

(2) ， 逗号 dòuhào **쉼표** 단문 안에서 멈춤을 나타내거나, 복문에서 절 사이의 끊어짐을 나타낼 때 사용한다.

经	过	数	日	的	努	力	，	终	于	研	发	出	了	新	型	吸	管	。	

수일간의 노력을 거쳐, 마침내 신형 빨대를 개발했다.

(3) 、 **顿号** dùnhào **모점** 동등한 관계의 어휘를 나열할 때 어휘 간의 끊어짐을 나타내기 위해 사용한다.

人们在饮酒时必须仔细地选择饮酒的时间、地点和环境。

사람들은 술을 마실 때 반드시 술을 마시는 시간, 장소와 환경을 꼼꼼하게 선택해야 한다.

(4) ！ **感叹号** gǎntànhào **느낌표** 감탄이나 놀람, 명령 등을 강하게 나타낼 때 사용한다.

理由非常简单：工资太少！

이유는 아주 간단하다, 월급이 너무 적다!

(5) ？ **问号** wènhào **물음표** 물음을 나타낼 때 사용한다.

让火车在城市的地下跑，不就能解决交通问题了吗？

기차를 도시의 지하에서 달리게 하면, 교통 문제를 해결할 수 있지 않을까?

(6) “ ” **引号** yǐnhào **따옴표** 화자나 다른 사람의 말을 직접 인용하거나 특정 단어를 강조할 때 사용한다.

人们觉得它们“又好用又好吃”，还不会污染环境。

사람들은 그것들이 '쓰기 편리하고 맛있으며' 환경을 오염시키지 않을 것이라고 생각한다.

(7) ： **冒号** màohào **쌍점** 제시적인 성격의 구절 뒤에 다음 문장을 끌어내거나 관련 명사를 나열할 때 사용한다.

他深知：只有坚持不懈地走下去，才能实现自己的梦想。

그는 꾸준히 나아가야만 비로소 자신의 꿈을 이룰 수 있음을 깊이 알고 있다.

(8) ； **分号** fēnhào **쌍반점** 병렬 혹은 대비되는 두 개 이상의 절 사이에 사용한다.

为了拯救海洋四处奔走；也曾在一天之内联系过300多家公司谈赞助，而一无所获。

바다를 구하기 위해 분주히 돌아다니고 하루에 300여 개 회사에 지원을 요청했지만, 아무런 수확이 없었다.

(9) ( ) **括号** kuòhào **괄호** 문장 안에서 주석적인 성격의 내용을 나타낼 때 사용한다.

东汉元兴元年（公元105年）

동한 원흥 원년(서기 105년)

(10) 《 》 **书名号** shūmínghào **책이름표** 책 제목, 글 제목, 잡지 명칭 등을 나타낼 때 사용한다.

《西厢记》对中国戏剧创作的影响很大。

『서상기』가 중국 희극 창작에 끼친 영향이 크다.

(11) ——— **破折号** pòzhéhào **줄표** 화제의 전환이나 부연 설명을 나타낼 때 사용하는 부호로 원고지 두 칸에 이어서 표기한다.

这	个	“	90	后	”	少	年	的	脑	海	中	悄	然	浮	现	出	了	一	个
想	法	——		他	要	用	自	己	的	行	动	“	拯	救	海	洋	”。		

이 '90년대생' 소년의 머릿속에는 조용히 한 가지 생각이 떠올랐다. 그가 자신의 행동으로 '바다를 구해야겠다'고 말이다.

(12) ─ **连接号** liánjiēhào **붙임표** 밀접한 관계의 두 단어를 연결할 때 사용한다.

这	是	“	首	尔	–	釜	山	”	的	火	车	票	，	我	要	去	庆	州	，
我	买	错	票	了	。														

이것은 '서울-부산 간'의 기차표로, 나는 경주에 가려 하는데 표를 잘못 샀다.

(13) …… **省略号** shěnglüèhào **말줄임표** 할 말을 줄여 쓸 때나 열거가 끝나지 않고 계속됨을 나타낼 때 사용하는 부호로 원고지 두 칸에 나누어서 표기한다.

儿	时	的	他	，	喜	欢	扎	木	排	、	游	泳	，	甚	至	会	游	到	对
岸	去	偷	别	人	家	的	蔬	菜	…	…	是	个	调	皮	孩	子	。		

어린 시절의 그는 뗏목을 묶고, 수영하기를 좋아해 심지어는 건너편 해안까지 헤엄쳐 가서 남의 집 채소를 훔치는 등 까불대는 아이였다.

(14) • **间隔号** jiàngéhào **가운뎃점** 외국인 또는 중국 소수 민족의 인명을 구분하거나 책 제목과 편, 장, 권 등을 나타낼 때 사용한다.

世	界	地	铁	之	父	查	尔	斯	•	皮	尔	逊							

세계 지하철의 아버지 찰스 피어슨

(15) **영자 표기** 원고지 한 칸에 알파벳 대문자는 한 개씩, 소문자는 두 개씩 표기한다.

A	B	C	D	ab	cd														

(16) **숫자 표기** 원고지 한 칸에 숫자는 두 개씩 표기한다.

12	34																		

4 IBT 쓰기 요령

IBT시험장에서 사용되는 중국어 입력기는 '搜狗'이다. IBT 시험을 접수했다면 시험 전에 홈페이지(http://pinyin.sogou.com)에서 프로그램을 다운로드하여 기능을 미리 익혀 보자.

① 한국어 입력기와 중국어 입력기 간의 전환은 'Alt+Shift'키로 할 수 있다.
② 중국어 입력기와 영어 입력기 간의 전환은 'Shift'키로 할 수 있다.
③ 중국어 입력은 알파벳으로 한어병음을 치면 단어 목록이 표시되는데, 원하는 단어에 해당하는 숫자키를 누르거나 방향키를 이용하여 원하는 단어로 이동한 후 스페이스바를 누르면 된다. 한어병음 'ü'는 'v'키, 말줄임표(……)는 'Shift+숫자 6', '모점(、)'은 Enter키 위의 '\' 또는 '₩'키로 입력할 수 있다.
④ 한자는 알지만 한어병음을 모른다면 '手写输入(필기 인식 기능)' 아이콘을 누르고 마우스로 한자를 칸에 쓰면 단어 목록이 표시되는데, 원하는 한자를 클릭하여 입력할 수 있다.

배운 내용 점검하기

다음 글을 읽고 요약해 보세요.

樊锦诗出生于1938年，她从小就深受父亲的影响，对历史文物产生了浓厚的兴趣。初中历史课本上所有关于敦煌莫高窟的内容，都在她年少的内心种下了一个个敦煌梦想。怀揣着这份热爱，樊锦诗如愿以偿地考入了北京大学历史系考古专业。因为对考古专业有了美好的憧憬，1962年，24岁的樊锦诗在毕业前夕的考古实习中，毫不犹疑地选择了和另外三名男同学来到敦煌。

해석&어휘 판진스는 1938년에 태어나 어린 시절부터 아버지의 영향을 깊이 받아 역사 문물에 매우 관심이 많았다. 중학교 역사 교과서에 나오는 둔황 막고굴에 관한 모든 내용이 그녀의 어린 마음에 둔황의 꿈을 심었다. 이러한 깊은 열정을 가슴에 품고 판진스는 바라던 베이징대 역사과 고고학 전공에 입학했다. 고고학 전공에 대한 아름다운 동경 때문에, 1962년 24세의 판진스는 졸업을 앞둔 고고학 실습에서 조금도 주저하지 않고 다른 남학생 3명과 둔황에 가는 것을 선택을 했다.

樊锦诗 Fán Jǐnshī 고유 판진스 [인명] | 深受 shēn shòu 깊이 받다 | ★文物 wénwù 명 문화 유물 | 产生 chǎnshēng 동 생기다 [对A产生兴趣: A에 대해 관심이 생기다] | ★浓厚 nónghòu 형 (색채·분위기·의식 등이) 강하다 | 兴趣 xìngqù 명 관심 | 初中 chūzhōng 명 중학교 | 课本 kèběn 명 교과서 | 敦煌 Dūnhuáng 고유 둔황 | 莫高窟 Mògāokū 고유 막고굴 | 年少 niánshào 형 나이가 어리다 | 内心 nèixīn 명 마음 | 种 zhòng 동 심다 | 梦想 mèngxiǎng 명 꿈 | 怀 huái 명 가슴, 품 | 揣 chuāi 동 (품에) 품다 | 热爱 rè'ài 동 열렬히 사랑하다 | 如愿以偿 rúyuànyǐcháng 성 바라는 대로 되다, 희망이 이루어지다 | 考入 kǎorù 동 입학하다 | 大学 dàxué 명 대학 | 系 xì 명 학과 | ★考古 kǎogǔ 명 고고학 | 美好 měihǎo 형 아름답다 | 憧憬 chōngjǐng 명 동경 | 前夕 qiánxī 명 (사건 발생의) 직전 | 实习 shíxí 명 실습 | 毫不 háo bù 조금도 ~하지 않다 [毫不犹豫: 조금도 주저하지 않다]

모범답안

　　樊锦诗从小就对历史文物有着浓厚的兴趣，
这也使得樊锦诗在大学毕业前的考古实习中毫
不犹疑地选择了来到敦煌。

판진스는 어린 시절부터 역사 문물에 매우 관심이 많았고, 이는 판진스가 대학 졸업 전의 고고학 실습에서 조금도 주저하지 않고 둔황에 가는 것을 선택하게 했다.

Day 08

我在八岁的时候写下了人生当中的第一首诗。到现在为止，我还清晰地记得，那时母亲对我的诗赞叹不已，她边读边说道："孩子，这首诗真的是你写的？写得真是棒极了!"她甚至还感叹到只有神童才能够写出如此优美的诗句。那一天，我内心十分骄傲，迫不及待地想让父亲也看一下我写的诗。

我的父亲是位非常著名的电影剧作家，我特别期待他能给出更为专业的评价，我为此做了充足的准备。首先，我将诗认真地抄了一遍；然后用彩色笔画了花边；最后，把诗放到了最显眼的地方。心想：如此一来，他一到家就能看到了。

我边准备边等，好容易等到了八点，父亲才到家。他一进门，母亲就对他说："今天儿子做了件非常了不起的事情，他写了首诗，写得太棒了!"但父亲却打断了母亲的赞许，满脸严肃地说："写诗可不是件简单的事，写得是坏是好，我会客观地判断的。"

饭后，父亲拿起我写的诗看了起来，我非常紧张。虽说诗仅有短短几行，可父亲好像看了几个小时一样，我连大气都不敢喘一下。终于，父亲把诗稿放了下来，然后直截了当地评判道："在我看来，这首诗写得非常糟!"

听了父亲的话，我顿时泪流满面。

母亲见状，生气地说："儿子还小，而且这是他写的第一首诗，你应该鼓励他，怎么可以用对待工作的态度来对待儿子呢?"

然而，父亲却固执地回答："这个世界上写得糟糕的诗已经太多了，假如孩子无法写出好诗，并没有哪一条法律规定他一定得当诗人!"母亲与父亲为了我的诗吵了起来，我则跑进卧室，痛哭了起来。

这次的"风波"很快就平息了，我因母亲的鼓励，仍坚持创作；也因父亲的批评，不再自我陶醉，只是再也不会将自己的诗拿给父亲读了。

几年以后，当我回过头来重新看那首诗的时候，连我自己也认为写得非常糟。过了一段时间，我鼓起勇气把我写的一篇短篇小说拿给父亲看。这次，父亲觉得我写得勉强凑合，但还是有点儿啰嗦。

过了很多年，我成为了一名"家喻户晓"的作家，舞台上，演着我写的戏剧，书店里出售着我写的小说。如今，当我被无数"批评"与"歌颂"包围时，脑中又回想起了我的那首诗与它所引发的"小插曲"。我感到很庆幸，因为我的生命里既有爱说"真糟"的父亲，又有爱说"真棒"的母亲。他们教会了我怎样对待形形色色的"否定"与"肯定"。一方面，我不会害怕批评，也不会因别人的否定而失去勇往直前的勇气；另一方面，我更不会在他人的赞扬声中迷失自我。

"真糟!""真棒!"这两个完全对立而又相辅相成的词，一直伴随着我在人生的道路上不断前行。它们就如同两股方向截然相反的风，而我需要全力以赴地在强风中"稳住我的风帆"。

모범답안 및 해설 → 해설서 p.265

特恰克在美国库伯大学医疗中心工作，是一名拥有20多年工作经验的重症监护医生。随着工作年数的不断增加，特恰克发现自己已在不知不觉之间进入了职业倦怠期。在诊断的过程中，他很少与病人进行深入交流，甚至连一句话也不愿意多说。

有一天，特恰克在给患有胃癌晚期的罗伯特问诊。罗伯特骨瘦如柴，身上几乎没有肌肉，由于疼痛，他的神情看起来很痛苦，身体歪斜地躺在轮椅上。特恰克用教科书式的提问方式说："腹部是否有痛感?"罗伯特双手哆哆嗦嗦地摸着自己的肚子说："特别疼，就像针扎一样，到晚上还会更疼……"没等罗伯特说完，特恰克便打断了他的话，问道："用药后缓解了没有?"罗伯特停顿了片刻后回答说："止痛药最多能维持一小时，其余时间还是疼痛难忍。医生，有什么办法可以让我不疼呢?"特恰克并没有回答，只是继续问道："除了疼痛以外，你还有其他的感觉吗?"在接连提问的过程中，特恰克几乎没看罗伯特一眼，一直低头写着问诊记录。

忽然，诊疗室里变得异常安静，特恰克好奇地把头抬了起来，只见罗伯特冷冷地望着他，双唇紧闭，一滴眼泪突然从眼眶里涌了出来。这刺痛了特恰克的心，他意识到自己冷漠的态度给老人带来了伤害。他赶紧伸出双手，紧紧地握住罗伯特的手，关切地说："我知道，您一定非常疼。"这让罗伯特比刚才平静了一点儿，可仍然不说话。特恰克接着说："请您相信我，我会陪在您的身旁，与您一同度过最难熬的时间。"此时，罗伯特的脸上终于浮现出了一丝笑容："谢谢你，特恰克大夫。"离开诊室的时候，罗伯特艰难地转过头来说："我好像没那么痛了。"

只言片语的安慰令罗伯特的情绪得到了改善，也深深地震撼了特恰克。特恰克从此开始关注起了医疗行业的危机。他发现，对重症监护室的医生而言，疼痛与死亡是每时每刻都在发生的，可对患者与家属而言，这些却是人生中最难受、最糟糕的瞬间。

特恰克专门对此进行了统计，结果显示：在重症监护室工作10年的医生中，约有50%左右的人出现过缺乏同情心的现象；而一旦觉察以后，不少医生的良心会备受煎熬，或转行、或辞职，这造成了医疗资源的极大浪费。另一方面，由于患者与医生间无法顺畅地交流，导致不必要的检验与转诊次数以及医疗费用支出明显增加。

升为主治医生以后，特恰克便开始在科室推行"问候病人"这一举措。然而副主任威廉姆斯却并不赞同他的这个做法，甚至当着他的面抱怨说："每个医生的诊疗时间都非常宝贵，患者还在排队等待，把时间用到无关痛痒的问候上，这难道不是浪费资源吗?"事实上，威廉姆斯的意见也有一定的合理性，随着患者与日俱增，工作程序与工作量也在不断增加，超过56%的医生说，自己根本没有时间来表达同情心。

为了把"问候"进行下去，特恰克在交流的时间与语言方面做了充分的调研，最终形成了"40秒问候"——"我会与你一同经历""我会一直陪伴着你""每个治疗阶段我都不会放弃你"……

很快，特恰克的做法便引起了库伯大学医疗中心研究人员的关注。想不到仅仅40秒的问候，就让患者与医生间搭起了一座情感的桥梁，不仅有效地降低了病人的焦虑情绪，也带来了精神上的安慰，还对治疗效果产生了积极的影响。同时，"表达同情"在很大程度上让医生的职业倦怠感得到缓解，并且提高了身心抗压能力。自此，医生离职的人数也相对减少了。

모범답안 및 해설 → 해설서 p.270

加文是个年轻的家具设计师，他所设计的家具以高端大气、简约时尚而家喻户晓，并因其造型独特、结实耐用而深受消费者的喜爱。2005年的一天，有个年轻顾客来到他的家具店，可转了一圈以后却是面露失望的神情。加文看到这一情形后，便问他想要怎样的家具，那个顾客说他在自己的庄园中开了一个露天餐馆，想买几套有自然情调的桌椅，可惜跑了好几家家具店，都没能找到合适的。

几天后，加文去公园参加一个朋友的婚礼。看到公园中被园艺师精心修剪的猴子、大象和孔雀等造型各不相同的观赏植物，加文忽然想到那个买不到桌椅的年轻人。刹那间，他想到：假如能直接将树木"种"成各种家具的形状，然后再稍微加工一下，那它们纯天然的质地和独特的造型一定会很有自然风情。

经过考察，加文在郊区租下了一片荒地，种了上百棵适合塑型的榛树、柳树和橡树等树苗。为了尽早达到预期目标"种出树椅"，加文一开始试图使用化学方法来控制树苗长势，可他发现树叶会发黄枯萎。加文这才意识到"欲速则不达"，所以他立刻放弃了化学方法，寻找别的途径来控制树苗的生长。

就在加文日夜思考使用什么办法对这些树木进行塑型的时候，他的牙病犯了，他捂着肿胀的腮去看牙医，牙医拔掉了他的坏牙，说需要重新装个假牙。于是牙医拿出了模具，为加文量身定做了假牙。看到模具的那一瞬间，加文如同醍醐灌顶，一下子想出了解决树苗塑型的方法。

回来后，加文根据所需家具的类型，设计了150个扶手椅塑胶模型、100个六边形镜框塑胶模型与柱状灯罩，分别安装到相应的树上。周边的居民看见这么怪异的种树方式，都觉得十分不解，有的人甚至嘲笑他说："你太异想天开了吧！这真的能够长成椅子吗？没搞错吧？"还有的人见加文每天都在那儿鼓捣树木，以为他是疯子。对于其他人怪异的眼神与嘲笑的言语，加文一点儿也不理会，始终坚持着自己的想法。在他人的冷嘲热讽中，他从容地奔走着，按照树木的自然长势，选择适宜的模型，定期对树枝进行略微的调整，适时砍去多余的分杈。为了让自然生长出的家具又好看又耐用，加文严格按照规定的时间对树木进行修剪，让树木充分地沐浴在阳光下，充分地汲取土壤中的养分，茁壮成长。就这样，即使是在加文如此精心的栽培下，一把精致的树椅，从栽种到收获也至少需要经历四至八年。

时光飞逝，一转眼十年的时间过去了。加文"种"的家具终于全部成型了，收获以后只要稍经打磨加工便可出售。这个消息一传出，订单就源源不断地涌了过来。这种"一体成型"的家具，形状新颖独特，天然耐用，在市场上深受消费者的青睐，加文的产品也渐渐开始变得供不应求了。

有时，一个独特的创意的确十分重要，可坚持下来并真正付出实践也许更加重要。

모범답안 및 해설 → 해설서 p.276

쓰기

在校园招聘会上，快要毕业的小伙子安德鲁凭着优秀的成绩被一家顶级的传媒集团提前录取了。

有一次，公司收到了来自可口可乐公司的订单，内容是设计一期以环保为主题的创意活动。设计部主任把这个任务交给了安德鲁，接到任务之后的安德鲁满怀信心地投入到了工作中。不久，一份以“废旧瓶换饮料”为主题的活动方案就做好了。

可没想到的是，主任看完他的方案以后，非常失望地对他说：“这样的方案一点儿新意也没有，我们需要的是独一无二的创意，你必须得重新设计一套方案。”

安德鲁非常沮丧，他回到了办公室，看着被否定的方案一筹莫展。半天过去了，可他连一丝头绪也没有。下班的时候，突然安德鲁的一个大学同学给他打电话请他一起吃饭。

安德鲁到了约好的地点时，那个同学早已经等候多时了，饭菜也都上齐了。安德鲁点了两瓶可乐，服务员送过来之后，安德鲁赶紧打开瓶盖。但由于餐厅温度较高，再加上安德鲁开瓶的时候晃了几下，瓶盖刚被打开，可乐就从瓶口处喷射了出来。慌乱之中，安德鲁只得用手堵住瓶口，没想到的是，这一堵反而让瓶子里的压力更大了，他不但被喷了一脸，就连新西服上也被溅得全都是可乐的污渍，安德鲁心情糟糕极了。在同学的安慰下，吃完饭，安德鲁心情好多了，不禁为自己刚才的遭遇感到好笑，他随手拿起可乐瓶琢磨了起来。

“这简直就像个喷壶，就不能在这上面做些改进吗?”

这个想法如同闪电般在安德鲁的脑海中擦出了火花。他心想：假如为瓶子设计个合适的盖子，那么瓶子不就能够被改造成喷壶了吗? 同样的道理，假如设计各式各样不同功能的瓶盖，那么那些废旧瓶子不就都能够变为全新的工具了吗?

安德鲁十分兴奋，立刻回到办公室写策划。他查了很多资料，发现有很多人喝完可乐以后都会把瓶子重新利用。例如：有的人会在瓶盖上钻个小孔，用来放酱油等调味品。

安德鲁深受启发，试着设计了几种类型不同的瓶盖，将这些瓶盖拧到旧可乐瓶子上，瓶子就变为了转笔刀、笔刷、照明灯和水枪等全新的工具。试验成功之后，他把这些想法全都写到了方案当中。当安德鲁再一次将方案交给主任的时候，主任吃惊地竖起了大拇指，给了他非常高的评价。

几天之后，该方案在公司的会议上全票通过，并且得到了可口可乐公司的高度认可。不久以后，可口可乐公司推出了一个名叫“快乐重生”的活动，为人们免费提供16种不同功能的瓶盖，只需要将瓶盖拧到旧可乐瓶的瓶口上，就能够把瓶子变为实用的工具。

公司执行总监在接受媒体采访的时候说道：“这些瓶盖的创意独特、简单，同时也会悄悄改变消费者的行为习惯与心态。实际上，只要生活中有创意，即便是一个被扔掉的塑料瓶，也一样能够变废为宝，快乐重生。”

모범답안 및 해설 → 해설서 p.281

公元前628年的春天，出使郑国的秦国使臣派人送回一封密信。信上说他掌握了郑国北门的防卫情况，并表示现阶段郑国对秦国没有采取任何防备，如果此时派兵前来偷袭郑国，一定会大获成功。秦国国君知道后很高兴，立即派孟明视等三位大将领兵攻打郑国。

秦国与郑国相距千余里，中间又隔着好几个国家。秦国军队一路耀武扬威，骄横无礼。沿途许多百姓都知道秦国要发动战争了，人们都感到这下要大难临头了。

当秦国军队走到滑国时，郑国的商人弦高正好带领商队经过此地。商队正走着，一位老乡跑过来，惊慌失措地对弦高说："不好啦！听说秦国军队是要去袭击咱们郑国的!"弦高听到这个消息，大吃一惊。他想：我们国家小，并且没有做任何打仗的准备。秦国以大欺小，这样偷袭郑国肯定会亡国的啊！弦高认为必须想办法拖住敌人，争取时间，让郑国做好准备。于是，他当机立断，计划扮作郑国的使臣，打着国君的旗号犒劳秦军。

弦高从车上取下几张上等牛皮，又从牛群中挑选出12头大肥牛。他带着牛皮拦住了秦军，对前面的士兵说："请通报你们的将军，说郑国的使臣求见。"孟明视和其他将军听到禀报后，都很疑惑："郑国怎么会派使臣前来?"。就在他们迟疑的时候，弦高神色坦然地走了过来。孟明视只好上前，说："贵国使臣见我，有什么事吗?"弦高施礼道："我们国君听说您率领军队，要路经我国去远征。远征作战很辛苦，国君特意命我带上皮革和肥牛，前来慰劳您和将士们。咱们两国是互驻使臣的友好国家，我们郑国虽不如秦国富足，但也特意做好了准备，方便您与将士们驻扎、休息。"

秦国三位大将看见弦高送来的皮革和肥牛，以为郑国早有了防备，只好收下礼物，在滑国驻扎下来，弦高这边彬彬有礼地同秦国将士周旋，另一边设法派人飞速把情况报告给郑穆公。

郑穆公接到弦高的情报后，一方面传令军队进入战备状态，另一方面派人去秦国使臣那里探听究竟。结果发现，秦国使臣和随从早就准备了大量武器，做好了偷袭准备。于是，郑穆公派人委婉地对秦国使臣下达了逐客令，秦国使臣知道计谋败露，便仓皇逃离了郑国。

秦国军队在滑国驻扎了几天，犹豫徘徊，进也不是，退也不是。孟明视对其他几位将军说："郑国已经做好了战斗准备，偷袭是不行的；正面进攻的话，我军已进行千里，军队疲惫，粮草供应不足，还是放弃这次计划撤兵吧!"

就这样，弦高机智勇敢地化解了一场战祸。事后，郑穆公隆重地接见了弦高，并决定重赏他。弦高谢绝了国君的赏赐，他说："保卫国家，人人有责。我做了应该做的事情，怎么能居功领赏呢?"

모범답안 및 해설 → 해설서 p.287

2000年，一位年轻的老总迷上了一款国外商家推荐的游戏，当他决定与这家外国公司合作运营这款游戏时，却遭到了投资公司的否决。然而他没有妥协，仍然坚持自己的决定。最后，他毅然签下了游戏的运营合同，并撤回了在投资公司的股份，与他们分道扬镳。

此时，他的整个公司只剩下不到三百万的资金，这仅仅够签下这款游戏的运营合同，而无法维持游戏后期的投入与运作。于是，他把员工聚集到了一起，告诉他们要做好准备迎接一场破釜沉舟的挑战。

他深知，如果游戏在测试期内无法吸引足够多的玩家，就不能收费运营，那么公司就不会有收入，将面临倒闭的风险。

想要运行游戏，就必须有足够多的服务器，然而他没有资金去购买这些设备。面对困境，他没有退缩，而是拿着这份与国外公司签订的“国际合同”敲响了浪潮、戴尔等服务器厂商的大门。

当对方质疑他时，他拿出这份“国际合同”，颇有气势地告诉他们：“我们是要运行国外的游戏，我申请试用你们的机器两个月。”服务器厂商打开合同一看，的确是国际正规合同。这位自信满满的小伙子打动了他们，他们相信这款游戏有投资的价值，认为这个小伙子有一定的潜力，于是，他们同意了他的申请并签下了免费试用的协议。凭着这股气势，他拿到了价值数百万的服务器。但即便如此，他还面临另一个困境：缺少宽带的支持，于是，他又拿着与服务器厂家的合作协议来到了中国电信。

他依旧很有气势地对中国电信的工作人员说：“我要运行一款国外的游戏，浪潮、戴尔都给我提供了服务器，现在我还需要足够大的宽带来运营游戏，请你们给我们提供测试期内免费的宽带试用。”中国电信的人一看，浪潮、戴尔都与他签订了免费试用服务器的合同，因而断定这个年轻人有潜力可挖，于是也答应了他的要求。

就这样，凭借两份合同，他获得了完善的基础设备，他的游戏测试也得以顺利运行，游戏在测试期间，受到了极大的欢迎，两个月后，他的游戏开始进入运营收费阶段。又过了一个月，他不仅完全收回了自己前期的投资，让公司渡过了这场“生死关”，还得到了巨大的回报！

在不到两年的时间里，他的财富竟激增了几千倍，他还一举收购了原来与他合作过的那家国外游戏公司。一年后，他的个人财富翻了一番，并荣登当年福布斯中国百位富豪榜次席，那时的他年仅32岁。

这位年轻老总的成功就如同他所运营的游戏名称一样，简直是一个“传奇”！而这个传奇的人物用他的亲身经历告诉我们：做任何一件事，都有可能面临困难。然而只要你有足够的自信，懂得审时度势，并学会运用策略，你就可能以最小的投入、最快的速度走出困境，并获得成功！

모범답안 및 해설 → 해설서 p.292

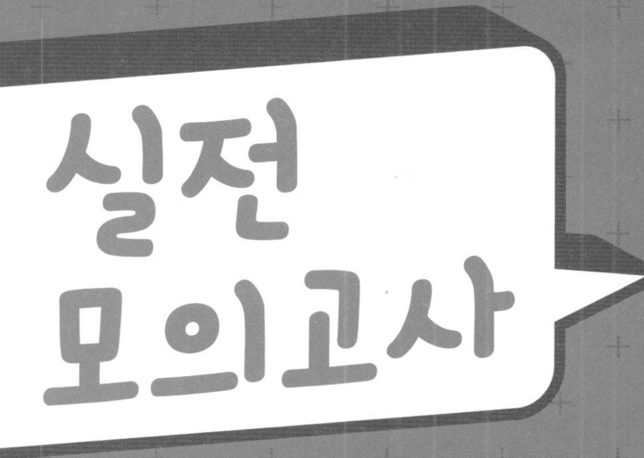

실제 시험 1회분을 절반 분량씩 '중간 점검용' '최종 점검용'으로 풀어 보며 스스로의 실력을 점검하자. 시간 내에 문제를 풀고 OMR 마킹까지 하는 실전 훈련을 해 보자.

▶ **Mini 모의고사 1** Day **19~20** 중간 점검

▶ **Mini 모의고사 2** Day **39~40** 최종 점검

Mini 모의고사 채점표

	Mini 모의고사 1	Mini 모의고사 2	문항당 평균 배점 (추정치)
듣기	________ / 29문항	________ / 23문항	1.9점
독해	________ / 23문항	________ / 27문항	2점
쓰기	________ / 1문항	________ / 1문항	50점
총점			

Mini 모의고사 기준, 90점 이상이면 합격입니다.
(실제 시험에서는 문항 수가 2배이므로, 총점이 180점 이상이어야 합격입니다.)

Mini 모의고사 1

정답 및 해설 ➡ 해설서 p.298

✖ 듣기는 29문항(약 20분), 독해는 23문항(약 25분), 쓰기는 1문항(45분)으로 구성되어 있습니다.

一、听力

29문항 | 약 20분
track mini test 01

第一部分

第1-8题：请选出与所听内容一致的一项。 녹음 속 내용과 일치하는 답을 고르세요.

1. **A** 急躁的人易胆怯
   B 飞机引擎声影响入眠
   C 飞行恐惧并非生理性的
   D 过度疲劳容易造成恐飞症

2. **A** 杭白菊产地是杭州
   B 杭白菊产量逐年增多
   C 杭白菊可以治疗疾病
   D 杭白菊可做饮用茶

3. **A** 旗鱼游泳速度极快
   B 旗鱼体型小
   C 旗鱼进化缓慢
   D 旗鱼尾巴粗大

4. **A** 要加强员工的风险意识
   B 要完善员工的培训制度
   C 知情权能激发员工的动力
   D 员工要多反思

5. **A** 应该重视对员工的培养
   B 能“胜任”工作的人很少
   C 工作态度是完成工作的关键
   D “能干”是一种对工作的态度

6. **A** 韩愈促进了潮州的文化进步
   B 潮州创办学校始于北宋
   C 潮州方言很难懂
   D 韩愈对普通话有偏见

7. **A** 强光对眼睛无益
   B 拍照时的动作不重要
   C 摄影技术难以掌握
   D 那位摄影师的办法很有效

8. **A** 武中奇特别喜欢到处题字
   B 那幅作品不是武中奇的
   C 武中奇字写得不好
   D 武中奇重视金钱

第二部分

第9-18题：请选出正确答案。 녹음 속 질문에 알맞은 답을 고르세요. (녹음 1개당 3~4개의 질문이 주어집니다.)

9. **A** 符合整体情节
   B 答谢观众
   C 营造想象氛围
   D 使电影更易懂

10. **A** 音乐具有时效性
    B 没有音乐的电影很单调
    C 情节限制了音乐的发挥
    D 音乐与情节是主次关系

11. **A** 突破之前的模式
    B 听取导演的意见
    C 拍摄之前录制好音乐
    D 请乐团配乐

12. **A** 不重复
    B 迎合观众的审美标准
    C 选择古典的音乐
    D 按台词设置音乐

13. **A** 善于反思
    B 性格消极
    C 擅长作曲
    D 曾是乐队成员

14. **A** 进行田径训练
    B 约朋友看电影
    C 上体育课培训班
    D 在家休息

15. **A** 喝酒
    B 找队友倾诉
    C 独自运动
    D 听音乐

16. **A** 难以沟通
    B 练习刻苦
    C 值得尊重
    D 实力不足

17. **A** 表示中立
    B 表示支持
    C 非常反对
    D 特别犹豫

18. **A** 参加过国家级比赛
    B 哥哥是职业运动员
    C 腿受伤了
    D 心理素质不好

第三部分

第19-29题：请选出正确答案。 녹음 속 질문에 알맞은 답을 고르세요.

19. **A** 喜庆热闹
    B 场面宏大
    C 服装华美
    D 分段演唱

20. **A** 活动十分频繁
    B 由国家创立
    C 组织较为松散
    D 只演神话故事

21. **A** 整理优秀剧目
    B 推广当地方言
    C 发放表演补贴
    D 修建新戏楼

22. **A** 太湖曲子戏是汉朝时期的流行剧种
    B 表演时要朗诵诗歌
    C 围鼓在喜庆场合表演比较合适
    D 政府反对传承太湖曲子戏

23. **A** 语音
    B 词汇
    C 语法
    D 标点

24. **A** 政权的变更
    B 北方人南迁
    C 各地习俗不相同
    D 地域界限的制约

25. **A** 中国后来推广了普通话
    B 古汉语和古越语非常类似
    C 北方方言分为八大方言区
    D 南方方言全都是自发形成的

26. **A** 扭头看其他人
    B 超过他人
    C 向别人低头
    D 比其他人差

27. **A** 唤起孩子的自信心
    B 节省去补习班时间
    C 让孩子非常反感
    D 耽误孩子读书

28. **A** 迅速果断
    B 动作要慢
    C 有条不紊
    D 小心谨慎

29. **A** 培养孩子的兴趣爱好
    B 能够买到便宜的物品
    C 训练孩子的心算能力
    D 培养孩子的表达能力

二、阅读 23문항 | 약 25분

第一部分

第30-34题：请选出有语病的一项。 어법적 오류가 있는 문장을 고르세요.

30. **A** 软木作为葡萄酒的瓶塞，与酒直接接触可使常年置放的地藏酒得以保存。
    B 养成良好的习惯，不但有助于提高我们的学习成绩，而且才能够磨练我们的意志。
    C 领子是一件衬衫的“咽喉”，而领围是一件衬衫的重点，除领围之外，“领型”和“高度”也是设计衬衫时应特别留意的部分。
    D 大部分的韩国人都比较讲究整洁干净，无论是生活富裕的家庭，还是日子过得紧巴巴的普通家庭，家中一般都会收拾得一尘不染。

31. **A** 冒险是海洋文明的天性，即使陶醉于探险过程所带来的惊险与刺激。
    B 改革开放以后，各中小企业在全国各地得到了迅速发展。
    C 每当这里的菊花盛开时，总是会招来无数的蜜蜂和蝴蝶，这更显出了春天的媚人风景。
    D 别的孩子常看到的是妈妈的笑容，而我常常看到的却是妈妈的背影。

32. **A** 在人们的心目中，狮子是兽中之王，也是威严的象征。
    B 了解与关心他人疾苦的人才能够得到他人的拥护与信任，这是历史已证明的真理。
    C 苹果中含有大量名叫栎素的防氧化物质，该物质可有效防止人的肺部不受大气污染的影响。
    D 口语交际能力不但体现了一个人的语言水平，更显示了一个人的智慧和自信、风度和教养。

33. **A** 她年纪不大，但却能够做到遇事从容，真是太难能可贵了。
    B 我们通常只盯着得不到的东西，而忽视了已经得到的东西。
    C 如果要给记忆找一个储存方式，因此摄影是一个不错的选择。
    D 7月，假如沿着青海湖环绕一圈，那会是一次畅快的身心放松之旅。

34. **A** 为了您和他人的安全，请您切勿不要酒后驾驶。
    B 领导应该心胸开阔，对持有与自己不同意见的人也要诚挚相待。
    C 我生长在戏剧之家，京剧对我来说一点儿都不陌生。
    D 想象是人脑对记忆进行加工、改造，从而塑造新形象的过程。

第二部分

第35-39题：选词填空。 빈칸에 들어갈 알맞은 단어를 고르세요.

35. 网络小说，________，就是通过网络发表的小说。网络小说的特点是风格________，题材多以情感和玄幻类为主。和普通的小说相比，网络小说的语言更口语化，而且使用了更多的网络流行语。________，排版方面的多样化也是它的一大特色。

A 顾名思义	自由	此外		**B** 了如指掌	明显	而且
C 综上所述	清新	从而		**D** 家喻户晓	清晰	即使

36. 鲜花是适合用于营造气氛的道具，在餐桌上摆放的时候，通常________鲜花或者小巧的植物，体积________过大，________挡住视线。

A 应用	避免	免除		**B** 巡查	适合	难道
C 采取	不断	难以		**D** 采用	不宜	以免

37. 关于"下雨天不易打车"这一现象，调查显示：由于许多司机________于通过一天"得挣多少才会不亏"的方式，来________工作的时间，所以________到了临界点，司机们就会停止工作。下雨天打车的人很多，他们很快就可以获得预期________，因此，往往会提前下班。

A 渴望　设想　尽管　支出

B 尽力　遵守　如果　资金

C 注重　测试　通常　成本

D 倾向　计算　一旦　收益

38. ________，风衣已经成为日本、欧美很多男士的通勤装，________衬衫和西装一样，是日常生活中________的装束，也是精英男士________品味和风格的载体。

A 目前　若　蕴含着　表现

B 此时　和　不容易　饰演

C 立刻　就　了不起　展示

D 如今　像　离不开　展现

39. 草原文化与长江文化、黄河文化________为中华文化的重要________部分。草原文化是自治区最大的无形资产，也是内蒙古的第一________，打响这一张牌，对于内蒙古________的发展具有________的意义。

A 举例	策划	样品	先后	深沉
B 合并	开展	品位	后期	深奥
C 并拢	组合	品格	过后	深重
D 并列	组成	品牌	今后	深远

第三部分

第40-44题：选句填空。 빈칸에 들어갈 알맞은 문장을 고르세요.

40-44.

死海是如何形成的呢？相传，在远古时期，那里原本是一片大陆，村子中的男子有种恶习，先知鲁特劝说他们改邪归正，(40)________，于是，上天决定对他们进行惩罚。上天偷偷地谕告鲁特，叫他带着家人在某年某月某日离开村子，并告诫他在离开村庄后，(41)________，都不准回头看。

按照规定的时间鲁特离开了村子，可走了没多久，他的妻子出于好奇，(42)________。没想到，刹那间，好好的村子塌陷了，出现在她面前的是一片汪洋大海，这便是死海。鲁特的妻子也因违背了上天的告诫，而变为了石头人。(43)________，但她仍伫立在死海旁的小山坡上，扭着头日夜望着死海。上天惩罚了那些执迷不悟的人：让他们没有可用来饮用和灌溉的淡水。当然，这只是个传说，是人们对无法了解的死海形成过程的猜测。

死海实际上是个咸水湖，(44)________。死海位于巴勒斯坦与约旦间南北走向的大裂谷中段，它的东西宽5至16千米，南北长75千米，海水平均深度为146米，最深处达400米。约旦河是死海的主要源头，它含有大量盐分。河水在流入死海以后，不断地蒸发，盐类沉积了下来，天长日久，越积越浓，因此就形成了现在世界上最咸的咸水湖——死海。

A 可他们都拒绝悔改
B 偷偷地回过头看了一眼
C 虽然历经了几个世纪的风雨
D 它的形成只是自然界变化的结果
E 不管身后发生多大的事

第四部分

第45–52题：请选出正确答案。 지문에 근거해, 질문에 알맞은 답을 고르세요.

45–48.

化石燃料终有一天会枯竭，虽然没人可以准确地预测出它们枯竭的时间，可这一天迟早都会到来。所以，为了满足需求，我们必须尽早找到可以替代化石燃料的新能源。研究表明，以农业废弃物或非粮作物为原料转化而成的液态燃料——纤维素生物燃料技术可行性较强，而且也有利于环境保护，非常有希望替代传统化石能源。

现在，科学家已先后研究开发出了两代生物燃料。第一代生物燃料的原料是可食用作物，例如：甘蔗、大豆和玉米等等。使用这些材料制造生物燃料之所以是最简单可行的，因为转化技术都是现成的。但这并不是长久之计，原因是我们并没有充足的耕地可以满足人类对原料的需求。

第二代生物燃料的主要原料是纤维素材料，比如：含有大量纤维素、生长迅速的草本植物。而能够转化为草油的原料有不少，从木材废料到农业废弃物，再到"能源作物"，即纤维含量高、生长速度快、专门种植用作草油原料的植物。此类作物产量大，而且耕作成本低，更重要的是，种植此类作物不会危及粮食的生产。大部分能源作物都可以在农田的边缘处迅速地生长。甚至还有一些作物可以在被污染的土壤里生长，从而起到净化环境的作用。

纤维素类植物含有大量的生物质(指某个系统里特定或者全部的生物总量)，可以持续地生产生物燃料。研究表明，在不减少动物饲料、人类食物和出口生物质份额的前提下，有些国家每年可以制造13亿吨(干重)生物质。如此大量的生物质每年至少可以生成372亿升左右的草油，约相当于一个超级大国每年柴油和汽油消耗总量的二分之一。放眼全世界，每年制造出的纤维素类生物质转化为的生物燃料相当于340亿到1600亿桶原油，大大超过了当前全球每年30亿桶原油的消耗量。另外，纤维素类生物质可以转化为任意类型的燃料，例如：普通汽油、乙醇，甚至是航空燃油。

"草油时代"——人类历史上的能源新纪元，或许在不久的将来会得以实现。

45. 根据第1段，下列哪项正确？

A 新能源成本非常高　　**B** 生物能源可行性特别差

C 人类的推测缺少科学依据　　**D** 化石燃料无法持续满足需求

46. 长时间使用第一代生物燃料有什么限制因素？

A 耕地有限　　**B** 容易分解

C 操作难度大　　**D** 释放有害物质

47. 关于能源作物，可以知道什么？

A 生长周期很短　　**B** 不会遭受虫害

C 对土壤环境要求极高　　**D** 不会危及粮食生产

48. 关于“草油时代”，下列哪项正确？

A 植物改良速度将加快　　**B** 化石燃料持续更新

C 已迈入能源正规化时代　　**D** 使用纤维素生物质转化的燃料

49–52.

随着生活节奏的持续加快，人们的身心压力变得越来越大，加上生存环境渐渐恶化，男性的健康问题也变得越来越突出。健康学家表示，多喝健康水，可有效缓解生理压力，而且对男性健康很有利。

近几年，男科疾病正在以每年3%的速度不断递增，成为严重危害男性健康的“杀手”。专家表示，比起女性，男性免疫力较差，生命力较弱，耐久力较差。随着男性工作和生活压力的增加，越来越多的男性提前进入了更年期。

男性由于不注重生活细节，导致很多时候自己生病了却没有发觉。他们常自认为应承担更多的家庭和社会责任，因此拼命地工作。男性因常忙于应酬，而极易染上喝酒、吸烟和暴饮暴食等不良习惯……从这个角度来看，男性更需要珍视自己的健康。

专家表示：为满足男性健康的需求，秋天应尽量多喝健康水。健康水的小分子团结构具有表面张力强、内聚力大、分子的间隙趋于紧密，以及与人体细胞里的水分子结构特别接近等特点。并且拥有极高的生物亲和力，易于吸收，对调节男性免疫系统、促进生长非常重要。

据世界卫生组织针对健康水所提出的完整概念，健康水应具有下列三个特点：

1. 无污染，不含重金属、致病菌与有害化学物质。
2. 含有身体所需的微量元素与天然矿物质。
3. 生命活力无退化、小分子团水、呈弱碱性，活性很强等。

男性在工作之余，大多有运动的爱好，此时，普通的水无法完全满足男性的需求。在运动的时候，汗液将会带走很多无机盐，如镁、钾和钠等。此时便更需要多喝点儿健康水，补充机体的需要，同时也能够防止电解质紊乱。

49. 第2段中的“杀手”指的是什么？

A 专门做好事的人　　**B** 只想自杀的人

C 男科的疾病　　**D** 夫妻之间的某些矛盾

50. 现在的男性为何会提前进入更年期？

A 常忙于应酬　　**B** 承受的压力太大
C 不懂得饮用健康水　　**D** 过度注重生活细节

51. 男性为何需要饮用健康水？

A 可补充无机盐　　**B** 常加班加点
C 没女性耐渴　　**D** 更年期太长了

52. 下面哪一项最适合做本文的题目？

A 什么水是健康水　　**B** 拯救男性的“健康水”
C 健康水的起源　　**D** 男性疾病的罪魁祸首

三、书写

1문항 | 45분

第一部分

第53题： 缩写。 지문을 10분간 읽고 400자 내외로 줄여 쓰세요.

(1) 仔细阅读下面这篇文章，时间为10分钟，阅读时不能抄写、记录。
(2) 10分钟后，监考收回阅读材料，请你将这篇文章缩写成一篇短文，时间为35分钟。
(3) 标题自拟。只需复述文章内容，不需加入自己的观点。
(4) 字数为400左右。
(5) 请把作文直接写在答题卡上。

他出生于广东鹤山市一个普通的工薪家庭，大概是遗传了父母高个子的基因，他生下来就比同龄人高。两岁时因父亲工作调动，他便随父母来到深圳。三岁时，就学会了怎样把家里的电器弄得“四分五裂”；4岁时开始和邻居的孩子打架；进幼儿园才一周，他就成了学校的“破坏大王”。同学们都对他避而远之，老师也经常打电话向他的父母诉苦。

找不到朋友一起玩儿，他索性玩儿起了篮球。那个时候，篮球是他唯一的朋友，有什么快乐和伤心的事，他都会在运球的时候大声说出来，因此很多人暗地里嘲笑他是“疯子”。

7岁那年，他进入了深圳一所比较好的学校读书，跟着学校最有名的老师学习篮球。他曾信誓旦旦地对母亲说：“你们看着吧，不出10年，我将成为中国篮球史上最有价值的球员”。母亲只觉得这话很孩子气，便对此一笑置之。

10岁时，身高已经达到一米八的。他牢牢记得当年的誓言，和几个同样爱好篮球的伙伴儿组建了一支篮球队，取名叫“梦之队”。球队组成后他们便开始了紧张的训练。父亲看在眼里，又喜又忧，喜的是他从儿子身上看到了当年那个顽强而又执着的自己；忧的是他担心顽皮的儿子会把上课的时间也拿来练球。为了监督他的学业，父亲不得不经常请假去学校看他。

12岁生日那天，父亲带他去游乐园玩儿。刚到门口，父亲突然问他要不要去山上，因为听说那儿的体育馆正在举行一场少年专业篮球赛，但是等观光车的人太多，他们等了很久都没等到，于是，父亲提出抄近路走，以节省时间。他感到很惊讶，这里他来过好几次，根本没发现什么近路。父亲笑了，拐了一个弯儿后，指着一处陡坡说，从这里上去就能到。

他愣住了，父亲没有理会他，开始径直往上爬。不久，他们来到了体育馆的门口。父亲指着来时的那条路，意味深长地说："孩子，成功其实就像我们争先恐后地赶到山顶一样，如果所有人都去坐观光车，不知要等到何时，为什么我们不选择其他方式呢？比如走路，虽然前面有荆棘和陡坡，你也许会跌倒很多次，但只要坚持下去，你总能成功到达，也只有那样，你才能形成自己的优势啊。"父亲的这番话，他深深地记在了心里。

在父亲的支持和鼓励下，他报名参加了深圳的街头篮球赛，虽然第一轮就被淘汰了，但他并没有泄气，而是和队员击掌为誓，明年再来。令他意外的是，回到家不久，深圳体校教练戴忆新竟然亲自登门拜访，邀请他进入体校接受专业训练。自从接受了系统的训练，他的球技直线上升。2001年，身高达两米零二的他入选中国国家青年队，在2005年到2006年的比赛中，他以优异的表现成为了CBA总决赛史上最年轻最有价值的球员。

他就是当今中国篮坛的热门人物，被称为"新一代人气王"的易建联。他的至理名言就是："荆棘和挫折，在一个人的理想面前根本不算什么，鄙视它，爬上去，山顶上的你才是真正掌握自己命运的主人。"

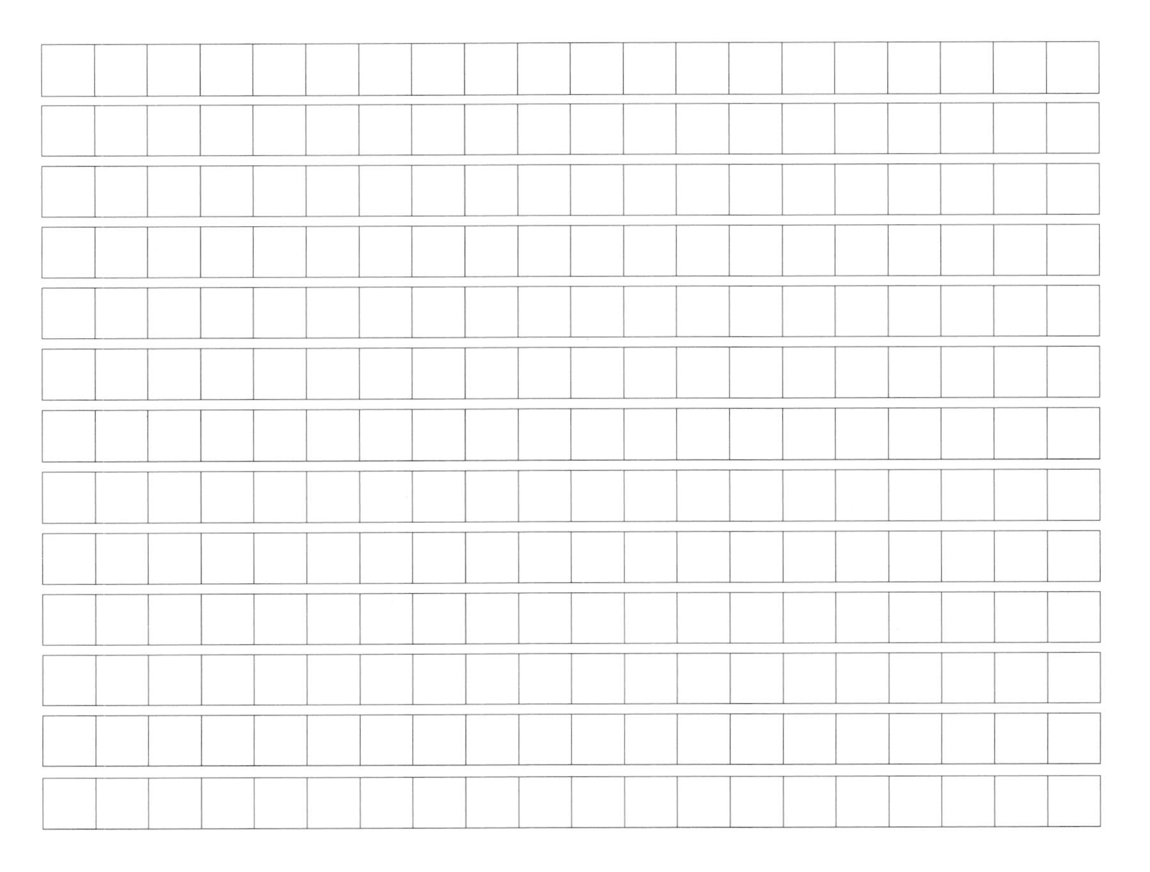

Mini 모의고사 2

정답 및 해설 ➡ 해설서 p.333

✕ 듣기는 23문항(약 15분), 독해는 27문항(약 25분), 쓰기는 1문항(45분)으로 구성되어 있습니다.

一、听力

23문항 | 약 15분
track mini test 02

第一部分

第1-8题：请选出与所听内容一致的一项。 녹음 속 내용과 일치하는 답을 고르세요.

1. **A** 布谷鸟要抢食物
   B 夜莺不懂得分享
   C 夜莺非常机智
   D 果实特别美味

2. **A** 半躺姿势很伤腰
   B 脊椎变形能够被矫正
   C 玩手机可延缓衰老
   D 半躺易导致注意力下降

3. **A** 杏树浑身是宝
   B "誉满杏林"比喻医术高明
   C 董奉种了许多中草药
   D 董奉生活十分贫困

4. **A** 要懂得珍惜现在
   B 要坚持锻炼
   C 要保持乐观的态度
   D 要有合作精神

5. **A** 啤酒属于饮料
   B 喝啤酒是不会喝醉的
   C 白酒中的酒精含较低
   D 多喝啤酒会给身体带来危害

6. **A** 吐鲁番是旅游胜地
   B 吐鲁番的鸡蛋特别好吃
   C 吐鲁番的夏天只有半个月
   D 吐鲁番的平均气温为75度

7. **A** 郎平曾经获得三枚亚运会金牌
   B 郎平的排球技巧最完美
   C 中国女排正处于起步阶段
   D 郎平是著名的女排教练

8. **A** 壁虎的尾巴可再生
   B 壁虎行动迅速
   C 壁虎会变色
   D 壁虎携带病菌

第二部分

第9-13题：请选出正确答案。 녹음 속 질문에 알맞은 답을 고르세요. (녹음 1개당 3~4개의 질문이 주어집니다.)

9. **A** 人才难求
   B 被环保组织质疑
   C 设备落后
   D 物价攀升

10. **A** 加速普及滑雪运动
    B 会打破目前的僵局
    C 审查制度更完善
    D 将导致市场垄断

11. **A** 社会支持度低
    B 缺乏统筹规划
    C 利润回报很快
    D 注重可持续发展

12. **A** 春天不对外开放
    B 水土流失严重
    C 雪道下面是腐殖土
    D 票价昂贵

13. **A** 拥有两家滑雪场
    B 参加了第一届亚冬会
    C 是滑雪教练
    D 从事滑雪行业5年

第三部分

第14–23题：请选出正确答案。 녹음 속 질문에 알맞은 답을 고르세요.

14. **A** 便于收藏
    B 环保美观
    C 适应验钞机
    D 方便识别面额

15. **A** 旅游业的发展方向
    B 纪念设计者
    C 设计的艺术性
    D 印刷技术的普及化

16. **A** 可直观地看到
    B 宽度为6毫米
    C 触摸时感觉不到
    D 和纸币材质一样

17. **A** 新增了黄色图案
    B 调整了大小
    C 是红色的
    D 仅供收藏

18. **A** 都可以成功
    B 容易骄傲
    C 不一定都能成功
    D 缺少成功的机会

19. **A** 地位和职业
    B 智商和学历
    C 家庭和朋友
    D 自知和自信

20. **A** 如何能取得成功
    B 如何能改变智商
    C 如何能了解他人
    D 如何能成为艺术家

21. **A** 非常生气
    B 毫不在乎
    C 觉得高兴
    D 感到惭愧

22. **A** 准备笔墨
    B 交流看法
    C 抄写诗句
    D 打扫房间

23. **A** 要正视自己的不足
    B 要尊敬前辈
    C 要善于总结
    D 要学好一门手艺

二、阅读

27문항 | 약 25분

第一部分

第24-28题：请选出有语病的一项。 어법적 오류가 있는 문장을 고르세요.

24. **A** 努力提升自己的能力是对自己的负责和尊重，至少当幸福来敲门的时候，我们不至于“衣衫不整”地去开门。

    B 乒乓球超级联赛的这种求变与创新还处于摸索的阶段，不少方面还有待完善与改进。

    C 这是一支整体素质很高的团队，在客户需求、项目策划以及细节把控等方面的能力。

    D 诺贝尔奖是以瑞典化学家诺贝尔的遗产为基金而设立的奖项，分设经济学、和平事业、文学、生理或医学、化学和物理6个奖项。

25. **A** 无论是国内外贵宾还是世博观众，都对“天津周”活动给予了较高的评价。

    B 若将古今中外优秀艺术家勤学苦练的故事收集起来，那内容该有多么丰富啊！

    C 随着人们的审美，家居装饰越来越受到重视。

    D 这些钱如果不拿去投资，那么若干年后购买力会大大降低。

26. **A** 最近一段时间，玛丽对不少问题都很感兴趣，尤其是对历史问题。

    B 同一个问题只要换一种角度思考，就会得到不一样的答案。

    C 由于有了他们坚持不懈的努力，以致新式花茶的产业越来越大。

    D 这个节目创意十分独特，受到了老年人的欢迎。

27. **A** 苏打水是一种弱碱性水，分为天然及人工合成两类。

    B 据不完全统计，中国的网络作家达到1400名。

    C 北京将出现一场强降雨天气，今天白天阴转雷阵雨。

    D 我从小时候开始，就幻想着有一天能登泰山看日出的梦想。

28. **A** 谚语与成语相似，但更加口语化，也更通俗易懂，而且一般都是表达一个完整的意思，形式也都是一两个短句。

    B 大量调查表明，苹果中富含叶酸，能有效防止心脏病发生，尤其特别适合中老年人食用。

    C 北京时间2019年4月10日21点整，“事件视界望远镜”项目科学家召开记者会，发布了人类史上首张黑洞照片。

    D 城市地标是一座城市最具标志性的、聚集了城市魅力的景观，它们一般都具有创新性。

第二部分

第29-33题：选词填空。 빈칸에 들어갈 알맞은 단어를 고르세요.

29. ________雍正元年起，同仁堂正式开始供奉清皇宫御药房用药，供应了整整188年，这便________了同仁堂人在制造药品的________中精益求精的严谨精神。

A 如　制造　章程　　**B** 到　深造　旅程

C 自　造就　过程　　**D** 于　创造　前程

30. 说起苹果，就不得不提起河南省灵宝。该地________黄土高原丘陵地区，是最适宜苹果生长的城市之一。灵宝市境内________较高，昼夜温差较大。那儿生长的苹果味甜可口，________称“苹果之最”。

A 借鉴　地区　拿　　**B** 位于　气温　放

C 属于　海拔　堪　　**D** 附着　地理　倒

31. 鸟的脚趾非常________，伸直的时候需要收缩肌肉，而抓________树枝的时候却需要放松肌肉。所以它们在站立的时候便要________收缩肌肉，站的时间长了容易累，因此，不少鸟会________提起一只脚来放松肌肉。

A 独特　紧　持续　交替

B 特别　扁　连续　轮流

C 坚固　秃　随着　赔偿

D 结实　牢　继续　分配

32. 跟“硬实力”比起来，“软实力”________的是一种精神、一种影响力。一座城市的软实力是________对这座城市感染力、吸引力的直觉反应与头脑印记；是这座城市的居民对该城市的认同和________；是城市管理人员情怀和智慧的折射。软实力________硬实力相结合，构成了一座城市的整体实力。

A 参考　国家　托付　为

B 偏向　社会　依靠　给

C 偏重　外界　依恋　与

D 比较　组织　怀念　以

33. 草编是一种在民间广泛流行的手工艺术品，既经济实用，又________大方。它一般以草为原料，编织成多种生活________，例如：草鞋、草席和蒲团等。有的提前把草________成多种颜色，然后将其编成多种________；有的则是编织好后加印上________纹样。

A 优雅	样本	贴	标志	装修
B 美观	用品	染	图案	装饰
C 壮丽	样式	摇	形状	记号
D 巧妙	标准	摸	外观	挑选

第三部分

第34-38题：选句填空。 빈칸에 들어갈 알맞은 문장을 고르세요.

34-38.

陶行知是育才小学的校长，一次，他在校园里看见学生王友在用泥巴砸同班同学，陶行知立刻喝止住了他，并且叫他放学以后去校长室。毫无疑问的是，陶行知是想好好儿"教育"一下这个顽皮的学生，那他是怎么"教育"的呢？

下课后，陶行知回到校长室，只见王友早已到门口等他的训斥了。可没想到，一见面，陶行知却拿出一块糖递给王友，并说道："这是奖励你的，因为你按时来到这儿，(34)________。"王友一听，十分惊讶地接过糖。这时，陶行知又拿出一块糖放在他手中，说道："这第二块糖也是奖励你的，(35)________，马上就住手了，这表示你非常尊重我，我该奖励你。"王友更加惊讶了，(36)________。这时，陶行知又拿出第三块糖塞进王友手中，说道："我调查过了，了解到你之所以会用泥巴来砸那些同学，是因为他们不遵守游戏规则，还欺负女生，你砸他们，表示你非常善良正直，(37)________，这非常值得奖励呀！"

王友特别感动，他流着泪后悔地说道："陶校长，你打我吧！我砸的不是坏人，而是自己的同班同学呀。"陶行知满意地笑了笑，他随即拿出第四块糖给王友，说道："因为你正确地认识到了自己的错误，我再奖励你一块糖，其实能认识到自身的错误是值得得到更多奖励的，(38)________。我的糖果都给完了，我想我们的谈话现在也应该结束了！"说完之后，便离开了校长室。

A 但我却迟到了
B 眼睛睁得大大的
C 因为你在我不让你打人的时候
D 可惜我只剩这一块糖了
E 并且拥有批评不良行为的勇气

第四部分

第39-50题：请选出正确答案。 지문에 근거해, 질문에 알맞은 답을 고르세요.

39-42.

人在大自然中生存，情绪与性格不可能不受到自然气候的制约，因此，不同气候区域的人就会拥有不同的性格。

中国疆土辽阔，气候十分复杂。北方冬季漫长、多风沙、空气也很干燥，这导致北方人喜欢饮烈酒、易急躁、性格开朗直爽、动作粗犷、敢说敢做；而南方多雨水、空气潮湿、湿润温和的气候有益于人放松精神，所以，南方人多具理想色彩、头脑冷静、不容易冲动，而且感情细腻，对外界变化较敏感。

就世界范围来看，居住在热带地区的人，在户外活动的时间较长，因此性情也更易像忽冷忽热的天气一样，喜怒无常。相反，生活在寒冷地区的人，由于户外活动不太多，大多时间都在一个不大的空间中和别人朝夕相处，因此养成了可以控制自已情绪、具有较强的忍耐力与耐心的性格；一般居住在海滨的人，由于气候湿润、风景优美，所以对周边事物敏感，性格上通常多愁善感，做事敏捷机智；生活在山区的人，由于山高地广、人烟稀少，所以性格直爽诚实、声音洪亮。

其实，不只是宏观气候会对人的性格产生影响，某些气候因素也经常会让人的性情发生变化。研究显示，在气温上升的时候，人容易变得兴奋，因而攻击行为与暴力犯罪率也会随之上升；相反，在天气阴沉、阴雨绵绵的天气里，人的情绪容易变得低落、犯罪率也相对较低。此外，气压降低，常会让人焦虑不安，自虐行为与自杀事件也相对较多。

39. 下面哪一项属于南方人的性格？

A 大胆　　**B** 细致　　**C** 爱发火　　**D** 爱哭

40. 生活在哪个地方的人性情易发生变化？

A 热带　　**B** 河边　　**C** 温带　　**D** 海边

41. 人的情绪在何时容易兴奋？

A 连续下雪时　　**B** 气压上升时
C 气温升高时　　**D** 气压降低时

42. 这篇文章主要想谈论的是什么？

A 不同地区的气温　　**B** 各地不同的天气
C 气候对性格的影响　　**D** 各地区人的性格差异

43-46.

在发明手电筒以前，灯笼便是能够提着走的光亮。记得郭沫若所写的一首诗里曾有这样奇特联想：看见天空中的一颗流星，便联想到那是牛郎织女提着灯笼在行走。假若诗人所描绘的是牛郎织女打着手电筒，恐怕就毫无诗意，而且大煞风景了。

人类夜伏昼出，是与光息息相关的动物：家中的窗户把阳光引进屋中，产生了丰富的室内活动；发明蜡烛油灯，把白昼"延长"，赶走了夜晚的黑暗；发明灯笼，把光亮提到了夜路上，让人的脚步不至于踉踉跄跄。

我收藏了这样一盏玻璃灯笼，没什么特别之处，只是这盏玻璃灯笼能够折叠，样子可从立体变成片状。灯笼设计得十分小巧，顶部为正方形，四边各宽6厘米，高14厘米，玻璃四框均有很窄的铜包边，如此的设计既显得灵巧，又能少遮蔽烛光。上盖是一天圆地方的镂空"钱"，便于蜡烛散热；下边在四角一共开12个小孔，用来补充氧气。灯笼由四块玻璃组成，从其四面玻璃的设置能够看出其细密的设计理念。两面是透明玻璃，一面是红色彩玻璃，一面是横纹铸料玻璃。这些玻璃不但具有透光功能，而且横纹的变化可以引起人们的注意，血红色的玻璃，可以警示人，也能够惊吓野兽。从这样的玻璃设计中足以读出制造者的良苦用心。尤其是灯笼不露痕迹的"折叠"理念，让人感受到匠人的智慧与手艺。

灯笼是"行走的照明工具"，其特点是非固定性与非白日用性。但是从前乡镇没有夜生活，走夜路是偶尔才会有的事情，换句话说，灯笼并不是日常生活中必备的物品。再说，灯笼通体是容易碎的玻璃，不便随意安放，因此将它设计能够折叠的"变形灯"，这样用之则行，不用则藏。这盏灯笼，应用了凹槽原理，最后插上小销子固定。看上去好像很简单，可的确能让人看出手工艺匠人的心智。

这盏灯笼应该是清代时期江南之物，灯底部有"立记"二字，是制造者的标识。该物是普通百姓的日常生活用品，并非收藏的"重器"，但这种"折叠的智慧"，在市场竞争日趋激烈的当下，特别值得借鉴。

43. 作者觉得他收藏的这盏灯笼最特殊的地方在哪里？

A 长方形　　**B** 有小孔　　**C** 有诗句　　**D** 可折叠

44. 作者在描述这盏灯笼的时候，没有提到灯笼的哪个方面？

A 大小　　**B** 造型　　**C** 比例　　**D** 材质

45. 匠人在设计这盏灯笼的时候，为何用一面红色玻璃？

A 增加光泽　　**B** 吓唬野兽　　**C** 颜色漂亮　　**D** 展现特色

46. 关于这盏灯笼，下面哪一点本文没有提到？

A 怎么补充氧气　　**B** 夜晚不太常用

C 怎么放更安全　　**D** 坏了怎样修理

47-50.

故宫一共有四个城角，在每个角上均有一座九梁十八柱七十二条脊的角楼，建得十分引人注目。

相传，明朝永乐皇帝朱棣当燕王时住在北京，所以他在南京即位后，便想迁都至北京，于是便派了自己的亲信大臣去北京建皇宫。朱棣对这个大臣说：得在皇宫外墙——紫禁城的四个犄角上建四座外观非常美丽的角楼，每一座角楼都要有九梁十八柱七十二条脊，而且命令他当监工大臣。监工大臣领了皇帝的谕旨后，心中非常愁闷，不知道怎么建这九梁十八柱七十二条脊的角楼。

监工大臣来到了北京后，便把一些木匠和工头找来，向他们传达了皇帝的旨意，限时三个月，并且说道："若无法建成，皇帝自然会杀了我。但在没杀我以前，我便会先将你们的头砍去，因此小心你们的脑袋!"木匠与工头们对这种工程都没有把握，只得经常聚在一起想法子。

一转眼一个月过去了，木匠与工头们还是没想到办法。此时，恰巧赶上七八月的三伏天，热得让人喘不过气来。有这么一个木匠，实在是待不下去了，便上街去闲逛。

走着走着，听到从远处传来卖蝈蝈的叫喊声。走近了一瞧，是个老人挑着很多秫秸棍编的蝈蝈笼子，在沿街叫卖呢。其中有个细秫秸棍编的蝈蝈笼子，精巧得与画中的楼阁一般，木匠便买了下来。如此一来，就能够把它挂到工地上解一解闷儿。

这个木匠师傅拿着蝈蝈笼子，回到了工地。另一个木匠下意识地看了看这个笼子，认为这个笼子挺特别的。他好奇地把蝈蝈笼子的梁呀、柱呀、脊呀，数了一遍又一遍，最后拍着大腿跳起来说："这不就是九梁十八柱七十二脊吗!"大家一听都兴奋极了。这个接过笼子数一数，那个也接过笼子数一数，都说："的确是九梁十八柱七十二条脊的楼阁呀!"大家受到这个笼子的启发，构思出了紫禁城角楼的外观，烫出纸浆做出模型，最终修建成了保存至今的角楼。

47. 皇帝朱棣为何要命那个大臣建角楼?

A 信任他　**B** 为奖励他　**C** 要考验他　**D** 想为难他

48. 监工大臣用什么办法让大家完成任务?

A 欺骗　**B** 威胁　**C** 拉拢　**D** 金钱

49. 木匠逛街的时候为何要买个蝈蝈笼子?

A 为保护动物　**B** 作建楼参考　**C** 看着它解闷　**D** 为取悦大家

50. 谁是角楼的设计者?

A 木匠　**B** 工匠们　**C** 皇帝　**D** 派去的亲信

三、书写 1문항 | 45분

第一部分

第51题：缩写。 지문을 10분간 읽고 400자 내외로 줄여 쓰세요.

(1) 仔细阅读下面这篇文章，时间为10分钟，阅读时不能抄写、记录。

(2) 10分钟后，监考收回阅读材料，请你将这篇文章缩写成一篇短文，时间为35分钟。

(3) 标题自拟。只需复述文章内容，不需加入自己的观点。

(4) 字数为400左右。

(5) 请把作文直接写在答题卡上。

这是一个听来的西藏故事。故事发生的年代至今已有好多年了，但我每次坐车穿过藏北草原无人区的时候总会不由得记起这个故事的主人公——那头把母爱浓缩到“深深一跪中”的藏羚羊。

当时，乱捕、枪杀野生动物是不受法律处罚的。那时随处可见的雪鸡、黄羊、藏羚羊、野驴和野马等，如今已不多了。那些年，常去藏北的人总是可以看到一个留着浓密胡子、肩披长发、脚踩长统藏靴的老猎人在青藏公路周围活动。那支磨得油光闪亮的杈子枪挂在他的身上，身后的两头藏牦牛驮着各种沉甸甸的猎物。他四处云游，无姓无名，朝别藏北雪，夜宿江河源，饿的时候大火煮羊肉，渴的时候喝冰雪水。猎得的那些毛皮自然会拿来卖钱，除了自己消费一些以外，更多的他会拿来救济偶遇的朝圣者——那些磕长头到拉萨朝觐的藏家人，他们心甘情愿地走一条布满险情与艰难的漫漫长路。每一次老猎人在救济他们的时候总是含泪祝福：老天保佑，平安无事。慈善与杀生在老猎人身上并存，可促使他放下手里杈子枪的竟是这么一件事。

可以说那天是他非常有福气的日子。一大早，他从帐篷中出来，伸了个懒腰，正想喝碗酥油茶的时候，忽然看到对面几步之遥的山坡上站着一头肥壮的藏羚羊。他眼前一亮：这简直是送上门来的好事啊！睡了一夜的他全身立刻涌上了一股劲头，他毫不犹豫地转身回帐篷取出了杈子枪。他举起枪瞄准了那头羊，可令人奇怪的是，那头肥壮的藏羚羊并没逃走，只是用乞求的眼神看着他，之后冲着他前行了几步，两条前腿扑通地跪了下来，此时，只见从它眼里流出了两行眼泪。老猎人心头一酸，扣动扳机的手不自觉地松了一下。藏区流传着一句众所周知的俗语：“地上跑的鼠，天上飞的鸟，都是通人性的。”

此刻藏羚羊给他下跪自然是求他饶命的。可他是一个猎手，不被藏羚羊的举动打动也是情理之中的事情。终于，他双眼一闭，动了一下手指，扣动了扳机，枪声响起，只见那头藏羚羊栽倒在地，它倒地以后仍然是跪卧的动作，眼中的泪痕也清晰可见。那日，老猎人并没有像往常那样立刻把捕获的藏羚羊扒皮开膛，他的眼前总是浮现起藏羚羊向他下跪的情形。他觉得很奇怪：藏羚羊为何会下跪？这是他十多年狩猎生涯中唯一一次见到的情景。晚上，躺下的他久久无法入眠，手一直颤抖着……第二天，老猎人怀着忐忑的心情将那头藏羚羊扒皮开膛，他的双手仍在不停地颤抖着。腹腔在刀刃下打开了，他惊讶得叫出了声，手里的刀咣当一声掉在了地上。原来，在藏羚羊的肚子里，静静卧着一头小羚羊，它已成形，可现在自然是死了。这时，老猎人才明白为何藏羚羊的身体那么肥壮，也明白了为何它会弯下笨重的身体向自己下跪：它是在乞求老猎人能给自己的孩子留一条生路呀！天底下所有母亲的跪拜都是神圣的，包括动物在内。老猎人的开膛破肚半途停了下来。那天，他没有出猎，而是在山上挖了一个坑，把那头藏羚羊连同它那没有出生的孩子埋了。从那以后，这个老猎人就消失在了这藏北草原上，没人知晓他的下落。

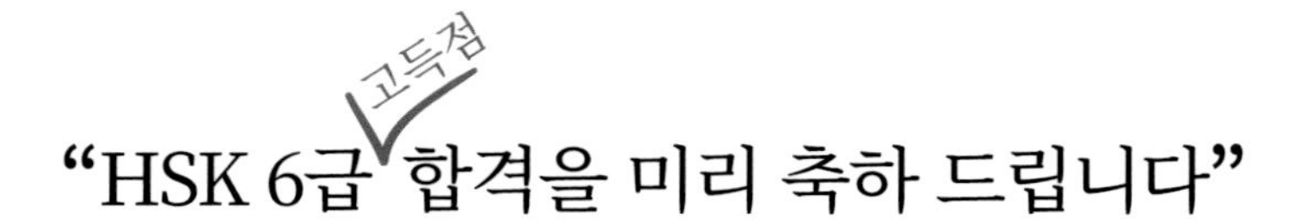

최신개정

HSK 6급 한권으로 끝내기

본서 | 해설서 | 모의고사
재수 삼수 없는 단번 합격 풀패키지

필수단어장 | 필수표현집
합격 비법만 쏙! 시험 직전 필수템 핸디북

MP3음원
듣기 영역은 물론! 독해 영역까지 들어 보는 음원

동영상강의 특별구성
출제 경향, 실전 문제 풀이 비법 마스터 ★저자직강

받아쓰기노트 특별구성
듣기 영역 점수가 쑥쑥 올라가는 받아쓰기 특훈

온라인단어장 특별구성
다양한 학습 모드를 지원하는 무료 온라인단어장 DVBOOK

ISBN 978-89-277-2286-1
ISBN 978-89-277-2255-7(set)

QR 코드 스캔해서 다락원 홈페이지로 이동
→ MP3음원+동영상강의 다운로드 및 실시간 재생
→ 받아쓰기노트 다운로드
→ 모바일·PC 기반 온라인단어장 이용 DVBOOK

#남미숙HSK #오리지널한끝 #HSK천재

최신개정

HSK 6급 한권으로 끝내기 해설서

남미숙 저

HSK
누적
판매량 1 위
교보문고, 영풍문고
베스트셀러
HSK 부문

2010년 7월 1일~2020년 11월 11일,
HSK 한권으로 끝내기 시리즈 합산 기준

본서 | 해설서
모의고사

필수단어장
필수표현집

MP3음원

특별구성

동영상강의

특별구성

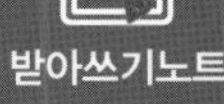
받아쓰기노트

특별구성

온라인단어장

다락원

HSK 합격생 최다 배출
최고 적중률
HSK 1타강사
남미숙

- √ 남미숙 중국어 강남 학원 원장
- √ 온라인 교육플랫폼 WeMeta101 원장
- √ 중단기 원장
- √ 중단기 온라인 강의 대표 강사
- √ 다락원, EBS 어학, 지니TV 온라인 강의 강사
- √ 남미숙 중국어 연구소 원장
- √ 新HSK 연구회 연구위원
- √ 남미숙 비즈니스 스쿨 원장

저서
『중국어 말하기 시험 HSKK 초급/중급/고급 한권으로 끝내기』(다락원)
『[최신개정] HSK 3급/4급/5급/6급 한권으로 끝내기』(다락원)
『新HSK 모의고사 3급/4급/5급/6급 한권으로 끝내기』(다락원)
『TSC 한번에 끝장내기』(YBM)
『남미숙의 중국어 첫걸음 CHINA EASY』(PAGODA Books)
『新HSK 1급/2급/3급/4급/5급 10일 벼락치기』(커넥츠 중단기)
『중단기 新HSK 단어장 1-3급/1-4급/4급/5급/6급』(커넥츠 중단기)
『남미숙의 중국어 쉽게 끝내기 LEVEL 1/2/3』(커넥츠 중단기)
『TSC 가장 쉽게 끝내기』(커넥츠 중단기)
『7급 공무원 중국어 시험 모의고사』(㈜이매진 P&M)

参编 | 牟程 闵顺美 李永泫 千瑞娟

최신개정

HSK 6급 한권으로 끝내기 해설서

남미숙 저

다락원

차례

실력 다지기 해설

실전 모의고사 해설

01 일상생활/자연과학

본서 p.24~25

track 06

• Day 03 1 D 2 C 3 B 4 A 5 D

1 D [保持健康的心态 건강한 심리 상태를 유지하다 → 心态更健康 심리 상태가 더 건강하다] 전자 게임이 노년층에 미치는 긍정적인 효과를 설명하는 내용으로, 녹음을 듣기 전에 보기에서 키워드를 미리 체크했다면, 보기 D의 키워드 '心态(마음)' '健康(건강하다)'이 녹음에서 언급되는 순간 정답을 고를 수 있다.

目前，许多电子游戏也很受老年人的欢迎。这些游戏不但能给老年人的生活增添乐趣，让他们保持健康的心态，还可以锻炼他们的思考能力与反应速度。研究者还表示：玩儿电子游戏能让人的大脑更加活跃。

요즘 많은 전자 게임들이 노년층의 사랑을 받고 있다. 이러한 게임들은 노인의 생활에 즐거움을 더해 주고 그들이 건강한 심리 상태를 유지할 수 있게 해 줄 뿐만 아니라 그들의 사고력과 반응 속도도 단련시킬 수 있다. 연구원은 게임은 인간의 두뇌를 더욱 활발하게 한다고 밝히기도 했다.

A 老年人思想顽固
B 电子游戏容易上瘾
C 跟着视频健身效果好
D 电子游戏使老年人心态更健康

A 노인의 생각은 완고하다
B 전자 게임은 중독되기 쉽다
C 동영상을 따라 운동을 하면 효과가 좋다
D 전자 게임은 노인의 심리 상태를 더 건강하게 한다

目前 mùqián 명 현재, 지금 | **电子游戏** diànzǐ yóuxì 명 전자 게임 | **老年人** lǎoniánrén 명 노인 | ★**增添** zēngtiān 동 더하다, 늘리다, 보태다, 첨가하다 | ★**乐趣** lèqù 명 즐거움, 기쁨, 재미 | **保持** bǎochí 동 유지하다, 지키다 | ★**心态** xīntài 명 심리 상태 | **思考** sīkǎo 동 사고, 사색, 사유 | **反应** fǎnyìng 명 반응 | **研究者** yánjiūzhě 명 연구원, 학자 | **大脑** dànǎo 명 대뇌 | **更加** gèngjiā 부 더욱, 더, 훨씬 | **活跃** huóyuè 형 활발하다, 활동적이다, 활기차다 | **思想** sīxiǎng 명 생각, 견해 | ★**顽固** wángù 형 완고하다, 고집스럽다 | ★**上瘾** shàngyǐn 동 중독되다 | ★**跟着** gēnzhe ~에 따라 | ★**视频** shìpín 명 동영상 | **健身** jiànshēn 동 신체를 건강하게 하다

2 C [而不是…… ~가 아니라 / 为A买B A를 위해 B를 사다] 원래 필요한 새가 아니었음에도 빈 새장 때문에 새를 사게 된다는 '새장효과'에 관한 내용으로, '空鸟笼(빈 새장)'을 위해 '鸟(새)'를 사기도 한다는 보기 C가 정답이다. 녹음을 대충 듣고, 마음대로 교훈적인 결론을 내서 답을 D로 고르지 않도록 해야 한다.

"鸟笼效应"指的是如果一个人在无意间买了只空鸟笼，那么过了一段时间以后，他很有可能会再买只鸟回家养而不是丢掉鸟笼。人们往往会在偶然得到一件本来不需要的东西后，不自觉地购买更多不需要的物品。

'새장효과'란 만약 한 사람이 무심코 빈 새장을 사 갔다면, 얼마 지나지 않아서 그는 아마도 새장을 버리는 것이 아니라 새 한 마리를 다시 사서 집으로 돌아가 기를 것이다. 사람들은 종종 우연히 필요 없던 물건을 얻은 후에 자신도 모르게 불필요한 물건을 더 많이 사게 된다.

A 人们经常盲从大众
B 鸟笼要买好看的
C 人们会为空鸟笼买一只鸟
D "鸟笼效应"提醒我们要节省时间

A 사람들은 대중을 맹목적으로 따른다
B 새장은 보기 좋은 것을 사야 한다
C 사람들은 빈 새장을 위해 새를 한 마리 사기도 한다
D '새장효과'는 우리에게 시간을 절약해야 함을 일깨워 준다

鸟笼 niǎolóng 명 새장 | **效应** xiàoyìng 명 효과 | **无意间** wúyì jiān 무의식중에, 무심코, 무심결에, 뜻밖에, 생각지도 않게 | **养** yǎng 동 (동물을) 기르다, 키우다 | **偶然** ǒurán 부 우연히, 뜻밖에 | **自觉** zìjué 동 자각하다, 스스로 느끼다 | **购买** gòumǎi 동 사다, 구매하다 | **物品** wùpǐn 명 물품 | **盲从** mángcóng 동 무턱대고 따르다, 맹종하다 | **大众** dàzhòng 명 대중, 군중 | **节省** jiéshěng 동 절약하다

3 B [生活节奏快 생활 리듬이 빠르다] '外食族(외식족)'라는 현상을 먼저 소개하고, '由于(~때문에)' 뒤에 외식족이 생긴 이유에 대해서 언급했다. 보기 B의 '催生(탄생시키다)'은 빈출 어휘이니, 꼭 외워 두자.

"外食族"是指以在家庭外就餐为主要生活方式的人。由于城市生活节奏加快，忙碌的白领们没有时间做饭，而把饭馆儿当成家庭餐厅。这样既可以节约时间，又可以享受美食，不失为一种高效率的生活方式。

'외식족'은 집 밖에서 식사하는 것을 주된 생활 방식으로 삼는 사람을 일컫는다. 도시의 생활 리듬이 매우 빠르기 때문에, 바쁜 직장인들은 요리를 할 시간이 없어서, 음식점을 가정의 식사 공간으로 여긴다. 이렇게 하면 시간도 절약할 수 있고 맛있는 음식을 즐길 수도 있으니, 높은 효율의 생활 방식이라고 할 수 있다.

A "外食族"更重视营养均衡
B 生活节奏快催生了"外食族"
C "外食族"对饭菜非常挑剔
D 白领们烹饪水平很好

A '외식족'은 영양이 균등한 것을 더 중시한다
B 생활 리듬이 빠른 것이 '외식족'을 탄생시켰다
C '외식족'은 음식에 매우 까다롭다
D 직장인들의 요리 실력이 좋다

外食族 wàishízú 명 외식족 | **家庭** jiātíng 명 가정 | **方式** fāngshì 명 방식, 방법 | ★**节奏** jiézòu 명 리듬, 박자, 템포 | ★**忙碌** mánglù 형 (정신없이) 바쁘다, 눈코 뜰 새 없다 | **白领** báilǐng 명 화이트칼라 계층, 정신 노동자 계층 | **当成** dàngchéng 동 ~로 여기다, ~라고 생각하다 | **享受** xiǎngshòu 동 즐기다, 누리다, 향유하다 | **美食** měishí 명 맛있는 음식 | **不失为** bùshīwéi 동 ~라고 칠 수 있다, 간주할 수 있다 | **效率** xiàolǜ 명 효율 | **营养** yíngyǎng 명 영양 | **均衡** jūnhéng 형 고르다, 균형이 잡히다 | **催生** cuīshēng 동 탄생시키다 | ★**挑剔** tiāotī 형 까다롭다 | ★**烹饪** pēngrèn 동 요리를 하다

아래에 정리한 표현이 들리면 그 뒤에 핵심 내용이 이어지니, 반드시 주의해서 들어야 한다.

但(是) dàn(shì) 그러나 | **而且** érqiě 게다가 | **并且** bìngqiě 그리고 | **还** hái 게다가 | **从而** cóngér 따라서
因此 yīncǐ 그래서 | **所以** suǒyǐ 그래서 | **因而** yīn'ér 그러므로 | **由于/因A而B** yóuyú/yīn A ér B A 때문에 그래서 B하다
只有A才B zhǐyǒu A cái B A해야만 비로소 B하다 | **可见** kějiàn ~라고 볼 수 있다 | **总之** zǒngzhī 결론적으로 말해서

4 A [简化了手机的功能 휴대폰의 기능을 단순화하다 → 操作简单 조작이 간단하다] '老人手机(실버폰)'에 관한 내용으로, 녹음 마지막에 언급된 휴대폰의 기능을 '단순화했다(简化)'는 말은 곧 조작이 '간단하다(简单)'는 의미이다.

为了满足老年人的通讯需要，最近市场上出现了许多专为老年人而设计的手机。"老人手机"普遍都配有超大音量、超大屏幕和超大按键，这些设计便于老年人听得更清楚、看得更真切。同时，制造者也简化了手机的功能，更方便老年人使用。

노인의 통신 수요를 만족시키기 위해, 최근 시장에 노인만을 위해 디자인된 휴대폰이 많이 등장했다. '실버폰'은 보통 큰 음량, 큰 화면, 큰 버튼을 모두 갖추고 있으며, 이러한 디자인들은 노인이 더 정확하게 듣고, 더 선명하게 보기 쉽다. 동시에, 제작자는 휴대폰의 기능을 단순화하여 노인들이 사용하기에 더욱 편리하게 했다.

A "老人手机"操作简单
B "老人手机"辐射很大
C "老人手机"升级快
D "老人手机"音量过小

A '실버폰'은 조작이 간단하다
B '실버폰'은 전자파가 많다
C '실버폰'은 업그레이드가 빠르다
D '실버폰'은 음량이 너무 작다

满足 mǎnzú 동 만족시키다 | ★**通讯** tōngxùn 명 통신 | **市场** shìchǎng 명 시장 | **专为** zhuānwéi ~만을 위한 | **设计** shèjì 동 디자인하다, 설계하다 명 디자인, 설계 | **配有** pèiyǒu 동 갖추다 | **超大** chāodà 최대 | **音量** yīnliàng 명 음량, 볼륨 | ★**屏幕** píngmù 명 스크린(screen), 영사막 [여기서는 '액정 화면'을 가리킴] | **按键** ànjiàn 명 (악기·타자기·컴퓨터 자판 등의) 버튼, 키, 단추 | ★**便于** biànyú (어떤 일을 하기에) 쉽다, 편리하다 | **真切** zhēnqiè 형 선명하다, 똑똑하다 | **制造者** zhìzàozhě 명 제작자, 제조자 | ★**简化** jiǎnhuà 동 단순화하다, 간소화하다 | **功能** gōngnéng 명 기능, 작용 | ★**操作** cāozuò 동 조작하다 | ★**辐射** fúshè 명 전자파 | **升级** shēngjí 동 업그레이드하다

5 D [读者量就增加了 독자 수가 증가했다 → 报纸销量大增 신문의 판매량이 크게 늘었다] 모기 퇴치 효과가 있는 신문의 출시로 독자 수가 늘었다는 말은 곧 신문의 판매량이 증가했다는 의미이다. 이처럼, 들리는 것이 답인 문제보다는 '같은 말이지만 녹음과 보기에서 비슷한 표현으로 제시'되는 문제가 많다.

最近，有一种带有驱蚊效果的报纸问世了，它的原理是在印刷报纸的油墨之中加入天然香料，从而起到驱蚊的作用。它在读者看报纸时，可有效防止读者被蚊虫叮咬。"驱蚊报"一经推出后，读者量就增加了二十万。

최근 모기 퇴치 효과가 있는 신문이 출시되었다. 이 신문의 원리는 신문을 인쇄하는 잉크에 천연 향료를 넣어서 모기 퇴치 작용을 일으키는 것이다. 이 신문은 독자가 신문을 읽을 때, 모기에 물리는 것도 효과적으로 방지할 수 있다. '모기 퇴치 신문'은 출시되자마자 독자 수가 20만 명이 증가했다.

A 驱蚊报名不副实
B 驱蚊报印刷成本高
C 驱蚊报多介绍如何驱蚊
D 驱蚊功效使该报纸销量大增

A 모기 퇴치 신문은 유명무실하다
B 모기 퇴치 신문은 인쇄 원가가 높다
C 모기 퇴치 신문은 어떻게 모기를 퇴치하는지 알려 준다
D 모기 퇴치 효과는 이 신문의 판매량을 크게 증가시켰다

带有 dàiyǒu 동 지니고 있다, 띠고 있다 | **驱蚊** qūwén 모기 퇴치 | ★**问世** wènshì 동 (저작물·발명품·신상품 등이) 세상에 나오다, 발표되다 | ★**原理** yuánlǐ 명 원리 | **印刷** yìnshuā 동 인쇄하다 명 인쇄 | **油墨** yóumò 명 인쇄 잉크 | **加入** jiārù 동 (집어) 넣다, 첨가하다, 참가하다 | **天然** tiānrán 형 천연의, 자연적인 | **香料** xiāngliào 명 향료 | **从而** cóng'ér 접 따라서, 이리하여 | **起到** qǐdào 동 (어떤 상황을) 일으키다, 초래하다 [起到作用: 작용을 하다] | **读者** dúzhě 명 독자 | **有效** yǒuxiào 형 효과가 있다 | ★**防止** fángzhǐ 동 방지하다 | **蚊虫** wénchóng 명 모기 | **叮咬** dīngyǎo 동 (모기 등이) 물다, 쏘다 [蚊虫叮咬: 모기가 물다] | **一经** yìjīng 부 ~하자마자, 일단 ~하면 [一经A就B: A하면 B하다] | **推出** tuīchū 동 출시하다, 내놓다 | **名不副实** míngbúfùshí 성 유명무실하다 | ★**成本** chéngběn 명 원가, 생산비, 자본금 | **如何** rúhé 대 어떻게, 어떤, 어떻게 하면 | ★**功效** gōngxiào 명 효능, 효과 | **该** gāi 대 이, 그, 저 | **销量** xiāoliàng 명 (상품의) 판매량 | **增** zēng 동 증가하다

track 07

• Day 04 6 D 7 B 8 C 9 D 10 A

6 D [含有大量的……等物质 많은 ~등의 물질을 함유하다 → 富含多种物质 여러 가지 물질을 다량으로 함유하다] '비타민, 아미노산, 당분 등의 물질을 함유하고 있다'는 말은 곧 '여러 가지 물질을 풍부하게 함유하고 있다'고 이해할 수 있다.

运动型饮料是一种新兴产品，它按照人体运动时生理消耗的特点制作而成。与白开水相比，运动型饮料含有大量的维生素、氨基酸和糖等物质，能够有效补充人体在运动时所消耗的能量。

스포츠 음료는 일종의 새로운 제품으로, 인체가 운동할 때 생리적으로 소모되는 특징에 따라 만든 것이다. 생수와 비교해 봤을 때 스포츠 음료는 많은 비타민, 아미노산, 당분 등의 물질을 함유하고 있어서 인체가 운동할 때 소모하는 에너지를 효과적으로 보충할 수 있다.

A 喝运动型饮料会失眠
B 运动型饮料不宜在高温下保管
C 运动型饮料酒精含量高
D 运动型饮料富含多种物质

A 스포츠 음료를 마시면 불면증이 올 수 있다
B 스포츠 음료는 고온에 보관해서는 안 된다
C 스포츠 음료는 알코올 함량이 높다
D 스포츠 음료는 여러 가지 물질을 다량으로 함유하고 있다

运动型饮料 yùndòngxíng yǐnliào 스포츠 음료 | **新兴** xīnxīng 형 신흥의, 새로 일어난 | **产品** chǎnpǐn 명 제품, 생산품 | **人体** réntǐ 명 인체 | ★**生理** shēnglǐ 명 생리 | ★**消耗** xiāohào 동 소모하다, 소비하다 | **制作** zhìzuò 동 만들다, 제작하다 | **成** chéng 동 ~가 되다 | **白开水** báikāishuǐ 명 끓인 맹물 | **相比** xiāngbǐ 동 비교하다, 견주다 [与A相比: A와 비교하다] | **含有** hányǒu 동 함유하다, 포함하다 | **大量** dàliàng 형 대량의, 다량의, 많은 양의, 상당한 양의 | ★**维生素** wéishēngsù 명 비타민 | **氨基酸** ānjīsuān 명 아미노산 | **物质** wùzhì 명 물질 | **能够** nénggòu 조동 ~할 수 있다 | **有效** yǒuxiào 동 효력이 있다, 유효하다 | **补充** bǔchōng 동 보충하다 | **所** suǒ 조 [동사 앞에 '~+동사'의 형태로 쓰여 그 동사와 함께 명사적 성분이 됨] | ★**能量** néngliàng 명 에너지 | **失眠** shīmián 동 불면증에 걸리다 | **不宜** bùyí 동 ~해서는 안 된다 | **高温** gāowēn 명 고온 | ★**保管** bǎoguǎn 동 보관하다 | ★**酒精** jiǔjīng 명 알코올 | **含量** hánliàng 명 함량 | **富含** fùhán 동 다량으로 함유하다

7 **B** [锱铢必较 ≒ 斤斤计较 시시콜콜하게 따지다] 성어 '锱铢必较'와 '斤斤计较'가 같은 의미인 것을 알았다면 쉽게 답을 찾을 수 있었겠지만, 그렇지 않았다면 다른 곳에서 힌트를 얻기가 어려운 고난도 문제이다. 녹음의 '实力差不多'가 보기 A의 '实力相当'과 같은 의미이긴 하지만, 녹음은 토론이 아니라 '협상'에 대한 내용이므로, 토론에 대해 설명하고 있는 A는 정답이 아니다. '谈判(협상)'과 '辩论(토론)'은 전혀 다른 의미이다.

"零和效应"指的是在谈判的过程中，实力差不多的双方做出大致相同的让步，不再锱铢必较，以使双方付出的代价和得到的利益之和大致等于零。如此一来，双方更易达成一致意见，使谈判得以成功。

'제로섬 효과'란 협상 과정에서 실력이 비슷한 양측이 비슷한 양보를 하고 시시콜콜하게 따지지 않아서 양측이 지불하는 대가와 얻는 이익의 합이 거의 0인 것을 가리킨다. 이렇게 되면 양측이 더 쉽게 일치된 의견에 도달하고, 협상이 성공하게 된다.

A "零和效应"代表双方实力相当
B "零和效应"能促使双方判断达成共识
C "零和效应"可使人忘掉烦恼
D "零和效应"是生活中必须遵守的规则

A '제로섬 효과'는 양측의 실력이 비슷함을 대표한다
B '제로섬 효과'는 양측의 판단이 공감대를 갖도록 할 수 있다
C '제로섬 효과'는 사람이 고민을 잊게 한다
D '제로섬 효과'는 생활에서 반드시 준수해야 하는 규칙이다

零和效应 línghé xiàoyìng 명 제로섬 효과 [어떤 시스템이나 사회 전체의 이익이 일정하여 한쪽이 득을 보면 반드시 다른 한쪽이 손해를 보는 상태] | **谈判** tánpàn 동 협상하다, 담판하다, 회담하다, 교섭하다 | ★**实力** shílì 명 실력 | **双方** shuāngfāng 명 양측, 쌍방, 양쪽 | ★**大致** dàzhì 부 대체로, 대강 | ★**让步** ràngbù 명 양보 | **锱铢必较** zīzhū bìjiào 성 자잘한 일까지 시시콜콜하게 따지다 | **付出** fùchū 동 지불하다 | ★**代价** dàijià 명 대가 [付出代价: 대가를 지불하다] | **得到** dédào 동 얻다, 받다, 획득하다, 취득하다, 손에 넣다 | **利益** lìyì 명 이익 | **等于** děngyú 동 (수량이) ~와 같다 | **如此** rúcǐ 대 이와 같다, 이러하다 | **易** yì 형 쉽다, 용이하다 | ★**达成** dáchéng 동 달성하다, 도달하다, 얻다 | **一致** yízhì 형 일치하다 | **得以** déyǐ 동 ~할 수 있다 | **代表** dàibiǎo 동 대표하다 | **相当** xiāngdāng 형 비슷하다 | **促使** cùshǐ 동 ~하도록 하다 | ★**达成** dáchéng 동 달성하다 | **共识** gòngshí 명 공통의 인식 | **忘掉** wàngdiào 동 잊어버리다 | **遵守** zūnshǒu 동 준수하다 | **规则** guīzé 명 규칙

8 **C** [产生"快乐激素" 즐거운 호르몬을 생성하다 → 使人快乐 사람을 즐겁게 하다] 보기에 쓰인 표현 '听歌' '噪音' '唱歌' 등을 통해 소리와 관련한 내용임을 예상할 수 있다. 이렇게 일상적이지 않은 주제의 내용에는 우리가 모르는 전문 용어가 나올 수 있다는 점을 먼저 예상하고 듣는다면, 생소한 어휘가 나와도 동요하지 않을 수 있다.

研究指出，听音乐的时候把音量调高有利于激发大脑的活力。因为人类内耳中的球囊仅对九十分贝以上的声音敏感，而球囊与大脑里控制"快乐情绪"的区域相连接。所以心情不好的时候，可用分贝高的音乐来刺激自己产生"快乐激素"。

연구에 따르면, 음악을 들을 때 음량을 높이면 대뇌의 활력을 유발하는 데 도움이 된다고 한다. 인간의 내이에 있는 구낭은 90데시벨 이상의 소리에만 민감하게 반응하는데, 구낭은 대뇌에서 '즐거운 기분'을 제어하는 구역과 서로 연결되어 있다. 그래서 기분이 좋지 않을 때는 데시벨이 높은 음악으로 '즐거운 호르몬'을 스스로 생산하도록 자극하는 것이 좋다.

A 听歌有助于思考
B 勿在噪音大的时候唱歌
C 高分贝音乐能使人快乐
D 激素分泌过少会影响智力

A 노래를 듣는 것은 생각하는 데 도움이 된다
B 소음이 클 때는 노래를 하지 말아라
C 높은 데시벨의 음악은 사람을 즐겁게 할 수 있다
D 호르몬 분비가 너무 적으면 지능에 영향을 끼친다

指出 zhǐchū 동 지적하다, 밝히다 [研究指出: 연구에 따르면] | **音量** yīnliàng 명 음량, 볼륨 | **调高** tiáogāo 동 상향 조절하다 | **有利** yǒulì 형 유리하다 [有利于: ~에 유리하다] | ★**激发** jīfā 동 (감정을) 불러일으키다, 끓어오르게 하다, 격발하다 | **大脑** dànǎo 명 대뇌 | ★**活力** huólì 명 활력, 생기 | **人类** rénlèi 명 인류 | **内耳** nèi'ěr 명 내이 [귀의 가운데 안쪽에 단단한 뼈로 둘러싸여 있는 부분] | **球囊** qiúnáng 명 구낭 [안귀의 안뜰 막미로에 있는 두 개의 주머니 중 더 작은 것. 달팽이관과 연결되어 있음] | **仅** jǐn 부 겨우, 단지, 다만 [≒只] | **分贝** fēnbèi 양 데시벨 | **以上** yǐshàng 명 이상 | **敏感** mǐngǎn 형 민감하다, 감각이 예민하다 [对+대상+敏感: ~에 대해 민감하다] | **控制** kòngzhì 동 제어하다, 통제하다, 규제하다 | **情绪** qíngxù 명 기분, 마음, 정서, 감정 | ★**区域** qūyù 명 구역, 지역 | **相** xiāng 부 서로, 상호 | **连接** liánjiē 동 연결되다, 잇닿다, 연접하다 | **刺激** cìjī 동 자극하다, 흥분시키다 | **产生** chǎnshēng 동 생기다, 발생하다, 나타나다 | **激素** jīsù 명 호르몬 | **有助于** yǒuzhùyú ~에 도움이 되다 | **思考** sīkǎo 명 사고, 사색 | **勿** wù 부 ~해서는 안 된다, ~하지 마라 | ★**噪音** zàoyīn 명 소음 | ★**分泌** fēnmì 명 분비 | ★**智力** zhìlì 명 지능, 지력

9 **D** [其实，…… (예상과 달리) 실제로는 ~] 녹음 초반에 '충전하면서 휴대폰 하는 것은 위험하다'고 언급한 후, 그 이유에 대해 자세히 설명하고 있다. '其实'가 나오는 구간에는 정답 힌트가 등장하는 경우가 많으니, 반드시 집중해서 듣자. 보기 D에 쓰인 '切勿'는 '别' '不要'와 같은 의미로, 듣기 영역 빈출 표현이다.

不少人爱边充电边玩儿手机，其实，这样做非常危险。手机在被使用时内部处理器的温度会变高，而充电时的手机由于能量转换，其温度也会升高，两者相叠加会导致手机屏幕因带电不平衡而失灵，也会使手机因温度过高而被烧坏。

많은 사람들이 충전하면서 휴대폰 하는 것을 좋아하지만, 사실 이렇게 하는 것은 굉장히 위험하다. 휴대폰이 사용될 때 내부 처리 장치의 온도가 높아지고, 충전할 때 휴대폰의 에너지 전환으로 온도가 또 높아지기 때문에, 두 가지가 합쳐지면 휴대폰 액정의 대전 불균형으로 인해 고장이 날 수 있고, 휴대폰 온도가 지나치게 높아져서 소실되어 버릴 것이다.

A 电量不要一次充满
B 开机的时候手机会漏电
C 劣质手机电池损耗大
D 切勿边充电边玩儿手机

A 배터리는 한 번에 완충해서는 안 된다
B 휴대폰을 켤 때 휴대폰은 누전이 될 수 있다
C 질 나쁜 휴대폰은 배터리 소모가 크다
D 충전을 하면서 휴대폰을 해서는 안 된다

充电 chōngdiàn 동 충전하다 | **内部** nèibù 명 내부 | **处理** chǔlǐ 명 처리 | **器** qì 명 기구, 도구 | ★**能量** néngliàng 명 에너지 | **转换** zhuǎnhuàn 명 전환 | **其** qí 대 그, 그들, 그것 | **升高** shēnggāo 동 높아지다, 상승하다 | **两者** liǎngzhě 명 양자 | **相** xiāng 부 서로, 상호 | **叠加** diéjiā 동 합치다, 누적하다, 포개다 | **导致** dǎozhì 동 (어떤 사태를) 야기하다, 초래하다 | ★**屏幕** píngmù 명 영사막, 스크린 [여기서는 '액정 화면'을 가리킴] | **因A而B** yīn A ér B A 때문에 B하다 | **带电** dàidiàn 명 대전 [전류 흐름] | **平衡** pínghéng 명 균형, 평형 | **失灵** shīlíng 동 (기계 따위가) 고장 나다, 작동하지 않다 | **烧坏** shāohuài 동 소실되다 | **电量** diànliàng 명 전기량 [여기서는 '배터리'로 쓰임] | **充满** chōngmǎn 동 충만하다, 가득 차다, 넘치다 | **漏电** lòudiàn 동 누전되다 | **劣质** lièzhì 형 질이 낮은 | **电池** diànchí 명 배터리 | **损耗** sǔnhào 명 소모, 손실 | **切勿** qièwù 절대로 ~하지 마라

10 **A** [分析自己的风险承受能力 자신의 위험 감수 능력을 분석하다 → 做好风险评估 위험성 평가를 잘하다] 투자 수익이 높을수록 위험성이 높다는 내용으로, 조금 어렵게 느껴질 수 있는 주제이지만, 보기를 먼저 읽었다면 녹음에 '投资以前'이 나오는 순간, 보기 A를 떠올릴 수 있다.

收益高通常意味着风险高，因此，投资前最好先分析自己的风险承受能力，详细了解自己要做的投资类型，然后根据自己的条件进行投资。在保证安全的前提下，使自己的资产最大限度地发挥增值、保值的效用。

수익이 높다는 것은 보통 위험성이 높다는 것을 의미한다. 따라서 투자 전에 먼저 자신의 위험 감수 능력을 분석하고 자신이 하려는 투자 유형을 자세하게 알아보고, 그 다음 자신의 조건에 따라 투자를 하는 것이 가장 좋다. 안전이 보장된다는 전제하에, 자신의 자산 가치를 증대시키고 유지하는 효과를 최대한 발휘하도록 해야 한다.

A 投资前要做好风险评估
B 分散投资风险高
C 收益越高风险越小
D 投资要选择有高风险的项目

A 투자 전 위험성 평가를 잘해야 한다
B 분산투자는 위험성이 높다
C 수익이 높을수록 위험이 적다
D 투자는 위험성이 높은 항목을 선택해야 한다

★**收益** shōuyì 명 수익, 이득, 수입 | **通常** tōngcháng 명 보통, 통상 | ★**意味着** yìwèizhe 동 의미하다, 뜻하다, 나타내다 | **风险** fēngxiǎn 명 위험, 모험 | **投资** tóuzī 명 투자 | **分析** fēnxī 동 분석하다 | **承受** chéngshòu 동 감내하다, 받아들이다, 견뎌 내다 | **类型** lèixíng 명 유형 | ★**前提** qiántí 명 전제, 전제 조건 | ★**资产** zīchǎn 명 재산, 산업 | **限度** xiàndù 명 한도, 한계 | **发挥** fāhuī 동 발휘하다 | **增值** zēngzhí 동 가치가 오르다 | **保值** bǎozhí 동 (원래의) 화폐 가치를 유지하다, 가치를 보증하다 | **效用** xiàoyòng 명 효과, 효용, 쓸모, 가치 | ★**评估** pínggū 동 (질·수준·성적 등을) 평가하다 | ★**分散** fēnsàn 형 분산하다, 흩어지다 | **项目** xiàngmù 명 항목

• Day 05　11 C　12 D　13 C　14 A　15 B

11 C [睡得更香 더욱 깊게 잘 수 있게 해 준다 → 能助眠 수면에 도움을 줄 수 있다] '白噪音(백색소음)'이 수면에 끼치는 긍정적인 영향에 대한 내용으로, '백색소음은 사람들이 더욱 깊게 잘 수 있게 해 준다'는 말에서 '백색소음이 수면에 도움을 준다'는 내용의 보기 C를 정답으로 연결할 수 있어야 한다.

有些人一到雨天就爱睡觉，还有些人睡觉时如果听到鸟叫声或者流水声，也会睡得非常香甜。在声学上，把这些鸟叫声、雨声等称为“白噪音”。白噪音与普通噪音不同，它能产生遮蔽效果，使人忽略杂乱的环境，从而睡得更香。

어떤 사람들은 비가 오는 날만 되면 잠이 잘 오고, 어떤 사람들은 잠잘 때 새가 지저귀는 소리 혹은 물이 흐르는 소리가 들리면 잠을 매우 달콤하게 잘 수 있다. 음향학에서는 이러한 새가 지저귀는 소리, 빗소리 등을 '백색소음'이라고 부른다. 백색소음은 일반 소음과 다르다. 이것은 가림막 효과를 내서, 사람이 어수선한 환경을 무시함으로써 더욱 깊게 잘 수 있게 해 준다.

A 噪音污染的标准无法界定
B 雨天人易发脾气
C 白噪音能助眠
D 白噪音多出现于白天

A 소음 공해의 기준은 설정할 수 없다
B 비가 오는 날에 사람들은 쉽게 화를 낸다
C 백색소음은 수면에 도움을 줄 수 있다
D 백색소음은 대부분 낮에 발생한다

有些人 yǒuxiērén 어떤 사람들 | **雨天** yǔtiān 명 비가 오는 날, 우천 | **叫声** jiàoshēng 우는 소리 | **水声** shuǐshēng 명 물소리 | **香甜** xiāngtián 형 (잠이) 달콤하다, 달다 | **声学** shēngxué 명 음향학 | **称为** chēngwéi 동 ~라고 부르다 [把A称为B: A를 B라고 부르다] | **白噪音** báizàoyīn 명 백색소음 | **普通噪音** pǔtōng zàoyīn 일반 소음 | **产生** chǎnshēng 동 생기다, 발생하다 | **遮蔽** zhēbì 동 가리다, 덮다 | ★**忽略** hūlüè 동 무시하다, 소홀히 하다 | **杂乱** záluàn 형 어수선하다, 난잡하다, 뒤죽박죽하다 | **从而** cóng'ér 접 따라서 | ★**噪音** zàoyīn 명 소음 | **标准** biāozhǔn 명 기준, 잣대 | **无法** wúfǎ 동 할 수 없다, 방법이 없다 | **界定** jièdìng 동 범위를 확정하다 | **发脾气** fā píqi 화내다, 성질부리다, 성내다 | **助** zhù 동 돕다, 협조하다 | **眠** mián 동 잠자다 | **白天** báitiān 명 낮, 대낮

12 D [了解和克服 이해하고 극복하다 → 要摆脱…… ~에서 벗어나야 한다] 자신의 상식과 경험에 과도하게 의존하면 어떤 상황이 초래되는지를 서술하며, 이러한 심리를 이해하고 극복해야 한다며 녹음을 마무리하고 있다. 보기 D의 '摆脱'가 녹음의 '克服'와 비슷한 의미로 사용되었다. '摆脱(벗어나다)'와 '束缚(속박)'는 6급 필수 어휘이니 반드시 숙지하도록 하자.

有些时候，人遇到的最大障碍是过于相信自己已知的常识与经验。过于谨小慎微易使人产生猜疑、怯懦和畏惧的心理，只有了解和克服这种假设性、经验性的心理，人们才可以更好地生活和工作。

때로는 사람이 직면하는 가장 큰 장애물은 자신이 이미 알고 있는 상식과 경험을 지나치게 믿는 것이다. 과도하게 신중하면 의심, 나약함, 공포의 심리가 쉽게 생기게 된다. 이러한 가설적, 경험적 심리를 잘 이해하고 극복해야만 사람들은 비로소 일과 생활을 더 잘할 수 있다.

A 要积累经验
B 要学会释放压力
C 做事要三思而后行
D 要摆脱经验的束缚

A 경험을 쌓아야 한다
B 스트레스를 해소할 줄 알아야 한다
C 일을 할 때 심사숙고하고 나서 행동해야 한다
D 경험의 속박에서 벗어나야 한다

★**障碍** zhàng'ài 명 장애물, 방해물 | ★**过于** guòyú 부 지나치게, 너무 | **常识** chángshí 명 상식, 일반 지식 | **谨小慎微** jǐnxiǎo shènwēi 성 지나치게 소심하고 신중하다 | **猜疑** cāiyí 동 (사람·일 등에) 의심하다, 마음을 놓지 못하다 | **怯懦** qiènuò 형 나약하고 겁이 많다, 비겁하다 | ★**畏惧** wèijù 동 두려워하다, 무서워하다 | **心理** xīnlǐ 명 심리 | **假设** jiǎshè 동 가정하다 | **学会** xuéhuì 배워서 할 수 있게 되다, 배워서 알다 | ★**释放** shìfàng 동 내보내다, 석방하다, 방출하다 | **三思而后行** sānsī ér hòuxíng 성 심사숙고하고 나서 행동하다 | ★**摆脱** bǎituō 동 (속박·규제·생활상의 어려움 등에서) 벗어나다, 빠져나오다 | ★**束缚** shùfù 명 속박, 구속 [摆脱束缚: 속박에서 벗어나다]

13 C [关注 관심 ≒ 喜爱 사랑] 녹음 마지막에게 루빅큐브가 사람들의 더 많은 관심을 받고 있다고 했고, 보기 C에서 약간 다른 표현을 사용해 같은 의미를 전달했다.

作为世界有名的机械益智玩具，魔方不仅是孩子们的伙伴，也是一种适合成年人的竞技形式与娱乐方式。再加上富有挑战性的盲拧、单拧和竞速等多种玩法，魔方正受到人们越来越多的关注。

세계적으로 유명한 기계 퍼즐 장난감으로서 루빅큐브는 아이들의 친구일 뿐만 아니라, 성인에게도 적합한 게임 형식이자 오락의 방식이다. 게다가 도전성이 풍부한 '눈 가리고 맞추기' '한 손으로 맞추기' '속도 시합' 등 다양한 플레이 방식이 있어서, 루빅큐브는 점점 사람들에게 더 많은 관심을 받고 있다.

A 游戏能提高注意力
B 益智玩具种类很多
C 魔方深受人们喜爱
D 魔方是成年人的"专利"

A 게임은 주의력을 높일 수 있다
B 퍼즐 장난감은 종류가 매우 많다
C 루빅큐브는 사람들의 깊은 사랑을 받는다
D 루빅큐브는 성인의 '전유물'이다

作为 zuòwéi 개 ~의 신분·자격으로서 | ★**机械** jīxiè 명 기계, 기계 장치 | **益智玩具** yìzhì wánjù 명 퍼즐 장난감 | **魔方** mófāng 명 루빅큐브 | **伙伴** huǒbàn 명 친구, 동료 | **成年人** chéngniánrén 명 성인, 어른 | **竞技** jìngjì 명 경기 | **形式** xíngshì 명 형식 | **娱乐** yúlè 명 오락 | **方式** fāngshì 명 방식, 방법 | **再加上** zài jiāshàng 게다가 | **富有** fùyǒu 동 풍부하다 | **挑战性** tiǎozhànxìng 도전성 | **盲拧** máng nǐng 눈 가리고 맞추기 | **单拧** dānnǐng 한 손으로 맞추기 | **竞速** jìngsù 동 속도를 겨루다 | **玩法** wánfǎ 명 놀이 방법 | **正** zhèng 부 [동작의 진행 또는 상태의 지속을 나타냄] | **关注** guānzhù 명 관심 | **注意力** zhùyìlì 명 주의력 | **种类** zhǒnglèi 명 종류 | **深受** shēnshòu 동 (매우) 깊이 받다, 크게 입다 | **喜爱** xǐ'ài 동 사랑하다, 좋아하다, 애호하다, 호감을 가지다 | **专利** zhuānlì 명 전매 특허, 전유물

14 A [分散和模糊 분산시키고 모호하게 하다 → 不易暴露 잘 노출되지 않다] 얼룩말의 줄무늬에 관한 내용으로, '起A作用(A 역할을 하다)' 구문에서 정답을 언급했다. 다만 녹음과 보기가 완전히 똑같이 제시되지는 않았다. 덧붙여, '斑马'가 얼룩말인지 몰랐어도 '马'에서 '말'이라는 점을 유추할 수 있다.

斑马身上的黑白条纹是一种适应环境的保护色。在阳光下，这种黑白条纹起着分散和模糊斑马轮廓身形的作用。一眼望去，斑马看似与周围环境融为一体。如此一来，斑马就很难被猛兽发现了。

얼룩말 몸의 흑백 줄무늬는 환경에 적응하는 보호색이다. 햇빛 아래에서 이러한 흑백 줄무늬는 얼룩말 몸의 윤곽을 분산시키고 모호하게 하는 작용을 한다. 언뜻 보면 얼룩말이 주변의 환경과 하나로 합쳐진 것처럼 보인다. 이렇게, 얼룩말은 맹수에게 발견되기 어렵다.

A 斑马的条纹使其不易暴露
B 斑马听觉敏锐
C 斑马身体会随着温度变色
D 斑马肌肉发达

A 얼룩말의 줄무늬는 그로 하여금 잘 노출되지 않게 해 준다
B 얼룩말은 청각이 예민하다
C 얼룩말의 몸은 온도에 따라 색이 변한다
D 얼룩말은 근육이 발달되어 있다

斑马 bānmǎ 명 얼룩말 | **身上** shēnshang 명 몸, 신상 | **黑白** hēibái 명 흑백 | **条纹** tiáowén 명 줄무늬 | **保护色** bǎohùsè 명 보호색 | ★**分散** fēnsàn 형 분산하다, 흩어지다 | **模糊** móhu 형 모호하다, 분명하지 않다 | ★**轮廓** lúnkuò 명 윤곽, 테두리, 둘레의 선 | **身形** shēnxíng 명 자태 | **一眼望去** yìyǎn wàngqù 언뜻 보면 | **看似** kànsì 보기에 마치 | **融合** rónghé 동 융합하다 | **如此一来** rúcǐyīlái 이렇게 | **猛兽** měngshòu 명 맹수, 사나운 짐승 | **其** qí 대 그, 그의, 그것 | **不易** búyì 형 쉽지 않다 | ★**暴露** bàolù 동 노출되다, 드러내다 | **听觉** tīngjué 명 청각 | ★**敏锐** mǐnruì 형 예민하다 | **变色** biànsè 동 색깔이 변하다 | **肌肉** jīròu 명 근육 | **发达** fādá 동 발달하다

과학 상식 유형 문제는 '세부 내용'을 특히 더 주의 깊게 들어야 한다. 언제 어디에서 정답이 나올지 가늠하기 힘들기 때문에 반드시 보기와 대조해 가며 녹음을 듣는 것이 관건이다.

15 B [A离不开B A는 B를 떠날 수 없다 (=A에게 B가 꼭 필요하다)] 사람은 산소를 떠날 수 없다는 내용을 통해 '인체는 산소에 대한 수요가 크다'는 것을 유추해 내야 하는 문제였다. 키포인트는 녹음 첫 부분에 나왔지만, 놓쳤더라도 뒤이어 나오는 '인체의 모든 기관이 산소를 소모한다'는 내용을 집중해서 들었다면 정답을 고를 수 있었을 것이다.

人离不开氧气，如同鱼不能离开水。人体的每个细胞与器官时时刻刻都在消耗氧气，而肺部是氧气必经的"枢纽站"。在摄取氧气时，肺还需排出人体内的二氧化碳。肺活量越大，呼吸的时候气体的交换量就越大。

사람이 산소를 떠날 수 없는 것은 마치 물고기가 물을 떠날 수 없는 것과 같다. 인체의 모든 세포와 기관은 시시각각 모두 산소를 소모하고 있으며, 폐는 산소가 반드시 거쳐야 하는 '중심지'이다. 산소를 들이마실 때, 폐는 또한 인체 내의 이산화탄소를 배출해야 한다. 폐활량이 클수록 호흡을 할 때 기체의 교환량이 많아진다.

A 氧气可提高细胞活性
B 人体对氧气的需求大
C 肺活量变化小
D 肺部最易感染病毒

A 산소는 세포의 활동성을 향상시킬 수 있다
B 인체는 산소에 대한 수요가 크다
C 폐활량은 변화가 작다
D 폐는 바이러스에 감염되기 가장 쉽다

★**氧气** yǎngqì 명 산소 | **如同** rútóng 동 마치 ~와 같다, 흡사하다 | **人体** réntǐ 명 인체 | ★**细胞** xìbāo 명 세포 | ★**器官** qìguān 명 (생물체의) 기관 | **时时刻刻** shíshíkèkè 부 시시각각 | ★**消耗** xiāohào 동 (정신·힘·물자 등을) 소모하다 | **肺部** fèibù 명 폐부 | **必** bì 부 반드시 | **经** jīng 동 거치다, 통하다 | **枢纽站** shūniǔzhàn 명 중심지 | **摄取** shèqǔ 동 흡수하다, 섭취하다 | **排出** páichū 동 배출하다 | ★**二氧化碳** èryǎnghuàtàn 명 이산화탄소(CO_2) | **肺活量** fèihuóliàng 명 폐활량 | **呼吸** hūxī 동 호흡하다, 숨을 쉬다 | **气体** qìtǐ 명 기체 | **交换量** jiāohuànliàng 명 교환량 | **活性** huóxìng 명 활동성 | ★**需求** xūqiú 명 수요, 필요 | ★**感染** gǎnrǎn 동 감염되다, 전염되다 | **病毒** bìngdú 명 바이러스

track 09

• Day 06 **16** C **17** D **18** D **19** B **20** D

16 C [越A越B A할수록 B하다 / 年代 연대 / 鉴定 감정하다] 녹음의 근거 문장과 보기 C의 문장 속 어휘는 조금씩 다르지만, 내재된 의미는 같다. 단순히 들리는 것이 정답인 문제가 아니라 유의어를 알아야 하는 고난도 문제이다. 보기의 '鉴定(감정하다, 평가하다)'이라는 어휘가 생소할 수 있지만, 6급 필수 어휘이므로 반드시 숙지하자.

近日，科学家尝试通过分析冥王星表面的陨石坑，鉴定不同地区的地质年龄，一般来讲，某一地区陨石坑的数目越多，其年代就越久远。研究显示，冥王星上的某些地区已经有五十亿年的历史了，而也有一些地区是很"年轻"的。

최근, 과학자는 명왕성 표면의 운석 구덩이 분석을 통해 서로 다른 지역의 지질 나이를 알아내는 것을 시도했다. 일반적으로, 어떤 지역의 운석 구덩이 수가 많을수록 그 연대가 오래된 것이다. 연구 결과, 명왕성의 어떤 지역은 이미 50억 년의 역사가 있었고, 몇몇 지역은 '역사가 짧다'.

A 陨石坑越少年代越久远
B 陨石坑成因难以考证
C 陨石坑数量可鉴定地质年龄
D 冥王星存在生命

A 운석 구덩이가 적을수록 연대가 오래된 것이다
B 운석 구덩이가 생기는 이유는 고증하기 어렵다
C 운석 구덩이의 수로 지질의 나이를 알아낼 수 있다
D 명왕성에는 생명체가 존재한다

近日 jìnrì 명 최근, 근래 | **科学家** kēxuéjiā 명 과학자 | ★**尝试** chángshì 동 시도해 보다, 시험해 보다 | **分析** fēnxī 동 분석하다 | **冥王星** míngwángxīng 명 명왕성 | **表面** biǎomiàn 명 표면 | **陨石** yǔnshí 명 운석 | ★**坑** kēng 명 구덩이, 구멍 | ★**鉴定** jiàndìng 동 감정하다 | **不同** bùtóng 다르다, 같지 않다 | **地区** dìqū 명 지역, 지구 | ★**地质** dìzhì 명 지질 | **年龄** niánlíng 명 나이, 연세, 연령 | **一般来讲** yìbān lái jiǎng 일반적으로 말하면 | **某** mǒu 대 아무, 어느, 모 | **数目** shùmù 명 수, 수량 | **越** yuè 부 ~(하)면 ~(할)수록 ~하다 [중첩하여 '越A越B'의 형식을 취하며, 상황에 따라 정도가 점점 가중됨을 나타냄] | **年代** niándài 명 연대 | **久远** jiǔyuǎn 형 멀고 오래다, 까마득하다 | **显示** xiǎnshì 동 보여 주다, 현시하다, 뚜렷하게 나타내 보이다 | **亿** yì 수 억 | **难以** nányǐ 부 ~하기 어렵다 | **考证** kǎozhèng 동 고증하다 [증거를 찾아 밝히다] | **存在** cúnzài 동 존재하다

17 **D** [之所以A是因为B A인 까닭은 B 때문이다] 이 지문처럼 초반에 핵심 정보를 주기도 하므로 처음부터 집중력을 높여야 한다. 접속사 '之所以A是因为B(A인 까닭은 B 때문이다)'는 HSK 6급 전 영역 빈출 접속사이므로 반드시 숙지하자.

海上之所以无风也有浪，是因为某海域在风的作用下形成了海浪。海浪除了在原地起伏波动之外，还会源源不断地向外涌动。这就使得不仅受风直接吹刮的区域会产生风浪，无风的海域也同样有浪。

바다에 바람이 불지 않아도 파도가 치는 까닭은 특정 해역이 바람의 영향을 받아서 파도를 형성했기 때문이다. 파도는 제자리에서 파동하는 것 외에도 끊임없이 외부로 움직인다. 이는 바람이 직접 부는 곳에서 파도가 발생하게 할 뿐만 아니라 바람이 불지 않는 곳마저도 파도가 치게 한다.

A 台风由低气压造成
B 海浪是自发形成的
C 海啸破坏力大
D 海上无风也会有浪

A 태풍은 저기압으로 인해 생기는 것이다
B 파도는 자연발생적으로 형성된 것이다
C 쓰나미의 파괴력은 크다
D 바다에는 바람이 불지 않아도 파도가 칠 수 있다

风 fēng 명 바람 | **浪** làng 명 파도, 물결 | **海域** hǎiyù 명 해역 | **形成** xíngchéng 동 형성되다, 이루어지다 | **海浪** hǎilàng 명 파도 | **原地** yuándì 명 제자리, 본래의 자리 | **波动** bōdòng 명 파동 | ★**起伏** qǐfú 동 굽이치다, 출렁거리다 | **不断** búduàn 동 끊임없다, 계속하다 | **涌动** yǒngdòng 동 (파도, 구름, 각종 감정 따위가) 밖으로 세차게 흐르다, 격렬하게 솟구치다 | **使得** shǐde 동 ~로 하여금 ~하게 하다 | **受风** shòufēng 동 바람을 맞다, 바람을 쐬다 | **吹刮** chuīguā 동 (바람이) 불다 | ★**区域** qūyù 명 구역, 지역 | **产生** chǎnshēng 동 발생하다, 생기다 | **风浪** fēnglàng 명 파도, 풍랑 | ★**台风** táifēng 명 태풍 | **高气压** gāoqìyā 명 고기압 | **造成** zàochéng 동 초래하다, 야기하다 [由A造成 : A로 인해 초래하다] | ★**自发** zìfā 형 자연발생적인 | **海啸** hǎixiào 명 쓰나미, 해일 | **破坏力** pòhuàilì 명 파괴력

18 **D** [追溯到+특정 시기 ~로 거슬러 올라가다 / 公元前7000年 기원전 7000년 → 历史悠久 역사가 유구하다] 꿀벌과 인류의 교류는 기원전 7000년부터 시작되었고, 그때부터 인류가 벌꿀 등을 사용했다고 했으므로, 인류가 벌꿀을 활용한 역사가 길다는 것을 알 수 있다. 보기 B의 '驯化'는 '길들이다'라는 뜻으로, 녹음의 '交流(교류)'와는 전혀 다른 의미이므로 B는 정답이 아니다.

蜜蜂不仅是花朵的朋友，也是人类的朋友。研究表明，人类与蜜蜂的"交情"最早甚至可以追溯到公元前7000年的农业起源时期。从那时起，人类就开始食用并使用包括蜂蜜在内的蜂类产品了。

꿀벌은 꽃의 친구일 뿐만 아니라 인류의 친구이기도 하다. 연구에 따르면 인류와 꿀벌의 '교류'는 기원전 7000년 농업 기원 시기로 거슬러 올라갈 수 있다고 한다. 그때부터 인류는 벌꿀을 포함한 벌 부산물을 식용하고 사용했다.

A 蜂类产品出现于工业时代
B 蜜蜂很早已被人类驯化
C 蜂蜜保鲜时间长
D 人类使用蜂蜜历史悠久

A 벌 부산물은 공업 시대에 나타났다
B 꿀벌은 예전부터 인류에게 길들여졌다
C 벌꿀은 보존 기간이 길다
D 인류가 벌꿀을 활용한 역사는 유구하다

蜜蜂 mìfēng 명 꿀벌 | **人类** rénlèi 명 인류 | **表明** biǎomíng 동 표명하다, 분명하게 보이다 | **交情** jiāoqing 명 교류, 친분 | **追溯** zhuīsù 동 거슬러 올라가다, 추소하다 | **公元** gōngyuán 명 기원, 서기 | **农业** nóngyè 명 농업 | ★**起源** qǐyuán 명 기원 | **时期** shíqī 명 시기 | **食用** shíyòng 동 식용하다 | **包括** bāokuò 동 포함하다, 포괄하다 | **蜂** fēng 명 벌 | **类** lèi 명 유, 종류, 같은 부류 | **产品** chǎnpǐn 명 제품, 생산품 | **工业** gōngyè 명 공업 | **时代** shídài 명 시대, 시기 | **驯化** xùnhuà 동 길들이다 | **蜂蜜** fēngmì 명 벌꿀 | **保鲜** bǎoxiān 동 (채소, 과일, 어육 등의) 신선도를 유지하다 | **悠久** yōujiǔ 형 유구하다, 아득하게 오래다 [历史悠久 : 역사가 유구하다]

눈속임 어휘에 주의하자

'蜂蜜(벌꿀)'와 '蜜蜂(꿀벌)'처럼 비슷한 범주인데 한자의 순서가 뒤바뀐 어휘는 얼핏 보면 같은 어휘로 착각하는 경우가 있다. 그러나 엄연히 다른 어휘이므로 주의하도록 하자.

19 B [数量极少 수량이 극히 적다 → 珍贵 진귀하다] 녹음에서는 애백나무의 '수량이 극히 적다(数量极少)'고 한 부분을 보기 B에서는 '珍贵(진귀하다)'라고 표현했다. 들리는 그대로가 답인 경우도 있지만, 일부 표현에만 의지하여 답을 고르는 습관은 위험하다. 예를 들어, 녹음에서 '不能人工种植'라고 한 부분에서 '人工种植'만 듣고 A를 답으로 고르는 실수를 하면 안 된다. 부정부사에도 주의하며 들어야 한다.

植物学家通过研究发现，崖柏是世上最古老的物种之一，它的历史可追溯到恐龙时代。这种植物主要生长于海拔超过1600米的地区，且数量极少，由于不能人工种植培育，所以由崖柏木做成的手串和根雕等工艺品收藏价值也相对较高。

식물학자는 연구를 통해 애백나무가 세상에서 가장 오래된 식물 중의 하나이며, 그것의 역사는 공룡 시대까지 거슬러 올라간다는 것을 발견했다. 이 식물은 주로 해발 1600미터가 넘는 지역에서 자라고, 수량이 극히 적으며, 인위적으로 심거나 재배할 수 없기 때문에, 애백나무로 만든 팔찌, 나무뿌리 조각 등 공예품은 소장 가치가 상대적으로 높다.

A 崖柏大多是人工种植
B 崖柏很珍贵
C 崖柏长在山脚下
D 崖柏的品种丰富

A 애백나무는 대부분 인위적으로 심은 것이다
B 애백나무는 진귀하다
C 애백나무는 산기슭에서 자란다
D 애백나무의 품종은 풍부하다

植物学家 zhíwù xuéjiā 명 식물학자 | **崖柏** yábǎi 애백나무 | **世上** shìshàng 명 세상, 사회 | **古老** gǔlǎo 형 오래되다 | **物种** wùzhǒng 명 종 | **之一** zhī yī ~(의) 하나 [A是B之一: A는 B 중 하나이다] | **追溯** zhuīsù 동 거슬러 올라가다, 시간을 거슬러 올라가 사물의 근본을 탐구하다 | **恐龙** kǒnglóng 명 공룡 | **生长** shēngzhǎng 동 자라다, 생장하다 | ★**海拔** hǎibá 명 해발 | ★**人工** réngōng 형 인위적인, 인공의 | ★**种植** zhòngzhí 동 씨를 뿌리고 묘목을 심다, 종식하다, 재배하다 | ★**培育** péiyù 동 재배하다, 기르다, 키우다 | **手串** shǒuchuàn 명 팔찌 | **根雕** gēndiāo 명 뿌리 조각 공예품 | ★**工艺品** gōngyìpǐn 명 (수)공예품 | ★**收藏** shōucáng 동 소장하다, 수집하여 보관하다 | **价值** jiàzhí 명 가치 | **相对** xiāngduì 부 상대적으로 | ★**珍贵** zhēnguì 형 진귀하다, 귀중하다 | **山脚** shānjiǎo 명 산기슭 | ★**品种** pǐnzhǒng 명 품종, 제품의 종류

20 D [净化空气 공기를 정화하다] '绿萝(스킨답서스)'가 무엇인지 몰랐더라도, 보기에 계속 제시되고 있다는 점을 통해 '녹음의 중심 소재'라는 것만 파악하고 문제를 풀면 된다. 녹음과 보기 D에서 모두 '净化空气(공기를 정화하다)'라는 표현이 언급되었으므로, D가 정답임을 알 수 있다.

绿萝是一种阴性植物，喜欢湿热，生命力十分顽强，遇水即可成活，亦被称为"生命之花"。绿萝可以同时净化空气里的甲醛、苯以及三氯乙烯等有害物质。因此，很适合摆放在刚刚装修好的房间中。

스킨답서스는 음지식물로, 습기와 열을 좋아하고, 생명력이 매우 강하여 물을 만나면 바로 자리를 잡아, '생명의 꽃'이라고도 불린다. 스킨답서스는 동시에 공기 속의 포름알데히드, 벤젠, 트리클로로에틸렌 등의 유해 물질을 정화시킬 수 있다. 따라서 이제 막 인테리어를 마친 방 안에 두기에 적합하다.

A 绿萝有降压功效
B 绿萝生命力很弱
C 绿萝是喜阳植物
D 绿萝能净化空气

A 스킨답서스는 스트레스를 줄여 주는 효과가 있다
B 스킨답서스는 생명력이 매우 약하다
C 스킨답서스는 양지식물이다
D 스킨답서스는 공기를 정화할 수 있다

绿萝 Lǜluó 고유 스킨답서스 | **阴性植物** yīnxìng zhíwù 명 음지식물 | **湿** shī 명 습기 | **生命力** shēngmìnglì 명 생명력 | ★**顽强** wánqiáng 형 완강하다, 억세다, 드세다, 강경하다 | **遇** yù 동 만나다, 조우하다 | **即** jí 부 바로, 즉, 곧 | **成活** chénghuó 동 (식물 등이) 자리를 잡다, 살아남다 | ★**亦** yì 부 ~도 역시, 또, 또한, ['也'에 상당함] | **称为** chēngwéi 동 ~라고 부르다 [被称为: ~라고 불리다] | **净化** jìnghuà 동 정화하다, 맑게 하다 [净化空气: 공기를 정화하다] | **甲醛** jiǎquán 명 포름알데히드(formaldehyde) | **苯** běn 명 벤젠(benzene), 벤졸(benzol) | **以及** yǐjí 접 및, 그리고 | **三氯乙烯** sānlǜyǐxī 명 트리클로로에틸렌(trichloroethylene) | **有害物质** yǒuhài wùzhì 유해 물질 | **摆放** bǎifàng 동 진열하다, 나열하다, 배열하다 | **刚刚** gānggāng 부 막, 방금, 이제 금방 | **装修** zhuāngxiū 동 인테리어 하다 | **降压** jiàngyā 동 스트레스를 줄이다 | ★**功效** gōngxiào 명 효과, 효능 | **弱** ruò 형 약하다 | **喜阳植物** xǐyáng zhíwù 명 양지식물

02 태도와 철학

본서 p.31

track 14

• Day 08 1 D 2 B 3 D 4 B 5 D

1 D [体验到爱和信任 사랑과 믿음을 체험하다 → 给予儿童足够的爱 아이에게 충분한 사랑을 주다] 아이가 사랑과 믿음을 체험하면 자신이 믿을 만하고 사랑받을 만하다고 생각하게 된다는 문장을 통해 아이에게 충분한 사랑을 줘야 한다는 것을 연결할 수 있어야 한다.

如果儿童一开始就可以在家庭中体验到爱和信任，他们就会认为自己是值得信赖的、被爱的。相反，如果儿童的"依恋需求"未能得到满足，他们极有可能会对自己产生负面的印象，觉得自己不受欢迎。

만약 아이가 처음부터 가정에서 사랑과 믿음을 체험할 수 있다면, 아이는 자신이 믿을 만하고 사랑받을 만하다고 생각한다. 반대로, 만약 아이의 '사랑에 대한 수요'가 채워지지 않으면, 아이는 스스로에 대해 부정적인 이미지가 생기고, 자신이 환영받지 못한다고 생각할 가능성이 매우 높다.

A 儿童要尽快学会独立
B 儿童不应该依赖父母
C 儿童自立能力差
D 要给予儿童足够的爱

A 아이는 되도록 빨리 독립을 배워야 한다
B 아이는 부모에게 의지해서는 안 된다
C 아이는 자립 능력이 부족하다
D 아이에게 충분한 사랑을 주어야 한다

家庭 jiātíng 명 가정 | 体验 tǐyàn 명 체험 | 信任 xìnrèn 명 신임, 신뢰 | ★信赖 xìnlài 동 믿고 의지하다, 신뢰하다, 신임하다 | 相反 xiāngfǎn 접 반대로 | 依恋 yīliàn 동 연연하다, 그리워하다, 미련으로 발길이 떨어지지 않다 | ★需求 xūqiú 명 수요, 필요 | 未 wèi 부 아직 ~하지 않다 [≒还没] | 满足 mǎnzú 명 만족 [得到满足: 만족을 얻다] | 产生 chǎnshēng 동 생기다 | 负面 fùmiàn 명 부정적인 면 | 尽快 jǐnkuài 부 되도록 빨리 | 独立 dúlì 명 독립 | ★依赖 yīlài 동 의지하다, 기대다 | 自立 zìlì 명 자립 | ★给予 jǐyǔ 동 주다, 부여하다 ['给' 발음 조심] | 足够 zúgòu 형 충분하다

2 B [没有A一切都是空谈 A가 없다면 모든 것이 헛된 것이다 / 前提 전제] 문단 처음과 마지막에서 '건강한 몸이 모든 것의 밑천'이라는 차원의 내용을 반복해서 언급했다. 문단의 처음과 마지막에 힌트가 반복되는 경우도 많다.

"身体是革命的本钱"这好像是一句永远也不会过时的话。然而有的人却在55岁以前用健康去换取一切，在55岁后又要用一切去换取健康。世界上没有什么东西比健康更重要，没有健康的身体一切都是空谈。

'건강이 혁명의 밑천이다' 이 말은 영원히 시대에 뒤떨어지지 않는 말일 것이다. 그러나 어떤 사람은 도리어 55세 전에 건강을 대가로 모든 것을 얻고, 55세가 지난 후 또 모든 것을 대가로 건강을 얻는다. 세상에 어떤 것도 건강보다 더 중요하지 않다. 건강한 몸이 없다면 모두 헛된 것이다.

A 别浪费时间
B 身体健康是前提
C 医疗水平越来越差
D 要不断学习

A 시간을 낭비하지 말라
B 신체 건강이 전제 조건이다
C 의료 수준이 점점 낮아지고 있다
D 끊임없이 공부해야 한다

★革命 gémìng 명 혁명, 대변혁 | ★本钱 běnqián 명 밑천, 자본 | 过时 guòshí 동 시대에 뒤떨어지다 | 换取 huànqǔ 동 대가를 치르고 얻다 | 空谈 kōngtán 명 헛소리 | ★前提 qiántí 명 전제, 전제 조건 | 医疗 yīliáo 명 의료 | 不断 búduàn 부 끊임없이, 부단히, 계속해서

3 **D** [宣泄感情 감정을 분출하다] '不仅是A，更是B(A일 뿐만 아니라 더욱 B이다)' 구문을 통해 '감정을 표출하고 다른 사람에게 이해와 응원을 받기 위해' 눈물을 흘린다고 언급했다.

人在遭受痛苦的时候会流露出悲伤的情绪，这很容易激发周围人的同情心。还有，人悲伤时会流泪，这不仅是在宣泄感情，更是在向他人发出求助信号，是希望得到别人支持和理解的表现。其实在人际关系中，学会分担痛苦与分享快乐同样重要。	사람은 고통을 겪을 때 슬픈 감정을 내비치게 되는데, 이는 주변 사람의 동정심을 쉽게 일으킨다. 또한, 사람은 슬플 때 눈물을 흘리는데, 이는 감정을 분출하는 것뿐만 아니라, 다른 사람에게 구원의 신호를 보내어 다른 사람의 응원과 이해를 얻을 수 있기를 바라는 것이기도 하다. 사실 인간관계에서 고통을 나누는 것은 기쁨을 나눌 줄 아는 것과 마찬가지로 중요하다.
A 要学会交流 B 失败会促使人成长 C 交友时应诚实 D 流泪是情感的宣泄	A 교류할 줄 알아야 한다 B 실패는 사람을 성장하게 한다 C 친구를 사귈 때 진실해야 한다 D 눈물을 흘리는 것은 감정을 분출하는 것이다

★**遭受** zāoshòu 동 (불행 또는 손해를) 겪다, 입다, 부닥치다 | **痛苦** tòngkǔ 명 고통, 아픔, 비통 | ★**流露** liúlù 동 (생각·감정을) 무의식중에 나타내다, 무심코 드러내다 | **悲伤** bēishāng 형 몹시 슬퍼하다, 마음이 상하다 | **情绪** qíngxù 명 감정, 기분, 마음 | ★**激发** jīfā 동 (감정을) 불러일으키다, 끓어오르게 하다 | **周围人** zhōuwéirén 주변 사람 | **同情心** tóngqíngxīn 명 동정심 | **流泪** liúlèi 동 눈물을 흘리다 | **宣泄** xuānxiè 동 (마음속의 감정, 울분이나 응어리를) 털어놓다, 쏟아 내다 | **发出** fāchū 동 내뿜다, 발산하다 | **求助** qiúzhù 동 도움을 청하다 | **信号** xìnhào 명 신호 | **表现** biǎoxiàn 동 표현하다, 나타내다 | **人际关系** rénjì guānxì 인간관계 | **学会** xuéhuì 동 배워서 할 수 있게 되다, 배워서 알다 | **分担** fēndān 동 나누어 맡다, 분담하다 | **分享** fēnxiǎng 동 (기쁨·행복·좋은 점 등을) 함께 나누다, 공유하다 | **促使** cùshǐ 동 ~하도록 (재촉)하다, ~하게끔 (추진)하다 | **成长** chéngzhǎng 동 성장하다, 자라다 | **交友** jiāoyǒu 동 친구를 사귀다 | **情感** qínggǎn 명 감정, 느낌

4 **B** [积极地看待人生 인생을 긍정적으로 대하다] 보기 B의 '积极地看待人生'이라는 표현이 녹음에 그대로 제시되었다. '学会(~하는 것을 배워야 한다)'와 '要(~해야 한다)'가 비슷한 표현으로 쓰였다.

练习微笑不是要你机械地改变面部表情，而是要你努力改变自己的心态，调整自己的心情。只有学会积极地看待人生与平静地接受现实，阳光才会照进你的心里驱走黑暗和恐惧。	미소 짓기를 연습하는 것은 기계적으로 얼굴 표정을 바꾸는 것이 아니라, 스스로의 마음가짐을 바꾸고, 자신의 기분을 조절하려고 노력하는 것이다. 인생을 긍정적으로 대하는 것을 배우고, 담담하게 현실을 받아들일 줄 알아야만, 빛이 마음속으로 비쳐 어둠과 공포를 몰아낼 것이다.
A 表情会泄露你的年龄 B 要积极地看待人生 C 机会得靠个人争取 D 所有人都会遭遇坎坷	A 표정은 당신의 나이를 드러낸다 B 긍정적으로 인생을 대해야 한다 C 기회는 개인이 쟁취해야 한다 D 모든 사람이 고난을 겪기 마련이다

微笑 wēixiào 동 미소짓다, 미소하다, 웃음짓다 | **不是A而是B** búshì A érshì B A가 아니라 B이다 | ★**机械** jīxiè 형 기계적이다, 고지식하다 | **面部** miànbù 명 얼굴, 안면 | **表情** biǎoqíng 명 표정 | ★**心态** xīntài 명 심리 상태 [改变心态: 마음가짐을 바꾸다] | **调整** tiáozhěng 동 조절하다 | ★**看待** kàndài 동 대(우)하다, 다루다, 취급하다 | **人生** rénshēng 명 인생 | **平静** píngjìng 형 (마음·환경 등이) 조용하다, 차분하다 | **现实** xiànshí 명 현실 | **心里** xīnli 명 마음속 | **驱走** qūzǒu 동 몰아내다, 쫓다 | **黑暗** hēi'àn 형 어둡다, 캄캄하다 | ★**恐惧** kǒngjù 명 공포 | ★**泄露** xièlòu 동 드러내다, (비밀·기밀 등을) 누설하다, 폭로하다 | **靠** kào 동 의지하다 | **个人** gèrén 명 개인 | **争取** zhēngqǔ 동 쟁취하다, 얻어 내다 | ★**遭遇** zāoyù 동 (적 또는 불행·불리한 일을) 만나다, 부닥치다, 당하다 | **坎坷** kǎnkě 형 인생이 순탄하지 못하다, 불우하다

'学会' 뒤에는 글의 주제가 나온다

'学会(~할 줄 알다, ~하는 것을 배워야 한다)'는 논설문에서 주제를 이야기할 때 자주 언급된다. 이외에도, '应该/该/得/要(~해야 한다)' '最好(~하는 것이 제일 좋다)' '可见(~임을 알 수 있다)' '很多时候(많은 경우에)'가 이끄는 문장만 정확하게 들어도 정답을 찾을 가능성이 높아지므로 놓치지 말고 반드시 듣자!

5 **D** [确立目标 목표를 확립하다 / 做整体规划 전체적인 계획을 세우다] 녹음의 '确立目标(목표를 확립하다)'와 '做整体规划(전체적인 계획을 세우다)'를 종합한 것이 보기 D이다. 철학을 주제로 한 녹음에서는 '首先(먼저)' '懂得(알다)' 등의 어휘 뒤에 주제 문장이 제시될 가능성이 높으니, 주의 깊게 들어야 한다.

要想拥有幸福的生活，首先得有明确的方向。因为只有懂得给生活确立目标，才会更靠近幸福。为自己的人生做整体规划应结合实际，不好高骛远，这样才能使目标发挥出最大的作用，生活也会变得更有意义且更充实。

행복한 삶을 소유하고 싶다면, 먼저 명확한 방향이 있어야 한다. 삶에 대해 목표를 확립할 줄 알아야 행복에 더욱 가까이 갈 수 있기 때문이다. 자신의 인생을 위해 전체적인 계획을 세우고, 실제 상황에 결부시켜, 비현실적으로 이상만 높아지지 않아야 비로소 목표가 가장 큰 역할을 하도록 만들 수 있고, 생활도 더 재미있고 의미 있어질 것이다.

A 应敢于尝试
B 心态要乐观
C 做事不可以急功近利
D 生活要有目标和规划

A 대담하게 시도해야 한다
B 심리 상태가 낙관적이어야 한다
C 일을 할 땐 눈앞의 이익만을 추구해서는 안 된다
D 삶은 목표와 계획이 있어야 한다

要想 yào xiǎng ~해야 한다, ~하려 한다 | ★**拥有** yōngyǒu 동 보유하다, 소유하다, 가지다 | **明确** míngquè 형 명확하다, 확실하다 | **懂得** dǒngde 동 알다, 이해하다 | ★**确立** quèlì 동 확립하다, 확고하게 세우다 | **目标** mùbiāo 명 목표 | **靠近** kàojìn 동 가까이 가다, 다가가다, 접근하다 | **整体** zhěngtǐ 명 전체, 전부 | ★**规划** guīhuà 명 계획, 기획 | **结合** jiéhé 동 결합하다, 결부하다 | **好高骛远** hàogāo wùyuǎn 성 비현실적으로 이상만 높다, 주제넘게 높은 데만 바라보다 | **发挥** fāhuī 동 발휘하다 [发挥作用: 역할을 발휘하다] | **意义** yìyì 명 의미, 의의 | ★**充实** chōngshí 형 (내용·인원·재력 등이) 충분하다, 풍부하다, 넘치다 | **敢于** gǎnyú 동 (~할) 용기가 있다, 용감하게도 ~하다 | ★**尝试** chángshì 동 시도해 보다, 경험해 보다, 시험해 보다 | ★**心态** xīntài 명 심리 상태 | **乐观** lèguān 형 낙관적이다, 희망차다 | ★**急功近利** jígōng jìnlì 성 조급한 성공과 눈앞의 이익에만 급급하다

track 15

• Day 09 **6** B **7** B **8** D **9** B **10** C

6 **B** [要通过长时间的持续观察 장기간의 지속적인 관찰을 통해야 한다] '不能A，而是要B(A해서는 안 되고 B해야 한다)' 구문에서는 '而是' 뒤에 나오는 말에 집중해야 한다. 여기에 '장기간의 지속적인 관찰의 중요성'이 언급됐다.

中国有句俗话："路遥知马力，日久见人心。"说的是衡量一个员工价值的高低不能只看表面，或者只依靠管理者短暂的观察，而是要通过长时间的持续观察，只有这样做，才可以正确评估员工的价值。

중국에는 '길이 멀어야 말의 힘을 가늠할 수 있고, 시간이 오래 지나야 사람의 마음을 읽을 수 있다'라는 속담이 있다. 한 직원의 가치가 높고 낮음을 가늠하는 것은 표면적인 것만 보거나 관리자의 단기적인 관찰에만 기대서는 안 되고, 장기간의 지속적인 관찰을 통해야 한다는 의미이다. 이렇게 해야만 비로소 정확하게 직원의 가치를 평가할 수 있다.

A 最可靠的是第一印象
B 正确评估离不开长期观察
C 不要过于看重员工的不足
D 管理者应多听取员工意见

A 가장 신뢰할 만한 것은 첫인상이다
B 정확한 평가는 장기적인 관찰과 떼 놓을 수 없다
C 직원의 부족함을 과도하게 중시해서는 안 된다
D 관리자는 직원의 의견을 많이 들어야 한다

★俗话 súhuà 명 속담, 옛말 | 路遥知马力，日久见人心 lù yáo zhī mǎlì, rì jiǔ jiàn rénxīn 속담 길이 멀어야 말의 힘을 가늠할 수 있고, 시간이 오래 지나야 사람의 마음을 읽을 수 있다 | 衡量 héngliáng 동 가늠하다, 비교하다, 재다 | 员工 yuángōng 명 직원 | 价值 jiàzhí 명 가치 | 高低 gāodī 명 높고 낮음 | 表面 biǎomiàn 명 표면, 겉, 외관 | ★依靠 yīkào 동 기대다, 의존하다, 의지하다 | 管理者 guǎnlǐzhě 명 관리자 | 短暂 duǎnzàn 형 (시간이) 짧다 | 观察 guānchá 명 관찰 | 持续 chíxù 동 계속하다, 지속하다 | ★评估 pínggū 동 (질·수준·성적 등을) 평가하다 | 可靠 kěkào 형 믿을 만하다, 믿음직하다 | 第一印象 dì yī yìnxiàng 첫인상 | 离不开 líbukāi 떨어질 수 없다, 떨어지지 못하다, 그만둘 수 없다 | 长期 chángqī 명 장기간, 장시간 | ★过于 guòyú 부 과도하게, 지나치게 | 看重 kànzhòng 동 중시하다 | 不足 bùzú 형 부족하다 | 听取 tīngqǔ 동 청취하다, 귀를 기울이다

7 B [比不上 비교할 수 없다] '양로원의 장점'을 설명하며 녹음이 시작됐지만, '但是'로 내용을 반전하며 뒤에서 '가정의 단란함을 누리는 것과 비교할 수 없다'고 했다. 이는 곧 '노인은 집에서 더욱 편안하다'는 의미로 연결된다. 덧붙여, 녹음에 언급된 '양로원의 장점' 중 '양로원의 시설'에 대한 부분은 알 수 없으므로, A는 답이 될 수 없다.

有些人认为与其让老人在家里呆着，不如送老人到养老院，和别的老人下下棋、聊聊天儿，那儿还有专人来照顾。但是养老院即使把老人照顾得再好，也不可能像儿女们那么上心；与别的老人玩儿得再开心，还是比不上在家享受天伦之乐更自在。

어떤 사람들은 노인이 집에 머무르게 하기보다는, 양로원에 보내는 것이 더 낫다고 생각한다. 다른 노인과 바둑을 두고, 이야기도 하고, 그곳은 또 전문가가 돌봐 주기도 하니 말이다. 하지만 양로원이 노인을 아무리 잘 돌본다 할지라도, 아들딸들처럼 정성을 다하지는 않을 것이다. 다른 노인들과 아무리 신나게 놀아도, 집에서 가정의 단란함을 누리는 것보다 더 편안하지는 않다.

A 养老院不如家里的设施完善
B 老人在家会感到更舒服
C 很多儿女不上心
D 老龄化现象严重

A 양로원이 집보다 시설이 완비되어 있지 않다
B 노인은 집에서 더욱 편안함을 느낄 수 있다
C 많은 아들딸들이 정성을 다하지 않는다
D 고령화 현상이 심각하다

有些人 yǒuxiērén 어떤 사람들 | 与其 yǔqí 접 ~하기보다는, ~하느니 [与其A不如B: A하기 보다는 B하는 편이 낫다] | 呆 dāi 동 머무르다, 체류하다 | 不如 bùrú 동 ~하는 편이 낫다 | 养老院 yǎnglǎoyuàn 명 양로원 | 下棋 xiàqí 동 바둑을 두다 | 专人 zhuānrén 명 전담자 | 儿女 érnǚ 명 아들과 딸 | 上心 shàngxīn 동 관심을 기울이다, 열중하다, 마음을 쓰다 | 比不上 bǐbushàng ~보다 못하다 | 享受 xiǎngshòu 동 누리다, 향유하다, 즐기다 | ★天伦之乐 tiānlúnzhīlè 성 가족이 누리는 단란함 | 自在 zìzai 형 편안하다, 안락하다 | 设施 shèshī 명 시설 | 完善 wánshàn 형 완전히 갖추어져 있다, 완벽하다, 완전하다 | 老龄化 lǎolínghuà 동 노령화하다 | 现象 xiànxiàng 명 현상

전환 관계 어휘가 나오면 집중해서 듣자. 바로 뒤에 핵심 내용이 이어지는 경우가 많고, 핵심 내용은 곧 정답과 연결되기 때문이다.
但是 dànshì 그러나 | 不过 búguò 그러나 | 然而 rán'ér 그러나
其实 qíshí 사실은, 실제로는 | 实际上 shíjì shang 사실상, 실제로 | 事实上 shìshí shang 사실상, 실제

8 D [A大于B A가 B보다 크다] 녹음 속 '가정의 역할과 영향이 학교보다 크다'는 말은 곧 '가정이 개인의 본성에 끼치는 영향이 더욱 크다'는 보기 D의 내용과 일치한다.

越来越多的人认识到人在基本素质形成的过程中，家庭的作用和影响往往大于学校。儿时的熏陶往往比长大后的经历更重要，从生活与家庭中得到的领悟往往比从书本上读到的内容更深切。	점점 더 많은 사람들이 사람의 기본적인 소양을 형성하는 과정에서 가정의 역할과 영향이 종종 학교보다 크다는 사실을 깨닫는다. 어린 시절의 영향이 흔히 어른이 된 후의 경험보다 더욱 중요하고, 생활과 가정에서 얻은 깨달음은 때때로 책에서 읽은 내용보다 더욱 깊다.
A 失败使家庭成员产生矛盾 B 学校对学生的教育不够 C 书本内容比家庭教育更有用 D 家庭对个人素质的影响更大	A 실패는 가정 구성원에게 갈등을 생기게 한다 B 학교는 학생의 교육에 있어 부족하다 C 책의 내용이 가정교육보다 더욱 유용하다 D 가정이 개인의 소양에 끼치는 영향이 더욱 크다

基本 jīběn 형 기본적인, 기본의, 근본적인 | ★**素质** sùzhì 명 소양, 자질 | **形成** xíngchéng 동 형성되다, 이루어지다 | **家庭** jiātíng 명 가정 | **大于** dàyú ~보다 크다 [형용사+于: 비교의 의미] | **儿时** érshí 명 어렸을 때, 어린 시절 | ★**熏陶** xūntáo 명 영향, 교화, 계발 | **长大** zhǎngdà 동 성장하다, 자라다 | ★**领悟** lǐngwù 명 깨달음 | **深切** shēnqiè 형 (이해 따위가) 깊다 | ★**成员** chéngyuán 명 구성원 | **产生** chǎnshēng 동 생기다, 발생하다 | **矛盾** máodùn 명 갈등 [产生矛盾: 갈등이 생기다] | **书本** shūběn 명 책, 서적 | **有用** yǒuyòng 동 유용하다, 쓸모가 있다 | **个人** gèrén 명 개인

9 B [学会珍惜现在 현재를 소중히 여길 줄 알아야 한다] 녹음 초반에 '珍惜现在(현재를 소중히 여기다)'라는 보기 B의 핵심 키워드가 그대로 언급되었다. 하지만 이 부분을 놓쳤더라도 뒤이어 핵심 구문 '千万不要……忽视了当下所拥有的(절대 현재 가지고 있는 것을 무시하면 안 된다)'가 또 나왔기 때문에 집중력을 잃지 않았다면 충분히 맞힐 수 있는 문제이다.

人生短暂，要学会珍惜现在。你可以尝试向前飞，但是千万不要为了追求未来，而忽视了当下所拥有的，要知道这些也都是你曾一直想得到的。人生不是用"新的"去换"旧的"，而是让旧的"生出"新的生命力。	인생은 짧으니, 현재를 소중히 여길 줄 알아야 한다. 앞으로 나아가는 시도를 해 볼 수는 있지만, 절대 미래를 추구하기 위해 현재 가지고 있는 것에 소홀히 해서는 안 된다. 이러한 것들도 모두 당신이 한때 항상 얻고자 했던 것임을 알아야 한다. 인생은 '새로운 것'을 '예전의 것'으로 바꾸는 것이 아니라, 예전의 것으로 하여금 새로운 생명력이 '생겨나도록' 하는 것이다.
A 不要安于现状 B 要珍惜现在所拥有的 C 不要半途而废 D 懂得感恩的人会更成功	A 현재 상황에 만족해서는 안 된다 B 현재 가지고 있는 것을 소중히 여겨야 한다 C 중도에 포기해서는 안 된다 D 감사할 줄 아는 사람이 더 성공할 수 있다

人生 rénshēng 명 인생 | **短暂** duǎnzàn 형 (시간이) 짧다 | **学会** xuéhuì 동 배워서 할 수 있게 되다, 배워서 알다 | **珍惜** zhēnxī 동 소중히 여기다, 진귀하게 여겨 아끼다 | ★**尝试** chángshì 동 시도해 보다, 경험해 보다, 시험해 보다 | **飞** fēi 동 날다 | **追求** zhuīqiú 동 추구하다, 탐구하다 | **未来** wèilái 명 미래 | **忽视** hūshì 동 소홀히하다, 홀시하다, 경시하다 | **当下** dāngxià 명 현재, 요즘 | **所** suǒ 조 ['명사+~+동사'의 형태로 쓰여, 중심어가 동사의 객체임을 나타냄] | ★**拥有** yōngyǒu 동 가지다, 보유하다, 소유하다 | **曾** céng 부 이전에, 일찍이 | **生命力** shēngmìnglì 명 생명력 | **安于** ānyú ~에 만족하다 | ★**现状** xiànzhuàng 명 현재 상황·상태, 현황 | ★**半途而废** bàntú'érfèi 성 일을 중도에 그만두다, 도중에 포기하다 | **懂得** dǒngde 동 알다, 이해하다 | **感恩** gǎn'ēn 동 은혜에 감사하다, 고맙게 여기다

10 C [应感谢指责你的人 당신을 질책하는 사람에게 감사해야 한다 → 要感谢他人的批评 다른 사람의 비판에 감사해야 한다] 녹음에서의 '应(마땅히 ~해야 한다)'과 '指责你的人(당신을 질책하는 사람)'은 보기에서 '要(~해야 한다)'와 '他人的批评(다른 사람의 비판)'으로, 달리 표현되었다. 녹음과 보기가 완전히 일치하는 경우도 있지만 이처럼 다르게 표현되는 경우도 있으니 내용에 유의하며 듣자.

面对苛刻的责备时，不要一味地感到委屈，更不要自暴自弃，而是应感谢指责你的人。感谢他让你看到自己的缺点，因为在他们眼里，你是一个很值得被鞭策的人，他们是希望你能做得更好才批评你的。

신랄한 비난에 직면했을 때, 무턱대고 억울함만 느껴서는 안 되고, 자포자기해서는 더욱이 안 된다. 당신을 질책하는 사람에게 감사해야 한다. 그가 당신으로 하여금 자신의 단점을 볼 수 있게 해 주었다는 점에 감사해야 한다. 그들의 눈에, 당신은 채찍질을 받을 만한 가치가 있는 사람이고, 그들은 당신이 더 잘 할 수 있기를 바라기 때문에 당신을 비판하는 것이다.

A 人不能骄傲
B 要正视自己的不足
C 要感谢他人的批评
D 对人要真诚

A 사람은 자만해서는 안 된다
B 자신의 부족함을 직시해야 한다
C 다른 사람의 비판에 감사해야 한다
D 사람을 대할 때는 진실해야 한다

面对 miànduì 동 직면하다, 마주 대하다 | **苛刻** kēkè 형 가혹하다, (조건·요구 등이) 너무 지나치다 | **责备** zébèi 동 꾸짖다, 책망하다 | **一味** yíwèi 부 맹목적으로, 무턱대고 | **委屈** wěiqu 형 (부당한 지적·대우를 받아) 억울하다, 답답하다, 괴롭다 | **自暴自弃** zìbào zìqì 성 자포자기하다 | ★**指责** zhǐzé 동 질책하다 | ★**鞭策** biāncè 동 채찍질하다, 독려하다 | **正视** zhèngshì 동 직시하다, (진지한 태도로, 회피하지 않고) 정시하다 | **不足** bùzú 형 부족하다 [여기서는 명사적 용법으로 쓰임] | **真诚** zhēnchéng 형 진실하다, 성실하다

듣기 제1부분

03 중국 이해

본서 p.39

track 19

● Day 23 1 B 2 A 3 B 4 C 5 B

1 B [倡导 제창하다 ≒ 鼓励 격려하다] 철학자 순자의 사상에 대한 내용으로, 녹음 마지막에 '不断求知(끊임없이 학습하다)'라고, 보기 B의 내용이 언급되었다.

荀子认为人的品德、知识、智慧等不是先天形成的，而是通过后天学习获得的。他曾经亲自撰写了《劝学》一文来说明学习的重要性，肯定了人是环境和教育的产物，并且倡导人们不断求知。

순자는 사람의 인품, 지식, 지혜 등이 선천적으로 형성되는 것이 아니라, 후천적인 학습을 통해 얻어지는 것이라고 생각했다. 그는 일찍이 직접 『권학』이라는 글을 집필하여 학습의 중요성을 설명했고, 사람은 환경과 교육의 산물이라고 확신하며 사람들에게 끊임없이 지식을 탐구할 것을 제창했다.

A《劝学》一共一千字
B 荀子鼓励人们不断求知
C《劝学》由荀子的后人编写
D 荀子崇尚哲学

A 『권학』은 모두 천 자이다
B 순자는 사람들에게 끊임없이 지식을 탐구하라고 격려했다
C 『권학』은 순자의 후세가 집필한 것이다
D 순자는 철학을 숭상했다

荀子 Xúnzǐ 고유 순자 | ★**品德** pǐndé 명 인품과 덕성(德性), 품성 | **智慧** zhìhuì 명 지혜 | **不是A而是B** búshì A érshì B A가 아니라 B이다 | **先天** xiāntiān 명 선천적 | **形成** xíngchéng 동 형성하다 | **后天** hòutiān 명 후천적 | **曾经** céngjīng 부 일찍이, 이전에 | **亲自** qīnzì 부 직접(하다), 손수, 친히 | **撰写** zhuànxiě 동 집필하다, 쓰다, 저술하다 | **劝学** Quànxué 고유 권학 [순자가 저술한 책] | **重要性** zhòngyàoxìng 명 중요성 | **产物** chǎnwù

명 산물, 결과 | ★倡导 chàngdǎo 동 앞장서서 제창하다, 창도하다 | 不断 búduàn 부 끊임없이 | 求知 qiúzhī 동 지식을 탐구하다 | 后人 hòurén 명 후세, 후인 | 编写 biānxiě 동 집필하다, 편집하여 저술하다 | 崇尚 chóngshàng 동 숭상하다, 존중하다, 받들다 | 哲学 zhéxué 명 철학

2 A [以A为首 A를 대표로 하다 → 以A为代表 A를 대표로 하다] '以A为首(A를 대표로 하다), 以A为代表(A를 대표로 하다)' 이 두 표현은 HSK 6급 전반에 걸쳐 자주 보이므로 반드시 알아 두자.

黄庭坚是北宋后期的诗人，由于其在诗坛上的巨大影响，效仿及追随他的诗人也相当多。因此逐渐形成了以黄庭坚为首的诗歌流派，他们被称为"江西诗派"。"江西诗派"是中国文学史上首个有正式名称的诗歌派别。

황정견은 북송 후기의 시인으로, 시단에서의 거대한 영향력 때문에, 그를 모방하고 따르는 시인이 상당히 많았다. 그래서 점차 황정견을 대표로 하는 시가의 학파가 형성되었는데, 그들은 '강서시파'라고 불린다. '강서시파'는 중국 문학사에서 첫 번째 정식 명칭이 있는 시가 학파이다.

A 江西诗派以黄庭坚为代表
B 江西诗派成立于唐代中期
C 江西诗派留下的诗歌很少
D 黄庭坚的诗歌多描写山水

A 강서시파는 황정견을 대표로 한다
B 강서시파는 당나라 중기에 성립되었다
C 강서시파가 남긴 시가는 적다
D 황정견의 시가는 대부분 산수를 묘사한다

黄庭坚 Huáng Tíngjiān 고유 황정견 [중국 북송의 시인이자 서예가] | 北宋 Běi Sòng 고유 북송 [960~1127] | 后期 hòuqī 명 후기 | 诗人 shīrén 명 시인 | 诗坛 shītán 명 시단, 시인의 활동 무대 | 巨大 jùdà 형 (규모·수량 등이) 아주 크다, 많다 | 效仿 xiàofǎng 동 모방하다, 본받다 | 及 jí 접 및, ~와 | 追随 zhuīsuí 동 뒤따르다, 추종하다 | 逐渐 zhújiàn 부 점점, 점차 | 形成 xíngchéng 동 형성되다, 이루어지다 | 为首 wéishǒu 동 ~를 대표로 하다 [以A为首: A를 대표로 하다] | 诗歌 shīgē 명 시가, 시 | 流派 liúpài 명 (학술·문예·무술 등의) 파별 파, 유파 | 称为 chēngwéi 동 ~로 불리다 [被称为A: A라 불리다] | 江西诗派 jiāngxī shīpài 강서시파 | 文学史 wénxuéshǐ 명 문학사 | 首 shǒu 명 처음, 최초 | 名称 míngchēng 명 명칭, 이름 | ★派别 pàibié 명 (학술·종교·정당 등의) 파(派), 파벌, 유파 | 代表 dàibiǎo 동 대표하다, 대신하다 [以A为代表: A를 대표로 하다] | 成立 chénglì 동 성립하다, 설립하다, 창립하다 [成立+시간/장소] | 唐代 Táng dài 당나라 시기 | 中期 zhōngqī 명 중기 | 描写 miáoxiě 동 묘사하다, 그려 내다 | 山水 shānshuǐ 명 산수

3 B [险要 위험하다 / 多为 ≒ 多是 대부분 ~이다] 중국의 '성'과 '진'을 설명하는 내용으로, 보기를 먼저 읽고 녹음을 들었다면 어렵지 않게 답을 고를 수 있는 문제이다. 'A的地带'가 'A之地'와 같은 표현임을 숙지하자.

中国古代内地城市大体上是出于两种目的而建立的。"城"是出于政治目的建立的；"镇"则是出于军事目的建立的；镇有安定镇压之意，因此险要的地带多为镇。但是不管城还是镇，都不是将商品和商业化生产放在第一位的。

중국 고대 내륙 도시는 대부분 두 가지 목적에서 건설되었다. '성'은 정치적 목적으로 세워진 것이고, '진'은 군사적 목적으로 세워진 것이다. 진은 안정되게 진압한다는 의미가 있다. 따라서 위험한 지역은 대부분 진이다. 하지만 성이든 진이든 모두 상품과 상업적 생산을 우선순위로 두지 않는다.

A 城有防洪的作用
B 镇多是险要之地
C 镇比城交通发达
D 城在镇的边缘

A 성에는 홍수를 방지하는 역할이 있다
B 진은 대부분 위험한 지역이다
C 진은 성보다 교통이 발달되어 있다
D 성은 진의 변방에 있다

古代 gǔdài 명 고대 | 内地 nèidì 명 내륙 | ★大体 dàtǐ 부 대체로, 대략 | 出于 chūyú ~에서 나오다, ~에서 발생하다 | 建立 jiànlì 동 건설하다, 만들다, 세우다, 이루다 | 城 chéng 명 성 [중국의 지방 행정 구획의 하나] | 政治 zhèngzhì 명 정치 | 镇 zhèn 명 진 [중국의 지방 행정 구획의 하나] | 则 zé 접 오히려, 그러나 | 军事 jūnshì 명 군사 | 安定 āndìng 형 (생활이나 형세 따위가) 평안하다 | 镇压 zhènyā 동 진압하다 | 险要 xiǎnyào 형 (지세가) 험요하다, 험준하고 중요하다 | 地带 dìdài 명 지역, 지대 | 将 jiāng 개 ~를 [≒把] | 商品 shāngpǐn 명 상품 | 商业 shāngyè 명 상업, 비즈니스 | 生产 shēngchǎn 명 생산 | 防洪 fánghóng 동 홍수를 방지하다 | 发达 fādá 동 발달하다 | ★边缘 biānyuán 명 변두리, 가장자리

4 **C** [华山第一天险 화산 제일의 험준한 곳 → 华山最险之处 화산의 가장 위험한 곳] 6급에서는 녹음에 보기 표현이 그대로 제시되지 않을 때가 종종 있다. '第一(제일)'와 '最(가장)'가 유사한 의미로 쓰인다는 것을 알아 두자.

长空栈道位于华山南峰东侧山腰处，栈道都是悬崖绝壁，且铁索横悬。由条石搭成一尺宽的路，下由石柱固定，游客行走的时候，需面贴绝壁、屏气挪步。因此，长空栈道被誉为"华山第一天险"。

장공잔도는 화산산 남쪽 봉우리 동쪽의 산 중턱에 있다. 잔도는 모두 그 형세가 험준하여 쇠밧줄이 가로로 걸려 있다. 가늘고 긴 돌로 한 척 너비의 길이 만들어져 있고, 아래는 돌기둥으로 고정되어 있다. 관광객이 걸어갈 때는 절벽에 붙어서 숨을 죽이고 발걸음을 옮겨야 한다. 그래서 장공잔도는 '화산산 제일의 험준한 곳'이라고 불린다.

A 长空栈道禁止攀爬
B 长空栈道由铁板铺成
C 长空栈道是华山最险之处
D 长空栈道位于华山东侧山顶

A 장공잔도는 오르는 것을 금한다
B 장공잔도는 철판으로 바닥이 이루어져 있다
C 장공잔도는 화산산의 가장 위험한 곳이다
D 장공잔도는 화산산 동쪽의 산 정상에 있다

长空栈道 Chángkōng Zhàndào 고유 장공잔도 [중국 오악(五岳)의 하나인 화산산에 위치한 다리] | **位于** wèiyú 동 ~에 위치하다 | **华山** Huà Shān 고유 화산산 [산시(陕西)성에 위치한 산 이름. 오악(五岳)의 하나] | **峰** fēng 명 산봉우리 | **东侧** dōngcè 명 동측, 동편 | **山腰** shānyāo 명 산 중턱, 산허리 | **处** chù 명 지점, 곳 | **栈道** zhàndào 명 잔도 [깎아지른 듯한 절벽에 구멍을 뚫어 지지 말뚝을 끼운 뒤 널빤지를 깔아 만든 협로] | ★**悬崖峭壁** xuányá qiàobì 명 깎아지른 듯한 절벽 | **铁索** tiěsuǒ 명 쇠밧줄, 철사로 꼬아서 만든 줄 | ★**横** héng 형 가로의, 횡의 | **悬** xuán 동 걸리다, 매달다 | **条石** tiáoshí 명 가늘고 긴 돌 | ★**搭** dā 동 널다, 걸치다, 걸다, 메기다, 접촉하다, 겹치다 | **尺** chǐ 양 척 | **宽** kuān 형 (폭이) 넓다, 드넓다 | **石柱** shízhù 명 돌기둥 | **固定** gùdìng 동 고정시키다 | **游客** yóukè 명 여행객, 관광객 | **行走** xíngzǒu 동 걷다, 길을 가다 | **需** xū 동 필요하다, 요구되다 | **贴** tiē 동 붙이다 | **绝壁** juébì 명 절벽, 벼랑, 낭떠러지 | **屏气** bǐngqì 동 숨을 죽이다 | ★**挪** nuó 동 옮기다, 움직이다, (위치를) 변경하다, 운반하다 | **步** bù 명 걸음, 보폭 | **誉为** yùwéi ~라고 칭송되다, ~라고 불리다 [被誉为: ~라고 칭송되다] | **险** xiǎn 형 (지세가) 험하다 | **攀爬** pānpá 동 (어떤 것을 잡고) 위로 오르다, 타고 오르다 | **铁板** tiěbǎn 명 철판 | ★**铺** pū 동 (물건을) 깔다, 펴다 | **成** chéng 동 이루다 | **山顶** shāndǐng 명 산 정상, 산꼭대기

5 **B** [把A当作B ≒ A作为B A를 B로 삼다] 녹음을 듣기 전 먼저 보기를 확인해 녹음의 중심 소재가 무엇인지 파악하자. 보기 분석을 통해 '花椒(산초)'가 중심 소재임을 미리 알고, 보기 각각의 핵심 내용을 확인한 후 녹음을 들었다면, 녹음에 '定情物(언약물)'라는 표현이 언급됐을 때 어렵지 않게 보기 B를 답으로 고를 수 있다. '把A当作B(A를 B로 삼다)'는 HSK 6급 전반에서 자주 나오는 표현이므로 반드시 기억하자.

花椒作为香料作物，因籽粒多而被赋予"结婚后多子"之意。中国春秋时期，有把花椒当作男女之间定情物的习俗。诗经里有一首诗就叙述了一个姑娘在舞会上送了一个男子一束花椒当作定情物的故事。

산초는 향료 작물로, 낟알이 많아서 '결혼 후 다산한다'는 뜻을 담고 있다. 중국 춘추시대에는 산초를 남녀 사이의 언약물로 삼는 풍습이 있었다. 시경에는 한 아가씨가 무도회에서 한 남자에게 산초 한 다발을 언약물로 준 것을 서술한 이야기가 담겨 있다.

A 花椒从清代开始种植
B 古时花椒可作为定情物
C 花椒香气怡人
D 花椒是一种经济作物

A 산초는 청나라 때부터 재배하기 시작했다
B 고대에 산초는 언약물로 삼을 수 있었다
C 산초의 향은 사람들을 즐겁게 한다
D 산초는 경제 작물이다

花椒 huājiāo 명 산초 [특유한 향기와 매운맛이 있는 향신료] | **作为** zuòwéi 개 ~의 신분·자격으로서 | **香料** xiāngliào 명 향료 | **作物** zuòwù 명 작물 | **因A而B** yīn A ér B A 때문에 B하다 | **籽粒** zǐlì 명 곡식의 낟알, 식물의 씨 | ★**赋予** fùyǔ 동 (중대한 임무나 사명 등을) 부여하다, 주다 | **寓意** yùyì 명 언어의 함축된 의미 | **春秋** Chūnqiū 고유 춘추시대 | **时期** shíqī 명 시대 | **当作** dàngzuò 동 ~로 삼다, ~로 간주하다 [把A当作B: A를 B로 삼다] | **定情** dìngqíng 동 (남녀가 서로 언약의 물건을 주고받으며) 결혼을 약속하다 | **物** wù 명 물건 | ★**习俗** xísú 명 풍습, 풍속, 습속 | **诗经** Shījīng 고유 시경 [오경의 하나, 주나라 춘추시대의 민요로 엮은 중국 최고의 시집] | **首** shǒu 양 수 [시·사·노래 등을 세는 단위] | **诗** shī 명 시 | **叙述** xùshù 동 서술하다, 기술하다 | **姑娘** gūniang 명 아가씨 | **舞会** wǔhuì 명 무도회 | ★**束** shù 양 묶음, 다발, 단 | **清代** Qīng dài 청나라 시기 | ★**种植** zhòngzhí 동 재배하다 | **古** gǔ 명 고대, 옛날 | **香气** xiāngqì 명 향기 | **怡人** yírén 형 마음을 기쁘게 하다

● Day 24 6 B 7 B 8 B 9 D 10 D

6 B [位于杭州市 항저우시에 위치하다] 녹음이 시작하자마자 '杭州市(항저우시)'가 언급되었고 녹음이 끝날 때까지 다시 언급되지 않았다. 처음에 나오는 힌트를 놓치지 않도록 처음부터 집중해서 듣도록 하자.

杭州市双峰村的中国茶叶博物馆，是以茶文化为主题的国家级博物馆。博物馆内设有茶俗、茶具、茶园、茶事、茶萃和茶史6大相互联系而又相对独立的展示空间。它们从不同的角度诠释了茶文化。

항저우시 쌍평촌의 중국 차 박물관은 차 문화를 테마로 하는 국가급 박물관이다. 박물관 내부에는 차 풍습, 다기, 차 농원, 차와 관련된 활동, 차 모임, 차의 역사, 6가지로 서로 관련되면서도 독립적인 전시 공간이 마련되어 있다. 그것들은 서로 다른 각도에서 차 문화를 해석했다.

A 茶叶博物馆对外出口茶叶
B 茶叶博物馆位于杭州市
C 茶叶博物馆刚刚成立
D 茶叶博物馆有4个展厅

A 차 박물관은 찻잎을 해외로 수출한다
B 차 박물관은 항저우시에 위치해 있다
C 차 박물관은 이제 막 설립되었다
D 차 박물관은 4개의 전시관이 있다

杭州 Hángzhōu 고유 항저우 | **双峰** Shuāngfēng 고유 쌍평촌, 쌍봉촌 | **茶叶** cháyè 명 (가공을 거친) 찻잎 | **博物馆** bówùguǎn 명 박물관 | **主题** zhǔtí 명 주제 | **级** jí 명 등급, 계급 | **设有** shèyǒu 동 ~의 시설이 되어 있다 | **茶俗** chású 명 차를 끓이고, 차를 맛보고, 손님에게 차를 대접하는 등의 풍습 | **茶具** chájù 명 다기, 다구 | **茶园** cháyuán 명 차 농원, 차를 재배하는 농장 | **萃** cuì 명 모임, 무리 | **史** shǐ 명 역사 | **相互** xiānghù 형 상호의, 서로의 [여기서는 부사적 용법으로 쓰임] | **相对** xiāngduì 부 상대적으로, 비교적 | **独立** dúlì 동 홀로서다 | ★**展示** zhǎnshì 동 드러내다, 나타내다, 전시하다 | **空间** kōngjiān 명 공간 | **角度** jiǎodù 명 각도 | **诠释** quánshì 동 해석하다, 설명하다 | **对外** duìwài 동 (외부·외지·외국 등과) 대외적으로 관계를 맺다 | **出口** chūkǒu 동 수출하다 | **刚刚** gānggāng 부 막, 방금 | **成立** chénglì 동 설립하다, 창립하다 | **展厅** zhǎntīng 명 전시실

7 B [首次收录的字母词 처음 수록한 알파벳 어휘였다 → 最先收录字母词 최초로 알파벳 어휘를 수록했다] 『신얼야』가 'X레이'라는 단어를 수록했고, 이것이 처음 수록된 알파벳 어휘라고 녹음 마지막에 언급했다. 꽤 긴 문장이었지만 '首次(처음)'와 '最先(최초로)'이 비슷한 의미로 쓰였다는 것을 파악했더라면 어렵지 않게 풀 수 있는 문제였다.

汉语词典收录西文字母词已经有两百多年的历史了，收录字母词早已成为汉语词典等工具书编纂的惯例，1903年出版的《新尔雅》在正文中收录了"X光线"这个词，而该词是汉语词典首次收录的字母词。

중국어 사전에서 서양 문자인 알파벳 어휘가 포함된 단어를 수록하는 것은 이미 200여 년의 역사가 있다. 알파벳 어휘를 수록하는 것은 이미 중국어 사전 편찬 등 참고서 편찬의 관례가 되었다. 1903년 출판된 『신얼야』는 본문 중 'X레이'라는 단어를 수록했고, 이 단어는 중국어 사전에서 처음 수록한 알파벳 어휘였다.

A 字母词在词典中使用频率很高
B 《新尔雅》是最先收录字母词的词典
C 汉语词典不收录字母词
D 汉语词典从未改版

A 알파벳 어휘는 사전에서 사용 빈도가 매우 높다
B 『신얼야』는 최초로 알파벳 어휘를 수록한 사전이다
C 중국어 사전은 알파벳 어휘를 수록하지 않는다
D 중국어 사전은 한 번도 개정되지 않았다

收录 shōulù 동 수록하다, 싣다, 올리다 | **西文** xīwén 명 서양 문자 | **字母词** zìmǔcí 명 알파벳 어휘, 자모 어휘 [자모로 구성되거나 자모를 함유한 어휘. 예를 들면 'DVD'·'AA制'와 같은 경우] | **编纂** biānzuǎn 동 (대형 저서 등을) 편찬하다 | **工具书** gōngjùshū 명 참고서, 참고 도서 | ★**惯例** guànlì 명 관례, 관행, 상규 | **出版** chūbǎn 동 (서적·음반 등을) 출판하다, 발행하다, 출간하다 | **新尔雅** Xīn'ěryǎ 고유 신얼야 [청나라 후기에서 중화 초기에 편집된 새로운 사전] | **正文** zhèngwén 명 본문, 정문 | **光线** guāngxiàn 명 광선, 빛 | **首次** shǒucì 명 처음, 최초, 첫 번째 | **字母** zìmǔ 명 자모, 알파벳 | ★**频率** pínlǜ 명 빈도(수) | **从未** cóngwèi 부 지금까지 ~한 적이 없다, 여태껏 ~하지 않다 | **改版** gǎibǎn 동 개정하다, 개편하다

8 **B** [难度不言而喻 난도는 말로 표현할 수 없다 → 难度大 난도가 높다] 녹음 마지막에 공연의 난도에 대해 언급했다. '不言而喻(말하지 않아도 안다)'라는 표현은 6급에서 반드시 알아야하는 성어이므로 꼭 암기하자. 성어 표현을 몰랐다고 해도, 1제곱미터가 채 되지 않는 탁자에서 3명의 공예인이 서 있어야 하는 것은 상식적으로 쉽지 않은 일이다.

四川民间杂技表演类节目代表之一就是高台狮子，它由民间艺人世代相传并且保留至今。表演的时候需将五张桌子上下叠在一起，表演者在上面表演与竞技。不到一平方米的桌子上需站三位艺人，其表演难度不言而喻。

쓰촨의 민간 서커스 공연 프로그램을 대표하는 것 중의 하나는 까오타이 사자로, 민간 공예인이 대대손손 전승하여 지금까지 보존되고 있다. 공연할 때 5개의 탁자를 위아래로 겹쳐 두고, 공연자는 위에서 공연을 하고 기술을 겨룬다. 1제곱미터가 채 되지 않는 탁자에서 3명의 공예인이 서 있어야 하니, 공연의 난도는 말로 표현할 수가 없을 정도다.

A 高台狮子流传地域特别广
B 高台狮子表演难度大
C 四川杂技民族特色鲜明
D 高台狮子表演占地面积很大

A 까오타이 사자가 전승된 지역은 굉장히 넓다
B 까오타이 사자 공연의 난도가 높다
C 쓰촨 서커스는 민족 특색이 뚜렷하다
D 까오타이 사자 공연 부지는 면적이 크다

四川 Sìchuān 고유 쓰촨성 | ★**民间** mínjiān 명 민간 | ★**杂技** zájì 명 서커스, 잡기, 곡예 | **类** lèi 명 종류, 분류 | **代表** dàibiǎo 동 대표하다, 대신하다, 나타나다, 표시하다 | **之一** zhī yī ~(의) 하나 | **高台狮子** Gāotáishīzi 고유 까오타이 사자 [쓰촨성의 전통 서커스의 일종] | **艺人** yìrén 명 공예인, 직인, 직공 | **世代相传** shìdài xiāngchuán 성 대대로 전해지다, 대대로 물려받다 | **保留** bǎoliú 동 보존하다, 유지하다 | **至今** zhìjīn 부 지금까지, 여태껏, 오늘까지 | **需** xū 동 반드시 ~해야 한다 | **将** jiāng 개 ~를 [=把] | **叠** dié 동 포개다, 중첩하다 | **表演者** biǎoyǎnzhě 명 공연자 | **竞技** jìngjì 동 기술을 겨루다, 경기하다 | **平方米** píngfāngmǐ 양 제곱미터(㎡), 평방미터 | **其** qí 대 그, 그들, 그의, 그것 | **难度** nándù 명 난도 | ★**不言而喻** bùyán'éryù 성 말할 필요도 없다, 말하지 않아도 안다 | **流传** liúchuán 동 세상에 널리 퍼지다, 유전하다 | **地域** dìyù 명 지역, 본고장 | **广** guǎng 형 넓다 | **特色** tèsè 명 특색, 특징 | ★**鲜明** xiānmíng 형 뚜렷하다, 분명하다, 명확하다 | **占地** zhàndì 명 부지, 점령지 | **面积** miànjī 명 면적

9 **D** [功夫 쿵푸 ≒ 武术 무술 / 圆了……梦 ~꿈을 이뤘다] 쿤밍 무술 테마 공원이 쿵푸 애호가들의 꿈을 모두 이루어 주었다는 내용을 '무술 애호가의 사랑을 받았다'는 보기 D로 연결 지을 수 있다. 단순히 들리는 것이 정답인 문제보다는 한 번 더 생각을 해야 하는 문제로, 이러한 유형이 점점 늘어나는 추세이다.

昆明武术主题公园近期运用高科技特效设备圆了很多功夫爱好者的电影梦。游客们可在安全设施的保护下，体验如"水上漂"和"飞檐走壁"等经典武术动作，这令不少人真正过了一把当功夫明星的瘾。

쿤밍 무술 테마 공원은 최근 하이테크 특수 효과 설비를 활용해서 많은 쿵푸 애호가의 영화에 대한 꿈을 모두 이루어 주었다. 관광객들은 안전 설비의 보호를 받으며 '물에서 날아다니고' '지붕과 담벼락을 넘어다니는' 고전적인 무술 동작을 할 수 있다. 이는 많은 사람들이 쿵푸 스타가 되는 꿈을 실컷 실현할 수 있도록 해 주었다.

A 游客可在主题公园内扮演功夫明星
B 该公园是电视剧拍摄基地
C 主题公园内的设计人员个个身手敏捷
D 该公园深受武术爱好者喜爱

A 관광객은 테마 공원 안에서 쿵푸 스타를 연기할 수 있다
B 이 공원은 드라마 촬영지이다
C 테마 공원의 디자이너는 모두 솜씨가 날렵하다
D 이 공원은 무술 애호가의 깊은 사랑을 받았다

昆明 Kūnmíng 고유 쿤밍 [윈난(云南)성의 성도] | **武术** wǔshù 명 무술, 우슈 | **主题** zhǔtí 명 테마, 주제 | **近期** jìnqī 명 최근, 근간 | **运用** yùnyòng 동 활용하다, 운용하다, 응용하다 | **高科技** gāokējì 명 하이테크놀로지, 첨단기술 | **特效** tèxiào 명 (영화 따위의) 특수 효과 | **设备** shèbèi 명 설비, 시설 | **圆梦** yuánmèng 동 꿈을 이루다 | **爱好者** àihàozhě 명 애호가 | **游客** yóukè 명 관광객, 여행객 | **设施** shèshī 명 설비, 시설 | **体验** tǐyàn 동 체험하다 | **漂** piāo 동 (물이나 액체 위에) 뜨다 | **飞檐走壁** fēiyán zǒubì 성 동작이 몹시 날쌔다 | **经典** jīngdiǎn 명 고전 | **令** lìng 동 ~하게 하다, ~를 시키다 | **明星** míngxīng 명 스타, 인기 있는 배우나 운동선수 | **瘾** yǐn 명 광적인 취미나 기호 | ★**扮演** bànyǎn 동 ~역을 맡아 하다, 출연하다 | **该** gāi 대 (앞에서 언급한) 이, 그, 저 | **电视剧** diànshìjù 명 텔레비전 드라마 | **拍摄** pāishè 명 촬영 | ★**基地** jīdì 명 근거지, 본거지, 거점 | **设计人员** shèjì rényuán 명 디자이너 | **身手** shēnshǒu 명 솜씨, 수완, 재능 | ★**敏捷** mǐnjié 형 (생각·동작 등이) 민첩하다, 빠르다 | **深受** shēnshòu 동 (매우) 깊이 받다, 크게 입다

10 D [多道工序 여러 가지 공정 → 工序复杂 공정이 복잡하다] 보기 D의 표현 '复杂(복잡하다)'가 녹음에 직접적으로 언급되진 않았지만, '多道工序(여러 가지 공정을 거친다)'라는 표현에서 '复杂'를 연결지을 줄 알아야 한다.

云南普洱市因普洱茶而闻名世界。现在，普洱人采用现代化工艺研制出了一种可以即溶的普洱茶珍。它与传统的饼茶不同，是经过发酵、提纯、萃取等多道工序以后，把粉末状的高浓度茶叶制成了便于携带、冲泡的茶包。

윈난 푸얼시는 푸얼차로 세계에 이름을 알렸다. 현재 푸얼 사람은 현대화된 기술을 채택하여 즉시 우러나는 푸얼차진을 만들었다. 이는 전통적인 병차와는 달리 발효와 정제, 추출 등 여러 가지 공정을 거친 뒤 분말 형태의 고농도 찻잎을 휴대가 간편하고 우리기 쉬운 티백으로 만든 것이다.

A 普洱茶珍呈块状
B 普洱茶珍需冷冻保管
C 普洱茶珍很难冲泡
D 普洱茶珍工序复杂

A 푸얼차진은 조각 형태다
B 푸얼차진은 냉동 보관해야 한다
C 푸얼차진은 우리기 어렵다
D 푸얼차진을 만드는 공정이 복잡하다

云南 Yúnnán 고유 윈난성 | **普洱市** Pǔ'ěr Shì 고유 푸얼시, 보이시 | **因** yīn 개 ~에 의하여 | **普洱茶** pǔ'ěrchá 명 푸얼차 | **闻名** wénmíng 형 유명하다 | **采用** cǎiyòng 동 채택하다, 적합한 것을 골라 쓰다 | **现代化** xiàndàihuà 명 현대화 | **工艺** gōngyì 명 공예 | **研制** yánzhì 동 연구 제작하다 | **即** jí 부 즉, 바로, 곧 | **溶** róng 동 녹다, 용해되다 | **传统** chuántǒng 형 전통적이다, 역사가 유구하다 | **饼茶** bǐngchá 명 병차 [중국의 긴압차(紧压茶)의 일종으로, 녹차나 흑차를 둥근 떡 모양으로 성형한 것] | **同** tóng 형 같다, 서로 같다 | **发酵** fājiào 명 발효 | **提纯** tíchún 명 정제 | **萃取** cuìqǔ 명 추출 | **工序** gōngxù 명 제조 공정 | ★**粉末** fěnmò 명 분말, 가루 | **状** zhuàng 명 상태, 모양, 모습 | **浓度** nóngdù 명 농도 | **茶叶** cháyè 명 (가공을 거친) 찻잎 | **制成** zhìchéng 동 만들어지다 | ★**便于** biànyú 동 (~하기에) 쉽다, ~에 편하다 | ★**携带** xiédài 동 휴대하다 | **冲泡** chōngpào 동 물에 불리다 | **茶包** chábāo 명 티백 | **呈** chéng 동 띠다, 나타내다, 드러내다 | **块** kuài 명 조각 | **冷冻** lěngdòng 명 냉동 | ★**保管** bǎoguǎn 명 보관, 간수 | **冲泡** chōngpào 동 (물에) 우리다, 불리다

듣기 제1부분

04 이야기

본서 p.44

track 26

• **Day 30** 1 B 2 C 3 C 4 A 5 C

1 B [三只虾 + 半只虾 → 三只半虾] 세 마리인 줄 알았는데, 자세히 보니 반 마리는 수초 사이에 숨어 있다고 했다.

齐白石因画虾而闻名画坛。他曾经贴出告示："白石画虾，一只十两。"有人拿着三十五两银子去找他买画儿，想投机取巧多赚半只虾。而在他展开画卷以后，却只找到了三只虾，仔细再看，竟然还有半只虾藏在两棵水草的中间。

제백석은 새우를 그려서 미술계에 이름을 알렸다. 그는 이런 알림을 붙인 적이 있다. '백석이 새우를 그려 줍니다. 한 마리에 10냥' 어떤 사람이 35냥의 은을 들고 그림을 사러 그를 찾아 갔는데, 기회를 틈타 새우 반 마리를 더 얻을 요량이었다. 그런데 그가 그림을 펼친 후, 새우를 세 마리밖에 찾지 못했는데, 자세히 다시 보니 새우 반 마리가 수초 두 개 사이에 숨어 있었다.

A 那个人补交了五两银子
B 齐白石画了三只半虾
C 那个人少买了一只虾
D 齐白石未按规定作画

A 그 사람은 은 5냥을 더 냈다
B 제백석은 새우 세 마리 반을 그렸다
C 그 사람은 한 마리를 덜 샀다
D 제백석은 규정에 따라서 그림을 그리지 않았다

齐白石 Qí Báishí 고유 제백석, 치바이스 [중국 근대의 걸출한 화가·서예가·전각가] | **因** yīn 개 ~에 의하여 | **虾** xiā 명 새우 | **闻名** wénmíng 동 명성을 듣다 | **画坛** huàtán 명 화단 | **曾经** céngjīng 부 일찍이, 이전에, 이미, 벌써 | **贴出** tiēchū 동 게시하다, 내붙이다 | **告示** gàoshi 명 게시, 포고 | **银子** yínzi 명 은의 통칭 | **投机取巧** tóujī qǔqiǎo 성 교묘한 수단으로 (기회를 틈타) 사리사욕을 취하다 | **展开** zhǎnkāi 동 펴다, 펼치다 | **画卷** huàjuàn 명 두루마리 그림 | **藏** cáng 동 숨기다, 감추다, 숨다 | **水草** shuǐcǎo 명 수초, 물풀 | **补交** bǔjiāo 동 (돈을) 보충하여 내다, 추가로 내다 | **未** wèi 부 아직 ~하지 않다 | **按** àn 동 의거하다, 기인하다, 근거로 삼다

이야기 유형은 '전체 내용의 흐름'에 특별히 더 주의해야 한다!

이야기 유형에는 위 문제처럼 녹음의 어느 한 부분만 듣고는 정답을 특정할 수 없도록 알쏭달쏭한 경우가 많다. 단편적으로 들은 표현만 대응시키기에 급급하기 보다는, 전체 내용이 어떻게 흘러가는지에도 주의를 기울여야 한다.

2 **C** [先A再B 먼저 A한 후에 B해라] 인물의 말에 숨겨진 진짜 의도를 파악해야 하는 어려운 문제였다. 그림을 그린 후에 석회칠을 하라는 친구의 말은 '네 그림 실력이 별로니 그 위를 석회로 덮어서 보이지 않게 하라'는 뜻으로, 화가의 재주를 인정하지 않음을 의미한다.

有一名画家自认为画技高超，于是有一天，他在朋友来他家做客时，说："我想粉刷一下这个房间的墙壁，再画点儿画儿，你有没有什么建议？"朋友说："我建议你先在墙壁上画画儿，然后再粉刷墙壁。"

한 화가는 (자신의) 그림 실력이 뛰어나다고 스스로 생각했다. 그래서 어느 날, 그는 친구가 그의 집에 놀러 왔을 때 말했다. "이 방 벽에 석회칠을 하고 그림을 좀 그리려고 하는데, 무슨 제안 없어?" 친구가 말했다. "나는 네가 우선 그림을 그린 후에 벽에 석회칠을 하기를 제안해."

A 画画儿需要灵感
B 画家想换家具
C 朋友并不认可画家的画技
D 朋友觉得刷墙是画蛇添足

A 그림 그리기에는 영감이 필요하다
B 화가는 가구를 바꾸고자 한다
C 친구는 화가의 그림 실력을 인정하지 않는다
D 친구는 석회칠이 쓸데없다고 생각한다

名 míng 양 명 [사람을 세는 단위] | **画家** huàjiā 명 화가 | **技** jì 명 기술, 기능 | ★**高超** gāochāo 형 뛰어나다, 출중하다 | **做客** zuòkè 동 방문하다, 손님이 되다 | **粉刷** fěnshuā 동 석회를 칠하다 | **墙壁** qiángbì 명 (벽돌·돌·흙 등으로 쌓아 만든) 벽 | ★**灵感** línggǎn 명 영감 | **并** bìng 부 결코, 전혀, 조금도, 그다지, 별로 [부정사 앞에 쓰여 부정의 어투 강조] | ★**认可** rènkě 동 인정하다, 승낙하다 | **刷墙** shuāqiáng 벽을 칠하다 | ★**画蛇添足** huàshé tiānzú 성 쓸데없는 짓을 하다, 사족을 가하다

3 **C** [减少税收 세금을 줄이다 / 宣旨 조칙을 내리다 / 进谏 간언] 신점고는 '세수가 무서워서 비가 안 올 정도로 세수가 높다'고 돌려 표현했고, 이 말을 듣고 황제가 세수를 줄이라는 조칙을 내렸으므로, 세금을 줄이자는 신점고의 간언이 성공했음을 알 수 있다.

南唐时期的税收曾过于沉重，大臣几次劝说皇帝减少税收，但都无功而返。有一年，恰巧遇到京城大旱，皇帝便问："各个地区都下雨了，为什么只有京城不下？"大臣申渐高趁机回答说："因为雨害怕收税，不敢上京。"皇上大笑起来，即刻宣旨减少了税收。

남당 시기의 세금이 일찍이 너무 과중해서 대신들이 황제에게 몇 번이나 세금을 줄이자고 권했지만, 모두 성과 없이 돌아갔다. 어느 한 해에는 때마침 수도에 심한 가뭄이 들었고, 황제가 물었다. "다른 지역은 다 비가 왔는데, 왜 수도에만 비가 내리지 않는 것이냐?" 대신 신점고는 기회를 틈타 답했다. "비가 세금이 두려워 상경할 엄두를

못 내고 있나이다." 황제는 크게 웃으며 바로 세금을 줄이라는 명령을 내렸다.

A 百姓非常畏惧申渐高
B 皇帝喜欢廉洁的大臣
C 申渐高进谏减税获成功
D 皇帝告诫大臣要节俭

A 백성들은 신점고를 매우 두려워했다
B 황제는 청렴결백한 대신을 좋아했다
C 신점고의 세금을 줄이자는 간언은 성공했다
D 황제는 대신들에게 근검절약해야 한다고 훈계했다

南唐 Nántáng 명 남당 [5대 10국 중의 하나] | **时期** shíqī 명 시기 | **税收** shuìshōu 명 세금, 세수 | **曾** céng 부 일찍이, 이미 | ★**过于** guòyú 부 지나치게, 너무 | ★**沉重** chénzhòng 형 (무게·기분·부담 등이) 몹시 무겁다 | ★**大臣** dàchén 명 대신, 중신 | **劝说** quànshuō 동 권유하다, 설득하다 | ★**皇帝** huángdì 명 황제 | **无功而返** wúgōng'érfǎn 성과 없이 돌아오다 | ★**恰巧** qiàqiǎo 부 때마침, 공교롭게도 | **京城** jīngchéng 명 경성, 수도 | **旱** hàn 명 가뭄, 한발, 가뭄 | **便** biàn 부 곧, 바로 [=就] | **地区** dìqū 명 지역, 지구 | **申渐高** Shēn Jiàngāo 고유 신점고 [남당 시기의 대신] | **趁机** chènjī 동 기회를 타다 [주로 부사적 용법으로 쓰임] | **收税** shōushuì 동 세금을 징수하다 | **不敢** bùgǎn 감히 ~하지 못하다 | **上京** shàngjīng 동 상경하다 | **即刻** jíkè 부 곧, 즉각 | **宣旨** xuānzhǐ 동 조칙을 내리다, 임금의 명령을 선포하다 | **百姓** bǎixìng 명 백성, 평민 | ★**畏惧** wèijù 동 두려워하다, 무서워하다 | ★**廉洁** liánjié 형 청렴결백하다 | **进谏** jìnjiàn 동 간언을 드리다, 진언하다 | **减税** jiǎnshuì 동 감세하다 | **获** huò 동 얻다 | ★**告诫** gàojiè 동 훈계하다, 타이르다 [주로 상급자가 하급자에게 사용함] | **节俭** jiéjiǎn 동 절약하다

4 A [狼 늑대 ≒ 品德 품성] 품성을 늑대로 비유한 어려운 문제였다. 두 늑대 중 힘이 센 늑대는 '자신이 키운' 늑대라는 말은 스스로의 의지나 행동에 따라 품성이 결정됨을 표현한 것이다.

奶奶对孙女说："所有人的身体中都有两头狼，它们相互搏杀。一头狼代表爱、微笑、感恩、善良和希望，另一头狼代表耻辱、愤怒、妒忌、骄傲和恐惧。"孙女问："哪头狼更厉害呢?"奶奶回答："你喂养的那一头狼。"

할머니가 손녀에게 말했다. "모든 사람의 몸에는 모두 두 마리의 늑대가 있는데, 그것들은 서로 싸운단다. 한 마리는 사랑, 미소, 감사, 선량함, 희망을 상징하고, 다른 한 마리는 치욕, 분노, 질투, 오만, 공포를 상징한단다." 손녀가 물었다. "어느 늑대가 더 힘이 세요?" 할머니는 "바로 네가 키운 그 늑대란다."라고 대답했다.

A 品德靠自己培养
B 不要轻易做决定
C 小孩子不可以撒谎
D 他们在公园

A 품성은 자신에 의해 길러진다
B 쉽게 결정을 내려서는 안 된다
C 어린아이는 거짓말을 해서는 안 된다
D 그들은 공원에 있다

孙女 sūnnǚ 명 손녀 | **头** tóu 양 마리, 필, 두 [돼지·소·말·당나귀·양 등의 가축을 세는 단위] | **狼** láng 명 늑대 | **相互** xiānghù 형 서로의, 상호의 [부사적 용법으로 쓰임] | **搏杀** bóshā 동 격렬하게 싸우다 | **代表** dàibiǎo 동 상징하다 | **感恩** gǎn'ēn 동 감사해 마지않다, 은혜에 감격하다, 고맙게 여기다 | **善良** shànliáng 형 선량하다, 착하다 | **耻辱** chǐrǔ 명 치욕, 치욕스러운 일 | ★**愤怒** fènnù 형 분노하다 | **妒忌** dùjì 동 질투하다, 샘하다 | ★**恐惧** kǒngjù 동 공포감을 느끼다, 두려워하다 | **喂养** wèiyǎng 동 키우다, 사육하다, 기르다 | ★**品德** pǐndé 명 품성, 인품과 덕성(德性) | **靠** kào 동 ~에 달려 있다, 기대다 | **培养** péiyǎng 동 키우다, 양성하다 | **轻易** qīngyì 부 쉽사리, 함부로 | ★**撒谎** sāhuǎng 동 거짓말을 하다, 허튼소리를 하다

5 C [不要只考虑自己，也要考虑别人 자신만 생각하지 말고 다른 사람도 고려해야 한다] 마지막 문장에 녹음의 주제가 확실히 드러났고, 문장의 주요 표현 '只考虑'가 보기 C에 '只顾'로 표현되었다.

相传神造人的时候，在人的心脏中做了两个心房。人问神为什么要这么做。神说："这样你便能用一间心房装别人，另一间装自己，从而提醒你不管做什么事，都不要只考虑自己，也要考虑别人。"

A 要以诚待人
B 外表比内涵更重要
C 做事不能只顾自己
D 心胸狭隘的人最终会失败

신이 인간을 만들 때 인간의 심장에 두 개의 심방을 만들었다고 전해진다. 인간이 신에게 왜 그랬냐고 묻자, 신은 답했다. "이러면 심방 하나에는 다른 사람을 담고, 다른 하나에 자신을 담을 수 있으니, 무슨 일을 하든지 자기 자신만 생각해서는 안 되고, 다른 사람도 고려해야 함을 일깨워 주기 위함이다."

A 성실하게 사람을 대해야 한다
B 외면이 내면보다 더 중요하다
C 무언가를 할 때 자신만 생각해서는 안 된다
D 마음이 좁은 사람은 결국 실패한다

相传 xiāngchuán 동 ~라고 전해지다, ~라고 전해오다 | **神** shén 명 신, 귀신, 신령 | **造** zào 동 만들다 | **心脏** xīnzàng 명 심장 | **心房** xīnfáng 명 심방, 가슴, 심장, 마음 | **便** biàn 부 곧, 바로 [=就] | **间** jiān 양 칸 | **装** zhuāng 동 담다 | **从而** cóng'ér 접 따라서, 이리하여, 그리하여 | **诚** chéng 명 진심, 진실, 성실 | **待人** dàirén 동 사람을 대하다, 사람을 대접하다 | ★**外表** wàibiǎo 명 겉모습, 외모, 외관 | ★**内涵** nèihán 명 (내면의) 수양, 교양 | **只顾** zhǐgù 동 오직 ~만 생각하다 | **心胸** xīnxiōng 명 마음, 가슴 | ★**狭隘** xiá'ài 형 좁다 | **最终** zuìzhōng 명 최종, 맨 마지막

01 인물 인터뷰

본서 p.53~54

track 31

• Day 10 1 B 2 C 3 A 4 B 5 C

1 B [技艺高超 기술이 뛰어나다 → 手艺高 손재주가 좋다] 인터뷰 대상자는 스스로를 '손재주가 좋고 훌륭한 실력이 있는 공예가'라고 소개했다. 듣기에서 자주 사용되는 표현들이 아니라 익숙하지 않겠지만, 다른 보기들이 모두 녹음에서 언급되지 않았으므로, 정답은 B이다.

2 C [没有原版图案可查 찾을 수 있는 도안 원본이 없다 → 无原图可参考 참고할 수 있는 도안 원본이 없다] 남자는 '도안 원본이 없기 때문에' 다양한 경험과 해당 요소에 대한 이해력이 요구된다고 말했다. 따라서 '도안 원본이 없는 것이 목공예 복원의 어려운 점'이라는 것을 알 수 있다. 이번 문제처럼, 녹음의 '没有'가 보기에서 '无'로 표현되는 경우가 많으니 이런 표현 방식에 익숙해지도록 하자.

3 A [巴不得 간절히 바라다 ≒ 乐于 ~하는 것을 즐기다 / 分享 공유하다] 녹음의 '巴不得(간절히 바라다)' '自己懂的所有东西(스스로 아는 모든 것들)'가 보기에서는 '乐于(~하는 것을 즐기다)' '经验(경험)'으로 다르게 표현되었다. 결국은 같은 말이므로 맥락을 파악하는 것이 중요하다.

4 B [细心地观察自然天地 자연을 주의 깊게 관찰하다 → 细致地观察一切 모든 것을 세밀하게 관찰하다] 녹음의 '细心'과 보기 B의 '细致'가 유사한 의미의 어휘라는 것을 알았다면 풀 수 있는 문제였다. 그러나 남자의 대답이 매우 길었고, 한 대답에서 두 문제의 정답이 나왔다는 점이 주의할 포인트이다.

5 C [苗子 ≒ 接班人 후계자 / 把A传承下去B A를 B에게 전승하다 / 后继有人 뒤를 잇다] 인터뷰 마지막에 '좋은 후계자를 찾아 남자 본인의 기술을 이어나가는 것'이 중요하다고 했다. 이는 곧 '후계자를 양성한다'는 의미이므로 정답은 C이다. 보기 D의 '电脑雕刻(기계 조소 작품)'도 녹음에서 언급되긴 했지만, '배우기 어렵다'는 말은 하지 않았으므로 D는 답이 아니다.

第1到5题是根据下面一段采访：

女：您是怎样开始从事这份木雕修复工作的？

男：我到上海以后，就在古玩商聚集的东台路租了一间房子，然后走街串巷告诉周围的人自己会木雕修复手艺，让大家有需要可以来找我。从接到第一份订单开始，我的手艺就渐渐地在上海古玩圈里传开了，[1]人们都知道了上海东台路住着一个工艺师，技艺高超且坚持纯手工打造，有把文物木雕修复如旧的过硬手艺，更重要的是为人厚道老实，从来也不乱开价。

女：对手工艺人来说，想要修复古董木雕有什么要求？

男：[2]这些古董木雕通常没有原版图案可查，修复靠的则是阅木无数的经验和对木雕天然的把握，例如人的动作、衣着、动物的神态、相互呼应的细节，甚至连风或者其他自然现象在画面中的体现也是需要细致地观察的，这就相当考验手工艺人的功夫了。

1~5번 문제는 다음 인터뷰에 근거한다.

여: 작가님은 어떻게 목공예 복원 작업에 종사하게 되셨나요?

남: 저는 상하이에 온 후 바로 골동품 상점이 모여 있는 둥타이루에 작은 방 하나를 빌린 다음, 길거리를 오가며 주변 사람들에게 제가 목공예 복원을 할 줄 안다고 알려 주어서, 모두가 필요할 때 저를 찾아오게 했습니다. 첫 번째 주문을 받은 후부터 저의 실력은 서서히 상하이 골동품 업계에서 소문이 퍼지기 시작했습니다. [1]상하이 둥타이루에 한 공예가가 있는데, 기술이 뛰어나고 100% 수공예로 만들고, 목공예 문화재를 예전과 똑같이 복원하는 훌륭한 실력이 있다는 것을 모두가 알게 되었습니다. 더 중요한 것은 제가 인심이 후하고 정직해서, 지금까지 함부로 가격을 부른 적이 없다는 것입니다.

여: 수공예가에게 있어서, 골동 목공예 복원 작업을 하고 싶다면 어떤 요구 사항이 있나요?

남: [2]이러한 골동품 목조는 보통 찾을 수 있는 도안 원본이 없습니다. 복원은 오직 무수한 경험과 목조 천연에

女：您在做修复工作的时候，有什么收获吗？

男：上海的行家见多识广，且心态开放，[3]他们都不屑于掖着、藏着，巴不得把自己懂的所有东西都拿出来和你辩论、分享。因此，不管是在理论还是手艺技术的提升上，都给了我很大的帮助。因为制作的人和把玩观赏的人眼光通常不一样，所以应该求同存异。我家的书架上摆放的不是历史书籍，就是木雕工艺方面的书。做这行，第一是看自然，第二是看书，第三才是上手。[4]我时时刻刻都在做的事情就是细心地观察自然天地。走在路上时，一阵风吹过树叶，树叶是露出阳面还是阴面都是我细致观察的对象，更不必说对动物与人物的入微观察了。再加上多看书，学习别人的经验后，自己再反复揣摩，几十年下来，我触类旁通，看古董、家具也能说得八九不离十了。

女：您现在已经开了自己的工厂，能谈谈您下一步的计划是什么吗？

男：与市面上大多采用的电脑雕刻相比，我依旧坚持采用纯手工打造，这样我的优势就逐渐显现了出来，所以就有玩家要投资和我一起合办工厂。现在，我自己也终于从打工者变成了老板。不过对我来说，挣钱并不是最重要的事情，[5]我最希望的是在工厂中发现好苗子，能把我自己的手工工艺传承下去，后继有人。

대한 이해에 의지할 뿐입니다. 예를 들면 인물의 동작, 의상, 동물의 자태, 서로 호응하는 디테일, 심지어는 바람 혹은 다른 자연현상이 화면 속에서 재현되는 것 역시 섬세하게 관찰할 필요가 있습니다. 이 점이 바로 수공예가의 기술을 시험하게 됩니다.

여: 복원 작업을 하면서 어떤 수확이 있으셨나요?

남: 상하이의 전문가들은 식견이 넓고, 마음가짐도 개방적입니다. [3]그들은 모두 속이거나 감추지 않고, 간절히 자신이 아는 모든 것을 전부 꺼내어 저와 논의하고 나누고자 합니다. 그래서 이론이든 예술적 기술을 향상하는 것이든 모두 저에게 큰 도움이 되었죠. 제작하는 사람들은 취미로 감상하는 사람들과 안목이 보통 다르기 때문에, 다른 점은 일단 차치하고 같은 점을 두고 함께해야 합니다. 제 집 책장에 놓여 있는 것은 역사 서적 아니면 목공예 서적입니다. 이 일을 하려면 첫째로 자연을 보고, 둘째로 책을 보고, 셋째로는 직접 해봐야 합니다. [4]제가 항상 하는 일은 바로 자연을 주의 깊게 관찰하는 것입니다. 길을 가다가 바람이 불어 나뭇잎이 흔들리면 나뭇잎이 밝은 부분을 보이는지 아니면 어두운 부분을 내비치는지 하는 것들이 모두 제가 유심히 관찰하는 대상입니다. 동물과 사람에 대한 세심한 관찰은 말할 것도 없죠. 거기에 책을 많이 읽고, 다른 사람의 경험을 배우고 나서, 혼자서 다시 반복적으로 탐구해 보는 것을 수십 년 동안 하다 보니, 하나를 보고 열을 알게 되듯이 골동품을 보든 가구를 보든 모두 거의 대략적으로 말해 낼 수 있게 되었습니다.

여: 당신은 현재 이미 본인의 공장을 차리셨는데, 다음 계획을 이야기해 줄 수 있나요?

남: 시장에서 대부분 사용하는 기계 조소 작품과 달리, 저는 여전히 100% 수공예 작업을 고수합니다. 이렇게 저의 강점이 점차 드러나다 보니, 투자하여 저와 함께 공장을 열고자 하는 애호가가 있었어요. 이제 저 스스로도 드디어 아르바이트생에서 사장으로 변모했습니다. 하지만 저에게 있어서 돈을 버는 것은 결코 가장 중요한 일은 아닙니다. [5]제가 가장 바라는 것은 공장에서 좋은 후계자를 찾아서, 제 수공 공예 기술을 전승해 뒤를 잇게 하는 것입니다.

1 男的是凭借什么在古玩圈出名的？

A 人脉很广　　B 手艺高
C 藏品很多　　D 参加了广播节目

2 古董木雕修复的难处在哪？

A 耗时很长
B 没有精密仪器
C 无原图可参考
D 材料容易碎

1 남자는 무엇을 기반으로 골동품 업계에서 유명해졌는가?

A 인맥이 넓은 것　　B 손재주가 좋은 것
C 소장품이 많은 것　　D 방송 프로그램에 참여한 것

2 골동 목공예 복원의 어려운 점은 어디에 있는가?

A 소요 시간이 길다
B 정밀 기기가 없다
C 참고할 수 있는 도안 원본이 없다
D 소재가 깨지기 쉽다

3 关于上海的古董行家，可以知道什么？

A 乐于分享经验
B 瞧不起手艺人
C 竞争非常激烈
D 偏爱收藏钱币

4 男的所说的时时刻刻都在做的事情是指什么？

A 与同行辩论
B 细致地观察一切
C 刻意地模仿同行
D 收集旧家具

5 根据对话，下列哪项正确？

A 古董木雕收藏价值非常高
B 男的借钱开办了工厂
C 男的计划培养接班人
D 电脑雕刻最难学

3 상하이의 골동품 전문가들에 관하여 무엇을 알 수 있는가?

A 경험을 공유하는 것을 즐긴다
B 수공예가를 무시한다
C 경쟁이 매우 치열하다
D 화폐 소장하는 것을 좋아한다

4 남자가 말한 시시각각 하는 일이 가리키는 것은 무엇인가?

A 동종 업계 사람과 의논하는 것
B 모든 것을 세밀하게 관찰하는 것
C 일부러 동종 업계 사람을 모방하는 것
D 옛 가구를 수집하는 것

5 대화에 따르면 다음 중 옳은 것은 무엇인가?

A 골동 목공예는 소장 가치가 매우 높다
B 남자는 대출하여 공장을 지었다
C 남자는 후계자를 양성할 계획이다
D 컴퓨터 조각은 제일 배우기 어렵다

从事 cóngshì 동 종사하다, 몸담다 [从事……工作 : ~에 종사하다] | **木雕** mùdiāo 명 목조, 목조품 | ★**修复** xiūfù 명 복원, 복구 | **古玩** gǔwán 명 골동품 | **商** shāng 명 상업, 장사 | **聚集** jùjí 동 모이다, 모으다, 집합하다 | **东台路** Dōngtái Lù 고유 동타이루 | **走街串巷** zǒujiē chuànxiàng 성 이 거리 저 골목을 돌아다니다 | ★**手艺** shǒuyì 명 수공 기술, 손재간, 솜씨 | **订单** dìngdān 명 (상품·물품 예약) 주문서, 주문 명세서 | **渐渐** jiànjiàn 부 점점, 점차 | **圈** quān 명 사회, 범위, 구역 | **传开** chuánkāi 동 널리 전해지다, 사방으로 퍼지다 | **工艺师** gōngyìshī 명 공예사 | **技艺** jìyì 명 기술, 기예, 기교 | ★**高超** gāochāo 형 뛰어나다, 출중하다, 특출나다 | **且** qiě 접 게다가, 또한 | **纯** chún 형 순수하다, 단순하다, 거짓 없다 | **手工** shǒugōng 명 수공, 손으로 하는 공예 | **打造** dǎzào 동 만들다, 제조하다 | ★**文物** wénwù 명 문화재, 문물 | **如旧** rújiù 동 전과 같다, 원래와 같다 | **过硬** guòyìng 형 (기술이나 솜씨 등이) 훌륭하다, 대단하다 | **厚道** hòudao 형 후하다, 너그럽다, 관대하다, 친절하다 | **老实** lǎoshi 형 정직하다, 성실하다, 솔직하다 | **开价** kāijià 동 값을 부르다 | **……来说** ……láishuō ~로 말하자면 [对A来说: ~에게 있어서, ~의 입장에서 보면] | ★**古董** gǔdǒng 명 골동품 | **通常** tōngcháng 명 보통, 통상 | **原版** yuánbǎn 명 원판, 원작 | ★**图案** tú'àn 명 도안 | **查** chá 동 찾아보다, 조사하다 | **靠** kào 동 의지하다, 의탁하다, ~에 달려 있다 | **则是** zéshì 접 오직 ~뿐, 다만 ~뿐 | **阅** yuè 동 읽다, 보다 | **木** mù 명 목재, 나무, 수목 | **无数** wúshù 형 매우 많다, 무수하다 | **天然** tiānrán 형 천연의, 자연적인, 자연의 | **把握** bǎwò 명 파악 [이해하는 행위를 의미함] | ★**神态** shéntài 명 자태와 기색, 표정과 태도 | **相互** xiānghù 형 서로의, 상호의 [품사는 형용사이지만 부사적 용법으로 쓰임] | **呼应** hūyìng 동 호응하다, 의기상통하다 | **细节** xìjié 명 디테일, 세부, 자세한 사정 | **风** fēng 명 바람 | **现象** xiànxiàng 명 현상 | **画面** huàmiàn 명 화면 | **体现** tǐxiàn 동 구현하다, 구체적으로 드러내다 | ★**细致** xìzhì 형 섬세하다, 정교하다, 세밀하다 | **观察** guānchá 동 관찰하다 | **相当** xiāngdāng 부 상당히, 무척, 꽤 | ★**考验** kǎoyàn 동 시험하다, 검증하다 | **手工艺** shǒugōngyì 명 수공예 | **收获** shōuhuò 명 수확, 소득, 성과 | **行家** hángjia 명 전문가, 숙련가 | ★**见多识广** jiànduōshíguǎng 성 보고 들은 것이 많고 식견도 넓다, 박식하고 경험이 많다, 박학다식하다 | ★**心态** xīntài 명 심리 상태 | **开放** kāifàng 형 개방적이다 | ★**屑** xiè 동 (할 만한) 가치가 있다(고 여기다) [대부분 부정문의 형식으로 쓰임] | **掖** yē 동 속이다, 감추다 | **藏** cáng 동 감추다, 숨다, 숨기다 | ★**巴不得** bābude 동 간절히 원하다, 몹시 바라다, 갈망하다 | **辩论** biànlùn 동 토론하다, 변론하다, 논쟁하다 | **分享** fēnxiǎng 동 (기쁨·행복·좋은 점 등을) 함께 나누다, 누리다 | **理论** lǐlùn 명 이론 | **提升** tíshēng 동 상승시키다 | **制作** zhìzuò 동 제작하다, 만들다 | **把玩** bǎwán 동 손에 들고 감상하다, 가지고 놀다 | **观赏** guānshǎng 동 감상하다, 관상하다, 보고 즐기다 | ★**眼光** yǎnguāng 명 안목, 시선, 눈길, 식견 | **求同存异** qiútóng cúnyì 성 일치하는 점은 취하고, 의견이 서로 다른 점은 잠시 보류하다 | **书架** shūjià 명 책장, 책꽂이 | **摆放** bǎifàng 동 진열하다, 나열하다, 배열하다 | ★**书籍** shūjí 명 서적, 책 | **工艺** gōngyì 명 공예 | **上手** shàngshǒu 동 시작하다, 착수하다 | **时时刻刻** shíshíkèkè 부 시시각각, 늘, 언제나 | **细心** xìxīn 형 (생각이나 일처리가) 주의 깊다 | **天地** tiāndì 명 천지, 하늘과 땅 | **阵** zhèn 양 번, 바탕, 차례 [잠시 동안 지속되는 일이나 동작을 세는 단위] | **树叶** shùyè 명 나뭇잎 | **露** lù 동 노출하다, 나타내다 | **阳面** yángmiàn 명 남향, 양지 [흔히 건물 따위의 햇빛이 비추는 쪽을 가리킴] | **更不必说** gèng búbì shuō 더욱 말할 필요가 없다, 더 말할 나위가 없다 | **人物** rénwù 명 인물 | **入微** rùwēi 형 매우 세밀하거나 깊은 경지에 이르다 | **反复** fǎnfù 부 반복해서, 반복적으로 | **揣摩** chuǎimó 동 반복하여 사고하고 탐구하다 | **触类旁通** chùlèi pángtōng 성 하나로부터 추리하여 다른 것까지 알다, 하나를 보고 열을 알다 | **八九不离十** bā jiǔ bù lí shí 속담 열에 아홉, 십중팔구, 대체로 | **工厂** gōngchǎng 명 공장 | **采用** cǎiyòng 동 적합한 것을 골라 쓰다 | ★**雕刻** diāokè 명 조각, 조소 | **相比** xiāngbǐ 동 비교하다 | ★**依旧** yījiù 부 여전히 | **打造** dǎzào 동 (주로 금속 제품을) 만들다, 제조하다 | **优势** yōushì 명 우세, 우위 | **逐渐** zhújiàn 부 점차 | **显现** xiǎnxiàn 동 드러나다, 나타나다 | **玩家** wánjiā 명 (패션이나 전자 제품 등의) 애호가 | **投资** tóuzī 동 투자하다 | **合办** hébàn 동 공동으로 경영하다 | **老板** lǎobǎn 명 사장 | **挣钱** zhèngqián 동 돈을 벌다 | **苗子** miáozi 명 젊은 후계자 | **传承** chuánchéng 동 전승하다 | **后继** hòujì 명 후계자 | **凭借** píngjiè 동 ~를 통하여, ~에 의하여 | **出名** chūmíng 형 유명하다, 명성이 있다 | **人脉** rénmài 명 인맥 | **广** guǎng 형 넓다 | **藏品** cángpǐn 명 소장품 | **难处** nánchù 명 어려움, 곤란, 애로 | **耗** hào 동 소비하다, 낭비하다 | ★**精密** jīngmì 형 정밀하다 | ★**仪器** yíqì 명 측정기, 계측기 | **原图** yuántú 명 원본, 원도 [모사 또는 복제 따위의 바탕이 되는 그림] | **参考** cānkǎo 동 참고하다, 참조하다 | **碎** suì 동 깨지다, 부서지다 | **乐于** lèyú (어떤 일을) 즐겨 하다, 기꺼이 하다, 달갑게 여기다 | **瞧不起** qiáobuqǐ 동 무시하다, 경멸하다, 깔보다 | **激烈** jīliè 형 치열하다, 격렬하다 [竞争激烈: 경쟁이 치열하다] | **偏爱** piān'ài 동 특별히 좋아하다, 편애하다 | ★**收藏** shōucáng 명 소장, 수장 | **钱币** qiánbì 명 화폐, 돈 | **同行** tóngháng 명 동일 업종의 사람 | **刻意** kèyì 부 일부러, 용의주도하게 | **模仿** mófǎng 동 모방하다, 본뜨다, 흉내내다 | **收集** shōují 동 수집하다 | **价值** jiàzhí 명 가치 | **开办** kāibàn 동 (공장·학교·상점 등을) 개설하다, 창설하다, 설립하다 | **培养** péiyǎng 동 육성하다, 배양하다, 길러내다 | **接班人** jiēbānrén 명 후계자, 후임자

● Day 11 6 A 7 A 8 D 9 D 10 D

6 A [刺激 자극적이다] 남자가 자전거 라이딩에 대한 감정을 '刺激(자극적이다)'라고 직접적으로 언급했다. 이 문제의 보기에 제시된 표현은 물론, 빈출 감정 표현은 반드시 숙지하도록 하자.

7 A [磨炼意志 의지를 단련하다] 자전거 라이딩의 장점을 '能够磨炼我的意志(저의 의지를 단련할 수 있다)'라고 직접적으로 언급했으며, 나머지 보기와 관련된 내용은 녹음에서 전혀 제시되지 않았다.

8 D [参加丛林穿越挑战赛 밀림 통과 챌린지에 참가하다 / 体验原始丛林 원시림을 체험하다] '밀림 통과 챌린지' 관련 대답에서 '원시림'을 체험한다는 내용이 언급된 것에서, 이 챌린지가 '원시림에서 개최되는 행사'라는 것을 이해할 수 있어야 한다. 이 문제처럼 유추를 통해 답을 찾아야 하는 경우가 종종 있는데 녹음 내용을 이해했는지를 확인하는 선에서 출제되므로, 유추 문제에 너무 겁먹지 않아도 된다.

9 D [以实际行动去保护环境 실질적인 행동으로 환경을 보호하다] 남자는 라이딩을 하면서 환경문제가 있다는 것을 알게 되었고, 라이딩이 우리에게 무엇을 독려하는지를 인터뷰 마지막에 언급했다.

10 D [从香港长途骑行至北京 홍콩에서 베이징까지 장거리 라이딩을 하다] 인터뷰 초반 진행자의 말에서 남자가 '홍콩에서 베이징까지 장거리 라이딩'을 한 것을 알 수 있다. 인터뷰어의 답변이 아닌, 진행자의 질문에서도 답을 찾을 수 있다는 것에 주의하자. 자전거 라이딩을 알게 된 이후에는 자동차 여행보다 라이딩을 선택했다고 했으므로 B는 답이 아니고, 어떻게 바퀴의 펑크를 수리하는지 배웠다고만 했을 뿐 수리 기술이 좋다는 것은 알 수 없으므로 C도 답이 아니다.

많은 수험생들은 마지막 문제가 녹음의 마지막 부분에 나오지 않으면 매우 당황하여 정답을 찾지 못한다. 인터뷰 마지막에 반드시 마지막 문항의 정답이 언급되는 것은 아니며, 마지막 문항에서 인터뷰 세부 내용을 묻는 경우도 종종 있다. 고득점을 노리는 수험생이라면, 문제를 순서대로만 풀려고 하지 말고 마지막 문제도 녹음 처음부터 같이 보면서 듣는 연습을 해야 한다.

第6到10题是根据下面一段采访：

女：您是从何时起喜欢上户外骑行的？

男：确切的说是从去年开始的，我在国外旅行时，见到不少人骑着车去海边、山野，[6]那种感觉真好，也非常刺激。在了解到有骑行这项运动后，我便尽可能地不选择自驾游，而是凭自己的双腿去游遍大好河山。

女：[10]您曾从香港长途骑行至北京，在这段旅途中，有没有什么让您难忘的事情？

男：其实最令我难忘的是我对骑行的"没经验"与"不了解"。第一次爆胎的时候惊慌失措，后来才学会如何补胎；在山中忽然遇到大雨，自己无助地应对；经历身心的极限挑战以后，还得再坚持骑下去。对骑行有了更深刻的了解之后，[7]我觉得它能够磨炼我的意志。在骑行的过程当中，我有充分的时间对自己进行反思，并且思考人生与未来。

6~10번 문제는 다음 인터뷰에 근거한다.

여: 당신은 언제부터 자전거 라이딩을 좋아하셨나요?

남: 정확히 말하자면 작년부터 시작한 것입니다. 해외여행을 할 때, 많은 사람이 해변, 산과 들판을 라이딩 하는 것을 보게 되었는데, [6]그 느낌이 정말 좋았고, 또한 굉장히 자극적이었어요. 라이딩이라는 스포츠가 있다는 걸 알게 된 뒤 저는 최대한 자동차 여행을 선택하지 않고 저의 두 다리로 아름다운 강산을 돌아다니기로 했습니다.

여: [10]당신은 일찍이 홍콩에서 베이징까지 장거리 라이딩을 하셨는데, 이 여행길에서 잊기 어려운 일이 있으셨나요?

남: 사실 가장 잊기 어려운 것은 라이딩에 대한 저의 '무경험'과 '몰이해'였습니다. 처음 바퀴가 터졌을 때는 너무 당황해서 어쩔 줄 몰랐어요. 나중에서야 어떻게 바퀴 펑크를 수리하는지 배우게 됐죠. 그리고 산속에서 갑자기 큰비를 만났는데, 저는 무기력하게 대응해야 했습니다. 심신의 극한 도전을 경험한 뒤에도 계속 자전거를 타야만 했습니다. 라이딩에 대한 깊은 이해가 생긴 후에야, [7]라이딩이 저의 의지를 단련시킬 수 있다고 생각합니다. 라이딩을 하는 과정 중에 저는 자

女：听说您不久后就要以特邀嘉宾的身份[8]参加丛林穿越挑战赛了，这场赛事什么最吸引您呢？

男：事实上，我以前对这个赛事了解得并不多，但当看完比赛的宣传片以后，我便被深深地吸引了。我一向认为独立的户外骑行已经特别有挑战性、特别过瘾了，[8]可这一次我想要试着使用双脚去体验原始丛林，去了解当地少数民族的文化。

女：您作为公众人物，参加户外骑行与本次挑战赛，[9]最渴望把什么传达给大家？

男：我首次骑行为的是挑战自我，在那之后，我便将骑行与户外运动视为了一种生活方式。实际上，骑行也是宣传环保的重要途径之一。因为在骑行的过程之中，我们的确发现沿途存在不少环境问题，[9]这激励了我们去思考应该如何以实际行动去保护环境，怎样通过骑行去唤醒人们关注环保的意识，并付诸行动。

신에 대해 성찰하고, 인생과 미래를 사고할 만한 충분한 시간이 있습니다.

여: 듣자 하니 얼마 뒤에 특별 게스트 신분으로 [8]밀림 통과 챌린지에 참가하신다면서요. 이 경기의 어떤 부분이 가장 매력적이었나요?

남: 사실 예전에는 이런 경기에 대한 이해가 결코 깊지 않았습니다. 그런데 경기 광고를 보게 된 뒤 저는 완전히 매료되었습니다. 저는 줄곧 홀로 라이딩을 하는 것이 이미 굉장히 도전성이 있다고 생각하고 무척 중독되었었지만, [8]이번에는 두 다리로 원시림을 체험하고, 현지의 소수민족 문화를 이해하려고 합니다.

여: 공인으로서 라이딩과 이번 챌린지 대회에 참가할 때 [9]어떤 것을 사람들에게 가장 전달하고 싶으신가요?

남: 첫 라이딩은 제 자신에게 도전하기 위해서였습니다. 그때 이후로 저는 이미 라이딩과 야외 운동을 일종의 라이프 스타일로 여기고 있습니다. 사실상 라이딩은 환경보호를 홍보하는 중요한 방법 중 하나이기도 합니다. 라이딩을 하는 과정에서 우리는 길을 따라서 많은 환경문제가 있다는 것을 확실히 발견하게 되기 때문입니다. [9]이것은 우리가 어떻게 실질적인 행동으로 환경을 보호하고, 어떻게 라이딩을 통해 사람들에게 환경보호 의식에 관심을 일깨우고, 행동하게 할지 생각하도록 격려했습니다.

6 男的最初看到别人骑行感觉怎么样？

A 刺激　　B 恐惧
C 震惊　　D 无聊

7 在了解骑行后，男的认为它有什么好处？

A 能磨炼意志　　B 能激发灵感
C 能节约开销　　D 能治愈疾病

8 关于丛林穿越挑战赛，可以知道什么？

A 宣传片特别差　　B 有现场直播
C 长达两个月　　D 在原始丛林举办

9 通过骑行，男的最想传达什么？

A 要敢于承担责任
B 人的潜力是无限的
C 体验不同的人生
D 以实际行动保护环境

10 关于男的，下列哪项正确？

A 业务很忙
B 更爱自驾游
C 修车技术一流
D 曾从香港骑行至北京

6 남자는 처음 다른 사람이 라이딩하는 것을 보았을 때 느낌이 어땠는가?

A 자극적이었다　　B 공포스러웠다
C 놀라웠다　　D 지루했다

7 라이딩에 대해 이해하게 된 뒤 남자는 라이딩에 어떤 장점이 있다고 생각했는가?

A 의지를 단련할 수 있다　　B 영감을 일깨울 수 있다
C 비용을 절약할 수 있다　　D 질병을 치료할 수 있다

8 밀림 통과 챌린지에 대해서 무엇을 알 수 있는가?

A 광고가 정말 별로이다　　B 현장 생방송이 있다
C 2개월에 달한다　　D 원시림에서 개최된다

9 라이딩을 통해 남자가 전달하고자 하는 것은 무엇인가?

A 용감히 책임을 질 줄 알아야 한다
B 인간의 잠재력은 무한한 것이다
C 다른 인생을 체험하라
D 실질적인 행동으로 환경을 보호하라

10 남자에 관하여 다음 중 옳은 것은 무엇인가?

A 업무가 바쁘다
B 자동차 여행을 더 좋아한다
C 자전거 수리 기술이 뛰어나다
D 일찍이 홍콩에서 베이징까지 장거리 라이딩을 했다

何时 héshí 대 언제 | **起** qǐ 동 ~하기 시작하다 [从A起: A부터 시작하다] | **户外** hùwài 명 야외, 집밖 | **骑行** qíxíng 명 라이딩, 사이클링 | ★**确切** quèqiè 형 확실하다 | **国外** guówài 명 외국 | **海边** hǎibiān 명 해변 | **山野** shānyě 명 산과 들판 | **刺激** cìjī 동 자극하다, 흥분시키다 | **项** xiàng 양 항, 항목 | **便** biàn 부 곧, 바로 [=就] | **尽可能** jǐn kěnéng 되도록, 가능한 한, 될 수 있는 한 | **自驾游** zìjiàyóu 명 자동차 여행 | **凭** píng 동 의지하다, 의거하다 | **游遍** yóubiàn 동 여행을 하다 | **大好河山** dàhǎo héshān 아름다운 강산 | **曾** céng 부 일찍이, 이미 | **香港** Xiānggǎng 고유 홍콩 | **长途** chángtú 형 장거리의, 먼 거리의 | **旅途** lǚtú 명 여행, 여정, 여행 도중 | **难忘** nánwàng 형 잊을 수 없다 | **令** lìng 동 ~하게 하다, ~를 시키다 | **爆胎** bàotāi 동 타이어가 터지다, 펑크가 나다 | **惊慌失措** jīnghuāng shīcuò 성 당황하여 어쩔 줄을 모르다, 허둥지둥하다 | **学会** xuéhuì 동 배워서 할 수 있게 되다, 습득하다, 배워서 알다 | **如何** rúhé 대 어떻게, 어떤, 어떻게 하면 | **补胎** bǔtāi 동 펑크 난 타이어를 때우다 | **忽然** hūrán 부 갑자기, 홀연, 별안간 | **无助** wúzhù 동 도움이 없다, ~에 도움이 되지 않다 | **应对** yìngduì 동 대응하다, 대처하다 | **身心** shēnxīn 명 심신, 몸과 마음 | ★**极限** jíxiàn 명 극한, 궁극의 한계, 최대 한도 | **挑战** tiǎozhàn 명 도전 | **深刻** shēnkè 형 (인상이) 깊다, (느낌이) 매우 강렬하다 | **能够** nénggòu 조동 ~할 수 있다 | **磨炼** móliàn 동 단련하다, 연마하다 | ★**意志** yìzhì 명 의지, 의기 | **充分** chōngfèn 형 충분하다 | ★**反思** fǎnsī 동 반성하다, 되돌아보다 | **思考** sīkǎo 동 사고하다, 사색하다 | **人生** rénshēng 명 인생 | **未来** wèilái 명 미래 | **特邀** tèyāo 동 특별 초청하다 | **嘉宾** jiābīn 명 귀한 손님, 귀빈, 내빈 | **身份** shēnfèn 명 신분, 지위 | **丛林** cónglín 명 밀림, 수풀 | ★**穿越** chuānyuè 동 (산·들 등을) 통과하다, 넘다, 지나가다 | **挑战赛** tiǎozhànsài 명 챌린지 라운드, 도전 시합 | **事实** shìshí 명 사실 | **赛事** sàishì 명 경기, 대회 | **宣传片** xuānchuánpiàn 명 홍보 영상 | ★**一向** yíxiàng 부 줄곧 | **独立** dúlì 동 홀로서다 | **挑战性** tiǎozhànxìng 도전성 | ★**过瘾** guòyǐn 형 (특별한 기호를 만족시켜) 짜릿하다, 끝내주다, 죽여주다, 굉장하다 | **体验** tǐyàn 동 체험하다 | ★**原始** yuánshǐ 형 원시의 | **当地** dāngdì 명 현지, 현장, 그 지방, 그곳 | **少数民族** shǎoshù mínzú 명 소수민족 | **作为** zuòwéi 개 ~로서 | **公众** gōngzhòng 형 대중의, 공중의 | **人物** rénwù 명 인물 [公众人物: 공인, 대중적인 인물] | ★**渴望** kěwàng 동 갈망하다, 간절히 바라다 | ★**传达** chuándá 동 전달하다, 전하다 | **首次** shǒucì 명 처음, 최초, 첫 번째 | **自我** zìwǒ 대 자아, 자기 자신 | **将** jiāng 개 ~를 [=把] | **视为** shìwéi 동 간주하다, 여기다, ~로 보다 | **方式** fāngshì 명 방식, 방법 | **实际上** shíjìshang 부 사실상, 실제로 | **宣传** xuānchuán 동 선전하다, 홍보하다 | **环保** huánbǎo 명 환경 보호 ['环境保护'의 줄임말] | ★**途径** tújìng 명 방법, 방도, 수단, 비결 | **之一** zhī yī ~(의) 하나 [A是B之一: A는 B 중 하나이다] | **的确** díquè 부 확실히, 분명히 | **沿途** yántú 부 길을 따라 | **存在** cúnzài 동 존재하다 | ★**激励** jīlì 동 격려하다, 북돋워 주다 | **行动** xíngdòng 명 행동, 거동 | **唤醒** huànxǐng 동 일깨우다 | **关注** guānzhù 동 주시하다, 관심을 가지다 | ★**意识** yìshí 명 (객관 물질 세계에 대한 반영으로서) 의식 | **并** bìng 접 그리고, 또, 아울러, 게다가 | **付诸** fùzhū 동 ~에 부치다 [付诸行动: 행동으로 옮기다] | **最初** zuìchū 명 최초, 처음, 맨 먼저, 맨 처음 | ★**恐惧** kǒngjù 동 겁먹다, 두려워하다, 공포감을 느끼다 | ★**震惊** zhènjīng 형 깜짝 놀라게 하다, 경악하게 하다 | ★**激发** jīfā 동 (감정을) 불러일으키다, 끓어오르게 하다 | ★**灵感** línggǎn 명 영감 | **开销** kāixiāo 명 비용 | **治愈** zhìyù 동 치유하다 | ★**疾病** jíbìng 명 질병, 병, 고질병 | ★**现场** xiànchǎng 명 (사건이나 사고의) 현장 | ★**直播** zhíbō 동 생중계하다, 직접 중계하다 | **敢于** gǎnyú 동 대담하게 ~하다, 용감하게 ~하다 | **承担** chéngdān 동 책임지다, 맡다 [承担责任: 책임을 지다] | ★**潜力** qiánlì 명 잠재력, 잠재 능력, 저력 | **无限** wúxiàn 형 무한하다, 끝이 없다, 한도가 없다 | **同** tóng 동 같다, 서로 같다 | **业务** yèwù 명 업무 | **修** xiū 동 수리하다 | ★**一流** yīliú 명 일류 | **至** zhì 동 ~까지 이르다

track 33

• Day 12 **11** B **12** B **13** A **14** D **15** B

11 B [变通的促销方式来提升销售量 융통성 있는 마케팅 방식으로 판매량을 늘리다 / 提升 ≒ 提高 늘리다] 듣기 제2부분에서는 진행자의 질문이 곧 문제의 질문이고, 인터뷰 대상자의 대답이 바로 정답으로 연결되는 경우가 많다. 또한 대다수는 인터뷰 흐름순으로 문제의 정답이 제시된다. 따라서 녹음이 시작되면 '왜 우대 정보 플랫폼을 만들었는지'에 대한 '대답'이 정답일 확률이 높겠다는 점을 생각하고 있어야 한다. 남자가 대답에서 언급한 여러 항목 중, 일치하는 보기는 B뿐이다.

12 B [解决了部分信息不对称的问题 정보 비대칭의 문제를 어느 정도 해결할 수 있다] 우대 정보 플랫폼은 돈도 아낄 수 있고 정보 비대칭의 단점도 어느 정도 해결할 수 있다고 언급했다.

13 A [生活服务类的优惠信息平台特别多 생활 서비스류의 할인 정보 플랫폼은 굉장히 많다] 녹음에서 언급되지 않은 보기는 정답이 될 수 없다는 것을 꼭 기억하고, 언급된 것과 언급되지 않은 것을 녹음을 들으면서 체크하자.

14 D [通过口碑来进行信息的传递 입소문을 통해서 정보를 전달하다] 마케팅에는 거의 돈을 쓰지 않고, 입소문으로 정보를 전달했다고 대답했다. '口碑(입소문)'는 종종 출현하는 어휘이므로 기억해 두자.

15 B [利用好而精的内容来留住客户 우수하고 정교한 콘텐츠를 이용하여 고객을 붙잡아 두다] 마지막 답변의 마지막 부분에서 정답이 나오는 경우가 많으므로 집중해서 듣자. 보기 중 '好而精的内容(우수하고 정교한 내용)'이 녹음에서 그대로 언급되었고 나머지는 언급되지 않았다.

第11到15题是根据下面一段采访：

男：最初您为何会想要创建优惠信息平台这样一个网站？

女：最主要的原因是我第一次创业的经历，那时到了一个瓶颈，所以需要建立一个平台，不但可以集合许多会员，并且能运用大数据的形式来准确推送用户需要的信息。当时我们也研究过很多外国的电子商务公司，认为这将会带来一定的机会，加上了解到零售行业的销量在逐渐下滑，他们本身难以迅速进行变革，可又需要客流，[11]急需通过某种变通的促销方式来提升销售量，由于有这样的市场需求，所以才想要做个垂直的零售行业信息平台，让用户能在我们的平台上搜索到有关商场品牌的优惠信息，也能下载相关的独家优惠券在线下使用。[12]这样不仅达到了省钱的效果，也解决了部分信息不对称的问题，从而实现商家、消费者和平台共赢的目标。

男：优惠信息平台这一领域的竞争压力大吗？

女：[13]目前市场中生活服务类的优惠信息平台特别多，竞争也很大，可我们的平台是关于商场品牌优惠信息的，所以压力相对较小。

男：对于一个网站来讲，推广尤为重要，您是如何做的？

女：[14]目前我们在推广方面几乎没花钱，而是通过口碑来进行信息的传递，从我们的网站、客户端或微信下载一张优惠券，再去线下正价店中消费，便可买到比市场价格低得多的新品，甚至是在别的电商平台上无法买到的货物。已有的会员基本上都会推荐自己的朋友加入，这样我们就无需自己进行推广了。

男：你们是怎样在竞争如此激烈的环境下，留住客户的呢？

女：事实上，我们的平台做得还不够完美，可我们会为用户提供特别好的内容，人们想去逛街购物前，可以先到我们网站看看哪个品牌或者哪家商场在打折，再看一下这段时间有什么品牌在搞独家的内购活动，用户渐渐会形成一种认知，那就是到我们平台看一看就可以省不少钱，[15]因此我们是利用好而精的内容来留住客户的。

11~15번 문제는 다음 인터뷰에 근거한다.

남: 처음에 당신은 왜 할인 정보 플랫폼이라는 인터넷 사이트를 만드셨나요?

여: 가장 주된 원인은 제가 처음 창업한 경험 때문입니다. 그 당시 난관에 부닥쳐서 플랫폼을 만들 필요가 있었습니다. 이것은 많은 회원을 모집할 수 있을 뿐만 아니라, 빅데이터 형식으로 정확하게 사용자가 필요로 하는 정보를 보낼 수 있기 때문입니다. 당시 우리는 많은 외국의 전자 상거래 기업을 연구했고, 여기에 어느 정도 기회가 있을 것이라고 생각했습니다. 게다가 유통업의 판매량이 점점 줄어든다는 것을 알게 되었습니다. 유통업 내부에서는 빠른 개혁은 어렵지만, 고객의 유동이 필요하기도 하니, [11]어떤 융통성 있는 마케팅 방식으로 급히 판매량을 늘리고 싶어 했습니다. 이러한 시장 수요가 있었기 때문에, 수직적인 유통 산업 정보 플랫폼을 만들어, 사용자가 우리 플랫폼에서 쇼핑몰 브랜드 할인 정보를 찾을 수 있게 되었고, 관련 독점 할인권을 다운로드해 오프라인에서 사용할 수 있게 하고자 했습니다. [12]이렇게 하면 돈을 아낄 수 있을 뿐만 아니라, 정보 비대칭의 문제도 어느 정도 해결할 수 있어서 판매자, 소비자, 플랫폼이 모두 윈-윈하는 목표를 실현할 수 있습니다.

남: 할인 정보 플랫폼이라는 분야의 경쟁은 심한가요?

여: [13]현재 시장에 생활 서비스류의 할인 정보 플랫폼은 굉장히 많고, 경쟁도 심한 편입니다. 그렇지만 우리 플랫폼은 쇼핑몰 브랜드 할인 정보에 대한 것이어서 경쟁이 상대적으로 덜한 편입니다.

남: 웹 사이트에 대해 말하자면, 마케팅이 특히 중요한데요. 어떻게 하셨나요?

여: [14]현재 우리는 마케팅에 거의 돈을 쓰지 않고, 입소문을 통해서 정보를 전달합니다. 우리 사이트나 클라이언트, 위챗에서 다운로드한 할인권을 오프라인 정가 소매점에서 사용한다면 시장가보다 훨씬 싼 신 상품을 살 수 있으며, 심지어는 다른 전자상거래 플랫폼에서 살 수 없는 제품을 살 수 있기도 합니다. 기존의 회원들은 기본적으로 자신의 친구들에게 가입을 추천하고 있어, 우리가 스스로 홍보할 필요가 없습니다.

남: 여러분은 경쟁이 이렇게 격렬한 환경에서 어떻게 고객을 붙잡아 두나요?

여: 사실 우리 플랫폼이 아직 완전한 것은 아닙니다. 그렇지만 우리는 사용자에게 굉장히 좋은 콘텐츠를 제공할 수 있습니다. 사람들이 쇼핑을 하러 가기 전에, 우리 사이트에 가서 어떤 브랜드, 어떤 쇼핑몰이 할인하는지 먼저 살펴볼 수 있고, 이 시기에 어떤 브랜드가 독자적인 직원 할인 활동을 하고 있는지를 볼 수 있습니다. 사용자는 점점 '우리 플랫폼에서 살펴보는 것만

11 关于平台创建的原因，下列哪项正确？

A 跟随创业热潮
B 变通促销方式以提高销量
C 受进口环境影响
D 传统行业利润少

12 除了省钱，他们网站还起到什么作用？

A 提供就业机会
B 解决部分信息不对称问题
C 质量评估
D 消除行业间的屏障

13 目前市场上哪类优惠平台较多？

A 生活服务　　B 娱乐休闲
C 教育培训　　D 理财投资

14 该网站主要通过哪种方式进行推广？

A 免费礼品　　B 投放广告
C 短信推送　　D 用户口碑

15 该网站是怎样留住客户的？

A 提供私人定制型服务
B 依靠好而精的内容
C 加大优惠力度
D 给用户分红

으로도 많은 돈을 아낄 수 있다'는 인식이 생기게 됩니다. [15]그래서 우리는 우수하고 정교한 콘텐츠를 이용하여 고객을 붙잡아 두는 것입니다.

11 플랫폼을 만든 이유에 관하여 다음 중 옳은 것은 무엇인가?

A 창업 열풍을 좇기 위해
B 융통성 있는 마케팅 방식으로 판매량을 늘리려고
C 수입 환경의 영향을 받아서
D 기존 업계의 이윤이 적어져서

12 돈을 아끼는 것 외에도 그들의 웹사이트는 어떤 역할을 하는가?

A 취업 기회를 제공한다
B 정보 비대칭 문제를 어느 정도 해결한다
C 품질을 평가한다
D 업계 간 장벽을 없앤다

13 현재 시장에는 어떤 할인 플랫폼이 많은가?

A 생활 서비스　　B 여가 엔터테인먼트
C 교육 양성　　D 재테크 투자

14 이 인터넷 사이트는 주로 어떤 방식을 통해 홍보를 하는가?

A 무료 증정품　　B 광고 투자
C 문자 전송　　D 사용자 입소문

15 이 인터넷 사이트는 어떻게 고객을 붙잡아 두는가?

A 개인 맞춤 서비스를 제공한다
B 우수하고 정교한 콘텐츠에 의지한다
C 우대를 늘린다
D 사용자에게 이익을 돌려준다

最初 zuìchū 명 처음, 최초 | **为何** wèihé 부 왜, 무엇 때문에 | **创建** chuàngjiàn 동 창건하다, 창립하다 | **优惠** yōuhuì 형 우대의, 특혜의 | **平台** píngtái 명 플랫폼 | ★**创业** chuàngyè 동 창업하다 | **瓶颈** píngjǐng 명 난관, 장애 [遇到瓶颈: 난관을 만나다] | **建立** jiànlì 동 만들다, 세우다, 이루다 | **集合** jíhé 동 모으다, 집합하다 | **会员** huìyuán 명 회원 | **运用** yùnyòng 동 운용하다, 활용하다 | **大数据** dàshùjù 명 빅 데이터 | **形式** xíngshì 명 형식 | ★**用户** yònghù 명 사용자, 가입자, 아이디(ID) | **电子商务** diànzǐ shāngwù 명 전자 상거래 | **将** jiāng 부 ~하게 될 것이다, ~일 것이다 | **加上** jiāshàng 접 게다가, 그 위에 | **零售** língshòu 명 소매 | **行业** hángyè 명 업종, 직종, 직업 | **销量** xiāoliàng 명 (상품의) 판매량 | **逐渐** zhújiàn 부 점점, 점차 | **下滑** xiàhuá 동 하락하다, 하향하다 | ★**本身** běnshēn 명 그 자신, 그 자체, 자신 | **难以** nányǐ 부 ~하기 어렵다 | **迅速** xùnsù 형 신속하다, 재빠르다 | **变革** biàngé 명 개혁, 혁신 | **客流** kèliú 명 손님의 유동 | **某** mǒu 대 아무, 어느 | **变通** biàntōng 동 융통하다, 임기응변하다 | **促销** cùxiāo 동 판촉하다, 판매를 촉진시키다 | **方式** fāngshì 명 방식, 방법 | **急需** jíxū 동 급히 필요로 하다 | **销售量** xiāoshòuliàng 명 매출량 | **如此** rúcǐ 대 이와 같다, 이러하다 | **市场** shìchǎng 명 시장 | ★**需求** xūqiú 명 수요, 필요 | ★**垂直** chuízhí 형 수직의 | **搜索** sōusuǒ 동 (인터넷에) 검색하다 | **有关** yǒuguān 동 관계가 있다 | **商场** shāngchǎng 명 백화점, 쇼핑 센터, 시장 | **品牌** pǐnpái 동 브랜드 | **下载** xiàzài 동 다운로드하다 | **相关** xiāngguān 동 관련이 있다, 관련되다 | **独家** dújiā 명 독점, 단독 | **优惠券** yōuhuìquàn 명 할인권, 쿠폰 | **线下** xiànxià 명 오프라인 | **达到** dádào 동 도달하다, 달성하다, 이르다 | **省钱** shěngqián 동 돈을 아끼다 | ★**对称** duìchèn 형 대칭이다 | **从而** cóng'ér 접 따라서, 이리하여, 그리하여 | **实现** shíxiàn 동 실현하다, 달성하다 | **商家** shāngjiā 명 사업가, 상인, 판매상 | **消费者** xiāofèizhě 명 소비자 | **共赢** gòngyíng 동 윈-윈하다, 함께 이익을 얻다 | **目标** mùbiāo 명 목표 | **领域** lǐngyù 명 분야, 영역 | **目前** mùqián 명 현재, 지금 | **类** lèi 명 종류, 분류 | **较** jiào 부 비교적, 좀, 보다 | **推广** tuīguǎng 동 널리 보급하다, 일반화하다 [여기서는 '마케팅'으로 쓰임] | **尤为** yóuwéi 부 더욱이, 특히, 특별히 | **如何** rúhé 대 어떻게, 어떤, 어떻게 하면 | **口碑** kǒubēi 명 평가, 평판 | **传递** chuándì 동 전달하다, 전하다, 건네다 | **客户端** kèhùduān 명 클라이언트 | **微信** Wēixìn 고유 위챗 | **正价** zhèngjià 명 정가 | **消费** xiāofèi 동 소비하다 | **便** biàn 부 곧, 바로 [=就] | **新品** xīnpǐn 명 신상품 | **电商** diànshāng 명 전자상거래 ['电子商务'의 줄임말] | **无法** wúfǎ 동 방법이 없다, 할 수 없다 | **货物** huòwù 명 상품, 물품 | **享受** xiǎngshòu 동 누리다, 향유하다, 즐기다 | ★**乐趣** lèqù 명 즐거움, 기쁨, 재미 | **基本上** jīběnshang 부 대체로 | **推荐** tuījiàn 동 추천하다, 소개하다 | **加入** jiārù 동 가입하다, 참가하다 | **无需** wúxū 동 ~할 필요가 없다, 필요로 하지 않다 | **激烈** jīliè 형 격렬하다 | **留住** liúzhù 동 만류하다, 붙잡아 두다 | **完美** wánměi 형 매우 훌륭하다, 완전무결하다 | **逛街** guàngjiē 동 아이쇼핑하다 | **搞** gǎo 동 하다, 처리하다, 취급하다 | **内购** nèigòu 명 회사 내부 직원들을 위한 할인 ['内部购物'의 줄임말] | **渐渐** jiànjiàn 부 점점, 점차 | **形成** xíngchéng

동 형성되다, 이루어지다 | 认知 rènzhī 명 인지 | 精 jīng 형 훌륭하다, 우수하다, 뛰어나다 | 粘 nián 형 붙다, 달라붙다 | ★客户 kèhù 명 고객 | 项 xiàng 양 항, 항목 | ★跟随 gēnsuí 동 (뒤)따르다, 동행하다, 따라가다 | 热潮 rècháo 명 열기, 붐 | 进口 jìnkǒu 동 수입하다 | 传统 chuántǒng 명 전통 | 利润 lìrùn 명 이윤 | ★就业 jiùyè 동 취직하다, 취업하다 | ★评估 pínggū 동 (질·수준·성적 등을) 평가하다 | ★消除 xiāochú 동 없애다, 해소하다, 제거하다 | ★屏障 píngzhàng 명 (병풍처럼 둘러쳐진) 장벽, 보호벽 | 娱乐 yúlè 명 오락 | 休闲 xiūxián 명 휴식 오락 활동 | 培训 péixùn 동 양성하다, 육성하다, 훈련하다 | 理财 lǐcái 동 재정을 관리하다 | 投资 tóuzī 명 투자 | 礼品 lǐpǐn 명 선물 | 投放 tóufàng 동 투자하다 | 私人 sīrén 형 개인 간의, 개인과 개인 사이의 | 定制 dìngzhì 동 맞춤 제작하다 | 型 xíng 명 유형, 모양, 양식 | ★依靠 yīkào 동 의존하다, 의지하다, 기대다 | 加大 jiādà 동 확대하다, 늘리다, 크게 하다 | 力度 lìdù 명 힘, 기력, 역량 | ★分红 fēnhóng 동 (기업 등에서) 이익을 분배하다, 순이익을 배당하다

track 34

• Day 13 **16** C **17** C **18** B **19** D **20** C

16 C [自己管理自己 자기가 자기를 관리하다 → 自我管理 스스로에 대한 관리] 첫 번째 문제의 답이 첫 번째 대답에서 나오지 않아서 당황했을 수 있다. 점점 이렇게 순서가 뒤바뀌어 나오는 추세이므로, 반드시 순서대로만 나오지 않는다는 것을 유념하자. 녹음과 보기가 비슷하게 제시되었고, 나머지 보기는 녹음 어디에서도 언급되지 않았다.

17 C [学会应对一切不确定因素 불확실한 요소에 대응할 줄 알아야 한다 / 淡季和旺季间找到一个平衡 비수기와 성수기 사이에서 균형점을 찾다] 프리랜서는 불확실한 요소, 즉 당장 내일도 일이 있을지 없을지 모르는 것에 대응할 줄 알아야 한다고 했다. 인터뷰에서는 일이 많고 적음을 곧 '비수기'와 '성수기'로 표현했다.

18 B [有吸引力和挑战性 매력이 있고 도전적이다] 정답 B를 제외한 나머지 내용은 녹음에서 언급되지 않았다. 또한 이 녹음에서 남자는 진행자인데, 인터뷰 대상자인 여자의 직업에 대해서 좋지 않게 평가한다는 것은 상식과는 조금 거리가 있다. 긍정적인 답변은 B뿐이다.

19 D [做网页设计工作 웹 사이트 디자인 일을 하다] 네 번째 문항이지만, 근거 문장이 녹음 초반에 바로 나왔다.

20 C [正在改变着许多人的观念 많은 사람들의 관념을 바꾸고 있다] 녹음과 정답 보기가 거의 유사하게 제시되었다. 녹음의 '兴趣点(관심사)'과 비슷한 말인 '爱好(취미)'가 보기 B에 나오긴 했지만, 비슷한 어휘만 하나 쓰였을 뿐, 전혀 관계 없는 내용을 다루고 있으므로 정답이 아니다.

第16到20题是根据下面一段采访：

男：听说您目前是一名自由职业者，具体是做什么工作的？感觉如何？

女：[19]我主要做网页设计工作，感觉挺好的。自由职业算是一种全新的生活方式，最大的好处就是能够自由地安排自己的时间。没有过多的规定制度，也没人会抱怨你请假。你只要按时完成工作就行了，能够让自己调整到最舒适的工作状态。

男：听起来很不错，不过这肯定得有很强的自制力吧，像我这样的人很可能会浪费掉很多时间。

16~20번 문제는 다음 인터뷰에 근거한다.

남: 현재 프리랜서라고 들었는데, 구체적으로 어떤 일을 하시나요? 느낌은 어떤가요?

여: [19]저는 주로 웹 사이트 디자인 일을 하고 있고, 굉장히 좋다고 생각해요. 프리랜서는 완전히 새로운 생활 방식이라고 할 수 있습니다. 가장 큰 장점은 바로 자유롭게 스스로의 시간을 분배할 수 있다는 거죠. 규정된 제도가 많지 않고, 휴가를 쓴다고 뭐라고 할 사람도 없습니다. 제시간에 일을 마치기만 하면 됩니다. 자신을 가장 적합한 업무 상태로 조절할 수 있습니다.

남: 듣기에는 좋아 보이네요. 하지만 분명 아주 강한 자제력이 있어야 하겠네요. 저같은 사람은 아마도 많은 시간을 낭비하겠어요.

女：是的。[16]自己管理自己才是最大的挑战，要有效、合理地利用时间。为别人打工，所有事情都是固定的，[17]而做自由职业者就得学会应对一切不确定因素，你甚至可能无法确定明天还有没有工作。

男：没有工作时您怎么办？

女：[17]我现在已经能够在淡季和旺季间找到一个平衡了，没有工作时也不会太担心，独自去旅行、看看书、跟朋友逛逛街什么的。

男：当您的工作处于旺季，忙不过来时，您是如何按时完成工作任务的？

女：其实非常简单，只要把要做的事情都按时间先后顺序写一张表，预测一下各项工作大概需要的时间，然后一项一项地去做就行了。如果发现一个人无法完成所有工作，那么就会分一部分给别的朋友，或与客户商量一下多争取一些时间。

男：[18]听上去这个职业很有吸引力和挑战性，怪不得现在不少人都放弃不错的待遇去做自由职业者呢。

女：对，[20]这样的生活方式确实正在改变着许多人的观念。如果可以找到自己的兴趣点，享受各种生活体验，自由职业可谓是一个不错的选择。

여: 맞아요. [16]자기가 자기를 관리해야 한다는 것이 가장 큰 도전이에요. 효과적이고 합리적으로 시간을 써야 합니다. 다른 사람을 위해 일한다면 모든 일이 고정적인 것이지만, [17]프리랜서는 모든 불확실한 요소에 대응할 줄 알아야 해요. 심지어 내일 일이 있을지 없을지조차 확신할 수 없어요.

남: 일이 없을 때는 어떻게 하시나요?

여: [17]저는 이미 비수기와 성수기 사이에서 균형점을 찾을 수 있어요. 일이 없을 때도 너무 걱정하지 않고 혼자 여행을 가든지 책을 보거나, 친구와 쇼핑을 하거나 해요.

남: 당신의 일이 성수기여서 바쁠 때는 어떻게 일을 제시간에 끝내시나요?

여: 사실 아주 간단해요. 해야 할 일들을 모두 시간 순서대로 한 장의 표에 적어서, 각 업무가 대략적으로 어느 정도 시간이 필요한지를 예측한 후, 그다음 하나씩 해 나가면 됩니다. 만약 혼자서 모든 일을 끝낼 수 없다는 판단이 서면, 일부를 친구에게 분배해 주거나, 고객과 상의해서 시간을 좀 더 벌려고 합니다.

남: [18]듣자 하니 이 직업은 매력이 있고 도전적이네요. 어쩐지 요즘 많은 사람들이 좋은 대우를 포기하고 프리랜서를 하더군요.

여: 맞아요. [20]이런 생활 방식은 확실히 많은 사람들의 관념을 바꾸고 있어요. 만약 자신의 흥미를 찾을 수 있고 다양한 생활 속 경험을 누릴 수 있다면, 프리랜서는 괜찮은 선택이라고 말할 수 있습니다.

16 女的认为从事自由职业最大的挑战是什么？

A 竞争很激烈
B 容易孤独
C 自我管理
D 开始时收入不高

17 自由职业者会遇到什么问题？

A 自己没有知名度
B 朋友间的交流不够
C 要学会平衡淡季和旺季
D 工作强度很大

18 男的觉得做自由职业者怎么样？

A 风险大
B 既有挑战性又有吸引力
C 不是个好选择
D 没有发展潜力

16 여자는 프리랜서를 하는 가장 큰 도전이 무엇이라고 생각하는가?

A 경쟁이 치열한 것
B 외로워지기 쉬운 것
C 스스로에 대한 관리
D 처음에 소득이 높지 않은 것

17 프리랜서는 어떤 문제에 직면하게 되는가?

A 본인이 인지도가 없는 것
B 친구 간의 교류가 충분하지 않은 것
C 비수기와 성수기의 균형을 맞출 줄 알아야 하는 것
D 업무 강도가 매우 센 것

18 남자는 프리랜서가 어떻다고 생각하는가?

A 위험이 크다
B 도전적이고 매력이 있다
C 좋은 선택이 아니다
D 발전 잠재력이 없다

19 关于女的，下列哪项正确？

A 正准备找工作

B 原来是一名自由职业者

C 这个月要出国留学

D 现在做网页设计

19 여자에 관하여 다음 중 옳은 것은 무엇인가?

A 현재 취업 준비 중이다

B 원래 프리랜서였다

C 이번 달에 해외 유학을 가려고 한다

D 현재 웹 사이트 디자인을 하고 있다

20 关于自由职业，下列哪项正确？

A 任务缺乏计划性

B 无法和自己的爱好相结合

C 正改变着人们的观念

D 合作伙伴很多

20 프리랜서에 관하여 다음 중 옳은 것은 무엇인가?

A 업무에 계획성이 부족하다

B 자신의 취미와 결합할 수 없다

C 현재 사람들의 관념을 바꾸고 있다

D 협력 파트너가 매우 많다

目前 mùqián 명 현재, 지금 | **自由职业者** zìyóu zhíyèzhě 명 프리랜서, 자유직업자 | **具体** jùtǐ 형 구체적이다 | **如何** rúhé 대 어떠하다, 어떠하냐, 어떠한가 | **网页** wǎngyè 명 웹 페이지, 홈페이지 | **设计** shèjì 명 디자인, 설계 | **自由职业** zìyóu zhíyè 명 프리랜스, 자유직업 | **全新** quánxīn 형 아주 새롭다, 참신하다 | **方式** fāngshì 명 방식, 방법 | **自由** zìyóu 형 자유롭다 | **制度** zhìdù 명 제도 | **抱怨** bàoyuàn 동 원망하다 | **调整** tiáozhěng 동 조절하다, 조정하다 | **舒适** shūshì 형 편안하다, 쾌적하다 | **状态** zhuàngtài 명 상태 | **强** qiáng 형 강하다, 굳건하다, 힘이 세다, 우월하다 | **自制力** zìzhìlì 명 자제력 | **挑战** tiǎozhàn 명 도전 | **有效** yǒuxiào 형 효과가 있다, 유효하다, 유용하다 | **合理** hélǐ 형 합리적이다, 도리에 맞다 | **利用** lìyòng 동 이용하다 | **打工** dǎgōng 동 일하다, 아르바이트하다 | **固定** gùdìng 형 고정되다, 불변하다 | **学会** xuéhuì 습득하다, 배워서 알다, 배워서 할 수 있(게 되)다 | **应对** yìngduì 동 대응하다, 대처하다 | **确定** quèdìng 형 확실하다, 확정적인 | **因素** yīnsù 명 요소 | **无法** wúfǎ 동 방법이 없다, 할 수 없다 | ★**淡季** dànjì 명 비성수기, 불경기 계절 | **旺季** wàngjì 명 (영업·생산·여행 등의) 성수기, 최성기 | **平衡** pínghéng 명 균형, 안정 | **逛街** guàngjiē 동 쇼핑하다 | **预测** yùcè 동 예측하다 | ★**客户** kèhù 명 고객 | **争取** zhēngqǔ 동 쟁취하다, 얻어 내다, 따 내다 | **吸引力** xīyǐnlì 명 매력 | **挑战性** tiǎozhànxìng 명 도전성 | **怪不得** guàibude 부 어쩐지, 과연, 그러기에 | **待遇** dàiyù 명 (급료·보수·권리·지위 등의) 대우, 대접 | **观念** guānniàn 명 관념, 생각 | **兴趣** xìngqù 명 흥미, 흥취, 취미 | **享受** xiǎngshòu 동 누리다, 향유하다, 즐기다 | **体验** tǐyàn 명 경험, 체험 | **可谓** kěwèi 동 ~라고 말할 수 있다 | **从事** cóngshì 동 일하다, 종사하다 | **激烈** jīliè 형 치열하다, 격렬하다 | ★**孤独** gūdú 형 외롭다, 고독하다 | **自我** zìwǒ 대 자아, 자기 자신 | **知名度** zhīmíngdù 명 인지도, 지명도 | **强度** qiángdù 명 강도 | **风险** fēngxiǎn 명 위험, 모험 | **既** jì 접 ~할 뿐만 아니라, ~이며, ~하고도 [既A又B: A할 뿐만 아니라 또한 B하다] | ★**潜力** qiánlì 명 잠재력, 잠재 능력 | **出国** chūguó 동 출국하다 | **缺乏** quēfá 동 결핍되다, 결여되다 | **计划性** jìhuàxìng 명 계획성 | **相** xiāng 부 서로, 상호 | **合作** hézuò 명 협력, 합작 | **伙伴** huǒbàn 명 동료, 친구, 동반자

듣기 제2부분

02 사물 인터뷰

본서 p.62~63

track 39

• Day 26 1 B 2 A 3 D 4 C 5 D

1 **B** [瘫痪 마비되다] 보기와 녹음을 대조하며 들었다면 어렵지 않게 답을 고를 수 있는 문제였다. '瘫痪(마비되다)'은 6급 필수 어휘이므로 반드시 숙지하도록 하자.

2 **A** [最担心的还是物流 가장 걱정되는 것은 역시 물류입니다] 남자가 '物流(물류)'가 걱정된다고 직접적으로 언급했다. 답변의 첫마디에는 정답이 나오는 경우가 많으니 반드시 집중해서 듣도록 하자.

3 **D** [让A提升大大超过所有人的想象 A가 사람들의 상상을 크게 뛰어넘게 하다] 녹음에 보기 표현이 그대로 언급되지는 않았지만 키워드 '商业基础设施(상업 인프라)'는 그대로 나왔다. 녹음의 '提升(높이다)'은 보기에서 '提高(높이다)'로 바뀌어 제시되었다.

4 **C** [透明公开的环境 투명하고 공개적인 환경] 보기 중 C만 녹음에서 언급되었다. '透明(투명하다)'과 '公开(공개적이다)'가 순서만 바뀌어 나왔을 뿐 결국은 같은 내용이다.

5 **D** [它不仅是一个促销活动…… 그것은 판촉 활동일 뿐만 아니라……] 광군제가 어떤 날인지 알고 있었다면 녹음을 듣지 않고도 답을 고를 수 있는 문제였다. 이처럼 중국 관련 배경지식이 있다면 녹음을 미처 못 들었어도 답을 찾을 수 있다.

第1到5题是根据下面一段采访：

女：您认为近几年来"双十一"活动在什么方面做得比较好？目前还存在哪些短板？

男："双十一"是整个中国商业技术与基础设施的"大考"之一。我们将它看作是几个主要部门的考核，除了电商以外，还有支付、物流、客服和商业整个配套体系设施等等。换句话说，其实每一个部门都取得了巨大的成绩，当然支付和物流等方面还存在极大的提升空间。[1]先前的几次，几乎全部的设施和银行都瘫痪过，现在它们也有了极大的改善，因此我认为潜力还是很大的。

女：您去年说物流是自己最担心的，那么今年您最担心的是什么？

男：[2]今年我最担心的还是物流。我虽然希望天气能冷些，这样一来人们购物的欲望就会增强，但又怕天冷的话，送快递就会出现不少问题。毕竟这些物品需要很多人进行运送，因此我最害怕的是恶劣的天气。

女：由于爆发性的互联网人口红利已被吃干耗尽，所以大家都说今年很有可能是"双十一"的最后一站，您是如何看待这个问题的？

男：我觉得这种看法显得比较外行。中国经济真正的内需并未被挖掘出来，电商的时代也才刚开始。"双十一"现在正在向全世界蔓延，[5]它不仅是一个促销活动，更是一种创新的体验和文化的交流。因此我们会坚持做下去，努力让它成为一个全球性的节日。此外，"双十一"目前已经成为互联网技术突破的平台，这一天服务能力、运营能力和网络数据处理能力等全都是商业界的大考。[3]我坚信通过这些年"双十一"的技术大考，一定会让中国在商业基础设施上的能力提升大大超过所有人的想象。

1~5번 문제는 다음 인터뷰에 근거한다.

여: 최근 몇 년간의 '광군제' 행사가 어떤 방면에서 비교적 잘되었다고 생각하시나요? 지금은 어떤 취약점이 있다고 생각하시나요?

남: '광군제'는 중국 전국의 상업 기술과 인프라의 '중요한 시험' 중의 하나로, 우리는 광군제를 몇 개의 주요 부처에 대한 심사라고 봅니다. 전자 상거래 외에도 결제, 물류, 고객 서비스와 상업의 유기적인 전체 체제 시설 등에 대한 것입니다. 바꿔 말하면, 실제로는 모든 부처에서 훌륭한 성적을 거두었다는 것입니다. 물론 결제와 물류 등의 측면에는 막대한 성장 잠재력이 있습니다. [1]예전에 몇 번은 거의 모든 시설과 은행이 마비되기도 했지만, 현재는 매우 큰 개선을 이루었습니다. 따라서 저는 잠재력이 크다고 생각합니다.

여: 작년에 물류가 가장 걱정된다고 하셨는데요. 그렇다면 올해 가장 걱정되는 것은 무엇인가요?

남: [2]올해 가장 걱정되는 것 역시 물류입니다. 비록 날이 좀 추워서 사람들의 구매욕이 강해지기를 바라면서도, 날이 추워지면 택배를 배달하는 것에 여러 문제가 생길 수 있다는 점이 걱정되기도 합니다. 결국 이 상품들은 많은 사람들이 운송해야 하기 때문에, 제가 가장 무서운 것은 열악한 날씨입니다.

여: 폭발적인 인터넷 인구 보너스는 이미 다 소진되었기 때문에, 사람들은 올해가 '광군제'의 종착지일 가능성이 크다고 이야기하는데, 이런 문제에 대해서는 어떻게 생각하시나요?

남: 저는 이러한 관점은 문외한스럽다고 생각합니다. 중국 경제의 진정한 내수는 아직 다 발굴되지 않았습니다. 전자 상거래 시대도 이제 막 시작되었죠. '광군제'는 지금 전 세계를 향해 퍼져 나가고 있습니다. [5]광군제는 판촉 활동일 뿐만 아니라 혁신적인 체험이자 문화 교류입니다. 그래서 우리는 그것을 세계적인 기념일로 만들기 위해서 노력해 나가야 합니다. 또한, '광군제'는 현재 이미 인터넷 기술을 한 단계 뛰어넘는 플랫폼이 되었습니다. 이날의 서비스 능력, 운영 능력과 인터넷 데이터 처리 능력 등 모든 것이 상업계의 시험입니다. [3]저는 몇 년간 '광군제'의 기술적인 시험을 통해 중국의 상업 인프라 능력이 모든 사람들의 상상을 크게 뛰어넘으리라고 굳게 믿습니다.

女：“双十一”是由阿里巴巴创造出来的，可现在却已经成为了各大电商一同参与、共同竞争的平台，您会不会觉得有压力？

男：虽然阿里巴巴创造了“双十一”，可我们从未想过“双十一”是专属于我们的，我希望这个节日可以真正发挥出它应有的使命与价值，让商家好好利用这一天来感恩消费者，并且让消费者在这一天尽可能地去创造更多需求，可它不能变为一个恶性竞争的平台。其实电子商务所倡导的是新商业文明。[4]只有在透明公开的环境当中，人们才能更好地共享服务与共担责任，也才可以将这个节日做好。因此有的地方还需要我们去提高，毕竟它才做到第六年，所以前期我们对商业开放度、透明度与责任承担等方面要求还是挺高的。

여: '광군제'는 알리바바가 만들어 낸 것이지만, 지금은 각종 대형 전자 상거래 플랫폼이 함께 참여하고 경쟁하는 플랫폼이 되었습니다. 압박을 느끼시지 않나요?

남: 알리바바가 '광군제'를 만들기는 했지만, '광군제'를 우리만의 것이라고 생각해 본 적은 없습니다. 저는 이 기념일이 자신의 마땅한 사명과 가치를 진정으로 발휘해 판매자가 이날을 활용해 소비자에게 감사를 표하고, 소비자가 이날 최대한으로 더 많은 수요를 만들어 내기를 바랍니다. 그렇지만 그것이 악성 경쟁의 플랫폼이 되어서는 안 됩니다. 사실 전자 상거래가 주창하는 것은 새로운 비즈니스 문명입니다. [4]투명하고 공개적인 환경에서 사람들이 서비스를 더 잘 공유하고 함께 책임을 질 수 있어야만 이 기념일을 잘 해 나갈 수 있습니다. 따라서 어떤 지역은 우리가 수준을 향상시켜야 할 필요가 있습니다. 결국 광군제가 생긴 지는 6년밖에 되지 않았으니까요. 그래서 초기 광군제에 상업에 대한 개방도, 투명도, 책임 부담 등에서의 요구가 매우 높았습니다.

1 前几次“双十一”活动中，出现过什么问题？

A 网站被攻击
B 银行系统瘫痪
C 商品大量积压
D 投诉显著增多

2 对于今年的“双十一”，男的最担心哪个环节？

A 物流运输　B 数据统计
C 网络管理　D 运营商洽谈

3 男的怎样看待这几年“双十一”的技术大考？

A 缺少进步的空间
B 耗尽了互联网人口红利
C 是对以前商业模式的革新
D 提高中国商业基础设施水平

4 男的认为怎样才能把“双十一”的竞争平台做好？

A 强化线下管理
B 调高市场准入门槛
C 创造公开透明的环境
D 控制参加“双十一”的电商规模

5 关于“双十一”，可以知道什么？

A 活动为期一个星期
B 收益越来越差
C 已经连续举办了三届
D 是网络促销活动日

1 예전 몇 차례 '광군제' 활동에서 어떤 문제가 나타났는가?

A 인터넷 사이트가 공격당했다
B 은행 시스템이 마비되었다
C 상품이 대량으로 적체되었다
D 소비자 신고가 크게 늘었다

2 올해의 '광군제'에 대해서 남자가 가장 걱정하는 것은 어떤 부분인가?

A 물류 운송　B 데이터 통계
C 인터넷 관리　D 운영자 협의

3 남자는 몇 년간의 '광군제' 기술 시험을 어떻게 생각하는가?

A 발전의 여지가 부족하다
B 인터넷 인구 보너스가 소진되었다
C 예전의 상업 모델에 대한 혁신이다
D 중국의 상업 인프라 수준을 높였다

4 남자는 어떻게 해야 '광군제'의 경쟁 플랫폼을 잘 해 나갈 수 있다고 생각하는가?

A 오프라인 관리를 강화한다
B 시장 진입 문턱을 높인다
C 공개적이고 투명한 환경을 마련한다
D '광군제'에 참가하는 전자 상거래 규모를 통제한다

5 '광군제'에 관하여 무엇을 알 수 있는가?

A 행사 기간이 일주일이다
B 수익이 점점 줄어들고 있다
C 이미 3번 연속 주최되었다
D 인터넷 판촉 활동일이다

双十一 Shuāngshíyī 고유 광군제 [매년 11월 11일에 열리는 중국 할인 행사의 날, '光棍节'라고도 불림] | 较 jiào 부 비교적, 좀 | 存在 cúnzài 동 존재하다 | 短板 duǎnbǎn 명 단점 | 整个 zhěnggè 형 온, 모든, 완정한 | 商业 shāngyè 명 상업, 비즈니스 | 设施 shèshī 명 시설 [基础设施: 인프라] | 大考 dàkǎo 명 중요한 시험, 본고사 | 之一 zhī yī ~(의) 하나 [A是B之一: A는 B 중 하나이다] | 将 jiāng 개 ~를 [=把] | 看作 kànzuò 동 ~라고 여기다 | 部门 bùmén 명 부처, 부문, 부서 | ★考核 kǎohé 명 심사 | 电商 diànshāng 명 전자 상거래 ['电子商务'의 줄임말] | 支付 zhīfù 동 지불하다, 지급하다 | 物流 wùliú 명 물류 | 客服 kèfú 고객 서비스 ['客户服务'의 줄임말] | ★配套 pèitào 동 (관계가 있는 사물을 조합하여) 하나의 세트로 만들다 | ★体系 tǐxì 명 체계 | 换句话说 huàn jù huà shuō 바꾸어 말하자면, 다시 말하면 | 巨大 jùdà 형 아주 크다 | 极大 jídà 형 지극히 크다, 최대 한도이다 | 空间 kōngjiān 명 공간 | ★先前 xiānqián 명 이전, 예전 | ★瘫痪 tānhuàn 동 마비되다, 정지되다 | ★潜力 qiánlì 명 잠재력, 잠재 능력 | ★欲望 yùwàng 명 욕망 | 强 qiáng 형 강하다, 굳건하다 | 怕 pà 동 걱정하다, 염려하다 | 快递 kuàidì 명 택배 | 毕竟 bìjìng 부 어쨌든, 어디까지나 | 物品 wùpǐn 명 물품 | 运送 yùnsòng 명 운송하다, 수송하다 | 恶劣 èliè 형 열악하다, 아주 나쁘다 | ★爆发 bàofā 동 폭발하다 | 性 xìng 명 [사상·감정을 나타내거나 범위·방식 등을 한정함] | 人口红利 rénkǒu hónglì 인구 보너스 [인구 증가로 인한 노동력 증대가 가져오는 이익] | 耗尽 hàojìn 다 써 버리다, 다 소비하다 | 如何 rúhé 대 어떻게, 어떤, 어떻게 하면 | ★看待 kàndài 동 대(우)하다, 다루다, 취급하다 | 显得 xiǎnde 동 ~인 것처럼 보이다, ~하게 보이다 | ★外行 wàiháng 형 문외한이다, 경험이 없다, 비전문가이다 | 内需 nèixū 명 내수 | 并 bìng 부 결코, 전혀, 조금도, 그다지, 별로 [부정사 앞에 쓰여 부정의 어투 강조] | 未 wèi 부 아직 ~하지 않다 | ★挖掘 wājué 동 발굴하다, 찾아내다 | 时代 shídài 명 시대, 시기 | 正 zhèng 부 마침, 바야흐로 | ★蔓延 mànyán 동 (사방으로) 널리 퍼지다, 만연하다 | 全世界 quán shìjiè 전 세계 | 促销 cùxiāo 동 판촉하다, 판매를 촉진시키다 | ★创新 chuàngxīn 동 혁신하다 | 体验 tǐyàn 명 체험 | 全球性 quánqiúxìng 전 세계적 | 此外 cǐwài 접 이 외에, 이 밖에 | 目前 mùqián 명 이제, 지금 | ★突破 tūpò 동 (한계·난관을) 돌파하다, 타파하다, 극복하다 | 平台 píngtái 명 플랫폼 | 运营 yùnyíng 동 운행하고 영업하다 | 网络 wǎngluò 명 네트워크, 사이버 | 数据 shùjù 명 데이터, 통계 수치 | 处理 chǔlǐ 동 처리하다 | 全都 quándōu 부 전부, 모두 | 界 jiè 명 계, 분야 [직업·업종·성별 등 구분된 범위] | 坚信 jiānxìn 동 굳게 믿다 | 想象 xiǎngxiàng 명 상상 | 阿里巴巴 Ālǐbābā 고유 알리바바 [중국 최대의 전자 상거래 회사] | 创造 chuàngzào 동 만들다, 창조하다, 발명하다 | 一同 yìtóng 부 함께, 같이 | 参与 cānyù 동 참여하다, 참가하다 | 专 zhuān 부 전문적으로 | 属于 shǔyú 동 ~에 속하다 | 发挥 fāhuī 동 발휘하다 | 应有 yīngyǒu 형 응당 있어야 할, 상응하는 | ★使命 shǐmìng 명 사명, 명령 | 价值 jiàzhí 명 가치 | 商家 shāngjiā 명 판매자, 상인 | 利用 lìyòng 동 이용하다 | 感恩 gǎn'ēn 동 감사해 마지않다, 은혜에 감격하다, 고맙게 여기다 | 消费者 xiāofèizhě 명 소비자 | 尽可能 jǐn kěnéng 되도록, 가능한 한, 될 수 있는 한 | ★需求 xūqiú 명 수요, 필요 | 变为 biànwéi ~로 바뀌다 | 恶性 èxìng 형 악성의, 악질적인 | 电子商务 diànzǐ shāngwù 전자 상거래 | ★倡导 chàngdǎo 동 앞장서서 제창하다 | 文明 wénmíng 명 문명 | 透明 tòumíng 형 투명하다 | 公开 gōngkāi 형 공개적이다 | 共享 gòngxiǎng 동 함께 누리다 | 共 gòng 부 함께, 같이, 공동으로 | 担 dān 동 지다, 맡다, 담당하다 | 前期 qiánqī 명 전기, 초기 | 开放度 kāifàngdù 명 개방도 | 透明度 tòumíngdù 명 투명도 | 承担 chéngdān 동 맡다, 담당하다, 책임지다 | ★攻击 gōngjī 동 공격하다 | 系统 xìtǒng 명 시스템 | 商品 shāngpǐn 명 상품 | 大量 dàliàng 형 대량의, 다량의, 많은 양의 | 积压 jīyā 동 (오랫동안 처리하지 않아) 쌓이다, 밀리다, 방치해 두다 | ★投诉 tóusù 동 (기관·관계자에게) 신고하다, 고발하다 | ★显著 xiǎnzhù 형 뚜렷하다, 두드러지다 | ★环节 huánjié 명 부분 | 运输 yùnshū 동 운송하다, 운수하다, 수송하다 | ★统计 tǒngjì 동 통계하다 | 商 shāng 명 상인 | ★洽谈 qiàtán 명 협의, 상담, 교섭 | ★模式 móshì 명 모델, 모식, (표준) 양식, 패턴 | 革新 géxīn 명 혁신 | 强化 qiánghuà 동 강화하다, 강하고 공고하게 하다 | 调高 tiáogāo 동 상향 조절하다 | 准入 zhǔnrù 동 진출을 허가받다 | 门槛 ménkǎn 명 문턱, 요구 조건, 표준 | 创造 chuàngzào 동 만들다, 창조하다 | 控制 kòngzhì 동 통제하다 | 规模 guīmó 명 규모 | ★为期 wéiqī 동 기한으로 하다, 약속 날짜로 삼다 | ★收益 shōuyì 명 수익, 이득, 수입 | 连续 liánxù 동 연속하다, 계속하다 | 届 jiè 양 회, 기, 차

track 40

• Day 27 **6** C **7** D **8** C **9** D **10** D

6 **C** [有知名度 인지도가 있다 → 知名度高 인지도가 높다] '청명상하도'는 보편성이 높고 인지도가 더 있어서 스타 효과가 강하다고 했다. 녹음에서는 '有'로 언급한 내용을 보기에서는 '高'로 다르게 바꿔 제시한 문제였다. 그리고, 3차와 4차 작품 간 가치 차이는 없다고 언급했으므로 B는 답이 아니다.

7 **D** [人们对传统文化重视的渐变过程 전통문화의 중요성에 대한 사람들의 인식이 점차 변해가는 과정이다] 전통문화에 대한 인식이 변해간다는 것과 생활수준이 높아지는 것, 고품격 생활에 대한 추구 등등은 곧, 예전에는 전통문화를 중요하게 생각하지 않았는데 지금은 중요하게 생각하게 되었다는 것으로 이해할 수 있다. 화자가 자신의 생각을 나타내는 표현인 '认为' '觉得' 같은 말 뒤에 나오는 내용에 반드시 집중하자.

8 **C** [不得少于四年 4년보다 적으면 안 된다] 고궁 서화의 휴식 기간은 '不得少于四年(4년보다 적으면 안 된다)'라고 했다. '少于A'는 'A보다 적다'는 의미이며, 듣기에서 종종 나오는 표현이다.

9 **D** [短时间里……很难辨别 짧은 시간 동안 ~ 판별하기 어렵다 → 短期内不易被发觉 짧은 시간 동안 발견하기 쉽지 않다] 공기와 빛 등이 작품에 손상을 일으키며, 이러한 손상을 짧은 시간 동안 육안으로 판별하기는 어렵다고 했다. 나머지 보기는 모두 녹음에서 언급된 내용과 반대되는 내용이므로 답이 아니다.

10 D [恒湿恒温 습도와 온도를 변하지 않게 유지하다 → 气温恒定不变 기온이 일정하고 변하지 않는다] '恒'은 '변하지 않는다'는 의미로, '恒湿恒温'은 '온도와 습도를 변하지 않게 유지한다'는 의미이다. 보기 A의 '密封 mìfēng 밀봉하다'은 녹음의 '尘封 chénfēng 방치하다'과 발음이 비슷해서 제시된 함정 어휘이다.

第6到10题是根据下面一段采访：

女：单院长，请问今年故宫的三四期展品分量上有什么区别吗？

男：我觉得没有。四期所展出的韩滉的《五牛图》、王希孟的《千里江山图》等都是传世珍品。无论是历史文化价值还是艺术价值，都不比三期展出的《清明上河图》差。

女：可为什么《清明上河图》更具有明星效应呢？

男：该作品普及性更高，[6]更有知名度，并且情节很生动，内容也很丰富。比普通的书画都好看，也更易懂。它在民间流传非常广，历经宋、元、明、清四次出宫，五次进宫。这些传奇经历更易勾起人们的兴趣。

女：听说十年前，《清明上河图》于故宫博物院展出，并没有像今天这么火爆。这是为什么呢？

男：[7]我认为这是人们对传统文化重视的渐变过程。随着人们生活水平的提高，人们对高品质生活的追求、对艺术品的鉴赏能力都相应提高了。

女：故宫书画在休眠与展出时间上有硬性规定吗？

男：古代书画展出的时间不超过三个月，[8]休眠时间也不得少于四年。

女：许多媒体报道称《清明上河图》十年来，第一次现身，这件作品在库房里真的呆了十年吗？

男：不是。十年是指在故宫展出的相隔时间。其实该作品在这十年里分别于2008年在香港、2013年在日本东京展出过，可每次展出以后都休眠够了四年。

女：休眠对于古书画有什么作用？

男：书画都是纸质作品，很薄也很脆。不像玉器、珠宝那么耐磨损，[9]每一次展览无论多小心，空气和光线等都有可能会对这些珍品的墨色、纸张造成伤害。短时间里这种伤害凭肉眼很难辨别。在展厅里的《清明上河图》看上去品相良好，可背后却已经伤痕累累，粘着十分密集的背条。

6~10번 문제는 다음 인터뷰에 근거한다.

여: 산 원장님, 올해 고궁의 3, 4차 전시품은 가치상으로 어떤 차이가 있나요?

남: 없다고 생각합니다. 4차 때 전시한 한황의 『오우도』, 왕희맹의 『천리강산도』 등은 모두 세계적으로 유명한 작품입니다. 역사·문화적 가치와 예술적 가치를 막론하고, 모두 3차 때 전시했던 『청명상하도』 보다 뒤지지 않습니다.

여: 하지만 어째서 『청명상하도』의 스타 효과가 더 강한 건가요?

남: 그 작품은 보편성이 더 높고, [6]인지도가 더 있습니다. 또한 줄거리가 생동감 있고, 내용도 풍부합니다. 일반 서화보다 아름답고, 이해하기도 더 쉽습니다. 이 작품은 민간에서 매우 폭넓게 전해져 내려왔고, 송, 원, 명, 청나라 시기에 걸쳐 네 차례 궁궐 밖으로 나오고, 다섯 차례 궁궐로 들어갔습니다. 이러한 전설적인 경력은 더 쉽게 사람들의 흥미를 불러일으키지요.

여: 듣자 하니, 10년 전 『청명상하도』가 고궁박물관에 전시되었을 적에는 오늘날처럼 이렇게 큰 인기를 끌지 못했다고 들었습니다. 이것은 왜 그런 건가요?

남: [7]저는 이것이 전통문화의 중요성에 대한 사람들의 인식이 점차 변해가는 과정이라고 생각합니다. 사람들의 생활 수준이 높아지면서, 사람들의 고품격 생활에 대한 추구와 예술 작품에 대한 감상 능력이 모두 이에 따라 높아졌습니다.

여: 고궁의 서화는 휴식 및 전시 기간에 정해진 규정이 있나요?

남: 고대 서화 전시 기간은 3개월을 넘기지 않습니다. [8]휴식 기간도 4년보다 적어서는 안 되고요.

여: 많은 언론 매체에서 『청명상하도』가 10년 만에 처음으로 공개되었다고 보도했는데요, 이 작품이 창고에서 정말 10년 동안 있었던 건가요?

남: 아닙니다. 10년은 고궁 전시 간격을 일컫습니다. 사실 이 작품은 10년 사이 각각 2008년에는 홍콩, 2013년에는 일본 도쿄에서 전시된 적이 있습니다. 하지만 매번 전시된 후 휴식 기간 4년을 채웠습니다.

여: 휴식 기간은 고대 서화에 어떤 역할을 하나요?

남: 서화는 모두 종이 작품입니다. 얇고 또 약하죠. 옥공예품이나 보석처럼 그렇게 훼손에 강하지 않습니다. [9]전시를 할 때마다 아무리 조심해도 공기와 빛 등이 모두 이러한 진귀한 작품의 먹 색깔과 종이에 손상을 일으키게 되어 있습니다. 짧은 시간 동안에는 이러한 손상

女：古代书画在故宫库房中会受到什么样的保护？

男：故宫库房设在地下，分三层，[10]内部恒湿恒温，其实让书画在库房中休眠就是对它们最好的保护。可我们又不能完全把它们尘封，总是得在展出与休眠之间做出权衡，让珍宝发挥出它们应有的价值。

을 육안으로 판별하기 매우 어렵습니다. 전시관 안에 있는『청명상하도』는 상태가 좋아 보이지만, 그 뒤는 이미 상처가 가득하고, 빽빽한 테이프가 붙여져 있습니다.

여: 고대 서화는 고궁의 창고에서 어떤 보호를 받게 되나요?

남: 고궁의 창고는 지하에 설치되어 3개 층으로 나누어져 있습니다. [10]내부는 습도와 온도를 변하지 않게 유지합니다. 사실 서화가 창고에서 쉬도록 하는 것이 바로 작품에 대한 가장 좋은 보호입니다. 그러나 우리는 그것들을 완전히 내버려 둘 수는 없습니다. 언제나 전시와 휴식 사이에서 균형을 맞추어 줌으로써 이 보물들이 그들만의 가치를 발휘할 수 있게 해야 합니다.

6 关于《清明上河图》，可以知道什么？

A 内容抽象难懂
B 不如四期展品分量高
C 在民间知名度高
D 展现灯会场景

6『청명상하도』에 관하여 무엇을 알 수 있는가?

A 내용이 추상적이어서 이해하기 어렵다
B 4차 전시 작품보다 가치가 높지 않다
C 민간에서 인지도가 높다
D 연등회의 풍경을 보여 준다

7 男的觉得这次展出的《清明上河图》火爆的原因是什么？

A 宣传十分得力
B 迄今为止门票最便宜
C 有网络版展出
D 大众对传统文化更重视

7 남자는 이번에 전시한『청명상하도』가 큰 인기를 끈 이유가 무엇이라고 생각하는가?

A 홍보가 매우 효과적이어서
B 지금까지 입장료가 가장 저렴해서
C 온라인판 전시가 있어서
D 대중이 전통문화를 더욱 중시해서

8 故宫古代书画在展出和休眠时间上有什么规定？

A 展出相隔以6年最佳
B 展出不得超过两个月
C 休眠不少于四年
D 可以灵活掌握

8 고궁의 고대 서화는 전시와 휴식 기간에 있어서 어떤 규정이 있는가?

A 전시 간격은 6년이 가장 좋다
B 전시는 두 달을 넘겨서는 안 된다
C 휴식 기간은 4년보다 적지 않다
D 유연하게 장악할 수 있다

9 关于空气对古代书画的影响，下列哪项正确？

A 对墨色影响很小
B 会使纸变得更硬
C 对其有保护作用
D 短期内不易被发觉

9 공기가 고대 서화에 끼치는 영향에 관하여 다음 중 옳은 것은 무엇인가?

A 묵의 색깔에 대한 영향이 적다
B 종이를 더 단단하게 만든다
C 작품에 대해 보호 작용이 있다
D 짧은 시간 동안 발견하기 쉽지 않다

10 关于故宫库房，可以知道什么？

A 用琉璃罩密封作品
B 非常狭窄
C 配备防火设备
D 内部气温恒定不变

10 고궁의 창고에 관하여 무엇을 알 수 있는가?

A 유약을 이용한 커버로 작품을 밀봉한다
B 매우 좁다
C 방화 설비를 갖추고 있다
D 내부 기온이 일정하고 변하지 않는다

期 qī 양 기 [일정 시기를 몇 개로 구분한 것 중의 하나] | **展品** zhǎnpǐn 명 전시품 | ★**分量** fènliàng 명 (문장·말 등의) 가치, 무게 | **展出** zhǎnchū 동 전시하다, 진열하다 | **韩滉** Hán Huàng 고유 한황 | **五牛图** Wǔniútú 고유 오우도 | **王希孟** Wáng Xīmèng 고유 왕희맹 | **千里江山图** Qiānlǐjiāngshāntú 고유 천리강산도 | **传世** chuánshì 동 (문화재·작품 등이) 전세하다, 후세에 전해지다 | **珍品** zhēnpǐn 명 진품, 진귀한 물건 | **价值**

jiàzhí 명 가치 | **清明上河图** Qīngmíngshànghétú 고유 청명상하도 | **具有** jùyǒu 동 지니다, 가지다 | **明星** míngxīng 명 스타 | **效应** xiàoyìng 명 효과, 반응 | **作品** zuòpǐn 명 (문학, 예술의) 작품, 창작품 | **普及性** pǔjíxìng 명 보편성, 대중성 | **知名度** zhīmíngdù 명 지명도, 인지도 | ★**情节** qíngjié 명 줄거리 | **生动** shēngdòng 형 생동감 있다, 생동하다, 생생하다 | **普通** pǔtōng 형 일반적이다, 평범하다, 보통이다 | **书画** shūhuà 명 서화 | **易** yì 형 쉽다, 용이하다 | ★**民间** mínjiān 명 민간 | **流传** liúchuán 동 대대로 전해 내려오다, 유전하다 | **广** guǎng 형 넓다 | **历经** lìjīng 동 겪다, 경험하다, 여러 번 거치다 | **宋** Sòng 고유 송나라 | **明** Míng 고유 명나라 | **清** Qīng 고유 청나라 | **宫** gōng 명 궁, 궁전 | **传奇** chuánqí 형 전설적, 전기적 | **勾** gōu 동 불러일으키다, 상기시키다 | **起** qǐ 동 (동사 뒤에 쓰여) ~하기 시작하다 | **兴趣** xìngqù 명 흥미, 취미, 흥취 | **故宫** gùgōng 명 고궁 | **博物院** bówùyuàn 명 박물관 | **并** bìng 부 결코, 전혀, 조금도, 그다지, 별로 [부정사 앞에 쓰여 부정의 어투 강조] | **火爆** huǒbào 형 열기가 넘친다, 뜨겁다, 왕성하다 | **传统** chuántǒng 명 전통 | **渐** jiàn 부 점차, 점점, 차츰 | **变** biàn 동 변화하다 | **高品质** gāopǐnzhì 명 고품격, 고품질 | **追求** zhuīqiú 명 추구, 탐구 | **艺术品** yìshùpǐn 명 예술품 | **鉴赏** jiànshǎng 동 감상하다 | ★**相应** xiāngyìng 동 상응하다, 서로 맞다, 어울리다 | **休眠** xiūmián 명 휴면 동 휴식하다 | **硬性** yìngxìng 형 고정불변의, 경직된, 완고한 | **古代** gǔdài 명 고대 | **不得** bùdé 부 (~해서는) 안 된다 | **媒体** méitǐ 명 대중 매체 | **报道** bàodào 명 (뉴스 등을) 보도하다 | **称** chēng 동 말하다, ~라고 부르다 | **现身** xiànshēn 동 나타나다 | **库房** kùfáng 명 창고, 곳간 | **真的** zhēnde 참으로, 정말로 | **呆** dāi 동 머무르다, 체재하다 | **相隔** xiānggé 동 서로 멀리 떨어지다 | **分别** fēnbié 부 각각, 따로따로 | **香港** Xiānggǎng 고유 홍콩 | **日本** Rìběn 고유 일본 | **东京** Dōngjīng 고유 도쿄 [일본의 수도] | **古** gǔ 명 고대 | **纸质** zhǐzhì 종이 | **薄** báo 형 얇다 | **脆** cuì 형 약하다, 무르다 | **玉器** yùqì 명 옥공예품, 옥기 | **珠宝** zhūbǎo 명 보석 | **耐** nài 동 참다, 버티다 | **磨损** mósǔn 동 마모되다 | **展览** zhǎnlǎn 동 전람하다 | **光线** guāngxiàn 명 빛, 광선 | **墨色** mò sè 묵색, 묵빛, 아주 검은 빛 | **纸张** zhǐzhāng 명 종이 | **造成** zàochéng 동 초래하다, 야기하다 | **伤害** shānghài 동 상하게 하다, 손상시키다 | **凭** píng 개 ~에 의거하여, ~에 근거하여, ~에 의해 | **肉眼** ròuyǎn 명 육안 | **辨别** biànbié 동 구별하다, 식별하다, 판별하다 | **展厅** zhǎntīng 명 전시관, 전시장 | **品相** pǐnxiàng 명 (상품의) 상태, 외관, 겉모양 | **良好** liánghǎo 형 좋다, 양호하다, 훌륭하다 | **背后** bèihòu 명 뒤, 뒷면, 배후 | **伤痕** shānghén 명 상처, 상흔 | **累累** léiléi 형 아주 많다, 주렁주렁하다 | **粘** zhān 동 (풀 따위로) 붙이다, 바르다 | **密集** mìjí 형 조밀한, 빽빽한, 밀집한, 끊이지 않는 | **背条** bēitiáo 명 테이프 | **地下** dìxià 명 지하 | **内部** nèibù 명 내부 | **恒** héng 부 언제나, 꾸준히, 항상 | **湿** shī 형 습하다, 습기 차다, 질퍽하다 | **温** wēn 형 따뜻하다 | **尘封** chénfēng 동 내버려 두다, 오랫동안 방치하다 | **之间** zhī jiān ~의 사이 | ★**权衡** quánhéng 동 평가하다, 무게를 달다 | **珍宝** zhēnbǎo 보물, 진귀한 보물 | **发挥** fāhuī 동 발휘하다 | **应有** yīngyǒu 형 응당 있어야 할, 상응하는, 합당한 | **抽象** chōuxiàng 형 추상적이다 | **不如** bùrú 동 ~만 못하다 | **灯会** dēnghuì 명 연등회 | **场景** chǎngjǐng 명 모습, 정경 | **宣传** xuānchuán 동 홍보, 선전 | ★**得力** délì 동 도움을 받다, 힘을 얻다 | ★**迄今为止** qìjīn wéizhǐ 성 (이전 어느 시점부터) 지금에 이르기까지 | **门票** ménpiào 명 입장권 | **网络版** wǎngluòbǎn 명 인터넷판 | **大众** dàzhòng 명 대중, 군중 | **佳** jiā 형 좋다, 훌륭하다, 아름답다 | **灵活** línghuó 형 유연하다, 융통성 있다 | **掌握** zhǎngwò 동 장악하다, 파악하다, 숙달하다 | **项** xiàng 양 항, 항목 | **纸** zhǐ 명 종이 | **硬** yìng 형 단단하다, 딱딱하다, 견고하다 | **其** qí 대 그, 그의, 그것 | **短期** duǎnqī 명 단기 | ★**发觉** fājué 동 (몰랐거나 숨겨진 사실을) 발견하다, 알아차리다 | **琉璃** liúlí 명 [알루미늄과 나트륨 규산 화합물을 태워서 만든 유약의 일종] | **罩** zhào 명 커버, 덮개, 씌우개, 가리개 | ★**密封** mìfēng 동 밀봉하다, 밀폐하다, 꽉 봉하다 | ★**狭窄** xiázhǎi 형 비좁다, 협소하다 | ★**配备** pèibèi 동 갖추다, 배치하다 | **防火** fánghuǒ 동 불을 막다 | **设备** shèbèi 명 설비, 시설 | **气温** qìwēn 명 기온 | **定** dìng 동 안정되다, 진정되다

track 41

• Day 28 **11** D **12** B **13** B **14** B **15** D

11 D [恢复理性 이성을 회복하다] 녹음에 보기 D의 내용이 그대로 나왔다. 보기만 먼저 읽어도 맞출 수 있는 문제가 많다는 것을 항상 기억하자!

12 B [处于初级阶段 → 处在初级阶段 초기 단계에 놓여 있다] 화랑은 '培养藏家(수집가를 양성)'하는 법을 배워야 하는데, 아직 '初级阶段(초기 단계)'이라고 언급했다. '坦率地说(솔직히 말하면)'는 '其实(사실은)'와 비슷한 역할을 한다. 이 부분 뒤에 나오는 말은 정답과 이어지는 경우가 많으므로 반드시 주의하며 듣자.

13 B [是A，而不是B A이지 B가 아니다] '是A，而不是B' 구문의 의미를 반대로 착각해서 화랑을 '画店(그림 상점)'이라고 이해하면 안 된다. 화랑은 '推动机构(추진 기구)'라고 했으므로 이것이 포함된 보기 B가 정답이다.

14 B [营造一个政策较为宽松的平台 정책이 비교적 완화된 플랫폼을 구축하다] 녹음에서 '政策(정책)'와 '宽松(완화되다)' 두 어휘만 들었어도 정답을 고를 수 있는 문제이다. 나머지 보기는 녹음 어디에서도 언급하지 않았다.

15 D [画廊培训 화랑 교육을 진행하다] 이렇게 '一是……，而是……'처럼 항목을 나열하는 부분에 문제가 출제될 가능성이 매우 높으니, 반드시 집중해서 듣자.

第11到15题是根据下面一段采访：

男：所有数据都显示，最近几年国内拍卖市场并不景气。同样的，画廊的经营状况也不太乐观。有分析报告表示，今年盈利的画廊只占画廊总数的百分之六，您如何看待这个问题？

女：其实并不是现在不景气，而是之前太景气了，我觉得那才是不正常的，[11]现在不景气反而是在恢复理性，是朝着正常方向发展的一个标志。原来画廊刚出现的时候正赶上盛世，人们无须推广，多数展览作品就都卖光了，画廊的管理也未形成规范和秩序。画廊无论什么时候都应努力地做客户、做服务、做培养，而不应该纠结于盈利。早年间不少画廊表面上叫画廊，实际上就是卖当代作品的画店，它们与市场的"景气"有很大的关系。

男：您觉得画廊在吸引藏家方面应怎样做呢？

女：服务这件事是各行各业都要去想的，我们还未形成具有模范作用的典范，像台湾的画廊已有了部分藏家，他们是从父辈那里培养出来的。而我们应如何做呢？[12]我们的画廊要学习怎样培养藏家，坦率地说我们在这方面还处于初级阶段，买画的人不见得都是藏家，也许买了也不看，等着涨价以后再往拍卖行一扔，这就是所谓的捷径，然而它只是挣钱的捷径，却不是真正培养藏家的方法。

男：您觉得中国画廊目前面临的最大问题是什么？

女：首先要知道画廊到底是做什么的，其次是思考如何做，对优秀画廊的发现和看待画廊的眼光都是我们所欠缺的。[13]画廊是个推动机构，而不是画店，谁的作品好卖就卖谁的，这样做的话肯定会产生问题，应该自己去发现、去培养、去推动，最后才是谈盈利。

男：画廊协会在扶持画廊业发展方面采取的措施有哪些？

11~15번 문제는 다음 인터뷰에 근거한다.

남: 모든 데이터가 나타내듯, 최근 몇 년간 국내 경매시장의 경기가 좋지 않은데요. 마찬가지로 화랑의 경영 상황도 그다지 낙관적이지 않습니다. 어떤 분석 보고서에서는 올해 수익을 거둔 화랑이 전체 화랑 수의 6% 밖에 되지 않는다고 하던데, 이 문제에 대해 어떻게 보시나요?

여: 사실 지금이 불경기인 것이 아니라, 예전에 경기가 너무 좋았던 것이고, 그것이야말로 정상적이지 않았다고 생각합니다. [11]현재의 불경기는 오히려 이성을 회복하고 있는 것이고, 정상적인 방향으로 발전하고 있다는 상징입니다. 알고 보면 화랑은 처음 생겼을 때 마침 호황기를 맞이해, 사람들은 홍보를 할 필요가 없었고, 많은 전시 작품이 바로 다 팔렸습니다. 화랑의 관리도 아직 규범과 질서가 형성되지 않았습니다. 화랑은 언제든 고객, 서비스, 교육에 대한 일을 노력해서 해야 하고, 이윤에만 집착해서는 안 됩니다. 초기에 많은 화랑들이 표면적으로는 화랑이라고 불렸지만 실제로는 당대 작품을 파는 그림 상점이었습니다. 그것은 시장의 '경기'와 큰 관계가 있죠.

남: 화랑은 수집가를 끌어들이는 측면에 있어서 어떻게 해야 한다고 생각하십니까?

여: 서비스라는 것은 어느 분야든지 모두 하고자 하는 것입니다. 저희는 아직 본보기로 삼을 만한 롤모델이 없습니다. 예를 들면 타이완의 화랑은 이미 수집가들이 있는데, 그들은 아버지 세대에서부터 양성된 것입니다. 그렇다면 우리는 어떻게 해야 할까요? [12]저희 화랑은 어떻게 수집가를 양성해야 하는지를 배워야 합니다. 솔직하게 말하면 저희는 이 방면에서 아직 초기 단계에 있습니다. 그림을 사는 사람이 모두 수집가는 아니에요. 어쩌면 구입하고 나서 보지도 않다가 가격이 오르기를 기다린 후 다시 경매에 넘길 수도 있어요. 그야말로 지름길이죠. 그러나 그것은 단지 돈을 버는 지름길이지, 진정으로 수집가를 양성하는 방법은 아니죠.

남: 중국 화랑이 현재 직면하고 있는 가장 큰 문제는 무엇이라고 생각하십니까?

여: 먼저 화랑이 도대체 무엇을 하는 곳인지 알아야 하고, 그다음에 어떻게 해야 하는지를 생각해야 합니다. 우수한 화랑을 발견하고 화랑을 대하는 안목이 모두 저희에게 부족한 부분입니다. [13]화랑은 추진 기구이지 그림 상점이 아닙니다. 누군가의 작품이 잘 팔린다고 해서 그것만 판매한다면 분명 문제가 생길 것입니다. 반드시 스스로 가서 발견하고, 양성하고, 추진해야 마지막으로 수익을 이야기할 수 있습니다.

남: 화랑 협회가 화랑업 발전을 지원하는 방면에 있어서 취한 조치에는 어떤 것들이 있나요?

女：[14]一是需要帮画廊营造一个政策较为宽松的平台，所谓政策宽松是指争取让画廊在税收与相关政策上得到更多空间，[15]二是要多加强专业的培训。我们明年的工作就是要做画廊培训，请国外一些有经验的、优秀的画廊来为我们讲讲该如何经营、如何管理，帮助国内画廊找到正确的方式。这都是画廊协会今后将要做的工作。

여: [14]첫째로, 화랑을 위해 정책이 비교적 완화된 플랫폼을 구축해야 합니다. 정책 완화란, 화랑이 세금과 관련한 정책에 있어서 더 많은 여지를 얻을 수 있도록 하는 것입니다. [15]둘째로, 전문적인 교육을 많이 강화해야 합니다. 저희의 내년 사업이 바로 화랑 교육을 진행하는 것입니다. 해외의 경험이 있고 우수한 화랑을 초청하여 저희를 위해 어떻게 경영하고 어떻게 관리해야 하는지 이야기해 주도록 하여, 국내 화랑이 올바른 방법을 찾을 수 있도록 돕는 것입니다. 이 모든 것이 화랑 협회에서 향후 해야 하는 사업들입니다.

11 女的认为现在画廊不景气意味着什么？

A 艺术需振兴
B 人们缺少艺术熏陶
C 经济迅速发展
D 正在恢复理性

12 画廊在哪些方面还处在初级阶段？

A 策划展览　　B 培养藏家
C 扩大收藏范围　　D 保管作品

13 女的认为应该怎样看待画廊？

A 有助于评估画作价值
B 是一个推动机构
C 能提升人的审美水平
D 可促进旅游业发展

14 画廊协会想帮画廊营造什么样的平台？

A 高压　　B 宽松
C 公正　　D 正规

15 画廊协会今后的重点工作是什么？

A 统一价格　　B 承办工程
C 制定标准　　D 画廊培训

11 여자는 현재 화랑의 불경기가 무엇을 의미한다고 생각하는가?

A 예술이 진흥해야 한다
B 사람들에게 예술적 영향이 부족하다
C 경제가 빠르게 발전하고 있다
D 이성을 회복하고 있다

12 화랑은 어떤 측면에서 아직 초기 단계에 있는가?

A 전시 기획　　B 수집가 양성
C 수집 범위 확대　　D 작품 보관

13 여자는 화랑을 어떻게 대해야 한다고 생각하는가?

A 회화 작품의 가치를 평가하는 데에 도움이 된다
B 하나의 추진기구이다
C 사람의 미적 수준을 향상시킬 수 있다
D 관광업의 발전을 추진할 수 있다

14 화랑 협회는 화랑을 위해 어떤 플랫폼을 구축하고자 하는가?

A 강압적인　　B 완화하는
C 공정한　　D 정규적인

15 화랑 협회의 향후 중점 업무는 무엇인가?

A 가격을 통일하는 것　　B 사업을 맡아 담당하는 것
C 기준을 세우는 것　　D 화랑 교육을 진행하는 것

数据 shùjù 명 데이터, 통계 수치 | **显示** xiǎnshì 동 보여 주다, 뚜렷하게 나타내 보이다 | **国内** guónèi 명 국내 | **拍卖** pāimài 명 경매 | **市场** shìchǎng 명 시장 | **并** bìng 부 결코, 전혀, 조금도 [부정사 앞에 쓰여 부정의 어투 강조] | **景气** jǐngqì 형 경기가 좋다 [주로 '不景气'의 형태로 쓰임] | **同样** tóngyàng 접 (앞에서 말한 바와) 마찬가지로 | **画廊** huàláng 명 화랑 | **经营** jīngyíng 동 경영하다, 운영하다 | **状况** zhuàngkuàng 명 상황, 형편, 상태 | **乐观** lèguān 형 낙관적이다, 희망차다 | **分析** fēnxī 동 분석하다 | **报告** bàogào 명 보고 | ★**盈利** yínglì 동 이익을 보다, 이윤을 얻다 명 이윤 | **占** zhàn 동 점유하다, 차지하다, 점령하다 | **总** zǒng 형 전체의, 전반적인, 전부의 | **数** shù 명 수, 몇 | **如何** rúhé 대 어떻게, 어떤, 어떻게 하면 | ★**看待** kàndài 동 다루다, 취급하다, 대(우)하다 | **反而** fǎn'ér 부 오히려, 도리어 | **恢复** huīfù 동 회복하다 | **理性** lǐxìng 명 이성 | **朝着** cháozhe 개 ~를 향하여 | **标志** biāozhì 명 상징, 표지 | **赶上** gǎnshàng 동 (어떤 기회를) 만나다 | **盛世** shèngshì 명 흥성한 시대, 성세, 태평성세 | **无须** wúxū 부 ~할 필요가 없다, 필요로 하지 않다 | **推广** tuīguǎng 동 널리 보급하다, 일반화하다 | **多数** duōshù 명 다수 | **展览** zhǎnlǎn 명 전시, 전람 | **作品** zuòpǐn 명 (문학·예술의) 작품, 창작품 | **未** wèi 부 아직 ~하지 않다 | **形成** xíngchéng 동 형성되다, 이루어지다 | ★**规范** guīfàn 명 규범 | **秩序** zhìxù 명 질서 | ★**客户** kèhù 명 고객 | **服务** fúwù 명 서비스 | **培养** péiyǎng 명 교육, 육성 동 배양하다, 길러 내다, 육성하다 | **纠结** jiūjié 동 결탁하다, 규합하다 | **早** zǎo 형 (시간적으로) 초기의, 앞선, 조기의 | **年间** niánjiān 명 시기 | **表面** biǎomiàn 명 표면, 겉, 외관 | ★**当代** dāngdài 명 당대, 그 시대 | **画店** huàdiàn 명 그림 가게, 화랑 | **藏家** cángjiā 명 골동품 등의 수집가 | **各行各业** gèhánggèyè 성 각종 직업 | **具有** jùyǒu 동 구비하다, 가지다 | ★**模范** mófàn 명 모범 | **典范** diǎnfàn 명 모범 | **台湾** Táiwān 고유 타이완 | **辈** bèi 명 대, 세대 | **坦率** tǎnshuài 형 솔직하다, 정직하다 | **处于** chǔyú 동 (사람·사물이 어떤 지위·상태·환경·시간에) 처하다, 놓이다 | **阶段** jiēduàn 명 단계 | **不见得** bújiànde 부 반드시 ~한 것은 아니다, 반드시 ~라고는 할 수 없다 | **涨价** zhǎngjià 동 가격이 오르다 | **拍卖行** pāimàiháng 명 경매장, 경매 회사 | **所谓** suǒwèi 형 소위, 이른바 | **捷径** jiéjìng 명

지름길 | 挣 zhèng 동 (돈이나 재산 등을) 일하여 벌다, 쟁취하다 | 目前 mùqián 명 현재, 지금 | 面临 miànlín 동 직면하다, 당면하다, 앞에 놓여 있다 | ★眼光 yǎnguāng 명 안목, 식견 | 所 suǒ 조 ~하는 바 ['是+명사·대명사+~+동사+的'의 형태로 쓰여, 행위자와 동작과의 관계를 강조함] | 欠缺 qiànquē 형 부족하다, 모자라다 | 推动 tuīdòng 동 추진하다, 나아가게 하다 | ★机构 jīgòu 명 기구 | 产生 chǎnshēng 동 생기다, 발생하다, 나타나다 | ★盈利 yínglì 명 수익, 이익 | ★协会 xiéhuì 명 협회 | 扶持 fúchí 동 지지하다, 돕다, 보살피다 | 业 yè 명 업, 사업 | 采取 cǎiqǔ 동 (방침·수단·정책·조치·형식·태도 등을) 취하다, 채택하다 | 措施 cuòshī 명 조치, 대책 [采取措施: 조치를 취하다] | 帮 bāng 동 돕다, 거들다 | 营造 yíngzào 동 수립하다, 만들다 | ★政策 zhèngcè 명 정책 | 宽松 kuānsōng 형 여유가 있다, 넉넉하다 | 平台 píngtái 명 플랫폼 | 争取 zhēngqǔ 동 얻어 내다, 따내다, 쟁취하다 | 税收 shuìshōu 명 세금 수입, 세수 | 相关 xiāngguān 동 관련이 있다, 관련되다 | 空间 kōngjiān 명 여지, 공간 | 加强 jiāqiáng 동 강화하다, 증강하다 | 培训 péixùn 명 교육, 양성, 훈련 | 国外 guówài 명 외국, 국외 | 方式 fāngshì 명 방식, 방법 | 今后 jīnhòu 명 앞으로, 지금 이후부터 | ★意味着 yìwèizhe 동 의미하다, 뜻하다, 나타내다 | 需 xū 동 반드시 ~해야 한다 [동사구 목적어를 취할 수 있는 동사] | ★振兴 zhènxīng 동 진흥시키다 | ★熏陶 xūntáo 명 영향, 감화 | 迅速 xùnsù 형 재빠르다, 신속하다 | 初级 chūjí 형 초급의, 초등의, 가장 낮은 단계의 | ★策划 cèhuà 동 기획하다, 계획하다 | ★收藏 shōucáng 명 소장, 수장 | 范围 fànwéi 명 범위 | ★保管 bǎoguǎn 동 보관하다, 보증하다 | 有助于 yǒuzhùyú ~에 도움이 되다 | ★评估 pínggū 동 (질·수준·성적 등을) 평가하다 | 价值 jiàzhí 명 가치 | 提升 tíshēng 동 향상시키다, 진급하다 | ★审美 shěnměi 형 심미적 | 促进 cùjìn 동 촉진하다, 재촉하다, 촉진시키다 | 旅游业 lǚyóuyè 명 관광업 | ★公正 gōngzhèng 형 공정하다, 공평하다 | ★正规 zhèngguī 형 정규의, 표준의 | 统一 tǒngyī 동 통일하다, 하나로 일치되다 | ★承办 chéngbàn 동 맡아 처리하다 | 工程 gōngchéng 명 프로젝트, 계획, 공정 | 制定 zhìdìng 동 세우다, 제정하다, 작성하다, 확정하다

01 설명문

본서 p.69~70

track 45

• Day 15　1 C　2 D　3 B　4 D　5 C　6 B　7 C

1 **C** [八朝古都 팔조 고도 / 历史遗存 역사 유산] 여러 왕조가 거쳐간 '八朝古都(팔조 고도)'이면서, 많은 '历史遗存(역사 유산)'이 남아 있다는 카이펑은 '역사 문화적인 명도시(历史文化名城)'로 볼 수 있다.

2 **D** [些许遗憾："不花上十天半个月，就无法看完开封。" 열흘에서 보름 정도 쓰지 않으면 카이펑을 다 볼 수 없다'는 것을 아쉬워하다] '아쉽다(遗憾)'고 언급한 부분은 '카이펑을 다 보려면 긴 시간을 써야 한다'는 점인데, 이는 '짧은 시간 내에 둘러볼 수 없다'는 말과 같은 의미이다.

3 **B** [一楼分为……，主要用于陈列文化典籍、…… 1층은 ~로 나눠지고 주로 문화 고서와 ~를 진열하고 있다] 녹음에서 '文化客厅(문화 객실)'을 층별로 안내했고, 이에 대한 세부 내용을 묻는 문제가 출제되었다. 각 층에 어떤 것들이 있는지 간단하게 메모하며 들었다면 어렵지 않게 답을 고를 수 있는 문제였다.

第1到3题，是根据下面一段话：

河南开封龙亭湖畔坐落着一个古香古色的文化客厅。从外观来看，它只是一座极其普通的三层小楼，可里边却涵盖了这座八朝古都的千年繁盛。从开业起至今，文化客厅已经成为了代表开封文化产业的"亮丽名片"。

[1]开封是一座八朝古都，保留着很多历史遗存。特别是北宋时期，更是创造了无可比拟的繁华。最近几年，来自全球各地的游客在感叹这座古都无限魅力的同时，[2]也免不了会有些许遗憾："不花上十天半个月，就无法看完开封。"而随着文化客厅的出现，能够令游客在一个小时里览尽开封的历史与文化。

文化客厅总共分为三层，通过最具有代表性的3D全息技术和实物展品，系统地展示了古城开封的千年沧桑变化。[3]文化客厅一楼分为西厅与序厅，主要用于陈列文化典籍、国宝级作品和名家书画佳作。二楼的"万国来朝"，通过幻影成像，形象地展现了历史上开封作为一个国际化大都市时的繁荣景象。三楼用于文化交流，目前已经有超过三十个项目入驻，设有北宋茶文化体验馆、中国汴绣展和木版年画展等，使游客能够"零距离"地感受名师们的高超技艺。

1~3번 문제는 다음 내용에 근거한다.

허난성 카이펑 룽팅의 호숫가에는 옛 풍모를 간직하고 있는 문화 객실이 있다. 외관으로 보자면 그것은 굉장히 평범한 3층짜리 작은 건물이지만, 안에는 팔조 고도(8왕조의 옛수도)의 천년의 번영을 담고 있다. 개장하고 나서 지금까지, 문화 객실은 이미 카이펑 문화 산업을 대표하는 '빛나는 명패'가 되었다.

[1]카이펑은 팔조의 고도로, 많은 역사 유산이 남아 있다. 특히 북송 시기에는 더더욱 비할 길이 없이 번성했다. 최근 몇 년간 전국 각지에서 온 관광객은 고도의 무한한 매력에 감탄하는 동시에 [2]'열흘에서 보름 정도 쓰지 않으면 카이펑을 다 볼 수 없다'는 아쉬움을 감출 수 없었다. 그런데 문화 객실이 생기면서 관광객은 한 시간만에 카이펑의 역사와 문화를 다 둘러볼 수 있게 되었다.

문화 객실은 총 3층으로 나누어져 있고, 가장 대표적인 3D 홀로그래픽 기술과 실물 전시를 통해 고성 카이펑의 천 년의 변화무쌍함을 체계적으로 보여 주고 있다. [3]문화 객실의 1층은 서관과 로비로 나누어지는데, 주로 문화 고서, 국보급 작품, 장인의 서예, 회화 걸작을 진열하고 있다. 2층의 '만국내조'는 홀로그램을 통해 역사적으로 카이펑이 국제화된 대도시일 때의 번영한 모습을 구체적으로 보여 주고 있다. 3층은 문화 교류에 사용되어 현재 30개가 넘는 프로젝트가 입주해 있고, 북송 차 문화 체험관, 중국 카이펑 자수전, 목판 연화전 등이 들어와 있어 관광객은 '아주 가까이에서' 명인들의 수준급 기예를 감상할 수 있다.

1 关于开封，可以知道什么？

A 建都于元代
B 为曲艺之乡
C 是历史文化名城
D 以自然景观著称

2 游览开封的时候，不少游客会有怎样的遗憾？

A 景点分散浪费时间
B 不少古迹不对外开放
C 没有代表性的纪念品
D 短时间无法游览所有景观

3 关于文化客厅陈展，下列哪项是正确的？

A 经常举办拍卖活动
B 一楼藏有文化典籍
C 二楼有书法展览
D 三楼主要展示书画用品

1 카이펑에 관하여 무엇을 알 수 있는가?

A 원나라 시대에 수도로 세워졌다
B 곡예의 고향이다
C 역사 문화적인 명도시다
D 자연 경관으로 이름을 알렸다

2 카이펑을 여행할 때 많은 관광객들은 어떤 아쉬움이 있었는가?

A 여행지가 분산되어서 시간이 낭비된다
B 많은 유적지가 대외 개방을 하지 않는다
C 대표적인 기념품이 없다
D 짧은 시간 내에 모든 관광 경관을 둘러볼 수 없다

3 문화 객실 전시에 관하여 다음 중 옳은 것은 무엇인가?

A 종종 경매 행사를 한다
B 1층에는 문화 고서를 소장하고 있다
C 2층에 서예 전시가 있다
D 3층에 주로 서예와 회화 용품을 전시하고 있다

河南 Hénán 고유 허난성 | **开封** Kāifēng 고유 카이펑 | **龙亭** Lóngtíng 고유 룽팅, 용정호 | **湖畔** húpàn 명 호숫가 | **坐落** zuòluò 동 ~에 위치하다, ~에 자리 잡다 | **古香古色** gǔxiāng gǔsè 성 예스럽다, 고풍스럽다 | **外观** wàiguān 명 외관, 외견 | **极其** jíqí 부 아주, (지)극히, 몹시, 매우 | **普通** pǔtōng 형 평범하다, 일반적이다, 보통이다 | **小楼** xiǎo lóu 층수가 낮은 작은 건물 | **里边** lǐbian 명 안, 안쪽 | **涵盖** hángài 동 포괄하다, 포함하다, 포용하다 | **朝** cháo 명 왕조 | **古都** gǔdū 명 고도, 오래된 도시 | **繁盛** fánshèng 형 번성하다, 무성하다 | **开业** kāiyè 동 개장하다, 개업하다 | **起** qǐ 동 ~하기 시작하다 [从A起B: A부터 B까지] | **至今** zhìjīn 부 지금까지, 여태껏, 오늘까지 | **代表** dàibiǎo 동 대표하다, 대신하다 | ★**产业** chǎnyè 명 산업 | **亮丽** liànglì 형 밝고 아름답다 | **名片** míngpiàn 명 명패, 명함 | **保留** bǎoliú 동 유지하다, 보존하다 | **遗存** yícún 명 유물 | **北宋** Běisòng 고유 북송 | **时期** shíqī 명 시기 | **创造** chuàngzào 동 창조하다, 만들다, 발명하다 | **无可比拟** wúkěbǐnǐ 성 비할 바 없다, 필적할 만한 것이 없다 | ★**繁华** fánhuá 형 번화하다 | **全球** quánqiú 명 전 세계 | **各地** gèdì 명 각지, 각처 | **游客** yóukè 명 여행객, 관광객 | **感叹** gǎntàn 동 감탄하다 | **无限** wúxiàn 형 무한하다, 끝이 없다 | **魅力** mèilì 명 매력 | **免不了** miǎnbuliǎo 동 피할 수 없다, ~하지 않을 수 없다 | **些许** xiēxǔ 형 약간의, 조금의 | **遗憾** yíhàn 동 아쉽다, 유감이다, 섭섭하다 | **无法** wúfǎ 동 방법이 없다, 할 수 없다 | **令** lìng 동 ~하게 하다, ~를 시키다 | **览** lǎn 동 보다, 대강 훑어보다 | **尽** jìn 동 극치에 달하다 | **总共** zǒnggòng 부 모두, 전부 | **分为** fēnwéi 동 (~로) 나누다 | **具有** jùyǒu 동 지니다, 가지다, 있다 | **代表性** dàibiǎoxìng 명 대표성 | **全息** quánxī 형 홀로그래픽 | **实物** shíwù 명 실물 | **展品** zhǎnpǐn 명 전시품 | **系统** xìtǒng 형 체계적이다 | ★**展示** zhǎnshì 동 드러내다, 나타내다, 전시하다 | **古城** gǔchéng 명 고성 | **沧桑** cāngsāng 세상의 변천이 몹시 심하다 [沧桑变化: 변화무쌍하다] | **厅** tīng 명 홀, 관 | **序** xù 형 처음의, 정식 내용 앞에 있는 | ★**陈列** chénliè 동 진열하다 | **典籍** diǎnjí 명 옛날 책, 고서 | **国宝** guóbǎo 명 국보 | **级** jí 명 등급, 계급 | **作品** zuòpǐn 명 (문학, 예술의) 작품, 창작품 | **名家** míngjiā 명 명인, 어떤 분야에서 명망 높은 사람 | **书画** shūhuà 명 서화 | **佳作** jiāzuò 명 걸작, 뛰어난 작품 | **万国** wànguó 명 만국, 세계 각국, 전 세계 | **朝** cháo 동 참배하다 | **幻影** huànyǐng 명 환영 | **成像** chéngxiàng 동 영상을 형성하다 | **形象** xíngxiàng 형 구체적이다 | ★**展现** zhǎnxiàn 동 드러내다, 나타나다 | **作为** zuòwéi 개 ~로서 | **国际化** guójìhuà 명 국제화 | **大都市** dàdūshì 명 대도시 | **繁荣** fánróng 형 번영하다, 번창하다 | **景象** jǐngxiàng 명 모습, 모양 | **目前** mùqián 명 현재, 지금 | **项目** xiàngmù 명 프로젝트 | **入驻** rùzhù 동 입주하다, 참가하다 | **设有** shèyǒu 동 ~의 시설이 되어 있다 | **体验** tǐyàn 명 체험 | **馆** guǎn 명 [문화재를 진열하거나 문화 행사를 하는 곳] | **汴绣** biànxiù 명 카이펑 자수 | **木版** mùbǎn 명 목판 | **画展** huàzhǎn 명 화전, 회화 전람회 | **零距离** língjùlí 형 거리감 없이 | **感受** gǎnshòu 동 (영향을) 받다, 감수하다, 느끼다 | **名师** míngshī 명 유명한 스승 | ★**高超** gāochāo 형 출중하다, 특출나다, 뛰어나다 | **技艺** jìyì 명 기예, 기술 | **建都** jiàndū 동 수도를 세우다 | **元代** Yuán dài 원나라 시기 | **曲艺** qǔyì 명 [민간에 유행되는 지방색이 농후한 각종 설창 문예의 총칭] | **乡** xiāng 명 고향 | **名城** míngchéng 명 유명한 도시, 이름난 도시 | **景观** jǐngguān 명 경관, 경치 | **著称** zhùchēng 동 유명하다, 저명하다, 이름나다 | **游览** yóulǎn 동 (풍경·명승 등을) 유람하다 | **景点** jǐngdiǎn 명 경치가 좋은 곳, 명승지, 명소 | ★**分散** fēnsàn 형 분산하다, 흩어지다 | **古迹** gǔjì 명 고적 | **对外** duìwài 대외적인 | **开放** kāifàng 동 (공원·도서관·전람회장 따위의) 공공장소를 (일반에게) 공개하다 | **纪念品** jìniànpǐn 명 기념품 | **拍卖** pāimài 명 경매, 박매 | **藏** cáng 동 저장하다, 간수하다 | **展览** zhǎnlǎn 동 전람하다 | **用品** yòngpǐn 명 용품, 도구

듣기 제3부분

4 D [区分用户是… 사용자가 ~인지 구분하다 → 区分用户类别 사용자 유형을 구분하다] 녹음이 시작하자마자 '验证码(인증 번호)'가 무엇인지 설명했고, 이 부분에서 바로 정답이 나왔다. 녹음 첫 부분에 소개하려는 대상이 무엇인지 바로 나오는 경우가 많기 때문에 처음부터 집중해서 듣는 것이 매우 중요하다.

5 C [有助于人脑直接识别 사람의 뇌가 직접 식별하도록 돕다] 녹음에서는 '有助于'로, 보기에서는 '利于'로, 동사 표현만 달리 했을 뿐 나머지 주요 표현은 그대로 쓰였다. '有助于/有利于/利于'가 모두 '~에 도움이 되다'는 표현으로 쓰인다는 점을 기억하도록 하자.

6 B [清晰度不够 해상도가 낮다 → 不够清晰 충분히 선명하지 않다] 녹음의 '해상도가 낮다(清晰度不够)'는 내용이 보기에서는 '不够清晰'로 표현되었다. 내용을 파악했다면 어휘의 순서가 다른 것은 문제가 되지 않지만, 어휘를 몰랐다면 내용 파악이 불가능하므로 꾸준한 어휘 공부가 필수이다.

7 C [优化图片验证码 이미지 인증 번호를 최적화하다] 녹음 말미에 '이미지 인증 번호를 최적화한다'고 직접적으로 언급했다. 녹음 초반에 인증 번호는 현재 인터넷 사이트에서 많이 채택한다고 말했기 때문에 A는 답이 될 수 없다.

第4到7题，是根据下面一段话：

[4]验证码是一种区分用户是人还是计算机的全自动公共程序，能够防止恶意刷票、论坛灌水和破解密码等行为。使用验证码是当前许多网站采用的方式，验证码内容一般由字母和数字构成。

2014年年末，中国火车票购票网站上的验证码开始使用图片识别的形式，这个创新引发了人们的热议。工作人员表示以前采用字母和数字组合式验证码的时候，旅客识别出这类验证码大约要三秒钟的时间，而使用抢票软件时只要0.2秒。因此这对通过一般途径购票的旅客来说很不公平，与字母加数字的验证方式相比，[5]图片验证码更有助于人脑直接识别，从而提升买票的公平性。[6]但也有很多旅客反映这类图片验证码存在识别难度大、清晰度不够等问题。

现在铁路部门正通过不断更新清晰度更高的图片和不断[7]优化图片验证码等方式来保证旅客的购票效率，可要是图片太清晰，对于抢票软件来说识别难度也会有所下降。因此怎样掌握好这个平衡就显得尤为重要了。

4~7번 문제는 다음 내용에 근거한다.

[4]인증 번호는 사용자가 사람인지 컴퓨터인지를 구분하는 전자동 공공 프로그램으로, 악의적인 광클릭, 게시판 도배, 암호 해제 등의 행위를 방지할 수 있다. 인증 번호 사용은 현재 많은 웹 사이트에서 채택하는 방식이다. 인증 번호의 내용은 일반적으로 알파벳과 숫자로 구성되어 있다.

2014년 연말, 중국 기차표 구매 사이트에서 인증 번호를 이미지를 식별하는 형식으로 쓰기 시작했고, 이 혁신은 사람들의 관심을 모았다. 관계자는 예전에 알파벳과 숫자 조합식 인증 번호일 때는 승객을 식별하는 데에 대략 3초가 걸렸는데, 기차표 구입 프로그램을 사용할 때는 0.2초밖에 안 걸려서, 일반적인 방식으로 표를 구입하는 승객들에게는 불공평했고, 알파벳과 숫자의 인증 방식과 비교해, [5]이미지 인증 번호는 사람의 뇌가 직접 식별하도록 도와줌으로써 표 구입 시 형평성을 높여 준다고 말한다. [6]하지만 많은 승객들이 이러한 이미지 인증 번호는 식별하기에 어려움이 크고, 해상도가 낮다는 등의 문제를 제기한다.

현재 철도교통 부처는 해상도가 더 높은 이미지로 끊임없이 업데이트하고, 끊임없이 [7]이미지 인증 번호를 최적화하는 등의 방식을 통해 승객의 표 구입 효율을 보장하고자 한다. 하지만 이미지가 너무 선명하면 기차표 구입 프로그램에 있어서 인식 난도가 또 다소 떨어지게 된다. 그래서 어떻게 이 균형을 잡느냐가 특히 중요해 보인다.

4 关于验证码，可以知道什么？

A 能根据喜好设置
B 可代替密码
C 只有四个数字
D 可区分用户类别

4 인증 번호에 관하여 무엇을 알 수 있는가?

A 선호도에 따라 설정할 수 있다
B 비밀번호를 대체할 수 있다
C 4개 숫자밖에 없다
D 사용자의 유형을 구분할 수 있다

5 图片验证码有什么好处?
A 保密性最高
B 样式更新奇
C 利于人脑识别
D 增加了趣味性

5 이미지 인증 번호는 어떤 장점이 있는가?
A 보안성이 가장 강하다
B 모양이 더욱 신기하다
C 인간의 뇌가 식별하는 데에 유리하다
D 흥미 요소를 높였다

6 许多旅客反映了什么问题?
A 网站泄露信息
B 验证码不够清晰
C 购票网页容易瘫痪
D 登录步骤非常繁琐

6 많은 승객들은 어떤 문제를 제기하였는가?
A 웹 사이트가 정보를 유출시켰다는 점
B 인증 번호가 충분히 선명하지 않다는 점
C 표 구입 웹 페이지가 다운되기 쉽다는 점
D 로그인 절차가 매우 복잡하다는 점

7 根据这段话，下列哪项正确?
A 验证码已被淘汰
B 抢票软件都有病毒
C 图片验证码有待优化
D 用户可选择验证方式

7 이 글에 따르면 다음 중 옳은 것은 무엇인가?
A 인증 번호는 이미 도태되었다
B 표 구입 프로그램은 모두 바이러스가 있다
C 이미지 인증 번호는 최적화되어야 한다
D 사용자는 인증 방식을 선택할 수 있다

验证码 yànzhèngmǎ 인증 번호 | ★区分 qūfēn 동 구분하다, 분별하다 | ★用户 yònghù 명 사용자, 가입자, 아이디(ID) | 计算机 jìsuànjī 명 컴퓨터, 계산기 | 全 quán 부 모두, 완전히 | 自动 zìdòng 형 자동으로 | 公共 gōnggòng 형 공공의, 공중의 | 程序 chéngxù 명 프로그램, 순서, 절차 | ★防止 fángzhǐ 동 방지하다 | 恶意 èyì 명 악의 | 刷票 shuā piào 광클릭, 부정투표, 중복 투표 | ★论坛 lùntán 명 게시판, 의견을 논술하는 장소 | 灌水 guànshuǐ 동 댓글로 도배하다 [인터넷 게시글에 대해 다량의 댓글을 과도하게 다는 행위] | 破解 pòjiě 동 풀다 | 行为 xíngwéi 명 행위, 행동 | ★当前 dāngqián 명 현재, 현 단계 | 采用 cǎiyòng 동 채용하다, 적합한 것을 골라 쓰다 | 字母 zìmǔ 명 알파벳, 자모 | 构成 gòuchéng 동 구성하다 | 年末 niánmò 명 연말 | 图片 túpiàn 명 [사진·그림·탁본 등의 총칭] | ★识别 shíbié 동 식별하다, 변별하다, 분별하다 | 形式 xíngshì 명 형식, 형태 | ★创新 chuàngxīn 명 혁신, 창의성, 창조성 | 引发 yǐnfā 동 일으키다, 야기하다, 자아내다 | 热议 rèyì 동 광범위하고 열렬하게 토론하다 [신조어] | 工作人员 gōngzuò rényuán 관계자 | 组合式 zǔhéshì 조합식의, 조립식의 | 旅客 lǚkè 명 여객, 여행자 | 抢票软件 qiǎng piào ruǎnjiàn 표 구입 프로그램 | ★途径 tújìng 명 방법, 방도, 수단 | 公平 gōngpíng 형 공평하다, 공정하다 | 方式 fāngshì 명 방식 | 相比 xiāngbǐ 동 비교하다 | ★验证 yànzhèng 동 검증하다 | 有助于 yǒuzhùyú ~에 도움이 되다 | 从而 cóng'ér 접 따라서, 이리하여, 그리하여 | 提升 tíshēng 동 높이다, 진급하다, 진급되다 | 反映 fǎnyìng 동 반영하다 | 难度 nándù 명 어려운 정도 | 清晰度 qīngxīdù 명 (사진·화면 따위의) 해상도, 선명도 | 不够 búgòu 동 모자라다, 부족하다 | 铁路 tiělù 명 철도 | 部门 bùmén 명 부처, 부서 | 不断 búduàn 부 끊임없이, 부단히, 계속해서 | ★更新 gēngxīn 동 업데이트하다, 갱신하다 | 优化 yōuhuà 동 (여러 가지 방안·조치·요소 가운데서) 최적화하다 | 效率 xiàolǜ 명 효율 | 下降 xiàjiàng 동 떨어지다, 낮아지다 | 掌握 zhǎngwò 동 파악하다, 숙달하다, 정복하다 | 平衡 pínghéng 동 균형을 맞추다 | 显得 xiǎnde 동 분명히 ~이다 | 尤为 yóuwéi 부 특히, 더욱이 | ★设置 shèzhì 동 설치하다, 설립하다, 세우다, 놓다 | 代替 dàitì 동 대체하다, 대신하다 | 类别 lèibié 명 분류 | 保密性 bǎomìxìng 명 보안성 | 样式 yàngshì 명 양식, 모양 | 新奇 xīnqí 형 신기하다, 새롭다 | 利于 lìyú ~에 도움이 되다 | ★趣味 qùwèi 명 흥미, 재미, 흥취 | ★泄露 xièlòu 동 (비밀·기밀 등을) 새 나가다, 누설하다, 폭로하다 | 网页 wǎngyè 명 인터넷 홈페이지 | ★瘫痪 tānhuàn 동 마비되다, 정지되다 | ★登录 dēnglù 동 등록하다, 등재하다 | 步骤 bùzhòu 명 (일이 진행되는) 절차, 순서, 차례 | 繁琐 fánsuǒ 형 번거롭다 | ★淘汰 táotài 동 (쓸데없거나 적합하지 않은 것 등을) 도태하다, 추려 내다 | 病毒 bìngdú 명 바이러스 | 有待 yǒudài 동 ~할 필요가 있다

track 46

• Day 16 8 A 9 B 10 C 11 D 12 A 13 D

8 A [对皮肤的确有一定的损伤 피부에 어느 정도 손상을 일으키다] 휴대폰이 발산하는 빛은 피부에 어느 정도 손상을 일으킬 수 있다고 언급했으므로, 보기 A가 정답이다. 휴대폰 빛은 '가시광선'이라고 했으므로 C는 답이 아니다.

9 B [已带有少许强迫症的意味了 이미 어느 정도 강박증의 의미를 가지고 있다] 녹음 마지막에, 셀카 중독이 '强迫症(강박증)'의 의미를 가지고 있다고 했으므로, 보기 B가 정답이다. 나머지 보기들은 녹음에 전혀 언급되지 않았다.

10 C [可只要能够…… ~할 수 있기만 하면] 사용 시간을 잘 제어하면 피부에 심각한 손상을 주지 않는다는 말을 통해 '사용 시간을 줄이라'는 것을 유추해야 했다. 녹음 흐름대로 문제가 나오지 않아서 더 어렵게 느껴졌을 수 있다.

第8到10题，是根据下面一段话：

近来，“频繁地自拍很容易让皮肤受损而引起早衰”这一说法令很多爱自拍的人十分担忧。光学专家指出，高能可见光、太阳与空气污染是对皮肤产生不良影响的三种主要外部因素。这三者都有可能引发皮肤发炎发热，并且使皮肤自我防御与恢复能力下降。[8]手机所发出的光属于高能可见光，对皮肤的确有一定的损伤，[10]可只要能够很好地控制使用时间，并不会对皮肤产生特别严重的伤害。

另外，我们应避免“自拍成瘾”。频繁自拍并把照片“晒”到网上，这种自我心理满足的方式虽然本身并没有多大危害，但对任何一件事情，若“上瘾”超出了正常的范围，便会成为危险的信号。[9]自拍成瘾会令人形成某种惯性，一不上传自拍便会感到非常焦虑，而如此无法控制自我的行为已带有少许强迫症的意味了。

8~10번 문제는 다음 내용에 근거한다.

최근 '자주 셀카를 찍는 것은 피부를 손상시켜서 조기 노화를 일으키기 쉽다'는 견해에 셀카 찍기를 좋아하는 많은 사람들이 매우 걱정을 했다. 광학 전문가에 따르면 고에너지 가시광선, 태양, 공기 오염이 피부에 안 좋은 영향을 주는 세 가지 주된 외부 요인이라고 한다. 이 세 가지는 피부에 염증과 열감을 일으킬 수 있고, 피부의 자기 방어와 회복력을 낮춘다. [8]휴대폰이 발산하는 빛은 고에너지 가시광선에 속해서 피부에 어느 정도 손상을 일으킬 수 있기는 하지만, [10]사용 시간을 잘 제어할 수 있기만 하면 피부에 심각한 손상을 주지는 않는다.

그밖에, 우리는 '셀카 중독'을 피해야 한다. 셀카를 자주 찍고 사진을 인터넷에 '자랑하는' 자아 심리 만족 방식은 그 자체로는 해로움이 크지 않지만, 어떠한 일에 대해 '중독' (정도)가 정상 범위를 넘는다면 위험 신호가 될 수 있다. [9]셀카 중독은 사람에게 습관을 형성하게 만든다. 셀카를 업데이트하지 않으면 초조함을 느끼게 되고, 이러한 자아 통제가 안 되는 행위는 이미 어느 정도 강박증의 의미를 가지고 있다.

8 关于手机光，可以知道什么？

A 会损伤皮肤
B 会使人心情不好
C 含有红外线
D 导致发育不良

8 휴대폰 빛에 대해서 무엇을 알 수 있는가?

A 피부를 손상시킬 수 있다
B 기분을 좋지 않게 할 수 있다
C 적외선을 함유하고 있다
D 발육 상태 이상을 야기한다

9 “自拍成瘾”有危险的原因是什么？

A 伤害自尊心
B 引发强迫症
C 患上腰椎病
D 容易暴露自身缺点

9 '셀카 중독'이 위험한 이유는 무엇인가?

A 자존심을 상하게 한다
B 강박증을 유발한다
C 척추에 질환을 유발한다
D 자신의 단점을 드러내기 쉽다

10 根据这段话，我们应该怎么做？

A 出门一定要防晒
B 将手机屏幕调亮
C 缩短手机使用时间
D 不要在乎别人的看法

10 이 글에 따르면 우리는 어떻게 해야 하는가?

A 외출할 때는 반드시 자외선을 차단해야 한다
B 휴대폰 스크린을 밝게 한다
C 휴대폰 사용 시간을 줄인다
D 다른 사람의 의견을 신경 쓰지 않아야 한다

★**近来** jìnlái 명 최근, 근래, 요즘 | ★**频繁** pínfán 형 잦다, 빈번하다 | **自拍** zìpāi 셀카, 셀프 카메라 | **受损** shǒusǔn 동 손실을 입다, 손해를 보다 | **早衰** zǎoshuāi 동 일찍 노쇠하다, 일찍 쇠약하고 늙다 | **说法** shuōfa 명 견해, 의견 | **令** lìng 동 ~하게 하다, ~를 시키다 | **担忧** dānyōu 동 걱정하다, 근심하다 | **光学** guāngxué 명 광학 | **专家** zhuānjiā 명 전문가 | **指出** zhǐchū 동 지적하다, 밝히다, 가리키다 | **高能** gāonéng 명 고에너지 | **可见光** kějiànguāng 명 가시광선 | **产生** chǎnshēng 동 생기다, 발생하다, 나타나다 | **不良** bùliáng 형 좋지 않다, 불량하다 | **外部** wàibù 명 외부 | **因素** yīnsù 명 요인, 요소 | **引发** yǐnfā 동 일으키다, 야기하다, 자아내다 | ★**发炎** fāyán 동 염증을 일으키다, 염증이 생기다 | **发热** fārè 동 열을 발하다 | **自我** zìwǒ 명 자아, 자기 자신 | ★**防御** fángyù 동 방어하다 | **恢复** huīfù 동 회복하다 | **所** suǒ 조 [한정어로 쓰이는 주술 구조의 동사 앞에 쓰여, 즉 '명사+~+동사+的'의 형태로 명사를 수식함] | **属于** shǔyú 동 ~에 속하다 | **确** què 부 확실히, 분명히, 정말 | **损伤** sǔnshāng 명 손상 | **控制** kòngzhì 동 제어하다, 통제하다, 규제하다 | **并** bìng 부 결코, 전혀, 조금도 [부정사 앞에 쓰여 부정의 어투 강조] | **伤害** shānghài 동 (몸을) 상하게 하다, 손상시키다, 다치게 하다 | **避免** bìmiǎn 동 피하다, 면하다 | **成瘾** chéngyǐn 동 중독되다 | **晒** shài 동 (홈페이지나 웹상에) 공개하다, 공유하다 [share에서 따온 차용어] | **网上** wǎngshang 명 인터넷, 온라인 | **心理** xīnlǐ 명 심리 | **满足** mǎnzú 동 만족시키다 | **方式** fāngshì 명 방식, 방법 | ★**本身** běnshēn 명 그 자체, 자신, 본인 | **多大** duōdà 부 (부정문에 쓰여) 별로, 그다지 | **危害** wēihài 명 위해, 해 | **若** ruò 접 만약, 만일 | ★**上瘾** shàngyǐn 동 중독되다, 인이 박히다

| 超出 chāochū 동 넘다, 초과하다 | 范围 fànwéi 명 범위 | 便 biàn 부 곧, 바로 [=就] | 信号 xìnhào 명 신호 | 形成 xíngchéng 동 형성되다, 이루어지다 | 某 mǒu 대 아무, 어느 | 惯性 guànxìng 명 관성 | 上传 shàngchuán 동 업로드하다 | 感到 gǎndào 동 느끼다, 여기다 | 焦虑 jiāolǜ 형 초조하다, 걱정스럽다 | 如此 rúcǐ 대 이와 같다, 이러하다 | 无法 wúfǎ 동 방법이 없다, 할 수 없다 | 行为 xíngwéi 명 행위, 행동 | 带有 dàiyǒu 동 띠고 있다 | 少许 shǎoxǔ 형 약간의, 소량의 | 强迫症 qiángpòzhèng 명 강박증 | 意味 yìwèi 명 의미, 함축, 내포 | 含有 hányǒu 동 함유하다, 포함하다 | 红外线 hóngwàixiàn 명 적외선 | 导致 dǎozhì 동 (어떤 사태를) 야기하다, 초래하다 | ★发育 fāyù 동 발육하다, 자라다 | 自尊心 zìzūnxīn 명 자존심 | 患 huàn 동 병이 나다, 병에 걸리다 | 腰椎病 yāozhuībìng 명 허리 디스크 | ★暴露 bàolù 동 드러내다, 폭로하다 | 自身 zìshēn 명 자신 | 防晒 fángshài 동 자외선을 차단하다 | 将 jiāng 개 ~를 [=把] | ★屏幕 píngmù 명 영사막, 스크린(screen) [여기서는 '액정 화면'을 가리킴] | 调 tiáo 동 조절하다 | 缩短 suōduǎn 동 (원래의 거리·시간·길이 등을) 단축하다 | 在乎 zàihu 동 신경 쓰다

결론을 강조하는 어휘 '可见 kějiàn ~라고 볼 수 있다' '总之 zǒngzhī 결론적으로 말해서' '因此 yīncǐ 그래서' 뒤에 오는 내용이 답이 되는 경우가 많다.

11 D [之所以A，是为了B A한 까닭은 B하기 위함이다] 녹음 시작 부분의 접속사 구문 '之所以A，是为了B(A한 까닭은 B하기 위함이다)'에 힌트가 있었다. 이 접속사 구문은 문장 관계 파악을 위해서 반드시 익혀 두자.

12 A [愉悦 기쁘다 → 感兴趣 흥미로워하다] 녹음의 '愉悦(기쁘다)'와 의미가 상통하는 보기는 '感兴趣(흥미로워하다)'뿐이다.

13 D [毫无关联 조금도 관련이 없다] '其实(사실은)' 뒤에는 정답과 관련 있는 문장이 자주 출제되니 반드시 집중하자! '其实' 뒤에 'SNS에 만들어 낸 이미지와 진짜 자아는 관련이 없다'는 내용이 언급됐다.

第11到13题，是根据下面一段话：

研究人员指出，[11]人们之所以会在网上分享各种消息或情报，主要是为了让自己成为一个对他人有用的人。调查数据也表明，[12]人们好像总是在找寻可以帮助别人、让别人觉得愉悦的内容。

每当接触到新信息的时候，人们便会迅速地判断这些内容是否可以引起他人的兴趣，急切地想分享给其他人。实际上这是一种自然而然地确立社会属性的行为。人们渴望通过在社交网站上分享消息、情报来塑造理想的自我形象。[13]其实这一形象与真实自我毫无关联。只是人们自己觉得，这个被塑造出的社交形象应是他们真实的代表。

换句话说，人们期待着有一天可以成为自己塑造出的那个人。因此，人们才会很积极地在社交网站上分享一些和这一形象相符的信息来强化印象。

11～13번 문제는 다음 내용에 근거한다.

연구자들은 [11]사람들이 인터넷에 각종 소식이나 정보를 공유하는 까닭은 주로 자신이 다른 사람에게 유용한 사람이 되기 위해서라고 한다. 조사 데이터에서도 [12]사람들은 늘 다른 사람을 돕고 다른 사람이 기쁨을 느낄 수 있는 콘텐츠를 찾아 헤매는 것 같다고 한다.

새로운 정보를 접할 때마다 사람들은 이 내용이 다른 사람의 흥미를 유발할 수 있는지 빠르게 판단하고, 다른 사람에게 서둘러 공유하고 싶어 한다. 사실 이는 자연스럽게 사회적 속성을 확립하는 행위이다. 사람들은 SNS에 공유하는 소식, 정보를 통해서 이상적인 자아 이미지를 만들고 싶어 한다. [13]사실 이 이미지와 진짜 자아는 조금도 관련이 없다. 다만 사람들이 스스로 느끼기에 이 만들어진 SNS 이미지가 그들의 진실한 대표여야 한다고 생각하는 것일 뿐이다.

바꾸어 말하면, 사람들은 어느 날 자신이 만들어 낸 그 사람이 되기를 기대하고 있다는 것이다. 그래서 사람들이 적극적으로 SNS에 이 이미지와 부합하는 정보를 공유해서 인상을 강화하는 것이다.

11 人们积极地在网上分享内容的原因是什么？

A 倡导和平
B 履行义务
C 渴望被其他人了解
D 希望自己对别人有用

11 사람들이 적극적으로 인터넷에 콘텐츠를 공유하는 이유는 무엇인가?

A 평화를 널리 알리기 위해서
B 의무를 이행하기 위해서
C 다른 사람에게 이해 받는 것을 갈망해서
D 자신이 다른 사람에게 유용하기를 바라서

12 人们迫切地想和他人分享什么信息?

A 他人感兴趣的
B 学术类的
C 保护环境的
D 能够开阔视野的

13 关于被塑造出来的理想的自我形象，能够知道什么?

A 是自信的体现
B 不具有代表性
C 是他人形象的投射
D 与真实自我无关

12 사람들이 서둘러 다른 사람에게 공유하려는 것은 어떤 정보인가?

A 다른 사람이 흥미로워하는 것
B 학술적인 것
C 환경을 보호하는 것
D 시야를 넓힐 수 있는 것

13 만들어진 이상적인 자아 이미지에 대해 무엇을 알 수 있는가?

A 자신감을 드러내는 것이다
B 대표성을 갖추고 있지 않다
C 타인의 이미지를 투영한 것이다
D 진짜 자아와 관계가 없다

研究人员 yánjiū rényuán 명 연구원 | **指出** zhǐchū 동 밝히다, 지적하다, 가리키다 | **之所以** zhīsuǒyǐ 접 ~한 까닭, ~의 이유 [之所以A，是为了B: A한 까닭은 B하기 위함이다] | **网上** wǎngshàng 명 인터넷, 온라인 | **分享** fēnxiǎng 동 (기쁨·행복·좋은 점 등을) 공유하다, 함께 나누다 | ★**情报** qíngbào 명 정보 | **有用** yǒuyòng 동 유용하다, 쓸모가 있다 | **数据** shùjù 명 데이터, 통계 수치 | **表明** biǎomíng 동 분명하게 밝히다, 표명하다 | **找寻** zhǎoxún 동 찾다 | **愉悦** yúyuè 형 유쾌하고 기쁘다 | **接触** jiēchù 동 접촉하다, 관계를 갖다 | **便** biàn 부 곧, 바로 [=就] | **迅速** xùnsù 형 신속하다, 재빠르다, 날래다 | **兴趣** xìngqù 명 흥미, 취미 | ★**急切** jíqiè 형 급박하다, 다급하다 | **自然而然** zìrán'érrán 자연히, 저절로, 자연스럽게 | ★**确立** quèlì 동 확립하다, 확고하게 세우다 | **属性** shǔxìng 명 속성 | **行为** xíngwéi 명 행위, 행동 | ★**渴望** kěwàng 동 갈망하다, 간절히 바라다 | **社交网站** shèjiāo wǎngzhàn SNS, 사회 관계망 서비스 | ★**塑造** sùzào 동 (문자로) 인물을 형상화하다 | **自我** zìwǒ 명 자아, 자기 자신 | **形象** xíngxiàng 명 형상, 이미지 | **真实** zhēnshí 형 진짜, 진실하다 | ★**毫无** háowú 조금도 ~가 없다 | **关联** guānlián 동 관련되다 | **社交** shèjiāo 명 사교 [여기서는 'SNS'로 쓰임] | **代表** dàibiǎo 명 대표, 대표자 | **换句话说** huàn jù huà shuō 바꾸어 말하면, 다시 말하면 | **期待** qīdài 동 기대하다, 기다리다 | **相符** xiāngfú 형 서로 부합되다, 서로 일치하다 | **强化** qiánghuà 동 강화하다, 강하고 공고하게 하다 | ★**倡导** chàngdǎo 동 널리 알리다, 앞장서서 제창하다 | **和平** hépíng 명 평화 | ★**履行** lǚxíng 동 이행하다, 실행하다, 실천하다 | **义务** yìwù 명 의무 | **迫切** pòqiè 형 급박하다, 다급하다 | **学术** xuéshù 명 학술 | **类** lèi 명 종류, 분류 | ★**开阔** kāikuò 동 넓히다 | ★**视野** shìyě 명 시야, 시계 | **体现** tǐxiàn 동 구체적으로 드러내다, 체현하다 | **具有** jùyǒu 동 있다, 지니다, 가지다 | **代表性** dàibiǎoxìng 명 대표성 | **投射** tóushè 동 투영하다, 투사하다 | **无关** wúguān 동 관계가 없다, 무관하다

track 47

• Day 17 **14** A **15** C **16** C **17** A **18** A **19** A

14 A [通过蒸发海带汤，人们得到了……谷氨酸钠 사람들은 미역국을 증발시켜서 ~한 글루탐산나트륨을 얻었다] '谷氨酸钠(글루탐산나트륨)'의 뜻을 꼭 알아야 하는 것은 아니지만, 'gǔ'ānsuānnà'라는 발음 정도는 기억해 보자.

15 C [不使用化学原料 화학 원료를 사용하지 않는다 / 使用 사용하다 ≒ 采用 선택하여 사용하다] '味精(조미료)'은 간장, 식초, 술과 생산 방식이 유사하다고 했는데, 이들은 '生产过程(생산 과정)'에서 '化学原料(화학 원료)'를 사용하지 않는다고 했으므로 정답은 보기 C이다. 문장이 길기는 했지만 핵심 키워드가 큰 변형 없이 사용되었고, 다른 보기가 언급되지도 않아서 정답은 수월하게 찾을 수 있었을 것이다.

16 C [未发现它有什么危害性 어떤 위험성도 발견되지 않았다 → 无害 무해하다] 녹음 말미에 조미료에 위험성이 없다고 언급하였다. 대량으로 글루탐산나트륨을 썼을 경우, 매우 민감한 동물에 신경 독성이 생길 수도 있다는 내용을 듣고, '동물'이 나왔다고 보기 A를 답으로 고르면 안 된다.

第14到16题是根据下面一段话

人类很早就开始将各种浓汤作为调味品，以增加食物的鲜味。后来，[14]通过蒸发海带汤，人们得到了特别鲜的谷氨酸钠，这便是味精的主要成分。

尽管味精提高了食物的鲜味，可不少人觉得它是化工产品，多吃不利于身体健康。其实并非如此，最初的味精是利用水解蛋白质纯化而得到的，[15]而在现代工业的生产中，则是通过发酵一种擅于分泌谷氨酸的细菌来获取的，发酵的原料可以为甘蔗、甜菜、淀粉乃至废糖等，这其实与酱油、醋和酒的生产方式相似。在生产过程中并不使用化学原料，若酱油、醋和酒被视为天然产物，那味精也应该算是天然产物。

针对味精安全性的研究有不少，[16]但却未发现它有什么危害性，只有极个别的实验指出，在大剂量的情况下，它对某一种特别敏感的动物可能会产生神经毒性，但这种剂量远高于人类从食物中可能摄取的量。

14～16번 문제는 다음 내용에 근거한다.

인류는 일찍부터 음식의 감칠맛을 높이기 위해 각종 육수를 조미료로 여기기 시작했다. 훗날 [14]사람들은 미역국을 증발시켜 매우 맛이 좋은 글루탐산나트륨(MSG)를 얻게 되었는데, 이것이 바로 조미료의 주요 성분이다.

조미료는 음식의 감칠맛을 높여 주었지만, 많은 사람들이 조미료가 화공품이라 많이 먹으면 신체 건강에 좋지 않다고 생각한다. 사실은 전혀 그렇지 않다. 최초의 조미료는 가수 분해 단백질을 정화해서 얻어 냈지만 [15]현대 공업 생산에서는 글루탐산 분비를 잘하는 박테리아를 발효하여 얻어 낸다. 발효 원료로는 사탕수수, 사탕무, 전분과 폐설탕 등이 있다. 이는 사실 간장, 식초, 술의 생산 방식과 유사하다. 생산 과정에서 화학 원료를 사용하지 않으니 간장, 식초, 술을 천연 생산물로 본다면, 조미료 역시 천연 생산물인 셈이다.

조미료의 안전성에 대한 연구가 많았지만 [16]조미료에서 어떤 위험성도 발견되지 않았다. 단지 극소수의 실험에서만 많은 양의 경우 특히 예민한 동물에 신경 독성이 생길 수 있다고 했지만, 그 사용량은 사람들이 음식으로 섭취하는 양보다 훨씬 많다.

14 早先人们通过哪种方式得到了谷氨酸钠?

A 蒸发海带汤
B 提炼动物油
C 净化海水
D 分解淀粉

14 이전에 사람들은 어떤 방식으로 글루탐산나트륨을 얻었는가?

A 미역국을 증발시켜서
B 동물의 기름을 추출해서
C 해수를 정화해서
D 전분을 분해해서

15 关于味精的现代生产过程，能够知道什么?

A 要放大量糖分
B 一定要保证无菌环境
C 不采用化学原料
D 会产生很多废弃物

15 조미료의 현대 생산 과정에 대해서 무엇을 알 수 있는가?

A 대량의 당분을 넣어야 한다
B 무균 환경을 반드시 보장해야 한다
C 화학 원료를 사용하지 않는다
D 많은 폐기물이 생길 수 있다

16 根据这段话，下列哪项正确?

A 动物食用味精易过敏
B 味精盖住了食物原味
C 味精对人体无害
D 味精会污染空气

16 이 글에 따르면 다음 중 옳은 것은 무엇인가?

A 동물은 조미료를 먹으면 쉽게 알레르기가 생긴다
B 조미료는 음식 본연의 맛을 가린다
C 조미료는 인체에 무해하다
D 조미료는 공기를 오염시킬 수 있다

人类 rénlèi 명 인류 | **早就** zǎojiù 부 훨씬 전에, 일찍이, 이미 | **将** jiāng 개 ~를 [=把] | **各种** gè zhǒng 각종의, 갖가지의 | **浓汤** nóngtāng 명 육수 | **作为** zuòwéi 동 ~로 여기다 | **调味品** tiáowèipǐn 명 조미료, 향신료 | **食物** shíwù 명 음식물 | **鲜味** xiānwèi 명 감칠맛, 신선한 맛 | ★**蒸发** zhēngfā 동 증발하다 | **海带汤** hǎidàitāng 명 미역국 | **得到** dédào 동 얻다, 받다, 획득하다 | **鲜** xiān 형 맛이 좋다 | **谷氨酸钠** gǔ'ānsuānnà 명 글루탐산나트륨(MSG) | **便** biàn 부 곧, 바로 [=就] | **味精** wèijīng 명 조미료 | **成分** chéngfèn 명 (구성) 성분, 요소 | **化工** huàgōng 명 화공, 화학 공업 | **产品** chǎnpǐn 명 제품, 생산품 | **利于** lìyú ~에 이롭다 | ★**并非** bìngfēi 부 결코 ~하지 않다, 결코 ~이 아니다 | **如此** rúcǐ 대 이와 같다, 이러하다 | **最初** zuìchū 명 최초, 처음, 맨 먼저 | **利用** lìyòng 동 이용하다 | **水解** shuǐjiě 명 가수 분해 | ★**蛋白质** dànbáizhì 명 단백질 | **纯化** chúnhuà 동 정화하다, 순화하다 | **现代** xiàndài 명 현대 | **工业** gōngyè 명 공업 | **生产** shēngchǎn 명 생산 | **则** zé 접 그러나, 오히려 | **发酵** fājiào 동 발효하다, 발효시키다 명 발효 | **擅** shàn 동 잘하다, 정통하다, 능수능란하게 하다 | ★**分泌** fēnmì 동 분비하다, 분비되어 나오다 | **谷氨酸** gǔ'ānsuān 명 글루탐산 | ★**细菌** xìjūn 명 세균 | **获取** huòqǔ 동 얻다, 획득하다 | **原料** yuánliào 명 원료, 감, 소재 | **甘蔗** gānzhè 명 사탕수수 | **甜菜** tiáncài 명 사탕무 | **淀粉** diànfěn 명 전분, 녹말 | **乃至** nǎizhì 접 내지, 더 나아가서 | **废** fèi 명 폐, 쓸모없는 것, 효력이 없는 것 | **酱油** jiàngyóu 명 간장 | **醋** cù 명 식초 | **方**

듣기 제3부분

式 fāngshì 명 방식, 방법 | 相似 xiāngsì 형 유사하다, 비슷하다 | 并 bìng 부 결코, 전혀, 조금도, 그다지, 별로 [부정사 앞에 쓰여 부정의 어투 강조] | 化学 huàxué 명 화학 | 若 ruò 접 만약, 만일 | 视为 shìwéi ~로 보다, 간주하다, 여기다 | 天然 tiānrán 형 천연의, 자연적인, 자연 그대로의 | 产物 chǎnwù 명 생산물, 생산품 | 针对 zhēnduì 동 초점을 맞추다, 겨누다, 조준하다 | 安全性 ānquánxìng 명 안전성 | 未 wèi 부 ~가 아니다 [부정을 나타냄] | 危害性 wēihàixìng 명 위험성, 위해성 | 个别 gèbié 형 극소수의, 일부의, 극히 드문 | 实验 shíyàn 명 실험 | 指出 zhǐchū 동 밝히다, 가리키다, 지적하다 | 剂量 jìliàng 명 사용량 | 某 mǒu 대 아무, 어느, 모 | 敏感 mǐngǎn 형 민감하다, 감각이 예민하다, 반응이 빠르다 | 产生 chǎnshēng 동 생기다, 발생하다, 나타나다 | ★神经 shénjīng 명 신경 | 毒性 dúxìng 명 독성 | 摄取 shèqǔ 동 섭취하다, 흡수하다 | 早先 zǎoxiān 명 옛날, 이전 | ★提炼 tíliàn 동 (물리·화학적인 방법을 통해) 추출하다, 정련하다 | 油 yóu 명 기름 | 净化 jìnghuà 동 정화하다, 맑게하다 | 海水 hǎishuǐ 명 바닷물, 해수 | ★分解 fēnjiě 동 분해하다 | 大量 dàliàng 형 대량의, 다량의 | 糖分 tángfèn 명 당분 | 无菌 wújūn 형 무균의 | 采用 cǎiyòng 동 사용하다, 적합한 것을 골라 쓰다 | 废弃物 fèiqìwù 명 폐기물 | 食用 shíyòng 동 먹다, 식용하다 | 过敏 guòmǐn 동 알레르기가 생기다 | ★掩盖 yǎngài 동 덮어 감추다 | 人体 réntǐ 명 인체 | 无害 wúhài 형 무해하다, 해롭지 않다

17 **A** [舒适轻松的氛围 쾌적하고 편안한 분위기 → 轻松舒适的氛围 편안하고 쾌적한 분위기] 녹음 초반부터 집중하지 못했다면 놓치기 쉬운 문제였다. 처음부터 집중하는 습관을 길러야 한다.

18 **A** [增强肠胃功能 위장의 기능을 강화하다] 보기 A의 내용이 그대로 언급되었다.

19 **A** [个性化 개성적이다] 배경음악을 고를 때 주의해야 하는 몇 가지 사항을 녹음 마지막에 언급했다. 보기 A의 '自身特色'는 녹음의 '个性化'를 다르게 표현한 것이다.

第17到19题是根据下面一段话：

[17]餐厅想要营造一种舒适轻松的氛围，除了要保障服务质量、环境卫生与菜肴品质以外，还少不了背景音乐的帮助。

用餐的时候听些优美的轻音乐能够让大脑交感神经变得兴奋，消化道的蠕动加强，消化腺分泌的消化液变多，从而有助于食物的消化，并且对营养物质的吸收有促进作用。与此同时，[18]慢节奏的音乐还能够让人细嚼慢咽，起到按摩肠胃的作用，从而增强肠胃功能。

现在，越来越多的餐厅开始注重背景音乐，好听的音乐能够舒缓紧张的神经，这能让顾客心情变得愉悦。[19]但需要注意的是背景音乐的选择应个性化，需要按照餐厅的生意状况、消费群体的欣赏习惯与经营特色等选择最适合的播放内容。

17～19번 문제는 다음 내용에 근거한다.

[17]식당에 쾌적하고 편안한 분위기를 조성하고자 한다면 서비스 품질, 환경 위생, 요리 품질을 보장하는 것 외에도 배경음악의 도움을 빼놓을 수 없다.

식사를 할 때 아름다운 경음악을 듣는 것은 대뇌 교감신경을 흥분시켜 소화기관의 연동운동이 더 활발해지고 소화샘이 분비하는 소화액이 더 많아져서 음식의 소화를 돕고 영양분 흡수에도 촉진 작용을 한다. 이와 동시에 [18]느린 템포의 음악은 사람들이 꼭꼭 씹어 천천히 먹도록 하고, 위장을 마사지하는 역할을 해서 위장의 기능을 강화한다.

현재 점점 더 많은 식당이 배경음악을 중시하기 시작했다. 듣기 좋은 음악은 긴장한 신경을 편안하게 이완시키고, 이것은 고객의 기분을 즐겁게 할 수 있다. [19]그러나 주의해야 할 점은 배경음악을 선택할 때는 개성적이어야 하고 식당의 장사 상황과 소비자의 감상 습관, 경영 특징 등에 맞춰 가장 적합한 플레이 리스트를 선택해야 한다는 것이다.

17 餐厅使用背景音乐的原因是什么？

A 营造轻松舒适的氛围
B 带动消费
C 迎合顾客的口味
D 调动员工积极性

17 식당이 배경음악을 사용하는 이유는 무엇인가?

A 편안하고 쾌적한 분위기를 조성하려고
B 소비를 이끌어 내려고
C 고객의 입맛에 맞추려고
D 직원의 적극성을 끌어내려고

18 听慢节奏音乐有什么功效？

A 增强肠胃功能
B 降低血脂
C 激发灵感
D 减少浪费

18 느린 템포의 음악을 듣는 것은 어떤 효과가 있는가?

A 위장의 기능을 강화한다
B 혈액 지질을 낮춘다
C 영감을 불러일으킨다
D 낭비를 줄인다

19 餐厅在选择背景音乐的时候需要注意的是什么?
A 展示自身特色
B 旋律要好听
C 与视频一起播放
D 符合当下潮流

19 식당이 배경음악을 선택할 때 주의해야 하는 것은 무엇인가?
A 자신의 특징을 보여 주어야 한다
B 선율이 아름다워야 한다
C 동영상과 함께 틀어 주어야 한다
D 그때의 유행과 맞아야 한다

营造 yíngzào 동 조성하다, 만들다 | **舒适** shūshì 형 쾌적하다, 편안하다 | **氛围** fēnwéi 명 분위기 | ★**保障** bǎozhàng 동 (생명·재산·권리 등을) 보장하다, 보증하다 | **卫生** wèishēng 명 위생, 보건 | **菜肴** càiyáo 명 요리 | ★**品质** pǐnzhì 명 품질, 질 | **以外** yǐwài 명 이외 [除了A以外, 还B: A 외에도 B하다] | **背景** bèijǐng 명 배경 | **用餐** yòngcān 동 식사를 하다, 밥을 먹다 | **优美** yōuměi 형 우아하고 아름답다 | **轻音乐** qīngyīnyuè 명 경음악 [경쾌하고 구성이 간단한 곡조가 아름다운 악곡] | **大脑** dànǎo 명 대뇌 | **交感** jiāogǎn 명 교감 | ★**神经** shénjīng 명 신경 | **变** biàn 동 변화하다 | **消化道** xiāohuàdào 명 소화기관 | **蠕动** rúdòng 동 연동운동을 하다 | **加强** jiāqiáng 동 강화하다, 증강하다 | **消化腺** xiāohuàxiàn 명 소화샘, 소화선 | ★**分泌** fēnmì 동 분비하다, 분비되어 나오다 | **消化液** xiāohuàyè 명 소화액 | **从而** cóng'ér 접 따라서, 이리하여, 그리하여 | **有助于** yǒuzhùyú ~에 도움이 되다 | **食物** shíwù 명 음식물 | **营养** yíngyǎng 명 영양 | **物质** wùzhì 명 물질 | **吸收** xīshōu 명 흡수, 섭취 | **促进** cùjìn 동 촉진하다 | **与此同时** yǔcǐ tóngshí 이와 동시에, 아울러 | ★**节奏** jiézòu 명 템포, 리듬, 박자 | **细嚼慢咽** xìjiáomànyàn 성 음식을 자근자근 씹고 천천히 먹다, 오래오래 씹고 천천히 삼키다 | **起到** qǐdào (어떤 상황을) 초래하다, 일으키다 [起到作用: 역할을 다하다, 작용을 하다] | ★**按摩** ànmó 명 마사지, 안마 | **肠胃** chángwèi 명 위장, 장과 위 | **增强** zēngqiáng 동 높이다, 강화하다, 증강하다 | **功能** gōngnéng 명 기능, 작용 | ★**注重** zhùzhòng 동 중시하다, 중점을 두다 | **舒缓** shūhuǎn 형 온화하다 | **愉悦** yúyuè 동 즐겁게 하다 | **个性化** gèxìnghuà 명 개성적, 개성화 | **状况** zhuàngkuàng 명 상황, 상태 | **消费** xiāofèi 명 소비 | **群体** qúntǐ 명 집단, 단체 | **欣赏** xīnshǎng 명 감상 | **经营** jīngyíng 동 경영, 운영 | **特色** tèsè 명 특징, 특색 | **播放** bōfàng 명 재생, 방영 | **带动** dàidòng 동 이끌어 나가다, 선도하다 | **迎合** yínghé 동 영합하다 | **口味** kǒuwèi 명 입맛, 기호, 맛 | ★**调动** diàodòng 동 불러일으키다, 동원하다, 자극하다, 환기하다 | **员工** yuángōng 명 직원 | **积极性** jījíxìng 명 적극성 | ★**功效** gōngxiào 명 기능, 효능, 효과 | **血脂** xuèzhī 명 혈액지질 [혈액 속에 내포된 중성 지방·콜레스테롤·인지질·유리 지방산 등을 가리킴] | ★**激发** jīfā 동 (감정을) 불러일으키다 | ★**灵感** línggǎn 명 영감 | ★**展示** zhǎnshì 동 드러내다, 나타내다 | **自身** zìshēn 명 자신 | ★**旋律** xuánlǜ 명 선율, 멜로디 | ★**视频** shìpín 명 동영상, 영상 신호 주파수 | **当下** dāngxià 부 그때, 그 당시 | ★**潮流** cháoliú 명 (사회적) 추세, 조류, 경향

track 48

● Day 18	20 C	21 B	22 A	23 B	24 A	25 A	26 C	27 B

20 C [已被人们广泛接受 이미 사람들에게 널리 받아들여지다] 이전에는 하위문화였지만 이제는 사람들에게 널리 받아들여졌다고 했다. 사람들에게 널리 받아들여졌다고 하더라도 주류 문화가 된 것인지는 알 수 없으므로 D는 답이 될 수 없다.

21 B [A的目的在于B A의 목적은 B에 있다] 파란색 선 캐릭터의 용도는 '약점을 귀여워 보이게 하거나 과장하는 것(弱点萌化、夸大化)'이며, '자조의 방식(自嘲的方式)'이기도 하다고 했다. 이 중 언급된 보기는 B뿐이다.

22 A [营造出有趣轻松的社交氛围 재미있고 가벼운 교류 분위기를 형성하다] 녹음 마지막에 이모티콘의 역할에 대해 정리했는데, '재미있고 가벼운 교류 분위기를 형성한다'는 내용은 보기 A와 뜻이 통한다.

23 B [刻画其他比较复杂概念的符号系统 비교적 복잡한 개념을 묘사할 수 있는 부호 시스템] 마지막 문제 유형을 미리 예상하고, 다른 문제들을 풀면서 마지막 문항도 같이 대조하면서 녹음을 들었어야 하는 어려운 유형이다. 녹음 중간에 '刻画其他比较复杂概念的符号系统(비교적 복잡한 개념을 묘사할 수 있는 부호 시스템)'이라는 언급이 있었고, 이를 간략하게 표현한 것이 보기 B이다. A는 녹음과 완전히 반대되는 내용이며, 나머지 보기는 언급되지 않았다.

第20到23题，是根据下面一段话：

社交网络中必不可少的元素——表情符号，它本来只是一种网络次文化，[20]但是随着网络的普及与交际的增加，表情符号已被人们广泛接受。后来在各种社交软件和网络论坛中，人们又开始使用更加生动的表情包。

[23]如今的网络表情早已不再只局限于表达难过、微笑等脸部表情，而是发展成为可以刻画其他比较复杂概念的符号系统。例如，有的人创作出风格简单的四格漫画，人们看到以后都会有所联想，并且感到很有趣。[21]还有用几笔蓝色线条勾勒出的人物，肢体动作与面部表情都丑得出奇，它的目的在于用漫画形象把人性格里的弱点萌化、夸大化。这既是一种自嘲的方式，又能给人们一种幽默、亲切的心理暗示。

表情包语用功能的增强，使表情符号更实用，不仅对减少错误表达、避免误解有帮助，[22]还可以营造出有趣轻松的社交氛围，帮助使用的人达成各种意愿，甚至逐渐成为一种社交文化。

20~23번 문제는 다음 내용에 근거한다.

SNS에서 빼놓을 수 없는 요소, '이모티콘'은 원래 그저 인터넷의 하위문화였다. [20]하지만 인터넷의 보급과 교류의 증가에 따라 이모티콘은 이미 사람들에게 널리 받아들여졌다. 후에 여러 SNS 앱과 인터넷 커뮤니티에서 사람들은 또 더욱 생동감 있는 이모티콘을 쓰기 시작했다.

[23]오늘날의 인터넷 이모티콘은 이미 더 이상 슬픔, 미소 등의 얼굴 표정을 나타내는 것에 국한되지 않고, 다른 비교적 복잡한 개념을 묘사할 수 있는 부호 시스템이 되었다. 예를 들어, 어떤 사람이 심플한 4컷 만화를 만들었는데, 사람들은 보고난 후, 일정한 연상을 하며 재미있다고 생각한다. [21]또한 몇 개의 파란색 선으로 만들어진 캐릭터는 신체 동작과 얼굴 표정이 모두 신기할 정도로 못생겼는데, 그것의 목적은 만화의 이미지로 사람 성격의 약점을 귀여워 보이게 하거나 과장하는 것에 있다. 이는 자조의 방식이기도 하고, 또한 사람들에게 즐거움과 친근함의 심리적 암시를 줄 수 있다.

이모티콘의 기능이 강화되면서 이모티콘이 더욱 실용적으로 변했고, 잘못된 의사 전달을 줄이고 오해를 피하는 데에 도움이 될 뿐만 아니라, [22]재미있고 가벼운 교류 분위기를 형성하고, 사용하는 사람이 각종 바람을 달성하도록 도와주며, 심지어는 점차 교류 문화가 되기까지 했다.

20 关于表情符号，可以知道什么？

A 要付费使用
B 有固定的格式
C 已被广泛接受
D 是主流文化

20 이모티콘에 관하여 무엇을 알 수 있는가?

A 돈을 내고 사용해야 한다
B 일정한 격식이 있다
C 이미 널리 받아들여졌다
D 주류 문화이다

21 关于用蓝色线条刻画的小人，下列哪项正确？

A 肢体动作很优美
B 以夸张的手法自嘲
C 遭到不少人的抵制
D 表现愤怒的心理

21 파란색 선으로 묘사된 캐릭터에 관하여 다음 중 옳은 것은 무엇인가?

A 신체 동작이 매우 아름답다
B 과장된 방식으로 자조한다
C 적지 않은 사람의 반대에 부딪혔다
D 분노의 심리를 표현한다

22 根据这段话，表情包有什么作用？

A 营造愉快的氛围
B 提高打字速度
C 扩大交际圈
D 节约上网成本

22 이 글에 따르면 이모티콘은 어떤 작용을 하는가?

A 즐거운 분위기를 조성한다
B 타자 속도를 높인다
C 인적 네트워크를 넓힌다
D 인터넷 비용을 절약한다

23 关于这段话，下列哪项正确？

A 网络表情还不够生动
B 网络表情能刻画复杂的概念
C 人们不喜欢看漫画
D 表情符号会引起误会

23 이 글에 관하여 다음 중 옳은 것은 무엇인가?

A 이모티콘은 그다지 생동적이지 않다
B 이모티콘은 복잡한 개념을 묘사할 수 있다
C 사람들은 만화 보는 것을 싫어한다
D 이모티콘은 오해를 불러일으킬 수 있다

社交网络 shèjiāo wǎngluò 명 SNS, 사회 관계망 서비스 | 必不可少 bìbùkěshǎo 성 반드시 필요하다, 없어서는 안 된다 | ★元素 yuánsù 명 요소 | 表情符号 biǎoqíng fúhào 명 이모티콘 | 网络 wǎngluò 명 인터넷 | 次文化 cìwénhuà 명 하위문화 | ★普及 pǔjí 동 보급되다, 확산되다 | 交际 jiāojì 동 교제하다, 서로 사귀다 | 广泛 guǎngfàn 형 폭넓다, 광범(위)하다, 두루 미치다 | 社交软件 shèjiāo ruǎnjiàn 명 SNS 애플리케이션 | 网络论坛 wǎngluò lùntán 명 인터넷 커뮤니티 | 生动 shēngdòng 형 생동감 있다, 생동하다, 생생하다 | 表情包 biǎoqíng bāo 명 이모티콘 팩 | 如今 rújīn 명 (비교적 먼 과거에 대하여) 오늘날, 현재, 지금, 이제 | 早已 zǎoyǐ 부 이미, 벌써부터, 진작에 | ★局限 júxiàn 동 국한하다, 한정하다 | 表达 biǎodá 동 (자신의 사상이나 감정을) 나타내다, 표현하다, 드러내다 | 微笑 wēixiào 명 미소 | 脸部 liǎnbù 명 얼굴, 안면 | 表情 biǎoqíng 명 표정 | 刻画 kèhuà 동 묘사하다 | 概念 gàiniàn 명 개념 | ★符号 fúhào 명 부호, 기호, 표기 | 系统 xìtǒng 명 시스템 | ★创作 chuàngzuò 동 (문예 작품을) 창작하다 | 风格 fēnggé 명 스타일 | ★漫画 mànhuà 명 만화 | 有所 yǒusuǒ 동 다소 ~하다, 어느 정도 ~하다, 좀 ~하다 [뒤에 주로 2음절 동사를 동반함] | ★联想 liánxiǎng 동 연상하다 | 蓝色 lánsè 명 파란색 | 线条 xiàntiáo 명 선 | 勾勒 gōulè 동 스케치하다, 묘사하다 | 人物 rénwù 명 인물 | 肢体 zhītǐ 명 신체, 지체, 사지와 몸통 | 面部 miànbù 명 얼굴, 안면 | 丑 chǒu 형 못생기다, 추하다 | 出奇 chūqí 형 유별나다, 보통과 다르다, 특별하다 | 用意 yòngyì 명 용의, 의향, 의도 | 在于 zàiyú 동 ~에 있다 | 形象 xíngxiàng 명 이미지, (총체적인) 인상, 형상 | ★弱点 ruòdiǎn 명 약점, 단점 | 萌 méng 형 귀엽다 | 夸大 kuādà 동 과장하다, 과대하다 | 既 jì 접 ~할 뿐만 아니라 [既A又B: A할 뿐만 아니라 또한 B하다] | 自嘲 zìcháo 동 자조하다, 스스로 자기를 조소하다 | 方式 fāngshì 명 방식, 방법 | 心理 xīnlǐ 명 심리 | ★暗示 ànshì 동 암시하다, 넌지시 알리다 | 功能 gōngnéng 명 기능, 작용, 효능 | 增强 zēngqiáng 동 강화하다, 증강하다, 높이다 | 实用 shíyòng 형 실용적이다 | 避免 bìmiǎn 동 피하다, 면하다 | ★误解 wùjiě 동 오해하다 | 营造 yíngzào 동 조성하다, 만들다 | 氛围 fēnwéi 명 분위기 | ★达成 dáchéng 동 달성하다, 도달하다, 얻다 | 逐渐 zhújiàn 부 점점, 점차 | 社交 shèjiāo 명 사교 | 付费 fùfèi 동 비용을 지불하다 | 固定 gùdìng 형 일정한, 고정된 | ★格式 géshi 명 격식, 양식 | ★主流 zhǔliú 명 주류 | 项 xiàng 양 항, 항목 | 小人 xiǎorén 명 캐릭터 | 夸张 kuāzhāng 동 과장하다 | ★手法 shǒufǎ 명 (예술 작품의) 수법, 기교, 솜씨 | 遭到 zāodào 동 (불행이나 불리한 일을) 부닥치다, 당하다 | ★抵制 dǐzhì 동 배척하다, 보이콧하다 | 表现 biǎoxiàn 동 표현하다, 나타내다 | ★愤怒 fènnù 형 분노하다 | 打字 dǎzì 동 타자를 치다 | 圈 quān 명 범위, 구역 | ★成本 chéngběn 명 비용, 원가, 자본금 | 网络表情 wǎngluò biǎoqíng 명 이모티콘

24 **A** [即使A，也B 설령 A라도 B하다] 바로 앞 문장에서 '男儿(사내대장부)'을 언급했고, 문맥적으로도 아무리 큰 '남자'라도 통곡하며 눈물을 흘린다고 연결하는 것이 자연스럽다.

25 **A** [在A中含有B A에는 B가 들어 있다] 슬퍼서 흘리는 눈물에는 '能缓解痛苦的物质(고통을 완화시킬 수 있는 물질)'가 들어 있다고 했다. 단백질 함량에 관한 이야기가 녹음 끝부분에 나오긴 했지만, 녹음에서는 단백질 함량이 '높다'고 했으므로, C는 틀린 내용이다.

26 **C** 녹음의 전체적인 흐름이 '고통스러울 때 눈물을 흘리지 않으면 우리의 건강에 더 안 좋다'는 내용으로, C 이외의 다른 보기는 모두 언급되었다. 옳은 것을 찾는 것보다 틀린 것을 찾는 문제가 더 어렵다.

27 **B** [使A免受B A가 B에 손상되지 않도록 해 준다] '현재 과학자들이 울음은 건강에 이롭다는 결론을 내놓았다'는 내용과 '눈물을 흘리면 유해 물질과 좋지 않은 감정에 손상되지 않도록 해 준다'는 내용을 종합해 보면, '울음의 긍정적인 역할'을 이야기하는 것이다.

第24到27题，是根据下面一段话：

[24]俗话说："男儿有泪不轻弹，只是未到伤心处"。可见人在悲痛的时候，即使是七尺男儿，也要痛哭流泪了。那么从医学的角度来看，哭与健康有着怎样的关系呢？

也许很多人会认为，哭对健康是不利的。你看《红楼梦》中那个多愁善感的林黛玉，整天以泪洗面，最后早早夭折了，[26, 27]但是现在很多科学家得出了哭有益于健康的结论。人在悲痛时流的眼泪与伤风感冒、风沙进入人眼时流出的眼泪所含的化学成分是不同的，[25]在因悲痛而流的眼泪中含有一种能缓解痛苦的物质，可减轻悲痛对健康的伤害。再说，有泪不哭出来，眼泪只好沿着鼻腔进入胃中，而眼泪中含有的有害物质，有可

24~27번 문제는 다음 내용에 근거한다.

[24]'사내대장부는 진정으로 슬플 때가 오지 않으면 눈물을 쉽게 흘리지 않는다'는 속담이 있다. 사람은 슬플 때 설령 칠척 남자라 할지라도 통곡하며 눈물을 흘린다는 것이다. 그렇다면 의학적인 측면에서 볼 때 울음과 건강은 어떤 관계가 있을까?

아마도 많은 사람들은 울음이 건강에 이롭지 않다고 생각할 것이다. 『홍루몽』에서 애수에 잠긴 임대옥은 종일 울다가 끝에는 요절하고 말았다. [26, 27]그러나 현재 많은 과학자들은 울음이 건강에 이롭다는 결론을 내놓는다. 사람들이 슬플 때 흘리는 눈물은 감기에 걸리거나 모래바람이 눈에 들어가 흘리는 눈물에 포함된 화학 성분과는 다르다. [25]슬퍼서 흘리는 눈물에는 고통을 완화시킬 수 있는 물질이 들어 있어 슬픔이 건강에 주는 손상을 줄여 줄 수

能引起哮喘、胃溃疡、心脏病以及血液循环系统的疾病。

医学家们经过近一步研究指出，[26]悲痛时流出的眼泪中，蛋白质含量高，这正是由于压抑而产生的物质。[27]眼泪恰恰把这种压抑物质从体内排出，从而使人体免受有害物质和不良情绪的损害。

있다. 다시 말해, 눈물이 나오는데 울지 않으면 눈물은 비강을 따라 위 속으로 들어가게 되고 눈물 속에 있는 유해물질이 천식, 위궤양, 심장병 및 혈액순환 계통의 질병을 일으킬 수 있다.

의학자들은 추가 연구를 통해 [26]슬플 때 흘리는 눈물 속에는 단백질 함량이 높은데 이것은 억눌려서 생긴 물질이라고 밝혔다. [27]눈물은 바로 이 억압된 물질을 체내에서 배출하여 (그 결과) 인체가 유해 물질 및 좋지 않은 감정에 손상되지 않도록 해 준다.

24 这段话中的"七尺男儿"指的是什么?

A 男人　B 女人　C 儿童　D 老人

25 因悲痛而流的眼泪有什么特点?

A 能缓解痛苦

B 不含有害物质

C 蛋白质含量低

D 可以预防心脏病

26 根据这段话，下列哪项是不正确的?

A 悲痛时流出的眼泪与感冒时的不同

B "哭"有益健康

C 老年人流眼泪可预防疾病

D 压抑会使眼泪中的蛋白质增加

27 这段话主要谈什么?

A 人为什么哭

B 哭的积极作用

C 怎样避免伤心难过

D 男人为什么不爱哭

24 이 글에서 '칠척 남자'가 가리키는 것은 무엇인가?

A 남자　B 여자　C 아동　D 노인

25 슬퍼서 흘리는 눈물에는 어떤 특징이 있는가?

A 고통을 완화할 수 있다

B 유해 물질이 들어 있지 않다

C 단백질 함량이 적다

D 심장병을 예방할 수 있다

26 이 글에 따르면 다음 중 옳지 않은 것은 무엇인가?

A 슬플 때 흘리는 눈물은 감기에 걸렸을 때의 눈물과 다르다

B 울음은 건강에 이롭다

C 노인은 눈물을 흘림으로써 질병을 예방할 수 있다

D 억눌리면 눈물 속 단백질이 증가한다

27 이 글에서 주로 이야기하고 있는 것은 무엇인가?

A 사람은 왜 우는가

B 울음의 긍정적인 효과

C 어떻게 슬픔을 피할 수 있는가

D 남자는 왜 울기 싫어하는가

★**俗话** súhuà 명 속어, 속담 | **泪不轻弹** lèibùqīngtán 쉽게 눈물을 흘리지 않는다 | **可见** kějiàn 접 ~라는 것을 알 수 있다 | **悲痛** bēitòng 형 비통하다 | **七尺男儿** qīchǐ nan'er 칠척 남자 [신장이 7척(2.1m)에 달하는 거구의 남자. 덩치가 크다는 의미] | **痛哭** tòngkū 동 통곡하다, 목놓아 울다 | **流泪** liúlèi 동 눈물을 흘리다 | **医学** yīxué 명 의학 | **从A角度来看** cóng A jiǎodù lái kàn A각도에서 볼 때 | **对A不利** duì A búlì A에 대해 불리하다 | **红楼梦** Hónglóumèng 명 홍루몽 [중국 청(清)대 소설가 조설근(曹雪芹)이 지은 장편소설] | **多愁善感** duōchóu shàngǎn 성 애수에 젖다, 감상적이다, 센티멘털하다 | **林黛玉** Lín Dàiyù 고유 임대옥 [소설 '홍루몽'에 나오는 인물] | **整天** zhěngtiān 명 온종일, 하루 종일 | **以泪洗面** yǐlèi xǐmiàn 성 눈물로 얼굴을 씻다 | **早** zǎo 부 일찍이 | **夭折** yāozhé 동 요절하다, 젊어서 죽다 | **科学家** kēxuéjiā 명 과학자 | **有益于** yǒuyìyú 도움이 되다, 유익하다 | **结论** jiélùn 명 결론, 결말 | **伤风** shāngfēng 동 감기에 걸리다 | **风沙** fēngshā 명 바람에 날리는 모래 | **流出** liúchū 동 흘리다 | **含** hán 동 포함하다, 함유하다, 머금다 | **化学成分** huàxué chéngfèn 화학 성분 | **流** liú 동 (물·액체가) 흐르다 | **缓解** huǎnjiě 동 완화시키다, 호전시키다, 누그러뜨리다 | **物质** wùzhì 명 물질 | **减轻** jiǎnqīng 동 줄다, 감소하다 | **伤害** shānghài 동 (몸을) 상하게 하다, 손상시키다 | **沿着** yánzhe ~를 따라서 | **鼻腔** bíqiāng 명 비강 | **进入** jìnrù 동 들어가다, 진입하다 | **胃** wèi 명 위 | **含有** hányǒu 동 함유하다 | **有害物质** yǒuhài wùzhì 유해 물질 | **哮喘** xiàochuǎn 명 천식 | **胃溃疡** wèikuìyáng 명 위궤양 | **心脏病** xīnzàngbìng 명 심장병 | **以及** yǐjí 접 그리고, 아울러 | **血液循环系统** xuèyè xúnhuán xìtǒng 명 혈액순환 계통 | ★**疾病** jíbìng 명 병, 질병, 고질병 | **医学家** yīxuéjiā 의학자 | **一步** yí bù 한 단계, 한 걸음 | **指出** zhǐchū 동 가르키다, 지적하다 | ★**蛋白质** dànbáizhì 명 단백질 | **含量** hánliàng 명 함량 | **正是** zhèngshì 바로 ~이다 | ★**压抑** yāyì 형 억누르다, 부자연스럽다, 어색하다, 딱딱하다 | **产生** chǎnshēng 동 생기다, 발생하다, 나타나다 | **恰恰** qiàqià 부 바로, 꼭 | **体内** tǐ nèi 체내 | **排出** páichū 동 배출하다 | **从而** cóng'ér 접 그리하여, 따라서, 이리하여 | **人体** réntǐ 명 인체 | **免受** miǎnshòu 동 받지 않다, 당하지 않다 | **不良** bùliáng 형 좋지 않다, 불량하다 | **情绪** qíngxù 명 감정, 기분 | **损害** sǔnhài 동 손상시키다, 손실을 입다 | **预防** yùfáng 동 예방하다, 미리 방비하다 | **避免** bìmiǎn 동 피하다

02 논설문

본서 p.77~78

track 53

• Day 32 1 B 2 A 3 B 4 A 5 A 6 B 7 C

1 B [建立持续的业务联系 지속적인 업무 관계를 형성하다] 보기 B의 내용 '建立业务联系后(업무 관계를 형성한 후)'가 녹음에 거의 비슷하게 언급되었다.

2 A [针对客户个人喜好……留下深刻的印象 고객 개인이 취향에 맞추어 ~깊은 인상을 남기다] 보기 A에 쓰인 성어 '投其所好(남의 비위를 맞추다)'를 처음 봤다면 난처했을 수 있다. 그러나 녹음을 잘 들었다면, 소거법으로 남은 보기 A를 정답으로 고를 수 있었을 것이다. 다행히 나머지 보기는 평이한 수준이다. 주의할 점은, 녹음에 언급된 말 '精心挑选的礼品(정성스럽게 고른 선물)'이 '직접 만든 것(亲手做的)'을 의미한다고 지레 짐작하여 B를 답으로 고르면 안 된다.

3 B [不能用促销产品做礼品 판촉 상품을 선물로 주면 안 된다] 보기 B의 내용이 녹음에 거의 비슷하게 나왔다. 다른 부분을 듣지 못했어도 '不能用促销产品' 부분만 정확히 들었다면 답을 고를 수도 있었을 것이다.

第1到3题，是根据下面一段话：

在职场中，为了与客户建立密切的关系，人们会赠送自己精心挑选的礼品。可是送礼品也有一些特殊的规则。首先，要像朋友而不是像熟人一样送礼品，送礼品的目的应是为了加强联系，而不是为了发展关系。[1]也就是说，要先建立持续的业务联系，再考虑送礼品，并且应避免赠送价格昂贵的礼品。因为如果礼品的太过贵重，就会让对方觉得你别有所图。此外，礼品应是个性化的，[2]只有针对客户个人喜好而赠送的礼品，才能给对方留下深刻的印象。礼品越符合客户的心意，客户的好感度就越高。最后，[3]千万要记住不能用促销产品做礼品。若礼品上有自己公司的标志，就如同利用对方进行免费的广告宣传一样，那并不是真正的礼品。

1~3번 문제는 다음 내용에 근거한다.

직장에서 고객과 긴밀한 관계를 형성하기 위해, 사람들은 자신이 정성스럽게 고른 선물을 준다. 하지만 선물을 할 때도 몇 가지 특별한 규칙이 있다. 우선, 단골손님이 아닌 친구처럼 선물을 주어야 한다. 선물을 준 목적이 관계를 강화하기 위한 것이어야지 관계를 발전시키기 위한 것이어서는 안 된다. [1]다시 말하면, 우선 지속적인 업무 관계를 형성하고, 선물 주는 것을 고려해야 한다. 또한 가격이 너무 비싼 선물을 주는 것을 피해야 한다. 만약 선물한 것이 과도하게 귀중하다면, 상대방은 당신이 바라는 바가 따로 있다고 느낄 수 있기 때문이다. 이 밖에도 선물은 개성적인 것이어야 한다. [2]고객 개인의 취향에 맞추어 선물을 해야만 비로소 상대에게 깊은 인상을 남길 수 있다. 선물이 고객의 마음에 들수록 고객의 호감도는 높아진다. 마지막으로 [3]판촉 상품을 선물로 주어서는 안 된다는 점을 명심해야 한다. 만약 선물에 본인 기업의 로고가 있으면 상대방을 이용하여 공짜 광고 홍보를 하려는 것과 같을 것이고, 그러면 진정한 선물이 아니다.

1 什么时候适合赠送客户礼物？

A 春节放假　　**B 建立业务联系后**
C 第一次见面时　　D 签订合同时

1 언제 고객에게 선물을 하는 것이 적합한가?

A 설 연휴 기간　　**B 업무 관계를 형성한 후**
C 처음 만날 때　　D 계약을 체결할 때

2 哪种礼品会让客户印象更深？

A 投其所好的
B 亲手做的
C 物美价廉的
D 昂贵的

2 어떤 선물이 고객에게 더욱 인상 깊은가?

A 남의 비위를 맞춘 것
B 직접 만든 것
C 품질은 좋고 가격은 저렴한 것
D 비싼 것

3 根据这段话，下列哪项正确？

A 赠送礼品的时间要提前告知
B 促销品不可作为客户赠礼
C 送礼品是为公司免费宣传的好机会
D 礼品要用统一包装

3 이 글에 따르면 다음 중 옳은 것은 무엇인가?

A 선물을 하는 시간은 미리 알려야 한다
B 판촉품을 고객의 선물로 해서는 안 된다
C 선물을 하는 것은 회사를 위해 공짜로 홍보를 할 수 있는 좋은 기회이다
D 선물은 통일된 포장을 해야 한다

职场 zhíchǎng 명 직장 | ★**客户** kèhù 명 고객 | **建立** jiànlì 동 형성하다 | **密切** mìqiè 형 (관계가) 긴밀하다 | ★**赠送** zèngsòng 동 주다 | ★**精心** jīngxīn 형 정성을 들이다 | **挑选** tiāoxuǎn 동 고르다 | **礼品** lǐpǐn 명 선물 | **特殊** tèshū 형 특별하다 | **规则** guīzé 명 규칙 | **熟人** shúrén 명 단골손님 | **加强** jiāqiáng 동 강화하다 | **也就是说** yě jiùshì shuō 즉, 바꾸어 말하자면 | **持续** chíxù 동 지속하다 | **业务** yèwù 명 업무 | **考虑** kǎolǜ 동 고려하다 | **绝对** juéduì 부 절대로 | **避免** bìmiǎn 동 피하다 | ★**昂贵** ángguì 형 물건 값이 비싸다 | **太过** tàiguò 형 너무 지나치다 | **贵重** guìzhòng 형 귀중하다 | **对方** duìfāng 명 상대방 | **所图** suǒtú 명 의도, 의도하는 바 | **此外** cǐwài 명 이 밖에 | **个性化** gèxìnghuà 개성화 | **针对** zhēnduì 동 초점을 맞추다 | **个人** gèrén 명 개인 | **喜好** xǐhào 좋아하다 | **深刻** shēnkè 형 (인상이) 깊다 | **心意** xīnyì 명 마음 | **好感度** hǎogǎndù 호감도 | **记住** jìzhù 동 확실히 기억해 두다 | **促销** cùxiāo 동 판촉하다 | **产品** chǎnpǐn 명 제품 | **若** ruò 접 만약 | **标志** biāozhì 명 로고 | **如同** rútóng 동 마치 ~와 같다 | **利用** lìyòng 동 이용하다 | **宣传** xuānchuán 동 홍보하다 | **春节** Chūnjié 고유 춘절 [중국의 음력 설] | **第一次** dì yī cì 맨 처음 | **签订** qiāndìng 동 체결하다 | **合同** hétong 명 계약 | **投其所好** tóuqísuǒhào 성 남의 비위를 맞추다 | **亲手** qīnshǒu 부 직접 | ★**物美价廉** wùměijiàlián 성 상품의 질이 좋고 값도 저렴하다 | **项** xiàng 양 항, 항목 | **告知** gàozhī 동 알리다 | **促销品** cùxiāopǐn 명 판촉물 | **作为** zuòwéi 동 ~로 하다, ~로 삼다 | **赠礼** zènglǐ 명 선물 | **统一** tǒngyī 동 통일하다 | ★**包装** bāozhuāng 동 포장하다

4 **A** [抱着友善心态 우호적인 마음가짐을 갖다] 여러 가지 말하기 기술, 담화 예절 중에서 가장 먼저 '抱着友善心态(우호적인 마음가짐을 갖다)'를 내세웠다. 녹음에 언급된 내용이 너무나 다양하기 때문에 모두 기억하는 것은 한계가 있다. 녹음을 들으면서 바로바로 보기와 대조하며 정답을 찾았다면 훨씬 수월했을 것이다.

5 **A** [适当使用手势 적절하게 손짓을 쓰다] 녹음의 '使用'이 보기에서는 '运用'으로, 다른 표현을 활용해 제시되었다. 이 두 어휘는 많은 경우에 바꿔어서 사용이 되므로 반드시 숙지하자.

6 **B** [应抱着求同存异的心态 서로 다양성을 존중하는 마음가짐을 가져야 한다] '求同存异(서로 다양성을 존중하다)'가 녹음과 보기에서 동일하게 언급되었다. 보기와 녹음을 대조하며 들었다면 바로 정답을 찾아낼 수 있는 문제다.

7 **C** [谈话技巧 담화의 기술] 서론 부분에 '谈话技巧'가 직접적으로 언급되기도 했고, 이어지는 내용들도 모두 말하기 기술과 관련된 것들이므로 정답은 'C.谈话的技巧(담화의 기술)'이다. 녹음에서 '谈话技巧' 바로 뒤에 '交谈的礼节(대화 예절)'가 언급되었다고 보기 B의 '礼节(예절)'만 보고 B를 답으로 고르면 안 된다.

第4到7题，是根据下面一段话：

在社交活动中，消除隔阂、交流想法、沟通情感等等基本上都是通过语言来实现的。但是相同的话，由不一样的人表达出来，效果也会不同。

有些人说话不中听，有些人说话很中听，[7]这同谈话技巧、交谈的礼节及礼仪等都有很大的关系。[4]首先，与人交谈时应该抱着友善心态、尊重对方，耐心并且呼应对方，善于肯定和发现对方话语中的精妙之处。其次，眼睛是心灵的窗户，和他人交谈时，目光应该友好、和善，应不时注视对方的眼睛。举止大方、文雅、得体，人们才会乐意和你交谈。再次，[5]在强调某一论点的时候，可以适当使用手势，不过动作不宜过大，更不可以手舞足蹈。

4~7번 문제는 다음 내용에 근거한다.

사교 활동에서, 거리감을 없애고 생각을 교류하고, 감정을 소통하는 등의 것들은 기본적으로 모두 언어를 통해 실현하는 것이다. 하지만 같은 말이라도 다른 사람이 표현하면 효과 역시 다를 수 있다.

어떤 사람은 말하는 것이 듣기에 거슬리고, 어떤 사람은 말하는 것이 듣기에 좋다. [7]이는 담화 기술, 대화 예절 및 예의 등과 모두 큰 관계가 있다. [4]먼저, 다른 사람과 이야기할 때 우호적인 마음가짐을 갖고 상대방을 존중해야 하며, 인내심을 가지고 상대방에 호응해 주어야 하고, 상대방 말 속의 뛰어난 점을 인정하고 발견할 줄 알아야 한다. 다음으로, 눈은 마음의 창이니 다른 사람과 이야기할 때 눈빛이 우호적이고 친절해야 하고, 때때로 상대방의 눈을 주시해야 한다. 행동거지는 대범하고 우아하고 적절해야 사람들이 비로소 기꺼이 당신과 이야기하고자 할

除以上所述外，说话人还应该随时注意听话人的姿态和表情，注意他对谈话内容是否感兴趣。必要的时候需做出相应的调整，若有人提出不同看法，也应持鼓励态度。[6]当个人意见被否定的时候，别满脸不高兴，应抱着求同存异的心态，相信时间可以证明一切。

것이다. 또, [5]어떤 논거를 강조할 때, 적절하게 손짓을 쓰는 것은 괜찮지만 동작이 너무 커서는 안 되고, 날고 뛰어서는 더더욱 안 된다.

이상 서술한 것 외에도, 말을 하는 사람은 언제나 청자의 자세와 표정에 주목해야 하고, 그가 대화 내용에 흥미를 느끼고 있는지에 주의해야 한다. 필요할 경우 그에 상응하는 조정을 해야 하고, 만약 어떤 사람이 다른 의견을 내놓는다면 독려하는 태도도 유지해야 한다. [6]개인의 의견이 부정을 당했을 때 온 얼굴에 불쾌함을 표출해서는 안 되고, 서로 다양성을 존중하는 마음가짐을 갖고, 시간이 모든 것을 증명해 줄 수 있다는 점을 믿어야 한다.

4 与人交谈时，首先要注意什么？

A 心态友善
B 服装整齐
C 姿态优雅
D 话语简短

5 如果要强调某一论点，可以怎么做？

A 适当运用手势
B 不断点头
C 降低说话音量
D 看着对方眼睛

6 个人意见被否定时，应该保持怎样的心态？

A 越战越勇
B 求同存异
C 认真思考
D 持之以恒

7 这段话主要谈什么？

A 辩论的语速　　B 用餐礼节
C 谈话的技巧　　D 个人的魅力

4 다른 사람과 이야기할 때 먼저 무엇에 주의해야 하는가?

A 마음가짐이 우호적이어야 한다
B 복장이 깔끔해야 한다
C 자세가 우아해야 한다
D 말이 간단하고 짧아야 한다

5 만약 어떤 논거를 강조해야 한다면 어떻게 할 수 있는가?

A 적절하게 손짓을 활용한다
B 끊임없이 고개를 끄덕인다
C 말 소리를 낮춘다
D 상대방의 눈을 응시한다

6 개인의 의견이 부정당했을 때, 어떤 마음가짐을 유지해야 하는가?

A 싸울수록 용감해지는
B 서로의 다양성을 존중하는
C 진지하게 생각하는
D 끈기 있게 계속하는

7 이 글은 주로 무엇을 이야기하고 있는가?

A 토론의 말 속도　　B 식사 예절
C 담화의 기술　　D 개인의 매력

社交 shèjiāo 명 사교 | ★**消除** xiāochú 동 없애다 | ★**隔阂** géhé 명 (생각·감정의) 거리 | **想法** xiǎngfa 명 생각 | **沟通** gōutōng 동 소통하다 | **情感** qínggǎn 명 감정 | **基本上** jīběnshang 부 기본적으로 | **实现** shíxiàn 동 실현하다 | **表达** biǎodá 동 (자신의 사상이나 감정을) 표현하다 | **中听** zhōngtīng 형 듣기 좋다 | **同** tóng 개 ~와 | **谈话** tánhuà 명 담화, 이야기 | ★**技巧** jìqiǎo 명 기술 | **交谈** jiāotán 동 이야기를 나누다 | ★**礼节** lǐjié 명 예절 | **礼仪** lǐyí 명 예의 | **抱** bào 동 (생각·의견 따위를) 마음에 품다 | **友善** yǒushàn 형 우호적이다 | ★**心态** xīntài 명 심리 상태 | **对方** duìfāng 명 (주체 측에서 본) 상대방 | **听取** tīngqǔ 동 (의견·보고 등을) 경청하다 | **呼应** hūyìng 동 호응하다 | **善于** shànyú 동 ~를 잘하다 | **肯定** kěndìng 동 인정하다 | **精妙** jīngmiào 형 뛰어나다 | ★**心灵** xīnlíng 명 정신 | **窗户** chuānghu 명 창문 | ★**目光** mùguāng 명 눈빛 | ★**不时** bùshí 부 때때로, 이따금, 늘 | ★**注视** zhùshì 동 (면밀하게) 주시하다 | **举止** jǔzhǐ 명 행동거지 | **大方** dàfang 형 대범하다 | ★**文雅** wényǎ 형 (언행이나 태도 따위가) 우아하다 | **得体** détǐ 형 (언행이) 적절하다 | ★**乐意** lèyì 동 기꺼이 ~하다 | **强调** qiángdiào 동 강조하다 | **某** mǒu 대 어떤, 어느 | **论点** lùndiǎn 명 논점 | **适当** shìdàng 형 적절하다 | ★**手势** shǒushì 명 손짓 | **过大** guòdà 형 너무 크다 | **手舞足蹈** shǒuwǔ zúdǎo 성 날뛰다, 기뻐서 덩실덩실 춤을 추다 | **述** shù 동 설명하다 | **随时** suíshí 부 언제나 | ★**姿态** zītài 명 자세 | **表情** biǎoqíng 명 표정 | **必要** bìyào 형 필요로 하다 | ★**相应** xiāngyìng 동 상응하다 | **调整** tiáozhěng 명 조정 | **若** ruò 접 만약 | **提出** tíchū 동 제의하다 | **持** chí 동 (어떤 생각·견해를) 지니다 | **个人** gèrén 명 개인 | **否定** fǒudìng 동 (어떤 존재나 사실을) 부정하다 | **满脸** mǎn liǎn 온 얼굴 | **求同存异** qiútóng cúnyì 성 서로 다양성을 존중하다 | **证明** zhèngmíng 동 증명하다 | **服装** fúzhuāng 명 복장 | **整齐** zhěngqí 형 깔끔하다 | **优雅** yōuyǎ 형 우아하다 | **话语** huàyǔ 명 말 | **简短** jiǎnduǎn 형 내용이 간단하고 말이 짧다 | **运用** yùnyòng 동 활용하다 | **不断** búduàn 부 끊임없이 | **点头** diǎntóu 동 고개를 끄덕이다 | **音量** yīnliàng 명 음량, 볼륨 | **保持** bǎochí 동 유지하다 | **战** zhàn 동 싸우다 | **勇** yǒng 형 용감하다 | **思考** sīkǎo 동 깊이 생각하다 | **持之以恒** chízhī yǐhéng 성 오랫동안 견지하다 | **辩论** biànlùn 동 토론하다 | **语速** yǔsù 명 말의 속도 | **魅力** mèilì 명 매력

• **Day 33** **8** A **9** D **10** A **11** A **12** C **13** D

8 **A** [最少得花约二十年的时间 최소한 20년의 시간이 필요하다] 백년해로를 '결심'하는 데는 최소한 '二十年(20년)'의 시간이 필요하고, 70년의 세월이 있어야 그것을 완수할 수 있다고 언급했다.

9 **D** [相遇的可能性只有千万分之一 만날 가능성은 천만 분의 일에 불과하다] 다양한 예시가 숫자와 함께 계속 언급되어 혼란스러울 수 있으므로, 녹음을 듣는 동시에 보기와 정확하게 대조해야 정답을 찾을 수 있다. 그중 일치하는 보기는 D뿐이다.

10 **A** [懂得珍惜 소중히 여길 줄 알다] 녹음 마지막에 전체 내용을 종합하면서 얻을 수 있는 교훈이 무엇인지 제시했다. 이 글은 우리가 평소에 겪는 다양한 활동들을 다른 각도에서 보고, 얼마나 대단한 일인지 다시금 상기시켜 그런 일들이 소중한 것임을 일깨운다.

第8到10题，是根据下面一段话：

有种说法不知道你会不会相信：一个人向另一个人由衷地微笑，得调动三十多块肌肉；一个人鼓起勇气对另外一个人说"我爱你"，最少要消耗三个苹果的热量；[8]如果一个人命中注定会遇到另外一个人并决定和他白头偕老，则最少得花约二十年的时间来"等待"，还需要用掉七十年的岁月才能最终完成。一个人的一生所流出的泪水和汗水所含的盐分，足以给亲戚朋友做好几十道菜；一个四肢健全的人一辈子需要走的路加起来能绕地球七十多圈。在这个世界上，[9]一个人和另外一个人相遇的可能性只有千万分之一，成为朋友的可能性为两亿分之一左右，但最终成为伴侣的可能性却仅为五十亿分之一。[10]假如我们将所有看起来很平凡的事情都当做来之不易的事对待，那我们就会更懂得珍惜。

8~10번 문제는 다음 내용에 근거한다.

이런 이야기를 당신이 믿을 수 있을지 모르겠다. 한 사람이 다른 사람에게 진심으로 미소를 지을 때는 30여 개가 넘는 근육을 움직여야 하고, 한 사람이 용기를 내서 다른 사람에게 '사랑해'라고 말할 때는 최소 사과 3개치의 에너지를 소모해야 하며, [8]만약 한 사람이 운명적으로 다른 사람을 만나 그 사람과 백년해로할 것을 결심하기까지는 최소한 20년이라는 시간의 '기다림'이 필요하고, 70년의 세월을 써야만 최종적으로 완수할 수 있다는 것을 말이다. 한 사람이 일생 동안 흘리는 눈물과 땀이 함유하는 염분은 친척과 친구에게 수십 가지 요리를 해 줄 수 있는 정도다. 사지가 온전한 한 사람이 평생 걸어야 하는 길을 다 더하면 지구 70여 바퀴를 돌 수 있다. 이 세계에서 [9]한 사람과 다른 사람이 만날 가능성은 천만 분의 일에 불과하고, 친구가 될 가능성은 2억 분의 일 정도지만, 최종적으로 반려자가 될 가능성은 50억 분의 일에 불과하다. [10]만약에 우리가 평범해 보이는 모든 일을 어렵게 얻은 일로 대한다면 우리는 (그것을) 더욱더 소중히 여길 줄 알게 될 것이다.

8 **假如两个人在命运的安排下相遇并决定白头偕老，大约需要多长时间？**

A 二十年 B 六十年 C 八十年 D 一百年

9 **根据短文，下列哪项正确？**

A 说"我爱你"非常困难
B 与伴侣的相遇得花三十年的时间
C 一个人一生要绕地球三十圈
D 两个人相遇的可能性是千万分之一

10 **这段话主要想告诉我们什么？**

A 要懂得珍惜
B 人活着非常不容易
C 要善于发现与观察
D 要学会计算

8 **만약 두 사람이 운명적으로 만나서 백년해로를 결심하려면 대략 어느 정도의 시간이 걸리는가?**

A 20년 B 60년 C 80년 D 100년

9 **이 글에 따르면 다음 중 옳은 것은 무엇인가?**

A '사랑해'라고 말하는 것은 매우 어렵다
B 반려자와의 만남은 30년의 시간이 필요하다
C 한 사람은 일생 동안 지구를 30바퀴 돌아야 한다
D 두 사람이 서로 만날 가능성은 천만 분의 일이다

10 **이 글이 우리에게 알려 주고자 하는 것은 무엇인가?**

A 소중히 여길 줄 알아야 한다
B 사람이 사는 것은 어려운 일이다
C 발견과 관찰에 능해야 한다
D 계산을 할 줄 알아야 한다

说法 shuōfa 명 의견, 견해 | 另 lìng 대 다른, 그 밖의 | 由衷 yóuzhōng 동 진심에서 우러나오다 | 微笑 wēixiào 동 미소 짓다, 웃음 짓다 | ★调动 diàodòng 동 동원하다, 자극하다 | 肌肉 jīròu 명 근육 | 鼓起 gǔqǐ 동 부풀어 오르다, 분발하여 일어나다, 불러일으키다 | 勇气 yǒngqì 명 용기 | ★消耗 xiāohào 동 (정신·힘·물자 등을) 소모하다 | 热量 rèliàng 명 열량 | 命 mìng 명 운명 | 注定 zhùdìng 동 운명으로 정해져 있다 | 并 bìng 접 그리고, 또, 아울러, 게다가 | 白头偕老 báitóu xiélǎo 성 백년해로하다, 부부가 화락을 함께 늙다 | 则 zé 부 바로 ~이다 [판단구에 쓰여 긍정을 나타냄] | 约 yuē 부 대략, 대개 | 等待 děngdài 동 (사물·상황 등을) 기다리다 | ★岁月 suìyuè 명 세월 | 最终 zuìzhōng 형 최종, 맨 마지막 | 一生 yìshēng 명 일생 | 流出 liúchū 동 흘리다 | 泪水 lèishuǐ 명 눈물 | 汗水 hànshuǐ 명 땀 | 含 hán 동 함유하다, 포함하다 | 盐分 yánfèn 명 염분 | ★足以 zúyǐ 부 충분히 ~할 수 있다, ~하기에 족하다 | 道 dào 양 [요리를 세는 단위] | ★四肢 sìzhī 명 사지, 팔다리 | ★健全 jiànquán 형 (병·탈 없이) 건강하고 온전하다 | 一辈子 yíbèizi 명 한평생, 일생 | 绕 rào 동 휘감다, 두르다, 감다 | 圈 quān 양 바퀴 | 相遇 xiāngyù 동 만나다, 마주치다 | 可能性 kěnéngxìng 명 가능성 | 亿 yì 수 억 | ★伴侣 bànlǚ 명 반려자, 동반자 | 仅 jǐn 부 겨우 단지, 다만 | 假如 jiǎrú 접 만약, 만일, 가령 | 将 jiāng 개 ~를 [=把] | 看起来 kàn qǐlai 보기에 ~하다, 보아하니 ~하다 | ★平凡 píngfán 형 평범하다, 보통이다, 일반적이다 | 当做 dàngzuò 동 ~로 보다, ~로 여기다 | 来之不易 láizhībúyì 성 아주 어렵게 이루어졌다 | 珍惜 zhēnxī 동 진귀하게 여겨 아끼다, 귀중히 여기다 | 命运 mìngyùn 명 운명 | 项 xiàng 양 항, 항목 | 观察 guānchá 명 (사물·현상을) 관찰 | 学会 xuéhuì 배워서 할 수 있게 되다, 습득하다, 배워서 알다 | 计算 jìsuàn 명 계산

11 A [……是非常有必要的 ~할 필요가 있다] 녹음은 처음부터 끝까지 '计划(계획)'에 대해서 이야기하고 있으며, 녹음 초반에 '좋은 학습 효과를 거두고 싶다면 계획을 세울 필요가 있다'고 직접적으로 언급했다. 보기만 본다면 모두 이치에는 맞는 것 같지만 녹음 내용과는 일치하지 않기 때문에 정답이 아니다.

12 C [需要尽可能地具体点儿 가능한 한 구체적일 필요가 있다] 장기 계획과 단기 계획, 두 가지로 나눠서 각각의 특징에 대해 설명했다. 장기 계획은 구체적일 필요가 없지만 단기 계획은 가능한 한 '구체적'이어야 한다고 했다.

13 D [留有余地 여지를 남겨 두다] 계획을 세울 때 여지를 남겨 두어야 한다고 했다. 녹음에 보기의 어휘가 그대로 나오지 않았지만, 다른 보기와 비교해서 녹음을 들으면 답이 D임을 알 수 있다. 녹음에서 장기 계획과 단기 계획이 모두 중요하다고는 했지만, 계획 완수의 가능성을 높이는 방법으로 제시한 내용은 아니므로, 보기 B는 답이 아니다. 이처럼 보기 내용이 녹음에 언급되었다고 성급하게 답으로 골라서는 안 된다.

第11到13题，是根据下面一段话：

做任何事情有了计划就更容易取得好的结果，学习也是如此。毫无计划的学习是散漫的，极易受到外界的影响。[11]因此想要取得好的学习效果，制定计划是非常有必要的。计划分为短期计划与长期计划，在一段较长的时间里，例如半年或者一年内，可制定一个长期计划。因为现实生活中有许多变化是无法预测的，因此这个长期计划不用特别具体，只需对一定要做的事情做到心里有数即可。[12]而短期内的如下个星期的计划，就需要尽可能地具体点儿，将大量的事情分配到每一天中去完成，这样一来，计划便能够逐一实现。由此可见，如果没有长期安排，生活便没有大方向；同样，如果没有短期计划，目标也难以达到。因此两者缺一不可。[13]制定计划的时候还需要注意，计划不能定得太死或太满，[13]应留有余地，毕竟现实无法完美地跟着计划走，如果能灵活地安排计划，完成计划的可能性便会增加。

11~13번 문제는 다음 내용에 근거한다.

어떠한 일을 하든 계획이 있으면 더 쉽게 좋은 결과를 얻을 수 있다. 공부도 마찬가지다. 계획 없는 공부는 산만하고, 외부의 영향을 매우 쉽게 받게 된다. [11]그래서 좋은 학습 효과를 거두고 싶다면 계획을 세울 필요가 있다. 계획은 단기 계획과 장기 계획으로 나뉜다. 비교적 긴 시간 동안, 예를 들면 반년이나 1년 내의 장기 계획을 세울 수 있다. 현실 생활에는 예측할 수 없는 많은 변화가 있기 때문에 이 장기 계획은 매우 구체적일 필요는 없고, 꼭 해야만 하는 일에 대해서 마음속으로 헤아려 두기만 해도 된다. [12]그러나 단기 내의 다음 주 계획 같은 것은 가능한 한 구체적일 필요가 있다. 대량의 일을 하루하루 배분해서 완수해 나가면, 계획이 차례로 실현될 수 있게 된다. 이로부터 알 수 있듯이 장기적인 계획이 없으면 삶에는 큰 방향이 없게 된다. 마찬가지로 단기 계획이 없으면 목표를 달성하기 어렵다. 그렇기 때문에 두 가지 모두 없어서는 안 된다. [13]계획을 세울 때는 또한 계획을 너무 유연성이 없게 세우거나 너무 꽉 채워서는 안 되며, [13]여지를 남겨 두어야 한다. 현실은 완벽하게 계획대로 될 수 없는 만큼, 만약 융통성 있게 계획을 안배할 수 있다면, 계획을 완수할 수 있는 가능성도 높아지게 될 것이다.

11 想取得好的学习效果，应该如何做？

A 制定计划
B 放松身心
C 合理利用时间
D 选择好的书籍

12 制定一个星期的计划，应该注意的是什么？

A 要概况　　B 要简单
C 要具体　　D 要有个性

13 怎样增加完成计划的可能性？

A 反复修改
B 重视长期安排
C 准备很多计划
D 计划要有灵活性

11 좋은 학습 효과를 거두려면 어떻게 해야 하는가?

A 계획을 세운다
B 마음을 편히 먹는다
C 시간을 합리적으로 이용한다
D 좋은 책을 선택한다

12 일주일의 계획을 세울 때는 어떤 것을 주의해야 하는가?

A 윤곽이 필요하다　　B 간단해야 한다
C 구체적이어야 한다　　D 개성 있어야 한다

13 어떻게 계획 완수 가능성을 높일 수 있는가?

A 반복적으로 수정한다
B 장기 계획을 중시한다
C 많은 계획을 준비한다
D 계획에 융통성이 있어야 한다

取得 qǔdé 동 취득하다, 얻다 | **如此** rúcǐ 대 이와 같다, 이러하다 | ★**毫无** háowú 동 조금도, 전혀 ~가 없다 | **散漫** sǎnmàn 형 산만하다 | **易** yì 형 쉽다, 용이하다 | ★**外界** wàijiè 명 바깥 세상, 국외 | **制定** zhìdìng 동 세우다 | **必要** bìyào 형 필요로 하다 | **分为** fēnwéi (~로) 나누어지다 | **短期** duǎnqī 명 단기 | **长期** chángqī 명 장기 | **较** jiào 부 비교적, 좀 | **现实** xiànshí 명 현실 | **无法** wúfǎ 동 방법이 없다, 할 수 없다 | **预测** yùcè 동 예측하다 | **具体** jùtǐ 형 구체적이다 | **心里** xīnli 명 마음속 | **数** shǔ 동 세다, 헤아리다 | **即可** jíkě ~하면 곧 ~할 수 있다 | **尽可能** jǐn kěnéng 되도록, 가능한 한, 될 수 있는 한 | **大量** dàliàng 형 대량의, 다량의, 많은 양의 | **分配** fēnpèi 동 안배하다 | **便** biàn 부 곧, 바로 [=就] | **逐一** zhúyī 부 하나하나, 일일이, 남김없이 | **实现** shíxiàn 동 실현하다, 달성하다 | **由此可见** yóu cǐ kějiàn 이로부터 알 수 있다, 이로부터 결론을 낼 수 있다 | **同样** tóngyàng 접 (앞에서 말한 바와) 마찬가지로 | **目标** mùbiāo 명 목표 | **难以** nányǐ 부 ~하기 어렵다 | **达到** dádào 동 도달하다, 달성하다, 이르다 | **缺一不可** quēyībùkě 성 하나라도 부족해서는 안 된다 | **余地** yúdì 명 여지 | **毕竟** bìjìng 부 결국, 끝내, 어디까지나 | **完美** wánměi 형 완미하다, 매우 훌륭하다 | **灵活** línghuó 형 융통성이 있다 | **可能性** kěnéngxìng 명 가능성 | **如何** rúhé 대 어떻게 | **合理** hélǐ 형 합리적이다, 도리에 맞다 | **利用** lìyòng 동 이용하다 | ★**书籍** shūjí 명 책, 서적 | **概况** gàikuàng 명 윤곽, 대략적인 상황 | **个性** gèxìng 명 개성 | **修改** xiūgǎi 동 수정하다, 고치다

track 55

● Day 34　**14** B　**15** C　**16** A　**17** D　**18** A　**19** A　**20** C　**21** D

14 B [争吵半小时，起码得用一天时间来恢复 30분을 싸우고 나면 최소한 하루의 시간을 써서 회복해야 한다]　30분을 싸우면 회복하는 데 최소 하루가 걸린다고 했으므로, '한 시간 반'이라면 최소 3일이 필요하다. 그런데 또 '자주' 싸우는 부부는 회복 시간이 더 걸린다고 뒤이어 나오므로 정답은 '三四天(사나흘)'이다.

15 C [得用五件积极的事情，才能消除一件……阴影 다섯 가지의 긍정적인 일을 해야만 한 개의 ~ 그늘을 없앨 수 있다]　녹음에서는 '五件(다섯 가지)'이라고 언급되었다.

16 A [要自发地学会道歉 자발적으로 사과하는 법을 배워야 한다 / 自发 자발적이다 ≒ 主动 자발적이다]　결혼 전문가가 언급한 행복한 결혼 생활을 유지하는 방법은 '자발적으로 사과하는 법을 배우는 것'이다. 보기 C가 답이 아닌지 헷갈릴 수 있지만 녹음에서 명확히 '자발적으로' 사과하는 것의 중요성을 언급했다. '自发(자발적으로)'와 '主动(자발적으로)'이 유의어라는 점을 체크하고 넘어가자.

17 D [若你无法学会跟对方道歉，那你则无法忠于……婚姻 만약 당신이 상대방에게 사과하는 법을 배우지 못한다면 ~ 결혼에 충실할 수 없다]　행복한 결혼 생활을 유지하는 방법은 '자발적으로 사과하는 법을 배우는 것'이라고 언급하면서, 그것을 배우지 못하면 결혼에 충실할 수 없다고 내용을 마무리하고 있으므로, '자발적 사과의 중요성'에 대한 이야기임을 알 수 있다.

第14到17题，是根据下面一段话：

日常生活中，夫妻间无法避免因某些事情而发生争吵。然而，一项研究显示，[14]与爱人争吵半小时，起码得用一天时间来恢复身体的反应能力。而对于常争吵一个半小时的夫妻而言，恢复的时间则会加倍。有社会学者曾做过一些相关实验，实验结果显示：[15]得用五件积极的事情，才能消除一件负面事情产生的阴影。

专家指出，[16]如果想要维持婚姻幸福，最重要的是夫妻双方尝试接受彼此的观点，[16]就是要自发地学会道歉。其实原因特别简单，由于你希望对方能够快乐幸福。[17]若你无法学会跟对方道歉，那你则无法忠于你和任何一个人的关系，特别是婚姻。

14~17번 문제는 다음 내용에 근거한다.

일상생활에서 부부 간에 어떠한 일로 싸움이 생기는 것을 피할 수는 없다. 그렇지만 한 연구에 따르면 [14]배우자와 30분을 싸우고 나면 최소한 하루의 시간을 써서 신체의 반응력을 회복해야 한다고 한다. 그러나 한 시간 반 동안 자주 싸우는 부부로 말하자면 회복 시간이 배가 된다. 한 사회학자가 관련된 실험을 한 적이 있는데, 실험 결과에 따르면 [15]다섯 가지의 긍정적인 일을 해야만 한 가지의 부정적인 일로 생겨난 그늘을 없앨 수 있다고 한다.

전문가에 따르면 [16]결혼 생활의 행복을 유지하려면 가장 중요한 것은 부부 양측이 서로의 관점을 받아들이고, [16]자발적으로 사과하는 법을 배워야 한다는 것이다. 사실 그 이유는 굉장히 간단하다. 당신은 상대방이 행복하고 즐겁기를 바라기 때문이다. [17]만약 당신이 상대방에게 사과하는 법을 배우지 못한다면 당신과 어떤 사람과의 관계, 특히 결혼에 충실할 수 없다.

14 常争吵一个半小时的夫妻，恢复时间可能需要多久？

A 半天　B 三四天　C 一年　D 三个月

15 多少件积极事情才能够消除一件负面事情的影响？

A 两件　B 四件　C 五件　D 七件

16 如何做才能够维持婚姻幸福？

A 学会主动道歉
B 尽可能地关心对方
C 常说对不起
D 别为小事争吵

17 这段话主要讨论了什么？

A 教人如何吵架
B 夫妻间的家务分配
C 积极事情的作用
D 主动承认错误的重要性

14 한 시간 반동안 자주 싸우는 부부는 회복하는 데 어느 정도의 시간이 필요한가?

A 반나절　B 사나흘　C 1년　D 3개월

15 몇 개의 긍정적인 일이 있어야 한 개의 부정적인 일의 영향을 없앨 수 있는가?

A 2가지　B 4가지　C 5가지　D 7가지

16 어떻게 해야 결혼 생활의 행복을 지속할 수 있는가?

A 자발적으로 사과하는 법을 배운다
B 상대방에게 가능한 한 관심을 쏟는다
C 자주 미안하다고 말한다
D 작은 일로 싸우지 않아야 한다

17 이 글이 주로 이야기하는 것은 무엇인가?

A 어떻게 싸우는지 가르친다
B 부부 간의 집안일 분배
C 긍정적인 일의 효과
D 자발적으로 잘못을 인정하는 것의 중요성

日常 rìcháng 명 일상 | **夫妻** fūqī 명 부부, 남편과 아내 | **间** jiān 명 간, 사이 | **无法** wúfǎ 동 방법이 없다, 할 수 없다 | **避免** bìmiǎn 동 피하다, 면하다 | **某** mǒu 대 어떤, 몇몇, 일부 | **争吵** zhēngchǎo 동 말다툼하다 | **显示** xiǎnshì 동 보여 주다, 뚜렷하게 나타내 보이다 | **爱人** àiren 명 남편 혹은 아내 | ★**起码** qǐmǎ 부 적어도, 최소한 | **恢复** huīfù 동 회복하다 | **反应** fǎnyìng 명 반응 | **而言** éryán ~에 대해 말하자면, ~에 근거해 보면 [对于A而言: A에 대해 말하자면] | **加倍** jiābèi 동 배가하다, 배증하다 | **学者** xuézhě 명 학자 | **曾** céng 부 일찍이, 이미 | **实验** shíyàn 명 실험 [做实验: 실험을 하다] | ★**消除** xiāochú 동 없애다, 해소하다 | **负面** fùmiàn 명 부정적인 면, 나쁜 면 | **产生** chǎnshēng 동 생기다, 발생하다, 나타나다 | **阴影** yīnyǐng 명 그늘, 그림자, 음영 | **专家** zhuānjiā 명 전문가 | **指出** zhǐchū 동 지적하다, 밝히다, 가리키다 | **想要** xiǎngyào ~하려고 하다 | ★**维持** wéichí 동 유지하다, 지키다 | **双方** shuāngfāng 명 양측, 쌍방 | ★**尝试** chángshì 동 시행해 보다 | **彼此** bǐcǐ 명 서로, 상호 | **观点** guāndiǎn 명 관점, 견해 | ★**自发** zìfā 형 자발적인, 스스로 발생한 | **学会** xuéhuì 배워서 할 수 있게 되다, 습득하다, 배워서 알다 | **对方** duìfāng 명 (주체 측에서 본) 상대방, 상대편 | **能够** nénggòu 조동 ~할 수 있다 | **若** ruò 접 만약, 만일 | **则** zé 접 그러나, 오히려 | **忠于** zhōngyú ~에 충실하다, (~에) 충성(을 다)하다 | **如何** rúhé 대 어떻게 | **主动** zhǔdòng 형 자발적인, 주동적인 | **尽可能** jǐn kěnéng 가능한 한, 되도록, 될 수 있는 한 | **吵架** chǎojià 동 싸우다, 말다툼하다, 다투다 | **家务** jiāwù 명 집안일, 가사 | **分配** fēnpèi 명 분배 | **承认** chéngrèn 동 인정하다, 시인하다 | **重要性** zhòngyàoxìng 명 중요성

18 **A** [气候适宜的城市与海岛 기후가 쾌적한 도시와 섬] 멀지 않고, '기후가 쾌적한 도시와 섬(气候适宜的城市与海岛)'이 적합하다고 언급했다. 일치하는 보기는 A뿐이고, 나머지 보기는 모두 녹음 내용과 일치하지 않는다.

19 **A** [最好是选择自由出行 자유 여행을 선택하는 것이 가장 좋다] '自由出行(자유 여행)'이 가장 좋다고 직접적으로 언급하고, 자유 여행의 장점을 단체 여행과 비교해 서술했다. B는 정반대의 내용이므로 답이 아니다.

20 **C** [极易令孩子感觉疲惫 아이들이 피로함을 느끼기 아주 쉽다 → 容易累 쉽게 피곤해지다] 체력 소모가 커서 '아이들이 쉽게 피곤해진다'는 이유로 심야 항공편을 선택하지 말라고 권유했다. '싼 가격'에 욕심을 부려 심야 항공편을 선택하지 말라는 말에서 '심야 항공편은 저렴하다'는 것을 알 수 있기 때문에 '가격이 비싸다'는 B는 답이 아니다.

21 **D** [服务质量较高的宾馆 서비스의 질이 비교적 높은 호텔] 보기 D의 표현이 그대로 녹음에 나왔다. 나머지는 상식적으로는 모두 정답처럼 보이지만, 녹음에서 전혀 언급되지 않았기 때문에 답이 아니다.

第18到21题，是根据下面一段话：

随着暑假的到来，不少家长会带着孩子出去旅游，而旅游业也将会迎来高峰期。所以业内人士建议出行之前，家长需要考虑许多因素，否则很可能会让旅游变得得不偿失。首先，家长需要认真挑选旅游的目的地。如果目的地太远，会让孩子觉得很疲劳，多变的天气也极易使孩子生病。[18]因此，距离不太远且气候适宜的城市与海岛比较适合带着孩子一起去旅游。其次，[19]最好是选择自由出行。比起参加旅游团，自由出行能让人更灵活地安排路线与时间，以免孩子因疲劳、紧张而身体不适。再次，飞行时最好不要选择夜间的航班。家长最好不要为了贪图便宜而选择夜航，[20]因为熬夜坐飞机会消耗很大的体力，极易令孩子感觉疲惫。最后，[21]家长需要注意选择服务质量较高的宾馆，要确认宾馆是否能够为孩子提供美味的早餐和是否有完备的设施。

18~21번 문제는 다음 내용에 근거한다.

여름방학이 되면서 많은 학부모들이 아이를 데리고 여행을 가게 될 것이고, 관광업 역시 곧 성수기를 맞이할 예정이다. 그래서 업계 관계자는 여행을 떠나기 전에 학부모가 여러 가지 요인을 고려해야 한다고 제안한다. 그렇지 않으면 여행은 득보다 실이 더 클 수도 있다. 우선, 학부모는 여행 목적지를 신중히 골라야 한다. 만약 목적지가 너무 멀면 아이가 피곤해할 수 있고, 너무 자주 변하는 날씨는 아이에게 질병을 야기할 수도 있다. [18]따라서 거리가 너무 멀지 않고 기후가 쾌적한 도시와 섬이 아이를 데리고 함께 여행 가기에 비교적 적합하다. 다음으로 [19]자유 여행을 선택하는 것이 가장 좋다. 단체 여행에 참가하는 것과 비교했을 때 자유 여행은 더 융통성 있게 노선과 시간을 안배할 수 있어서 아이들이 피로와 긴장으로 인해 신체적인 불편함을 겪는 것을 피할 수 있다. 또, 비행할 때는 심야 항공편을 선택하지 않는 것이 가장 좋다. 학부모는 싼 가격에 욕심을 부려 심야 항공편을 선택하지 않는 것이 좋은데, [20]왜냐하면 밤을 새서 비행기를 타는 것은 많은 체력을 소모하게 되어 아이들이 피로함을 느끼기 아주 쉽기 때문이다. 마지막으로, [21]학부모는 서비스의 질이 비교적 높은 호텔을 선택하는 데에 주의를 기울여야 한다. 호텔이 아이를 위해 맛있는 아침 식사를 제공할 수 있는지, 완비된 시설이 있는지 확인해야 한다.

18 怎样的地方适合带着孩子旅游?

- **A** 气候适宜的海岛
- B 气候多变的山区
- C 远离城市的森林
- D 距离非常远的城市

18 어떤 곳이 아이를 데리고 여행하기에 적합한가?

- **A** 기후가 쾌적한 섬
- B 기후가 자주 변하는 산
- C 도시와 멀리 떨어진 숲
- D 거리가 아주 먼 도시

19 带着孩子旅游选择什么方式最好?

- **A** 自由出行
- B 跟团旅游
- C 与朋友一起
- D 由孩子决定

19 아이를 데리고 여행을 갈 때 어떤 방식을 선택하는 것이 가장 좋은가?

- **A** 자유 여행
- B 단체 여행
- C 친구와 함께
- D 아이가 결정하게

20 不要选择夜晚航班的原因是什么？

A 不暖和　　B 价格昂贵

C 容易累　　D 时间长

20 심야 항공편을 선택하면 안 되는 이유는 무엇인가?

A 따뜻하지 않음　　B 가격이 비쌈

C 쉽게 피곤해짐　　D 시간이 김

21 家长最好选择怎样的宾馆？

A 设施高档的

B 价格便宜的

C 卫生整洁的

D 服务品质高的

21 학부모는 어떠한 호텔을 선택하는 것이 가장 좋은가?

A 시설이 고급스러운 곳

B 가격이 저렴한 곳

C 위생적이고 깨끗한 곳

D 서비스의 질이 높은 곳

暑假 shǔjià 명 여름방학 | **家长** jiāzhǎng 명 학부모, 보호자 | **旅游业** lǚyóuyè 명 관광업 | **将** jiāng 부 ~하게 될 것이다, ~일 것이다 | **迎** yíng 동 맞이하다, 영접하다 | **高峰期** gāofēngqī 명 절정기, 피크 | **业内人士** yènèi rénshì 업계 관계자 | **出行** chūxíng 동 여행하다, 다른 지역으로 가다, 외출하여 멀리 가다 | **因素** yīnsù 명 요인, 요소 | **变** biàn 동 바뀌다, 변하다, 변화하다 | ★**得不偿失** débùchángshī 성 얻는 것보다 잃는 것이 더 많다 | **挑选** tiāoxuǎn 동 고르다, 선택하다, 뽑다 | **目的地** mùdìdì 명 목적지 | **疲劳** píláo 형 피곤하다, 지치다 | **极易** jíyì 쉽게 | **且** qiě 접 게다가, 또한 | ★**适宜** shìyí 형 적합하다, 적당하다, 적절하다, 알맞다 | **海岛** hǎidǎo 명 섬 | **自由** zìyóu 명 자유 | **旅游团** lǚyóutuán 명 단체 여행, 관광단, 여행단 | **灵活** línghuó 형 융통성이 있다, 신축성이 있다 | **路线** lùxiàn 명 노선 | ★**以免** yǐmiǎn 접 ~하지 않도록, ~않기 위해서 | **因A而B** yīn A ér B A때문에 B하다 | **不适** búshì 동 불편하다 | **再次** zàicì 부 재차, 거듭 | **飞行** fēixíng 동 비행하다 | **夜间** yèjiān 명 심야, 야간 | **贪图** tāntú 동 욕심부리다, 탐내다 | **夜航** yèháng 명 심야 항공편, 야간 비행 | **熬夜** áoyè 동 밤새다 | ★**消耗** xiāohào 동 (정신·힘·물자 등을) 소모하다 | **体力** tǐlì 명 체력 | **令** lìng 동 ~하게 하다, ~를 시키다 | ★**疲惫** píbèi 형 대단히 피곤하다, 피로하다, 지치다 | **确认** quèrèn 동 (사실·원칙 등을) 확인하다, 명확히 인정하다 | **美味** měiwèi 형 맛이 좋다 | **早餐** zǎocān 명 아침 식사 | ★**完备** wánbèi 형 완비되어 있다, 모두 갖추다 | **设施** shèshī 명 시설 | **山区** shānqū 명 산, 산간 지역 | **方式** fāngshì 명 방식 | **夜晚** yèwǎn 명 밤, 야간 | ★**昂贵** ángguì 형 물건 값이 비싸다 | **高档** gāodàng 형 고급의, 상당의 | **卫生** wèishēng 형 위생적이다, 깨끗하다 | **整洁** zhěngjié 형 깨끗하다, 청결하다

듣기 제3부분

03 이야기

본서 p.84~85

track 59

Day 36　**1** C　**2** C　**3** B　**4** B　**5** B　**6** D　**7** A　**8** B

1 **C** [光运输材料最少也要四个月 자재를 운송하는 데만 해도 최소 4개월이 걸리다]　황궁을 수리하려면 자재 운송만 4개월이 걸리기 때문에 대신들은 '3개월 내에 황궁을 새로이 만들라'는 명령이 '완수할 수 없는' 임무라고 생각했다.

2 **C** [挖开宫门前的大街 황궁 문 앞의 큰길을 파다]　녹음의 '宫门前的大街(황궁 문 앞의 큰길)'가 보기에 '靠近宫门的大街(황궁 문에 가까운 큰길)'로 바꿔 표현됐을 뿐이며 의미는 같다. 또 인부를 동원한 것이지, 대신이 동원된 것이 아니므로 D는 답이 될 수 없다.

3 **B** [用了一个月的时间就完成了 한 달의 시간을 써서 완수했다]　정위가 자재를 운송하는 임무를 마치는 데 걸린 시간은 '一个月(한 달)'이다. 녹음에 여러 개의 시간 표현이 나왔다고 헷갈리지 말자.

4 **B** [把……等建筑废料填入沟渠里 ~ 등의 건축 폐기물로 도랑을 채우다]　보기 B의 표현이 거의 그대로 녹음에 쓰였다.

第1到4题是根据下面一段话：

相传，宋真宗年间皇宫内失火，很多房屋都被烧毁了。[1]宋真宗便下旨，三个月内必须让皇宫焕然一新。宋真宗先后钦点了几个大臣，可他们都觉得这是不可能完成的任务。修缮皇宫需大量的木料和泥土，光运输材料最少也要四个月。于是，这些大臣纷纷找借口推辞。正当宋真宗一筹莫展的时候，丁谓主动接受了这项任务。[2]上任后他做的第一件事情就是征调民工，连夜挖开宫门前的大街，并且把挖出的泥土送进宫里。随后，他又命人把汴河大堤挖开，以便使汴河水流进挖开的沟渠里。这样船只就可以装载着建筑材料，沿着沟渠顺利地进入宫里的工地。[3]丁谓用了一个月的时间就完成了别人四个月才可以做到的事情。截止日期到了，宫殿修建得比原来还要气派、雄伟。施工完成以后，丁谓命人放干沟渠内的水，[4]再把灰土、烂瓦等建筑废料填入沟渠里。仅用了短短几天，恼人的垃圾就不见了，宫门前的大街又重新恢复了施工前的样子。就这样，丁谓把取土、运料以及处理废料的问题都妥善解决了。

1～4번 문제는 다음 내용에 근거한다.

전해지는 바에 따르면, 송 진종 시기 황궁에 불이 나서 많은 방이 모두 불에 탔다고 한다. [1]송 진종은 3개월 내에 반드시 황궁을 새롭게 만들라고 명령했다. 송 진종은 잇따라 몇 명의 대신에게 특명을 내렸지만, 그들은 모두 이것이 완수할 수 없는 임무라고 생각했다. 황궁을 수리하려면 많은 목재와 진흙이 필요한데, 자재를 운송하는 데만 해도 최소 4개월이 걸렸다. 그리하여, 이 대신들은 몇 번이고 변명거리를 찾아 회피했다. 송 진종이 별다른 방도를 찾지 못하고 있을 때, 정위가 자발적으로 이 임무를 맡았다. [2]임명된 후, 그가 첫 번째로 한 일은 바로 인부를 징발하여 며칠 밤을 황궁 문 앞의 큰길을 파고, 파낸 진흙을 궁 안으로 옮기는 것이었다. 그다음 그는 또 사람을 시켜서 변하의 제방을 파내어, 파낸 도랑으로 변하의 강물이 흐르게 했다. 이렇게 하니 배가 건축 자재를 싣고, 도랑을 따라 순조롭게 궁 안의 공터로 바로 들어올 수 있었다. [3]정위는 한 달이라는 시간을 써서 다른 사람은 4개월이 있어야 비로소 할 수 있는 일을 완수했다. 마감일이 다가왔을 때, 황궁은 원래의 모습보다 훨씬 위엄 있고 웅장했다. 공사가 끝난 뒤, 정위는 사람을 시켜 도랑의 물을 마르게 하고, [4]다시 석회토, 깨진 기와 등의 건축 폐기물로 도랑을 채웠다. (짧은) 며칠만에, 골칫거리인 쓰레기가 바로 사라지고, 황궁 문 앞 큰길은 다시 시공 전의 모습으로 회복되었다. 바로 이렇게 정위는 진흙을 파내고, 자재를 운반하고, 폐기물을 처리하는 문제를 모두 적절히 해결했다.

1 大臣们认为什么任务无法完成?

A 编写一部巨著
B 开凿大坝
C 花三个月修缮皇宫
D 建设皇家园林

2 丁谓上任后首先做了什么?

A 筹集活动资金
B 设计图样
C 挖开靠近宫门的大街
D 动员大臣帮忙

3 丁谓用多长时间完成了运输材料的任务?

A 两年半　**B 一个月**　C 10天　D 3个月

4 丁谓是怎么处理建筑废料的?

A 高价出售了　**B 填入沟渠中**
C 投入江中　D 焚烧销毁了

1 대신들은 어떤 임무를 완수할 수 없다고 생각했는가?

A 훌륭한 작품을 집필하는 것
B 댐을 만드는 것
C 3개월 동안 황궁을 수리하는 것
D 황가의 정원을 만드는 것

2 정위는 임명된 후 먼저 무엇을 하였는가?

A 활동 자금을 모았다
B 도면을 설계했다
C 황궁의 문과 가까운 큰길을 파냈다
D 대신을 동원하여 돕게 하였다

3 정위는 얼마만에 자재를 운송하는 임무를 마쳤는가?

A 2년 반　**B 1개월**　C 열흘　D 3개월

4 정위는 건축 폐기물을 어떻게 처리하였는가?

A 높은 가격에 팔았다　**B 도랑을 메우는 데 썼다**
C 강에 버렸다　D 불태워 없앴다

相传 xiāngchuán 동 ~라고 전해지다 | **真宗** Zhēnzōng 고유 진종 [북송의 제3대 황제] | **年间** niánjiān 명 시기, 연간 | **皇宫** huánggōng 명 황궁 | **失火** shīhuǒ 동 불이 나다 | **房屋** fángwū 명 집 | **烧毁** shāohuǐ 동 (불에) 타 버리다 | **便** biàn 부 곧, 바로 [=就] | **旨** zhǐ 명 제왕의 명령 | **焕然一新** huànrán yīxīn 성 온통 새롭게 되다 | **先后** xiānhòu 부 차례로 | **钦点** qīndiǎn 동 칙명으로 지정하다 | ★**大臣** dàchén 명 대신 [군주 국가의 고급 관리] | **修缮** xiūshàn 동 수리하다 | **木料** mùliào 명 목재 | **泥土** nítǔ 명 진흙 | **运输** yùnshū 동 운송하다 | **最少** zuìshǎo 부 최소한 | **纷纷** fēnfēn 부

연달아 | **借口** jièkǒu 명 핑계 | **推辞** tuīcí 동 사양하다 | **一筹莫展** yìchóu mòzhǎn 성 한 가지 방법도 생각해 내지 못하다 | **丁谓** Dīngwèi 고유 정위[송대의 재상] | **主动** zhǔdòng 형 자발적인 | **项** xiàng 양 항, 항목 | ★**上任** shàngrèn 동 부임하다 | **征调** zhēngdiào 동 (정부가) 인원·물자로 징집하거나 징발하여 사용하거나 조달하다 | **民工** míngōng 명 노무자, 농민 | **夜** yè 명 밤 | **挖** wā 동 파내다, 파다 | **大街** dàjiē 명 큰길, 번화가 | **命** mìng 동 지시하다, 명령하다 | **汴河** Biànhé 고유 변하[허난성 임양시의 서남쪽을 흐르는 황허의 지류] | **堤** dī 명 제방, 둑 | ★**以便** yǐbiàn ~하도록, ~하기 위하여 | **水流** shuǐliú 명 물의 흐름 | **沟渠** gōuqú 명 도랑 | **船只** chuánzhī 명 선박 | **装载** zhuāngzài 동 싣다 | **建筑** jiànzhù 명 건축물 | **沿着** yánzhe 개 ~를 따라서, ~를 끼고 | **进入** jìnrù 동 진입하다 | **工地** gōngdì 명 (작업·공사) 현장 | ★**截止** jiézhǐ 동 마감하다 | **日期** rìqī 명 (특정한) 날짜, 기간 | ★**宫殿** gōngdiàn 명 궁전 | ★**修建** xiūjiàn 동 시공하다 | **气派** qìpài 형 기품 있다 | ★**雄伟** xióngwěi 형 웅대하고 위세가 넘치다 | **施工** shīgōng 동 공사를 하다 | **干** gān 형 마르다 | **灰土** huītǔ 명 먼지 | **烂瓦** lànwǎ 명 썩은 기와 | **废料** fèiliào 명 폐기물 | **填** tián 동 메우다 | **仅** jǐn 부 겨우, 단지 | **恼人** nǎorén 동 성나게 하다, 고뇌하게 하다 | **垃圾** lājī 명 쓰레기 | **恢复** huīfù 동 회복하다 | **以及** yǐjí 접 및, 그리고 | **处理** chǔlǐ 동 처리하다 | ★**妥善** tuǒshàn 형 적절하다 | **无法** wúfǎ 동 할 수 없다, 방법이 없다 | **编写** biānxiě 동 집필하다 | **巨著** jùzhù 명 훌륭한 작품, 대작 | **开凿** kāizáo 동 (운하·터널 따위를) 파다 | **大坝** dàbà 명 댐 | **建设** jiànshè 동 (새로운 사업을) 만들다, 창설하다 | **皇家** huángjiā 명 황실 | ★**园林** yuánlín 명 정원 | **筹集** chóují 동 (돈을) 마련하다 | **资金** zījīn 명 자금 | **设计** shèjì 동 설계하다 | **图样** túyàng 명 도면 | **靠近** kàojìn 동 가까이 가다 | **宫** gōng 명 궁 | ★**动员** dòngyuán 동 (군대나 민중을) 동원하다 | **出售** chūshòu 동 팔다 | **投** tóu 동 던지다 | **焚烧** fénshāo 동 불태우다 | ★**销毁** xiāohuǐ 동 불태워 없애다

5 **B** [最怯懦最胆小的人 가장 나약하고 겁이 많은 사람 → 没出息 변변치 못하다] 사람들은 샤오왕이 나약하고 겁이 많은 사람이라고 여겨 교류할 가치가 없다고 생각했고, 이것을 보기에서는 '没出息(변변치 못하다)'로 표현했다. '怯懦(나약하다)'는 HSK 6급 필수 어휘는 아니지만 시험에 몇 번 출제된 적이 있는 어휘로, 알아 두는 것이 좋다.

6 **D** [讲了自己的现状与理想，以及对现有生活的满意度 자신의 현황과 꿈, 그리고 현존하는 삶의 만족도를 이야기했다] 5년 만에 만난 동창들이 모여 현재 어떻게 지내는지 '现状(현황)'을 이야기했다고 했다. 녹음에서는 '讲(말하다)'으로 표현한 것을 보기에서는 '评价(평가하다)로 바꿔 표현했다.

7 **A** [离A还十分遥远 A에 비해 훨씬 멀었다] 앞서 샤오왕은 자신이 이룬 것을 이야기하기는 했지만 뒤이어 자신이 생각하는 성공한 사람의 기준에는 훨씬 못 미친다는 말을 했기 때문에 정답은 A가 된다. 단순히 언급된 표현만 대응시켜서는 풀 수 없는 고난도 문제였다. 과거 친구들보다 못하다고 생각했을 수도 있겠지만 현재에 대해서는 알 수 없다.

8 **B** [处在自卑当中 열등감을 느끼다 / 前进的动力 전진할 수 있는 원동력] 녹음 말미에, 자신이 열등감을 느끼도록 했고, 이는 곧 전진하는 원동력이 되었다고 언급했으므로 정답은 B이다. 핵심 문장을 제대로 듣지 못했다면, 녹음 전반의 분위기 때문에 '蔑视(멸시하다)'라는 어휘가 있는 보기 D를 답으로 고민했을 수도 있겠지만, 가족까지 샤오왕을 멸시했는지는 녹음에 언급되지 않았다.

第5到8题是根据下面一段话：

[5]小王曾经是全班公认的最怯懦最胆小的人。大家都不屑和他交往。大学毕业挥手告别的时候，还有不少人预言五年以后再相聚时他一定会是个失败者。

五年很快就过去了，他们如期聚在了一起。聚会到了高潮，[6]每个人都上台讲了自己的现状与理想，以及对现有生活的满意度。多数人都没有实现当初跨出校门时的理想，对当下生活满意的人也几乎没有。轮到小王上台了，他清了一下嗓子，沉着冷静地说道："目前我拥有几家公司，总资产达数亿元。[7]若说还有哪些遗憾的话，就是离那些自己所欣赏的成功者还十分遥远。对，不管是在学校还是社会，我都特别自卑，

5~8번 문제는 다음 내용에 근거한다.

[5]샤오왕은 한때 반 전체에서 공인하는 가장 나약하고 겁이 많은 사람이었고, 모두 그와 교류할 가치가 없다고 생각했다. 대학을 졸업하고 손을 흔들며 작별할 때 여전히 많은 사람이 5년 후 다시 만날 때 그가 분명히 실패자가 되어 있으리라고 예언했다.

5년은 빠르게 지났고, 그들은 약속대로 함께 모였다. 모임이 절정에 달했을 때, [6]저마다 다들 나서서 자신의 현황과 꿈, 그리고 현존하는 삶에 대한 만족도를 이야기했다. 대다수의 사람은 당시 교문을 나설 때의 꿈을 이루지 못했고, 현재의 생활에 만족하는 사람도 거의 없었다. 샤오왕이 나설 차례가 되었다. 그는 목을 잠시 가다듬고는 침착하고 냉정하게 말했다. "지금 나는 여러 개의 회사를 가지고 있고, 총 자산은 수억 위안에 달해. [7]만약에 어떤

觉得每个人都比我强，都有特长。因此我要努力学习每个人的特长，并尽量改正自己的缺点。可我发现不管怎么努力，我都不可能赶上所有人，所以我就一直很自卑。由于自卑，我将远大的理想埋在了心底，努力做好眼前的每件小事；由于自卑，我把全部的“伟大目标”都转化为向其他人学习的“小目标”。如此一来，[8]让自己永远处在自卑当中，我便会源源不断地获得前进的动力。”

아쉬움이 있는지를 말하라면, 그것은 바로 내가 좋게 보고 있는 성공한 사람에 비해 훨씬 멀었다는 것이지. 맞아. 학교에서든 사회에서든 나는 무척 열등감을 가지고 있었고, 모든 사람들이 나보다 낫고, 다들 특기가 있다고 생각했어. 그래서 나는 모든 사람의 특기를 배우기 위해 노력하고, 나 자신의 단점을 최대한 고쳤어. 그렇지만 나는 어떻게 노력하든 내가 모든 사람을 따라잡을 수는 없다는 것을 알았고, 그래서 줄곧 열등감을 느껴 왔어. 열등감을 느꼈기 때문에 나는 원대한 꿈을 마음속 깊숙이 묻어 두고, 눈앞의 모든 작은 일을 완수하는 데에 노력을 쏟았어. 열등감을 느꼈기 때문에 나는 모든 ‘위대한 목표’를 다른 사람에게 배운 ‘작은 목표’로 바꾸었지. 이렇게 해서 [8]나 자신이 계속 열등감을 느끼도록 했고, 나는 전진할 수 있는 원동력을 끊임없이 얻을 수 있게 되었어.”

5 同学们不喜欢小王的原因是什么?

A 他家里非常穷
B 认为他没出息
C 他的脾气太差
D 他不努力学习

5 학교 친구들이 샤오왕을 싫어한 이유는 무엇인가?

A 그의 집이 매우 가난해서
B 그가 변변치 못하다고 생각해서
C 그의 성격이 너무 나빠서
D 그가 열심히 공부하지 않아서

6 聚会的时候大家做了什么事情?

A 对同事表示感谢
B 比较谁的家庭最幸福
C 讲述对彼此的想念
D 评价自己的生活现状

6 모였을 때 사람들은 어떤 일을 했는가?

A 동료에게 감사를 표하기
B 누구의 가정이 가장 행복한지 비교해 보기
C 서로에 대한 그리움을 이야기하기
D 자신의 생활 현황을 평가하기

7 小王觉得自己的现状怎么样?

A 离成功还很远
B 不用继续努力
C 已经忘记过去
D 感到不如同学们

7 샤오왕은 자신의 현재 상황이 어떻다고 생각하는가?

A 성공까지 아직 멀었다
B 계속 노력할 필요 없다
C 과거는 이미 잊었다
D 친구들보다 못하다고 느낀다

8 下列哪项是让小王获得前进的动力?

A 学习新的技能
B 一直存在的自卑感
C 老师给予的鼓励
D 家人对自己的蔑视

8 다음 중 샤오왕이 전진할 수 있는 원동력은 무엇인가?

A 새로운 기술을 배우는 것
B 계속 존재해 온 열등감
C 선생님이 주신 격려
D 자신에 대한 가족의 멸시

曾经 céngjīng 부 일찍이, 이전에 | **全班** quán bān 반 전체 | ★**公认** gōngrèn 동 공인하다, 모두가 인정하다 | **怯懦** qiènuò 형 나약하고 겁이 많다, 비겁하다 | **胆小** dǎn xiǎo 겁이 많다, 담이 작다, 소심하다 | ★**屑** xiè 동 (할 만한) 가치가 있다(고 여기다) [대부분 부정문 형식으로 쓰임] | **交往** jiāowǎng 동 교제하다, 왕래하다 | **挥手** huīshǒu 동 손을 흔들다 | **告别** gàobié 동 작별 인사를 하다 | ★**预言** yùyán 동 예언하다 | **相聚** xiāngjù 동 모이다 | **失败者** shībàizhě 실패자 | **如期** rúqī 부 예정대로, 기일 내로 | **聚** jù 동 모이다 | ★**高潮** gāocháo 명 절정 | **上台** shàngtái 동 연단에 오르다 | ★**现状** xiànzhuàng 명 현재 상황, 현 상태 | **以及** yǐjí 접 및, 그리고 | **现有** xiànyǒu 동 현재 있다, 현존하다 | **满意度** mǎnyìdù 명 만족도 | **多数** duōshù 명 다수 | **实现** shíxiàn 동 실현하다, 달성하다 | ★**当初** dāngchū 명 당초, 애초, 맨 처음 | ★**跨** kuà 동 (일정한 한계를) 뛰어넘다 | **校门** xiàomén 명 교문 | **轮到** lúndào 동 차례가 되다, 순서가 되다 | **清** qīng 동 목소리를 가다듬다 | **嗓子** sǎngzi 명 목 | ★**沉着** chénzhuó 형 침착하다 | **说道** shuōdào 동 ~라고 말하다 | **目前** mùqián 명 지금, 현재 | ★**拥有** yōngyǒu 동 보유하다, 소유하다, 가지다, 지니다 | **总** zǒng 형 전체의, 전반적인, 전부의 | ★**资产** zīchǎn 명 재산, 산업 | **达** dá 동 도달하다 | **数** shù 수 몇, 수 | **亿** yì 수 억 | **若** ruò 접 만약, 만일 | **遗憾** yíhàn 동 유감이다, 여감이다, 섭섭하다 | **欣赏** xīnshǎng 동 좋아하다, 마음에 들다 | **成功者** chénggōngzhě 성공한 사람 | ★**遥远** yáoyuǎn 형 (시간이나 거리가) 요원하다, 아득히 멀다 | ★**自卑** zìbēi 형 열등감을 느끼다, 스스로 남보다 못하다고 느끼다 | **强** qiáng 형 강하다, 굳건하다 | ★**特长** tècháng 명 특기, 장점 | **并** bìng 접 그리고, 또, 아울러, 게다가 | **尽量** jǐnliàng 부 가능한 한, 되도록, 될 수 있는 대로 | **改正** gǎizhèng 동 (틀린 것을) 바로잡다, 시정하다 | **赶上** gǎnshàng 동 따라잡다

| 将 jiāng 개 ~를 [=把] | 远大 yuǎndà 형 원대하다 | 埋 mái 동 묻다, 파묻다, 매장하다 | 心 xīn 명 마음, 생각 | 眼前 yǎnqián 명 눈앞, 가까운 곳 | 伟大 wěidà 형 위대하다 | 目标 mùbiāo 명 목표 | 转化 zhuǎnhuà 동 전화하다, 변하다 | 如此一来 rúcǐyìlái 그러면, 이렇게, 이렇게 하면 | 处 chǔ 동 처하다, 놓여 있다, 존재하다 | 便 biàn 부 곧, 바로 [=就] | 源源不断 yuányuán búduàn 성 끊임없이 이어가다, 끊임없이 계속되다 | 前进 qiánjìn 동 앞으로 나아가다, 발전하다 | ★动力 dònglì 명 동력 | ★出息 chūxi 명 전도, 발전성, 장래성 | 家庭 jiātíng 명 가정 | ★事业 shìyè 명 사업 | 讲述 jiǎngshù 동 서술하다, 진술하다 | 彼此 bǐcǐ 대 서로, 상호, 피차, 쌍방 | 想念 xiǎngniàn 동 그리워하다, 생각하다 [여기서는 명사적 용법으로 쓰임] | 评价 píngjià 동 평가하다 | 不如 bùrú 동 ~만 못하다 | 项 xiàng 양 항, 항목 | 技能 jìnéng 명 기능, 솜씨 | 存在 cúnzài 동 존재하다 | 自卑感 zìbēigǎn 명 열등감 | ★给予 jǐyǔ 동 주다, 부여하다 | 家人 jiārén 명 가족 | ★蔑视 mièshì 동 멸시하다, 깔보다 [여기서는 명사적 용법으로 쓰임]

track 60

• Day 37 9 B 10 B 11 D 12 C 13 D 14 B 15 A

9 B [日晒雨淋 햇빛에 쏘이고 빗물에 젖었다 → 造了几座"歇脚亭" 몇 개의 '휴식 정자'를 만들었다] 녹음 시작 부분에서 노반이 휴식 정자를 왜 만들게 되었는지 그 이유가 서술되었다.

10 B [人总不能老坐 사람들이 계속 앉아만 있을 수는 없다 → 不能移动 움직일 수 없다] 아내는 사람들이 휴식 정자에 있으면 길을 '나아갈 수 없다(不走)', 즉 '움직일 수 없다(不能移动)'는 단점을 이야기했다. 휴식 정자는 단지 햇빛을 피하고 비를 피하는 용도로만 소개되었을 뿐 다른 특징은 언급되지 않았다.

11 D [用竹子做成骨架 대나무로 뼈대를 만들다] '做成骨架(뼈대를 만들다)'를 듣지 못했어도 앞에 나온 '用竹子(대나무를 사용하다)'라도 들었다면 답을 유추할 수 있었다. 대나무 뼈대에 '기름종이를 붙였다'고 했으므로 A는 답이 아니고, '물건이 가볍다'고 했으므로 B도 답이 아니다.

第9到11题是根据下面一段话：

以前没有伞时，[9]人们出行通常是日晒雨淋。因此，鲁班便动起了脑筋。后来，他和徒弟在路上造了几座"歇脚亭"，亭子的顶部尖尖的，四面用几根柱子撑住，每十里就造一个亭子。鲁班造好亭子以后，对妻子说："这个办法很好吧？[9]既能遮雨，又能遮太阳。"妻子看后，摇了摇头说："歇歇脚还行，[10]可是人总不能老坐在亭子中不走吧？"鲁班很无奈，问道："那你有什么好主意？难不成得一步一个亭子吗？"听到这儿，妻子一下子就想到一个好主意。她回家后，[11]先用竹子做成骨架，扎成小亭子的样子，然后糊上了油纸，做好以后拿给鲁班看，说："这不就是一步一个亭子吗？这个东西很轻，架子也是活的，用的时候就撑开，不用的时候就收起来。"鲁班看后又喜又惊，连说："佩服，佩服！"相传，这就是最早的伞，虽然现在的伞种类繁多，但是原理"始终如一"撑开时还是像一个"小亭子"。

9~11번 문제는 다음 내용에 근거한다.

예전에 우산이 없었을 때, [9]사람들은 외출할 때 보통 햇빛에 쏘이고 빗물에 젖었다. 이 때문에 노반은 머리를 쓰기 시작했다. 나중에 그는 제자들과 길에 몇 개의 '휴식 정자'를 만들었다. 정자의 지붕은 뾰족했고, 사면은 기둥 몇 개가 받치고 있었다. 10리마다 정자 하나를 만들었고, 정자를 다 만든 후 노반은 아내에게 "이 방법 괜찮지요? [9]비를 피할 수도 있고, 태양을 피할 수도 있고 말이죠."라고 말했다. 아내가 보고서는 고개를 저으며 말했다. "걷다가 쉬는 건 좋은데, [10]사람들이 계속 정자에 앉아만 있을 수는 없잖아요?" 노반은 어찌 할 도리가 없어서, 아내에게 "그럼 당신에게 좋은 생각이 있나요? 설마 한 발자국에 정자 하나를 만들어야 하는 거예요?"라고 물었다. 이 말을 듣고 아내는 갑자기 좋은 생각이 떠올랐다. 아내는 집에 도착한 후 [11]먼저 대나무로 뼈대를 만들어 작은 정자 모양으로 연결한 뒤 기름종이를 붙였다. 다 만든 후 노반에게 가져가서 보여 주며 말했다. "이게 바로 한 발자국에 정자 하나 아닌가요? 이 물건은 매우 가볍고, 뼈대도 움직여요. 쓸 때는 펴고 안 쓸 때는 접으면 돼요." 노반은 보더니 기뻐하고 놀라며 "대단하군요. 대단해!"라는 말만 연발했다. 전해지는 바에 따르면 이것이 바로 최초의 우산이라고 한다. 현재 우산은 종류가 다양하게 있지만, 원리는 '한결같이' (우산을) 폈을 때 '작은 정자'와 같다는 것이다.

9 鲁班为什么造歇脚亭?
A 为行人提供食物
B 替人遮阳挡雨
C 储存家具
D 考察徒弟能力

10 妻子认为歇脚亭怎么样?
A 不够精美
B 不能移动
C 造型独特
D 空间开阔

11 关于鲁班妻子做的伞，下列哪项正确?
A 是用布做的
B 很笨重
C 装饰非常精美
D 有竹制骨架

9 노반은 왜 휴식 정자를 만들었는가?
A 행인들에게 음식을 제공하기 위해
B 사람들에게 햇빛을 가리고 비를 막아 주기 위해
C 가구를 보관하기 위해
D 제자들의 능력을 알아보기 위해

10 아내는 휴식 정자가 어떻다고 생각했는가?
A 충분히 정교하고 아름답지 못하다
B 움직일 수 없다
C 모양이 독특하다
D 공간이 확 트였다

11 노반의 아내가 만든 우산에 관하여 다음 중 옳은 것은 무엇인가?
A 천으로 만든 것이다
B 육중하다
C 장식이 매우 정교하고 아름답다
D 대나무로 만든 뼈대가 있다

伞 sǎn 명 우산 | **出行** chūxíng 동 외출하다 | **通常** tōngcháng 명 보통 | **日晒雨淋** rìshàiyǔlín 성 햇빛에 드러나고 빗물에 젖는다 | **鲁班** Lǔ Bān 고유 노반 [중국 고대의 걸출한 목수] | **脑筋** nǎojīn 명 머리 | ★**徒弟** túdì 명 제자 | **造** zào 동 만들다 | **歇脚** xiējiǎo 동 다리를 멈추고 쉬다 | ★**亭子** tíngzi 명 정자 | **顶部** dǐngbù (물체의) 맨 꼭대기 | **尖** jiān 형 뾰족하다 | **四面** sìmiàn 명 사면 | **柱子** zhùzi 명 기둥 | **撑** chēng 동 받치다 | **既** jì 접 ~할 뿐만 아니라 [既A又B: A할 뿐만 아니라 또한 B하다] | **遮** zhē 동 막다 | **摇头** yáotóu 동 머리를 흔들다 | **总** zǒng 부 늘, 항상 | **无奈** wúnài 동 어찌 해 볼 도리가 없다 | **难不成** nánbuchéng 설마 ~하겠는가? | **竹子** zhúzi 명 대나무 | **骨架** gǔjià 동 (사물을 이루고 있는) 뼈대 | ★**扎** zhā 동 (뾰족한 물건으로) 찌르다 | **糊** hú 동 풀로 붙이다 | **油纸** yóuzhǐ 명 기름종이 | **轻** qīng 형 (무게가) 가볍다 | **架子** jiàzi 명 뼈대, 틀 [물체의 구성 요소를 지탱하는 골조] | **撑开** chēngkāi (억지로) 펴다 | **收** shōu 동 (분산되어 있거나 펼쳐져 있는 물건을) 한데 모으다 | **惊** jīng 동 놀라다 | **佩服** pèifú 동 감탄하다 | **相传** xiāngchuán 동 ~라고 전해지다 | **种类** zhǒnglèi 명 종류 | **繁多** fánduō 형 대단히 많다 | ★**原理** yuánlǐ 명 원리 | **始终如一** shǐzhōngrúyī 성 시종일관, 처음부터 끝까지 한결같다 | **行人** xíngrén 명 행인 | **食物** shíwù 명 음식물 | **遮阳** zhēyáng 동 햇빛을 가리다 명 (볕을 가리는) 차양 | **挡雨** dǎng yǔ 비를 막다 | ★**储存** chǔcún 동 (돈·물건 등을) 모아 두다 | ★**考察** kǎochá 동 정밀히 관찰하다 | **精美** jīngměi 형 정교하다 | **移动** yídòng 동 움직이다 | ★**造型** zàoxíng 명 (만들어 낸 물체의) 이미지 | **独特** dútè 형 독특하다 | **空间** kōngjiān 명 공간 | ★**开阔** kāikuò 형 (면적 또는 공간 범위가) 넓다 | **项** xiàng 양 항, 항목 | **布** bù 명 천, 옷감 | **笨重** bènzhòng 형 육중하다 | **装饰** zhuāngshì 명 장식(품) | **精美** jīngměi 형 정교하고 아름답다 | **制** zhì 동 만들다

12 C [第二天……砍了15棵树 이튿날에는 ~ 나무 15그루를 베었다] 녹음에 '숫자'가 일정한 패턴으로 등장할 경우, '숫자'와 관련된 세부 내용을 묻는 문제가 나올 수 있다. 예상한 대로, '이튿날' '몇 그루'를 베었는지 물었다.

13 D [我的力气好像越变越小了 제 힘이 점점 약해졌어요 → 没能完成 완수하지 못했다] 나무꾼은 자신의 힘이 약해져서 작업량이 적어졌다고 생각해 사장에게 사과한 것이다. 즉, '일을 완수하지 못했다'는 보기 D가 정답이다.

14 B [没有磨斧头的时间 도끼를 갈 시간이 없다] 나무꾼이 열심히 일했는데도 벌목한 나무 수량이 갈수록 줄어든 이유는 나무꾼이 도끼를 갈지 않아서 도끼가 날카롭지 않았기 때문이다. 바꾸어 말하면, 처음에 벌목 효율이 높았던 이유는 '도끼가 날카로웠기' 때문이다.

15 A [做好准备工作 준비 작업을 잘하다] 나무꾼이 '벌목하기 전에 도끼를 잘 관리했다면' 작업량이 일정하게 나왔을 것이다. 즉, '준비 작업의 중요성'을 이야기하는 글이다.

第12到15题是根据下面一段话：

一个伐木工人在一个木材工厂找到了一份特别合适的工作，因为工作环境相当好，而且薪资很丰厚，所以伐木工特别珍惜，也下定决心要好好努力地工作。[14]第一天，老板给了他一把很锋利的斧头，划定了一个伐木范围，叫他去砍伐。伐木工人非常努力，这天他砍了20棵树，老板也很满意，他对伐木工人说："很好，你一定要继续保持这个水平!"伐木工听到老板的夸赞，很开心。[12]第二天他工作得更卖力了，可不知是什么原因，这一天他仅砍了15棵树。第三天，为了弥补昨天的缺额，他更加努力地砍树，[13]但这天却砍得更少了，仅砍了12棵树。伐木工人感到很惭愧，他向老板道歉："老板，真对不起，不知道怎么了，我的力气好像越变越小了。"老板看着他问道："你上次磨斧头是什么时候?"伐木工看着老板，十分诧异地回答道：[14]"磨斧头？我每天都在忙着砍伐，完全没有磨斧头的时间呀!"

12~15번 문제는 다음 내용에 근거한다.

한 나무꾼이 목재 공장에서 매우 적합한 일을 찾았다. 업무 환경이 상당히 좋고, 급여도 넉넉해서 나무꾼은 이를 매우 소중히 여기고, 열심히 노력해서 일해야겠다고 결심했다. [14]첫째 날, 사장은 그에게 날카로운 도끼를 주며 벌목 범위를 정해 주고 그에게 벌목을 시켰다. 나무꾼은 매우 노력했고, 이날 그는 20그루의 나무를 베었다. 사장 역시 만족했다. 그는 나무꾼에게 말했다. "좋아요. 이 수준을 반드시 계속 유지해야 해요!" 나무꾼은 사장의 칭찬을 듣고는 기뻤다. [12]이튿날 그는 더 열심히 일했다. 그렇지만 왠지 이날 그는 겨우 15그루만 베었다. 셋째 날에는 전날 부족했던 부분을 채우기 위해 그는 더 노력해서 벌목했는데, [13]이날 벌목한 나무는 더 적어진, 12그루에 불과했다. 나무꾼은 부끄러워하며 사장에게 사과했다. "사장님, 죄송합니다. 왠지 모르겠는데, 제 힘이 점점 약해졌어요." 사장은 그를 보며 물었다. "언제 마지막으로 도끼를 갈았죠?" 나무꾼은 사장을 보며 이상하다는 듯 답했다. [14]"도끼를 간다고요? 저는 매일 벌목하느라 바빠서 도끼를 갈 시간은 전혀 없었는데요!"

12 伐木工人第二天一共砍了多少棵树?

A 35棵　B 25棵　**C 15棵**　D 12棵

12 나무꾼은 이튿날 총 몇 그루의 나무를 베었는가?

A 35그루　B 25그루　**C 15그루**　D 12그루

13 伐木工人为何要向老板道歉?

A 想要换工作
B 把斧头弄丢了
C 老板打了他
D 没能完成预期的工作

13 나무꾼은 왜 사장에게 사과했는가?

A 직업을 바꾸고 싶어서
B 도끼를 잃어버려서
C 사장이 그를 때려서
D 기대한 대로 일을 완수하지 못해서

14 伐木工人一开始效率高的原因是什么?

A 因为老板一直鼓励他
B 斧头比较锋利
C 那时砍的树都很细
D 因为有其他工人帮他

14 나무꾼이 처음에 효율이 높았던 이유는 무엇인가?

A 사장이 계속 격려해 주었기 때문에
B 도끼가 비교적 날카로워서
C 그때 벤 나무가 다 가늘어서
D 다른 사람이 그를 도와주었기 때문에

15 这段话主要告诉我们什么?

A 做好准备工作很重要
B 犯错误后需及时道歉
C 力气太小无法当伐木工
D 木材工厂的工作特别辛苦

15 이 글은 주로 우리에게 무엇을 알려 주는가?

A 준비 작업을 잘하는 것이 중요하다
B 잘못을 하면 제때 사과해야 한다
C 힘이 너무 없으면 나무꾼이 될 수 없다
D 목재 공장의 작업은 매우 고생스럽다

伐木工人 fámù gōngrén 명 나무꾼, 벌목공 | **木材** mùcái 명 목재 | **工厂** gōngchǎng 명 공장 | **相当** xiāngdāng 부 상당히, 무척, 꽤 | **薪资** xīnzī 명 급여, 임금 | **丰厚** fēnghòu 형 살림이 넉넉하다, 유복하다 | **伐木工** fámùgōng 명 나무꾼, 벌목공 | **珍惜** zhēnxī 동 진귀하게 여겨 아끼다, 귀중히 여기다 | **下定** xiàdìng 동 (결심·단정 따위를) 내리다 | **决心** juéxīn 명 결심, 결의, 다짐 | **老板** lǎobǎn 명 사장 | ★**锋利** fēnglì 형 (공구·무기 등이) 날카롭다, 예리하다, 뾰족하다 | **斧头** fǔtou 명 도끼 | **划定** huàdìng 동 (범위·경계 따위를) 나누어 정하다 | **范围** fànwéi 명 범위 | ★**砍伐** kǎnfá 동 (톱·도끼 등으로) 나무를 베다, 벌목하다, 벌채하다 | **砍** kǎn 동 (도끼 등으로) 찍다, 패다, 치다 | **保持** bǎochí 동 유지하다, 지키다 | **夸赞** kuāzàn 동 칭찬하다, 격려하다 [여기서는 명사적 용법으로 쓰임] | **卖力** màilì 동 힘껏 일하다 | **仅** jǐn 부 겨우, 단지, 다만 | ★**弥补** míbǔ 동 보충하다, 벌충하다 | **缺额** quē'é 명 남은 금액 | **更加** gèngjiā 부 더욱, 더, 훨씬 | **惭愧** cánkuì 형 부끄럽다, 창피하다, 송구스럽다 | **磨** mó 동 갈다, 문지르다 | ★**诧异** chàyì 동 의아해하다, 이상해하다 | **弄丢** nòngdiū 동 잃어버리다 | ★**预期** yùqī 동 미리 기대하다 | **效率** xiàolǜ 명 효율 | **细** xì 형 가늘다, (폭이) 좁다 | **犯** fàn 동 (위법이나 해서는 안 될 일을) 저지르다, 범하다 | **需** xū 동 필요하다, 요구되다 | **无法** wúfǎ 동 ~할 수 없다, 방법이 없다

• Day 38 16 D 17 B 18 D

16 D [掺了假 가짜를 섞었다] '가짜를 섞었다(掺了假)'고 직접적으로 언급했고, 가게 직원들의 태도나 참기름의 양에 관해서는 언급하지 않았다. '掺(혼합하다, 섞다)'은 6급에서 종종 출제되는 어휘이므로 기억해 두도록 하자.

17 B [以此赔罪 이렇게 하여 사죄하다] '告示上还要写……以此赔罪'라는 구문에서 '배상 방법'을 나열했다. 어떤 방법인지까지는 세부적으로 못 들었어도 '以此赔罪(이렇게 하여 사죄하다)'라는 말을 통해서 궈즈하오가 배상해 줄 것을 언급했음을 유추할 수 있다.

18 D [增加了两倍 두 배로 증가했다 → 销量增长了 판매량이 늘어났다] 궈즈하오의 참기름 판매량은 줄어들지 않았고 오히려 두 배로 증가했다고 이야기했다. 보기 A는 녹음의 내용과는 반대되는 내용이다. 신뢰가 쌓여서 판매량까지 늘게 된 것이다.

第16到18题是根据下面一段话：

乔致庸是清代末期很著名的晋商，一天他在茶馆喝茶的时候，听到茶客们在纷纷议论。[16]他们说最近国字号卖的麻油都不香，掺了假。乔致庸听了又怒又惊，回到店里后立刻质问掌柜，掌柜这才承认掺了假，乔致庸处罚了掌柜，并且吩咐伙计说："马上写个告示，告诉百姓们我们卖的是假油，天亮之前要贴满全城。"众人都大吃一惊，这不是要砸自己的招牌吗？乔致庸并不理会，继续说：[17]"告示上还要写总号决定把这批油用每斤两文的价钱卖出做灯油，凡购买过这些油的客人都能全额退款，以后买油会给他们打八折，以此赔罪。"第二天早上，全城百姓们都在议论国字号："谁要是买了国字号的假油，可真是占了大便宜。""老店就是老店，犯一次错就如此较真儿。"[18]结果到年底，国字号的麻油销量不仅没有减少反而增加了两倍。

危机通常是考验我们如何权衡得失的时刻，合理地放弃能转危为安，获得更多的收益。

16~18번 문제는 다음 내용에 근거한다.

교치용은 청대 말기의 유명한 산시 출신의 상인이다. 하루는 그가 찻집에서 차를 마실 때, 찻집 손님들이 논쟁을 벌이고 있는 것을 들었다. [16]그들은 요즘 궈즈하오가 파는 참기름이 향이 좋지 않다며, 가짜를 섞었다고 말했다. 교치용은 듣고서 화도 나고 놀라기도 해서, 가게에 돌아온 후 바로 지배인을 추궁했고, 지배인은 그제서야 가짜를 섞었다고 인정했다. 교치용은 지배인을 처벌하고, 점원에게 말했다. "바로 공고문을 써서, 백성들에게 우리가 판 것은 가짜 참기름이라는 것을 알려 주어라. 날이 밝기 전에 성 전체에 붙이거라." 사람들은 모두 크게 놀랐다. 이것은 자신의 이름을 훼손시키는 것 아닌가? 교치용은 결코 아랑곳하지 않고 계속 말했다. [17]"공고문에는 또 본점이 이 기름을 한 근에 2문의 가격에 등유로 쓸 수 있도록 팔기로 결정했으니, 이 기름을 산 적이 있는 손님은 모두 전액을 환불받을 수 있고, 나중에 기름을 사면 20% 할인해 주어, 이렇게 하여 사죄하겠다고도 적거라." 다음 날 아침, 온 도시의 백성들이 모두 궈즈하오에 대해 이야기하고 있었다. "누군가 만약 궈즈하오의 가짜 기름을 샀다면, 정말 큰 이득을 보겠어." "전통 있는 집은 역시 달라. 한 번 실수를 저질렀을 뿐인데 이렇게 성실하다니." [18]그 결과, 연말에 궈즈하오의 참기름 판매량은 줄어들지 않았을 뿐만 아니라, 오히려 두 배 증가했다.

위기는 보통 우리가 어떻게 이해득실을 따지는지를 시험한다. 합리적으로 포기하는 것은 위기를 기회로 바꾸어 더 많은 이익을 얻을 수 있게 해 준다.

16 乔致庸在茶馆听到了怎样的评价？

A 掌柜笨手笨脚
B 伙计态度不好
C 国字号缺斤短两
D 国字号麻油掺假

16 교치용은 찻집에서 어떤 평가를 들었는가?

A 지배인의 행동이 굼뜨다는 것
B 점원들의 태도가 좋지 않다는 것
C 궈즈하오의 상품 수량이 부족하다는 것
D 궈즈하오가 참기름에 가짜를 섞었다는 것

17 乔致庸让伙计在告示上写什么?

A 要建连锁店
B 国字号将赔偿客人
C 掌柜将受到惩罚
D 国字号要关门

18 根据这段话，下列哪项正确?

A 百姓们不再信任乔致庸
B 国字号垄断了麻油市场
C 不少伙计罢工了
D 国字号麻油的销量增长了

17 교치용은 점원들에게 공지문에 무엇을 쓰게 하였는가?

A 체인점을 세운다
B 궈즈하오가 손님에게 배상해 줄 것이다
C 지배인이 처벌을 받을 것이다
D 궈즈하오가 문을 닫는다

18 이 글에 따르면 다음 중 옳은 것은 무엇인가?

A 백성들이 교치용을 더 이상 신뢰하지 않는다
B 궈즈하오는 참기름 시장을 독점했다
C 많은 점원이 파업했다
D 궈즈하오의 참기름 판매량이 늘어났다

乔致庸 Qiáo Zhìyōng 고유 교치용 | **清代** Qīng dài 청나라 시기 | **末期** mòqī 명 말기 | **晋商** jìn shāng 산시 출신 상인 | **客** kè 명 손님 | **纷纷** fēnfēn 부 쉴 새 없이 | **议论** yìlùn 동 논의하다, 왈가왈부하다 | **国字号** Guózìhào 고유 궈즈하오 [교치용이 운영하는 가게 이름] | **麻油** máyóu 명 참기름 | **掺假** chānjiǎ 동 (진짜에) 가짜를 섞다 | **怒** nù 동 분노하다 | **惊** jīng 동 놀라다 | **立刻** lìkè 부 바로 | **质问** zhìwèn 동 추궁하다, 캐묻다 | **掌柜** zhǎngguì 명 (옛날) 상점의 주인 [여기서는 '지배인'으로 쓰임] | **承认** chéngrèn 동 인정하다 | **处罚** chǔfá 동 처벌하다 | ★**吩咐** fēnfù 동 (말로) 시키다, 명령하다 | **伙计** huǒji 명 옛날의 점원 | **告示** gàoshi 명 공고문, 게시문 | **百姓** bǎixìng 명 백성 | **亮** liàng 형 밝다, 빛나다 | **贴** tiē 동 붙이다 | **众人** zhòngrén 명 여러 사람, 뭇 사람 | **大吃一惊** dàchī yìjīng 몹시 놀라다 | ★**砸** zá 동 망치다, 틀어지다 | **招牌** zhāopai 명 체면, 명예 | **理会** lǐhuì 동 아랑곳하다, 상관하다 | **总号** zǒnghào 명 본점 | **批** pī 양 (물건의) 한 무더기 | **文** wén 양 문 [옛날, 동전을 헤아리는 화폐 단위] | **价钱** jiàqian 명 가격 | **灯油** dēngyóu 명 등유 | **凡** fán 부 무릇, 모든, 다 | **购买** gòumǎi 동 사다, 구매하다 | **全额** quán'é 명 전액 | **退款** tuìkuǎn 동 환불하다 | **以此** yǐcǐ 이로 인하여 | **赔罪** péizuì 동 사죄하다 | **占** zhàn 동 차지하다, 보유하다 | **便宜** piányi 명 이익, 공짜 | **犯** fàn 동 (위법이나 해서는 안 될 일을) 저지르다 | **错** cuò 명 잘못 [犯一次错: 한 번 잘못하다] | **如此** rúcǐ 대 이와 같다 | **较真** jiàozhēn 형 성실하다 | **年底** niándǐ 명 연말 | **销量** xiāoliàng 명 (상품의) 판매량 | **反而** fǎn'ér 부 오히려, 도리어 | ★**危机** wēijī 명 위기 | **通常** tōngcháng 명 보통, 통상 | ★**考验** kǎoyàn 동 시험하다 | **权衡得失** quánhéng déshī 득실을 따지다 | **时刻** shíkè 명 순간, 시간 | **合理** hélǐ 형 합리적이다 | **转危为安** zhuǎnwēi wéi'ān 성 (정세나 병세 따위가) 위험한 상태를 벗어나 안전하게 되다 | ★**收益** shōuyì 명 이득 | **评价** píngjià 명 평가 | **笨手笨脚** bènshǒu bènjiǎo 성 행동이 굼뜨다 | **缺斤短两** 성 quējīn duǎnliǎng (장사에서) 수량을 속이거나 수량이 모자라는 것 | **建** jiàn 동 세우다 | **连锁店** liánsuǒdiàn 명 체인점 | **赔偿** péicháng 동 배상하다 | ★**惩罚** chéngfá 명 징벌 | **项** xiàng 양 항, 항목 | **信任** xìnrèn 동 신뢰하다 | ★**垄断** lǒngduàn 동 독점하다 | **市场** shìchǎng 명 시장 | ★**罢工** bàgōng 동 동맹 파업하다 | **增长** zēngzhǎng 동 늘어나다

01 기본 어순

본서 p.96~98

track yuedu 01

• Day 03 1 D 2 B 3 C 4 D

1 D [把A命名为B A를 B라고 이름 짓다]

……，就凭自己的书房命名为项脊轩，以示纪念。
→ ……，就把自己的书房命名为项脊轩，以示纪念。

개사가 잘못 쓰인 오류 문장이다. 개사 '凭'은 뒤에 근거, 자격, 기준 등이 와야 한다. 'A를 B라고 이름 짓다'라는 의미를 나타낼 때는 '把A命名为B'라는 표현을 사용한다.

- 把A命名为B | 科学家把它命名为第九大行星。 과학자들은 그것을 제9의 행성이라고 이름 지었다.
- 凭+근거, 자격, 기준 | 请大家凭票入场。 표에 근거해서 입장해 주세요.

A 经济增长的基础资源是储蓄，可最大限度的储蓄增长率并不代表最好的经济增长率。
B 一部叫座的电影，不仅要有好的导演和剧本，还要与演技好的演员相配合。
C 八棱金杯于1970年出土，是国家一级保护文物，也是唐朝很有代表性的作品。它对研究唐代的造型艺术与金属工艺等都有很大帮助。
D 许多文人雅士通过给自己的书房命名来言志寄情，明代文学家归有当因远祖曾居住在江苏项脊泾，就凭自己的书房命名为项脊轩，以示纪念。

A 경제 성장의 기초 자원은 저축이다. 하지만 최대치의 저축 성장률이 결코 가장 우수한 경제 성장률을 대표하는 것은 아니다.
B 흥행 영화는 좋은 감독과 각본이 있어야 할 뿐만 아니라, 연기가 훌륭한 배우와 서로 균형을 맞추기도 해야 한다.
C 팔각 금잔은 1970년에 출토된 국가 1급 보호 문화재로, 당나라의 매우 대표적인 작품이기도 하다. 그것은 당나라 시기의 조형예술과 금속공예 등을 연구하는 데에 큰 도움이 된다.
D 많은 문인 선비들은 자신의 서재에 이름을 붙임으로써 의지와 감정을 표현했다. 명나라 문학가 귀유당은 선조가 일찍이 장쑤성의 항척경에 살았기 때문에, 자신의 서재를 항척헌이라 이름 지음으로써 그것을 기념했다.

增长 zēngzhǎng 동 증가하다, 늘어나다 | **资源** zīyuán 명 자원 | ★**储蓄** chǔxù 명 저축, 저금 | **可** kě 접 그러나 | **限度** xiàndù 명 한도, 한계 | **增长率** zēngzhǎnglǜ 명 성장률, 증가율 | **并** bìng 부 결코, 전혀, 조금도, 그다지 [부정사 앞에 쓰여 부정의 어투 강조] | **代表** dàibiǎo 동 대표하다, 대신하다, 대리하다 | **部** bù 양 부, 편 [영화나 서적 편수 등을 세는 단위] | **叫座** jiàozuò 형 (연극·영화 또는 배우가) 인기를 끌다 | **导演** dǎoyǎn 명 감독, 연출자 | ★**剧本** jùběn 명 각본, 극본, 대본 | **演技** yǎnjì 명 연기 | **相** xiāng 부 서로, 상호 | **配合** pèihé 동 균형을 잡다, 호흡을 맞추다 | **金杯** jīnbēi 명 금잔 | **于** yú 개 ~에, ~에서 | **出土** chūtǔ 동 출토하다 | **一级** yījí 명 1등급 | ★**文物** wénwù 명 문화재, 문물 | **唐朝** Táng cháo 당 왕조 | **代表性** dàibiǎoxìng 명 대표성 | **作品** zuòpǐn 명 (문학, 예술의) 작품, 창작품 | **唐代** Táng dài 당나라 시대 | **造型艺术** zàoxíng yìshù 조형예술, 공간예술, 시각예술 | **金属** jīnshǔ 명 금속 | **工艺** gōngyì 명 공예 | **文人** wénrén 명 문인, 선비 | **雅士** yǎshì 명 고아한 선비 | **书房** shūfáng 명 서재 | ★**命名** mìngmíng 동 이름 짓다 | **言志** yánzhì 동 포부나 의지를 표현하다 | **寄情** jìqíng 동 감정을 기탁하다, 무엇에 의탁하여 감정을 나타내다 | **明代** Míng dài 명나라 시대 | **文学家** wénxuéjiā 명 문학가, 문학자 | **归有当** Guī Yǒudāng 고유 귀유당 [명나라 문학가 이름] | **因** yīn 접 ~때문에 | **远祖** yuǎnzǔ 명 먼 조상 | **曾** céng 부 일찍이, 이미, 벌써, 이전에 | ★**居住** jūzhù 동 거주하다 | **江苏** Jiāngsū 고유 장쑤성 [중국의 동부 양쯔강 하류에 있는 성(省)] | **项脊泾** Xiàngjǐjīng 고유 항척경 [지명] | **凭** píng 개 ~에 의거하여, ~에 의해 | **项脊轩** Xiàngjǐxuān 고유 황척헌 | **以示** yǐshì ~로써 ~를 나타내다 | **纪念** jìniàn 동 기념하다

2 B [了 '완료'를 나타내는 동태조사]

对于未来，他除了要继续环游世界外，还想制作了一部影片，与更多人分享他的经历。
→ 对于未来，他除了要继续环游世界外，还想制作一部影片，与更多人分享他的经历。

문맥상 '영화를 제작하는 것'은 '未来(미래)'에 계획하고 있는 일이므로, 완료를 나타내는 동태조사 '了'는 시점에 맞지 않으니 삭제해야 한다. 또한, 희망이나 바람을 나타내는 조동사 '想(~하고 싶다, 바라다)'은 과거완료를 나타내는 '了'와 함께 쓰지 않는다.

A 热点问题常常因迅速出现而使人缺乏足够的心理准备，若不及时解决，势必会造成混乱。

B 对于未来，他除了要继续环游世界外，还想制作了一部影片，与更多人分享他的经历。

C 乔恩躲到自己的家里，擦干眼泪，抖抖索索地拿出纸笔，一字一顿地写下了遗书。

D 一到天色快要暗下来的时候，成群的蚊子就奏响它们的交响曲，肆无忌惮地往人们身上叮。

A 핫이슈는 항상 빠르게 발생하기 때문에 사람들에게 충분한 마음의 준비가 부족하도록 만든다. 만약 제때 해결하지 않으면 반드시 혼란을 초래할 것이다.

B 미래에 그는 계속해서 세계를 여행하는 것 외에도, 영화를 제작해서 더 많은 사람들과 자신의 경험을 공유하고 싶다.

C 존은 자신의 집에 숨어 눈물을 닦고 부들부들 떨며 종이와 펜을 꺼내 한 자씩 천천히 유서를 써 내려갔다.

D 하늘이 어두워질 때가 되면, 무리를 지은 모기들이 그들의 교향곡을 연주하면서 거리낌 없이 사람들의 몸을 문다.

热点问题 rèdiǎn wèntí 핫이슈, 주 논점 | **因A而B** yīn A ér B A 때문에 B하다 | **迅速** xùnsù 형 재빠르다, 신속하다 | **缺乏** quēfá 동 결핍되다, 결여되다 | **足够** zúgòu 형 충분하다 | **心理** xīnlǐ 명 심리 | **若** ruò 접 만약, 만일 [≒如果] | ★**势必** shìbì 부 반드시, 꼭, 필연코 [≒必定] | **造成** zàochéng 동 초래하다, 야기하다 | ★**混乱** hùnluàn 형 혼란하다, 문란하다, 어지럽다 | **未来** wèilái 명 향후, 미래의 | **环游** huányóu 동 돌아다니며 구경하다 | **制作** zhìzuò 동 제작하다, 만들다 | **影片** yǐngpiàn 동 영화, 영화필름 | **分享** fēnxiǎng 동 (행복·기쁨 따위를) 함께 나누다 [与A分享B: A와 B를 공유하다] | **乔恩** Qiáo'ēn 고유 존, John [인명] | **躲** duǒ 동 숨다 | **眼泪** yǎnlèi 명 눈물 | **抖抖索索** dǒudousuǒsuǒ 형 부들부들 떨다, 벌벌 떨다 | **纸笔** zhǐbǐ 명 종이와 펜 | **顿** dùn 동 붓을 힘주어 종이에 대고 잠시 움직이지 않다 | **遗书** yíshū 명 유서 | **暗** àn 형 어둡다 | **成群** chéngqún 동 무리를 이루다, 떼를 짓다 | **蚊子** wénzi 명 모기 | **奏** zòu 동 연주하다 | **交响曲** jiāoxiǎngqǔ 명 교향곡 | ★**肆无忌惮** sìwú jìdàn 성 제멋대로 굴고 전혀 거리낌이 없다 | **叮** dīng 동 물다

3 C [주어+부사어(개사구)+술어+목적어]

有心理学家认为，人类得到了维持生存的本能的冲动从动物祖先那里。
→ 有心理学家认为，人类从动物祖先那里得到了维持生存的本能的冲动。

'从动物祖先那里(동물의 조상으로부터)'는 개사구로, 문맥상 부사어로 쓰여야 하므로 술어 '得到(얻다)' 앞에 와야 한다.

A 圣诞节的庆祝活动内容本来具有浓厚的宗教色彩，但到近代已日趋淡薄。

B 赵州桥具有极高的历史、科学和艺术价值，它充分体现了我国古代劳动人民的智慧。

C 有心理学家认为，人类得到了维持生存的本能的冲动从动物祖先那里。

D 除了上大课外，分小班上习题课是个特别好的形式，可以有针对性地解决学生普遍存在的问题。

A 성탄절 축하 행사 내용은 원래 짙은 종교적 색채를 가지고 있었는데, 근대에 들어서는 나날이 옅어지고 있다.

B 자오저우 다리는 매우 높은 역사적, 과학적, 예술적 가치를 가지고 있다. 이 다리는 중국 고대 노동자들의 지혜를 충분히 보여 주고 있다.

C 어떤 심리학자는 인류가 동물의 조상으로부터 생존 본능을 유지하려는 충동을 얻었다고 생각한다.

D 합반 수업 외에, 분반 수업으로 문제 풀이 강의를 듣는 것도 매우 좋은 방식으로, 학생들에게 보편적으로 있는 문제를 맞춤형으로 해결할 수 있다.

圣诞节 Shèngdànjié 고유 성탄절, 크리스마스 | **庆祝** qìngzhù 동 경축하다 | **具有** jùyǒu 동 가지다, 지니다 [具有+추상 목적어] | ★**浓厚** nónghòu 형 (색채·분위기·의식 등이) 짙다, 농후하다 | ★**宗教** zōngjiào 명 종교 | **色彩** sècǎi 명 색채, 색깔 | **近代** jìndài 명 근대, 근세 | **日趋** rìqū 부 나날이, 날로, 더더욱 | **淡薄** dànbó 형 (인상·관념이) 희미하다 | **赵州桥** Zhàozhōu Qiáo 고유 자오저우 다리 [칭다오의 자오저우만에 위치한 해상 대교] | **价值** jiàzhí 명 가치 | **充分** chōngfèn 형 충분하다 [充分+동사] | **体现** tǐxiàn 동 구체적으로 드러내다, 구현하다 | **古代** gǔdài 명 고대 | **劳动人民** láodòng rénmín 명 근로자, 노동자 | **智慧** zhìhuì 명 지혜 | **心理学家** xīnlǐ xuéjiā 명 심리학자 | **人类** rénlèi 명 인류 | **得到** dédào 동 얻다, 받다, 획득하다 | ★**维持** wéichí 동 유지하다, 지키다 | ★**生存** shēngcún 명 생존 | ★**本能** běnnéng 명 본능 | ★**冲动** chōngdòng 명 충동 | ★**祖先** zǔxiān 명 조상, 선조 | **上大课** shàng dàkè 합반하여 수업하다 | **形式** xíngshì 명 형식 | **针对性** zhēnduìxìng 명 타깃성, 겨냥성, 목표성 | **存在** cúnzài 동 존재하다

독해 제1부분

4 D [至今 오늘날까지]

清明节已经有2500多年的历史了，它大约始于周代至今。
→ 清明节至今已经有2500多年的历史了，它大约始于周代。

'至今(오늘날까지)'은 부사로, 일반적으로 주어 뒤, 술어 앞에 위치하여야 하며, 부사는 보통 문장 끝에 오지 않는다. 문맥상 앞 절의 주어 '清明节(청명절)' 뒤에 위치하는 것이 적절하다. '始于'는 '~부터 시작하다'의 의미이므로, '至今(오늘날까지)'과 같은 절에 쓰기에는 의미상 모순되는 측면이 있다.

A 硅藻泥是一种新型的墙壁装饰材料，有防火阻燃、净化空气等多种功能。
B 他对花粉过敏，因此，一到夏天，他就将自己包得严严实实的。
C 天刚亮，参加比赛的运动员就陆续赶到了赛场。
D 清明节已经有2500多年的历史了，它大约始于周代至今。

A 규조토는 새로운 벽 인테리어 자재로, 화재를 방지하고 연소를 막고, 공기를 정화하는 등의 여러 가지 기능을 가지고 있다.
B 그는 꽃가루 알레르기가 있어서, 여름만 되면 자신을 꽁꽁 싸매고 다닌다.
C 날이 밝자, 시합에 참가하는 운동선수들이 잇따라 경기장에 도착했다.
D 청명절은 오늘날까지 2500여 년의 역사가 있는데, 대략 주나라 시기에 시작되었다.

硅藻 guīzǎo 명 규조, 돌말 | **泥** ní 명 진흙 [硅藻泥: 규조토] | **新型** xīnxíng 형 신형의, 신식의 | **墙壁** qiángbì 명 (벽돌·돌·흙 등으로 쌓아 만든) 벽 | **装饰** zhuāngshì 명 장식 | **防火** fánghuǒ 동 화재를 방지하다 | **阻燃** zǔrán 동 연소를 저지하다 | ★**净化** jìnghuà 동 정화하다 | **功能** gōngnéng 명 기능, 작용, 효능 | **花粉** huāfěn 명 꽃가루, 화분 | **过敏** guòmǐn 동 알레르기 반응을 보이다 [对A过敏: A에 대해 과민 반응을 보이다] | **将** jiāng 개 ~를 | **严严实实** yányanshíshí 형 빈틈없다, 치밀하다, 긴밀하다 | **亮** liàng 형 밝다 | **运动员** yùndòngyuán 명 운동선수 | **陆续** lùxù 부 잇따라, 끊임없이, 연이어 | **赶到** gǎndào 동 서둘러 도착하다, 서둘러 행동하다 | **赛场** sàichǎng 명 경기장 | **清明节** Qīngmíngjié 고유 청명절 [24절기의 하나. 양력 4월 4일이나 5일 혹은 6일] | **始** shǐ 동 시작하다 | **于** yú 개 ~에서 [始于: ~에서 시작되다] | **周代** Zhōu dài 주나라 시대 | **至今** zhìjīn 부 오늘까지, 여태껏, 지금까지 [≒到现在]

track yuedu 02

● Day 04　5 A　6 A　7 D　8 B

5 A [热议的话题 뜨거운 화제]

随着晋级名额的减少，谁将成为最终的三强已成为人们热议的讨论。
→ 随着晋级名额的减少，谁将成为最终的三强已成为人们热议的话题。

'成为热议的话题(뜨거운 화제가 되다)'는 자주 쓰이는 표현이다. '热议(열띤 토론을 벌이다)' 자체에 '토론하다'는 의미가 있기 때문에, '讨论(토론하다)'과는 의미상 중복되므로 일반적으로 함께 쓰이지 않는다.

A 随着晋级名额的减少，谁将成为最终的三强已成为人们热议的讨论。
B 越来越多材质平凡但创意非凡的艺术品出现在大众眼前。
C 中华鲟濒临灭绝的现象引起了生物学家的广泛关注。
D 成熟是由两部分组成的，一半是对残缺的接纳，另一半是对美好的追求。

A 승진 정원이 줄어듦에 따라, 누가 최종 3강이 될 것인지가 사람들의 뜨거운 화제가 되었다.
B 재질은 평범하지만 창의성이 뛰어난 예술품들이 대중들 앞에 점점 더 많이 나타나고 있다.
C 중화철갑상어가 멸종 위기에 처한 현상이 생물학자의 광범위한 관심을 끌었다.
D 성숙함은 두 부분으로 구성되어 있다. 절반은 부족함에 대한 수용이고, 나머지 절반은 아름다움에 대한 추구이다.

晋级 jìnjí 동 진급하다, 승급하다, 오르다 | ★**名额** míng'é 명 정원, 인원 수 | **将** jiāng 부 ~하게 될 것이다, ~일 것이다 [将+동사] | **最终** zuìzhōng 명

최종, 최후 | **强** qiáng 형 강하다 | **热议** rèyì 동 (여러 사람들이) 열띤 토론을 벌이다 | **话题** huàtí 명 화제 | **越来越** yuèláiyuè 부 점점, 더욱더 [정도의 증가를 나타냄] | **材质** cáizhì 명 재질 | ★**平凡** píngfán 형 평범하다, 보통이다 | **创意** chuàngyì 명 독창적인 견해, 창조적인 의견 | **非凡** fēifán 형 뛰어나다, 비범하다, 보통이 아니다 | **艺术品** yìshùpǐn 명 예술품 [일반적으로 조형 예술 작품을 가리킴] | **大众** dàzhòng 명 대중, 군중 | **眼前** yǎnqián 명 눈앞, 가까운 곳 | **中华鲟** zhōnghuáxún 명 중화철갑상어 | ★**濒临** bīnlín 동 임박하다 | **灭绝** mièjué 동 완전히 없애다, 철저히 소멸하다 | **现象** xiànxiàng 명 현상 | **生物学家** shēngwù xuéjiā 명 생물학자 | **广泛** guǎngfàn 형 광범위하다 | **关注** guānzhù 명 관심, 중시 [引起关注: 관심을 일으키다] | **成熟** chéngshú 형 성숙하다 | **组成** zǔchéng 동 구성하다, 조성하다 [由A组成: A로 구성하다] | **残缺** cánquē 형 일부분이 모자라다, 온전하지 않다 | **接纳** jiēnà 동 수용하다, 받아들이다 | **美好** měihǎo 형 아름답다, 훌륭하다, 행복하다 [주로 추상적인 사물에 쓰임] | **追求** zhuīqiú 동 추구하다, 탐구하다

6 A [对于+ 대상 ~에 대하여]

关于母亲的身体健康，他一直很关心。→ 对于母亲的身体健康，他一直很关心。

개사 '关于'는 주로 동작이 미치는 '범위'를 강조하여 관계된 것을 나타내는 데 쓰인다. 그러나 문맥상 '母亲的身体健康(어머니의 신체 건강)'은 '他'의 관심 '대상'으로서 제시된 것이므로, '关于' 대신 '对于'를 사용해야 한다.

A 关于母亲的身体健康，他一直很关心。
B 树的年轮能指示方向，年轮窄的一面是北，宽的一面则是南。
C 她很喜欢游泳，每天都会去游泳馆游三四个小时。
D 一个人只要诚恳，就总可以打动他人。

A 어머니의 신체 건강에 대하여, 그는 항상 관심을 가지고 있다.
B 나무의 나이테는 방향을 가리킬 수 있다. 나이테가 좁은 면은 북쪽이고, 넓은 면은 남쪽이다.
C 그녀는 수영을 좋아해서, 매일 수영장에 가서 3~4시간 동안 수영한다.
D 사람이 간절하기만 하면, 반드시 다른 사람을 감동시킬 수 있다.

年轮 niánlún 명 (식물의) 나이테 | ★**指示** zhǐshì 동 가리키다 | **窄** zhǎi 형 (폭이) 좁다 | **宽** kuān 형 (폭이) 넓다, 드넓다 | **则** zé 부 [강조를 나타냄] | **游泳馆** yóuyǒngguǎn 명 수영장 | **游** yóu 동 수영하다, 헤엄치다 | **诚恳** chéngkěn 형 간절하다, 성실하다 | **总** zǒng 부 반드시, 예외 없이 | **打动** dǎdòng 동 감동시키다

'对于'와 '关于' 구별하기

'对于'는 태도의 대상, 설명하는 대상 그 자체를 나타내며, '关于'는 서술하는 범위를 나타낸다.

对于小李，我们要多鼓励。→ 문장의 술어가 가리키는 것이 '小李'라는 사람 그 자체
우리는 샤오리를 많이 격려할 것이다.
关于小李，我们要多鼓励。(X)
关于小李，我们了解得很少。→ 문장의 술어가 가리키는 것이 '小李'에 관련된 상황이나 사건
샤오리에 대해 우리가 알고 있는 것은 적다.

7 D [显著+동사 현저히 ~하다]

对学生来说，每天进行40分钟的户外活动可减少近视的显著发生。
→ 对学生来说，每天进行40分钟的户外活动可显著减少近视的发生。

'显著'는 '현저하다'라는 의미의 형용사로, 부사어로도 관형어로도 쓰일 수 있지만, 문맥상 술어 '减少(줄이다)' 앞에 부사어로서 위치해 '显著减少(현저히 줄이다)'라고 배열되어야 올바르다. '显著'는 술어를 꾸며 주는 부사어 용법으로 시험에 많이 나온다.

A 这一个月的付出终究没白费。
B 河谷地带，特别是中下游地区，大多是古文明的发祥地或者古代人类的起源地。

A 지난 한 달간의 노력이 어쨌든 헛되지 않았다.
B 하곡 지대, 특히 중하류 지역은 대부분 고대 문명의 발상지이거나 고대 인류의 기원지이다.

C 良好的家庭关系是一个人拥有健康人格的关键和基础。

D 对学生来说，每天进行40分钟的户外活动可减少近视的显著发生。

C 좋은 가족 관계는 한 사람이 건강한 인격을 갖게 되는 관건이자 기반이다.

D 학생에게 있어서, 매일 40분의 야외 활동은 근시의 발생을 현저히 줄일 수 있다.

付出 fùchū 명 지출 [여기서는 '노력'을 의미] | ★终究 zhōngjiū 부 어쨌든, 결국 | 白费 báifèi 동 헛되이 낭비하다, 쓸데없이 소비하다 | 河谷 hégǔ 명 하곡 | 地带 dìdài 명 지대, 지역, 지구 | 中下游 zhōngxiàyóu 명 중하류 | 地区 dìqū 명 지역 | 大多 dàduō 부 대부분, 대다수, 거의 다 | 古 gǔ 명 고대 | 文明 wénmíng 명 문명 | 发祥地 fāxiángdì 명 발상지 | 古代 gǔdài 명 고대 | 人类 rénlèi 명 인류 | 起源地 qǐyuándì 기원지 | 良好 liánghǎo 형 좋다, 훌륭하다, 양호하다 | 家庭 jiātíng 명 가정 | ★拥有 yōngyǒu 동 보유하다, 소유하다, 가지다 | ★人格 réngé 명 인격 | A来说 A láishuō A로 말하자면 [对A来说: A에게 있어서, A의 입장에서 보면] | 户外 hùwài 명 야외, 집밖 | 近视 jìnshì 명 근시 | ★显著 xiǎnzhù 형 현저하다, 두드러지다 [显著+동사]

8 B [접속사의 결여]

至少在周代，饮食礼仪就已形成一套相当完善的制度一直传承到现代。

→ 至少在周代，饮食礼仪就已形成一套相当完善的制度，并且一直传承到现代。

동사 '形成(형성하다)'이 호응하는 목적어는 '制度(제도)'이므로, 그 뒤에 다른 문장성분이 더 이어져서는 안 된다. 즉, '一直传承……'부터는 앞 절과 구분되는 새로운 절이어야 하므로, 절과 절을 연결할 수 있는 접속사(并且)를 넣어 두 절을 연결해야 한다.

A 饥饿可以使本来不太好吃的东西变得非常可口。

B 至少在周代，饮食礼仪就已形成一套相当完善的制度一直传承到现代。

C 红豆汤具有止渴消暑、清热解毒的功效。

D 生活中，你将会遇到各种各样的人，不要期待所有人都可以跟你合拍。

A 배고픔은 원래 그다지 맛있지 않은 것을 아주 맛있게 만들 수 있다.

B 적어도 주나라 시기에 음식 예절은 이미 상당히 완벽한 제도를 형성하였고, 현대에까지 계속 계승되었다.

C 팥탕은 갈증을 해소하고 더위를 가시게 하며, 열을 내리고 독을 없애는 효과가 있다.

D 생활 속에서 다양한 사람을 만날 수 있으니, 모든 사람이 당신과 호흡이 맞을 것이라고 기대하지 마세요.

★饥饿 jī'è 형 배고프다, 굶주리다 | 变 biàn 동 변하다 | ★可口 kěkǒu 형 맛있다, 입에 맞다 | 周代 Zhōu dài 주나라 시기 | ★饮食 yǐnshí 명 음식 | 礼仪 lǐyí 명 예의, 예절과 의식 | 形成 xíngchéng 동 형성되다, 이루어지다 | 套 tào 양 세트 | 相当 xiāngdāng 부 상당히, 무척, 꽤 | 完善 wánshàn 형 완벽하다, 완전하다 | 制度 zhìdù 명 제도 [形成制度: 제도를 형성하다] | 传承 chuánchéng 동 전수하고 계승하다, 전승하다 | 现代 xiàndài 명 현대 | 红豆汤 hóngdòutāng 팥탕 | 具有 jùyǒu 동 지니다, 가지다, 있다 | 止渴 zhǐkě 동 해갈하다, 갈증을 풀다 | 消暑 xiāoshǔ 동 더위를 가시게 하다, 더위를 물리치다 | 清热 qīngrè 동 (중의학에서) 약으로 몸 안의 열을 내리다 | 解毒 jiědú 동 (중의학에서) 병을 유발하는 원인을 해소하다 [清热解毒: 열을 내리고 독을 없애다] | ★功效 gōngxiào 명 효능, 효과 [具有功效: 효능을 지니다] | 将 jiāng 부 ~하게 될 것이다, ~일 것이다 | 各种各样 gèzhǒng gèyàng 성 여러 종류, 각종 | 合拍 hépāi 동 호흡이 맞다, 손발이 맞다

track yuedu 03

Day 05 9 A 10 B 11 B 12 D

9 A [정도부사+형용사 / 형용사+정도보어]

天空中飘着云朵，一个藏族少年唱着歌，骑着马慢慢地走过来，此情此景真是非常美极了。

→ 天空中飘着云朵，一个藏族少年唱着歌，骑着马慢慢地走过来，此情此景真是非常美。

→ 天空中飘着云朵，一个藏族少年唱着歌，骑着马慢慢地走过来，此情此景真是美极了。

정도부사 '非常'과 정도보어 '极了'는 둘 다 정도의 심화를 나타낸다. 한 문장에 정도를 나타내는 표현이 중복되어서는 안 되므로, '非常美'로 쓰거나 '美极了'로 쓰는 것이 올바르다.

A 天空中飘着云朵，一个藏族少年唱着歌，骑着马慢慢地走过来，此情此景真是非常美极了。
B 胜利的消息一传出来，现场的人就欢呼了起来，每个人的心头都洋溢起了一种前所未有的幸福感。
C 这么多年来，父亲从未离开过家，直到妹妹考上大学后，父亲才放心地去北京探望母亲并且留在了那里。
D 国庆节前夕，北京市园林局准备在天安门广场摆放成千上万盆花，届时天安门会呈现出一派节日景象。

A 하늘에는 구름이 떠 있고, 한 티베트족 소년이 노래를 부르며 말을 타고 천천히 걸어오는 정경이 매우 아름답다.
B 승리의 소식이 전해지자 현장에 있던 사람들은 환호하기 시작했고, 모든 사람들의 마음속은 전례 없는 행복감으로 충만해졌다.
C 이렇게 오랫동안 아버지가 집을 떠나신 적이 없었는데, 여동생이 대학을 가고 나서야, 아버지는 안심하며 베이징으로 어머니를 보러 가서 그곳에 머무르셨다.
D 국경절 전야에 베이징 원림국은 천안문 광장에 수많은 화분을 둘 계획이다. 그때가 되면 천안문은 명절의 모습을 띨 것이다.

天空 tiānkōng 명 하늘 | **飘** piāo 동 (바람에) 펄럭이다, 휘날리다, 나부끼다 | **云朵** yúnduǒ 명 구름 송이, 구름 덩이 | **藏族** Zàngzú 고유 티베트족 | **少年** shàonián 명 소년 ['少 shǎo'라고 발음하지 않도록 조심] | **情景** qíngjǐng 명 (구체적인) 광경, 장면, 모습 | **胜利** shènglì 명 승리 | **欢呼** huānhū 동 환호하다 | **洋溢** yángyì 동 충만하다 | **前所未有** qiánsuǒwèiyǒu 성 역사상 유례가 없다 | ★**探望** tànwàng 동 방문하다, 문안하다 | **国庆节** Guóqìngjié 고유 국경절 [10월 1일] | **摆放** bǎifàng 동 진열하다, 나열하다, 배열하다 | **盆** pén 명 대야, 화분 | **届时** jièshí 동 그때가 되다, 정한 기일이 되다 | ★**呈现** chéngxiàn 동 나타나다, 드러나다, 양상을 띠다 | **派** pài 양 [기분·분위기·경치·소리·말 따위가 가득차거나 넘쳐남을 나타냄] | **节日** jiérì 명 명절 | **景象** jǐngxiàng 명 모습, 광경, 정경

10 B [劝说+설득하는 내용]

专家认为，减少"烟害"，特别是劝阻青少年戒烟，对预防肺癌有重要意义。
→ 专家认为，减少"烟害"，特别是劝说青少年戒烟，对预防肺癌有重要意义。

'劝阻'는 '그만두게 하다, 말리다'라는 의미이다. '청소년들이 금연하는 것을 말리다'라는 내용은 상식적이지 않고, 문맥에도 맞지 않으므로, '劝阻'를 '劝说(설득하다)'로 바꾸어 '청소년들에게 금연하라고 설득하다'는 내용으로 수정해야 한다.

A 人类的活动是导致全球变暖的主要原因。
B 专家认为，减少"烟害"，特别是劝阻青少年戒烟，对预防肺癌有重要意义。
C 按照跳蚤的个头儿与它的跳远距离的比例，若它像人那么高，那么它的跳远距离达到三四百米。
D 苏通大桥建设的初衷是拉近苏南和苏北的距离，以此来实现推进江苏省沿江开发战略的实施。

A 인류 활동은 지구온난화를 야기하는 주요 원인이다.
B 전문가들은 '담배의 해악'을 줄이려면 특히 청소년들에게 금연하라고 설득하는 것이 폐암 예방에 중요한 의의가 있다고 생각한다.
C 벼룩의 크기와 벼룩이 뛰는 거리의 비율에 따르면, 벼룩이 사람만큼 크다면 벼룩이 뛰는 거리는 3~4백 미터에 달한다.
D 수퉁대교 건설의 취지는 수난과 수베이의 거리를 더욱 가깝게 해, 이를 통해 장쑤성 연강 개발 전략 실시를 추진하는 것이다.

人类 rénlèi 명 인류 | **导致** dǎozhì 동 (어떤 사태를) 야기하다, 초래하다 [导致+안 좋은일] | **全球变暖** quánqiú biànnuǎn 명 지구온난화 | **专家** zhuānjiā 명 전문가 | **烟害** yānhài 명 담배의 해악 | **劝阻** quànzǔ 동 그만두게 말리다 | **青少年** qīngshàonián 명 청소년 | **戒烟** jièyān 동 담배를 끊다 | **预防** yùfáng 동 예방하다, 미리 방비하다 | **肺癌** fèi'ái 명 폐암 | **意义** yìyì 명 의의, 의미 | **劝说** quànshuō 동 설득하다, 타이르다 | **跳蚤** tiàozǎo 명 벼룩 | **个头儿** gètóur 명 크기 | **跳远** tiàoyuǎn 명 멀리뛰기 | **比例** bǐlì 명 비율 | **若** ruò 접 만약, 만일 | **达到** dádào 동 도달하다 | **苏通大桥** Sūtōng Dàqiáo 고유 수퉁대교 | **建设** jiànshè 명 건설 | **初衷** chūzhōng 명 본의, 본뜻 | **苏南** Sūnán 고유 수난 | **苏北** Sūběi 고유 수베이 | **实现** shíxiàn 동 실현하다 | **推进** tuījìn 동 추진하다, 추진시키다 | **江苏省沿江** Jiāngsūshěng Yánjiāng 장쑤성 연강 | **开发** kāifā 동 (자연 자원을) 개발하다, 개간하다, 개척하다 | ★**战略** zhànlüè 명 전략 | ★**实施** shíshī 동 실시하다, 실행하다

11 B ['주어+술어' 어순 배열 오류]

"二月二，龙抬头"是中国民间广为流传的谚语，意思是春季来临，开始万物复苏。
→ "二月二，龙抬头"是中国民间广为流传的谚语，意思是春季来临，万物开始复苏。

주어와 술어의 위치가 뒤바뀌었다. '开始(시작하다)'의 주어는 '万物(만물)'이다. 동사 '开始'는 '开始+동사(~하기 시작하다'의 형식으로 자주 쓰인다.

A 人的一生中，犹豫不决、思前想后固然能够免去一些做错事的可能，不过也可能会失去许多成功的机会。
B "二月二，龙抬头"是中国民间广为流传的谚语，意思是春季来临，开始万物复苏。
C 让员工各抒己见、畅所欲言，更有利于调动员工的积极性，集中他们的智慧，更好地完成任务。
D 汗水和泪水的化学成分很相似，但是前者可以为你赢得成功，后者却只能为你换来同情。

A 사람의 일생에서, 머뭇거리며 여러 번 생각하는 것은 물론 실수를 할 가능성을 일부 피하게 하기도 하지만, 많은 성공의 기회를 잃게 할 수도 있다.
B '2월 2일, 용이 머리를 든다'는 중국 민간에서 널리 전해져 온 속담으로, 봄이 왔고 만물이 소생하기 시작한다는 뜻이다.
C 직원들에게 각자의 의견을 허심탄회하게 말하게 하면, 직원들의 적극성을 고취시키고 이들의 지혜를 집중시켜 임무를 더 잘 완성하게 하는 데 도움이 된다.
D 땀과 눈물의 화학 성분은 비슷하다. 그러나, 전자는 당신에게 성공을 가져다줄 수 있지만, 후자는 당신에게 동정만 가져다줄 뿐이다.

一生 yìshēng 명 일생, 평생 | **犹豫不决** yóuyù bùjué 성 머뭇거리다, 결단을 내리지 못하고 망설이다 | **思前想后** sīqián xiǎnghòu 성 일의 원인과 결과에 대하여 여러 번 생각하다 | ★**固然** gùrán 접 물론 ~하지만 | **免去** miǎnqù 동 피하다, (모)면하다, (나쁜 상황을) 방지하다 | **失去** shīqù 동 잃다, 잃어버리다 [失去机会: 기회를 잃다] | **龙** lóng 명 용 | **抬头** táitóu 동 머리를 들다 | ★**民间** mínjiān 명 민간 | **广为** guǎngwéi 부 널리, 광범하게, 폭넓게 | **流传** liúchuán 동 대대로 전해 내려오다, 세상에 널리 퍼지다 | **谚语** yànyǔ 명 속담, 속어 | **春季** chūnjì 명 봄철 | **来临** láilín 동 이르다, 도래하다 | **万物** wànwù 명 만물 | **复苏** fùsū 동 소생하다, 회복하다 | **员工** yuángōng 명 직원 | **各抒己见** gèshū jǐjiàn 성 각자 자기의 의견을 발표하다 | **畅所欲言** chàngsuǒyùyán 성 하고 싶은 말을 마음껏 하다 | **有利于** yǒulìyú ~에 유리하다 | ★**调动** diàodòng 동 동원하다, 자극하다, 환기하다, 불러일으키다 | **积极性** jījíxìng 명 적극성 | **集中** jízhōng 동 집중하다, 모으다 | **智慧** zhìhuì 명 지혜 | **汗水** hànshuǐ 명 땀 | **泪水** lèishuǐ 명 눈물 | **化学** huàxué 명 화학 | **成分** chéngfèn 명 성분 | **相似** xiāngsì 형 비슷하다, 닮다, 근사하다 | **前者** qiánzhě 명 전자, 앞의 것 | **赢得** yíngdé 동 얻다, 획득하다, 쟁취하다 | **后者** hòuzhě 대 후자, 뒤의 것

12 D [의미가 비슷한 어휘 중복]

刚打开瓶盖儿，空气里便开始弥漫着浓烈馥郁的香气四溢。
→ 刚打开瓶盖儿，空气里便开始弥漫着浓烈馥郁的香气。

의미가 비슷한 단어가 중복해서 쓰인 경우이다. '弥漫(가득하다)'과 '四溢(사방으로 퍼지다)'는 의미가 중복되므로, 뒤에 쓰인 '四溢'를 삭제해야 올바른 문장이다. ['四溢'의 '四'는 '사방'이라는 의미를 나타냄]

A 读书时应该随处存疑。
B 如果世上真的有奇迹，那也只是"拼搏"的另一个名字。
C 以上观点仅仅是我个人工作经验的总结，希望能够对同学们有所帮助。
D 刚打开瓶盖儿，空气里便开始弥漫着浓烈馥郁的香气四溢。

A 독서를 할 때는 여기저기에 의심을 품어야 한다.
B 만약 이 세상에 정말 기적이 있다면, 그것도 그저 '전력을 다해 분투하다'의 또 다른 이름일 것이다.
C 위 관점은 그저 저의 개인적인 업무 경험을 정리한 것입니다. 학우들에게 조금이나마 도움이 되었으면 좋겠습니다.
D 병 뚜껑을 여니, 공기 중에 짙은 향기가 퍼지기 시작했다.

读书 dúshū 동 독서하다 | **随处** suíchù 부 여기저기, 아무데나, 어디서나, 도처에 | **存疑** cúnyí 동 의문으로 남겨 두다 | **世上** shìshàng 명 세상, 사회 | **奇迹** qíjì 명 기적 | ★**拼搏** pīnbó 동 전력을 다해 분투하다, 끝까지 싸우다 | **以上** yǐshàng 명 이상 | **观点** guāndiǎn 명 관점, 견해 | **仅仅** jǐnjǐn 부 단지, 다만, 겨우, 간신히 | **个人** gèrén 명 개인 | **有所** yǒusuǒ 동 다소 ~하다, 어느 정도 ~하다 [뒤에 주로 쌍음절 동사를 동반함] | **打开** dǎkāi 동 열다 | **瓶**

盖 pínggài 명 병뚜껑 | 便 biàn 부 곧, 바로 [=就] | ★弥漫 mímàn 동 (연기·안개·모래·먼지·냄새 등이) 가득하다, 가득차다 | 浓烈 nóngliè 형 (냄새·맛·의식 등이) 짙다, 농후하다, 강(렬)하다, 자극적이다 | 馥郁 fùyù 형 향기가 짙다 | 香气 xiāngqì 명 향기 | 溢 yì 동 퍼지다

독해 제1부분

02 문장성분의 결여와 남용

본서 p.103~104

track yuedu 04

Day 07 1 C 2 B 3 D 4 A

1 C [看上去 ~처럼 보이다]

演化生物学家利用计算机模拟出了世界第一朵花的模样，它看上来就像是白莲花和白百合的结合体。
→ 演化生物学家利用计算机模拟出了世界第一朵花的模样，它看上去就像是白莲花和白百合的结合体。

'看上来'라는 표현은 쓰지 않는다. '~처럼 보이다'라고 표현할 때는 '看上去'라고 써야 한다. 방향보어 '上来'는 움직임이나 일, 동작의 완성 여부를 나타내며, '交上来(제출하다)' '拿上来(들고 오다)' '答上来(대답하다)' 등으로 쓰인다.

• 上来 | 下课后，请同学们把昨天的作业交上来。수업이 끝난 후, 학생들은 어제 숙제를 제출해 주세요.

A 这篇文章讲述了农业的重要性，并且展示了农村"大有可为"的广阔天地，令回乡青年们备受启发。
B 她的表达能力的确不差，正是因为她把这段历史讲得有声有色，才让听众们个个都陶醉其中。
C 演化生物学家利用计算机模拟出了世界第一朵花的模样，它看上来就像是白莲花和白百合的结合体。
D 在色彩搭配上，北京奥运会奖牌的金、银、铜牌分别配以白玉、青白玉和青玉。

A 이 문장은 농업의 중요성을 서술하고 농촌의 '발전 가능성이 큰' 광활한 세상을 보여 주어, 귀향한 청년들이 감명을 받도록 했다.
B 그녀의 표현력은 확실히 나쁘지 않고, 그녀가 이 역사를 생동감 있게 전달했기 때문에, 청중들이 모두 그 안에 푹 도취되었다.
C 진화 생물학자는 컴퓨터를 이용하여 세계 제일의 꽃 모양을 시뮬레이션해 냈다. 그것은 마치 백련과 백합의 결합체 같아 보인다.
D 색상 배합상 베이징 올림픽 메달의 금, 은, 동을 각각 백옥, 청백옥, 사파이어로 맞추었다.

讲述 jiǎngshù 동 서술하다, 진술하다 | 农业 nóngyè 명 농업 | 重要性 zhòngyàoxìng 명 중요성 | ★展示 zhǎnshì 동 드러내다, 나타내다 | ★广阔 guǎngkuò 형 광활하다, 넓다 | 天地 tiāndì 명 세상, 세계, 천지 | 令 lìng 동 ~하게 하다, ~를 시키다 [令+대상+감정] | 回乡 huíxiāng 동 귀향하다 | 青年 qīngnián 명 청년, 젊은이 | 备受 bèishòu 동 실컷 받다, 빠짐없이 받다 | 启发 qǐfā 명 영감, 감명, 깨우침 | 表达 biǎodá 동 (자신의 사상이나 감정을) 표현하다, 드러내다 | 的确 díquè 부 확실히, 분명히, 정말 | 有声有色 yǒushēng yǒusè 성 생동하고 다채롭다, 생생하다, 실감나다 | 听众 tīngzhòng 명 청중 | ★陶醉 táozuì 동 도취하다 | 演化 yǎnhuà 명 진화 | 生物学家 shēngwù xuéjiā 명 생물학자 | 利用 lìyòng 동 이용하다 | 计算机 jìsuànjī 명 컴퓨터 | 模拟 mónǐ 동 시뮬레이션하다, 모의하다 | 第 dì 접두 제 [수사 앞에 쓰여 차례를 가리킴] | 朵 duǒ 양 송이, 조각, 점 [꽃·구름·그와 비슷한 물건을 세는 단위] | ★模样 múyàng 명 모양, 모습, 형상 | 像是 xiàngshi 부 마치 ~인 것 같다 | 白莲花 báiliánhuā 명 백련 | 白百合 báibǎihé 명 백합 | 结合体 jiéhétǐ 명 결합체 | 看上去 kàn shàngqù 보아하니 ~하다 | 色彩 sècǎi 명 색깔, 색채 | ★搭配 dāpèi 동 (일정한 기준이나 요구에 따라) 배합하다, 안배하다, 조절하다 | 奥运会 Àoyùnhuì 고유 올림픽 | 奖牌 jiǎngpái 명 메달 | 金 jīn 명 금 | 银 yín 명 은 | 铜 tóng 명 동 | 分别 fēnbié 부 각각, 따로따로 | 配 pèi 동 배합하다 | 白玉 báiyù 명 백옥 | 青玉 qīngyù 명 사파이어

2 **B** [주어+是+범위+之一 주어는 ~중 하나이다]

在近现代美术史中，齐白石是为数不多的既被艺术家尊崇，又被老百姓所喜爱的之一艺术家。
→ 在近现代美术史中，齐白石是为数不多的既被艺术家尊崇，又被老百姓所喜爱的艺术家之一。

'之一'가 문장 끝에 오도록 고쳐야 한다. '之一'는 '주어+是+범위+之一'의 형태로 쓰여, '~중의 하나'라는 의미를 나타낸다. 일반적으로 '之一' 앞에는 명사가 온다.

A 他觉得这些年上海的变化太大了，环境变了，上海人的精神面貌也变了。
B 在近现代美术史中，齐白石是为数不多的既被艺术家尊崇，又被老百姓所喜爱的之一艺术家。
C 黄牛是人类的朋友，一直以"勤劳朴实"的性情为人所称道。
D 随着社保制度的大幅改革，养老问题已成为现今社会关注的热门话题。

A 그는 최근 몇 년간 상하이의 변화가 너무 커서, 환경이 변하니 상하이 사람의 정신 상태도 변했다고 생각한다.
B 근현대 미술사에서 치바이스는 예술가에게도 존경받고 국민들에게도 사랑받는, 몇 안 되는 예술가 중 하나이다.
C 황소는 인류의 친구로, 줄곧 '근면하고 소박한' 성품으로 사람들에게 칭송받고 있다.
D 사회보장 제도가 대폭 개혁됨에 따라, 양로 문제는 이미 현재 사회에서 주목하는 핫이슈가 되었다.

上海 Shànghǎi 고유 상하이 | **精神** jīngshén 명 정신 | ★**面貌** miànmào 명 면모, 상태 | **近现代** jìnxiàndài 명 근현대 | **美术** měishù 명 미술, 그림, 회화 | **史** shǐ 명 역사 | **齐白石** Qí Báishí 고유 치바이스, 제백석 [중국 근대의 걸출한 화가·서예가] | **数** shù 명 수 | **既** jì 접 ~할 뿐만 아니라, ~이며, ~하고도 [既A又B: A할 뿐만 아니라 또한 B하다] | **艺术家** yìshùjiā 명 예술가 | **尊崇** zūnchóng 동 우러러 존경하다 | **老百姓** lǎobǎixìng 명 백성, 국민 | **所** suǒ 조 [(주로 단음절) 동사 앞에 '~+동사'의 형태로 쓰여, 그 동사와 함께 명사적 성분이 됨] | **喜爱** xǐ'ài 동 좋아하다, 애호하다, 호감을 가지다 | **之一** zhī yī ~(의) 하나 [A是+명사+之一: A는 ~ 중 하나이다] | **黄牛** huángniú 명 황소 | **人类** rénlèi 명 인류 | ★**勤劳** qínláo 동 (고생을 마다 않고) 열심히 일하다, 부지런히 일하다 | ★**朴实** pǔshí 형 소박하다, 꾸밈이 없다 | **性情** xìngqíng 명 성정, 성미, 기질 | **称道** chēngdào 동 칭송하다, 찬양하다, 칭찬하다 | **社保** shèbǎo 명 사회보장 ['社会保障(사회보장)'의 줄임말] | **制度** zhìdù 명 제도 | **大幅** dàfú 형 대폭, 많이 | **改革** gǎigé 명 개혁 | **养老** yǎnglǎo 동 양로하다 | **现今** xiànjīn 명 현재, 오늘날 | **关注** guānzhù 동 주시하다, 관심을 가지다 | **热门话题** rèmén huàtí 핫이슈, 큰 관심사

3 **D** [好像 ≒ 宛如 마치 ~와 같다]

湖北的古昭公路是中国第一条水上生态保护公路，它好像宛如一条玉带盘旋在玉溪河上。
→ 湖北的古昭公路是中国第一条水上生态保护公路，它好像一条玉带盘旋在玉溪河上。
→ 湖北的古昭公路是中国第一条水上生态保护公路，它宛如一条玉带盘旋在玉溪河上 。

'好像'과 '宛如'는 모두 '마치 ~와 같다'라는 의미이다. 의미가 중복되지 않도록 둘 중 하나만 써야 한다.

A 她写文章是非常认真的，文章写出来以后，总是要一遍遍地修改。
B 现代人对"吃"早已不再是吃饱就能满足的了，而是更加讲求饮食结构的营养化。
C 我的父亲虽然不是什么有名的伟人，但是在我心里却是最值得尊敬的人。
D 湖北的古昭公路是中国第一条水上生态保护公路，它好像宛如一条玉带盘旋在玉溪河上。

A 그녀는 글을 쓰는 것이 매우 진지해서, 글을 쓴 후에는 항상 하나하나 수정해야 한다.
B 현대인은 '먹는 것'에 대해 일찍이 더 이상 배불리 먹는 것에 만족하지 않고, 음식 구성의 영양화를 더욱 중시한다.
C 나의 아버지는 비록 유명한 위인은 아니지만 나의 마음속에는 가장 존경스러운 분이다.
D 후베이 구자오 도로는 중국 최초의 수상 생태 보호 도로로, 마치 옥대가 위시허를 두르고 있는 것만 같다.

修改 xiūgǎi 동 수정하다, 고치다 | **现代** xiàndài 명 현대 | **早已** zǎoyǐ 부 이미, 벌써부터, 진작에 | **满足** mǎnzú 형 만족하다 | **更加** gèngjiā 부 더욱, 더, 훨씬 | **讲求** jiǎngqiú 동 중시하다, 추구하다, 강구하다 | ★**饮食** yǐnshí 동 음식을 먹고 마시다 | **结构** jiégòu 명 구성, 짜임새 | **营养** yíngyǎng 명 영양 | **伟人** wěirén 명 위인 | **尊敬** zūnjìng 동 존경하다 | **湖北** Húběi 고유 후베이 성 [중국의 지명] | **古昭公路** Gǔzhāo gōnglù 고유 구자오 도로 [중국의 '구푸(古夫)'와 '자오쥔(昭君)'을 연결하는 수상 도로] | ★**生态** shēngtài 명 생태 | **宛如** wǎnrú 동 마치 ~와 같다 | **玉带** yùdài 명 옥대 [임금이나 관리의 공복(公服)에 두르던 옥으로 장식한 띠] | ★**盘旋** pánxuán 동 선회하다, 빙빙 돌다, 맴돌다 | **玉溪河** Yùxī Hé 고유 위시허 [윈난성(云南省) 위시시(玉溪市)에 흐르는 하천]

4 **A** [把A带到B A를 B로 이끌다]

她的歌声清亮、质朴，散发着泥土的芳香，使听众带到了那美丽富饶的河西走廊。
→ 她的歌声清亮、质朴，散发着泥土的芳香，把听众带到了那美丽富饶的河西走廊。

문맥상 '청중'은 무언가를 '이끌도록(带) 시켜진(使)' 대상이 아니라, '이끌어진(带)' 대상으로 봐야 하므로, '使'를 '把'로 고쳐야 한다. 정확한 해석으로 논리 관계를 명확히 파악해야 한다.

A 她的歌声清亮、质朴，散发着泥土的芳香，使听众带到了那美丽富饶的河西走廊。
B 门往往是回避、隐秘的象征，在关着的门里，人们能够不受拘束，专注于自己的事而不被打扰。
C 近几年，骑马爱好者数量剧增，这使得赛马运动迅速发展，许多骑马俱乐部也随之出现。
D 人们通常用"太阳从西边出来"比喻不可能发生的事，可是如果在金星上看日出，这却是一个客观事实。

A 그녀의 노랫소리는 맑고 소박하며, 흙의 향을 내뿜으면서 청중을 그 아름답고 풍요로운 허시회랑으로 이끌었다.
B 문은 보통 회피와 은밀함의 상징으로, 닫혀진 문 안에서 사람들은 구속받지 않고 자신의 일에 집중할 수 있으며 방해받지 않는다.
C 최근 들어 승마 애호가의 수가 급증하였고, 이는 경마를 빠르게 발전하게 했으며, 많은 승마 동호회도 그에 따라 생겨났다.
D 사람들은 자주 '해가 서쪽에서 뜬다'는 말로 일어날 수 없는 일을 비유한다. 하지만 만약 금성에서 일출을 본다면, 이것은 객관적인 사실이다.

歌声 gēshēng 명 노랫소리 | **清亮** qīngliàng 형 소리가 낭랑하다 | **质朴** zhìpǔ 형 소박하다 | ★**散发** sànfā 동 내뿜다, 퍼지다 | **泥土** nítǔ 명 흙, 토양 | **芳香** fāngxiāng 명 향기 | **听众** tīngzhòng 명 청중 | **富饶** fùráo 형 (물산이나 자원이) 풍요롭다, 풍족하다, 부유하다 | **河西走廊** Héxī Zǒuláng 고유 허시회랑, 허시조우랑 [중국 간쑤성 서부에서 치롄산맥 북부에 동서로 이어져 있는 오아시스 지대] | ★**回避** huíbì 동 회피하다 | **隐秘** yǐnmì 형 은밀하다, 비밀스럽다 | **象征** xiàngzhēng 명 상징, 표시 | ★**拘束** jūshù 명 구속 | **专注** zhuānzhù 동 집중하다, 전념하다 | **爱好者** àihàozhě 명 애호가 | **剧增** jùzēng 동 대폭적으로 증가하다, 폭증하다 | **使得** shǐde 동 ~로 하여금 ~하게 하다 | **赛马** sàimǎ 명 경마 경기 | **迅速** xùnsù 형 신속하다, 재빠르다, 날래다 | **俱乐部** jùlèbù 명 동호회 | **随之** suízhī 이에 따라 | **通常** tōngcháng 명 보통, 통상 | **西边** xībian 명 서쪽 | ★**比喻** bǐyù 동 비유하다 | **金星** jīnxīng 명 금성 | **日出** rìchū 명 일출 | **客观** kèguān 형 객관적이다 | **事实** shìshí 명 사실

track yuedu 05

Day 08 **5** A **6** B **7** C **8** A

5 **A** [让+A(행위자)+B(행위)]

辛苦一段时间后，适当给自己一些奖励，更有动力让接下来的努力。
→ 辛苦一段时间后，适当给自己一些奖励，可以让接下来的努力更有动力。

'让' 뒤에는 주술구가 와야 하는데, '让' 뒤에 술어가 보이지 않는다. 따라서 '更有动力(원동력을 갖다)'를 문장 맨 뒤로 옮겨 술어로 배치해야 한다. 여기에 조동사 '可以'까지 추가하면 표현이 좀 더 자연스러워진다.

A 辛苦一段时间后，适当给自己一些奖励，更有动力让接下来的努力。
B 孔雀开屏既是一种防御行为，也是一种吸引雌孔雀的求偶手段。
C 对于葡萄酒爱好者而言，盲品才是他们最享受的方式。
D 绿萝因生命力十分顽强，被称为"生命之花"。

A 일정 시간 고생한 후 자신에게 적당한 상을 주는 것은 앞으로의 노력이 더욱 원동력을 갖도록 만들 수 있다.
B 공작이 날개를 펴는 것은 방어 행동일 뿐만 아니라, 암컷 공작을 매료시키는 짝짓기 수단이기도 하다.
C 포도주 애호가들에게 있어서, 블라인드 테스트야말로 그들이 가장 즐기는 방식이다.
D 스킨답서스는 생명력이 매우 강해서, '생명의 꽃'이라 불린다.

适当 shìdàng 형 적당하다, 적절하다, 적합하다 | 奖励 jiǎnglì 명 상, 상금 [给A奖励: A에게 상을 주다] | ★动力 dònglì 명 (일·사업 등을 추진시키는) 원동력, 동력 | 孔雀 kǒngquè 명 공작(새) | 开屏 kāipíng 동 (수컷 공작이 짝을 구할 때) 부채 모양으로 꼬리를 펴고 끊임없이 흔들며 소리를 내다 | ★防御 fángyù 동 방어하다 | 行为 xíngwéi 명 행동, 행위, 행실 | 雌 cí 형 암컷의 | 求偶 qiú'ǒu 동 배우자를 구하다, 애인을 구하다 | 手段 shǒuduàn 명 수단, 방법, 수법 | 葡萄酒 pútáojiǔ 명 포도주 | 爱好者 àihàozhě 명 애호가 | 而言 éryán ~에 대해 말하(자)면, ~에 근거해 보(자)면 [对于A而言: A에게 있어서 말하자면] | 盲品 mángpǐn 블라인드 테스트 | 享受 xiǎngshòu 동 즐기다, 누리다, 향유하다 | 方式 fāngshì 명 방식, 방법, 패턴 | 绿萝 lǜluó 명 스킨답서스 [식물명] | 因 yīn 접 ~때문에, ~로 인하여, ~한 까닭으로 | 生命力 shēngmìnglì 명 생명력 | ★顽强 wánqiáng 형 강하다 | 称为 chēngwéi 동 ~라고 부르다 [被称为: ~라고 불리다]

6 B [긍정+反之+부정]

胃和情绪的关系密切，心情愉快时，我们会食欲倍增，反之，则吃什么都有胃口。
→ 胃和情绪的关系密切，心情愉快时，我们会食欲倍增，反之，则吃什么都没有胃口。

문장을 해석할 때는 반드시 앞뒤 절이 논리적으로 연결되는지 판단해야 한다. '反之(반대로)' 뒤에는 앞 절과 반대되는 내용이 나와야 하므로, 문맥상 뒤 절에 부정부사 '没'를 넣어 주어야 한다.

A 这件事情发生得太突然了，我想了好长时间，也没想出个所以然来。
B 胃和情绪的关系密切，心情愉快时，我们会食欲倍增，反之，则吃什么都有胃口。
C 搬运食物的蚂蚁都是排成长列，沿着食物源和蚁巢之间的一些固定路线行进的。
D 他过去所熟悉的学校生活，在他的记忆里已被渐渐地淡忘了。

A 이 일은 너무 갑작스럽게 발생해서, 나는 오랫동안 생각해 봤지만 그렇게 된 까닭을 파악해 내지 못했다.
B 위와 정서는 관계가 밀접해서 기분이 좋을 때 우리는 식욕이 배로 증가하지만 반대의 경우, 무엇을 먹어도 입맛이 없다.
C 음식을 운반하는 개미들은 모두 긴 행렬을 지어 음식물과 개미집 사이에 있는 일정한 길을 따라 움직인다.
D 그가 과거에 익히 알고 있던 학교 생활은 그의 기억 속에서 이미 점차 잊혀졌다.

所以然 suǒyǐrán 명 그렇게 된 까닭, 이유, 원인 | 胃 wèi 명 위 | 情绪 qíngxù 명 정서, 기분, 마음가짐 | 密切 mìqiè 형 밀접하다, 긴밀하다, 친근하다, 가깝다 [关系密切: 관계가 밀접하다] | 食欲 shíyù 명 식욕, 밥맛 | 倍增 bèizēng 동 배로 증가하다, 배가하다, 갑절로 늘다 | ★反之 fǎnzhī 접 이와 반대로, 바꾸어서 말하면 | 则 zé 접 오히려, 그러나 [≒却] | 胃口 wèikǒu 명 식욕 | 搬运 bānyùn 동 운송하다, 운반하다 | 食物 shíwù 명 음식물 | ★蚂蚁 mǎyǐ 명 개미 | 沿着 yánzhe 개 ~에 따라 | 蚁巢 yǐcháo 명 개미집 | 固定 gùdìng 형 고정되다, 불변하다 | 路线 lùxiàn 명 노선 | 所 suǒ 조 ['명사+所+동사'의 형태로 쓰여, 중심어가 동사의 객체임을 나타냄] | 记忆 jìyì 동 기억하다, 떠올리다 | 渐渐 jiànjiàn 부 점점, 점차 | 淡忘 dànwàng 동 기억이 흐려져 잊혀지다

7 C [주어+부사+조동사+개사구+술어]

当外在压力增加时，应该我们就增强内在的动力。→ 当外在压力增加时，我们就应该增强内在的动力。

부사어 어순을 묻는 문제이다. 조동사 '应该(마땅히 ~해야 한다)'는 부사 '就(바로)' 뒤에 위치해야 한다.

A 科学家发现，互相帮助是动物们战胜强敌的重要法宝。
B 国子学是唐代的最高国家教育机构。
C 当外在压力增加时，应该我们就增强内在的动力。
D 永远不要以为一踩刹车就可以把汽车停住。

A 과학자들은 서로가 서로를 돕는 것이 동물들이 강적을 이겨 내는 중요한 비결이라는 점을 발견했다.
B 국자학은 당나라 시기의 가장 높은 국가교육 기관이다.
C 외부 스트레스가 증가할 때, 우리는 바로 내적 동력을 강화해야 한다.
D 브레이크를 밟기만 하면 바로 차를 멈출 수 있다고 착각해서는 절대 안 된다.

科学家 kēxuéjiā 명 과학자 | 战胜 zhànshèng 동 싸워 이기다, 승리하다 | 强敌 qiángdí 명 강적 | 法宝 fǎbǎo 명 특효가 있는 방법, 열쇠, 키 | 国子学 guózixué 국자학 [중국 당대의 최고 학부] | 唐代 Táng dài 당나라 시기 | ★机构 jīgòu 명 기구 | 外在 wàizài 형 외적인 | 增强 zēngqiáng 동 강

화하다, 증강하다, 높이다 | ★内在 nèizài 형 내재적인 | 永远 yǒngyuǎn 부 절대로 | 踩 cǎi 동 힘껏 밟다 | ★刹车 shāchē 명 브레이크 | 汽车 qìchē 명 자동차

8 **A** [无论A还是B，都C A이든 B이든 모두 C하다]

苏州园林里的门和窗，图案设计和精良做工都是工艺美术的经典。
→ 苏州园林里无论门和窗还是图案设计和精良做工，都是工艺美术的经典。

문과 창, 도안 디자인, 섬세한 가공 기술 등 '어떤 조건이든 상관없이 모두' 걸작이라는 내용이므로, 접속사 '无论A还是B，都C'가 쓰여야 올바른 문장이 된다.

A 苏州园林里的门和窗，图案设计和精良做工都是工艺美术的经典。
B 小时候，我非常盼望过元宵节，因为可以吃到母亲亲手做的汤圆。
C 夫妻之间出现矛盾的时候，吵架或者忍耐都不是解决矛盾的好办法。
D 反思不是去后悔，而是为前进铺平道路。

A 쑤저우 원림의 문과 창, 도안 디자인, 섬세한 가공 기술 모두 공예미술의 경전이다.
B 어렸을 때 나는 원소절을 매우 기다렸다. 왜냐하면 어머니가 직접 만들어 주시는 탕위안을 먹을 수 있었기 때문이다.
C 부부 간에 갈등이 생겼을 때, 싸우거나 참는 것 모두 갈등을 해결하는 좋은 방법이 아니다.
D 반성은 후회하는 것이 아니라, 발전하기 위해 길을 닦는 것이다.

苏州 Sūzhōu 고유 쑤저우 | ★园林 yuánlín 명 원림, 정원 | 窗 chuāng 명 창문, 창 | ★图案 tú'àn 명 도안 | 设计 shèjì 명 설계, 디자인 | 精良 jīngliáng 형 정교하다, 우수하다, 훌륭하다 | 做工 zuògōng 명 가공 기술, 솜씨 | 工艺 gōngyì 명 공예 | 美术 měishù 명 미술, 그림 | 经典 jīngdiǎn 명 중요하고 권위 있는 저작, 경전 | 盼望 pànwàng 동 간절히 바라다 | ★元宵节 Yuánxiāojié 고유 정월 대보름, 원소절 | 亲手 qīnshǒu 부 직접, 손수, 친히 | 汤圆 tāngyuán 명 탕위안 [찹쌀가루 등을 새알 모양으로 빚은 것으로 대부분 소를 넣어 만듦. 또는 이것을 넣고 끓인 음식] | 夫妻 fūqī 명 부부, 남편과 아내 | 矛盾 máodùn 명 갈등, 대립, 불화 [出现矛盾: 갈등이 생기다] | 吵架 chǎojià 동 말다툼하다, 다투다 | ★忍耐 rěnnài 동 참다, 인내하다, 견디다 | ★反思 fǎnsī 명 반성 | 不是A而是B búshì A érshì B A가 아니라 B이다 | 铺平道路 pūpíng dàolù 성 기반을 마련하다, 초석이 되다, 발판이 되다

track yuedu 06

• Day 09 **9** C **10** B **11** A **12** A

9 **C** [A是B A는 B이다 (A와 B는 동격 / A: 특정 대상, B: A에 대한 설명)]

北极燕鸥是目前已知迁徙路线最长的。→ 北极燕鸥是目前已知迁徙路线最长的鸟类。

'A是B' 구문이 사용된 문장이므로 주어 자리에는 특정 어휘가 오고, 목적어 자리에는 주어를 설명하는 말이 와야 하는데, '是' 뒤쪽 설명 부분에 '주어와 호응할 수 있는 단어'가 빠져 있다. 주어가 새의 일종이므로, 뒤에 명사 '鸟类(조류)'를 붙여 완전한 문장으로 만들어야 한다.

A 石膏是世界上最早用于制造香水瓶的原料。
B 未来是一个什么样的世界取决于人们现在如何培养下一代。
C 北极燕鸥是目前已知迁徙路线最长的。
D 粤绣以其鲜艳的色彩与多样的针法独树一帜。

A 석고는 세계에서 최초로 향수병 제조에 쓰인 원료이다.
B 미래가 어떠한 세계일지는 사람들이 현재 어떻게 다음 세대를 키우느냐에 달려 있다.
C 북극 제비갈매기는 현재 이동 경로가 가장 길다고 알려진 조류이다.
D 광둥자수는 그 화려한 색채와 다양한 자수법으로 독보적이다.

石膏 shígāo 명 석고 | **制造** zhìzào 동 제조하다, 만들다 | **香水瓶** xiāngshuǐpíng 명 향수병 | **原料** yuánliào 명 원료 | **未来** wèilái 명 미래 | **取决于** qǔjuéyú ~에 달려 있다 | **如何** rúhé 대 어떻게, 어떤, 어쩌면 | **培养** péiyǎng 동 키우다 | **下一代** xià yídài 명 다음 세대, 후대 | ★**北极** běijí 명 북극 | **燕鸥** yàn'ōu 명 제비갈매기 | **目前** mùqián 명 현재, 지금 | **知** zhī 동 알다, 이해하다 | ★**迁徙** qiānxǐ 동 이동하다, 옮겨 가다 | **路线** lùxiàn 명 경로, 노선 | **鸟类** niǎolèi 명 조류 | **粤绣** yuèxiù 명 광둥자수 | **鲜艳** xiānyàn 형 화려하다, 산뜻하고 아름답다 | **色彩** sècǎi 명 색, 색채 | **多样** duōyàng 형 다양하다 | **针法** zhēnfǎ 명 자수법, 침술 | **独树一帜** dúshù yízhì 성 유일무이하다, 혼자서 하나의 기를 세우다

10 B [불필요한 어휘 사용 / 是否 ~인지 아닌지]

是否诚信是团队可持续发展的重要条件之一。→ 诚信是团队可持续发展的重要条件之一。

'是否'는 '~인지 아닌지'라는 의미를 나타내는 부사로, 주로 동사 앞에 쓰인다. 문맥상 '是否'를 쓸 이유가 없으므로, 엉뚱하게 들어간 '是否'를 삭제해야 한다. 독해 제1부분에서 '是否'는 단골 표현으로, '是否'가 들어간 문장의 90% 이상이 정답(오류가 있는 문장)이었다.

A 北京城讲究"四方四正"，城里的胡同和街道都是正东正西，正南正北。	A 베이징 성은 '정방형'을 중시해서, 성내의 후통과 도로 모두 동서남북이 정확하다.
B 是否诚信是团队可持续发展的重要条件之一。	B 성실함은 팀이 계속해서 발전해 나갈 수 있는 중요한 조건 중 하나이다.
C 听着这首歌曲，我不由得想起了母亲的背影。	C 이 노래를 듣다 보니, 나도 모르게 어머니의 뒷모습이 떠올랐다.
D 现在，已经有很多家银行宣布网银转账免费，将来可能会有更多银行跟进。	D 현재 이미 많은 은행에서 인터넷 뱅킹 무료 송금 정책을 발표했고, 앞으로 더 많은 은행이 뒤따를 것이다.

北京城 Běijīng Chéng 고유 베이징 성 [베이징 시] | **讲究** jiǎngjiu 동 중요시하다 | **四方** sìfāng 명 정방형 | **正** zhèng 형 바르다 | **胡同** hútòng 명 골목 | **诚信** chéngxìn 형 성실하다 | **团队** tuánduì 명 단체, 집단 | **可持续发展** kěchíxù fāzhǎn 지속 가능한 발전 | **之一** zhī yī ~중의 하나 [A是B之一: A는 B 중 하나이다] | **首** shǒu 양 수 [시(诗)·사(词)·노래 등을 세는 단위] | **歌曲** gēqǔ 명 노래, 가곡 | ★**不由得** bùyóude 부 저절로, 자연히, 저도 모르게 | **背影** bèiyǐng 명 (사람의) 뒷모습 | **宣布** xuānbù 동 발표하다, 선포하다, 공표하다 | **网银** wǎngyín 명 인터넷 뱅킹 | **转账** zhuǎnzhàng 동 계좌 이체하다 | **跟进** gēnjìn 동 따라서 나아가다, 앞으로 따라가다

11 A [说不通 말이 되지 않는다]

汽车的刹车系统完全独立于其他电子设备，因此，一辆汽车的"所有电子设备同时出现故障"的情况是说得不通的。
→ 汽车的刹车系统完全独立于其他电子设备，因此，一辆汽车的"所有电子设备同时出现故障"的情况是说不通的。

'말이 되지 않는다'라는 의미는 '说不通'으로 표현해야 한다. '说得不通'은 잘 쓰지 않는 말이다.

A 汽车的刹车系统完全独立于其他电子设备，因此，一辆汽车的"所有电子设备同时出现故障"的情况是说得不通的。	A 자동차의 브레이크 시스템은 다른 전자 설비와 완전히 독립되어 있기 때문에, 자동차의 '모든 전자 설비가 동시에 고장이 나는' 상황은 말이 되지 않는다.
B 高度紧张导致的压力是可以致命的，它会提高患心脏病的几率。	B 과도한 긴장이 초래한 스트레스는 치명적이며, 이는 심장병 유발 확률을 높일 수 있다.
C 那些初学滑冰的人，不仅滑不起来，而且东倒西歪，就像刚学走路的孩子。	C 처음 스케이트를 배우는 사람은 미끄러질 뿐만 아니라 넘어지고 비틀거려서 막 걸음마를 배우는 아이 같다.
D 哈密瓜不像西瓜那么娇贵，它不怕干旱、喜欢阳光，管理瓜田也不需要什么很复杂的技术。	D 하미과는 수박처럼 잘 깨지지 않는다. 하미과는 가뭄을 잘 견디고, 햇빛을 좋아한다. 화미과 밭을 관리하는 것도 복잡한 기술을 필요로 하지 않는다.

★汽车 qìchē 명 자동차 | ★刹车 shāchē 명 브레이크, 제동기 | 系统 xìtǒng 명 시스템 | 独立 dúlì 동 독립하다 | 电子 diànzǐ 명 전자 | 设备 shèbèi 명 설비, 시설 | ★故障 gùzhàng 명 (기계 따위의) 고장 [出现故障: 고장이 나다] | 说不通 shuōbutōng 말이 되지 않다, 납득할 수 없다, 이치에 닿지 않다 | 高度 gāodù 형 정도가 매우 높다 | 导致 dǎozhì 동 (어떤 사태를) 야기하다, 초래하다 | 致命 zhìmìng 동 치명적이다, 죽을 지경에 이르다 | 患 huàn 동 병이 나다, 병에 걸리다 | 心脏病 xīnzàngbìng 명 심장병 [患心脏病: 심장병에 걸리다] | 几率 jīlǜ 명 확률 | 初 chū 부 처음으로, 막, 방금 | 滑冰 huábīng 명 스케이팅 | 滑 huá 동 미끄러지다 | 东倒西歪 dōngdǎo xīwāi 성 비틀거리다, 쓰러질 듯하다 | 哈密瓜 hāmìguā 명 하미과 [신장 하미 일대에서 나는 멜론] | 娇贵 jiāogui 형 부서지기 쉽다, 깨지기 쉽다 | ★干旱 gānhàn 명 가뭄 | 田 tián 동 밭, 경작지

12 A [어순 배열 오류]

在距今2.52亿年前的大灭绝中，超过90%的海洋生物和75%的陆地生物从此消失，火山喷发大规模的一直被认为是罪魁祸首。

→ 在距今2.52亿年前的大灭绝中，超过90%的海洋生物和75%的陆地生物从此消失，火山大规模的喷发一直被认为是罪魁祸首。

관형어의 위치가 틀린 문제로, '大规模的(대규모의)'는 의미상 '喷发(분화하다)'를 수식하므로 '大规模的喷发(대규모의 분화)'라고 배열해야 알맞다.

A 在距今2.52亿年前的大灭绝中，超过90%的海洋生物和75%的陆地生物从此消失，火山喷发大规模的一直被认为是罪魁祸首。

B 现在，烟袋斜街已跟鼓楼等知名景区一样，成为了每一个在北京的人闲暇时欣赏古建筑、看古玩以及寻找美食的好去处。

C 这些在古画中仅为点缀的草虫，在齐白石的画作中却成了“视觉中心”和真正的“主角”。

D 如今无线充电技术并不太完善，它还存在一些诸如成本较高、充电效率较低等问题。

A 지금으로부터 2.52억 년 전의 대멸종 속에서, 90%가 넘는 해양 생물과 75%가 넘는 육지 생물이 이때부터 사라진 것을 두고, 화산의 대규모 폭발이 줄곧 근본 원인으로 여겨져 왔다.

B 현재, 옌다이셰제는 이미 구러우 등의 유명한 관광지와 마찬가지로, 베이징에 있는 사람들이 한가할 때 옛 건물을 감상하고 골동품을 구경하며 먹거리를 찾기에 좋은 장소가 되었다.

C 고대 회화 작품에서는 그저 장식에 불과했던 풀벌레가 치바이스의 그림에서는 오히려 '시각의 중심'이자 진정한 '주인공'이 되었다.

D 오늘날 무선 충전 기술은 그다지 완벽하지 않다. 예를 들면 원가가 비교적 높고, 충전 효율이 비교적 낮다는 등의 문제가 여전히 존재한다.

距今 jùjīn 동 지금으로부터 (얼마간) 떨어져 있다 | 亿 yì 수 억 | 灭绝 mièjué 동 완전히 없애다, 철저히 소멸하다 | ★生物 shēngwù 명 생물 | 陆地 lùdì 명 육지, 땅 | 从此 cóngcǐ 부 그로부터, 이로부터 | 消失 xiāoshī 동 사라지다, 자취를 감추다, 모습을 감추다 | 火山 huǒshān 명 화산 | 喷发 pēnfā 동 화산이 분화하다, 용암을 분출하다 | 规模 guīmó 명 규모, 형태, 범위 | 被认为 bèi rènwéi ~로 인정되다 | 罪魁祸首 zuìkuí huòshǒu 성 근본 원인, 재난의 주요 원인 | 烟袋斜街 Yāndài Xiéjiē 고유 옌다이셰제 [베이징의 거리 이름] | 鼓楼 Gǔlóu 고유 구러우 [베이징의 유명 관광지] | 知名 zhīmíng 형 저명하다, 지명하다, 잘 알려지다 | 景区 jǐngqū 명 관광지구 | 闲暇 xiánxiá 명 한가한 시간 | 欣赏 xīnshǎng 동 감상하다 | 古 gǔ 형 오래되다 | 建筑 jiànzhù 명 건축물 | 古玩 gǔwán 명 골동품 | 以及 yǐjí 접 및, 그리고, 아울러 | 寻找 xúnzhǎo 동 찾다, 구하다 | 美食 měishí 명 맛있는 음식 | 处 chù 명 장소, 곳, 지점 | 古画 gǔhuà 명 오래된 그림 | 仅 jǐn 부 겨우, 단지, 다만 | ★点缀 diǎnzhuì 동 장식하다, 단장하다 | 草虫 cǎochóng 명 풀벌레 | 齐白石 Qí Báishí 고유 치바이스, 제백석 [중국 근대의 걸출한 화가·서예가·전각가] | 画作 huàzuò 명 회화 작품 | 视觉 shìjué 명 시각, 본느낌 | 中心 zhōngxīn 명 중심 | 主角 zhǔjué 명 주인공 | 如今 rújīn 명 (비교적 먼 과거에 대하여) 현재, 지금, 오늘날 | 无线 wúxiàn 형 무선의 | 充电 chōngdiàn 동 충전하다 | 完善 wánshàn 형 완벽하다, 완전하다 | 存在 cúnzài 동 존재하다 | 诸如 zhūrú 접 예컨대, 이를테면 | ★成本 chéngběn 명 원가, 자본금 | 较 jiào 부 비교적, 좀, 보다 | 效率 xiàolǜ 명 효율

03 접속사

본서 p.110~111

track yuedu 07

• Day 11 1 D 2 B 3 B 4 A

1 D [주어+不但A，而且B (주어)는 A할 뿐만 아니라 B하다]

不但他喜欢京剧，而且喜欢京剧的各种服饰。→ 他不但喜欢京剧，而且喜欢京剧的各种服饰。

주어의 위치가 잘못된 문장이다. 접속사 구문에서 주어가 하나일 경우, 주어(他)는 접속사(不但) 앞에 위치해야 한다.

A 虽然你不可以左右天气，但是你可以尝试改变自己的心情。	A 비록 당신이 날씨를 통제할 수는 없지만, 자신의 기분을 바꾸려는 시도는 할 수 있다.
B 兔子的胆子非常小，遇到一点儿响动就会吓得惊慌失措，四处奔逃。	B 토끼는 담이 매우 작아서, 아주 작은 기척만 들려도 놀라서 어찌할 바 모르고 사방으로 달아난다.
C 只有在夏天，才可以看到这种植物。	C 여름이 되어야만, 비로소 이러한 식물을 볼 수 있다.
D 不但他喜欢京剧，而且喜欢京剧的各种服饰。	D 그는 경극을 좋아할 뿐만 아니라, 경극의 여러 가지 복식도 좋아한다.

左右 zuǒyòu 통 통제하다, 좌지우지하다 | ★**尝试** chángshì 통 시도해 보다, 테스트해 보다, 경험해 보다 | **兔子** tùzi 명 토끼 | **胆子** dǎnzi 명 담력, 용기, 배짱 [胆子小: 담력이 작다] | **响动** xiǎngdong 명 기척, 동정 | **吓** xià 통 놀라다 | **惊慌失措** jīnghuāng shīcuò 성 놀라고 당황하여 어찌할 바를 모르다 | **四处** sìchù 명 도처, 사방, 여러 곳 | **奔逃** bēntáo 통 달아나다, 도망가다 | **夏天** xiàtiān 명 여름 | **服饰** fúshì 명 복식, 의복과 장신구

접속사 구문에서 주어의 위치

주어가 하나일 때는 문장 맨 앞에, 주어가 두 개일 때는 앞뒤 절의 접속사 뒤에 위치한다.

新来的职员不但性格开朗，而且做事很认真。→ 주어+不但 A，而且B
새로 온 직원은 성격이 명랑할 뿐만 아니라 일도 매우 열심히 한다.

不但他的家人，而且周围的亲戚朋友也都去为他加油。→ 不但+주어1，而且+주어2
그의 가족뿐만 아니라 주위의 친척들과 친구들도 그를 응원하기 위해 갔다.

2 B [A是B A는 B이다 (A와 B는 동격 / A: 특정 대상, B: A에 대한 설명)]

加油站是易燃易爆，安全起见，一定要严格遵守加油站管理规定。
→ 加油站是易燃易爆场所，安全起见，一定要严格遵守加油站管理规定。

장소를 나타내는 주어 '加油站(주유소)'과 목적어가 호응이 맞도록 '场所(장소)' 같은 단어를 추가해 주어야 한다.

A 长久以来，关于智商起源问题的研究，在心理学界一直是一片空白。	A 오랫동안, IQ의 기원 문제에 대한 연구는 심리학계에서 줄곧 백지 상태였다.
B 加油站是易燃易爆，安全起见，一定要严格遵守加油站管理规定。	B 주유소는 인화성이 있고 폭발하기 쉬운 장소이므로, 안전을 위해서 반드시 엄격하게 주유소 관리 규정을 지켜야 한다.
C 总之，这是一次很棒的体验，不是每个人都会有这样的经历。	C 결론적으로 이는 매우 훌륭한 경험인데, 모든 사람이 이러한 경험이 있는 것은 아니다.

D 如果你不愿意再继续接收这类邮件，请点击“退订”。	D 만약 계속해서 이러한 메일을 받기를 원치 않는다면, '구독 해지' 버튼을 눌러 주세요.

以来 yǐlái 명 이래, 동안 | ★**智商** zhìshāng 지능지수(IQ) ['智力商数'의 줄임말] | ★**起源** qǐyuán 명 기원 | **心理** xīnlǐ 명 심리 | **学界** xuéjiè 명 학계 | **片** piàn 양 [차지한 면적 또는 범위를 세는 단위] | ★**空白** kòngbái 명 공백, 여백, 백지 | **易燃** yìrán 형 인화성이 있는, 타기 쉬운 | **易爆** yìbào 형 폭발하기 쉬운, 폭발성의 | **起见** qǐjiàn ~하기 위하여, ~를 목적으로 | **遵守** zūnshǒu 동 (규정 등을) 지키다, 준수하다 | ★**场所** chǎngsuǒ 명 장소 | **总之** zǒngzhī 접 총괄적으로 말하면, 총괄하면, 요컨대, 한마디로 말하면 | **体验** tǐyàn 명 체험 | **接收** jiēshōu 동 받다 | **类** lèi 양 [성질이나 특징이 같거나 비슷한 사물을 세는 단위] | **邮件** yóujiàn 명 메일, 우편물 | **点击** diǎnjī 동 클릭하다 | **退订** tuìdìng 명 발주 취소, 주문 취소

3 B [어휘의 남용]

榜样的力量远远超过说教更有效。
→ 榜样的力量远远超过说教。
→ 榜样的力量远远比说教更有效。

술어가 중복 사용된 문장이다. '超过(초과하다)'만 사용하거나, 비교문 형식으로 바꾸어 '比……更有效'의 형식으로 사용해야 한다.

A 5年前，为了考北京电影学院，我从四川的一个小镇只身来到北京。	A 5년 전, 베이징영화대학 시험을 보기 위해, 나는 쓰촨의 한 작은 마을에서 혼자 베이징에 왔다.
B 榜样的力量远远超过说教更有效。	B 본보기의 힘은 설교를 훨씬 뛰어 넘는다.
C 文学是一种语言艺术，有时只改一字，便会带来“点石成金”之妙。	C 문학은 언어예술로, 어떤 때에는 한 글자만 바꾸어도 바로 '변변찮은 작품을 훌륭하게 만드는' 신기함을 가져다준다.
D 星星其实有多种颜色，这与其表面的温度有关。	D 별은 사실 다양한 색이 있는데, 이것은 그 표면의 온도와 관련이 있다.

考 kǎo 동 시험을 보다 | **学院** xuéyuàn 명 (단과)대학 | **四川** Sìchuān 고유 쓰촨성 [중국 남서부 양쯔강 상류에 있는 성(省)] | **小镇** xiǎozhèn 작은 마을 | **只身** zhīshēn 명 단신, 홀몸 | ★**榜样** bǎngyàng 명 본보기, 모범 | **力量** lìliang 명 힘 | **远远** yuǎnyuǎn 부 훨씬, 상당히 | **说教** shuōjiào 동 설교하다 | **有效** yǒuxiào 형 효과가 있다, 유효하다, 유용하다 | **文学** wénxué 명 문학 | **有时** yǒushí 부 간혹, 때로는, 어떤 때, 이따금 | **改** gǎi 동 고치다 | **便** biàn 부 곧, 바로 [=就] | **点石成金** diǎnshí chéngjīn 성 변변찮은 작품을 조금 다듬어서 훌륭하게 만들다 | **妙** miào 형 신기하다 | **星星** xīngxing 명 별 | **表面** biǎomiàn 명 표면, 겉, 외관 | **有关** yǒuguān 동 관련이 있다 [与A有关: ~와 관련이 있다]

4 A [술어의 결여]

北京王府井商圈历史悠久、交通便利，北京的核心商圈。
→ 北京王府井商圈历史悠久、交通便利，是北京的核心商圈。

이 문장에서는 술어가 보이지 않는다. 문맥상 '北京王府井商圈(베이징의 왕푸징 상권)'과 '北京的核心商圈 (베이징의 핵심 상권)'이 동격이므로, 동격을 나타내는 동사 '是'를 넣어 주어야 한다.

A 北京王府井商圈历史悠久、交通便利，北京的核心商圈。	A 베이징의 왕푸징 상권은 역사가 유구하고 교통이 편리한 베이징의 핵심 상권이다.
B 人类在艰难的生存斗争中，头脑日益发达，知识也日渐丰富。	B 인류는 힘겨운 생존 경쟁 중에 두뇌가 나날이 발달하고 지식은 갈수록 풍부해지고 있다.
C 我喜爱这灿烂绚丽的秋色，因为它标志着繁荣与成熟，还意味着欢乐与愉快。	C 나는 이 찬란하고 아름다운 가을 경치를 좋아한다. 왜냐하면 그것은 번영과 성숙을 상징하며, 또한 기쁨과 즐거움을 의미하기 때문이다.
D 汽车在拐弯儿时要特别小心，应放慢行驶速度，否则很容易出交通事故。	D 자동차는 코너를 돌 때 특히 조심해야 하며 주행 속도를 낮춰야 한다. 그렇지 않으면 교통사고가 나기 쉽다.

王府井 Wángfǔjǐng 고유 왕푸징 [중국 베이징의 번화가] | 商圈 shāngquān 명 상권 | 悠久 yōujiǔ 형 유구하다, 아득하게 오래다 [历史悠久: 역사가 유구하다] | ★便利 biànlì 형 편리하다 | 核心 héxīn 명 핵심 | 人类 rénlèi 명 인류 | ★艰难 jiānnán 형 힘들다, 곤란하다, 어렵다 | ★生存 shēngcún 명 생존 | ★斗争 dòuzhēng 동 투쟁하다, 싸우다 | 头脑 tóunǎo 명 두뇌, 머리 | ★日益 rìyì 부 날로, 나날이 더욱 [日益+동사] | 发达 fādá 동 발전시키다 | 日渐 rìjiàn 부 나날이, 날마다 [日渐+동사] | 喜爱 xǐ'ài 동 좋아하다, 애호하다, 호감을 가지다 | ★灿烂 cànlàn 형 찬란하다, 눈부시다 | 绚丽 xuànlì 형 화려하고 아름답다 | 秋色 qiūsè 명 가을빛, 가을 경치 | 标志 biāozhì 동 상징하다 | 繁荣 fánróng 형 번영하다, 번창하다 | 成熟 chéngshú 형 성숙하다 | ★意味着 yìwèizhe 의미하다, 뜻하다, 나타내다 | ★欢乐 huānlè 형 즐겁다, 유쾌하다 | 汽车 qìchē 명 자동차 | 拐弯 guǎiwān 동 코너를 돌다, 방향을 틀다 | 放慢 fàngmàn 동 늦추다 | 行驶 xíngshǐ 동 (차나 배 등이) 통행하다, 운항하다, 달리다 | ★事故 shìgù 명 사고

track yuedu 08

● Day 12　5 B　6 C　7 B　8 D

5 B [以前+동사+过 이전에 ~한 적이 있다]

以前日本、朝鲜和越南都使用着汉字，但是程度各有不同。
→ 以前日本、朝鲜和越南都使用过汉字，但是程度各有不同。

명사 '以前'은 과거를 나타내기 때문에, 현재 동작이나 상태의 지속을 나타내는 '着'가 아니라, 과거의 경험을 나타내는 '过'를 써야 한다. '以前'과 동태조사 '过'는 '以前+동사+过(이전에 ~한 적이 있다)'로 자주 쓰인다.

A 人们保健意识的逐渐增强为保健品市场创造了更多的消费群体。
B 以前日本、朝鲜和越南都使用着汉字，但是程度各有不同。
C 在造纸术产生前，丝帛是最好的绘画、写字材料。
D 生活如同一杯酒，不经过反复提炼，便不会甘醇可口。

A 사람들의 보건 의식이 점차 강화됨에 따라 건강 보조품 시장에 더 많은 소비자 단체가 만들어졌다.
B 과거에는 일본, 조선과 베트남이 모두 한자를 사용했지만 정도가 다 달랐다.
C 제지술이 생기기 전에는 비단이 그림을 그리고 글씨를 쓰는 가장 좋은 재료였다.
D 삶은 한 잔의 술과 같아서, 반복된 제련을 거치지 않으면 감미롭고 맛있을 수 없다.

保健 bǎojiàn 명 보건 | ★意识 yìshí 명 의식 | 逐渐 zhújiàn 부 점점, 점차 | 增强 zēngqiáng 동 강화하다, 증강하다, 높이다 | 保健品 bǎojiànpǐn 명 건강 보조품 | 市场 shìchǎng 명 시장 | 创造 chuàngzào 동 만들다 | 消费 xiāofèi 명 소비 | 群体 qúntǐ 명 집단, 단체 | 日本 Rìběn 고유 일본 | 朝鲜 Cháoxiǎn 고유 조선 | 越南 Yuènán 고유 베트남 | 各有不同 gè yǒu bù tóng 서로 다르다 | 造纸术 zàozhǐshù 명 제지술 | 产生 chǎnshēng 동 생기다, 발생하다, 나타나다 | 丝帛 sībó 명 비단, 견직물 | 绘画 huìhuà 동 그림을 그리다 | 如同 rútóng 동 마치 ~와 같다, 흡사하다 | 反复 fǎnfù 동 반복하다, 거듭하다, 되풀이하다, 번복하다 | ★提炼 tíliàn 동 (물리·화학적인 방법을 통해) 정련하다, 추출하다 | 便 biàn 부 곧, 바로 [=就] | 甘醇 gānchún 형 감미롭고 향긋하다 | ★可口 kěkǒu 형 맛있다, 입에 맞다

6 C [관형어의 기본 어순: 한정적(一门)+묘사적(特殊)+명사(技艺)]

漳州木偶头雕刻，是一种传统民间工艺，属于木偶戏道具制作中的特殊一门技艺。
→ 漳州木偶头雕刻，是一种传统民间工艺，属于木偶戏道具制作中的一门特殊技艺。

관형어의 기본 어순에 따라, 한정하는 어휘인 '一门' 뒤에 묘사하는 어휘인 '特殊'가 와야 한다.

A 她把工作交代完了，就用一种询问的目光看着我，好像在问："你听懂了吗?"
B 由于一直在上学，她到40岁才结婚，两年后有了自己的孩子，然后放弃工作专门在家照顾孩子。

A 그녀는 일을 다 인수인계하고서 일종의 심문하는 눈빛으로 나를 바라보았는데, 마치 "알아들었니?"라고 묻고 있는 것 같았다.
B 계속 학교에 다니느라 그녀는 40세가 되어서야 결혼을 했고, 2년 뒤에 아이가 생겼다. 그 뒤 일을 그만두고 집에서 아이를 돌보고 있다.

C 漳州木偶头雕刻，是一种传统民间工艺，属于木偶戏道具制作中的特殊一门技艺。

D 别看他已经是成人了，可做起事来、说起话来，还是那么没轻没重、没深没浅的，像个孩子。

C 장저우의 목제 인형 두상 조각은 전통 민간 수공예로, 목제 인형극 도구 제작의 특수한 기예에 속한다.

D 그가 이미 성인이라고는 하지만, 일을 하든 말을 하든 여전히 그렇게 경솔하고, 일의 경중을 몰라서 마치 어린아이 같다.

★交代 jiāodài 동 사무를 인계하다, 교대하다 | 询问 xúnwèn 동 물어보다, 알아보다, 의견을 구하다 | ★目光 mùguāng 명 시선, 눈길, 눈빛 | 漳州 Zhāngzhōu 고유 장저우 [중국 푸젠성에 위치한 도시] | 偶 ǒu 명 (흙이나 나무로 만든) 인형, 꼭두각시, 허수아비 | ★雕刻 diāokè 명 조각 | 传统 chuántǒng 명 전통 | ★民间 mínjiān 명 민간 | 工艺 gōngyì 명 수공예 | 属于 shǔyú 동 ~에 속하다, ~의 소유이다 | 木偶戏 mù'ǒuxì 명 목제 인형극, 꼭두각시 놀음 | 道具 dàojù 명 (무대 장치에 필요한 크고 작은) 도구 | 制作 zhìzuò 동 제작하다, 만들다 | 特殊 tèshū 형 특수하다, 특별하다 | 技艺 jìyì 명 기예 | 别看 bié kàn ~이긴 하지만 | 成人 chéngrén 명 성인, 어른 | 没轻没重 méiqīng méizhòng 성 (언행이) 무분별하다, 경솔하다 | 没深没浅 méishēn méiqiǎn 성 일의 경중을 모르다

7 B [주어+부사어(反倒)+술어]

当遇到重大问题需要他拿主意的时候，反倒他犹豫了。

→ 当遇到重大问题需要他拿主意的时候，他反倒犹豫了。

부사의 위치가 틀린 경우다. 부사 '反倒'를 주어 '他' 뒤로 옮겨야 올바른 문장이 된다. 부사의 기본적인 위치는 주어 뒤, 술어 앞이다.

A 我站在山下，抬头望着攀岩选手们，在心里默默地为他们加油。

B 当遇到重大问题需要他拿主意的时候，反倒他犹豫了。

C 秦兵马俑的再次发掘引起了国内外媒体的广泛关注。

D 她画的画儿充满了浪漫的色彩，深受年轻人喜爱。

A 나는 산 아래에 서서, 고개를 들어 암벽등반 선수들을 바라보며, 마음속으로 조용히 그들을 응원했다.

B 중대한 문제에 직면하여 그가 결정을 해야 할 때, 그는 오히려 주저하였다.

C 진나라 병마용의 재발굴은 국내외 언론의 많은 관심을 일으켰다.

D 그녀가 그린 그림은 낭만의 색채가 가득하여, 젊은 사람들의 깊은 사랑을 받는다.

抬头 táitóu 동 머리를 들다 | 望 wàng 동 바라보다 | 攀岩 pānyán 명 암벽등반, 암벽 타기 | ★选手 xuǎnshǒu 명 선수 | 心里 xīnli 명 마음속 | ★默默 mòmò 부 묵묵히, 말없이, 소리 없이 | 加油 jiāyóu 동 응원하다 [为A加油: A를 위해 응원하다] | 重大 zhòngdà 형 중대하다 | 拿主意 ná zhǔyi 결정하다, 생각을 정하다 | 反倒 fǎndào 부 오히려, 도리어, 거꾸로 | 犹豫 yóuyù 형 주저하다, 망설이다, 머뭇거리다 [≒还没决定] | 秦 Qín 고유 진나라 | 兵马俑 bīngmǎyǒng 명 병마용 [고대에 순장에 쓰였던 병사·말 모양의 도기 모형] | 再次 zàicì 부 재차, 거듭 | 发掘 fājué 동 발굴하다, 캐내다 | 媒体 méitǐ 명 대중매체, 매스미디어 | 广泛 guǎngfàn 형 광범위하다, 폭넓다, 두루 미치다 | 关注 guānzhù 명 관심, 중시 [引起关注: 관심을 일으키다] | 充满 chōngmǎn 동 충만하다, 가득차다 [充满+추상 목적어] | 色彩 sècǎi 명 색채, 색깔 | 深受 shēnshòu 동 (매우) 깊이 받다, 크게 입다 | 年轻人 niánqīngrén 명 젊은 사람, 젊은이 | 喜爱 xǐ'ài 동 좋아하다, 애호하다, 호감을 가지다 [深受喜爱: 깊은 사랑을 받다]

8 D [被称为 ~라고 불리다]

西藏有三大特产，藏羊，牦牛，酥油草。它叫"藏北三宝"。

→ 西藏有三大特产，藏羊，牦牛，酥油草。它们被称为"藏北三宝"。

→ 西藏有三大特产，藏羊，牦牛，酥油草。它们统称为"藏北三宝"。

주어가 사물(它)이므로, 술어를 피동형인 '被称为(~에게 불리다)'나, '모두 ~라고 부르다'라는 뜻의 '统称为'로 바꿔 써야 한다. 또한 앞에 여러 개의 사물이 열거되었으므로, 주어도 복수형(它们)으로 바꿔야 한다.

A 在冬季，早餐时不妨多吃些优质蛋白及维生素食物，这有助于增加精力和提高工作效率。

A 겨울에 아침 식사를 할 때는 양질의 단백질과 비타민이 든 음식을 많이 먹는 것이 좋다. 이것은 정력을 증가시키고, 업무 효율을 높이는 데 도움이 된다.

B 尽管人们都会将低热量食品与长寿联系起来，但是对其中的原因却一直不太清楚。
C 彩色路面可引起司机们的注意，从而能避免车辆的混行，大大增加了安全性。
D 西藏有三大特产，藏羊，牦牛，酥油草。它叫“藏北三宝”。

B 비록 사람들은 저열량 식품과 장수를 연관 짓지만 그 원인에 대한 것은 줄곧 정확하지 않다.
C 채색 도로는 기사들의 주의를 끌어서 차량의 혼잡한 운행을 피하게 하여, 안전성을 크게 증가시켰다.
D 티베트의 3대 특산품으로는 짱양, 마오니우 그리고 수여우차오가 있으며, 이것은 ‘장베이 3대 보물’이라고 불린다.

冬季 dōngjì 명 겨울 | **早餐** zǎocān 명 아침 식사, 조반 | ★**不妨** bùfáng 부 (~하는 것도) 괜찮다, 무방하다 | **优质** yōuzhì 형 양질의, 질이 우수하다 | **蛋白** dànbái 명 단백질 | **及** jí 접 및, ~와 [≒和] | ★**维生素** wéishēngsù 명 비타민 | **食物** shíwù 명 음식물 | **精力** jīnglì 명 정력, 정신과 체력 | **有助于** yǒuzhùyú ~에 도움이 되다 | **效率** xiàolǜ 명 효율 [提高效率: 효율을 높이다] | **将** jiāng 개 ~를 [=把] | **热量** rèliàng 명 열량 | **食品** shípǐn 명 식품 | **长寿** chángshòu 형 장수하다, 오래 살다 | **彩色** cǎisè 명 채색 | **路面** lùmiàn 명 도로, 길바닥, 노면 | **从而** cóng'ér 접 따라서, 이리하여, 그리하여 | **避免** bìmiǎn 동 피하다, 면하다 | **车辆** chēliàng 명 차량 | **混** hùn 동 혼합하다, 뒤섞다 | **安全性** ānquánxìng 명 안전성 | **西藏** Xīzàng 고유 티베트 [중국 서남부에 있는 고원 지대] | **特产** tèchǎn 명 특산물 | **藏羊** Zàngyáng 고유 짱양 | **牦牛** Máoniú 고유 마오니우 | **酥油草** Sūyóucǎo 고유 수여우차오 | **藏北** Zàngběi 고유 장베이 | **宝** bǎo 명 보물, 보배 | **统称为** tǒng chēngwéi 통칭하여 ~라고 부르다

독해 제1부분

04 부사

본서 p.119~120

track yuedu 09

• Day 15 1 A 2 D 3 C 4 D

1 A [致使＋부정적인 상황 / 不仅A，还B A할 뿐만 아니라 B하다]

研究表明，平时经常按摩头部不仅能打通脑部经络，致使头发得到更深的滋养。
→ 研究表明，平时经常按摩头部不仅能打通脑部经络，还能使头发得到更深的滋养。

동사 ‘致使(~한 결과가 되다)’ 뒤에는 부정적인 상황이 제시되는 경우가 일반적인데, 뒤에 이어진 내용(头发得到更深的滋养)은 부정적인 내용이라고 보기 어렵다. 문맥상 ‘头发’ 앞에는 일반적인 동사가 아니라, 사역동사(使)를 써서 ‘~하게 하다’라는 표현을 만들어야 하며, 앞 절의 접속사 ‘不仅’ 및 ‘能’과 호응하도록, 뒤 절에 접속사 ‘还’ ‘能’을 추가해야 한다.

- 不仅A还B | 他不仅乐观开朗，还乐于助人。그는 낙관적이고 명랑할 뿐만 아니라 남을 돕기도 좋아한다.
- 致使+부정적인 상황 | 由于收件人地址不详，致使信件被退回。수취인의 주소가 분명하지 않아, 우편물이 반송되었다.

A 研究表明，平时经常按摩头部不仅能打通脑部经络，致使头发得到更深的滋养。
B 我见爷爷病成那个样子，心里一酸，眼泪像断了线的珠子，扑簌簌滚落了下来。
C 你不能再像以前那样游手好闲了，这次考到技术证后，赶快先找一份稳定的工作吧！

A 연구에 의하면, 평소 자주 머리 부위를 마사지하면 뇌 부위의 경락을 통하게 할 뿐만 아니라 머리카락이 더 깊은 영양을 받을 수 있게 한다.
B 나는 할아버지가 그렇게 아프신 모습을 보니 마음이 짠해져서 실이 끊어진 구슬처럼 눈물이 뚝뚝 떨어졌다.
C 너 더 이상 예전처럼 그렇게 하는 일 없이 빈둥거리면 안 돼. 이번에 기술 자격증을 딴 후에 빨리 안정적인 일자리를 찾아!

D 被称为数学界"王者"的"金元数学研究生暑期培训学校"曾由程先生任校长。	D 수학계의 '제왕'이라 불리는 '금원 수학 대학원생 여름 학습센터'에 청 선생이 교장직을 담당했었다.

表明 biǎomíng 동 분명하게 밝히다, 표명하다 | ★**按摩** ànmó 동 마사지하다 | **头部** tóubù 명 머리 부위 | **打通** dǎtōng 동 통하게 하다, 관통하다 | **经络** jīngluò 명 경락 | **得到** dédào 동 받다, 얻다 | **滋养** zīyǎng 명 영양, 자양, 양분 | **成** chéng 동 ~로 되다, ~로 변하다, ~가 되다 | **心里** xīnli 명 마음속 | **酸** suān 형 마음이 쓰라리다, 비통하다, 슬프다 | **眼泪** yǎnlèi 명 눈물 | **断** duàn 동 끊다, 자르다 | **线** xiàn 명 실, 선, 줄 | **珠子** zhūzi 명 구슬 | **扑簌簌** pūsùsù 형 [눈물이 뚝뚝 떨어지는 모양] | **滚落** gǔnluò 동 굴러 떨어지다 | **游手好闲** yóushǒu hàoxián 성 하는 일 없이 빈둥거리다 | **考** kǎo 동 시험을 치다 | **证** zhèng 명 증서, 증명서 | **赶快** gǎnkuài 부 재빨리, 속히, 어서 | **稳定** wěndìng 형 안정적이다 | **称为** chēngwéi ~라고 부르다[被称为: ~라고 불리다] | **界** jiè 명 계, 분야[직업·업종·성별 등 구분된 범위] | **王者** wángzhě 명 제왕, 왕 | **金元数学研究生暑期培训学校** Jīnyuán Shùxué Yánjiūshēng Shǔqī Péixùn Xuéxiào 고유 금원 수학 대학원생 여름 학습센터 | **程** Chéng 고유 청[성씨] | **任** rèn 동 (~의 일을) 담당하다, 맡다

2 D [내용+也+앞 내용에서 점층된 내용]

最近，红心猕猴桃的外国客户增多，海外销售也在不断降温。
→ 最近，红心猕猴桃的外国客户增多，海外销售也在不断升温。

상식적으로, 고객이 증가하면 해외 수출의 열기가 식는 것이 아니라 높아지는 것이 정상이다. 뒤 절의 술어를 '降温(열기가 식다)'에서 '升温(열기가 높아지다)'으로 바꾸어야 한다.

A 我在更衣室换好了衣服后，马上就开始了一天的工作。	A 나는 탈의실에서 옷을 갈아입은 후, 바로 하루의 업무를 시작했다.
B 来中国后，为了快速提高汉语水平，他每天都和中国朋友呆在一起。	B 중국에 온 이후, 중국어 실력을 빨리 높이기 위해 그는 매일 중국 친구와 함께 있었다.
C 不少人终身在自己的专业领域里埋头苦干，没有功夫抬头向周围观望。	C 많은 사람들이 평생 자신만의 영역 안에서 부지런히 일만 할 뿐, 고개를 들어 주위를 살펴볼 틈이 없다.
D 最近，红心猕猴桃的外国客户增多，海外销售也在不断降温。	D 최근, 레드키위를 사는 외국인 고객들이 증가하여, 해외 수출의 열기도 끊임없이 높아지고 있다.

更衣室 gēngyīshì 명 탈의실 | **快速** kuàisù 형 빠르다, 신속하다 | **呆** dāi 동 머물다 | ★**终身** zhōngshēn 명 평생, 일생 | **领域** lǐngyù 명 영역 | **埋头苦干** máitóukǔgàn 성 죽으라고 일에 매진하다 | **观望** guānwàng 동 둘러보다 | **红心猕猴桃** hóngxīn míhóutáo 명 레드키위 | ★**客户** kèhù 명 고객, 거래처 | **增多** zēngduō 동 증가하다, 많아지다 | **海外** hǎiwài 명 외국, 해외, 국외 | **销售** xiāoshòu 명 판매, 매출 | **不断** búduàn 부 끊임없이, 계속해서 | **降温** jiàngwēn 동 열기가 식다, 추세가 완화되다 | **升温** shēngwēn 동 높아지다, 촉진시키다, 강화시키다

3 C [成为+목적어 ~가 되다]

如今，"拖延症"已经年轻人苦恼的问题成为了。→ 如今，"拖延症"已经成为了年轻人苦恼的问题。

동사 '成为(~가 되다)' 뒤에는 반드시 목적어가 있어야 하므로, '年轻人苦恼的问题(젊은 사람들의 고민거리)'를 '成为了' 뒤로 옮겨야 한다. '年轻人苦恼的问题'에서 목적어는 '问题', 그 앞의 '年轻人苦恼的'는 목적어를 수식하는 '관형어+的'이다.

A 我们刚到北京那天，黑墨般的乌云布满天空，倾盆大雨顿时倾泻而下。	A 우리가 막 베이징에 도착한 그날, 먹물같이 새까만 먹구름이 하늘에 가득했고, 장대비가 갑자기 쏟아졌다.
B 小王这个人心眼儿非常好，你有什么困难找她帮忙，只要能办到，她都会帮助你。	B 샤오왕 이 사람은 마음씨가 매우 좋아서, 당신이 어떤 어려움이 있어 그녀를 찾아가 도움을 청하면, 할 수만 있다면 그녀는 당신을 도와줄 것이다.

C 如今，“拖延症”已经年轻人苦恼的问题成为了。

D 在工厂实习的最后一天是同学们最愉快、最紧张、也最有意义的一天。

C 현재, '미루는 버릇'은 이미 젊은 사람들이 고민하는 문제가 되었다.

D 공장 실습 마지막 날은 친구들이 가장 즐겁고, 가장 긴장되며, 가장 의미 있기도 한 날이다.

黑墨 hēimò 형 (먹물처럼) 새까맣다 | **般** bān 조 ~같은, ~와 같은 모양의 | **乌云** wūyún 명 먹구름, 검은 구름 | **布满** bùmǎn 동 가득 퍼지다 | **天空** tiānkōng 명 하늘, 공중 | **倾盆大雨** qīngpén dàyǔ 성 장대비, 물을 퍼붓듯 세차게 내리는 비 | ★**顿时** dùnshí 부 갑자기, 곧바로, 바로 | **倾泻** qīngxiè 동 퍼붓다 | ★**心眼儿** xīnyǎnr 명 마음속, 내심 | **如今** rújīn 명 (비교적 먼 과거에 대하여) 현재, 지금, 이제, 오늘날 | ★**拖延** tuōyán 동 미루다, 지연하다, 끌다 | **症** zhèng 명 병, 질병, 증세 | **年轻人** niánqīngrén 명 젊은이, 젊은 사람 | **苦恼** kǔnǎo 동 고민하다, 고뇌하다 | **工厂** gōngchǎng 명 공장 | **实习** shíxí 동 실습하다 | **意义** yìyì 명 의미, 의의, 뜻

4 **D** [A是B A는 B이다 (A와 B는 동격 / A: 특정 대상, B: A에 대한 설명)]

每年夏末秋初，无花果成熟后，我们兄弟几个就能尝到最新鲜的无花果。对我来说，无花果的味道，总是“童年里的家乡”。

→ 每年夏末秋初，无花果成熟后，我们兄弟几个就能尝到最新鲜的无花果。对我来说，无花果的味道，就是“童年里的家乡”。

'总是(항상)'는 부사라서 문장의 술어가 될 수 없다. 문맥상 주어 '味道(맛)'와 '童年里的家乡(어린 시절의 고향)'이 동격이므로, 동격을 나타내는 동사 '是'에 강조를 나타내는 부사 '就'를 더한 '就是(바로 ~이다)'로 고쳐야 한다.

A 世上有三种东西是别人抢不走的，一是学进大脑里的知识；二是吃到肚子里的食物；三是藏在心里的梦想。

B 商业航天是一个高投入、高科技的产业，体系成熟之后的产出价值也相当可观。

C 与部首检字法、拼音检字法一样，四角号码查字法也是一种很常见的汉字检字方法，它还可以用于汉字输入，效率比笔画输入法高得多。

D 每年夏末秋初，无花果成熟后，我们兄弟几个就能尝到最新鲜的无花果。对我来说，无花果的味道，总是“童年里的家乡”。

A 세상에는 다른 사람이 빼앗아 갈 수 없는 세 가지가 있다. 첫째는 배워서 뇌로 들어간 지식이고, 둘째는 먹어서 배로 들어간 음식이고, 셋째는 마음속에 간직하고 있는 꿈이다.

B 상업 우주 비행은 높은 투자, 첨단기술 산업으로, 체계가 성숙해진 후의 산출 가치도 상당히 훌륭하다.

C 부수 색인, 병음 색인과 마찬가지로, 사각숫자 색인도 매우 흔히 보이는 한자 색인 방법이다. 이것은 한자 입력에도 쓸 수 있고, 효율이 필획 입력 방법보다 훨씬 높다.

D 매년 늦여름 초가을에 무화과가 익은 후, 우리 형제 몇 명은 가장 신선한 무화과를 맛볼 수 있었다. 나에게 있어서 무화과의 맛은 바로 '어린 시절의 고향'이다.

世上 shìshàng 명 세상, 사회 | **抢** qiǎng 동 빼앗다, 탈취하다 | **一是** yī shì 첫째로는 [어떤 내용을 나열할 때 쓰임] | **大脑** dànǎo 명 대뇌 | **食物** shíwù 명 음식물 | **藏** cáng 동 간직하다 | **心里** xīnli 명 마음속 | **梦想** mèngxiǎng 명 꿈 | **商业** shāngyè 명 상업, 비즈니스 | ★**航天** hángtiān 명 우주 비행 동 우주 비행하다 | **投入** tóurù 명 투자 | **高科技** gāokējì 명 첨단기술, 하이테크놀로지 | ★**产业** chǎnyè 명 산업 | ★**体系** tǐxì 명 체계 | **成熟** chéngshú 형 성숙하다 | **产出** chǎnchū 동 산출하다 | **价值** jiàzhí 명 가치 | **相当** xiāngdāng 부 상당히, 무척, 꽤 | ★**可观** kěguān 형 훌륭하다, 대단하다 | **部首** bùshǒu 명 (한자의) 부수 | **检字法** jiǎnzìfǎ 명 검자법, 색인 | **拼音** pīnyīn 명 병음 [현대 중국어 음절 구성 규칙에 따라 자음과 모음을 조합하여 성조를 붙혀 한 음절을 구성함] | **四角** sìjiǎo 명 사각 | **常见** chángjiàn 흔히 있는, 흔히 보는, 신기할 것 없는 | **检字** jiǎnzì 동 글자를 검색하다 | **用于** yòngyú ~에 쓰다 | **输入** shūrù 동 입력하다 | **效率** xiàolǜ 명 효율 | **笔画** bǐhuà 명 획수 | **法** fǎ 명 방법 | **夏末** xiàmò 명 늦여름 | **秋初** qiūchū 명 초가을 | **无花果** wúhuāguǒ 명 무화과 | **成熟** chéngshú 형 (식물의 열매 등이) 익다 | **兄弟** xiōngdì 명 형제 | **尝** cháng 동 맛보다 | **A来说** A láishuō A로 말하자면 [对A来说: A에게 있어서, A의 입장에서 보면] | **童年** tóngnián 명 어린 시절, 어릴 적, 아동 시기 | **家乡** jiāxiāng 명 고향

• Day 16 5 D 6 A 7 B 8 A

5 D [부사+형용사+的+명사]

陆地上所有的几乎哺乳动物脸上都长有触须。→ 陆地上几乎所有的哺乳动物脸上都长有触须。

일반적으로 부사는 형용사를 앞에서 수식한다. 부사 '几乎'를 형용사 '所有' 앞으로 옮겨, 주어를 수식하는 '관형어+的' 부분의 어순을 '陆地上几乎所有的'로 만들어야 한다.

A 亲自在土地上播种粮食的劳动者常将土地视为命根子，并把它比作哺育自己的母亲。
B 一路走来，有雨趣而无淋漓之苦，自然也就感到格外意兴盎然。
C 天气变化复杂，"看云识天气"具有一定的局限性，因此还得借助仪器来测量。
D 陆地上所有的几乎哺乳动物脸上都长有触须。

A 직접 땅에 식량을 심는 노동자는 항상 땅을 목숨으로 여기고, 땅을 자신을 기른 어머니에 비유한다.
B 걷는 동안 비의 정취에 흠뻑 젖어 있으니, 자연히 흥취가 넘치는 것을 느꼈다.
C 날씨의 변화는 복잡하여, '구름을 보고 날씨를 아는 것'은 어느 정도 한계가 있어서 측정기의 힘을 빌려 측량해야 한다.
D 육지의 거의 모든 포유동물의 얼굴에는 촉수가 있다.

亲自 qīnzì 부 직접, 손수, 친히 | **土地** tǔdì 명 토지, 전답, 전지, 농토, 땅 | ★**播种** bōzhǒng 동 파종하다, 씨를 뿌리다 | **粮食** liángshi 명 식량, 양식 | **劳动者** láodòngzhě 명 노동자 | **将** jiāng 개 ~를 [=把] | **视为** shìwéi 동 여기다, 간주하다, ~로 보다 | **命根子** mìnggēnzi 명 명줄, 생명, 목숨 | **并** bìng 접 그리고, 또, 아울러, 게다가 | **比作** bǐzuò 동 비유하다 | **哺育** bǔyù 동 기르다, 키우다 | **趣** qù 명 운치 | **淋漓** línlí 형 (흠뻑 젖어) 흥건하다 | **格外** géwài 부 각별히, 유달리, 특별히 [≒特别] | **意兴** yìxìng 명 흥취, 흥미 | **盎然** àngrán 형 (흥미·분위기가) 차고 넘치다 | **具有** jùyǒu 동 지니다, 가지다, 있다 | **局限性** júxiànxìng 명 한계성, 국한성 | ★**借助** jièzhù 동 ~의 힘을 빌리다 | ★**仪器** yíqì 명 측정기 | ★**测量** cèliáng 동 측량하다 | **陆地** lùdì 명 육지 | **哺乳动物** bǔrǔ dòngwù 명 포유동물 | **触须** chùxū 명 촉수

6 A [如果A，那么B 만약 A한다면 B하다]

城市原住民的生活和传统风俗这些非物质文化遗产的保护十分重要，何况这些东西丢失了，那么城市最重要的精神个性就没有了。
→ 城市原住民的生活和传统风俗这些非物质文化遗产的保护十分重要，如果这些东西丢失了，那么城市最重要的精神个性就没有了。

접속사 '何况(하물며 ~하지 않는가?)'은 점층 관계를 나타낼 때 쓰이는데, 이 문장의 앞뒤 절은 점층 관계가 아니라 '가정' 관계로 보이므로, '何况'을 '如果(만약)'로 바꿔야 한다. 또한 이어지는 뒤 문장의 '那么(그러면)'를 통해서도 접속사 '如果'가 짝꿍인 것을 알 수 있다.

- 如果A，那么B | 如果明天下雨，那么郊游取消。 만약 내일 비가 내린다면, 소풍은 취소하겠다.
- 何况 | 这道题六年级的学生都不会，何况四年级的学生。
  이 문제는 6학년 학생도 풀 수 없는데, 하물며 4학년 학생은 어떻겠는가.

A 城市原住民的生活和传统风俗这些非物质文化遗产的保护十分重要，何况这些东西丢失了，那么城市最重要的精神个性就没有了。
B 杭州地处温带，物产丰富，气候温和，四季分明，是名满天下的"鱼米之乡"。

A 도시 원주민의 생활, 전통 풍속과 같은 무형 문화유산의 보호가 매우 중요하다. 만약 이러한 것들을 잃게 되면, 도시의 가장 중요한 정신적 개성이 모두 사라지게 된다.
B 항저우는 온대에 위치하여, 생산물이 풍부하며 기후가 온화하고 사계절이 분명하여 '토지가 비옥하고 자원이 풍성한 지역'으로 명성이 자자하다.

C 俗话说："种瓜得瓜，种豆得豆。"做了什么事情就会得到怎样的结果，自己付出多少努力就将收获多少成果。

D 以"形美、味甘、香郁、色绿"而著称于世的普洱茶，在历史上留下了很多神奇的传说。

C '콩 심은 데 콩 나고 팥 심은 데 팥 난다'라는 속담이 있다. 어떤 일을 하면 어떤 결과를 얻기 마련이고, 자신이 얼마나 노력했는지에 따라 그만한 성과를 거두게 된다.

D '아름답고, 달콤하고, 향기롭고, 푸른 것'으로 세계적으로 유명한 보이차는 역사적으로 많은 신기한 전설을 남겼다.

原住民 yuánzhùmín 명 원주민, 토착민, 토민 | **传统** chuántǒng 명 전통 | **风俗** fēngsú 명 풍속 | **非物质文化遗产** fēiwùzhì wénhuà yíchǎn 명 무형문화유산 | **何况** hékuàng 접 더군다나, 하물며 | **丢失** diūshī 동 (추상적인 것을) 잃다, 잃어버리다 | **精神** jīngshén 명 정신 | **个性** gèxìng 명 개성 | **杭州** Hángzhōu 고유 항저우 [저장성의 성도] | **地处** dìchǔ 동 ~에 위치하다 | ★**温带** wēndài 명 온대 | **物产** wùchǎn 명 (천연·인공의) 물산, 생산물, 생산품 | **四季** sìjì 명 사계절 | ★**分明** fēnmíng 형 뚜렷하다, 확실하다, 분명하다 [四季分明: 사계절이 뚜렷하다] | **名满天下** míngmǎn tiānxià 성 명성이 뛰어나 천하에 널리 알려지다 | **鱼米之乡** yúmǐzhīxiāng 성 토지가 비옥하고 자원이 풍성한 지역 | ★**俗话** súhuà 명 속담, 옛말 | **种瓜得瓜，种豆得豆** zhòngguā déguā, zhòngdòu dédòu 콩 심은 데 콩 나고 팥 심은 데 팥 난다 | **得到** dédào 동 얻다, 받다, 획득하다 [得到结果: 결과를 얻다] | **付出** fùchū 동 들이다, 바치다 [付出努力: 노력을 들이다] | **将** jiāng 부 ~하게 될 것이다, ~일 것이다 | **收获** shōuhuò 동 수확하다 | **成果** chéngguǒ 명 성과, 결과 [收获成果: 성과를 수확하다] | **形美** xíngměi 외적인 아름다움 | **味** wèi 명 맛 | **甘** gān 형 달다, 달콤하다 | **郁** yù 형 향기가 짙다 | **色** sè 명 색, 색깔 | **绿** lǜ 형 푸르다 | **著称** zhùchēng 동 유명하다, 저명하다, 이름나다 | **世** shì 명 세상, 세계 | **普洱茶** pǔ'ěrchá 명 푸얼차, 보이차 [윈난성 서남부에서 생산되는 검은색을 띤 덩어리 차] | **留下** liúxià 동 남기다 | ★**神奇** shénqí 형 신기하다, 기묘하다, 신비롭고 기이하다 | **传说** chuánshuō 명 전설

7 B [A是B A는 B이다 (A와 B는 동격 / A: 특정 대상, B: A에 대한 설명)]

小漏洞可能会造成大灾难，忽视细节往往会导致失败的原因。

→ 小漏洞可能会造成大灾难，忽视细节往往是导致失败的原因。

→ 小漏洞可能会造成大灾难，忽视细节往往会导致失败。

'忽视细节(세부 사항을 소홀히하다)'와 '失败的原因(실패의 원인)'은 동격 관계이므로, 조동사 '会'를 문장의 동격 관계를 나타낼 수 있는 동사 '是'로 고쳐야 한다. 조동사 '会'를 그대로 쓰면서 문장을 고치려면, '的原因'을 삭제해 조동사 '会' 뒤를 술목구로 바꿔야 한다.

A 鲜牛奶营养价值很高，而且容易被人体吸收，是人们生活中的重要滋养品。

B 小漏洞可能会造成大灾难，忽视细节往往会导致失败的原因。

C 他是一个有想干的事儿就马上去做的人，因为喜欢踢球，就在家里建了一个小小的足球场。

D 要想处理好婆媳关系，需要一种比较通达的人生态度与人生智慧。

A 신선한 우유는 영양가가 높고 인체에 쉽게 흡수돼서 사람들 생활에 중요한 자양품이다.

B 작은 구멍이 큰 재앙을 초래할 수 있듯, 세부 사항을 소홀히 하는 것이 때로는 실패를 초래하는 원인이 된다.

C 그는 하고 싶은 일은 바로 실행에 옮기는 사람으로, 축구를 좋아해서 집에 조그마한 축구장을 하나 만들었다.

D 고부 관계를 잘 해결하고 싶다면 비교적 통달한 인생 태도와 지혜가 필요하다.

鲜 xiān 형 신선하다 | **营养价值** yíngyǎng jiàzhí 명 영양가 | **人体** réntǐ 명 인체 | **吸收** xīshōu 동 (영양을) 흡수하다, 섭취하다 | **滋养品** zīyǎngpǐn 명 자양품, 보양식, 영양가 높은 음식 | **漏洞** lòudòng 명 구멍 | **造成** zàochéng 동 초래하다, 야기하다 | ★**灾难** zāinàn 명 재난, 재해 [造成灾难: 재난을 초래하다] | **忽视** hūshì 동 소홀히 하다, 주의하지 않다, 경시하다 | **细节** xìjié 명 세부 사항 | **导致** dǎozhì 동 (어떤 사태를) 야기하다, 초래하다 | **踢球** tīqiú 동 축구하다, 공차다 | **建** jiàn 동 만들다 | **足球场** zúqiúchǎng 명 축구장 | **处理** chǔlǐ 동 처리하다 | **婆媳** póxí 명 고부, 시어머니와 며느리 | **通达** tōngdá 동 통달하다, 잘 알다 | **人生** rénshēng 명 인생 | **智慧** zhìhuì 명 지혜

8 A [把+목적어+술어+기타성분]

婺源美丽的油菜花，来自全国各地的游客吸引了过来。

→ 婺源美丽的油菜花，把来自全国各地的游客吸引了过来。

문맥상 행위의 대상인 '来自全国各地的游客(전국 각지에서 온 여행객)'가 술어 '吸引' 앞에 쓰인 것으로 보아, 목적어가 술어보다 앞에 위치한 '把'자문을 취해야 하는 문장임을 알 수 있다. 따라서 개사 '把'를 '来自……' 앞에 넣어야 한다.

A 婺源美丽的油菜花，来自全国各地的游客吸引了过来。	A 우위안의 아름다운 유채꽃이 전국 각지에서 온 여행객을 끌어모았다.
B 这就是我的老师，一个挑战命运的人，一个追逐自我人生价值的普通人。	B 이 분이 바로 제 선생님입니다. 운명에 도전하고 자신의 인생 가치를 추구하는 평범한 사람입니다.
C 你来上海三年了还不适应，你看人家王强，都快成上海人了。	C 너는 상하이에 온 지 3년이 되었는데도 아직 적응을 못했구나. 왕치앙 좀 봐, 곧 상하이 사람이 되겠어.
D 路本来就不好走，何况又下这么大的雨，我想李天不会来了。	D 길이 원래도 좋지 않은데 하물며 이렇게 큰비가 내렸으니, 내 생각에 리톈은 오지 않을 것 같다.

婺源 Wùyuán 고유 우위안 [장시성에 있는 현(县)] | **油菜花** yóucàihuā 명 유채꽃 | **全国** quán guó 전국, 나라 전체 | **各地** gèdì 명 각지, 각처 | **游客** yóukè 명 여행객, 관광객 | **过来** guòlai 동 [동사 뒤에 쓰여 시간·능력·수량이 충분함을 나타냄] | **挑战** tiǎozhàn 동 도전하다 | **命运** mìngyùn 명 운명 | **追逐** zhuīzhú 동 추구하다 | **自我** zìwǒ 대 자신, 자아, 자기 자신 | **人生** rénshēng 명 인생 | **价值** jiàzhí 명 가치 | **普通** pǔtōng 형 평범하다, 보통이다, 일반적이다 | **上海** Shànghǎi 고유 상하이 | ★**人家** rénjiā 대 남, 타인 | **成** chéng 동 ~가 되다 | **何况** hékuàng 접 더군다나, 하물며

독해 제1부분

독해 제1부분

05 是자문, 是……的 강조 구문

본서 p.124~125

track yuedu 11

Day 18 1 C 2 C 3 C 4 A

1 C [주어의 결여]

平时沉默寡言，但只要谈及他的专业时，就变得格外健谈。
→ 他平时沉默寡言，但只要谈及他的专业时，就变得格外健谈。

전체 문장의 주어가 결여된 상태이므로, 문장 맨 앞에 주어(他)를 넣어야 한다. 중국어의 기본 어순은 '주어+술어+목적어'이고, 일반적으로 '주어'는 생략하지 않는다.

A 历代很多碑文都是名家撰写的，因此石碑便集中成了书法家们真迹的场所。	A 역대 많은 비문들은 모두 명인이 쓴 것이다. 그리하여 비석은 서예가들의 작품이 집중되어 있는 장소가 되었다.
B 冯如是我国最早从事飞机制造和设计的人。	B 펑루는 중국에서 가장 일찍 비행기 제조와 설계에 종사한 사람이다.
C 平时沉默寡言，但只要谈及他的专业时，就变得格外健谈。	C 그는 평소에는 과묵하지만, 그의 전공을 언급하기만 하면 유난히 입담이 좋아진다.
D 古人把文词停顿的地方叫做“读”或者“句”。	D 옛사람들은 문장이 끊기는 부분을 '독' 혹은 '구'라고 불렀다.

★**历代** lìdài 명 역대 | **碑文** bēiwén 명 비문 | **名家** míngjiā 명 명인, 명가 [어떤 분야에서 기예가 뛰어나거나 공헌을 한 유명한 사람] | **撰写** zhuànxiě 동 (문장을) 쓰다, 짓다 | **石碑** shíbēi 명 비석, 석비 | **便** biàn 부 곧, 바로 | **集中** jízhōng 동 집중하다 | **成** chéng 동 ~가 되다 | **书法家** shūfǎjiā 명 서예가 | **真迹** zhēnjì 명 서예가·화가가 손수 쓰거나 그린 작품 | ★**场所** chǎngsuǒ 명 장소 | **冯如** Féngrú 고유 펑루 [인명] | **从事** cóngshì 동 종사하다, 몸담다 | **制造** zhìzào 동 제조하다, 만들다 | **设计** shèjì 동 설계하다 | **沉默寡言** chénmò guǎyán 성 과묵하다, 말수가 적다, 입이 무겁다 | **谈及** tánjí 동 언급하다 | **变得** biànde ~로 되다 | **格外** géwài 부 유난히, 유달리, 각별히 | **健谈** jiàntán 형 입담이 좋다, 달변이다, 능변이다 | **古人** gǔrén 명 옛사람 | **文词** wéncí 명 문장 | ★**停顿** tíngdùn 동 (말을) 잠시 쉬다 | **叫做** jiàozuò 동 ~라고 부르다, ~라고 불리다 [把A叫做B: A를 B라고 부르다] | **句** jù 명 구절, 문장

2 C [A是B A는 B이다 (A와 B는 동격 / A: 특정 대상, B: A에 대한 설명)]

东北的大豆是中国境内产量最高的地区。→ 东北是中国境内的大豆产量最高的地区。

동사 '是'가 나오면 '是' 앞뒤 주어와 목적어의 호응이 맞는지 확인해야 한다. 문맥상 '东北(둥베이 지역)'가 '产量最高的地区(생산량이 가장 높은 지역)'이므로, '是'를 '东北' 뒤로, '的大豆'를 '中国境内' 뒤로 옮겨야 한다.

A 他戴黑色礼帽，穿白色西装，双手拿着一大把钱，展开成扇形，正在向摄像机微笑。
B 虽然这件事对你来说不是很难，但也不会那么容易，你还是好好准备一下吧！
C 东北的大豆是中国境内产量最高的地区。
D 水葫芦在各地抢占水面、影响航运、窒息鱼类，甚至危害到了其它水生植物的生长。

A 그는 검정색 중절모를 쓰고, 흰색 정장을 입고 양손에는 돈을 부채 모양으로 펼쳐 들고 카메라를 향해 미소를 짓고 있다.
B 비록 이번 일이 당신에게 어렵지 않겠지만, 그렇게 쉽지도 않을 겁니다. 그래도 잘 준비해 보세요!
C 둥베이 지역은 중국 내에서 콩 생산량이 가장 높은 지역이다.
D 부레옥잠은 각 지역의 수면을 점령하여 해상 운송에 영향을 끼치고 어류를 질식시키며 심지어 다른 수생 식물의 생장에 해를 끼친다.

礼帽 lǐmào 명 중절모 | **西装** xīzhuāng 명 정장 | **展开** zhǎnkāi 동 펼치다, 펴다 | **扇** shàn 명 부채 | **摄像机** shèxiàngjī 명 사진기 | **微笑** wēixiào 동 미소 짓다 | **东北** Dōngběi 고유 둥베이 [중국의 동북 지방] | **大豆** dàdòu 명 콩, 대두 | **境内** jìngnèi 명 국내 | **产量** chǎnliàng 명 생산량 | **地区** dìqū 명 지역, 지구 | **水葫芦** shuǐhúlu 명 부레옥잠 | **抢占** qiǎngzhàn 동 앞을 다투어 점령하다 | **航运** hángyùn 명 해상 운송, 선박 수송 | **窒息** zhìxī 동 질식하다 | **危害** wēihài 동 해치다, 손상시키다 | **水生植物** shuǐshēng zhíwù 수생 식물 | **生长** shēngzhǎng 동 생장하다, 성장하다

3 C [切勿 ~하지 말아라 ≒ 避免 ~하는 것을 피하다]

如有疑似心脏病的胸痛，一定要静卧，切勿避免盲目走动。
→ 如有疑似心脏病的胸痛，一定要静卧，切勿盲目走动。
→ 如有疑似心脏病的胸痛，一定要静卧，避免盲目走动。

'切勿(~하지 말아라)'와 '避免(~하는 것을 피하다)'의 의미가 중복되므로, 둘 중에 하나만 써야 올바른 문장이다.

A 由于高山缺氧，体力又消耗太大，有些人坚持不住，走得很吃力，不得不中途返回基地。
B 对这件事，有些人反对，有些人赞成，有些人表示怀疑。总而言之，人们的看法并不一致。
C 如有疑似心脏病的胸痛，一定要静卧，切勿避免盲目走动。
D 困难没什么了不起的，只要我们不害怕，认真对待，就一定可以克服。

A 고산지대는 산소가 부족하고, 체력 또한 소모가 너무 크기 때문에, 어떤 사람은 견디지 못하고, 걷는 것이 무척 힘들어 어쩔 수 없이 도중에 기지로 돌아갔다.
B 이 일에 대해 어떤 사람은 반대하고 어떤 사람은 찬성했으며, 어떤 사람은 의문을 표했다. 결론적으로 사람들의 생각은 전혀 일치하지 않았다.
C 심장병으로 의심되는 흉통이 있으면, 반드시 가만히 누워 있어야 하며, 절대 무작정 돌아다니지 말아라.
D 어려움은 그리 대단한 것이 아니다. 우리가 두려워하지 않고 진지하게 대처하기만 하면 반드시 극복할 수 있다.

缺氧 quēyǎng 명 산소 부족, 산소 결핍 | **体力** tǐlì 명 체력 | ★**消耗** xiāohào 동 (정신·힘·물자 등을) 소모하다 | **坚持** jiānchí 동 어떤 상태나 행위를 계속 지속하게 하다 | ★**吃力** chīlì 형 힘들다, 고달프다 | **不得不** bùdébù 부 어쩔 수 없이 | **中途** zhōngtú 명 도중, 중도 | **返回** fǎnhuí 동 (원래의 곳으로) 되돌아가다 | ★**基地** jīdì 명 기지, 근거지, 거점 | **反对** fǎnduì 동 반대하다 명 반대 | **赞成** zànchéng 동 (다른 사람의 주장·행위에) 찬성하다, 찬동하다, 동의하다 | **怀疑** huáiyí 동 의심하다, 의심을 품다 | ★**总而言之** zǒng'éryánzhī 총괄적으로 말하면, 결론적으로 말하자면 [≒总之] | **并** bìng 부 결코, 전혀, 조금도, 그다지, 별로 [부정사 앞에 쓰여 부정의 어투 강조] | **一致** yízhì 형 일치하다 | **如** rú 접 만약, 만일 [≒如果] | **疑似** yísì 형 확실한 것 같기도 하고 아닌 것 같기도 하다, 애매모호하다 | **心脏病** xīnzàngbìng 명 심장병 | **胸痛** xiōngtòng 명 흉통 | **静** jìng 동 안정시키다 | **卧** wò 동 눕다, 드러눕다 | **切勿** qièwù 동 절대 ~하지 마라, 제일 ~하지 마라 | **避免** bìmiǎn 동 피하다, 면하다 | ★**盲目** mángmù 형 무작정, 맹목적인 | **走动** zǒudòng 동 돌아다니다, 거닐다, 움직이다 | **了不起** liǎobuqǐ 형 대단하다, 뛰어나다, 보통이 아니다 | **只要** zhǐyào 접 ~하기만 하면 [只要A就B: A하기만 하면 B하다] | **对待** duìdài 동 대처하다, 대응하다, (상)대하다 | **克服** kèfú 동 극복하다, 이기다

4 A [给+사람+사물 (사람)에게 (사물)을 주다 / 无比+형용사 더할 나위 없이 ~하다]

纵览世界服装设计大师、名家的作品，在设计中所体现的美感和张力，无比给人们以强烈的审美震撼。
→ 纵览世界服装设计大师、名家的作品，在设计中所体现的美感和张力，给人们无比强烈的审美震撼。

형용사 '无比'의 위치를 바로잡아야 한다. 목적어 '审美震撼(심미적 감동)'을 꾸미는 관형어의 일부가 되도록 '无比强烈(더할 나위 없는 강렬한)'로 고쳐야 한다.

A 纵览世界服装设计大师、名家的作品，在设计中所体现的美感和张力，无比给人们以强烈的审美震撼。
B 同学们都在认真听讲，我却迟到了，只得硬着头皮走进教室。
C 为了推动语言教育事业的发展，商务印书馆设立了语言学出版基金。
D 学生平时在日记中能条理清楚地记录生活的话，写作文时选取材料就可以得心应手了。

A 세계적인 패션 디자인 대가이자 명인의 작품을 살펴보면, 디자인에 구현된 아름다움과 장력이 더할 나위 없는 강렬한 심미적 감동을 준다.
B 반 친구들이 모두 열심히 수업을 듣고 있는데, 나는 지각을 해서 눈 딱 감고 교실로 들어갈 수밖에 없었다.
C 언어교육 사업의 발전을 추진하기 위해 상무인서관은 언어학 출판 기금을 설립했다.
D 학생이 평소 일기에 논리 정연하게 생활을 기록할 수 있다면, 작문할 때 소재 고르기가 순조로울 것이다.

纵览 zònglǎn 동 구경하다, 열람하다 | **服装** fúzhuāng 명 의류, 복장, 의복 | **设计** shèjì 명 디자인, 설계 | **大师** dàshī 명 대가, 거장, 명인, 권위자 | **名家** míngjiā 명 명인, 어떤 분야에서 명망 높은 사람 | **体现** tǐxiàn 동 구현하다, 구체적으로 드러내다 | **美感** měigǎn 명 아름다움 | **张力** zhānglì 명 장력 | ★**无比** wúbǐ 형 더 비할 바가 없다, 아주 뛰어나다 [주로 좋은 방면에 쓰임] | **强烈** qiángliè 형 강렬하다, 맹렬하다 | ★**审美** shěnměi 동 아름다움을 감상하고 평가하다 | ★**震撼** zhènhàn 동 감동시키다, 진동시키다, 뒤흔들다 | **听讲** tīngjiǎng 동 수업을 듣다 | **只得** zhǐdé 부 할 수 없이, 부득이 [≒不得不≒只好] | **硬着头皮** yìngzhe tóupí 눈 딱 감고, 체면 가리지 않고 | **推动** tuīdòng 동 추진하다 | ★**事业** shìyè 명 사업 | **商务印书馆** Shāngwù Yìnshūguǎn 고유 상무인서관 [중국의 출판사] | ★**设立** shèlì 동 설립하다 | **出版** chūbǎn 명 출판 | ★**基金** jījīn 명 기금 | ★**条理** tiáolǐ 명 조리 | **记录** jìlù 동 기록하다 | **选取** xuǎnqǔ 동 선택하다 | **得心应手** déxīn yìngshǒu 성 순조롭게 진행되다

track yuedu 12

• Day 21 **5** D **6** A **7** B **8** C

5 D [虽然A，但是B 비록 A하지만 그러나 B하다]

神话因为玄幻瑰奇，所以仍然来源于现实生活，它反映了先民们征服自然，追求美好生活的愿望。
→ 神话虽然玄幻瑰奇，但是仍然来源于现实生活，它反映了先民们征服自然，追求美好生活的愿望。

문맥상 전환 관계를 나타내고 있는 문장이므로, '虽然A，但是B' 접속사 구문으로 바꾸어야 한다. '因为A所以B'는 인과 관계에 쓰이는 접속사 구문이다.

A 只有当兴趣和劳动乃至理想有机结合在一起的时候，人们身上的潜力才可以最大程度地发挥出来。
B 与通话相比，发短信交流能够避免因措辞不当而带来的窘迫和尴尬，因此沟通起来更轻松。
C 人在咀嚼时，粗纤维通过对牙齿表面的反复摩擦，能够清除掉黏附在牙面上的细菌，从而达到抗菌的效果。
D 神话因为玄幻瑰奇，所以仍然来源于现实生活，它反映了先民们征服自然，追求美好生活的愿望。

A 흥미, 노동, 이상이 유기적으로 결합될 때여야만 인체의 잠재력이 비로소 최대로 발휘될 수 있다.
B 통화하는 것과 비교했을 때, 문자로 교류하는 것은 언어의 잘못된 사용으로 인한 곤경과 어색함을 피할 수 있어서 소통하기에 더욱 편하다.
C 사람이 씹을 때, 조섬유가 치아 표면의 반복적인 마찰을 통해 치아의 표면에 붙어 있던 세균을 없애 버려, 항균 효과를 낸다.
D 신화는 비록 허구적이고 기이하지만, 여전히 현실 생활에서 비롯된 것이다. 신화는 선조들의 자연을 정복하고 아름다운 생활을 추구하고자 하는 염원을 반영했다.

兴趣 xìngqù 명 흥미, 취미 | 劳动 láodòng 명 노동 | 乃至 nǎizhì 접 심지어, 더 나아가서 [≒甚至] | 有机 yǒujī 형 유기적인 | 结合 jiéhé 동 결합하다 | 身上 shēnshang 명 몸 | ★潜力 qiánlì 명 잠재력, 잠재 능력 | 程度 chéngdù 명 정도 | 发挥 fāhuī 동 발휘하다 [发挥潜力: 잠재력을 발휘하다] | 通话 tōnghuà 동 통화하다 | 相比 xiāngbǐ 동 비교하다, 견주다 [与A相比: A와 비교하다] | 避免 bìmiǎn 동 피하다, 면하다 | 因A而B yīn A ér B A로 인해 B하다] | 措辞 cuòcí 동 단어를 문맥에 맞게 골라 쓰다 | 不当 búdàng 형 적당하지 않다, 적절하지 않다 | 窘迫 jiǒngpò 형 매우 난처하다 | ★尴尬 gāngà 형 어색하다, 당혹스럽다, 난감하다 | 沟通 gōutōng 동 소통하다, 교류하다 | ★咀嚼 jǔjué 동 (음식물을) 씹다 | 粗纤维 cūxiānwéi 조섬유 [식료품 분석에서 산과 알칼리로 일정하게 처리하고 남은 물질] | 牙齿 yáchǐ 명 치아, 이 | 表面 biǎomiàn 명 표면, 겉, 외관 | 反复 fǎnfù 부 거듭, 반복하여 | ★摩擦 mócā 동 마찰하다, 비비다 | ★清除 qīngchú 동 깨끗이 없애다 | 黏附 niánfù 동 붙이다, 부착하다 | 牙 yá 명 이, 치아 | 面 miàn 명 (물체의) 표면 | ★细菌 xìjūn 명 세균 | 从而 cóng'ér 접 따라서, 이리하여, 그리하여 | 达到 dádào 동 도달하다, 달성하다, 이르다 [达到+추상 목적어] | 抗菌 kàngjūn 명 항균 | 神话 shénhuà 명 신화 | 玄 xuán 형 허황하다, 허무맹랑하다 | 幻 huàn 형 비현실적인, 가공의 [玄幻: 판타지] | 瑰奇 guīqí 형 기이하다, 기상천외하다 | ★来源 láiyuán 동 유래하다, 기원하다, 생겨나다 [来源于: ~에서 비롯되다] | 现实 xiànshí 명 현실 | 反映 fǎnyìng 동 반영하다 | 先民 xiānmín 명 옛 사람, 고인 | ★征服 zhēngfú 동 정복하다 | 追求 zhuīqiú 동 추구하다, 탐구하다 | 美好 měihǎo 형 아름답다, 좋다, 훌륭하다, 행복하다 [주로 추상적인 사물에 쓰임] | 愿望 yuànwàng 명 희망, 소망, 바람, 소원

6 A [시점+才 '늦었음'을 나타냄]

我一个人在这座城市生活了近三十年，直到退休以后就回到自己的家乡。
→ 我一个人在这座城市生活了近三十年，直到退休以后才回到自己的家乡。

부사가 잘못 사용된 경우이다. '就(이미, 벌써)'는 시기상 이르다는 뉘앙스의 부사이다. 그러나 위 문장은 30년만에 고향에 돌아간다는 내용이므로, 시기상 늦다는 뉘앙스의 '才(비로소, 이제서야)'로 바꿔야 한다.

A 我一个人在这座城市生活了近三十年，直到退休以后就回到自己的家乡。
B 住在这儿的时候并没有什么感觉，可我今天就要离开这里了，却不免有些的留恋。
C 我不打算自己开公司，因为我并不具备做生意的能力，更何况我对做生意一点儿兴趣也没有。
D 考完试，同学们一起聚餐，一边尽情地吃着美食，一边天南海北地聊着天，直到很晚才尽兴而归。

A 나는 혼자 이 도시에서 근 30년을 생활하다가, 퇴직할 때가 되어서야 나의 고향으로 돌아갔다.
B 이곳에 살 때는 별 느낌이 없었는데, 오늘 이곳을 떠나게 되니 서운함을 막을 수 없다.
C 나는 스스로 회사를 차리지 않으려고 한다. 왜냐하면 나는 결코 사업할 능력이 없고, 하물며 사업에 조금의 흥미조차 없기 때문이다.
D 시험을 치고 나서 친구들은 함께 모여 밥을 먹었다. 맛있는 음식을 마음껏 먹으면서 이것저것 수다를 떨다가 아주 늦게서야 돌아갔다.

直到 zhídào 동 줄곧 ~까지 | 退休 tuìxiū 동 퇴직하다, 퇴임하다, 은퇴하다 | 家乡 jiāxiāng 명 고향 | 并 bìng 부 결코, 전혀, 조금도, 그다지, 별로 [부정사 앞에 쓰여 부정의 어투 강조] | 感觉 gǎnjué 명 느낌, 감각 | ★不免 bùmiǎn 동 면할 수 없다, 피하지 못하다 | ★留恋 liúliàn 동 차마 떠나지 못하다, 떠나기 서운해하다 | 并不 bìngbù 부 결코 ~하지 않다, 결코 ~가 아니다 | 具备 jùbèi 동 (물품 등을) 갖추다, 구비하다, 완비하다 | 何况 hékuàng 접 더군다나, 하물며 | 一点儿 yìdiǎnr 수량 조금(도) [一点儿都不: 조금도 ~하지 않다] | 兴趣 xìngqù 명 흥미, 흥취, 취미 | 聚餐 jùcān 동 함께 모여 식사하다, 회식하다 | 尽情 jìnqíng 동 마음껏 하다, 하고 싶은 바를 다하다 | 美食 měishí 명 맛있는 음식 | 天南海北 tiānnán hǎiběi 성 이것저것 얘기하다 [여러 가지 잡다한 이야기를 하는 모양] | 尽兴而归 jìnxìng'érguī 성 마음껏 즐기고 돌아오다

7 B [A是B A는 B이다 (A와 B는 동격 / A: 특정 대상, B: A에 대한 설명)]

文学作品是了解一个国家最好的方式的。
→ 文学作品是了解一个国家最好的方式。

문장 마지막의 '的' 때문에 '문학작품은 ~가장 좋은 방식의 것이다'라고 어색하게 해석되므로, '的'를 삭제해서 주어와 목적어의 호응을 맞추어야 한다. '是'가 나오면 우선 'A是B(A는 B이다)' 문형인지부터 체크하고, 주어(A)와 목적어(B)의 호응 여부를 확인하자.

A 王总有急事要去一趟广州，所以他把会议的日期推迟了两天。	A 왕 사장은 급한 일이 있어 광저우에 가야 해서, 회의 날짜를 이틀 연기했다.
B 文学作品是了解一个国家最好的方式的。	B 문학작품은 한 국가를 이해하는 가장 좋은 방식이다.
C 今年本公司最大的目标是，一定要把产品的销售量提高上去。	C 올해 이 회사의 가장 큰 목표는 반드시 상품 판매량을 끌어올리는 것이다.
D 这所学校不仅教学条件很差，而且教学秩序也非常混乱。	D 이 학교는 교육 여건이 안 좋을 뿐만 아니라 교육 질서 또한 엉망이다.

急事 jíshì 명 급한 일 | **广州** Guǎngzhōu 고유 광저우 [중국 광둥성의 성도] | **日期** rìqī 명 날짜, 기간 | **文学** wénxué 명 문학 | **作品** zuòpǐn 명 (문학·예술의) 작품, 창작품 | **方式** fāngshì 명 방식, 방법 | **目标** mùbiāo 명 목표 | **产品** chǎnpǐn 명 제품 | **销售量** xiāoshòuliàng 명 판매량 | **所** suǒ 양 [학교를 세는 단위] | **秩序** zhìxù 명 질서 | ★**混乱** hùnluàn 형 혼란하다

8 C [吃起来 먹어 보니]

热油快炒是我国传统的烹制技术，这种炒法不仅可以保持蔬菜的原有色泽，还能使蔬菜吃上来味道鲜美，脆嫩可口。

→ 热油快炒是我国传统的烹制技术，这种炒法不仅可以保持蔬菜的原有色泽，还能使蔬菜吃起来味道鲜美，脆嫩可口。

복합 방향보어의 오류이다. '吃上来'라는 말은 없다. 동작의 완성 여부를 나타내는 '上来'는 맛의 판단을 나타내는 문장에는 어울리지 않는다. 그러므로 추측 및 평가를 나타내는 '起来'를 사용해야 한다.

- **上来** | 我突然叫不上来这道菜的名称。 나는 갑자기 이 요리의 이름을 (생각나지 않아서) 부를 수 없다.

A 儿童最好每日吃四餐，其热量分配为：早餐20-30%，午餐40%，晚餐20-30%，加餐10-15%。	A 어린이는 매일 네 끼를 먹는 것이 가장 좋다. 열량 배분은 아침식사 20~30%, 점심식사 40%, 저녁식사 20~30%, 간식 10~15%다.
B 知识就像人体的血液一样非常宝贵。若一个人缺少血液，身体便会衰弱；若一个人缺少知识，头脑便会枯竭。	B 지식은 인체의 혈액과 같이 매우 귀중하다. 사람이 혈액이 부족하면 신체가 쇠약해지고, 사람이 지식이 부족하면 두뇌가 메말라 버릴 수 있다.
C 热油快炒是我国传统的烹制技术，这种炒法不仅可以保持蔬菜的原有色泽，还能使蔬菜吃上来味道鲜美，脆嫩可口。	C 뜨거운 기름에서 빠르게 볶아 내는 것은 중국의 전통 요리 기법으로, 이런 볶음 기법은 채소가 원래 가지고 있던 색과 빛을 유지해 줄 뿐만 아니라 먹기에도 신선하고 아삭하고 맛있게 해 준다.
D 从市场上买回来的海带上，一般附着一层白色的粉末，人们常会将这些粉末当作脏东西洗净。事实上，这种粉末是一种对人体有利的物质。	D 시장에서 사 온 다시마에는 보통 하얀 가루가 한 층 묻어 있는데, 사람들은 이 가루를 더러운 것으로 생각해 깨끗이 씻어 버리곤 한다. 사실 이 가루는 인체에 유익한 물질이다.

餐 cān 양 끼, 끼니 | **热量** rèliàng 명 열량 | **分配** fēnpèi 동 안배하다 | **早餐** zǎocān 명 아침 식사 | **午餐** wǔcān 명 점심 식사 | **晚餐** wǎncān 명 저녁 식사 | **加餐** jiācān 명 간식 | **人体** réntǐ 명 인체 | **血液** xuèyè 명 혈액 | **宝贵** bǎoguì 형 귀중하다 | **若** ruò 접 만약, 만일 [≒如果] | **便** biàn 부 곧, 바로 [=就] | **衰弱** shuāiruò (신체가) 쇠약해지다 | **枯竭** kūjié 동 고갈되다, 소멸하다, 없어지다 | **油** yóu 명 기름 | **炒** chǎo 동 (기름 따위로) 볶다 | **传统** chuántǒng 명 전통 | **烹制** pēngzhì 명 요리 | **保持** bǎochí 동 유지하다, 지키다, 보지하다 | **蔬菜** shūcài 명 채소, 야채 | **原有** yuányǒu 형 고유의, 원래 있는 | **色泽** sèzé 명 색깔과 광택 | **鲜美** xiānměi 형 신선하다 | **脆嫩** cuìnèn 형 사각사각하고 부드럽다 | ★**可口** kěkǒu 형 맛있다, 입에 맞다 | **市场** shìchǎng 명 시장 | **海带** hǎidài 명 다시마 | **附着** fùzhuó 동 부착하다, 틈이 없이 착 붙다 | **白色** báisè 명 백색, 흰빛 | ★**粉末** fěnmò 명 가루, 분말 | **将** jiāng 개 ~를 [=把] | **当作** dàngzuò 동 ~로 여기다, ~로 삼다 [将A当作B: A를 B로 여기다] | **洗净** xǐjìng 동 깨끗이 씻다 | **事实上** shìshíshang 사실상 | **有利** yǒulì 형 유익하다, 유리하다 | **物质** wùzhì 명 물질

06 짝꿍 표현과 고정격식

본서 p.134~135

track yuedu 13

• Day 24 1 C 2 B 3 D 4 C

1 C [관형어(好看)+的+주어(景点)]

香港面积不大，但景点好看的很多。→ 香港面积不大，但好看的景点很多。

일반적으로 관형어는 명사 앞에 위치한다. 따라서 배열 순서를 '好看的景点(아름다운 명소)'으로 고쳐야 한다.

A 最近她搜集到三张十分珍贵的七十年前的邮票：一张是本国的，另两张是外国的。
B 她虽然是个小姑娘，但从来不喜欢打扮，给大家的感觉是天然美。
C 香港面积不大，但景点好看的很多。
D 老板还没把实际情况了解清楚，就发号施令，结果引起很多人的不满。

A 최근 그녀는 무척 진귀한 70년 전의 우표를 3장 수집했다. 한 장은 중국 것이었고, 다른 두 장은 외국 것이었다.
B 그녀는 어린 아가씨지만 꾸미는 것을 좋아하지 않아서 사람들에게 자연스러운 아름다움을 느끼게 한다.
C 홍콩은 면적이 크지 않지만, 아름다운 명소가 많다.
D 사장은 실제 상황을 제대로 이해하지 않고 명령을 내려서, 결과적으로 많은 사람들의 불만을 샀다.

搜集 sōují 동 수집하다 | **珍贵** zhēnguì 형 진귀하다, 귀중하다 | **邮票** yóupiào 명 우표 [搜集邮票: 우표를 수집하다] | **本国** běn guó 이 나라, 본국 [여기서는 중국을 지칭함] | **外国** wàiguó 명 외국 | **姑娘** gūniang 명 아가씨 | **天然美** tiānránměi 자연미 | **香港** Xiānggǎng 고유 홍콩 | **面积** miànjī 명 면적 | **景点** jǐngdiǎn 명 명소, 경치가 좋은 곳, 명승지 | **好看** hǎokàn 형 아름답다, 보기 좋다, 근사하다 | **老板** lǎobǎn 명 사장 | **发号施令** fāhào shīlìng 성 명령을 내려서 시행하다 [현재는 흔히 부정적 의미로 사용함] | **不满** bùmǎn 명 불만

2 B [含(有)+성분/내용/뜻]

樱桃鲜嫩多汁、酸甜可口、多种营养物质，还有美容养颜的功效，深受人们的喜爱。
→ 樱桃鲜嫩多汁、酸甜可口、含多种营养物质，还有美容养颜的功效，深受人们的喜爱。

'多种营养物质'에는 주어 '樱桃(앵두)'와 호응할 술어가 빠져 있다. '物质(물질)'와의 호응 관계를 고려하여, 동사 '含'을 추가하면, '含……物质(~물질을 함유하다)'라는 의미를 나타낼 수 있다. '含'은 '含有'의 줄임말로, 목적어로는 주로 '성분, 내용, 뜻'이 온다.

A 白色的浪花在红色的河床上翻滚，阳光照耀下犹如一道彩虹落入山谷。
B 樱桃鲜嫩多汁、酸甜可口、多种营养物质，还有美容养颜的功效，深受人们的喜爱 。
C 他们就像蚂蚁一样头脑聪明，但作为个体微不足道，只有在群体中才能获得力量。
D 辨别反义词与同义词对于积累词汇、提高表达能力是非常必要的。

A 새하얀 물보라가 붉은 강바닥에서 일렁이고 햇빛이 눈부시게 비치는 것이 마치 무지개가 산골짜기로 떨어지는 것 같다.
B 앵두는 신선하고 연하며, 과즙이 많고, 새콤달콤하고 맛있고, 다양한 영양소를 함유하고 있다. 미용과 얼굴 피부 관리에도 효과가 있어, 사람들의 큰 사랑을 받고 있다.
C 그들은 마치 개미처럼 두뇌는 총명하지만 개인으로서는 미력하고 집단 안에서만 힘을 얻을 수 있다.
D 반의어와 동의어를 판별하는 것은 어휘량을 쌓고 표현 능력을 높이는 데에 필수적이다.

浪花 lànghuā 명 물보라 | **河床** héchuáng 명 강바닥 | **翻滚** fāngǔn 동 출렁이다, 일렁이다 | ★**照耀** zhàoyào 동 눈부시게 비치다, 밝게 비추다, 환하게 비추다 | ★**犹如** yóurú 동 마치 ~와 같다 [≒好像] | **道** dào 양 [강, 하천같이 긴 것을 세는 데 쓰임] | **彩虹** cǎihóng 명 무지개 | **落** luò 동 떨어지다 | **山谷** shāngǔ 명 산골짜기 | **樱桃** yīngtáo 명 앵두, 앵두나무 | **鲜嫩** xiānnèn 형 신선하고 연하다 | **汁** zhī 명 즙, 즙액 | **酸甜** suāntián 형 새콤달

콤하다 | ★可口 kěkǒu 형 맛있다, 입에 맞다 | 含 hán 동 함유하다 | 营养 yíngyǎng 명 영양 | 物质 wùzhì 명 물질 | 美容 měiróng 명 미용 | 养颜 yǎngyán 동 얼굴 피부를 관리하여 노화를 늦추다 | 功效 gōngxiào 명 효과, 효능 | 深受 shēnshòu 동 깊이 받다, 크게 받다 | 喜爱 xǐ'ài 동 좋아하다, 호감을 가지다, 사랑하다 | ★蚂蚁 mǎyǐ 명 개미 | 头脑 tóunǎo 명 두뇌, 머리 | 作为 zuòwéi 개 ~의 신분으로서 [作为+신분/자격] | 个体 gètǐ 명 개인, 개체 | 微不足道 wēibùzúdào 성 하찮아서 말할 가치도 없다, 보잘것없다 | 群体 qúntǐ 명 집합체 | 力量 lìliang 명 능력, 역량, 힘 | 辨别 biànbié 동 판별하다, 구별하다, 식별하다 | 反义词 fǎnyìcí 명 반의어, 반대말 | 同义词 tóngyìcí 명 동의어 | 词汇 cíhuì 명 어휘 | 表达 biǎodá 동 (자신의 사상이나 감정을) 표현하다, 나타내다 [表达能力: 표현 능력] | 必要 bìyào 형 필요로 하다

3 **D** [虽然A，但B 비록 A이지만 그러나 B하다]

这扇门无论破损严重，但经过木匠的精心修理，仍能使用。
→ 这扇门虽然破损严重，但经过木匠的精心修理，仍能使用。

접속사의 호응이 맞지 않는다. 앞 절의 '无论'과 뒤 절의 '但'은 호응하지 않으며, '无论' 뒤에는 최소 두 가지 이상의 조건이 제시되어야 하는데 이 문장은 그렇지 않다. 앞 절의 '无论'을 '但'과 호응하는 전환의 접속사 '虽然'으로 바꿔야 올바르다.

- 虽然A，但B | 虽然我们认识很长时间了，但很少有机会见面。 비록 우리가 알게 된 지는 오래됐지만, 만날 기회는 많지 않았다.
- 无论A，都B | 无论过程多么艰难，我都要得到这次机会。 과정이 아무리 어려워도, 나는 이번 기회를 얻을 것이다.

A 《鸟兽百科》这部著作曾经在生物学界产生过很大影响。	A 『조수백과』라는 저서는 일찍이 생물학계에 매우 큰 영향을 끼친 바 있다.
B 科学家认为，学龄前儿童每天的最佳睡眠时间是11-12小时。	B 과학자는 취학 전 아동의 하루 최적 수면 시간이 11~12시간이라고 여긴다.
C 展览馆里摆满了各种精美的艺术品，令人眼花缭乱。	C 전시관 안에는 여러 가지 아름다운 예술품이 가득 놓여 있어, 사람들의 눈을 현혹시켰다.
D 这扇门无论破损严重，但经过木匠的精心修理，仍能使用。	D 이 문은 비록 파손이 심각하지만, 목수의 세심한 수리를 거쳐서 아직도 사용할 수 있다.

鸟兽 niǎoshòu 명 조수, 새와 짐승 | 百科 bǎikē 명 백과 | 部 bù 양 부, 편 [서적이나 영화 편수 등을 세는 단위] | ★著作 zhùzuò 명 저서, 저작, 작품 | 曾经 céngjīng 부 일찍이, 이전에 [曾经+동사+过: 일찍이 ~한 적이 있다] | ★生物 shēngwù 명 생물 | 学界 xuéjiè 명 학계 [生物学界: 생물학계] | 产生 chǎnshēng 동 생기다, 발생하다, 나타나다 [产生影响: 영향을 끼치다] | 科学家 kēxuéjiā 명 과학자 | 学龄 xuélíng 명 취학 연령 | 最佳 zuìjiā 형 가장 좋다, 최적이다 | 睡眠 shuìmián 명 수면, 잠 | 展览馆 zhǎnlǎnguǎn 명 전시관 | 摆 bǎi 동 놓다, 배열하다, 진열하다 | 满 mǎn 형 가득 차다, 가득하다 [摆满了: 가득 놓여 있다] | 精美 jīngměi 형 아름답다, 정교하다 | 艺术品 yìshùpǐn 명 예술품 [일반적으로 조형예술 작품을 가리킴] | 令 lìng 동 ~하게 하다, ~를 시키다 [令+대상+행동] | 眼花缭乱 yǎnhuā liáoluàn 성 눈을 현혹시키다, 눈이 어지럽다, 눈이 부시다 | 扇 shàn 양 짝, 틀, 장, 폭 [문·창문 등에 쓰임] | 破损 pòsǔn 형 파손되다, 손상되다 | 木匠 mùjiang 명 목수, 목공 | ★精心 jīngxīn 형 정성을 들이다, 몹시 조심하다 | 仍 réng 부 아직도, 여전히 [≒仍然, 还]

4 **C** [부사어 어순: 부사(一般)+개사구(在晚上10点到11点之间)]

皮肤在晚上10点到11点之间一般进入保养状态。 → 皮肤一般在晚上10点到11点之间进入保养状态。

부사어가 여러 개일 때의 어순은 '부사+조동사+개사구'이다. 따라서 부사 '一般(일반적으로)'이 개사구 '在晚上10点到11点之间(밤 10시에서 11시 사이에)' 앞에 위치해야 한다.

A 不付出任何代价就想获得成功是不可能的。	A 어떠한 대가도 치르지 않고 성공을 얻는 것은 불가능하다.
B 甲骨文是19世纪末被发现的。	B 갑골문은 19세기 말에 발견되었다.
C 皮肤在晚上10点到11点之间一般进入保养状态。	C 피부는 보통 밤 10시에서 11시 사이에 회복 상태에 들어간다.
D 古时候只有君王才可以占卜算卦，它是根据八卦规律的组合进行推算的。	D 고대에는 군왕만이 점을 칠 수 있었는데, 이는 팔괘의 규칙의 조합으로 추산한 것이었다.

付出 fùchū 들이다, 바치다 | ★代价 dàijià 명 대가 [不付代价: 대가를 치르지 않다] | 甲骨文 jiǎgǔwén 명 갑골문 | 末 mò 명 끝부분 [여기서는 '말'로 쓰임] | 之间 zhījiān 명 사이 | 进入 jìnrù 동 진입하다, 들다 | ★保养 bǎoyǎng 동 수리하다, 정비하다, 보수하다 | 状态 zhuàngtài 명 상태 | 古 gǔ 명 옛날, 고대 | 君王 jūnwáng 명 왕의 존칭 | 占卜 zhānbǔ 동 점치다 | 算卦 suànguà 동 (팔괘로) 점치다 | 八卦 bāguà 명 팔괘 | 规律 guīlǜ 명 규칙, 규율, 법칙 | 组合 zǔhé 명 조합 | 推算 tuīsuàn 동 추산하다, 미루어 계산하다

track yuedu 14

• Day 25   5 D   6 A   7 B   8 A

5 D [防止+안 좋은 일]

严格控制地下水的过量抽取和及时回灌地下水是防止地面不塌陷最好的办法。
→ 严格控制地下水的过量抽取和及时回灌地下水是防止地面塌陷最好的办法。

'防止' 뒤에 '不'가 있으면 일단 의심하자. 자주 나오는 오류 패턴이다. 동사 '防止(방지하다)' 뒤에는 안 좋은 상황이 와야 하는데, '不塌陷(붕괴하지 않다)'는 좋은 상황이므로, 부사 '不'를 삭제해야 한다.

A 我们要如海绵般吸收有用的知识。
B 经过他的介绍，同学们对长城有了更深的了解。
C 现代的健康观主要包括心理健康、身体健康与良好的社会适应能力。
D 严格控制地下水的过量抽取和及时回灌地下水是防止地面不塌陷最好的办法。

A 우리는 스펀지처럼 유용한 지식을 빨아들여야 한다.
B 그의 소개를 통해 학생들은 만리장성에 대해 더 깊이 이해할 수 있었다.
C 현대의 건강관은 주로 심리 건강, 신체 건강, 양호한 사회 적응력을 포함한다.
D 지하수의 과도한 추출을 엄격하게 통제하고 제때 지하수를 재주입하는 것이 지면이 붕괴하는 것을 방지하는 가장 좋은 방법이다.

如 rú 동 ~와 같다 | 海绵 hǎimián 명 스펀지 | 般 bān 조 ~같은 | 吸收 xīshōu 동 섭취하다, 흡수하다 | 有用 yǒuyòng 동 유용하다, 쓸모가 있다 | 现代 xiàndài 명 현대 | 包括 bāokuò 동 포함하다, 포괄하다 [包括+어휘 열거] | 心理 xīnlǐ 명 심리 | 良好 liánghǎo 형 좋다, 훌륭하다, 양호하다 | 控制 kòngzhì 동 억제하다, 억누르다, 조절하다 | 地下水 dìxiàshuǐ 명 지하수 | 过量 guòliàng 동 분량을 초과하다, 과량하다 | 抽取 chōuqǔ 동 뽑아내다 | 回灌 huíguàn 동 재주입하다 | ★防止 fángzhǐ 동 방지하다 [防止+안 좋은일] | 地面 dìmiàn 명 지면 | 塌陷 tāxiàn 동 붕괴하다, 무너지다

6 A [조사의 위치 오류]

经过动物保护人员多年努力的，湖北的神农架金丝猴现已得到有效保护。
→ 经过动物保护人员多年的努力，湖北的神农架金丝猴现已得到有效保护。

'的'의 위치가 잘못된 경우로, '다년간의 노력'이라는 의미를 나타내려면 '多年的'가 '努力'를 앞에서 수식해야 한다. '的'는 '관형어+的+명사' 구조로 많이 사용된다. 더욱이, '经过'와 함께 개사구로 쓰려면 '的' 뒤에 말이 생략되어 있어서는 안 된다.

A 经过动物保护人员多年努力的，湖北的神农架金丝猴现已得到有效保护。
B 外国常举办博览会，也就是组织很多国家参加的一种大型产品展览会。有的时候一个国家的大型产品展览会也叫博览会。

A 동물을 보호하는 사람들의 다년간의 노력으로 후베이 선농자의 들창코원숭이는 현재 이미 효과적인 보호를 받고 있다.
B 외국에서 자주 개최하는 박람회는 많은 국가가 참여하도록 조직한 대형 상품 전람회이다. 어떨 때는 한 국가의 대형 상품 전람회도 박람회라고 부르기도 한다.

C 如今用人单位对学历的要求越来越高，为了以后好找工作，我准备读博士。
D 母亲的音容笑貌一幕幕地浮现在他的脑海里，久久无法散去。

C 오늘날 인력을 필요로 하는 기업의 학력에 대한 요구가 점점 높아지니, 이후에 좋은 직업을 찾기 위해서 나는 박사를 할 생각이다.
D 어머니의 웃는 모습이 그의 머릿속에 선명하게 떠올라 오래도록 지워지지 않았다.

人员 rényuán 명 인원, 요원 | **湖北** Húběi 고유 후베이 [중국 양쯔강 중류 유역에 위치한 성(省)] | **神农架** Shénnóngjià 고유 선농자 [후베이성 서부에 위치하며 삼림 지구로 명명한 유일한 행정 구역] | **金丝猴** jīnsīhóu 명 들창코원숭이, 금사후 [원숭이의 일종] | **得到** dédào 동 얻다, 받다, 획득하다 | **有效** yǒuxiào 형 효과가 있다, 유효하다, 유용하다 | **外国** wàiguó 명 외국 | ★**博览会** bólǎnhuì 명 박람회 | **组织** zǔzhī 동 조직하다, 구성하다, 결성하다 | **大型** dàxíng 형 대형의 | **产品** chǎnpǐn 명 제품, 생산품 | **展览会** zhǎnlǎnhuì 명 전람회 | **如今** rújīn 명 (비교적 먼 과거에 대하여) 현재, 지금, 이제, 오늘날 | **单位** dānwèi 명 회사 | **学历** xuélì 명 학력 | **越来越** yuèláiyuè 부 갈수록, 더욱 더, 점점 | **音容笑貌** yīnróngxiàomào 성 웃는 모습과 목소리 | **幕** mù 양 [경치·장면에 쓰이는 양사] | **浮现** fúxiàn 동 (지난 일이) 뇌리에 떠오르다 | **脑海** nǎohǎi 명 머리, 생각, 기억, 사고, 뇌리 | **无法** wúfǎ 동 방법이 없다, 할 수 없다 | **散** sǎn 동 흩어지다, 분산하다

7 B [度过+좋은/안 좋은 시간]

网络文学由备受质疑到获得大众认可，欢度了一段漫长的时期。
→ 网络文学由备受质疑到获得大众认可，度过了一段漫长的时期。

술어와 목적어의 호응이 맞지 않는 문제이다. 동사 '欢度'는 시간을 '즐겁게' 보내다라는 의미를 가지고 있는데, 문맥상 이 문장에서 가리키는 '시기(时期)'는 즐겁지 않으므로, 동사 '欢度'는 적절하지 않다. 동사 '度过(지내다, 보내다)'는 좋은 시간, 안 좋은 시간에 모두 쓸 수 있으므로, 이 문장에 잘 어울리는 술어이다.

- **度过+좋은 시간/안 좋은 시간** |
  朋友和家人一起度过了一段很幸福的时光。 친구는 가족과 함께 매우 행복한 시간을 보냈다.
  他一个人默默地度过了那段艰难的日子。 그는 혼자서 묵묵히 그 힘든 나날을 보냈다.
- **欢度+좋은 시간** | 家家户户张灯结彩欢度春节。 집집마다 등을 켜고 춘절을 즐겁게 보냈다.

A 这种能够吸纳回收雨水的路面技术的采用，对于缺水的城市来说，无疑是一个福音。
B 网络文学由备受质疑到获得大众认可，欢度了一段漫长的时期。
C 相声发源于清代的北京，但是却成就于天津。
D 如果想减肥，只有将控制饮食和进行运动相结合才能达到满意的效果。

A 빗물을 흡수하고 회수할 수 있는 노면 기술의 채택은 물이 부족한 도시에게 틀림없는 희소식이다.
B 인터넷 문학은 의혹을 받는 것에서 대중의 인정을 받기까지 오랜 시기를 보냈다.
C 만담은 청나라 시기 베이징에서 기원되었으나, 오히려 톈진에서 완성됐다.
D 만약 다이어트를 하고 싶다면 음식을 절제하고 운동을 함께 해야만 만족스러운 효과를 얻을 수 있을 것이다.

吸纳 xīnà 동 흡수하다, 받아들이다, 끌어들이다 | ★**回收** huíshōu 동 (폐품이나 오래된 물건을) 회수하다, 회수하여 이용하다 | **雨水** yǔshuǐ 명 우수, 빗물 | **路面** lùmiàn 명 노면, 도로, 길바닥 | **采用** cǎiyòng 동 채용하다, 채택되다 | **缺** quē 동 모자라다 | **无疑** wúyí 형 틀림없다, 의심할 바 없다 | **福音** fúyīn 명 기쁜 소식 | **网络** wǎngluò 명 인터넷, 웹 | **文学** wénxué 명 문학 | **备受** bèishòu 동 실컷 받다 | **质疑** zhìyí 동 (의문점을) 질의하다 | **大众** dàzhòng 명 대중, 군중 | ★**认可** rènkě 명 인정, 승낙 [获得认可: 인정을 받다] | **欢度** huāndù 동 즐겁게 보내다 | ★**漫长** màncháng 형 (시간·공간이) 길다, 멀다, 지루하다 | **时期** shíqī 명 시기 | **度过** dùguò 동 (시간을) 보내다, 지내다 | ★**相声** xiàngsheng 명 만담, 재담 [설창 문예의 일종] | **发源** fāyuán 동 기원하다, 발단이 되다 [发源于: ~에서 발원하다] | **清代** Qīng dài 청나라 시기 | **成就** chéngjiù 동 이루다, 완성하다 | **天津** Tiānjīn 고유 톈진 [중국 북부에 있는 중앙 직할시] | **控制** kòngzhì 동 통제하다, 제어하다 | ★**饮食** yǐnshí 동 음식을 먹고 마시다 | **进行** jìnxíng 동 하다, 진행하다 | **结合** jiéhé 동 결합하다, 결부하다 | **达到** dádào 동 도달하다, 달성하다

8 A [불필요한 어휘 사용]

当老师讲到这个动人的故事时，我想起了以前很多难忘的往事。

→ 当老师讲到这个动人的故事时，我想起了很多难忘的往事。

뒤 절의 목적어 '往事'는 그 자체로 '이미 지나간 일'이라는 의미를 나타내므로, '以前'의 수식은 불필요하다.

A 当老师讲到这个动人的故事时，我想起了以前很多难忘的往事。

B 每种选择都有不一样的结局，就像走不一样的路就会看到不同的风景。

C 胶州湾跨海大桥又名青岛海湾大桥，是现在世界上最长的跨海大桥。

D 超声波是人类受到蝙蝠夜间飞行的启发而发现的。

A 선생님이 이 감동적인 이야기를 할 때, 나는 잊기 어려운 많은 지난 일들이 떠올랐다.

B 모든 선택에는 서로 다른 결과가 있다. 마치 다른 길을 걸으면 다른 풍경을 보게 되는 것과 같다.

C 자오저우의 완콰하이 대교는 칭다오만 대교라고도 불리는, 현재 세계에서 가장 긴 해양 대교이다.

D 초음파는 인류가 박쥐의 야간비행에서 영감을 받아 발견한 것이다.

动人 dòngrén 형 감동적이다 | **难忘** nánwàng 동 잊을 수 없다 | ★**往事** wǎngshì 명 지난 일, 옛일 [想起往事: 지난 일이 생각나다] | ★**结局** jiéjú 명 결과, 결말 | **风景** fēngjǐng 명 풍경, 경치 | **胶州湾跨海大桥** Jiāozhōu Wānkuàhǎi Dàqiáo 고유 자오저우 완콰하이 대교 [중국 산둥성 칭다오와 황다오를 잇는 해상 교량] | **又名** yòu míng 다른 이름을 ~라 하다 | **青岛海湾大桥** Qīngdǎo Hǎiwān Dàqiáo 고유 칭다오만 대교 | **跨海** kuàhǎi 동 바다를 건너다 | **大桥** dàqiáo 명 대교 | **超声波** chāoshēngbō 명 초음파 | **人类** rénlèi 명 인류 | **蝙蝠** biānfú 명 박쥐 | **夜间** yèjiān 명 야간, 밤 | **飞行** fēixíng 동 비행하다 | **启发** qǐfā 명 영감, 깨우침, 계발 [受到启发: 영감을 받다]

독해 제1부분

07 특수구문 [비교문/겸어문/把자문/被자문]

본서 p.142~143

track yuedu 15

• Day 28　1 C　2 C　3 B　4 B

1 C [即使A，也B 설령 A하더라도 B한다]

一个人的思维如果跟不上时代前进的步伐且不愿主动学习新知识的话，那么除非经验再丰富，也终究会被取代。

→ 一个人的思维如果跟不上时代前进的步伐且不愿主动学习新知识的话，那么即使经验再丰富，也终究会被取代。

접속사 '除非'는 '除非A，才B(오직 A해야만 B하다)' 구문으로 쓰여야 하는데, 형식도 맞지 않고 의미 관계도 맞지 않다. 이 문장에는 '即使A，也B(설령 A하더라도 B한다)' 구문을 사용하는 것이 더 적절하다.

- **除非A，才B** | 除非你用认真的态度对待学习，你才能获得好成绩。
  네가 성실한 태도로 공부에 임해야만, 너는 비로소 좋은 성적을 얻을 수 있다.
- **即使A，也B** | 即使这件事情再困难，我也要尽自己最大的力量去做好它。
  이 일이 아무리 어려워도, 나는 스스로 최선을 다해 그것을 잘 해낼 것이다.

A 鸟的羽毛不仅具有保温作用，而且使鸟在空气中运动时受到的阻力最小，有利于飞翔。

B 儿子出了这么大的事，他不但不想办法解决，而且像没事儿的人一样照常每天打麻将。

C 一个人的思维如果跟不上时代前进的步伐且不愿主动学习新知识的话，那么除非经验再丰富，也终究会被取代。

D 东北虎额前有一个"王"字形的斑纹，一身淡黄色的长毛上夹杂着黑色条纹。

A 새의 깃털은 보온 효과가 있을 뿐만 아니라 새가 공기 중에서 움직일 때 받는 저항을 최소화하여 나는 데 도움이 된다.

B 아들이 이렇게 큰일을 저질렀는데 그는 해결할 방법을 생각하지도 않고 아무 일도 없는 사람처럼 평소대로 매일 마작을 한다.

C 한 사람의 생각이 만약 시대가 발전하는 속도를 따라가지 못하고 능동적으로 새로운 지식을 배우려 하지 않는다면 설령 경험이 아무리 많다 해도 결국 대체될 것이다.

D 백두산 호랑이의 이마에는 '왕'자 모양의 얼룩무늬가 있고 연노란색의 긴 털에 검정 줄무늬가 섞여 있다.

羽毛 yǔmáo 명 깃털 | **具有** jùyǒu 동 있다, 지니다, 가지다 | **保温** bǎowēn 동 보온하다 | **阻力** zǔlì 명 저항 | **有利** yǒulì 형 유리하다 [有利于: ~에 유리하다, 도움이 되다] | ★**飞翔** fēixiáng 동 하늘을 빙빙 돌며 날다, 비상하다 | **照常** zhàocháng 동 평소대로 하다, 평소와 같다 | **打麻将** dǎ májiàng 마작을 하다 | ★**思维** sīwéi 명 생각, 사유 | **跟不上** gēnbushàng 따라갈 수 없다 | **时代** shídài 명 시대 | **前进** qiánjìn 동 앞으로 나아가다, 발전하다 | ★**步伐** bùfá 명 (일이 진행되는) 속도 | **不愿** búyuàn ~하려 하지 않다 | **主动** zhǔdòng 형 능동적이다, 자발적이다 | **除非** chúfēi 접 오직 ~하여야 비로소 | ★**终究** zhōngjiū 부 결국 | **取代** qǔdài 동 대체하다 | **东北虎** dōngběihǔ 명 백두산 호랑이 | **额** é 명 이마 | **字形** zìxíng 명 글자의 모양 | **斑纹** bānwén 명 얼룩무늬 | **淡黄色** dànhuángsè 명 연노랑색 | ★**夹杂** jiāzá 동 (다른 물건을) 뒤섞다, 혼합하다 | **黑色** hēisè 명 검은색 | **条纹** tiáowén 명 줄무늬

2 C [未必 반드시 ~한 것은 아니다 ≒ 并非 결코 ~하지 않다]

即便是班里最不守纪律的学生，内心深处也未必并非不期待老师的关怀。
→ 即便是班里最不守纪律的学生，内心深处也未必不期待老师的关怀。
→ 即便是班里最不守纪律的学生，内心深处也并非不期待老师的关怀。

'未必(반드시 ~한 것은 아니다)'와 '并非(결코~하지 않다)'는 비슷한 의미를 가지고 있는 부정부사로, 의미상 중복되므로 둘 중 하나만 사용해야 한다.

A 布谷鸟和杜鹃是同族，它们的习性也极其相似。

B 如果没有强壮的体魄，理论水平、业务能力再高、再强也无法得到充分发挥。

C 即便是班里最不守纪律的学生，内心深处也未必并非不期待老师的关怀。

D 学习是一种复杂艰苦的劳动，只有方法得当，目标明确，勇于攀登，持之以恒，才有希望达到光辉的顶峰。

A 뻐꾸기와 두견새는 동족으로, 그들의 습성 역시 매우 비슷하다.

B 만약 강한 체력과 정신이 없다면 이론 수준이나 업무 능력이 아무리 높고 강할지라도 충분히 발휘할 수가 없다.

C 설령 반에서 가장 규칙을 지키지 않는 학생이라도, 마음 깊은 곳에서 선생님의 관심을 기대하지 않는 것은 아니다.

D 공부는 복잡하고 괴로운 노동이다. 방법이 알맞고, 목표가 명확하며, 용감하게 맞서고, 꾸준히 유지해야만 빛나는 정상에 도달할 수 있는 희망이 생긴다.

布谷鸟 bùgǔniǎo 명 뻐꾸기 | **杜鹃** dùjuān 명 두견새 | **同族** tóngzú 명 동족 | **习性** xíxìng 명 습성 | **极其** jíqí 부 매우, 지극히 | **相似** xiāngsì 형 닮다, 비슷하다 | **强壮** qiángzhuàng 형 강건하다, 건장하다 | **体魄** tǐpò 명 체력과 정신 | **理论** lǐlùn 명 이론 | **业务** yèwù 명 업무 | **无法** wúfǎ 동 방법이 없다, 할 수 없다 | **得到** dédào 동 얻다, 받다, 획득하다, 취득하다, 손에 넣다 | **充分** chōngfèn 형 충분하다 | **发挥** fāhuī 동 발휘하다 | ★**即便** jíbiàn 접 설령 ~하더라도 [即便A, 也B: 설령 A하더라도 B하다] | **守** shǒu 동 (규정 등을) 지키다, 준수하다 | **纪律** jìlǜ 명 규칙, 규율, 기강, 법도 | **内心** nèixīn 명 마음 | **处** chù 명 곳, 부분, 점 | **未必** wèibì 부 반드시 ~한 것은 아니다 [≒不一定] | ★**并非** bìngfēi 동 결코 ~하지 않다, 결코 ~가 아니다 | **期待** qīdài 동 기대하다, 기다리다, 바라다 | ★**关怀** guānhuái 명 관심, 배려, 친절 | **艰苦** jiānkǔ 형 어렵고 고달프다, 힘들고 어렵다 | **劳动** láodòng 명 노동 | **得当** dédàng 형 타당하다, 알맞다 | **目标** mùbiāo 명 목표 | **明确** míngquè 형 명확하다, 확실하다 | ★**勇于** yǒngyú 동 용감하게 ~하다 | ★**攀登** pāndēng 동 등반하다, 타고 오르다 | **持之以恒** chízhī yǐhéng 성 오랫동안 견지하다 | **达到** dádào 동 도달하다 | ★**光辉** guānghuī 명 찬란한 빛, 눈부신 빛 | **顶峰** dǐngfēng 명 (어떤 분야의) 정상

3 B [避免 피하다 ≒ 防止 방지하다]

我们应该加强儿童的安全教育，避免防止意外的发生。

→ 我们应该加强儿童的安全教育，避免意外的发生。

→ 我们应该加强儿童的安全教育，防止意外的发生。

'避免(피하다)'과 '防止(방지하다)'는 비슷한 의미를 가지고 있어서 의미상 중복되므로 둘 중 하나만 사용해야 한다. 해당 어휘들은 일반적으로 목적어로 부정적인 사건을 취한다.

A 楼阁是中国园林与自然风景名胜中常常出现的景观。

B 我们应该加强儿童的安全教育，避免防止意外的发生。

C 图腾是原始社会某一部落或者民族的崇拜物，同时也常被视为该部落或者民族的标记。

D 榨菜是中国名特产之一，能够用来做汤、炒菜和佐餐，中国各地的榨菜中，以四川涪陵县出产的最为有名。

A 누각은 중국의 원림과 자연 풍경 명소에서 종종 나타나는 경관이다.

B 우리는 아동 대상 안전 교육을 강화해서 뜻밖의 사고 발생을 피해야 한다.

C 토템은 원시사회의 어느 한 부족이나 민족의 숭배물임과 동시에 항상 그 부족이나 민족의 표식으로도 여겨졌다.

D 자차이는 중국의 명물 특산품 중 하나로, 국물을 내거나 볶아 먹거나 반찬으로 쓰이며, 중국 각지의 자차이 중에서 쓰촨 푸링현에서 생산된 것이 가장 유명하다.

楼阁 lóugé 명 누각 | ★**园林** yuánlín 명 원림, 정원 | **风景** fēngjǐng 명 풍경, 경치 | **名胜** míngshèng 명 명소 | **景观** jǐngguān 명 경관, 경치 | **加强** jiāqiáng 동 강화하다, 증강하다 [加强教育: 교육을 강화하다] | **避免** bìmiǎn 동 피하다, 면하다 [避免+안 좋은 일] | **意外** yìwài 명 뜻밖의 사고 | ★**防止** fángzhǐ 동 방지하다 [防止+안 좋은 일] | **图腾** túténg 명 토템 | **原始社会** yuánshǐ shèhuì 원시사회 | **某** mǒu 대 어느, 어떤 | **部落** bùluò 명 부족 | **崇拜物** chóngbàiwù 숭배물 | **该** gāi 대 (앞에서 언급한) 이, 그, 저 [≒这] | ★**标记** biāojì 명 표기, 기호 | **榨菜** zhàcài 명 자차이 | **特产** tèchǎn 명 특산물 | **之一** zhī yī ~(의) 하나 [A是B之一: A는 B 중 하나이다] | **用来** yònglái 동 ~에 사용하다, ~에 쓰다 | **炒** chǎo 동 (기름 따위로) 볶다 | **佐餐** zuǒcān 명 반찬 | **四川** Sìchuān 고유 쓰촨 [중국 남서부 양쯔강 상류에 있는 성(省)] | **涪陵县** Fúlíng Xiàn 푸링현 [중국 충칭 직할시에 있는 현(县)] | **出产** chūchǎn 동 생산하다 | **最为** zuìwéi 부 가장, 제일, 맨 먼저 [2음절의 형용사나 동사 앞에 놓여 최상급을 나타냄]

4 B [得 ~해야 한다 (당위) / 会 ~할 것이다 (추측, 가능성)]

人在睡觉时对环境变化的适应能力得降低，此时，人也更易受凉生病。

→ 人在睡觉时对环境变化的适应能力会降低，此时，人也更易受凉生病 。

조동사의 사용이 잘못된 문장이다. 당위성을 나타내는 조동사 '得 děi(~해야 하다)'를 쓰면, 잠을 잘 때 사람의 환경 적응력이 낮아지는 것이 의무적인 현상이 되므로, 상식적으로 어색하다. 여기에는 '得 děi' 대신 추측이나 가능성을 나타내는 '会(~할 것이다)'를 쓰는 것이 적절하다.

A 牡丹是中国的国花，在中国，以河南洛阳的牡丹尤为有名。

B 人在睡觉时对环境变化的适应能力得降低，此时，人也更易受凉生病。

C 从《红楼梦》中，读者们能够深刻地感受到作家曹雪芹对那个时代的"爱憎"之情。

D 不少人爱拿过去与现在作比较，殊不知，很多痛苦就是这样产生的。

A 모란은 중국의 국화로, 중국에서는 허난 뤄양의 모란이 특히 유명하다.

B 사람은 잠을 잘 때 환경 변화에 대한 적응력이 떨어질 수 있다. 이때 사람은 더 쉽게 감기에 걸려 병이 생긴다.

C 『홍루몽』에서 독자들은 그 시대에 대한 작가 조설근의 '애증'의 정을 깊이 느낄 수 있었다.

D 많은 사람들이 과거와 현재를 비교하는 것을 좋아하는데, 의외로 많은 고통들이 이렇게 생겨난다.

牡丹 mǔdān 명 모란 | **国花** guóhuā 명 국화 | **河南** Hénán 고유 허난 [중국 화베이 지역 남구에 있는 성(省)] | **洛阳** Luòyáng 고유 뤄양시 [허난성 서부에 있는 도시] | **尤为** yóuwéi 부 특히, 더욱이, 특별히 [≒尤其≒特别] | **受凉** shòuliáng 동 감기에 걸리다 [≒着凉] | **红楼梦** Hónglóumèng 고유 홍루몽 [중국 고전 소설로, 4대 명작 중 하나] | **读者** dúzhě 명 독자 | **感受** gǎnshòu 동 느끼다 | **曹雪芹** Cáo Xuěqín 고유 조설근 [청(清)나라 때의 소설가] | **时代** shídài 명 (역사상의) 시대, 시기 | **殊不知** shūbùzhī 동 의외로, 뜻밖에 | **痛苦** tòngkǔ 명 고통, 아픔, 비통 | **产生** chǎnshēng 동 생기다, 발생하다, 나타나다

• Day 29 **5** A **6** B **7** D **8** B

5 A [주어의 결여]

随着脑神经科学的发展，逐渐明白，在意识的“岛屿”外，还有着浩瀚的潜意识的“海洋”。
→ 随着脑神经科学的发展，人们逐渐明白，在意识的“岛屿”外，还有着浩瀚的潜意识的“海洋”。

문장 맨 앞의 개사구를 주어로 착각하게 의도한 오류 문장이다. 개사구 '随着脑神经科学的发展'은 부사어이므로, 술어 '明白(깨닫다)'의 주체(人们)를 주어 자리에 써야 한다. 보기 문장 맨 앞에 '经过' '随着' '通过' 등이 이끄는 부사어가 나오면 혹시 주어가 결여되어 있지는 않은지 유심히 살펴보자.

A 随着脑神经科学的发展，逐渐明白，在意识的“岛屿”外，还有着浩瀚的潜意识的“海洋”。
B 她到上海以后，心情一直无法平静下来，一连好几晚都兴奋得睡不着。
C 时间可以抚平心灵创伤，所以很多人说，时间是最好的医生。
D 空气中存在的灰尘、细菌和过滤性病毒等物质，会对呼吸系统和肺部有害。

A 뇌 신경 과학의 발전에 따라, 사람들은 의식의 '섬' 밖에, 드넓은 잠재의식의 '바다'가 또 존재한다는 것을 점차 깨닫게 되었다.
B 그녀는 상하이에 도착한 뒤 줄곧 기분이 진정되지 않았고, 연달아 며칠 밤을 흥분해서 잠에 들 수 없었다.
C 시간은 마음의 상처를 치유할 수 있다. 그래서 많은 사람들은 시간이 가장 좋은 의사라고 말한다.
D 공기 중에 존재하는 먼지, 세균, 여과성 바이러스 등의 물질은 호흡기 계통과 폐에 해롭다.

脑神经 nǎoshénjīng 명 뇌 신경 | **发展** fāzhǎn 동 발전하다 명 발전 | **逐渐** zhújiàn 부 점차, 점점 | ★**意识** yìshí 명 의식 | **岛屿** dǎoyǔ 명 섬, 도서 | **浩瀚** hàohàn 형 광대하다, 무수히 많다 | **潜意识** qiányìshí 명 잠재의식 | **上海** Shànghǎi 고유 상하이 | **无法** wúfǎ 동 방법이 없다, 할 수 없다 | **平静** píngjìng 형 차분하다 | **一连** yìlián 부 연달아 | **抚平** fǔpíng 동 달래다, 치유하다 | ★**心灵** xīnlíng 명 마음 | **创伤** chuāngshāng 명 상처 | **存在** cúnzài 동 존재하다 | **灰尘** huīchén 명 먼지 | ★**细菌** xìjūn 명 세균 | ★**过滤** guòlǜ 동 여과하다 | **病毒** bìngdú 명 바이러스 | **物质** wùzhì 명 물질 | **呼吸** hūxī 명 호흡 | **系统** xìtǒng 명 계통 | **肺部** fèibù 명 폐부 | **有害** yǒuhài 동 해롭다, 유해하다 [对A有害: A에 대해 해롭다]

6 B [A是B A는 B이다 (A와 B는 동격 / A: 특정 대상, B: A에 대한 설명)]

企业受社会文化影响，在发展过程中形成的具有特色的经营哲学、伦理道德、价值观等意识形态的总和。
→ 企业受社会文化影响，是发展过程中形成的具有特色的经营哲学、伦理道德、价值观等意识形态的总和。

주어(企业), 목적어(总和)는 있는데 술어가 없으므로, 개사 '在'를 동사 '是'로 바꿔야 한다.

A 大量事例告诉我们，要想拥有成功的人生，就应该不断地努力、永不言弃。
B 企业受社会文化影响，在发展过程中形成的具有特色的经营哲学、伦理道德、价值观等意识形态的总和。
C 她每次旅游回来总会将在各地的见闻仔细地告诉我，因此我虽然足不出户，倒也增长了很多见识。
D 饲养蜜蜂为农作物授粉已成为许多国家一项不可忽视的农业增产措施。

A 많은 사례들이 성공한 인생을 가지려면 끊임없이 노력하고 영원히 포기라는 말을 하지 않아야 한다고 우리에게 알려 준다.
B 기업은 사회 문화의 영향을 받아, 발전 과정에서 형성된 특색 있는 경영 철학, 윤리 도덕, 가치관 등의 이데올로기 총합이다.
C 그녀는 매번 여행에서 돌아올 때마다 각 지역에서 보고 들은 것을 내게 자세히 알려 준다. 그래서 나는 집 밖으로 나가지 않고도 견식을 많이 넓힐 수 있었다.
D 꿀벌을 사육해 농작물에 수분하는 것은 이미 많은 국가들이 등한시할 수 없는 농업 증산 조치가 되었다.

大量 dàliàng 형 대량의 | **事例** shìlì 명 사례 | ★**拥有** yōngyǒu 동 가지다, 소유하다 | **人生** rénshēng 명 인생 | **不断** búduàn 부 끊임없이, 늘 | **永不** yǒngbù 부 영원히 ~하지 않다 | **企业** qǐyè 명 기업 | **受** shòu 동 받다, 얻다, 만나다 [受(到)影响: 영향을 받다] | **形成** xíngchéng 동 형성되다, 이루

어지다 | **具有** jùyǒu 동 지니다, 가지다, 있다 | **特色** tèsè 명 특색, 특징 | **经营** jīngyíng 동 경영하다, 운영하다 | **哲学** zhéxué 명 철학 | **伦理** lúnlǐ 명 윤리 | **道德** dàodé 명 도덕, 윤리 | **价值观** jiàzhíguān 명 가치관 | **意识形态** yìshí xíngtài 명 이데올로기 | ★**总和** zǒnghé 명 총계, 총수, 총화 | **各地** gèdì 명 각지 | ★**见闻** jiànwén 명 보고 들은 것 | **足不出户** zúbùchūhù 성 집밖으로 한 발짝도 나가지 않다 | **增长** zēngzhǎng 동 늘어나다 | **见识** jiànshi 명 견문 | ★**饲养** sìyǎng 동 사육하다 | **蜜蜂** mìfēng 명 꿀벌 | **农作物** nóngzuòwù 명 농작물 | **授粉** shòufěn 동 수분하다 | **项** xiàng 양 항, 항목 | **不可** bùkě 동 ~할 수가 없다 | **忽视** hūshì 동 등한시하다, 소홀히 하다 | **农业** nóngyè 명 농업 | **增产** zēngchǎn 동 생산을 늘리다 | **措施** cuòshī 명 조치

7 D [胜利 (목표를) 달성하다]

尽管气候条件和地理环境极其恶劣，登山队员还是克服了困难，攀登胜利到了顶峰。
→ 尽管气候条件和地理环境极其恶劣，登山队员还是克服了困难，胜利攀登到了顶峰。

'胜利(달성하다)' 뒤에는 달성한 내용이 나와야 하므로, '胜利'와 '攀登(등반하다)'의 순서를 바꿔야 한다. 즉, '攀登到了顶峰(정상에 오르다)'이 목적어이고 '胜利(달성하다)'가 술어이다.

A 这里山清水秀，碧海蓝天拍起照来多有诗意呀!
B 血栓是在血管里形成的血块，若发生在脑血管中，便会引起脑梗塞、中风等脑血管疾病。
C 他这个人一发起火来，就会什么都不顾，碗啊、盆啊都会成为他发泄的对象。
D 尽管气候条件和地理环境极其恶劣，登山队员还是克服了困难，攀登胜利到了顶峰。

A 이곳은 산수의 풍경이 아름다워서 깊고 푸른 바다와 쪽빛 하늘을 함께 찍으니 얼마나 시적인가!
B 혈전은 혈관에서 형성된 핏덩어리로, 뇌혈관에 생기면 뇌경색, 중풍 등의 뇌혈관 질환을 일으킬 수 있다.
C 그는 화가 한번 나면 아무것도 신경 쓰지 않아서, 그릇이며 화분이며 모두 그의 화풀이 대상이 된다.
D 기후 조건과 지리적 환경이 매우 열악함에도 불구하고, 산악인들은 그래도 어려움을 극복하고 정상에 오르는 목표를 달성했다.

山清水秀 shānqīng shuǐxiù 성 산수의 풍경이 아름답다 | **碧海** bìhǎi 명 깊고 푸른 바다 | **拍照** pāizhào 동 사진을 찍다 | **诗意** shīyì 명 시적 정취 | **血栓** xuèshuān 명 혈전 | **血管** xuèguǎn 명 혈관 | **形成** xíngchéng 동 형성되다 | **血块** xuèkuài 명 핏덩어리 | **若** ruò 접 만약 | **脑血管** nǎoxuèguǎn 명 뇌혈관 | **脑梗塞** nǎogěngsè 명 뇌경색 | **中风** zhòngfēng 명 중풍 | ★**疾病** jíbìng 명 질환, 질병 | **发火** fāhuǒ 동 화를 내다, 성질을 부리다 | ★**不顾** búgù 동 고려하지 않다 | **盆** pén 명 화분 | **发泄** fāxiè 동 분출하다 | **对象** duìxiàng 명 대상 | **地理** dìlǐ 명 지리 | **极其** jíqí 부 지극히, 매우 | **恶劣** èliè 형 열악하다, 아주 나쁘다 | **登山** dēngshān 동 등산하다 | **队员** duìyuán 명 대원 | **克服** kèfú 동 극복하다, 이기다 | ★**攀登** pāndēng 동 타고 오르다, 등반하다 | **胜利** shènglì 동 (목표를) 달성하다, 성공하다, 성과를 거두다 | **顶峰** dǐngfēng 명 산의 정상, 산의 최고봉

8 B [既A，又B A하기도 하고 B하기도 하다]

衣服卷起来整理既然节省了空间，又不容易出现褶皱。→ 衣服卷起来整理既节省了空间，又不容易出现褶皱。

접속사 '既然'은 '既然+조건, 也/就+추론' 형식으로 쓰여야 하는데, 이 문장은 짝꿍 호응도 맞지 않으며, 앞뒤 절이 '조건-추론' 관계가 아니라 병렬 관계에 해당하므로, 접속사 '既A，又B' 구문을 써야 한다.

- 既A，又B (A하기도 하고 B하기도 하다) | 这种自行车既环保又省钱。이런 자전거는 친환경적이면서 돈도 절약된다.
- 既然A，就B (기왕 A했으니, B하다) | 既然他已经道歉了，你就原谅他吧。기왕 그가 이미 사과를 했으니, 너는 그를 용서해 줘.

A 不少科学家都认定，宇宙诞生于距今大约150亿年以前的一次大爆炸。
B 衣服卷起来整理既然节省了空间，又不容易出现褶皱。
C 国家历史博物馆今天展出了一批新出土的文物。
D 这家网站发布了许多适合学生寒假实习的信息。

A 많은 과학자들이 우주가 지금으로부터 약 150억 년 전의 한 대폭발에서 탄생했다고 인정한다.
B 옷을 말아서 정리하면 공간도 절약할 수 있고, 또 잘 구겨지지도 않는다.
C 국가역사박물관은 오늘 새로 출토된 일련의 문화재를 전시했다.
D 이 사이트는 학생들의 겨울방학 실습(인턴)에 적합한 여러 가지 정보를 발표했다.

科学家 kēxuéjiā 명 과학자 | ★认定 rèndìng 동 생각하다, 인정하다 | ★宇宙 yǔzhòu 명 우주 | ★诞生 dànshēng 동 탄생하다, 태어나다, 출생하다 [诞生于: ~에서 탄생하다] | 距今 jùjīn 동 지금으로부터 (얼마간) 떨어져 있다 | 亿 yì 수 억 | ★爆炸 bàozhà 동 폭발하다, 작렬하다 | 卷 juǎn 동 말다, 감다 | 起来 qǐlai 동 [동사 뒤에 쓰여, 어떤 동작이 완성되거나 일정한 목적이 달성됨을 나타냄] | 节省 jiéshěng 동 절약하다, 아끼다 | 空间 kōngjiān 명 공간 | 褶皱 zhězhòu 명 주름 | 既 jì 접 ~하고도, ~할 뿐만 아니라, ~가며 [既A又B: A하고도, 또 B하다] | 博物馆 bówùguǎn 명 박물관 | 展出 zhǎnchū 동 전시하다, 진열하다 | 批 pī 양 무더기, 무리, 떼 | 出土 chūtǔ 동 출토하다 | ★文物 wénwù 명 문화재, 문물 | ★发布 fābù 동 (명령·지시·뉴스 등을) 내놓다, 선포하다, 발표하다 | 实习 shíxí 동 실습하다, 견습하다

독해 제1부분

08 뉘앙스

본서 p.147~148

track yuedu 17

Day 31 1 D 2 D 3 A 4 A

1 D [부사+把]

人们可能会有一个疑惑：中国古人把张家界并未列入"三山五岳"，这是什么缘故呢？
→ 人们可能会有一个疑惑：中国古人并未把张家界列入"三山五岳"，这是什么缘故呢？

'把'는 개사이므로, 부정부사 '并未(결코 ~한 적이 없다)'는 '把' 앞에 위치해야 한다. 부사어의 기본 어순 '부사+조동사+개사구+동사'를 잊지 말자.

A 这个问题在中国医学界乃至世界医学界都是颇有争议的问题。
B 人们爱吃快餐食品，可很多人未必了解长时间食用快餐食品其实对身体健康并不好。
C 在我生活最艰难时，她同情我、帮助我，我对她特别感激。
D 人们可能会有一个疑惑：中国古人把张家界并未列入"三山五岳"，这是什么缘故呢？

A 이 문제는 중국 의학계, 더 나아가 세계 의학계에서 적지 않은 논쟁이 있는 문제이다.
B 사람들은 패스트푸드를 즐겨 먹지만, 많은 사람들이 오랜 기간 패스트푸드를 먹는 것이 사실 신체 건강에 좋지 않다는 것을 반드시 이해한다고 할 수 없다.
C 내 삶이 가장 어려울 때 그녀는 나를 동정하고 도와주었다. 나는 그녀에게 무척 감사하다.
D 사람들은 중국 옛 선인들이 장자제를 '삼산오악'에 넣지 않은 것이 무슨 이유 때문인지 의혹을 가질 수 있다.

医学 yīxué 명 의학 | 界 jiè 명 계, 분야 | 乃至 nǎizhì 접 더 나아가서, 심지어 | 颇有 pōyǒu 동 흔히 있다, 적지 않다 | ★争议 zhēngyì 동 논쟁하다, 쟁론하다 | 快餐食品 kuàicān shípǐn 명 패스트푸드 | 未必 wèibì 부 꼭 그렇다고 할 수 없다 | 长时间 cháng shíjiān 장시간 | 食用 shíyòng 동 먹다 | ★艰难 jiānnán 형 어렵다 | 感激 gǎnjī 동 감사하다 | ★疑惑 yíhuò 명 의혹, 의심 | 张家界 Zhāngjiājiè 고유 장자제, 장가계 [중국의 대표적인 관광지] | 并未 bìngwèi 부 결코 ~한 적이 없다 | 列入 lièrù 동 집어넣다, 끼워 넣다 | 三山五岳 sānshān wǔyuè 삼산오악 [중국의 명산을 표현하는 말로, 세 개의 선산(仙山)과 다섯 개의 명산(名山)을 가리킴] | ★缘故 yuángù 명 이유, 연고, 원인

2 D [불필요한 어휘 중복 / 具有效果 효과가 있다]

有研究发现，西兰花和番茄同时食用，具有防癌效果会更佳。
→ 有研究发现，西兰花和番茄同时食用，具有防癌效果。
→ 有研究发现，西兰花和番茄同时食用，防癌效果会更佳。

술어가 중복되어 있으므로, '会更佳'를 삭제하거나 동사 '具有'를 삭제하여 술어를 하나만 남겨 두어야 한다.

A 一个人能力再强，也难以战胜一个团队。	A 한 사람의 능력이 아무리 강해도 한 팀을 이기기는 어렵다.
B 2004年是中国自1950年有完整气象记录以来平均气温最低的一年。	B 2004년은 중국이 1950년에 완전한 기상 (관측) 기록이 생긴 이래로 평균 기온이 제일 낮았던 한 해였다.
C 桂花糕是以糖、桂花以及糯米粉为原料制作而成的美味且精致的糕点。	C 계화꽃떡은 설탕, 계화꽃, 찹쌀가루를 원료로 만든 맛있고 훌륭한 떡이다.
D 有研究发现，西兰花和番茄同时食用，具有防癌效果会更佳。	D 연구 결과, 브로콜리와 토마토를 동시에 먹으면 항암 효과가 있다.

强 qiáng 형 강하다, 힘이 세다 | **难以** nányǐ 부 ~하기 어렵다 | **战胜** zhànshèng 동 승리를 거두다, 싸워 이기다 | **团队** tuánduì 명 단체, 집단 | **自** zì 개 ~에서부터 | **完整** wánzhěng 형 완전하다, 완벽하다, 나무랄 데가 없다 | ★**气象** qìxiàng 명 기상 | **记录** jìlù 동 기록하다 | **以来** yǐlái 명 이래, 동안 [과거의 어떤 시점부터 지금까지] | **平均** píngjūn 명 평균 | **气温** qìwēn 명 기온 | **桂花糕** guìhuāgāo 계화꽃떡 | **以** yǐ 개 ~로(써), ~를 가지고, ~를 근거로 | **以及** yǐjí 접 및, 그리고, 아울러 | **糯米粉** nuòmǐfěn 명 찹쌀가루 | **原料** yuánliào 명 원료, 감, 소재 | **制作** zhìzuò 동 제작하다, 만들다 | **美味** měiwèi 명 좋은 맛, 맛있는 음식 | ★**精致** jīngzhì 형 정교하고 치밀하다, 섬세하다 | **糕点** gāodiǎn 명 [케이크·과자·빵 따위의 총칭] | **西兰花** xīlánhuā 명 브로콜리 | **番茄** fānqié 명 토마토 | **食用** shíyòng 동 먹다, 식용하다 | **具有** jùyǒu 동 지니다, 가지다, 있다 [具有效果: 효과가 있다] | **防** fáng 동 방지하다, 방비하다 | **癌** ái 명 암 | **佳** jiā 형 좋다, 훌륭하다, 아름답다

3 A [A是B A는 B이다 (A와 B는 동격 / A: 특정 대상, B: A에 대한 설명)]

《甲骨文合集》是一部研究甲骨文的雕塑，在海内外学术界享有极高的声誉。
→《甲骨文合集》是一部研究甲骨文的巨著，在海内外学术界享有极高的声誉。

'A是B' 구문은 주어(A)와 목적어(B)가 동격이어야 한다. '책'을 나타내는 주어와 호응할 수 있도록 목적어 '雕塑(조각)'을 '巨著(대작)'으로 바꿔야 한다. 참고로, '《 》'는 책 이름을 나타낼 때 쓰는 문장부호이다.

A 《甲骨文合集》是一部研究甲骨文的雕塑，在海内外学术界享有极高的声誉。	A 『갑골문합집』은 갑골문을 연구한 대작으로, 국내외 학술계에서 높은 명성을 누리고 있다.
B 人们在说话选词时总是尽量地追求简短。	B 사람들은 말할 단어를 고를 때 늘 최대한 간단하고 짧은 것을 추구하곤 한다.
C 重要的不是所站的位置，而是所朝的方向。	C 중요한 것은 서 있는 위치가 아니라 바라보는 방향이다.
D 在那种十分艰难的环境下，这些鼓励的话对我来说弥足珍贵。	D 그렇게 힘든 환경에서 이런 격려의 말은 나에게 무척 소중하다.

甲骨文合集 Jiǎgǔwén Héjí 고유 갑골문합집 [도서명] | **甲骨文** jiǎgǔwén 명 갑골문 | ★**雕塑** diāosù 명 조각, 조소 | **巨著** jùzhù 명 대작 | **学术** xuéshù 명 학술 | **享有** xiǎngyǒu 동 (권리·명예 따위를) 향유하다 | ★**声誉** shēngyù 명 명성, 명예 [享有声誉: 명성을 누리다] | **尽量** jǐnliàng 부 가능한 한, 되도록, 될 수 있는 대로 | **追求** zhuīqiú 동 추구하다, 탐구하다 | **简短** jiǎnduǎn 형 간결하다 | **不是A，而是B** búshì A, érshì B A가 아니라 B이다 | **所** suǒ 조 ['명사+~+동사'의 형태로 쓰여, 중심어가 동사의 객체임을 나타냄] | **位置** wèizhi 명 위치 | **朝** cháo 동 ~로 향하다 | ★**艰难** jiānnán 형 곤란하다, 어렵다, 힘들다 | **弥足珍贵** mízú zhēnguì 성 매우 귀중하다 [보통 사물이나 현상을 말함]

4 A [주어+却]

一个人去一家公司面试，通过了几轮筛选，却结果在最后一轮被淘汰了。
→ 一个人去一家公司面试，通过了几轮筛选，结果却在最后一轮被淘汰了。

부사 '却'의 위치에 주의하자. 부사는 주어 뒤 술어 앞에 부사어로 위치한다. 부사어의 기본 어순 '부사+조동사+개사구'에 따라, 부사 '却'는 개사구 '在最后一轮' 앞에 쓰여야 한다.

A 一个人去一家公司面试，通过了几轮筛选，却结果在最后一轮被淘汰了。
B 他今天说这番话的含意，同事们一听心里就都明白了，原来他是在夸赞自己。
C 噪声泛指令人讨厌的各种声音，它会影响人们的身心健康和工作效率。
D 马和牛赛跑，牛肯定输，但这不是牛无能，而是安排这种比赛的人无能。

A 어떤 사람이 회사에 면접을 보러 가서, 몇 차례 선별되어 통과했지만 결국 최종 면접에서 탈락했다.
B 그가 오늘 이런 말을 한 속뜻을 동료들은 듣자 마자 알았다. 알고 보니 그는 스스로를 칭찬하고 있었던 것이다.
C 소음은 일반적으로 사람들이 싫어하는 각종 소리를 가리키는데, 이는 사람들의 심신 건강과 업무 효율에 영향을 미칠 수 있다.
D 말과 소가 달리기 시합을 하면 소가 분명 질 텐데, 이것은 소가 무능한 것이 아니라 이런 시합을 계획한 사람이 무능한 것이다.

面试 miànshì 명 면접 시험 | **轮** lún 양 차례, 회 | ★**筛选** shāixuǎn 동 선별하다 | ★**淘汰** táotài 동 (쓸데없거나 적합하지 않은 것 등을) 골라내다, 제거하다, 가려내다 | ★**番** fān 양 종류, 가지 | **含意** hányì 명 속뜻, 담겨진 의미, 내포된 뜻, 함의 | **夸赞** kuāzàn 동 칭찬하다 | **噪声** zàoshēng 명 소음, 잡음 | **泛指** fànzhǐ 동 일반적으로 ~를 가리키다 | **身心** shēnxīn 명 심신, 몸과 마음 | **效率** xiàolǜ 명 효율, 능률 | **赛跑** sàipǎo 명 (달리기) 경주 | **无能** wúnéng 형 무능하다

track yuedu 18

● Day 32　5 B　6 A　7 D　8 C

5 B [由A组成 A로 구성되다]

铁人三项从天然水域游泳、公路自行车、公路长跑三个项目组成，运动员需要一鼓作气赛完全程。
→ 铁人三项由天然水域游泳、公路自行车、公路长跑三个项目组成，运动员需要一鼓作气赛完全程。

개사를 잘못 사용한 문장이다. 동사 '组成'과 호응할 수 있도록 개사 '从'을 개사 '由'로 바꿔야 한다. '由A组成(A로 구성되다)'은 고정격식으로 외워 두자. '从'은 출발점을 강조하는 개사이므로 이 문장에 어울리지 않는다.

A 我们不能抱着老皇历不放，某些以前的经验未必全都适合现有的情况。
B 铁人三项从天然水域游泳、公路自行车、公路长跑三个项目组成，运动员需要一鼓作气赛完全程。
C 苹果富含微量元素与维生素，不但可以提高免疫力，而且能够改善心血管功能。
D 据报道，产生心理问题的时候，选择求医的女性比例明显大于男性。

A 우리는 시대에 뒤쳐진 방식을 끌어안고서 놓지 않아서는 안 된다. 일부 예전의 경험이 반드시 현재 상황에 모두 적합한 것은 아니다.
B 철인 3종은 천연 수역 수영, 도로 자전거, 도로 장거리 달리기라는 3개 항목으로 구성되어 있다. 선수들은 단숨에 전 코스를 완주하는 기세가 필요하다.
C 사과는 미량원소와 비타민을 많이 함유하고 있어 면역력을 높일 수 있을 뿐만 아니라 심혈관 기능을 개선할 수도 있다.
D 보도에 따르면, 심리적인 문제가 생겼을 때 의사를 찾아 진료 받기를 선택하는 여성의 비율이 남성보다 현저하게 높다고 한다.

老皇历 lǎohuángli 명 시대에 뒤쳐진 방식 | **某些** mǒuxiē 대 어떤, 일부 | **未必** wèibì 부 반드시 ~한 것은 아니다 | **全都** quándōu 부 전부 | **现有** xiànyǒu 동 현존하다 | **铁人** tiěrén 명 철인 | **项** xiàng 양 항목, 종목, 사항 | **天然** tiānrán 형 천연의, 자연의, 자연적인, 자연 그대로의 | **水域** shuǐyù 명 수역 | **公路** gōnglù 명 도로 | **项目** xiàngmù 명 항목, 종목, 사항 | **组成** zǔchéng 동 구성하다, 조성하다 [由A组成: A로 구성하다] | **运动员** yùndòngyuán 명 운동선수 | **一鼓作气** yìgǔ zuòqì 성 단숨에 해치우다, 처음의 기세로 끝장내다 | **赛** sài 동 시합하다 | **程** chéng 명 코스, 과정 | **富含** fùhán 동 대량으로 함유하다 | **微量元素** wēiliàng yuánsù 미량원소 | ★**维生素** wéishēngsù 명 비타민 | **免疫力** miǎnyìlì 명 면역력 | **改善** gǎishàn 동 개선하다 | **心血管** xīnxuèguǎn 명 심혈관 | **功能** gōngnéng 명 기능 | **据** jù 개 ~에 따르면 | **报道** bàodào 명 보도 [据报道: 보도에 따르면] | **产生** chǎnshēng 동 생기다, 발생하다, 나타나다 | **心理** xīnlǐ 명 심리 | **求医** qiúyī 동 (불치병·난치병 환자가) 명의를 찾아 진료를 받다 | **比例** bǐlì 명 비율 | **明显** míngxiǎn 형 뚜렷하다, 분명하다, 확연히 드러나다

6 **A** [倘若A，那么+주어+便]

倘若一个人能在任何情况下都可以感受到快乐，因为他便会成为世上最幸福的人。
→ 倘若一个人能在任何情况下都可以感受到快乐，那么他便会成为世上最幸福的人。

앞뒤 절이 가정 관계를 나타내고 있으므로 접속사 '倘若'를 쓴 것은 적절하다. 다만 '倘若'는 뒤 절에 '那么' '就' 등과 호응하여 쓰이므로, '因为'를 '那么'로 고쳐야 한다.

- 倘若A，那么+주어+便 |
  倘若不努力学习，那么就不能取得好成绩，你便没有机会进入好的大学学习。
  열심히 공부하지 않으면 좋은 성적을 얻을 수 없고, 좋은 대학에 들어가서 공부할 기회도 없다.

A 倘若一个人能在任何情况下都可以感受到快乐，因为他便会成为世上最幸福的人。
B 种葡萄的时候，先铺上一层砂石，使生长环境变得贫瘠，葡萄为了汲取各种矿物质和水分，就会拼命往地下扎根，根扎得越深，结出的果实越甜。
C 云南一直有着十分独特的魅力，除了丰富的美食以外，还有让人津津乐道的"泡汤"——温泉。
D 当时她的小说《生命》刚获大奖，广州电影制片厂的导演要把其改编成电影，便在广州搞了个座谈会，我作为专业电影评论者应邀出席。

A 만약 누군가가 어떤 상황에서도 즐거움을 느낄 수 있다면, 그는 바로 세상에서 가장 행복한 사람이 될 것이다.
B 포도를 심을 때는 먼저 한 층의 모래와 자갈을 깔아서, 성장 환경이 더욱 척박해지도록 만든다. 포도는 다양한 광물질과 수분을 흡수하기 위해 필사적으로 땅을 향해 뿌리를 내리는데, 뿌리를 깊게 내릴수록 맺게 되는 열매는 더욱 달다.
C 윈난은 줄곧 독특한 매력을 가지고 있다. 풍부한 음식 외에도, 사람이 흥미진진하게 이야기하면서 '목욕하는' 온천도 있다.
D 당시 그녀의 소설『생명』이 막 대상을 받았을 때, 광저우 영화 제작사의 감독은 그것을 영화로 각색하려 했고, 바로 광저우에서 좌담회를 진행했다. 나는 전문 영화평론가로서 초대를 받아 참가했다.

★倘若 tǎngruò 접 만약, 만일 [≒如果] | 感受 gǎnshòu 동 느끼다, 감수하다, 받다 | 便 biàn 부 곧, 바로 [=就] | 世上 shìshàng 명 세상, 사회 | 那么 nàme 접 그렇다면, 그러면 | 种 zhòng 동 심다 | ★铺 pū 동 (물건을) 깔다, 펴다 | 砂石 shāshí 모래와 자갈 | 生长 shēngzhǎng 동 생장하다, 자라다 | 贫瘠 pínjí 형 (땅이) 척박하다, 메마르다 | 汲取 jíqǔ 동 흡수하다, 빨아들이다 | 矿物质 kuàngwùzhì 명 광물질 | 水分 shuǐfèn 명 수분 | ★拼命 pīnmìng 동 죽을힘을 다하다 | 地下 dìxià 명 땅 밑, 지하 | 扎根 zhāgēn 동 (식물이) 뿌리를 내리다 | 根 gēn 명 뿌리 | ★扎 zhā 동 파고들다 | 结 jiē 동 (열매·씨앗을) 맺다, (열매가) 열리다 | 果实 guǒshí 명 과일 | 云南 Yúnnán 고유 윈난 [중국 남서부에 있는 성(省)] | 独特 dútè 형 독특하다, 특별하다, 특수하다 | 魅力 mèilì 명 매력 | 美食 měishí 명 맛있는 음식 | 津津乐道 jīnjīnlèdào 성 흥미진진하게 (쉬지 않고) 이야기하다 | 泡汤 pào tāng 목욕하다 | 温泉 wēnquán 명 온천 | 获 huò 동 얻다, 취득하다 | 大奖 dàjiǎng 명 대상, 큰 상 [获大奖: 대상을 받다] | 广州 Guǎngzhōu 고유 광저우 [광둥성(广东省)의 성도] | 制片厂 zhìpiànchǎng 영화 제작소 | 导演 dǎoyǎn 명 감독, 연출자 | 改编 gǎibiān 동 (원작을) 각색하다 | 成 chéng 동 ~가 되다, ~로 변하다 | 搞 gǎo 동 하다 | 座谈会 zuòtánhuì 명 좌담회 | 作为 zuòwéi 개 ~로서 | ★评论 pínglùn 동 평론하다 | ★应邀 yìngyāo 동 초청을 받아들이다 | 出席 chūxí 동 출석하다, 참석하다

7 **D** [A是B A는 B이다 (A와 B는 동격 / A: 특정 대상, B: A에 대한 설명)]

我国是我们民族悠久历史的见证，……。
→ 我国的文化遗产是我们民族悠久历史的见证，……。

'A是B' 구문에서 A는 특정 어휘 혹은 대상, B는 A에 대한 설명을 나타내며, A와 B는 동격 관계를 이루어야 한다. 위 문장에서 '我国(우리 나라)'와 '见证(증거)'의 호응이 서로 맞지 않기 때문에 문맥상 A 자리의 '我国'는 '我国的文化遗产(우리 나라의 문화유산)'으로 바꾸는 편이 자연스럽다.

A 每一个人都有梦想，不同的是，当遇到挫折时，不少人都放弃了自己的梦想。	A 모든 사람에게는 꿈이 있다. 차이점은 좌절을 겪을 때 많은 사람이 자신의 꿈을 포기했다는 것이다.
B 植物需要不断地从土壤里获得无机元素和有机物质，以满足生长发育的需要，而这些物质只有溶解于水中才可以被植物的根系吸收。	B 식물은 끊임없이 흙에서 무기 원소와 유기물질을 얻어서 생장 발육의 요구를 충족해야만 한다. 그리고 이러한 물질은 물에 용해되어 있어야만 식물의 뿌리에 흡수될 수 있다.
C 青少年的心智尚未成熟，对事物缺少分辨力，好奇心又很强，因此极易受到大众媒介中不良信息的诱导，从而产生行为上与思想上的偏差。	C 청소년의 마음은 아직 성숙하지 않아서 사물에 대한 분별력이 부족하고 호기심은 강하다. 그래서 대중매체의 나쁜 정보의 유도를 받기 쉬워서 행동과 생각의 차이가 생긴다.
D 我国是我们民族悠久历史的见证，是我们与祖先沟通的重要渠道，也是我们走向未来的坚实基础，因此我们应当永远珍惜古代的文明成果。	D 우리 나라의 문화유산은 우리 민족의 유구한 역사의 증거이자, 우리와 선조가 소통하는 중요한 통로이며, 우리가 미래로 나아가는 견고한 기반이기도 하다. 따라서 우리는 고대의 문명 성과를 영원히 소중히 여겨야 한다.

梦想 mèngxiǎng 명 꿈 | ★挫折 cuòzhé 명 좌절, 실패 | 不断 búduàn 부 계속해서, 끊임없이, 부단히 | ★土壤 tǔrǎng 명 토양, 흙 | 无机 wújī 형 (화학) 무기의 | ★元素 yuánsù 명 요소, 원소 | 有机 yǒujī 형 (화학) 유기의 | 物质 wùzhì 명 물질 | 满足 mǎnzú 동 만족시키다 | 生长 shēngzhǎng 동 생장하다, 자라다 | ★发育 fāyù 명 발육 | ★溶解 róngjiě 동 용해하다 | 根系 gēnxì 명 뿌리 | 吸收 xīshōu 동 섭취하다, 흡수하다 | 心智 xīnzhì 명 마음, 성격 | 尚未 shàngwèi 부 아직 ~하지 않다 | 成熟 chéngshú 형 (생물체가) 성숙하다 | 事物 shìwù 명 사물 | ★分辨 fēnbiàn 명 분별 | 好奇心 hàoqíxīn 명 호기심 | 强 qiáng 형 강하다, 굳건하다 | 大众 dàzhòng 명 대중, 군중 | ★媒介 méijiè 명 매개자, 매개물, 매개체, 매체 | 不良 bùliáng 형 좋지 않다, 불량하다 | 诱导 yòudǎo 동 유도하다 | 从而 cóng'ér 접 따라서, 이리하여, 그리하여 | 产生 chǎnshēng 동 생기다, 발생하다, 나타나다 | 行为 xíngwéi 명 행위, 행동 | 思想 sīxiǎng 명 사상, 의식 | ★偏差 piānchā 명 편차, 잘못 | ★遗产 yíchǎn 명 유산 | 悠久 yōujiǔ 형 유구하다, 아득하게 오래다 [历史悠久: 역사가 유구하다] | 见证 jiànzhèng 명 증거 | ★祖先 zǔxiān 명 선조, 조상 | 沟通 gōutōng 동 소통하다, 연결하다, 교류하다 | ★渠道 qúdào 명 관개 수로, 경로, 방법 | 未来 wèilái 명 미래 | ★坚实 jiānshí 형 견실하다, 견고하다, 튼튼하다 | 应当 yīngdāng 조동 당연히 ~해야 한다 | 珍惜 zhēnxī 동 진귀하게 여겨 아끼다, 귀중히 여기다 | 古代 gǔdài 명 고대 | 文明 wénmíng 명 문명 | 成果 chéngguǒ 명 성과, 결과

8 C [개사구, 주어+술어+목적어]

在阅读文学名著的过程中，使我学到了很多做人的道理。
→ 在阅读文学名著的过程中，我学到了很多做人的道理。

문장 맨 앞에 위치한 개사구를 주어로 착각하도록 함정을 만든 문제이다. 문장 맨 앞의 개사구는 '부사어'이므로, 그 뒤에는 반드시 '주어'가 나와야 한다. 문장에서 불필요한 동사 '使'를 뺌으로써 '我'를 주어로 만들어야 한다.

A 取得成绩不盲目乐观，遇到困难不失望悲观，这是许多成功人士总结出的经验。	A 성과를 얻었다고 맹목적으로 기뻐하지 말고, 어려움에 닥쳤다고 실망하거나 비관하지 말아라. 이는 많은 성공한 인사들의 경험에서 나온 것이다.
B 若有一天我能够对我们的公共利益有所贡献，我会觉得自己是最幸福的人。	B 만약 언젠가 내가 우리의 공공 이익을 위해 공헌할 수 있다면 나는 내가 가장 행복한 사람이라고 생각할 것이다.
C 在阅读文学名著的过程中，使我学到了很多做人的道理。	C 문학 명작을 읽는 과정에서 나는 사람 됨됨이의 도리를 많이 배웠다.
D 一些应聘的大学生其实并不清楚怎么制作一份合格的简历。	D 일부 입사를 지원하는 대학생들은 사실 어떻게 합격할 수 있는 이력서를 작성해야 할지 잘 모른다.

取得 qǔdé 동 취득하다, 얻다 | ★盲目 mángmù 형 맹목적인 | 乐观 lèguān 형 낙관적이다 | 悲观 bēiguān 형 비관적이다 | ★人士 rénshì 명 명망 있는 사람, 인사 | 若 ruò 접 만약 | 公共利益 gōnggòng lìyì 공공 이익 | 有所 yǒusuǒ 동 다소 ~하다, 어느 정도 ~하다 [뒤에 주로 쌍음절 동사를 동반함] | 贡献 gòngxiàn 동 공헌하다, 기여하다 | 文学 wénxué 명 문학 | 名著 míngzhù 동 명작, 명저 | 做人 zuòrén 동 (올바른) 사람이 되다 [여기서는 '사람 됨됨이'라고 해석함] | 道理 dàolǐ 명 도리, 이치, 일리 | 制作 zhìzuò 동 만들다 | 简历 jiǎnlì 명 이력서

독해 제1부분

09 조동사, 보어, 동태조사

본서 p.155~156

track yuedu 19

• Day 34 **1** D **2** D **3** B **4** B

1 D [부정 어휘 중복 사용]

……。但是切忌不要过分地表达歉意，……。

→ ……。但是切忌过分地表达歉意，……。

→ ……。但是不要过分地表达歉意，……。

'切忌(극구 삼가다)'와 '不要(~하지 말아라)'는 의미가 비슷한 단어이므로, 둘 중에 하나만 사용해야 올바른 문장이다. 이처럼 부정 표현이 중복된 경우 의미 연결이 논리적으로 적절한지를 파악해야 한다.

A 音乐的旋律、音色、节奏、力度和速度，会影响人们的情绪。不同的歌曲可使欣赏者产生不同的情绪。

B 苏州是一座水城，又拥有"东方威尼斯"之称。苏州城中众多的古典园林，汇集了中国园林建筑艺术的精华。

C 坐飞机之前不应吃得太饱。因为吃得太饱一方面会加重心脏与血液循环的负担；另一方面会引起恶心和呕吐等症状。

D 我们在拒绝别人的邀请时，应该适当地表达我们的歉意。但是切忌不要过分地表达歉意，以免对方以为你不够真诚。

A 음악의 선율, 음색, 리듬, 강도와 속도는 사람들의 정서에 영향을 줄 수 있다. 다른 음악은 음악을 감상하는 사람에게 다른 정서를 생기게 할 수 있다.

B 쑤저우는 물의 도시로 '동방의 베니스'라는 별명도 가지고 있다. 쑤저우의 수많은 고전 원림에는 중국 원림 건축 예술의 정수가 모여 있다.

C 비행기를 타기 전에는 너무 배부르게 먹으면 안 된다. 너무 배부르게 먹으면 심장과 혈액순환에 부담을 가중시킬 수 있는 한편, 오심과 구토 등의 증상을 유발할 수도 있다.

D 우리는 다른 사람의 초청을 거절할 때 유감의 뜻을 적절히 표현해야 한다. 그러나 상대방이 당신이 진정성이 부족하다고 여기지 않도록, 유감의 뜻을 너무 과하게 표현하지는 말아야 한다.

★**旋律** xuánlǜ 명 선율, 멜로디 | **音色** yīnsè 명 음색 | ★**节奏** jiézòu 명 리듬, 박자, 템포 | **力度** lìdù 명 (음의) 세기, 강도 | **情绪** qíngxù 명 기분, 마음, 정서, 감정 | **歌曲** gēqǔ 명 음악, 노래 | **欣赏** xīnshǎng 동 감상하다 | **产生** chǎnshēng 동 생기다, 발생하다, 나타나다 | **苏州** Sūzhōu 고유 쑤저우 [중국 안후이성 북부에 위치한 도시] | **水城** shuǐchéng 명 물의 도시, 수운이 발달한 도시 | ★**拥有** yōngyǒu 동 가지다, 지니다, 보유하다 | **威尼斯** Wēinísī 고유 베니스 | **称** chēng 명 명칭, 호칭, 칭호 | **众多** zhòngduō 형 매우 많다 | **古典** gǔdiǎn 명 고전 | ★**园林** yuánlín 명 원림, 정원 | **汇集** huìjí 동 모으다, 집중시키다, 집중하다 | **建筑** jiànzhù 명 건축 | ★**精华** jīnghuá 명 정화, 정수 | **一方面** yìfāngmiàn 접 한편으로 ~하면서 | **加重** jiāzhòng 동 가중하다, 무겁게 하다 | **心脏** xīnzàng 명 심장 | **血液循环** xuèyè xúnhuán 혈액순환 | **负担** fùdān 명 부담 | **另** lìng 대 다른, 그 밖의 | ★**恶心** ěxin 동 구역이 나다, 속이 메스껍다, 오심이 나다 | ★**呕吐** ǒutù 동 구토하다 | ★**症状** zhèngzhuàng 명 증상, 증후 | **适当** shìdàng 형 적절하다, 적합하다, 적당하다, 알맞다 | **表达** biǎodá 동 (자신의 사상이나 감정을) 나타내다, 표현하다, 드러내다 | **歉意** qiànyì 명 유감의 뜻 | **切忌** qièjì 동 절대 삼가하다, 절대 ~해서는 안 된다 | **不要** búyào 부 ~하지 마라 | **过分** guòfèn 동 지나치다, 분에 넘치다, 과분하다 | ★**以免** yǐmiǎn 접 ~하지 않도록, ~하지 않기 위해서 | **对方** duìfāng 명 상대방, 상대편 | **真诚** zhēnchéng 형 진실하다, 성실하다

2 D [睡眠节律 수면 리듬]

无处不在的人造灯光使得人们的自然睡眠节奏不断向后移动。

→ 无处不在的人造灯光使得人们的自然睡眠节律不断向后移动。

'节奏'와 '节律' 모두 '리듬'이라고 해석하기는 하지만 용법상 차이가 있다. 수면이나 생태, 생활 등의 방면에서 일정한 규칙에 따라 반복되는 움직임을 말할 때는 '节律'를 사용한다. '节奏'는 음악의 박자나 장단 등을 의미한다. '睡眠节律(수면 리듬)'는 짝꿍으로 기억해 두자.

A 五彩缤纷的鲜花从花瓶、花篮逐渐走向了餐碟，成为一道道色香味俱全的菜肴。	A 오색찬란한 꽃들이 꽃병과 꽃바구니에서 점차 접시로 나와 색과 향, 맛을 다 갖춘 요리가 되었다.
B 这种植物生命力非常旺盛，只要置于水中便能疯狂繁殖出来。	B 이런 식물은 생명력이 매우 왕성해서 물에 두기만 하면 미친 듯이 번식한다.
C 在追求质量、讲究品味的生活理念下，大家纷纷把目光投向了家居装修的细节。	C 품질을 추구하고 품위를 중시하는 삶의 이념 아래, 사람들은 잇따라 인테리어의 디테일로 눈길을 돌리고 있다.
D 无处不在的人造灯光使得人们的自然睡眠节奏不断向后移动。	D 어디에나 있는 인공 불빛은 사람들의 자연적인 수면 리듬을 계속해서 뒤로 이동시킨다.

五彩缤纷 wǔcǎi bīnfēn 성 오색찬란하다 | **鲜花** xiānhuā 명 꽃, 생화 | **花瓶** huāpíng 명 꽃병 | **花篮** huālán 명 꽃바구니 | **逐渐** zhújiàn 명 점차, 점점 | **走向** zǒuxiàng 동 ~로 가다 | **餐** cān 명 요리 | **碟** dié 명 접시 | **俱全** jùquán 동 모두 갖추다 | **菜肴** càiyáo 명 요리 | **生命力** shēngmìnglì 명 생명력 | **旺盛** wàngshèng 형 왕성하다 | **置于** zhìyú 동 ~에 놓다 | **疯狂** fēngkuáng 형 미친 듯이 날뛰다 | ★**繁殖** fánzhí 동 번식하다 | **追求** zhuīqiú 동 추구하다 | **质量** zhìliàng 명 품질 | **讲究** jiǎngjiu 동 중요시하다 | **品味** pǐnwèi 명 품위 | **理念** lǐniàn 명 이념 | **纷纷** fēnfēn 부 잇따라, 연달아 | ★**目光** mùguāng 명 눈길 | **投** tóu 동 (눈길 등을) 던지다 | **家居** jiājū 명 주택 | **装修** zhuāngxiū 동 인테리어 하다 | **细节** xìjié 명 세부 사항 | **无处不在** wúchùbúzài 어디에나 있다 | **人造** rénzào 명 인공, 인조 | **灯光** dēngguāng 명 불빛 | **使得** shǐde 동 ~로 하여금 ~하게 하다 | **睡眠** shuìmián 명 수면, 잠 | ★**节奏** jiézòu 명 리듬, 박자, 템포 | **不断** búduàn 부 계속해서, 끊임없이, 부단히 | **移动** yídòng 동 이동하다, 옮기다, 움직이다, (위치를) 변경하다 | **节律** jiélǜ 명 리듬

3 B [从A角度看 A의 각도에서 보다]

全球角度看，汽车是最严重的铅污染源。→ 从全球角度看，汽车是最严重的铅污染源。

'从A角度看(A의 각도에서 보다)'은 고정격식이므로, 개사 '从'을 생략해서는 안 된다.

A 南京自古以来都有"六朝古都"之称。	A 난징은 오래 전부터 '육조의 고도'라는 별칭이 있었다.
B 全球角度看，汽车是最严重的铅污染源。	B 전 세계의 각도에서 보면, 자동차는 가장 심각한 납의 오염원이다.
C 洗澡的时候，水温应该和体温接近，即40℃左右。	C 씻을 때 수온은 체온과 비슷한 40도 정도여야 한다.
D 《桃花扇》是清代著名戏剧家孔尚任的代表作，也是中国四大名剧之一。	D 『도화선』은 청나라 시기의 유명한 희곡 작가 공상임의 대표작이자, 중국의 4대 명극 중 하나다.

南京 Nánjīng 고유 난징 | **自古以来** zìgǔ yǐlái 예로부터 | **六朝** Liù Cháo 명 육조 [남북조 시기를 가리킴] | **古都** gǔdū 명 고도 ['都' 발음 조심] | **全球** quánqiú 명 전 세계 | **角度** jiǎodù 명 (어떤 사물을 보는 관점) 각도 [从A角度来看: A의 각도에서 보면] | **汽车** qìchē 명 자동차 | **铅** qiān 명 납 | **污染源** wūrǎnyuán 명 오염원 | **体温** tǐwēn 명 체온 | **接近** jiējìn 동 비슷하다, 접근하다, 가까이하다, 다가가다, 친하다 | **桃花扇** Táohuāshàn 고유 도화선 [희곡] | **清代** Qīng dài 청나라 시기 | **戏剧** xìjù 명 희극, 연극 | **孔尚任** Kǒng Shàngrèn 고유 공상임 [중국 청대의 희곡 작가] | **代表作** dàibiǎozuò 명 대표작 | **四大名剧** sìdà míngjù 4대 명극 | **之一** zhī yī ~(의) 하나 [A是B之一: A는 B 중 하나이다]

4 B [看起来 보기에 ~하다]

有的人本来很幸福，看下来却很烦恼；有的人本来应该烦恼，看下来却很幸福。
→ 有的人本来很幸福，看起来却很烦恼；有的人本来应该烦恼，看起来却很幸福。

방향보어가 틀린 문장이다. 이 문장에서처럼 추측이나 평가를 나타낼 때는 보어 '起来'를 써야 한다. 방향보어 '下来'는 분리, 이탈 또는 과거에서 현재까지 지속을 나타낼 때 쓰이는 보어이다.

- **看起来** | 妈妈今天的脸色看起来不太好。 엄마는 오늘 안색이 안 좋아 보이신다.
- **脱下来** | 我一到家就把衣服脱了下来。 나는 집에 도착하자마자 옷을 벗어 버렸다.

독해 제1부분

A 人类不断改造生物圈，可生物圈只能按照自己的内在规律变化和发展。
B 有的人本来很幸福，看下来却很烦恼；有的人本来应该烦恼，看下来却很幸福。
C 据统计，中国正在使用的方言就有80余种，已消亡的古代方言更是不计其数。
D 糕点茶食是中国饮食文化一个非常重要的部分，有苏式、京式与广式三大糕点体系。

A 인류는 생태계를 끊임없이 개조하고 있지만, 생태계는 오직 스스로의 내재적인 규칙에 따라서 변화하고 발전할 수 있다.
B 어떤 사람은 원래 행복한데 괴로워 보이고, 어떤 사람은 원래 괴로워야 하는데 도리어 행복해 보인다.
C 통계에 따르면, 중국에서 현재 사용되는 방언은 80여 종이 있으며, 이미 사라진 고대 방언은 더욱더 많다.
D 다과는 중국 식문화에서 매우 중요한 부분으로, 쑤저우식, 베이징식, 광둥식의 3대 다과 유형이 있다.

人类 rénlèi 명 인류 | **不断** búduàn 부 끊임없이, 계속해서, 부단히 | **改造** gǎizào 동 개조하다 | **生物圈** shēngwùquān 명 생태계 [改造生物圈: 생태계를 개조하다] | ★**内在** nèizài 형 내재적인, 내재하는 | **规律** guīlǜ 명 규칙, 규율, 법칙 | **看起来** kàn qǐlai 보기에 ~하다, 보아하니 ~하다 | **据** jù 개 ~에 따르면, ~에 의거하여 | **统计** tǒngjì 명 통계 | ★**方言** fāngyán 명 방언 | **余** yú 수 ~여 [정수 외의 나머지를 가리킴] | **消亡** xiāowáng 동 없어지다, 소멸하다 | **古代** gǔdài 명 고대 | **不计其数** bújì qíshù 성 대단히 많다, 부지기수다 | **糕点** gāodiǎn 명 [케이크·과자·빵 따위의 총칭] | **茶食** cháshí 명 다과 | ★**饮食** yǐnshí 명 음식 | **苏** Sū 고유 [장쑤성 쑤저우의 줄임말] | **京** Jīng 고유 [베이징의 줄임말] | **广** Guǎng 고유 [광둥성의 줄임말] | **式** shì 명 양식 | ★**体系** tǐxì 명 체계

track yuedu 20

Day 35 5 B 6 A 7 A 8 A

5 B [达到目的 목적을 달성하다]

为了"博采众长"的目的，他先后向七位音乐大师求教。
→ 为了达到"博采众长"的目的，他先后向七位音乐大师求教。

문장 앞 절에 동사가 빠져 있으므로, 목적어 '目的'와 호응할 수 있는 동사인 '达到'를 추가해야 한다. '목적을 달성하다'라는 '达到目的'는 자주 쓰이는 짝꿍 표현이니 반드시 기억하자!

A 外国人学汉语的时候，如果忽视了语境这一重要因素，就很难达到预期的学习目标。
B 为了"博采众长"的目的，他先后向七位音乐大师求教。
C 在武松看来，景阳冈的老虎，刺激它是那样，不刺激它也是那样，总之是会吃人的。
D 人们常说"人非草木，孰能无情"，其实草木也是有知觉有丰富的感情的。

A 외국인이 중국어를 배울 때 만약 언어 환경이라는 이 중요한 요소를 소홀히 했다면 기대한 학습 목표를 달성하기는 어려울 것이다.
B '여러 장점을 받아들이려는' 목적을 달성하기 위해, 그는 차례로 7명의 음악 대가에게 가르침을 청했다.
C 무송이 보기에, 징양강에 있는 호랑이는 그를 자극하든 하지 않든 결국은 사람을 먹을 것이다.
D 사람들은 자주 '사람이 목석이 아닌 이상 그 누가 감정이 없겠는가?'라고 말하는데, 사실 목석도 감각이 있고 풍부한 감정을 가지고 있다.

忽视 hūshì 동 소홀히 하다 | **语境** yǔjìng 명 언어 환경 | **因素** yīnsù 명 요소 | **达到** dádào 동 도달하다, 달성하다, 이르다 [达到+추상 목적어] | ★**预期** yùqī 동 미리 기대하다 | **目标** mùbiāo 명 목표 | **博采众长** bócǎi zhòngcháng 성 여러 장점을 널리 받아들이다 | **先后** xiānhòu 부 차례로 | **大师** dàshī 명 대가, 거장, 명인, 권위자 | **求教** qiújiào 동 가르침을 간청하다 | **武松** Wǔ Sōng 고유 무송 [수호전에 등장하는 인물] | **景阳冈** Jǐngyánggāng 고유 징양강 [중국 산동성에 위치한 국가 명승지] | **刺激** cìjī 동 자극하다 | **总之** zǒngzhī 접 결국 | **人非草木，孰能无情** rén fēi cǎomù, shú néng wúqíng 사람이 목석이 아닌 이상 그 누가 감정이 없겠는가? | **草木** cǎomù 명 목석, 초목 | ★**知觉** zhījué 명 감각

6 A [由于+원인, 결과]

即便栽培成本较低，且成活率极高，垂柳才得以广泛种植。
→ 由于栽培成本较低，且成活率极高，垂柳才得以广泛种植。

앞뒤 문장이 인과 관계를 이루고 있으므로, '即便'이 아니라 '由于'를 써야 한다. '即便'은 '也/还'와 호응하여 '설령 ~라 하더라도 ~하다'는 의미를 나타낸다.

- 由于 | 由于临时有事儿，总经理无法参加今天的会议。잠시 일이 있어서, 사장님은 오늘 회의에 참석할 수 없다.
- 即便A，也B | 即便工作再忙，我们也要抽时间陪家人。일이 아무리 바빠도 우리는 시간을 내서 가족을 돌봐야 한다.

A 即便栽培成本较低，且成活率极高，垂柳才得以广泛种植。
B 大自然最美的季节是欣欣向荣、万物复苏的春天。
C 太行山上错落有致的奇石令人叹为观止。
D 本次活动旨在展现当地极具特色的民俗风情，从而打造民族文化品牌。

A 재배 비용이 비교적 낮고, 살아남을 확률이 매우 높기 때문에, 수양버들이 광범위하게 심어졌다.
B 대자연의 가장 아름다운 계절은 초목이 무성하고 만물이 소생하는 봄이다.
C 타이항산 위의 운치 있는 기이한 바위는 사람을 감탄해 마지않게 만든다.
D 이번 행사의 취지는 현지의 특색 있는 민속 풍경을 보여 줌으로써, 민족문화 브랜드를 만드는 것이다.

★即便 jíbiàn 접 설령 ~하더라도 [即便A，也B: 설령 A하더라도 B하다] | ★栽培 zāipéi 동 심어 가꾸다, 배양하다, 재배하다 | ★成本 chéngběn 명 원가, 자본금 | 较 jiào 부 비교적, 좀, 보다 | 且 qiě 접 게다가, 또한 | 成活 chénghuó 동 활착하다 | 率 lǜ 명 비율 | 垂柳 chuíliǔ 명 수양버들 | 广泛 guǎngfàn 형 광범(위)하다, 폭넓다, 두루 미치다 | ★种植 zhòngzhí 동 종식하다, 재배하다, 씨를 뿌리고 묘목을 심다 | 大自然 dàzìrán 명 대자연 | ★欣欣向荣 xīnxīn xiàngróng 성 (초목이) 무성하다, 무럭무럭 자라다 | 万物复苏 wànwù fùsū 성 만물이 소생하다 | 太行山 Tàiháng Shān 고유 타이항산, 태항산 [허베이성과 산시성의 접경지에 위치한 산] | 错落有致 cuòluò yǒuzhì 성 (사물의 배열이) 들쭉날쭉하면서 운치가 있다 | 奇 qí 형 기이하다 | 石 shí 명 돌 | 令 lìng 동 ~하게 하다, ~를 시키다 [令+대상+감정/행동] | 叹为观止 tànwéiguānzhǐ 성 감탄해 마지않다, 더할 나위 없다, 아주 훌륭하다 | 旨 zhǐ 명 취지 | ★展现 zhǎnxiàn 동 드러내다, 나타나다 | 当地 dāngdì 명 현지, 현장, 그 지방, 그곳 | 具 jù 동 가지다, 구비하다 [주로 추상적인 사물에 쓰임] | 特色 tèsè 명 특색, 특징 | 民俗 mínsú 명 민속, 민풍 | 风情 fēngqíng 명 풍향, 풍속 | 从而 cóng'ér 접 따라서, 이리하여, 그리하여 | 打造 dǎzào 동 제조하다, 만들다 | 品牌 pǐnpái 동 브랜드

7 A [주어+被+목적어+술어+기타성분]

泡玫瑰花茶时，水温很重要，因为水温会被影响花茶的口感和颜色。
→ 泡玫瑰花茶时，水温很重要，因为水温会影响花茶的口感和颜色。

'被'자 문장이 보기에 나오면 피동형으로 쓰이기 적합한 내용인지도 살펴봐야 한다. '水温(수온)'이 '口感和颜色(맛과 색깔)'에 영향을 받는 것이 아니라 영향을 주는 것이므로, 불필요하게 쓰인 '被'를 삭제해야 한다.

A 泡玫瑰花茶时，水温很重要，因为水温会被影响花茶的口感和颜色。
B 电视作为渗透率最高的强势媒体，对大众有着广泛而又深刻的影响。
C 徐霞客是明代杰出的地理学家、旅行家、文学家，也是伟大的爱国主义者。
D 广泛阅读好的文学作品，能够让人了解古今中外各时代、各社会的生活场景。

A 장미차를 우릴 때는 수온이 매우 중요하다. 수온이 꽃차의 맛과 색깔에 영향을 주기 때문이다.
B TV는 침투율이 가장 높은 강력한 매스컴으로, 대중에게 광범위하면서도 강한 영향력을 지닌다.
C 쉬샤커는 명대의 뛰어난 지리학자, 여행가, 문학가이자 위대한 애국주의자이다.
D 좋은 문학 작품을 폭넓게 읽는 것은 동서고금의 각 시대와 사회의 생활상을 알 수 있게 해 준다.

泡茶 pàochá 동 차를 우리다, 차를 끓이다 | 玫瑰花 méiguīhuā 명 장미꽃 | 水温 shuǐwēn 명 수온 | 花茶 huāchá 명 꽃차 | 口感 kǒugǎn 명 입맛, 식감 | 作为 zuòwéi 개 ~의 신분·자격으로서 [반드시 명사성 목적어를 취해야 함] | ★渗透 shèntòu 동 (액체가) 침투하다, 스며들다, 투과하다 | 强势 qiángshì 명 강한 세력 | 媒体 méitǐ 명 대중매체, 매스미디어 | 大众 dàzhòng 명 대중, 군중 | 深刻 shēnkè 형 (인상이) 깊다, (느낌이) 매우 강렬하다 | 徐霞客 Xú Xiákè 고유 쉬샤커 [중국 명나라 말기의 지리학자] | 明代 Míng dài 명나라 시대 | ★杰出 jiéchū 형 남보다 뛰어나다, 걸출하다 | 地理

学家 dìlǐ xuéjiā 명 지리학자 | 旅行家 lǚxíngjiā 명 여행가 | 文学家 wénxuéjiā 명 문학가, 문학자 | 伟大 wěidà 형 위대하다 | 爱国主义者 àiguó zhǔyìzhě 애국주의자 | 文学 wénxué 명 문학 | 作品 zuòpǐn 명 (문학, 예술) 작품 | 古今中外 gǔjīnzhōngwài 성 동서고금, 모든 시대, 모든 지역 | 时代 shídài 명 (역사상의) 시대 | 场景 chǎngjǐng 명 모습, 정경, 상황

8 A [受到表扬 칭찬을 받다]

他成绩提高得很快，遭到了老师的表扬。
→ 他成绩提高得很快，受到了老师的表扬。

'遭到(부닥치다, 당하다)' 뒤에는 대개 원하지 않는 일, 부정적인 일이 와야 한다. 그런데 '老师的表扬(선생님의 칭찬)'은 긍정적인 일이라서 '遭到'와는 어울리지 않으므로, '遭到'를 '受到'로 고쳐야 한다. '受到'는 긍정적인 일, 부정적인 일에 모두 사용할 수 있다.

- **受到** | 这场演出受到人们的关注。이 공연은 사람들의 관심을 받았다.
  科技的发展使环境受到[/遭到]了极大的破坏。과학기술의 발전은 환경이 크게 파괴당하게 했다.

A 他成绩提高得很快，遭到了老师的表扬。	A 그는 성적이 매우 빨리 올라 선생님의 칭찬을 받았다.
B 18世纪以后，世界人口的增长速度才明显加快起来。	B 18세기 이후에서야 세계 인구의 증가 속도가 현저히 빨라졌다.
C 长期以来，中国城市路面非"黑"即"白"，彩色路面还不太常见。	C 오랫동안 중국 도시의 도로는 '검정색' 아니면 '흰색'이었으며 컬러 도로는 그다지 자주 볼 수 없었다.
D 王教授虽然每天工作都非常忙，但是还是抽时间与大家一起学习。	D 왕 교수는 비록 매일 무척 바쁘지만 그래도 시간을 내어 사람들과 함께 공부한다.

遭到 zāodào 동 (불행이나 불리한 일을) 부닥치다, 당하다, 만나다 | 人口 rénkǒu 명 인구 | 增长 zēngzhǎng 동 증가하다, 늘어나다 [人口增长: 인구가 증가하다] | 明显 míngxiǎn 형 뚜렷하다, 분명하다, 확연히 드러나다 | 加快 jiākuài 동 빠르게 하다 | 起来 qǐlai 동 [(동사 뒤에 쓰여) 어떤 동작이 완성되거나 일정한 목적이 달성됨을 나타냄] | 长期 chángqī 명 장시간, 장기간 | 以来 yǐlái 명 동안, 이래 [长期以来: 오랫동안] | 非 fēi 동 ~가 아니다 | 即 jí 부 즉, 바로, 곧 | 彩色 cǎisè 채색, 천연색 | 常见 chángjiàn 형 늘 보이는, 흔히 보는, 신기할 것 없는 | 抽时间 chōu shíjiān 시간을 내다

독해 제1부분

10 유의어, 문맥에 맞지 않는 어휘

본서 p.162~163

track yuedu 21

• Day 37 1 C 2 D 3 A 4 B

1 C [A是B之一 A는 B 중의 하나이다]

中国是世界上天文学起步最早、发展最快的国家之一，天文学也是中国古代最发达的四门之一自然科学。
→ 中国是世界上天文学起步最早、发展最快的国家之一，天文学也是中国古代最发达的四门自然科学之一。

'A是B之一(A는 B 중의 하나이다)'는 상용 구문 중 하나로, 이때 '之一'는 문장 맨 뒤에 위치해야 한다.

A 在这种万分激动的情况下，你纵有千言万语，却也不知从何说起。	A 이렇게 대단히 감동적인 상황에서 당신은 천 마디 말이 있어도 어디서부터 말을 해야 할지 몰랐다.
B 北京说去过也去过，不过那一次只住了两天，没有留下什么印象。	B 베이징은 가 봤다고 하면 가 본 것이지만, 그때는 이틀만 머물러서 별다른 인상이 없다.
C 中国是世界上天文学起步最早、发展最快的国家之一，天文学也是中国古代最发达的四门之一自然科学。	C 중국은 세계에서 천문학의 시작이 가장 이르면서 발전이 가장 빠른 국가 중 하나이다. 천문학은 또한 중국 고대에서 가장 발전한 4개 자연과학 중 하나이다.
D 要想找一份好工作，一方面要努力提高自己各方面的能力，另一方面也要增加自己的实践经验。	D 좋은 일자리를 찾고 싶다면 한편으로는 각 분야에서 자신의 능력을 열심히 키워야 하고, 다른 한편으로는 자신의 실전 경험을 키우기도 해야 한다.

★**万分** wànfēn 부 대단히 | **纵有** zòngyǒu 접 설령 ~일지라도 | **千言万语** qiānyán wànyǔ 성 매우 많은 말 | **从何说起** cónghé shuōqǐ 어디서부터 말을 해야 하는가 | **天文学** tiānwénxué 명 천문학 | **起步** qǐbù 동 (어떤 일을) 시작하다 | **早** zǎo 형 이르다, 빠르다 | **之一** zhī yī ~(의) 하나 [A是B之一: A는 B 중 하나이다] | **古代** gǔdài 명 고대 | **发达** fādá 형 발달하다, 흥성하다 | **门** mén 양 과목, 가지 [학문, 기술 따위의 항목을 세는 데 쓰임] | **一方面** yìfāngmiàn 접 한편으로 ~하면서 [一方面A，另一方面B: 한편으로는 A하고 다른 한편으로는 B하다] | **实践** shíjiàn 명 실천, 실행

2 D [주어+却]

我虽然只去过两次上海，却上海人的友好与热情给我留下了非常深刻的印象。
→ 我虽然只去过两次上海，上海人的友好与热情却给我留下了非常深刻的印象。

'却'는 부사로, 주어 뒤에 위치해야 하므로 '却'를 주어 '上海人的友好与热情'과 개사구 '给我' 사이로 옮겨야 한다. [부사어 기본 어순: 부사+조동사+개사]

A 虽然不说话，可她眼神中暗含着的意思我是能够领会的。	A 비록 말은 안 했지만 그녀의 눈빛이 암시하는 의미를 나는 파악할 수 있었다.
B 她的服务态度特别好，不管什么样的客人，她总是热情耐心地接待。	B 그녀의 서비스 태도는 무척 좋다. 어떤 손님이든 그녀는 항상 친절하고 인내심 있게 대한다.
C 鱼群在水面上闪烁着点点银光，犹如夏日晴空中点缀的繁星。	C 물고기 떼가 수면 위에서 반짝이는 은빛을 띠는 것은 마치 여름의 청명한 하늘을 장식한 별과 같다.
D 我虽然只去过两次上海，却上海人的友好与热情给我留下了非常深刻的印象。	D 나는 비록 상하이에 두 번 가 봤지만, 상하이 사람의 우호성과 친절함은 나에게 깊은 인상을 남겼다.

★**眼神** yǎnshén 명 눈빛 | **暗含** ànhán 동 어떤 의미를 함축하다 | ★**领会** lǐnghuì 동 파악하다 | **服务** fúwù 명 서비스 | **接待** jiēdài 동 접대하다 | **鱼群** yúqún 명 물고기 떼 | **水面** shuǐmiàn 명 수면 | ★**闪烁** shǎnshuò 동 반짝이다 | ★**犹如** yóurú 동 마치 ~와 같다 [≒好像] | **夏日** xiàrì 명 여름 | **晴空** qíngkōng 명 맑은 하늘 | ★**点缀** diǎnzhuì 동 단장하다, 장식하다 | **繁星** fánxīng 명 무수한 별 | **上海** Shànghǎi 고유 상하이 | **留下** liúxià 동 남기다 | **深刻** shēnkè 형 (인상이) 깊다

3 A [向/跟A打招呼 A에게 인사하다]

中国人看我是黄头发的外国人，都打招呼我，他们都特别热情和友好。
→ 中国人看我是黄头发的外国人，都向我打招呼，他们都特别热情和友好。
→ 中国人看我是黄头发的外国人，都跟我打招呼，他们都特别热情和友好。

동사 '打招呼'는 이합동사라서 뒤에 목적어가 올 수 없기 때문에, 반드시 개사 '向'이나 '跟'과 함께 써서 '向/跟A打招呼'라고 표현해야 한다.

A 中国人看我是黄头发的外国人，都打招呼我，他们都特别热情和友好。	A 중국인들은 내가 노란 머리 외국인인 것을 보고 모두 내게 인사를 했다. 그들은 다들 무척 친절하고 우호적이다.
B 她在这座城市工作了四十多年，直到退休以后才回到自己的家乡。	B 그녀는 이 도시에서 40여 년을 일하고 퇴직할 때가 되어서야 고향으로 돌아갔다.
C 那时女儿刚毕业参加工作，很难有空回家，家中不免冷冷清清的。	C 그때 딸은 막 졸업하고 일을 하기 시작해서 집에 돌아올 시간을 내기가 정말 힘들었고, 집은 썰렁할 수밖에 없었다.
D 节目之所以以瓷器为主题，是因为瓷器文化在中国源远流长，具有十分广泛的群众基础。	D 프로그램이 도자기를 주제로 한 이유는 도자기 문화가 중국에서 유구한 역사를 가지고 있어 폭넓은 대중적 지지 기반이 있기 때문이다.

黄 huáng 명 노란색 | **外国人** wàiguórén 명 외국인 | **直到** zhídào 동 줄곧 ~까지 | **退休** tuìxiū 동 퇴직하다 | **回到** huídào 동 되돌아가다 | **家乡** jiāxiāng 명 고향 | **空** kòng 명 시간, 틈 | ★**不免** bùmiǎn 동 면할 수 없다 | **冷冷清清** lěngleng qīngqīng 몹시 쓸쓸하다 | **之所以** zhīsuǒyǐ 접 ~의 이유 [之所以A是因为B: A한 까닭은 B 때문이다] | **瓷器** cíqì 명 도자기 | **主题** zhǔtí 명 주제 | **源远流长** yuányuǎn liúcháng 성 역사가 유구하다 | **具有** jùyǒu 동 지니다 | **广泛** guǎngfàn 형 폭넓다 | ★**群众** qúnzhòng 명 대중 | **基础** jīchǔ 명 기반

4 B [素有A之称 (원래부터) A라고 불리다 / 素有A的美名 (원래부터) A라는 아름다운 이름이 있다]

华清池素有"天下第一温泉"之称的美名，是中国汉语典籍中有文字记载、开发利用最早的温泉。
→ 华清池素有"天下第一温泉"之称，是中国汉语典籍中有文字记载、开发利用最早的温泉。
→ 华清池素有"天下第一温泉"的美名，是中国汉语典籍中有文字记载、开发利用最早的温泉。

동사 '素有'와 호응하는 어휘 '之称'과 '美名'이 중복으로 사용된 문장으로, 둘 중에 하나만 사용해야 한다. '素有A之称'과 '素有A的美名' 모두 고정격식이므로, 꼭 기억해 두도록 하자!

A 近十几年来，欧洲一些风能资源较为丰富的国家加大了风电开发的力度。	A 최근 십여 년 동안 풍력 자원이 비교적 풍부한 유럽의 일부 국가들이 풍력발전 개발 역량을 더욱 확대했다.
B 华清池素有"天下第一温泉"之称的美名，是中国汉语典籍中有文字记载、开发利用最早的温泉。	B 화칭츠는 '천하 제일의 온천'이라고 불리며, 중국 한어 고서에 기재되고, 최초로 개발되어 이용된 온천이다.
C 蜂蜜被誉为"大自然中最完美的营养食品"，具有延年益寿的功效。	C 벌꿀은 '대자연에서 가장 완벽한 영양 식품'이라 불리며 장수의 효능을 가지고 있다.
D 他想起了他的女儿，话又停了，手指颤抖着，能够看出他的心情很激动。	D 그는 그의 딸을 떠올리곤 말을 또 멈추었다. 손가락이 떨리고 있어 그의 격한 감정을 엿볼 수 있었다.

欧洲 Ōuzhōu 고유 유럽 | **风能** fēngnéng 명 (에너지로 이용되는) 풍력 | **资源** zīyuán 명 자원 | **较为** jiàowéi 부 비교적 [같은 종류의 사물과 비교해서 한 단계 위임을 나타냄] | **加大** jiādà 동 확대하다, 늘리다 | **风电** fēngdiàn 명 풍력발전 | **开发** kāifā 동 (자연 자원을) 개발하다, 개척하다 | **力度** lìdù 명 역량, 힘, 기력 [加大力度: 역량을 확대하다] | **华清池** Huáqīngchí 고유 화칭즈 [중국 시안에 위치한 온천] | **素有** sùyǒu 동 원래부터 있는, 평소에 있는 | **天下** tiānxià 명 천하 | **温泉** wēnquán 명 온천 | **称** chēng 동 ~라고 부르다 | **典籍** diǎnjí 명 고서, 전적 | ★**记载** jìzǎi 동 기재하다, 기록하다 명 기록 | **蜂蜜** fēngmì 명 벌꿀 | **誉为** yùwéi ~라고 칭송되다, ~라고 불리다 | **大自然** dàzìrán 명 대자연 | **完美** wánměi 형 매우 훌륭하다, 완전하여 흠잡을 데가 없다, 완전무결하다 | **营养** yíngyǎng 명 영양 | **食品** shípǐn 명 식품 | **具有** jùyǒu 동 지니다, 가지다, 있다 | **延年益寿** yánnián yìshòu 성 장수하다 | ★**功效** gōngxiào 명 효능, 효과 | **手指** shǒuzhǐ 명 손가락 | ★**颤抖** chàndǒu 동 부들부들 떨다, 와들와들 떨다, 덜덜 떨다, 벌벌 떨다 | **看出** kànchū 동 알아차리다

• Day 38 5 B 6 B 7 D 8 B

5 B [随着+시간/발전/개선]

虽然随着时间的推移，如今现存于世的藏书阁已为数不多了。
→ 随着时间的推移，如今现存于世的藏书阁已为数不多了。

불필요한 접속사가 사용된 문장으로, 개사구에 쓰인 접속사 '虽然'을 삭제해야 한다. 문맥상으로도 전환을 나타내는 내용이 아니다.

A 中原大地是华夏民族文化的摇篮，有着辉煌灿烂的历史。
B 虽然随着时间的推移，如今现存于世的藏书阁已为数不多了。
C 脑子累的时候，欣赏片刻轻松愉快的歌曲，大脑疲劳就会消失。
D 老年人想要实现健康长寿的愿望的话，离不开科学的饮食和规律的生活。

A 중원 대지는 중화민족 문화의 요람이며 휘황찬란한 역사를 가지고 있다.
B 시간의 변화에 따라, 오늘날 세상에 현존하는 장서각은 이미 그 수가 많지 않다.
C 뇌가 피곤할 때 잠시 가볍고 유쾌한 음악을 감상하면 뇌의 피로가 사라질 것이다.
D 노인이 건강하게 장수하는 꿈을 실현하고 싶다면 과학적인 식습관과 규칙적인 생활은 필수이다.

中原 Zhōngyuán 고유 중원 [황허강 중상류의 남북 양안 지대를 지칭] | **大地** dàdì 명 대지, 땅 | **华夏** Huáxià 고유 [중국의 옛 명칭] | **摇篮** yáolán 명 요람 | ★**辉煌** huīhuáng 형 (빛이) 휘황찬란하다, 눈부시다 | ★**灿烂** cànlàn 형 찬란하다, 눈부시다 | **推移** tuīyí 명 (시간·형세·기풍 등의) 변화, 추이 | **如今** rújīn 명 (비교적 먼 과거에 대하여) 오늘날, 현재 | **现存** xiàncún 동 현존하다 | **于** yú 개 ~에 | **世** shì 명 세계, 천하, 세상, 사회 | **藏书阁** cángshūgé 명 장서각 [황실의 자료를 보관하던 곳] | **为数不多** wéishù bùduō 성 그 수가 많지 않다 | **脑子** nǎozi 명 뇌 | **欣赏** xīnshǎng 동 감상하다 | ★**片刻** piànkè 명 잠깐, 잠시 | **歌曲** gēqǔ 명 노래 | **大脑** dànǎo 명 대뇌 | **疲劳** píláo 형 피곤하다 | **消失** xiāoshī 동 자취를 감추다, 모습을 감추다, 사라지다 | **实现** shíxiàn 동 실현하다, 달성하다 | **长寿** chángshòu 형 장수하다, 오래 살다 | **愿望** yuànwàng 명 희망, 바람 [实现愿望: 희망을 실현하다] | ★**饮食** yǐnshí 동 음식을 먹고 마시다 | **规律** guīlǜ 명 규칙, 규율

6 B [A是B A는 B이다 (A와 B는 동격 / A: 특정 대상, B: A에 대한 설명)]

绍兴是很多名人的故乡，如鲁迅、蔡元培、周恩来等都是绍兴。
→ 绍兴是很多名人的故乡，如鲁迅、蔡元培、周恩来等都是绍兴人。

'A是B' 문형인데 A와 B가 동격으로 호응하지 않는 문장이다. '鲁迅(루쉰)、蔡元培(차이위앤페이)、周恩来(저우언라이)' 등은 모두 인물인데, '是' 뒤를 '绍兴(사오싱)'이라는 지역 이름으로 끝내면 호응이 맞지 않는다. 호응 관계를 고려하여, '绍兴(사오싱)'을 '绍兴人(사오싱 사람)'으로 바꿔야 한다.

A 我们需要学会分享快乐，这样才可以得到更多的快乐。
B 绍兴是很多名人的故乡，如鲁迅、蔡元培、周恩来等都是绍兴。
C 若将语言比作高楼大厦，那构筑这座大厦的材料就是词汇。
D 戏曲表演在长期发展的过程中，逐渐形成唱、念、做、打等多种艺术手段。

A 우리는 즐거움을 나누는 법을 배워야 한다. 이렇게 해야만 더 많은 행복을 얻을 수 있다.
B 사오싱은 많은 유명인의 고향이다. 예를 들어 루쉰, 차이위앤페이, 저우언라이가 모두 사오싱 사람이다.
C 만약 언어를 마천루에 빗댄다면, 이 건물을 구성하는 자재가 바로 단어다.
D 희곡 공연은 오랜 기간 발전하는 과정에서 점차 창(唱), 대사(念), 연기(做), 무술(打) 등의 여러 가지 예술 기법을 형성했다.

分享 fēnxiǎng 동 (기쁨·행복·좋은 점 등을) 공유하다, 함께 나누다 | **得到** dédào 동 얻다, 획득하다, 취득하다 | **绍兴** Shàoxīng 고유 사오싱 [중국 저장성에 위치한 도시] | ★**故乡** gùxiāng 명 고향 | **鲁迅** Lǔ Xùn 고유 루쉰 [중국 현대의 저명한 문학가, 사상가 겸 혁명가] | **蔡元培** Cài Yuánpéi 고유 차이위앤페이 [중국 근대의 교육자] | **周恩来** Zhōu Ēnlái 고유 저우언라이 [항일전, 문화대혁명 때 요직을 맡은 중국의 정치가] | **若** ruò 접 만약, 만일 | **将** jiāng 개

~를 [=把] | **高楼大厦** gāolóu dàshà 명 마천루, 고층빌딩 | **构筑** gòuzhù 동 구축하다 | **词汇** cíhuì 명 어휘 | **戏曲** xìqǔ 명 희곡 | **长期** chángqī 명 긴 시간 | **逐渐** zhújiàn 부 점점, 점차 | **形成** xíngchéng 동 형성되다, 이루어지다 | **多种** duōzhǒng 여러 가지 | **手段** shǒuduàn 명 수법, 수단, 방법

7 D [A比B得多 A는 B보다 훨씬 ~하다]

市场的东西比商场的非常便宜，所以我们常去市场买东西。
→ 市场的东西比商场的便宜得多，所以我们常去市场买东西。

'比'자문에서는 술어 앞에 '更' '还' 외에 다른 정도부사는 쓸 수 없다. '更' '还'를 쓰지 않고 '훨씬, 매우'라는 정도를 표현하고 싶다면, 술어 뒤에 '得多' '多了' 등의 정도보어를 붙여야 한다.

A 文字虽然是无声的，却可以生动地刻画有声的音乐。
B 把一捧盐放到一杯水中，杯子里的水平面不仅不会升高，反而会有所降低。
C 如果在阴雨连绵的天气里，南瓜蔓梢由下垂转为上翘，那就说明阴雨天气即将要结束了。
D 市场的东西比商场的非常便宜，所以我们常去市场买东西。

A 문자는 소리가 없는데도 오히려 소리가 있는 음악을 생동감 있게 새길 수 있다.
B 소금 한 줌을 물 한 컵에 넣으면 컵의 수평면이 올라가지 않을 뿐만 아니라 도리어 다소 낮아질 것이다.
C 만약 비가 계속 내리는 날씨에 호박 덩굴의 끝부분이 아래로 늘어졌다 위로 들린다면 비가 곧 그칠 것을 의미한다.
D 시장의 물건은 쇼핑몰보다 훨씬 저렴해서 우리는 종종 시장에 가서 물건을 산다.

文字 wénzì 명 문자 | **无声** wúshēng 형 소리가 없다 | **生动** shēngdòng 형 생동감 있다, 생동하다, 생생하다 | **刻画** kèhuà 동 새기거나 그리다 | **捧** pěng 양 움큼 | **水平面** shuǐpíngmiàn 명 수평면 | **升高** shēnggāo 동 위로 오르다, 높이 오르다 | **反而** fǎn'ér 부 오히려, 도리어 | **有所** yǒusuǒ 동 다소 ~하다, 어느 정도 ~하다 [뒤에 주로 쌍음절 동사를 동반함] | **阴雨** yīnyǔ 명 장마 | **连绵** liánmián 형 (산맥·강·눈·비 등이) 그치지 않다, 끊이지 않다 | **南瓜** nánguā 명 호박 | **蔓** wàn 명 (식물의) 덩굴, 넝쿨 | **梢** shāo 명 (가늘고 긴 물건의) 끝부분 | **下垂** xiàchuí 동 축 늘어지다, 아래로 드리워지다 | **转为** zhuǎnwéi 동 전환되다 | ★**翘** qiào 동 치켜들다 | ★**即将** jíjiāng 부 곧, 머지않아 | **市场** shìchǎng 명 시장 | **商场** shāngchǎng 명 쇼핑몰, 쇼핑 센터

8 B [避免+안 좋은일]

为了避免今后类似事件不再发生，小区保安采取了切实有效的安全措施。
→ 为了避免今后类似事件再次发生，小区保安采取了切实有效的安全措施。

동사 '避免(피하다)' 뒤에 부정부사가 쓰였다면, 혹시 부정부사로 인해 안 좋은 상황이 좋은 상황으로 반전되지는 않았는지 확인해야 한다. 이 문장에서는 '不再'를 '再次(다시, 재차)'로 바꾸는 것이 적절하다.

A 每个人在不同的时期，对于成功的理解也许都是不同的。
B 为了避免今后类似事件不再发生，小区保安采取了切实有效的安全措施。
C 在轻工产品的众多发明当中，电炉的发明者是一名新闻记者，这也算得上是一则"新闻"吧。
D 李夫人丧子后又得一女，无论是从母性本能还是从自身权益出发，她对荣儿都会宠爱有加的。

A 사람들은 다 다른 시기에 있어서, 성공에 대한 이해도 다를 수 있다.
B 앞으로 비슷한 일이 다시 발생하는 것을 막기 위해서 아파트 경비원은 확실하고 효과적인 안전 조치를 취했다.
C 경공업 상품의 수많은 발명 중에서 전기난로의 발명자는 한 뉴스 기자였다. 이것 역시 하나의 '뉴스'라 할 수 있지 않을까.
D 리 부인은 아들이 죽은 후, 딸을 얻었다. 모성 본능인지 자신의 권리와 이익에서 나온 것인지는 몰라도 룽얼을 더욱더 총애했다.

时期 shíqī 명 (특정한) 시기 | **避免** bìmiǎn 동 피하다, 면하다 | **今后** jīnhòu 명 앞으로, 지금 이후부터 | ★**类似** lèisì 형 유사하다, 비슷하다 | ★**事件** shìjiàn 명 사건 | **再次** zàicì 부 재차, 거듭 | **小区** xiǎoqū 명 주택단지, 주택 지구 | **保安** bǎo'ān 명 경비원 | **采取** cǎiqǔ 동 (방침·수단·정책·조치·형식·태도 등을) 취하다, 채택하다, 강구하다 | ★**切实** qièshí 형 확실하다 | **有效** yǒuxiào 형 효과가 있다, 유효하다, 유용하다 | **措施** cuòshī 명 조치, 대책 | **轻工** qīnggōng 명 경공업 | **产品** chǎnpǐn 명 생산품, 제품 | **众多** zhòngduō 형 매우 많다 | **电炉** diànlú 명 전기난로 | **发明者** fāmíngzhě 명 발명자 | **算得上** suàndeshàng 동 ~라고 할 수 있다 | **则** zé 양 편, 조항, 문제, 토막 | ★**夫人** fūrén 명 부인 [보통 사람의 아내에 대한 존칭] | **丧** sàng 동 죽다 | **母性** mǔxìng 명 모성 | **自身** zìshēn 명 자신 | **权益** quányì 명 권리와 이익 | **荣儿** Róng'ér 고유 룽얼 [인명] | **宠爱** chǒng'ài 동 총애하다

01 고정격식

본서 p.172~173

track yuedu 23

• Day 02 **1** B **2** C

1 B

빈칸 1 '相比(비교하다)'와 호응할 수 있는 개사는 보기 중 '和, 与, 跟'으로 '和/与/跟A相比(A와 비교하다)'라는 고정격식을 만들 수 있다.

A 和 hé 개 ~와 [A和B见面/相比/不同: A는 B와 만나다/비교하다/다르다]

B 与 yǔ 개 ~와 [A与B见面/相比/不同: A는 B와 만나다/비교하다/다르다]
今年冬天与去年相比，下雪的次数增多了。올 겨울은 작년과 비교하면 눈이 내린 횟수가 증가했다.

C 为 wèi 개 ~에게, ~ 때문에 [为A(대상)提供B: A에게 B를 제공하다 | 为A相比(×)]

D 跟 gēn 개 ~와 [A跟B见面/相比/不同: A는 B와 만나다/비교하다/다르다]

빈칸 2 빈칸 앞의 '生理(생리)'와 함께 쓸 수 있으며 양사 '项(가지, 항목)'과도 호응하는 어휘는 '器官(기관)'뿐이다. '细胞(세포)'와 호응하는 양사는 '个(개)'이므로 답이 될 수 없다. '生理器官(생리기관)'은 하나의 표현으로 외워 두자.

A 细胞 xìbāo 명 세포
B 器官 qìguān 명 (생물체의) 기관
C 知觉 zhījué 명 지각, 감각
D 性能 xìngnéng 명 성능

빈칸 3 보기 어휘 모두 '주다'라는 의미와 관련이 있다. '授予(수여하다)'는 학위, 명예 등과 함께 쓰이고 '传递(전달하다)'는 차례차례 건네는 것을 의미하며, '教授(전수하다)'는 지식이나 기능을 가르쳐 전수하는 것으로 세 어휘 모두 의식적인 행위이다. 하지만 '赋予(부여하다)'는 자연이나 신이 부여했다는 비인위적인 행위의 뜻을 포함하므로 주어인 '自然和本能(자연과 본능)'과 호응할 수 있다.

A 授予 shòuyǔ 동 (훈장·상장·명예·학위 등을) 수여하다, 주다
授予学位 학위를 수여하다 | 授予奖励 표창을 수여하다 | 授予AB的称号 A에게 B라는 칭호를 수여하다

B 赋予 fùyǔ 동 (중대한 임무나 사명 등을) 부여하다, 주다
赋予权力 권한을 부여하다 | 赋予意义 의미를 부여하다 | 赋予使命 사명을 부여하다

C 传递 chuándì 동 (차례차례) 전달하다, 전하다, 건네다
传递消息 소식을 전달하다 | 传递知识 지식을 전달하다 | 传递感情 감정을 전하다

D 教授 jiāoshòu 동 (지식이나 기능을) 전수하다, 교수하다
教授技能 솜씨를 전수하다 | 教授知识 지식을 전수하다

与动物相比，人是以最孱弱和无助的姿态来到这个世界的。人类的各项生理器官都需要比动物更长的时间来完善。此外，我们还要从环境中不断学习自然和本能所没有赋予我们的生存技能。

동물과 비교하면 인간은 가장 약하고 도움이 되지 않는 모습으로 이 세상에 온다. 인간의 각 생리기관은 동물보다 더 긴 시간을 들여 완벽하게 해야 한다. 이 밖에 우리는 환경으로부터 끊임없이 자연과 본능이 부여하지 않은 생존 기능을 습득해야 한다.

A	和(○)	细胞(×)	授予(×)	A ~와 / 세포 / 수여하다
B	与	器官	赋予	B ~와 / 기관 / 부여하다
C	为(×)	知觉(×)	传递(×)	C ~에게 / 지각 / 전달하다
D	跟(○)	性能(×)	教授(×)	D ~와 / 성능 / 전수하다

相比 xiāngbǐ 동 비교하다, 견주다 [与……相比: ~와 비교하다] | **孱弱** chánruò 형 (신체가) 허약하다, 연약하고 무능하다 | **无助** wúzhù 동 ~에 도움이 되지 않다, 도움이 없다 | ★**姿态** zītài 명 모습, 자태 | **人类** rénlèi 명 인간, 인류 | **项** xiàng 양 항, 조목, 조항 | ★**生理** shēnglǐ 명 생리 | **完善** wánshàn 형 완벽하다, 완전하다 | **此外** cǐwài 접 이 밖에, 이 외에 | **不断** búduàn 부 끊임없이, 계속해서 | ★**本能** běnnéng 명 본능 | **所** suǒ 조 동사 앞에 '~+동사' 형태로 쓰여, 그 동사와 함께 명사적 성분이 됨 | ★**生存** shēngcún 명 생존 | **技能** jìnéng 명 기능, 솜씨

2 C

빈칸 1 빈칸 뒤의 '来说'를 보고 고정격식 '对(于)A来说'를 떠올려야 한다. '对于'는 어떤 특정한 대상에 대해서 설명할 때 사용한다.

A 关于 guānyú 개 ~에 대해, ~에 관해 [关于A的B: A에 대한 B]
导演向记者们介绍了关于新影片的一些内容。감독은 기자들에게 새로운 영화의 내용에 대해 소개했다.

B 有关 yǒuguān 동 관계가 있다 [跟A有关: A와 관계가 있다]
在公司，所有跟电脑有关的问题，我们都会问顺美老师。
회사에서 모든 컴퓨터와 관계 있는 문제는, 우리는 모두 순미 선생님에게 묻는다.

C 对于 duìyú 개 ~에 대하여, ~에 대해서 [对(于)A来说: A에 대해 말하자면]
对于南老师来说，学生永远是第一位的。남 선생님에 대해 말하자면 학생들이 항상 최우선이다.

D 至于 zhìyú 개 ~로 말하면 [화제를 바꾸거나 제시할 때 쓰임]
熊猫是素食动物，至于熊，则完全是肉食动物。
판다는 채식 동물인데, 곰에 대해 말하자면 오히려 완전히 육식 동물이다.

빈칸 2 앞 문장에서 '열쇠의 문구'가 게으른 사람에게는 좌우명이 된다고 했고, 문장부호 ';'이 빈칸의 뒤 문장과 구분됨을 표시하고 있다. 좌우명과 반대되는 의미의 보기는 '警示(경고하다)'이다.

A 激励 jīlì 동 격려하다, 북돋워 주다
激励A(사람) A를 격려하다 | 互相激励 서로 격려하다 | 自我激励 자기 격려

B 示意 shìyì 동 (동작·표정·함축된 말 등으로) 의사를 나타내다, 뜻을 표시하다
点头示意 고개를 끄덕여 의사를 표시하다 | 示意图 약도

C 警示 jǐngshì 동 경고하다, 계시하다 명 경고
给予警示 경고를 주다 | 起到警示作用 경고하는 역할을 하다 | 警示系统 경보 시스템

D 赞颂 zànsòng 동 찬양하다, 찬송하다
赞颂A(사람) A를 찬양하다 | 赞颂祖国 조국을 찬양하다 | 对A进行赞颂 A에 대해 찬양하다

빈칸 3 빈칸 문장은 '如果A, 就B'의 가정문으로, A로 인해 B라는 결과가 나타난다는 의미이다. A는 '不尽情发挥自己的才能(자신의 재능을 열심히 발휘하지 않다)'이며, 이로 인한 결과는 뒤의 '生锈(녹슬다)' '成为废物(폐물이 되다)'와 상통하는 것이어야 한다. 그러므로 문맥상 자연스러우면서 빈칸 뒤의 '钥匙(열쇠)'를 수식할 수 있는 보기는 '遗弃(내버리다)'와 '舍弃(버리다)'이다.

A 蔑视 mièshì 동 멸시하다, 깔보다
蔑视的态度 멸시하는 태도 | 蔑视他人 타인을 멸시하다 | 遭到蔑视 멸시받다

B 放弃 fàngqì 동 (권리나 주장·의견 등을) 포기하다, 버리다
放弃机会 기회를 포기하다 | 放弃权利 권리를 포기하다 | 轻易放弃 함부로 버리다

C 遗弃 yíqì 동 내버리다, 포기하다
被遗弃 버려지다 | 遗弃财物 재물을 버리다

D 舍弃 shěqì 동 (주로 눈에 보이지 않는 것을) 버리다, 포기하다
舍弃生命 생명을 버리다 | 舍弃家庭 가정을 버리다 | 舍弃不必要的内容 불필요한 내용을 버리다

一把铁钥匙上刻有一段文字："我休息的话，就会生锈。"对于懒惰的人来说这句话可以作为座右铭；同时对于勤奋的人来说这也是警示。如果人不尽情发挥自己的才能，就会像被遗弃的铁钥匙一样，渐渐生锈，成为废物。

A 关于(×) 激励(×) 蔑视(×)
B 有关(×) 示意(×) 放弃(×)
C 对于 警示 遗弃
D 至于(×) 赞颂(×) 舍弃(○)

쇠 열쇠 위에 문구 한 줄이 새겨져 있었다. "내가 쉬면 녹슬게 된다." 게으른 사람에게 이 글귀는 좌우명이 될 수 있고, 동시에 부지런한 사람에게 이것은 경고이기도 하다. 만약 사람이 자신의 재능을 열심히 발휘하지 않는다면, 마치 버려진 쇠 열쇠처럼 점점 녹슬어서 폐물이 될 것이다.

A ~에 관해 / 격려하다 / 멸시하다
B 관계가 있다 / 의사를 나타내다 / 포기하다
C ~에 대하여 / 경고하다 / 내버리다
D ~로 말하면 / 찬양하다 / 버리다

铁 tiě 명 쇠, 철 | **文字** wénzì 명 문자, 글자 | ★**生锈** shēngxiù 동 녹이 슬다, 부식되다 | ★**懒惰** lǎnduò 형 게으르다, 나태하다 | **A来说** A láishuō A 말하자면 [对于A来说: A에게 있어서] | **作为** zuòwéi 동 ~로 삼다, ~로 여기다 | ★**座右铭** zuòyòumíng 명 좌우명 | **勤奋** qínfèn 형 부지런하다, 꾸준하다, 열심히 하다 | **尽情** jìnqíng 부 한껏, 하고 싶은 바를 다하여 | **发挥** fāhuī 동 발휘하다 | **才能** cáinéng 명 재능, 솜씨 | **渐渐** jiànjiàn 부 점점, 점차 | **废物** fèiwù 명 폐물, 폐품

track yuedu 24

Day 05 3 A 4 C 5 B

3 A

빈칸 1 첫 번째 문장에서 '蚕丝(실크)'가 옷을 만드는 재료인 것을 알 수 있고, 이어지는 '不仅仅能……还可以……(~뿐만 아니라 ~도 할 수 있다)'로 설명하는 문장에서는 '蚕丝'의 특성에 대해 이야기하고 있으므로 보기 중 '用途(용도)' '优点(장점)' '特点(특징)'이 답이 될 수 있다. '职位(직위)'는 '사물'이 아닌 '사람'과 주로 함께 쓰인다.

A 用途 yòngtú 명 용도
B 优点 yōudiǎn 명 장점, 우수한 점
C 职位 zhíwèi 명 직위, 직무상의 지위
D 特点 tèdiǎn 명 특징, 특색, 특점

빈칸 2 빈칸 뒤의 '生物体(생물체)'와 같이 쓸 수 있는 어휘는 보기 중 '消融(용해되다)'과 '渗入(스며들다)' '融解(녹다)'이다.

A 消融 xiāoróng 동 녹다, 용해되다
冰雪消融 얼음과 눈이 녹다 | 积雪消融 쌓인 눈이 녹다

B 腐化 fǔhuà 동 (사상·행위가) 부패하다, 타락하다
贪污腐化 횡령하고 부패하다 | 腐化人心 마음을 타락시키다

C 渗入 shènrù 동 (액체가) 스며들다, (어떤 사상이나 세력이) 침투하다, 영향을 끼치다
雨水渗入大地 빗물이 땅에 스며들다 | 渗入体内 체내에 스며들다 | 渗入内心 마음에 침투하다

D 融解 róngjiě 동 녹다, 융해하다
积雪融解 쌓인 눈이 녹다 | 结冰融解 얼음이 녹다

빈칸 3 빈칸 뒤 동태조사 '着'와 함께 쓸 수 있는 것은 보기 중 '意味(의미하다)'와 '预示(예고하다)'이다. 하지만 앞뒤 문맥상 예측의 의미는 없으므로 '意味着(~를 의미하다)'를 써야 한다. '意味着'는 6급 필수 어휘로, 시험에 자주 나오니 꼭 기억하도록 하자.

A 意味 yìwèi 동 의미하다 [일반적으로 조사 '着'와 함께 쓰임]
工资高并不意味着生活很幸福。 월급이 높다는 것이 결코 생활이 행복한 것을 의미하는 것은 아니다.

B 体现 tǐxiàn 동 구현하다, 구체적으로 드러내다

C 比方 bǐfang 동 비유하다, 예를 들다

D 预示 yùshì 동 예시하다, 예시되다

빈칸 4 빈칸 뒤 개사 '于'와 함께 쓸 수 있는 것은 보기 중 '有利(유리하다)'뿐이며, '有利于(~에 도움이 되다)'라는 격식으로 자주 쓰인다. 또한, 문맥상 '可以被自然环境降解(자연환경에 의해 분해될 수 있다)'는 내용은 곧 빈칸 뒤의 '环境保护(환경보호)'에 '도움이 된다'고 볼 수 있다.

A 有利 yǒulì 형 유리하다 [有利于: ~에 도움이 되다]
坚持学习汉语有利于找工作。 중국어를 꾸준히 공부하는 것은 직업을 구하는 데 도움이 된다.

B 优秀 yōuxiù 형 (품행이나 학업·성적 등이) 우수하다, 아주 뛰어나다
优秀的成绩 우수한 성적 | 优秀的作品 훌륭한 작품

C 优胜 yōushèng 형 우월하다, 우수하다 명 우승
优胜劣汰 우승열패하다 | 获得优胜 우승을 차지하다

D 方便 fāngbiàn 형 편리하다, 사정 좀 봐 주세요 [관용적으로 쓰는 말]
交通方便 교통이 편리하다 | 购物方便 쇼핑이 편리하다

蚕丝除了可以制作服装外，还有许多别的用途。研究人员指出：蚕丝不仅仅能消融在生物体里，还可以被自然环境降解。这就意味着，利用蚕丝能够制作日常用品，例如水杯，和聚苯乙烯水杯相比，用蚕丝做成的水杯更有利于保护环境。

실크는 옷을 만들 수 있는 것 외에도 많은 다른 용도를 갖추고 있다. 연구진들은 실크가 생물의 체내에서 녹을 뿐만 아니라 또한 자연환경에 의해 분해될 수도 있다고 밝혔다. 이는 실크를 이용하여 일상 생활용품, 예를 들면 물컵을 만들 수 있으며 폴리스티렌 물컵과 비교했을 때, 실크로 만든 물컵이 환경보호에 더 도움이 된다는 것을 의미한다.

A	用途	消融	意味	有利
B	优点(○)	腐化(×)	体现(×)	优秀(×)
C	职位(×)	渗入(○)	比方(×)	优胜(×)
D	特点(○)	融解(○)	预示(○)	方便(×)

A 용도 / 녹다 / 의미하다 / 유리하다
B 장점 / 부패하다 / 구현하다 / 우수하다
C 직위 / 스며들다 / 비유하다 / 우월하다
D 특징 / 녹다 / 예시하다 / 편리하다

蚕丝 cánsī 명 실크, 명주실 | **制作** zhìzuò 동 제작하다 | **服装** fúzhuāng 명 복장, 의류, 의상 | **研究人员** yánjiū rényuán 연구원 | **指出** zhǐchū 동 지적하다, 밝히다, 가리키다 | **不仅仅** bùjǐnjǐn ~뿐만이 아니다 | ★**生物** shēngwù 명 생물 | **体** tǐ 명 몸, 신체 | **降解** jiàngjiě 동 분해되다 | **利用** lìyòng 동 이용하다 | **能够** nénggòu 조동 ~할 수 있다 | **日常** rìcháng 형 일상적인, 평소의, 일상의 | **用品** yòngpǐn 명 용품, 도구 | **水杯** shuǐbēi 명 물컵 | **聚苯乙烯** jùběnyǐxī 명 폴리스티렌 [스타이렌을 중합하여 만드는 무색투명한 합성수지] | **相比** xiāngbǐ 동 비교하다, 견주다 [A和B相比: A와 B를 비교하다] | **更加** gèngjiā 부 더욱, 더, 훨씬

4 C

빈칸 1 빈칸 뒤에 있는 개사구 '于宋朝(송나라 시기에)'를 통해 주어 '葫芦画(조롱박 그림)'는 송나라 시기에 생겨났다는 것을 알 수 있다. 개사 '于'와 호응하면서 문맥에 어울리는 보기는 '起源(기원하다)'이다. '起源于(~에서 기원하다)'는 HSK 6급 전 영역에서 자주 나오는 표현이므로 잘 외워 두자.

A 开设 kāishè 동 (학과목을) 개설하다, (공장이나 점포를) 설립하다

B 创制 chuàngzhì 동 (문자나 법률 등을) 창제하다

C 起源 qǐyuán 동 기원하다
糖葫芦起源于老北京。탕후루는 옛 베이징에서 기원한다.

D 开辟 kāipì 동 창립하다, 열다, 개척하다

빈칸 2 빈칸 앞뒤에 제시된 '宝葫芦(소중한 조롱박)' '吉祥之物(길운의 상징)'는 '葫芦画(조롱박 그림)'를 찬양하는 호칭이므로, 빈칸에는 '美誉(명성)'가 들어가는 것이 적합하다. 다른 보기들도 뜻은 비슷하지만 '호칭'의 의미를 내포하고 있지 않기 때문에 답이 될 수 없다. '有A的美誉(A라는 명성을 가지고 있다)'라는 고정격식을 알면 쉽게 풀 수 있는 문제이다.

A 口碑 kǒubēi 명 입소문

B 魅力 mèilì 명 매력

C 美誉 měiyù 명 명성
我的故乡有着"美食之乡"的美誉。나의 고향은 '미식의 고향'이라는 명성을 가지고 있다.

D 声誉 shēngyù 명 명성과 명예

빈칸 3 '被자문'의 고정격식 문제로, 문맥상 사람들이 '葫芦画(조롱박 그림)'를 '吉祥之物(길운의 상징)'로 '여긴다'는 흐름이 가장 알맞기 때문에 '当作(~로 삼다)' '视为(~로 보다)' '誉为(~라고 불리다)' 모두 답이 될 수 있다.

A 当作 dàngzuò 동 ~로 삼다, 여기다
那位记者写的评论一直被后辈们当作"模范文章"来学习。
그 기자가 쓴 평론은 줄곧 후배들에게 배워야 할 '모범 문장'으로 여겨진다.

B 选为 xuǎnwéi 동 ~로 고르다
儿子自己也没想到他会被选为班长。
아들은 자신도 생각지 못하게 반장으로 뽑혔다.

C 视为 shìwéi 동 ~로 보다, ~로 간주하다
他的这种行为被视为无理取闹。
그의 이러한 행동은 일부러 말썽을 일으키려는 것으로 보인다.

D 誉为 yùwéi 동 ~라고 불리다
桂林因为风景秀丽、环境优美，因此被誉为"桂林山水甲天下"。
구이린은 풍경이 수려하고 환경이 아름답기 때문에 '구이린의 경치는 천하제일'이라고 불린다.

빈칸 4 빈칸 앞의 내용이 '在葫芦上刻画(조롱박에 그림을 새기다)'로, 어떤 행위를 나타내면서 예술과도 관련이 있는 보기를 고르면 '装饰(장식하다)'만 답이 될 수 있다.

A 扮演 bànyǎn 동 ~역을 맡아 하다 　扮演角色 배역을 맡다 | 扮演主角 주인공을 맡다

B 修理 xiūlǐ 동 수리하다 　修理车轮 자동차 바퀴를 수리하다 | 修理费用 수리 비용

C 装饰 zhuāngshì 동 장식하다 　装饰房间 방을 장식하다 | 起到装饰作用 장식 역할을 하다

D 假装 jiǎzhuāng 동 ~인 체하다, 가장하다 　假装知道 아는 체하다 | 假装冷静 침착한 척하다

葫芦画是很古老的汉族工艺品，起源于宋朝，到了清朝康熙年间已非常兴盛。在民间，葫芦有“宝葫芦”的美誉，一直被人们视为吉祥之物，以它为题材的民间故事也不胜枚举。古时候，在葫芦上刻画或装饰的艺术被称为“葫艺”，深受人们的喜爱。

조롱박 그림은 매우 오래된 한족 공예품으로, 송나라 시기에 기원하여 청나라 강희제 시기에 이미 매우 흥성했다. 민간에서 조롱박은 '소중한 조롱박'이라는 명성을 가지고 있었고, 줄곧 사람들에게 길운의 상징으로 여겨졌다. 이를 소재로 한 민간의 이야기도 일일이 다 셀 수 없다. 옛날에, 조롱박에 그림을 새기거나 장식하는 예술은 '조롱박 예술'이라고 불렸고 사람들의 깊은 사랑을 받았다.

A	开设(×)	口碑(×)	当作(○)	扮演(×)
B	创制(×)	魅力(×)	选为(×)	修理(×)
C	起源	美誉	视为	装饰
D	开辟(×)	声誉(×)	誉为(○)	假装(×)

A 개설하다 / 입소문 / ~로 삼다 / ~역을 맡아 하다
B 창제하다 / 매력 / ~로 고르다 / 수리하다
C 기원하다 / 명성 / ~로 보다 / 장식하다
D 창립하다 / 명성과 명예 / ~라고 불리다 / ~인 체하다

葫芦 húlu 명 조롱박, 표주박 | **古老** gǔlǎo 형 오래되다 | **汉族** Hànzú 고유 한족 | ★**工艺品** gōngyìpǐn 명 공예품 | **宋朝** Sòngcháo 고유 송나라 | **清朝** Qīngcháo 고유 청나라 | **康熙** Kāngxī 고유 강희 [청 성조(圣祖)의 연호(1662~1722)] | **年间** niánjiān 명 시기, 연간 | **兴盛** xīngshèng 형 흥성하다, 번창하다 | ★**民间** mínjiān 명 민간 | **宝** bǎo 형 소중한, 귀중한, 진귀한 | ★**吉祥** jíxiáng 형 길하다, 상서롭다, 운수가 좋다 | **物** wù 명 물건 | **以** yǐ 개 ~로(써), ~를 가지고 [以A为B: A를 B로 삼다] | ★**题材** tícái 명 (문학이나 예술 작품의) 소재, 제재 | **不胜枚举** búshèngméijǔ 성 (너무 많아서) 일일이 다 셀 수 없다 | **古时候** gǔshíhou 명 옛날, 옛적 | **称为** chēngwéi 동 ~라고 부르다 [被称为: ~라고 불리다] | **深受** shēnshòu 동 (매우) 깊이 받다, 크게 입다 | **喜爱** xǐ'ài 동 사랑하다, 좋아하다

5 B

빈칸 1 '对A有B(A에 대해 B가 있다)'를 통해 여성 운전자에 대한 입장이나 태도를 나타내는 어휘가 나올 것임을 알 수 있다. 보기 중 '争议(논쟁)'와 '偏见(편견)'이 답이 될 수 있는데, '对A有偏见(A에 대해 편견이 있다)'은 자주 쓰이는 고정격식이므로 꼭 외워 두자.

A 争议 zhēngyì 명 논쟁, 이견 — 引发争议 논쟁이 일어나다 | 有争议 이견이 있다
B 偏见 piānjiàn 명 편견, 선입견 — 对A有偏见 A에 대해 편견이 있다 | 消除偏见 편견을 없애다
C 谣言 yáoyán 명 유언비어, 헛소문 — 传播谣言 유언비어를 퍼뜨리다 | 相信谣言 헛소문을 믿다
D 舆论 yúlùn 명 여론 — 制造舆论 여론을 형성하다 | 社会舆论 사회 여론

빈칸 2 첫 번째 빈칸에 들어가는 '偏见(편견)'과 빈칸 앞의 '开车技术(운전 기술)'를 연결 지어 생각해 보면 의미상 '娴熟(능숙하다)'와 '熟练(노련하다)'이 답으로 가장 적절하다. 보기에 모르는 단어가 나오더라도 '熟'를 보고 '능숙하다'는 의미를 유추해 낼 수 있으면 된다. '资深(연륜이 있다)'은 일반적으로 '기술'이 아닌 '사람'을 수식하기 때문에 답이 될 수 없다.

A 资深 zīshēn 형 베테랑의, 연륜이 있다 — 资深记者 베테랑 기자 | 资深教授 연륜 있는 교수
B 娴熟 xiánshú 형 능숙하다, 숙련되다 — 技术娴熟 기술이 능숙하다 | 娴熟的手艺 능숙한 솜씨
C 先进 xiānjìn 형 선진의, 남보다 앞선 — 先进的技术 선진 기술 | 先进的事迹 남보다 앞선 업적
D 熟练 shúliàn 형 노련하다, 능숙하다 — 熟练的技巧 노련한 기교 | 技术熟练 기술이 능숙하다

빈칸 3 빈칸 뒤의 '数据(데이터)'와 함께 쓸 수 있는 어휘는 '发布(발표하다)'뿐이다. '颁发(공포하다)'와 '颁布(공포하다)'는 주로 '证书(증서)'나 '奖励(상)' 또는 '法律(법률)' 관련 어휘와 함께 사용된다.

A 颁发 bānfā 동 (훈장·상장 등을) 수여하다, (명령·지시·정책 등을) 공포하다
颁发奖品 상품을 수여하다 | 颁发证书 증서를 수여하다 | 颁发日期 수여일

B 发布 fābù 동 (명령·지시·뉴스 등을) 선포하다, 발표하다
发布新闻 뉴스를 발표하다 | 发布结果 결과를 발표하다 | 发布新产品 신제품을 발표하다

C 颁布 bānbù 동 (법령·조례를) 공포하다, 반포하다
颁布法律 법률을 공포하다 | 颁布证书 증서를 공포하다

D 散步 sànbù 동 산책하다
去A散步 산책하러 A에 가다 | 适合散步 산책하기에 적합하다

빈칸 4 빈칸 문장은 '低于(~보다 낮다)'를 중심으로 앞에는 여성 운전자, 뒤에는 남성 운전자가 교통사고를 내는 비율을 비교하는 부분으로, 보기 중 비교와 관련한 어휘는 '比例(비율)' '比重(비중)'이며 나머지는 관계가 없다.

A 幅度 fúdù 명 정도, 폭, 너비

B 比例 bǐlì 명 비율

C 密度 mìdù 명 밀도

D 比重 bǐzhòng 명 비중

很多人对女司机有一种偏见，认为她们开车技术不娴熟，容易引发交通事故，但上海交警部门发布的数据显示，2018年，女司机醉驾以及交通肇事的比例都低于男司机。这打破了很多人对女司机的刻板印象。

많은 사람들은 여성 운전자에 대한 편견이 있는데, 그들의 운전 기술이 능숙하지 못해서 교통사고를 내기 쉽다는 것이다. 그러나 상하이 교통 경찰 부서가 발표한 데이터에 따르면, 2018년 여성 운전자의 음주운전 및 교통사고 비율은 모두 남성 운전자에 비해 낮았다. 이는 여성 운전자에 대한 많은 사람들의 고정관념을 깼다.

A	争议(○)	资深(×)	颁发(×)	幅度(×)
B	偏见	娴熟	发布	比例
C	谣言(×)	先进(×)	颁布(×)	密度(×)
D	舆论(×)	熟练(○)	散步(×)	比重(○)

A 논쟁 / 연륜이 있다 / 공포하다 / 폭
B 편견 / 능숙하다 / 발표하다 / 비율
C 유언비어 / 선진의 / 공포하다 / 밀도
D 여론 / 노련하다 / 산책하다 / 비중

引发 yǐnfā 동 일으키다, 야기하다 | **上海** Shànghǎi 고유 상하이 | **交通** jiāotōng 명 교통 | ★**事故** shìgù 명 사고 [交通事故: 교통사고] | **交警** jiāojǐng 명 교통경찰 ['交通警察'의 줄임말] | **部门** bùmén 명 부서 | **数据** shùjù 명 데이터, 통계수치 | **显示** xiǎnshì 동 보여 주다, 뚜렷하게 나타내 보이다 | **醉驾** zuìjià 동 음주운전을 하다 | **以及** yǐjí 접 및, 그리고 | **肇事** zhàoshì 동 사고를 일으키다 | **于** yú 개 ~보다 | **打破** dǎpò 동 깨다, 때려부수다 | **刻板** kèbǎn 형 판에 박힌 듯하다, 융통성이 없다 [刻板印象: 고정관념]

track yuedu 25

Day 06 6 B 7 B 8 A

6 B

빈칸 1 빈칸은 문장의 목적어 '话题(화제)'를 수식하는 관형어로, '永远(영원하다)' '永恒(영원하다)' '永久(영구하다)'가 들어갈 수 있다. '불후하다'라는 뜻의 '不朽'도 한국어 의미상으로는 가능할 것 같지만 '话题(화제)' 앞에서는 쓰이지 않는다.

A 永远 yǒngyuǎn 형 영원하다
永远相伴 영원히 함께하다 | 永远无法忘记 영원히 잊을 수 없다

B 永恒 yǒnghéng 형 영원히 변하지 않다, 영원하다
永恒的原则 변하지 않는 원칙 | 永恒的话题 영원히 변하지 않는 화제

C 永久 yǒngjiǔ 형 영구하다, 영원하다

永久居住权 영주권 | 永久流传 영구히 전해지다 | 永久删除 영구 삭제

D 不朽 bùxiǔ 형 불후하다, 영구하다 [주로 사업·정신 따위의 추상적인 사물에 쓰임]

不朽的杰作 불후의 걸작 | 不朽的名曲 불후의 명곡 | 不朽的诗篇 불후의 시편

빈칸 2 빈칸 앞의 개사 '从(~에서)'을 통해 보기 중 '立场(입장)' '角度(각도)' '方面(방면)'이 빈칸에 들어갈 수 있음을 알 수 있다.

A 立场 lìchǎng 명 입장, 태도, 관점

B 角度 jiǎodù 명 (문제를 보는) 각도, 관점

C 方面 fāngmiàn 명 방면, 분야, 부분

D 力度 lìdù 명 힘, 기력, 역량

빈칸 3 빈칸 뒤의 '美好的回忆(아름다운 추억)'는 중국어에서 '精神(정신)' '灵魂(영혼)'과는 함께 쓰이지 않는다. 또한 '心胸(포부)'은 사람의 태도 등을 나타내므로 '기억'과는 관계가 없다. 그러므로 정답은 '心灵(마음)'이다. 중국어를 한국식 표현에 맞춰서 생각하면 안 된다는 것에 주의하자.

A 精神 jīngshén 명 활력, 기력 [+추상적인 어휘]

精神不振 활력이 없다 | 集中精神 기력을 집중하다 | 打起精神 기운을 내다

B 心灵 xīnlíng 명 마음, 정신, 영혼 [사람에게만 사용]

心灵深处 마음 깊은 곳 | 心灵纯洁 영혼이 깨끗하다 | 音乐是电影的心灵 (×)

C 心胸 xīnxiōng 명 포부, 마음, 도량

心胸狭窄 마음이 좁다 | 心胸豁达 마음이 너그럽다 | 心胸开阔 도량이 넓다

D 灵魂 línghún 명 영혼, 혼, (사물의) 핵심

灵魂深处 영혼 깊은 곳 | 纯洁的灵魂 순결한 영혼 | 音乐是电影的灵魂 음악은 영화의 핵심이다

빈칸 4 '精神的空虚(정신적인 공허함)'은 추상명사로, 빈칸에는 사람의 정신이나 마음과 호응할 수 있는 동사가 와야 한다. 적절한 것은 '弥补(보완하다)'이다. '补充(보충하다)'은 비교적 '보완'의 필요성이 낮아 보충해도 그만, 안 해도 그만일 때 사용하며, '弥补'는 '补充'보다 '보완'의 필요성이 크고 '공백을 메운다'는 의미로 쓰인다.

A 补充 bǔchōng 동 보충하다 — 补充人员 인력을 보충하다 | 补充热量 열량을 보충하다

B 弥补 míbǔ 동 (결점, 결손을) 보완하다, 메우다 — 弥补缺陷 결함을 보완하다 | 弥补损失 손실을 메우다

C 偿还 chánghuán 동 (진 빚을) 상환하다, 갚다 — 偿还贷款 대출금을 상환하다 | 加倍偿还 배로 상환하다

D 补偿 bǔcháng 동 (손실·손해를) 보상하다 — 补偿损失 손실을 보상하다 | 补偿办法 보상 방법

思乡是中国人的一个永恒的话题，历代文人墨客也都从不同的角度，以多种方式吟咏它，思乡能唤起人们心灵中美好的回忆，也能在一定程度上弥补精神的空虚。

A 永远(○)	立场(○)	精神(×)	补充(×)
B 永恒	角度	心灵	弥补
C 永久(○)	方面(○)	心胸(×)	偿还(×)
D 不朽(×)	力度(×)	灵魂(×)	补偿(×)

(고향을 그리워하는) 향수는 중국인의 영원히 변하지 않는 화제로, 역대 문인 묵객들도 서로 다른 각도에서 다양한 방식으로 그것을 읊조렸다. 향수는 사람들 마음속의 아름다운 추억을 불러일으킬 수 있고, 또한 어느 정도는 정신적인 공허함도 보완할 수 있다.

A 영원하다 / 입장 / 활력 / 보충하다
B 영원히 변하지 않다 / 각도 / 마음 / 보완하다
C 영구하다 / 방면 / 포부 / 상환하다
D 불후하다 / 힘 / 영혼 / 보상하다

思乡 sīxiāng 동 고향을 그리워하다 | **话题** huàtí 명 화제, 논제 | ★**历代** lìdài 명 역대 | **文人** wénrén 명 문인, 선비 | **墨客** mòkè 명 문인, 묵객 [먹을 가지고 글씨를 쓰거나 그림을 그리는 사람] | **方式** fāngshì 명 방식, 방법 [以……方式: ~한 방식으로] | **吟咏** yínyǒng 동 음영하다, (시문을) 읊다 | **唤起** huànqǐ 동 불러일으키다, 환기하다 | **美好** měihǎo 형 아름답다, 훌륭하다 [주로 추상적인 사물에 쓰임] | **程度** chéngdù 명 정도, 수준 | **精神** jīngshén 명 정신 | ★**空虚** kōngxū 형 공허하다, 텅 비다

7 B

빈칸 1 '冬景(겨울 풍경)'은 글자 그대로 '풍경'으로, '观赏(감상하다)' '欣赏(감상하다)'과 호응한다.

A 观赏 guānshǎng 동 (식물·풍경 등을) 감상하다, 관상하다, 보고 즐기다
观赏红叶 단풍을 감상하다 | 观赏风景 풍경을 감상하다

B 欣赏 xīnshǎng 동 (풍경을) 감상하다, 마음에 들어 하다
欣赏景色 경치를 감상하다 | 欣赏风景 풍경을 감상하다 | 欣赏+사람 ~를 마음에 들어 하다

C 鉴赏 jiànshǎng 동 (예술품·문물을) 감상하다
鉴赏美术作品 미술 작품을 감상하다 | 鉴赏画作 회화 작품을 감상하다

D 游览 yóulǎn 동 (풍경·명승 등을) 유람하다
游览景点 관광지를 돌아다니다 | 游览上海 상하이를 유람하다

빈칸 2 '充足(충분하다)'는 구체적인 사물이 필요한 만큼 넉넉히 있다는 것을 표현할 때 쓰이며, '充满(충만하다)'은 뒤에 '희망, 활력, 믿음' 등의 추상 목적어가 함께 쓰일 수 있다. '充实(충실하다)'는 '내용, 생활, 인원, 물자' 등이 풍족한 상태를 의미하며, '充分(충분하다)'은 '지식, 발전, 믿음' 등의 추상적인 것이 충분히 있음을 나타내는데, '充分' 뒤에는 동사구를 목적어로 가질 수 있으며, 또한 술어를 꾸며 주는 부사어의 용법으로 많이 나온다. 보기 중 '异国风情(이국적인 운치)'과 호응할 수 있는 어휘는 '充满'뿐이다.

A 充足 chōngzú 형 (비·빛·공기 등이) 충분하다 [주로 구체적인 어휘와 함께 쓰임]
阳光充足 햇빛이 충분하다 | 条件充足 조건이 충분하다

B 充满 chōngmǎn 동 (운치·분위기·활력 등이) 충만하다, 넘치다
充满热情 열정이 충만하다 | 充满魅力 매력이 충만하다 | 充满想象力 상상력이 충만하다

C 充实 chōngshí 형 풍부하다, 충실하다 동 충실하게 하다, 보강하다
内容充实 내용이 풍부하다 | 充实生活 생활을 충실하게 하다 | 充实内心 마음을 충실하게 하다

D 充分 chōngfèn 형 (지식·믿음·준비 등이) 충분하다
理由充分 이유가 충분하다 | 充分发挥能力 능력을 충분히 발휘하다

빈칸 3 빈칸 앞의 주어는 '사람'이며 빈칸 뒤는 '冰雪王国(얼음왕국)'로 장소가 오므로, '~가 ~에 위치하다'라는 의미가 되어야 한다. 또한, 빈칸 뒤의 '于'와 같이 쓰일 수 있어야 하므로 적절한 보기는 '身处(몸을 두다)' '置身(몸을 두다)'이다. '处在(처하다)'는 이미 단어 자체에 '在'가 있으므로 '于'를 중복하여 사용할 수 없다.

A 身处 shēnchǔ 동 몸을 두다
身处于异乡的我，无时无刻不惦记着国内的亲人。 타향에 있는 나는 언제나 국내에 있는 가족들을 걱정한다.

B 置身 zhìshēn 동 몸을 두다 [주로 '于'와 함께 쓰임]
研究发现，当人在置身于团体之中时，个人意识会相应变淡。
연구에서 사람이 단체에 속해 있을 때 개인 의식은 그만큼 약해지는 것을 발견했다.

C 处在 chǔzài 동 (사람·사물이 어떤 지위·상태·환경·시간에) 처하다, 놓이다
对于那些处在风口浪尖上的社会人物们，我并不想过多评价。
구설수에 오른 사회 인물들에 대해 나는 결코 많이 평가하고 싶지 않다.

D 融入 róngrù 동 융합되어 들어가다, 진출하다

他调职后虽然很努力，但仍然无法融入这个新环境。
그는 부서를 옮긴 후 비록 노력했지만 여전히 이 새로운 환경에 융합되지 못하고 있다.

冬天是哈尔滨最美的季节，很多南方人都会选择在冬天来哈尔滨欣赏冬景，漫步在哈尔滨的街道，晶莹的冰灯，充满异域风情的建筑，让人仿佛置身于冰雪王国。

겨울은 하얼빈의 가장 아름다운 계절로, 많은 남방 사람들이 겨울에 하얼빈에 와서 겨울 풍경 감상하는 것을 선택하고, 하얼빈 거리를 한가롭게 거닌다. 영롱한 빙등과 이국적인 운치가 충만한 건물은 마치 얼음왕국에 있는 것처럼 만든다.

A	观赏(○)	充足(×)	身处(○)
B	欣赏	充满	置身
C	鉴赏(×)	充实(×)	处在(×)
D	游览(×)	充分(×)	融入(×)

A 감상하다 / 충분하다 / 몸을 두다
B 감상하다 / 충만하다 / 몸을 두다
C 감상하다 / 풍부하다 / 처하다
D 유람하다 / 충분하다 / 융합되어 들어가다

哈尔滨 Hā'ěrbīn 고유 하얼빈 | **南方** nánfāng 명 남방, 남쪽 | **冬景** dōngjǐng 명 겨울 풍경 | **漫步** mànbù 동 한가롭게 거닐다, 발길 닿는 대로 걷다 | **晶莹** jīngyíng 형 반짝반짝 빛나다 | **冰灯** bīngdēng 명 빙등, 얼음등 | **异域** yìyù 명 이국 | **风情** fēngqíng 명 운치, 풍치 | **建筑** jiànzhù 명 건축물 | **仿佛** fǎngfú 부 마치 ~인 것 같다, 마치 ~인 듯하다 | **冰雪** bīngxuě 명 얼음과 눈 | **王国** wángguó 명 왕국

8 A

빈칸 1 빈칸 앞의 '电子商务(전자 상거래)'와 뒤의 '物流(물류)' 모두를 아우르는 어휘는 '运输(운송하다)'와 '输送(수송하다)'이다. '托运(탁송하다)'은 주로 배나 다른 운송수단으로 수송하는 것을 의미한다. '运输'와 '搬运'의 뜻은 '운송하다'로 같지만 '运输'는 생산과 유통 분야까지 포함하는 과정을 나타내는 반면, '搬运'은 단지 '배송'의 범위만으로 한정된다.

A 运输 yùnshū 동 운송하다, 운수하다, 수송하다
轮船运输 선박 운송 | 运输工具 운송 수단 | 交通运输 교통 운수

B 托运 tuōyùn 동 (짐·화물을) 탁송하다, 운송을 위탁하다 [물건을 남에게 부탁하여 다른 곳으로 보냄]
托运行李 수화물을 탁송하다 | 托运货物 화물을 위탁하다

C 搬运 bānyùn 동 운반하다, 운송하다
搬运货物 화물을 운반하다 | 搬运木材 목재를 운송하다 | 搬运车 운송차

D 输送 shūsòng 동 (물자 등을) 수송하다, 운송하다
输送物资 물자를 수송하다 | 输送技术人才 운송 기술 인력

빈칸 2 빈칸이 있는 절에서 동사 '提供(제공하다)'을 보고 고정격식 '为A提供B(A에게 B를 제공하다)'를 떠올렸다면 조금 더 쉽게 문제를 풀 수 있었을 것이다.

A 为 wèi 개 ~에게 [为A提供B: A에게 B를 제공하다]
国际贸易的发展为我们提供了更多就业机会。 국제 무역의 발전은 우리에게 더 많은 취업 기회를 제공했다.

B 在 zài 개 ~에서 [A在B的指导下: A는 B의 지도 아래]

C 到 dào 개 ~까지 [从A(출발점)到B(도착점): A에서부터 B까지]

D 从 cóng 개 ~로부터, ~에서 [从A(출발점)到B(도착점): A에서부터 B까지]

빈칸 3 빈칸 뒤의 '至2030年(2030년까지)'과 '将超过(초과할 것이다)'라는 표현을 통해 미래의 일을 '예측'하는 것임을 알 수 있다. 따라서 예측한다는 의미의 '预计' '估计' '预测' 모두 답으로 가능하다. '预料' 뒤에는 목적어가 올 수 없으므로 이 문장에서는 답이 될 수 없다.

A 预计 yùjì 동 (이미 알고 있는 상황이나 수치 등을 수단을 통해 추측하고 계획하여) 예측하다
预计分数 점수를 예측하다 | 预计费用 비용을 예상하다

B 估计 gūjì 동 어림잡다, 예측하다, 추측하다
保守估计 보수적으로 예측하다 | 据A估计 A 예측에 따르면

C 预测 yùcè 동 (정확한 계산을 필요로 하는 곳에 쓰여) 예측하다 명 예측
预测天气 날씨를 예측하다 | 无法预测 예측할 수 없다 | 难以预测 예측하기 어렵다

D 预料 yùliào 동 (사건 발생 전 미리 결과를) 예상하다, 예측하다, 전망하다
出乎预料 예상을 빗나가다 | 预料到 가늠이 가다 | 预料之中 예상한 바

빈칸 4 빈칸 앞의 '有望(전망이다)'과 함께 쓸 수 있는 어휘는 '保持(지속하다)'뿐이다. 주로 부사어 용법으로 쓰이는 부사 '仍旧(여전히)'와 '依旧(여전히)'는 문장 끝에 쓸 수 없다. '保留(보조하다)'는 빈칸 앞의 '增速(속도를 빨리 하다)'와 함께 쓰일 수 없다.

A 保持 bǎochí 동 (어떤 상태를) 유지하다, 지키다
那位作家成名后也一直保持着最初的态度。
그 작가는 유명해진 후에도 줄곧 처음의 태도를 유지하고 있다.

B 仍旧 réngjiù 부 여전히, 변함없이
几年不见，我们在彼此心中仍旧是当初的模样。
몇 년 동안 만나지 못했지만, 우리는 서로의 마음 속에서 여전히 처음 모습 그대로이다.

C 依旧 yījiù 부 여전히
所有的人都下班了，李科长却依旧在为了第二天的会议埋头苦干。
모든 사람이 퇴근했지만 리 과장은 여전히 다음날 회의를 위해 일에 몰두하고 있다.

D 保留 bǎoliú 동 (유적·풍습을) 보존하다, (의견·견해를) 견지하다
很多少数民族的习俗都被保留下来了。 많은 소수민족의 풍습이 모두 보존되었다.

随着电子商务的发展，负责运输的物流行业已经从幕后走到了台前，为电子商务行业提供良好的支撑，预计至2030年，中国国内的自动化物流系统市场规模将超过2000亿元，未来几年行业增速有望保持。

전자 상거래의 발전에 따라 운송을 책임지는 물류 업계는 이미 막후에서 무대 앞으로 나왔다. 전자 상거래 업계에 좋은 버팀목을 제공하여 2030년까지 중국 내 자동화 물류시스템 시장 규모가 2000억 위안을 넘어설 것으로 예측되며, 향후 몇 년 동안 업계의 증가 속도는 유지될 전망이다.

A	运输	为	预计	保持
B	托运(×)	在(×)	估计(○)	仍旧(×)
C	搬运(×)	到(×)	预测(○)	依旧(×)
D	输送(○)	从(×)	预料(×)	保留(×)

A 운송하다 / ~에(게) / 예측하다 / 유지하다
B 탁송하다 / ~에서 / 어림잡다 / 여전히
C 운반하다 / ~까지 / 예측하다 / 여전히
D 수송하다 / ~로부터 / 예상하다 / 보류하다

电子 diànzǐ 명 전자 | **商务** shāngwù 명 상거래 | **物流** wùliú 명 물류 | **行业** hángyè 명 업종, 직종, 직업 | **幕后** mùhòu 명 막후, 배후 | **良好** liánghǎo 형 좋다, 양호하다 | ★**支撑** zhīchēng 동 버티다, 받치다, 지탱하다 | **国内** guónèi 명 국내 | **自动化** zìdònghuà 명 자동화 | **系统** xìtǒng 명 시스템, 체계, 계통 | **市场** shìchǎng 명 시장 | **规模** guīmó 명 규모 | **将** jiāng 부 ~하게 될 것이다, ~일 것이다 | **亿** yì 수 억 | **未来** wèilái 명 향후, 미래의 | **增速** zēngsù 동 속도를 빨리 하다 | **有望** yǒuwàng 동 가능성이 있다, 희망적이다

02 동사, 양사, 부사

본서 p.188~189

track yuedu 26

• Day 08　1 A　2 D

1 A

빈칸 1 보기가 모두 접속사이므로 접속사 호응을 먼저 찾아 보면, 빈칸 뒤의 접속부사 '就'와 호응하는 접속사는 '倘若'로 '倘若A，就B(만약에 A라면 B하다)'의 형식으로 쓰인다.

A 倘若 tǎngruò 접 만약 ~한다면 [倘若/如果A，就/那么B: 만약 A라면 B하다]
倘若明天不下雨，我们就去登山。만약 내일 비가 오지 않는다면 우리는 등산을 갈 것이다.

B 不然 bùrán 접 그렇지 않으면, 아니면 [A，不然B: A해야지 그렇지 않으면 B하다]
我怀疑她生病了，不然她不会缺课的。나는 그녀가 병이 났다고 의심하는데, 그렇지 않으면 그녀가 수업에 빠졌을 리 없다.

C 只有 zhǐyǒu 접 ~해야만 [只有A，才B: A해야만 B하다]
只有大量植树种草，才能防止水土流失。나무와 풀을 많이 심어야만 수분과 토양의 유실을 막을 수 있다.

D 否则 fǒuzé 접 만약 그렇지 않으면 [A，否则B: A해야지 만약 그렇지 않으면 B하다]
孩子不要偏食，否则可能营养不良。아이는 편식하면 안 된다. 만약 그렇지 않으면 영양이 안 좋을 수 있다.

빈칸 2 빈칸은 목적어 '香樟树(녹나무)'와 호응하는 동사술어 자리이므로 '栽(심다)'가 들어가는 것이 가장 알맞다. 참고로 중국어에서 '栽树(나무를 심다)'는 인생의 시작을 비유할 때 많이 쓰인다.

A 栽 zāi 동 심다, 재배하다　栽树 나무를 심다 | 栽花 꽃을 심다

B 藏 cáng 동 숨기다, 감추다　暗藏 몰래 숨다 | 藏在心里 마음에 숨기다

C 挖 wā 동 파내다, 파다　挖洞 구멍을 파다 | 挖陷阱 함정을 파다

D 挪 nuó 동 옮기다, 움직이다　挪运 화물을 운반하다 | 挪不动 옮길 수 없다

빈칸 3 빈칸 문장을 해석해 보면 '상자 두 개로 만들고, 그 안에 비단을 넣어 혼수로 ~했다'이다. 빈칸 앞의 '丝绸(비단)'가 '嫁妆(혼수)'이 되는 것이므로 적절한 어휘는 '作为(~가 되다)'이다.

A 作为 zuòwéi 동 ~로 삼다, ~로 하다 [把A作为B: A를 B로 삼다]
我把做家务作为一种运动。나는 집안일 하는 것을 운동으로 삼는다.

B 为了 wèile 개 ~를 하기 위해 [为了+목적, 행위: ~하기 위해 ~하다]
为了保护环境，我们尽量不使用一次性用品。환경보호를 위해 우리는 최대한 일회용품을 쓰지 말아야 한다.

C 承担 chéngdān 동 맡다, 감당하다, 담당하다
承担责任 책임을 지다 | 承担费用 비용을 감당하다

D 由于 yóuyú 접 ~로 인하여, ~때문에 [由于A，所以/因此B: A때문에 그래서 B하다]
由于医护人员细心的照顾，所以他很快恢复了。의료진의 세심한 보살핌으로 그는 빨리 회복했다.

古时候江南大户人家中，倘若有女婴出生，他们就会在庭院里栽一棵香樟树，等女儿要嫁人的时候，家人会把树砍掉，并用其做成两个箱子，放进丝绸作为嫁妆，寓意"两厢厮守(两箱丝绸)"。	옛날, 장난 대가댁에 만약 여자아이가 태어나면 그들은 정원에 녹나무를 심었다. 딸이 시집을 갈 때가 되면 가족들은 그 나무를 베어 상자 두 개로 만들고, 그 안에 비단을 넣어 혼수로 삼았다. 거기에는 '두 명이 서로 짝이 된다(비단 두 상자)'라는 함축된 의미가 있다.

A 倘若	栽	作为		A 만약 ~한다면 / 심다 / ~로 삼다
B 不然(×)	藏(×)	为了(×)		B 그렇지 않으면 / 숨기다 / ~를 위해서
C 只有(×)	挖(×)	承担(×)		C ~해야만 / 파다 / 맡다
D 否则(×)	挪(×)	由于(×)		D 만약 그렇지 않으면 / 옮기다 / ~로 인하여

古 gǔ 형 오래되다 | **江南** Jiāngnán 고유 장난 [양쯔장 하류 이남 지역] | **大户人家** dàhùrénjia 명 대가댁, 대부호 | **女婴** nǚyīng 명 여자아이, 여아 | **庭院** tíngyuàn 명 정원 | **香樟** xiāngzhāng 명 녹나무, 장목 | **嫁人** jiàrén 동 시집가다, 출가하다 | **砍** kǎn 동 (도끼 등으로) 찍다, 패다, 치다 | **并** bìng 접 그리고, 또, 게다가 | **箱子** xiāngzi 명 상자, 궤짝 | **丝绸** sīchóu 명 비단, 명주, 견직물 | **嫁妆** jiàzhuang 명 혼수 | **寓意** yùyì 명 우의 [언어의 함축된 의미] | **两厢** liǎngxiāng 명 양쪽, 양측 | **厮守** sīshǒu 동 서로 짝이 되다, 서로 의지하다 | **箱** xiāng 명 상자, 궤짝

2 D

빈칸 1 빈칸 앞의 '用户(사용자)'와 뒤의 '有声阅读市场(오디오북 시장)'의 관계를 살펴봤을 때 적합한 어휘는 '수요'라는 의미를 지닌 '需要' '要求' '需求'이다. '必要'가 명사로 쓰일 때는 앞에 '有/没有'만 술어로 오기 때문에 답이 될 수 없다.

A	需要 xūyào 명 수요 [사물에 대한 욕망이나 욕구]	满足需要 수요를 만족시키다 | 需要量 수요량
B	要求 yāoqiú 명 요구, 요건	满足要求 요구를 만족시키다 | 符合要求 요건에 부합하다
C	必要 bìyào 명 필요	没有必要 필요 없다 | 必要性 필요성
D	需求 xūqiú 명 수요, 필요	市场需求 시장 수요 | 需求减少 수요가 감소하다

빈칸 2 중국의 오디오북 시장 규모가 성장하는 현상을 설명하고 있으며, 이런 현상은 사람들이 보거나 느낄 수 있는 것이다. 따라서 '드러내다'의 의미를 가진 '表现' '显露' '呈现' 모두 빈칸에 들어갈 수 있다.

A 表现 biǎoxiàn 동 나타내다, 표현하다
表现自信 자신감을 나타내다 | 表现个性 개성을 표현하다

B 显露 xiǎnlù 동 나타내다, 밖으로 드러내다
显露出来 나타나다 | 显露头角 두각을 나타내다

C 发现 fāxiàn 동 발견하다, (모르던 일을) 알게 되다
发现线索 단서를 발견하다 | 发现文物 문물을 발견하다

D 呈现 chéngxiàn 동 (육안으로 확인할 수 있는 것이) 나타나다, 드러나다
呈现景象 광경이 나타나다 | 呈现出 나타내다 | 呈现趋势 양상을 띠다

빈칸 3 '不断提高(끊임없이 높아진다)'는 자주 출제되는 짝꿍 표현이므로 외워 두자. 또한, '持续提高(계속해서 높아지다)'도 문맥적으로 가능하다. '不断'은 과거부터 지금, 그리고 미래까지도 계속 이어지며 일정한 과정을 나타내는 말인 반면, '一直'나 '一向'은 과거부터 현재까지 변화가 없음을 강조할 뿐 아니라 습관적인 것을 나타낸다.

A 一直 yìzhí 부 줄곧, 계속 [一直在+동사: 줄곧 ~하고 있다]
他一直在说谎。그는 줄곧 거짓말을 하고 있다.

B 一向 yíxiàng 부 줄곧, 내내 [과거부터 지금까지를 나타냄]
她一向是个好孩子，大家都很喜欢她。그녀는 줄곧 착한 아이였어서 모두들 그녀를 좋아한다.

C 持续 chíxù 동 계속하다, 지속하다
持续增长 계속 늘어나다 | 持续很长时间 오랫동안 지속되다

D 不断 búduàn 부 (중단하지 않고) 끊임없이, 계속해서
不断提高 끊임없이 높아지다 | 不断努力 계속해서 노력하다

tip

一直 vs. 一向

一直	一向
행위나 동작이 어떤 시간 내에 끊이지 않고 연속적으로 지속됨을 나타냄	상황이나 행위가 과거부터 현재까지 변하지 않음을 강조함

빈칸 4 지문은 오디오북 시장의 발전과 현황을 이야기하는 내용으로, 오디오북 시장의 미래 '가능성'이 커졌다는 것이 문맥상 적합하다. '发展巨大'라는 표현은 없을 뿐만 아니라, '发展'이라고 표현할 경우 어떤 시점을 가리키는지 알 수 없다. 따라서 '미래의 가능성'이라는 의미를 내포한 '潜力(잠재력)'가 빈칸에 들어가는 것이 적합하다.

A 能力 nénglì 명 능력 — 工作能力 업무 능력 | 提高能力 능력을 향상시키다

B 发展 fāzhǎn 명 발전 — 随着A的发展 A의 발전에 따라 | 经济发展 경제 발전

C 体力 tǐlì 명 체력 — 消耗体力 체력을 소모하다 | 体力很强 체력이 강하다

D 潜力 qiánlì 명 잠재력, 잠재 능력 — 发挥潜力 잠재력을 발휘하다 | 有潜力 잠재력이 있다

有关调研数据显示，在音频技术和用户需求的双重刺激下，中国的有声阅读市场规模或将逼近45亿，呈现出上涨趋势。随着市场的逐渐成熟以及用户对内容付费接受程度的不断提高，有声阅读市场潜力巨大。

A 需要(○)	表现(○)	一直(×)	能力(×)
B 要求(○)	显露(○)	一向(×)	发展(×)
C 必要(×)	发现(×)	持续(○)	体力(×)
D 需求	呈现	不断	潜力

관련 조사 자료에 따르면, 음성 기술과 사용자 수요의 이중 자극으로 중국의 오디오북 시장 규모가 45억에 육박할 것으로 보이며 상승세를 나타내고 있다. 시장이 점차 성숙되고 사용자가 콘텐츠에 비용을 지불하는 정도가 끊임없이 높아짐에 따라, 오디오북 시장의 잠재력도 매우 커지고 있다.

A 수요 / 나타내다 / 줄곧 / 능력
B 요구 / 나타내다 / 줄곧 / 발전
C 필요 / 발견하다 / 계속하다 / 체력
D 수요 / 나타나다 / 끊임없이 / 잠재력

有关 yǒuguān 동 관계가 있다 | **调研** diàoyán 명 조사 연구 | **数据** shùjù 명 데이터, 통계 수치 | **显示** xiǎnshì 동 보여 주다, 뚜렷하게 나타내 보이다 | **音频** yīnpín 명 가청 주파수 [사람이 들을 수 있는 음파로 20~20,000Hz임] | ★**用户** yònghù 명 사용자, 가입자, 아이디(ID) | **双重** shuāngchóng 명 이중 | **刺激** cìjī 명 자극 | **有声** yǒushēng 형 소리가 있는, 유성의 | **市场** shìchǎng 명 시장 | **规模** guīmó 명 규모 | **或** huò 부 아마도, 어쩌면 | **将** jiāng 부 ~하게 될 것이다, ~일 것이다 | **逼近** bījìn 동 임박하다, 닥쳐오다 | **亿** yì 수 억 | **上涨** shàngzhǎng 동 (수위·물가 등이) 오르다 | **趋势** qūshì 명 추세 | **逐渐** zhújiàn 부 점차, 점점 | **成熟** chéngshú 형 (생물체가) 성숙하다 | **以及** yǐjí 접 및, 그리고 | **付费** fùfèi 동 비용을 지불하다 | **程度** chéngdù 명 정도 | **巨大** jùdà 형 (규모·수량 등이) 아주 크다

• Day 10 3 C 4 A 5 B

3 C

빈칸 1 상하이 엑스포에는 식사 기능이 없었으나 이후에 이러한 기능이 생겨났다는 내용이다. 과거의 일을 밝히거나 '원래'라는 의미를 가진 어휘는 '原本'과 '本来'이고, '最初(최초)'와 '开始(처음)'도 같은 맥락에서 쓸 수 있으므로 보기 모두 답이 될 수 있다.

A 最初 zuìchū 명 처음, 최초, 맨 먼저, 맨 처음
"平遥摄影节"最初只是为了发展地方旅游经济而开办的。
'핑야오 사진 축제'는 처음에는 지역 관광 경제 발전만을 위해 기획됐었다.

B 原本 yuánběn 부 원래, 본래
原本干净的房间被孩子们弄得乱七八糟。
원래 깨끗했던 방이 아이들에 의해 엉망진창이 되었다.

C 本来 běnlái 부 원래, 본래 [本来A但(是)/可(是)B: 원래 A했지만 그러나 B하다]
哥哥本来想当医生，但大学毕业后却突然改变了想法。
형은 원래 의사가 되고 싶었지만 대학 졸업 후 갑자기 생각을 바꿨다.

D 开始 kāishǐ 명 처음, 시작
我刚开始学汉语时，并没有想过能去中国工作。
내가 처음 중국어를 배웠을 때 중국에 가서 일할 수 있을 거라고는 결코 생각하지 않았다.

빈칸 2 앞에 제시된 '美食(미식)'와 '传播文化(문화를 전파하는 것)'의 관계가 무엇인지 파악해야 하는데, '美食'는 '传播文化'의 '수단·방법'임을 알 수 있다. 제시된 보기 중 '方法'와 '途径'이 '방법'의 의미가 있다.

A 样式 yàngshì 명 양식 — 最新样式 최신 양식 | 各种各样的样式 다양한 양식

B 方法 fāngfǎ 명 방법, 수단, 방식 — 学习方法 학습 방법 | 解决方法 해결 방법

C 途径 tújìng 명 수단, 방법, 비결 — 外交途径 외교 수단 | 经济途径 경제 수단

D 路途 lùtú 명 노정, 거리 — 路途遥远 길이 멀다 | 路途较近 노정이 비교적 가깝다

빈칸 3 빈칸에는 '独具(독자적으로 갖추다)'와 호응하는 동시에 '餐馆(식당)'을 수식하는 어휘가 필요한데, 보기 중 '特色(특색)' '特点(특징)'이 적합하다.

A 色彩 sècǎi 명 색깔, 색채 — 色彩鲜明 색이 선명하다 | 政治的色彩 정치적 색채

B 美味 měiwèi 명 맛있는 음식 — 品尝美味 맛있는 요리를 맛보다 | 珍馐美味 진미

C 特色 tèsè 명 특색, 특징 — 有特色 특색있다 | 独具特色 이색적이다

D 特点 tèdiǎn 명 특징, 특색, 특성 — 没有什么特点 별다른 특징이 없다 | 特点突出 특징이 두드러지다

빈칸 4 빈칸은 양사 자리인데 뒤의 '风景线(관심거리)'과 호응할 수 있는 양사는 '道'나 '条'로, 둘 다 풍경과 관련해서 쓸 수 있는 양사이다.

A 张 zhāng 양 장 [종이를 세는 단위]
这张照片 이 사진 | 一张画 그림 한 장

B 片 piàn 양 조각 [얇고 작은 사물이나 작게 잘라진 부분을 세는 단위]
一片面包 빵 한 조각 | 一片白云 구름 한 조각

C 道 dào 양 개 [상태나 풍경을 세는 단위]
一道风景 하나의 풍경 | 一道彩虹 무지개 한 줄기

D 条 tiáo 양 갈래 [가늘고 긴 것을 세는 단위, 유형·무형의 것]
一条路 한 갈래의 길 | 一条线 한 가닥의 실

上海世博会世界各个国家的展馆本来并未设计餐饮功能，可来自世界各地的参展者们很快便发现，美食也是传播文化的重要途径之一。因此，在较短的时间内，独具特色的餐馆便在各个国家馆中如同雨后春笋一般冒了出来，成为了上海世博园中最为“诱人”的一道风景线。

A 最初(○) 样式(×) 色彩(×) 张(×)
B 原本(○) 方法(○) 美味(×) 片(×)
C 本来 途径 特色 道
D 开始(○) 路途(×) 特点(○) 条(○)

상하이 엑스포 세계 각국의 전시관에는 원래 식사를 할 수 있는 기능이 없었는데, 세계 각지의 참가자들은 미식 역시 문화를 전파하는 중요한 수단 중 하나라는 사실을 곧 알게 되었다. 그래서 비교적 단시간 내에 특색 있는 식당이 각 국가관에 우후죽순 생겨났으며, 이는 상하이 엑스포에서 가장 '매력적인' 하나의 관심거리가 되었다.

A 최초 / 양식 / 색깔 / 장
B 원래 / 방법 / 맛있는 음식 / 조각
C 원래 / 수단 / 특색 / 개
D 처음 / 노정 / 특징 / 갈래

上海世博会 Shànghǎi Shìbóhuì 고유 상하이 엑스포 | **展馆** zhǎnguǎn 명 전시관 | **并未** bìngwèi 부 결코 ~한 적이 없다 | **设计** shèjì 동 설계하다, 디자인하다, 계획하다 | **餐饮** cānyǐn 명 식사와 음료 | **功能** gōngnéng 명 기능, 작용, 효능 | **参展者** cānzhǎnzhě 명 참여자, 출품자 | **便** biàn 부 곧, 바로 [=就] | **美食** měishí 명 맛있는 음식 | **传播** chuánbō 동 전파하다, 널리 퍼뜨리다 | **之一** zhī yī 명 ~(의) 하나 [A是B之一: A는 B 중 하나이다] | **较** jiào 부 비교적, 좀, 보다 | **独具** dújù 동 독자적으로 갖추다 | **餐馆** cānguǎn 명 식당 | **如同** rútóng 동 마치 ~와 같다, 흡사하다 | **雨后春笋** yǔhòuchūnsǔn 성 우후죽순, 새로운 사물이 한때에 많이 생겨나다 | **冒** mào 동 뿜어 나오다 | **最为** zuìwéi 부 제일, 가장 | **诱人** yòurén 형 매력적이다 | **风景线** fēngjǐngxiàn 명 관심거리, 볼거리, 흥밋거리

4 A

빈칸 1 빈칸 뒤 '空儿(짬, 시간)'과 호응하는 동사는 '抽(꺼내다)'뿐이며, '抽空儿'은 고정격식으로 쓰여 '시간을 내다, 짬을 내다'라는 뜻이 된다.

A 抽 chōu 동 꺼내다, 빼내다 — 抽空儿 짬을 내다 | 抽身 몸을 빼다
B 拿 ná 동 (손으로) 쥐다, 잡다 — 拿东西 물건을 쥐다 | 拿出来 꺼내다
C 取 qǔ 동 얻다, 찾다 — 取材料 재료를 얻다 | 取款 인출하다
D 有 yǒu 동 있다 — 有钱 돈이 있다 | 有时间 시간이 있다

빈칸 2 보기의 어휘는 모두 '보다'의 의미를 가지고 있다. 빈칸 앞 절에서 '不干别的(다른 것은 하지 않고)'라고 표현했으므로 그냥 보는 것이 아니라 '집중해서 바라본다'는 의미의 보기가 들어가야 함을 알 수 있다. 따라서 '盯(주시하다)'과 '望(바라보다)'이 빈칸에 들어갈 수 있다.

A 盯 dīng 동 주시하다, 응시하다 — 盯住 정신을 집중하여 주시하다 | 盯着看 뚫어지게 보다
B 看 kàn 동 보다 — 看电视 텔레비전을 보다 | 看书 책을 보다
C 瞧 qiáo 동 구경하다, 보다 — 向外瞧 밖을 구경하다 | 瞧了一眼 한번 보다
D 望 wàng 동 살펴보다, 주시하다 — 望明月 밝은 달을 바라보다 | 望向远方 먼 곳을 바라보다

빈칸 3 빈칸 앞은 안목을 기르는 방법을, 뒤는 그 결과를 설명하고 있기 때문에 빈칸에는 시간적으로 오래 걸린다는 의미의 성어가 들어가는 것이 적합하다. 따라서 '长此以往(늘 이대로 나아가다)' '长年累月(오랜 세월)' '久而久之(오래 지속되다)' 모두 가능하다.

A 长此以往 chángcǐyǐwǎng 성 늘 이대로 나아가다, 이런 식으로 가다 [보통 나쁜 방향]
这样近距离地看书，长此以往，视力一定会下降。
이렇게 가까운 거리에서 책을 보다 보면 시력이 분명 떨어질 것이다.

B 地久天长 dìjiǔtiāncháng 성 하늘과 땅처럼 영원하다 [한평생, 영원한 것을 나타내며 주로 연인 사이에서 많이 쓰는 표현]
愿我们的友谊地久天长。우리의 우정이 하늘과 땅처럼 영원하길 바란다.

C 长年累月 chángniánlěiyuè 성 오랜 세월, 오랫동안
他这些丰富的工作经验，是长年累月积累起来的。
그의 이런 풍부한 업무 경험은 오랜 세월 축적된 것이다.

D 久而久之 jiǔ'érjiǔzhī 성 오래 지속되다
由于不被家人理解，久而久之，她便不愿跟父母交流了。
가족들의 이해를 받지 못해서, 오랫동안 그녀는 부모님과 소통하는 것을 꺼렸다.

빈칸 4 빈칸에는 접속부사 '就'와 호응하여 가정이나 조건을 나타내는 '一旦(일단 ~하면)'이나 '凡是(만약 ~하면)'가 들어가는 것이 적합하다.

A 一旦 yídàn 부 일단 ~하면 [아직 일어나지 않은 가정의 상황을 나타냄] [一旦A就B: 일단 A하면 B하다]
这个机会一旦错过了就没有了。이 기회를 일단 놓치면 없어지는 것이다.

B 凡是 fánshì 접 만약 ~하면 [주로 '就' '便' '都'와 호응함]
凡是对的，我们就应该坚持。만약 옳은 것이라면 우리는 마땅히 견지해야 한다.

C 通常 tōngcháng 명 보통, 통상
我通常六点就起来。나는 보통 6시면 일어난다.

D 一般 yìbān 형 보통이다, 일반적이다
爸爸早上一般起得很早。아빠는 보통 일찍 일어나신다.

对于如何鉴别真假古董，文物鉴别大家马未都说，他每个月都会抽空儿到博物馆泡上一天，不干别的，就盯着古董看，收藏界管这叫做"养眼"，长此以往，眼睛就会只适应真品的感观，一旦看到假的就很扎眼。

골동품의 진위를 어떻게 감별하는가에 대해서 문물 감별 대가인 마웨이두는 매달 짬을 내서 박물관에 하루 종일 틀어 박혀 다른 것은 하지 않고 골동품만 주시한다고 말했다. 수집 세계에서는 이것을 '안목을 기르는 것'이라고 부른다. 이런 식으로 하다 보면 눈은 진품만의 느낌에 적응되어 일단 가품을 보면 눈에 거슬리게 된다.

A	抽	盯	长此以往	一旦
B	拿(×)	看(×)	地久天长(×)	凡是(○)
C	取(×)	瞧(×)	长年累月(○)	通常(×)
D	有(×)	望(○)	久而久之(○)	一般(×)

A 꺼내다 / 주시하다 / 이런 식으로 가다 / 일단 ~하면
B 쥐다 / 보다 / 하늘과 땅처럼 영원하다 / 만약 ~하면
C 얻다 / 구경하다 / 오랜 세월 / 보통
D 있다 / 살펴보다 / 오래 지속되다 / 일반적이다

如何 rúhé 대 어떻게, 어떤 [=怎么] | ★**鉴别** jiànbié 동 감별하다, 식별하다, 구별하다 | **真假** zhēnjiǎ 명 진위, 진짜와 가짜 | ★**古董** gǔdǒng 명 골동품 | ★**文物** wénwù 명 문물 | **大家** dàjiā 명 권위자, 대가 | **马未都** Mǎ Wèidū 고유 마웨이두 [인명] | **空儿** kòngr 명 틈, 짬 | **博物馆** bówùguǎn 명 박물관 | **泡** pào 동 틀어박히다, 오랫동안 머물다 | ★**收藏** shōucáng 동 소장하다, 수집하여 보관하다 | **界** jiè 명 계, 분야 [직업·업종·성별 등 구분된 범위] | **管** guǎn 개 ~를 (~라고 부르다) ['把'에 해당하며, 반드시 '管A叫B'의 형식을 이루어 사람이나 사물을 지칭함] | **叫做** jiàozuò 동 ~라고 부르다 | **养** yǎng 동 (습관 따위를) 기르다, 배양하다 | **眼睛** yǎnjing 명 안목, 보는 눈 | **真品** zhēnpǐn 명 진품 | **感观** gǎnguān 명 느낌 | **扎眼** zhāyǎn 동 눈에 거슬리다, 주의를 끌다

5 B

빈칸 1 빈칸은 뒤의 '中国佛教式艺术(중국 불교식 예술)'를 수식한다. 예술의 형식과 종류를 나타내는 보기는 '体系(체계)'뿐이다. '主题(주제)'와 '题材(소재)'는 문학 작품과 관련한 어휘이다.

A 主题 zhǔtí 명 주제
B **体系** tǐxì 명 (예술의 형식·종류) 체계
C 事业 shìyè 명 사업
D 题材 tícái 명 문학이나 예술 작품의 소재, 제재

빈칸 2 빈칸 뒤의 '传统民族艺术(전통 민족 예술)' 즉, '전통'이나 '문화'를 수식할 수 있는 보기는 '继承(계승하다)'뿐이다.

A 承接 chéngjiē 동 담당하다, 맡다, 받아들이다 — 承接业务 업무를 담당하다 | 承接工程 공사를 담당하다
B **继承** jìchéng 동 (유산·권리 등을) 계승하다 — 继承文化 문화를 계승하다 | 继承传统 전통을 계승하다
C 继续 jìxù 동 계속하다 — 继续不停 쉬지 않고 계속하다 | 继续改进 계속 개선하다
D 寄予 jìyǔ 동 (관심·동정 등을) 주다, 보내다 — 寄予关怀 관심을 주다 | 寄予厚望 큰 기대를 걸다

빈칸 3 문맥상 '当时的画家(당시의 화가)'가 '外来艺术(외부의 예술)'에 대해 보이는 태도를 말하고 있으며, 보기 중 태도와 관련된 어휘는 '借鉴(본보기로 삼다)'뿐이다.

A 鉴定 jiàndìng 동 감정하다, 검정하다 — 鉴定质量 품질을 감정하다 | 鉴定体力 체력을 검정하다
B **借鉴** jièjiàn 동 본보기로 삼다, 참고로 하다 — 参考借鉴 참고하여 본보기로 삼다
C 举办 jǔbàn 동 개최하다, 열다 — 举办展览会 전시회를 개최하다 | 举办研讨会 세미나를 개최하다
D 采用 cǎiyòng 동 (방법을) 채택하다, 채용하다 — 采用技术 기술을 채택하다 | 采用材料 재료를 채택하다

빈칸 4 여러 장점을 나열한 뒤 '值得称赞(칭찬할 만하다)'이라고 표현했으므로, 동일한 상황, 사물 중 하나의 사물에 대한 설명을 더할 때 쓰는 '尤其(특히)'가 답으로 가장 적절하다. 보기에는 없지만 '尤其'와 같은 맥락으로 '特别(특히)' '更(더욱)' '更加(더욱)'도 쓸 수 있다.

A 一定 yídìng 부 반드시, 필히, 꼭 [주관적인 확답, 결심, 예측을 나타내며, '会' '要'와 주로 함께 쓰임]
只要我们坚持下去，就一定会成功。우리가 계속 나아가기만 한다면 반드시 성공할 것이다.

B **尤其** yóuqí 부 특히, 더욱이
议论文的结论部分尤其重要。논설문의 결론 부분은 특히 중요하다.

C 难以 nányǐ 부 ~하기 어렵다
人生的"真谛"总是让人难以"参透"，当我们参透了也就是该"离开"的时候了。
인생의 '진리'는 늘 '깊이 깨닫기' 어렵고, 우리가 깊이 깨달았을 때는 곧 '떠나야' 할 때이다.

D 必然 bìrán 부 필연적으로, 반드시, 분명히
这项政策必然引起大众的讨论。이 정책은 필연적으로 대중의 토론을 야기한다.

敦煌壁画集民族风格和中国气派于一体，形成了自成体系的中国佛教式艺术，当时的画家在继承和弘扬传统民族艺术的基础上，以严谨的态度和宽广的胸怀借鉴外来艺术，尤其值得称赞。

둔황 벽화는 민족의 풍격과 중국의 기상을 하나로 모아서 스스로 체계를 만든 중국 불교식 예술을 형성했다. 당시의 화가는 전통 민족의 예술을 계승하고 발양하는 기반 아래, 신중한 태도와 넓은 마음으로 외부의 예술을 본보기로 삼았으므로 특히 칭찬할 만하다.

A	主题(×)	承接(×)	鉴定(×)	一定(×)	A 주제 / 담당하다 / 감정하다 / 반드시
B	体系	继承	借鉴	尤其	B 체계 / 계승하다 / 본보기로 삼다 / 특히
C	事业(×)	继续(×)	举办(×)	难以(×)	C 사업 / 계속하다 / 개최하다 / ~하기 어렵다
D	题材(×)	寄予(×)	采用(×)	必然(×)	D 제재 / 주다 / 채택하다 / 필연적으로

敦煌 Dūnhuáng 고유 둔황 [지금의 간쑤(甘肃)성에 위치한 옛 지명] | **壁画** bìhuà 명 벽화 | **集** jí 동 모여들다, 같이 모이다 | **民族** mínzú 명 민족 | **风格** fēnggé 명 풍격, 품격 | **气派** qìpài 명 기상, 기백 | **一体** yìtǐ 명 일체 | **形成** xíngchéng 동 형성되다, 이루어지다 | **自** zì 부 스스로, 몸소 | **成** chéng 동 이루다, 완성하다 | **佛教** Fójiào 고유 불교 | **式** shì 명 양식, 모양 | **画家** huàjiā 명 화가 | **弘扬** hóngyáng 동 발양하다, 선양하다 | **传统** chuántǒng 명 전통 | **严谨** yánjǐn 형 엄격하다, 신중하다 | **宽广** kuānguǎng 형 (면적이나 범위가) 넓다, 드넓다 | ★**胸怀** xiōnghuái 명 마음, 가슴 | **称赞** chēngzàn 동 칭찬하다, 찬양하다

track yuedu 28

• Day 12　6 B　7 C　8 B

6 B

빈칸 1 빈칸 문장에서 주어는 '积雪(쌓인 눈)'이고 목적어는 '大地(대지)'인데, 주어와 목적어를 조합하여 의미를 생각해 보면 빈칸에는 '덮다'라는 의미의 술어 '覆盖(덮다)'와 '笼罩(뒤덮다)'가 들어갈 수 있다.

A 包围 bāowéi 동 포위하다, 에워싸다 — 包围敌人 적을 포위하다 | 被A包围 A에 포위되다
B 覆盖 fùgài 동 덮다, 뒤덮다, 덮어 가리다 — 冰雪覆盖大地 얼음과 눈이 대지를 덮다 | 被A覆盖 A에 뒤덮이다
C 笼罩 lǒngzhào 동 뒤덮다, 덮어씌우다 — 乌云笼罩 먹구름이 뒤덮다
D 掩盖 yǎngài 동 덮어 감추다, 은폐하다 — 掩盖事实 사실을 감추다 | 掩盖真相 진상을 감추다

빈칸 2 빈칸 다음 문장의 '使土地更加肥沃(땅을 더 기름지게 하다)'라는 표현으로 보아, 문장의 '为A提供B的条件(A에게 B의 조건을 제공하다)'에서 B에 들어갈 어휘는 '훌륭하다'의 의미를 지닌 '良好(양호하다)'와 '优良(우수하다)'이 적합하다. 다만 '优秀(우수하다)'는 주로 품행이나 성적을 표현할 때 쓰기 때문에 빈칸에 들어갈 수 없다.

A 精良 jīngliáng 형 정교하다, 우수하다 — 装备精良 장비가 정교하다 | 做工精良 가공 기술이 정교하다
B 良好 liánghǎo 형 좋다, 양호하다 — 良好的习惯 좋은 습관 | 良好的环境 양호한 환경
C 优良 yōuliáng 형 (품질·품종이) 우수하다, 우량하다 — 品质优良 품질이 우수하다 | 优良品种 우량 품종
D 优秀 yōuxiù 형 (품행·성적이) 우수하다, 아주 뛰어나다 — 优秀的学生 우수한 학생 | 优秀的成绩 우수한 성적

빈칸 3 빈칸 문장은 비교문으로, 문맥상 '배수'를 강조하는 것이 가장 자연스럽기 때문에 '倍(배)'가 답으로 가장 알맞다.

A 个 ge 양 명, 개 [사람·물건을 세는 단위] — 一个人 한 사람 | 一个东西 물건 하나
B 倍 bèi 양 배, 배수 [양사를 포함한 명사] — 两倍 두 배 | 三倍 세 배
C 点 diǎn 양 약간, 조금, (사항을 나타내는) 가지 — 一点儿 약간, 조금 | 两点意见 두 가지 의견
D 些 xiē 양 (명사 앞에 쓰여) 약간, 조금, 몇 — 一些苹果 약간의 사과 | 一些衣服 약간의 옷

빈칸 4 '瑞雪兆丰年(상서로운 눈은 풍년의 징조다)'이라는 구절은 풍속이나 전통에 관한 내용을 이야기할 때 자주 나온다. 빈칸 문장 역시 대중 사이에 퍼진 말이라는 의미이므로 '일반 백성'이라는 뜻의 '民间(민간)'이 답으로 가장 알맞다.

A 人间 rénjiān 명 인간 사회, 세상　　人间之事 인간 세상의 일

B 民间 mínjiān 명 민간　　民间传说 민간 전설 | 民间艺术 민간 예술

C 人民 rénmín 명 인민, 국민　　人民的利益 인민의 이익 | 为人民服务 국민을 위해 봉사하다

D 凡间 fánjiān 명 속세 [신이 사는 세상의 반대 말]　　生活在凡间 속세에 살다 | 落入凡间 속세에 빠지다

严冬时节，积雪覆盖大地，地面温度不会因寒流侵袭而变得太低，为农作物提供了良好的越冬条件。雪水中的氮化物比普通雨水高五倍，可以使土地更加肥沃，所以，民间也有“瑞雪兆丰年”的说法。

몹시 추운 겨울에는 쌓인 눈이 대지를 덮어서 지면 온도는 한파로 인해 너무 낮아지지 않아 농작물에 양호한 월동 조건을 제공한다. 눈이 녹은 물속의 질화물은 보통 빗물보다 5배 높아서 토지를 더욱 비옥하게 할 수 있기 때문에 민간에도 '상서로운 눈은 풍년의 징조다'라는 말이 있다.

A	包围(×)	精良(×)	个(×)	人间(×)
B	覆盖	良好	倍	民间
C	笼罩(○)	优良(○)	点(×)	人民(×)
D	掩盖(×)	优秀(×)	些(×)	凡间(×)

A 포위하다 / 정교하다 / 개 / 인간 사회
B 덮다 / 양호하다 / 배 / 민간
C 뒤덮다 / 우수하다 / 약간 / 인민
D 덮어 감추다 / 우수하다 / 약간 / 속세

严冬 yándōng 명 엄동 [몹시 추운 겨울] | **时节** shíjié 명 철, 절기 | **积雪** jīxuě 명 쌓인 눈, 적설 | **大地** dàdì 명 대지, 땅 | **地面** dìmiàn 명 지면, 지표면 | **寒流** hánliú 명 한파, 한류 | **侵袭** qīnxí 동 침입하다, 엄습하다 | **变** biàn 동 변화하다 | **农作物** nóngzuòwù 명 농작물 | **越冬** yuèdōng 명 월동 [동식물이 겨울을 나는 것] | **雪水** xuěshuǐ 명 눈이 녹은 물 | **氮化物** dànhuàwù 명 질화물 [질소와 그보다 양성인 원소와의 화합물] | **普通** pǔtōng 형 보통이다, 일반적이다 | **雨水** yǔshuǐ 명 빗물 | **土地** tǔdì 명 땅, 토지 | **更加** gèngjiā 부 더욱, 더, 훨씬 | ★**肥沃** féiwò 형 비옥하다 | **瑞雪兆丰年** ruìxuězhàofēngnián 성 상서로운 눈은 풍년의 징조다 | **说法** shuōfǎ 명 표현(법), 논법, 의견

7 C

빈칸 1 빈칸의 주어는 '熔岩(용암)'이며 보기 중 용암의 상태와 관련 지어 쓸 수 있는 어휘는 '上升(상승하다)'뿐이다.

A 动员 dòngyuán 동 (군대나 민중을) 동원하다
动员全体学生举行全校大扫除。 전교생을 동원하여 전교 대청소를 하다.

B 分散 fēnsàn 동 (주의력·정력을) 분산시키다
分散注意力 주의력을 분산시키다 | 分散精力 정력을 분산시키다

C 上升 shàngshēng 동 (등급·정도·수량이) 상승하다, 위로 올라가다
气温上升 기온이 올라가다 | 产量上升 생산량이 올라가다 | 地位上升 지위가 상승하다

D 储藏 chǔcáng 동 저장하다, 매장되다
该地区储藏着丰富天然气。 이 지역에는 풍부한 천연 가스가 매장되어 있다.

빈칸 2 빈칸 앞의 '熔岩中(용암에)'에서 '中'을 통해 빈칸 뒤의 '化合物(화합물)'가 용암 안에 있다는 것을 추측할 수 있다. 따라서 '存在(존재하다)'가 답으로 가장 적절하다.

A 停留 tíngliú 동 (잠시) 머물다, 멈추다
B 暴露 bàolù 동 폭로하다, 노출되다, 드러내다
C 存在 cúnzài 동 존재하다, 있다
D 显露 xiǎnlù 동 나타내다, 보이다, 드러나다

빈칸 3 빈칸 뒤의 문장이 '便(=就)'으로 시작하는 것으로 보아 '一旦(일단 ~하면)'이 답으로 가장 적절함을 알 수 있다. '一旦A便B(일단 A하면 B하다)'는 빈출 조합으로 자주 출제되니 반드시 기억해 두자.

A 一向 yíxiàng 부 줄곧, 내내 [과거부터 지금까지를 나타냄]
大家一向重视环境保护。 모두 줄곧 환경보호를 중시해왔다.

B 顿时 dùnshí 부 갑자기, 곧바로, 문득 [단지 지나간 사실을 서술하는 데에 쓰임]
教室里顿时安静下来了。 교실이 갑자기 조용해졌다.

C 一旦 yídàn 부 일단 ~하면 [아직 일어나지 않은 가정의 상황을 나타냄, 주로 '一旦A就B(일단 A하면 B하다)'의 형태로 쓰임]
一旦发生事故，你就要负责。 일단 사고가 발생하면 당신이 책임져야 합니다.

D 随即 suíjí 부 즉시, 곧 [≒马上]
他随即拒绝了对方的要求。 그는 즉시 상대의 요구를 거절했다.

빈칸 4 이 글은 '달의 분화'에 관한 내용이다. 빈칸 앞의 내용 '持续膨胀(지속적으로 팽창하다)'과 용암이 공중에서 어떻게 될지 생각해 보면 '터지다'의 의미가 있는 '爆炸(폭발하다)'와 '破裂(파열되다)'가 문맥상 가장 자연스러움을 알 수 있다.

A 摧毁 cuīhuǐ 동 때려 부수다, 타파하다 　完全摧毁 완전히 때려 부수다 | 摧毁迷信 미신을 타파하다

B 来临 láilín 동 도래하다, 다가오다, 이르다 　新年来临 새해가 다가오다 | 冬季来临 겨울이 다가오다

C 爆炸 bàozhà 동 폭발하다 　煤气爆炸 가스가 폭발하다 | 爆炸物 폭발물

D 破裂 pòliè 동 파열되다, 터져 갈라지다 　水管破裂 수도관이 파열되다 | 感情破裂 감정이 틀어지다

科研人员发现月球上曾经出现过"火喷泉"。它是在熔岩上升的过程当中，熔岩中存在的容易挥发的化合物变为气体以后持续膨胀，以致熔岩一旦到达地表，便会在空中爆炸的现象。

과학 연구원은 일찍이 달에 '분화'가 나타난 적이 있는 것을 발견했다. 분화는 용암이 상승하는 과정에서 용암에 존재하는 휘발하기 쉬운 화합물이 기체로 변한 뒤에 지속적으로 팽창해서 용암이 지표에 일단 도달하면 공중으로 폭발하는 현상이다.

A 动员(×)	停留(×)	一向(×)	摧毁(×)
B 分散(×)	暴露(×)	顿时(×)	来临(×)
C 上升	存在	一旦	爆炸
D 储藏(×)	显露(×)	随即(×)	破裂(○)

A 동원하다 / 머물다 / 줄곧 / 때려 부수다
B 분산시키다 / 폭로하다 / 갑자기 / 도래하다
C 상승하다 / 존재하다 / 일단 ~하면 / 폭발하다
D 저장하다 / 드러나다 / 즉시 / 파열되다

科研 kēyán 명 과학 연구 | **人员** rényuán 명 인원, 요원 | **月球** yuèqiú 명 달 | **曾经** céngjīng 부 일찍이, 이전에 | **火喷泉** huǒpēnquán 명 분화 | **熔岩** róngyán 명 용암 | **挥发** huīfā 동 휘발하다 | **化合物** huàhéwù 명 화합물 | **变为** biànwéi ~로 변하다 | **气体** qìtǐ 명 기체 | **持续** chíxù 동 지속하다 | **膨胀** péngzhàng 동 팽창하다 | ★**以致** yǐzhì 접 ~에 이르다, ~를 가져오다 [안 좋은 결과나 일을 초래하다] | **到达** dàodá 동 도달하다, 이르다 | **地表** dìbiǎo 명 지표면 | **便** biàn 부 곧, 바로 [=就] | **空中** kōngzhōng 명 공중, 하늘 | **现象** xiànxiàng 명 현상

8 B

빈칸 1 빈칸 뒤의 '刷二维码乘坐地铁(QR코드 스캔으로 지하철에 탑승하다)'는 이전에 없던 방식이므로, 빈칸에는 이것을 '실현하다(实现)' '개통하다(开通)'라는 어휘가 들어가는 것이 문맥상 가장 적절하다.

A 开通 kāitōng 동 개통하다, 열다 　开通路线 노선을 개통하다 | 开通手机 휴대폰을 개통하다

B 实现 shíxiàn 동 실현하다, 이루다 　实现目标 목표를 실현하다 | 实现梦想 꿈을 이루다

C 完成 wánchéng 동 끝내다, 완성하다 　完成任务 임무를 완수하다 | 完成作业 과제를 끝내다

D 成立 chénglì 동 설립하다, 창립하다 　成立公司 회사를 설립하다 | 成立学校 학교를 설립하다

빈칸 2 '应用程序' '应用软件' '应用数据' 모두 휴대폰의 '애플리케이션(app)'을 뜻하는 표현이므로 통째로 외워 두는 것이 좋다.

A 程序 chéngxù 명 절차, 단계 — 应用程序 애플리케이션 | 法律程序 법률 절차

B 软件 ruǎnjiàn 명 소프트웨어 — 应用软件 애플리케이션 | 电脑软件 컴퓨터 프로그램

C 工程 gōngchéng 명 공사, 공정 — 工程设计 공사 설계 | 进行工程 공사를 진행하다

D 数据 shùjù 명 데이터, 통계수치 — 应用数据 애플리케이션 | 输入数据 데이터를 입력하다

빈칸 3 빈칸 뒤의 '支付方式(지불 방식)'은 '묶다, 연결되다'의 의미인 '绑定(연동하다)'과 함께 쓴다.

A 连 lián 동 연결하다 — 心连心 마음이 서로 통하다 | 接二连三 연이어

B 绑 bǎng 동 묶다 — 捆绑 줄로 묶다 | 被绑住 묶여 있다 | 把A绑在B A를 B에 묶다

C 扎 zhā 동 찌르다 — 扎心 아픈 곳을 찌르다 | 扎破 미어뜨리다, 터뜨리다

D 牵 qiān 동 끌다, 잡아당기다 — 手牵手 손에 손을 잡다 | A牵着B A가 B를 잡아끌다

빈칸 4 빈칸의 앞뒤 문맥상 모두 돈을 지불하는 것과 관계가 있으며, 빈칸 뒤 '押金(보증금)'과 함께 쓸 수 있는 동사는 '交付(지불하다)'와 '缴纳(납부하다)'이다.

A 交付 jiāofù 동 (돈을) 지불하다, 교부하다 — 交付定钱 계약금을 지불하다 | 交付押金 보증금을 지불하다

B 缴纳 jiǎonà 동 (돈을) 납부하다, 납입하다 — 缴纳费用 비용을 납부하다 | 缴纳税金 세금을 납부하다

C 提交 tíjiāo 동 (사물을) 제출하다 — 提交发票 영수증을 제출하다 | 提交志愿书 지원서를 제출하다

D 给予 jǐyǔ 동 (상·벌을) 주다, 부여하다 — 给予表扬 표창하다 | 给予支援 지원하다

目前，北京轨道交通<u>实现</u>了刷二维码乘坐地铁，乘客进站只需打开易通行手机应用<u>软件</u>扫码即可。需要注意的是，使用该应用时每个用户都要<u>绑</u>定一个支付方式，而这并不需要<u>缴纳</u>任何押金。

현재 베이징 철도교통은 QR코드 스캔으로 지하철 탑승을 <u>실현시켜서</u> 승객은 역에 들어서면 이통싱(易通行) 휴대폰 <u>앱</u>을 켜서 QR코드를 스캔하기만 하면 된다. 주의해야 할 점은 이 앱을 사용할 때는 모든 사용자가 하나의 지불방식을 <u>연동해야</u> 하는데, 다만 이때 어떠한 보증금도 <u>납부할</u> 필요가 없다.

A	开通(○)	程序(○)	连(×)	交付(○)
B	实现	软件	绑	缴纳
C	完成(×)	工程(×)	扎(×)	提交(×)
D	成立(×)	数据(○)	牵(×)	给予(×)

A 개통하다 / 절차 / 연결하다 / 지불하다
B 실현하다 / 소프트웨어 / 묶다 / 납부하다
C 끝내다 / 공사 / 찌르다 / 제출하다
D 설립하다 / 데이터 / 끌다 / 주다

目前 mùqián 명 현재, 지금 | **轨道** guǐdào 명 철로, 선로 | **刷** shuā 동 닦다 [여기서는 '스캔하다'의 의미] | **二维码** èrwéimǎ 명 QR코드 | **乘客** chéngkè 명 승객 | **需** xū 동 필요하다, 요구되다 | **打开** dǎkāi 동 열다 | **易通行** Yìtōngxíng 고유 이통싱 [베이징 지하철 서비스앱] | **应用** yìngyòng 동 응용하다, 이용하다 [여기서는 '应用软件'이 '애플리케이션'의 의미로 쓰임] | **扫码** sǎomǎ QR코드를 스캔하다 | **即可** jíkě 부 ~하면 곧 ~할 수 있다 | ★**用户** yònghù 명 사용자, 가입자 | **支付** zhīfù 동 지불하다, 지급하다 | **方式** fāngshì 명 방식, 방법 | **押金** yājīn 명 보증금, 담보금

03 성어

본서 p.195~196

track yuedu 29

• Day 14　1 B　2 C

1 B

빈칸 1 빈칸 뒤의 '青红白(청홍백)'는 각각 '청색, 붉은색, 백색'을 나타내는 것으로, 이는 누구나 다 아는 사실이므로 '众所周知(모두가 다 알다)'가 정답이다. 주요 사자성어는 꼭 외우자.

A 无可奉告 wúkěfènggào 성 알릴 만한 것이 없다, 드릴 말씀이 없다
国家领导人的日程对公众自然是无可奉告的。 국가 지도자의 일정은 대중에게 당연히 알릴 만한 것이 없다.

B 众所周知 zhòngsuǒzhōuzhī 성 모든 사람이 다 알고 있다, 모두가 다 알다
众所周知，三星公司的售后服务十分周到。 모든 사람이 다 알고 있듯이, 삼성의 A/S는 매우 꼼꼼하다.

C 原来如此 yuánlái rúcǐ 알고 보니 그렇다, 과연 그렇다
原来如此，这本书是南老师主编的啊！怪不得写得那么好。
알고 보니 이 책은 남 선생님이 만드신 거구나! 어쩐지 잘 쓰여 있더라.

D 模糊不清 móhubùqīng 뚜렷하지 않다
这件器物上的署名和朝代已经模糊不清了。 이 기물 상의 서명과 연대는 이미 모호해졌다.

빈칸 2 첫 번째 빈칸과 마찬가지로 '青红白(청홍백)'는 각각의 색깔을 의미하기 때문에, 보기 중 '表示(나타내다)' '形容(형용하다)' '比喻(비유하다)' 모두 답이 될 수 있다. 하지만 '表达(표현하다)'는 사람의 생각이나 감정을 나타내는 것이기 때문에 답이 될 수 없다.

A 表示 biǎoshì 동 의미하다, 가리키다, 표시하다 [A表示B: A는 B를 의미한다]
白色表示纯洁 흰색은 순결을 의미한다 | 表示同意 동의를 표하다

B 形容 xíngróng 동 형용하다, 묘사하다 [用A形容B: A로 B를 형용하다]
难以形容 형용하기 어렵다 | 形容得恰当 알맞게 묘사하다

C 比喻 bǐyù 동 비유하다 [用A比喻B: A로 B를 비유하다]
生动地比喻 생생하게 비유하다 | 把孩子比喻成花儿 아이를 꽃으로 비유하다

D 表达 biǎodá 동 (언어나 문자를 통해 자신의 사상이나 감정을) 나타내다, 표현하다
表达意见 의견을 나타내다 | 表达思想 생각을 표현하다

빈칸 3 제시된 보기로 보아 빈칸에는 지나간 시기나 시간과 관련한 어휘가 들어갈 것임을 알 수 있다. 그런데 '先前(이전)'은 특정 시기 이전 시점을 가리키고, '之前(~이전)' 역시 앞에 부가 설명이 있어야 쓸 수 있다. 하지만 빈칸 앞에 어떠한 설명도 없기 때문에 보기 중 '古代(고대)'와 '以前(이전)'만 답이 될 수 있다.

A 先前 xiānqián 명 이전, 예전
公司今年的销售业绩弥补了先前的损失。 회사의 올해 판매 실적은 이전의 손실을 메웠다.

B 古代 gǔdài 명 고대
造纸术是中国古代的四大发明之一。 제지술은 중국 고대의 4대 발명 중 하나이다.

C 以前 yǐqián 명 예전, 이전
随着年龄的增长，我总是会想起父母以前说过的话。 나이가 들어감에 따라 나는 부모님이 예전에 하셨던 말씀이 자주 떠오른다.

D 之前 zhīqián 명 ~이전, ~의 앞

补习班会在开课之前把上课用的材料寄到每位学生手上。

학원은 수업 시작 전에 수업용 자료를 각 학생들에게 보낸다.

汉语俗语中"不分青红皂白"是指不分是非。众所周知，青红白是形容颜色的，那么"皂"是什么意思？其实"皂"指的是黑色，在古代，衙门中的差役穿的黑布衣就是皂衣。

중국어 속담 중에 '푸르고 붉고 검고 흰 것을 구별하지 않는다'는 옳고 그름을 가리지 않는다는 뜻이다. 모두가 다 알고 있듯이, 청홍백은 색깔을 나타내는데 그렇다면 '조'는 무슨 뜻일까? 사실 '조'는 검은색을 뜻하는데, 고대에 관아의 심부름꾼이 입은 검은 천옷이 바로 조의였다.

A	无可奉告(×)	表示(○)	先前(×)
B	众所周知	形容	古代
C	原来如此(×)	比喻(○)	以前(○)
D	模糊不清(×)	表达(×)	之前(×)

A 알릴 만한 것이 없다 / 의미하다 / 이전
B 모두가 다 알다 / 형용하다 / 고대
C 알고 보니 그렇다 / 비유하다 / 예전
D 뚜렷하지 않다 / 나타내다 / ~이전

俗语 súyǔ 명 속담 | **不分青红皂白** bùfēn qīnghóngzàobái 성 청색과 홍색, 검은색과 흰색을 구분할 수 없다, 흑백을 가리지 않다 | ★**是非** shìfēi 명 옳고 그름, 시비, 잘잘못 | **皂** zào 명 조, 검은색 | **黑色** hēisè 명 검은색 | **衙门** yámen 명 관아, 옛날 관공서 | **差役** chāiyì 명 심부름꾼 | **布** bù 명 (무명실로 짠) 천, 베, 포 | **衣** yī 명 옷

2 C

빈칸 1 빈칸 다음 문장은 '可是(그러나)'로 시작하는 앞 문장과 상반되는 내용으로, 빈칸 문장의 '常识(상식)'와 대비되는 해결 방법을 제시하고 있다. 따라서 빈칸에는 뒤 문장과 대비되는 의미를 가지고 있는 '과거'나 '이전'의 의미가 있는 '以往'을 답으로 골라야 한다.

A 终生 zhōngshēng 명 일생, 평생, 한평생
B 暂时 zànshí 명 잠깐, 잠시, 일시
C 以往 yǐwǎng 명 이전, 과거, 종전
D 目前 mùqián 명 지금, 현재

빈칸 2 '消防员(소방관)'이 제시한 방법은 이전과는 다른 새로운 것으로, 문맥상 '상상할 수 없다'는 의미의 성어 '不可思议'가 빈칸에 들어가는 것이 적절하다.

A 不由自主 bùyóuzìzhǔ 성 자기도 모르게, 저절로

这些老照片使我不由自主地想起了年少时光。

이 오래된 사진들은 나 자신도 모르게 젊은 시절을 생각나게 했다.

B 不知所措 bùzhīsuǒcuò 성 어찌할 바를 모르다, 갈팡질팡하다

第一次参加这么重要的会议，小李显得有些不知所措。

처음으로 이렇게 중요한 회의에 참석한 샤오리는 어찌할 바를 모르는 것처럼 보였다.

C 不可思议 bùkě sīyì 성 상상할 수 없다, 불가사의하다

科幻电影中有许多不可思议的场面。SF영화에는 상상할 수 없는 장면이 매우 많다.

D 不约而同 bùyuē'értóng 성 약속이나 한 듯 일치하다

比赛结束后，两家网站不约而同地报道了关于这场比赛的消息。

경기가 끝난 후, 두 인터넷 사이트는 약속이나 한 듯 이 경기와 관련된 뉴스를 보도했다.

빈칸 3 빈칸은 부사어 자리인데, '火焰熄灭(불꽃이 꺼지다)'와 문맥상 어울리는 보기는 '立刻(곧)' '逐渐(점차)' '立即(곧)'이다.

A 随时 suíshí 부 언제나, 수시로, 언제든지

B 立刻 lìkè 부 곧, 즉시, 바로

C 逐渐 zhújiàn 부 점차, 점점
疫情正在逐渐好转，但政府仍建议市民们尽量不要“多人聚会”。
전염병 발생 상황이 점차 호전되고 있지만 정부는 여전히 시민들에게 가능한 한 '많은 사람이 모이지' 않을 것을 제안했다.

D 立即 lìjí 부 즉시, 곧, 바로

빈칸 4 빈칸은 접속사 자리이므로 앞뒤 문장의 관계를 파악해야 한다. 빈칸 앞의 '温度降低(온도가 낮아지다)'는 원인이며 뒤의 '使火苗熄灭(불씨가 꺼지게 하다)'는 결과로, 원인과 결과를 이어주는 접속사는 보기 중 '从而(그리하여)'뿐이다.

A 果然 guǒrán 접 만약 ~한다면

B 即使 jíshǐ 접 설령 ~하더라도 [**即使A，也B**: 설령 A일지라도 B이다]

C 从而 cóng'ér 접 따라서, ~함으로써
农业迅速发展，从而为轻工业提供了丰富的原料。 농업이 빠르게 발전해서 경공업에 풍부한 자원을 제공했다.

D 然而 rán'ér 접 그러나, 하지만 [≒**但是**]

某一档科普节目邀请一名消防员做了一个实验，模拟炒菜时，因油温过高而引发燃烧的事故。以往的常识告诉人们，此时应该把锅盖儿盖上。可是这名消防员却给了我们一个不可思议的处理方法：向锅里倒食用油！随着食用油的倒入，火焰逐渐熄灭。这是由于低温油覆盖高温油，可以迅速使锅内的温度降低，从而使火苗熄灭。

어떤 과학 프로그램에서 소방관을 초청해서 음식을 볶을 때 기름 온도가 너무 높아서 불이 나는 사고를 시뮬레이션했다. 이전의 상식은 사람들에게 이때 냄비 뚜껑을 닫아야 한다고 알려 준다. 하지만 이 소방관은 오히려 우리에게 상상할 수 없는 해결 방법을 주었다. 냄비에 식용유를 붓는 것이다! 식용유가 부어지면서 불꽃은 점차 꺼지게 된다. 이것은 저온의 기름이 고온의 기름을 덮기 때문에 빠르게 냄비 안의 온도를 낮춰서 불씨가 꺼지게 하는 것이다.

A	终生(×)	不由自主(×)	随时(×)	果然(×)
B	暂时(×)	不知所措(×)	立刻(○)	即使(×)
C	以往	不可思议	逐渐	从而
D	目前(×)	不约而同(×)	立即(○)	然而(×)

A 일생 / 자기도 모르게 / 언제나 / 만약 ~한다면
B 잠깐 / 어찌할 바를 모르다 / 곧 / 설령 ~하더라도
C 이전 / 상상할 수 없다 / 점차 / 따라서
D 지금 / 약속이나 한 듯 일치하다 / 즉시 / 그러나

某 mǒu 대 어떤, 어느 | **档** dàng 양 건, 가지 [사건이나 일 등을 세는 단위] | **科普** kēpǔ 명 과학 보급 | **消防员** xiāofángyuán 명 소방관 | **实验** shíyàn 명 실험 [**做实验**: 실험을 하다] | **模拟** mónǐ 동 시뮬레이션하다, 모의하다 | **炒菜** chǎocài 동 음식을 요리하다 | **油** yóu 명 기름 | **温** wēn 명 온도 | **引发** yǐnfā 동 일으키다, 야기하다 | **燃烧** ránshāo 동 타다, 연소하다 | ★**事故** shìgù 명 사고 | **常识** chángshí 명 상식, 일반 지식 | **此时** cǐshí 명 이때, 지금 | **锅盖儿** guōgàir 명 솥뚜껑 | **盖** gài 동 덮다, 뒤덮다 | **处理** chǔlǐ 동 처리하다 | **锅** guō 명 냄비, 가마, 솥 | **倒** dào 동 거꾸로 하다, 뒤집다, 따르다 | **食用油** shíyòngyóu 명 식용유 | ★**火焰** huǒyàn 명 불꽃, 화염 | ★**熄灭** xīmiè 동 (등이나 불이) 꺼지다, 소멸하다 | **低温** dīwēn 명 저온 | ★**覆盖** fùgài 동 덮다, 뒤덮다, 덮어 가리다 | **高温** gāowēn 명 고온 | **迅速** xùnsù 형 신속하다, 재빠르다 | **火苗** huǒmiáo 명 화염, 불꽃

track yuedu 30

• Day 15 **3** C **4** B **5** D

3 C

빈칸 1 빈칸은 앞의 주어 '气息(분위기)'를 설명하는 술어에 해당하는 부분으로, 보기 중 '浓厚(농후하다)'만이 '气息'와 함께 쓸 수 있다. '浓厚'는 '분위기' 외에도 '문화나 전통'과 관련한 어휘와도 함께 쓸 수 있다.

A 榜样 bǎngyàng 명 본보기, 모범, 귀감

B 类型 lèixíng 명 유형

C 浓厚 nónghòu 형 (색채·의식·분위기 등이) 짙다, 농후하다, (흥미가) 강하다, 크다
浓厚的色彩 짙은 색채 | 浓厚的兴趣 강한 흥미 | 浓厚的文化 짙은 문화

D 丰厚 fēnghòu 형 (보수·대우가) 후하다, 두텁다
丰厚的奖金 두둑한 상금 | 丰厚的待遇 후한 대우 | 利润丰厚 이윤이 후하다

빈칸 2 '以A爱情故事作为B(A한 사랑 이야기를 B로 하다)'를 통해, 문학 작품 줄거리의 주요 맥락이라는 의미가 내포된 '主线(모티브)'이 빈칸에 들어가야 함을 알 수 있다.

A 边界 biānjiè 명 국경선, 경계선

B 思路 sīlù 명 사고의 방향, 생각의 갈래

C 主线 zhǔxiàn 명 모티브, (문학 작품의) 주요 맥락

D 布置 bùzhì 명 배치, 안배

빈칸 3 빈칸 앞의 '汉代宴饮、舞乐和礼仪等(한나라 시대의 연회, 무도와 예절 등)'을 포괄할 수 있는 성어가 들어가야 하는데, 보기 중 '风土人情(지방의 특색과 풍습)'이 문맥상 가장 자연스럽다.

A 称心如意 chènxīnrúyì 성 마음에 꼭 들다, 자기 마음에 완전히 부합되다
很多人终其一生也很难找到称心如意的伴侣。
많은 사람들이 일생을 마칠 때까지도 마음에 꼭 드는 배우자를 찾기 힘들다.

B 朝气蓬勃 zhāoqìpéngbó 성 생기발랄하다, 생기가 넘쳐흐르다, 씩씩하다
这些孩子如春天的花朵，充满了朝气蓬勃的气息。
이 아이들은 봄날의 꽃봉오리 같아서 생기발랄한 기운이 넘쳐흘렀다.

C 风土人情 fēngtǔrénqíng 명 지방의 특색과 풍습, 풍토와 인심
旅行前，先熟悉当地的风土人情会更容易融入他们的文化。
여행 전에 우선 현지의 특색과 풍습을 숙지하는 것이 그들의 문화에 녹아드는 데 훨씬 수월하다.

D 锦绣前程 jǐnxiùqiánchéng 성 전도양양한 앞날, 아름답고 빛나는 미래
并不是每一个刚毕业的学生都能立刻拥有锦绣前程。
모든 막 졸업하는 학생들이 바로 전도양양한 앞날을 가질 수 있는 것은 아니다.

빈칸 4 빈칸은 뒤의 '珠宝楼(보석 가게)'를 수식하는 관형어 자리로, '珠宝楼'라는 건축물을 수식할 수 있는 어휘는 보기 중 '大型(대형의)'뿐이다.

A 宽阔 kuānkuò 형 (폭이) 넓다, 널찍하다, 광대하다, (마음·견식 따위가) 넓다, 많다
宽阔的街道 널찍한 거리 | 宽阔的土地 광대한 토지 | 思路宽阔 사고의 방향이 넓다

B 庞大 pángdà 형 (형체·조직·수량 등이) 방대하다, 거대하다
庞大的规模 방대한 규모 | 数量庞大 수량이 방대하다 | 体型庞大 체형이 거대하다

C 大型 dàxíng 형 대형의
大型超市 대형 마트 | 大型事故 대형 사고 | 大型活动 대형 행사

D 高尚 gāoshàng 형 (인격이) 고상하다, 도덕적으로 고결하다
高尚的品德 고상한 성품 | 高尚的思想 고결한 생각 | 人格高尚 인격이 고상하다

琴台路位于成都古代建筑较为密集且文化气息非常浓厚的地方，它以卓文君与司马相如的爱情故事作为主线，向人们展现着汉代宴饮、舞乐和礼仪等风土人情。不仅如此，它还是成都的珠宝一条街，汇聚了不少大型珠宝店。

금대로는 청두에서 고대 건축물이 밀집해 있고 문화적인 분위기가 매우 짙은 곳에 위치해 있다. 이곳은 탁문군과 사마상여의 사랑 이야기를 모티브로 하여, 사람들에게 한나라 시대의 연회, 무도와 예절 등의 특색과 풍습을 보여 주고 있다. 이뿐만 아니라, 이곳은 청두의 귀금속 거리이기도 해서 수많은 대형 보석 가게들이 모여 있다.

A 榜样(×) 边界(×) 称心如意(×) 宽阔(×)
B 类型(×) 思路(×) 朝气蓬勃(×) 庞大(×)
C 浓厚 主线 风土人情 大型
D 丰厚(×) 布置(×) 锦绣前程(×) 高尚(×)

A 본보기 / 경계선 / 마음에 꼭 들다 / 폭이 넓다
B 유형 / 사고의 방향 / 생기발랄하다 / 방대하다
C 짙다 / 모티브 / 지방의 특색과 풍습 / 대형의
D 두텁다 / 배치 / 전도양양한 앞날 / 고상하다

琴台路 Qíntáilù 고유 금대로 [청두(成都)시에 있는 귀금속 거리] | **位于** wèiyú ~에 위치하다 | **成都** Chéngdū 고유 청두 [쓰촨성의 성도] | **古代** gǔdài 명 고대 | **建筑** jiànzhù 명 건축물 | **较为** jiàowéi 부 비교적 [같은 종류의 사물과 비교해서 한 단계 위임을 나타냄] | **密集** mìjí 형 밀집한, 빽빽한 | **且** qiě 접 게다가, 또한 | **气息** qìxī 명 분위기, 정취 | **以** yǐ 개 ~로(써), ~를 가지고 [以A为B: A를 B로 삼다] | **卓文君** Zhuówénjūn 고유 탁문군 [중국 고대 4대 재녀 중 한 명] | **司马相如** Sīmǎ Xiàngrú 고유 사마상여 [중국 서한의 한학자] | **作为** zuòwéi 개 ~의 신분·자격으로서 | ★**展现** zhǎnxiàn 동 나타나다, 드러내다 | **汉代** Hàn dài 한나라 시기 | **宴饮** yànyǐn 동 연회를 열다 [여기서는 명사적 용법으로 쓰임] | **舞乐** wǔyuè 명 무악 | **礼仪** lǐyí 명 예절, 예의, 예절과 의식 | **如此** rúcǐ 대 이와 같다, 이러하다 | **珠宝** zhūbǎo 명 진주와 보석, 보석류 | **街** jiē 명 거리 | **汇聚** huìjù 동 한데 모이다, 모여들다

4 B

빈칸 1 빈칸은 부모가 어떤지 설명하는 부분으로, '庇佑(비호)'를 수식하는 성어가 와야 한다. 따라서 '无微不至(세심하게 보살피다)'가 문맥상 가장 어울린다.

A 层出不穷 céngchū bùqióng 성 끊임없이 나타나다, 꼬리를 물고 나타나다
唐代是诗歌发展的鼎盛时期，这一时期的优秀诗歌作品也是层出不穷。
당나라 시기는 시가 발전의 전성기로, 이 시기에는 우수한 시가 작품도 끊임없이 나타났다.

B 无微不至 wúwēi búzhì 성 세심하게 보살피다, 사소한 데까지 신경을 쓰다
因为有了家人无微不至的照顾，我的病才得以迅速康复。
가족들의 세심한 보살핌이 있었기 때문에 나의 병은 빠르게 회복될 수 있었다.

C 不相上下 bùxiāng shàngxià 성 막상막하, 우열을 가릴 수 없다
两位骑手的水平不相上下，但比赛终究是比赛，还是会分出胜负的。
두 기수의 수준이 막상막하지만, 대회는 결국 대회이므로 승부는 갈릴 것이다.

D 川流不息 chuānliú bùxī 성 (행인·차량 등이) 냇물처럼 끊임없이 오가다, 꼬리에 꼬리를 물고 이어지다
望着川流不息的人群，他却不知自己应朝哪个方向前行。
끊임없이 오가는 군중을 바라보면서 그는 도리어 자신이 어느 방향을 향해 나아가야 할지 몰랐다.

빈칸 2 빈칸은 뒤의 '远方(먼 곳)'을 수식하는 관형어인데, 문맥상 '远方'은 우리가 도달하고자 하는 목적지나 목표라고 할 수 있다. 보기 중 이와 함께 쓸 수 있는 어휘는 '追寻(추구하다)'이다.

A 克服 kèfú 동 극복하다, 이기다
克服困难 어려움을 극복하다 | 克服缺点 단점을 극복하다

B 追寻 zhuīxún 동 추구하다, 탐구하다, 탐색하다
苦苦追寻 간절히 추구하다 | 追寻梦想 꿈을 추구하다

C 攀爬 pānpá 동 (어떤 것을 잡고) 위로 오르다, 타고 오르다
禁止攀爬 오르는 것을 금지하다 | 随意攀爬 마음대로 오르다 | 向上攀爬 위를 향해 오르다

D 靠近 kàojìn 동 다가가다, 접근하다
靠近大海 바다에 다가가다 | 向雪山靠近 설산을 향해 다가가다 | 慢慢地靠近 천천히 접근하다

빈칸 3 빈칸 앞 절에 '难过的时候(슬플 때)'라고 했으므로, 보기 중 '슬픔'과 관련된 '绝望(절망하다)'과 '悲伤(슬프다)'이 빈칸에 들어갈 수 있다.

A 嫌弃 xiánqì 동 싫어하다, 기피하다
遭人嫌弃 미움을 받다 | 嫌弃他人 다른 사람을 싫어하다 | 嫌弃的态度 기피하는 태도

B 绝望 juéwàng 동 절망하다
感到绝望 절망을 느끼다 | 让父母绝望 부모를 절망하게 하다 | 处境绝望 처지가 절망스럽다

C 懊恼 àonǎo 형 번뇌하다, 괴로워하다
感到懊恼 번뇌하다 | 懊恼的神情 괴로워하는 기색 | 懊恼的情绪 괴로운 감정

D 悲伤 bēishāng 형 몹시 슬퍼하다, 상심하다
忘记悲伤 슬픔을 잊다 | 悲伤的故事 슬픈 이야기 | 悲伤的回忆 슬픈 추억

빈칸 4 빈칸 뒤 절에서 '자유(自由)'를 갈망하는 내용이 나오기 때문에 빈칸에는 그 반대 표현인 '束缚(속박하다)'가 들어가는 것이 적절하다.

A 疏远 shūyuǎn 동 (관계나 감정적으로) 소원하다, 멀리하다
关系疏远 관계가 소원하다 | 逐渐疏远 점차 소원해지다

B 束缚 shùfù 동 속박하다, 제한하다, 구속하다
被A束缚 A에게 속박당하다 | 摆脱束缚 구속을 벗어나다

C 围绕 wéirào 동 (일·문제를) 둘러싸다, 주위를 돌다
围绕A主题 A를 둘러싼 주제 | A围绕B旋转 A가 B를 둘러싸고 회전하다

D 环绕 huánrào 동 (사물을) 둘러싸다, 에워싸다, 감돌다, 둘레를 돌다
河流环绕着村庄 하류가 마을을 둘러싸다 | A四周环绕着B A가 B를 사방으로 둘러싸고 있다

小时候，我们都渴望能够拥有一对"独立"的翅膀，可以挣脱爸妈无微不至的庇佑；长大以后，我们都渴望能够拥有一对"追梦"的翅膀，可以到达自己努力追寻的远方；难过的时候，我们都渴望能够拥有一对"超越"的翅膀，使自己飞过绝望；被束缚的时候，我们都渴望能够拥有一对"自由"的翅膀，可以让心灵自由翱翔。

A	层出不穷(×)	克服(×)	嫌弃(×)	疏远(×)
B	无微不至	追寻	绝望	束缚
C	不相上下(×)	攀爬(×)	懊恼(×)	围绕(×)
D	川流不息(×)	靠近(×)	悲伤(○)	环绕(×)

어렸을 때, 우리는 '홀로 서는' 날개를 가지고 부모의 세심한 보살핌의 비호에서 벗어날 수 있기를 갈망한다. 자라고 나서, 우리는 '꿈을 좇는' 날개를 가지고 자신이 추구하는 먼 곳에 도달할 수 있기를 갈망한다. 슬플 때, 우리는 '초월하는' 날개를 가지고 절망을 넘길 수 있기를 갈망한다. 속박당할 때, 우리는 '자유로운' 날개를 가지고 영혼이 자유롭게 비상할 수 있기를 갈망한다.

A 끊임없이 나타나다 / 극복하다 / 싫어하다 / 소원하다
B 세심하게 보살피다 / 추구하다 / 절망하다 / 속박하다
C 막상막하 / 위로 오르다 / 번뇌하다 / 둘러싸다
D 냇물처럼 끊임없이 오가다 / 다가가다 / 몹시 슬퍼하다 / 둘러싸다

★渴望 kěwàng 동 갈망하다, 간절히 바라다 | ★拥有 yōngyǒu 동 가지다, 지니다, 소유하다 | 独立 dúlì 동 독립하다, 홀로 서다 | 翅膀 chìbǎng 명 날개 | 挣脱 zhèngtuō 동 벗어나다, 필사적으로 벗어나다 | 庇佑 bìyòu 명 비호, 가호 | 长大 zhǎngdà 동 자라다, 크다, 성장하다 | 追 zhuī 동 쫓다, 쫓아가다 | 到达 dàodá 동 도달하다, 도착하다, 이르다 | 远方 yuǎnfāng 명 먼 곳 | ★超越 chāoyuè 동 초월하다, 뛰어넘다, 넘어서다 | 自由 zìyóu 형 자유롭다 | ★心灵 xīnlíng 명 영혼, 마음, 정신 | 翱翔 áoxiáng 동 비상하다, 선회하며 날다

5 D

빈칸 1 '空气清新剂(공기 정화제)'는 공기를 '깨끗하게' 만드는 것이므로, 빈칸 뒤 '空气(공기)'와 호응하여 쓸 수 있는 '清洁(청결하다)'를 답으로 고를 수 있다. '纯净(맑다)'도 깨끗하게 한다는 의미가 있지만 '灵魂(영혼)' 등 추상적인 것과 호응하여 쓰인다.

A 纯净 chúnjìng 형 맑다, 순수하고 깨끗하다
音色纯净 음색이 맑다 | 内心纯净 마음이 순수하다 | 纯净的心灵 순수한 마음

B 清楚 qīngchu 형 분명하다, 조리 있다
内容清楚 내용이 분명하다 | 看得清楚 분명하게 보이다 | 讲述得清楚 조리 있게 설명하다

C 明朗 mínglǎng 형 명랑하다, 밝다
明朗豁达 명랑하고 활달하다 | 局势明朗 정세가 밝다

D 清洁 qīngjié 형 청결하다, 깨끗하다
清洁用品 청결 용품 | 保持清洁 청결을 유지하다 | 清洁的环境 청결한 환경

빈칸 2 빈칸 문장 처음에 '事实上却不然(실제로는 오히려 그렇지 않다)'이라는 말로 보아 공기 정화제는 사실 공기를 깨끗하게 하지 않는다는 내용이며, '공기 정화제'라는 '이름과는 맞지 않다'는 의미이므로 성어 '名不副实(명성이 실상과 다르다)'가 답으로 적합하다.

A 莫名其妙 mòmíngqímiào 성 영문을 모르다, 아무도 그 오묘함을 설명할 수 없다
没有人知道他为什么莫名其妙的发脾气。아무도 그가 왜 이유 없이 화를 내는지 모른다.

B 空前绝后 kōngqián juéhòu 성 전무후무하다, 이전에도 없었고 앞으로도 없다
今天这场晚会的舞台技术可以说是空前绝后。
오늘 이 만찬회의 무대 장치는 가히 전무후무하다고 말할 수 있다.

C 日新月异 rìxīn yuèyì 성 나날이 새로워지다
科技馆的工作人员向参观者展示了日新月异的科学技术。
과학 기술관 직원들은 관람객에게 나날이 새로워지는 과학 기술을 선보였다.

D 名不副实 míngbúfùshí 성 명성이 실상과 다르다, 유명무실하다 [↔ 名副其实]
他是个名不副实的教授。그는 명성이 실상과 다른 교수이다.

빈칸 3 빈칸은 문장의 술어이며 목적어는 '空气的质量(공기의 질)'이므로 이와 호응하는 동사를 골라야 한다. 공기 정화제는 사실 공기를 맑아지게 하지 않는다는 앞 내용과 이어지려면, 빈칸에는 '개선하다'의 의미인 '改善'이 들어가야 한다. '改善'은 '관계, 생활 조건, 환경' 등을 좋게 바꾸는 것을 말하며, '改进'은 '오래된 것을 좋게 바꾸는 것'을 뜻한다.

A 改正 gǎizhèng 동 (잘못·착오를) 개정하다 — 改正错误 잘못을 바로잡다 | 及时改正 제때 바로잡다

B 调整 tiáozhěng 동 조정하다, 조절하다 — 调整时间 시간을 조정하다 | 调整情绪 기분을 조절하다

C 改进 gǎijìn 동 개선하다, 개량하다 — 改进技术 기술을 개선하다 | 改进质量 품질을 개량하다

D 改善 gǎishàn 동 개선하다, 개량하다 — 改善环境 환경을 개선하다 | 改善条件 조건을 개선하다

빈칸 4 문맥상 향이 공기 중에 '내보내졌을 때' 오염물이 생긴다(产生污染物)는 것이 자연스러우므로, '释放(방출하다)'이 빈칸에 들어가는 것이 적절하다.

A 覆盖 fùgài 동 뒤덮다, 덮어 가리다 — 覆盖范围 도달 범위 | 覆盖率 점유율

B 涂改 túgǎi 동 글자를 지우고 고쳐 쓰다 — 随意涂改 마음대로 고치다 | 涂改号码 번호를 변조하다

C 扩大 kuòdà 동 (범위나 규모를) 확대하다 扩大范围 범위를 확대하다 | 扩大影响力 영향력을 확대하다

D 释放 shìfàng 동 (공기·에너지를) 방출하다, 내보내다 释放能量 에너지를 방출하다 | 释放压力 스트레스를 풀다

从名字上来看，空气清新剂应该可以清洁空气，使气味变得清新。事实上却不然，空气清新剂名不副实，它只是用香味遮掩异味，而并不可以真正改善空气的质量。香味释放到空气里，反而会产生污染物。

이름으로 보면, 공기 정화제는 공기를 깨끗하게 하여 냄새가 맑아지도록 할 수 있을 것 같다. 사실은 오히려 그렇지 않으며, 공기 정화제는 명성이 실상과 다르다. 그것은 향으로 이상한 냄새를 가릴 뿐 결코 진정으로 공기의 질을 개선할 수 없다. 향이 공기 중으로 방출되면 오히려 오염물질이 생길 수 있다.

A 纯净(×) 莫名其妙(×) 改正(×) 覆盖(○)
B 清楚(×) 空前绝后(×) 调整(×) 涂改(×)
C 明朗(×) 日新月异(×) 改进(×) 扩大(×)
D 清洁 名不副实 改善 释放

A 맑다 / 영문을 모르다 / 개정하다 / 뒤덮다
B 분명하다 / 전무후무하다 / 조정하다 / 지우고 고치다
C 명랑하다 / 나날이 새로워지다 / 개선하다 / 확대하다
D 깨끗하다 / 명성이 실상과 다르다 / 개선하다 / 방출하다

空气清新剂 kōngqì qīngxīnjì 공기 정화제 | ★**气味** qìwèi 명 냄새 | **清新** qīngxīn 형 맑고 새롭다, 신선하다 | **事实上** shìshíshang 명 사실상, 실제 | **不然** bùrán 형 그렇지 않다 | **香味** xiāngwèi 명 향기, 향 | **遮掩** zhēyǎn 동 가리다, 막다 | **异味** yìwèi 명 이상한 냄새 | **并** bìng 부 결코, 전혀, 그다지 [부정사 앞에 쓰여 부정의 어투 강조] | **真正** zhēnzhèng 형 진정한, 참된 | **质量** zhìliàng 명 질, 품질 | **反而** fǎn'ér 부 오히려, 도리어 | **产生** chǎnshēng 동 생기다, 발생하다 | **污染物** wūrǎnwù 명 오염물질

track yuedu 31

Day 16 6 A 7 B 8 D

6 A

빈칸 1 빈칸은 뒤의 '繁荣(번영하다)'을 수식하는 부사어 자리로, 제시된 보기 모두 부사이며 의미상으로도 모두 답이 될 수 있다.

A 日益 rìyì 부 나날이, 날로

B 一向 yíxiàng 부 줄곧, 내내, 종래

C 一度 yídù 부 한때, 한동안

D 逐年 zhúnián 부 해마다, 한 해 한 해

빈칸 2 빈칸 앞에서는 경제가 번영했다(经济繁荣)고 했고, 뒤에는 집값 역시 따라 올랐다(房价也水涨船高)는 설명이 있다. 따라서 빈칸에도 앞뒤와 비슷한 맥락이 와야 하므로 제시된 성어 중 '与日俱增(나날이 증가하다)'이 답으로 가장 적절하다.

A 与日俱增 yǔrì jùzēng 성 나날이 증가하다, 날로 늘어나다
谁也没想到那位年轻医生的患者竟一夜之间与日俱增了。
그 젊은 의사의 환자가 하룻밤 사이에 많아질 줄은 누구도 생각지 못했다.

B 供不应求 gōngbúyìngqiú 성 공급이 수요를 따르지 못하다, 공급이 달리다
如今，古董市场的现状可以用"供不应求"来形容。
오늘날, 골동품 시장의 현황은 '공급이 수요를 따르지 못한다'는 말로 묘사할 수 있다.

C 层出不穷 céngchū bùqióng 성 끊임없이 나타나다, 꼬리를 물고 나타나다
对于那些无端的、层出不穷的非议，那位艺人其实从不在意。
그런 이유 없고 끊임없는 비난에 대해 그 연예인은 사실 이제껏 마음에 담아 두지 않았다.

D 空前绝后 kōngqián juéhòu 성 전무후무하다, 이전에도 없었고 앞으로도 없다
《太阳的后裔》这部韩剧在中国受到了空前绝后的欢迎。
한국 드라마 「태양의 후예」는 중국에서 전무후무한 인기를 얻었다.

빈칸 3 앞 내용과 빈칸 절의 내용을 종합해 보면 집값이 계속 올라 백성들은 집값을 '감당하지' 못했다는 것이 문맥상 자연스러우므로, 보기 중 '감당하다, 부담하다'의 의미가 있는 '承担(감당하다)' '负担(부담하다)' '支撑(지탱하다)'이 빈칸에 들어갈 수 있다.

A 承担 chéngdān 동 감당하다, 부담하다 — 承担责任 책임을 지다 | 承担风险 위험을 감당하다

B 负担 fùdān 동 부담하다, 책임지다 — 负担费用 비용을 부담하다 | 负担责任 책임을 지다

C 支撑 zhīchēng 동 지탱하다, 버티다 — 由A支撑 A가 지탱하다 | 支撑不住 버티지 못하다

D 筹备 chóubèi 동 기획하고 준비하다 — 筹备费用 기획 비용 | 积极筹备 적극적으로 기획하고 준비하다

빈칸 4 빈칸은 알맞은 부사를 찾는 문제이다. 문맥상 '就(곧, 바로)'와 같은 의미의 부사가 들어가야 하므로 '则' '即' '便' 모두 가능하다. '亦'는 '也(~도 또한)'와 같은 의미이므로 답이 될 수 없다.

A 则 zé 부 바로 ~이다

B 即 jí 부 곧, 바로, 즉

C 亦 yì 부 ~도 역시, 또, 또한

D 便 biàn 부 바로, 곧

宋代商业经济日益繁荣，物价与日俱增，房价也水涨船高。在首都汴京，许多老百姓不能承担高昂的房价，便只能租房。所租的房子一般有两种，一种是民间房东的房子，另一种则是官府用来出租的公房。

송나라의 상업 경제는 나날이 번영했고, 물가는 나날이 증가했으며 집값 역시 따라 올랐다. 수도인 볜징에서는 많은 백성들이 높은 집값을 감당하지 못해 집을 빌릴 수밖에 없었다. 임대 집은 일반적으로 두 가지 종류가 있는데, 하나는 민간 집주인의 집이고 다른 하나는 바로 관청에서 세를 낸 공공 주택이다.

A	日益	与日俱增	承担	则
B	一向(○)	供不应求(×)	负担(○)	即(○)
C	一度(○)	层出不穷(×)	支撑(○)	亦(×)
D	逐年(○)	空前绝后(×)	筹备(×)	便(○)

A 나날이 / 나날이 증가하다 / 감당하다 / 바로 ~이다
B 줄곧 / 공급이 수요를 따르지 못하다 / 부담하다 / 곧
C 한때 / 끊임없이 나타나다 / 지탱하다 / ~도 역시
D 해마다 / 전무후무하다 / 기획하고 준비하다 / 바로

宋代 Sòng dài 송나라 시기 | **商业** shāngyè 명 상업, 비즈니스 | **繁荣** fánróng 형 번영하다, 번창하다 | **物价** wùjià 명 물가 | **房价** fángjià 명 집값, 건물 값 | **水涨船高** shuǐzhǎng chuángāo 성 물이 불어나면 배도 위로 올라가게 된다, 주위 환경의 변화에 따라 그 부대 상황도 변한다 | **汴京** Biànjīng 고유 볜징 [현재 카이펑(开封)의 옛 이름] | **老百姓** lǎobǎixìng 명 백성, 국민 | **高昂** gāo'áng 형 물가가 매우 비싸다 | **便** biàn 부 곧, 바로 [=就] | **租房** zūfáng 동 집을 빌리다, 가옥을 임대하다 | **所** suǒ 조 [동사 앞에 '~+동사'의 형태로 쓰여, 그 동사와 함께 명사적 성분이 됨] | **租** zū 동 임대하다, 빌리다 | **房子** fángzi 명 집, 건물 | ★**民间** mínjiān 명 민간 | **房东** fángdōng 명 집주인 | **官府** guānfǔ 명 관청, 관아 | **用来** yònglái 동 ~에 쓰다, ~에 사용하다 | **出租** chūzū 동 세를 놓다, 세주다 | **公房** gōngfáng 명 공공 주택, 관사

7 B

빈칸 1 봄 차가 시장에 나오는 계절(春茶上市之季)에 매일 셴두전 가오 마을에는 차 상인(每日来仙都镇高村的茶商)이 어떤 행동을 할지 생각해 본다면 '발길이 끊이지 않는다'는 의미의 '络绎不绝'가 답임을 알 수 있다.

A 爱不释手 àibúshìshǒu 성 잠시도 손에서 놓지 않다, 매우 아껴서 손을 떼지 못하다
我对文学名著一向是爱不释手的。 나는 문학 명작을 줄곧 손에서 놓지 않는다.

B 络绎不绝 luòyìbùjué 성 (사람·말·수레·배 따위의) 발길이 끊이지 않다, 왕래가 잦아 끊이지 않다
江南水乡的风景秀美，一年四季游人络绎不绝。 장난 운하 마을의 풍경이 수려하여 1년 4계절 여행객들의 발길이 끊이지 않는다.

C　安居乐业 ānjū lèyè 성 평안히 살면서 즐겁게 일하다
只有百姓们安居乐业，国家才能繁荣发展。
국민이 평안히 살면서 즐겁게 일해야 국가는 비로소 번영 발전할 수 있다.

D　得天独厚 détiāndúhòu 성 특별히 좋은 조건을 갖추다, 처한 환경이 남달리 좋다
对于印刷术的发明，中国有着得天独厚的技术条件和物质基础。
인쇄술의 발명에 있어서 중국은 특별히 좋은 기술적 조건과 물질적 기초를 가지고 있었다.

빈칸 2 빈칸은 뒤의 '铁观音(톄관인)'이라는 '차(茶)'를 수식하는 관형어 부분인데, 차는 상품이므로 보기 중 '品质(품질)'가 문맥상 가장 알맞다.

A　品位 pǐnwèi 명 품위, 품격과 지위　　品位高低 품위의 높고 낮음 | 有品位 품위 있다
B　品质 pǐnzhì 명 품질, 질　　品质下降 품질이 떨어지다 | 提高品质 품질을 높이다
C　体质 tǐzhì 명 체력, 체질　　体质差 체력이 나쁘다 | 增强体质 체력을 강화하다
D　气度 qìdù 명 기개, 도량　　气度不凡 기개가 비범하다 | 有气度 도량이 있다

빈칸 3 빈칸 앞의 '他们(그들)'은 차 상인들을 가리키는 것이며, 뒤 절에서 상인들이 무엇을 하는지 설명하고 있다. 지문에서 차 상인들은 차를 파는 것이 아닌 사는 입장이기 때문에 보기 중 '零售(소매하다)'를 제외하고는 모두 답이 될 수 있다.

A　评价 píngjià 동 평가하다
B　品尝 pǐncháng 동 맛보다, 시식하다
C　零售 língshòu 동 소매하다
D　询问 xúnwèn 동 문의하다, 알아보다

빈칸 4 앞에서 언급한 차 상인들의 다양한 행동들로 이 마을의 분위기가 어떨지 생각해 보면 답이 될 수 있는 보기는 '热闹(떠들썩하다)'뿐이다.

A　美味 měiwèi 형 맛이 좋다
B　热闹 rènao 형 떠들썩하다
C　急促 jícù 형 (속도가) 다급하다, 빠르다
D　疲惫 píbèi 형 대단히 지치다, 대단히 피곤하다

现在正值春茶上市之季，每日来仙都镇高村的茶商络绎不绝。高品质的铁观音售价也高，让村民们的钱包都鼓了起来。不少茶商都来购买茶叶，他们或是品尝，或是议价，有些人忙着搬运，有些人忙着称重，全村上下好不热闹。

지금은 마침 봄 차가 시장에 나오는 계절로, 매일 셴두전 가오 마을에는 차 상인의 발길이 끊이지 않는다. 고품질 톄관인은 판매가도 높아서 마을 사람들의 지갑을 두둑하게 해 준다. 많은 차 상인들이 와서 찻잎을 사는데 그들은 맛을 보거나 가격을 흥정한다. 어떤 사람들은 운반하느라 바쁘고, 어떤 사람들은 무게를 재느라 바빠 온 마을이 몹시 떠들썩하다.

A 爱不释手(×)	品位(×)	评价(○)	美味(×)
B 络绎不绝	**品质**	**品尝**	**热闹**
C 安居乐业(×)	体质(×)	零售(×)	急促(×)
D 得天独厚(×)	气度(×)	询问(○)	疲惫(×)

A 잠시도 손에서 놓지 않다 / 품위 / 평가하다 / 맛이 좋다
B 발길이 끊이지 않다 / 품질 / 맛보다 / 떠들썩하다
C 평안히 살면서 즐겁게 일하다 / 체력 / 소매하다 / 다급하다
D 처한 환경이 남달리 좋다 / 기개 / 문의하다 / 대단히 지치다

正值 zhèngzhí 동 마침 ~인 때를 맞다 | **春茶** chūnchá 명 봄 차 [월동 후에 처음으로 올라온 싹을 따서 만든 차] | **上市** shàngshì 동 (계절성의 상품이) 시장에 나오다, 출시되다 | **季** jì 명 계절, 시기, 철 | **仙都镇** Xiāndūzhèn 고유 셴두전 [푸젠(福建)성 화안(华安)현에 있는 지역] | **村** cūn 명 마을, 동네 | **茶商** cháshāng 명 차를 파는 상인 | **铁观音** tiěguānyīn 명 톄관인(철관음) [우룽차(乌龙茶)의 한 종류로, 푸젠성 우이산의 명차] | **售价** shòujià 명 판매가(격) | **村民** cūnmín 명 마을 주민 | **钱包** qiánbāo 명 지갑 | **鼓** gǔ 형 가득 차다, 충만하다 | **购买** gòumǎi 동 사다, 구매하다 | **茶叶** cháyè 명 (가공을 거친) 찻잎 | **议价** yìjià 동 가격을 흥정하다, 협상하다 | **搬运** bānyùn 동 운반하다, 운송하다 | **称重** chēngzhòng 동 무게를 달다 | **好不** hǎobù 부 매우, 몹시 [2음절 형용사 앞에 쓰여 정도가 매우 심함을 긍정적으로 나타내며 감탄의 어기를 띰]

8 D

빈칸 1 빈칸 뒤에서 태양광이 촬영에서 어떻게 활용되는지 설명하고 있으므로, 빈칸에는 사진을 찍을 때 태양광의 중요성을 강조하는 표현으로 '不言而喻(말하지 않아도 앎다)'를 쓰는 것이 적합하다.

A 不择手段 bùzé shǒuduàn 성 수단을 가리지 않다, 온갖 수단을 다 쓰다
不择手段地打击对手并不会让自己感到快乐。
수단을 가리지 않고 상대를 공격하는 것은 결코 자신을 기쁘게 하지 않을 것이다.

B 不慌不忙 bùhuāngbùmáng 성 침착하다, 당황하지 않고 서두르지 않다, 느긋하다
他不慌不忙地回答着警察的讯问，一点儿也不像在说谎的样子。
그는 경찰의 심문에 침착하게 대답하여, 조금도 거짓말을 하고 있는 것 같지 않다.

C 不由自主 bùyóuzìzhǔ 성 자신도 모르게, 저절로
音乐声响起，人们便不由自主地舞动了起来。
음악 소리가 울리자 사람들은 자신도 모르게 춤을 추기 시작했다.

D 不言而喻 bùyán'éryù 성 말하지 않아도 안다, 말할 필요도 없다
不真实的广告信息对产品的影响是不言而喻的。
진실되지 않은 광고의 정보가 제품에 주는 영향은 말하지 않아도 안다.

빈칸 2 앞에서 태양광은 중요한 역할을 한다고 했으며, 이것이 '……的构图元素(~한 구도를 이루는 요소)'를 만드는 데 영향을 끼치는 것으로, 문맥상 '卓越(탁월하다)'와 '巧妙(절묘하다)'가 들어가는 것이 적절하다. 하지만 '卓越'는 주로 사람의 재능이나 성과를 묘사할 때 많이 쓰이므로 답이 될 수 없다.

A 高超 gāochāo 형 (인격이) 고상하다, 고결하다, (수준이나 기술이) 출중하다
人品高超 인품이 고상하다 | 技艺高超 기예가 출중하다

B 卓越 zhuóyuè 형 (성적이) 탁월하다, 출중하다, 특출하다
卓越的成就 탁월한 업적 | 卓越的贡献 특출난 공헌

C 宏亮 hóngliàng 형 (소리가) 우렁차다, 크고 낭랑하다
歌声宏亮 노랫소리가 크고 낭랑하다 | 声音宏亮 소리가 우렁차다

D 巧妙 qiǎomiào 형 (기술·방법이) 절묘하다, 교묘하다
构思巧妙 구상이 교묘하다 | 巧妙的计策 교묘한 계책

빈칸 3 사진을 찍을 때 '太阳(태양)'과 '人(사람)'의 관계를 생각해 본다면, '位置(위치)'가 답으로 가장 적절하다.

A 范围 fànwéi 명 범위 — 范围广泛 범위가 넓다 | 活动范围 활동 범위

B 阶级 jiējí 명 계급 — 阶级社会 계급 사회 | 划分阶级 계급을 나누다

C 规模 guīmó 명 규모, 범위 — 扩大规模 규모를 넓히다 | 盛大的规模 성대한 규모

D 位置 wèizhì 명 (사람이나 사물이 자리잡고 있는) 위치 — 占重要位置 중요한 위치를 차지하다 | 地理位置 지리적 위치

빈칸 4 빈칸 뒤의 '亲身体会(직접 느끼다)'가 가능하려면 직접 연구나 경험을 해야 알 수 있는 것이므로, 보기 중 '研究(연구하다)'나 '尝试(시도해 보다)'가 빈칸에 들어갈 수 있다.

A 研究 yánjiū 동 연구하다 — 进行研究 연구를 진행하다 | 深入地研究 심도 있게 연구하다

B 传达 chuándá 동 전달하다, 전하다 — 传达消息 소식을 전달하다 | 传达文件 서류를 전달하다

C 计划 jìhuà 동 계획하다 — 计划一份方案 방안을 계획하다 | 具体地计划 구체적으로 계획하다

D 尝试 chángshì 동 시도해 보다 — 积极尝试 적극적으로 시도해 보다 | 不断尝试 끊임없이 시도해 보다

在户外拍照，太阳光的重要性不言而喻。有的时候摄影师也会利用太阳来“做文章”，使其成为一个巧妙的构图元素。部分摄影师会将太阳拍摄得比人还要大，怎样把握太阳和人的位置，只有尝试过的人才可以亲身体会到这中间的难度。	야외 촬영에서 태양광의 중요성은 말할 필요도 없다. 어떨 때는 사진사도 태양을 이용해 '글을 짓는데', 태양이 절묘하게 구도를 이루는 요소가 되도록 한다. 일부 사진사는 태양을 사람보다 더 크게 찍기도 한다. 태양과 사람의 위치를 어떻게 파악할 것인지는 시도해 본 사람만이 그 사이의 어려움을 직접 느낄 수 있다.

A 不择手段(×) 高超(×) 范围(×) 研究(○)
B 不慌不忙(×) 卓越(×) 阶级(×) 传达(×)
C 不由自主(×) 宏亮(×) 规模(×) 计划(×)
D 不言而喻 巧妙 位置 尝试

A 수단을 가리지 않다 / 고상하다 / 범위 / 연구하다
B 침착하다 / 탁월하다 / 계급 / 전달하다
C 자신도 모르게 / 우렁차다 / 규모 / 계획하다
D 말할 필요도 없다 / 절묘하다 / 위치 / 시도해 보다

户外 hùwài 명 야외, 실외 | **拍照** pāizhào 동 촬영하다, 사진을 찍다 | **太阳光** tàiyángguāng 명 태양광 | **重要性** zhòngyàoxìng 명 중요성 | **摄影师** shèyǐngshī 명 사진사 | **利用** lìyòng 동 이용하다 | **构图** gòutú 명 구도 | ★**元素** yuánsù 명 요소 | **将** jiāng 개 ~를 [=把] | **拍摄** pāishè 동 촬영하다 | **把握** bǎwò 동 (추상적인 사물을) 파악하다 | **亲身** qīnshēn 부 직접, 몸소, 스스로 | **体会** tǐhuì 동 몸소 느끼다, 체득하다 | **难度** nándù 명 어려운 정도, 난도

독해 제2부분

04 유의어

본서 p.212~213

track yuedu 32

• Day 23 **1** A **2** D

1 A

빈칸 1 빈칸은 '规则(규칙)'를 수식하는 관형어 부분이므로 '反应(반응하다)'과 '对比(대비하다)'는 어법적으로도, 문맥상으로도 적합하지 않다. '依据/按照……规则(~규칙에 근거하여)'는 자주 쓰이는 표현이므로 꼭 기억해 두자.

A **依据** yījù 개 ~에 근거하여
B 按照 ànzhào 개 ~에 따라
C 反应 fǎnyìng 동 반응하다
D 对比 duìbǐ 동 대비하다, 대조하다

빈칸 2 빈칸은 앞의 '药物(약물)'에 대한 설명이므로, '모양, 종류'의 의미를 가진 '形态(형태)' '种类(종류)' '形状(형상)' 모두 들어갈 수 있다. '姿势(자세)'는 사람이나 동물을 묘사할 때만 쓰이므로 답이 될 수 없다.

A **形态** xíngtài 명 형태
B 种类 zhǒnglèi 명 종류
C 姿势 zīshì 명 자세, 모양, 형
D 形状 xíngzhuàng 명 형상, 물체의 외관, 생김새

빈칸 3 지문은 약초의 모양에 따라 이름을 붙인다는 내용으로, 약초의 모양을 보고 '가려낼' 수 있다는 것이 문맥상 가장 적절하다. 따라서 보기 중 '识别(분별하다)'가 답으로 가장 적절하다.

A **识别** shíbié 동 분별하다, 가려내다, 식별하다
识别真伪 진위를 가려내다 | 识别文字 문자를 식별하다

B 选取 xuǎnqǔ 동 선택하다, 취하다, 골라 갖다
随机选取 무작위로 선택하다 | 选取A内容 A 내용을 취하다

C 审核 shěnhé 동 (주로 숫자 자료나 문서 자료를) 심사하여 결정하다
审核经费 경비를 심사 결정하다 | 通过审核 심사를 통과하다 | 审核标准 심사 기준

D 证明 zhèngmíng 동 증명하다
事实证明 사실이 증명하다 | 由A证明 A가 증명하다

中草药命名依据一定的规则，最常见的是以药物的自然形态命名，听其名，便可知其貌。例如“七叶一枝花”，一根独茎上有7片叶子，只有一朵花生长在顶端。还有猫爪草、半边莲等，它们不仅是药名，而且也是采药的识别特征。

A 依据	形态	识别
B 按照(○)	种类(○)	选取(×)
C 反应(×)	姿势(×)	审核(×)
D 对比(×)	形状(○)	证明(×)

중의학 약재는 일정한 규칙에 근거하여 이름을 짓는다. 가장 흔한 것은 약물의 자연적인 형태로 이름을 붙이는 것인데, 그 이름을 들으면 바로 그 모양을 알 수 있다. 예를 들면, '칠엽일지화'가 있는데, 하나의 줄기에 7개의 잎이 있고 한 송이의 꽃만이 꼭대기에서 자란다. 또한 묘조초, 수염가래꽃 등이 있다. 이것은 약의 이름일 뿐만 아니라, 약초를 캘 때의 분별하는 특징이기도 하다.

A ~에 근거하여 / 형태 / 분별하다
B ~에 따라 / 종류 / 선택하다
C 반응하다 / 자세 / 심사하여 결정하다
D 대비하다 / 형상 / 증명하다

中草药 zhōngcǎoyào 명 중의학에서 사용하는 각종 약재, 한약재 | ★**命名** mìngmíng 동 이름 짓다, 명명하다 | **规则** guīzé 명 규칙, 규율 | **常见** chángjiàn 형 늘 보이는, 흔히 보는 | **药物** yàowù 명 약물, 약품 | **便** biàn 부 곧, 바로 [=就] | **貌** mào 명 모양 | **七叶一枝花** qīyèyìzhīhuā 명 칠엽일지화 [약용 식물의 종류 중 하나] | **根** gēn 양 개, 가닥, 대 [가늘고 긴 것을 헤아리는 단위] | **独** dú 형 하나의, 단일한 | ★**茎** jīng 명 식물의 줄기 | **片** piàn 양 [얇고 작은 사물이나 작게 잘라진 부분을 세는 단위] | **朵** duǒ 양 송이, 조각, 점 [꽃·구름이나 그와 비슷한 물건을 세는 단위] | **生长** shēngzhǎng 동 자라다, 생장하다 | **顶端** dǐngduān 명 꼭대기, 정상 | **猫爪草** māozhuǎcǎo 명 묘조초, 개구리갓 [식물명] | **半边莲** bànbiānlián 명 수염가래꽃 [식물명] | **药名** yàomíng 명 약 이름 | **采药** cǎiyào 동 약초를 캐다 | **特征** tèzhēng 명 특징

2 D

빈칸 1 빈칸 뒤 술어 '发展(발전하다)'과 함께 쓰여 문맥상 '점차 발전하다'라고 할 수 있는 '逐渐(점차)'이 가장 적절한 답이다. '逐渐'은 정도나 수량의 변화, 단계가 있는 변화를 나타낼 때 쓰인다. '逐渐发展(점차 발전하다)'은 자주 쓰이는 짝꿍 표현이므로 기억해 두면 좋다.

A 一向 yíxiàng 부 줄곧, 내내, 종래
炒年糕一向是外国游客来韩国旅游时必吃的小吃。
떡볶이는 줄곧 외국 관광객이 한국에 여행 올 때 꼭 먹는 간식이다.

B 随时 suíshí 부 수시로, 언제나, 아무 때나
通过网络我们可以随时了解到国内外发生的重大事件。
인터넷을 통해 우리는 수시로 국내외에서 발생하는 중대한 사건을 알 수 있다.

C 频繁 pínfán 형 (왕래가) 빈번하다, 잦다
丝绸之路的产生使中国和西域地区的贸易往来逐渐频繁起来。
실크로드의 출현은 중국과 서방 지역의 무역 거래를 점차 빈번해지게 했다.

D 逐渐 zhújiàn 부 점차, 점점
岩画是原始人类记录生活的手段，它在文字出现后逐渐被其代替。
암벽화는 원시 인류가 삶을 기록한 수단인데, 문자가 출현한 후 점차 그에 의해 대체되었다.

빈칸 2 빈칸은 '成为(~가 되다)'의 목적어로, '取得了优异成绩(좋은 성적을 거두다)'와 연결되는 부분이다. 앞에서 언급된 '运动队(스포츠팀)'나 '运动员(운동선수)'이 주어이면서 '좋은 성적을 거두는 것'과 이어지는 어휘는 보기 중 '榜样(본보기)' '典范(모범)' '冠军(챔피언)'이다.

A 榜样 bǎngyàng 명 본보기, 모범, 귀감
B 典范 diǎnfàn 명 모범, 전범, 본보기
C 典型 diǎnxíng 명 전형
D 冠军 guànjūn 명 챔피언, 우승(자)

빈칸 3 빈칸의 주어는 '媒体(매체)'이며, 빈칸에는 술어가 들어가야 한다. 매체와 관련 있는 내용의 술어를 보기에서 고르면 '报道(보도하다)'이다. '发表'는 의견을 밝히거나 글을 잡지나 신문에 게재한다는 의미이므로 답이 될 수 없다.

A 报到 bàodào 동 도착 보고하다, 도착 등록하다
报到手续 도착 수속을 하다 | 新生报到 신입생 등록

B 消息 xiāoxi 명 소식, 뉴스, 정보
报道消息 뉴스를 보도하다 | 发布消息 소식을 발표하다 | 打听消息 뉴스를 듣다

C 发表 fābiǎo 동 발표하다, 게재하다
发表意见 의견을 발표하다 | 发表诗歌 시를 게재하다

D 报道 bàodào 동 (뉴스·소식을) 보도하다 명 보도
报道消息 뉴스를 보도하다 | 报道新闻 뉴스를 보도하다 | 精彩的报道 뛰어난 보도

빈칸 4 다크호스란 경기에서 예상하지 못한 힘이나 실력을 가진 선수를 의미하기 때문에 문맥상 '实力(실력)'만이 답이 될 수 있다.

A 活力 huólì 명 활력, 생기, 원기
B 魅力 mèilì 명 매력
C 努力 nǔlì 명 노력
D 实力 shílì 명 실력

"黑马"起初指的是在赛马场上并不被看好、最终却获得胜利的马。后来，该俚语逐渐发展成为体坛的惯用语。当一个原来并不被看好的运动队或者运动员，取得了优异成绩或者成为冠军的时候，媒体就会以"出现黑马"加以报道、赞美。如今"黑马"的应用领域更为广泛，现用来比喻实力出人意料的优胜者或者难以预测的竞争对手。

처음에 '다크호스'는 경마장에서 결코 좋게 평가되지 않았는데, 최종적으로 승리를 거두는 말을 가리켰었다. 나중에 이 은어는 점차 스포츠계의 관용어로 발전했다. 원래 결코 좋게 평가되지 않았던 스포츠팀 혹은 운동선수가 특출난 성적을 거두거나 챔피언이 되었을 때, 언론은 '다크호스가 등장했다'라고 보도하며 칭찬한다. 오늘날 '다크호스'의 응용 분야는 더욱 넓어졌다. 현재는 실력이 뜻밖인 우승자 혹은 예측하기 어려운 경쟁 상대를 비유하는 데에 쓰인다.

A 一向(×) 榜样(○) 报到(×) 活力(×)
B 随时(×) 典范(○) 消息(×) 魅力(×)
C 频繁(×) 典型(×) 发表(×) 努力(×)
D 逐渐 冠军 报道 实力

A 줄곧 / 본보기 / 도착 보고하다 / 활력
B 수시로 / 모범 / 소식 / 매력
C 빈번하다 / 전형 / 발표하다 / 노력
D 점차 / 챔피언 / 보도하다 / 실력

黑马 hēimǎ 명 다크호스 | ★**起初** qǐchū 명 처음, 원래, 최초 | **赛马场** sàimǎchǎng 명 경마장 | **并** bìng 부 결코, 전혀, 조금도 [부정사 앞에 쓰여 부정의 어투 강조] | **看好** kànhǎo 동 좋은 추세를 보이다, 전망이 밝다 | **最终** zuìzhōng 명 최종, 최후, 맨 마지막 | **胜利** shènglì 동 승리하다, 이기다 [获得胜利: 승리를 얻다] | **该** gāi 대 이, 그, 저 | **俚语** lǐyǔ 명 은어, 속어 | **体坛** tǐtán 명 스포츠계, 체육계 | **惯用语** guànyòngyǔ 명 관용어, 숙어 | **队** duì 명 팀, 어떤 성질을 지닌 단체 | **运动员** yùndòngyuán 명 운동선수 | **取得** qǔdé 동 얻다, 취득하다 [取得成绩: 성적을 얻다] | ★**优异** yōuyì 형 특출하다, 특히 우수하다 | **媒体** méitǐ 명 언론, 대중매체 | **加以** jiāyǐ 동 ~하다, ~를 가하다 [2음절 동사 앞에 쓰여 뒤의 동사가 앞에 제시된 사물에 대하여 어떤 동작을 가하는 것을 나타냄] | **赞美** zànměi 동 칭찬하다, 찬양하다 | **如今** rújīn 명 오늘날, 현재, 지금 | **应用** yìngyòng 명 응용, 실용 | **领域** lǐngyù 명 분야, 영역 |

更为 gèngwéi 부 더욱, 더, 훨씬 | 广泛 guǎngfàn 형 폭넓다, 광범위하다 | 现 xiàn 명 현재, 지금 | 用来 yònglái 동 ~에 쓰다 | ★比喻 bǐyù 동 비유하다 | 出人意料 chūrényìliào 성 예상을 뛰어넘다, 뜻밖이다 | 优胜者 yōushèngzhě 명 우승자 | 难以 nányǐ 부 ~하기 어렵다 | 预测 yùcè 동 예측하다 [难以预测: 예측하기 어렵다] | 对手 duìshǒu 명 상대, 적수 [竞争对手: 경쟁상대]

track yuedu 33

• Day 24　3 B　4 A　5 C

3 B

빈칸 1 보기 어휘 모두 '기대하다'라는 뜻을 가지고 있으므로 답이 될 수 있다. 특히 '对A的期待(A에 대한 기대)'라는 고정격식은 꼭 기억해 두자.

A 希望 xīwàng 명 희망, 소망 동 바라다
B 期待 qīdài 명 기대 동 기대하다
C 盼望 pànwàng 동 간절히 바라다
D 企望 qǐwàng 동 바라다, 희망하다, 기대하다

빈칸 2 빈칸 뒤 절의 '那么(그렇다면)'와 호응하는 어휘는 보기 중 가정을 나타내는 '假设(가령)'이고, 의미상 '假想(상상하다)'도 가정의 뜻을 지니기 때문에 답이 될 수 있다. 그러나 가정을 나타내는 접속사 '万一(만약)'는 발생하기를 바라지 않는 일에 쓰이므로 답으로 적합하지 않다.

A 万一 wànyī 접 만일, 만약, 만에 하나 [발생하기를 바라지 않는 일에 쓰임]
看样子，今天会下雨，你不带雨伞出门万一被雨淋了生病怎么办?
보아 하니 오늘 비가 내릴 것 같은데, 우산을 안 가지고 외출해서 비를 맞고 병에 걸리면 어쩌려고 그래?

B 假设 jiǎshè 접 가령, 가정 [假设A，那么B: 가령 A하다면 B하다]
假设每个人都能宽容一些，那么我们的生活也会变得更美好。
가령 모든 사람들이 조금만 너그러울 수 있다면, 우리의 삶도 훨씬 행복해질 것이다.

C 假想 jiǎxiǎng 동 상상하다, 가상하다, 가공하다, 허구하다
生活中，有很多悲观的人总是假想一些不会发生的坏事。
살면서, 많은 비관적인 사람들은 늘 일어나지 않을 나쁜 일들을 상상한다.

D 构想 gòuxiǎng 동 구상하다
自从上次的方案被上级肯定后，小李就一直在构想下一个新方案。
지난 방안이 상사에게 인정받은 후, 샤오리는 줄곧 다음 새로운 방안을 구상하고 있다.

빈칸 3 빈칸은 목적어 '跟成功人士相同的能力(성공한 사람과 동일한 능력)'와 호응하는 동사여야 하므로 '나타내다, 드러내다'의 의미를 가진 '表现'이 답이다. '表示(표시하다)'는 감정이나 태도와 관련된 목적어가 오기 때문에 문맥상 어울리지 않는다.

A 表示 biǎoshì 동 표시하다, 나타내다
表示感谢 감사를 표하다 | 表示同意 동의를 표하다 | 表示反对 반대를 표하다

B 表现 biǎoxiàn 동 드러내다, 표현하다, 나타내다 명 표현
表现含义 개념을 나타내다 | 表现能力 표현 능력 | 丰富的表现力 풍부한 표현력

C 演化 yǎnhuà 동 진화하다, 발전 변화하다 [주로 자연계의 변화를 가리킴]
演化过程 진화 과정 | 人类的演化 인류의 진화

D 发布 fābù 동 (명령·지시·뉴스 등을) 발표하다, 선포하다, 발포하다
发布结果 결과를 발표하다 | 发布消息 정보를 발표하다 | 发布新闻 소식을 발표하다

这是一种人人都有的倾向：按照他人对自己的期待去生活，假设某人像对成功者那样对一个人，那么这个人也会表现出跟成功人士相同的能力。

이것은 모든 사람에게 있는 경향이다. 자신에 대한 다른 사람의 기대에 따라 생활하는 것인데, 가령 어떤 사람이 성공한 사람을 대하는 것처럼 한 사람을 대한다면, 그 사람도 마찬가지로 성공한 사람과 동일한 능력을 나타낼 것이다.

A	希望(○)	万一(×)	表示(×)
B	期待	假设	表现
C	盼望(○)	假想(○)	演化(×)
D	企望(○)	构想(×)	发布(×)

A 희망 / 만일 / 표시하다
B 기대 / 가령 / 나타내다
C 간절히 바라다 / 가상하다 / 진화하다
D 바라다 / 구상하다 / 발표하다

★**倾向** qīngxiàng 명 경향, 성향, 추세 | **他人** tārén 명 다른 사람, 타인, 남 | **某** mǒu 대 아무, 어느, 모 | **成功者** chénggōngzhě 성공한 사람 | **那么** nàme 접 그렇다면, 그러면 [假设A, 那么B: 가령 A하다면 B하다] | ★**人士** rénshì 명 인사 | **相同** xiāngtóng 형 서로 같다, 똑같다 [跟……相同: ~와 같다]

4 A

빈칸 1 '……来源(~의 출처)'이 문장의 주어이고 목적어가 '营收(영업 수입)'인 것으로 보아, 이 빈칸은 '돈'과 관련한 어휘가 들어가야 함을 알 수 있다. 해당 문장만 보면 '资源(천연자원)'을 제외하고 모두 답으로 가능하다.

A **收入** shōurù 명 수입, 수익, 소득
B **资产** zīchǎn 명 자산, 재산
C **资源** zīyuán 명 천연자원
D **财富** cáifù 명 부, 재산, 자산

빈칸 2 문맥상 앞 절과의 관계가 '是A，不是B(A이지 B가 아니다)'인 것을 알 수 있다. 따라서 빈칸에는 부정의 의미가 나와야 하므로 '不是'에 상당하는 '非(~가 아니다)'가 답이다.

A **非** fēi 동 ~가 아니다 [=不是] ['并非/而非'로 쓰는 경우가 많음]
成功离不开坚持与努力，并非只靠碰运气。
성공은 견지하고 노력하는 것과 뗄 수 없다. 결코 운에만 맡길 수 있는 것이 아니다.

B **勿** wù 부 ~해서는 안 된다, ~하지 마라
如果不希望被别人打扰，可以将手机调成"勿扰模式"。
만약 다른 사람의 방해를 받고 싶지 않다면, 휴대폰을 '방해 금지 모드'로 설정하면 된다.

C **则** zé 동 바로 ~이다
孩子犯错则是父母的责任，批评孩子前家长们应该先自我反省。
아이가 실수를 하는 것은 바로 부모의 책임이다. 아이를 혼내기 전 학부모는 우선 자아성찰을 해야 한다.

D **便** biàn 부 바로, 곧, 즉시 [=就]
刚跑到地铁门前车门便关上的情况相信很多人都经历过。
지하철 문 앞까지 뛰어가자마자 바로 문이 닫히는 상황을 많은 사람들이 경험해 봤을 것이라고 믿는다.

빈칸 3 빈칸은 문장의 술어 부분이고 목적어가 '文人办报(문인신문)'이므로, 없던 것을 새로 '설립하다, 창립하다'의 의미가 있는 '开创(창립하다)'과 '开辟(개척하다)'가 답이 될 수 있다. '开拓(개간하다)'와 '开展(전개하다)'은 기존의 것을 더 크게 확장하는 것을 나타내므로 답이 될 수 없다.

A **开创** kāichuàng 동 창립하다, 열다 [기존의 것이 아닌 없던 것을 새로 시작하는 것을 나타냄]
开创新局面 새로운 국면을 열다 | 开创事业 사업을 창업하다

B **开拓** kāituò 동 개간하다, 개척하다 [작은 데서 큰 데로 확대·확장하는 것을 나타냄]
开拓新领域 새로운 분야를 개척하다 | 开拓精神 개척 정신 | 开拓市场 시장을 개척하다

C 开辟 kāipì 동 개척하다, 열다 [없던 것에서 새로운 것을 창조하거나 건설하는 것을 나타냄]
开辟先河 효시를 열다 | 开辟道路 도로를 개척하다 | 开辟新天地 새로운 세상을 개척하다

D 开展 kāizhǎn 동 전개하다, 확대하다, 펼쳐지다 [활동이 작은 범위에서 큰 범위로 나아감을 나타냄]
开展活动 활동을 전개하다 | 开展业务 업무를 전개하다 | 开展线下服务 오프라인 서비스를 확대하다

빈칸 4 관형어 '成功(성공하다)'의 수식을 받는 목적어를 찾는 문제로, '开创(창립하다)'과 함께 쓰일 수 있는 어휘는 보기 중 '先河(효시)'뿐이다.

A 先河 xiānhé 명 효시, 시작, 처음 B 起源 qǐyuán 명 기원
C 源泉 yuánquán 명 원천 D 焦点 jiāodiǎn 명 (문제나 관심사의) 초점, 집중

빈칸 5 '文人办报(문인신문)'가 망하지 않고 도리어 성공했다는 맥락으로 보아, 사람들이 생각하지 못했던 놀라운 일이라는 의미를 가진 '奇迹(기적)'가 답으로 적절하다.

A 奇迹 qíjì 명 기적 B 事迹 shìjì 명 업적, 사적
C 行为 xíngwéi 명 행위, 행동 D 方针 fāngzhēn 명 방침

金庸的主要身份是报人，其次才是武侠小说家。他的收入来源也主要是办报纸的营收，而非武侠小说的版税。金庸开创了文人办报不但不倒，反而极度成功的先河，是中国新闻史上的一个奇迹。

A 收入	非	开创	先河	奇迹
B 资产(○)	勿(×)	开拓(×)	起源(×)	事迹(×)
C 资源(×)	则(×)	开辟(○)	源泉(×)	行为(×)
D 财富(○)	便(×)	开展(×)	焦点(×)	方针(×)

진용의 주된 신분은 언론인이고, 그다음이 비로소 무협 소설가이다. 그의 수입 출처도 주로 신문 경영의 영업 수익이지, 무협소설의 인세가 아니다. 진용은 문인신문을 창립했는데, 망하지 않았을 뿐만 아니라 오히려 극도로 성공한 효시로, 중국 신문 역사상 하나의 기적이다.

A 수입 / ~가 아니다 / 창립하다 / 효시 / 기적
B 재산 / ~해서는 안 된다 / 개간하다 / 기원 / 업적
C 천연자원 / 바로 ~이다 / 개척하다 / 원천 / 행위
D 부 / 바로 / 전개하다 / 초점 / 방침

金庸 Jīn Yōng 고유 진용 [중국 홍콩 특별행정구의 무협소설 작가이자 언론인] | **身份** shēnfèn 명 신분, 지위 | **报人** bàorén 명 언론인, 신문인 | ★**武侠** wǔxiá 명 무협, 협객 | **小说家** xiǎoshuōjiā 명 소설가 | ★**来源** láiyuán 명 (사물의) 출처, 근원 | **办** bàn 동 경영하다, 운영하다 | **营收** yíngshōu 명 영업 수익 | **版税** bǎnshuì 명 인세, 판세 | **文人** wénrén 명 문인, 작가 | **办报** bànbào 동 신문을 발행하다 | **倒** dǎo 동 (사업이) 실패하다, 망하다 | **反而** fǎn'ér 부 오히려, 도리어 | **极度** jídù 부 극도로, 최대 한도로

5 C

빈칸 1 빈칸은 뒤의 '鞋子(신발)'를 꾸며 주는 관형어 부분으로, 보기 중 '柔和(연하고 부드럽다)'를 제외하고 모두 답이 될 수 있다. '柔和'는 주로 어투나 태도 등을 표현할 때 쓰는 어휘로, 뒤에 구체적인 사물이 오지 않는다.

A 柔和 róuhé 형 온화하다, 온유하다 B 温暖 wēnnuǎn 형 따뜻하다, 온난하다
C 柔软 róuruǎn 형 유연하다, 부드럽고 연하다 D 软和 ruǎnhuo 형 부드럽다, 연하다

빈칸 2 빈칸은 '活动(활동하다)'을 수식하는 부사어 자리로, 편안한 신발을 신으면 '편하게, 자유롭게, 마음대로' 활동할 수 있으므로 보기 모두 답이 될 수 있다.

A 自在 zìzài 형 자유롭다 B 随意 suíyì 부 (자기) 마음대로, 내키는 대로
C 自由 zìyóu 형 자유롭다 D 尽情 jìnqíng 동 마음껏 하다, 하고 싶은 바를 다하다

빈칸 3 보기에 제시된 어휘 모두 '적당하다'는 뜻을 가지고 있지만, '운전'이라는 특정한 조건과 부합하는 의미를 가진 어휘는 '适宜(적당하다)'와 '适合(적절하다)'이다. '恰当(합당하다)'은 시기적으로 딱 맞아 '마침 딱 적합하다' 혹은 일의 이치가 맞다는 '타당하다'의 의미로 주로 쓰이고, '适当(적당하다)'은 규정이나 방식이 요구에 알맞을 때 쓴다.

A 适宜 shìyí 형 (요구, 조건에) 적절하다, 적당하다
温度适宜 온도가 적절하다 | 环境适宜 환경이 적당하다

B 恰当 qiàdàng 형 (시기가) 적당하다, 합당하다, 적합하다, 타당하다
恰当地对应 적당하게 대응하다 | 用得恰当 적당하게 사용하다

C 适合 shìhé 동 (조건에) 적절하다, 어울리다
适合散步 산책하기에 좋다 | 适合学生 학생에게 어울리다

D 适当 shìdàng 형 (규정·의견·방식 등이 요구에) 적당하다, 알맞다
适当的机会 적당한 기회 | 适当地休息 적당하게 쉬다

出于安全考虑，开车时应选择舒适度高、与脚面贴合、柔软轻便的鞋子，另外，鞋跟高度最好不超过3厘米，使脚腕可以自由活动，总的来说，舒适的运动鞋或休闲鞋最适合驾驶时穿。

A 柔和(×)	自在(○)	适宜(○)
B 温暖(○)	随意(○)	恰当(×)
C 柔软	自由	适合
D 软和(○)	尽情(○)	适当(×)

안전을 고려해서 운전할 때는 편안하고 발등에 잘 밀착되며 유연하고 가벼운 신발을 선택해야 한다. 그 외에도, 신발 굽 높이가 3센티미터를 넘지 않는 것이 좋고 발목이 자유롭게 움직일 수 있어야 한다. 한 마디로 편안한 운동화나 캐주얼 신발을 운전할 때 신는 것이 가장 적절하다.

A 온화하다 / 자유롭다 / 적절하다
B 따뜻하다 / 마음대로 / 적합하다
C 유연하다 / 자유롭다 / 적절하다
D 부드럽다 / 마음껏 하다 / 적당하다

出于 chūyú ~에서 나오다, ~에서 발생하다 | **舒适度** shūshìdù 명 편안함 | **脚面** jiǎomiàn 명 발등 | **贴合** tiēhé 형 딱 맞다, 잘 맞다, 어울리다 | **轻便** qīngbiàn 형 (무게와 크기가 작아) 간편하다, 편리하다 | **鞋子** xiézi 명 신발 | **鞋跟** xiégēn 명 구두 뒤축, 굽 | **高度** gāodù 명 높이 | **厘米** límǐ 양 센티미터(㎝) | **脚腕** jiǎowàn 명 발목 | **总的来说** zǒngdeláishuō 전반적으로 말하면 | **运动鞋** yùndòngxié 명 운동화 | **休闲鞋** xiūxiánxié 명 캐주얼 신발 | **驾驶** jiàshǐ 동 (자동차·선박·비행기 등을) 운전하다

track yuedu 34

• Day 25　6 D　7 D　8 D

6 D

빈칸 1 '搏击操(콴도)' '太极拳(태극권)' '拳击(권투)' 모두 스포츠이고, 제시된 보기들의 의미에 따라 태극권과 권투 등의 기본 동작을 '결합했다'고 하는 것이 가장 적절하므로 '集合(모으다)' '结合(결합하다)'가 답으로 가능하다. 하지만 '联合(단결하다)'는 분산되어 있던 사람들을 '단결'하여 공동으로 어떤 일을 하는 것을 의미하고 '合成(합치다)'은 각각의 것을 모아 새로운 하나가 되어 그 이전의 성질은 잃어버린다는 의미가 있기 때문에 답으로 적절하지 않다.

A 集合 jíhé 동 모으다, 집합하다　集合资料 자료를 모으다 | 在学校集合 학교에 집합하다

B 联合 liánhé 동 단결하다, 연합하다　联合起来 단결하다 | 强强联合 강자 간 단결하다

C 合成 héchéng 동 합치다, 합성하다　合成材料 재료를 합치다 | 合成相片 사진을 합성하다

D 结合 jiéhé 동 결합하다, 결부하다　A与B结合 A는 B와 결합하다 | 城乡结合 도시와 농촌의 결합

빈칸 2 제시된 보기 중 목적어 '健美操的编排方法(에어로빅 댄스의 배열법)'와 쓸 수 있는 어휘는 문맥상 '遵循(따르다)'뿐이다. 또한 '遵循方法(방법을 따르다)'는 자주 쓰이는 짝꿍 표현이므로 기억해 두자.

A 号召 hàozhào 동 (정부·정당·단체가 국민에게) 호소하다 号召群众 군중에게 호소하다 | 号召力 호소력

B 尊重 zūnzhòng 동 존중하다 互相尊重 서로 존중하다 | 尊重意见 의견을 존중하다

C 尊敬 zūnjìng 동 존경하다 尊敬老师 선생님을 존경하다 | 受到尊敬 존경을 받다

D 遵循 zūnxún 동 (방법·원칙·규칙을) 따르다 遵循教导 가르침을 따르다 | 遵循规律 규율을 따르다

빈칸 3 빈칸 앞의 '音乐(음악)'와 연결할 수 있는 보기는 '节拍(리듬, 박자)'뿐이다.

A 规律 guīlǜ 명 규율, 법칙　　B 规则 guīzé 명 규칙, 규정

C 法规 fǎguī 명 법규　　D 节拍 jiépāi 명 리듬, 박자

빈칸 4 빈칸은 앞의 술어 '缓解(해소하다)'의 목적어 부분으로, 보기 중 해소할 수 있는 대상은 '疲劳(피로)'뿐이다. '缓解疲劳(피로를 해소하다)'는 HSK 전 영역에서 자주 출제되는 짝꿍 표현이므로 반드시 기억하도록 하자.

A 素质 sùzhì 명 소양, 자질　　B 情绪 qíngxù 명 감정, 기분, 마음, 정서

C 考虑 kǎolǜ 명 고려　　D 疲劳 píláo 명 피로

搏击操是有氧操的一种，它结合了太极与拳击等的基本动作，遵循健美操的编排方法，是在强有力的音乐节拍下完成的运动。它的动作比较简单，还可以缓解身心疲劳，因此，成为了人们喜欢的锻炼方式。

관도는 에어로빅의 한 종류로, 태극권과 복싱 등의 기본적인 동작을 결합했고 에어로빅 댄스의 배열법을 따랐으며, 강한 음악의 리듬 아래에서 완성되는 운동이다. 관도는 동작이 비교적 간단하고 또한 심신의 피로를 풀 수 있어서 사람들이 좋아하는 운동 방식이 되었다.

A	集合(○)	号召(×)	规律(×)	素质(×)
B	联合(×)	尊重(×)	规则(×)	情绪(×)
C	合成(×)	尊敬(×)	法规(×)	考虑(×)
D	结合	遵循	节拍	疲劳

A 모으다 / 호소하다 / 규율 / 소양
B 단결하다 / 존중하다 / 규칙 / 감정
C 합치다 / 존경하다 / 법규 / 고려
D 결합하다 / 따르다 / 리듬 / 피로

搏击操 Bójīcāo 고유 관도 [권투, 무에타이, 태권도, 난수, 태극권의 기본 동작을 결합하여 만든 에어로빅] | **有氧操** yǒuyǎngcāo 명 에어로빅 | **太极** tàijí 명 태극권 | **拳击** quánjī 명 복싱, 권투 | **基本** jīběn 형 기본의, 근본적인 | **健美操** jiànměicāo 명 에어로빅 | **编排** biānpái 동 배열하다, 편성하다 | **强有力** qiángyǒulì 형 강력하다, 힘세다 | **缓解** huǎnjiě 동 풀다, 완화시키다 | **身心** shēnxīn 명 심신, 몸과 마음 | **方式** fāngshì 명 방식, 방법

7 D

빈칸 1 지문의 전체적인 내용상 '居住证(거류증)'은 정식으로 채택된 제도가 아닌 몇몇 도시가 시행하고 있는 것이기 때문에 문맥상 '尝试(시도해 보다)'가 답으로 가장 적절하다.

A 培养 péiyǎng 동 키우다, 양성하다　　B 训练 xùnliàn 동 훈련하다, 훈련시키다

C 筹集 chóují 동 대책을 세워 조달하다　　D 尝试 chángshì 동 시도해 보다, 테스트해 보다

빈칸 2 제시된 보기 어휘 모두 '변화'와 관련이 있다. '体现(구현하다)'은 단순히 어떤 것이 구체화되어 드러난다는 것을 의미하고 '成为(~가 되다)'와 '达成(달성하다)'은 주로 결과를 강조한다. 지문은 여러 경험을 통해 최종적으로 제도가 생겨났다는 내용이기 때문에 일정한 발전 과정을 거쳐서 생겨난다는 의미가 있는 '形成(형성하다)'만이 답이 될 수 있다.

A 体现 tǐxiàn 동 구현하다, 구체적으로 드러내다

体现真实情况 실제 상황을 구현하다 | 体现内容 내용을 구체적으로 드러내다

B 成为 chéngwéi 동 ~가 되다

成为科学家 과학자가 되다 | 成为笑话 웃음거리가 되다

C 达成 dáchéng 동 달성하다, 도달하다

达成交易 교역에 성공하다/달성하다 | 达成协议 협의에 도달하다

D 形成 xíngchéng 동 형성하다, 이루어지다

形成习惯 습관을 형성하다 | 形成体系 체계를 형성하다

빈칸 3 빈칸 앞 절은 '上海和北京(상하이와 베이징)'이 그린 카드 제도를 내놓았다는 내용으로, 빈칸은 '出台(내놓다)'를 수식하는 부사어 자리이다. 문맥상 '계속하여, 잇달아'의 뜻을 가진 '连续'와 '相继'가 답으로 가장 적절하다.

A 预测 yùcè 동 예측하다

有很多所谓的预言家预测过2012年是世界末日，但事实却并非如此。
이른바 예언자라는 많은 이들이 2012년을 세계 종말로 예측한 적이 있지만 사실은 오히려 그렇지 않았다.

B 连续 liánxù 동 연속하다

他已经连续三天不吃不喝一直坐在电脑前玩游戏了。
그는 이미 연속해서 3일째 먹지도 않고 마시지도 않고 줄곧 컴퓨터 앞에 앉아 게임을 했다.

C 持续 chíxù 동 지속하다

持续的高温让很多市民放弃了出行的计划，选择在家度过周末。
지속된 폭염은 많은 시민들이 외출 계획을 포기하고 집에서 주말을 보내도록 선택하게 했다.

D 相继 xiāngjì 부 잇따라, 연이어, 계속해서

这家化妆品公司相继推出了两款适合男性的使用的化妆品。
이 화장품 회사는 남성이 사용하기에 적합한 화장품 두 종류를 잇따라 출시했다.

빈칸 4 빈칸 문장은 '居住证(거류증)'이 있으면 무엇을 할 수 있는지에 관한 내용으로, 해당 지역민과 같은 대우를 누릴 수 있다는 내용이 되는 '百姓(평민)' '居民(주민)'이 답으로 가장 적절하다.

A 群体 qúntǐ 명 단체, 집단

B 个体 gètǐ 명 개체, 개인

C 百姓 bǎixìng 명 평민, 백성

D 居民 jūmín 명 주민, 거주민

居住证是中国某些城市借鉴别的国家"绿卡"制度进行的积极尝试，它为中国制定技术移民办法并且最终形成中国"绿卡"制度积累了很多经验。现在，上海和北京等大城市为了引进人才，都相继出台了该工作居住证制度，持有此证的人，在各个方面都能享受到与当地居民同等的待遇。

A 培养(×)	体现(×)	预测(×)	群体(×)
B 训练(×)	成为(×)	连续(○)	个体(×)
C 筹集(×)	达成(×)	持续(×)	百姓(○)
D 尝试	形成	相继	居民

거류증은 중국의 몇몇 도시가 다른 나라의 '그린 카드' 제도를 참고해서 진행하는 적극적인 시도이다. 이것은 중국을 위해 기술 이민법을 제정해 주었고, 또한 최종적으로 중국의 '그린 카드' 제도를 형성하여 많은 경험을 쌓았다. 현재 상하이와 베이징 등 대도시는 인재를 유치하기 위해 모두 잇따라 이 업무 거류증 제도를 내놓았다. 이 거류증이 있는 사람은 각 분야에서 모두 현지 주민과 동등한 대우를 누릴 수 있다.

A 키우다 / 구현하다 / 예측하다 / 단체
B 훈련하다 / ~이 되다 / 연속하다 / 개체
C 대책을 세워 조달하다 / 달성하다 / 지속하다 / 평민
D 시도해 보다 / 형성하다 / 잇따라 / 주민

居住证 jūzhùzhèng 명 거류증, 체류증 | 某 mǒu 대 어느, 모 | ★借鉴 jièjiàn 동 참고로 하다, 본보기로 삼다 | 绿卡 lǜkǎ 명 그린 카드(green card) [미국 정부가 발행하는 외국인 영주 허가증] | 制度 zhìdù 명 제도 | 制定 zhìdìng 동 (방침·정책·법률·제도 등을) 제정하다, 만들다, 세우다 | 移民 yímín 명 이민 | 最终 zuìzhōng 명 최종, 최후 | 上海 Shànghǎi 고유 상하이 | 引进 yǐnjìn 동 (인원·자금·기술·설비 등을 외국에서) 끌어들이다 | 人才 réncái 명 인재 | 出台 chūtái 동 (정책·계획·방안 등을) 내놓다, 반포하다 | 出台 chūtái 동 (정책이나 조치 등을) 공포하거나 실시하다, 내놓다 | 该 gāi 대 (앞에서 언급한) 이, 그, 저 | 持有 chíyǒu 동 가지고 있다, 소지하다 | 此 cǐ 대 이, 이것 | 享受 xiǎngshòu 동 누리다, 향유하다, 즐기다 | 当地 dāngdì 명 현지, 그 지방 | 同等 tóngděng 형 (등급·지위가) 동등하다, 같다 | 待遇 dàiyù 명 (급료·보수·권리·지위 등의) 대우, 대접

8 D

빈칸 1 제시된 보기 중 대부분이 '차이'라는 뜻이므로 '地域经济(지역 경제)'의 차이를 해결해야 한다는 내용임을 알 수 있다. '分歧(불일치)'는 의견상의 차이를 나타낼 때 쓰이고, '区别(차이)'는 두 가지 이상의 사물을 비교할 때 그것들의 다른 점을 찾아낼 때 쓰이는 어휘이다. 따라서 '差距(차이)'와 '差异(차이)'가 답이 될 수 있다.

A 差距 chājù 명 차이, 격차 — 缩小差距 차이를 줄이다 | 消除差距 격차를 해소하다

B 分歧 fēnqí 명 불일치, 상이 — 产生分歧 (의견의) 불일치가 생기다 | 明显的分歧 뚜렷한 (의견의) 불일치

C 区别 qūbié 명 차이, 구별 — 没有区别 차이가 없다 | 区别明显 차이가 뚜렷하다

D 差异 chāyì 명 (사물 본질의) 차이, 다른 점 — 很大的差异 큰 차이 | 明显的差异 확연한 차이

빈칸 2 빈칸은 술어 부분이고 주어는 '人口(인구)'이다. 제시된 보기 중 '인구'와 어울려 사용할 수 있는 어휘는 '流动(이동하다)'뿐이다. '搬迁(이전하다)'은 '搬家(이사하다)'와 같은 뜻으로, 인구와는 함께 쓸 수 없다.

A 起伏 qǐfú 동 기복을 이루다

B 活动 huódòng 동 활동하다, 활약하다

C 搬迁 bānqiān 동 이전하다, 이사하다

D 流动 liúdòng 동 이동하다, 흐르다, 유동하다

빈칸 3 보기에 제시된 어휘의 의미가 유사한 듯하지만 '形式'는 내용을 표현하는 '형태, 형식'을 나타낸다. 또한 '样式'는 사물 외부의 구체적인 '양식'을 가리키며, '方式'는 일을 처리할 때 취하는 '방법, 형식'을 나타낸다. '模式'는 사회 구조나 운영 방식의 '패턴'이나 '모델'을 가리키는데, 빈칸 앞에 '商业(사업)'와 함께 쓰여 '商业模式(사업 모델)'라는 뜻을 나타낸다.

A 形式 xíngshì 명 형식, 형태 — 组织形式 조직 형태 | 艺术形式 예술 형식

B 样式 yàngshì 명 양식 — 样式新颖 양식이 참신하다 | 样式独特 양식이 독특하다

C 方式 fāngshì 명 방식, 방법, 형식 — 管理方式 관리 방식 | 生活方式 생활 방식

D 模式 móshì 명 모델, 패턴 — 新模式 새로운 모델 | 生活模式 생활 패턴

빈칸 4 술어 '加强(강화하다)'과 함께 쓸 수 있는 어휘는 보기 중 '工作(일)'와 '使命(사명)'이다. 하지만 빈칸 뒤에 '学习、使用新技术(새로운 기술을 배우고 사용하다)'를 통해 단순한 '일'이 아닌 어떤 일의 '목표와 의미'라는 내용까지 포함해야 한다는 것을 알 수 있기 때문에 정답은 '使命'뿐이다.

A 任务 rènwu 명 임무, 책무 — 完成任务 임무를 완수하다 | 承担任务 임무를 맡다

B 责任 zérèn 명 책임 — 担负责任 책임을 지다 | 责任重大 책임이 중대하다

C 工作 gōngzuò 명 일, 업무, 직업 — 找工作 일을 찾다 | 工作量 업무량

D 使命 shǐmìng 명 사명, 명령 — 历史使命 역사적 사명 | 完成使命 사명을 완수하다

要想解决地域经济差异，我有三点建议。首先，应鼓励人口流动，支持人们搬到有更好发展机会的地方。其次，鼓励贫困地区向发达地区学习他们的商业模式和技术。再次，应加强当地大学的使命，教学生学习、使用新技术。

지역 경제의 차이를 해결하고 싶다면 저에게 세 가지 제안이 있습니다. 우선, 인구가 이동하는 것을 장려하고 사람들이 더 나은 발전 기회가 있는 곳으로 이사할 수 있도록 지원해야 합니다. 두 번째로, 빈곤 지역이 발전한 지역의 비즈니스 모델과 기술을 배우도록 장려해야 합니다. 마지막으로, 현지 대학의 사명을 강화하고 학생들에게 공부를 가르쳐 새로운 기술을 사용하도록 해야 합니다.

A	差距(○)	起伏(×)	形式(×)	任务(×)
B	分歧(×)	活动(×)	样式(×)	责任(×)
C	区别(×)	搬迁(×)	方式(×)	工作(×)
D	**差异**	**流动**	**模式**	**使命**

A 차이 / 기복을 이루다 / 형식 / 임무
B 불일치 / 활동하다 / 양식 / 책임
C 차이 / 이전하다 / 방식 / 일
D 차이 / 이동하다 / 모델 / 사명

地域 dìyù 명 지역 | **应** yīng 조동 (마땅히) ~해야 한다 | **人口** rénkǒu 명 인구 | ★**贫困** pínkùn 형 빈곤하다, 곤궁하다 | **地区** dìqū 명 지역, 지구 | **发达** fādá 동 발전하다, 발달하다 | **商业** shāngyè 명 비즈니스, 상업 | **再次** zàicì 부 재차, 거듭 | **加强** jiāqiáng 동 강화하다, 증강하다 | **当地** dāngdì 명 현지, 현장, 그 지방 | **使用** shǐyòng 동 사용하다, 쓰다

독해 제2부분

05 짝꿍 표현

본서 p.222~223

track yuedu 35

Day 29 1 A 2 B

1 A

빈칸 1 빈칸은 앞의 '风格(스타일)'와 주술관계이며 '语言(언어)'을 수식하는 관형어 부분으로, '鲜明(명쾌하다)' '独特(독특하다)' '特别(특별하다)'와 호응한다.

A	**鲜明** xiānmíng 형 (색채, 풍격, 태도가) 명쾌하다, 명확하다	主题鲜明 주제가 명확하다 | 观点鲜明 관점이 명확하다
B	独特 dútè 형 독특하다, 특이하다	独特的风格 독특한 스타일 | 性格独特 성격이 특이하다
C	明显 míngxiǎn 형 (효과, 차이가) 뚜렷하다, 분명하다	差距明显 격차가 뚜렷하다 | 明显的变化 뚜렷한 변화
D	特别 tèbié 형 특별하다, 특이하다	特别的方式 특별한 방식 | 特别待遇 특별(한) 대우

빈칸 2 빈칸은 목적어 '小说(소설)'와 호응하는 술어 부분으로, '创作(창작하다)'와 '代写(대신 쓰다)'가 들어갈 수 있다. 그런데 앞에서 소설을 쓰는 주체가 '작가'인 차이즈형이라고 직접 언급했기 때문에 문맥상 '代写'는 적절하지 않다. '创作'는 문학 작품이나 예술 작품에 많이 쓰이는 동사 어휘이므로 꼭 기억하자.

A	**创作** chuàngzuò 동 (문예 작품을) 창작하다	创作作品 작품을 창작하다 | 创作歌曲 노래를 창작하다
B	编辑 biānjí 동 편집하다	编辑文章 문장을 편집하다 | 编辑视频 동영상을 편집하다

C 谱写 pǔxiě 동 작곡하다, (노래를) 쓰다 — 谱写乐章 음악을 작곡하다 | 谱写人生 인생을 작곡하다/꾸리다

D 代写 dàixiě 대필하다, 대신 쓰다 — 代写论文 논문을 대필하다 | 代写文件 문서를 대신 쓰다

빈칸 3 보기의 모든 어휘가 '번영, 발전'의 의미를 가지고 있는데, '繁华(번화하다)'는 주로 지역과 관련된 어휘와 함께 쓰이므로 답이 될 수 없다. '繁荣时期(번영기)'는 자주 쓰이는 짝꿍 표현이므로 반드시 기억하자.

A 繁荣 fánróng 형 번영하다, 번창하다 — 经济繁荣 경제가 번영하다 | 繁荣时期 번영기

B 繁华 fánhuá 형 (도시·거리가) 번화하다 — 繁华的城市 번화한 도시 | 繁华的街道 번화한 거리

C 发达 fādá 동 발달하다, 발전시키다 — 工业发达 공업이 발달하다 | 贸易发达 무역이 발달하다

D 昌盛 chāngshèng 형 번창하다, 흥성하다 — 文化昌盛 문화가 번창하다 | 国家昌盛 국가가 번창하다

빈칸 4 보기의 어휘는 모두 '특징'과 관련되어 있다. '个性(개성)'은 주로 사람의 특징을 설명할 때 쓰이므로 답이 될 수 없고, 나머지 보기 '特征(특징)' '特色(특색)' '特性(특성)'은 답이 될 수 있다.

A 特征 tèzhēng 명 특징

B 特色 tèsè 명 특색, 특징

C 特性 tèxìng 명 특성

D 个性 gèxìng 명 개성

1998年，作家蔡智恒用风格鲜明的语言，创作了中国第一部网络小说，随着互联网的迅猛发展，网络文学进入了繁荣时期，并逐渐体现出作家平民化、创作意图自由化、作品发表和反馈速度快的特征。

A 鲜明	创作	繁荣	特征
B 独特(○)	编辑(×)	繁华(×)	特色(○)
C 明显(×)	谱写(×)	发达(○)	特性(○)
D 特别(○)	代写(×)	昌盛(○)	个性(×)

1998년 작가 차이즈헝이 스타일이 명쾌한 언어를 사용하여 중국 최초의 인터넷 소설을 창작했다. 인터넷의 급격한 발전에 따라 인터넷 문학이 번영기에 들어섰으며, 작가의 서민화와 창작 의도의 자유화, 작품 발표와 피드백의 고속화의 특징이 점차적으로 나타났다.

A 명쾌하다 / 창작하다 / 번영하다 / 특징
B 독특하다 / 편집하다 / 번화하다 / 특색
C 뚜렷하다 / 작곡하다 / 발달하다 / 특성
D 특별하다 / 대필하다 / 번창하다 / 개성

蔡智恒 Cài Zhìhéng 고유 차이즈헝 [유명 인터넷 소설 작가] | **风格** fēnggé 명 스타일 | **部** bù 양 부, 편 [서적이나 영화 편수 등을 세는 단위] | **网络** wǎngluò 명 인터넷, 네트워크 | **迅猛** xùnměng 형 급격하다, 신속하고 세차다 | **文学** wénxué 명 문학 | **进入** jìnrù 동 들다, 진입하다 | **时期** shíqī 명 (특정한) 시기 | **并** bìng 접 그리고, 또, 게다가 | **逐渐** zhújiàn 부 점차, 점점 | **体现** tǐxiàn 동 구체적으로 드러내다, 구현하다 | **平民化** píngmínhuà 명 서민화, 평민화 | ★**意图** yìtú 명 의도, 기도 | **自由化** zìyóuhuà 명 자유화 | **作品** zuòpǐn 명 (문학·예술의) 작품, 창작품 | **发表** fābiǎo 명 발표, 공표, 게재 | ★**反馈** fǎnkuì 명 피드백

2 B

빈칸 1 빈칸 앞뒤의 '鸟类(조류)' '丰富(풍부하다)'와 모두 호응할 수 있는 어휘는 보기 중 '资源(자원)'이나 '种类(종류)'이다. '种类'는 사물의 '성질 및 특성'에 따라 나눈 것이지만, '类别(분류)'는 '종류'에 따라 나누어 구별한 것이므로 답이 될 수 없다.

A 资料 zīliào 명 자료 — 整理资料 자료를 정리하다 | 搜集资料 자료를 수집하다

B 资源 zīyuán 명 자원 — 丰富的资源 풍부한 자원 | 开发资源 자원을 개발하다

C 种类 zhǒnglèi 명 종류 — 种类繁多 종류가 아주 많다 | 商品的种类 상품의 종류

D 类别 lèibié 명 분류, 유별 — 属于A类别 A 분류에 속하다 | 按照类别划分 분류 구분에 따라

빈칸 2 문맥상 '번식하다'는 의미인 '繁衍' '繁殖' 모두 답이 될 수 있을 것 같지만, 빈칸 뒤의 '生息(번식하다)'는 '繁衍'과 함께 쓰여 '繁衍生息(번식하다)'라는 상용 표현으로 자주 쓰이기 때문에 '繁衍'만 답이 될 수 있다. '生息'는 '繁殖'와는 함께 쓰이지 않는다.

A 孕育 yùnyù 동 낳아 기르다, (새로운 사물을) 키우다, 내포하다
孕育新生命 새 생명을 낳아 기르다 | 孕育着巨大危机 거대한 위기를 내포하고 있다

B 繁衍 fányǎn 동 번식하다, 번영하다
繁衍生息 번식하다 | 繁衍后代 후손을 번식하다

C 生育 shēngyù 동 출산하다, 아이를 낳다
制定生育计划 출산 계획을 세우다 | 生育儿女 아들과 딸을 출산하다

D 繁殖 fánzhí 동 번식하다, 불어나다
繁殖后代 후손을 번식하다 | 繁殖期 번식기

번식하다: 繁衍生息(○) / 繁殖生息(×)

빈칸 3 빈칸 앞의 '万鸟临海(수만 마리의 조류가 바다에 있음)'와 뒤의 '世界四大观鸟地之一(세계 4대 조류 관찰지 중 하나)'와 가장 잘 어울리는 어휘는 사람이 많이 모여 활기찬 분위기를 나타내는 '盛况(성황)'이다. 또한 관찰할 수 있는 사물의 현상을 의미하는 '现象(현상)'과 '景象(광경)'도 빈칸에 들어갈 수 있지만, 주로 사물이 드러내 보이는 구체적인 상황을 가리킬 때 사용하는 '状况(상태)'은 답이 될 수 없다.

A 现象 xiànxiàng 명 현상 — 社会现象 사회 현상 | 自然现象 자연 현상

B 盛况 shèngkuàng 명 성황, 성대한 분위기 — 盛况空前 전례 없는 성황 | 在盛况中 성황 중에

C 状况 zhuàngkuàng 명 상황, 상태 — 经济状况 경제 상황 | 身体状况 신체 상태

D 景象 jǐngxiàng 명 정경, 모습, 광경 — 美好景象 아름다운 정경 | 繁华景象 화려한 정경

北戴河湿地是鸟类自然保护区，这里的鸟类资源丰富，中国有近三分之一的鸟类在此繁衍生息，"万鸟临海"是北戴河特有的盛况。因此，北戴河湿地也被称为"世界四大观鸟地之一"。

A 资料(×)	孕育(×)	现象(○)
B 资源	繁衍	盛况
C 种类(○)	生育(×)	状况(×)
D 类别(×)	繁殖(×)	景象(○)

베이따이허 습지는 조류 자연보호 구역으로, 이곳에는 조류 자원이 풍부해서 중국의 거의 3분의 1의 조류가 여기에서 번식하고 있으며, '만조임해(수만 마리의 조류가 바다에 있음)'는 베이따이허 특유의 성황이다. 그래서 베이따이허 습지는 '세계 4대 조류 관찰지 중 하나'라고도 불린다.

A 자료 / 낳아 기르다 / 현상
B 자원 / 번식하다 / 성황
C 종류 / 출산하다 / 상황
D 분류 / 번식하다 / 정경

北戴河 Běidàihé 고유 베이따이허 [허베이(河北)성에 있는 유명한 휴양지] | **湿地** shīdì 명 습지 | **鸟类** niǎolèi 명 조류 | **自然保护区** zìránbǎohùqū 자연보호 구역 | **生息** shēngxī 동 번식하다 | **临海** línhǎi 동 바다에 임하다, 임해하다 | **特有** tèyǒu 형 특유하다, 고유하다 | **称为** chēngwéi 동 ~라고 부르다 [被称为: ~라고 불리다]

• Day 30 3 A 4 A 5 C

3 A

빈칸 1 빈칸 앞의 '研究成果(연구 성과)'가 빈칸 뒤의 '生产力(생산력)'로 '很难……被转化成(~로 전환되기 어렵다)'이라고 했다. 문맥상 '빠르게, 곧바로'라는 의미가 들어가는 것이 적절하므로 보기의 '立刻(바로)'와 '立即(곧)'가 답이 될 수 있다. '偶尔(때때로)'은 출현 횟수가 적음을 가리키므로 의미상 적절하지 않다.

A 立刻 lìkè 부 바로, 곧, 즉시
看到有位老人上车这些学生立刻就把座位让给了他。
어떤 노인이 차에 타는 것을 보고 이 학생들은 바로 그에게 자리를 양보했다.

B 立即 lìjí 부 곧, 바로
火警们一接到火灾报警后，就立即准备前往现场。
119 대원들은 화재 경보 접수를 받고 나서 바로 현장에 갈 준비를 한다.

C 偶尔 ǒu'ěr 부 때때로, 간혹
大学毕业后，我和朋友们只是偶尔才见面。
대학 졸업 후 나는 친구들과 그저 간혹 만날 뿐이다.

D 然而 rán'ér 접 그러나, 그렇지만, 하지만
虽然只是一杯清茶，然而，这却是一种传统的待客礼仪。
비록 한 잔의 간단한 차일 뿐이지만 이것이 오히려 전통적인 손님을 대접하는 예의이다.

빈칸 2 빈칸 뒤의 '长远一些(좀 더 멀리)'와 '发展潜力(발전 잠재력)' 두 어휘와 호응하여 사용할 수 있는 것은 보기 중 '眼光(안목)'뿐이다.

A 眼光 yǎnguāng 명 안목, 식견 — 长远眼光 장기적인 안목 | 眼光高 안목이 높다
B 视觉 shìjué 명 시각, 본 느낌 — 视觉冲击 시각적 충격 | 视觉效果 시각 효과
C 视线 shìxiàn 명 시선, 눈길 — 吸引视线 시선을 모으다 | 挡住视线 시야를 가리다
D 眼力 yǎnlì 명 관찰력, 눈썰미 — 有眼力 눈썰미가 있다 | 眼力过人 안목이 뛰어나다

빈칸 3 빈칸은 뒤의 목적어 '潜力(잠재력)'와 호응하는 술어를 찾는 문제로, 보기 중 '挖掘(발굴하다)'가 짝꿍으로 함께 쓰인다. '挖掘潜力(잠재력을 발굴하다)'는 자주 나오는 표현이므로 꼭 기억하자.

A 挖掘 wājué 동 발굴하다, 찾아내다 — 挖掘潜力 잠재력을 발굴하다 | 挖掘人才 인재를 발굴하다
B 激励 jīlì 동 격려하다, 북돋우다 — 激励他人 타인을 격려하다 | 自我激励 자기 격려
C 开发 kāifā 동 개발하다 — 开发技术 기술을 개발하다 | 开发资源 자원을 개발하다
D 鼓励 gǔlì 동 격려하다, 북돋우다 — 鼓励孩子 아이를 격려하다 | 受到鼓励 격려받다

빈칸 4 빈칸은 앞의 '积累(축적하다)'의 목적어로, 이와 호응하는 어휘는 '能量(에너지)' '资源(자원)' '资产(자산)'이다.

A 能量 néngliàng 명 에너지 — 积累能量 에너지를 축적하다 | 释放能量 에너지를 방출하다
B 资源 zīyuán 명 자원 — 自然资源 자연 자원 | 资源稀少 자원이 희소하다
C 资产 zīchǎn 명 자산, 재산 — 国有资产 국유 자산 | 资产阶级 자산 등급
D 动力 dònglì 명 동력 — 原动力 원동력 | 有动力 동력이 있다

一部分很重要的科学研究成果很难立刻被转化成生产力，但是我们的眼光应放长远一些，当前的工作是为了挖掘发展潜力，是在为未来的发展积累能量。

일부 중요한 과학 연구 성과는 바로 생산력으로 전환되기 어렵다. 하지만 우리의 안목은 좀 더 멀리 보아야 한다. 현재의 업무는 발전 잠재력을 발굴하기 위한 것이고, 미래의 발전을 위하여 에너지를 축적하는 것이다.

A	立刻	眼光	挖掘	能量
B	立即(○)	视觉(×)	激励(×)	资源(○)
C	偶尔(×)	视线(×)	开发(×)	资产(○)
D	然而(×)	眼力(×)	鼓励(×)	动力(×)

A 바로 / 안목 / 발굴하다 / 에너지
B 곧 / 시각 / 격려하다 / 자원
C 때때로 / 시선 / 개발하다 / 자산
D 그러나 / 관찰력 / 격려하다 / 동력

一部分 yíbùfen 명 일부분 | **成果** chéngguǒ 명 성과, 결과 | **转化** zhuǎnhuà 동 전환하다 | **成** chéng 동 ~가 되다, ~로 변하다 | **生产力** shēngchǎnlì 명 생산력 | **长远** chángyuǎn 형 멀다, 오래되다 | ★**当前** dāngqián 명 현재, 눈앞 | ★**潜力** qiánlì 명 잠재력, 저력 | **未来** wèilái 명 미래

4 A

빈칸 1 빈칸은 뒤의 '历史(역사)'를 수식하는 관형어로, 보기 중 '历史(역사)'와 함께 쓸 수 있는 어휘는 '悠久(유구하다)'뿐이다.

A 悠久 yōujiǔ 형 (역사나 문화가) 유구하다, 장구하다 — 历史悠久 역사가 유구하다 | 悠久的传统文化 유구한 전통 문화
B 长久 chángjiǔ 형 (시간이) 영구하다, 장구하다 — 长久以来 오랫동안 | 长久的计划 장기적인 계획
C 长远 chángyuǎn 형 (미래의 시간이) 장구하다 — 长远目标 원대한 목표 | 长远的发展 장기적인 발전
D 悠长 yōucháng 형 (시간이) 오래다, 길다 — 悠长的岁月 긴 세월 | 悠长的余韵 긴 여운

빈칸 2 빈칸에는 '动作(동작)'와 병렬 관계를 이루어 미인도에 그려진 여인들의 '모습'을 묘사하는 어휘가 들어가야 한다. '行动(행동)'과 '态度(태도)'는 정적인 그림을 나타내지 않고, '形态(형태)' 역시 살아있는 것의 모습을 설명할 때 쓰이므로 답이 될 수 없다. 따라서 정답은 '姿态(자태)'이다.

A 姿态 zītài 명 자태, 자세, 태도 — 姿态优美 자태가 아름답다 | 高姿态 관대한 태도
B 形态 xíngtài 명 형태 [사물의 형상이나 표현 방식] — 形态万千 형태가 다양하다 | 形态各异 각양각색이다
C 行动 xíngdòng 명 행동, 거동 — 不礼貌的行动 예의 없는 행동 | 行动派 행동파
D 态度 tàidu 명 태도 — 冷淡的态度 냉담한 태도 | 服务态度 서비스 태도

빈칸 3 빈칸은 술어 '反映(반영하다)'과 호응하면서 앞의 '当时社会(당시 사회)'의 수식을 받는다. '反映'과 함께 쓸 수 있는 어휘는 유행하는 현상을 나타내는 '潮流(경향)' '时尚(당시의 풍조)' '流行(유행)'이다. '时髦(유행하다)'는 형용사로, 명사적 용법으로는 쓰이지 않기 때문에 답이 될 수 없다.

A 潮流 cháoliú 명 (사회적) 경향, 추세, 풍조
B 流行 liúxíng 명 유행
C 时尚 shíshàng 명 당시의 풍조, 시대적 풍모
D 时髦 shímáo 형 유행이다, 현대적이다

仕女图具有悠久的历史，唐代作为封建社会最为辉煌的时代，也是仕女图的繁荣兴盛阶段。它对仕女们的动作姿态描绘十分细致，它还反映了当时社会的潮流。

미인도는 유구한 역사를 가지고 있는데, 당나라 때는 봉건사회에서 가장 눈부신 시대이자 미인도의 번영 및 흥성 단계이기도 했다. 미인도는 미녀들의 동작과 자태의 묘사가 매우 섬세했으며, 또한 당시 사회의 경향을 반영하기도 했다.

A 悠久	姿态	潮流	A 유구하다 / 자태 / 경향
B 长久(×)	形态(×)	流行(○)	B 영구하다 / 형태 / 유행
C 长远(×)	行动(×)	时尚(○)	C 장구하다 / 행동 / 당시의 풍조
D 悠长(×)	态度(×)	时髦(×)	D 오래다 / 태도 / 유행이다

仕女图 Shìnǚtú 고유 미인도, 사녀도 [중국 인물화 소재의 하나로, 주로 왕비와 궁녀, 상류층 부녀자들을 그림] | **具有** jùyǒu 동 지니다, 가지다 | **唐代** Táng dài 당나라 시기 | **作为** zuòwéi 동 ~로 하다 | ★**封建** fēngjiàn 명 봉건 | ★**辉煌** huīhuáng 형 눈부시다, 휘황찬란하다 | **时代** shídài 명 (역사상의) 시대, 시기 | **繁荣** fánróng 형 번영하다, 번창하다 | **兴盛** xīngshèng 형 흥성하다, 번창하다 | **阶段** jiēduàn 명 단계 | **仕女** shìnǚ 명 미인도에 등장하는 여인 | **动作** dòngzuò 명 동작, 행동 | ★**描绘** miáohuì 동 그려내다, 묘사하다 | ★**细致** xìzhì 형 섬세하다, 정교하다 | **反映** fǎnyìng 동 반영하다

5 C

빈칸 1 빈칸은 문장의 술어 부분으로, 목적어 '难题(난제)'와 호응하는 동사는 '遇到(만나다)'이다. '遭受(부닥치다)'는 불행한 일이나 손해를 입었을 때 쓰며, '遇见(우연히 만나다)'은 사람이 사람을 만난다는 의미이므로 빈칸에 들어갈 수 없다.

A 遭受 zāoshòu 동 (불행이나 손해를) 입다, 당하다 — 遭受灾难 재난을 입다 | 遭受损失 손실을 입다

B 找到 zhǎodào 찾아내다 — 找到工作 일자리를 구하다 | 找到方法 방법을 찾아내다

C 遇到 yùdào 동 (문제나 사람을) 맞닥뜨리다, 만나다 — 遇到朋友 친구를 만나다 | 遇到难题 난제에 부닥치다

D 遇见 yùjiàn 동 (사람을) 우연히 만나다, 조우하다 — 遇见同学 동창을 만나다 | 偶然遇见 우연히 만나다

빈칸 2 빈칸 앞의 '啤酒(맥주)'로 보아 빈칸에는 '酿(빚다)'이 들어가는 것이 적절함을 알 수 있다. 시험에서 '술'을 만드는 동사를 고르라면 주저 없이 '酿'을 고르면 된다.

A 熬 áo 동 오래 끓이다, 쑤다 — 熬粥 죽을 쑤다 | 熬药 약을 달이다

B 炸 zhá 동 기름에 튀기다 — 油炸食品 식품을 기름에 튀기다 | 炸薯条 감자 튀김

C 酿 niàng 동 양조하다, 빚다, 초래하다 — 酿酒 술을 빚다 | 酝酿 술을 빚다 | 酿成大祸 큰 화를 초래하다

D 采 cǎi 동 따다, 취하다 — 采莲 연꽃을 따다 | 采煤 석탄을 캐다 | 采购 구입하다

빈칸 3 빈칸 뒤의 '方法(방법)'와 호응하는 동사는 '采取(취하다)'이다. '采取方法(방법을 취하다)'와 '采取措施(조치를 취하다)'는 자주 쓰이는 짝꿍 표현이므로 반드시 기억하자.

A 改良 gǎiliáng 동 (품종·기술을) 개량하다, 개선하다
改良品种 품종을 개량하다 | 改良技术 기술을 개선하다

B 采纳 cǎinà 동 (건의·의견·요구 등을) 받아들이다
采纳建议 건의를 받아들이다 | 采纳意见 의견을 받아들이다

C 采取 cǎiqǔ 동 (방침·수단·정책·조치·형식·태도 등을) 취하다, 채택하다
采取措施 조치를 취하다 | 采取行动 행동을 취하다

D 引用 yǐnyòng 동 인용하다, 기용하다
引用名人名言 유명 인사의 명언을 인용하다 | 引用法 인용법 | 引用外援 외국인 선수를 기용하다

빈칸 4 빈칸은 뒤의 '温度(온도)'를 수식하는 관형어로, 제시된 보기는 모두 '단위'와 관련 있는 것들이다. 이 중 온도와 관련 있는 단위는 '摄氏度(섭씨)'뿐이다.

A 毫米 háomǐ 양 밀리미터(mm)

B 立方米 lìfāngmǐ 양 세제곱미터(㎥)

C 摄氏度 shèshìdù 양 섭씨(℃)

D 体积 tǐjī 명 부피, 체적

啤酒公司曾遇到一个令人头疼的难题：啤酒酿出后容易变酸。巴斯德发现罪魁祸首是乳酸杆菌，虽然采取煮沸的方法就能杀死乳酸杆菌，但啤酒也会被煮坏。多次试验之后，他发现以50-60摄氏度的温度加热半小时，就可以杀死啤酒里的乳酸杆菌，无需煮沸，这种灭菌法被称为“巴氏灭菌法”。

맥주 회사는 일찍이 골치 아픈 난제에 맞닥뜨린 적이 있는데, 맥주는 양조한 뒤에 쉽게 상한다는 것이었다. 파스퇴르가 발견한 원흉은 바로 젖산균이었는데, 끓이는 방법을 취하면 젖산균을 죽일 수는 있지만 맥주의 맛도 망가져 버린다. 몇 차례의 실험 후, 그는 50~60 섭씨의 온도로 30분간 가열하면 맥주의 젖산균을 죽일 수 있어 끓이지 않아도 된다는 것을 발견했다. 이런 멸균법은 '파스퇴르 멸균법'이라고 불린다.

A 遭受(×) 熬(×) 改良(×) 毫米(×)
B 找到(×) 炸(×) 采纳(×) 立方米(×)
C 遇到 酿 采取 摄氏度
D 遇见(×) 采(×) 引用(○) 体积(×)

A 입다 / 오래 끓이다 / 개량하다 / 밀리미터
B 찾아내다 / 기름에 튀기다 / 받아들이다 / 세제곱미터
C 맞닥뜨리다 / 양조하다 / 취하다 / 섭씨
D 우연히 만나다 / 따다 / 인용하다 / 부피

曾 céng 부 일찍이, 이전에 | **令** lìng 동 ~하게 하다, ~를 시키다 | **头疼** tóuténg 형 골치가 아프다 | **难题** nántí 명 어려운 문제, 난제 | **变** biàn 동 변화하다 | **巴斯德** Bāsīdé 고유 파스퇴르(1822~1895) [프랑스의 화학자·미생물학자] | **罪魁祸首** zuìkuíhuòshǒu 성 원흉, 재난의 주요 원인, 근본 원인 | **乳酸杆菌** rǔsuān gǎnjūn 명 젖산균 | **煮沸** zhǔfèi 동 펄펄 끓이다 | **杀死** shāsǐ 동 죽이다 | **煮** zhǔ 동 끓이다, 익히다 | ★**试验** shìyàn 동 시험하다, 실험하다, 테스트하다 | **加热** jiārè 동 가열하다, 데우다 | **无需** wúxū 동 ~할 필요가 없다 | **灭菌法** mièjūnfǎ 멸균법, 살균법 | **称为** chēngwéi 동 ~라고 부르다 [被称为: ~라고 불리다]

track yuedu 37

• Day 32 6 D 7 B 8 D

6 D

빈칸 1 '上善若水，厚德载物(상선약수, 후덕재물)'가 중화민족의 미덕을 개괄한다(作为中华美德的概括)고 하면서 이 말이 뜻 있는 사람들에게 받아들여졌다(为志士仁人所追求与推崇)고 했으므로 오랜 세월 동안 그러했음을 알 수 있다. 따라서 빈칸에는 예전부터 계속 그래 왔다는 의미의 '向来(줄곧)'와 '历来(줄곧)'가 들어갈 수 있다.

A 向来 xiànglái 부 줄곧, 본래부터
他非常固执，向来不接受别人的意见。그는 매우 고집스러워서 줄곧 다른 사람의 의견을 받아들이지 않는다.

B 尽早 jǐnzǎo 부 되도록 일찍
春节将至，大家都希望尽早结束训练回家过年。
춘절이 곧 다가오므로 모두들 되도록 일찍 훈련이 끝나서 집에 돌아가 설을 쇨 수 있기를 바랐다.

C 连续 liánxù 동 연속하다, 계속하다
这位作者的书已连续五年登上了畅销书的榜首。이 작가의 책은 이미 5년 연속 베스트 셀러 1위에 올랐다.

D 历来 lìlái 부 줄곧, 항상, 언제나
韩国历来是一个重视传统文化的国家。한국은 줄곧 전통 문화를 중시하는 국가이다.

빈칸 2 빈칸은 앞의 '最高(가장 높은)'의 수식을 받으면서 뒤의 '善行(선행)'을 수식하는 관형어이다. 문맥상 '上善若水，厚德载物(상선약수, 후덕재물)'가 선행의 가장 높은 단계를 의미하므로, 보기 중 '단계, 정도'라는 의미를 지닌 '境界(경지)'가 답으로 적합하다.

A 场面 chǎngmiàn 명 장면, 광경
B 气派 qìpài 명 기상, 풍채, 기풍
C 境况 jìngkuàng 명 형편, 상황, 처지
D 境界 jìngjiè 명 경지

빈칸 3 빈칸은 앞의 '宽广(넓다)'의 수식을 받는 중심어 부분이고, 보기 중 이와 호응하는 짝꿍은 '胸怀(마음, 가슴)'뿐이다. '宽广胸怀(넓은 마음, 넓은 가슴)'는 자주 출제되므로 꼭 기억하도록 하자.

A 教养 jiàoyǎng 명 교양 — 缺乏教养 교양이 부족하다 | 有教养的人 교양 있는 사람
B 威信 wēixìn 명 위신, 체면, 권위 — 威信下降 위신이 떨어지다 | 树立威信 위신을 세우다
C 热诚 rèchéng 형 열성적이다, 정열적이다 — 热诚相待 열성적으로 대하다 | 热诚欢迎 열렬히 환영하다
D 胸怀 xiōnghuái 명 마음, 심정, 품은 생각 — 宽广的胸怀 넓은 마음 | 敞开胸怀 마음을 활짝 열다

빈칸 4 빈칸은 앞의 '矛盾(갈등)'과 병렬 구조이며, '不与其发生(일으키지 않다)'으로 보아 일어나지 않아야 하는 것임을 알 수 있다. 보기 모두 '갈등'과 함께 쓸 수 있는 부정적인 어휘들로, 모두 답이 될 수 있다.

A 纷争 fēnzhēng 명 분쟁, 분규
B 分化 fēnhuà 명 분열
C 争吵 zhēngchǎo 동 말다툼하다, 큰 소리로 언쟁하다
D 冲突 chōngtū 명 충돌, 모순

作为中华美德的概括，"上善若水，厚德载物"历来为志士仁人所追求与推崇。这句话的意思是，最高境界的善行像水一样，以深厚宽广的胸怀来滋养、承载世间万物，令万物受益，而不与其发生矛盾和冲突。

중화민족의 미덕을 개괄하는 말로서, '상선약수, 후덕재물'은 줄곧 뜻이 있는 사람들에게 추구되고 받아들여졌다. 이 말의 의미는 가장 높은 경지의 선행은 마치 물과 같아서 깊고 넓은 마음으로 세간 만물에 양분을 주고 포용하며, 만물이 이로움을 얻게 하고 또한 그것과 갈등이나 충돌을 일으키지 않는 것이다.

A	向来(○)	场面(×)	教养(×)	纷争(○)
B	尽早(×)	气派(×)	威信(×)	分化(○)
C	连续(×)	境况(×)	热诚(×)	争吵(○)
D	历来	境界	胸怀	冲突

A 줄곧 / 장면 / 교양 / 분쟁
B 되도록 일찍 / 기상 / 위신 / 분열
C 연속하다 / 형편 / 열성적이다 / 말다툼하다
D 줄곧 / 경지 / 마음 / 충돌

作为 zuòwéi 개 ~의 자격으로서 | **中华** Zhōnghuá 고유 중화, 중국 | **美德** měidé 명 미덕, 좋은 품성 | **概括** gàikuò 동 개괄하다, 요약하다, 총괄하다 | **上善若水** shàngshàn ruòshuǐ 성 상선약수 [최고의 선은 물과 같다는 뜻으로, 노자의 사상에서 물을 이 세상에서 으뜸가는 선의 표본으로 여기어 이르던 말] | **厚德载物** hòudézàiwù 후덕재물 [덕을 두텁게 하여 만물을 포용한다는 뜻으로 주역에 나오는 구절] | **志士仁人** zhìshìrénrén 성 뜻있는 인사, 인자하며 지조있는 사람 | **所** suǒ 조 ~되다 [为……所: ~에 의하여 ~하게 되다] | **追求** zhuīqiú 동 추구하다, 탐구하다 | **推崇** tuīchóng 동 (떠)받들다, 추앙하다, 찬양하다 | **句** jù 양 마디, 구, 편 [언어나 시문을 세는 단위] | **善行** shànxíng 명 선행 | **深厚** shēnhòu 형 (감정이) 깊다, 두텁다 | **宽广** kuānguǎng 형 넓다 | **滋养** zīyǎng 동 자양분을 주다, 자양하다 | **承载** chéngzài 동 지탱하다, 견디다 | **世间** shìjiān 명 세간, 세상 | **万物** wànwù 명 만물 | **令** lìng 동 ~하게 하다, ~을 시키다 | **受益** shòuyì 동 이익을 얻다, 유익하다, 수혜를 받다 | **矛盾** máodùn 명 갈등, 대립 [发生矛盾: 갈등이 일어나다]

7 B

빈칸 1 보기 모두 '좋은 방향으로 바뀌는 것'을 의미하는 어휘들이다. 그중 빈칸 앞의 '数值预报(수치 예보)'가 더 좋게 변하는 것을 의미하는 어휘는 '改进(개선)'과 '改良(개량)'이다. '改革(개혁)'는 오래되거나 불합리하고 낙후된 것을 합리적으로 바꾸는 것을 의미하므로, '컴퓨터의 보급'과는 어울리지 않으며, '进步(진보)'는 일반적으로 '手段(수단)'과 함께 쓰지 않는다.

A 改革 gǎigé 명 개혁 동 개혁하다
技术改革 기술 개혁 | 税收改革 조세 개혁 | 改革方案 방안을 개혁하다

B 改进 gǎijìn 명 개선, 개량 동 (기술을) 개선하다, 개량하다
需要改进 개선을 필요로 하다 | 有所改进 어느 정도 개선하다 | 改进技术 기술을 개선하다

C 进步 jìnbù 명 진보, 발전
有进步 진보가 있다 | 取得进步 진보를 얻다/발전하다 | 进步空间大 발전 여지가 크다

D 改良 gǎiliáng 명 개량, 개선 동 (기술을) 개량하다, 개선하다
技术改良 기술 개량 | 对A进行改良 A에 대해 개선을 진행하다

빈칸 2 앞 절에서 '数值预报手段的改进(수치 예보 수단의 개선)'을 통해 '准确率(정확도)' 역시 '향상'되었으리라 추측할 수 있다. '增加(증가하다)'는 수가 증가하는 것에 초점을 두고, '增添(더하다)' 역시 원래 있는 것에서 더 보태는 것을 의미하므로 답이 될 수 있는 것은 보기 중 '提高(제고하다)'와 '提升(향상시키다)'이다.

A 提高 tígāo 동 제고하다, 향상시키다 — 提高能力 능력을 향상시키다 | 提高效率 효율을 향상시키다

B 提升 tíshēng 동 향상시키다, 올리다 — 提升能力 능력을 향상시키다 | 提升影响力 영향력을 끌어올리다

C 增加 zēngjiā 동 (수를) 증가시키다, 늘리다, 더하다 — 增加人手 인력을 늘리다 | 增加收益 수익을 늘리다

D 增添 zēngtiān 동 더하다, 늘리다 — 增添麻烦 번거로움을 더하다 | 增添设备 설비를 늘리다

빈칸 3 보기의 제시어 모두 '알리다'의 의미를 지녔지만 '天气预报(일기예보)'와 함께 쓸 수 있는 어휘는 '发布(발표하다)'뿐이다. '宣布(선포하다)'는 공개적이고 정식적으로 알리는 것을 의미하며, '公布(공포하다)'는 문서로 공식화된 것을 알린다는 의미이다.

A 宣布 xuānbù 동 선포하다, 공표하다, 선언하다, 발표하다
宣布命令 명령을 선포하다 | 宣布立场 입장을 발표하다

B 发布 fābù 동 알리다, 발표하다
发布消息 소식을 알리다 | 发布警报 경보를 알리다/내리다

C 宣扬 xuānyáng 동 선양하다, 널리 알리다, 말을 퍼뜨리다 [부정적인 뜻으로 쓰임]
宣扬事迹 업적을 선양하다 | 四处宣扬 여기 저기 말을 퍼뜨리다 | 大肆宣扬 제멋대로 말을 퍼뜨리다

D 公布 gōngbù 동 공포하다, 공표하다
公布政策 정책을 공포하다 | 公布宪法 헌법을 공포하다 | 公布成绩 성적을 공표하다

빈칸 4 빈칸 앞의 '天气(날씨)'와 호응하는 보기는 '预报(예보)'와 '信息(정보)'이다.

A 预报 yùbào 명 예보 — 天气预报 일기 예보 | 预报准确率 예보 정확도

B 信息 xìnxī 명 정보 — 传递信息 정보를 전달하다 | 个人信息 개인 정보

C 预测 yùcè 명 예측 — 市场预测 시장 예측 | 预测情况 예측 상황

D 消息 xiāoxi 명 소식, 뉴스, 정보 — 打听消息 소식을 듣다 | 泄露消息 소식을 폭로하다

随着计算机的普及和数值预报手段的改进，天气预报准确率正在不断提升。英国气象局正在开发一种新的计算机模型，气象人员可以利用它发布面积仅为1平方千米地区的天气预报，以后人们还可以即时获得更小区域内更为精确的天气信息。

컴퓨터의 보급과 수치 예보 수단의 개선에 따라 일기예보의 정확도가 끊임없이 향상되고 있다. 영국 기상국은 새로운 컴퓨터 모형을 개발하고 있으며, 기상 인원은 그것을 이용해 면적이 1㎢에 불과한 지역의 일기예보를 알릴 수 있어, 이후에도 사람들은 실시간으로 더 작은 구역의 정밀하고 확실한 날씨 정보를 얻을 수 있다.

A	改革(×)	提高(○)	宣布(×)	预报(○)
B	改进	提升	发布	信息
C	进步(×)	增加(×)	宣扬(×)	预测(×)
D	改良(○)	增添(×)	公布(×)	消息(×)

A 개혁 / 제고하다 / 선포하다 / 예보
B 개선 / 향상시키다 / 알리다 / 정보
C 진보 / 증가하다 / 선양하다 / 예측
D 개량 / 더하다 / 공포하다 / 소식

计算机 jìsuànjī 명 컴퓨터 | ★**普及** pǔjí 동 보급되다, 확산되다 | **数值** shùzhí 명 수치 | **预报** yùbào 명 예보 | **手段** shǒuduàn 명 수단, 방법 | **准确率** zhǔnquèlǜ 명 정확도 | **不断** búduàn 부 계속해서, 끊임없이 | **英国** Yīngguó 고유 영국 | **气象局** qìxiàngjú 기상국 | **开发** kāifā 동 (자연 자원을) 개발하다, 개간하다, 개척하다 | ★**模型** móxíng 명 모형, 모델 | **人员** rényuán 명 인원, 요원 | **利用** lìyòng 동 이용하다 | **面积** miànjī 명 면적 | **仅** jǐn 부 겨우, 단지, 다만 | **平方千米** píngfāng qiānmǐ 양 제곱킬로미터(㎢) | **地区** dìqū 명 지역, 지구 | **即时** jíshí 부 즉시 | ★**区域** qūyù 명 구역, 지역 | ★**精确** jīngquè 형 정밀하고 확실하다, 정확하다

8 D

빈칸 1 빈칸은 바로 앞의 '产生(생겨나다)'의 수식을 받는 중심어 부분이다. 즉, 주어는 '智能快递柜(스마트 택배함)'이며 이와 호응하는 보기는 '물건'의 의미가 있는 '事物'이다.

A 事务 shìwù 명 업무, 일, 사무 — 公司事务 회사 업무 | 事务繁忙 일이 바쁘다
B 事业 shìyè 명 사업 — 文化事业 문화 사업 | 教育事业 교육 사업
C 事项 shìxiàng 명 사항 — 注意事项 주의 사항 | 关联事项 관련 사항
D 事物 shìwù 명 사물 — 事物的本质 사물의 본질 | 产生新事物 새로운 사물을 만들다

빈칸 2 빈칸은 문장의 술어 부분으로 '密码(비밀번호)'와 호응한다. '设置密码(비밀번호를 설정하다)' '输入密码(비밀번호를 입력하다)'라고 쓸 수 있지만, 뒤 내용과 연결시켰을 때 보기 중 '输入(입력하다)'만 빈칸에 들어갈 수 있다.

A 访问 fǎngwèn 동 방문하다, 회견하다 [+장소/사람] — 去中国访问 중국에 방문하다 | 国事访问 공식 방문
B 设置 shèzhì 동 설치하다, 설정하다 — 设置机构 기구를 설치하다 | 设置密码 비밀번호를 설정하다
C 辨认 biànrèn 동 식별해 내다, 분간하다 — 辨认字迹 글자체를 분간하다 | 当场辨认 현장에서 식별해 내다
D 输入 shūrù 동 입력하다 — 输入密码 비밀번호를 입력하다 | 输入数据 데이터를 입력하다

빈칸 3 빈칸 앞에서 스마트 택배함에 대해 소개하고 있으며, '快递(택배)'와 호응하는 어휘는 보기 중 '传达(전하다)'와 '配送(배송하다)'이다.

A 传达 chuándá 동 전달하다, 전하다
传达文件 서류를 전달하다 | 传达命令 명령을 전하다 | 以A方式传达 A 방식으로 전달하다

B 交易 jiāoyì 동 교역하다, 매매하다 명 거래, 장사
进行交易 교역을 진행하다 | 政治交易 정치적 거래 | 交易额 거래액

C 储存 chǔcún 동 (돈·물건 등을) 모아 두다, 저장하다
储存食物 음식을 모아 두다 | 储存资料 자료를 저장하다

D 配送 pèisòng 동 배송하다, 배달하다
配送商品 상품을 배송하다 | 配送食品 음식을 배달하다 | 配送日期 배송 날짜

빈칸 4 빈칸 뒤의 내용 '不能当面签收(대면해서 서명하고 수령할 수 없다)'와 '不能当面检查货物(대면해서 물건을 확인할 수 없다)'를 통해 스마트 택배함에 대해 반대나 우려를 표하는 어휘가 빈칸에 들어갈 것임을 알 수 있다. 따라서 '疑惑(의심하다)'와 '担忧(걱정하다)'가 들어가는 것이 적절하다.

A 焦急 jiāojí 형 초조하다, 애타다 — 焦急等待 초조하게 기다리다 | 心里焦急 마음이 애타다
B 疑惑 yíhuò 동 의심하다, 의심을 품다 — 产生疑惑 의심이 생기다 | 消除疑惑 의심을 해소하다
C 质感 zhìgǎn 명 (물체의) 질감 — 质感柔软 질감이 부드럽다 | 塑料质感 플라스틱 질감
D 担忧 dānyōu 동 걱정하다, 근심하다 — 让人担忧 걱정하게 하다 | 不必担忧 걱정할 필요 없다

빈칸 5 제시된 보기 모두 '훼손시키다'라는 뜻을 가지고 있다. '糟蹋'는 낭비하거나 모욕해서 손상시키는 것을 의미하고 '败坏'는 명예나 관습 등을 손상시키는 것을 의미하기 때문에 답이 될 수 없다. 따라서 '破坏(파괴하다)'와 '损坏(훼손시키다)'가 빈칸에 들어가는 것이 적합하다.

A 糟蹋 zāotà 동 낭비하다, 못쓰게 하다 — 糟蹋时光 시간을 낭비하다 | 糟蹋粮食 양식을 낭비하다
B 败坏 bàihuài 동 (명예·풍속 등을) 손상시키다, 망치다 — 败坏名誉 명예를 손상시키다 | 败坏形象 이미지를 손상시키다
C 破坏 pòhuài 동 (건축물 등을) 파괴하다 — 破坏建筑 건축물을 파괴하다 | 破坏道路 도로를 파괴하다
D 损坏 sǔnhuài 동 (원래의 기능을) 훼손시키다, 손상시키다 — 损坏名誉 명예를 훼손시키다 | 损坏公物 공공기물을 파손하다

智能快递柜是随着快递业的不断发展而产生的新事物。用户在规定时间内输入密码，就能从柜子中取走自己的快递，它很好地解决了配送时无人收货的难题。不过，也有用户对此表示担忧，不能当面签收，也就意味着不能当面检查货物是否在运送中被损坏。

A 事务(×) 访问(×) 传达(○) 焦急(×) 糟蹋(×)
B 事业(×) 设置(×) 交易(×) 疑惑(○) 败坏(×)
C 事项(×) 辨认(×) 储存(×) 质感(×) 破坏(○)
D 事物 输入 配送 担忧 损坏

스마트 택배함은 택배업의 끊임없는 발전으로 인해 생겨난 새로운 사물이다. 사용자가 지정한 시간 안에 비밀번호를 입력하기만 하면 택배함에서 자신의 택배를 수령할 수 있다. 그것은 택배를 배송할 때 물건을 수령할 사람이 없다는 난제를 잘 해결했다. 그러나 이것에 대해 걱정을 표하는 사용자도 있다. 대면해서 서명하고 수령할 수 없다는 것은 운송 과정에서 물건이 훼손되지 않았는지 대면해서 확인할 수 없다는 것을 의미하기도 한다는 것이다.

A 업무 / 방문하다 / 전달하다 / 초조하다 / 낭비하다
B 사업 / 설치하다 / 교역하다 / 의심하다 / 손상시키다
C 사항 / 식별해 내다 / 모아 두다 / 질감 / 파괴하다
D 사물 / 입력하다 / 배송하다 / 걱정하다 / 훼손시키다

★**智能** zhìnéng 명 지능, 스마트 | **快递** kuàidì 명 택배, 속달 | **柜** guì 명 함, 궤 | **快递业** kuàidìyè 택배업 | **不断** búduàn 부 끊임없이, 계속해서 | **产生** chǎnshēng 동 생기다, 발생하다 | ★**用户** yònghù 명 사용자, 가입자, 아이디(ID) | **柜子** guìzi 명 장, 궤(짝), 수납장 | **取走** qǔzǒu 찾아가다, 가져가다 | **收货** shōuhuò 동 상품을 받다 | **难题** nántí 명 난제, 어려운 문제 | ★**当面** dāngmiàn 부 직접 마주하여, 맞대면하여, 직접 맞대어 | **签收** qiānshōu 동 받았다는 것을 서명하다 | ★**意味着** yìwèizhe 동 의미하다, 뜻하다, 나타내다 | **货物** huòwù 명 물품, 화물, 상품 | **运送** yùnsòng 동 (사람, 물자 등을) 운송하다, 수송하다

06 접속사

본서 p.230~231

track yuedu 38

• Day 35 1 C 2 A

1 C

빈칸 1 빈칸 문장의 주어 '它'는 앞 문장의 '猕猴桃(키위)'인데, 설령 뜻을 모른다 하더라도 '水果之王(과일의 왕)'이라는 부분을 통해 과일임을 알 수 있다. 빈칸 뒤에서 '独特(독특하다)'와 '酸甜美味(새콤달콤 맛있다)'라고 키위 맛의 특징에 대해 설명하고 있으므로, 보기 중 '味道(맛)'와 '风味(맛)'가 답으로 적절하다.

A 味道 wèidao 명 맛	B 风尚 fēngshàng 명 (어느 시기에 널리 유행하는) 풍조, 기풍
C 风味 fēngwèi 명 맛, 풍미	D 气息 qìxī 명 냄새, 향기

빈칸 2 빈칸 앞에서는 키위의 특징을 설명하고, 빈칸 뒤에서는 사람들에게 환영을 받는다는 결과를 나타내고 있다. 따라서 인과를 표현하는 접속사 '从而(~함으로써)'과 '因而(그러므로)'이 답이 될 수 있다.

A 从而 cóng'ér 접 ~함으로써, 그리하여	B 致使 zhìshǐ 접 ~하게 만들다, ~까지 되다
C 因而 yīn'ér 접 그래서, 그러므로, 따라서	D 然而 rán'ér 접 그러나, 하지만, 그렇지만

入冬以来天气仍忽冷忽热，因而很多人患上了感冒。
겨울에 들어선 이래로 날씨가 거듭 갑자기 추웠다 갑자기 더워져서 많은 사람들이 감기에 걸렸다.

빈칸 3 '果胶(펙틴)'와 '纤维素(섬유소)'라는 성분과 '肠道蠕动(장 운동)'의 관계를 생각해 본다면 문맥상 '촉진하여' 움직이게 한다는 흐름이 가장 적절하다. 또한 '促进肠胃蠕动(장 운동을 촉진하다)'과 '促进消化(소화를 촉진하다)'는 자주 쓰이는 짝꿍 표현이므로 외워 두자.

A 加重 jiāzhòng 동 (분량이나 정도 등을) 늘리다, 심해지다	加重负担 부담을 늘리다 | 病情加重 병세가 심해지다
B 陪伴 péibàn 동 동행하다, 동반하다	互相陪伴 함께 동행하다 | 陪伴在父母左右 부모님 곁에 동행하다
C 促进 cùjìn 동 촉진하다	促进消化 소화를 촉진하다 | 促进生产 생산을 촉진하다
D 发起 fāqǐ 동 (어떤 일을) 제의하다, 일으키다, 제안하다	发起战争 전쟁을 일으키다 | 发起捐款活动 기부 활동을 제의하다

猕猴桃被人们称为"水果之王"，它不仅风味独特，酸甜美味，而且营养价值很高，因而受到大家的青睐。猕猴桃果肉中维生素的含量在所有的水果中几乎最多，此外，猕猴桃中的果胶和纤维素还可以促进肠道蠕动。

A 味道(○)	从而(○)	加重(×)
B 风尚(×)	致使(×)	陪伴(×)
C 风味	因而	促进
D 气息(×)	然而(×)	发起(×)

키위는 사람들에게 '과일의 왕'이라 불린다. 키위는 맛이 독특하고 새콤달콤 맛있을 뿐만 아니라 영양가도 높다. 그래서 모두의 사랑을 받는다. 키위 과육 속의 비타민 함량은 모든 과일 중에서 거의 가장 많다. 이 밖에도 키위의 펙틴과 섬유소가 장 운동을 촉진할 수 있다.

A 맛 / ~함으로써 / 늘리다
B 풍조 / ~하게 만들다 / 동행하다
C 맛 / 그래서 / 촉진하다
D 냄새 / 그러나 / 제의하다

猕猴桃 míhóutáo 명 키위 | **称为** chēngwéi 동 ~라고 부르다 [被称为: ~라고 불리다] | **独特** dútè 형 독특하다, 특별하다, 특수하다 | **酸甜** suāntián 형 새콤달콤하다 | **美味** měiwèi 형 맛이 좋다 | **营养** yíngyǎng 명 영양 | **价值** jiàzhí 명 가치 [营养价值: 영양가] | **青睐** qīnglài 명 호감, 인기 | **果肉** guǒròu 명 과육, 과실의 살 | ★**维生素** wéishēngsù 명 비타민 | **含量** hánliàng 명 함량 | **此外** cǐwài 명 이 외에, 이 밖에 | **果胶** guǒjiāo 명 펙틴 [과일류에 많이 들어 있는 다당류의 하나로 세포를 결합하는 작용을 함] | **纤维素** xiānwéisù 명 섬유소, 셀룰로오스 | **肠道** chángdào 명 장, 창자 | **蠕动** rúdòng 동 연동 운동을 하다

2 A

빈칸 1 빈칸은 앞뒤 문장을 잇는 접속사 자리이다. 앞 문장에서는 '从事会计工作(회계 업무를 하다)'라고 했는데 뒤에서는 '她并不想(그녀는 결코 원하지 않았다)'이라고 한 것으로 보아 앞뒤 내용이 전환관계임을 알 수 있다. 보기 중 전환의 의미를 갖는 접속사는 '然而(그러나)'이다.

A 然而 rán'ér 접 그러나, 하지만, 그렇지만

这位科学家在技术革新的过程中失败多次，然而他却并不灰心。
이 과학자는 기술 혁신 과정에서 여러 번 실패했지만 그는 결코 낙심하지 않았다.

B 虽然 suīrán 접 비록 ~하지만, 설령 ~일지라도 [虽然A，但是B: 비록 A하지만 그러나 B하다]

C 固然 gùrán 접 물론 ~하지만 [固然A，但(是)B: 물론 A하지만 그러나 B하다]

D 不仅 bùjǐn 접 ~일 뿐만 아니라 [不仅A，而且B: A할 뿐만 아니라 게다가 B하다]

빈칸 2 빈칸 뒤의 '这条路(이 길)'는 앞 문장의 '从事会计工作(회계 업무를 하다)'를 비유적으로 의미한 말로, 뒤에 추상적인 어휘와 함께 쓸 수 있는 '选择(선택하다)'가 빈칸에 들어가야 한다.

A 选择 xuǎnzé 동 선택하다, 고르다

选择前途 진로를 선택하다 | 选择专业 전공을 선택하다

B 选用 xuǎnyòng 동 골라 쓰다, 선용하다

选用资料 자료를 골라 쓰다 | 选用人才 인재를 선용하다

C 采取 cǎiqǔ 동 (방침·수단·정책·조치·형식·태도 등을) 채택하다, 취하다

采取措施 조치를 취하다 | 采取方案 방안을 채택하다

D 选拔 xuǎnbá 동 (조직이 개인을, 혹은 상급자가 하급자를) 선발하다

选拔人才 인재를 선발하다 | 选拔运动员 운동선수를 선발하다

빈칸 3 빈칸 앞에서 평소에 말을 잘 듣던 왕핑(平日里很听话的王萍)이 아랑곳하지 않고(不顾) 은행에 출근했다고 했으므로 빈칸에는 앞 내용과 반대되는 어휘가 와야 한다. 따라서 보기 중 '劝阻(충고하여 그만두게 하다)'와 '责骂(꾸짖다)'가 답으로 가장 적절하다.

A 劝阻 quànzǔ 동 충고하여 그만두게 하다

B 责骂 zémà 동 꾸짖다

C 辅助 fǔzhù 동 보조하다, 돕다

D 领先 lǐngxiān 동 앞서다, 선두에 서다

研究生毕业以后，王萍的工作已经被分配好了，是去一所高中从事会计工作。然而那个时候，她并不想选择这条路。于是平日里很听话的王萍不顾父亲的劝阻，去了一家银行上班。

A 然而	选择	劝阻
B 虽然(×)	选用(×)	责骂(○)
C 固然(×)	采取(×)	辅助(×)
D 不仅(×)	选拔(×)	领先(×)

대학원을 졸업한 뒤 왕핑은 벌써 일을 배당받았다. 바로 한 고등학교에서 회계 업무를 하는 것이었다. 그러나 그때 그녀는 이 길을 선택하고 싶지 않았다. 그래서 평소에 말을 잘 듣던 왕핑은 아버지의 만류에도 아랑곳하지 않고 은행에 출근했다.

A 그러나 / 선택하다 / 충고하여 그만두게 하다
B 비록 ~하지만 / 골라 쓰다 / 꾸짖다
C 물론 ~하지만 / 채택하다 / 보조하다
D ~일 뿐만 아니라 / 선발하다 / 앞서다

研究生 yánjiūshēng 명 대학원생, 연구생 | **王萍** Wáng Píng 고유 왕핑 [인명] | **分配** fēnpèi 동 (일·임무 따위를) 할당하다, 안배하다 | **所** suǒ 양 개, 곳, 군데 [병원·학교 따위를 세는 단위] | **高中** gāozhōng 명 고등학교 | **从事** cóngshì 동 일을 하다, 종사하다, 몸담다 [从事……工作: ~에 종사하다] | **会计** kuàijì 명 회계, 경리 | **并** bìng 부 결코, 전혀, 조금도 [부정사 앞에 쓰여 부정의 어투 강조] | **平日** píngrì 명 평소, 평상시 | **听话** tīnghuà 동 말을 잘 듣다, 순종하다 | ★**不顾** búgù 동 아랑곳하지 않다

• Day 36 **3** D **4** A **5** A

3 D

빈칸 1 빈칸의 주어는 '专家(전문가)'이며, 목적어는 '应现买现吃(반드시 바로 사서 바로 먹다)'라는 내용의 권고 사항이다. 따라서 보기 중 '제안하다'의 의미인 '建议'가 답으로 가장 적절하다. 또한 '专家建议……(전문가가 ~하는 것을 제안하다)'라는 표현은 자주 나오므로 잘 기억해 두자.

A 讨论 tǎolùn 동 토론하다
B 商量 shāngliang 동 상의하다, 의논하다
C 研究 yánjiū 동 연구하다
D 建议 jiànyì 동 제안하다, 건의하다

빈칸 2 이 빈칸 역시 앞서 '专家(전문가)'가 제시하는 권고 사항으로, 어떤 명령이나 강제의 의미는 없으며 최선의 방법을 이야기하고 있다. 따라서 보기 중 '最好(가장 좋은 것은)'가 들어가는 것이 가장 적절하다.

A 一贯 yíguàn 형 (사상·태도·정책 등이) 한결같다, 일관되다

B 的确 díquè 부 확실히, 분명히

C 确切 quèqiè 형 확실하다

D 最好 zuìhǎo 부 ~하는 것이 가장 좋다, 제일 좋다
办理出国留学的事宜最好提前预定，不然可能会被拒绝。
해외 유학 관련 일은 미리 예약하는 것이 가장 좋다. 안 그러면 거절당할 수 있다.

빈칸 3 빈칸이 있는 내용을 살펴보면 겉으로 보거나 맛을 봤을 때 이상하지 않다고 해도 식중독을 초래할 수 있다는 내용으로, 빈칸 절은 실제 일어나지 않은 일을 가정한 것이므로 '即便(설령 ~하더라도)'과 '即使(설령 ~하더라도)'가 답이 될 수 있다.

A 假如 jiǎrú 접 만약, 만일, 가령 [假如A，就/便B: 만약 A하면 B이다]

B 不但 búdàn 접 ~뿐만 아니라 [不但A，而且B: A뿐만 아니라 게다가 B하다]

C 即便 jíbiàn 접 설령 ~하더라도 [即便A，也B: 설령 A하더라도 B하다]

D 即使 jíshǐ 접 설령 ~하더라도 [即使A，也B: 설령 A하더라도 B하다]
这本书即使是没有汉语基础的人，也能理解。이 책은 설령 중국어 기초가 없는 사람이더라도 이해할 수 있다.

빈칸 4 빈칸 뒤의 '敏感与体弱的人群(민감하거나 몸이 약한 사람들)'은 앞서 언급한 '人(사람들)' 중에서의 특정 대상이며, 빈칸은 뒤 내용을 강조하는 역할을 한다. 따라서 '尤其是(특히)'가 답이 된다.

A 好像是 hǎoxiàngshì ~인 것 같다
海发光看起来好像是大海上有万点星光一样。해발광은 바다 위에 수만 개의 별이 있는 것 같이 보인다.

B 以至于 yǐzhìyú ~에 이르기까지, ~까지
那部电影打斗的场面太多，以至于很多人认为它是动作片。
그 영화는 싸우는 장면이 너무 많아서 많은 사람들이 그것을 액션영화로 여길 정도이다.

C 有别于 yǒubiéyú ~와는 다르다, ~의 차이를 나타내다
这次的洪水有别于往年，它造成的损失已超过人们的预想。
이번 홍수는 이전과 다르게, 그로 인한 피해가 사람들의 예상을 넘어섰다.

D 尤其是 yóuqíshì 특히, 그중에서도, 더욱이
韩国电视剧很受欢迎，尤其是韩国的古装剧。한국 드라마는 인기가 많은데, 특히 한국 사극이 그렇다.

专家建议人们对绿叶蔬菜应现买现吃，最好别吃加热以后的剩菜，剩菜(特别是菠菜等绿叶蔬菜)存放时间过长会产生很多亚硝酸盐，即使表面上看上去没坏，吃起来也没异味，但也能够让人产生轻度的食物中毒，尤其是敏感与体弱的人群。

전문가는 사람들에게 녹색 채소를 산 뒤에는 바로 먹고, 가열한 후 남은 채소는 먹지 않는 것이 가장 좋다고 제안한다. 남은 채소(특히 시금치와 같은 녹색 채소)는 방치하는 시간이 너무 길어지면 과도한 아질산염이 생기게 된다. 설령 겉보기에는 상하지 않은 것 같고 먹었을 때도 이상한 맛이 나지 않더라도 경미한 식중독 증상을 일으킬 수 있는데, 특히 민감하거나 몸이 약한 사람들에게 그렇다.

A	讨论(×)	一贯(×)	假如(×)	好像是(×)
B	商量(×)	的确(×)	不但(×)	以至于(×)
C	研究(×)	确切(×)	即便(○)	有别于(×)
D	建议	最好	即使	尤其是

A 토론하다 / 한결같다 / 만약 / ~인 것 같다
B 상의하다 / 확실히 / ~뿐만 아니라 / ~에 이르기까지
C 연구하다 / 확실하다 / 설령 ~하더라도 / ~와는 다르다
D 제안하다 / ~하는 것이 가장 좋다 / 설령 ~하더라도 / 특히

专家 zhuānjiā 명 전문가 | **绿叶** lǜyè 명 녹엽, 푸른 잎 | **蔬菜** shūcài 명 채소, 야채 | **现** xiàn 부 (사전에 아무런 준비 없이) 바로, 금방 | **加热** jiārè 동 가열하다, 데우다 | **剩菜** shèngcài 명 먹고 남은 음식 | **菠菜** bōcài 명 시금치 | **存放** cúnfàng 동 방치하다, 놓아 두다 | **产生** chǎnshēng 동 생기다, 발생하다 | **亚硝酸盐** yàxiāosuānyán 명 아질산염 | **表面** biǎomiàn 명 표면, 겉, 외관 | **异** yì 형 이상하다 | **味** wèi 명 맛 | **能够** nénggòu 조동 ~할 수 있다 | **轻度** qīngdù 형 경미한, 적은 | **食物中毒** shíwù zhòngdú 명 식중독 | **敏感** mǐngǎn 형 민감하다, 감각이 예민하다 | **体** tǐ 명 몸, 신체 | **弱** ruò 형 약하다 | **人群** rénqún 명 군중, 무리

4 A

빈칸 1 빈칸은 '为'를 수식하는 부사어 자리이다. 문맥상 '매우'의 의미를 가진 정도부사인 '颇'와 '挺'이 들어갈 수 있는데, '为'와 함께 쓸 수 있는 부사는 '颇'뿐이다.

A 颇 pō 부 대단히, 꽤
韩国人和中国人一样，颇为重视韩中关系。한국인은 중국인과 마찬가지로 한중 관계를 대단히 중시한다.

B 愈 yù 부 더욱, 더
队员们愈战愈勇，最终取得了比赛的胜利。팀원들은 싸울수록 더 용감해져서, 결국 경기의 승리를 얻었다.

C 皆 jiē 부 모두, 전부, 다
凡人皆有一死，我们应该珍惜人生在世的每一个瞬间。모든 사람은 다 한 번 죽으니 우리는 인생의 매 순간을 소중히 여겨야 한다.

D 挺 tǐng 부 매우, 아주, 상당히, 대단히
虽然已经立春了，但天气还是挺冷的。비록 이미 입춘이 되었지만 날씨는 여전히 매우 춥다.

빈칸 2 빈칸 다음 문장을 보면, 그것의 명명 방법이 많다(它的命名方法很多)고 하며 비슷한 모양이나 파생법을 쓰는 것이 가장 흔하다(以象形、引申法最为常用)는 규칙이 있음을 언급했다. 보기 중 '규칙, 법칙'과 관계 있는 어휘는 '规律(규칙)'와 '法规(법규)'이지만, '法规'는 '법률, 법령, 조례, 규칙, 정관' 등 법정 서류를 가리키는 것이므로 제약성이 약한 보편적인 규칙을 설명하는 '规律'만 답이 될 수 있다.

A 规律 guīlǜ 명 (일반적으로 성립하는 보편적인) 규칙, 법칙, 규율
自然规律 자연 법칙 | 客观规律 객관적인 법칙 | 有规律 규율이 있다

B 法规 fǎguī 명 법규 [국가에서 정식으로 반포한 법률·법령·조례·장정 따위의 총칭]
交通法规 교통 법규 | 审查法规 법규를 심사하다

C 用法 yòngfǎ 명 용법, 사용 방법
用法说明 용법 설명 | 用法指南 사용 방법 안내서

D 要点 yàodiǎn 명 (말이나 문장의) 요점
掌握要点 요점을 파악하다 | 新闻要点 뉴스의 요점 | 文章要点 문장의 요점

빈칸 3 부사 '都(모두)'와 호응하는 접속사는 '不管(~하든 관계없이)'이다. 문맥상으로도 여러 명명 방법이 있어도 하나의 원칙을 따라야 한다고 했으므로, '不管'이 답이 될 수밖에 없다.

A 不管 bùguǎn 접 ~하든 관계없이 [不管A，都B: A하든 관계없이 모두 B하다]
塑料袋的处理十分困难，不管怎样分类处理，都会给环境带来污染。
비닐봉지의 처리는 매우 어려워서, 어떻게 분리 수거를 하든 관계없이 환경 오염을 가져올 수 있다.

B 况且 kuàngqiě 접 게다가, 더구나, 하물며

C 不止 bùzhǐ 접 ~뿐만 아니라

D 固然 gùrán 접 물론 ~하지만 [固然A，但(是)B: 물론 A하지만 그러나 B하다]

빈칸 4 지문의 주제인 '자사호(紫砂壶)에 어떻게 이름을 붙이는가'를 생각해 본다면, '누구나 감상할 수 있다'는 의미의 '雅俗共赏'을 답으로 고를 수 있다.

A 雅俗共赏 yǎsú gòngshǎng 성 고상한 사람이나 속인이나 함께 감상할 수 있다
一门艺术形式，如果能过做到雅俗共赏那便是最高境界。
예술 형식은 만약 고상한 사람이나 속인이나 함께 감상할 수 있다면 최고의 경지에 오른 것이다.

B 实事求是 shíshì qiúshì 성 실사구시, 사실에 입각해서 진리를 추구하다
有时，做到实事求是并没有想象中那么容易。
어떨 때는 사실에 입각하여 진리를 추구하는 것이 결코 생각만큼 쉽지 않다.

C 精益求精 jīngyìqiújīng 성 (주로 학술·작품·과정 등에서) 더 잘하려고 애쓰다, 훌륭한데도 더 훌륭하게 하려 하다
正是因为有了工匠们精益求精的态度，我们才会看到如此美妙的工艺品。
장인들의 더욱더 완벽을 추구하려는 태도가 있었기에, 우리가 비로소 이렇게 아름다운 공예품을 볼 수 있게 된 것이다.

D 喜闻乐见 xǐwén lèjiàn 성 즐겨 듣고 즐겨 보다, 기쁘게 반기다
如今，"广场舞"已成了一种喜闻乐见的娱乐形式。
오늘날 '광장무'는 이미 즐겨 듣고 즐겨 보는 오락 형식이 되었다.

在中国传统文化中，喝茶的器具十分重要。紫砂壶是一种颇为名贵的茶壶，其命名也很有规律。它的命名方法很多，以象形、引申法最为常用，如八方壶、思源壶等。不管用哪种方法，紫砂壶的命名都要遵循雅俗共赏的原则。

중국 전통 문화에서 차를 마시는 도구는 매우 중요하다. 자사호는 대단히 유명하고 진귀한 찻주전자로, 이름을 붙이는 것에도 나름의 규칙이 있다. 그것의 명명 방법은 많은데, 팔방호, 사원호 등과 같이 비슷한 모양이나 파생법을 쓰는 것이 가장 흔하다. 어떤 방식을 사용하든 관계없이, 자사호의 명명은 고상한 사람이나 속인이나 함께 감상할 수 있다는 원칙을 따라야 한다.

A	颇	规律	不管	雅俗共赏
B	愈(×)	法规(×)	况且(×)	实事求是(×)
C	皆(×)	用法(×)	不止(×)	精益求精(×)
D	挺(×)	要点(×)	固然(×)	喜闻乐见(×)

A 대단히 / 규칙 / ~하든 관계없이 / 고상한 사람이나 속인이나 함께 감상할 수 있다
B 더욱 / 법규 / 게다가 / 사실에 입각해서 진리를 추구하다
C 모두 / 용법 / ~뿐만 아니다 / 더 잘하려고 애쓰다
D 매우 / 요점 / 물론 ~하지만 / 즐겨 듣고 즐겨 보다

传统 chuántǒng 명 전통 | **器具** qìjù 명 도구, 기구 | **紫砂壶** Zǐshāhú 고유 자사호 [중국 이싱(宜兴)에서 나는 자줏빛 도자기] | **名贵** míngguì 형 유명하고 진귀하다 | **壶** hú 명 주전자 | **其** qí 대 그, 그의, 그것 | ★**命名** mìngmíng 동 이름을 짓다, 명명하다 | **象形** xiàngxíng 명 상형, 비슷한 모양 | **引申** yǐnshēn 동 원래 뜻으로부터 새로운 뜻이 파생되다 | **最为** zuìwéi 부 제일, 가장 [2음절 형용사나 동사 앞에 놓여 최상급을 나타냄] | **常用** chángyòng 형 상용하는, 늘 사용하는 | **八方壶** bāfānghú 팔방호 [자사호의 한 종류] | **思源壶** sīyuánhú 사원호 [자사호의 한 종류] | ★**遵循** zūnxún 동 따르다 | **原则** yuánzé 명 원칙

5 A

빈칸 1 빈칸은 접속사 자리이고 뒤 절의 '可(그러나)'와 호응하여 쓸 수 있는 접속사는 '尽管(비록 ~하더라도)'뿐이다.

A 尽管 jǐnguǎn 접 비록 ~하더라도 [尽管A，可B: 비록 A라 하더라도 그러나 B하다]
尽管已是深夜了，可牟老师还在为了写书而熬夜。
비록 이미 깊은 밤이지만, 모 선생님은 아직까지 책을 쓰느라 밤을 새우고 있다.

B 无论 wúlùn 접 ~에 관계없이 [无论A，都B: A에 관계없이 모두 B하다]

C 不论 búlùn 접 ~를 막론하고, ~든지 [不论A，都B: A를 막론하고 B하다]

D 因为 yīnwèi 접 왜냐하면, ~ 때문에 [因为A，所以B: A하기 때문에 그래서 B하다]

빈칸 2 빈칸의 주어 '界线(경계)'의 술어로 쓸 수 있는 어휘는 '뚜렷하다'라는 뜻의 '清晰'와 '明显'뿐이다.

A 清晰 qīngxī 형 (듣고 본 것이) 뚜렷하다, 분명하다
清晰看见 뚜렷하게 보이다 | 条例清晰 규정이 분명하다

B 了解 liǎojiě 동 (어떤 사람이나 사실 등에 대해 자세히) 이해하다, 알다
了解情况 상황을 이해하다 | 详细地了解 상세히 알다

C 明显 míngxiǎn 형 분명하다, 뚜렷하다, 확연히 드러나다 [분별하기 쉬움을 나타냄]
效果明显 효과가 뚜렷하다 | 明显的变化 뚜렷한 변화

D 差异 chāyì 명 차이, 다른 점
地区差异 지역 차이 | 文化差异 문화 차이

빈칸 3 빈칸 뒤에 '向(~로 향해)'이 있는 것으로 보아 어떤 방향을 나타내고 있음을 알 수 있다. 빈칸이 '向'보다 앞에 있으므로 빈칸에는 출발점을 나타내는 어휘 '从(~로 부터)'이 답으로 가능하다. '从A向B(A에서 B를 향해)' '从A到B(A부터 B까지)'는 고정격식이므로 잘 익혀 두자.

A 从 cóng 개 ~에서, ~로부터 [从A到B: A부터 B까지]
从开始工作到退休我一直在这家公司工作。
일을 시작할 때부터 퇴직할 때까지 나는 줄곧 이 회사에서 일했다.

B 于 yú 개 ~에 [于+시간/장소]
北京下了一夜的鹅毛大雪，已于今天上午八时停止。
베이징에는 밤새 함박눈이 내려 오늘 아침 8시에야 그쳤다.

C 至 zhì 개 ~까지 [≒到]
我们的新房子将在这个月1号至25号这段时间进行装修。
우리의 새로운 집은 이번 달 1일에서 25일까지 인테리어를 할 것이다.

D 即 jí 부 즉, 바로, 곧 [≒就, 就是]
虎符即古代皇帝调兵遣将用的兵符，一般由青铜或者黄金做成。
호부는 바로 고대 황제가 군대를 이동시키는 데 사용한 병서로, 보통 청동이나 황금으로 만들어졌다.

빈칸 4 제시된 보기 모두 '가정'의 의미를 내포한 어휘이지만 빈칸 뒤의 '启动(작동을 시작하다)'이 동사이므로, 보기 중 동사인 '假设(가정하다)' '假定(가정하다)'은 답이 될 수 없고 부사인 '一旦(일단 ~하면)'과 접속사인 '假如(만약)'가 답이 될 수 있다.

A 一旦 yídàn 부 일단 ~하면 [아직 일어나지 않은 가정의 상황을 나타냄]
这件事一旦被爸妈发现，他们肯定会大发雷霆的。이 일은 일단 부모님께 들키면 분명 노발대발하실 것이다.

B 假如 jiǎrú 접 만약, 만일, 가령 [假如A，就B: 만약 A하다면 B하다]

C 假设 jiǎshè 동 가정하다

D 假定 jiǎdìng 동 가정하다, 가령 ~라고 하다

"亚健康"状态的各个阶段间尽管有的时候界线并不很清晰，可它们的关系就如同相互衔接的区间车般，从"健康"向"疾病"驶去，"生命列车"一旦启动，往往仅朝着前方行驶。

'서브 헬스' 상태의 각 단계는 비록 어떨 때는 경계가 아주 뚜렷하지는 않을지라도, 그들 간의 관계는 서로 연결되어 있는 구간 운행 차량과도 같아서 '건강'에서 '질병'으로 달려가는데, '생명 열차'는 일단 출발하기만 하면 종종 앞을 향해서만 주행한다.

A 尽管	清晰	从	一旦
B 无论(×)	了解(×)	于(×)	假如(○)
C 不论(×)	明显(○)	至(×)	假设(×)
D 因为(×)	差异(×)	即(×)	假定(×)

A 비록 ~하더라도 / 뚜렷하다 / ~에서 / 일단 ~하면
B ~에 관계없이 / 이해하다 / ~에 / 만약
C ~를 막론하고 / 분명하다 / ~까지 / 가정하다
D 왜냐하면 / 차이 / 즉 / 가정하다

亚健康 yàjiànkāng 명 서브 헬스 [신체적으로나 정신적으로 질병에 걸린 것도 아니고 건강하지도 않은 '회색 상태' '제3의 상태'] | **状态** zhuàngtài 명 상태 | **阶段** jiēduàn 명 단계 | **间** jiàn 명 사이, 틈 | **界线** jièxiàn 명 경계선 | **并** bìng 부 결코, 전혀, 조금도 [부정사 앞에 쓰여 부정의 어투 강조] | **如同** rútóng 동 마치 ~와 같다, 흡사하다 | **相互** xiānghù 부 서로, 함께 | ★**衔接** xiánjiē 동 연결하다, 이어지다 | **区间车** qūjiānchē 명 (열차나 버스의) 구간 운행차, 구간차 | **般** bān 조 ~같은, ~와 같은 모양의 | ★**疾病** jíbìng 명 질병, 병 | **驶** shǐ 동 빨리 달리다, 질주하다 | **列车** lièchē 명 열차 | **启动** qǐdòng 동 (기계·계량기·전기 설비 등의) 작동을 시작하다 | **仅** jǐn 부 겨우, 단지, 다만 | **朝** cháo 개 ~를 향하여 | **前方** qiánfāng 형 앞쪽, 앞 | **行驶** xíngshǐ 동 (차·배 따위가) 다니다, 통행하다, 운항하다

track yuedu 40

• Day 38 **6** A **7** C **8** B

6 A

빈칸 1 제시된 보기 모두 '두려워하다'라는 의미이지만, 그중 '畏惧(두려워하다)'와 '害怕(두려워하다)'만 답이 될 수 있다. '敬畏(경외하다)'는 '공경하다'는 의미가 포함되어 있어 문맥상 적절하지 않고, '恐惧(겁먹다)'는 형용사이므로 '遇到困难(어려움에 맞닥뜨리다)'이라는 목적어를 취할 수 없다.

A 畏惧 wèijù 동 두려워하다, 무서워하다
畏惧困难 어려움을 두려워하다 | 毫不畏惧 조금도 두려워하지 않다

B 害怕 hàipà 동 두려워하다, 무서워하다 [사람이 곤경이나 위험에 직면했을 때 느끼는 감정]
害怕挑战 도전을 두려워하다 | 感到害怕 두려움을 느끼다 | 令人害怕 사람을 두렵게 하다

C 敬畏 jìngwèi 동 경외하다, 공경하면서도 두려워하다
心存敬畏 마음속에 경외심을 품다 | 产生敬畏之心 경외심이 생기다 | 敬畏+사람 ~를 경외하다

D 恐惧 kǒngjù 형 공포감을 느끼다, 겁먹다 [일반적인 위험으로부터 야기된 두려움을 나타냄]
恐惧感 공포감 | 产生恐惧感 공포심이 생기다 | 感到恐惧 공포를 느끼다

빈칸 2 제시된 보기로 보아 빈칸 절과 다음 절은 가설관계로, 다음 절에 '就(바로~)'와 호응하는 접속사를 고르면 '万一(만에 하나)'를 제외하고 모두 답이 될 수 있다. '万一'는 대개 발생하지 않기를 바라는 일에 쓰이므로 문맥상 적절하지 않다.

A 倘若 tǎngruò 접 만약 [倘若A，就B: 만약 A한다면 B이다]
倘若我现在还没有结婚，我就一定会去环游世界。
만약 내가 현재 결혼하지 않았다면 나는 반드시 세계 일주를 했을 것이다.

B 如果 rúguǒ 접 만약, 만일 [如果A，就B: 만약 A하면 B이다]

C 万一 wànyī 접 만일, 만에 하나

D 如若 rúruò 접 만약, 만일 [如若A，就B: 만약 A하면 B이다]

빈칸 3 문맥상 문제를 적극적으로 해결하는 과정에서 '능력(能力)'이 향상될 것이라는 내용이므로 빈칸에는 '提高(향상시키다)'가 들어가야 한다. '提高'와 '能力'는 자주 함께 쓰이는 짝꿍 표현이므로 꼭 기억해 두자. '能力进步'라는 말은 쓰지 않는다.

A 提高 tígāo 동 (수량·품질·정도·수준·위치 등을) 향상시키다, 높이다
提高能力 능력을 향상시키다 | 提高效率 효율을 높이다 | 提高产量 생산량을 높이다

B 降低 jiàngdī 동 낮추다, 내리다
降低成本 원가를 내리다 | 降低价格 가격을 낮추다 | 降低费用 비용을 절감하다

C 进步 jìnbù 동 (사람이나 사물이) 진보하다 명 발전, 진보
技术进步 기술이 발전하다 | 思想进步 사상이 진보하다 | 进步缓慢 발전이 느리다

D 充实 chōngshí 동 (주로 내용·인원·재력 등을) 보강하다, 충실하게 하다
充实内容 내용을 보강하다 | 充实生活 생활을 충실히 하다 | 自我充实 자기 계발

有很多人畏惧遇到困难，他们一遇到问题就开始怀疑自己，但问题是不可避免的，倘若我们尝试积极地去解决它，在这个过程中我们的能力就会获得提高，所以，不要怕有问题，它可能会给我们更多的机会。

A 畏惧	倘若	提高
B 害怕(○)	如果(○)	降低(×)
C 敬畏(×)	万一(×)	进步(×)
D 恐惧(×)	如若(○)	充实(×)

많은 사람들이 어려움에 맞닥뜨리는 것을 두려워해서 문제에 봉착하면 자신을 의심하기 시작한다. 그러나 문제는 피할 수 없는 것이다. 만약 우리가 그것을 적극적으로 해결하려고 시도한다면, 그 과정에서 우리의 능력은 향상될 것이다. 그러므로 문제가 있다고 두려워하지 말라. 그것은 우리에게 더 많은 기회를 줄 수 있을 것이다.

A 두려워하다 / 만약 / 향상시키다
B 두려워하다 / 만약 / 낮추다
C 경외하다 / 만일 / 진보하다
D 공포감을 느끼다 / 만약 / 보강하다

不可 bùkě 동 ~할 수가 없다, ~해서는 안 된다 | **避免** bìmiǎn 동 피하다, 면하다 | ★**尝试** chángshì 동 시도해 보다, 시험해 보다 | **怕** pà 동 두려워하다, 무서워하다

7 C

빈칸 1 빈칸 절은 '却(오히려)'를 통해 뒤 절과 상반되는 내용이 올 것임을 알 수 있다. 노래를 잘 부르지 못함에도 포기하지 않는다는 내용으로, 빈칸에는 노래를 잘 부르지 못하는 것을 강조하는 부사 '明明(분명히)'이 들어가야 한다. '明明' 뒤 절은 주로 의미가 전환된다는 것을 기억해 두자.

A 纷纷 fēnfēn 부 분분히, 쉴 새 없이

B 轻轻 qīngqīng 형 (무게가) 가볍다, 조용하다

C 明明 míngmíng 부 분명히, 명백히

D 匆匆 cōngcōng 형 황급한 모양, 분주한 모양

很多人明明看到了事故的全过程，却假装什么都不知道。
많은 사람들이 사고의 전 과정을 분명히 보고도 아무것도 모르는 척한다.

빈칸 2 문맥상 음악의 '꿈'을 포기하지 않는다고 하는 것이 가장 자연스럽다. 따라서 보기 중 적절한 것은 '梦想(꿈)'이다.

A 气魄 qìpò 명 (진취성 있는) 패기, 기세, 기백 — 有气魄 패기 있다 | 气魄雄伟 기세가 웅장하다

B 气概 qìgài 명 기개 [문제를 처리할 때의 태도, 기세] — 英雄气概 영웅의 기개 | 非凡的气概 비범한 기개

C 梦想 mèngxiǎng 명 꿈 — 实现梦想 꿈을 이루다 | 儿时的梦想 어렸을 적 꿈

D 本领 běnlǐng 명 능력, 기량 — 施展本领 능력을 발휘하다 | 传授本领 기량을 전수하다

빈칸 3 빈칸이 접속사가 들어가야 할 자리라면, 앞뒤 문장의 짝꿍을 통해 유추해야 한다. 빈칸 뒤의 '不如(~하는 편이 낫다)'는 '与其(~하느니)'와 함께 '与其A不如B(A하느니 B하는 편이 낫다)'의 형식으로 쓰인다.

A 何况 hékuàng 접 하물며, 더군다나
他的人品极坏，连家人都不相信他，何况是外人呢？
그의 인품은 아주 나빠서 가족들조차 그를 믿지 않는데 하물며 다른 사람들은 어떻겠는가?

B 以致 yǐzhì 접 ~를 초래하다, ~하게 되다 [주로 나쁜 결과에 쓰임]
平时不努力，以致机会到眼前了也抓不住。
평소에 노력하지 않으면 기회가 눈앞에 와도 잡지 못하게 될 것이다.

C 与其 yǔqí 접 ~하느니, ~하기보다는 [与其A不如B: A하느니 B하는 편이 낫다, 후자 선택]
我认为，与其中途放弃，不如不要开始。
나는 도중에 포기하느니 시작하지 않는 편이 낫다고 생각한다.

D 以免 yǐmiǎn 접 ~하지 않도록, ~하지 않기 위해서 [A，以免B(원하지 않는 일): B하지 않도록 A하다]
在树林里穿行应沿途做记号，以免迷路。
숲을 지날 때는 길을 잃지 않도록 길을 따라 표시를 해야 한다.

빈칸 4 빈칸 앞 '这个时候(이때)'가 가리키는 것은 앞 절의 '马上停下来(바로 멈추다)'로, 올바른 길이 아니라면 멈추는 것이 낫다는 주장을 하고 있기 때문에 '哪怕(설령)'가 빈칸에 들어가는 것이 가장 자연스럽다. '哪怕A也B(설령 A라 하더라도 B하다)'의 접속사 짝꿍을 기억하면 문제를 더 쉽게 풀 수 있다.

A 不愧 búkuì 동 ~에 부끄럽지 않다, ~라고 할 만하다 [주로 '是' 또는 '为'와 함께 쓰임]
南老师不愧是"HSK专家"，关于HSK的问题她基本上都可以解答。
남 선생님은 'HSK전문가'라고 할 만하다. HSK에 관한 문제는 그녀는 기본적으로 다 풀 수 있다.

B 幸亏 xìngkuī 부 다행히, 운 좋게
那两个艺人交往的事幸亏没被记者发现，否则一定会成为大新闻。
그 두 연예인의 교제 사실이 다행히 기자들에게 발견되지 않았기에 망정이지, 그렇지 않았다면 반드시 큰 뉴스가 되었을 것이다.

C 哪怕 nǎpà 접 설령 ~라 하더라도 [哪怕A也B: 설령 A라 하더라도 B하다]
我们应该珍惜粮食，哪怕是一粒米，也不能浪费。
우리는 식량을 소중히 여겨야 한다. 설령 한 톨의 쌀이라도 낭비하면 안 된다.

D 多亏 duōkuī 부 덕분에
多亏补习班在疫情期间采取了"非面对面"授课的措施，学生们才可以正常地进行学习。
학원이 전염병 기간에 '비대면' 강의 조치를 채택한 덕분에 학생들은 정상적으로 공부를 할 수 있게 되었다.

我看到不少选秀节目里，某些选手明明唱得非常一般，却仍然高喊“我不会放弃自己的音乐梦想”，我不觉得这很感人。其实他们并不知道，与其在错误的道路上一直前进，还不如马上停下来，这个时候哪怕不走也是进步的。

내가 본 수많은 오디션 프로그램에서 어떤 참가자는 분명히 노래를 정말 평범하게 부르는데도 여전히 '저는 제 음악의 꿈을 포기하지 않을 것입니다'라고 크게 외친다. 나는 이것이 감동적이라고 생각하지 않는다. 사실 그들은 잘못된 길에서 계속 앞으로 가느니 차라리 바로 멈춰서는 것이 낫고, 이때가 설령 걷지 않더라도 발전하는 것임을 결코 알지 못한다.

A	纷纷(×)	气魄(×)	何况(×)	不愧(×)
B	轻轻(×)	气概(×)	以致(×)	幸亏(×)
C	明明	梦想	与其	哪怕
D	匆匆(×)	本领(×)	以免(×)	多亏(×)

A 분분히 / 패기 / 하물며 / ~에 부끄럽지 않다
B 가볍다 / 기개 / ~를 초래하다 / 다행히
C 분명히 / 꿈 / ~하느니 / 설령 ~라 하더라도
D 황급한 모양 / 능력 / ~하지 않도록 / 덕분에

选秀 xuǎnxiù 명 오디션 | **某** mǒu 대 어느, 아무 | ★**选手** xuǎnshǒu 명 선수, 참가자 | **高喊** gāohǎn 동 큰 소리로 외치다 | **感人** gǎnrén 형 감동적이다 | **并** bìng 부 결코, 전혀 [부정사 앞에 쓰여 부정의 어투 강조] | **道路** dàolù 명 (사상·정치·일 등의) 길, 역정 | **前进** qiánjìn 동 앞으로 나아가다, 전진하다 | **不如** bùrú 동 ~만 못하다 [与其A不如B: A하기 보다는 B하는 편이 낫다] | **进步** jìnbù 동 진보하다

8 B

빈칸 1 빈칸은 '一次性餐具(일회용 식기)'가 생겨난 본래의 '初衷(취지)'을 설명하는 부분이므로, 보기 중 '本来(원래)'만 답이 될 수 있다.

A 固然 gùrán 접 물론 ~하지만 [固然A，但B(是): 물론 A하지만 그러나 B하다]

B 本来 běnlái 부 원래, 본래
小孩子本来就不懂事，作为家长应该耐心地教育，而不是打骂。
어린아이는 원래 철이 들지 않았기 때문에 보호자로서 끈기 있게 가르쳐야지 때리고 혼내면 안 된다.

C 就算 jiùsuàn 접 설령 ~하더라도 [就算A，也B: 설령 A하더라도 B하다]

D 即便 jíbiàn 접 설령 ~하더라도 [即便A，也B: 설령 A하더라도 B하다]

빈칸 2 빈칸 뒤의 '却(오히려)'를 발견했다면 빈칸 앞뒤의 내용이 서로 상반되는 전개임을 알 수 있다. 따라서 전환의 접속사 '然而' '但是' '可是' 모두 답이 될 수 있다.

A 不但 búdàn 접 ~뿐만 아니라 [不但A，而且B: A뿐만 아니라 게다가 B하다]

B 然而 rán'ér 접 그러나, 하지만, 그렇지만
不少人习惯在堵车时摇下车窗透气，然而，殊不知堵车越严重，那里的污染指数其实就越高。
많은 사람들이 차가 막힐 때 창문을 열어 공기를 쐬는 것에 익숙하지만, 의외로 정체가 심해질수록 그곳의 오염 지수는 사실 더 높아진다.

C 但是 dànshì 접 그러나, 그렇지만

D 可是 kěshì 접 그러나, 하지만, 그렇지만

빈칸 3 빈칸 앞에 '却(오히려)'가 있으므로 일회용 식기의 취지인 질병 전파를 줄이고 위생을 강조하는 것(减少疾病传播、讲卫生)과 빈칸 절의 결과가 반대의 의미가 되어야 함을 알 수 있다. 따라서 보기 중 문맥상 자연스러운 성어는 '事与愿违(일이 뜻대로 되지 않다)'이다.

A 与日俱增 yǔrì jùzēng 성 날로 늘어나다, 날이 갈수록 많아지다
临近春节，各大购物平台购买礼品的消费者也在与日俱增。
춘절이 다가오면서 각종 쇼핑 플랫폼에서 선물을 구매하는 소비자도 날로 늘어나고 있다.

B 事与愿违 shìyǔyuànwéi 성 일이 뜻대로 되지 않다, 일이 희망한 대로 되어 가지 않다
人生在世，遇到事与愿违的情况是难免的，不必事事计较。
인생에서 일이 뜻대로 되지 않는 상황과 마주하는 것은 피하기 힘드니, 사사건건 따질 필요가 없다.

C 斩钉截铁 zhǎndīng jiétiě 성 언행이 단호하다, 맺고 끊다, 과단성이 있다
没想到平时犹豫不决的她，今天竟然斩钉截铁地下了结论。
평소에 우유부단하던 그녀가 오늘 의외로 단호하게 결론을 내릴 줄은 생각지도 못했다.

D 自力更生 zìlì gēngshēng 성 자력갱생하다
自力更生被很多人看作是创造美好生活的基本原则。
자력갱생은 많은 사람들에게 아름다운 생활을 만드는 기본 원칙으로 여겨진다.

빈칸 4 제시된 보기 중 '形态(형태)'를 제외하고는 모두 비슷한 뜻 같지만 '情形(상황)'은 '일의 정황'을 의미하며 '处境(처지)'은 주로 '사람이 처해 있는 상황'을 의미하므로 답이 될 수 없다. 빈칸에는 '위생(卫生)'의 '상황, 상태'를 의미하는 어휘인 '状况(상태)'이 들어가는 것이 가장 적절하다.

A 形态 xíngtài 명 (사물의 형태나 표현으로서의) 형태
意识形态 이데올로기 | 形态各异 형태가 제각기 다르다

B 状况 zhuàngkuàng 명 (구체적인) 상태, 상황, 형편 [+사물/사람]
健康状况 건강 상태 | 经济状况 경제 상황

C 情形 qíngxing 명 (일의) 정황, 상황, 형편
两国情形 양국의 정황 | 当前的情形 눈앞의 상황

D 处境 chǔjìng 명 (처해 있는) 처지, 환경, 상태, 상황 [주로 불리한 상황에 놓여 있을 때를 말함]
处境艰难 처지가 어렵다 | 尴尬的处境 난처한 처지

用一次性餐具的初衷，本来为的是减少疾病传播、讲卫生，然而实际使用的结果却事与愿违，卫生问题并没有得到完全解决，原因是一次性餐具在生产、储存和运输的环节中，卫生状况令人担心。

A 固然(×)	不但(×)	与日俱增(×)	形态(×)
B 本来	然而	事与愿违	状况
C 就算(×)	但是(○)	斩钉截铁(×)	情形(×)
D 即便(×)	可是(○)	自力更生(×)	处境(×)

일회용 식기의 취지는 원래 질병의 전파를 줄이고 위생을 강조하기 위함이었다. 그러나 실질적인 사용 결과는 도리어 취지와는 정반대였다. 위생 문제는 완전히 해결되지 못했는데, 그 이유는 일회용 식기가 생산, 보관, 운반되는 과정의 위생 상태가 우려스러울 정도였기 때문이다.

A 물론 ~하지만 / ~뿐만 아니라 / 날로 늘어나다 / 형태
B 원래 / 그러나 / 일이 뜻대로 되지 않다 / 상태
C 설령 ~하더라도 / 그러나 / 언행이 단호하다 / 정황
D 설사 ~하더라도 / 그러나 / 자력갱생하다 / 처지

一次性 yícìxìng 명 일회용, 일회성 | **餐具** cānjù 명 식기 | **初衷** chūzhōng 명 초지, 처음에 품은 뜻 | ★**疾病** jíbìng 명 질병, 병 | **传播** chuánbō 동 전파하다, 널리 퍼뜨리다 | **卫生** wèishēng 명 위생 | **并** bìng 부 결코, 전혀, 조금도 [부정사 앞에 쓰여 부정의 어투 강조] | **得到** dédào 동 얻다, 받다, 획득하다 | **生产** shēngchǎn 명 생산 | ★**储存** chǔcún 명 재고, 저장량 | **运输** yùnshū 명 운수, 운송, 수송 | ★**环节** huánjié 명 부분, 일환 | **令** lìng 동 ~하게 하다, ~를 시키다

01 접속사와 부사로 고르기

본서 p.238~240

track yuedu 41

• Day 04 1 C 2 D 3 E 4 A 5 B

1 C [送 배웅하다 → 嘱咐 당부하다] 빈칸 앞은 눈이 많이 오는 날 엄마가 나를 배웅하는 내용이므로, 빈칸에는 엄마가 배웅하면서 나에게 '당부했다(嘱咐)'는 내용인 C가 오는 것이 자연스럽다. 배웅을 하는 일과 당부를 하는 일이 동시에 진행되기 때문에 접속사 '并且(동시에, ~하면서)'로 연결되었다.

2 D [不+동사……而是…… ~하지 않고 ~하다] 넘어진 엄마가 자신은 신경 쓰지 않고(不顾自己) 곧바로 딸을 일으켜 세웠다(而是……女儿扶了起来)는 흐름이 가장 자연스럽다. 또한, 빈칸 앞 '不顾'에 보기 D의 '而是'로 이어지는 것이 자연스럽다.

3 E [看着……身影 ~모습을 보다] 문장을 이끄는 첫 번째 부분이 빈칸인데, 보기 중 A, B, E 정도가 문장 맨 앞에 올 수 있다. 이 중 보기 A와 B는 문맥상 어울리지 않으므로 남는 것은 E뿐이다. 또한, 두 모녀의 모습을 보고 자신의 5년 전 일이 떠올랐다는 내용도 자연스럽게 연결이 된다.

4 A [或许 어쩌면] 엄마의 관심을 본체만체했다(将妈妈的关心置之一旁)는 빈칸 앞 내용과 엄마의 마음을 헤아렸어야 했다(我应理解母亲的一番苦心)는 빈칸 뒤 내용을 연결하려면, '어쩌면(或许)' 엄마가 자신의 말을 신경 쓰지 않으실 수도 있다는 내용의 보기 A가 들어가는 것이 적절하다.

5 B [欣慰 기쁘고 안심되다] 고통이 전부 녹아버리고 따뜻한 기운이 솟아나게 하는 '엄마 아파요?(妈妈您疼吗?)'라는 딸의 말을 듣고 어머니가 느꼈을 감정은 보기 B의 '欣慰(기쁘고 안심되다)'일 것이다.

早晨起床，打开窗帘，展现在我眼前的是一片银亮的世界。看到窗外那片片纯白的雪花，我便忍不住了，恨不得马上扑到那雪白的世界里。妈妈送我出了家门口，(1) **C** 并且三番五次地嘱咐我路上要小心，而我只顾着赏雪，自然感觉妈妈很啰唆，随口说了句："真烦人！快回家吧。"就头也不回地出发了。

"快点儿，妈妈，快拉着我跑啊！"雪地里一位母亲正拉着身后的女儿跑着，俩人高兴地笑着，突然，母亲脚下一滑，摔倒在雪地上。我赶紧跑过去把她拉了起来，但她却完全不顾自己，(2) **D** 而是立刻将坐在雪地上的女儿扶了起来。女儿也非常懂事地为妈妈拍下落到头发上的雪，小声地问道："妈妈您疼吗？"母亲由衷地笑了笑，笑得非常开心。

(3) **E** 看着母女俩在纷飞的大雪中紧紧相偎的身影，我的脑海中立刻浮现出了五年前似曾相识的那一幕：当时我也曾非常乖巧地扶着妈妈走路，给妈妈拍雪，但五年之后同样的雪天，我却只顾着自已兴致勃勃地玩儿雪，将妈妈的关心置之一旁。(4) **A** 或许妈妈并不会留意我的话，可

이른 아침에 일어나 커튼을 여니, 눈앞에 펼쳐진 것은 은빛 찬란한 세계였다. 창 밖의 그 순백의 눈송이를 보자마자 나는 참지 못하고 간절히 그 새하얀 세계로 바로 뛰어들고 싶었다. 엄마는 나를 문 앞까지 배웅하면서 (1) **C** 길에서 조심해야 한다고 여러 번 당부했다. 그러나 나는 그저 눈 구경할 생각만 하다 보니, 자연히 엄마가 잔소리를 많이 하는 것 같아 "짜증나! 얼른 집으로 돌아 가세요."라고 무심결에 말하며 뒤도 안 돌아보고 나왔다.

"빨리, 엄마, 빨리 날 끌고 달려 주세요!" 눈길에는 한 어머니가 뒤에 있는 딸을 끌고 달리고 있었다. 두 사람은 기쁘게 웃고 있었는데, 갑자기 어머니는 발이 미끄러지더니 눈길에 넘어졌다. 나는 서둘러 달려가서 그녀를 일으켰지만 그녀는 자기 자신은 전혀 신경 쓰지 않고, (2) **D** 곧바로 눈길에 앉아 있던 딸을 일으켜 세웠다. 딸 역시 매우 의젓하게 어머니의 머리카락에 묻은 눈을 털어 주고는 작은 목소리로 물었다. "엄마 아파요?" 어머니는 진심으로 매우 기쁘게 웃었다.

(3) **E** 두 모녀가 휘날리는 눈송이 속에서 서로를 꼭 안고 있는 모습을 보고 있자니 나의 뇌리에는 5년 전에 있었던 비슷한 장면이 바로 떠올랐다. 그때 나 역시 매우 기특하게도 엄마를 부축해서 걸어갔고, 엄마에게서 눈을 털어 줬었다.

十六岁的我应理解母亲的一番苦心，因为在她的眼中，我永远都是个没长大的孩子；或许刚才那位母亲摔得不轻，但女儿简简单单的一句："妈妈您疼吗？"便已经将她的疼痛完全化解了。此时，无论外界有多冷，一股股暖流也都会自然地涌上心头，(5) B 这便是最令人欣慰的事，也是如雪般纯洁的真情。

雪花飘呀飘，目送着那对母女远远离去，我急匆匆地转身往家跑，因为我想尽快见到爸妈，还要告诉他们："妈妈、爸爸，外面雪大路滑，一定要小心！"

그러나 5년이 지나고 똑같이 눈이 오는 날, 나는 신나서 눈놀이 할 생각만 하느라 엄마의 관심을 본체만체했다. (4) A 어쩌면 엄마는 내 말을 마음에 담아 두지 않으실 수도 있지만 16살인 나는 엄마의 애틋한 마음을 헤아렸어야 했다. 왜냐하면 엄마의 눈에 나는 영원히 다 크지 않은 아이이기 때문이다. 어쩌면 그 어머니는 크게 넘어졌을 수도 있지만 딸의 단순한 '엄마 아파요?'라는 한 마디로 그녀의 고통은 전부 녹아 버렸다. 바깥이 얼마나 춥든 관계없이 따뜻한 기운이 마음속에서 자연히 솟아올랐다. (5) B 이것이 바로 사람을 가장 기쁘고 안심하게 하는 일이자 눈처럼 순결한 진심이기도 하다.

눈송이가 흩날리고, 그 모녀가 멀리 떠나가는 모습을 지켜보고 있자니, 나는 황급히 몸을 돌려 집으로 뛰어가서 엄마 아빠를 보고, "엄마, 아빠. 밖에 눈이 많이 오고 길이 미끄러우니 꼭 조심하세요!"라고 말하고 싶어졌다.

A 或许妈妈并不会留意我的话
B 这便是最令人欣慰的事
C 并且三番五次地嘱咐我路上要小心
D 而是立刻将坐在雪地上的女儿扶了起来
E 看着母女俩在纷飞的大雪中紧紧相偎的身影

A 어쩌면 엄마는 내 말을 마음에 담아 두지 않으실 수도 있지만
B 이것이 바로 사람을 가장 기쁘고 안심하게 하는 일이자
C 길에서 조심해야 한다고 여러 번 당부했다
D 곧바로 눈길에 앉아 있던 딸을 일으켜 세웠다
E 두 모녀가 휘날리는 눈송이 속에서 서로를 꼭 안고 있는 모습을 보고 있자니

早晨 zǎochen 명 이른 아침, 새벽 | **窗帘** chuānglián 명 커튼 | ★**展现** zhǎnxiàn 동 (눈앞에) 펼쳐지다, 나타나다 | **眼前** yǎnqián 명 눈앞, 목전 | **片** piàn 양 [풍경·분위기·언어·마음 따위를 세는 단위] | **银亮** yínliàng 형 은빛 찬란하다, 반짝거리다 | **纯白** chúnbái 형 순백이다, 새하얗다 | **雪花** xuěhuā 명 눈송이, 눈발 | **便** biàn 부 곧, 바로 [=就] | **忍不住** rěnbuzhù 참을 수 없다, 참지 못하다 | ★**恨不得** hènbude 간절히 ~하고 싶다 | ★**扑** pū 동 뛰어들다, (몸을) 던지다 | **雪白** xuěbái 형 새하얗다, 눈처럼 희다 | **三番五次** sānfān wǔcì 여러 번, 거듭 | ★**嘱咐** zhǔfù 동 당부하다, 알아듣게 말하다 | **只顾** zhǐgù 동 오직 ~만 생각하다, ~에 정신이 팔리다 | **赏** shǎng 동 감상하다, 구경하다 | ★**啰唆** luōsuo 형 잔소리가 많다, 수다스럽다 | **随口** suíkǒu 부 무심결에, 입에서 나오는 대로 | **烦人** fánrén 동 귀찮게 하다, 성가시게 하다 | **正** zhèng 부 마침, 막 [동작의 진행 또는 상태의 지속을 나타냄] | **身后** shēnhòu 명 몸의 뒤 | **滑** huá 동 미끄러지다 | **摔倒** shuāidǎo 동 (몸이 균형을 잃고) 넘어지다, 자빠지다 | **赶紧** gǎnjǐn 부 서둘러, 재빨리, 얼른 | ★**不顾** búgù 동 돌보지 않다, 고려하지 않다 | **立刻** lìkè 부 즉시, 당장 | **扶** fú 동 (넘어진 것을) 손으로 세우거나 똑바로 앉히다 | **懂事** dǒngshì 형 철들다, 세상 물정을 알다 | **拍** pāi 동 손바닥으로 치다 | **落** luò 동 떨어지다 | **由衷** yóuzhōng 형 마음에서 우러나오다 | **纷飞** fēnfēi 동 (눈·꽃 등이) 휘날리다, 흩날리다 | **紧紧** jǐnjǐn 부 바짝, 꽉 형 단단하다 | **偎** wēi 동 포근히 안다, 다정히 기대다 | **身影** shēnyǐng 명 모습, 형체 | **脑海** nǎohǎi 명 뇌리, 생각, 기억 | **浮现** fúxiàn 동 (지난 일이) 떠오르다 | **似曾相识** sìcéngxiāngshí 성 어디선가 본 듯하다, 예전에 본 것 같다 | **幕** mù 양 장면, 정경, 화면 | **乖巧** guāiqiǎo 형 영리하다 | **同样** tóngyàng 형 같다, 마찬가지이다 | ★**兴致勃勃** xìngzhìbóbó 성 흥미진진하다 | **将** jiāng 개 ~를 [=把] | **置** zhì 동 두다, 놓다 | **或许** huòxǔ 부 혹시, 어쩌면 | **留意** liúyì 동 주의하다, 조심하다 | ★**番** fān 양 회, 차례, 번 | **苦心** kǔxīn 명 고심 | **句** jù 양 마디, 편 [언어·시문을 세는 단위] | **简简单单** jiǎnjiandāndān 아주 간단하다, 아주 단순하다 | **疼痛** téngtòng 명 아픔, 통증 | **化解** huàjiě 동 녹다, 풀리다, 사라지다 | ★**外界** wàijiè 명 바깥 세상, 외부 세계 | **股** gǔ 양 [한 줄기를 이룬 물건을 세는 단위] | **暖流** nuǎnliú 명 따뜻함, 온기 | **涌** yǒng 동 솟아나다, 내밀다 | **心头** xīntóu 명 마음, 마음속 | **令** lìng 동 ~하게 하다, ~를 시키다 | ★**欣慰** xīnwèi 형 기쁘고 안심이 되다, 기쁘고 위안이 되다 | **如** rú 동 ~와 같다, ~와 비슷하다 | **般** bān 조 ~같은 | ★**纯洁** chúnjié 형 순결하다, 순수하고 맑다 | **真情** zhēnqíng 명 진심 | **飘** piāo 동 (바람에) 흩날리다, 나부끼다 | **目送** mùsòng 동 떠나는 것을 바라보다, 눈으로 전송하다 | **离去** líqù 동 떠나가다 | **急匆匆** jícōngcōng 형 [매우 바쁜 모양, 매우 서두르는 모양을 나타냄] | **转身** zhuǎnshēn 동 몸을 돌리다, 돌아서다 | **尽快** jǐnkuài 부 되도록 빨리

• **Day 05** **6** D **7** A **8** B **9** E **10** C

6 **D** [而 그러나] 빈칸 앞에는 독서하는 사람의 현실 세계와 또 다른 세계의 존재에 대해 이야기하고 있으며, 빈칸 뒤에는 역접을 나타내는 '而'을 사용해서 또 다른 세계에 관해 이야기하고 있다. 따라서 빈칸에는 뒤 내용과 반대되는 현실 세계에 관해 이야기하는 D가 들어가는 것이 가장 적절하다.

7 **A** [失去 잃다 ≒ 损失 손실] 빈칸 바로 앞에 독서할 기회를 잃은 사람(失去阅读机会的人)에 대한 내용이 언급되었으므로, 빈칸에도 이와 비슷한 맥락의 '损失(손실)'를 이야기하는 보기 A가 적합하다.

8 **B** [具有A能力 A 능력을 가지다] 빈칸 뒤에는 '获得了(얻었다)'라는 술어만 있고 주어가 없으므로 빈칸에는 '获得'와 호응하는 주어가 들어가야 하는 것을 알 수 있다. 따라서 보기 B가 답으로 적합하다.

9 **E** [不仅A，而且B A뿐만 아니라 B도] 빈칸 앞에 접속사 '不仅(~일 뿐 아니라)'이 있는 것으로 보아 빈칸에는 이와 호응하는 접속사 '而且(게다가)'가 있는 보기기 E가 답으로 적합하다.

10 **C** [不仅A，还B A뿐만 아니라 B도] 빈칸 뒤의 '还(~도)'를 보고 '不仅A还B(A뿐만 아니라 B도)'의 접속사 구문을 떠올릴 수 있다면 보기 C를 쉽게 답으로 찾을 수 있다.

我一直认为，世间最幸福的人是读书人。因为他们除了拥有现实的世界外，还拥有另一个更丰富、更广阔的"世界"。(6) **D** 现实世界是人人都有的，而"另一个世界"却是读书人独有的。这让我感慨万分——那些不能阅读的人或者失去阅读机会的人是多么不幸啊！(7) **A** 他们的损失是无法补偿的。世上有很多的不平等，如：权利的不平等；财富的不平等，而丧失或拥有阅读能力却是一种精神的不平等。

一个人的一生是短暂的，只能经历自己拥有的那份苦难和喜悦。然而，通过阅读，人们可以进入不同的时空了解"他人"的世界。如此一来，(8) **B** 具有阅读能力的人，无形中就获得了超越有限生命的"无限可能"。阅读不仅使人多识了花草树木之名，(9) **E** 而且可以上至远古下至未来，饱览世间存在的和非存在的一切。更重要的是，(10) **C** 读书带给人们的不仅是知识的积累，还是对精神世界的升华。人们通过阅读，可以从历史人物与当代才俊的著作中学到他们的人格品质，并学会成为一个高尚的人。

나는 세상에서 가장 행복한 사람은 독서하는 사람이라고 늘 생각한다. 왜냐하면 그들은 현실 세계를 영위하는 것 외에도, 또 다른 더욱 풍부하고 더욱 광활한 '세계'를 가질 수 있기 때문이다. (6) **D** 현실 세계는 누구나 가지고 있다. 하지만 '또 다른 세계'는 책을 읽는 사람만이 가질 수 있는 것이다. 이것은 나를 감개무량하게 한다. 독서를 할 수 없는 사람이나 독서할 기회를 잃은 사람들은 얼마나 불행한가! (7) **A** 그들의 손실은 보상할 수 없는 것이다. 세상에는 권력의 불평등, 부의 불평등과 같이 아주 많은 불평등이 있는데, 독서 능력을 상실하거나 소유하는 것은 정신적인 불평등이다.

한 사람의 일생은 짧고, 자신이 가지고 있는 고난과 즐거움만을 경험할 수 있다. 하지만 독서를 통해 사람들은 다른 시공에 들어가서 타인의 세계를 이해할 수 있다. 이렇게, (8) **B** 독서 능력을 가지고 있는 사람은 어느새 유한한 생명을 뛰어넘는 '무한한 가능성'을 얻게 되었다. 독서는 사람에게 꽃과 나무의 이름을 더 알게 해 줄 뿐만 아니라 (9) **E** 또한 위로는 먼 옛날부터 아래로는 미래까지 갈 수 있게 해 주고, 세상에 존재하고 존재하지 않는 모든 것을 충분히 볼 수 있게 해 준다. 더욱 중요한 것은 (10) **C** 독서가 사람들에게 가져다주는 것은 지식의 축적뿐만이 아니라 정신세계를 더 높은 상태로 올라갈 수 있게 해 준다는 것이다. 사람들은 독서를 통해 역사 인물과 당대 준걸의 작품 속에서 그들의 인격과 인품을 배울 수 있고, 또한 고상한 사람이 되는 법을 배울 수 있다.

A 他们的损失是无法补偿的
B 具有阅读能力的人
C 读书带给人们的不仅是知识的积累
D 现实世界是人人都有的
E 而且可以上至远古下至未来

A 그들의 손실은 보상할 수 없는 것이다
B 독서 능력을 가지고 있는 사람은
C 독서가 사람들에게 가져다주는 것은 지식의 축적뿐만이 아니라
D 현실 세계는 누구나 가지고 있다
E 또한 위로는 먼 옛날부터 아래로는 미래까지 갈 수 있게 해 주고

世间 shìjiān 명 세상, 사회 | ★**拥有** yōngyǒu 동 가지다, 소유하다, 영위하다 | **现实** xiànshí 명 현실 | ★**广阔** guǎngkuò 형 광활하다, 넓다 | **独有** dúyǒu 동 혼자만 가지고 있다 | **感慨万分** gǎnkǎiwànfēn 감개무량하다 | **失去** shīqù 동 잃다, 잃어버리다 | **不幸** búxìng 형 불행하다 | **损失** sǔnshī 명 손해, 손실 | **无法** wúfǎ 동 ~할 수 없다 | ★**补偿** bǔcháng 동 (손실, 손해를) 보상하다, 메우다 | **世** shì 명 세상, 세계 | **平等** píngděng 명 평등, 대등 | **权利** quánlì 명 권력, 권리 | ★**财富** cáifù 명 부, 재산, 자산 | ★**丧失** sàngshī 동 잃다, 상실하다 | **精神** jīngshén 명 정신 | **一生** yìshēng 명 평생, 일생 | **短暂** duǎnzàn 형 (시간이) 짧다 | **苦难** kǔnàn 명 고난, 어려움 | ★**喜悦** xǐyuè 명 즐거움, 희열, 기쁨 | **进入** jìnrù 동 들어가다, 진입하다 | **同** tóng 형 같다, 서로 같다 | **时空** shíkōng 명 시간과 공간 | **如此** rúcǐ 대 이와 같다, 이러하다 | **具有** jùyǒu 동 구비하다, 갖추다 | **无形中** wúxíngzhōng 부 어느새 | ★**超越** chāoyuè 동 초월하다, 뛰어넘다 | **有限** yǒuxiàn 형 유한하다, 한계가 있다 | **无限** wúxiàn 형 무한하다, 한도가 없다 | **识** shí 동 알다, 인식하다 | **花草** huācǎo 명 화초, 화훼 | **树木** shùmù 명 나무, 수목 | **至** zhì 동 ~까지 이르다 | **远古** yuǎngǔ 명 먼 옛날 | **未来** wèilái 명 미래, 조만간 | **饱览** bǎolǎn 동 실컷 보다, 충분히 보다 | **存在** cúnzài 동 존재하다 | **非** fēi 부 [부정을 나타내며, '不'에 상당함] | **升华** shēnghuá 동 사물이 한층 높은 단계로 높여지다 | **人物** rénwù 명 인물 | ★**当代** dāngdài 명 당대, 그 시대 | **才俊** cáijùn 명 준걸, 인재 [재능이 출중한 사람] | ★**著作** zhùzuò 명 작품, 저서, 저작 | ★**人格** réngé 명 인격 | ★**品质** pǐnzhì 명 품질, 질 | **学会** xuéhuì 동 습득하다, 배우다 | ★**高尚** gāoshàng 형 고상하다

track yuedu 43

Day 09 11 C 12 A 13 E 14 B 15 D

11 C [因为 ~때문에] 빈칸 뒤에는 '乌篷船(오봉선)'이라는 이름을 얻게 된 이유를 설명하고 있다. 빈칸은 접속사 '而'과 자연스럽게 연결되어야 하며, 뒤에 나오는 '黑'는 문맥상 앞 문장에서 이미 언급되었어야 문장이 매끄러워진다. 따라서 보기 C가 답으로 가장 적절함을 알 수 있다.

12 A [可谓 ~라고 말할 수 있다] 빈칸 앞에서 노 젓는 방법에 대해 설명하고 있으므로, 보기 A의 '这种……方法(이런 ~방법)'가 '天下一绝(천하제일)'라는 것을 알 수 있다.

13 E [不但A，还B A뿐만 아니라 B도] 빈칸 뒤 문장에서 부사 '还'를 찾았다면 앞에 호응하는 접속사가 언급되지 않았을까 한번 생각해 보자. 보기 E에 마침 '不但'이 있으며, 문맥상 배 위에서 하는 여러 행위들을 언급하고 있고 내용도 자연스럽게 이어지므로 정답은 E이다.

14 B [直接 바로] 내용의 흐름이 '장을 보러 시내로 가야 할 때(进城赶集的时候) → (빈칸) → 물건을 산다(买完东西)'이므로, 빈칸에는 시내에 가는 방법이 제시되어야 한다. 따라서 보기 B의 '배를 상점 문 앞까지 몰고 가서(把船划到店门口)'가 가장 적절하다.

15 D [成了 ~이 되다] 마지막 문단은 오늘날의 오봉선의 관광에 대한 내용이므로, 관광과 관련된 내용인 보기 D가 답으로 적절하다.

绍兴素有“东方威尼斯”之称，而乌篷船则是绍兴人主要使用的交通工具。乌篷船船身细长，两头窄，中间宽，船上还盖着一扇扇半圆形的乌篷。船篷是由很薄的毛竹细条编成的，中间夹着防水的油毛毡。(11) **C** 因为篷顶是用黑漆漆过的，而绍兴方言又把“黑”称作“乌”，乌篷船便由此而得名。

乌篷船的动力是靠脚蹋桨，船夫坐在船尾，用两脚划大桨，用双手拿小桨控制方向。(12) **A** 这种手脚并用的划船方法，真可谓天下一绝。乘客坐在晃悠悠的船上，(13) **E** 不但可以看到岸边的柳树稻田，欣赏古朴的水乡风景，还可将手伸出船外，非常惬意。

从前的绍兴，很多街巷都是河道，且商店的门多数都是朝河而开，那时，家家户户都有一只乌篷船，要进城赶集的时候，(14) **B** 人们就直接把船划到店门口，买完东西后再继续往前划。除了赶集外，人们还经常划着乌篷船探亲访友，或者坐在船上看戏。

如今，(15) **D** 乌篷船成了绍兴重要的旅游项目，在很多旅游景点都能看到乌篷船。许多来绍兴的游客也都会坐着乌篷船欣赏绍兴的美景。那悠荡的乌篷船和小桥、流水组成了一幅江南水乡独特的风景画，让游人流连忘返。

샤오싱은 평소에 '동방의 베네치아'라는 이름이 있으며, 오봉선은 샤오싱 사람들이 주로 이용하는 교통수단이다. 오봉선은 선체가 매우 얇고 길며, 양쪽 머리는 좁고 중간은 넓다. 배 위에는 또한 반원형의 오봉(검은 덮개)이 덮여 있다. 배의 덮개는 얇은 죽순대로 엮어 만든 것이고, 중간에는 방수를 해 주는 펠트지가 끼워져 있다. (11) **C** 왜냐하면 덮개는 검은색 페인트로 칠해져 있고, 샤오싱 방언에서 또 '검은색'을 '오'라고 부르고 있어서 오봉선이라는 이름을 얻게 되었다.

오봉선의 동력은 발로 노를 젓는 것으로, 사공이 배의 꼬리 부분에 앉아서 두 다리로 커다란 노를 젓고 양손으로 작은 노를 들고 방향을 조정한다. (12) **A** 손과 발을 함께 사용하여 노를 젓는 방법은 그야말로 천하제일이다. 승객들은 유유히 흔들리는 배 위에 앉아서 (13) **E** 물가의 버드나무와 논둑을 볼 수 있을 뿐만 아니라 고풍스러운 수향의 풍경을 감상할 수 있고, 또 손을 배 밖으로 내밀 수 있어 매우 즐겁다.

예전의 샤오싱은 많은 길들이 모두 수로였고, 상점의 문도 대부분 강을 향해 열려 있었다. 그때는 집집마다 한 척의 오봉선이 있었고, 장을 보러 시내로 가야 할 때 (14) **B** 사람들은 직접 배를 상점 문 앞까지 몰고 가서 물건을 다 사고난 뒤 다시 계속해서 앞으로 배를 저어 나갔다. 장을 볼 때 외에도 사람들은 자주 오봉선을 끌고 가족과 친구를 만나거나 혹은 배 위에서 연극을 봤다.

오늘날 (15) **D** 오봉선은 샤오싱의 중요한 여행 상품이 되었고, 많은 여행 명소에서 오봉선을 볼 수 있다. 샤오싱에 오는 많은 여행객들 역시 모두 오봉선을 타고 샤오싱의 아름다운 풍경을 감상한다. 그 움직이는 오봉선과 작은 다리, 흐르는 물이 장난 물가 도시의 독특한 풍경화가 되어, 관광객들이 이에 빠져 돌아갈 생각조차 잊게 만든다.

A 这种手脚并用的划船方法
B 人们就直接把船划到店门口
C 因为篷顶是用黑漆漆过的
D 乌篷船成了绍兴重要的旅游项目
E 不但可以看到岸边的柳树稻田

A 손과 발을 함께 사용하여 노를 젓는 방법은
B 사람들은 직접 배를 상점 문 앞까지 몰고 가서
C 왜냐하면 덮개는 검은색 페인트로 칠해져 있고
D 오봉선은 샤오싱의 중요한 여행 상품이 되었고
E 물가의 버드나무와 논둑을 볼 수 있을 뿐만 아니라

绍兴 Shàoxīng 고유 샤오싱 [저장성의 도시] | **素有** sùyǒu 동 평소에 있는 | **东方** dōngfāng 명 동방, 동양 | **威尼斯** Wēinísī 고유 베네치아, 베니스 [이탈리아의 도시] | **称** chēng 명 호칭, 명칭 | **乌篷船** wūpéngchuán 명 오봉선 [비나 바람, 햇볕을 막기 위해 검은 칠을 한 뜸을 씌운 배] | **则** zé 부 바로 ~이다 [판단구에 쓰여 긍정을 나타냄] | **工具** gōngjù 명 수단, 도구, 방법 [交通工具: 교통수단] | **船身** chuánshēn 명 선체 | **细长** xìcháng 형 가늘고 길다 | **头** tóu 명 머리 | **窄** zhǎi 형 (폭이) 좁다 | **宽** kuān 형 (폭이) 넓다 | **盖** gài 동 덮다, 씌우다 | **扇** shàn 양 짝, 틀, 장, 폭 [문·창문 등을 세는 단위] | **半圆形** bànyuánxíng 명 반원형 | **乌** wū 형 검다, 까맣다 | **篷** péng 명 덮개, 막 | **船篷** chuánpéng 명 배의 덮개 | **薄** báo 형 얇다 | **毛竹** máozhú 명 죽순대 | **细条** xìtiáo 형 가느다랗다 | **编** biān 동 (가늘고 긴 것을) 엮다, 짜다, 땋다 | **夹** jiā 동 끼다, 끼우다 | **防水** fángshuǐ 동 방수하다 | **油毛毡** yóumáozhān 명 펠트지 | **篷** péng 명 배 | **顶** dǐng 명 꼭대기 | **黑漆** hēiqī 명 검은색 페인트 | **漆** qī 동 칠하다 | ★**方言** fāngyán 명 방언, 사투리 | **称作** chēngzuò 동 ~라고 부르다 [把A称作B: A를 B라고 부르다] | **由此** yóucǐ 접 이에 따라, 이에 근거하여 | **得名** démíng 동 이름을 얻다 | ★**动力** dònglì 명 동력 | **靠** kào 동 기대다, 의지하다 | **蹢** zhú 동 왔다갔다하다 | ★**桨** jiǎng 명 (배의 짧고 작은) 노 | **船夫** chuánfū 명 사공 | **船尾** chuánwěi 명 선미 [배의 뒷부분] | **划** huá 동 배를 젓다 | **控制** kòngzhì 동 조종하다, 컨트롤하다 | **手脚** shǒujiǎo 명 손발 | **并用** bìngyòng 동 동시에 사용하다 | **划船** huáchuán 동 (노 따위로) 배를 젓다 | **可谓** kěwèi 동 ~라고 말할 수 있다, ~라고 할 만하다 | **天下** tiānxià 명 천하, 온 세상 | **一绝** yìjué 형 제일이다, 유일무이하다 | **乘客** chéngkè 명 승객 | **晃悠** huàngyou 동 (천천히 반복해서) 흔들리다 | **岸边** ànbiān 명 물가, 기슭 | **柳树**

liǔshù 명 버드나무 | **稻田** dàotián 명 논, 논둑 | **欣赏** xīnshǎng 동 감상하다 | **古朴** gǔpǔ 형 소박하고 예스럽다 | **水乡** shuǐxiāng 명 물의 고장, 수향 | **风景** fēngjǐng 명 경치, 풍경 | **将** jiāng 개 ~를 [=把] | **伸** shēn 동 (신체나 물체의 일부분을) 펴다, 펼치다 | **惬意** qièyì 형 흡족하다, 만족하다 | **从前** cóngqián 명 종전, 옛날 | **街巷** jiēxiàng 명 큰 거리와 골목 | **河道** hédào 명 (배가 다닐 수 있는) 물길, 수로 | **且** qiě 접 게다가, 또한 | **多数** duōshù 명 다수 | **朝** cháo 개 ~를 향하여 | **河** hé 명 강, 하천 | **家家户户** jiājiāhùhù 명 집집마다 | **只** zhī 양 척 [배를 세는 단위] | **进城** jìnchéng 동 (사무·쇼핑 등을 위해) 시내에 들어가다 | **赶集** gǎnjí 동 시장에 장을 보러 가다 | **店** diàn 명 상점, 가게 | **门口** ménkǒu 명 입구, 현관 | **探亲** tànqīn 동 가족이나 친척을 방문하다 [주로 부모와 배우자를 가리킴] | **访友** fǎngyǒu 동 친구를 찾아가다 [探亲访友: 친척과 친구들을 방문하다] | **看戏** kàn xì 연극을 보다 | **如今** rújīn 명 (비교적 먼 과거에 대하여) 오늘날, 현재, 지금 | **项目** xiàngmù 명 사항, 종목 | **景点** jǐngdiǎn 명 경치가 좋은 곳, 명소 | **游客** yóukè 명 여행객, 관광객 | **美景** měijǐng 명 아름다운 경치 [欣赏美景: 아름다운 경치를 감상하다] | **悠荡** yōudàng 동 흔들거리다, 흔들흔들하다 | **桥** qiáo 명 다리, 교량 | **流水** liúshuǐ 명 흐르는 물 | **组成** zǔchéng 동 구성하다, 조성하다 | **幅** fú 양 폭 [옷감·종이·그림 등을 세는 단위] | **江南** Jiāngnán 고유 장난 [양쯔장(扬子江) 이남 지역] | **独特** dútè 형 독특하다, 특별하다 | **风景画** fēngjǐnghuà 명 풍경화 | **游人** yóurén 명 여행객, 관람객 | **流连忘返** liúliánwàngfǎn 성 아름다운 경치에 빠져 떠나기 싫어하다

track yuedu 44

• Day 11 **16** C **17** D **18** A **19** E **20** B

16 C [刻在A上 A 위에 새기다] 이 글은 '岩画(암벽화)'에 대한 내용이고 빈칸 뒤에서 암벽화가 무엇인지 소개하고 있으므로, 빈칸에도 이와 비슷한 맥락의 내용이 들어가야 한다. 따라서 빈칸에는 암벽화를 직접적으로 정의하는 내용의 보기 C가 들어가는 것이 적절하다.

17 D [不管A都B A와 관계없이 B하다] 빈칸 앞에 접속사 '不管'이 있는 것으로 보아, 빈칸에는 이와 호응하는 부사 '都'가 들어가야 한다.

18 A [除了A以外，还B A를 제외하고 B하다] 빈칸 바로 앞에 '除……外'를 확인했다면, 이와 호응하는 부사 '还'가 있는 보기 A를 답으로 고를 수 있다.

19 E [完成了历史使命 역사적 사명을 마쳤다 → 衰落 쇠락했다] 바로 앞이 역사적 사명을 마쳤다(完成了历史使命)는 내용으로 즉, 수명을 다했다는 의미이다. 따라서 보기 E의 '衰落(쇠락하다)'가 문맥상 자연스러운 연결이 된다.

20 B [分布于 ~에 분포하다] 빈칸 앞에 암벽화가 어디에 분포해 있는지 포괄적으로 설명하고 있으므로, 빈칸에는 구체적인 지역명이 나오는 것이 자연스럽다.

岩画，(16) **C** 是绘制、凿刻在岩崖或石块上的图画，它是原始文化的一种载体。我国公元5世纪的北魏地理学家郦道元在《水经注》中，记录了黄河由宁夏流入内蒙古途中的岩画，他的描写当属世界上最早记录岩画的著作。

从全球范围来看，写实主义是岩画的主要风格。在造型上，只是把握基本形态，其构图比较凌乱和分散，整体感不强，显示了它的原始性。岩画的造型还有一个共同的特点，即不管是画面的构图还是物象的塑造，(17) **D** 都采用平面造型的方法。

岩画的内容丰富多彩。大约在旧石器时代末期，生活在北方草原上以狩猎为主的原始人群，开始在山洞中制作手印。约在距今一万年左

암벽화는 (16) **C** 절벽이나 돌에 그림을 그리거나 새긴 것으로, 그것은 원시문화의 매개체이다. 중국의 서기 5세기 북위 시대 지리학자인 역도원은 『수경주』에 황허가 닝샤에서 네이멍구로 유입되는 암벽화를 기록했다. 그의 묘사는 전 세계에서 최초로 암벽화를 기록한 작품에 속한다.

전 세계적인 범위에서 봤을 때 사실주의는 암벽화의 주요 스타일이다. 조형에서는 단지 기본적인 형태만 파악했을 뿐 그 구도는 비교적 어수선하고 분산되어 일체감이 떨어지는데, 이는 그것의 원시성을 나타낸다. 암벽화의 조형은 또한 공통된 특징이 하나 있는데, 그림의 구도든 사물의 형상을 소조하는 것이든 (17) **D** 모두 평면 조형 방식을 채택했다는 것이다.

암벽화의 내용은 풍부하고 다채로운데, 대략 구석기시대 말기에 북방 초원에서 수렵을 위주로 생활했던 원시인 무리가 산 속 동굴에 손자국을 남기면서 시작됐다. 지금으

독해 제3부분

右，岩画中出现了一些野生动物。到距今4000—3000年，出现了原始的畜牧业。画面中有猎人接近动物或抚摸、偎依、嬉戏动物的各种各样的图像。从距今3000年至公元最初几个世纪，岩画题材、内容除以前所见画面外，(18) **A** 还出现了大量畜牧岩画。约从公元6—19世纪，在我国北方草原先后流行着突厥文、回鹘文、粟特文、西夏文、藏文和蒙文，作为文字出现之前代替文字记录生活的岩画，此时已完成历史使命，(19) **E** 走向了衰落的道路。

荒古人类遗留在岩石上的画面，最早的据说已有四万年的历史，绵延至现代的原始部族仍有制作，如今，被人们发现的岩画遍及世界五大洲的150多个国家和地区，(20) **B** 主要集中分布于欧洲、非洲、亚洲的印度和中国。

로부터 약 1만년 전쯤 암벽화에 야생동물이 나타났으며, 4000~3000년 전에 이르자 원시 목축업이 생겨났다. 그림에는 사냥꾼이 동물 가까이에 다가가거나 쓰다듬고, 바짝 기대며 장난치는 등의 각양각색의 형상이 있다. 지금으로부터 3000년 전에서 서기 초창기 몇 세기까지 암벽화의 소재와 내용은 이전에 봤던 그림 이외에 (18) **A** 다량의 목축 암벽화도 출현했다. 서기 약 6~19세기부터 중국 북방 초원에서 차례로 돌궐 문자, 위구르 문자, 소그드 문자, 서하 문자, 티베트 문자, 몽골 문자가 유행했고, 문자가 출현하기 전 문자를 대신해 생활을 기록했던 암벽화는 이때 이미 역사적 사명을 마치고 (19) **E** 쇠락의 길을 걸었다.

아주 오랜 옛날 인류가 암석에 남겨 둔 그림 중 가장 오래된 것은 이미 4만년의 역사를 지니고 있다고 한다. 오늘날까지 이어지는 현대 원시 부족들은 여전히 그것을 만들고 있고, 오늘날 사람들에게 발견된 암벽화는 전 세계 5대주 150여 개 국가와 지역에 퍼져 있으며 (20) **B** 유럽, 아프리카, 아시아의 인도와 중국에 주로 집중적으로 분포되어 있다.

A 还出现了大量畜牧岩画
B 主要集中分布于欧洲、非洲、亚洲的印度和中国
C 是绘制、凿刻在岩崖或石块上的图画
D 都采用平面造型的方法
E 走向了衰落的道路

A 다량의 목축 암벽화도 출현했다
B 유럽, 아프리카, 아시아의 인도와 중국에 주로 집중적으로 분포되어 있다
C 절벽이나 돌에 그림을 그리거나 새긴 것으로
D 모두 평면 조형 방식을 채택했다는 것이다
E 쇠락의 길을 걸었다

岩画 yánhuà 명 암벽화 | **绘制** huìzhì 동 그리다, 제작하다 | **凿** záo 동 구멍을 뚫다, 파다 | **刻** kè 동 조각하다, 새기다 | **岩崖** yányá 명 낭떠러지, 절벽 | **石块** shíkuài 명 돌덩어리, 돌덩이 | **图画** túhuà 명 그림, 도화 | ★**原始** yuánshǐ 형 원시의, 최초의 | **载体** zàitǐ 명 매개체 | **公元** gōngyuán 명 서기(西纪) | **北魏** Běi Wèi 고유 북위 [남북조 시대의 북조 중 한 나라] | **地理学家** dìlǐxuéjiā 지리학자 | **郦道元** Lì Dàoyuán 고유 역도원 [중국 북위의 학자] | **水经注** Shuǐjīngzhù 고유 수경주 [역도원이 쓴 지리학 저서] | **记录** jìlù 동 기록하다 | **宁夏** Níngxià 고유 닝샤 후이족 자치구 | **流入** liúrù 동 흘러 들어가다, 유입하다 | **内蒙古** Nèiměnggǔ 고유 네이멍구 | **途中** túzhōng 명 도중 | **描写** miáoxiě 동 묘사하다, 본떠 그리다 | **属** shǔ 동 ~에 속하다 | ★**著作** zhùzuò 명 작품, 저서 | **全球** quánqiú 명 전 세계, 전 지구 | **范围** fànwéi 명 범위 | **写实主义** xiěshí zhǔyì 명 사실주의 | **风格** fēnggé 명 스타일, 풍격 | ★**造型** zàoxíng 명 조형, (만들어 낸 물체의) 이미지, 형상 | **把握** bǎwò 동 파악하다, 포착하다 | **基本** jīběn 형 기본적인, 기본의 | ★**形态** xíngtài 명 형태 | **其** qí 대 그, 그러한 것 | **构图** gòutú 명 구도 | **凌乱** língluàn 형 어수선하다, 혼란하다 | ★**分散** fēnsàn 형 분산하다, 흩어지다 | **整体** zhěngtǐ 명 전체, 전부 | **强** qiáng 형 강하다 | **显示** xiǎnshì 동 뚜렷하게 나타내 보이다, 보여 주다 | **画面** huàmiàn 명 화면 | **物象** wùxiàng 명 사물의 형상 | ★**塑造** sùzào 동 (진흙 등으로) 조소하다, 빚어서 만들다 | **采用** cǎiyòng 동 채용하다, 적합한 것을 골라 쓰다 | ★**平面** píngmiàn 명 평면 | **丰富多彩** fēngfùduōcǎi 성 풍부하고 다채롭다 | **旧石器时代** jiùshíqì shídài 명 구석기시대 | **末期** mòqī 명 말기 | **草原** cǎoyuán 명 초원, 풀밭 | **以……为主** yǐ……wéizhǔ ~를 위주로 하다 | **狩猎** shòuliè 동 수렵하다, 사냥하다 | **人群** rénqún 명 사람의 무리, 군중 | **洞** dòng 명 동굴, 구멍 | **制作** zhìzuò 동 제작하다, 만들다 | **手印** shǒuyìn 명 손자국 | **约** yuē 부 대략, 약 | **距今** jùjīn 동 지금으로부터 (얼마간) 떨어져 있다 | **野生动物** yěshēng dòngwù 명 야생동물 | **畜牧业** xùmùyè 명 목축업, 축산업 | **猎人** lièrén 명 사냥꾼 | **接近** jiējìn 동 접근하다, 다가가다 | ★**抚摸** fǔmō 동 어루만지다, 쓰다듬다 | **偎依** wēiyī 동 가까이 기대다, 의지하다 | **嬉戏** xīxì 동 장난하다, 놀다 | **各种各样** gèzhǒng gèyàng 성 각양각색, 여러 종류 | **图像** túxiàng 명 형상, 영상 | **至** zhì 동 ~까지 이르다, 도달하다 | **最初** zuìchū 명 최초, 맨 처음 | ★**题材** tícái 명 제재, 문학이나 예술 작품의 소재 | **先后** xiānhòu 부 차례로, 잇따라 | **突厥文** Tūjuéwén 고유 돌궐 문자 | **回鹘文** Huíhúwén 고유 위구르 문자 | **粟特文** Sùtèwén 고유 소그드 문자 | **西夏文** Xīxiàwén 고유 서하 문자 | **藏文** Zàngwén 고유 티베트 문자 | **蒙文** Měngwén 고유 몽골 문자 | **作为** zuòwéi 개 ~로서 | **文字** wénzì 명 문자, 글자 | **代替** dàitì 동 대체하다, 대신하다 | **此时** cǐshí 명 이때, 지금, 이 시각 | ★**使命** shǐmìng 명 사명 | **走向** zǒuxiàng 동 ~로 가다, ~를 향해 가다 | **衰落** shuāiluò 동 쇠락하다, 몰락하다 | **道路** dàolù 명 (사상·정치·일 등의) 길, 경로, 과정 | **荒古** huānggǔ 명 아주 오래된 옛날 | **人类** rénlèi 명 인류 | ★**遗留** yíliú 동 남기다, 남겨 놓다 | **据说** jùshuō 동 말하는 바에 의하면 ~라 한다 | **绵延** miányán 형 길게 이어져 있다, 끊임이 없다 | **部族** bùzú 명 부족 | **仍** réng 부 여전히 | **如今** rújīn 명 오늘날, 지금 | **遍及** biànjí 동 골고루 퍼지다 | **五大洲** wǔdàzhōu 명 오대주 | **地区** dìqū 명 지역, 지구 | **集中** jízhōng 동 집중하다, 모으다 | **分布** fēnbù 동 (일정한 지역에) 분포하다, 널려 있다 | **欧洲** Ōuzhōu 고유 유럽 | **非洲** Fēizhōu 고유 아프리카 | **印度** Yìndù 고유 인도

02 문장성분으로 고르기

본서 p.246~248

track yuedu 45

• Day 15 1 D 2 B 3 E 4 A 5 C

1 D [对A大加赞许 A에 찬사를 보내다] 빈칸 뒤 문장에 주어가 없으므로 빈칸에는 주어 역할을 할 수 있는 보기가 들어가야 한다. 또한, 백화문을 싫어하고 문언문만 좋아하는 학생들의 불만을 샀다(这引起了一些不喜欢白话文只喜欢文言文的学生们的不满)는 빈칸 뒤 내용으로 보아, 후스는 백화문을 좋아한다는 것을 알 수 있다. 따라서 적절한 보기는 D이다.

2 B [废话 쓸데없는 말] 빈칸 뒤를 보면 써야 하는 글자가 많고(要用的字多) 들어가는 돈도 많다(花的钱也多)는 백화문의 단점을 이야기하고 있다. 따라서 빈칸에도 백화문의 단점이 들어가야 흐름을 해치지 않는다.

3 E [挑出 골라내다, 가려내다] 백화문과 문언문 중 어떤 것이 더 글자를 생략할 수 있는지 알아보자는 제안을 하고 있으며, 쓴 글자의 개수를 말하라(说明所写的字数)는 빈칸 앞 내용과 12글자만 사용했다(只用了十二个字)는 빈칸 뒤 후스의 말로 보아 빈칸에는 적은 글자를 사용한 문언문을 골라냈다는 보기 E가 와야 자연스럽다.

4 A [不仅A，又B A뿐만 아니라 B도] 후스는 12글자의 문언문보다 더 적은 5글자의 백화문으로 원하는 의미를 전달했다. 그 짧은 글에는 여러 가지 의미가 있음을 이야기하고 있으므로 A가 답으로 가장 적합하다.

5 C [注意选用 선택에 주의하다] 단순히 문체의 종류가 문제가 아니라 어떻게 그 문체를 이용해서 내용 전달을 할 것인지를 이야기하고 있다. 보기 C의 '단어 선택에 주의하다(注意选用字词)'가 곧 후스가 하고자 하는 말이다.

三十年代初期，胡适任北京大学的教授。(1) **D 他上课的时候经常对白话文大加赞许**，这引起了一些不喜欢白话文只喜欢文言文的学生们的不满。

有一次，正当胡适讲到得意之处时，一个姓魏的学生忽然站起身来，气愤地问道："胡先生，难道说白话文就一点儿缺点也没有吗?"胡适笑着回答道："一点儿也没有。"那个学生变得更激动了："一定有! (2) **B 白话文的废话太多**，这就意味着打电报要用更多的字，花的钱也就多了。"胡适的目光瞬间亮了起来，慢慢地解释道："那不一定吧! 前两天有个朋友给我打来了电报，想让我去政府部门工作，我决定不去，便复电拒绝了他。回电的时候用的就是白话文，看起来也挺省字的。现在，请大家根据我的这个意思，使用文言文写个回电，看一看到底是文言文省字，还是白话文省字。"胡适刚一说完，大家便马上认真地写了起来。一刻钟的时间过去了，胡适让大家举手，说明所写的字数后，(3) **E 挑出了一份用字最少的文言文电报**，电文上是这么写的："才疏学浅，恐难胜任，不堪从命。"白话文的意思便是：学问不深，恐怕难以胜任这份工作，

30년대 초, 후스는 베이징대학의 교수로 재임하고 있었다. (1) **D 그는 수업 시간에 자주 백화문에 높은 찬사를 보냈는데**, 이것은 백화문을 싫어하고 문언문만 좋아하는 학생들의 불만을 초래했다.

한번은 마침 후스가 마음에 드는 부분을 강의하고 있을 때, 성이 웨이인 학생이 갑자기 일어나 분개하면서 물었다. "후 선생님, 설마 백화문에는 조금의 단점도 없다는 겁니까?" 후스는 웃으며 답했다. "조금도 없네." 그 학생은 더욱 흥분해서는 말했다. "분명 있습니다! (2) **B 백화문에는 쓸데없는 말이 너무 많습니다**. 이것은 전보를 보낼 때 더 많은 글자를 써야 하고, 들어가는 돈도 많다는 것을 의미합니다." 후스의 눈빛은 순간 반짝이기 시작했고, 천천히 설명했다. "꼭 그렇지는 않을 걸세! 며칠 전 한 친구가 나에게 전보를 보내 정부 부처의 일을 부탁했고, 나는 가지 않기로 해서 거절의 답전을 보냈네. 답전을 보낼 때 사용한 것은 백화문이었는데, 글자를 꽤 잘 생략한 것으로 보였어. 지금 내 이 의견에 따라서 모두들 문언문으로 답전을 한번 써 보게. 대체 문언문이 더 글자를 생략할 수 있는지, 백화문이 더 글자를 생략할 수 있는지 한번 보자고." 후스가 말을 마치자마자 모두 열심히 쓰기 시작했다. 15분 정도가 지나고, 후스는 모두에게 손을 들어 쓴 글자의 개수를 말하게 한 후, (3) **E 가장 적은 글자를 사용한 문**

无法服从安排。胡适说道：“这一份电报写得的确很不错，只用了十二个字。可我的白话文电报却仅用了五个字‘干不了，谢谢！’”胡适又解释道：“‘干不了’含有才疏学浅、恐难胜任之意；而‘谢谢’不仅对朋友的介绍表示了感谢，(4) **A** 又有拒绝的意思。”

通过这件事，学生们明白了：“废话多少”，并不取决于使用白话文还是文言文，(5) **C** 而是要注意选用字词。这样白话文也是能比文言文更加省字的。

언문 전보를 골라냈다. 전보에는 이렇게 쓰여 있었다. “재소학천, 공난승임, 불감종명.” 백화문으로 의미를 풀면 이런 뜻이다. ‘학문이 깊지 않아 이 일을 잘 해내기 어려울까 염려되어 그 결정에 따를 수 없겠습니다.’ 후스는 말했다. “이 전보는 확실히 훌륭하네. 12글자만 사용했어. 그러나 나의 백화문 전보에는 다섯 글자 ‘“못하겠습니다. 감사합니다!’만 사용했다네.” 후스는 이어서 설명했다. “‘못하겠습니다’에는 ‘재소학천, 공난승임’의 의미를 담았고, ‘감사합니다’에는 친구의 소개에 대한 감사함을 나타낼 뿐만 아니라 (4) **A** 또한 거절의 의미도 있지.”

이 일을 통해서 학생들은 깨달았다. ‘쓸데없는 말의 많고 적음’은 백화문을 쓰는지 문언문을 쓰는지에 달려 있는 것이 아니고, (5) **C** 단어 선택에 주의해야 한다는 것을 말이다. 이렇게 백화문도 문언문보다 글자를 훨씬 많이 생략할 수 있다.

A 又有拒绝的意思
B 白话文的废话太多
C 而是要注意选用字词
D 他上课的时候经常对白话文大加赞许
E 挑出了一份用字最少的文言文电报

A 또한 거절의 의미도 있지
B 백화문에는 쓸데없는 말이 너무 많습니다
C 단어 선택에 주의해야 한다
D 그는 수업 시간에 자주 백화문에 높은 찬사를 보냈는데
E 가장 적은 글자를 사용한 문언문 전보를 골라냈다

年代 niándài 명 연대, 시대, 시기 | **初期** chūqī 명 초기 | **胡适** Hú Shì 고유 후스 [중화민국 시기의 문학가이자 사상가] | **任** rèn 동 맡다, 담당하다 | **白话文** báihuàwén 명 백화문, 구어체 문장 | **赞许** zànxǔ 동 칭찬하다 | **文言文** wényánwén 명 문언문, 문어체 문장 | **不满** bùmǎn 명 불만, 불평 | ★**正当** zhèngdāng 동 마침 ~한 시기이다 | **魏** Wèi 고유 웨이 [성씨] | **忽然** hūrán 부 갑자기, 별안간 | **气愤** qìfèn 형 분개하다, 화가 치밀다, 분노하다 | **废话** fèihuà 명 쓸데없는 말 | ★**意味着** yìwèizhe 의미하다, 뜻하다 | **电报** diànbào 명 전보, 전신 | ★**目光** mùguāng 명 눈빛, 시선, 눈길 | ★**瞬间** shùnjiān 명 순간, 눈 깜짝하는 사이, 찰나 | **亮** liàng 형 빛나다 | **政府** zhèngfǔ 명 정부 | **部门** bùmén 명 부, 부문, 부서 | **复电** fùdiàn 동 답전(전보에 대한 답장)을 치다 | **回电** huídiàn 동 답전하다 | **一刻钟** yíkèzhōng 명 15분 | **举手** jǔshǒu 동 손을 들다, 거수하다 | **字数** zìshù 명 글자 수 | **挑出** tiǎochū 동 골라내다, 가려내다 | **电文** diànwén 명 전보, 전보문 | **才疏学浅** cáishūxuéqiǎn 성 재소학천, 재능이 모자라고 학문이 얕다 | **胜任** shèngrèn 동 (맡은 임무나 직책 등을) 능히 감당하다 | ★**不堪** bùkān 동 견딜 수 없다, ~할 수 없다 | **从命** cóngmìng 동 복종하다, 명령에 따르다 | **学问** xuéwen 명 학식, 학문 | **难以** nányǐ 동 ~하기 어렵다 | **无法** wúfǎ 동 ~할 방법이 없다, ~할 수 없다 | ★**服从** fúcóng 동 따르다, 복종하다 | **的确** díquè 부 확실히, 분명히, 정말 | **不了** buliǎo ~할 수 없다 [동사나 형용사 뒤에 붙어서 동작을 완료·완결시킬 수 없다는 의미를 나타냄] | **既** jì 접 ~할 뿐만 아니라 ~하고도 [既A又B: A할 뿐만 아니라 또한 B하다] | **含有** hányǒu 동 함유하다, 포함하다 | **取决于** qǔjuéyú ~에 달려있다 | **选用** xuǎnyòng 동 골라 쓰다, 선용하다 | **更加** gèngjiā 부 훨씬, 더욱 더

track yuedu 46

• Day 18 **6** B **7** C **8** D **9** E **10** A

6 **B** [由来 유래] 문단 첫 부분에서 요리 ‘佛跳墙(불도장)’을 소개했고, 빈칸 뒤에는 전설이 내려온다(流传着一个传说)고 했으므로 여기에서의 전설은 불도장의 ‘由来(유래)’에 관한 것임을 알 수 있다.

7 **C** [拿手菜 가장 자신 있는 요리] 빈칸 뒤에 요리에 대해서 언급했는데, 앞 부분에 누가 요리를 만들었는지에 대한 설명이 생략되어 있으므로 빈칸에는 ‘钱庄老板娘(전장 주인의 아내)’가 들어가면 된다.

8 **D** [念念不忘 늘 생각하며 잊지 않다] 이야기가 ‘집에 돌아온 주련(回府) → 빈칸 → 집안 요리사 정춘발에게 요리를 설명하며 만들어 내게 함(对府上的厨子郑春发绘形绘色地描述了那道菜)’의 흐름이므로, 빈칸에는 왜 정춘발에게 요리를 설명하고 만들어 내게 했는지 그 이유를 넣는 것이 흐름상 가장 자연스럽다.

9 **E** [更加 더욱 더] 정춘발은 거듭된 연구로 요리 재료를 더 풍부하게 했고(他经过反复研究，再加上丰富了这道菜的用料), 결국 이 요리는 식당의 간판 요리가 되었다(作为饭店的招牌菜). 따라서 빈칸에는 요리에 대한 긍정적인 묘사가 들어가는 것이 적절하다.

10 **A** [纷纷 쉴 새 없이] 마지막 문단은 수재 몇 명이 가게로 찾아와 그 요리를 계속해서 칭찬하는 내용이므로, 빈칸에도 이와 연관되는 내용이 나와야 한다. '称奇(기이함에 탄복하다)'의 '称'을 통해 '称赞(칭찬하다)'과 비슷한 뜻임을 유추할 수 있어야 한다.

福建有一道名为"佛跳墙"的传统名菜，"佛跳墙"因其味道香浓、用料讲究、制法独特而驰名中外。(6) **B** 关于这道菜的由来，福建地区流传着一个传说。

有一天，布政司周莲应邀前往参加一位钱庄老板的宴请。当时，(7) **C** 钱庄老板娘亲自下厨做了一道拿手菜；她把鸭、鸡等肉类和一些海鲜一同放入盛绍兴酒的酒坛里加以煨制。这道菜上席后，坛盖一开，满屋就开始飘香，周莲则是吃到坛底朝天都不愿把筷子放下。

回府以后，(8) **D** 周莲对这道菜念念不忘，并对府上的厨子郑春发绘形绘色地描述了那道菜的材料以及烹饪方法。按照周莲的描述，郑春发不断尝试，终于做出了这道美味佳肴。并在食材和加工方法上加以改进，使这道菜的味道超越了之前。

后来，郑春发离开了周府，开了一家名为"聚春园"的饭店。此后，他又反复琢磨、不断研究且丰富了这道菜的用料，(9) **E** 使其制出的菜肴香味更加浓郁，"佛跳墙"也因此被他作为饭店的招牌菜。

有一天，几位秀才慕名而来。店小二捧着坛子走到秀才面前，揭开坛盖儿，香气便扑鼻而来，(10) **A** 秀才们纷纷称奇，其中一位秀才脱口说道："即便佛祖闻此菜之香，也必将跳墙破戒偷食。"而另一位秀才随即哼唱道："坛开菜香飘四方，佛闻弃禅跳墙到。"人们齐声称好。从那以后，这道菜便有了"佛跳墙"的名字。

A 秀才们纷纷称奇
B 关于这道菜的由来
C 钱庄老板娘亲自下厨做了一道拿手菜
D 周莲对这道菜念念不忘
E 使其制出的菜肴香味更加浓郁

푸젠성에는 '불도장'이라는 전통적인 유명한 요리가 있다. '불도장'은 그 맛이 깊고 재료 사용이 신중하며 요리법이 독특해서 국내외에서 유명하다. (6) **B** 이 음식의 유래에 관하여 푸젠성 지역에는 한 가지 전설이 전해진다.

어느 날, 포정사 주련이 초대를 받아 한 전장(钱庄) 주인의 잔치에 가게 되었다. 당시 (7) **C** 전장 주인의 아내는 직접 부엌에 가서 가장 자신 있는 음식을 요리했는데, 그녀는 오리, 닭 등의 육류와 여러 가지 해산물을 소흥주를 담는 술 단지에 함께 넣어 삶아서 만들었다. 이 음식이 상에 오른 후, 술 단지의 뚜껑을 열자 곧 집안 전체에 향이 퍼졌다. 주련은 술 단지의 바닥이 드러날 때까지 젓가락을 내려놓지 못했다.

집에 돌아온 후, (8) **D** 주련은 이 음식을 잊지 못하고 집안의 요리사인 정춘발에게 모양과 색을 그려가며 그 음식의 재료와 조리법을 묘사했다. 주련의 묘사에 따라 정춘발은 끊임없이 시도해 보았고, 마침내 이 맛있는 요리를 만들어 냈다. 그리고 식재료와 가공법을 개선하여, 이 요리의 맛은 예전보다 훨씬 출중해졌다.

후에 정춘발은 주련의 집을 떠나 '취춘원'이라는 식당을 열었다. 이후, 그는 또 반복해서 깊이 생각하고 거듭 연구해서 요리의 재료를 더욱 풍부하게 했고, (9) **E** 만들어 낸 요리의 맛은 더욱더 깊어졌다. '불도장'은 이로 인해 식당의 간판 요리가 되었다.

어느 날, 몇 명의 수재들이 소문을 듣고 찾아왔다. 가게 심부름꾼이 술 단지를 들고 수재들 앞으로 와서 뚜껑을 여니 향기가 진동했고, (10) **A** 수재들은 쉴 새 없이 기이함에 탄복하다가 그중 한 수재가 엉겁결에 이렇게 말했다. "설령 석가모니라 하더라도 이 요리의 향을 맡으면 분명 담장을 넘어 계율을 깨고 몰래 맛을 볼 것입니다." 그리고 다른 수재가 곧바로 "뚜껑을 여니 요리의 향기가 사방으로 퍼지네. 석가모니가 냄새를 맡고는 수행을 포기하고 담을 넘어 오네."라며 콧노래를 불렀고, 사람들은 이구동성으로 칭찬했다. 그때부터 이 요리는 '불도장'이라는 이름이 생겼다.

A 수재들은 쉴 새 없이 기이함에 탄복하다가
B 이 음식의 유래에 관하여
C 전장 주인의 아내는 직접 부엌에 가서 가장 자신 있는 음식을 요리했는데
D 주련은 이 음식을 잊지 못하고
E 만들어 낸 요리의 맛은 더욱더 깊어졌다

福建 Fújiàn 고유 푸젠성 | 道 dào 양 [요리를 세는 단위] | 佛跳墙 Fótiàoqiáng 고유 불도장 [요리명] | 传统名菜 chuántǒng míngcài 전통적인 유명한 요리 | 浓 nóng 형 진하다, 짙다, 농후하다 | 用料 yòngliào 명 사용 재료 | 讲究 jiǎngjiu 동 중요시하다, 신경 쓰다 | 制法 zhìfǎ 제조법, 만드는 방식 | 独特 dútè 형 독특하다, 특이하다 | 驰名中外 chímíng zhōngwài 중국 내외에서 명성을 떨치다 | 由来 yóulái 명 유래, 출처 | 地区 dìqū 명 지역, 지구 | 流传 liúchuán 동 대대로 전해 내려오다, 세상에 널리 퍼지다 | 传说 chuánshuō 명 전설, 소문 [流传传说: 전설이 전해 내려오다] | 布政司 Bùzhèngsī 고유 포정사 [관리 직급명] | 周莲 Zhōu Lián 고유 주련 [인명] | ★应邀 yìngyāo 동 초대에 응하다, 초청을 받아들이다 | 前往 qiánwǎng 동 향하여 가다, 나아가다 | 钱庄 qiánzhuāng 명 전장 [옛날, 개인이 운영하던 금융 기관, 금융 점포] | 老板 lǎobǎn 명 사장, 주인 | 宴请 yànqǐng 동 주연을 베풀어 손님을 초대하다 | 老板娘 lǎobǎnniáng 명 안주인, 상점 주인의 아내 | 亲自 qīnzì 부 직접, 손수 | 下厨 xiàchú 동 (주방에 가서) 음식을 만들다 [亲自下厨: 직접 부엌에 들어가 요리하다] | ★拿手 náshǒu 형 (어떤 기술에) 뛰어나다, 자신 있다 [拿手菜: 가장 자신 있는 요리] | 鸭 yā 명 오리 | 鸡 jī 명 닭 | 肉类 ròulèi 명 육류, 고기 | 海鲜 hǎixiān 명 해산물 | 一同 yìtóng 부 함께, 같이 | 盛 chéng 동 (용기 등에) 물건을 담다 | 绍兴酒 Shàoxīngjiǔ 고유 사오싱주 [저장성 사오싱 지역에서 나는 황주의 일종] | 酒坛 jiǔtán 명 술독 | 加以 jiāyǐ 동 ~를 가하다, ~하다 [2음절 동사 앞에 쓰여 뒤의 동사가 앞에 제시된 사물에 대하여 어떤 동작을 가하는 것을 나타냄] | 煨 wēi 동 (약한 불에 천천히) 삶다, 고다 | 席 xí 명 연회, 자리 | 坛 tán 명 항아리 | 盖 gài 명 뚜껑 | 满 mǎn 형 모든, 전체의 | 屋 wū 명 방, 거실 | 飘 piāo 동 흩날리다, 휘날리다 | 底朝天 dǐcháotiān (용기가 텅텅 비어 용기 안의) 바닥이 하늘을 보다 | 回府 huífǔ 동 (고관·귀족 등이 외출 후) 댁으로 돌아가다 | 念念不忘 niànniànbúwàng 성 마음에 두고 한시도 잊지 않다, 전념하다 | 府上 fǔshàng 명 댁 [존칭, 존댓말] | 厨子 chúzi 명 요리사 | 郑春发 Zhèng Chūnfā 고유 정춘발 [인명] | 绘 huì 동 묘사하다, 그리다 | 形 xíng 명 모양, 형상 | 描述 miáoshù 동 묘사하다, 기술하다 | 材料 cáiliào 명 재료 | 以及 yǐjí 접 및, 그리고 | ★烹饪 pēngrèn 동 요리하다, 조리하다 | 不断 búduàn 부 끊임없이, 계속해서 | ★尝试 chángshì 동 시도해 보다, 테스트해 보다 | 美味 měiwèi 형 맛이 좋다 | ★佳肴 jiāyáo 명 좋은 요리 | 食材 shícái 명 식자재, 식재료 | ★加工 jiāgōng 동 가공하다 [加工方法: 가공법] | 改进 gǎijìn 동 개선하다, 개량하다 | ★超越 chāoyuè 동 뛰어넘다, 넘어서다 | 府 fǔ 명 옛날, 귀족·고관의 저택 | 反复 fǎnfù 부 거듭, 반복하여 | ★琢磨 zuómo 동 깊이 생각하다, 궁리하다 | 菜肴 càiyáo 명 (식사나 안주용의) 요리, 음식, 반찬 | 香味 xiāngwèi 명 향, 향기로운 맛 | 更加 gèngjiā 부 더욱더, 훨씬 | 浓郁 nóngyù 형 (향기 등이) 짙다, 그윽하다 | 招牌菜 zhāopáicài 명 간판 요리 | 秀才 xiùcai 명 재능이 우수한 사람, 수재 | 慕名 mùmíng 동 명성을 흠모하다 [慕名而来: 명성을 흠모하여 찾아오다] | 店小二 diànxiǎo'èr 명 (주점·식당·여관의) 심부름꾼 | ★捧 pěng 동 두 손으로 받쳐 들다, 받들다 | 坛子 tánzi 명 단지, 항아리 | 揭开 jiēkāi 동 열다, 벗기다 | 香气 xiāngqì 명 향기 | 扑鼻 pūbí 동 (냄새가) 코를 찌르다, 진동하다 [香气扑鼻: 냄새가 코를 찌르다] | 纷纷 fēnfēn 부 잇달아, 쉴 새 없이, 연달아 | 称奇 chēngqí 동 기묘함에 탄복하다, 칭찬하다 | 脱口 tuōkǒu 동 나오는 대로 말하다, 엉겁결에 입을 놀리다 | 说道 shuōdào 동 ~라고 말하다 | ★即便 jíbiàn 접 설령 ~하더라도 [即便A也B: 설령 A하더라도 B하다] | 佛祖 fózǔ 명 석가모니, 부처 | 闻 wén 동 냄새를 맡다 | 必将 bìjiāng 부 반드시 ~할 것이다 | 跳 tiào 동 뛰어오르다, 도약하다 | 墙 qiáng 명 벽, 담 | 破戒 pòjiè 동 (종교인이) 계율을 어기다, 파계하다 | 偷 tōu 부 남몰래, 슬그머니 | 食 shí 동 먹다 | ★随即 suíjí 부 바로, 즉시, 곧 | 哼唱 hēngchàng 동 흥얼거리다, 콧노래를 부르다 | 四方 sìfāng 명 도처, 각곳 | 弃 qì 동 포기하다, 버리다 | 禅 chán 명 선, 선나 [불교와 연관된 일] | 齐声 qíshēng 부 이구동성으로, 한목소리로, 일제히 | 称好 chēnghǎo 동 칭찬하다 | 此后 cǐhòu 명 이후, 이 다음

track yuedu 47

● Day 21　11 D　12 C　13 A　14 E　15 B

11 D [补充 보충하다] 빈칸 앞 문장에서는 인체는 스스로 칼슘을 만들 수 없다(人体本身是无法制造钙的)고 했고, 빈칸 바로 앞에는 칼슘을 보충하고 싶다면(要想补钙)으로 시작하고 있으므로, 빈칸에는 칼슘을 보충하는 방법이 들어가는 것이 가장 어울린다. 또한 전체적인 내용이 칼슘을 보충하는 법과 이유에 대해서 설명하고 있으므로, 보기 D가 도입에 들어가는 것이 가장 적절하다.

12 C [是因为 ~때문이다] 빈칸 바로 앞에 '그 이유를 살펴 보면(究其缘由)'이라는 말이 나오므로 빈칸에는 칼슘이 부족한 이유가 나와야 한다. 따라서 '是因为(~때문이다)'로 시작하는 보기 C가 적절한 것을 알 수 있다.

13 A [如果A，那/就B 만약 A하면 B이다] 빈칸 뒤에 '那就(그렇다면)'가 있는 것으로 보아 빈칸에는 가정의 의미인 '如果(만약)'가 들어가는 것이 적절하다. 또한, 빈칸 앞에서 '비타민D는 햇빛을 쪼여야 체내에서 합성될 수 있다(维生素D是能够在人体里合成的，前提是需要有适当的阳光照射)'고 했으므로, 문맥적으로도 '햇빛을 충분히 받지 못한다면 비타민D를 보충하라'는 흐름이 자연스럽다.

14 E [获得 얻다] 빈칸 앞의 '每日摄取……(~를 매일 섭취하는 것)'는 문장의 주어이므로, 빈칸에는 술어가 들어가야 한다는 것을 알 수 있다. 또한, 빈칸 앞에 제시된 음식을 먹으면 얻는 효과나 결과가 뒤따라 제시되는 것이 문맥상 자연스럽다.

15 B [存在于 ~에 있다, ~에 존재하다] 빈칸 앞에는 산(酸)의 종류와 산이 하는 역할이 나와 있으므로, 빈칸에는 그 산이 어디에 들어있는지 설명하고 있는 보기 B가 문맥상 가장 어울린다. 또한, 빈칸 앞에는 두 가지 종류의 산이 제시되어 있고, 보기 B에도 '这两种酸(이 두 가지 산)'이라고 직접적으로 나와 있으므로 답을 고르기 좀 더 수월하다.

众所周知，人体本身是无法制造钙的，要想补钙 (11) **D** 就必须通过食物来补充。调查显示，孕妇、老年人、儿童与青少年是易缺钙的主要人群。现在很多人虽然会特意地通过吃钙片补钙，可他们仍然缺钙。究其缘由，(12) **C** 是因为他们忽略了一些影响钙吸收的因素。

影响钙吸收的主要物质是维生素D，人体内如果没有充足的维生素D，钙就无法顺利地被吸收，即便吃再多的钙片也没有效果。维生素D是能够在人体内合成的，前提是需要有适当的阳光照射。(13) **A** 如果没有办法保证足够的光照，那就要在吃钙片的同时适当地补充维生素D。

另外，人体内钙的吸收程度还和肠道里的酸碱度有关，酸性的环境对钙的吸收有利，若在补钙的同时吃点儿维生素C、食醋或者酸奶等酸性食品，钙吸收的效果就会更好。值得注意的是：增强骨骼的关键元素是硼，每日摄取一些蔬菜、葡萄、梨、苹果和豆类食物，(14) **E** 能让人体获得充足的硼。饮食里缺少硼，会让大量的钙被排出，使其无法在人体里起到应有的生理作用。还有，草酸和植酸也不利于钙的吸收，由于此类物质会与钙生成不溶性物质，使得肠道无法正常地吸收钙，(15) **B** 而这两种酸大多存在于正餐里的蔬菜与谷类当中，因此，最好在两餐之间吃钙片，而不要在吃饭的时候吃。

A 如果没有办法保证足够的光照
B 而这两种酸大多存在于正餐里的蔬菜与谷类当中
C 是因为他们忽略了一些影响钙吸收的因素
D 就必须通过食物来补充
E 能让人体获得充足的硼

모든 사람이 다 알고 있듯이, 인체는 자체적으로 칼슘을 만들어 낼 수 없어서 칼슘을 보충하고 싶다면 (11) **D** 반드시 음식을 통해 보충해야 한다. 조사에 따르면 임산부, 노인, 어린이와 청소년은 칼슘이 쉽게 부족해지는 주요 집단이다. 현재 많은 사람들이 일부러 칼슘제를 먹어서 칼슘을 보충하기도 하지만 여전히 칼슘이 부족하다. 그 이유를 살펴 보면, (12) **C** 그들은 칼슘 흡수에 영향을 주는 요인을 소홀히 했기 때문이다.

칼슘 흡수에 영향을 주는 주요 물질은 비타민D이다. 인체에 충분한 비타민D가 없으면 칼슘은 순조롭게 흡수되지 못하고, 칼슘제를 얼마나 많이 먹든 간에 효과가 없게 된다. 비타민D는 체내에서 합성될 수 있는데, 그 전제는 적당한 햇빛을 쪼여야 한다는 것이다. (13) **A** 만약 충분한 빛을 보장받을 방법이 없다면 칼슘제를 먹으면서 동시에 비타민D를 적당히 보충해 주어야 한다.

이 밖에, 인체 내 칼슘의 흡수 정도는 장내 pH 농도와도 관련이 있는데 산성인 환경은 칼슘 흡수에 유리하다. 만약 칼슘 보충을 하는 동시에 비타민C, 식초나 요거트 등과 같은 산성 식품을 좀 먹는다면 칼슘 흡수 효과는 더 좋을 것이다. 주목할 만한 것은 골격을 강화하는 핵심적인 원소는 붕소인데, 매일 채소, 포도, 배, 사과, 콩류의 음식을 조금씩 섭취하면 (14) **E** 인체가 충분한 붕소를 얻을 수 있게 된다는 점이다. 음식에 붕소가 부족하면 대량의 칼슘이 배출되어 인체에서 반드시 해야 하는 생리작용을 할 수 없게 된다. 또한, 옥살산과 피드산 역시 칼슘 흡수에 좋지 않다. 이 종류의 물질은 칼슘과 불용성 물질을 만들어 낼 수 있기 때문에 장내에서 정상적으로 칼슘을 흡수할 수 없게 만든다. (15) **B** 이 두 가지 산은 대부분 끼니로 먹는 채소와 곡물에 있다. 따라서 두 식사 시간 사이에 칼슘제를 먹는 것이 가장 좋고, 밥을 먹을 때 먹어서는 안 된다.

A 만약 충분한 빛을 보장받을 방법이 없다면
B 이 두 가지 산은 대부분 끼니로 먹는 채소와 곡물에 있다
C 그들은 칼슘 흡수에 영향을 주는 요인을 소홀히 했기 때문이다
D 반드시 음식을 통해 보충해야 한다
E 인체가 충분한 붕소를 얻을 수 있게 된다

★**众所周知** zhòngsuǒzhōuzhī 성 모든 사람이 다 알고 있다 | **人体** réntǐ 명 인체 | ★**本身** běnshēn 명 그 자체, 그 자신 | **无法** wúfǎ 동 ~할 방법이 없다, ~할 수 없다 | **制造** zhìzào 동 만들다, 제조하다 | ★**钙** gài 명 칼슘 | **补钙** bǔgài 동 칼슘을 보충하다 | **食物** shíwù 명 음식물 | **补充** bǔchōng 동 보충하다 | **显示** xiǎnshì 동 보여 주다, 뚜렷하게 나타내 보이다 | **孕妇** yùnfù 명 임산부, 임부 | **老年人** lǎoniánrén 명 노인 | **青少年** qīngshàonián 명 청소년 | **易** yì 형 쉽다, 용이하다 | **人群** rénqún 명 군중, 무리 | ★**特意** tèyì 부 일부러, 특별히 | **钙片** gàipiàn 명 칼슘 정제 | **补** bǔ 동 보충하다, 메우다 | **缺** quē 동 결핍되다, 모자라다 | **研** yán 동 연구하다, 탐구하다 | **缘由** yuányóu 명 이유, 원인 | ★**忽略** hūlüè 동 소홀히 하다, 등한시하다 | **吸收** xīshōu 동 흡수하다, 빨아들이다 | **因素** yīnsù 명 요소, 원인 | **物质** wùzhì 명 물질 | ★**维生素** wéishēngsù 명 비타민 | ★**充足** chōngzú 형 충분하다, 넉넉하다 | ★**即便** jíbiàn 접 설령 ~하더라도 [即便A也B: 설령 A하더라도 B하다] | **能够** nénggòu 조동

~할 수 있다 | ★合成 héchéng 동 합성하다, 합쳐 ~이 되다 | ★前提 qiántí 명 전제, 전제 조건 | 适当 shìdàng 형 적절하다, 적당하다, 알맞다 | 照射 zhàoshè 동 밝게 비추다, 쪼이다 | 足够 zúgòu 형 충분하다, 족하다 | 光照 guāngzhào 명 일조, 빛 | 补充 bǔchōng 동 보충하다 | 程度 chéngdù 명 정도, 수준 | 肠道 chángdào 명 장, 창자 | 酸碱度 suānjiǎndù 명 수소이온농도(pH) | 有关 yǒuguān 동 관계가 있다 [和A有关: A와 관련이 있다] | 酸性 suānxìng 명 산성 | 有利 yǒulì 형 유리하다 [对A有利: A에 유리하다] | 食醋 shícù 명 식초 | 酸奶 suānnǎi 명 플레인 요거트 | 食品 shípǐn 명 식품 | 增强 zēngqiáng 동 강화하다, 증강하다, 높이다 | 骨骼 gǔgé 명 골격, 뼈대 | ★元素 yuánsù 명 요소, 원소 | 硼 péng 명 붕소 | 摄取 shèqǔ 동 섭취하다, 흡수하다 | 蔬菜 shūcài 명 채소 | 梨 lí 명 배 | 豆类 dòulèi 콩류, 두류 | ★饮食 yǐnshí 명 음식 | 大量 dàliàng 형 대량의, 많은 양의 | 排出 páichū 동 배출하다, 내뿜다 | ★生理 shēnglǐ 명 생리 | 草酸 cǎosuān 명 옥살산, 수산 | 植酸 zhísuān 명 피드산 | 不利 búlì 형 불리하다 [不利于A: A에 불리하다] | 生成 shēngchéng 동 생성되다, 생기다 | 不溶性 bùróngxìng 명 불용성 | 存在 cúnzài 동 존재하다, 현존하다 | 正餐 zhèngcān 명 정찬 [정식으로 먹는 점심과 저녁 식사] | 谷类 gǔlèi 명 곡류

track yuedu 48

• Day 23 **16** E **17** D **18** C **19** A **20** B

16 E [由于A，因此B A때문에 B하다] 빈칸 뒤에 '결과'를 나타내는 접속사 '因此'가 있고, 인간은 대뇌에 들어온 모든 정보에 주의를 기울일 수 없다(没有办法注意到全部进入的信息)는 빈칸 뒤의 내용으로 미루어 보아, 빈칸에는 왜 주의를 기울일 수 없는지 이유가 나오는 것이 적절하다. 따라서 이유를 설명하는 '由于(~때문에)'가 이끄는 보기 E가 정답이다.

17 D [优先 우선적으로] 빈칸 앞 '因此(그래서)'가 이끄는 문장에 주어는 있으나 술어가 없으므로 술어 '设立(만들다)'로 시작하는 보기 D를 정답으로 고를 수 있다.

18 C [批评 혼나다] 대뇌는 자신에게 필요한 정보에는 주의를 기울이지만 익숙해지면 모른 척할 수 있다(对于习惯了的东西经常会听而不闻或者视而不见)는 것이 빈칸이 있는 단락의 요지이며, 혼내는 횟수가 늘어날수록 아이들 역시도 익숙해질 것이라는 것이 빈칸 문장의 내용이다. 빈칸에도 이와 상통하는 보기가 들어가야 하며, 보기 C에 '批评(혼나다)'이 언급된 것도 흐름상 가장 자연스럽다.

19 A [后果 안 좋은 결과] 빈칸 앞에서는 부모의 꾸짖음은 헛수고가 될 수 있다(父母的责骂便成了白费口舌)고 설명하고, 빈칸 뒤에는 다른 부정적인 결과를 제시하고 있으므로, 빈칸에는 안 좋은 결과가 또 있다는 내용의 보기 A가 들어가는 것이 적절하다.

20 B [关键 관건] 마지막 문단은 어떻게 아이들을 가르쳐야 하는지 조언하는 내용으로, 아이들이 왜 고집을 부리는지 생각하고(思考为什么他们会固执己见) 진정으로 아이들을 이해하라(真正地理解了他们)는 내용이 빈칸 뒤에 나오므로, 빈칸에도 이와 이어지는 내용인 보기 B가 오는 것이 적절하다.

人的大脑有一个特性——对于习惯了的东西经常会"听而不闻"或者"视而不见"。比如住在铁路周围的人，最初会被火车的声响吵得无法入睡，而习惯以后则可以睡得很熟。(16) E 这是由于人们大脑的资源有限，没有办法注意到全部进入的信息，因此它会依照已有的经验(17) D 设立"优先处理"的顺序：通常，新奇的先于熟悉的；快的先于慢的；动的先于静的，并且出于"自我保护"，大脑会尤其注意那些有可能会危害到自身安全的信息。比如，在父母第一次大声责备孩子时，孩子可能会"如家长所愿"被吓哭，但次数

인간의 대뇌에는 한 가지 특성이 있는데, 익숙해진 것은 '듣고도 못 들은 척'하거나 '보고도 못 본 척'하곤 한다는 것이다. 예컨대 기찻길 근처에 사는 사람은 처음에는 기차 소리 때문에 시끄러워서 잠에 들 수 없지만 익숙해지고 나면 푹 잘 수 있다. (16) E 이것은 사람의 대뇌의 자원이 한정적이어서 들어온 모든 정보에 주의를 기울일 수 없기 때문이다. 그래서 대뇌는 이미 경험한 것에 따라서 (17) D '우선적으로 처리할 것'의 순서를 정한다. 일반적으로 새로운 것이 익숙한 것보다 우선이고, 빠른 것이 느린 것보다 우선이며, 동적인 것이 정적인 것보다 우선이다. 게다가 '자기 보호' 기제에 따라 대뇌는 자신의 안전을

多了孩子便会习惯。这之后，孩子们再被父母批评的话，(18) C 就会出现注意力游离，或根本没有在听的状态。

责骂的时候，如果孩子紧张，大脑就会自动进入“逃生”机制。此时，孩子全部的注意力都集中在“怎么逃过此劫”上，父母的责骂便成了白费口舌。(19) A 责骂孩子还有个不好的后果：孩子们都具有模仿的天性，如果你大声地吼他，以后他也会大声地吼其他人。

管教孩子，(20) B 关键是要知道孩子为什么犯错，从源头上根除。孩子不听话的时候，父母不如蹲下来，从孩子的角度来思考为什么他们会固执己见，等到真正地理解了他们心中的感受，或许便不会如此生气了。

위협할 가능성이 있는 정보에 각별히 신경을 쓴다. 예컨대 부모가 처음으로 아이에게 큰 소리로 혼낼 때, 아이들은 '부모가 생각한 대로' 놀라서 울 수도 있다. 그렇지만 횟수가 늘어나면 아이들은 곧 익숙해질 것이다. 이후, 아이들은 부모에게 다시 혼나더라도 (18) C 주의력이 겉돌 수 있고, 혹은 아예 듣고 있지 않는 상태가 될 것이다.

혼을 낼 때 만약 아이가 긴장한다면 대뇌는 자동으로 '대피' 기제에 들어간다. 이때 아이는 모든 주의력을 '어떻게 이 재난을 피할 수 있을까'에 집중하기 때문에 부모의 꾸짖음은 헛수고가 된다. (19) A 아이들을 호되게 혼내면 안 좋은 결과가 또 있다. 아이들은 모방하는 천성이 있어서 만약 당신이 큰 소리를 지르면 나중에 아이도 역시 다른 사람에게 큰 소리를 지를 것이다.

아이를 가르칠 때 (20) B 관건은 아이가 왜 잘못을 저질렀는지를 이해하고 근본 원인부터 뿌리 뽑는 것이다. 아이가 말을 듣지 않을 때 부모는 쪼그리고 앉아서 아이의 관점에서 그들이 왜 고집을 부리는지 생각하는 편이 낫다. 아이들의 마음속 느낌을 진정으로 이해할 때까지 기다리다 보면 그렇게까지 화가 나지 않을 수도 있다.

A 责骂孩子还有个不好的后果
B 关键是要知道孩子为什么犯错
C 就会出现注意力游离
D 设立“优先处理”的顺序
E 这是由于人们大脑的资源有限

A 아이들을 호되게 혼내면 안 좋은 결과가 또 있다
B 관건은 아이가 왜 잘못을 저질렀는지를 이해하고
C 주의력이 겉돌 수 있고
D '우선적으로 처리할 것'의 순서를 정한다
E 이것은 사람의 대뇌의 자원이 한정적이어서

大脑 dànǎo 명 대뇌 | **特性** tèxìng 명 특성, 성질 | **听而不闻** tīng'érbùwén 성 듣고도 못 들은 척하다 | **视而不见** shì'érbújiàn 성 보고도 못 본 척하다 | **铁路** tiělù 명 철도 | **声响** shēngxiǎng 명 소리, 음향 | **吵** chǎo 형 시끄럽다, 떠들썩하다 | **无法** wúfǎ 동 ~할 수 없다, ~할 방법이 없다 | **入睡** rùshuì 동 잠들다 | **熟** shú 형 익숙하다, 잘 알다 | **资源** zīyuán 명 자원 | **有限** yǒuxiàn 형 한계가 있다, 유한하다 | **依照** yīzhào 동 ~을 따르다, ~에 비추다 | ★**设立** shèlì 동 (기구·조직 등을) 설립하다, 세우다 | ★**优先** yōuxiān 동 우선하다 | **处理** chǔlǐ 동 처리하다 | **通常** tōngcháng 부 일반적으로, 보통 | **新奇** xīnqí 형 새롭다, 신기하다 | **先于** xiānyú ~가 우선이다 | **静** jìng 형 조용하다, 움직이지 않다 | **出于** chūyú (어떤 입장·관점 따위에서) ~에서 비롯되다 [주로 원인을 나타냄] | **自我** zìwǒ 대 자기 자신, 자아 | **危害** wēihài 동 해치다, 손상시키다 | **自身** zìshēn 명 자신, 본인 | **大声** dàshēng 부 큰 소리로, 소리 높이 | **责备** zébèi 동 책망하다, 꾸짖다 | **如** rú 동 ~와 같다 | **家长** jiāzhǎng 명 보호자, 가장, 학부모 | **吓哭** xiàkū 동 놀라게 하여 울리다 | **次数** cìshù 명 횟수 | **注意力** zhùyìlì 명 주의력 | **游离** yóulí 동 동떨어지다 | **根本** gēnběn 부 전혀, 아예 [주로 부정형으로 쓰임] | **责骂** zémà 동 호되게 꾸짖다, 책망하며 욕하다 | **自动** zìdòng 부 자발적으로, 자동으로 | **逃生** táoshēng 동 위험에서 빠져나오다, 도망쳐 구사일생으로 살아남다 | **机制** jīzhì 명 (유기체의) 메커니즘, 체제, 시스템 | **此时** cǐshí 명 이때, 지금 | **集中** jízhōng 동 집중하다, 모으다 | **逃** táo 동 도망치다, 달아나다 | **劫** jié 명 화, 재난 | **白费** báifèi 동 헛되이 낭비하다, 쓸데없이 소비하다 | **口舌** kǒushe 명 말, 잔소리 | **后果** hòuguǒ 명 (주로 안 좋은) 결과, 뒷일 | **模仿** mófǎng 동 모방하다, 흉내내다 | **天性** tiānxìng 명 천성, 타고난 성격 | ★**吼** hǒu 동 (사람이 화나거나 흥분하여) 소리 지르다, 고함치다 | **管教** guǎnjiào 동 가르치다, 통제하여 교도하다 | **犯错** fàn cuò 잘못하다, 실수하다 | **源头** yuántóu 명 근원, 발원지 | **根除** gēnchú 동 뿌리뽑다, 근절하다 | **不如** bùrú 동 ~만 못하다 | **蹲** dūn 동 쪼그리고 앉다, 웅크리고 앉다 | **角度** jiǎodù 명 (문제를 보는) 각도 | **思考** sīkǎo 동 사고하다, 깊이 생각하다 | ★**固执己见** gùzhíjǐjiàn 성 자기의 견해를 고집하다 | **感受** gǎnshòu 동 (영향을) 받다, 감수하다 | **或许** huòxǔ 부 아마, 어쩌면 | **如此** rúcǐ 대 이와 같다, 이러하다

03 맥락으로 고르기

본서 p.254~257

track yuedu 49

• Day 27 1 B 2 D 3 C 4 E 5 A

1 B [规模宏伟 규모가 웅장하다] 둔황막고굴에 관한 글로, 빈칸 앞뒤 내용을 살펴보면 매우 큰 절벽에 동굴과 불상의 개수도 많고 벽화도 크다고 설명하고 있다. 즉, 규모에 대한 이야기를 하고 있으므로 보기 B가 답으로 적절하다.

2 D [每……都是 모든 ~가 다 ~이다] 둔황막고굴의 채색 불상에 관한 설명을 하고 있으며, 빈칸 뒤 내용은 그에 관한 특징이다. 따라서 '艺术品(예술품)'이란 설명이 있는 보기 D가 들어가는 것이 가장 자연스럽다.

3 C [其中 그중] 빈칸 앞에서는 둔황막고굴 벽화에 어떤 내용이 그려져 있는지 설명했고, 빈칸 뒤에서는 벽화 내용 중 하나인 '飞天(비천)'에 대해 설명하고 있어 흐름이 바로 이어지지 않는다. 또한, 보기 C가 '其中(그중)'으로 시작하므로 이 앞에는 어떤 여러 가지를 제시할 것임을 알 수 있다. 따라서 '飞天(비천)'에 대해 운을 띄우는 내용의 보기 C가 정답이다.

4 E [如同 마치 ~와 같다] 앞 내용을 비추어 봤을 때 빈칸에는 아름다운 벽화를 감상하고 있을 때 느끼는 감정이 오는 것이 자연스럽다. 따라서 보기 중 '如同(마치 ~와 같다)'으로 비유해 설명한 E가 정답이다.

5 A [由于 ~때문에] 빈칸 앞뒤의 흐름을 보면 '보관되어 있었다(曾经收藏着) → (빈칸) → 약탈당했다(被掠走了)'인데, 많은 작품들을 보관하고 있었는데 왜 약탈당했는지 그 이유가 빈칸에 들어가야 자연스러우므로 보기 A가 답이다.

在无边无际的沙漠中，有一片非常美丽的绿洲，绿洲中藏着一颗闪亮的"珍珠"。这颗"珍珠"便是敦煌莫高窟。它位于我国甘肃省敦煌市鸣沙山与三危山的"怀抱"之中。鸣沙山东边山脚处是平均高度为17米的崖壁，长1600余米的崖壁上，凿有700多个大大小小的洞窟，(1) **B** 这便形成了规模十分宏伟的石窟群，其中492个洞窟当中，一共有2100多尊彩色塑像，各种各样的壁画达4.5万余平方米。

莫高窟是我国古代无数艺术匠师为人类留下的宝贵文化遗产，窟中的彩色塑像，(2) **D** 每尊都是一件非常精美的艺术品，其中最小的不如一个手掌大，而最大的有九层楼那么高。这些彩色塑像神态各异，个性鲜明，有威风凛凛的天王、强壮勇猛的力士、还有慈眉善目的菩萨。莫高窟壁画的内容十分丰富，有的是描绘自然的美丽风光；有的是描绘人们表演杂技、舞蹈和奏乐的场面；还有的是描绘古时劳动人民捕鱼、打猎、耕田和收割情景的。(3) **C** 其中最为引人注目的是飞天，壁画中的飞天，有舒展着双臂翩翩起舞的；有反弹琵琶轻拨银弦的；有倒悬身体自天而降的；有臂挎花篮采摘鲜花的；还有彩带飘拂漫天遨游的。欣赏着这些动人精美的壁画，(4) **E** 就如同进入了灿烂辉煌的艺术殿堂。

끝없이 넓은 사막에 매우 아름다운 오아시스가 있고, 이 오아시스에는 빛나는 '진주' 하나가 숨겨져 있다. 이 '진주'는 바로 둔황막고굴이다. 둔황막고굴은 중국 간쑤성 둔황시 밍사산과 싼웨이산의 '품'에 안겨 있다. 밍사산 동쪽의 산기슭은 평균 고도가 17m인 절벽이고, 1600여 미터 길이의 절벽에는 700여 개의 크고 작은 동굴이 파져 있어 (1) **B** 규모가 매우 웅장한 석굴군을 형성하고 있다. 그중 492개의 동굴에는 총 2100여 개의 채색 불상이 있고, 각양각색의 벽화는 4만 5천여 제곱미터에 이른다.

막고굴은 중국 고대의 수많은 예술 장인들이 인류를 위해 남겨 둔 귀중한 문화유산이고, 동굴 속의 채색 불상은 (2) **D** 하나하나가 다 매우 정교한 예술품으로, 그중 가장 작은 것은 손바닥보다도 작은 크기인 반면 가장 큰 것은 9층 건물만큼 높다. 이 채색 불상들은 표정과 태도가 각기 다르고 개성이 뚜렷하다. 위풍당당한 천왕이 있고, 건장하고 용맹한 장사가 있으며, 자비롭고 인자해 보이는 보살도 있다. 막고굴 벽화의 내용은 매우 다양하다. 어떤 것은 자연의 아름다운 풍경을 묘사했고, 어떤 것은 사람들이 기예, 무도, 음악 연주를 선보이는 장면을 묘사했으며, 또 어떤 것은 고대의 노동자들이 어획, 수렵, 밭갈기와 수확을 하는 장면을 그리기도 했다. (3) **C** 그중 가장 눈에 띄는 것은 비천이다. 벽화 속의 비천은 어떤 것은 양팔을 벌려 나풀나풀 춤을 추기도 하고, 어떤 것은 비파를 연주하며 은색 현을 퉁기기도 한다. 어떤 것은 거꾸로 매달려

莫高窟中还有个面积不太大的洞窟——藏经洞。洞中曾收藏着我国古代的各种铜像、帛画、文书、经卷和刺绣等总共六万余件。(5) **A** 但由于清朝政府无能腐败，导致大量珍贵的文物在战争中被掠夺，部分仅存的经卷，现收藏在国家图书馆等地。

莫高窟是誉满天下的艺术宝库，这里的每件文物、每幅壁画、每尊彩色塑像，均是中国古代人民智慧的结晶。

하늘에서 강림하기도 하고, 어떤 것은 꽃바구니를 팔에 걸고 꽃을 따기도 한다. 또 어떤 것은 오색 비단을 휘날리며 온 하늘을 노닐기도 한다. 이 감동적이고 정교한 벽화를 감상하고 있자면 (4) **E 마치 휘황찬란한 예술의 전당에 들어선 것 같다**.

막고굴 중에는 면적이 그렇게 크지 않은 동굴인 장경동도 있다. 동굴 안에는 중국 고대의 각종 동상, 견직물에 그린 그림, 문서, 두루마리와 자수 등 총 6만여 개가 보관되어 있었다. (5) **A 그러나 청나라 정부가 무능하고 부패해서** 많은 진귀한 문물을 전쟁 중에 약탈당했다. 일부 남아 있는 두루마리는 현재 국가 도서관 등지에 보관되어 있다.

막고굴은 세상에 명성이 자자한 예술의 보고이다. 이곳의 모든 문물, 모든 벽화, 모든 조각상은 다 중국 고대인들의 지혜의 결정체이다.

A 但由于清朝政府无能腐败
B 这便形成了规模十分宏伟的石窟群
C 其中最为引人注目的是飞天
D 每尊都是一件非常精美的艺术品
E 就如同进入了灿烂辉煌的艺术殿堂

A 그러나 청나라 정부가 무능하고 부패해서
B 규모가 매우 웅장한 석굴군을 형성하고 있다
C 그중 가장 눈에 띄는 것은 비천이다
D 하나하나가 다 매우 정교한 예술품으로
E 마치 휘황찬란한 예술의 전당에 들어선 것 같다

无边无际 wúbiānwújì 끝없이 넓다, 망망하다 | **沙漠** shāmò 명 사막 | **片** piàn 양 [차지한 면적 또는 범위를 세는 단위] | **绿洲** lǜzhōu 명 오아시스 | **藏** cáng 동 숨기다, 감추다, 숨다 | **颗** kē 양 알 [둥글고 작은 알맹이 모양과 같은 것을 세는 단위] | **闪亮** shǎnliàng 번쩍거리는 | ★**珍珠** zhēnzhū 명 진주 | **便** biàn 부 바로, 곧 [=就] | **敦煌** Dūnhuáng 고유 둔황 [지금의 간쑤(甘肃)성에 위치한 옛 지명] | **莫高窟** Mògāokū 고유 막고굴 | **位于** wèiyú 동 ~에 위치하다 | **甘肃省** Gānsùshěng 고유 간쑤성 | **敦煌市** Dūnhuángshì 고유 둔황시 | **鸣沙山** Míngshāshān 고유 밍사산 | **三危山** Sānwēishān 고유 싼웨이산 | **怀抱** huáibào 동 품다, 품에 안다 | **东边** dōngbian 명 동쪽 | **山脚** shānjiǎo 명 산기슭 | **处** chù 명 곳, 지점, 장소 | **平均** píngjūn 형 평균적인 | **高度** gāodù 명 높이, 고도 | **崖壁** yábì 명 절벽, 낭떠러지 | **余** yú 수 ~여 | **凿** záo 동 구멍을 파다, 뚫다 | **洞窟** dòngkū 명 동굴 | **形成** xíngchéng 동 형성되다, 이루어지다 | **规模** guīmó 명 규모, 범위, 영역 | ★**宏伟** hóngwěi 형 (규모·기세 따위가) 웅장하다, 웅대하다 | **石窟** shíkū 명 석굴 | **群** qún 명 무리, 떼 | **当中** dāngzhōng 명 그 가운데 | **尊** zūn 양 불상을 세는 단위 | **色彩** sècǎi 명 색깔, 색채 | **塑像** sùxiàng 명 불상 | **各种各样** gèzhǒng gèyàng 성 여러 종류, 가지각색 | **壁画** bìhuà 명 벽화 | **达** dá 동 이르다, 도달하다 | **平方米** píngfāngmǐ 양 제곱미터, 평방미터 | **古代** gǔdài 명 고대 | **无数** wúshù 형 무수하다, 매우 많다 | **匠师** jiàngshī 명 스승이 될 만한 훌륭한 장인 | **人类** rénlèi 명 인류 | **宝贵** bǎoguì 형 귀중한, 소중한, 진귀한 | ★**遗产** yíchǎn 명 (죽은 사람이 남겨 놓은 동산·부동산·채권 등의) 유산 | **彩色** cǎisè 명 채색, 천연색 | **精美** jīngměi 형 정교하다, 정밀하고 아름답다 | **艺术品** yìshùpǐn 명 예술품 | **不如** bùrú 동 ~만 못하다 | **手掌** shǒuzhǎng 명 손바닥 | **层楼** cénglóu 명 2층 이상의 고층 건물 | ★**神态** shéntài 명 표정과 태도, 기색과 자태 | **异** yì 형 다르다, 같지 않다 | **个性** gèxìng 명 개성 | ★**鲜明** xiānmíng 형 뚜렷하다, 분명하다, 명확하다 | **威风凛凛** wēifēng lǐnlǐn 성 위풍당당하다 | **天王** tiānwáng 명 천자(天子) | **强壮** qiángzhuàng 형 건장하다, 강건하다 | **勇猛** yǒngměng 형 용맹스럽다 | **力士** lìshì 명 장사 | **慈眉善目** címéi shànmù 성 자비롭고 인자한 얼굴 | **菩萨** púsà 명 보살, 자비심이 많은 사람 | ★**描绘** miáohuì 동 묘사하다, 베끼다, 그려내다 | ★**风光** fēngguāng 명 풍경, 경치 | ★**杂技** zájì 명 잡기, 곡예, 서커스 | ★**舞蹈** wǔdǎo 명 무도, 춤, 무용 | **奏乐** zòuyuè 동 음악을 연주하다 | ★**场面** chǎngmiàn 명 장면, 광경 | **古时** gǔshí 명 고대 | **劳动** láodòng 동 육체노동을 하다, 일하다 | **人民** rénmín 명 인민, 국민 | **捕鱼** bǔyú 동 물고기를 잡다 | ★**打猎** dǎliè 동 수렵하다, 사냥하다 | **耕田** gēngtián 동 밭을 갈다 | **收割** shōugē 동 수확하다 | **情景** qíngjǐng 명 장면, 광경, 모습 | **引人注目** yǐnrénzhùmù 성 사람들의 주목을 끌다 | **飞天** fēitiān 명 비천 [하늘을 날아다닌다는 상상의 선인(仙人)] | **舒展** shūzhǎn 형 편안하다, 쾌적하다 | ★**臂** bì 명 팔 | **翩翩起舞** piānpiānqǐwǔ 나풀나풀 춤추다 | **起舞** qǐwǔ 동 덩실덩실 춤을 추다 | **弹** tán 동 연주하다, 타다, 켜다 | **琵琶** pípá 명 비파 | ★**拨** bō 동 (현악기나 주판 따위를 손가락으로) 튀기다 | **银** yín 명 은색, 은빛 | ★**弦** xián 명 현, 악기의 줄 | **倒悬** dàoxuán 동 거꾸로 매달리다 | **降** jiàng 동 떨어지다, 내리다 | ★**挎** kuà 동 (팔에) 걸다, 끼다 | **花篮** huālán 명 꽃바구니 | **采摘** cǎizhāi 동 (꽃·열매·잎 등을) 따다, 뜯다 | **鲜花** xiānhuā 명 꽃, 생화 | **彩带** cǎidài 명 오색 비단 끈 | **飘拂** piāofú 동 가볍게 휘날리다 | **漫天** màntiān 형 온 하늘에 가득 차다 | **遨游** áoyóu 동 노닐다, 유람하다 | **欣赏** xīnshǎng 동 감상하다, 마음에 들어하다 | **动人** dòngrén 형 감동적이다 | **精美** jīngměi 형 정교하고 아름답다 | **如同** rútóng 동 마치 ~와 같다, 흡사 ~이다 | **进入** jìnrù 동 들다, 진입하다 | ★**灿烂** cànlàn 형 찬란하다, 눈부시다 | ★**辉煌** huīhuáng 형 (빛이) 휘황찬란하다, 눈부시다 | **殿堂** diàntáng 명 전당 [궁전, 사찰 등 대규모 건축물의 대청] | **面积** miànjī 명 면적 | **藏经洞** Cángjīngdòng 고유 장경동 | **洞** dòng 명 동굴, 굴, 구멍 | ★**收藏** shōucáng 동 수집하여 보관하다, 소장하다 | **铜像** tóngxiàng 명 동상 | **帛画** bóhuà 명 고대의 견직물에 그린 그림 | **文书** wénshū 명 문서 | **经卷** jīngjuàn 명 경문을 적은 두루마리 | **刺绣** cìxiù 명 자수 | **总共** zǒnggòng 부 모두, 전부, 합쳐서 | **清朝** Qīngcháo 고유 청나라, 청 왕조 | **政府** zhèngfǔ 명 정부 | **无能** wúnéng 형 무능하다, 능력이 없다 | ★**腐败** fǔbài 동 부패하다, 타락하다 | **大量** dàliàng 형 대량의, 많은 양의 | **导致** dǎozhì 동 야기하다, 초래하다 | ★**珍贵** zhēnguì 형 진귀하다, 귀중하다 | ★**文物** wénwù 명 문물, 문화재 | **战争** zhànzhēng 명 전쟁 | **掠夺** lüèduó 동 약탈하다, 수탈하다 | **等地** děngdì 명 등지 | **誉满天下** yùmǎntiānxià 세상에 명성이 자자하다 | **宝库** bǎokù 명 보고 [귀중한 물건을 간수해 두는 곳] | **幅** fú 양 폭 [옷감·종이·그림 등을 세는 단위] | **均** jūn 부 모두, 다 | **智慧** zhìhuì 명 지혜 | ★**结晶** jiéjīng 명 결정, 결실, 소중한 성과

• Day 31 **6** C **7** E **8** A **9** D **10** B

6 **C** [万分 매우, 대단히] 이발사가 재상의 눈썹을 실수로 깎아 버렸고(一不小心刮掉了宰相的眉毛), 빈칸 뒤에서 이발사 자신이 끝까지 책임을 져야 한다(自己肯定吃不了兜着走)고 했으므로 빈칸에는 '惊恐(질겁하다)'이 제시된 보기 C가 들어가는 것이 적절하다.

7 **E** [盯 주시하다] 빈칸 앞 문장에서 이발사가 재상의 배를 바라보았고(盯着宰相的肚子看), 재상이 의심스러워하며 무언가 물었다(宰相见此，疑惑地问). 빈칸은 재상이 묻는 내용이 나와야 하므로 보기 중 자연스러운 것은 E이다. 특히, 큰 따옴표 안에는 직접적인 대화 내용이 나오기 때문에 보기 중에 회화체가 있다면 답일 확률이 높다.

8 **A** [只好 할 수 없이] 이발사와의 대화에서 재상은 자신이 도량이 넓고 관대한 사람이라는 것을 확인시켰는데, 화를 내면 그렇지 않은 사람이 되는 것이므로 화를 내지 않고 반대의 태도를 취해야 한다. 따라서 보기 A의 '冷静(침착하다)'이 가장 적절하다.

9 **D** [先A，然后B 먼저 A하고 나중에 B하다] 이발사는 재상을 먼저 칭찬하고 나서(先赞美了宰相) 자신의 실수를 밝혀 화를 면할 수 있었다. 또한, 빈칸 앞에 '先(먼저)'이 있는 것으로 보아 빈칸에는 '然后(그리고 나서)'가 오는 것이 적절하다.

10 **B** [不但A，也B A뿐만 아니라 B도] 마지막 문단은 적당한 칭찬이 갖는 장점에 대해 설명하고 있다. 빈칸 앞뒤 문장 모두 그 장점에 대해 나열하고 있으므로(适度的赞美不但能缩短人与人之间的距离 / 在关键时刻，还可以化解矛盾，免遭劫难) 빈칸 또한 장점이 들어가야 흐름상 자연스럽다.

有一天，宰相请理发师替自己修面，修到一半的时候，理发师一不小心刮掉了宰相的眉毛，(6) **C** 理发师惊恐万分，他深知，如果宰相怪罪，自己肯定吃不了兜着走!

可聪明的理发师知道：在盛赞之下，怒气必定会消除。于是他计上心头，赶紧把手中的工作停了下来，故意两眼直勾勾地盯着宰相的肚子看。宰相见此，疑惑地问："(7) **E** 你盯着我的肚子做什么?"理发师连忙解释道："大家常说，宰相肚里能撑船。我觉得大人的肚子并不大，怎么可以撑船呢?"

宰相听完后，不由得大笑起来："那说的是宰相的气量很大，待人处事仁慈宽厚。"理发师听到后，连忙对宰相说道："大人，真的很抱歉，我刚刚失手刮掉了您的眉毛! 您大人有大量，原谅我吧!"宰相听后，气愤地说道："没有眉毛让我如何见人?"正想发火，可又想起自己刚才说过的话，不能因为这么一点小事来治他的罪。无奈，(8) **A** 只好冷静下来，豁达地说道："没事，你把笔拿过来，替我画上眉毛就是了。"就这样，理发师凭借着自己的智慧，先赞美了宰相，(9) **D** 然后将自己的错误说出来，成功地躲过了灾祸。

어느 날, 재상이 이발사를 불러 자신을 대신해서 면도를 시켰다. 면도를 절반 정도 했을 때, 이발사는 실수로 재상의 눈썹을 깎아 버렸다. (6) **C** 이발사는 매우 질겁했다. 그는 잘 알고 있었다. 만약 죄를 묻는다면 자신은 끝까지 책임을 져야 하리라!

그러나 현명한 이발사는 극찬 앞에서 화는 반드시 누그러질 것이라는 점을 알고 있었다. 그래서 그는 묘안이 떠올라 하던 일을 서둘러 멈추고, 일부러 두 눈으로 뚫어지게 재상의 배를 바라보았다. 이를 본 재상은 의심스러워하며 물었다. "(7) **E** 뭐 하러 내 배를 뚫어져라 보는 것인가?" 이발사는 황급히 설명했다. "사람들이 말하길 재상의 뱃속에서는 배도 저을 수 있다고 합니다. 재상님의 배는 그렇게 크지 않은 것 같은데 어떻게 배를 저을 수 있는 걸까요?"

이를 들은 재상은 자기도 모르게 크게 웃기 시작했다. "그건 재상의 도량이 넓고, 사람을 대하고 일을 처리하는 데에 있어 인자하고 관대하다는 것을 말하는 걸세." 이발사는 이를 듣고 나서 황급히 재상에게 말했다. "재상님, 정말 죄송합니다. 제가 방금 실수로 재상님의 눈썹을 깎아 버렸습니다. 넓은 도량으로 용서해 주십시오!" 재상은 이를 듣고 난 후 분개하며 말했다. "눈썹이 없으면 어떻게 다른 사람을 만나란 말인가?" 막 화를 내려는데, 자신이 방금 했던 말을 떠올리자니 이런 작은 일로 그를 책망할 수는 없었다. 어쩔 수 없이 (8) **A** 침착해지는 수밖에 없었고,

由此可见，适度的赞美不但能缩短人与人之间的距离，(10) B 也可以增进彼此之间的亲近感，在关键时刻，还可以化解矛盾，免遭劫难。

그는 호쾌하게 말했다. "괜찮네. 붓을 가져와 눈썹을 그려주면 되네." 이렇게 이발사는 자신의 지혜를 통해 먼저 재상을 칭찬하고 (9) D 그 뒤에 자신의 잘못을 말해서 성공적으로 화를 면했다.

이를 통해서 알 수 있듯, 적당한 칭찬은 사람과 사람 사이의 거리를 줄일 수 있을 뿐만 아니라 (10) B 서로 간의 친근감을 키울 수도 있으며, 결정적인 순간에 갈등을 해소하고 화를 모면할 수도 있다.

A 只好冷静下来
B 也可以增进彼此之间的亲近感
C 理发师惊恐万分
D 然后将自己的错误说出来
E 你盯着我的肚子做什么

A 침착해지는 수밖에 없었고
B 서로 간의 친근감을 키울 수도 있으며
C 이발사는 매우 질겁했다
D 그 뒤에 자신의 잘못을 말해서
E 뭐 하러 내 배를 뚫어져라 보는 것인가

宰相 zǎixiàng 명 재상, 정승 | **理发师** lǐfàshī 명 이발사 | **替** tì 동 대신하다 | **修面** xiūmiàn 동 면도하다 | **一半** yíbàn 명 절반, 반 | **刮** guā 동 깎다, 밀다 | **眉毛** méimao 명 눈썹 | **惊恐** jīngkǒng 동 질겁하다, 놀라 두려워하다 | ★**万分** wànfēn 부 매우, 대단히, 극히 | **深知** shēnzhī 동 깊이 알다 | **怪罪** guàizuì 동 원망하다, 탓하다 | **吃不了兜着走** chībuliǎo dōuzhe zǒu 모든 뒷감당을 하다, 끝까지 책임지다 | **盛赞** shèngzàn 동 극찬하다 | **怒气** nùqì 명 화, 노기 | **必定** bìdìng 부 꼭, 반드시 | ★**消除** xiāochú 동 해소하다, 풀다, 제거하다 | **计** jì 동 계획하다, 셈하다 | **心头** xīntóu 명 마음속, 마음 | **赶紧** gǎnjǐn 부 서둘러, 재빨리 | **眼** yǎn 명 눈 | **直勾勾** zhígōugōu 형 뚫어지게 쳐다보다 | ★**盯** dīng 동 주시하다, 응시하다, 뚫어져라 쳐다보다 | **此** cǐ 대 이, 이것 | ★**疑惑** yíhuò 동 의심하다, 의심을 품다 | **连忙** liánmáng 부 얼른, 급히, 재빨리 | **撑船** chēngchuán 동 배를 젓다, 배를 몰다 | **大人** dàrén 명 대인, 어르신 | **并** bìng 부 결코, 전혀 [부정사 앞에 쓰여 부정의 어투 강조] | ★**不由得** bùyóude 부 자기도 모르게, 저절로 | **气量** qìliàng 명 도량, 포용력 | **待** dài 동 (사람을) 대하다, 우대하다 | **处事** chǔshì 동 일을 처리하다 | ★**仁慈** réncí 형 인자하다 | **宽厚** kuānhòu 형 너그럽고 후하다, 관대하다 | **失手** shīshǒu 동 실수하다 | **大量** dàliàng 형 관대하다, 도량이 넓다 | **气愤** qìfèn 형 분개하다, 분노하다 | **如何** rúhé 대 어떻게, 어떤 | **正** zhèng 부 마침 | **发火** fāhuǒ 동 화내다, 성내다 | **可** kě 접 [이어진 단문에서 사건의 전환을 나타냄] | **治罪** zhìzuì 동 처벌하다, 벌을 내리다 | **无奈** wúnài 동 어찌해 볼 도리가 없다, 할 수 없다 | **豁达** huòdá 형 너그럽다, 도량이 넓다 | **凭借** píngjiè 동 ~를 통하다, ~에 의지하다 | **智慧** zhìhuì 명 지혜, 슬기 | **赞美** zànměi 동 찬양하다, 칭송하다 | **将** jiāng 개 ~를 [=把] | **躲** duǒ 동 숨다, 피하다, 비키다 | **灾祸** zāihuò 명 재앙, 재난 | **由此可见** yóucǐkějiàn 이로부터 알 수 있다 | **适度** shìdù 형 (정도가) 적당하다, 적절하다 | **缩短** suōduǎn 동 (원래의 거리·시간·길이 등을) 줄이다, 단축하다 | **增进** zēngjìn 동 증진되다 | **彼此** bǐcǐ 대 서로, 상호, 쌍방 | **亲近感** qīnjìngǎn 명 친근감 | **时刻** shíkè 명 순간, 시간, 시각 | **化解** huàjiě 동 없어지다, 사라지다, 풀리다 | **矛盾** máodùn 명 갈등, 대립, 불화 | **免遭** miǎnzāo 동 모면하다, 피하다 | **劫难** jiénàn 명 화, 재난

track yuedu 51

Day 35 11 D 12 C 13 B 14 A 15 E

11 D [不同 다르다] 빈칸 뒤에서 두 가지 성격이 다른 기상현상(寒潮、高温 한파, 고온 / 龙卷风、冰雹 토네이도, 우박)을 예로 들어 일기예보의 정확도에 대해 설명하고 있고, 빈칸은 이 내용과 이어져야 하므로 '不同天气现象(다른 기상 현상)'과 '准确率(정확도)'라는 키워드가 있는 보기 D가 정답이다.

12 C [并且 게다가] 앞서 지속 시간이 길고 공간의 범위가 큰 기상현상에 대해 이야기했고, 빈칸이 있는 문장은 앞 내용과 접속사 '但是(하지만)'로 연결되어 있으므로 반대되는 내용이 나와야 한다. 앞 내용의 공간의 범위가 크다(空间范围大)와 반대되는 말이 빈칸에 나와야 하므로 국지적인 특징이 강하다(具有很强的"局地性"特征)는 설명이 있는 보기 C가 적절하다.

13 B [一场大雨 한바탕 큰비] 예보가 어려운 봄철과 여름철에 대해 설명하고 있다. 이때는 날씨의 변화를 정확하게 파악하기 어렵다(天气变化难以准确把握)고 했으므로, 흐름상 빈칸 앞 '晴朗(맑다)'과 반대되는 '一场大雨(한 바탕 큰 비)'가 있는 보기 B가 오는 것이 적절하다.

독해 제3부분

14 A [经过商讨 협의를 거치다] 일상 예보는 예보관이 종합적으로 고려한 결과(综合考虑得出的结果)라는 것이 빈칸 앞의 내용이며, 기간에 따라 데이터 예보와 경험적 예보의 우위가 다름을 설명하고 있다. 따라서 빈칸에는 앞에 한 말을 정리하고, 빈칸 뒤 내용을 요약할 수 있는 문장인 보기 A가 오는 것이 적절하다.

15 E [派上用场 유용하게 쓰이다] 마지막 문단의 내용은 예보관의 경험과 데이터 예보의 가치에 관한 것으로, 빈칸 앞에서 데이터 예보의 정확도가 매우 높다(数值预报的准确率则要远远高)고 언급했고, '但是(하지만)'로 이어지는 것으로 보아 뒤에는 이와 반대되는 내용이 나와야 한다. 관련한 내용은 E뿐이다.

气象专家预报天气就像看病一样，也有很难"诊断"的"疑难杂症"。(11) **D** 不同天气现象的预报准确率是不同的。例如，寒潮、高温这些持续时间长、空间范围大的天气现象，预报准确率则较高。但是，像龙卷风、冰雹等这样的强对流天气现象，通常发生得非常突然，(12) **C** 并且具有很强的"局地性"特征，所以预报难度比较大，准确率也比较低。

春季与夏季是最让天气预报员头疼的两个季节。春天，冷暖空气频繁交汇，天气变化难以准确把握。夏天，很多时候明明早上天气还很晴朗，(13) **B** 午后却会迎来一场大雨。这是由于夏天午后极易出现热对流天气，大气中积聚的能量如同一壶在加热的水，当能量积累到一定程度后，水就会沸腾。而人们却难以准确预测出到底哪儿会先"冒泡"。

还有一点非常值得注意，气象台发布的日常天气预报是根据预报员的"经验性预报"和"数值预报"进行综合考虑后得出的结果，(14) **A** 它是气象专家经过多次商讨后给出的结论。对灾害性或短期天气现象的预报，预报员的经验比数值预报更具有优势；相反，对中长期(3-7天)天气的预报，数值预报的准确率则要远远高于预报员的经验判断。然而，当时间扩展到14天，甚至28天的时候，(15) **E** 数值预报就很难"派上用场"了。

A 它是气象专家经过多次商讨后给出的结论
B 午后却会迎来一场大雨
C 并且具有很强的"局地性"特征
D 不同天气现象的预报准确率是不同的
E 数值预报就很难"派上用场"了

기상 전문가가 날씨를 예보하는 것은 질병을 진단하는 것과 같아서, '진단'하기 어려운 '난치병'도 있다. (11) **D** 서로 다른 기상 현상은 예보의 정확도도 다르다. 예를 들면, 한파, 고온과 같은 지속 시간이 길고 공간의 범위가 큰 기상 현상은 예보 정확도가 비교적 높은 편이다. 하지만 토네이도, 우박 등과 같은 이러한 강대류 기상 현상은 보통 매우 갑작스럽게 발생하며, (12) **C** 또한 '국지적인' 특징이 매우 강해서 예보 난도가 높고 정확도 역시 비교적 낮다.

봄철과 여름철은 기상 예보관들을 가장 골치 아프게 하는 두 계절이다. 봄은 찬 공기와 따뜻한 공기가 빈번하게 교차하여 날씨의 변화를 정확하게 파악하기 매우 어렵다. 여름에는 많은 경우, 분명히 아침에는 구름 한점 없이 맑았는데 (13) **B** 오후에는 한바탕 큰비가 오기도 한다. 이것은 여름철 오후에는 열대류 날씨가 나타나기 아주 쉽기 때문에 대기 중에 모이는 에너지가 마치 열을 가하고 있는 물과도 같아서 에너지가 일정한 정도까지 쌓인 후에 물은 곧바로 끓는다. 하지만 사람들이 구체적으로 어디에서 먼저 '거품이 생길지' 정확하게 예측하기는 매우 어렵다.

또한 한 가지 매우 주목할 만한 것은 기상관측소가 발표하는 일상 예보는 기상 예보관의 '경험적 예보'와 '데이터 예보'를 종합적으로 고려한 결과로, (14) **A** 그것은 기상 전문가가 여러 차례 협의를 거친 후 내린 결론이라는 것이다. 재해의 성격을 띠거나 단기적인 날씨에 대한 예보는 기상 예보관의 경험이 데이터 예보보다 더 우위에 있다. 반대로, 중장기(3~7일) 날씨에 대한 예보는 데이터 예보의 정확도가 예보관의 경험적인 판단보다 훨씬 높다. 하지만 시간이 14일, 심지어 28일까지 확장되면 (15) **E** 데이터 예보는 '유용하게 쓰이기' 어렵다.

A 그것은 기상 전문가가 여러 차례 협의를 거친 후 내린 결론이라는 것이다
B 오후에는 한바탕 큰비가 오기도 한다
C 또한 '국지적인' 특징이 매우 강해서
D 서로 다른 기상 현상은 예보의 정확도도 다르다
E 데이터 예보는 '유용하게 쓰이기' 어렵다

天气预报 tiānqì yùbào 명 일기예보, 기상예보 | **看病** kànbìng 동 진찰하다, 치료하다 | **诊断** zhěnduàn 동 진단하다 | **疑难杂症** yínánzázhèng 명 난치병, 진단하기 어렵거나 치료하기 어려운 질병 | **天气现象** tiānqì xiànxiàng 명 기상 현상 | **预报** yùbào 명 예보 | **准确率** zhǔnquèlǜ 명 정확도, 적중률 | **例如** lìrú 접 예를 들면, 예컨대 | **寒潮** háncháo 명 한파, 한류 [흔히 세찬 바람·눈·비·서리 등을 동반함] | **高温** gāowēn 명 고온 | **持续** chíxù 동 지속하다, 계속 유지하다 | **空间** kōngjiān 명 공간 | **范围** fànwéi 명 범위 | **则** zé 부 바로 ~이다 | **龙卷风** lóngjuǎnfēng 명 토네이도, 회오리바람 | **冰雹** bīngbáo 명 우박 | **强** qiáng 형 강하다, 힘이 세다 | **对流** duìliú 명 대류 | **通常** tōngcháng 명 보통, 통상 | **局地性** júdìxìng 국지성 [일정한

지역에 제한되는 성질] | 特征 tèzhēng 명 특징, 특성 [具有特征: 특징을 가지고 있다] | 难度 nándù 명 난도, 어려운 정도 | 春季 chūnjì 명 봄철, 춘계 | 夏季 xiàjì 명 여름철, 하계 | 预报员 yùbàoyuán 예보관 | 春天 chūntiān 명 봄, 봄철 | 冷暖 lěngnuǎn 명 차가움과 따뜻함 | ★频繁 pínfán 형 빈번하다, 잦다 | 交汇 jiāohuì 동 (수류·기류 등이) 모이다, 합류하다 | 难以 nányǐ 동 ~하기 어렵다 | 把握 bǎwò 동 (추상적인 사물을) 파악하다, 장악하다 | 夏天 xiàtiān 명 여름, 여름철 | ★明明 míngmíng 부 분명히, 명백히 [주로 뒤에 이어지는 문장은 의미가 전환됨] | ★晴朗 qínglǎng 형 쾌청하다, 구름 한 점 없이 맑다 | 午后 wǔhòu 명 오후 | 迎来 yínglái 맞이하다, 맞다 | 场 chǎng 양 번, 차례 | 大雨 dàyǔ 명 큰비, 호우 | 极 jí 부 아주, 극히, 몹시, 매우 [가장 높은 정도를 나타냄] | 易 yì 형 쉽다, 용이하다 | 热对流 rèduìliú 명 열대류 | 大气 dàqì 명 대기, 공기 | 积聚 jījù 동 (쌓아) 모으다, 축적하다 [≒积累] | ★能量 néngliàng 명 에너지 | 如同 rútóng 동 마치 ~와 같다, 흡사 ~이다 | 壶 hú 명 주전자, 단지 | 加热 jiārè 동 가열하다, 데우다 | 程度 chéngdù 명 수준, 정도 | ★沸腾 fèiténg 동 액체가 끓어오르다 | 而 ér 접 ~지만, 그러나 [역접을 나타냄] | 预测 yùcè 동 예측하다 | 冒泡 mào pào 거품이 생기다 | 值得 zhídé 동 ~할 만한 가치가 있다 | 气象台 qìxiàngtái 명 기상대 | ★发布 fābù 동 (명령·지시·뉴스 등을) 선포하다, 발포하다 | 日常 rìcháng 형 일상적인, 일상의 | 数值 shùzhí 명 데이터, 수치 | 综合 zōnghé 동 종합하다 | ★气象 qìxiàng 명 기상, 날씨, 일기 | 专家 zhuānjiā 명 전문가 | 商讨 shāngtǎo 동 협의하다, 의견을 교환하다 [经过商讨: 협의를 거치다] | 给出 gěichū 동 제시하다 | 结论 jiélùn 명 결론, 결말 [给出结论: 결론을 제시하다] | 灾害 zāihài 명 (자연이나 인위적인) 재해, 화, 재난 | 短期 duǎnqī 명 단기 | 优势 yōushì 명 우위, 우세 [具有优势: 우위를 가지다] | 中长期 zhōngchángqī 명 중장기 | 远远 yuǎnyuǎn 부 훨씬, 크게, 상당히 | 高于 gāoyú ~보다 높다 | 判断 pànduàn 동 판단하다, 판정하다 | 扩展 kuòzhǎn 동 확장하다, 넓게 펼치다 | 派上用场 pàishangyòngchǎng 유용하게 쓰이다, 도움이 되다

track yuedu 52

• Day 37　16 B　17 D　18 A　19 C　20 E

16 B [借助 도움을 받다] 첫 번째 문단은 스타라이트 조명을 소개하며 어떻게 작동하는지를 설명하고 있다. '전원을 켜면(灯打开) → (빈칸) → 빛이 천장과 벽까지 반사되어 ~분위기를 연출한다(灯光就会投射到天花板和墙壁上，……营造出……的氛围)'는 내용의 흐름이다. 따라서 빈칸에는 어떻게 빛이 천장과 벽까지 반사되는지의 내용이 나와야 하므로 가장 적절한 보기는 B이다.

17 D [调节 조절하다] 빈칸 뒤에 거리에 따라 어떤 효과가 있는지 설명하고 있으므로 빈칸에는 이와 관련한 내용이 와야 한다. 따라서 거리와 각도를 조절할 수 있다(能调节……远近和角度)는 내용의 보기 D가 정답이다.

18 A [最好 가장 좋다] 빈칸 앞에서 완전히 어두운 환경(完全黑暗的环境)에서 사용하는 것이 좋다는 내용을 언급했고, 접속사 '因此(그래서)'가 빈칸 문장을 이끌고 있으므로 앞 문장과 이어지는 내용이 와야 한다. 따라서 밤에 사용하는 것이 가장 좋다(最好在夜晚使用)는 보기 A가 답으로 적합하다.

19 C [为了 ~하기 위해서] '공간이 협소하다(空间较小) → (빈칸) → 스타라이트 조명을 설치한다(装上星空灯)'는 흐름이므로, 빈칸에는 협소한 공간에 왜 스타라이트 조명을 설치하는지 이유가 나와야 한다. 또한, 빈칸 앞의 '空间较小(공간이 협소하다)'와 보기 C의 '压抑感(답답한 느낌)'이 이어지는 어휘인 것도 알 수 있다.

20 E [投射 투사하다, 비치다] 빈칸 뒤에서 '우주의 은하(宇宙星系)'나 '해저세계(海底世界)' 등을 예시로 들고 있으므로, 이 두 어휘를 포함하는 보기 E의 '다양한 경치(不同的情境)'가 오는 것이 자연스럽다.

近年来，一种星空灯逐渐在市场上流行起来。这种灯(16) **B** 打开后，借助灯罩玻璃的特殊功效，灯光就会投射到天花板和墙壁上，仿佛布满繁星的夜空，营造出一种浪漫奇妙的氛围，因此深受很多年轻人的喜爱。

其实星空灯是一种投射灯，它的投射距离比较短，一般在11米到21米间，适合在小空间中使用，因此大部分人会把它放在客厅或者卧室里。星空灯里还有一个装置，(17) **D** 能调节投射光线

최근 들어, 스타라이트(starlight) 조명이 시장에서 점점 유행하기 시작했다. 이러한 조명은 (16) **B** 전원을 켜면 전등 유리의 특수한 효과를 통해 빛이 천장과 벽까지 반사되어 마치 별이 가득한 밤하늘 같으며, 낭만적이고 신기한 분위기를 연출해서 많은 젊은이들의 사랑을 받고 있다.

사실 스타라이트 조명은 일종의 투사등으로, 그것의 투사 거리는 비교적 짧다. 일반적으로 11미터에서 21미터 사이로, 좁은 공간에서 사용하기에 적합하다. 그래서 대부분의 사람들은 그것을 거실이나 침실에 놓는다. 스타라이

독해 제3부분

的远近和角度，投射距离越近星空的图像越清晰，反之，则越模糊。

星空灯要在完全黑暗的环境中才可以产生最佳效果，因此(18) A 最好在夜晚使用。有调查显示，在孩子的房间里装上星空灯，可以激发孩子对自然的兴趣。另外，在儿童入睡的时候把灯调成柔和的光线，还能起到促进睡眠的作用。

星空灯还具有放松心情的功效。有的餐厅空间较小，(19) C 为了缓解室内的压抑感，通常也会装上星空灯。如此一来，顾客会觉得自己是在充满浪漫气氛的星空下，而不是在很小的房间里，心情也会更加放松。

另外，(20) E 星空灯还能投射出不同的情景，比如宇宙星系、海底世界等。如今市面上还出现了很多大型的星空灯，它们一般被用来营造舞台效果，令人们有身临其境的感觉。

트 조명에는 (17) D 투사 광선의 거리와 각도를 조절할 수 있는 장치도 있다. 투사 거리가 가까울수록 별의 이미지가 더욱 선명해지고 반대로 갈수록 모호해진다.

스타라이트 조명은 완전히 어두운 환경에서 최고의 효과를 낸다. 그러므로 (18) A 밤에 사용하는 것이 가장 좋다. 어떤 조사 결과, 아이들의 방에 스타라이트 조명을 설치하면 아이들의 자연에 대한 흥미를 일으킬 수 있다고 한다. 또한, 아이가 잠에 들 때 조명을 따스한 광선으로 조절하면 수면을 촉진하는 작용도 할 수 있다.

스타라이트 조명은 또한 마음을 이완시키는 효과가 있다. 어떤 식당은 공간이 협소하여 (19) C 실내의 답답한 느낌을 줄이기 위해 일반적으로 스타라이트 조명을 설치하기도 한다. 그러면 손님은 자신이 낭만적인 분위기가 가득한 별 아래에 있다고 느끼게 되고, 작은 방 안에 있다고 느끼지 않아서 기분도 더욱 편안해진다.

이 밖에도, (20) E 스타라이트 조명은 다양한 경치를 투사할 수도 있는데, 예를 들면 우주의 은하, 해저세계 등이다. 오늘날 시장에는 많은 대형 스타라이트 조명도 나왔는데, 그것들은 일반적으로 무대 효과를 조성하는 데 쓰여서 사람들에게 그곳에 있는 느낌을 갖게 한다.

A 最好在夜晚使用
B 打开后，借助灯罩玻璃的特殊功效
C 为了缓解室内的压抑感
D 能调节投射光线的远近和角度
E 星空灯还能投射出不同的情景

A 밤에 사용하는 것이 가장 것이 좋다
B 전원을 켜면 전등 유리의 특수한 효과를 통해
C 실내의 답답한 느낌을 줄이기 위해
D 투사 광선의 거리와 각도를 조절할 수 있는
E 스타라이트 조명은 다양한 경치를 투사할 수도 있는데

近年来 jìnniánlái 최근 몇 년 | **星空** xīngkōng 명 별이 총총한 하늘 | **星空灯** xīngkōngdēng 스타라이트 | **逐渐** zhújiàn 부 점점, 점차 | **市场** shìchǎng 명 시장 | ★**借助** jièzhù 동 (다른 사람 또는 사물의) 도움을 받다, ~의 힘을 빌리다 | **灯罩** dēngzhào 명 전등갓 | **玻璃** bōli 명 유리 | **特殊** tèshū 형 특수하다, 특별하다 | ★**功效** gōngxiào 명 효과, 효능 | **灯光** dēngguāng 명 불빛 | **投射** tóushè 동 (빛 등이) 반사하다, 투사하다, (그림자·빛 등이) 비치다 | **天花板** tiānhuābǎn 명 천장 | **墙壁** qiángbì 명 벽, 담 | **仿佛** fǎngfú 부 마치 ~인 것 같다 | **布满** bùmǎn 동 가득 널려 있다 | **繁星** fánxīng 명 무수한 별 | **夜空** yèkōng 명 밤하늘 | **营造** yíngzào 동 만들다, 조성하다 | ★**奇妙** qímiào 형 기이하다, 신기하다 | **氛围** fēnwéi 명 분위기, 기분 [营造氛围: 분위기를 조성하다] | **深受** shēnshòu 동 (매우) 깊이 받다, 크게 입다 | **喜爱** xǐ'ài 동 좋아하다, 호감을 가지다 [深受喜爱: 사랑을 받다] | **间** jiān 명 사이, 중간 | **空间** kōngjiān 명 공간 | **卧室** wòshì 명 침실 | **装置** zhuāngzhì 명 장치, 시설 | ★**调节** tiáojié 동 조절하다, 조정하다 | **光线** guāngxiàn 명 광선, 빛 | **远近** yuǎnjìn 명 거리, 멀고 가까움 | **角度** jiǎodù 명 각도 | **图像** túxiàng 명 이미지, 영상, 화면 | ★**清晰** qīngxī 형 선명하다, 또렷하다, 분명하다 | ★**反之** fǎnzhī 접 이와 반대로, 바꾸어서 말하면 | **模糊** móhu 형 모호하다, 분명하지 않다 | **黑暗** hēi'àn 형 어둡다, 깜깜하다 | **产生** chǎnshēng 동 나타나다, 생기다, 발생하다 | **佳** jiā 형 좋다, 훌륭하다 | **效果** xiàoguǒ 명 효과 [产生效果: 효과를 내다] | **夜晚** yèwǎn 명 밤, 야간 | **显示** xiǎnshì 동 뚜렷하게 나타내 보이다, 보여 주다 | **装上** zhuāngshàng 동 설치하다 | ★**激发** jīfā 동 불러일으키다, 끓어오르게 하다 | **兴趣** xìngqù 명 흥미, 취미 [激发兴趣: 흥미를 일으키다] | **入睡** rùshuì 동 잠들다 | **调** tiáo 동 조절하다, 조정하다 | ★**柔和** róuhé 형 (빛과 색이) 따스하다, 부드럽다 | **起到** qǐdào 동 (어떤 상황을) 일으키다, 초래하다 | **促进** cùjìn 동 촉진하다, 재촉하다 | **睡眠** shuìmián 명 수면, 잠 | **具有** jùyǒu 동 가지다 | **缓解** huǎnjiě 동 완화시키다, 누그러뜨리다 | **室内** shìnèi 명 실내 | **压抑** yāyì 형 답답하다 [压抑感: 답답한 느낌] | **通常** tōngcháng 명 보통, 평상시 | **如此一来** rúcǐ yìlái 이렇게, 그러다 보니 | **充满** chōngmǎn 동 가득 차다, 충만하다 | **气氛** qìfēn 명 분위기 [充满气氛: 분위기가 가득하다] | **更加** gèngjiā 부 더욱 더, 훨씬 | **情景** qíngjǐng 명 경치 | ★**宇宙** yǔzhòu 명 우주 | **星系** xīngxì 명 은하, 항성계의 줄임말 | **海底** hǎidǐ 명 해저, 바다의 밑바닥 | **如今** rújīn 명 오늘날, 지금, 현재 | **市面** shìmiàn 명 시장, 저잣거리 | **大型** dàxíng 형 대형의 | **用来** yònglái 동 ~에 쓰다 | **舞台** wǔtái 명 무대 | **令** lìng 동 ~하게 하다, ~를 시키다 | **身临其境** shēnlínqíjìng 성 어떤 장소에 직접 가다, 어떤 입장에 서다

독해 제4부분

01 세부 내용 파악하기

본서 p.265~271

track yuedu 53

Day 03 1 A 2 D 3 A 4 A

1 A [无直接关系 직접적인 관계가 없다 ≒ 无直接科学依据 직접적인 과학적 근거가 없다] 두 번째 단락의 마지막 부분에서 '它(그것)'는 요거트를 지칭하는 것으로, 요거트는 소화 촉진과 직접적인 관계가 없다(它与促进消化并无直接关系)고 언급했다. 이는 결국 직접적인 과학적 근거가 없다(无直接科学依据)는 말로 이해할 수 있다.

2 D [由于 ~때문에] 두 번째 단락에서 소화불량이 생기는 원인을 설명하고 있으며, 위산이 충분히 공급되지 못해서(胃酸供应不过来引起的)라고 언급했다.

3 A [至 ~까지 이르다] 세 번째 단락에서 유산균은 몇 시간에서 며칠밖에 살아 있지 못한다(只能存活几小时至几天)는 직접적인 언급이 있었다. 나머지 보기는 언급되지 않았다.

4 A [对……有益 ~에 유익하다] 요거트는 우리 인체에 유익하지만 소화에 직접적인 도움을 주는 것이 아니라는 내용이 이 글의 핵심이다. 또한 마지막 단락에서 요거트는 인체에 유익하다(酸奶对人体还是有益的)고 직접 언급하기도 했다.

---

[1]"吃完饭以后喝酸奶有助于消化"可以说是很多人都认可的养生常识之一。[1]然而，这一说法究竟有没有科学依据呢？实际上，酸奶中三分之一左右的乳糖均会被乳酸菌分解并产生一些乳糖酶，所以，即便是有"乳糖不耐受症"的人，也能安心地喝酸奶。但这仅仅只能说明酸奶本身容易被消化，而它真的能够促进食物的消化吗？

不少人觉得，既然人是靠胃酸消化食物的，那酸奶应该可以促进消化。的确，消化食物时我们靠的确实是胃酸，但胃酸太多会让胃壁产生烧灼感，胃酸太少则会引起消化不良。[2]通常消化不良是由于我们吃得过多，胃酸供应不过来引起的。而酸奶是无法直接补充胃酸的，[1]所以它与促进消化并无直接关系。

那么酸奶有什么好处呢？酸奶中富含的活性乳酸菌在经过了各种消化酶与胃液的"折磨"以后，仍会有部分活菌达到肠道。虽然[3]乳酸菌在肠道里只能存活几小时至几天，可它们在这段时间里仍可发挥一定的功效，那就是帮助恢复肠道里的正常菌群，实现有害菌与有益菌的动态平衡。从这个角度来看，酸奶可谓是间接地促进了肠胃消化，但并非直接作用在刚吃进去的食物上。

[1]'밥을 먹은 후 요거트를 마시면 소화에 도움이 된다'는 것은 많은 사람들이 인정하는 건강 상식 중 하나라고 말할 수 있다. [1]그런데 이 견해는 과연 과학적인 근거가 있는 것일까? 실제로, 요거트에 있는 3분의 1 정도의 유당은 모두 유산균에 의해 분해되고 락타아제를 생성한다. 그래서 '유당불내증'인 사람이더라도 안심하고 요거트를 먹을 수 있다. 그러나 이는 단지 요거트 자체가 소화가 잘 된다는 것을 설명할 수 있을 뿐이다. 요거트는 정말 음식물의 소화를 촉진시킬 수 있을까?

많은 사람들은 인체가 위산으로 음식물을 소화시키니 요거트가 소화를 촉진할 수 있을 것이라고 생각한다. 확실히 음식물을 소화할 때 우리가 의지하는 것은 위산이지만 위산이 과다하면 위벽이 욱신거리고 위산이 너무 적으면 소화불량이 생긴다. [2]보통 소화불량은 우리가 너무 많이 먹어서 위산을 충분히 공급받지 못해서 발생한다. 그런데 요거트는 직접적으로 위산을 보충하지는 못한다. [1]따라서 요거트는 소화 촉진과 직접적인 관계가 없다.

그렇다면 요거트는 어떤 장점이 있을까? 요거트에 풍부하게 들어있는 활성 유산균은 각종 소화효소와 위액의 '괴롭힘'을 겪은 뒤에도 여전히 일부 활성균은 장까지 도달한다. 비록 [3]유산균은 장에서 몇 시간에서 며칠밖에 살아 있지 못하지만 그것들은 그 짧은 시간에도 여전히 어느 정도의 효능을 발휘할 수 있다. 그것은 바로 장내의 정상 세균총 회복을 도와 유해균과 유익균의 움직임의 균형을 맞추는 것이다. 이 관점에서 본다면 요거트는 간접적으로 장과 위의 소화를 촉진한다고 말할 수 있지만, 막 먹은 음식물에 직접적으로 작용하는 것은 아니다.

독해 제4부분

[4]总体来讲，酸奶对人体还是有益的，但它并不是治疗消化不良的特效药。要想消化系统健康，还是要避免暴饮暴食，多吃富含膳食纤维的食物。在这个基础上，每天再来一杯酸奶，就可以给我们的健康“锦上添花”了。

1 “吃完饭以后喝酸奶有助于消化”这种说法：

A 无直接科学依据
B 遭到不少人的反对
C 被制造工厂大肆宣扬
D 营养学家正在进行试验

2 消化不良一般是由何种原因引起的？

A 咀嚼过慢
B 食物过烫
C 吃了太多油腻的食物
D 饱食后胃酸供应不足

3 根据第3段，乳酸菌：

A 存活时间不长
B 能迅速分解有益菌
C 会增加菌群种类
D 抵达肠道的时候已经失去活性

4 关于酸奶，下列哪项正确？

A 对人体是有益的
B 不少人不能饮用
C 本身难以消化
D 可刺激分泌更多的胃酸

[4]결론적으로 요거트는 인체에 유익하기는 하다. 그렇지만 요거트가 소화불량을 치료하는 특효약은 아니다. 소화계를 건강하게 하고 싶다면 폭음, 폭식을 피하고, 식이섬유가 풍부한 음식을 먹어야 한다. 이를 기반으로 하여 매일 한 잔의 요거트까지 먹는다면 우리의 건강에는 ‘금상첨화’일 것이다.

1 ‘밥을 먹은 후 요거트를 마시면 소화에 도움이 된다’는 견해는:

A 직접적인 과학적 근거가 없다
B 많은 사람의 반대에 부딪혔다
C 제조업체가 함부로 선전을 한 것이다
D 영양학자가 실험 중이다

2 일반적으로 소화불량을 일으키는 원인은 무엇인가?

A 너무 느리게 씹어서
B 음식이 너무 뜨거워서
C 기름진 음식을 너무 많이 먹어서
D 배부르게 먹은 뒤 위산 공급이 부족해서

3 세 번째 단락에 따르면 유산균은:

A 살아 있는 시간이 길지 않다
B 빠르게 유익균을 분해할 수 있다
C 세균총의 종류를 늘릴 수 있다
D 장에 도달했을 때 이미 활성도를 잃는다

4 요거트에 관하여 다음 중 옳은 것은 무엇인가?

A 인체에 유익하다
B 많은 사람들은 이를 마실 수 없다
C 그 자체로 소화가 어렵다
D 더 많은 위산 분비를 촉진할 수 있다

酸奶 suānnǎi 명 요거트, 발효유 | **有助于** yǒuzhùyú ~에 도움이 되다 | **消化** xiāohuà 명 소화 | ★**认可** rènkě 동 인정하다, 승낙하다 | **养生** yǎngshēng 명 건강, 양생, 보양 | **常识** chángshí 명 상식, 일반 상식 | **之一** zhī yī ~중의 하나 [A是B之一: A는 B 중 하나이다] | **说法** shuōfa 명 견해, 의견 | ★**依据** yījù 명 근거, 바탕 | **三分之一** sān fēnzhī yī 3분의 1 | **乳糖** rǔtáng 명 유당, 젖당 | **均** jūn 부 모두, 다 | **乳酸菌** rǔsuānjùn 명 유산균 | ★**分解** fēnjiě 동 분해하다 | **产生** chǎnshēng 동 생기다, 발생하다 | **乳糖酶** rǔtángméi 명 락타아제 [유당 분해 효소] | ★**即便** jíbiàn 접 설령 ~하더라도 [即便A也B: 설령 A하더라도 B하다] | **乳糖不耐受症** rǔtáng búnàishòu zhèng 유당불내증 [유당을 소화시키지 못하는 질환] | **安心** ānxīn 형 안심하다, 마음을 놓다 | **仅仅** jǐnjǐn 부 겨우, 단지, 다만 | ★**本身** běnshēn 명 그 자체, 그 자신 | **促进** cùjìn 동 촉진하다 | **食物** shíwù 명 음식, 음식물 | **靠** kào 동 기대다, 의지하다 | **胃酸** wèisuān 명 위산 | **的确** díquè 부 확실히, 분명히 | **胃壁** wèibì 명 위벽 | **烧灼感** shāozhuógǎn 타는 듯한 느낌 [피부나 다른 조직의 발홍이나 염증, 통증] | **则** zé 접 오히려, 그러나 | **消化不良** xiāohuà bùliáng 소화불량 | **通常** tōngcháng 명 보통, 통상 | **供应** gōngyìng 동 공급하다, 제공하다 | **无法** wúfǎ 동 ~할 수 없다, ~할 방법이 없다 | **补充** bǔchōng 동 보충하다 | **并** bìng 부 결코, 전혀 [부정사 앞에 쓰여 부정의 어투 강조] | **富含** fùhán 동 풍부하게 들어 있다 | **活性** huóxìng 명 활성, 활동성 | **消化酶** xiāohuàméi 명 소화효소 | **胃液** wèiyè 명 위액 | ★**折磨** zhémó 명 괴로움, 고통, 시달림 | **仍** réng 부 여전히, 아직도 | **活菌** huójūn 활성균 | **达到** dádào 동 도달하다, 달성하다 | **肠道** chángdào 명 장, 창자 | **存活** cúnhuó 동 생존하다, 죽지 않고 있다 | **至** zhì 동 ~까지 이르다 | **发挥** fāhuī 동 발휘하다 | ★**功效** gōngxiào 명 효능, 효과 | **恢复** huīfù 동 회복하다, 되찾다 | **菌群** jūnqún 세균총, 세균군 | **实现** shíxiàn 동 실현하다, 달성하다 | **有害菌** yǒuhàijūn 유해균 | **有益菌** yǒuyìjūn 유익균 | ★**动态** dòngtài 명 (일·사건의) 변화하는 상태, 변화의 추이 | **平衡** pínghéng 명 균형, 평형 | **角度** jiǎodù 명 각도, 사물을 보거나 생각하는 관점 | **可谓** kěwèi ~라고 할 수 있다, ~라고 할 만하다 | ★**间接** jiànjiē 형 간접적인 | **肠胃** chángwèi 명 장과 위 | ★**并非** bìngfēi 결코 ~하지 않다, 결코 ~가 아니다 | **总体** zǒngtǐ 명 결론, 총체, 전체 | **人体** réntǐ 명 인체 | **有益** yǒuyì 형 유익하다, 도움이 되다 | **治疗** zhìliáo 동 치료하다 | **特效药** tèxiàoyào 특효약 | **系统** xìtǒng 명 체계, 시스템 | **避免** bìmiǎn 동 피하다, 면하다 | **暴饮** bàoyǐn 동 폭음하다 | **暴食** bàoshí 동 폭식하다 | **膳食纤维** shànshíxiānwéi 명 식이섬유 | ★**锦上添花** jǐnshàng tiānhuā 성 금상첨화, 아름다운 비단 위에 꽃을 수놓다 | **遭到** zāodào 동 (불행이나 불리한 일을) 당하다, 겪다 | **制造** zhìzào 동 제조하다, 만들다 | **工厂** gōngchǎng 명 공장 | ★**大肆** dàsì 부 함부로, 제멋대로, 마구 [주로 나쁜 짓을 하는 것을 가리킴] | ★**宣扬** xuānyáng 동 선

전하다, 널리 알리다 | **营养学家** yíngyǎng xuéjiā 영양학자 | ★**试验** shìyàn 동 실험하다, 시험하다, 테스트하다 | **何** hé 대 무엇, 어떤, 어느 | ★**咀嚼** jǔjué 동 (음식물을) 씹다 | **烫** tàng 형 몹시 뜨겁다 | ★**油腻** yóunì 형 기름지다, 기름기가 많다, 느끼하다 | **饱食** bǎoshí 동 배불리 먹다, 포식하다 | **供应** gōngyìng 명 공급, 제공, 보급 | **不足** bùzú 형 부족하다, 모자라다 | **迅速** xùnsù 형 재빠르다, 신속하다 | **种类** zhǒnglèi 명 종류 | ★**抵达** dǐdá 동 도달하다, 도착하다 | **失去** shīqù 동 잃다, 잃어버리다 | **饮用** yǐnyòng 동 마시다 | **难以** nányǐ 형 ~하기 어렵다, ~하기 곤란하다 | **刺激** cìjī 동 촉진하다, 자극하다 | ★**分泌** fēnmì 명 분비

track yuedu 54

● Day 04　5 A　6 B　7 C　8 A

5 A [简单 간단하다] 첫 번째 단락에서 선형 가옥이 무엇인지 설명하고 있고, 재료를 고르는 것은 매우 간단하다(它取材十分简单)라는 언급도 있었다. 지문과 보기 모두 '简单(간단하다)'이라는 어휘로 설명했다.

6 B [有助于A A에 도움이 되다 ≒ 利于A A에 유리하다] 두 번째 단락에서는 바이차 촌의 선형 가옥을 설명하고 있다. 초가 지붕은 낮은데 길고 널찍한 특징이 있으며 이는 비와 바람을 막는 데 도움을 준다(这种设计有助于防雨防风)고 했기 때문에 B가 정답이며, A는 답이 될 수 없다.

7 C [被称为A A라고 불리다] '黎族最后一个古村落(리족의 마지막 옛촌락)'가 지문의 어디에서 언급되었는지 먼저 찾고 앞뒤 내용을 살펴봐야 한다. 바로 뒤 절에서 '선형 가옥 외에도 ~등 리족의 특색 있는 전통 공예도 이곳에서 지금까지 전승되고 있다(除船型屋以外，……等特别具有黎族特色的传统工艺也都在此地被传承至今)'라고 언급했다. 이는 곧 보기 C와 일치하는 내용임을 알 수 있다.

8 A [观察……的形态 ~의 형태를 관찰하다] 마지막 단락의 내용만을 묻고 있으므로, 해당 단락에만 집중하자. 리족 선조가 먼 바다를 건너 이주한 역사가 있고, 산속에 있는 리족 민가에서도 해양 문화의 특징을 발견할 수 있다고 했는데 리족의 전통 가옥이 바로 선형 가옥이므로, 선형 가옥이 해양 문화를 나타낼 수 있다는 보기 A가 정답이다.

船型屋是一种黎族传统居住房屋，与云南傣族的竹楼、苗家的吊脚楼一样，它也是非常典型的少数民族传统建筑。从外形上看，船型屋如同一艘倒扣着的船。根据技术水平、自然气候以及地理条件的不同，黎族人民因地制宜地创建出了这种独特的茅草屋。[5]它取材十分简单，但却非常讲究，是黎族数千年以来的建筑结晶，体现了黎族人民非凡的建筑智慧。

白查村是海南船型屋保存得最完整的自然村落之一。[6]白查村的船型屋是落地船型屋，茅檐低矮，且长而阔，这种设计有助于防雨防风。房子由前后两节组成，门朝两端打开，屋子两侧立着六根略矮的柱子，中央立着三根高大的柱子，分别象征着女人与男人。[7]白查村被称为"黎族最后一个古村落"，除船型屋以外，织锦和酿酒等特别具有黎族特色的传统工艺也都在此地被传承至今。来到白查村，随处可见身着传统服装的村民，他们在树荫下结伴制作木器和陶器、编织竹席、扎染织锦。

선형(船型) 가옥은 리족의 전통 거주지 가옥으로, 윈난 다이족의 대나무 다락집, 먀오족의 수상가옥과 같이 매우 전형적인 소수민족의 전통 건축물이다. 외형을 봤을 때 선형 가옥은 엎어둔 배처럼 생겼다. 기술 수준, 자연 기후 및 지리 조건의 차이에 따라 리족 사람들은 지역 실정에 맞게 이 독특한 초가집을 만들어 냈다. [5]이 집의 재료를 고르는 것은 매우 간단하지만 굉장히 정교해서, 리족 수천 년간의 건축 결정체이면서 리족 사람들의 비범한 건축 지혜를 구현했다.

바이차 촌은 하이난 선형 가옥을 가장 온전하게 보존하고 있는 자연 부락 중 하나이다. [6]바이차 촌의 선형 가옥은 착륙 선형 가옥으로, 초가 지붕은 낮은데 길고 널찍하다. 이러한 설계는 비와 바람을 막는 데에 도움이 된다. 집은 앞뒤 두 마디로 구성되어 있고, 문은 양쪽으로 열린다. 방의 양측에는 약간 낮은 기둥 여섯 개가 있고 가운데에는 높고 큰 기둥 세 개가 서 있는데, 이는 각각 여자와 남자를 상징한다. [7]바이차 촌은 '리족의 마지막 옛촌락'이라고 불린다. 선형 가옥 외에도 견직물과 양조 등 리족의 특색 있는 전통 공예도 이곳에서 지금까지 전승되고 있다. 바이차 촌에 오면 어디에서든 전통 의상 차림의 촌민을 볼

在黎族民间故事《雅丹公主》中，雅丹公主乘坐小船漂流到海滩上后，将小船拉上岸，先将船底朝天放到木桩上做成屋顶，然后割下茅草用来遮挡四周，这便是船型屋最原始的形态。我们根据《越绝书·记地传》里的记载："水行而山处，以船为车，以楫为马，往如飘风，去则难从"，[8]再来观察现在船型屋的形态，能够推断出黎族祖先当时远征渡海迁徙的历史。海南多样的海洋文化，不但能够通过历代海上丝绸之路的交通站得以体现，[8]在深山里的黎寨民居之中，也能够发现其原生态海洋文化的特征。

수 있다. 그들은 나무 그늘에서 무리 지어 목기와 도기를 만들고, 대나무 자리를 엮고, 견직물을 염색한다.

리족 민담 『아단 공주』에서는 아단 공주가 작은 배를 타고 해변에 흘러온 뒤, 배를 해안으로 끌고와 먼저 배의 밑바닥을 하늘로 향하게 말뚝 위에 두어 지붕으로 삼고, 그런 후에 베어낸 풀로 사방을 막았다는 이야기를 언급하고 있다. 이것이 바로 선형 가옥의 가장 원시적인 형태이다. 우리는 『월절서·기지전』의 기록 '물을 따라 산으로 가니 배를 차로 삼고 노를 말로 삼았다. 바람처럼 빨리 왔지만 떠나기는 어렵구나'에 근거해서 [8]현재의 선형 가옥의 형태를 관찰해 보면, 리족 선조가 당시 먼 바다를 건너 이주한 역사를 추론해 낼 수 있다. 하이난에는 다양한 해양 문화가 있는데, 이는 역대 해상 실크로드의 교통 정거장에서 나타날 뿐만 아니라 [8]깊은 산속에 있는 리족 민가에서도 원시 형태의 해양 문화 특징을 발견할 수 있다.

5 关于船型屋，可以知道：

A 用材简单
B 依山而建
C 专供工人居住
D 模仿了傣族竹楼

6 白查村的船型屋有什么特点？

A 高大狭窄
B 利于遮风挡雨
C 高柱子代表姐妹
D 体现了明代雕刻工艺

7 白查村被称为"黎族最后一个古村落"的原因是什么？

A 长期以来和外界隔绝
B 是最大的黎族村庄
C 民族特色文化保存完整
D 船型屋仍然保留着最原始的功能

8 根据最后一段，下列哪项正确？

A 船型屋可以反映海洋文化
B 黎族人用船型屋来抵挡风浪
C 黎族先民由内陆迁移至海南
D 海南是历代海上丝绸之路的终点

5 선형 가옥에 대해서 알 수 있는 것은:

A 사용하는 재료가 간단하다
B 산에 인접해서 짓는다
C 노동자의 거주지를 전문적으로 제공한다
D 다이족의 대나무 다락집을 모방했다

6 바이차 촌의 선형 가옥에는 어떤 특징이 있는가?

A 높고 비좁다
B 비와 바람을 막는 데에 유리하다
C 높은 기둥은 자매를 상징한다
D 명나라의 조각 공예를 구현했다

7 바이차 촌이 '리족의 마지막 옛촌락'으로 불리는 이유는 무엇인가?

A 오랫동안 외부와 단절되어 있어서
B 가장 큰 리족 마을이어서
C 민족 특색의 문화를 잘 보존하고 있어서
D 선형 가옥이 여전히 가장 원시적인 기능을 보존하고 있어서

8 마지막 단락에 따르면 다음 중 옳은 것은 무엇인가?

A 선형 가옥은 해양 문화를 반영할 수 있다
B 리족 사람은 선형 가옥으로 풍랑을 막았다
C 리족의 조상은 내륙에서 하이난으로 이주했다
D 하이난은 역대 해상 실크로드의 종점이었다

船型 chuánxíng 명 선형, 배의 모양 | **屋** wū 명 가옥, 집 | **黎族** Lízú 고유 리족 [중국 소수 민족의 하나로, 주로 광둥성 하이난다오에 거주함] | **传统** chuántǒng 명 전통 | ★**居住** jūzhù 명 거주지 | **房屋** fángwū 명 가옥, 집, 건물 | **云南** Yúnnán 고유 윈난성 | **傣族** Dǎizú 고유 다이족 [중국 윈난성에 거주하는 소수민족] | **竹楼** zhúlóu 명 대나무 다락집 | **苗家** Miáojiā 고유 먀오족 사람 | **吊脚楼** diàojiǎolóu 수상가옥 | ★**典型** diǎnxíng 형 대표적인, 전형적인 | **少数民族** shǎoshù mínzú 명 소수민족 | **建筑** jiànzhù 명 건축물 | **外形** wàixíng 명 외형 | **如同** rútóng 동 마치 ~와 같다, 흡사 ~이다 | ★**艘** sōu 양 척 [선박을 세는 양사] | **倒扣** dàokòu 동 엎어 놓다 | **地理** dìlǐ 명 지리 | **因地制宜** yīndìzhìyí 성 각지의 구체적인 실정에 맞게 적절한 대책을 세우다 | **创建** chuàngjiàn 동 창립하다, 창설하다 | **独特** dútè 형 독특하다, 특이하다 | **茅草屋** máocǎowū 명 초가, 초옥 | **取材** qǔcái 동 재료를 고르다 | **讲究** jiǎngjiu 형 정교하다, 꼼꼼하다 | **数** shù 수 수, 몇, 여러 | **以来** yǐlái 명 이래, 동안 | ★**结晶** jiéjīng 명 결정체, 소중한 성과 | **体现** tǐxiàn 동 구현하다, 구체적으로 드러내다 | **非凡** fēifán 형 비범하다, 뛰어나다 | **智慧** zhìhuì 명 지혜 | **白查村** Báichácūn 바이차 촌 | **海南** Hǎinán 고유 하이난 [산둥성 일대를 일컫는 말] | **保存** bǎocún 동 보존하다, 간수하다 | **完整** wánzhěng 형 제대로 갖추어져 있다, 온전하다 | **村落** cūnluò 명

부락, 촌락 | 之一 zhī yī ~중의 하나 | 落地 luòdì 동 착륙하다, 착지하다 | 茅 máo 명 띠(식물), 초가 | 檐 yán 명 처마, 차양 | 低矮 dī'ǎi 형 낮다 | 阔 kuò 형 넓다, 광활하다 | 设计 shèjì 명 설계, 디자인 | 有助于 yǒuzhùyú ~에 도움이 되다 | 防 fáng 동 방지하다, 막다 | 房子 fángzi 명 집, 건물 | 组成 zǔchéng 동 구성하다, 조직하다 [由A组成: A로 구성되다] | 朝 cháo 개 ~를 향하여 | ★端 duān 명 끝 | 屋子 wūzi 명 방, 집 | 侧 cè 명 옆, 쪽, 측면 | 立 lì 동 서다, 세우다 | 根 gēn 양 [초목이나 기다란 물건을 세는 단위] | 略 lüè 부 약간, 대충 | 柱子 zhùzi 명 기둥 | ★中央 zhōngyāng 명 가운데, 중앙 | 分别 fēnbié 부 각각, 따로따로 | 象征 xiàngzhēng 동 상징하다, 나타내다 | 称为 chēngwéi 동 ~라고 부르다 [被称为: ~라고 불리다] | 古 gǔ 명 옛날, 고대 | 织锦 zhījǐn 명 비단, 견직물 | 酿酒 niàngjiǔ 명 양조 [술을 빚는 것] | 具 jù 동 갖추다 | 特色 tèsè 명 특색, 특징 | 工艺 gōngyì 명 공예 | 此地 cǐdì 대 이곳 | 传承 chuánchéng 동 전승되다, 계승되다 | 至今 zhìjīn 부 지금까지, 오늘까지 | 服装 fúzhuāng 명 의복, 복장 | 村民 cūnmín 명 촌민, 시골 백성 | 树荫 shùyìn 명 나무 그늘 | 结伴 jiébàn 동 동행이 되다 | 木器 mùqì 명 목기, 목제 가구 | 陶器 táoqì 명 도기, 오지그릇 | ★编织 biānzhī 동 엮다, 짜다, 편직하다 | 竹席 zhúxí 명 대나무 자리 | 扎染 zārǎn 동 염색하다, 홀치기하다 | ★民间 mínjiān 명 민간 | 雅丹公主 Yǎdān gōngzhǔ 고유 야단 공주 | 漂流 piāoliú 동 표류하다, 떠돌아다니다 | 海滩 hǎitān 명 백사장, 해변의 모래사장 | ★岸 àn 명 언덕, 기슭, 해안 | 木桩 mùzhuāng 명 말뚝, 말목 | 屋顶 wūdǐng 명 지붕, 옥상 | ★割 gē 동 (칼로) 베다, 자르다 | 茅草 máocǎo 명 잡초와 띠 | 用来 yònglái 동 ~에 사용하다, ~에 쓰다 | ★遮挡 zhēdǎng 동 막다, 차단하다, 가리다 | 四周 sìzhōu 명 사방, 주위, 둘레 | 便 biàn 부 곧, 바로 [=就] | ★原始 yuánshǐ 형 원시의, 최초의 | ★形态 xíngtài 명 형태 [사물의 형상이나 표현 방식] | 越绝书·记地传 Yuèjuéshū·Jìdìzhuàn 고유 월절서·기지전 [책 이름] | ★记载 jìzǎi 명 기록 | 处 chù 명 곳, 장소, 지점 | 楫 jí 명 노 | 如 rú 동 ~와 같다, ~에 따르다 | 飘风 piāofēng 명 선풍, 갑작스럽게 부는 바람 | 则 zé 접 그러나, 오히려 | 观察 guānchá 동 (사물·현상을) 관찰하다, 살피다 | 能够 nénggòu 조동 ~할 수 있다 | 推断 tuīduàn 동 추론하다, 미루어 판단하다 | ★祖先 zǔxiān 명 선조, 조상 [민족이나 국가의 윗대] | 远征 yuǎnzhēng 동 원정하다 | 渡 dù 동 (물을) 건너다 | ★迁徙 qiānxǐ 동 이주하다, 옮겨 가다 | 多样 duōyàng 형 다양하다 | ★历代 lìdài 명 역대 | 丝绸之路 sīchóuzhīlù 명 실크로드, 비단길 | 得以 déyǐ 동 ~할 수 있다 | 黎寨民居 Lízhài mínjū 리족 민가 | 原 yuán 형 최초의, 시초의 | ★生态 shēngtài 명 생태 | 特征 tèzhēng 명 특징 | 用材 yòngcái 명 사용하는 원자재 | 依 yī 동 의지하다, 기대다 | 专供 zhuāngōng 동 전문적으로 제공하다 | 工人 gōngrén 명 노동자, 일꾼 | 模仿 mófǎng 동 모방하다, 본받다, 흉내내다 | ★狭窄 xiázhǎi 형 비좁다, 협소하다 | 利于 lìyú ~에 이롭다 | 代表 dàibiǎo 동 상징하다, 대표하다 | 姐妹 jiěmèi 명 자매, 여자 형제 | 长期 chángqī 명 장시간, 장기간 | ★外界 wàijiè 명 외부, 바깥 세상, 국외 | 隔绝 géjué 동 단절되다, 막히다 | 村庄 cūnzhuāng 명 마을, 촌락 | 保留 bǎoliú 동 보존하다, 유지하다 | 功能 gōngnéng 명 기능, 작용, 효능 | 反映 fǎnyìng 동 반영하다, 알게 하다 | 抵挡 dǐdǎng 동 막다, 저지하다 | 风浪 fēnglàng 명 풍랑, 풍파 | 先民 xiānmín 명 조상, 고인, 옛사람 | 内陆 nèilù 명 내륙 | 迁移 qiānyí 동 이주하다, 옮겨 가다, 이전하다 | 终点 zhōngdiǎn 명 종점, 결승점

track yuedu 55

Day 06 **9** A **10** B **11** D **12** B

9 **A** [见多识广 박학다식하다 ≒ 很有见识 식견이 있다] 심괄은 아버지를 따라 각지를 다니며 '박학다식해졌다(让他变得见多识广)'는 설명이 첫 번째 단락에 언급되었고, 이는 보기 A와 의미가 일맥상통한다.

10 **B** [无法明确地揭示……的原理 ~의 원리를 명확히 밝힐 수 없다] 기술적인 한계성으로 원리를 밝힐 수 없었다(由于技术的局限性，沈括尚无法明确地揭示)고 했으므로 보기 B가 정답이다. 지문의 '揭示(밝히다)'가 보기에서 '解释(분석하다)'로 다르게 표현되었다. 대규모 구리 광산이 있을 것이라고 '예측(预测)'한 것이기 때문에 정확하게 밝혔다고 한 D는 답이 될 수 없다.

11 **D** [无穷无尽 무궁무진하다] 마지막 문단의 심괄의 언급으로 바로 알 수 있다. '无穷无尽(무궁무진하다)'은 곧 끝이 없다는 의미로, 보기 D의 '取之不尽，用之不竭(아무리 가져도 다 가질 수 없고, 아무리 써도 다 쓸 수 없다)'와 같은 표현이다.

12 **B** [用A替代B A로 B를 대체하다] 마지막 문단에서 '最早用石油烟煤替代松烟制墨(최초로 석유로 송연을 대체하여 먹을 만들었다)'를 발견하고 이해했다면 충분히 풀 수 있는 문제이다. 모르는 어휘가 있다면 과감하게 넘기고 해석할 수 있는 부분만 해석해도 문제를 풀 수 있는 경우가 많다.

沈括，是中国古代十分著名的科学家兼政治家。[9]他的父亲曾任多地知府，这也得以让他有了走南闯北的机会，并因此变得见多识广。沈括每到一个地方便会关注当地与自然科学相关的新鲜事。

심괄은 중국 고대의 매우 저명한 과학자이자 정치가이다. [9]그의 아버지는 일찍이 여러 지역의 지부를 역임했는데, 이것은 또한 그에게 각지를 돌아다닐 수 있는 기회를 주었고, 이 때문에 박학다식하게 변했다. 심괄은 가는 곳마다 그 지역의 자연과학에 관한 신기한 일에 크게 관심을 가졌다.

他跟随父亲住在福建泉州的时候，听说江西铅山县有几条味道很苦且呈青绿色的溪水，村民们称其为“胆水”，把“胆水”放在铁锅里煎熬就能得到黄灿灿的铜。于是沈括千里迢迢地来到铅山县，亲眼目睹了“胆水炼铜”的全过程，并将其记录在《梦溪笔谈》里，这是中国关于“胆水炼铜”最早的记载。[10] 虽然当时由于技术的局限性，沈括尚无法明确地揭示“胆水炼铜”的化学原理，可他记录下了从“胆水”里提炼出铜的整个过程，并且还预测铅山附近可能有一个规模较大的铜矿。后人顺着“胆水”向北寻找，果不其然，在贵溪县发现了巨大的铜矿。

不仅如此，沈括还是中国最早提出“石油”一词的人，他是最早描绘石油形态、开采过程以及[12] 最早用石油烟煤替代松烟制墨的人。他在《梦溪笔谈》里有这样的描述：在延州和鄜州境内有种石油，过去说的“高奴县出产脂水”，指的便是这种东西。石油产自水边，并与泉水与砂石混杂，时断时续地流淌出来。当地人用野鸡尾将其沾取出来收集到瓦罐中。这种油与纯漆特别像，燃烧起来如同火炬，且会冒浓烟，它所沾染过的帐篷会全部变成黑色。我猜测这种烟可被利用，便尝试着收集它的烟煤，并做成墨，其光泽如黑漆，即便是松墨也无法与它相比。我把它命名为“延川石液”。这种墨日后定会在世上广泛流传。另外，[11] 石油产于地下且无穷无尽，它不像松木，到一定时期便会用完。沈括笔下的“延川石液”指的就是现在中国非常著名的长庆油田，是中国至关重要的能源基地。

그가 아버지를 따라 푸젠성 취안저우에 살고 있을 때, 장시성 옌산현에 맛이 쓰고 청록색을 띠는 시냇물 몇 줄기가 있다는 소문을 듣게 되었다. 주민들은 이를 '담수'라 불렀고, '담수'를 쇠솥에 넣고 졸이면 샛노란 구리를 얻을 수 있다고 했다. 그래서 심괄은 먼 길을 마다하지 않고 옌산현에 와서 '담수로 구리를 제련하는' 모든 과정을 직접 보고, 『몽계필담』에 이를 기록했다. 이것은 '담수로 구리를 제련하는 것'에 관한 중국 최초의 기록이다. [10]비록 당시에는 기술적인 한계성으로 인해 심괄은 '담수로 구리를 제련하는' 화학적인 원리를 명확히 밝혀낼 수는 없었지만 그는 '담수'로 구리를 제련해 내는 모든 과정을 기록했고, 게다가 옌산 부근에 규모가 꽤 큰 구리 광산이 있을 것이라고 예측하기까지 했다. 후대인들이 '담수'를 따라 북쪽으로 가면서 찾아 보니, 아니나 다를까 구이시현에서 거대한 구리 광산을 발견했다.

이뿐만 아니라 심괄은 또한 중국에서 최초로 '석유'라는 말을 언급한 사람이기도 하다. 그는 최초로 석유의 형태와 채굴 과정을 묘사하고, [12]최초로 석유로 송연을 대체하여 먹을 만든 사람이다. 그는 『몽계필담』에 이렇게 묘사했다. 옌저우와 즈저우 영내에는 석유가 있는데, 과거에 말하던 '가오누현에는 지수가 나온다'라고 하는 것이 바로 이를 가리킨다. 석유는 물가에서 나고, 냇물은 모래, 자갈과 섞여 끊겼다 이어졌다 하면서 흘러나온다. 현지인들은 꿩 꼬리에 석유를 묻혀 채취하고 질항아리에 모았다. 이러한 기름은 순수한 칠과 유사해서 연소하면 횃불과 같이 짙은 연기를 내뿜는다. 이것이 묻은 장막은 전부 까만 색으로 변한다. 나는 이러한 연기를 이용할 수 있을 것이라고 추측해서 이를 모은 유연탄을 시도해 보았고 이를 먹으로 만들었는데, 그 광택은 먹칠을 한 것과 같아 송묵이라고 할지라도 이에 비할 수 없었다. 나는 이를 '연천석액'이라고 명명한다. 이러한 먹은 향후 반드시 세상에 널리 전해질 것이다. 또한, [11]석유는 지하에서 생산되어 무궁무진하다. 그것은 송나무처럼 일정 시기가 되었다고 다 써 버리는 것이 아니다. 심괄이 써 내려간 '연천석액'이 바로 현재의 중국에서 굉장히 유명한 창칭 유전으로, 중국에서 매우 중요한 에너지 기지이다.

9 关于沈括，下列哪项正确?

A 很有见识
B 从小就聪明过人
C 继承了母亲的职位
D 对人文风俗非常感兴趣

10 关于沈括对“胆水炼铜”的记载，可以知道:

A 省略了提炼过程
B 并未解释其原理
C 遭到当地人的质疑
D 准确对贵溪铜矿进行了定位

9 심괄에 관하여 다음 중 옳은 것은 무엇인가?

A 견문이 있다
B 어려서부터 유독 똑똑했다
C 어머니의 직위를 계승했다
D 인문과 풍습에 대해 매우 관심이 있다

10 심괄의 '담수로 구리를 제련하는' 것에 대한 기록으로 알 수 있는 것은:

A 제련 과정을 생략했다
B 그 원리는 밝히지 못했다
C 현지인의 의심을 받았다
D 구이시 지역의 구리 광산의 위치를 정확하게 밝혔다

11 根据最后一段，沈括觉得石油有什么优势？

A 用途十分广泛

B 开采过程十分繁杂

C 受空间限制较大

D 取之不尽，用之不竭

12 根据上文，可以知道什么？

A 延川石液已枯竭

B 沈括最早使用石油制墨

C 延川石液是由现代人命名的

D《梦溪笔谈》是物理专著

11 마지막 단락에 따르면, 심괄은 석유에 어떤 장점이 있다고 생각했는가?

A 용도가 매우 광범위하다

B 채굴 과정이 매우 복잡하다

C 공간의 제약이 비교적 크다

D 끝없이 채취할 수 있고 끊임없이 사용할 수 있다

12 지문에 따르면 알 수 있는 것은 무엇인가?

A 연천석액은 이미 고갈되었다

B 심괄은 최초로 석유로 먹을 만들었다

C 연천석액은 현대인이 명명한 것이다

D『몽계필담』은 물리 전문 서적이다

沈括 Shěn Kuò 고유 심괄 [중국 북송의 산문 작가·정치가] | **古代** gǔdài 명 고대 | **科学家** kēxuéjiā 명 과학자 | **兼** jiān 동 겸하다, 동시에 하다 | **政治家** zhèngzhìjiā 명 정치가 | **曾任** céngrèn 동 이전에 ~의 직책을 역임했다 | **知府** zhīfǔ 명 지부, 부지사 | **得以** déyǐ 동 ~할 수 있다 | **走南闯北** zǒunán chuǎngběi 성 각지를 돌아다니다 | ★**见多识广** jiànduōshíguǎng 성 박학다식하다, 보고 들은 것이 많고 식견도 넓다 | **关注** guānzhù 동 주목하다, 관심을 가지다 | **当地** dāngdì 명 현지, 그 지방 | **相关** xiāngguān 동 관련되다, 상관되다 | ★**跟随** gēnsuí 동 뒤따르다, 따라가다 | **福建** Fújiàn 고유 푸젠성 | **泉州** Quánzhōu 고유 취안저우 | **江西** Jiāngxī 고유 장시성 | **铅山** Yánshān 고유 옌산 [장시성에 있는 현 이름] | **县** xiàn 명 현 | **且** qiě 접 게다가, 또한 | **呈** chéng 동 띠다, 나타내다, 드러내다 | **青绿色** qīnglǜsè 명 청록색 | **溪水** xīshuǐ 명 시냇물, 개천 | **村民** cūnmín 명 촌민, 시골 백성 | **胆水** dǎnshuǐ 담수 | **铁锅** tiěguō 명 쇠솥, 가마, 솥 | **煎熬** jiān'áo 동 바싹 졸이다, 달이다 | **黄灿灿** huángcàncàn 형 샛노란(금빛 찬란한) 모양 | ★**铜** tóng 명 구리, 동 | **千里迢迢** qiānlǐtiáotiáo 성 먼 길을 마다하지 않다 | **亲眼** qīnyǎn 부 직접, 자신의 눈으로 | ★**目睹** mùdǔ 동 목격하다, 직접 보다 | **炼** liàn 동 (가열 등의 방법으로) 정제하다, 단련하다 | **全** quán 형 모든, 전체의 | **记录** jìlù 동 기록하다 | **梦溪笔谈** Mèngxībǐtán 고유 몽계필담 [송나라의 심괄(沈括)이 지은 책으로 천문, 수학, 동식물, 물리, 약학, 문학, 미술, 음악, 역사, 행정 따위의 다양한 분야에 걸친 독창적인 연구 논문과 수필을 수록함] | ★**记载** jìzǎi 명 기록 | ★**局限** júxiàn 동 한정하다, 국한하다 | **尚** shàng 부 더욱이, 아직, 또한 | **无法** wúfǎ 동 ~할 수 없다, ~할 방법이 없다 | **明确** míngquè 형 명확하다, 확실하다 | **揭示** jiēshì 동 명시하다, 게시하다 | **化学** huàxué 명 화학 | ★**原理** yuánlǐ 명 원리 | ★**提炼** tíliàn 동 (물리·화학적인 방법을 통해) 추출하다, 정련하다 | **整个** zhěnggè 형 전체의, 전부의 | **预测** yùcè 동 예측하다 | **规模** guīmó 명 규모, 범위 | **较** jiào 부 비교적, 좀, 보다 | **矿** kuàng 명 광산 | **后人** hòurén 명 후세 사람 | **顺着** shùnzhe 동 ~에 따르다, ~를 좇다 | **寻找** xúnzhǎo 동 찾다, 구하다 | **果不其然** guǒbuqírán 성 아니나 다를까, 과연 | **贵溪** Guìxī 고유 구이시 [장시성 동부, 구이시 현의 현청 소재지] | **巨大** jùdà 형 (규모·수량 등이) 아주 크다, 거대하다 | **如此** rúcǐ 대 이러하다, 이와 같다 | **提出** tíchū 동 제의하다, 제기하다 | ★**石油** shíyóu 명 석유 | **以及** yǐjí 접 및, 그리고 | ★**描绘** miáohuì 동 묘사하다, 그려내다 | ★**形态** xíngtài 명 형태 [사물의 형상이나 표현 방식] | ★**开采** kāicǎi 동 (지하 자원을) 채굴하다, 발굴하다 | **烟煤** yānméi 명 유연탄, 역청탄 | **替代** tìdài 동 대체하다, 대신하다 | **松烟** sōngyān 명 송연 [소나무를 태운 그을음으로 먹이나 구두약 따위의 재료로 쓰임] | **墨** mò 명 먹, 먹물 | **描述** miáoshù 동 묘사하다 | **延州** Yánzhōu 고유 옌저우 | **鄜州** Zhízhōu 고유 즈저우 | **境内** jìngnèi 명 경내, 국내, 나라 안 | **高奴** Gāonú 고유 가오누 | **出产** chūchǎn 동 생산하다, 산출하다 | **脂水** zhīshuǐ 지수 | **产** chǎn 동 나다, 생산되다 | **自** zì 개 ~에서부터 | **水边** shuǐbiān 명 물가 | **泉水** quánshuǐ 명 샘물, 생수 | **砂石** shāshí 명 모래와 자갈 | **混杂** hùnzá 동 섞이다, 뒤섞이다 | **断** duàn 동 (도막으로) 자르다, 끊다 | **续** xù 동 이어지다, 계속하다 | **流淌** liútǎng 동 (액체가) 흐르다, 유동하다 | **野鸡** yějī 명 꿩 | **尾** wěi 명 꼬리, 꽁무니 | **沾** zhān 동 묻다, 배다, 찍다 | **收集** shōují 동 모으다, 수집하다 | **瓦罐** wǎguàn 명 질항아리, 동이 | **油** yóu 명 기름 | **纯** chún 형 순수하다, 깨끗하다 | **漆** qī 명 칠, 옻칠 | **燃烧** ránshāo 동 연소하다, 타다 | **如同** rútóng 동 마치 ~와 같다, 흡사하다 | **火炬** huǒjù 명 횃불 | **冒** mào 동 (바깥쪽이나 위로) 내뿜다, 뿜어 나오다 | **浓** nóng 형 진하다, 농후하다, 짙다 | **烟** yān 명 연기 | **所** suǒ 조 [동사 앞에 '~+동사'의 형태로 쓰여, 그 동사와 함께 명사적 성분이 됨] | **沾染** zhānrǎn 동 물들다, 감염되다 | ★**帐篷** zhàngpeng 명 장막, 천막, 텐트 | **全部** quánbù 부 전부, 모두 | **猜测** cāicè 동 추측하다, 짐작하다 | **利用** lìyòng 동 이용하다 | ★**尝试** chángshì 동 테스트해 보다, 시험해 보다 | **光泽** guāngzé 명 광택, 윤기 | **如** rú 동 ~와 같다, ~와 비슷하다 | **黑漆** hēiqī 명 먹칠, 흑칠 | ★**即便** jíbiàn 접 설령 ~하더라도 | **松墨** sōngmò 송묵 | **相比** xiāngbǐ 동 비교하다 | ★**命名** mìngmíng 동 명명하다, 이름 짓다 | **延川石液** Yánchuānshíyè 고유 연천석액 [먹의 종류] | **日后** rìhòu 명 훗날, 나중, 뒷날 | **世上** shìshàng 명 세상, 사회 | **广泛** guǎngfàn 형 광범위하다, 폭넓다 | **流传** liúchuán 동 세상에 널리 퍼지다, 대대로 전해 내려오다 | ★**无穷无尽** wúqióng wújìn 성 무궁무진하다 | **松木** sōngmù 명 소나무 재목 | **时期** shíqī 명 (특정한) 시기 | **笔** bǐ 동 글자를 쓰다 | **长庆** Chángqìng 고유 창칭 | **油田** yóutián 명 유전 | **至关** zhìguān 지극히 | **能源** néngyuán 명 에너지 | ★**基地** jīdì 명 기지, 근거지, 거점 | **见识** jiànshi 명 견문, 식견 | **过人** guòrén 동 (남보다) 뛰어나다, (남을) 능가하다 | ★**继承** jìchéng 동 (유산·권리 등을) 계승하다, 상속하다 | ★**职位** zhíwèi 명 직위 | **人文** rénwén 명 인문, 인류 사회의 각종 문화 현상 | **风俗** fēngsú 명 풍속 | **省略** shěnglüè 동 생략하다 | **遭到** zāodào 동 (불행이나 불리한 일을) 당하다, 겪다 | **质疑** zhìyí 명 의심, 질의 | **定位** dìngwèi 명 측량 후 확정된 위치 | **优势** yōushì 명 우위, 우세 | **用途** yòngtú 명 용도 | **繁杂** fánzá 형 복잡하다, 번잡하다 | **空间** kōngjiān 명 공간 | **限制** xiànzhì 명 제약, 제한 | **取之不尽，用之不竭** qǔzhī bújìn, yòngzhī bùjié 성 아무리 가져도 다 가질 수 없고, 아무리 써도 다 쓸 수 없다, 무궁무진하다 | **枯竭** kūjié 동 고갈되다, 없어지다 | **物理** wùlǐ 명 물리(학) | **专著** zhuānzhù 명 전문 저서, 전문 저작

독해 제4부분

• Day 07 **13** C **14** B **15** D **16** C

13 C [究竟 도대체] 생화 위에 탄소 에어로젤을 올려 둔(把一块……全碳气凝胶放在……鲜花上) 이유는 그것이 매우 가볍다는 것을 증명하기 위한 것으로, 일치하는 보기는 C이다. 각 보기에서 키워드만 짚어 봐도 나머지 보기는 관련이 없다는 것을 알 수 있다.

14 B [高透光度 높은 투광도 ↔ 透光度低 투광도가 낮다] 탄소 에어로젤의 특성이 두 번째 단락에 열거되었으므로, 보기와 하나씩 대조해서 찾으면 된다. 지문에서는 '투광도가 높다(高透光度)'고 한 반면, 보기 B에서는 '투광도가 낮다(透光度低)'고 했기 때문에 정답은 B이다.

15 D [快速吸收漏油 빠른 속도로 유출된 기름을 흡수하다 = 吸油能力强 기름을 흡수하는 능력이 강하다 / 重新 다시 ≒ 重复 다시 하다] 지문의 '빠른 속도로 유출된 기름을 흡수한다(快速吸收漏油)'와 '재사용할 수 있다(能够重新使用)'는 내용이 보기 D와 일치한다.

16 C [呈现出 나타내다, 드러내다] 마지막 문제이지만 두 번째 문단에서 정답이 나왔다. 불순물이 없다면 하늘과 같은 푸른 색을 띤다(若无杂质，它会呈现出与天空相同的蓝色)라고 했으므로 보기 C와 내용이 일치한다. 마지막 문제는 주제를 묻거나 세부 내용을 묻는 경우가 많다. 따라서 세부 내용을 묻는다면 지문을 읽으면서 다른 문제를 해결하는 동시에 마지막 문제의 보기와 대조하며 읽어야만 다시 지문을 읽느라 시간을 낭비하지 않을 수 있다.

世界上有没有比羽毛和棉花更轻的物质呢？有研究表明："全碳气凝胶"是迄今为止世界上最轻的物质。

[13]它究竟有多么轻呢？用语言可能难以表达，为此，科学家们想出了一个好办法：把一块4立方厘米的全碳气凝胶放在一朵盛开的鲜花上， 而脆弱的花瓣能够毫不费力地将它托住。全碳气凝胶中的颗粒达到了纳米量级，因而光透过它时会出现散射现象，如阳光穿透空气般。[16]所以若无杂质，它会呈现出与天空相同的蓝色，这也让它赢得了个非常文艺的名字——"蓝烟"。

世界上密度最小的固体是气凝胶，在日常生活中特别常见，我们的指甲与头发也属于气凝胶。这类物质看起来好像"弱不禁风"，但实际上它在许多高科技领城中都有用武之地。首先，在粒子物理实验当中，可以将气凝胶作为探测器使用。[14]气凝胶的高透光度、固态的性质和低折射系数，令其拥有传统做法无可比拟的优势。其次，在航天领域中，气凝胶也是不可缺少的。[14]它最高可以承受相当于自身重量好几千倍的压力与上千摄氏度的高温。此外，[14]因为它的导热性非常低，所以绝缘能力比玻璃纤维还要强。

세상에 깃털과 솜보다 더 가벼운 물질이 있을까? 한 연구에 따르면 '탄소 에어로젤'은 지금까지 세계에서 가장 가벼운 물질이다.

[13]이것은 대체 얼마나 가벼운 것일까? 말로는 표현하기 어려울 수도 있어서 과학자들은 좋은 방법을 고안해 냈다: 4㎤의 탄소 에어로젤 한 덩이를 활짝 핀 생화 한 송이 위에 올려도 이 연약한 꽃송이는 전혀 힘들지 않게 그것을 떠받치고 있을 수 있다. 탄소 에어로젤의 입자는 나노미터급이라 빛이 이를 투과할 때 산란 현상이 나타나서, 마치 햇빛이 공기를 통과하는 것 같다. [16]그래서 불순물이 없다면 이는 하늘과 같은 푸른 색을 띤다. 이로 인해 탄소 에어로젤은 '푸른 연기'라는 굉장히 문학적인 이름을 얻게 되기도 했다.

세계에서 밀도가 가장 작은 고체는 에어로젤로, 일상생활에서 특히 자주 볼 수 있다. 우리의 손톱과 머리카락 역시 에어로젤에 속한다. 이러한 물질은 보기에는 '바람만 불어도 쓰러질 것처럼' 생겼지만 사실 그것은 수많은 과학기술 분야에서 재능을 발휘할 수 있다. 우선, 입자 물리학 실험에서 에어로젤을 탐지기로 사용할 수 있다. [14]에어로젤의 높은 투광도, 고체 성질, 낮은 굴절 계수는 에어로젤이 전통적인 방식은 비할 수도 없는 강점을 가지게 한다. 둘째, 우주 분야에서 역시 에어로젤은 빠질 수 없다. [14]에어로젤은 자신의 중량의 수천 배에 달하는 압력과 몇천 섭씨도에 달하는 고온을 견딜 수 있다. 이밖에, [14]에어로젤은 열전도율이 굉장히 낮기 때문에 절연력이 유리 섬유보다 더 강하다.

目前，中国所研制的全碳气凝胶能够随意调整形状，有着特别强的延展性与弹性，被压缩80%以后仍然能够迅速恢复原状，因此又被人们称为“碳海绵”。它是目前吸油性最好的材料，并且不吸水、只吸油。[15]这一特性能用来解决海上原油泄漏问题，把它撒到海面上，可以快速吸收漏油，因其弹性很强，吸进的油能够挤出来后再回收，“碳海绵”也能够重新使用。这样一来，不仅治理了被污染的环境，还降低了经济上的损失，可谓“一石二鸟”。

현재 중국에서 연구, 제작한 탄소 에어로젤은 형태를 마음껏 조절할 수 있고, 매우 뛰어난 연전성과 탄성을 가지고 있어서 80%까지 압축이 된 뒤에도 빠르게 원래대로 회복할 수 있다. 그래서 사람들에게 '탄소 스펀지'라고 불리기도 한다. 탄소 에어로젤은 현재 기름 흡수성이 가장 뛰어난 재료인데, 물은 흡수하지 않고 기름만을 흡수한다. [15]이러한 특징은 바다 원유 유출 문제 해결에 사용될 수 있다. 탄소 에어로젤을 바다에 뿌리면 빠른 속도로 유출된 기름을 흡수할 수 있다. 탄성이 강하기 때문에 흡수한 기름을 짜내고 다시 회수하면 '탄소 스펀지' 역시 재사용할 수 있다. 이렇게 되면 오염된 환경을 관리할 수 있을 뿐만 아니라 경제적인 손실도 줄일 수 있으니 '일석이조'라 할 만하다.

13 科学家把“全碳气凝胶”放在鲜花上是为了什么？

A 鉴定其色彩
B 测量光的反射率
C 证明其质地轻
D 观察花是否会凋谢

13 과학자들이 '탄소 에어로젤'을 생화에 올려 둔 이유는 무엇인가?

A 탄소 에어로젤의 색을 감정하려고
B 빛의 반사율을 측정하려고
C 그 속성이 가볍다는 것을 증명하려고
D 꽃이 시드는지 관찰하려고

14 下列哪项不属于全碳气凝胶的属性？

A 高弹性
B 透光度低
C 绝缘能力强
D 耐热耐高压

14 다음 중 탄소 에어로젤의 속성이 아닌 것은 무엇인가?

A 고탄성
B 투광도가 낮음
C 절연력이 강함
D 내열성이 강하고 고압에 강함

15 “碳海绵”在处理原油泄漏上的优势是什么？

A 便于保存
B 能够探测原油泄漏的程度
C 容易降解
D 吸油能力强且可重复使用

15 '탄소 스펀지'의 원유 유출 처리에서의 강점은 무엇인가?

A 보존이 편함
B 원유 유출의 정도를 탐지할 수 있음
C 잘 분해됨
D 기름 흡수력이 강하고 재사용할 수 있음

16 根据上文，下列哪项正确？

A 气凝胶全部都是人工合成的
B 气凝胶是密度非常大的气体
C 纯净的全碳气凝胶呈蓝色
D 全碳气凝胶尚未正式投入使用

16 지문에 따르면 다음 중 옳은 것은 무엇인가?

A 에어로젤은 모두 인공적으로 합성한 것이다
B 에어로젤은 밀도가 굉장히 큰 기체이다
C 순수한 탄소 에어로젤은 푸른 색을 띤다
D 모든 탄소 에어로젤은 아직 정식으로 투입 및 사용되지 않았다

羽毛 yǔmáo 명 깃털 | ★**棉花** miánhua 명 솜, 면, 목화의 통칭 | **物质** wùzhì 명 물질 | **表明** biǎomíng 동 분명하게 밝히다, 표명하다 | **全碳气凝胶** quántànqì níngjiāo 탄소 에어로젤 | ★**迄今为止** qìjīn wéizhǐ 성 (이전 어느 시점부터) 지금에 이르기까지 | **难以** nányǐ 동 ~하기 어렵다 | **表达** biǎodá 동 표현하다, 나타내다 | **为此** wèicǐ 접 이 때문에 | **科学家** kēxuéjiā 명 과학자 | **立方厘米** lìfāng límǐ 양 세제곱센티미터, 입방 센티미터 | **朵** duǒ 양 송이, 조각, 점 [꽃·구름 등을 세는 단위] | ★**盛开** shèngkāi 동 (꽃이) 활짝 피다, 만발하다 | **鲜花** xiānhuā 명 생화, 꽃 | ★**脆弱** cuìruò 형 연약하다, 취약하다, 무르다 | ★**花瓣** huābàn 명 꽃잎, 화판 | **能够** nénggòu 조동 ~할 수 있다 | **毫** háo 부 (부정에 쓰여) 전혀, 조금도 | **费力** fèilì 동 애쓰다, 힘을 소모하다 | **托住** tuōzhù 동 손으로 떠받치다 | **颗粒** kēlì 명 알, 낟알, 과립 | **达到** dádào 동 도달하다, 달성하다, 이르다 | **纳米** nàmǐ 양 나노미터 | **量** liáng 동 (길이·크기·무게·넓이·분량 따위를) 재다, 달다 | **级** jí 명 급, 등급 | **因而** yīn'ér 접 그러므로, 그런 까닭에, 따라서 | **透过** tòuguo 동 투과하다, 지나다, 통과하다 | **散射** sǎnshè 명 (빛의) 산란, 난반사 | **现象** xiànxiàng 명 현상 | **如** rú 동 ~와 같다 | **穿透** chuāntòu 동 꿰뚫다, 관통하다, 침투하다 | **般** bān 조 ~와 같은 | **若** ruò 접 만약, 만일 | **杂质** zázhì 명 불순물, 이물질 | ★**呈现** chéngxiàn 동 양상을 띠다, 나타나다, 드러나다 | **天空** tiānkōng 명 하늘, 공중 | **蓝色** lánsè 명 파란색, 남색 | **赢得** yíngdé 동 얻다, 획득하다 | ★**文艺** wényì 명 문예, 문학과 예술 | **蓝烟** lányān 푸른 연기 | ★**密度** mìdù 명 밀도 | ★**固体** gùtǐ 명 고체 | **气凝胶** qìníngjiāo 에어로젤 | **日常** rìcháng 명 일상, 평소 | **常见** chángjiàn 형 늘 보이는,

독해 제4부분

흔히 보는 | ★**指甲** zhǐjia 명 손톱 | **属于** shǔyú 동 ~에 속하다 | **弱不禁风** ruòbùjīnfēng 성 몸이 약해서 바람에도 쓰러질 것 같다 | **科技** kējì 명 과학기술 | **领域** lǐngyù 명 분야, 영역 | **用武之地** yòngwǔ zhī dì 자신의 재능을 보여 줄 곳임을 이르는 말 | **粒子** lìzǐ 명 입자, 소립자 | **物理** wùlǐ 명 물리, 물리학 | **实验** shíyàn 명 실험 | **作为** zuòwéi 개 ~의 신분·자격으로서 | **探测器** tàncèqì 명 탐지기, 측정기 | **透光度** tòuguāngdù 투광도, 투과도 | **固态** gùtài 명 고체, 고체 상태 | **性质** xìngzhì 명 성질, 성분 | **折射系数** zhéshè xìshù 명 굴절 계수 | **令** lìng 동 ~하게 하다, ~를 시키다 | ★**拥有** yōngyǒu 동 가지다, 보유하다 | **传统** chuántǒng 명 전통 | **做法** zuòfǎ 명 (일처리나 물건을 만드는) 방법 | **无可比拟** wúkěbǐnǐ 성 비할 바 없다, 필적할 만한 것이 없다 | **优势** yōushì 명 강점, 우위, 우세 | ★**航天** hángtiān 명 우주 비행 | **不可缺少** bùkě quēshǎo 없어서는 안 된다 | **承受** chéngshòu 동 감당하다, 감내하다 | **相当于** xiāngdāngyú 동 ~에 맞먹다, ~와 같다 | **自身** zìshēn 명 자신 | **重量** zhòngliàng 명 중량 | ★**摄氏度** shèshìdù 양 섭씨 [온도의 단위] | **高温** gāowēn 명 고온 | **此外** cǐwài 접 이 외에, 이 밖에 | **导热性** dǎorèxìng 명 열전도율 | **绝缘** juéyuán 명 절연 | **玻璃** bōli 명 유리 | ★**纤维** xiānwéi 명 (천연 또는 인공의) 섬유 | **强** qiáng 형 강하다 | **目前** mùqián 명 현재, 지금 | **所** suǒ 조 [동사 앞에 '~+동사'의 형태로 쓰여, 그 동사와 함께 명사적 성분이 됨] | **研制** yánzhì 동 연구 제작하다 | ★**随意** suíyì 부 마음대로, 하고 싶은 대로 | **调整** tiáozhěng 동 조정하다, 조절하다 | **形状** xíngzhuàng 명 형상, 물체의 외관, 생김새 | **延展性** yánzhǎnxìng 명 연전성, 연성과 전성 | ★**弹性** tánxìng 명 탄성, 탄력성 | ★**压缩** yāsuō 동 압축하다, 줄이다 | **迅速** xùnsù 형 재빠르다, 신속하다 | **恢复** huīfù 동 회복하다 | **原状** yuánzhuàng 명 원래 상태, 원래 모습 | **称为** chēngwéi 동 ~라고 부르다 [被称为: ~라고 불리다] | **碳** tàn 명 탄소 | **海绵** hǎimián 명 스펀지 | **吸油性** xīyóuxìng 명 흡유성 | **特性** tèxìng 명 특성 | **用来** yònglái 동 ~에 사용하다, ~에 쓰다 | **原油** yuányóu 명 원유 | **泄漏** xièlòu 동 새다, 누출되다 | **撒** sǎ 동 뿌리다, 방출하다 | **快速** kuàisù 형 빠르다, 신속하다 | **吸收** xīshōu 동 섭취하다, 흡수하다 | **漏** lòu 동 (물체가 구멍이나 틈이 생겨) 새다 | **挤出** jǐchū 동 (짜)내다 | ★**回收** huíshōu 동 회수하다, 회수하여 이용하다 | ★**治理** zhìlǐ 동 관리하다, 통치하다 | **损失** sǔnshī 명 손실, 손해 | **可谓** kěwèi ~라고 할 만하다, ~라고 말할 수 있다 | **一石二鸟** yìshí èrniǎo 성 일석이조 | ★**鉴定** jiàndìng 동 감정하다, 판정하다 | **色彩** sècǎi 명 색깔, 색채 | ★**测量** cèliáng 동 측량하다 | **反射率** fǎnshèlǜ 명 반사율 | **质地** zhìdì 명 속성, 재질 | **观察** guānchá 동 (사물·현상을) 관찰하다, 살피다 | **凋谢** diāoxiè 동 (초목·꽃잎이) 시들어 떨어지다 | **属性** shǔxìng 명 속성 | **耐** nài 동 참다, 버티다, 견뎌 내다 | **高压** gāoyā 명 높은 압력, 고압 | **处理** chǔlǐ 동 처리하다, 해결하다 | ★**便于** biànyú 동 ~에 편하다, ~하기에 쉽다 | **保存** bǎocún 동 보존하다, 보관하다 | ★**探测** tàncè 동 (기구로) 탐지하다, 관측하다 | **程度** chéngdù 명 정도 | **降解** jiàngjiě 동 분해하다 | **吸** xī 동 흡수하다, 빨아들이다 | **油** yóu 명 기름 | ★**人工** réngōng 형 인공의, 인위적인 | ★**合成** héchéng 동 합성하다, 합쳐서 ~이 되다 | **气体** qìtǐ 명 기체 | **纯净** chúnjìng 형 (성분이) 순수하다, 깨끗하다 | **呈** chéng 동 (빛깔을) 띠다, 나타내다 | **尚未** shàngwèi 부 아직 ~하지 않다 | **投入** tóurù 동 투입하다, 뛰어들다, 참가하다

track yuedu 57

• Day 09 17 B 18 D 19 A 20 C

17 B [软体 연체 / 壳 껍데기] 정답이 지문의 중반부에 나왔기 때문에 첫 부분을 읽으면서 답을 못 찾고 있는 것이 아닌가 혼란이 올 수도 있지만 자신의 독해 능력을 믿고 차분히 읽어 보자. '软体居住在一个又薄又长的圆锥形壳中(연체는 얇고 긴 원추형 껍데기에 산다)'의 수식 부분을 모두 지우면 '软体居住在……壳中(연체는 ~껍데기에 산다)'이다. 따라서 이와 일치하는 보기는 B이다. 해석이 어렵다면 수식 부분을 지우고 기본 구조부터 살펴 보자.

18 D [把……排出去 ~을 배출하다] '从而进行移动(~함으로써 이동한다)' 앞에 그 방법이 제시되었다. '이 관으로 바닷물을 흡수하고, 반대 방향으로 바닷물을 배출한다(用这根管子将海水吸进去，并从反方向把海水排出去)'가 이동 방법이고, '이 관(这根管子)'이 가리키는 것은 앞의 '하복부의 관(下腹部有一根……管子)'이다. 따라서 이와 일치하는 보기는 D이다.

19 A [狭窄 협소하다] 문제에서 서식지가 어디인지 물었으므로, 지문에서 '栖息地(서식지)'에 상응하는 표현을 먼저 찾아야 한다. 세 번째 단락 마지막에 '서식하는 해양 구역은 협소한 편(栖息的海洋区域都较为狭窄)'이라고 언급했으므로 정답은 A이다.

20 C [遭受到威胁 ≒ 受到威胁 위협을 받다] 마지막 단락의 '遭受到威胁(위협을 받다)'를 찾았으면 정답이 C인 것을 알 수 있다. 껍데기를 제외한 부분이 문어와 비슷하다고 했을 뿐, 앵무조개가 문어가 된 것은 아니므로 A는 답이 아니고, 연구자들이 앵무조개의 성별과 나이를 확인했다는 언급 외에 성별과 관련한 언급도 없으므로 B도 답이 아니다.

生物学家在不久之前于南太平洋偶然发现了已经消失了30年的古生物——鹦鹉螺。他们不但拍摄到了其活体状态的数字图像，而且成功地在鹦鹉螺身上安装了跟踪装置。生物学家的这一巨大发现将会帮助人类揭开有关鹦鹉螺生存深邃而古老的秘密。

鹦鹉螺的贝壳从背部向腹部卷曲平旋，形状与鹦鹉的头形相似，因此得名“鹦鹉螺”。它诞生于五亿余年以前的寒武纪末期，因为经历过“大灭绝时代”的物种大多都已经灭绝，所以科学家非常重视如鹦鹉螺这样的“幸存者”。鹦鹉螺在奥陶纪以后，进化成了海洋里最凶猛的肉食性动物，被称为“海中霸王”。在它的“全盛期”时，古海洋里生存着一种身体长达十米以上的巨型鹦鹉螺，[17]它的软体居住在一个又薄又长的圆锥形壳中，没有尾巴与鳍。[18]它的下腹部有一根柔软而有韧性的肉质管子，鹦鹉螺用这根管子将海水吸进去，并从反方向把海水排出去，从而进行移动。它还可以通过调节壳里的水量来控制其垂直位置。除了有壳这一点之外，巨型鹦鹉螺的形态倒是与现在的章鱼非常像。

此次，生物学家对所发现的每只鹦鹉螺都测量了大小，在得到它们的部分组织、黏液与外壳作为样本以后，就将它们放生了。研究人员之所以采集样本数据，是为了确定每一只鹦鹉螺的性别与年龄，顺便勘察南太平洋中鹦鹉螺的多样性。研究结果显示，[19]大部分鹦鹉螺栖息的海洋区域都较为狭窄，它们如同潜水艇一般上下潜行，基本上只是在800米左右的海深范围里活动。

[20]专家指出，日后这些鹦鹉螺极有可能会因为非法捕捞而遭受到威胁。因此，有关人员也在探讨进一步保护鹦鹉螺的方案。

생물학자가 얼마 전 남태평양에서 이미 사라진 지 30년 된 고생물인 앵무조개를 우연히 발견했다. 그들은 앵무조개의 살아 있는 상태를 디지털 이미지로 촬영했을 뿐만 아니라 앵무조개 몸에 추적 장치를 성공적으로 설치했다. 생물학자의 이 거대한 발견은 인류가 앵무조개 생존에 대한 심오하고도 오래된 비밀을 푸는 데에 도움이 될 것이다.

앵무조개의 껍데기는 등에서부터 복부로 구부러져 있고, 모양이 앵무새의 머리와 비슷해서 ‘앵무조개’라는 이름을 얻었다. 그것은 5억여 년 전의 캄브리아기 말기에 탄생했다. ‘대멸종 시대’를 거친 생물종은 대부분 멸종했기 때문에 과학자들은 앵무조개와 같은 이런 ‘생존자’를 매우 중시한다. 앵무조개는 오르도비스기 이후 바다에서 가장 사나운 육식동물로 진화해서 ‘바다의 패왕’이라고 불린다. 앵무조개의 ‘전성기’에 고대 해양에는 몸 길이가 10m 이상인 거대 앵무조개도 있었다. [17]그것의 연체는 얇고 긴 원추형 껍데기에 살고 꼬리와 지느러미는 없다. [18]그것의 하복부에는 부드럽지만 탄성이 있는 육질의 관이 하나 있는데, 앵무조개는 이 관으로 바닷물을 흡수하고 반대 방향으로 바닷물을 배출하여 이동한다. 앵무조개는 또한 껍데기 내부의 물의 양을 제어해서 수직 위치를 조절한다. 껍데기가 있다는 점 외에 초대형 앵무조개의 모습은 오히려 현재의 문어와 굉장히 비슷하다.

이번에 생물학자들은 발견한 모든 앵무조개의 크기를 측정하고, 그들의 일부 조직, 점액과 껍데기에서 샘플을 얻은 뒤 방생했다. 연구원들이 샘플 데이터를 수집한 이유는 모든 앵무조개의 성별과 연령을 확인하고, 그 참에 남태평양 앵무조개의 다양성을 탐사하기 위함이었다. 연구 결과에 따르면 [19]대부분의 앵무조개가 서식하는 해양 구역은 비교적 협소한 편이고, 그들은 잠수함처럼 위 아래로 잠수를 해서 기본적으로 800m 정도의 깊이 범위에서만 활동한다.

[20]전문가는 앞으로 이 앵무조개들은 불법 포획으로 위협을 받게 될 가능성이 크다고 지적했다. 따라서 관계자들은 앵무조개를 더욱 잘 보호할 수 있는 방안을 탐색하고 있다.

17 关于鹦鹉螺，下列哪项正确?

A 嗅觉十分灵敏
B 软体在壳中
C 诞生于“大灭绝时代”以后
D 可以任意改变身体大小

18 鹦鹉螺在海中是怎样移动的?

A 摆动鳍划水
B 依附于别的生物
C 收缩尾部的肌肉
D 通过下腹的管子排水

17 앵무조개에 관하여 다음 중 옳은 것은 무엇인가?

A 후각이 매우 민감하다
B 연체가 껍데기 안에 있다
C ‘대멸종 시대’ 이후에 탄생했다
D 임의로 몸의 크기를 바꿀 수 있다

18 앵무조개는 바다에서 어떻게 이동하는가?

A 지느러미를 움직여서 물을 헤쳐 나간다
B 다른 생물에 의지한다
C 꼬리 부분의 근육을 수축한다
D 하복부의 관을 통해 물을 배출한다

19 研究表明，鹦鹉螺的栖息地有什么特点？

A 范围狭窄
B 特别炎热
C 水草非常茂盛
D 生物种类单一

20 根据上文，可以知道：

A 鹦鹉螺最后进化成了章鱼
B 鹦鹉螺的性别无法确定
C 鹦鹉螺的生存将受到威胁
D 科学家计划人工饲养鹦鹉螺

19 연구에 따르면 앵무조개의 서식지는 어떠한 특징이 있는가?

A 범위가 협소하다
B 무척 덥다
C 수초가 매우 무성하다
D 생물종이 단일하다

20 지문에 따르면 알 수 있는 것은:

A 앵무조개는 마지막에 문어로 진화했다
B 앵무조개의 성별은 확정지을 수 없다
C 앵무조개의 생존이 곧 위협 받을 것이다
D 과학자들은 앵무조개를 인공적으로 사육하려고 계획하고 있다

生物学家 shēngwù xuéjiā 명 생물학자 | **不久** bùjiǔ 형 오래되지 않다 | **之前** zhīqián 명 ~이전, ~의 앞 | **于** yú 개 ~에 | **太平洋** Tàipíngyáng 고유 태평양 | **偶然** ǒurán 부 우연히, 뜻밖에 | **消失** xiāoshī 동 사라지다, 없어지다, 자취를 감추다 | **古生物** gǔshēngwù 명 고생물 | **鹦鹉螺** yīngwǔluó 명 앵무조개 | **拍摄** pāishè 동 촬영하다, 사진을 찍다 | **活体** huótǐ 명 생체, 살아 있는 생명체 | **状态** zhuàngtài 명 상태 | **数字** shùzì 형 디지털형의 | **图像** túxiàng 명 이미지, 영상 | **安装** ānzhuāng 동 설치하다, 고정시키다 | ★**跟踪** gēnzōng 동 추적하다, 바짝 뒤따르다 | **装置** zhuāngzhì 명 장치, 설비 | **巨大** jùdà 형 (규모·수량 등이) 거대하다, 아주 크다 | **人类** rénlèi 명 인류 | **揭开** jiēkāi 동 열다, 드러내다, 폭로하다 | **有关** yǒuguān 동 관계가 있다 | ★**生存** shēngcún 명 생존 | **深邃** shēnsuì 형 심오하다, 깊다 | **古老** gǔlǎo 형 오래되다, 낡다 | **秘密** mìmì 명 비밀, 기밀 | ★**贝壳** bèiké 명 조개껍데기, 조개껍질 | **背部** bèibù 명 등, 배부 | **腹部** fùbù 명 배, 복부 | **卷曲** juǎnqū 형 굽다 | **平旋** píngxuán 평편 회전의 | **形状** xíngzhuàng 명 형상, 물체의 외관, 생김새 | **鹦鹉** yīngwǔ 명 앵무새 | **形** xíng 명 모양, 형상 | **相似** xiāngsì 동 닮다, 비슷하다 | **得名** démíng 동 이름을 얻다 | ★**诞生** dànshēng 동 탄생하다, 태어나다 | **亿** yì 수 억 | **余年** yúnián 명 여생, 만년 | **寒武纪** Hánwǔjì 고유 캄브리아기 | **末期** mòqī 명 말기 | **灭绝** mièjué 동 멸종하다, 멸절하다 | **时代** shídài 명 (역사상의) 시대, 시기 | **物种** wùzhǒng 명 생물의 종 | **大多** dàduō 부 대부분, 거의 다 | **如** rú 동 ~와 같다 | **幸存者** xìngcúnzhě 생존자 | **奥陶纪** Àotáojì 고유 오르도비스기 | ★**进化** jìnhuà 동 진화하다 | **凶猛** xiōngměng 형 사납다, 용맹하다 | **肉食性** ròushíxìng 육식성 | **霸王** bàwáng 명 패왕 [대단히 횡포한 자] | **全盛期** quánshèngqī 명 전성기 | ★**生存** shēngcún 동 생존하다, 살아남다 | **达** dá 동 도달하다, 이르다 | **巨型** jùxíng 형 대형의, 초대형의 | **软体** ruǎntǐ 형 연체의 | ★**居住** jūzhù 동 거주하다, 살다 | **薄** báo 형 얇다, 엷다 | **圆锥形** yuánzhuīxíng 원추형 | **壳** ké 명 단단한 외피, 딱딱한 껍질 | **尾巴** wěiba 명 꼬리, 꽁무니 | **鳍** qí 명 (물고기의) 지느러미 | **下腹部** xiàfùbù 하복부 | **柔软** róuruǎn 형 부드럽고 연하다, 유연하다 | **韧性** rènxìng 명 인성, 근성, 강인성 | **肉质** ròuzhì 명 (식물의) 육질 | **管子** guǎnzi 명 관, 호스, 파이프 | **根** gēn 양 개, 가닥, 대 | **海水** hǎishuǐ 명 바닷물, 해수 | **吸** xī 동 빨아들이다, 흡수하다 | **反** fǎn 형 반대의, 거꾸로의 | **排** pái 동 내보내다, 배제하다 | **移动** yídòng 동 이동하다, 옮기다 | ★**调节** tiáojié 동 조절하다, 조정하다 | **控制** kòngzhì 동 통제하다, 제어하다 | ★**垂直** chuízhí 명 수직 | **位置** wèizhì 명 위치, 자리 | **章鱼** zhāngyú 명 문어, 낙지 | ★**测量** cèliáng 동 측정하다, 측량하다 | **组织** zǔzhī 명 조직, 구성 | **黏液** niányè 명 점액 | **样本** yàngběn 명 샘플, 견본 | **放生** fàngshēng 동 방생하다, 놓아 주다 | **研究人员** yánjiū rényuán 연구원 | ★**采集** cǎijí 동 수집하다, 채집하다 | **数据** shùjù 명 데이터, 통계 수치 | **确定** quèdìng 동 확인하다, 확정하다, 확실히 하다 | **勘察** kānchá 동 (지형·지질 구조·지하자원의 매장 상황 등을) 탐사하다, 실지 조사하다 | **多样性** duōyàngxìng 다양성 | **显示** xiǎnshì 동 보여 주다, 뚜렷하게 나타내 보이다 | **栖息** qīxī 동 서식하다, 머물다 | ★**区域** qūyù 명 구역, 지역 | **较为** jiàowéi 부 비교적 [주로 같은 종류의 사물을 비교할 때 쓰임] | ★**狭窄** xiázhǎi 형 협소하다, 비좁다 | **如同** rútóng 동 마치 ~와 같다, 흡사 ~이다 | **潜水艇** qiánshuǐtǐng 명 잠수함, 잠수정 | **潜行** qiánxíng 동 잠행하다, 물속에 잠기어 가다 | **基本** jīběn 형 기본의, 근본적인 | **海深** hǎishēn 명 해심 | **范围** fànwéi 명 범위 | **专家** zhuānjiā 명 전문가 | **指出** zhǐchū 동 지적하다, 가리키다 | **日后** rìhòu 명 이후, 훗날, 나중 | ★**非法** fēifǎ 형 불법적인, 비합법적인, 위법한 | **捕捞** bǔlāo 동 물고기를 잡다 | ★**遭受** zāoshòu 동 받다, (불행 또는 손해를) 입다, 당하다 | **威胁** wēixié 명 위협 | ★**探讨** tàntǎo 동 연구 토론하다, 탐구하다 | **进一步** jìnyíbù 부 한 걸음 더 나아가다, 진일보하다 | **方案** fāng'àn 명 방안, 계획 | ★**嗅觉** xiùjué 명 후각 | ★**灵敏** língmǐn 형 반응이 빠르다, 예민하다, 민감하다 | ★**任意** rènyì 형 임의의 | **摆动** bǎidòng 동 흔들거리다, 진동하다 | **划水** huáshuǐ 동 물을 헤치다 | **依附** yīfù 동 의지하여 따르다, 종속하다 | ★**生物** shēngwù 명 생물 | ★**收缩** shōusuō 동 수축하다, 졸아들다 | **尾部** wěibù 명 (사물의) 끝 부분, 꼬리 부분 | **肌肉** jīròu 명 근육 | **栖息地** qīxīdì 명 서식지 | ★**炎热** yánrè 형 무덥다, 찌는 듯하다 | **水草** shuǐcǎo 명 수초, 물풀 | ★**茂盛** màoshèng 형 (식물이) 무성하다, 우거지다 | **种类** zhǒnglèi 명 종류 | **单一** dānyī 형 단일하다 | ★**人工** réngōng 형 인공의, 인위적인 | ★**饲养** sìyǎng 동 사육하다

• Day 11　21 C　22 A　23 A　24 B

21 C [当A的时候 A할 때] 지문에서 드롱고의 울음소리에 대해 세 번 이야기했는데, 각각이 어떤 상황인지 정확하게 이해해야 한다. 첫 번째 울음소리는 미어캣을 도운 것이고, 두 번째는 미어캣을 속인 것이고, 세 번째도 미어캣을 속였기 때문에 정답은 C이다.

22 A [劫难 위기, 재난] 두 번째 단락에서 드롱고가 미어캣에게 독수리가 있음을 알려 준 것을 '劫难(위기, 재난)'라 표현한 것으로 미루어 보아 미어캣은 독수리를 무서워한다는 것을 알 수 있다. 나머지 보기는 모두 언급되지 않았다.

23 A [无奈之举 어쩔 수 없는 선택] 밑줄 앞을 보면 드롱고는 아무때나 미어캣을 속이는 것이 아니라 음식이 부족한 겨울에만 사기 행각을 벌이는데(仅仅是在食物缺乏的冬季才会做出这样的欺骗行为), 이는 생존을 위한 것이라고 한다. 따라서 가장 일치하는 설명은 A이다.

24 B [下定论 결론을 내리다] 미어캣은 드롱고에게 속을 때도 있지만, 대부분은 오히려 도움을 받는다. 이는 곧 다른 사람이 잘못해도 이해하고 넘어간다면 나에게도 도움이 된다는 교훈을 준다. 따라서 이 내용과 일치하는 보기는 B이다. 미어캣이 드롱고를 맹목적으로 신뢰하는 것은 아니므로 C는 답이 아니다.

在非洲的沙漠中栖息着一种名叫卷尾燕的鸟，这种鸟常与狐獴聚在一起。

关于卷尾燕和狐獴有一个有趣的故事：[21, 22] 当卷尾燕看到老鹰在空中盘旋时，它们马上发出尖锐的叫声，狐獴听见以后撒腿便跑。几乎就在同一时刻，老鹰从天空中俯冲下来，但扑了个空。经过这一场劫难后，狐獴对卷尾燕变得非常信任。

没过多久，卷尾燕又发出相同的叫声，狐獴以为老鹰再次来袭，便赶快抛下口中的食物撤离。但这一次卷尾燕却骗了它们。在狐獴离开的瞬间卷尾燕飞身跃下，将它们的食物叼起并快速飞走。虽然之前卷尾燕救过它们的性命，可这一次的欺骗却让狐獴非常生气。

[21] 当下一次卷尾燕"故伎重演"的时候，结果没有一只狐獴离开。忽然，其中一只狐獴开始尖叫，于是它们再一次丢下手里的食物逃跑了。可这一次它们又错了，[21] 这个叫声实际上是卷尾燕模仿狐獴的声音发出来的，卷尾燕再次得到了食物。

让人奇怪的是，尽管卷尾燕一而再、再而三地欺骗狐獴，但它们却并不想把卷尾燕赶走，[23] 有的时候甚至还会主动给卷尾燕些食物。这是由于卷尾燕仅仅是在食物缺乏的冬季才会做出这样的欺骗行为，这是它为了解决自身生存危机的"无奈之举"。在其它的季节，它会为狐獴提供正确有效的"警报"。总的来说，卷尾燕算是狐獴值得信任的朋友。

아프리카의 사막에는 드롱고라는 새가 서식하고 있는데, 이 새는 종종 미어캣과 함께 모여 있다.

드롱고와 미어캣에 관한 재미있는 이야기가 있다.[21, 22] 드롱고는 독수리가 하늘에서 빙빙 돌면서 날고 있는 것을 보면 즉각 날카로운 울음소리를 내고, 미어캣은 이를 들은 후 후다닥 도망간다. 거의 동시에 독수리는 하늘에서 급강하하지만 허공으로 돌진하게 된다. 이러한 위기를 겪은 후 미어캣은 드롱고를 매우 신뢰하게 된다.

얼마 지나지 않아 드롱고는 또 같은 울음소리를 낸다. 미어캣은 독수리가 재차 공격을 한다고 생각해서 물고 있던 음식을 얼른 버리고 도망간다. 그러나 이번에는 드롱고가 그들을 속인 것이다. 미어캣이 도망가는 순간 드롱고는 빠르게 날아와 그들의 음식을 물고 훌쩍 날아간다. 비록 드롱고는 전에 그들의 생명을 구한 바 있지만 이번 속임수는 미어캣을 매우 화나게 한다.

[21]다음 번에 드롱고가 '똑같은 수법'을 쓸 때는 미어캣은 한 마리도 도망가지 않는다. 갑자기 그들 중 미어캣 한 마리가 울기 시작한다. 그래서 그들은 또 한 번 들고 있던 음식을 두고 도망갔다. 그러나 이번에도 그들은 틀렸다. [21]이 울음소리는 사실 드롱고가 미어캣의 울음소리를 따라서 낸 것이었고 드롱고는 다시 한 번 음식을 얻었다.

이상한 것은 드롱고가 계속해서 미어캣을 속이는데도 미어캣들은 드롱고를 내쫓지 않고, [23]어떨 때는 심지어 드롱고에게 자발적으로 음식을 주기까지 한다는 점이다. 이는 드롱고가 음식이 부족한 겨울에만 이러한 사기 행각을 벌이기 때문이다. 이는 드롱고가 생존의 위기를 해결하기 위해 내린 '어쩔 수 없는 선택'이었던 것이다. 다른 계절에 드롱고는 미어캣에게 정확하고 효과적인 '경보'를 제공한다. 결과적으로 드롱고는 미어캣에게 믿을만한 친구인 셈이다.

狐獴不断被卷尾燕的“诡计”所欺骗，但仍选择与它和睦相处。[24]这个现象告诉人们：当一个人犯错的时候，别轻易下定论，在很多情况下，他们可能也有身不由己的苦衷。给他人一次机会，便是给自己一次机会。

미어캣은 끊임없이 드롱고의 '계략'에 넘어가지만 여전히 그와 사이좋게 지내는 것을 선택했다. [24]이 현상은 사람들에게 누군가 잘못을 했을 때 쉽게 결론을 내지 말아야 한다는 점을 알려 준다. 많은 경우 그들에게도 자기 뜻대로 되지 않는 고충이 있었을 수 있다. 다른 사람에게 기회를 한 번 더 주는 것은 곧 자신에게 기회를 주는 것이기도 하다.

21 关于卷尾燕的三次叫声，可以知道什么？

A 第一次是在向狐獴求助
B 第二次是要报复狐獴
C 第三次是在欺骗狐獴
D 每次都受到狐獴的抱怨

22 关于狐獴，下列哪项正确？

A 惧怕老鹰
B 行动迟缓
C 繁殖能力非常强
D 栖息于山中

23 下列哪项最有可能是第5段中画线词语的意思？

A 不得已的行为
B 气恼的反抗之举
C 让人恐慌的举措
D 为了达到目的不择手段

24 狐獴对卷尾燕的态度，可以告诉我们什么？

A 不要只是一味地索取
B 要多体谅别人
C 别盲目相信别人
D 优胜劣汰，适者生存

21 드롱고의 세 번의 울음소리에 관하여 알 수 있는 것은 무엇인가?

A 첫 번째는 미어캣에게 도움을 청한 것이다
B 두 번째는 미어캣에게 복수하기 위한 것이다
C 세 번째는 미어캣을 속인 것이다
D 모든 울음소리는 미어캣의 원성을 샀다

22 미어캣에 관하여 다음 중 옳은 것은 무엇인가?

A 독수리를 무서워한다
B 행동이 느리다
C 번식력이 매우 강하다
D 산속에 서식한다

23 다음 중 다섯 번째 단락의 밑줄 친 단어의 의미에 가장 가까운 것은 무엇인가?

A 어쩔 수 없는 행동
B 분노의 반항책
C 당황스러운 조치
D 목적을 위해서는 수단을 가리지 않음

24 드롱고를 대하는 미어캣의 태도는 우리에게 무엇을 알려 주는가?

A 계속 요구만 해서는 안 된다
B 다른 사람을 이해해 주어야 한다
C 다른 사람을 맹목적으로 신뢰하면 안 된다
D 우승열패, 적자생존

非洲 Fēizhōu 고유 아프리카 주 | **沙漠** shāmò 명 사막 | **栖息** qīxī 동 서식하다, 머물다 | **名** míng 명 이름, 명칭 | **卷尾燕** Juǎnwěiyàn 고유 드롱고 [권미과 새의 총칭으로 보통 깃털은 검은색이고 꽁지는 길며 두 갈래로 갈라져 있음] | **常** cháng 부 자주, 늘, 항상 | **狐獴** húměng 명 미어캣 | **老鹰** lǎoyīng 명 독수리 | **聚** jù 동 모이다 | **空中** kōngzhōng 명 하늘, 공중 | ★**盘旋** pánxuán 동 빙빙 돌다, 맴돌다, 선회하다 | ★**尖锐** jiānruì 형 날카롭다, 예리하다 | **叫声** jiàoshēng 명 울음소리, 우는 소리 | **撒腿** sātuǐ 동 후다닥 뛰어가다, 내빼다, 달아나다 | **便** biàn 부 곧, 즉시, 바로 [=就] | **同一** tóngyī 형 같다, 동일하다 | **时刻** shíkè 명 시간, 시각 | **天空** tiānkōng 명 하늘, 공중 | **俯冲** fǔchōng 동 급강하하다 | ★**扑** pū 동 돌진하다, 뛰어들다, 달려들다 | **劫难** jiénàn 명 위기, 재난, 화 | **信任** xìnrèn 동 신뢰하다, 신임하다 | **袭** xí 동 습격하다, 기습하다 | **赶快** gǎnkuài 부 다급하게, 재빨리, 어서 | **抛下** pāoxià 동 내팽개치다, 내던지다 | **食物** shíwù 명 음식물 | **撤离** chèlí 동 떠나다, 철수하다, 퇴거하다 | ★**瞬间** shùnjiān 명 순간, 눈 깜짝하는 사이 | **飞身** fēishēn 동 몸을 날리다 | **跃** yuè 동 뛰다, 뛰어오르다 | ★**叼** diāo 동 (물체의 일부분을) 입에 물다 | **快速** kuàisù 형 빠른, 신속한, 쾌속의 | **救** jiù 동 구하다, 구제하다, 구조하다 | ★**性命** xìngmìng 명 생명, 목숨 | ★**欺骗** qīpiàn 동 속이다, 기만하다 | **故伎重演** gùjì chóngyǎn 성 낡은 수법을 다시 쓰다, 과거의 방법을 되풀이하다 | **忽然** hūrán 부 갑자기, 돌연 | **尖叫** jiānjiào 동 날카롭게 소리치다, 날카롭게 부르짖다 | **逃跑** táopǎo 동 도망치다, 달아나다, 도주하다 | **模仿** mófǎng 동 흉내내다, 모방하다, 본뜨다 | **得到** dédào 동 얻다, 받다, 획득하다 | **一而再，再而三** yī'érzài, zài'érsān 성 몇 번이고 되풀이하여 | **并** bìng 부 결코, 전혀 [부정사 앞에 쓰여 부정의 어투 강조] | **赶走** gǎnzǒu 동 쫓아내다, 몰아내다 | **主动** zhǔdòng 형 자발적이다, 적극적이다 | **仅仅** jǐnjǐn 부 단지, 다만, 겨우 | **缺乏** quēfá 동 모자라다, 결핍되다, 부족하다 | **冬季** dōngjì 명 겨울 | **行为** xíngwéi 명 행위 | **自身** zìshēn 명 자신, 본인 | ★**生存** shēngcún 동 생존하다, 살아남다 | ★**危机** wēijī 명 위기, 위험한 고비 | **无奈之举** wúnàizhījǔ 어쩔 수 없는 선택, 궁여지책 | **无奈** wúnài 동 어쩔 수 없다, 부득이하다 | **有效** yǒuxiào 형 효과가 있다, 유효하다 | **警报** jǐngbào 명 경보 | **总的来说** zǒngdeláishuō 결론적으로 말하자면, 전체적으로 말하면 | **算是** suànshì 동 ~인 셈이다, ~라 할 수 있다 | **不断** búduàn 부 끊임없이, 계속해서 | **诡计** guǐjì 명 계략, 간계, 음모 | **所** suǒ 조 ~되다 ['为'또는 '被'+명사+~+동사의 형태로 쓰여 피동을 나타냄] | **仍** réng 부 여전히 | ★**和睦** hémù 형 사이가 좋다, 화목하다 | **相处**

xiāngchǔ 동 함께 지내다, 함께 살다 | 现象 xiànxiàng 명 현상 | 犯错 fàn cuò 실수하다 | 轻易 qīngyì 부 함부로, 가볍게 | 定论 dìnglùn 명 정설, 정론 | 身不由己 shēnbùyóujǐ 성 자신도 어찌할 수 없다, 자기도 모르게 | 苦衷 kǔzhōng 명 고충 | 求助 qiúzhù 동 도움을 청하다 | ★报复 bàofù 동 보복하다, 원수를 갚다 | 抱怨 bàoyuàn 동 원망하다 | 惧怕 jùpà 동 두려워하다 | 行动 xíngdòng 명 행동, 거동 | ★迟缓 chíhuǎn 형 느리다, 더디다 | ★繁殖 fánzhí 명 번식 | ★不得已 bùdéyǐ 형 어쩔 수 없다, 부득이하다 | 气恼 qìnǎo 형 화내다, 노하다, 성내다 | ★反抗 fǎnkàng 명 반항 | 恐慌 kǒnghuāng 형 (급변한 사태에) 당황하다, 두렵다, 무섭다 | 举措 jǔcuò 명 조치 | 达到 dádào 동 도달하다, 이르다 | ★不择手段 bùzé shǒuduàn 수단을 가리지 않다, 온갖 수단을 다 쓰다 | 一味 yíwèi 부 오로지, 그저 | ★索取 suǒqǔ 동 요구하다, 달라고 하다 | ★体谅 tǐliàng 동 (남의 입장에서) 알아주다, 이해하다 | ★盲目 mángmù 형 맹목적인, 무분별한 | 优胜劣汰 yōushèng liètài 성 우승열패하다, 강한 자는 번성하고 약한 자는 점점 없어지다 | 适者生存 shìzhě shēngcún 명 적자생존

track yuedu 59

• Day 13　25 B　26 B　27 A　28 D

25 B [有……的寓意 ~한 함축적 의미가 있다]　꽃가마의 몸체는 대체로 붉은색(轿身大多是红色)이라는 언급 뒤에 경사스럽고 상서롭다는 의미가 담겨 있다(有喜庆吉祥的寓意)고 그 이유를 설명했다.

26 B [最早 최초]　'最早的花轿(최초의 꽃가마)'에 대한 언급은 두 번째 단락 마지막에 있는데, 남송 시기 효종 황제(南宋孝宗皇帝) 때 만든 가마가 최초의 꽃가마라고 설명했다.

27 A [凌晨 새벽]　'这叫做"赶时辰"(이것을 '시간을 맞춘다'라고 불렀다)'에서 '这'가 가리키는 것은 바로 앞 문장의 내용인데, 그중 '凌晨时(새벽에)'라는 설명과 일치하는 보기는 A이다. 이 풍속은 오늘날 일부 지역에서도 여전히 성행하고 있다고 했으므로 B는 답이 아니다.

28 D [花轿多由4个人抬 = 花轿多为4个人抬 꽃가마는 주로 네 명이 든다]　네 번째 단락에서 꽃가마는 주로 네 명이 든다(花轿多由4个人抬)고 언급했으므로 정답은 D이다. 우산을 펴는 주체는 신부가 아니라 꽃가마를 드는 사람 중 한 명이므로 A는 답이 아니다.

花轿，又名喜轿，是一种中式传统婚礼上使用的轿子。这种轿子通常装饰华丽，[25]轿身大多是红色的，有喜庆吉祥的寓意，因而俗称"大红花轿"。

轿子原名"舆"，关于轿子最早记载于《史记》中，早在春秋时期就已经出现了。晋六朝盛行"肩舆"，即用人抬的轿子。到了唐五代，开始被称为"轿"。北宋时期，轿子仅供皇家使用，随后轿子渐渐发展到民间，成为了人们的代步工具并且日益普及。[26]南宋孝宗皇帝专为皇后制造了一种"龙肩舆"，上面的装饰为4条龙，使用朱红漆的藤子编成踏凳、门窗以及坐椅，里面有红色的丝绸软被，外面有门帘围幛。这就是最早的花轿，在当时被人们称为"彩舆"。

꽃가마는 희가마라고도 불리는, 중국식 전통 혼례에서 사용하는 가마이다. 이러한 가마는 보통 장식이 화려하고 [25]몸체가 대부분 붉은색인데, 경사스럽고 상서롭다는 함축된 의미가 담겨 있다. 그래서 속칭 '붉은 꽃가마'라고도 불린다.

가마의 원래 이름은 '여'이다. 가마에 관해서는 가장 처음으로 『사기』에 기록되어 있는데, 춘추 시기 때부터 이미 나타났다고 한다. 육조 시기에는 '어깨 가마'가 유행했는데, (이것은) 사람이 드는 가마였다. 당나라 오대 시기에 이르러 '가마'라고 불리기 시작했다. 북송 시기에 가마는 황족만 사용하게 되어 있었지만, 나중에 가마는 점차 민간까지 발전하여 사람들의 이동 수단이 되었고 갈수록 보편화되었다. [26]남송의 효종 황제는 황후만을 위해 '용견여'를 만들었는데, 그 위에는 네 마리의 용으로 장식되어 있었고 붉은 칠을 한 넝쿨을 사용하여 발판, 창문, 의자를 만들었다. (가마) 안쪽에는 붉은 비단 이불이 있고, 바깥쪽에는 문발과 장식이 있었다. 이것이 바로 최초의 꽃가마로, 당시 사람들에게 '채여'라고 불렸다.

从宋代起，人们便将轿子运用到娶亲上，并逐渐成为一种民俗。[27]当时，待嫁的女子在家中打扮妥当，凌晨时男方会派鲜艳的大花轿来迎亲，这叫做“赶时辰”。据说那天如果有好几家同时娶亲，谁家赶的时间更早，将来就会更美满幸福，这个习俗，在如今的某些地区仍然非常盛行。

花轿主要是用于接新娘到新郎家举办婚礼，而[28]花轿多由4个人抬，有的时候也会再加两个人替换，或在花轿前后放鞭炮、打伞等。

新娘到新郎家下轿时，还会有些民俗仪式。例如：新娘通常要“迈火盆”，火盆中放一些柳木和桃木，还要放些朱砂和红豆，而且必须使用柴火点燃，据说这样做寓意着新婚夫妇今后的日子会红红火火。

송나라 때부터 사람들은 가마를 신부를 맞이하는 데에 활용하기 시작했고, 이는 점차 민속이 되었다. [27]당시 시집 갈 준비 중인 여자가 집에서 잘 단장을 하고 있으면 새벽에 남자 측에서 화려하고 큰 꽃가마를 보내어 신부를 맞이했는데, 이것을 '시간을 맞춘다'라고 불렀다. 전해지는 바에 따르면 그날 만약 여러 집에서 동시에 신부를 맞이해야 하면 더 일찍 시간에 맞춘 집이 나중에 더 행복할 것이라고 했다고 한다. 이러한 풍속은 오늘날 일부 지역에서도 여전히 매우 성행하고 있다.

꽃가마는 주로 신부를 맞이하여 신랑 집에 데려가서 혼례를 올리는 데에 사용되는데, [28]꽃가마는 주로 네 명이 들고 어떤 경우에는 2명을 더 추가해서 교대하거나 꽃가마 앞뒤에 폭죽을 터뜨리거나 우산을 펴기도 한다.

신부가 신랑 집에 도착해서 가마에서 내릴 때, 또 몇몇 민간 의식이 있다. 예를 들면, 신부는 보통 '화로를 넘어야' 한다. 화로에는 버드나무와 복숭아나무, 주사(朱砂)와 팥을 넣기도 하는데, 반드시 장작으로 불을 붙여야 한다. 이렇게 하는 것은 새로운 부부의 앞으로의 생활이 번창할 것임을 의미한다고 한다.

25 为什么花轿多为红色？

A 为了醒目，让邻里皆知
B 有喜庆的寓意
C 皇上规定的
D 可更好地衬托新娘的美貌

26 根据第2段，下列哪项正确？

A 花轿的历史比肩舆更悠久
B 最早的花轿出现在南宋
C 龙肩舆没有窗户
D 唐五代时轿子已盛行于民间

27 关于“赶时辰”，可以知道：

A 多在凌晨开始
B 这一风俗现在已消失
C 能错开迎亲高峰
D 新娘此时无需打扮

28 根据上文，下列哪项正确？

A 新娘下轿的时候要打伞
B 跨火盆考验新娘勇气
C 新娘上花轿的时候不能露面
D 花轿多为4个人抬

25 왜 꽃가마는 대부분 붉은색인가?

A 눈에 띄게 하여 이웃들이 모두 알게 하기 위해서
B 경사스럽다는 의미가 있어서
C 황제가 규정한 것이어서
D 신부의 미모를 더 잘 부각시킬 수 있어서

26 두 번째 단락에 따르면 다음 중 옳은 것은 무엇인가?

A 꽃가마의 역사는 견여보다 훨씬 오래되었다
B 최초의 꽃가마는 남송 시기에 나타났다
C 용견여는 창문이 없다
D 당 오대 시기에 꽃가마는 이미 민간에서 유행했다

27 '시간에 맞춘다'는 것에 관하여 알 수 있는 것은:

A 대부분 새벽에 시작한다
B 이 풍속은 현재 이미 사라졌다
C 신부 맞이가 집중되는 시간을 엇갈리게 할 수 있다
D 신부는 이때 꾸밀 필요가 없다

28 지문에 따르면 다음 중 옳은 것은 무엇인가?

A 신부가 가마에서 내릴 때 우산을 편다
B 화로를 넘는 것은 신부의 용기를 시험하는 것이다
C 신부가 가마에 탈 때 얼굴을 보여서는 안 된다
D 꽃가마는 주로 4명이 든다

花轿 huājiào 명 꽃가마 | **喜轿** xǐjiào 명 옛날, 신부가 타는 가마 | **中式** zhōngshì 형 중국식의, 중국풍의 | **传统** chuántǒng 명 전통 | **婚礼** hūnlǐ 명 혼례, 결혼식 | **轿子** jiàozi 명 가마 | **通常** tōngcháng 부 일반적으로, 보통 | **装饰** zhuāngshì 명 장식(품) | ★**华丽** huálì 형 화려하다, 현란하다 | **大多** dàduō 부 대부분, 대다수, 거의 다 | **红色** hóngsè 명 붉은색 | **喜庆** xǐqìng 형 경사스럽다 | ★**吉祥** jíxiáng 형 길하다, 상서롭다, 운수가 좋다 | **寓意** yùyì 명 함의 [언어의 함축된 의미] | **因而** yīn'ér 접 그러므로, 그래서 | **俗称** súchēng 동 통속적으로 부르다 | **大红** dàhóng 명 진홍색 | **原名** yuánmíng 명 원래 이름, 본명 | **舆** yú 명 수레 | ★**记载** jìzǎi 동 기록하다, 기재하다 | **史记** Shǐjì 고유 사기 [한대(汉代)의 사마천(司马迁)이 지은 역

사서] | 春秋时期 Chūnqiū Shíqī 고유 춘추 시대 | 晋 Jìn 고유 진나라 | 六朝 Liù Cháo 고유 육조 | ★盛行 shèngxíng 동 널리 유행하다, 성행하다 | 肩舆 jiānyú 명 가마 | 即 jí 부 즉, 바로, 곧 | 唐 Táng 고유 당나라 | 北宋 Běi Sòng 고유 북송 | 时期 shíqī 명 (특정한) 시기 | 仅 jǐn 부 단지, 겨우, 다만 | 供 gōng 동 공급하다, 제공하다 | 皇家 huángjiā 명 황족 | 随后 suíhòu 부 뒤이어, 이어서, 바로 뒤에 | 渐渐 jiànjiàn 부 점점, 점차 | ★民间 mínjiān 명 민간 | 代步 dàibù 명 (말·자동차 등의) 탈 것 | 工具 gōngjù 명 수단, 도구 | ★日益 rìyì 부 날로, 나날이 | ★普及 pǔjí 동 보급되다, 확산되다 | 南宋 Nán Sòng 고유 남송 | 孝宗 Xiàozōng 고유 효종 | ★皇帝 huángdì 명 황제 [최고 통치자의 칭호] | 专 zhuān 부 오로지, 전문적으로 | ★皇后 huánghòu 명 황후 | 制造 zhìzào 동 만들다, 제조하다 | 龙肩舆 Lóngjiānyú 용견여 | 龙 lóng 명 용 | 朱红 zhūhóng 명 주홍 | 漆 qī 동 (옻칠이나 페인트를) 칠하다 | 藤子 téngzi 명 넝쿨 | 编 biān 동 엮다, 짜다, 땋다 | 踏凳 tàdèng 명 발판 | 门窗 ménchuāng 명 문과 창문 | 以及 yǐjí 접 그리고, 및 | 坐椅 zuòyǐ 명 의자 | 丝绸 sīchóu 명 비단, 견직물 | 软 ruǎn 형 (물체의 속성이) 부드럽다, 연하다 | 被 bèi 명 이불 | 门帘 ménlián 명 문발, 커튼 | 围 wéi 동 둘러싸다, 에워싸다 | 幛 zhàng 명 축하 또는 애도의 글을 써붙인 포백 | 彩舆 cǎiyú 명 채여 | 宋代 Sòng dài 송나라 시기 | 运用 yùnyòng 동 활용하다, 응용하다 | 娶亲 qǔqīn 동 아내를 얻다, 장가 들다 | 逐渐 zhújiàn 부 점점, 점차 | 民俗 mínsú 명 민속, 민풍, 민습 | 待 dài 동 기다리다 | 嫁 jià 동 시집 가다, 출가하다 | ★妥当 tuǒdang 형 알맞다, 적당하다 | ★凌晨 língchén 명 새벽녘, 동틀 무렵 | 派 pài 동 보내다 | 鲜艳 xiānyàn 형 화려하다, 산뜻하고 아름답다 | 迎亲 yíngqīn 동 신부를 맞이하다 | 赶时辰 gǎn shíchén 시간을 맞추다 | 时辰 shíchén 명 시각, 때 | 据说 jùshuō 동 전해지는 말에 의하면 ~라 한다 | ★美满 měimǎn 형 아름답고 원만하다 | ★习俗 xísú 명 풍속, 습속 | 如今 rújīn 명 오늘날, 지금 | 某 mǒu 대 어느, 어떤, 모 | 地区 dìqū 명 지역, 지구 | ★新娘 xīnniáng 명 신부 | ★新郎 xīnláng 명 신랑 | 加 jiā 동 더하다, 보태다 | 替换 tìhuàn 동 교대하다, 교체하다 | 鞭炮 biānpào 명 [폭죽의 총칭] | 打伞 dǎ sǎn 우산을 쓰다 | ★仪式 yíshì 명 의식 | ★迈 mài 동 성큼성큼 나아가다, 큰 걸음으로 걷다 | 火盆 huǒpén 명 화로 | 柳木 liǔmù 명 버드나무 | 桃木 táomù 명 복숭아나무 | 朱砂 zhūshā 명 주사, 진사 | 红豆 hóngdòu 명 팥 | 柴火 cháihuo 명 장작, 땔감 | 点燃 diǎnrán 동 불을 붙이다, 점화하다 | 新婚 xīnhūn 명 신혼 | ★夫妇 fūfù 명 부부 | 今后 jīnhòu 명 앞으로, 이후 | 红红火火 hónghonghuǒhuǒ 형 번창하다, 활기차다 | 醒目 xǐngmù 형 눈에 뜨이다, 남의 주의를 끌다 | 邻里 línlǐ 명 동네 사람, 이웃 | ★皆 jiē 부 모두, 전부, 다 | 皇上 huángshang 명 황제 | ★衬托 chèntuō 동 부각시키다, 돋보이게 하다 | 美貌 měimào 명 미모 | 悠久 yōujiǔ 형 아득하게 오래다, 유구하다 [历史悠久: 역사가 유구하다] | 风俗 fēngsú 명 풍속 | 消失 xiāoshī 동 사라지다, 없어지다 | 错开 cuòkāi 동 서로 엇갈리게 하다, 서로 다른 때에 하다 | ★高峰 gāofēng 명 절정, 최고점 | 尽快 jǐnkuài 부 되도록 빨리 | 轿 jiào 명 가마 | ★跨 kuà 동 뛰어넘다, 건너뛰다 | ★考验 kǎoyàn 동 시험하다, 검증하다 | 勇气 yǒngqì 명 용기 | 露面 lòumiàn 동 얼굴을 내밀다, 나타나다

독해 제4부분

02 주제 파악하기

본서 p.279~285

track yuedu 60

• Day 17 1 B 2 A 3 D 4 B

1 B [化合物 화합물] 문제가 '方言(방언)'에 대해 묻고 있으므로 지문에서 빠르게 키워드를 찾아 앞뒤 내용을 파악하자. 기본적으로 식물이 대화하는 방법은 화학물질을 분출하는 것인데, 방언은 방출하는 물질 속 화합물의 질량과 수량이 다른 것(化合物的质量与数量都不相同)이므로 일치하는 보기는 B이다.

2 A [互相交流 상호 교류] 내용 전체가 아닌 특정 단락의 주요 내용을 묻는 문제로, 식물이 서로 듣고 말하는 등의 상호 교류를 하는 목적과 방법을 설명하고 있으므로 정답은 A이다.

3 D [分泌 분비하다] 네 번째 단락에서 문제의 키워드 '间接防御(간접적 방어)'를 찾아 읽어 보면, 특수한 벌꿀을 분비한다(分泌出一种特别的花蜜)는 내용을 찾을 수 있다. 따라서 정답은 D이다.

4 B [交流方式 교류 방식] 지문의 처음부터 끝까지 식물의 '말하기(说话)' 방식에 대한 내용이 전개되고 있으며, 키워드도 '说话(말하다)' '方言(방언)' '听(듣다)' '对话(대화)' 로, 이를 통틀어 '语言(언어)'으로 말할 수 있다. 따라서 내용과 일치하는 보기는 B이다.

可别以为植物只可以发出“雨打芭蕉”的“滴答”声或者风吹树叶的“沙沙”声。实际上，植物也拥有自己独特的“说话”方式，那就是[1]“释放化学物质”，这就如同“窃窃私语”一样。

植物“说话”并没有声音，但可能会有气味——就像人们平时熟悉的黑胡椒的辛辣味、柠檬味和松香味等等。这些挥发性有机物不仅是植物主要的次生代谢产物，而且是植物与植物、植物与其他有机体之间传递信号的媒介。[1]更让人惊奇的是，植物甚至还会说“方言”。因为不同种类的植物所释放的物质里，化合物的质量与数量都不相同。同一种类的植物间用一套化学性质相同的化合物交流起来效率也会更高。

[2]那么，植物到底是如何“听”同伴“说话”的呢？研究表明，植物的“交流”是通过气孔吸收气体化合物来实现的，而它们之间互相交流的重要目的之一便是主动对可能出现的病虫害威胁进行防御。当一株植物遇到病虫害的时候，它就会释放物质“告诉”周围的同伴“危险将会到来”；同伴们在“收到”信号以后，便会马上启动自身的抗病基因，从而“全副武装”以对抗敌人。

植物的防御方法也十分巧妙：当遭遇昆虫侵害的时候，会马上改变释放物里各种化合物的比例，昆虫在感觉到食物的“味道”有变化时，就有可能会对它失去兴趣。另外，[3]植物还具有一种“间接防御”手段。在植物叶片受伤的时候，植物便会在很短的时间里分泌出一种特别的花蜜，从而吸引正在侵害它的昆虫的天敌。植物真是聪明，懂得“以其人之道，还治其人之身”这个道理。

尽管植物的“对话”无法直接被人类听见，可它们的“交流”对自身的生存起到了至关重要的作用，破解植物的“交流”方式以及“对话内容”将有助于人类更好地理解自然。

식물은 ‘빗물이 파초를 두드리는’ ‘똑똑’ 소리나 바람에 나뭇잎이 흔들리는 ‘쏴쏴’ 소리만 낼 수 있다고 생각하지 말라. 사실 식물도 자신만의 독특한 ‘말하기’ 방식이 있다. 그것은 바로 [1]‘화학물질 분출’인데, 이는 마치 ‘귓속말로 속삭이는 것’과 같다.

식물의 ‘말하기’는 소리는 없지만 냄새는 있을 수 있다. 사람들에게 평소에 익숙한 후추의 매운 냄새, 레몬 냄새와 송진 냄새 등과 같이 말이다. 이러한 휘발성 유기물은 식물의 주요한 제2차 대사 산물일 뿐만 아니라 식물과 식물, 식물과 기타 유기체 간에 신호를 전달하는 매개체이기도 하다. [1]더욱 놀라운 것은 식물이 심지어는 ‘방언’을 하기도 한다는 점이다. 다른 종류의 식물이기 때문에 방출하는 물질 속 화합물의 질량과 수량이 서로 다르다. 동일한 식물 간에는 화학 성질이 같은 화합물을 사용하는 것이 교류하기에 효율도 더 높다.

[2]그렇다면 식물은 도대체 어떻게 동료의 ‘말하기’를 ‘듣는’ 것일까? 연구에 따르면 식물의 ‘교류’는 숨구멍으로 기체 화합물을 흡수하여 실현하는 것이라고 한다. 식물 간 상호 교류의 중요한 목적 중 하나는 바로 나타날 수 있는 병충해의 위협에 대해 주체적으로 방어하는 것이다. 한 식물이 병충해의 피해를 받게 되었을 때, 그 식물은 물질을 분출해서 주위 동료에게 ‘위험이 곧 닥칠 것임’을 ‘알려 준다’. 동료들은 신호를 ‘받은’ 뒤 곧 자신의 질병 저항 유전자를 발동함으로써 적에 대항하기 위한 ‘완전무장’을 한다.

식물의 방어법 역시 매우 교묘하다. 곤충의 침해를 당했을 때에는 즉각 분출물 속 각종 화합물의 비율을 바꾼다. 곤충은 음식의 ‘맛’이 변했다고 느낄 때 그 음식에 흥미를 잃게 될 수도 있다. 그 밖에도 [3]식물은 ‘간접적인 방어’ 수단이 하나 있다. 식물의 이파리가 손상되었을 때 식물은 짧은 시간 내에 특수한 벌꿀을 분비해서 지금 그를 공격하고 있는 곤충의 천적을 유인한다. 식물은 정말 똑똑하다. ‘그 사람의 방법으로 그 사람을 다스리는’ 도리를 알고 있으니 말이다.

식물의 ‘대화’가 인간에게는 직접적으로 들리지 않는다 하더라도 그들의 ‘교류’는 자신의 생존에 지극히 중요한 역할을 하고 있다. 식물의 ‘교류’ 방식 및 ‘대화 내용’을 분석하는 것은 인류가 자연을 더 잘 이해하는 데 도움이 될 것이다.

1 根据上文，植物是怎样说“方言”的？

A 加快新陈代谢
B 释放不同化合物
C 增加气孔数量
D 调整树叶的重叠方式

1 지문에 따르면 식물은 어떻게 ‘방언’을 하는가?

A 신진대사 속도를 높여서
B 다른 화합물을 분출해서
C 숨구멍의 수량을 늘려서
D 나뭇잎의 중첩 방식을 조정해서

2 第3段主要介绍的内容是什么?

A 植物"交流"的作用

B 植物的抗病因子

C 威胁植物存活的原因

D 植物如何分辨"亲疏"关系

3 植物是如何进行"间接防御"的?

A 生成有毒物质

B 根部停止输送水分

C 摇动叶片赶走害虫

D 分泌花蜜吸引昆虫天敌

4 下列哪项最适合做上文的标题?

A 机智的昆虫

B 植物的"语言"

C 闻"香"辨植物

D 植物怎样对抗病虫害

2 세 번째 단락이 주로 소개하고 있는 내용은 무엇인가?

A 식물 '교류'의 역할

B 식물의 질병 저항 인자

C 식물 생존을 위협하는 원인

D 식물이 '친밀성'을 구별하는 법

3 식물은 어떻게 '간접적인 방어'를 하는가?

A 유독성 물질을 생성한다

B 뿌리 부분에 수분을 보내는 것을 중단한다

C 이파리를 흔들어 곤충을 쫓아낸다

D 벌꿀을 분비해서 곤충의 천적을 유인한다

4 다음 중 지문의 제목으로 가장 적합한 것은 무엇인가?

A 지혜로운 곤충

B 식물의 '언어'

C '향기'를 맡아 식물을 변별하기

D 식물은 어떻게 병충해에 대항하는가

发出 fāchū 동 (소리를) 내다 | **芭蕉** bājiāo 명 파초 [식물명] | **滴答** dīdā 의성 똑똑 [빗방울이 떨어지는 소리] | **声** shēng 명 소리 | **吹** chuī 동 입으로 힘껏 불다 | **树叶** shùyè 명 나뭇잎 | **沙沙** shāshā 의성 쏴쏴, 사박사박 | ★**拥有** yōngyǒu 동 보유하다, 가지다 | **独特** dútè 형 독특하다, 특이하다 | **方式** fāngshì 명 방식, 방법 | ★**释放** shìfàng 동 방출하다, 내보내다 | **化学** huàxué 명 화학 | **物质** wùzhì 명 물질 | **如同** rútóng 동 마치 ~와 같다, 흡사 ~이다 | **窃窃私语** qièqièsīyǔ 성 귓속말로 속삭이다 | ★**气味** qìwèi 명 냄새 | **黑胡椒** hēihújiāo 후추 | **辛辣** xīnlà 형 (맛이) 맵다 | **味** wèi 명 냄새, 맛 | **柠檬** níngméng 명 레몬 | **松香** sōngxiāng 명 송진 | **挥发性** huīfāxìng 명 휘발성 | **有机物** yǒujīwù 명 유기물 | **次生** cìshēng 명 제2차, 제2기 | **代谢** dàixiè 명 신진대사 | **产物** chǎnwù 명 생산물, 제품 | **有机体** yǒujītǐ 명 유기체 | **传递** chuándì 동 전달하다, 전하다 | **信号** xìnhào 명 신호 | ★**媒介** méijiè 명 매개체, 매개물 | ★**惊奇** jīngqí 형 놀랍고 의아하다, 경이롭게 생각하다 | ★**方言** fāngyán 명 방언, 사투리 | **种类** zhǒnglèi 명 종류 | ★**释放** shìfàng 동 방출하다, 석방하다 | **化合物** huàhéwù 명 화합물 | **同一** tóngyī 형 동일하다, 같다 | **套** tào 양 세트 | **性质** xìngzhì 명 성질, 성분 | **效率** xiàolǜ 명 효율, 능률 | **如何** rúhé 대 어떻게, 어떤 | **同伴** tóngbàn 명 동료, 짝, 동반자 | **表明** biǎomíng 동 분명하게 밝히다, 표명하다 | **气孔** qìkǒng 명 숨구멍, 기공, 공기집 | **吸收** xīshōu 동 흡수하다, 빨아들이다 | **气体** qìtǐ 명 기체, 가스 | **之间** zhījiān 명 ~간, ~의 사이 | **之一** zhī yī ~중 하나 | **主动** zhǔdòng 형 자발적이다, 적극적이다 | **病虫害** bìngchónghài 명 병충해 | **威胁** wēixié 명 위협 | ★**防御** fángyù 동 방어하다 | ★**株** zhū 양 그루 | **收到** shōudào 동 받다, 얻다 | **启动** qǐdòng 동 (기계·계량기·전기 설비 등의) 작동을 시작하다 | **自身** zìshēn 명 자신, 본인 | **抗病** kàngbìng 동 투병하다, 병과 싸우다 | ★**基因** jīyīn 명 유전자, 유전 인자 | **从而** cóng'ér 접 따라서, 그리하여 | **全副武装** quánfù wǔzhuāng 완전무장, 중무장 | ★**对抗** duìkàng 동 대항하다, 저항하다 | **敌人** dírén 명 적 | **巧妙** qiǎomiào 형 (방법이나 기술 등이) 교묘하다 | ★**遭遇** zāoyù 동 (적 또는 불리한 일을) 만나다, 맞닥뜨리다 | **昆虫** kūnchóng 명 곤충 | **侵害** qīnhài 동 침해하다 | **物** wù 명 물질 | **各种** gèzhǒng 형 각종의, 갖가지의 | **比例** bǐlì 명 비율, 비중 | **食物** shíwù 명 음식물 | **失去** shīqù 동 잃다, 잃어버리다 | **具有** jùyǒu 동 지니다, 가지다 | ★**间接** jiànjiē 형 간접적인 | **手段** shǒuduàn 명 수단, 방법 | **叶片** yèpiàn 명 이파리, 잎사귀 | **受伤** shòushāng 동 상처를 입다, 부상당하다 | ★**分泌** fēnmì 동 분비하다 | **花蜜** huāmì 명 벌꿀, 화밀 | **天敌** tiāndí 명 천적 | **以其人之道，还治其人之身** yǐ qí rén zhī dào, huán zhì qí rén zhī shēn 성 그 사람의 방법으로 그 사람을 다스리다 | **道理** dàolǐ 명 도리, 이치, 근거 | **无法** wúfǎ 동 ~할 수 없다, ~할 방법이 없다 | **人类** rénlèi 명 인류 | ★**生存** shēngcún 명 생존 | **至关重要** zhìguān zhòngyào 지극히 중요하다 | **破解** pòjiě 동 분석하다, 상세히 해석하다 | **以及** yǐjí 접 및, 그리고 | **有助于** yǒuzhùyú ~에 도움이 되다 | **加快** jiākuài 동 속도를 올리다, 빠르게 하다 | ★**新陈代谢** xīnchén dàixiè 명 신진대사, 물질대사 | **调整** tiáozhěng 동 조정하다, 조절하다 | ★**重叠** chóngdié 명 중첩되다, 중복되다 | **因子** yīnzǐ 명 인자, 인수 | **存活** cúnhuó 동 생존하다, 살아남다 | ★**分辨** fēnbiàn 동 분별하다, 구분하다 | **亲疏** qīnshū 명 친소, 친근함과 소원함 | **生成** shēngchéng 동 생성되다, 생기다 | **有毒** yǒudú 형 유독하다 | **根部** gēnbù 명 뿌리 부분, 핵심 부분 | **停止** tíngzhǐ 동 중지하다, 정지하다 | **输送** shūsòng 동 수송하다, 운송하다 | **水分** shuǐfèn 명 수분 | **摇动** yáodòng 동 흔들다, 흔들어 움직이게 하다 | **赶走** gǎnzǒu 동 쫓아내다, 몰아내다 | **害虫** hàichóng 명 해충 | ★**标题** biāotí 명 제목 | ★**机智** jīzhì 형 기지가 넘치다 | **闻** wén 동 냄새를 맡다 | **辨** biàn 동 판별하다, 분간하다

독해 제4부분

• Day 21 5 D 6 D 7 C 8 C

5 D [被称作A A라고 불리다 / 属于A A에 속하다] 사건의 경과, 경험과 일화의 기억(事情经过、经历和情节的记忆)은 '情景记忆(일화기억)'이라고 불린다고 했다. 따라서 내용과 일치하는 보기는 D이다.

6 D [总的来讲 결론적으로 / 与A匹配 A와 결합되다] 세 번째 단락이 '总的来讲(결론적으로)'으로 시작하는 것으로 보아 이 단락은 글의 소재인 데자뷔가 언제 나타나는 것인지 정리하는 내용임을 알 수 있다. 마지막 문장의 '특징이 과거 경험과 결합(特征与过去的经历匹配)'이 보기 D와 일치하는 것을 알 수 있다.

7 C [情绪不太稳定 정서가 불안하다] 마지막 단락에서는 사람마다 데자뷔가 일어날 확률이 다르다는 설명을 하면서 사춘기를 예로 들고 있다. 마지막 문장의 '这个时期(이 시기)'는 '青春期(사춘기)'를 가리킨다. 나머지 보기는 모두 언급되지 않았다.

8 C [似曾相识感 데자뷔 / 既视感 기시감] 이 지문은 데자뷔가 어떻게 생기게 되는지 기억과 지각을 분류하는 것으로 시작해 그 원리를 설명하는 글이다. 나머지 보기는 언급되지 않았거나 지엽적인 내용들이다. 주제를 찾는 문제는 절대로 지엽적인 내용에 휘둘리지 말고 전체적인 내용을 파악해서 답을 골라야 한다.

有的时候，人们会为这样的问题感到很困惑："以前我看过这本小说吗?""这个地方特别眼熟，以前是不是来过?"这就是"似曾相识感"，又被称作"既视感"。它是指对没有经历过的事情或场景，有一种熟悉的感觉，仿佛在某时某地经历过似的。

"似曾相识"是人的大脑里记忆系统与知觉系统互相作用的结果。想要了解出现"似曾相识"感觉的原因，还要从记忆与知觉的分类入手。知觉包括对位置、物体与面孔等的感知，与知觉相似，记忆也分成多种类型。语义记忆指的是有关各种有组织的知识的记忆；[5]而针对事情经过、经历和情节的记忆则被称作情景记忆，属于无意识记忆。每类记忆又可分成许多个子类，正因为记忆与知觉都是"分类"进行的，所以人们曾经历的某些场景的很多特征被存放在不相同的记忆系统里，可你却意识不到。

总的来讲，"似曾相识"主要出现在对场景的体验上，原因是每种知觉都是在某一个具体场景下产生的。这种场景通常是个大背景，无需刻意地关注便会在大脑里形成无意识的记忆。从童年起，人们的全部经历便会在头脑里留下痕迹。当你来到某个新的场景，其中的一些特征便可能会刺激到你某一部分的记忆，调动大脑里别的记忆系统与其相匹配。[6]一旦场景里的某一特征与过去的经历匹配成功，便会出现"似曾相识感"。

어떨 때 사람들은 이런 문제 때문에 곤혹스러움을 느끼곤 한다. '전에 내가 이 소설을 읽은 적이 있던가?' '여기 너무 익숙한데, 전에 온 적이 있나?' 이것은 바로 '데자뷔'로, '기시감'이라고 불리기도 한다. 그것은 경험한 적 없는 사건이나 장면에 대해 마치 언제 어딘가에서 경험한 것처럼 느껴지는 것을 가리킨다.

'데자뷔'는 인간 대뇌의 기억 계통이 지각 계통과 상호 작용한 결과이다. '데자뷔'가 나타나는 원인을 이해하기 위해서는 기억과 지각의 분류에서부터 시작해야 한다. 지각은 위치, 물체와 얼굴 등에 대한 인식을 포함한다. 지각과 유사하게 기억도 여러 가지 유형으로 나뉜다. 의미 기억이 가리키는 것은 각종 조직적인 지식에 관한 기억이다. [5]반면 사건의 경과, 경험과 일화의 기억은 일화 기억이라고 불리고, 이는 무의식 기억에 속한다. 모든 유형의 기억은 많은 소분류로 다시 분류할 수 있다. 기억과 지각은 모두 '분류'되어서 진행되기 때문에, 그래서 사람들이 일찍이 겪었던 특정한 상황의 많은 특징은 서로 다른 기억 시스템으로 보관되지만, 당신은 이를 의식하지 못한다.

결론적으로 '데자뷔'는 주로 상황에 대한 경험에서 나타나는데, 그 원인은 모든 지각이 어떤 구체적인 상황에서 생겨나는 것이기 때문이다. 이러한 상황은 보통 큰 배경이어서 일부러 주의를 쏟지 않아도 대뇌에서 무의식적인 기억을 형성한다. 어려서부터 사람들의 모든 경험은 두뇌에 흔적을 남긴다. 당신이 새로운 상황에 오게 되었을 때 그중의 일부 특징은 당신의 어떤 부분의 기억을 자극해서 대뇌의 다른 기억 시스템을 동원하여 그것과 결합되도록 할 수 있다. [6]일단 상황의 어떤 특징이 과거의 경험과 결합되는 데에 성공하면 '데자뷔'가 나타난다.

尽管几乎所有人都会出现“似曾相识”的主观体验，可这并不意味着“似曾相识”在每一个人身上发生的频率都相同。一般来讲，人们对和情绪关系密切的事记得更牢，所以若情绪不太稳定，那么发生“似曾相识”的概率就会比较大。[7]而在人的一生当中，青春期时，人体内分泌会产生很剧烈的变化，从而处于这一时期的青少年常会出现情绪不太稳定的表现，同时，记忆也会变得非常活跃，所以这个时期更容易产生“似曾相识感”。

거의 대부분의 사람에게 '데자뷔'라는 주관적인 경험이 나타난다고 하더라도 이것이 모든 사람에게 '데자뷔'가 일어날 확률이 같다는 것을 의미하지는 않는다. 일반적으로 사람들은 정서와 밀접한 관계가 있는 사건을 더 잘 기억한다. 그래서 정서가 불안정하면 '데자뷔'가 일어날 확률이 비교적 커진다. [7]그런데 인간의 일생 중에서 사춘기일 때 체내 분비에 극렬한 변화가 생겨나고, 이로써 이 시기에 놓인 청소년들은 항상 정서적으로 불안정한 표현을 나타내며, 동시에 기억 또한 매우 활발해진다. 따라서 이 시기에는 '데자뷔'가 더 잘 일어난다.

5 关于记忆，可以知道什么？

A 记忆是知觉的别称
B 阅读可以提升记忆力
C 新的记忆会被旧的覆盖
D 对经历的记忆属于情景记忆

5 기억에 관해서 알 수 있는 것은 무엇인가?

A 기억은 지각의 별칭이다
B 읽기는 기억력을 높일 수 있다
C 새로운 기억이 오래된 기억에 덮일 수 있다
D 경험에 관한 기억은 일화 기억에 속한다

6 在哪种情况下会出现“似曾相识感”？

A 对某一事物特别着迷时
B 不停重复单调的日常生活
C 回到童年记忆里的场所
D 新场景的特征与过去相匹配

6 어떤 상황에서 '데자뷔'가 일어날 수 있는가?

A 어떤 것에 특히 몰두하고 있을 때
B 단조로운 일상을 끊임없이 반복하고 있을 때
C 어린 시절 기억 속 장소에 돌아왔을 때
D 새로운 상황의 특징이 과거와 서로 어우러질 때

7 根据第4段，下列哪项正确？

A 处于放松状态时记忆最为活跃
B “既视感”受周围环境的影响
C “既视感”在青春期时发生率高
D 记忆力越差“既视感”越难出现

7 네 번째 단락에 따르면 다음 중 옳은 것은 무엇인가?

A 편안한 상태일 때 기억이 가장 활발하다
B '기시감'은 주변 환경의 영향을 받는다
C '기시감'은 사춘기에 발생률이 높다
D 기억력이 안 좋을수록 '기시감'이 잘 나타나지 않는다

8 上文主要谈的是什么？

A 无意识行为是什么
B “似曾相识感”的消极影响
C “似曾相识感”出现的原理
D 人的大脑对记忆进行分类的局限性

8 지문이 주로 이야기하고자 하는 것은 무엇인가?

A 무의식적인 행위란 무엇인가
B '데자뷔'의 부정적인 영향
C '데자뷔'가 나타나는 원리
D 인간 대뇌 기억 분류의 한계

感到 gǎndào 동 느끼다, 여기다 | **困惑** kùnhuò 형 곤혹하다, 당혹하다 | **眼熟** yǎnshú 형 눈에 익숙하다, 낯익다 | **似曾相识感** sìcéngxiāngshígǎn 명 데자뷔 | **称作** chēngzuò 동 ~라고 부르다 | **既视感** jìshìgǎn 명 기시감, 데자뷔 | **场景** chǎngjǐng 명 장면, 정경 | **仿佛** fǎngfú 부 마치 ~인 것 같다 | **某** mǒu 대 아무, 어느, 모 | **似的** shìde 조 ~와 같다, ~와 비슷하다 | **似曾相识** sìcéngxiāngshí 성 예전에 한 번 만난 적 있는 것 같다, 어디선가 본 듯 하다 | **大脑** dànǎo 명 대뇌 | **记忆** jìyì 명 기억 | **系统** xìtǒng 명 계통, 체계, 시스템 | ★**知觉** zhījué 명 지각, 감각 | **分类** fēnlèi 동 분류하다, 정렬하다 | **入手** rùshǒu 동 개시하다, 착수하다 | **包括** bāokuò 동 포함하다, 포괄하다 | **位置** wèizhì 명 위치, 지위 | **物体** wùtǐ 명 물체 | **面孔** miànkǒng 명 얼굴, 낯, 표정 | **感知** gǎnzhī 명 감각과 지각 | **相似** xiāngsì 형 비슷하다, 닮다 | **分成** fēnchéng 동 나누다 | **类型** lèixíng 명 유형 | **语义** yǔyì 명 의미, 어의, 말뜻 | **有关** yǒuguān 동 관계가 있다, ~에 연관되다 | **组织** zǔzhī 동 조직하다, 구성하다 | **针对** zhēnduì 동 조준하다, 초점을 맞추다 | ★**情节** qíngjié 명 (일의) 변화, 경과, 경위 | **则** zé 접 ~면 ~이다 [인과 관계나 조건 관계를 나타냄] | **情景** qíngjǐng 명 (구체적인) 장면, 모습, 광경 | **属于** shǔyú 동 ~에 속하다 | **无意识** wúyìshí 형 무의식의 | **类** lèi 명 종류, 분류 | **子类** zǐlèi 명 소분류 | **特征** tèzhēng 명 특징 | **存放** cúnfàng 동 맡겨서 보관해 두다, 내버려 두다 | **总的来讲** zǒngdeláijiǎng 결론적으로 말해서 | **体验** tǐyàn 명 체험 | **具体** jùtǐ 형 구체적이다 | **产生** chǎnshēng 동 생기다, 발생하다, 나타나다 | **通常** tōngcháng 명 보통, 통상 | **背景** bèijǐng 명 배경 | **无需** wúxū 부 ~할 필요가 없다 | **刻意** kèyì 부 힘껏, 마음을 다해서, 애써서 | **关注** guānzhù 동 관심을 가지다, 배려하다 | **便** biàn 부 즉시, 바로, 곧, 즉 [=就] | **形成** xíngchéng 동 형성하다, 이루다, 구성하다 | **童年** tóngnián 명 어린 시절, 어릴 적 | **头脑** tóunǎo 명 두뇌, 머리, 사고력 | ★**痕迹** hénjì 명 흔적, 자취 | **刺激** cìjī 동 자극하다, 흥분시키다 | ★**调动** diàodòng 동 동원하다 | **其** qí 대 그, 그의, 그것 | **匹配** pǐpèi 동 결합하다, 정합하다 | **一旦** yídàn 명 일단 | **主观** zhǔguān 형 주관적이다 | ★**意味着** yìwèizhe 동 의미하다, 뜻하다 | ★**频率** pínlǜ 명 빈도(수) | **一般来讲** yìbānláijiǎng 일반적으로 | **情绪** qíngxù 명 정서, 감정, 기분, 마음 | **关系** guānxi 동 관련되다, 관계되다 | **密切** mìqiè 형 (관계가) 밀접하다, 긴밀하다 | **牢** láo 형 굳다, 견고하다, 단단하다 | **若** ruò 접 만약, 만일 | **稳**

독해 제4부분

定 wěndìng 형 안정되다, 가라앉다 | 概率 gàilǜ 명 확률 | 当中 dāngzhōng 명 그 가운데, 중간 | 青春期 qīngchūnqī 명 사춘기 | 人体 réntǐ 명 인체 | ★分泌 fēnmì 명 분비 | ★剧烈 jùliè 형 격렬하다, 극렬하다 | 状态 zhuàngtài 명 상태 | 活跃 huóyuè 형 활동적이다, 활기차다 | 时期 shíqī 명 (특정한) 시기 | 别称 biéchēng 명 별칭 | 提升 tíshēng 동 상승시키다, 끌어올리다 | 记忆力 jìyìlì 명 기억력 | ★覆盖 fùgài 동 덮다, 가리다 | 事物 shìwù 명 사물 | ★着迷 zháomí 동 ~에 몰두하다, ~에 사로잡히다 | 不停 bùtíng 동 끊임없이, 멈추지 않다 | 重复 chóngfù 동 (같은 일을) 반복하다, 중복하다 | 单调 dāndiào 형 단조롭다 | 日常 rìcháng 명 일상, 평소 | ★场所 chǎngsuǒ 명 장소 | 项 xiàng 양 항목, 종목, 사항 | 处于 chǔyú 동 (사람·사물이 어떤 지위·상태·환경·시간에) 처하다, 놓이다 | 最为 zuìwéi 부 가장, 제일, 맨 먼저 [2음절의 형용사나 동사 앞에 놓여 최상급을 나타냄] | 发生率 fāshēnglǜ 명 발생률 | 行为 xíngwéi 명 행위, 행동 | 消极 xiāojí 형 부정적인, 소극적인 | ★原理 yuánlǐ 명 원리 | 局限性 júxiànxìng 명 한계성, 제한성

track yuedu 62

• Day 22　9 C　10 B　11 A　12 C

9 C [悠闲的生活 한가한 생활] 시험군을 3개의 조로 나눴다고 했으므로 각 조마다 다른 점이 무엇인지 확인해야 한다. 3조는 어떠한 운동이나 사고 활동도 하지 않고 매일 한가한 생활을 했다(没有任何锻炼和思考活动，每天过着悠闲的生活)고 했으므로 보기 C가 내용과 일치하는 것을 알 수 있다. 참가자들의 나이는 같고(同龄), 실험은 8주에 걸쳤다(为期八个星期的实验)고 했으므로 보기 A, B는 답이 아니다.

10 B [好得多 훨씬 좋아지다 ≒ 有所改善 어느 정도 개선되다] 실험 결과 1조와 2조 조원의 건강 상태가 훨씬 좋아졌다(第一组与第二组的人健康状况要好得多)는 지문 내용과 보기 B의 내용이 일치한다. 2조(시간에 맞춰 조깅)는 3조(아무것도 하지 않음)에 비해 병가를 낸 일수가 절반 정도이고, 1조(정신노동에 종사)는 3조의 4분의 1에 불과하므로, 병가를 낸 횟수가 가장 적은 조는 1조이다. 따라서 C는 답이 아니다.

11 A [导致疾病 질병을 야기하다 ≒ 诱发疾病 질병을 유발하다] 문제의 '研究人员的观点(연구자의 관점)'은 지문 네 번째 단락의 '研究者认为(연구자들은 생각했다)'와 같은 맥락이므로 그 뒤 내용을 읽어 보자. 지문의 '导致疾病(질병을 야기하다)'이 보기에서는 '诱发疾病(질병을 유발하다)'으로 바뀌어서 표현되었을 뿐, 의미하는 내용은 같다.

12 C [确凿无疑 의심할 여지없이 확실하다] 주제를 찾으려면 마지막 단락의 내용을 보자. 집중해서 생각하는 것이 운동만큼 혹은 운동보다 더 좋은 효과가 있다고 했고(专心思考可产生和健身相同的甚至更好的效果), 이는 곧 건강에 유익하다(有益身体健康)는 의미이므로 가장 적절한 주제는 C이다.

也许你在生活中会发现：有些很喜欢思考或钻研的人，他们并不常锻炼身体，可却很少感冒发烧。这种现象引起了研究人员的兴趣。

他们对149位同龄健康志愿者做了对比实验。实验中，志愿者被分成三组，除正常的饮食起居以外，第一组主要从事研究与思考工作；第二组每天按时进行一次慢跑锻炼；[9]第三组没有任何锻炼和思考活动，每天过着悠闲的生活。为期八个星期的实验结束以后，志愿者便恢复到了他们参与实验前正常的生活与工作状态。

어쩌면 당신은 생활 속에서 생각하거나 연구하는 것을 좋아하는 사람들이 운동을 자주 하지 않음에도 감기에 걸리거나 열이 나는 일이 적다는 것을 발견했을 것이다. 이러한 현상은 연구자들의 흥미를 끌었다.

그들은 나이가 같은 149명의 건강한 지원자에 대해 비교 실험을 진행했다. 실험에서 지원자는 3개의 조로 나뉘었다. 정상적으로 일상생활을 하는 것 외에 1조는 주로 연구하고 생각하는 일에 종사했고, 2조는 매일 시간에 맞춰 조깅을 했으며, [9]3조는 어떠한 운동이나 사고 활동도 하지 않고 매일 한가한 생활을 했다. 8주에 걸친 실험이 종료된 뒤, 지원자들은 그들이 실험에 참여하기 전의 정상적인 생활과 업무 상태로 돌아갔다.

在之后的八个月中，研究人员还对这些志愿者的健康状况做了跟踪调查。结果发现：第一组人请病假的天数，仅为第三组的24%；第二组人请病假的天数则是第三组的52%；并且第一组与第二组的人在感染急性呼吸道疾病的严重程度与时间方面，较第三组的人分别降低了50%、40%。[10]另外，研究者还指出，与进行实验以前相比，第一组与第二组的人健康状况要好得多，例如：感冒的发病率显著减少；可第三组人的身体状况反而变差了。

这一实验结果证明，专心地思考也如同“锻炼”一样，的确会使人的免疫力提高，效果甚至还超过了慢跑。[11]研究者认为，人体的健康事实上是精神、身体和适应社会三个方面的和谐状态。[11]生活中，人们总是会遇到各种各样的烦恼与困难，这会让人的情绪变得偏激，从而导致疾病。而若专心地思考某个问题，便能避免情绪波动，从而保持心态平衡，降低患病的几率。

尽管现在研究者尚未找出专心思考为什么可以保持身体健康的准确答案，[12]可专心思考可产生和健身相同的甚至更好的效果已经是确凿无疑了。我们应该对这种“另类”的锻炼方式给予重视，多阅读多思考。

8개월이 지난 뒤, 연구자들은 이 지원자들의 건강 상태에 대한 추적 조사를 진행했다. 결과에 따르면 1조 조원이 병가를 낸 일수는 3조의 24%에 불과했고, 2조 조원의 병가 일수는 3조의 52%에 불과했다. 게다가 1조와 2조 조원은 급성호흡기질환 감염의 심각성과 시간 측면에서 3조 조원에 비해 각각 50%, 40%가 낮았다. [10]또한 연구자들은 실험 진행 전에 비해 1조와 2조 조원의 건강 상태가 훨씬 좋아졌다고 밝혔다. 예컨대 감기의 발병률이 현저히 낮아진 것이다. 반면 3조 조원의 건강 상태는 오히려 안 좋아졌다.

이 실험 결과는 집중해서 생각하는 것은 ‘운동’과 마찬가지로 확실히 인체의 면역력을 키워 줄 수 있고, 그 효과는 심지어 조깅을 뛰어넘을 수 있다는 것을 증명한다. [11]연구자들은 인체 건강은 사실상 정신적, 신체적, 사회 적응적 세 가지 측면의 조화로운 상태라고 여긴다. [11]생활 속에서 사람들은 항상 여러 가지 고민과 어려움에 부딪히게 되고, 이는 사람들의 정서를 극단적으로 변하게 해서 질병을 야기할 수 있다. 반면 만약 집중해서 어떤 문제를 생각하면 정서적 동요를 피할 수 있게 되어 마음의 안정을 유지하게 되고, 이로써 병에 걸릴 확률이 낮아진다.

현재 연구자들은 집중해서 생각하는 것이 왜 건강을 유지할 수 있게 하는지에 대한 정확한 답을 아직 찾아내지는 못했지만, [12]집중해서 생각하는 것이 운동하는 것과 맞먹는, 심지어는 더 좋은 효과를 낸다는 것은 의심할 여지없는 사실이 되었다. 우리는 이러한 ‘다른 유형’의 단련 방식을 중시하여 많이 읽고 많이 생각해야 한다.

9 关于那个实验，下列哪项正确？

A 实验持续了六个月
B 志愿者年龄不同
C 第三组志愿者最悠闲
D 第二组志愿者工作压力偏大

10 根据第3段，可以知道什么？

A 不少志愿者退出了实验
B 第一组人健康状况有所改善
C 天天锻炼身体的人请假次数最少
D 无思考任务的人身体恢复得最快

11 根据上文，研究人员的观点是什么？

A 情绪偏激易诱发疾病
B 需客观看待烦恼与困难
C 锻炼是最好的养生方式
D 慢跑对提高适应能力有帮助

9 지문의 실험에 관해서 다음 중 옳은 것은 무엇인가?

A 실험은 6개월간 지속되었다
B 지원자의 나이는 달랐다
C 3조의 지원자가 가장 한가했다
D 2조 지원자의 업무 스트레스가 가장 큰 편이었다

10 세 번째 단락을 통해서 알 수 있는 것은 무엇인가?

A 많은 지원자가 실험에서 빠졌다
B 1조 조원의 건강 상태가 어느 정도 개선되었다
C 매일 신체를 단련했던 사람이 병가를 내는 횟수가 가장 적었다
D 사고하지 않는 일을 하는 사람은 신체 회복 속도가 가장 빨랐다

11 지문에 따르면 연구자의 관점은 무엇인가?

A 과격한 정서는 질병을 유발하기 쉽다
B 고민과 괴로움을 객관적으로 대해야 한다
C 단련은 가장 좋은 건강 유지 방식이다
D 조깅은 적응력을 높이는 데에 도움이 된다

12 上文主要讲的是什么？

A 劳逸结合的好处

B 思和学的辩证关系

C 专心思考有益身体健康

D 健康离不开乐观的心态

12 지문이 주로 이야기하고자 하는 것은 무엇인가?

A 일과 휴식을 결합하는 것의 장점

B 사고와 학습의 변증 관계

C 집중해서 사고하는 것은 신체 건강에 도움이 된다

D 건강은 낙관적인 마음가짐과 밀접한 관계가 있다

思考 sīkǎo 동 사고하다, 사색하다 | ★**钻研** zuānyán 동 깊이 연구하다, 탐구하다 | **现象** xiànxiàng 명 현상 | **研究人员** yánjiū rényuán 명 연구원 | **同龄** tónglíng 동 나이가 같다, 같은 또래이다 | **志愿者** zhìyuànzhě 명 지원자 | **对比** duìbǐ 동 대조하다, 대비하다 | **实验** shíyàn 동 실험하다 | **分成** fēnchéng 동 나누다 | **组** zǔ 명 조, 그룹, 팀 | **饮食起居** yǐnshíqǐjū 일상생활 | **从事** cóngshì 동 종사하다, 몸담다 [从事……工作: ~일에 종사하다] | **慢跑** mànpǎo 명 조깅, 천천히 달리기 | **悠闲** yōuxián 형 한가하다, 여유롭다 | **期** qī 양 기 [어떤 시기를 몇으로 구분한 단위] | **恢复** huīfù 동 회복하다 | **参与** cānyù 동 참여하다, 참가하다 | **状态** zhuàngtài 명 상태 | **状况** zhuàngkuàng 명 상태, 상황, 형편 | ★**跟踪** gēnzōng 동 추적하다, 바짝 뒤를 따르다 | **病假** bìngjià 명 병가, 병결 | **天数** tiānshù 명 일수, 날수 | **仅** jǐn 부 겨우, 단지, 다만 | **则** zé 접 오히려, 그러나 [대비·역접을 표시함] | ★**感染** gǎnrǎn 명 감염하다, 전염되다 | **急性呼吸道疾病** jíxìnghūxīdào jíbìng 명 급성호흡기질환 | ★**疾病** jíbìng 명 질병, 병 | **程度** chéngdù 명 정도, 수준 | **较** jiào 부 비교적, 좀, 보다 | **分别** fēnbié 부 각각, 따로따로 | **指出** zhǐchū 동 밝히다, 가리키다, 지적하다 | **相比** xiāngbǐ 동 비교하다, 견주다 [与……相比: ~와 비교하다] | **发病率** fābìnglǜ 명 발병률 | ★**显著** xiǎnzhù 형 현저하다, 뚜렷하다, 두드러지다 | **反而** fǎn'ér 부 오히려, 역으로 | **专心** zhuānxīn 형 열중하다, 전념하다 | **如同** rútóng 동 마치 ~와 같다, 흡사하다 | **的确** díquè 부 확실히, 분명히 | **免疫力** miǎnyìlì 명 면역력 | **人体** réntǐ 명 인체 | **事实上** shìshíshang 명 사실상, 실제 | **精神** jīngshén 명 정신, 원기, 활력 | ★**和谐** héxié 형 조화롭다, 잘 맞다, 잘 어울리다 | **各种各样** gèzhǒnggèyàng 성 여러 종류, 각종, 각양각색 | **情绪** qíngxù 명 정서, 기분, 마음 | **偏激** piānjī 형 (생각·주장 따위가) 극단적이다, 과격하다 | **从而** cóng'ér 접 따라서, 그리하여 | **导致** dǎozhì 동 (어떤 사태를) 야기하다, 초래하다 | **若** ruò 접 만약, 만일 | **某** mǒu 대 어떤, 아무, 어느, 모 | **便** biàn 부 바로, 즉시, 곧 [=就] | **避免** bìmiǎn 동 피하다, 면하다 | **波动** bōdòng 동 동요하다, 술렁이다 | **保持** bǎochí 동 유지하다, 지키다 | ★**心态** xīntài 명 심리 상태 | **平衡** pínghéng 명 안정, 균형, 평형 | **患病** huàn bìng 병에 걸리다, 병들다 | **几率** jīlǜ 명 확률 | **尚未** shàngwèi 부 아직 ~하지 않다 | **产生** chǎnshēng 동 생기다, 발생하다, 나타나다 | **健身** jiànshēn 동 신체를 건강하게 하다 | **确凿** quèzáo 형 의심의 여지가 없다, 확실하다, 믿을 만하다 | **无疑** wúyí 형 의심할 바 없다, 틀림없다 | **类** lèi 명 종류, 분류 | **方式** fāngshì 명 방식, 방법 | ★**给予** jǐyǔ 동 주다, 부여하다 | **持续** chíxù 동 지속하다 | **偏** piān 형 한쪽 면의, 측면의 | **退出** tuìchū 동 퇴장하다, 물러나다 | **改善** gǎishàn 동 개선하다 | **次数** cìshù 명 횟수 | **观点** guāndiǎn 명 관점, 견지, 견해 | **易** yì 형 쉽다, 용이하다, 간편하다 | **诱发** yòufā 동 (주로 질병을) 유발하다 | **客观** kèguān 형 객관적이다 | ★**看待** kàndài 동 취급하다, 대(우)하다, 다루다 | **养生** yǎngshēng 동 보양하다, 양생하다 | **劳逸** láoyì 명 노동과 휴식 | **结合** jiéhé 동 결합하다, 결부하다 | **思** sī 명 사상, 생각 | **学** xué 명 학문, 학설, 지식 | ★**辩证** biànzhèng 동 변증하다, 논증하다 | **有益** yǒuyì 형 도움이 되다, 유익하다 | **乐观** lèguān 형 낙관적이다, 희망차다

track yuedu 63

• Day 23 13 A 14 C 15 D 16 B

13 A [再生组织器官 조직기관을 재생시키다] 접속사 뒤에는 정답이 나오는 경우가 많으므로 항상 주의 깊게 읽자. 첫 단락에서 줄기세포가 인체와 조직기관을 재생시키는 잠재적 기능을 갖추고 있다(具有再生人体以及组织器官的潜在功能)고 했으므로 보기 A가 정답임을 알 수 있다. 문장 시작에 줄기세포는 자아복제 능력이 있다(具有自我复制能力)고 했으므로 보기 C는 답이 될 수 없다.

14 C [可以修复 회복할 수 있다] 세 번째 단락에서는 질환의 발병 원인과 예시를 들면서 이런 것들을 줄기세포로 회복시킬 수 있다(干细胞则可以修复)는 내용을 접속사 '而(그러나)' 뒤에서 설명하고 있다. 즉, 줄기세포의 의학적 가치가 세 번째 단락의 핵심 주제인 것이다.

15 D [含量极少 함량이 매우 적다] 해당 단락의 내용과 보기의 내용을 번갈아 대조하며 답을 찾자. 조혈 줄기세포는 함량이 매우 적다(造血干细胞含量极少)는 내용이 보기 D와 일치하며, 나머지 보기는 모두 언급되지 않았다.

16 B [潜能 잠재력] 지문 처음부터 끝까지 줄기세포란 무엇인지, 그것의 유형, 의학적 가치, 활용법 등 줄기세포의 기능 및 역할에 관한 설명이 주를 이루고 있으므로 정답은 B이다. 보기 A의 '신체조직 이식(组织移植)'과 보기 C의 '복제 가능한 생명(能够复制的生命)'은 줄기세포의 특징 중 일부 내용이므로 전체 내용을 포괄하기는 어렵다.

干细胞是具有自我复制能力的“多潜能细胞”。在某些条件下，它能分化为多种功能细胞，[13]因为其具有再生人体以及组织器官的潜在功能，医学界把它称为“万用细胞”。通俗地说，干细胞是所有组织细胞更新换代的种子细胞，也是人体细胞的“生产工厂”。

人体干细胞分为两种类型：第一种是全能干细胞，可以直接克隆人体；第二种是多功能干细胞，可以用于复制各种组织和脏器。人类寄希望于利用干细胞的体外培养和分离，培育出器官与组织，并且最终通过组织或者器官移植实现临床疾病的治疗。

人类疾病的产生通常是以细胞、组织和器官坏死为病理基础的，比如大脑里某些神经细胞病变会引起肢体的震颤、麻痹或痴呆；角膜病变或损伤会引起失明；胰腺里胰岛细胞异常分泌会导致糖尿病等等。而[14]干细胞则可以修复这些被损坏以后不可再生的组织或者器官，对心肌坏死、自身免疫疾病、癌症以及神经退行性等多方面的疾病都有一定的治疗效果，并且可以取代以往异体间的器官移植。

造血是人体生命活动十分重要的一部分。科学家于1909年就推测出血液里存在有造血功能的细胞，一直到二战以后，他们才通过进行动物的交叉输血实验证明了“造血干细胞”的存在。[15]造血干细胞含量极少，大约是骨髓含量的1%。造血干细胞移植是现在根治某些遗传性疾以及20多种血液系统恶性肿瘤的最佳手段。

把脑部的干细胞培育成脑细胞并且移植给病患，能治疗帕金森氏症、脑部损伤等脑疾病。干细胞还可应用于体外培育人体器官。科学家设想利用动物组织工程与干细胞的结合来解决某些医学难题，比如在严格的控制下，将人体干细胞移植到动物体内进行培育，从而形成“嵌合体”，并且最终把这些来自人体干细胞的器官在临床移植治疗中进行应用。

줄기세포는 자아복제 능력을 가진 ‘잠재력이 많은 세포’이다. 어떠한 조건하에서 줄기세포는 여러 종류의 기능세포로 분화할 수 있다. [13]줄기세포가 인체와 조직기관을 재생시키는 잠재적 기능을 갖추고 있기 때문에 의학계는 그것을 ‘만능세포’라고 부른다. 쉽게 말하면, 줄기세포는 모든 조직세포를 새롭게 바꾸어 주는 씨앗세포라고 할 수 있고, 또한 인체 세포의 ‘생산 공장’이기도 하다.

인체 줄기세포는 두 가지 유형으로 나뉜다. 첫 번째는 전능성 줄기세포로, 직접적으로 인체를 복제할 수 있다. 두 번째는 다기능 줄기세포로, 각종 조직과 장기를 복제하는 데에 쓸 수 있다. 인류는 줄기세포의 체외 배양과 분리를 이용하여 신체기관과 조직을 길러 내고 최종적으로 조직 혹은 기관을 통해 이식하여, 임상질환의 치료를 실현하는 것에 희망을 걸고 있다.

인류 질환의 생성은 보통 세포, 조직, 장기의 괴사를 병리적 기반으로 한다. 예를 들어 대뇌의 어떤 신경세포의 병변이 인체의 떨림, 마비 혹은 치매를 일으키고, 각막의 병변 혹은 손상이 실명을 초래하며, 췌장의 인슐린세포 분비 이상이 당뇨병을 일으키는 것 등이다. 하지만 [14]줄기세포는 이러한 손상된 후 재생되지 못하는 조직 혹은 기관을 회복시켜서 심근 괴사, 자가면역질환, 암, 신경퇴행 등 다방면의 질환에 대해 모두 어느 정도의 치료 효과를 가지고 있다. 또한 종전의 타인 간의 장기이식을 대체할 수도 있다.

혈액을 만드는 것은 인체의 생명 활동에 매우 중요한 부분이다. 과학자들은 1909년에 혈액 내에 혈액을 만드는 기능이 있는 세포가 존재한다는 점을 추측해 냈다. 2차 세계대전 이후에야 그들은 비로소 동물의 교차수혈 실험을 통해서 ‘조혈 줄기세포(혈액을 만드는 세포)’의 존재를 증명했다. [15]조혈 줄기세포는 함량이 매우 적은데, 대략 척수 함량의 1% 정도이다. 조혈 줄기세포의 이식은 현재 일부 유전성 질환과 20여 가지의 혈액 계통의 악성종양을 근본적으로 치료할 수 있는 가장 좋은 방법이다.

뇌의 줄기세포를 뇌세포로 배양하고 환자에게 이식하면 파킨슨병, 뇌 손상 등의 질병을 치료할 수 있다. 줄기세포는 또한 체외에서 신체기관을 배양하는 것에도 적용될 수 있다. 과학자들은 동물 조직의 메커니즘이 줄기세포와의 결합을 이용하여 일부 의학적 난제를 해결할 수 있을 것이라고 가설을 세우고 있다. 예를 들면 엄격한 통제하에서 인체의 줄기세포를 동물의 체내에 이식하여 배양하고, 이를 통해 ‘복합체’를 만들어 최종적으로 이러한 인체의 줄기세포에서 만들어진 신체기관을 임상이식 치료에도 응용하는 것이다.

13 关于干细胞，下列哪项正确?

A 可以再生各种组织器官

B 可以直接移植

C 自身不可分化

D 任何干细胞都能克隆人体

14 第3段主要讲的是:

A 组织移植的可靠性

B 预防疾病的手段

C 干细胞的医学价值

D 糖尿病的后果

15 根据第4段，可以知道:

A 骨髓移植风险特别大

B 造血干细胞只有人类才有

C 遗传性疾病难以根治

D 造血干细胞含量极少

16 最合适做上文标题的是:

A 组织移植——生命的延续

B 万用细胞——干细胞

C 能够复制的生命

D 器官的生产工厂

13 줄기세포에 관해서 다음 중 옳은 것은 무엇인가?

A 각종 조직기관을 재생시킬 수 있다

B 직접적으로 이식할 수 있다

C 스스로 분화할 수 없다

D 어떤 줄기세포로도 인체를 복제할 수 있다

14 세 번째 단락이 주로 이야기하는 것은:

A 조직 이식의 신뢰성

B 질병을 예방하는 수단

C 줄기세포의 의학적 가치

D 당뇨병의 부작용

15 네 번째 단락에 따르면 알 수 있는 것은:

A 골수이식의 위험성이 특히 크다

B 조혈 줄기세포는 인류만이 가지고 있다

C 유전성 질환은 근본적으로 치료하기 어렵다

D 조혈 줄기세포는 함량이 매우 적다

16 지문의 제목으로 가장 적절한 것은:

A 신체조직 이식 – 생명의 연장

B 만능세포 – 줄기세포

C 복제 가능한 생명

D 신체기관의 생산 공장

干细胞 gànxìbāo 명 줄기세포, 간세포 | **具有** jùyǒu 동 있다, 지니다, 가지다 | **自我复制** zìwǒfùzhì 자기복제 | **潜能** qiánnéng 명 잠재력, 가능성 | ★**细胞** xìbāo 명 세포 | **某** mǒu 대 어느, 어떤, 모 | **分化** fēnhuà 동 분화하다, 갈라지다 | **功能** gōngnéng 명 기능, 작용, 효능 | **其** qí 대 그, 그의, 그것 | **再生** zàishēng 동 재생하다, 다시 자라다, 소생하다 | **人体** réntǐ 명 인체 | **以及** yǐjí 접 및, 그리고, 아울러 | **组织** zǔzhī 명 조직 | ★**器官** qìguān 명 (생물체의) 기관 | **潜在** qiánzài 동 잠재하다 | **医学界** yīxuéjiè 의학계 | **称为** chēngwéi 동 ~라고 부르다 [把A称为B: A를 B라고 부르다] | **万用** wànyòng 멀티의, 만능의 | ★**通俗** tōngsú 형 간단명료하고 알기 쉽다, 통속적이다 | **更新换代** gēngxīnhuàndài 낡은 것을 새것으로 바꾸다, 갱신하다 | ★**种子** zhǒngzi 명 씨(앗), 종자, 열매 | **生产** shēngchǎn 명 생산 | **工厂** gōngchǎng 명 공장 | **分为** fēnwéi 동 ~로 나누다 | **类型** lèixíng 명 유형 | **全能** quánnéng 형 만능의, 전능한 | **克隆** kèlóng 동 (생물체를) 복제하다 | **复制** fùzhì 동 (문물·예술품 등을) 복제하다 | **脏器** zàngqì 명 장기, 내장의 여러 기관 | **人类** rénlèi 명 인류 | **利用** lìyòng 동 이용하다, 활용하다 | **体外培养** tǐwài péiyǎng 명 체외 배양 | **分离** fēnlí 명 분리 | **繁育** fányù 동 번식시키다, 육성시키다 | **最终** zuìzhōng 형 최종의, 맨 마지막의 | **移植** yízhí 동 이식하다, 옮겨 심다 | **培育** péiyù 동 기르다 | **实现** shíxiàn 동 실현하다, 달성하다 | ★**临床** línchuáng 동 임상하다, (의사가 직접 병상을 돌아보며) 치료하다 | ★**疾病** jíbìng 명 질환, 병, 질병 | **治疗** zhìliáo 동 치료하다 | **产生** chǎnshēng 동 발생하다, 생기다, 나타나다 | **通常** tōngcháng 형 보통이다, 일반적이다 | **坏死** huàisǐ 명 괴사 | **病理** bìnglǐ 명 병리 | **大脑** dànǎo 명 대뇌 | ★**神经** shénjīng 명 신경 | **病变** bìngbiàn 명 병변 | **肢体** zhītǐ 명 신체, 지체, 사지와 몸통 | **震颤** zhènchàn 동 떨다, 떨리다 | ★**麻痹** mábì 동 마비되다 | **痴呆** chīdāi 명 치매 | **角膜** jiǎomó 명 각막 | **损伤** sǔnshāng 동 손상되다, 손실되다 | **失明** shīmíng 동 실명하다, 눈이 멀다 | **胰腺** yíxiàn 명 췌장 | **胰岛** yídǎo 명 췌도 | ★**异常** yìcháng 형 이상하다, 정상이 아니다, 보통이 아니다 | ★**分泌** fēnmì 동 분비하다, 분비되어 나오다 | **导致** dǎozhì 동 (어떤 사태를) 초래하다, 야기하다 | **糖尿病** tángniàobìng 명 당뇨병 | **则** zé 접 그러나, 오히려 | ★**修复** xiūfù 동 회복하다, 원상 복구하다 | ★**损坏** sǔnhuài 동 (원래의 기능·효과 등을) 손상시키다, 훼손시키다 | **心肌** xīnjī 명 심근 | **自身免疫疾病** zìshēn miǎnyì jíbìng 자기면역 질환 | ★**癌症** áizhèng 명 암 [암의 총칭] | **退行性** tuìxíngxìng 퇴행성 | **取代** qǔdài 동 대체하다, 대치하다 | ★**以往** yǐwǎng 명 종전, 이전, 과거 | **异体** yìtǐ 명 이체 | **造血** zàoxuè 동 혈액을 만들다 | **于** yú 개 ~에 | ★**推测** tuīcè 동 추측하다, 헤아리다 | **血液** xuèyè 명 혈액 | **存在** cúnzài 명 존재 | **二战** èrzhàn 명 제2차 세계대전 | ★**交叉** jiāochā 동 교차하다, 교체하다 | **输血** shūxuè 명 수혈 | **实验** shíyàn 명 실험 | **证明** zhèngmíng 동 증명하다 | **含量** hánliàng 명 함량 | **骨髓** gǔsuǐ 명 골수 | **根治** gēnzhì 동 근본적으로 치료하다 | **遗传性疾** yíchuánxìngjí 유전성 질환 | **系统** xìtǒng 명 계통, 시스템 | **恶性肿瘤** èxìng zhǒngliú 명 악성 종양 | **佳** jiā 형 좋다, 훌륭하다, 아름답다 | **手段** shǒuduàn 명 방법, 수단 | **脑部** nǎobù 명 대뇌 | ★**培育** péiyù 동 배양하다, 기르다, 키우다 | **病患** bìnghuàn 명 환자, 병자 | **帕金森氏症** pàjīnsēnshìzhèng 명 파킨슨병 | ★**设想** shèxiǎng 동 구상하다, 가상하다, 고려하다 | **工程** gōngchéng 명 매커니즘, 계획, 공정 | **结合** jiéhé 명 결합 | **医学** yīxué 명 의학 | **难题** nántí 명 난제, 어려운 문제 | **控制** kòngzhì 동 통제하다, 제어하다, 규제하다 | **体内** tǐnèi 명 체내 | **从而** cóng'ér 접 따라서, 그리하여 | **形成** xíngchéng 동 이루어지다, 형성되다 | **嵌合体** qiànhétǐ 명 복합체 | **应用** yìngyòng 동 응용하다, 이용하다 | **可靠性** kěkàoxìng 명 신뢰성 | **预防** yùfáng 동 예방하다, 미리 방비하다 | **后果** hòuguǒ 명 부작용, (주로 안 좋은) 결과, 뒷일 | **风险** fēngxiǎn 명 위험, 모험 | **难以** nányǐ 부 ~하기 어렵다 | ★**标题** biāotí 명 제목, 타이틀 | ★**延续** yánxù 명 연장

• Day 25 **17** C **18** C **19** A **20** B

17 C [储存电量的能力 = 储电能力 전기 저장 능력] 첫 번째 단락에 '能量纸(에너지 종이)'라는 소재를 소개하며 그것의 특징에 대해 설명하고 있다. 뛰어난 전력 저장 능력을 갖추고 있다(有着非凡的储存电量的能力)고 했으므로 일치하는 보기는 C이다.

18 C [首先A，然后B 먼저 A하고, 그다음에 B한다] 세 번째 단락에서는 '首先A，然后B (먼저 A하고, 그다음에 B한다)'로 에너지 종이의 제작 과정 순서를 설명하고 있다. 따라서 정답은 C이다.

19 A [不同于A A와 같지 않다] 현재 사용하는 축전기와 배터리는 독성 화학물질과 대량의 금속이 함유되어 있다(含有毒化学物质和大量金属)고 언급한 후, 에너지 종이는 그와 다르다고 했으므로, 에너지 종이에는 독이 없다는 것을 알 수 있다. 따라서 내용과 일치하는 답은 A이다.

20 B [面临 직면하다] 문제에서 '面临的挑战(직면한 도전)'이 무엇인지 물었으므로 지문에서 그 말을 찾아 앞뒤 내용을 확인하면 된다. '하나의 공업 절차를 통해 대규모 생산을 하는 방법을 연구해 내는 것(需研究出一整套工业流程来进行大规模的生产)'과 일치하는 보기는 B이다.

近年来，科学家发明了一种材料，名叫"能量纸"，这种材料薄得像纸似的，却[17]有着非凡的储存电量的能力。一张直径16厘米、厚度不足0.6厘米的"能量纸"可以储存一法拉电容，这与现在电子设备中使用的超级电容器相似。

这种材料是由一种高分子导电聚合物与纳米纤维素制成的，可以循环使用数百次，每次仅需几秒就能重新充满电。虽然该材料看上去像蓝色的纸张，也可以用来做成折纸作品，但是它摸上去却拥有塑料的质感。

[18]科学家首先用高压水将纤维素中的纤维分解开，然后将这些直径只有18纳米的纤维加入到含有带电聚合物的水溶剂中，聚合物就会聚集在纤维上，形成一层很薄的镀层。这些被覆盖的纤维互相缠结，它们之间缝隙中的液体就成了电解液。

科学家认为这种材料使电子和离子同时具有导电性，从而创造了全新的记录，它对小型设备储存电荷的方法产生了极其重大的影响，未来甚至能够为更高容量的电力需要服务。

[19]不同于人们目前使用的含有毒化学物质和大量金属的电容器或者电池，这种"能量纸"是由简单的材料制成的，即现成的高分子聚合物与可再生的纤维素，且这种"纸"又轻又可防水。[20]它目前面临的最大挑战就是需研究出一整套工业流程来进行大规模的生产。它与一般的木浆纸也不同，这种材料需要经过脱水程序才可制成片材，如果可以解决这个问题，再加上商业伙伴的支持，未来也许这种"能量纸"就能随处可见了。

최근 과학자들이 한 가지 소재를 발명했는데, 이름은 '에너지 종이'이다. 이 소재는 종이처럼 얇지만 [17]뛰어난 전력 저장 능력을 갖추고 있다. 한 장의 직경이 16cm이고, 두께는 0.6cm가 되지 않는 '에너지 종이'는 1패럿의 전기용량을 저장할 수 있다. 이는 현재 전자설비에 사용하는 수퍼 축전기와 비슷하다.

이러한 소재는 하나의 고분자 전도 폴리머와 나노섬유소로 만들어진 것으로, 수백 번 재사용이 가능하고 매번 몇 초만 있으면 바로 다시 전기를 충전할 수 있다. 이 소재는 보기에 파란색 종이 같고, 종이접기 작품을 만들 수도 있지만 만져 보면 플라스틱의 질감을 가지고 있다.

[18]과학자들은 먼저 고압수로 섬유소 속의 섬유를 분해했고, 그 다음 이러한 직경이 18나노미터밖에 되지 않는 섬유를 전기가 통하는 폴리머를 함유한 물용해제에 넣었다. 폴리머는 섬유에 모이게 되고, 한 층의 얇은 금속층을 형성한다. 이렇게 덮인 섬유는 서로 뒤얽히게 되고, 그 사이에 있는 액체가 전해액이 된다.

과학자들은 이러한 소재가 전자와 입자로 하여금 동시에 전도성을 지니게 하여, 이로써 완전히 새로운 기록을 만들었다고 생각한다. 이는 소형 설비가 전하를 저장하는 방법에 있어서 매우 중대한 영향을 미쳤다. 미래에는 심지어 더 높은 용량의 전력 수요를 위해 서비스 할 수 있다.

[19]사람들이 현재 사용하고 있는 독성 화학물질과 대량의 금속이 함유된 축전기나 배터리와 달리 이러한 '에너지 종이'는 단순한 소재로 만들어졌다. 즉, 바로 만들어진 고분자 폴리머와 재사용 가능한 섬유소이다. 또한 이러한 '종이'는 가볍기도 하고 방수도 된다. [20]이것이 현재 직면해 있는 가장 큰 도전 과제는 하나의 공업 절차를 통해 대규모 생산을 하는 방법을 연구해 내는 것이다. 일반적인 목재 펄프지와 다르게 이러한 소재는 탈수 과정을 거쳐야

17 关于“能量纸”，下列哪项正确？

A 不能折叠

B 充电时间长

C 有强大的储电能力

D 使用周期很短

18 第3段主要介绍的是：

A 纳米纤维的生产方法

B 电解液的种类

C 能量纸的制作过程

D 塑料的溶解过程

19 与现阶段的电容器相比，能量纸的优点有：

A 无毒

B 耐腐蚀

C 无辐射

D 成本很低

20 目前此项技术面临的挑战是什么？

A 申请专利

B 如何进行大规模生产

C 寻找更多投资伙伴

D 怎样获得政策支持

소재가 만들어진다. 만약 이 문제를 해결할 수 있고 이에 더해 산업계의 지원이 이루어진다면, 앞으로 어쩌면 이러한 '에너지 종이'를 어디서든 볼 수 있게 될지도 모른다.

17 '에너지 종이'에 관해서 다음 중 옳은 것은 무엇인가?

A 접을 수 없다

B 충전 시간이 길다

C 강한 전력 저장 능력이 있다

D 사용 주기가 짧다

18 세 번째 단락이 주로 소개하는 것은:

A 나노 섬유의 생산법

B 전해액의 종류

C 에너지 종이의 제작 과정

D 플라스틱의 용해 과정

19 현재 단계의 축전지와 비교했을 때, 에너지 종이의 장점은:

A 독이 없다

B 부식에 강하다

C 방사능이 없다

D 원가가 낮다

20 현재 이 기술이 직면한 도전 과제는 무엇인가?

A 특허 신청

B 어떻게 대규모 생산을 할 것인가

C 더 많은 투자자 모색

D 어떻게 정책 지원을 얻는가

科学家 kēxuéjiā 명 과학자 | **发明** fāmíng 동 발명하다 | ★**能量** néngliàng 명 에너지 | **纸** zhǐ 명 종이 | **薄** báo 형 얇다 | **似的** shìde 조 ~와 같다, ~와 비슷하다 [명사·대사·동사 뒤에서 어떤 사물이나 상황과 서로 비슷함을 나타냄] | **非凡** fēifán 형 비범하다, 뛰어나다, 보통이 아니다 | ★**储存** chǔcún 동 저장하여 두다 | **电量** diànliàng 명 전기량 | ★**直径** zhíjìng 명 직경 | **厘米** límǐ 양 센티미터(㎝) | **厚度** hòudù 명 두께 | **不足** bùzú 동 부족하다, 모자라다 | **法拉** fǎlā 양 패럿 [전기 용량의 단위. 기호는 F] | **电容** diànróng 명 전기용량 [단위는 패럿(法拉)], 축전기 | **电子** diànzǐ 명 전자, 일렉트론 | **设备** shèbèi 명 설비, 시설 | **超级** chāojí 형 슈퍼, 뛰어난 | **电容器** diànróngqì 명 축전기 | **相似** xiāngsì 형 닮다, 비슷하다 [与……相似: ~와 비슷하다] | **高分子** gāofēnzǐ 명 고분자 | **导电** dǎodiàn 동 전도하다, 전기가 통하다 | **聚合物** jùhéwù 명 중합체, 폴리머(polymer) | **纳米** nàmǐ 양 나노미터 | **纤维素** xiānwéisù 명 섬유소 | **制** zhì 동 만들다, 제조하다 | **成** chéng 동 ~가 되다, ~로 변하다 | ★**循环** xúnhuán 동 순환하다 | **数** shù 수 수, 여러, 몇 | **需** xū 동 필요로 하다, 요구되다 | **充满** chōngmǎn 동 충만하다, 넘치다, 가득 차다 | **电** diàn 명 전기 | **蓝色** lánsè 명 파란색, 남색 | **纸张** zhǐzhāng 명 종이의 총칭 | **用来** yònglái 동 ~에 쓰다, ~에 사용하다 | **折纸** zhézhǐ 동 종이를 접다 | **摸** mō 동 어루만지다, 쓰다듬다, 짚어 보다 | ★**拥有** yōngyǒu 동 보유하다, 소유하다, 가지다 | **塑料** sùliào 명 플라스틱, 비닐 | **质感** zhìgǎn 명 (물체의) 질감 | **高压** gāoyā 명 높은 압력, 고압 | ★**纤维** xiānwéi 명 (천연 또는 인공의) 섬유, 섬유질 | ★**分解** fēnjiě 동 분해하다 | **加入** jiārù 동 넣다, 더하다, 보태다 | **含有** hányǒu 동 함유하다, 포함하다 | **带电** dàidiàn 동 전류가 통하다 | **溶剂** róngjì 명 용제 | **聚集** jùjí 동 모으다, 한데 모이다, 합류하다 | **形成** xíngchéng 동 형성하다, 이루다 | **镀层** dùcéng 명 도금한 얇은 금속층 | ★**覆盖** fùgài 동 덮다, 가리다 | **缠结** chánjié 동 마구 뒤엉키다, 얽히고 설키다 | **之间** zhījiān 명 ~의 사이 | **缝隙** fèngxì 명 틈, 틈새, 갈라진 곳 | ★**液体** yètǐ 명 액체 | **电解液** diànjiěyè 명 전해액 | **离子** lízǐ 명 이온 | **具有** jùyǒu 동 지니다, 가지다, 구비하다 | **从而** cóng'ér 접 따라서, 그리하여 | **创造** chuàngzào 동 만들다, 창조하다, 발명하다 | **全新** quánxīn 형 아주 새롭다, 참신하다 | **记录** jìlù 명 기록 | **小型** xiǎoxíng 형 소형의, 소규모의 | **电荷** diànhè 명 전하 | **产生** chǎnshēng 동 생기다, 발생하다, 나타나다 | **极其** jíqí 부 매우, 극히, 대단히 | **重大** zhòngdà 형 중대하다, 크다 | **未来** wèilái 형 곧 다가오는, 조만간, 머지않은 | **能够** nénggòu 조동 ~할 수 있다 | **容量** róngliàng 명 용량, 용적 | **电力** diànlì 명 전력 | **需要** xūyào 명 수요, 요구, 필요 | **目前** mùqián 명 현재, 지금 | **含** hán 동 함유하다, 포함하다 | **毒** dú 명 독 | **化学** huàxué 명 화학 | **物质** wùzhì 명 물질 | **大量** dàliàng 형 대량의, 다량의, 많은 양의 | **金属** jīnshǔ 명 금속 | **电池** diànchí 명 전지, 배터리 | **即** jí 부 즉, 바로, 곧 | ★**现成** xiànchéng 형 원래부터 있는, 기성의, 마침 그 자리에 있는 | **再生** zàishēng 동 재생하다, 소생하다 | **防水** fángshuǐ 동 방수하다 | **目前** mùqián 명 현재, 지금 | **面临** miànlín 동 직면하다, 당면하다, 앞에 놓여 있다 | **挑战** tiǎozhàn 명 도전 [面临挑战: 도전에 직면하다] | **研究** yánjiū 동 연구하다 | **整套** zhěngtào 명 완전한 한 벌, 계통을 이룬 한 세트 | **工业** gōngyè 명 공업 | **流程** liúchéng 명 (공업 생산에서) 공정, 과정, 계통 | **大规模** dàguīmó 형 대규모의 | **生产** shēngchǎn 동 생산하다 | **木浆纸** mùjiāngzhǐ 명 목재 펄프 | **脱水** tuōshuǐ 동 탈수되다, 수분이 빠지다 | **程序** chéngxù 명 절차, 순서, 단계 | **加上** jiāshàng 동 더하다, 첨가하다 | **伙伴** huǒbàn 명 동반자 | **随处** suíchù 부 아무데나, 어디서나, 도처에 | **折叠**

zhédié 동 접다, 개다 | 充电 chōngdiàn 동 충전하다 | 强大 qiángdà 형 강대하다 | 储 chǔ 동 저장하다 | ★周期 zhōuqī 명 주기 | 种类 zhǒnglèi 명 종류 | 制作 zhìzuò 동 제작하다 | ★溶解 róngjiě 동 용해하다 | 现阶段 xiànjiēduàn 명 현단계 | 相比 xiāngbǐ 동 비교하다, 견주다 [与……相比: ~와 비교하다] | 无毒 wúdú 형 독이 없다 | 耐 nài 동 견뎌 내다, 감당하다, 감내하다 | ★腐蚀 fǔshí 동 부식하다 | ★辐射 fúshè 명 방사, 복사 | ★成本 chéngběn 명 원가, 자본금 | 项 xiàng 양 항, 조목, 조항 | ★专利 zhuānlì 명 특허 | 如何 rúhé 대 어떻게 [=怎么] | 寻找 xúnzhǎo 동 찾다, 구하다 | 投资 tóuzī 명 투자 | 怎样 zěnyàng 대 어떻게 | ★政策 zhèngcè 명 정책

track yuedu 65

• Day 26 **21** D **22** C **23** A **24** B

21 D [极易流出去 쉽게 빠져나가다 ≒ 易流失 유실되기 쉽다] 문제에서 '과일 껍질의 특징(果皮的特点)'이 어떤 결과를 초래했는지 물었으므로 지문에서 이에 해당하는 부분을 찾아야 한다. 두 번째 단락에서 껍질의 모양과 그로 인해 수분이 이러한 공간에서 쉽게 빠져나간다(水分极易从这些空隙中流出去)는 특징에 대해 설명했으므로 일치하는 보기는 D이다.

22 C [大喘气 심호흡 ≒ 呼吸强度大 호흡 강도가 세다] 네 번째 단락에서 여지의 채집 후 상태에 대해 설명하고 있다. '여지의 호흡 강도가 아주 높다(荔枝的呼吸强度极高)'는 특징을 언급한 후, 여지의 향과 맛이 4~5일만에 사라지는 원인이 '그들의 심호흡 때문(由于它们的"大喘气")'이라고 밝히고 있다.

23 A [催熟 성장을 촉진하다] 문제는 '乙烯(에틸렌)'에 관한 것으로, 지문에서 이것이 등장하는 부분을 찾아 읽으며 보기와 대조하자. 네 번째 단락의 '에틸렌은 열매의 성장 촉진제이다(乙烯是果实的催熟剂)'라는 설명과 일치하는 것은 보기 A의 '具有催熟功能(성장을 촉진하는 기능이 있다)'이다.

24 B [总而言之 종합해서 말하면] 마지막 단락의 '总而言之(종합해서 말하면)'는 모든 내용을 종합해서 간단하게 서술할 때 쓰는 말로, 주제를 말할 때 자주 쓰이므로 뒤 내용을 주의해서 봐야 한다. 나무를 떠난 뒤 얼마 지나지 않아 곧 '죽어버린다'(脱离大树后，用不了多长时间便会"香消玉殒")는 것은 신선함을 유지하기 어렵다(不易保鲜)는 의미이므로 정답은 B이다.

在《荔枝图序》中，白居易如此描述荔枝："若离本枝，一日而色变，二日而香变，三日而味变，四日五日色香味尽去矣。"

荔枝的色香味为什么会这么快发生变化呢？这得从荔枝果实的结构讲起。[21] 荔枝外果皮上有一些突起的裂片，它们不仅很薄，还会使内部组织间留有空隙，水分极易从这些空隙中流出去使其仅剩下干巴巴的荔枝果实。

然而，这并不是荔枝所要面对的最糟的问题。荔枝壳含有大量过氧化物酶和多酚氧化酶，这些酶会把许多无色的多酚类物质都加工成黑色素，并且加工的速度非常快，"一日而色变"就充分说明了它们的工作效率。

『여지도서』에서 백거이는 여지를 이렇게 묘사했다. '가지에서 벗어나면 첫날에는 색이 변하고, 둘째 날에는 향이 변하고, 셋째 날에는 맛이 변하며, 넷째, 다섯째 날이 되면 색, 향, 맛이 모두 없어진다.'

여지의 색, 향, 맛은 왜 이렇게 빨리 변화가 생기는 것일까? 이는 여지 열매의 구조에서부터 이야기를 시작해야 한다. [21]여지의 껍질에는 몇몇 튀어나온 부분이 있는데, 그것은 얇을 뿐만 아니라 내부 조직 사이에 공간이 남도록 해서 수분이 이러한 공간에서 쉽게 빠져나가게 되어 메마른 여지 열매만 남게 되는 것이다.

하지만 이는 결코 여지가 직면해야 하는 가장 고된 문제는 아니다. 여지 껍질에는 다량의 과산화효소와 폴리페놀, 옥시다아제가 함유되어 있는데, 이러한 효소는 많은 무색의 폴리페놀류 물질을 모두 멜라닌으로 가공하고, 가공 속도 또한 매우 빠르다. '하루가 지나면 색이 변한다'라는 말이 바로 이들의 업무 효율을 충분히 설명해 준다.

虽然荔枝在采摘下来一天后，果肉还能保持相对良好的状态，可用不了多久，它便会步果壳的后尘，而“衰老”的原因则出在它自己的身上。植物的果实和人类一样，也需呼吸，在呼吸的过程中，果实里的糖类物质会被慢慢消耗掉，[22]荔枝的呼吸强度极高，从树上被采摘下来以后，它们的“呼吸”作用还会加强。果肉里的糖类物质被迅速消耗掉，同时还会产生气味不好的醇醛类物质。[22]荔枝在采摘四五日后香味会尽失，很大程度上是由于它们的“大喘气”。

除了“体质”的缺陷外，荔枝还有一个不利于“美容养颜”的缺点——释放乙烯，[23]乙烯是果实的催熟剂。拿香蕉来说，没有成熟的青色香蕉摘下后，只要一喷乙烯，就会在短时间里变得黄澄澄的，看上去和成熟的香蕉一样。乙烯不仅能把青果催熟，还能把熟果催败，荔枝迅速蔫败的原因正是如此。被采摘下来以后，它便会释放出越来越多的乙烯，直到将自己催得“人老珠黄”，才会减少释放量。

[24]总而言之，自身的种种缺陷注定了荔枝在脱离大树后，用不了多长时间便会“香消玉殒”。

비록 여지는 채집 후 하루가 지난 후에는 과육이 아직 상대적으로 양호한 상태를 유지할 수 있지만 얼마 지나지 않아 바로 껍질의 뒤를 밟는데, ‘노쇠하는’ 원인은 바로 그 자체에 있다. 식물의 열매는 인간과 마찬가지로 호흡을 해야 하는데, 호흡을 하는 과정에서 열매 안의 당류 물질이 천천히 소모되어 버린다. [22]여지의 호흡 강도는 아주 높고, 나무에서 채집된 후 여지의 ‘호흡’ 작용은 더욱 강화된다. 과육 안의 당류 물질은 빠르게 소모되고, 동시에 냄새가 좋지 않은 알데히드류 물질이 생긴다. [22]여지는 딴 지 4~5일이 지나면 향과 맛이 사라지는데, 이는 상당 부분 여지의 ‘심호흡’ 때문이다.

‘형체’의 결함 외에도 여지는 ‘미용과 피부 관리’에 불리한 취약점도 가지고 있다. 에틸렌을 배출하는 것인데, [23]에틸렌은 열매의 성장 촉진제이다. 바나나를 예로 들면, 익지 않은 청색 바나나는 따고 나면 에틸렌을 한 번 뿌리기만 해도 단시간 내에 노랗게 변해서 보기에 익은 바나나 같다. 에틸렌은 익지 않은 과일을 익게 해 줄 뿐만 아니라 익은 과일을 상하게 할 수도 있다. 여지가 빨리 상하는 이유는 바로 이 때문이다. 채집된 후 여지는 점점 더 많은 에틸렌을 배출하고, 스스로 ‘늙어서 쓸모가 없어지는’ 지경에 이르게 할 때까지 배출한 뒤에야 비로소 배출량을 줄인다.

[24]종합해서 말하면, 자신의 여러 결함으로 여지는 나무를 떠난 뒤 얼마 지나지 않아 곧 ‘죽어 버리게’ 되는 운명인 것이다.

21 果皮的特点给荔枝造成了什么后果？

A 容易受到害虫侵袭
B 成熟时间被延长
C 很难吸收营养
D 果实水分易流失

22 为什么荔枝被采摘后香味会很快消失？

A 发生了光合作用
B 果肉暴露在阳光下
C 荔枝呼吸强度大
D 香味被果皮吸附

23 关于乙烯，下列哪项正确？

A 具有催熟功能
B 能产生醇醛类物质
C 颜色很鲜亮
D 气味难闻

24 上文主要谈的是：

A 荔枝的栽培方法
B 荔枝不易保鲜的原因
C 古人如何保存荔枝
D 怎样挑选荔技

21 과일 껍질의 특징이 여지에 어떤 결과를 초래했는가?

A 해충의 침입을 받기 쉽다
B 익는 데 필요한 시간이 연장된다
C 영양분을 흡수하기 매우 어렵다
D 열매의 수분이 유실되기 쉽다

22 왜 여지는 채집된 후 향과 맛이 빠르게 사라지는가?

A 광합성이 일어나서
B 과육이 햇빛 아래에 노출되어서
C 여지의 호흡 강도가 세서
D 향과 맛이 껍질에 의해 흡착되어서

23 에틸렌에 관해서 다음 중 옳은 것은 무엇인가?

A 성장을 촉진하는 기능을 갖추고 있다
B 알데히드류 물질을 만든다
C 색이 매우 선명하다
D 냄새가 좋지 않다

24 지문이 주로 이야기하는 것은:

A 여지의 재배 방법
B 여지가 신선함을 유지하기 어려운 이유
C 옛사람들은 여지를 어떻게 보관했는가
D 어떻게 여지를 고르는가

荔技图序 Lìjìtúxù 고유 여지도서 [책 이름] | **白居易** Bái Jūyì 고유 백거이(772~846년) [당나라 때의 저명한 시인] | **如此** rúcǐ 대 이와 같다, 이러하다 | **描述** miáoshù 동 묘사하다 | **荔枝** lìzhī 명 여지, 리치 | **若** ruò 접 만약, 만일 | ★**枝** zhī 명 (나무의) 가지 | **味** wèi 명 맛, 냄새 | **尽** jìn 부 모두, 다, 전부 | **矣** yǐ 동 (문장 끝에 쓰여서) 완료를 나타냄 ['了'에 상당함] | **果实** guǒshí 명 과실, 열매 | **结构** jiégòu 명 구조, 구성 | **外果皮** wàiguǒpí 명 외과피, 겉열매껍질 | **突起** tūqǐ 동 돌출하다, 우뚝 솟다 | **裂片** lièpiàn 명 (꽃이나 잎의) 열편 | **薄** báo 형 얇다 | **内部** nèibù 명 내부, 안 | **组织** zǔzhī 명 조직 | **留有** liúyǒu 동 남겨 두다 | ★**空隙** kòngxì 명 공간, 틈 | **水分** shuǐfèn 명 수분 | **仅** jǐn 부 겨우, 단지, 다만 | **干巴巴** gānbābā 형 (땅 등이) 바싹 마르다, 말라서 딱딱하다, 건조하다 | **所** suǒ 조 ~하는 바 ['是+명사·대사+……+동사+的'의 형태로 쓰여, 행위자와 동작과의 관계를 강조함] | **面对** miànduì 동 직면하다, 마주 대하다 | **糟** zāo 형 잘못되다, 망치다, 그르치다 | **壳** ké 명 (동물·식물·과실 등의) 껍질, 껍데기 | **含有** hányǒu 동 함유하다, 포함하다 | **大量** dàliàng 형 대량의, 많은 양의 | **过氧化** guòyǎnghuà 명 과산화 현상 | **物** wù 명 물질 | **酶** méi 명 효소 | **多酚** duōfēn 명 폴리페놀 [페놀분자가 2개 이상으로 구성된 분자물질] | **氧化酶** yǎnghuàméi 명 옥시다아제 [생물체의 세포에서 산화반응에 작용하는 효소를 통틀어 이르는 말] | **无色** wúsè 형 무색의, 색채가 없는 | **物质** wùzhì 명 물질 | ★**加工** jiāgōng 동 가공하다 | **黑色素** hēisèsù 명 멜라닌 | **充分** chōngfèn 형 충분하다 | **效率** xiàolǜ 명 효율, 능률 | **采摘** cǎizhāi 동 (꽃·열매·잎 등을) 채취하다, 따다, 뜯다 | **果肉** guǒròu 명 과육, 과실의 살 | **保持** bǎochí 동 유지하다, 지키다 | **相对** xiāngduì 부 상대적으로, 비교적 | **良好** liánghǎo 형 양호하다, 좋다, 훌륭하다 | **状态** zhuàngtài 명 상태 | **用不了** yòngbuliǎo (많아서) 다 쓸 수 없다 | **便** biàn 부 곧, 바로 [=就] | **步** bù 동 밟다, 디디다 | **后尘** hòuchén 명 남의 뒤 | ★**衰老** shuāilǎo 형 노쇠하다 | **则** zé 부 바로 ~이다 | **人类** rénlèi 명 인류 | **需** xū 동 필요하다, 요구되다 | **呼吸** hūxī 동 호흡하다, 숨을 쉬다 | **糖类** tánglèi 명 당, 당류 | ★**消耗** xiāohào 동 소모하다, 소비하다 | **强度** qiángdù 명 강도 | **加强** jiāqiáng 동 강화하다, 증강하다 | **迅速** xùnsù 형 재빠르다, 신속하다 | **产生** chǎnshēng 동 생기다, 발생하다, 나타나다 | ★**气味** qìwèi 명 냄새 | **醇醛** chúnquán 알데히드 | **香味** xiāngwèi 명 향기, 향내 | **失** shī 동 변하다, 달라지다 | **程度** chéngdù 명 정도, 수준 | **大喘气** dàchuǎnqì 심호흡을 하다 | **体质** tǐzhì 명 형체, 모양 | ★**缺陷** quēxiàn 명 결함, 결점, 부족한 점 | **不利** búlì 형 불리하다 [不利于: ~에 불리하다] | **美容** měiróng 동 미용하다, 용모를 아름답게 꾸미다 | **养颜** yǎngyán 동 얼굴을 관리하다 | ★**释放** shìfàng 동 내보내다, 석방하다 | **乙烯** yǐxī 명 에틸렌 | **催熟** cuīshú 동 (물리·화학적 방법으로 과일을) 빨리 익게 하다 | **剂** jì 명 약제, 제 [화학이나 물리 기능이 있는 물품의 통칭] | **成熟** chéngshú 형 (식물의 열매 등이) 익다, 여물다 | **青色** qīngsè 명 청색 | **摘下** zhāixià 동 (열매 따위를) 따다 | **喷** pēn 동 (액체·기체·분말 등이 압력을 받아) 내뿜다, 분출하다 | **黄澄澄** huángdèngdèng 형 금빛 찬란하다 | **熟** shú 형 (과일 등이) 익다, 여물다 | **青** qīng 명 덜 익은 곡식 | **催** cuī 동 촉진시키다, 빠르게 하다 | **败** bài 형 썩다, 부패하다, 시들다 | **蔫** niān 형 (꽃·나무·과일 등이) 시들다, 마르다, 쭈그러들다 | **正是** zhèngshì 동 바로 ~이다 | **直到** zhídào 동 줄곧 ~까지 이르다 | **将** jiāng 개 ~를 [=把] | **人老珠黄** rénlǎo zhūhuáng 성 사람은 늙으면 쓸모가 없어지고, 옥구슬은 누렇게 퇴색되면 가치를 잃게 된다 | **量** liàng 명 양, 수량 | ★**总而言之** zǒng'éryánzhī 성 종합해서 말하면, 요컨대 | **自身** zìshēn 명 자신, 본인 | **注定** zhùdìng 동 운명으로 정해져 있다 | ★**脱离** tuōlí 동 떠나다, 이탈하다 | **香消玉殒** xiāngxiāoyùyǔn 성 미인이(여자가) 죽다 | **果皮** guǒpí 명 과일 껍질 | **造成** zàochéng 동 초래하다, 발생시키다 | **后果** hòuguǒ 명 (주로 안 좋은) 결과, 뒷일, 뒤탈 [造成后果: 결과를 초래하다] | **害虫** hàichóng 명 해충 | **侵袭** qīnxí 동 침입하여 습격하다 [受到侵袭: 침입을 받다] | **延长** yáncháng 동 (주로 거리·시간 등을) 연장하다, 늘이다 | **吸收** xīshōu 동 흡수하다, 섭취하다 | **营养** yíngyǎng 명 영양 [吸收营养: 영향을 흡수하다] | **流失** liúshī 동 유실되다, 흘러 나가다 | **消失** xiāoshī 동 사라지다, 없어지다 | **光合作用** guānghézuòyòng 명 광합성 | ★**暴露** bàolù 동 드러내다, 폭로하다 | **吸附** xīfù 동 흡착하다 | **具有** jùyǒu 동 지니다, 가지다 | **功能** gōngnéng 명 기능, 작용, 효능 [具有功能: 기능을 갖추다] | **鲜亮** xiānliang 형 선명하다, 산뜻하다 | **难闻** nánwén 형 냄새가 고약하다 | ★**栽培** zāipéi 동 재배하다, 심어 가꾸다 | **保鲜** bǎoxiān 동 (채소·과일·어육 등의) 신선도를 유지하다 | **古人** gǔrén 명 옛사람 | **如何** rúhé 대 어떻게 [=怎么] | **保存** bǎocún 동 보존하다, 간직하다 | **怎样** zěnyàng 대 어떻게 | **挑选** tiāoxuǎn 동 고르다, 선택하다

track yuedu 66

• Day 27 **25** C **26** B **27** C **28** A

25 C [追溯到 ~까지 거슬러 올라가다] 문제에서 '最早出现(가장 먼저 나타나다)'이 언제인지 물었으므로 지문에서 이 키워드를 찾아 앞뒤 내용을 살펴보자. 가장 처음 나온 것은 전국시대까지 거슬러 올라갈 수 있다(最早可追溯到战国时期)고 했으므로 정답은 C이다.

26 B [写实的手法 현실주의적인 작법] 문제의 '秋庭戏婴图(추정희영도)'를 지문에서 찾으면, 현실주의적인 작법을 썼다(运用写实的手法)는 내용을 알 수 있고 이는 보기 B와 일치한다. 이어서 '대추 장난감 놀이'를 하는 남매를 묘사했다(描绘了一对玩"推枣磨")고는 언급했으나 보기 A에 대해서는 알 수 없다.

27 C [原型 원형 / 源于 ~에서 기원하다] 지문의 '原型(원형)'과 보기 C의 '源于(~에서 기원하다)'가 같은 맥락이므로, C가 정답이다. 청나라 시기의 대나무와 상아 조각에도 아이들이 노는 것을 주제로 한 것이 많다(清代的竹木牙雕中也有大量的戏婴主题)는 내용으로 보아 보기 A는 답이 아니다.

28 A [发展历程 발전 과정] '희영도(戏婴图)'의 정의, 특징, 소재, 의미 등 모두 '희영도'와 관련한 내용이므로 정답은 A이다. 나머지 보기는 모두 지엽적인 내용이므로 주제가 될 수 없다.

戏婴图是中国古代传统绘画题材之一，艺术家们通过描绘古代儿童生活、玩耍等情景，来表达人对生活美满、多子多福的美好向往。

[25]艺术作品中的儿童形象最早可追溯到战国时期。汉代的墓室画像砖和壁画中，已经有了很多儿童形象，可雕工、画工技法略显质朴古拙。唐朝的儿童形象创作虽然还没有形成独立的绘画体系，但是在体态身形、行为装扮、脸部表情等方面都从稚嫩走向了成熟。

宋代涌现出了很多擅长画儿童的画家，他们多数都来自民间，在绘画中添加民俗民风，逐渐形成了主题为儿童生活的"戏婴图"样式。[26]其中苏汉臣的《秋庭戏婴图》就运用写实的手法，描绘了一对玩"推枣磨"游戏的兄妹，人物神情陶醉专注、衣着精心刻画，庭园巨石和花卉相映成趣，形成了一幅精致典雅又栩栩如生的童趣绘画。毫无疑问，宋代的儿童绘画已经有了独立的绘画主题，而且在表现技法上也已达到了高峰。戏婴图作为民间深受欢迎的装饰图案在当时也开始和实用性工艺品相交融，宋金时期的景德镇与磁州窑等瓷窑都在瓷枕、瓶和罐等物品上装饰了很多戏婴作品。除了平面创作以外，宋代还出现了造型别致生动的孩儿枕。

元、明、清时期，戏婴图逐渐开始出现祈求平安等表示吉祥的主题。[27]明代艺术作品中的儿童多是憨厚可掬、大头的形象，这也是后来年画娃娃的原型。戏婴图案在工艺品装饰上得到大量应用，比如清代流行的"百子图"，以粉彩、珐琅彩装饰于瓷器上，色彩很雅致、做工又精巧，清代的竹木牙雕中也有大量的戏婴主题。随着明代和清代雕版印刷的发展，戏婴图还被大量应用于年画和版画的创作中，并且在日后成为桃花坞、杨柳青等年画中很重要的题材，表达着百姓对富贵吉祥生活的期盼。

희영도는 중국 고대의 전통 회화 소재 중 하나이다. 예술가들은 고대 아이들의 생활과 노는 모습 등의 장면을 묘사하여 사람들의 행복하고 다복다남한 아름다운 이상에 대해 표현했다.

[25]예술 작품 속에 아이들 모습이 가장 처음 나온 것은 전국시대까지 거슬러 올라갈 수 있다. 한나라 시기의 묘실 그림 벽돌과 벽화에 이미 많은 아이들의 모습이 있었지만 조각과 그림 기술은 다소 소박했다. 당나라 시기 아이들 모습의 작품은 비록 독립적인 회화 양식을 이룬 것은 아니었지만 몸의 형태, 행동과 꾸민 모습, 얼굴 표정 등의 방면 모두 미숙한 모습에서 성숙한 모습으로 발전해 나갔다.

송나라 시기에는 아이를 그리는 데 능한 수많은 화가들이 물밀듯이 생겨났다. 그들은 대부분 민간 출신으로, 그림에 민속과 풍속을 더했고 점차 아이들의 생활을 주제로 하는 '희영도'의 양식을 형성했다. [26]그중 소한신의 『추정희영도』는 현실주의적인 기법을 활용하여 '대추 장난감 놀이'를 하는 남매를 묘사했다. 인물의 표정은 심취할 정도로 집중해 있고 옷차림도 공들여 표현했으며, 정원의 바위와 화훼가 서로 어울려 운치를 더해 정교하면서도 생동감 넘치는 아동 회화를 만들었다. 의심할 여지없이, 송나라 시기의 아동 회화는 이미 독립적인 회화 주제를 갖추고 있었다. 또한 표현 기술에 있어서도 이미 절정에 이르렀다. 희영도는 민간에서 깊은 사랑을 받는 장식 도안으로서 당시에도 실용적인 공예품과 융합되어 송나라와 금나라 시기에 징더전과 자주요 등 도자기 굽는 가마에서는 도자기 베개, 병, 단지 등의 물품에 많은 희영 작품을 장식했다. 평면 작품 외에도 송나라 시기에는 모양이 독특하고 생동감 있는 아이 베개도 등장했다.

원, 명, 청 시기에 희영도에는 점차 평안을 기원하는 등 길운을 표현하는 주제가 나타나기 시작했다. [27]명나라 시기의 예술 작품 속 아이들은 대부분 천진난만하고 머리가 큰 모습으로, 이것은 또한 후에 설맞이 그림 인형의 원형이 되었다. 희영 도안은 공예품 장식에 많이 활용되었다. 예를 들면 청나라 시기에 유행했던 '백자도'는 고운 빛깔의 무늬와 빛나는 색상으로 자기를 꾸미는데, 색채가 우아하고 만드는 기술도 섬세하다. 청나라 시기의 대나무와 상아 조각에도 아이들이 노는 것을 주제로 한 것이 많다. 명나라와 청나라 시기에 조판 인쇄 기술이 발전하면서 희영도 또한 설맞이 그림과 판화 작품에 많이 응용되기도 했다. 또한 이후 복숭아꽃밭, 버드나무 등의 설맞이 그림에도 중요한 소재가 되면서 백성들의 부유하고 길운 넘치는 생활에 대한 염원을 보여 주고 있다.

25 艺术作品最早出现儿童形象是在什么时候?
A 清代
B 宋金时
C 战国
D 明代

26 关于《秋庭戏婴图》，下列哪项正确?
A 描述了秋天丰收的景象
B 采用写实的绘画手法
C 展现了明代高超的绘画技艺
D 是苏汉臣的绝笔书画

27 根据第4段，可以知道:
A 木雕中不以戏婴为主题
B 唐代瓷器装饰特别质朴
C 年画娃娃形象源于明代戏婴图
D “百子图”已经失传

28 上文主要介绍的是:
A 戏婴图的发展历程
B 中国瓷器的起源
C 年画的传承与发展
D 古代绘画题材的介绍

25 예술 작품에 최초로 아이들의 모습이 나타난 것은 언제인가?
A 청나라
B 송나라, 금나라 시기
C 전국시대
D 명나라 시기

26『추정희영도』에 관해서 다음 중 옳은 것은 무엇인가?
A 가을에 풍년을 거두는 모습을 묘사했다
B 현실주의적 회화 기법을 채택했다
C 명나라 시기 우수한 회화 기술을 보여 준다
D 소한신의 생전 마지막 작품이다

27 네 번째 단락에 따르면 알 수 있는 것은:
A 나무 조소 작품은 아이들이 노는 것을 주제로 하지 않았다
B 당나라 시기 도자기 장식은 특히 소박했다
C 설맞이 그림 인형의 이미지는 명나라 시기의 희영도에서 기원된 것이다
D '백자도'는 이미 전해져 내려오지 않는다

28 지문이 주로 소개하는 것은:
A 희영도의 발전 과정
B 중국 도자기의 기원
C 설맞이 그림의 전통과 발전
D 고대 회화 소재의 소개

戏婴图 Xìyīngtú 고유 희영도 | 古代 gǔdài 명 고대 | 传统 chuántǒng 명 전통 | 绘画 huìhuà 명 회화, 그림 | ★题材 tícái 명 소재, 제재 | 之一 zhī yī ~중의 하나 | 艺术家 yìshùjiā 명 예술가 | ★描绘 miáohuì 동 묘사하다, 그려 내다 | 玩耍 wánshuǎ 동 놀다, 장난치다 | 情景 qíngjǐng 명 장면, 모습 | 表达 biǎodá 동 표현하다, 나타나다 | ★美满 měimǎn 형 충만하다, 아름답고 원만하다 | 多子多福 duōzǐ duōfú 자손이 많아야 다복하다 | 美好 měihǎo 형 아름답다, 좋다 | ★向往 xiàngwǎng 동 이상적이다, 동경하다 | 作品 zuòpǐn 명 작품 | 形象 xíngxiàng 명 모습, 형상 | 追溯 zhuīsù 동 거슬러 올라가다 | 战国 Zhànguó 고유 전국시대 | 时期 shíqī 명 (특정한) 시기 | 汉代 Hàn dài 한나라 시기 | 墓室 mùshì 명 묘실 [무덤 안의 관을 놓는 곳] | 画像 huàxiàng 명 화상, 초상화 | ★砖 zhuān 명 벽돌 | 壁画 bìhuà 명 벽화 | 雕工 diāogōng 명 조각 | 画工 huàgōng 명 화법, 회화 기법 | 技法 jìfǎ 명 기법, 기교와 방법 | 略 lüè 부 다소, 약간 | 显 xiǎn 형 드러나다, 분명하다 | 质朴 zhìpǔ 형 소박하다, 질박하다 | 古拙 gǔzhuō 형 소박하다, 수수하다 | 唐朝 Tángcháo 고유 당나라, 당조 | ★创作 chuàngzuò 명 작품, 문예창작(품) | 形成 xíngchéng 동 이루어지다, 형성되다 | 独立 dúlì 동 독립하다, 홀로 서다 | ★体系 tǐxì 명 체계, 체제, 시스템 | 体态 tǐtài 명 형태, 자태 | 身形 shēnxíng 명 몸, 몸매 | 行为 xíngwéi 명 행동, 행위 | 装扮 zhuāngbàn 동 치장하다, 단장하다, 꾸미다 | 脸部 liǎnbù 명 얼굴, 안면 | 表情 biǎoqíng 명 표정 | 稚嫩 zhìnèn 형 유치하다, 미숙하다 | 走向 zǒuxiàng 동 ~로 가다, ~를 향해 나아가다 | 成熟 chéngshú 형 성숙하다, 익다 | 宋代 Sòng dài 송나라 시기 | ★涌现 yǒngxiàn 동 한꺼번에 나타나다, 대량으로 배출되다 | ★擅长 shàncháng 동 뛰어나다, 숙달하다, 잘하다 | 画家 huàjiā 명 화가 | ★民间 mínjiān 명 민간 | 添加 tiānjiā 동 더하다, 보태다 | 民俗 mínsú 명 민속 | 民风 mínfēng 명 풍속, 민풍 | 逐渐 zhújiàn 부 점차, 점점 | 主题 zhǔtí 명 주제, 테마 | 样式 yàngshì 명 양식, 형식 | 苏汉臣 Sūhànchén 고유 소한신 [중국 송대의 화가] | 秋庭戏婴图 Qiūtíngxìyīngtú 고유 추정희영도 [남송 소한신의 작품] | 运用 yùnyòng 동 활용하다, 응용하다 | 写实 xiěshí 동 있는 그대로를 쓰다 | ★手法 shǒufǎ 명 기법 | 推枣磨游戏 tuīzǎomò yóuxì 대추 장난감 놀이 | 兄妹 xiōngmèi 명 남매, 오누이 | 人物 rénwù 명 인물 | 神情 shénqíng 명 표정, 안색, 기색 | ★陶醉 táozuì 동 도취하다 | 专注 zhuānzhù 동 집중하다, 전념하다 | 衣着 yīzhuó 명 옷차림, 복장 | ★精心 jīngxīn 형 정성을 들이다, 세심하다, 치밀하다 | 刻画 kèhuà 동 묘사하다, 형상화하다 | 庭园 tíngyuán 명 정원, 화원 | 巨石 jùshí 명 큰 바위 | 花卉 huāhuì 명 화훼, 화초 | 相映成趣 xiāngyìng chéngqù 성 (대비되는 것끼리) 서로 어울려 아름다운 풍경을 이루다 | 幅 fú 양 폭 [옷감·종이·그림 등을 세는 양사] | ★精致 jīngzhì 형 세세하다, 정교하고 치밀하다 | 典雅 diǎnyǎ 형 우아하다 | 栩栩如生 xǔxǔrúshēng 성 생동감이 넘쳐흐르다, 마치 살아 있는 것 같이 생생하다 | 童趣 tóngqù 명 아동의 정취, 유아적 취향 | ★毫无 háowú 동 조금도 ~이 없다 | 疑问 yíwèn 명 의심, 의문 [毫无疑问: 의심할 여지없이] | 表现 biǎoxiàn 명 표현, 태도 | 达到 dádào 동 도달하다, 달성하다 | ★高峰 gāofēng 명 절정, 최고점 | 作为 zuòwéi 개 ~의 자격으로서 [반드시 명사성 목적어를 취해야 함] | 深受 shēnshòu 동 (매우) 깊이 받다, 크게 입다 | 装饰 zhuāngshì 명 장식 동 장식하다 | ★图案 tú'àn 명 도안, 디자인 | 实用性 shíyòngxìng 명 실용성 | ★工艺品 gōngyìpǐn 명 공예품 | 相 xiāng 부 서로, 함께, 상호 | 交融 jiāoróng 동 융합하다, 뒤섞이다 | 金 Jīn 고유 금나라 | 景德镇 Jǐngdézhèn 고유 징더전 [장시(江西)성에 있는 도시 이름. 도자기 산지로 유명함] | 磁州窑 cízhōuyáo 자주요 | 瓷窑 cíyáo 명 자기를 굽는 가마 | 瓷枕 cízhěn 명 도자기 베개 | 瓶 píng 명 병 | ★罐 guàn 명 단지, 항아리 | 物品 wùpǐn 명 물품 | 戏 xì 동 놀다, 장난치다 | 婴 yīng 명 영아, 갓난아기 | ★平面 píngmiàn 명 평면 | ★造型 zàoxíng 명 조형, 모양, 이미지 | ★别致 biézhì 형 색다르다, 독특하다 | 生动 shēngdòng 형 생동감 있다, 생생하다 | 孩儿 hái'ér 명 아이, 자녀 | 枕 zhěn 명 베개 | 元 Yuán 고유 원나라 | 明 Míng 고유 명나라 | 清 Qīng 고유 청나라 | 祈求 qíqiú 동 바라다, 간구하다 | 平安 píng'ān 형 평안하다, 편안하다 | ★吉祥 jíxiáng 형 길하다, 운수가 좋다

| **明代** Míng dài 명나라 시기 | **憨厚可掬** hānhòukějū 천진난만하다 | **大头** dàtóu 명 큰 머리 | **年画** niánhuà 명 설맞이 그림, 세화 [설날 때 실내에 붙이는 즐거움과 상서로움을 나타내는 그림] | ★**娃娃** wáwa 명 인형, 아기 | **原型** yuánxíng 명 원형, 기본 모양 | **应用** yìngyòng 동 활용하다, 응용하다 | **百子图** Bǎizǐtú 고유 백자도 [많은 아이들을 그리거나 수놓은 그림] | **粉彩** fěncǎi 명 분채 [옛날의 흰 가루분을 사용한 화장] | **珐琅彩** fàlángcǎi 명 법랑채 [청나라 때 법랑을 사용하여 도자기에 칠하던 연하고 고운 빛깔] | **瓷器** cíqì 명 도자기, 자기 | **色彩** sècǎi 명 색상, 색채 | **雅致** yǎzhì 형 우아하다, 고상하다 | **做工** zuògōng 명 가공 기술, 솜씨 | **精巧** jīngqiǎo 형 세세하다, 정교하다 | **竹** zhú 명 대나무 | **木** mù 명 나무, 수목 | **牙雕** yádiāo 명 상아 조각품 | **雕版** diāobǎn 명 조판 [판목에 글자를 새기는 것] | **印刷** yìnshuā 동 인쇄하다 | **版画** bǎnhuà 명 판화 | **日后** rìhòu 명 이후, 나중, 장래 | **桃花** táohuā 명 복숭아꽃 | **坞** wù 명 밭, 산간의 평지 | **杨柳** yángliǔ 명 버드나무 | **青** qīng 형 푸르다 | **题材** tícái 명 소재, 제재 | **表达** biǎodá 동 보여 주다, 나타내다 | **百姓** bǎixìng 명 백성, 평민 | **富贵** fùguì 형 부유하다, 부귀하다 | **期盼** qīpàn 동 염원하다, 기대하다 | **描述** miáoshù 동 묘사하다, 기술하다 | **秋天** qiūtiān 명 가을 | ★**丰收** fēngshōu 동 풍년이 들다, 풍작을 이루다 | **景象** jǐngxiàng 명 모습, 광경 | **采用** cǎiyòng 동 채택하다, 채용하다 | ★**展现** zhǎnxiàn 동 보여 주다, 드러내다 | ★**高超** gāochāo 형 우수하다, 출중하다 | **技艺** jìyì 명 기술, 기교 | **绝笔** juébǐ 명 생전의 최후의 작품, 절필 | **书画** shūhuà 명 서예와 그림, 서화 | **木雕** mùdiāo 명 나무 조소 작품, 목조품 | **源于** yuányú 동 ~에서 기원하다, ~에서 비롯되다 | **失传** shīchuán 동 실전되다, 전해 내려오지 않다 | **历程** lìchéng 명 역정, 과정 | ★**起源** qǐyuán 명 기원 | **传承** chuánchéng 동 전수하고 계승하다

독해 제4부분

03 특정 어휘의 의미 파악하기

본서 p.295~301

track yuedu 67

• Day 30 **1** D **2** D **3** A **4** A

1 D [可靠性与真实性 신뢰도와 진실성] 첫 번째 단락의 '선인들의 연구가 더 많은 사람들에게 계승되고 널리 퍼진다(被更多的人继承和发扬)'는 문제의 '중복된다(重复)'는 말과 일맥상통한다. 질문에 대한 대답은 접속사 '因此' 앞에서 신뢰도와 진실성(可靠性与真实性)에 대해 높은 요구치가 있다고 했기 때문에 이와 일치하는 보기는 D이다.

2 D [得出结论 결론을 내리다] '这一观点(이 관점)'의 '这'로 보아 이미 앞에서 언급했음을 알 수 있으므로 앞 내용을 살펴봐야 한다. '중복 불가' 의혹을 받는 것(受着"不可重复"的质疑)을 사람들이 학문적 조작(学术造假)이라고 믿는다는 내용이며, 이와 일치하는 보기는 D이다.

3 A [产生影响 ≒ 造成影响 영향이 생기다] 세 번째 단락에서 다른 요소가 있을 수도 있다며(也许还有别的因素) 뒤에서 여러 사항을 열거하고 있는데, 이와 일치하지 않는 내용을 보기에서 고르면 된다. 보기 중 '실험의 투명성(实验的透明度)'은 언급되지 않았다.

4 A [等同 동일시하다] 네 번째 단락의 학술적 과오와 실험을 중복할 수 없다는 것을 동일시하는 것은 '판단 오류(判断谬误)'라는 말은 곧 판단 오류를 막아야 한다(杜绝判断谬误)는 의미이다. 따라서 일치하는 보기는 A이고, 나머지 보기는 모두 언급되지 않았다.

学术研究是一个承前启后的历史过程，前人通过实验发现某些特殊的现象，而后人则在该基础上延伸出全新的研究想法，[1]这就对前人研究的可靠性与真实性提出了更高的要求。因此，越来越多的研究人员希望能看见前人的研究能够被更多的人继承和发扬。

近几年，某些研究机构与个人开始向之前发表过文章的原作者索要实验材料，并试图在和原作相近的实验条件下将前人的发现重现。[2]但专家们经过一系列的重复研究后，得出的结论是：很多心理学实验正遭受着“不可重复”的质疑，被不少人认定是学术造假，说这是“心理学的道德危机”。然而，这一观点本身就值得商榷。

首先，实验无法被重复并不代表学术造假，也许还有别的因素：[3]一是重复实验的操作和实验情景会对研究结果产生影响；二是重复实验和原始实验的样本可能有差别，例如经济水平、教育背景、年龄和文化等等，都可能会对实验结果造成影响。另外，社会与人均是动态变化的有机体，所以新理论出现，旧理论消失或不再适用，也是有可能的。

其次，由于近年来某些社会心理学领域的著名教授被发现数据造假，当“实验无法重复”和“造假”的消息同时占据着新闻版面的时候，读者通常会将两者联系起来。[4]可若因此便将学术不端与实验无法重复等同起来，便很有可能已经犯了心理学中所说的“判断谬误”。

尽管实验无法重复并不代表学术不端，可心理学研究人员在发表学术期刊的时候却也应该有所警醒。

학술 연구는 지난 것을 이어받아 계속 발전시켜 나가는 역사적인 과정이다. 선인들이 실험을 통해 어떤 특수한 현상을 발견하고 후대 사람들은 이를 기반으로 새로운 연구 아이디어를 이어가는데, [1]이것은 선인들의 연구의 신뢰도나 진실성에 더욱더 높은 기준을 제시했다. 그래서 점점 더 많은 연구자들은 선인들의 연구가 더 많은 사람들에게 계승되고 널리 퍼지는 것을 볼 수 있기를 바란다.

최근 몇 년간 어떤 연구 기관들과 개인은 이전에 발표된 글의 원작자로부터 실험 재료를 요청해 원작과 유사한 실험 조건에서 선인들의 발견을 재현하기 시작했다. [2]그러나 전문가들은 일련의 반복된 연구를 거친 후 많은 심리학 실험이 '중복 불가' 의혹을 받고 있고, 많은 사람들에게 학술 조작으로 인정되고 있는 이것이 바로 '심리학의 도덕적 위기'라는 결론을 내렸다. 그런데 이 관점은 그 자체로 토론할 만한 가치가 있다.

우선, 실험을 중복해서 할 수 없다는 것이 곧 학술적 조작을 의미하지는 않는다. 어쩌면 다른 요소가 더 있을 수도 있다. [3]첫째, 중복 실험의 수행과 실험 상황이 연구 결과에 영향을 주었을 수 있다. 둘째, 중복 실험과 원실험의 샘플이 차이가 있었을 수 있다. 예컨대 경제적 수준, 교육 배경, 나이와 문화 등 모두 실험 결과에 영향을 줄 수 있다. 그 밖에도 사회와 인간은 모두 상태가 변화하는 유기체이므로 새로운 이론이 나타나면 예전의 이론이 사라지거나 적용되지 않는 것도 있을 수 있는 것이다.

그 다음, 최근 몇 년간 어떤 사회 심리학 분야의 저명한 교수가 데이터 조작을 한 것이 밝혀져 '실험을 반복할 수 없음'과 '조작'이 동시에 뉴스 지면을 장식했을 때, 독자들은 통상적으로 이 두 가지를 연관짓기 시작했다. [4]그렇지만 만약 이로 인해 학술적 과오와 실험을 중복할 수 없다는 것을 동일시한다면 심리학에서 이야기하는 '판단 오류'를 저질렀을 가능성이 크다.

비록 실험이 중복될 수 없다는 것은 학술적 과오를 의미하지는 않지만, 심리학 연구자들은 학술지에 발표할 때 이에 대한 경각심은 있어야 한다.

1 **研究人员希望看到前人的研究被重复的原因是什么?**

A 增加研究的步骤
B 对申报创新项目有帮助
C 引起学术界的共鸣
D 表明该研究的可靠性

2 **第2段画线词语“这一观点”指的是什么?**

A 心理学家要注重说话方式
B 一部分心理学观点已经被推翻
C 重复实验需要还原全部条件
D 实验不可重复表明学术造假

1 **연구원들이 선인들의 연구가 중복되는 것을 보고자 하는 이유는 무엇인가?**

A 연구의 단계를 늘리려고
B 혁신적 프로젝트 보고에 도움이 되어서
C 학술계의 공감을 이끌어내려고
D 해당 연구의 신뢰도를 증명하려고

2 **두 번째 단락에 밑줄 친 '이 관점'이 의미하는 바는 무엇인가?**

A 심리학자는 발화 방식을 중시해야 한다
B 일부 심리학 관점은 이미 뒤집혔다
C 중복 실험은 모든 실험 조건을 복원해야 한다
D 중복 실험을 할 수 없다는 것은 학술 조작을 의미한다

3 下列哪项不会对重复实验的结果产生影响?

A 实验的透明度

B 实验样本的差异

C 实验情景和操作

D 社会和人的发展变化

4 根据第4段，看待学术研究的时候应该注意什么?

A 杜绝判断谬误

B 紧跟时代潮流

C 听取不同的意见

D 选择多个发表渠道

3 다음 중 중복 실험 결과에 영향을 미치지 않는 것은 무엇인가?

A 실험의 투명성

B 실험 샘플의 차이

C 실험 상황과 수행

D 사회와 인간의 발전과 변화

4 네 번째 단락에 따르면 학술 연구를 대할 때 어떤 것에 주의를 기울여야 하는가?

A 판단 오류를 철저히 막아야 한다

B 시대의 흐름을 좇아야 한다

C 다른 의견을 경청해야 한다

D 여러 가지 발표 방식을 선택해야 한다

学术 xuéshù [명] 학술 | **承前启后** chéngqián qǐhòu [성] (학문이나 사업에서) 선인들의 뒤를 이어 지나간 것을 이어받아 계속 발전시키다 | **前人** qiánrén [명] 선인, 옛사람 | **实验** shíyàn [명] 실험 | **某** mǒu [대] 아무, 어느, 모 | **特殊** tèshū [형] 특수하다, 특별하다 | **现象** xiànxiàng [명] 현상 | **后人** hòurén [명] 후대, 후인 | **则** zé [접] ~하면 ~하다 | **该** gāi [대] (앞에서 언급한) 이, 그, 저 | ★**延伸** yánshēn [동] 뻗어 나가다, 뻗다 | **全新** quánxīn [형] 완전히 새롭다, 참신하다 | **想法** xiǎngfa [명] 생각, 의견, 견해 | **可靠性** kěkàoxìng [명] 신뢰성 | **真实性** zhēnshíxìng [명] 진실성 | **提出** tíchū [동] 제시하다, 제기하다, 제의하다 | **研究人员** yánjiū rényuán 연구원 | **能够** nénggòu [조동] ~할 수 있다 | ★**继承** jìchéng [동] (옛 사람의 기풍·문화·지식 따위를) 계승하다, 이어받다 | ★**发扬** fāyáng [동] (전통·미풍양속 등을) 드높이다, 선양하여 발전시키다 | ★**机构** jīgòu [명] 기관, 기구 | **个人** gèrén [명] 개인 | **发表** fābiǎo [동] 발표하다, (신문·잡지 등에) 글을 게재하다 | **原作者** yuánzuòzhě 원작자 | **索要** suǒyào [동] 요구하다, 얻어 내다 | ★**试图** shìtú [동] 시도하다, 기도하다 | **原作** yuánzuò [명] (번역·각색·개정본의 근거가 되는) 원작, 원저 | **相近** xiāngjìn [형] 비슷하다, 근사하다 | **重现** chóngxiàn [동] 재현하다, 다시 나타나다 | **专家** zhuānjiā [명] 전문가 | **一系列** yíxìliè 일련의 | **重复** chóngfù [동] 반복하다, 되풀이하다 | **得出** déchū [동] ~를 얻어 내다 | **结论** jiélùn [명] 결론 | **心理学** xīnlǐxué [명] 심리학 | **正** zhèng [부] 마침, 한창, 막 | ★**遭受** zāoshòu [동] (불행 또는 손해를) 입다, 당하다, 만나다 | **质疑** zhìyí [동] 질의하다, 질문하다 | ★**认定** rèndìng [동] 인정하다, 확신하다, 굳게 믿다 | **造假** zàojiǎ [동] 거짓으로 꾸미다, 조작하다, 위조하다 | **道德** dàodé [명] 도덕, 윤리 | ★**危机** wēijī [명] 위기, 위험한 고비 | **观点** guāndiǎn [명] 관점, 견지, 견해 | ★**本身** běnshēn [명] 그 자체, 자신, 본인 | **商榷** shāngquè [동] 의견을 교환하다, 토의하다 | **无法** wúfǎ [동] ~할 수 없다, ~할 방법이 없다 | **代表** dàibiǎo [동] 나타나다, 대표하다 | **因素** yīnsù [명] 요소, 조건, 원인 | ★**操作** cāozuò [동] 조작하다, 다루다 | **情景** qíngjǐng [명] (구체적인) 장면, 모습, 광경 | **产生** chǎnshēng [동] 생기다, 발생하다, 나타나다 | ★**原始** yuánshǐ [형] 최초의, 원시의, 오리지날의 | **样本** yàngběn [명] 샘플, 견본 | ★**差别** chābié [명] 차이, 구별, 격차 | **背景** bèijǐng [명] 배경 | **造成** zàochéng [동] 초래하다, 야기하다 | **均** jūn [부] 모두, 다 | ★**动态** dòngtài [명] 동태, 동작 | **有机体** yǒujītǐ [명] 유기체 | **理论** lǐlùn [명] 이론 | **消失** xiāoshī [동] 사라지다, 없어지다, 자취를 감추다 | **或** huò [접] 그렇지 않으면, 혹은, 또는 | **适用** shìyòng [동] 적용하다 | **领域** lǐngyù [명] 분야, 영역 | **数据** shùjù [명] 데이터, 통계수치 | ★**占据** zhànjù [동] 차지하다, 점거하다, 점유하다 | **版面** bǎnmiàn [명] (신문·잡지·서적의) 지면 | **读者** dúzhě [명] 독자 | **通常** tōngcháng [명] 통상, 보통 | **若** ruò [접] 만약, 만일 | **将** jiāng [개] ~를 [=把] | **便** biàn [부] 곧, 바로 [=就] | **不端** bùduān [형] 올바르지 않다, 단정치 못하다 | **等同** děngtóng [동] 동일시하다, 같이 보다 | **犯** fàn [동] (주로 잘못되거나 좋지 않은 일 등을) 저지르다, 범하다 | **所** suǒ [조] [동사 앞에 '~+동사'의 형태로 쓰여, 그 동사와 함께 명사적 성분이 됨] | **谬误** miùwù [명] 오류, 잘못 | **学术期刊** xuéshù qīkān 학술지 | **警醒** jǐngxǐng [동] 각성하다, 경계하고 깨닫다 | **步骤** bùzhòu [명] (일 진행의) 단계, 순서, 절차 | ★**申报** shēnbào [동] 보고하다, 신고하다 | ★**创新** chuàngxīn [동] 옛것을 버리고 새것을 창조하다 | **项目** xiàngmù [명] 프로젝트, 항목, 종목 | **学术界** xuéshùjiè [명] 학술계, 학계 | ★**共鸣** gòngmíng [명] 공감, 공명 | **表明** biǎomíng [동] 분명하게 밝히다, 표명하다 | **心理学家** xīnlǐ xuéjiā 심리학자 | ★**注重** zhùzhòng [동] 중시하다, 중점을 두다 | **方式** fāngshì [명] 방식, 방법 | ★**推翻** tuīfān [동] (기존의 결정·계획·이론 등을) 뒤집다, 번복하다 | ★**还原** huányuán [동] 복원하다, 원상 회복하다, 환원하다 | **透明度** tòumíngdù [명] 투명도 | **差异** chāyì [명] 차이, 다른 점 | ★**看待** kàndài [동] 다루다, 취급하다, 대하다 | ★**杜绝** dùjué [동] 철저히 막다, 두절하다 | **紧跟** jǐngēn [동] 뒤쫓아가다, 바짝 뒤따르다 | **时代** shídài [명] 시대, 시기 | ★**潮流** cháoliú [명] (사회적) 추세, 조류, 풍조, 경향 | **听取** tīngqǔ [동] (의견·보고 등을) 경청하다, 귀를 기울이다 | ★**渠道** qúdào [명] 방법, 경로, 루트

• Day 31 5 B 6 B 7 A 8 B

5 B [因A而得名 A로 인하여 이름을 얻다] 갑골문은 짐승의 뼈나 거북이 등껍질에 글자를 새겨 써서 갑골문이라는 이름을 얻은 것(因刻写在兽骨或者龟甲上而得名)이라고 했으므로 정답은 B이다. 갑골문 보존량은 전 세계 총량의 약 25%(约占其存世总量的25%)라는 수치가 언급되었을 뿐 적다고는 하지 않았으므로 A는 답이 아니다.

6 B [以A配合B A로 B를 조합하다 / 生动 생동감있다] 밑줄 친 부분의 내용은 대부분 해당 문장, 해당 단락 안에서 비슷한 의미를 찾아야 한다. 밑줄이 포함된 문장을 보면, 그 전시는 '8가지의 생동감 있고 구체적인 이야기(以八个生动且具体的故事)로 갑골문의 역사적 변화를 (밑줄)할 것이다'라는 내용이다. 따라서 보기와 일치하는 내용은 B이다.

7 A [留下悬念 궁금증을 남기다] 지문의 여러 군데에 흩어져 힌트가 제시되었는데, 보기 A만 언급되지 않은 내용이다.

8 B [参与游戏 게임에 참여하다] 지문 마지막 단락의 '성씨를 찾는 상호작용 게임에 참여하고(参与到寻找属相和姓氏的互动游戏当中来)'와 일치하는 내용은 B이다. 보기 A는 2층의 '학동식자(学童识字)'에 관한 설명이다.

近来，国家典籍博物馆举办了一场年度大展，主题是"甲骨文记忆"，吸引了众多参观者前来探究甲骨文的奥秘。

目前，中国发现的最早的成熟文字就是甲骨文，[5]它因刻写在兽骨或者龟甲上而得名。中国国家图书馆目前藏有35651片甲骨，约占其存世总量的25%。本次展览特意从国家图书馆的甲骨馆藏里挑出了65件极具代表性的藏品，[7]这些甲骨文所载内容除了常见的祭祀主题以外，还包括疾病、田猎、农业和气象等等。此外，这次展出的甲骨除了龟甲外，还有人头骨和牛肩胛骨等等。

[7]此次展览通过讲故事的方式对甲骨文的发现历史进行了介绍，[6, 7]以八个生动且具体的故事，配合模拟场景，把甲骨从私挖盗掘至科学发掘、从中药药材至信史资料的历史变迁娓娓道来。展览还特别选出了50多种在甲骨文研究历史上具有里程碑意义的著作。

另外，[7]此次展览还尤为注重体验性与互动性。在展厅里有一处绿色区域，是专门为参观者准备的互动区，被称为"甲骨姓属林"。在这里，每片悬挂着的绿叶上都有一个用甲骨文写的生肖或者姓氏，在其旁边的展板上提供了相应的现代汉字的对照表。[8]参观者可通过这些绿叶，参与到寻找属相和姓氏的互动游戏当中来，从而对相关的甲骨文有所认识。二楼的展厅还准备了"学童识字"区域，在此，备有一台触屏式甲骨文临摹打印机，小朋友们可在触屏上对甲骨文进行临摹，而且可以打印出自己的作品并拿回家。

최근 국가전적박물관에서 연례 대형 전시를 개최했다. 주제는 '갑골문 기억'으로, 갑골문의 신비를 탐구하려는 많은 관람객들을 끌어들였다.

현재 중국에서 발견된 최초의 성숙한 문자가 바로 갑골문으로, [5]짐승의 뼈나 거북이 등껍질에 글자를 새겨 써서 갑골문이라는 이름을 얻게 되었다. 중국국가도서관에는 현재 35651개의 갑골을 소장하고 있고, 이는 전 세계 총량의 약 25%를 차지한다. 이번 전시는 특별히 국가도서관 갑골관 소장품 중에서 65개의 대표적인 소장품을 선정했다. [7]이 갑골문에 기재된 내용은 자주 보이는 제사 주제 외에도 질병, 수렵, 농업과 기상 등을 포함하고 있다. 이 밖에 이번에 전시하는 갑골은 거북이 등껍질 외에도 인간의 두개골과 소의 견갑골 등도 있다.

[7]이번 전시는 이야기를 하는 방식을 통해 갑골문의 발견 역사를 소개하고, [6, 7]8가지의 생동감 있고 구체적인 이야기에 시뮬레이션을 조합하여 갑골문의 개인 발굴과 도굴에서부터 과학적인 발굴까지, 한의학 약재에서 사료까지의 역사적 변천을 생동감 있게 전달하고 있다. 전시는 또한 50여 가지의 갑골문 연구 역사상 획기적인 의미가 있는 저작을 특별히 선정하기도 했다.

그 외에 [7]이번 전시는 체험성과 상호작용성에 특히 중점을 두었다. 전시장에는 녹색 구역이 있는데 이는 특별히 관람객을 위해 준비한 상호작용 구역으로, '갑골문 성씨, 띠의 숲'이라고 불린다. 여기에 걸려 있는 모든 초록 이파리에는 갑골문으로 쓰여진 십이지나 성씨가 있다. 그 옆에 있는 판넬에서는 상응하는 현대 한자 대조표를 제공한다. [8]관람객은 이 초록 이파리를 통해 띠와 성씨를 찾는 상호작용 게임에 참여할 수 있고, 이로써 관련된 갑골문자를 알아갈 수 있다. 2층 전시장에는 '학동식자' 구역을

5 关于甲骨文，下列哪项正确？

A 存世量特别稀少
B 多刻在龟甲或兽骨上
C 内容多与古代礼仪有关
D 没有对应的现代汉字

6 下列哪项最有可能是第3段中画线词语的意思？

A 细致地刻画
B 生动地讲述
C 精准地翻译
D 耐心地指导

7 关于这次展览的特点，下列哪项不正确？

A 特意留下悬念
B 展出的甲骨类型很多
C 注重互动性与体验性
D 以讲故事的方式进行

8 在“甲骨文姓属林”，参观者可以做什么？

A 打印临摹的属相图案
B 通过游戏认识甲骨文
C 学习怎样制作甲骨文
D 了解甲骨文字形的演变过程

준비했다. 여기에는 터치형 갑골문 받아쓰기 프린터가 있어 어린이들은 터치 스크린에서 갑골문을 따라 쓰고, 자신의 작품을 출력해서 집으로 가져갈 수 있다.

5 갑골문에 관해서 다음 중 옳은 것은 무엇인가?

A 보존량이 굉장히 적다
B 대부분 거북이 등껍질이나 짐승의 뼈에 새겨져 있다
C 내용은 대부분 고대의 예절과 관련되어 있다
D 대응하는 현대 한자가 없다

6 다음 중 세 번째 단락의 밑줄 친 단어의 의미와 가장 부합하는 것은 무엇인가?

A 세밀하게 묘사하다
B 생동감 있게 서술하다
C 정확하게 번역하다
D 인내심 있게 지도하다

7 이번 전시의 특징에 관해서 다음 중 옳지 않은 것은 무엇인가?

A 일부러 궁금증을 남겨 두었다
B 전시하는 갑골의 유형이 다양하다
C 상호작용과 체험을 강조한다
D 이야기하는 방식으로 진행된다

8 ‘갑골문 성씨, 띠의 숲’에서 관람객은 무엇을 할 수 있는가?

A 따라 그린 십이지 그림을 출력한다
B 게임을 통해 갑골문을 알아간다
C 갑골문의 제작법을 배운다
D 갑골문 문자 형태의 변천 과정을 이해한다

★**近来** jìnlái 명 최근, 근래, 요즘 | **典籍** diǎnjí 명 전적 | **博物馆** bówùguǎn 명 박물관 | ★**年度** niándù 명 연도, 연간 | **展** zhǎn 명 전시회, 전람회 | **主题** zhǔtí 명 주제, 테마 | **甲骨文** jiǎgǔwén 명 갑골문 | **记忆** jìyì 명 기억 | **众多** zhòngduō 형 매우 많다 | **参观者** cānguānzhě 명 관람객 | **前来** qiánlái 동 다가오다 | **探究** tànjiū 동 탐구하다, 파고들어 깊이 연구하다 | ★**奥秘** àomì 명 신비, 심오한 비밀 | **目前** mùqián 명 현재, 지금 | **成熟** chéngshú 형 성숙하다, 익다, 숙달되다 | **文字** wénzì 명 문자, 글자 | **刻写** kèxiě 동 (비석 따위에) 글자를 새기다 | **兽** shòu 명 짐승 | **骨** gǔ 명 뼈, 뼈대, 골격 | **龟** guī 명 거북 | **甲** jiǎ 명 (거북 등의 몸을 보호하는) 단단한 껍데기 | **得名** démíng 동 이름을 얻다 [因A得名: A로 인해 이름을 얻다] | **藏** cáng 동 소장하다, 간수하다 | **片** piàn 양 조각, 잎 [평평하고 얇은 모양의 사물에 쓰임] | **甲骨** jiǎgú 명 갑골 | **占** zhàn 동 차지하다, 점령하다 | **存世** cúnshì 동 세상에 남아있다 | **总量** zǒngliàng 명 총량, 전체 수량 | **展览** zhǎnlǎn 동 전시, 전람회 | ★**特意** tèyì 부 특별히, 일부러 | **馆藏** guǎncáng 명 소장품 [도서관이나 박물관 등에 수장한 책과 각종 용구] | **挑出** tiǎochū 골라내다 | **代表性** dàibiǎoxìng 명 대표성 | **藏品** cángpǐn 명 소장품, 보관한 물품 | **载** zài 동 싣다, 적재하다 | **常见** chángjiàn 형 자주 보는, 흔히 보는 | **祭祀** jìsì 명 제사 | **包括** bāokuò 동 포함하다, 포괄하다 | ★**疾病** jíbìng 명 질병, 고질병 | **田猎** tiánliè 명 수렵, 사냥 | **农业** nóngyè 명 농업 | ★**气象** qìxiàng 명 날씨, 일기, 기상 | **此外** cǐwài 접 이 밖에, 이 외에 | **头骨** tóugǔ 명 두개골 | **肩胛骨** jiānjiǎgǔ 명 견갑골, 어깨뼈 | **方式** fāngshì 명 방식, 방법 | **生动** shēngdòng 형 생동감 있다, 생생하다 | **具体** jùtǐ 형 구체적이다 | **配合** pèihé 동 협동하다, 협력하다 | **模拟** mónǐ 명 시뮬레이션, 모의실험 | **场景** chǎngjǐng 명 장면, 모습, 정경 | **私** sī 형 개인적인, 사적인 | **挖** wā 동 (손이나 도구로) 파다, 파내다, 발굴하다 | **盗掘** dàojué 동 도굴하다 | **至** zhì 동 ~까지 이르다 | **发掘** fājué 동 발굴하다, 캐내다 | **中药** zhōngyào 명 한약, 중국 의약 | **药材** yàocái 명 약재 | **信史** xìnshǐ 명 기록이 정확한 역사, 정사 | **资料** zīliào 명 자료 | ★**变迁** biànqiān 명 변천, 변화 | **娓娓道来** wěiwěidàolái 성 끊임없이 생동감 있게 이야기하다 | **选出** xuǎnchū 선출하다, 선임하다 | **具有** jùyǒu 동 지니다, 가지다, 구비하다 | ★**里程碑** lǐchéngbēi 명 이정표, 획기적인 사건 | **意义** yìyì 명 의미, 의의, 뜻 | ★**著作** zhùzuò 명 저작, 저서 | **尤为** yóuwéi 부 더욱이, 특히, 특별히 | ★**注重** zhùzhòng 동 중점을 두다, 중시하다 | **体验性** tǐyànxìng 체험성 | **互动性** hùdòngxìng 상호작용성 | **展厅** zhǎntīng 명 전시장, 전시홀 | **处** chù 양 곳, 군데 [장소의 수를 세는 단위] | **绿色** lǜsè 명 초록색, 녹색 | ★**区域** qūyù 명 구역, 지역 | **互动** hùdòng 동 상호작용하다 | **区** qū 명 구역, 지역 | **称为** chēngwéi 동 ~라고 부르다 [被称为: ~라고 불리다] | **属** shǔ 동 ~띠이다 | ★**悬挂** xuánguà 동 걸다, 매달다 | **绿叶** lǜyè 명 녹엽, 푸른 잎 | ★**生肖** shēngxiào 명 십이지, 사람의 띠 | **姓氏** xìngshì 명 성씨, 성 | **展板** zhǎnbǎn 명 (전람품 전시에 쓰이는) 홍보 게시판 | ★**相应** xiāngyìng 동 상응하다, 서로 맞아 어울리다, 호응하다 | **现代** xiàndài 명 현대 | **汉字** Hànzì 고유 한자, 중국 문자 | **对照表** duìzhàobiǎo 명 대조표 | **参与** cānyù 동 참여하다, 참가하다 | **寻找** xúnzhǎo 동 찾다, 구하다 | **属相** shǔxiang 명 띠 | **当中** dāngzhōng 명 그 가운데 | **从而** cóng'ér 접 그리하여, 따라서 | **相关** xiāngguān 동 관련이 있다, 관련되다 | **学童** xuétóng 명 학동 | **识字** shízì 동 글자를 알다 | **备有** bèiyǒu 동 갖추어 두다, 준비해 두다 | **触屏** chùpíng 터치 |

式 shì 명 형, 양식, 모양, 스타일 | **临摹** línmó 명 받아쓰기, 모사 | **打印机** dǎyìnjī 명 프린터 | **作品** zuòpǐn 명 (문학, 예술의) 작품, 창작품 | **存世量** cúnshìliàng 보존량 | **稀少** xīshǎo 형 적다, 드물다, 희소하다 | **古代** gǔdài 명 고대, 옛날 | **礼仪** lǐyí 명 예의 | **有关** yǒuguān 동 관계가 있다 | ★**对应** duìyìng 동 대응하다 | ★**细致** xìzhì 형 세밀하다, 정밀하다, 섬세하다 | **刻画** kèhuà 동 묘사하다, 형상화하다 | **讲述** jiǎngshù 동 서술하다, 진술하다 | **精准** jīngzhǔn 형 아주 정확하다 | **指导** zhǐdǎo 동 지도하다, 이끌어 주다 | ★**悬念** xuánniàn 명 궁금증, 긴장감, 스릴, 서스펜스 | **展出** zhǎnchū 동 전시하다, 진열하다 | **类型** lèixíng 명 유형, 범주, 장르 | ★**图案** tú'àn 명 그림, 도안 | **制作** zhìzuò 동 제작하다, 만들다 | **形** xíng 명 형태, 모양, 형상 | ★**演变** yǎnbiàn 동 변천하다, 변화 발전하다

track yuedu 69

● Day 33 9 B 10 C 11 A 12 C

9 B [起初 = 最初 처음에] 두 번째 단락의 종이의 절연성을 측정하려고(测试纸张的绝缘性)라는 내용으로 보아 일치하는 보기는 B이다. 나머지 보기는 모두 언급되지 않았다.

10 C [实际上 실제로] '实际上(실제로)' 뒤에 중요한 내용이 나오는 경우가 많은데, 이 문제도 마찬가지이다. 틀, 바닥, 지붕만 목판으로 제작된 것(只有框架、地板以及房顶是由木板制成的)이라고 했으므로 보기 C가 내용과 일치한다.

11 A [天衣无缝 흠잡을 데 없이 완전무결하다] '이 접착제는 신문지가 잘 붙어 있을 수 있도록 했다'라는 문맥에 어울리는 의미는 '튼튼하다(结实)'이므로, 정답은 A이다.

12 C [矗立 우뚝 솟다] 정답 문장은 첫 번째 단락과 마지막 단락 두 곳에 있다. 이처럼 정답 내용이 반드시 한 곳에만 있는 것은 아니므로 제시된 여러 힌트 중에서 한 가지만 제대로 이해해도 정답을 찾을 수 있다. 이미 88년 동안 우뚝 솟아 있다(已经矗立88年了)와 여전히 그곳에 우뚝 서있다(仍然矗立在那里)는 내용으로 보아 정답은 C이다.

散发着墨香的废旧报纸还能有什么用呢？答案是：可以建造房屋。[12]一栋全部使用过期报纸为原料建造而成的"报纸屋"已经矗立88年了。

[9]起初，房子的主人只是想将废旧报纸当做建筑材料，来测试纸张的绝缘性。可没想到的是，用报纸作建筑材料的效果竟然好得出乎意料。1922年，这位年轻人决定建造一栋"报纸新房"。

乍看起来，这座房子与其他木质房子别无二致。[10]实际上，整座房子只有框架、地板以及房顶是由木板制成的，其他部分都是用报纸制作的。为了尽量让这座房子环保并保持原生态，[11]房子的主人还发明了一种用面粉、苹果皮以及水调和而成的黏合剂，它可以使报纸黏合得天衣无缝，针对报纸不防水的特性，房子的主人还在3.5厘米厚的报纸墙体外层涂上了一层防水的亮光漆，以此确保万无一失。

잉크 냄새를 풍기는 버려진 신문지에 또 어떤 쓸모가 있을까? 답은 집을 지을 수 있다는 것이다. [12]전부 사용 기한이 지난 신문지를 원료로 만든 '신문지집'이 이미 88년 동안 우뚝 솟아 있다.

[9]처음에 집주인은 그저 버려진 신문지를 건축자재로 써서 종이의 절연성을 측정하고 싶었다. 하지만 생각지도 못하게 신문지로 건축자재를 만든 효과가 놀랍게도 예상보다 훨씬 좋았다. 1922년, 이 젊은이는 '신문지집'을 짓기로 결심한다.

언뜻 보면 이 집은 다른 목재집과 다를 바가 없어 보인다. [10]사실 집 전체에서 틀, 바닥, 지붕만 목판으로 제작된 것이고 다른 부분은 모두 신문지로 제작되었다. 이 집이 최대한 친환경적이고 원래의 생태 환경을 보호할 수 있게 하기 위해 [11]집주인은 또한 밀가루, 사과 껍질, 물을 배합하여 만든 접착제를 발명했다. 이 접착제는 신문지가 완전무결하게 잘 붙어 있을 수 있도록 했다. 신문지는 방수가 되지 않는다는 특성에 맞춰 집주인은 또한 3.5cm 두께의 신문지벽 겉에 방수가 되는 광택 도료를 칠함으로써 한치의 착오도 없게 하였다.

“报纸屋”初具规模后，他索性把实验精神发挥到底，又用报纸做了灯具、桌椅等家具，甚至还做了一架钢琴！1924年，这里已变成了一座又温馨又结实的“避暑山庄”，他心满意足地在里面住了7年。

也许连他自己也没想到，他的“报纸屋”在历经一个世纪之后，除了房屋外墙的报纸有点儿泛黄脱落以外，其他部件都保存得十分完整。

[12]现在，房主已离世，可“报纸屋”却仍然矗立在那里，从世界各地来参观的游人也络绎不绝。

‘종이집’이 규모를 대강 갖춘 후, 그는 아예 실험 정신을 끝까지 발휘하여 또 신문지를 이용해 전등, 식탁과 의자 등의 가구를 만들었고 심지어 피아노도 한 대 만들었다! 1924년 이곳은 이미 온화하고 튼튼한 ‘피서산장’이 되었고, 그는 만족스럽게 그 안에서 7년을 살았다.

어쩌면 그 자신조차 그의 ‘신문지집’이 한 세기를 거친 후 집 외벽의 종이가 조금 노랗게 변하고 떨어진 것 외에 다른 부품은 모두 완전하게 보존되어 있을 것이라고는 예상하지 못했을 것이다.

[12] 현재 집주인은 이미 세상을 떠났지만 ‘신문지집’은 여전히 그곳에 우뚝 서 있고, 세계 각지에서 구경하러 온 여행객들의 발길도 끊이지 않았다.

9 年轻人最初用报纸作建筑材料的目的是什么？

A 推广节能意识
B 测试纸张绝缘性
C 节省工程开支
D 搭建登山帐篷

10 关于报纸屋，可以知道：

A 灵感来源于传说
B 家具都是新购买的
C 地板是木质的
D 墙上涂有墨水

11 第3段画线词语可替换为：

A 周密结实
B 引起关注
C 非常醒目
D 举世闻名

12 根据上文，下列哪项正确？

A 报纸屋被房主捐出去了
B 建造报纸屋成本非常高
C 报纸屋至今仍保存完好
D 报纸屋不能居住

9 젊은이가 처음에 신문지로 건축자재를 만들고자 했던 목적은 무엇이었는가?

A 절약 정신을 널리 보급하려고
B 종이의 절연성을 측정하려고
C 공사 지출을 줄이려고
D 등산 텐트를 세우려고

10 신문지집에 관해서 알 수 있는 것은:

A 전설에서 영감을 얻었다
B 가구는 모두 새로 구입한 것이다
C 바닥은 목재이다
D 벽에 잉크를 발랐다

11 세 번째 문단의 밑줄 친 단어와 바꿀 수 있는 것은:

A 매우 튼튼하게
B 관심을 끌게
C 매우 눈에 띄게
D 세계적으로 유명한

12 지문에 따르면 다음 중 옳은 것은 무엇인가?

A 신문지집은 집주인에 의해 기부되었다
B 신문지집을 건축하는 자본금은 매우 높다
C 신문지집은 지금까지 여전히 잘 보존되어 있다
D 신문지집에는 거주할 수 없다

★**散发** sànfā 동 발산하다, 퍼지다, 내뿜다 | **墨香** mòxiāng 명 잉크, 묵향 | **废旧** fèijiù 형 낡아서 못쓰게 되다, 폐기되다, 버려지다 | **建造** jiànzào 동 건축하다, 건조하다, 세우다 | **房屋** fángwū 명 집, 건물, 가옥 | ★**栋** dòng 양 채, 동 [건물을 세는 단위] | **过期** guòqī 동 기한을 넘기다, 기일이 지나다 | **原料** yuánliào 명 원료, 감, 소재 | **矗立** chùlì 동 우뚝 솟다 | ★**起初** qǐchū 명 처음, 최초 | **主人** zhǔrén 명 주인 | **当做** dàngzuò 동 ~로 여기다, ~로 삼다 | **建筑** jiànzhù 명 건축물 | **测试** cèshì 동 측정하다, 시험하다 | **纸张** zhǐzhāng 명 종이의 총칭 | **绝缘性** juéyuánxìng 명 절연성 [전기가 통하지 않는 성질] | **出乎意料** chūhūyìliào 성 예상을 벗어나다, 뜻밖이다 | **新房** xīnfáng 명 새집 | **乍看** zhàkàn 동 언뜻 보다, 얼핏 보다 | **木质** mùzhì 명 목재 | **别无二致** biéwú èrzhì 성 다른 것이 없다 | **整** zhěng 형 전체의, 전부의 | ★**框架** kuàngjià 명 (건축) 틀, 뼈대, 프레임 | **地板** dìbǎn 명 바닥, 마루, 땅 | **以及** yǐjí 접 및, 그리고 | **房顶** fángdǐng 명 지붕, 옥상 | **木板** mùbǎn 명 널판지, 판 | **制成** zhìchéng 동 만들어내다, 조립하다 | **尽量** jǐnliàng 부 가능한 한, 되도록 | **环保** huánbǎo 명 환경보호 [‘环境保护’의 줄임말] | **保持** bǎochí 동 지키다, 유지하다 | **原生态** yuánshēngtài 명 (아무런 가공이나 수식도 거치지 않은) 최초의 상태 | **发明** fāmíng 동 발명하다 | **面粉** miànfěn 명 밀가루 | **皮** pí 명 (식물의) 껍질 | ★**调和** tiáohé 동 알맞게 배합하다, 골고루 섞다 | **黏合剂** niánhéjì 명 접착제 | **黏合** niánhé 동 붙이다, 점착하다 | **天衣无缝** tiānyī wúfèng 성 자연스럽고 완벽하다 | **针对** zhēnduì 동 맞추다, 겨누다, 조준하다 | **防水** fángshuǐ 동 방수하다 | **特性** tèxìng 명 특성 | **厘米** límǐ 명 센티미터(cm) | **墙** qiáng 명 벽, 담장, 울타리 | **涂** tú 동 바르다, 칠하다 | **亮光漆** liàngguāngqī 마무리용 광택 도료 | **以此** yǐcǐ 접 이 때문에 | ★**确保** quèbǎo 동 확실히 보장하다, 확보하다 | **万无一失** wànwú yìshī 성 만에 하나의 실수도 없다, 결코 틀림이 없다 | **初具** chūjù 동 초보적으로 갖추다, 대강 갖추다 | **规模** guīmó 명 규모, 범위

| ★索性 suǒxìng 부 아예, 차라리 | 实验 shíyàn 명 실험 | 精神 jīngshén 명 정신 | 发挥 fāhuī 동 발휘하다, 발양하다 | 灯具 dēngjù 명 조명 기구 | 桌椅 zhuōyǐ 명 테이블과 의자, 책걸상 | 钢琴 gāngqín 명 피아노 | 变成 biànchéng 동 ~로 변하다, ~가 되다 | 温馨 wēnxīn 형 온화하고 향기롭다, 따스하다 | 结实 jiēshi 형 단단하다, 견고하다, 질기다 | 避暑山庄 Bìshǔ Shānzhuāng 고유 피서 산장 [청나라 황제의 행궁 중 하나] | 心满意足 xīnmǎn yìzú 성 매우 만족해하다 | 历经 lìjīng 동 여러 번 겪다, 두루 경험하다 | 泛 fàn 동 (표면에) 나타다나 | 黄 huáng 명 노란색, 황색 | 脱落 tuōluò 동 떨어지다, 빠지다, 벗겨지다 | 部件 bùjiàn 명 부속품 | 保存 bǎocún 동 보존하다, 간수하다 | 完整 wánzhěng 형 완전하다, 온전하다, 성하다 | 房主 fángzhǔ 명 집주인, 건물 주인 | 离世 líshì 동 세상을 떠나다, 사망하다 | 各地 gèdì 명 각지, 각처 | 游人 yóurén 명 여행객, 관광객 | ★络绎不绝 luòyìbùjué 성 (사람·말·수레·배 따위의) 왕래가 잦아 끊이지 않다 | 推广 tuīguǎng 동 널리 보급하다, 일반화하다 | 节能 jiénéng 동 에너지를 절약하다 | ★意识 yìshí 명 (객관 물질 세계에 대한 반영으로서) 의식 | 节省 jiéshěng 동 절약하다, 아끼다 | 工程 gōngchéng 명 공사, 공정 | ★开支 kāizhī 동 지출하다, 지불하다 | 搭建 dājiàn 동 (건물·풍막 따위를) 세우다 | 登山 dēngshān 명 등산 | ★帐篷 zhàngpeng 명 텐트, 장막, 천막 | 屋 wū 명 집, 가옥 | ★灵感 línggǎn 명 영감 | ★来源 láiyuán 동 유래하다, 기원하다 | 传说 chuánshuō 명 전설 | 购买 gòumǎi 동 구매하다, 사다 | 墨水 mòshuǐ 명 잉크, 먹물 | 替换 tìhuàn 동 바꾸다, 교체하다, 교대하다 | ★周密 zhōumì 형 주도면밀하다, 세밀하다, 빈틈없다 | 关注 guānzhù 명 관심 | 醒目 xǐngmù 동 눈에 띄다 | 举世闻名 jǔshì wénmíng 성 세상에 이름이 알려지다 | 捐 juān 동 기부하다, 헌납하다 | ★成本 chéngběn 명 자본금, 원가 | 至今 zhìjīn 부 지금까지, 오늘까지, 여태껏 | ★居住 jūzhù 동 거주하다, 살다

track yuedu 70

• Day 34　**13** A　**14** A　**15** A　**16** B

13 A [讲述 설명하다] 문제에서 처음 연구진과 만났을 때(第一次与研究人员见面时)의 상황을 묻고 있으므로 지문에서 이 내용을 찾아 확인하고 보기와 대조해야 한다. 세 번째 단락에서 자신이 경험한 특별한 사건을 설명했다(讲述自己经历的8个特殊事件)고 했으므로 보기 A가 답이다.

14 A [缺乏 부족하다] '这种现象(이러한 현상)'의 '这'가 가리키는 것은 앞에 있으므로 그 앞 문장을 살펴봐야 한다. '장소, 시간 등에 대한 설명이 부족하다(缺乏对地点、时间等的表述)'와 일치하는 보기는 A이다. 나머지 보기는 언급되지 않았다.

15 A [发生改变 변화가 생기다] 문제가 '사람들이 7세 때(人们在7岁时)'를 묻고 있으므로 지문에서 7세 때와 관련한 부분을 찾아야 한다. 네 번째 단락 첫 번째 문장에서 기억을 형성하는 방식에 변화가 일어나기 시작한다(形成记忆的方式开始发生改变)고 했으므로 정답은 A이다.

16 B [珍藏 간직하다 ≒ 保留 보존하다] 문제의 '长久保留(오랫동안 간직하다)'가 지문 마지막 단락의 '长久珍藏(오랫동안 보존하다)'과 같은 의미이므로, 그 앞 문장의 내용과 일치하는 보기를 찾으면 B이다.

人们的童年记忆到底是从什么时候开始"褪色"的呢？现在，科学家已经确定了这个时间点。研究证明，从7岁起，童年记忆会快速衰退，到了八九岁时，大部分的孩子一般只能回想起童年生活的40%。

儿童明明记忆力很好，可他们却在短短的几年里把曾经印象深刻的事情忘得一干二净，这种矛盾令人困惑。于是，有位心理学家用了几年时间对4名儿童进行了持续地观察。

[13] 参与实验的儿童在四岁的时候第一次和研究人员见面，并且讲述自己经历的8个特殊事件，例如家庭旅行、过生日等等。后来，孩子们分别在6岁和10岁的时候对此再次进行复述，并且回忆之前描述过的细节。结果显示，孩子在6－7岁的时候回忆起的细节可以保持在65%－

사람들의 어린 시절 기억은 도대체 언제부터 '퇴색되는' 것일까? 현재, 과학자들은 이미 이 시점을 확정지었다. 연구 결과 7세부터 어린 시절의 기억은 빠른 속도로 퇴화하고, 8, 9세 때 대부분의 아이들은 보통 어린 시절 생활의 40%만을 기억할 수 있다고 한다.

아이들은 분명히 기억력이 좋지만 그들은 불과 몇 년 내에 인상적이었던 일들을 깡그리 잊어버린다. 이런 모순은 사람을 곤혹스럽게 한다. 그래서 한 심리학자는 몇 년의 시간을 들여 4명의 아이들에 대한 지속적인 관찰을 진행했다.

[13] 실험에 참여한 아이들은 4세 때 처음으로 연구진과 만났고, 자신이 경험한 8가지 특별한 사건을 설명했다. 예를 들면 가족 여행, 생일을 보낸 것 등이다. 후에 아이들은 각각 6세, 10세 때 이에 대해 다시 설명했고, 또한 예전에 묘사한 적이 있는 자세한 상황을 떠올려 보았다. 연구 결과

74%；而年龄稍大一些后，回忆起的内容却明显减少。在对孩子们的记忆差异进行深入分析后，研究人员有了极其重大的发现：[14]7岁前的孩子，在回忆的时候往往缺乏对地点、时间等的表述。他们认为，这种现象会导致有关信息被忘掉，对早期记忆的保存产生不良影响。

[15]研究人员认为，在7岁的时候，人形成记忆的方式开始发生改变——7岁前的孩子缺少地点和时间的概念；而年龄比较大的孩子，记忆的形式与内容更趋向于成人，他们在回忆往事的时候通常会加上叙述性的表述，这样更有助于保存记忆。此外，孩子的遗忘速度要比成人快得多，因此他们的记忆更替也更快，这意味着他们留下童年记忆的可能性不大，也就能解释儿童时期记忆力出色以及长大以后遗忘童年记忆的情况了。

这个发现给了研究人员很大启发，他们认为：[16]如果可以提升叙事技巧，童年回忆或许可以被人们长久珍藏。

아이들이 6~7세 때 회상한 자세한 상황은 65%~74%로 유지할 수 있었다. 하지만 나이가 좀 든 후, 기억 가능한 내용은 오히려 명확히 줄어들었다. 아이들의 기억 차이에 대해 깊이 있는 분석을 한 후 연구진은 매우 큰 발견을 했다. [14]7세 이전의 아이는 기억을 할 때 보통 장소, 시간 등에 대한 설명이 부족하다는 것이다. 그들은 이러한 현상이 관련 정보를 잊게 하고, 조기 기억의 보존에 좋지 않은 영향을 미쳤다고 생각했다.

[15]연구진은 7세 때 사람이 기억을 형성하는 방식에 변화가 일어나기 시작한다고 생각했다. 7세 이전의 아이들은 장소와 시간에 대한 개념이 부족한데, 나이가 비교적 많은 아이들은 기억의 형식과 내용이 어른과 닮아간다. 이들은 과거의 일을 회상할 때 보통 서술적인 표현을 더 하는데, 이렇게 하면 기억을 보존하는 데에 더 도움이 되었다. 이 밖에도, 아이들이 기억을 잊어버리는 속도는 성인보다 훨씬 빨랐다. 이로 인해 그들의 기억은 대체되는 것도 더욱 빠르다. 이것은 그들이 어린 시절의 기억을 남겨둘 가능성이 크지 않다는 것을 의미하고, 어린 시절에는 기억력이 뛰어나다는 점과 크고 나서 어린 시절의 기억을 잊어버리는 상황도 설명해 줄 수 있다.

이 발견은 연구진에게 많은 깨우침을 주었다. 그들은 [16]만약 서술하는 기술을 향상시킬 수 있다면 어린 시절의 기억이 어쩌면 사람들에게 오랫동안 보존될 수 있을 것이라고 생각한다.

13 第一次与研究人员见面时，儿童被要求做什么？

A 讲述自己经历的特殊事件
B 阐述自己的梦想
C 计算数学题
D 发表自己对某些事情的看法

14 第3段中画线词语"这种现象"指的是：

A 幼童缺乏对时间和地点的描述
B 幼童叙述逻辑混乱
C 年龄大的儿童注意力不集中
D 成年生活对儿时记忆的干扰

15 根据研究，人们在7岁时：

A 记忆方式发生改变
B 自我认识很强
C 智力已定型
D 表达水平与成人相同

16 根据上文，儿童时期怎样做才可能将童年回忆长久保留？

A 经常到户外锻炼
B 提升叙事技巧
C 常回忆往事
D 多和家长沟通

13 처음 연구진과 만났을 때, 아이들은 무엇을 하도록 요구받았는가?

A 자신이 경험한 특별한 사건을 설명하기
B 자신의 꿈을 설명하기
C 수학문제 풀기
D 어떤 일에 대한 자신의 의견을 발표하기

14 세 번째 단락의 밑줄 친 '이러한 현상'이 가리키는 것은:

A 아이들은 시간과 장소에 대한 묘사가 부족하다
B 아이들은 서술 논리가 혼란스럽다
C 나이가 많은 아이들은 주의력을 집중하지 못한다
D 성인 생활의 어린 시절 기억에 대한 방해

15 연구에 따르면 사람들은 7세 때:

A 기억 방식에 변화가 생긴다
B 자아 인식이 매우 강하다
C 지능이 이미 자리를 잡았다
D 표현 수준이 성인과 같다

16 지문에 따르면 어린 시절에 어떻게 해야 어린 시절의 기억을 오랫동안 보존할 수 있는가?

A 자주 야외에서 운동하기
B 서술 기술을 향상시키기
C 자주 과거의 일을 회상하기
D 부모님과 많이 소통하기

童年 tóngnián 명 어린 시절, 어릴 적 | **记忆** jìyì 명 기억 | **褪色** tuìsè 동 퇴색하다, 빛깔이 바래다 | **科学家** kēxuéjiā 명 과학자 | **确定** quèdìng 동 확정하다 | **快速** kuàisù 형 속도가 빠른, 쾌속의 | ★**衰退** shuāituì 동 (신체·정신·의지·능력 등이) 감퇴하다, 쇠퇴하다 | **大部分** dàbùfen 명 대부분 | **回想** huíxiǎng 동 회상하다 | ★**明明** míngmíng 부 분명히, 명백히 | **记忆力** jìyìlì 명 기억력 | **深刻** shēnkè 형 (인상이) 깊다, (느낌이) 매우 강렬하다 | **一干二净** yìgān'èrjìng 성 깨끗이, 모조리 | **矛盾** máodùn 명 모순, 갈등, 대립 | **困惑** kùnhuò 동 당혹하다, 곤혹하다 | **心理学家** xīnlǐ xuéjiā 명 심리학자 | **持续** chíxù 동 지속하다, 계속 유지하다 | **观察** guānchá 동 (사물·현상을) 관찰하다, 살피다 | **参与** cānyù 동 참여하다, 참가하다 | **实验** shíyàn 명 실험, 테스트 | **讲述** jiǎngshù 동 서술하다, 진술하다 | **特殊** tèshū 형 특별하다, 특수하다 | ★**事件** shìjiàn 명 사건, 일, 사태 | **家庭** jiātíng 명 가족, 가정 | **分别** fēnbié 동 헤어지다, 이별하다 | **此** cǐ 대 이, 이것 | **复述** fùshù 동 다시 말하다 | **描述** miáoshù 동 묘사하다, 기술하다 | **细节** xìjié 명 자세한 사정, 세부 사항 | **显示** xiǎnshì 동 보여 주다, 뚜렷하게 나타내 보이다 | **保持** bǎochí 동 유지하다, 지키다 | **明显** míngxiǎn 형 분명하다, 뚜렷하다 | **差异** chāyì 명 차이, 다른 점 | **深入** shēnrù 형 심각하다, 철저하다 | **分析** fēnxī 동 분석하다 | **极其** jíqí 부 매우, 아주, 지극히 | **重大** zhòngdà 형 크다, 중대하다 | **缺乏** quēfá 동 부족하다, 모자라다, 결핍되다 | **表述** biǎoshù 동 설명하다, 서술하다, 진술하다 | **现象** xiànxiàng 명 현상 | **导致** dǎozhì 동 (어떤 사태를) 야기하다, 초래하다 | **有关** yǒuguān 동 관계가 있다 | **早期** zǎoqī 명 조기, 초기, 이른 시기 | **保存** bǎocún 동 보존하다, 간수하다, 간직하다 | **产生** chǎnshēng 동 생기다, 발생하다, 나타나다 | **不良** bùliáng 형 좋지 않다, 불량하다 | **形成** xíngchéng 동 형성되다, 이루어지다 | **方式** fāngshì 명 방식 | **概念** gàiniàn 명 개념 | **趋向** qūxiàng 동 ~으로 기울어지다, ~한 경향이 있다 | **成人** chéngrén 명 성인, 어른 | ★**往事** wǎngshì 명 지난 일, 옛일 | **通常** tōngcháng 명 보통, 통상 | **加上** jiāshàng 동 더하다, 첨가하다 | **叙述** xùshù 명 서술, 설명 | **有助于** yǒuzhùyú ~에 도움이 되다 | **此外** cǐwài 접 이 밖에, 이 외에 | **遗忘** yíwàng 동 잊다, 잊어버리다 | **替** tì 동 대신하다, 대체하다 | ★**意味着** yìwèizhe 동 의미하다, 뜻하다, 나타내다 | **可能性** kěnéngxìng 명 가능성 | **时期** shíqī 명 (특정한) 시기 | **出色** chūsè 형 특별히 좋다, 대단히 뛰어나다 | **长大** zhǎngdà 동 크다, 성장하다, 자라다 | **启发** qǐfā 명 깨우침, 영감, 계발 | **提升** tíshēng 동 끌어올리다, 진급시키다 | **叙事** xùshì 동 일의 경과를 서술하다 | ★**技巧** jìqiǎo 명 기교, 기예, 테크닉(technic) | **或许** huòxǔ 부 어쩌면, 아마, 혹시 | **长久** chángjiǔ 형 영구하다, 장구하다 | **珍藏** zhēncáng 동 소중히 보존하다 | ★**阐述** chǎnshù 동 명백히 설명하다, 상세히 논술하다 | **梦想** mèngxiǎng 명 꿈, 몽상, 갈망 | **计算** jìsuàn 동 계산하다 | **发表** fābiǎo 동 (신문·잡지 등에) 발표하다, 글을 게재하다 | **某** mǒu 대 어느, 아무, 모 | **幼童** yòutóng 명 어린이, 유아 | **逻辑** luójí 명 논리 | ★**混乱** hùnluàn 형 혼란하다, 문란하다, 어지럽다 | **注意力** zhùyìlì 명 주의력 | **集中** jízhōng 동 집중하다, 모으다 | **成年** chéngnián 명 성인 | ★**干扰** gānrǎo 동 (남의 일을) 방해하다, (남의 일에) 지장을 주다 | **自我认识** zìwǒ rènshi 자아 인식 | **强** qiáng 형 강하다, 굳건하다, 힘이 세다 | ★**智力** zhìlì 명 지능, 지력 | **定型** dìngxíng 동 표준화되다, 정형화되다 | **表达** biǎodá 동 (자신의 사상이나 감정을) 표현하다, 나타내다, 드러내다 | **保留** bǎoliú 동 보존하다, 유지하다 | **户外** hùwài 명 야외, 집밖 | **家长** jiāzhǎng 명 보호자, 학부모 | **沟通** gōutōng 동 소통하다, 교류하다, 의견을 나누다

track yuedu 71

● Day 35 17 C 18 C 19 D 20 A

17 C [采取……规制 ~체계를 채택하다] 간저우시의 배수 시스템(排水系统)이 어떤 것인지 설명하는 첫 번째 단락에서 정답 문장을 찾을 수 있다. 지형의 특징과 도로의 분포에 따른 지역별 배수 시스템(分区排水的规制) 덕분에 간저우시가 침수되지 않는다는 설명이므로 일치하는 보기는 C이다.

18 C [目的是 목적은 무엇인가 → 为了 ~를 위해서] 문제에서 '目的(목적)'를 물었으므로 이유와 원인을 나타내는 접속사 구절을 찾아서 보기와 대조하면 된다. 두 번째 단락 '为了(~를 위해서)' 뒤에서 '강물이 거꾸로 성 안으로 역류하는 것을 방지한다(防止江水倒灌入城内)'고 했으므로 정답은 C이다.

19 D [规模大 규모가 크다] 세 번째 단락의 내용과 보기 전부를 대조해야 하기 때문에 보기의 키워드를 먼저 확인하고 지문을 읽는 것이 훨씬 효율적이다. 지문의 '규모가 매우 큰 도시(规模非常大的城市)'와 보기 D가 일치한다. 지문에서 젠캉궁 안에서 큰 침수가 발생했다는 기록을 아직 찾지 못했다(未发现建康宫城内发生过大型内涝的记载)는 언급이 있었으므로 보기 C는 답이 아니다.

20 A [保养河道的人 수로를 관리하는 사람] 지문에서 '淘河者(강을 청소하는 사람)'를 먼저 찾고, 바로 뒤 문장을 확인하면 '여기서 가리키는 것은(这里指的就是)'이 앞의 '淘河者'를 말하는 것이므로 이어지는 내용을 확인해 보기와 대조하면 된다. 전문적으로 더러운 진흙을 파내고 수로를 관리하는 사람(专门挖掘污泥、保养河道的人)이라고 했으므로 정답은 A이다.

每逢夏天，都会有城市为内涝所苦，可历年来，江西赣州市的部分地区即使降水近一百毫米，也从没出现过明显内涝。这主要得益于该城市建于800多年以前的排水系统。设计建造该排水系统的人是北宋时期的刘彝。他在担任赣州知州的时候，曾经组织人员规划并且修建了城内的街道，[17]根据地形特点和街道的布局，采取分区排水的规制，建造了两个排水干道系统，因为两条沟的走向与篆体的"福"、"寿"二字相似，又名"福寿沟"。

福寿沟总长12.3千米，"因势利导"是它的设计思想，即利用城市地形的落差，使污水和雨水自然排进江中。其精巧的断面和坡度设计，还可保证排水沟里形成的水流有足够的冲力冲走泥沙，不容易堵塞。同时，[18]为了防止江水倒灌入城内，刘彝还在福寿沟出水口处"造水窗十二，视水消长而后闭之，水患顿息"，不愧是考虑周全，十分巧妙!

古代城市防涝排水的成功的事例不只有福寿沟一个。不久前，考古人员在南朝建康宫城遗址内，发现其城内有十分密集的排水沟。据史料推算，[19]当时城里的人口总数应在150万到200万之间，这在当时是规模非常大的城市了。加上建康地处长江的中下游，降水量大，因此市政排污的建设和维护压力都特别大，然而翻查史料，却并未发现建康宫城内发生过大型内涝的记载。由此可见，应该是这些密集的排水沟发挥了重要的作用。

古代的城市排水除了依赖排水沟，也倚靠城中内河。就内河而言，河道的日常疏通与维护极其重要。南唐刘崇远在《全华子杂编》中有记载：[20]"咸通中，金陵秦淮河中有小民棹扁舟业以淘河者。"这里指的就是专门挖掘污泥、保养河道的人。宋代孟元老在《宗京梦华录》中也有明确记载："每遇春时，官差人夫监淘在城渠。"可见，宋代市政管理人员在雨季来临前，会事先做好疏通河道的准备工作，防止发生内涝。

매년 여름이 되면 항상 침수로 인해 고통받는 도시들이 있다. 하지만 역사적으로 장시의 간저우시 일부 지역은 강수량이 100㎜에 가까워도 큰 침수가 일어난 적이 없었다. 이는 이 도시가 800여 년 전에 건설한 배수 시스템 덕분이다. 이 배수 시스템을 설계하고 건축한 사람은 북송 시기의 류이이다. 그는 간저우의 지주를 역임하던 때, 인원을 배치하여 성 내의 도로를 계획하고 건설했다. [17]지형의 특징과 도로의 분포에 따라 구역을 나눠 배수 체계를 채택하여 두 개의 배수로 시스템을 만들었다. 두 개의 배수로 방향이 전서체의 '복(福)'자와 '수(壽)'자 두 글자와 비슷하기 때문에 '복수로'라 불리기도 했다.

복수로는 총 길이가 12.3㎞로, '발전 추세에 따라 유리한 방향으로 이끄는 것'이 이 배수로 설계의 이념이다. 즉, 도시의 지형 차이를 이용하여 하수와 빗물이 자연스럽게 강으로 흐르게 하였다. 그 정밀한 단면과 경사도 설계는 또한 배수로 안에 형성되는 물의 흐름이 모래를 밀어낼 충분한 힘이 있어서 쉽게 막히지 않도록 보장했다. 동시에 [18]강물이 거꾸로 성 안으로 역류하는 것을 방지하기 위해 류이는 또 복수로의 물이 나오는 입구에 '12개의 수문을 만들어 하수의 증감을 보고 그것을 닫아 물난리가 잠시 멈추게 한 것' 역시 상황 전반을 고려한 것으로, 매우 훌륭하다!

고대 도시의 홍수 방지 배수 시설의 성공 사례는 복수로 하나뿐은 아니다. 얼마 전, 고고학자는 남조의 젠캉궁 유적지에서 그 성 안에 매우 밀집되어 있는 배수로가 있다는 사실을 발견했다. 사료에 근거하여 추정해 보면, [19]당시 성내의 총 인구는 150만에서 200만 명 사이였을 것이다. 이는 당시로서는 규모가 매우 큰 도시였다. 게다가 젠캉은 양쯔강의 중하류에 위치해 있어서 강수량이 많아서 배수 시설 건설과 유지에 대한 압박이 특히 컸다. 하지만 사료를 찾아 보면 오히려 젠캉궁 성 안에서 큰 침수가 발생했다는 기록은 아직 찾지 못했다. 이로 미루어 보아, 이러한 밀집된 배수로가 중요한 역할을 발휘했다는 점을 알 수 있다.

고대 도시의 배수 시설은 배수로에 의존하는 것 외에도 지역 내의 강에도 의존했다. 내부 강에 있어서, 수로의 일상적인 운영과 유지는 매우 중요하다. 남당의 유숭원은 『전화자잡편』에서 [20]'함통 시기, 진링의 친화이에 나룻배를 띄우고 강을 청소하는 사람이 있었다.'라고 기록했다. 여기서 가리키는 것은 바로 전문적으로 더러운 진흙을 파내고, 수로를 관리하는 사람이 있었다는 점이다. 송나라 시기 맹원로는 『종경몽화록』에서 마찬가지로 '매년 봄마다 관아에서 사람을 보내 수로를 청소한다.'라고 명확히 기록했다. 이로 미루어 보아, 송나라에서는 도시 관리인이 장마철이 오기 전, 사전에 수로를 통하게 하는 준비 작업을 하여 침수가 발생하는 것을 방지했다는 점을 알 수 있다.

17 关于赣州排水系统，下列哪项正确？

A 专用于运送物资
B 始建于明代
C 采用分区排水规制
D 呈南北走向

18 福寿沟出口处设水窗的目的是：

A 使雨水可以循环利用
B 过滤江水里的杂质
C 防止江水倒灌
D 测量水位高低

19 根据第3段，可以知道：

A 长江地区地势很平坦
B 古代城镇呈网状分布
C 建康城内涝很频繁
D 建康城规摸大

20 最后一段画线词语“淘河者”是指哪类人？

A 保养河道的人
B 修建运河的人
C 挖掘宝物的人
D 挖矿的人

17 간저우시의 배수 시스템에 관해서 다음 중 옳은 것은 무엇인가?

A 물자를 운송하는 데에 전문적으로 쓰였다
B 명나라 시기에 지어졌다
C 구역별로 나눠서 배수 체계를 채택했다
D 남북으로 뻗는 모양을 띤다

18 복수로의 출구에 수문이 설치된 목적은:

A 빗물이 재활용될 수 있게 하려고
B 강물 안의 불순물을 여과시키려고
C 강물의 역류를 방지하기 위해
D 수위의 높이를 측정하기 위해

19 세 번째 단락에 따르면 알 수 있는 것은:

A 양쯔강 지역의 지형은 평탄하다
B 고대 도시는 그물 모양의 분포를 보였다
C 젠캉성은 홍수가 빈번했다
D 젠캉성은 규모가 컸다

20 마지막 단락에 밑줄 친 '강을 청소하는 사람'은 어떤 사람을 가리키는가?

A 수로를 관리하는 사람
B 운하를 건축하는 사람
C 보물을 파내는 사람
D 광석을 채굴하는 사람

夏天 xiàtiān 명 여름 | **内涝** nèilào 명 침수로 인한 재해 | **所** suǒ 조 ~가 되다 ['为'또는 '被'+명사+~+동사의 형태로 쓰여 피동을 나타냄] | **历年** lìnián 명 지나온 여러 해, 예년 | **江西** Jiāngxī 고유 장시성 | **赣州** Gànzhōu 고유 간저우 [장시성 남부의 도시] | **地区** dìqū 명 지역, 지구 | **降水** jiàngshuǐ 명 강수 | ★**毫米** háomǐ 양 밀리미터(㎜) [1미터의 1,000분의 1] | **明显** míngxiǎn 형 뚜렷하다, 확연히 드러나다 | **得益** déyì 동 덕을 입다, 이익을 얻다, 도움을 받다 [得益于: ~덕분이다] | **该** gāi 대 (앞에서 언급한) 이, 그, 저 | **建** jiàn 동 건설하다, 세우다 [建于: ~에 건설하다] | **排水** páishuǐ 동 배수하다, 물을 배출하다 [주로 더러운 물이나 필요 없는 물을 가리킴] | **系统** xìtǒng 명 시스템, 체계 | **设计** shèjì 명 설계, 디자인 | **建造** jiànzào 동 건축하다, 세우다 | **北宋** Běi Sòng 고유 북송 [960~1127년에 존재하였던 중국 왕조] | **时期** shíqī 명 (특정한) 시기 | **刘彝** Liúyí 고유 류이 [인명] | **担任** dānrèn 동 맡다, 담당하다 | **知州** zhīzhōu 명 지주 [관직 명. 명청(明清)대의 주(州)의 일급 행정 수장] | **曾经** céngjīng 부 일찍이, 이미, 벌써 | **组织** zǔzhī 동 조직하다, 구성하다, 결성하다 | **人员** rényuán 명 인원, 요원 | ★**规划** guīhuà 동 계획하다, 기획하다 | ★**修建** xiūjiàn 동 건조하다, 건축하다, 시공하다 | **城** chéng 명 성, 도시 | **地形** dìxíng 명 지형 | ★**布局** bùjú 명 구조, 구성, 배치 | **采取** cǎiqǔ 동 (방침·수단·정책·조치·형식·태도 등을) 채택하다, 취하다 | **分区** fēnqū 동 (큰 구역을) 작은 구역으로 나누다 | **规制** guīzhì 명 (건축물의) 규모와 형태 | **干道** gàndào 명 간선도로 | **沟** gōu 명 도랑, 하수도, 고랑 모양의 인공 방어 시설물 | **走向** zǒuxiàng 명 방향, 주향 | **篆体** zhuàntǐ 명 전서체 | **相似** xiāngsì 형 비슷하다, 닮다 [与A相似: A와 비슷하다] | **名** míng 동 부르다, 일컫다 | **总** zǒng 형 전체의, 전부의 | **千米** qiānmǐ 양 킬로미터(㎞) | **因势利导** yīnshìlìdǎo 성 정세에 따라 유리한 방향으로 이끌다 | **思想** sīxiǎng 명 사상, 의식, 생각 | **即** jí 부 즉, 바로, 곧 | **利用** lìyòng 동 이용하다, 활용하다 | **落差** luòchā 명 차이, 격차 | **污水** wūshuǐ 명 하수, 오수, 더러운 물 | **雨水** yǔshuǐ 명 빗물, 강우량 | **精巧** jīngqiǎo 형 정교하다 | **断面** duànmiàn 명 단면, 절단면 | **坡度** pōdù 명 경사도, 기울기 | **排水沟** páishuǐgōu 배수구 | **形成** xíngchéng 동 형성하다, 이루다 | **足够** zúgòu 형 충분하다, 족하다 | **冲力** chōnglì 명 충격력, 관성력 | **冲走** chōngzǒu 동 (물의 힘으로) 떠밀려가다, 떠내려가다 | **泥沙** níshā 명 진흙과 모래 | ★**堵塞** dǔsè 동 막히다, 가로막다 | ★**防止** fángzhǐ 동 방지하다 | **灌** guàn 동 물을 대다, 관개하다 | **造** zào 동 만들다, 제작하다 | **窗** chuāng 명 창, 창문 | **视** shì 동 보다 | **消长** xiāozhǎng 명 증감, 흥망, 성쇠 | **而后** érhòu 접 연후(에), 이후 | **闭** bì 동 닫다 | **水患** shuǐhuàn 명 물난리, 수해, 수재 | **顿** dùn 동 잠시 멈추다, 잠깐 쉬다 | **息** xī 동 멈추다, 정지하다 | ★**不愧** búkuì 동 ~에 부끄럽지 않다, ~라고 할만하다 [대부분 '为' '是'와 이어 씀] | **周全** zhōuquán 형 주도면밀하다, 빈틈없다, 완전하다 | **巧妙** qiǎomiào 형 교묘하다 | **古代** gǔdài 명 고대 | **防涝** fánglào 동 농작물 침수 피해에 대비하다 | **事例** shìlì 명 사례 | ★**考古** kǎogǔ 동 고고학을 연구하다 | **南朝** Nán Cháo 고유 남조 [420~589년 남북조 시기의 송·제·양·진 네 왕조의 합칭] | **建康** Jiànkāng 고유 젠캉 [난징의 옛 이름] | **宫城** gōngchéng 명 궁 | **遗址** yízhǐ 명 유적지 | **密集** mìjí 형 밀집한 | **据** jù 개 ~에 따르면 | **史料** shǐliào 명 사료, 역사 자료 | **推算** tuīsuàn 동 추산하다, 미루어 계산하다 | **人口** rénkǒu 명 인구 | **总数** zǒngshù 명 총수 | **规模** guīmó 명 규모 | **加上** jiāshàng 접 게다가, 그 위에 | **地处** dìchǔ 동 ~에 위치하다, ~에 있다 | **长江** Chángjiāng 고유 창장, 양쯔강 | **中下游** zhōngxiàyóu 명 중하류 | **市政** shìzhèng 명 도시 행정, 시정 | **排污** páiwū 동 오물을 배출하다 | **建设** jiànshè 동 건설하다 | ★**维护** wéihù 동 지키다, 유지하고 보호하다 | **翻查** fānchá 동 (서적·간행물 등을) 뒤져서 찾아보다 | **大型** dàxíng 형 대형의 | ★**记载** jìzǎi 명 기록, 사료 동 기록하다 | **由此可见** yóucǐkějiàn 이로부터 알 수 있다, 이로부터 볼 수 있다 | **发挥** fāhuī 동 발휘하다 | ★**依赖** yīlài 동 의지하다, 의존하다, 기대다 | **倚靠** yǐkào 동 의탁하다, 의지하다, 기대다 | **内河** nèihé 명 내륙의 하천 [한 나라의 영토 안에 있는 강·호수·운하 따위의 물] | **而言** éryán ~에 대해 말하자면, ~에 근거해 보면 [就A而言: A에 대해 말하자면] | **河道** hédào 명 수로 | **日常** rìcháng 형

일상적인, 평소의 | **疏通** shūtōng 동 (도랑·강바닥 따위를) 쳐내다, 준설하다, 잘 통하게 하다 | **极其** jíqí 부 매우, 아주, 대단히 | **南唐** Nántáng 고유 남당 [5대 10국 중의 하나 (937~975)] | **全华子杂编** Quánhuázǐzábiān 고유 전화자잡편 [책 이름] | **咸通** Xiántōng 고유 함통 [당나라 의종 시기의 연호] | **金陵** Jīnlíng 고유 진링 [춘추 시대에 사용된 난징의 옛 이름] | **秦淮** Qínhuái 고유 친화이 [난징을 흘러 지나가는 강] | **小民** xiǎomín 명 백성, 서민 | **扁舟** piānzhōu 명 작은 배, 조각배 | **业** yè 동 (어떤 직업에) 종사하다 | **淘** táo 동 (폐수·진흙·변 등을) 치다 | **专门** zhuānmén 부 전문적으로, 오로지 | ★**挖掘** wājué 동 파다, 캐다, 발굴하다 | **污泥** wūní 명 진창, 흙탕물 | ★**保养** bǎoyǎng 동 수리하다, 정비하다, 보수하다 | **宋代** Sòng dài 송나라 시기 | **宗京梦华录** Zōngjīngmènghuálù 고유 종경몽화록 [책 이름] | **明确** míngquè 형 명확하다, 확실하다 | **遇** yù 동 만나다 | **官差** guānchāi 명 관아의 하급 관리 | **人夫** rénfū 명 일꾼, 잡부 | **监** jiān 동 감독하다, 감시하다 | **渠** qú 명 인공 수로, 도랑 | **可见** kějiàn 접 ~라는 것을 알 수 있다 | **管理人员** guǎnlǐ rényuán 관리자 | **雨季** yǔjì 명 우기 | **来临** láilín 동 도래하다, 다가오다 | **事先** shìxiān 명 사전 | **专** zhuān 형 전문적이다 | **运送** yùnsòng 동 운송하다, 수송하다 | ★**物资** wùzī 명 물자, 물품 | **始** shǐ 명 처음, 최초, 시작 | **明代** Míng dài 명나라 시기 | **采用** cǎiyòng 동 채택하다, 채용하다, 적합한 것을 골라 쓰다 | **呈** chéng 동 띠다, 나타내다, 드러내다 | **出口** chūkǒu 명 출구 | **设** shè 동 설치하다 | ★**循环** xúnhuán 동 순환하다 | ★**过滤** guòlǜ 동 여과하다, 거르다 | **杂质** zázhì 명 불순물, 이물 | ★**测量** cèliáng 동 측량하다, 측정하다 | **水位** shuǐwèi 명 수위 | **高低** gāodī 명 고저, 높낮이 | ★**地势** dìshì 명 지세, 땅의 형세 | ★**平坦** píngtǎn 형 (도로·지대 등이) 평탄하다 | **城镇** chéngzhèn 명 도시와 읍 | **网状** wǎngzhuàng 명 그물 모양 | **分布** fēnbù 동 분포하다, 널려 있다 | ★**频繁** pínfán 형 빈번하다, 잦다 | **类** lèi 양 종류 | **运河** yùnhé 명 운하 | **宝物** bǎowù 명 보물 | **挖矿** wākuàng 동 광석을 채굴하다

track yuedu 72

● Day 37　21 A　22 B　23 C　24 D

21 A [之所以A，是因为B A한 까닭은 B때문이다]　문제가 '为什么(왜)'로 물었으니 지문에서 원인과 이유를 나타내는 접속사 구절을 찾아 내용을 확인하자. 첫 번째 단락 마지막 문장의 '之所以A，是因为B(A한 까닭은 B때문이다)'를 찾았다면 '是因为' 뒤의 구절을 파악하자. 송민구의 이웃이 되기 위해서(成为……宋敏求的邻居)라고 했으므로 일치하는 보기는 A이다.

22 B [慷慨大方 관대하고 마음이 넓다]　두 번째 단락은 송민구의 출신 배경과 그의 성격에 관한 내용으로, 지문 내용과 각 보기를 꼼꼼하게 대조해서 틀린 내용은 지우면서 답을 찾아야 한다. 보기 A의 '徒弟(제자)'는 언급되지 않았고, 다른 사람이 송민구의 집을 '열람실(阅览室)'로 여기기도 했다는 언급은 있으나 송민구가 도서관을 세운 것은 아니므로 C도 답이 아니다. 아버지의 영향으로 집에 '적지 않은 책(不少藏书)'이 있다는 언급이 아버지의 유산을 물려받은 것은 아니므로 D도 답이 아니다.

23 C [为他人做嫁衣 ≒ 促成别人的好事 남 좋은 일을 하다]　밑줄 친 부분의 의미는 앞뒤 내용과 반드시 연결되므로 앞뒤 문장을 먼저 살펴야 한다. 뒤 문장에 송민구가 손님을 친절하게 맞이하고(热情好客) 음식과 거처를 제공했다(提供饮食和住宿)는 말이 있는데, 이와 상통하는 내용이어야 하므로 정답은 C이다.

24 D [心生敬意 존경심이 들다]　세 번째 단락에서 사람들에게 좋은 음식과 좋은 술을 내오게 하고(让人拿来好菜好酒招待刘恕), 그를 위해 편안하고 조용한 방을 마련하여 그가 마음 놓고 책을 편찬할 수 있게 했다(为他安排了舒适安静的房间让他能安心编书)는 내용을 통해 유서가 송민구로부터 환대를 받았다는 것을 알 수 있다. 따라서 D가 답으로 적합하다.

北宋曾有一段时间，许多人都喜欢在都城汴京的夏幽坊附近租房或者买房，特别是文人墨客们，这导致那一带的房价持续增长，但是高居不落的房价却仍然无法挡住那些租房者和购房者的脚步。[21] 他们之所以选择去那儿居住，是因为希望成为朝廷龙图阁直学士宋敏求的邻居。

북송은 한때 많은 사람들이 모두 수도인 볜징의 샤요팡 부근에 집을 임대하거나 사기를 좋아했는데 특히 문인들이 그러해서, 그 일대의 집값이 계속 오르게 되었다. 하지만 떨어질 줄 모르는 집값은 여전히 그러한 집을 빌리고 사는 사람들의 발걸음을 막지 못했다. [21]그들이 그곳에 가서 살기로 선택한 것은 조정의 용도각 대학사 송민구의 이웃이 되기를 바랐기 때문이다.

原来，宋敏求出身于书香世家，父亲曾任朝廷的“掌史”职位，因此家中有不少藏书，吸引了很多人前来借书，[22]而他又十分慷慨大方，从来不会拒绝借书的人，也不介意别人把自己的家当作临时“阅览室”。不少人希望和他比邻而居，就是为了去他家读书、借书更加方便。

这些借书人之中也有很多名人大家。据说，王安石在编写《唐百家诗选》的时候，就曾经去宋敏求家查阅过很多资料。宋敏求对于拿出藏书为他人做嫁衣的事也并不在乎，相反，[23]他还非常热情好客，主动为远道而来的借书人提供饮食和住宿，为的是让他们无后顾之忧，能读个痛快。史学家刘恕参加编撰《资治通鉴》的时候，曾经大老远地去宋敏求家借书。[24]宋敏求看到为了编书风尘仆仆、不畏路途遥远的刘恕，顿时心生敬意，赶忙让人拿来好菜好酒招待刘恕，并且为他安排了舒适安静的房间让他能安心编书，这让刘恕非常感动。

现在看来，宋敏求之所以如此受欢迎，不仅是因他家的藏书，更是因为他的人格魅力。

원래 송민구는 선비 집안 출신으로 아버지는 일찍이 조정의 '장사'라는 직위를 맡은 적이 있다. 이로 인해 이 집안에는 소장 서적이 많아서 많은 사람들이 와서 책을 빌리도록 이끌었다. [22]그는 또 매우 관대해서 이제껏 책을 빌리러 오는 사람을 거절한 적이 없었고, 다른 사람이 자신의 집을 임시 '열람실'로 여기는 것도 개의치 않았다. 많은 사람들이 그와 이웃으로 살고자 했던 것은 바로 그의 집에 가서 책을 읽고 빌리기에 더 편하기 때문이었다.

이러한 책을 빌리는 사람 중에는 명인과 대가도 많았다. 전해지는 바에 따르면, 왕안석이 『당백가시선』을 집필할 때 송민구의 집에 가서 많은 자료를 본 적이 있다고 한다. 송민구는 책을 꺼내서 남 좋은 일을 하는 것도 결코 개의치 않았다. 반대로, [23]그는 더욱이 손님을 친절하게 맞이하면서 멀리서 책을 빌리러 온 사람에게 적극적으로 음식과 거처를 제공해 주었다. 그들이 아무 걱정 없이 마음껏 책을 읽을 수 있도록 하기 위함이었다. 사학자 유서가 『자치통감』 편찬에 참여할 때, 멀리서부터 송민구의 집에 가서 책을 빌린 적이 있었다. [24]송민구는 책을 쓰기 위해 객지를 떠돌며 고생하고 먼 길을 마다하지 않고 온 유서를 보고, 순간 존경심이 들어 서둘러 사람들에게 좋은 음식과 좋은 술을 내오게 하여 유서를 대접했고, 그를 위해 편안하고 조용한 방을 마련하여 그가 마음 놓고 책을 편찬할 수 있게 했는데, 이는 유서를 매우 감동시켰다.

지금 보니, 송민구가 그토록 환영을 받았던 것은 그의 집에 있던 책뿐만이 아니라 그의 인격적인 매력 때문이었던 것 같다.

21 为什么很多人都在夏幽坊一带买房子?

A 想与宋敏求为邻
B 周围环境好
C 为了结交大官
D 属于商业中心区

22 根据第2段，宋敏求:

A 收了不少徒弟
B 为人慷慨大方
C 创办了图书馆
D 继承了父亲的遗产

23 第3段画线部分的意思是:

A 故意讨好他人
B 为别人介绍朋友
C 促成别人的好事
D 报答自己的恩人

21 왜 많은 사람들이 모두 샤요팡 일대에 집을 샀는가?

A 송민구와 이웃하여 살고 싶어서
B 주변 환경이 좋아서
C 큰 벼슬의 인물과 사귀려고
D 상업 중심지에 속해서

22 두 번째 단락에 따르면 송민구는:

A 적지 않은 제자를 받아들였다
B 됨됨이가 관대하다
C 도서관을 설립했다
D 아버지의 유산을 물려받았다

23 세 번째 단락의 밑줄 친 부분의 의미는:

A 일부러 다른 사람에게 잘 보이다
B 다른 사람에게 친구를 소개해 주다
C 남 좋은 일을 하다
D 자신의 은인에게 보답하다

24 根据上文，下列哪项正确？

A 王安石和刘恕意见不同
B 宋敏求家境十分贫寒
C 王安石非常崇拜刘恕
D 刘恕受到了宋敏求的款待

24 지문에 따르면 다음 중 옳은 것은 무엇인가?

A 왕안석과 유서는 의견이 달랐다
B 송민구는 집안이 매우 가난했다
C 왕안석은 유서를 매우 존경했다
D 유서는 송민구의 환대를 받았다

北宋 Běi Sòng 고유 북송 [960~1127년에 존재했던 중국 왕조] | **曾** céng 부 이전에, 일찍이, 이미 | **都城** dūchéng 명 수도 | **汴京** Biànjīng 고유 볜징 [허난 성의 도시 카이펑의 옛 이름] | **夏幽坊** Xiàyōufāng 고유 샤요팡 | **租房** zūfáng 동 (집, 주택 등을) 임대하다 | **文人** wénrén 명 문인, 선비, 작가 | **墨客** mòkè 명 문인, 묵객 | **导致** dǎozhì 동 (어떤 사태를) 가져오다, 야기하다 [导致+안 좋은 결과] | **房价** fángjià 명 집값, 건물 값 | **持续** chíxù 동 계속하다, 지속하다 | **增长** zēngzhǎng 동 높아지다, 증가하다, 늘어나다 | **居** jū 명 거처, 거주지 | **落** luò 동 떨어지다, 하락하다, 낮아지다 | **无法** wúfǎ 동 ~할 수 없다, ~할 방법이 없다 | **挡住** dǎngzhù 동 막아내다, 저지하다 | **购房** gòufáng 주택 구매 | **脚步** jiǎobù 명 발걸음, 보폭 | ★**居住** jūzhù 동 살다, 거주하다 | **朝廷** cháotíng 명 조정 | **龙图阁** Lóngtúgé 고유 용도각 [송나라 진종 때 건립한 관부] | **直学士** Zhíxuéshì 고유 직학사 [관직명] | **宋敏求** Sòng Mǐnqiú 고유 송민구 [북송시대 지리학자] | ★**出身** chūshēn 동 (개인의 예전 경력이나 가정의 경제 상황이) ~에 속한다 [出身于: ~출신이다] | **书香** shūxiāng 명 선비 집안, 학자풍 | **世家** shìjiā 명 명문, 세가 | **任** rèn 동 맡다, 담당하다 | **掌史** Zhǎngshǐ 고유 장사 [관직명] | ★**职位** zhíwèi 명 직위, 자리 | **藏书** cángshū 명 소장 서적 | **前来** qiánlái 동 다가오다, 저쪽으로부터 오다 | ★**慷慨** kāngkǎi 동 아끼지 않다, 후하게 대하다 | **大方** dàfāng 형 시원스럽다, 인색하지 않다, 대범하다 [慷慨大方: 관대하다, 마음이 넓다] | **介意** jièyì 동 개의하다, 마음에 두다 [주로 부정어 뒤에 쓰임] | **当作** dàngzuò 동 ~으로 여기다, ~으로 삼다 [把A当作B: A를 B로 삼다] | **临时** línshí 형 임시의, 잠시의 | **阅览室** yuèlǎnshì 명 열람실 | **比邻** bǐlín 형 위치가 가까운, 이웃한 | **更加** gèngjiā 부 더욱, 더 | **名人** míngrén 명 명인, 명사, 유명한 사람 | **大家** dàjiā 명 대갓집, 명문가 | **据说** jùshuō 동 전해지는 말에 의하면 ~라 한다 | **王安石** Wáng Ānshí 고유 왕안석 [북송의 저명한 정치가이자 문학가. '당송팔대가' 중의 한 사람] | **编写** biānxiě 동 편집해서 쓰다, 집필하다 | **唐百家诗选** Tángbǎijiāshīxuǎn 고유 당백가시선 | **曾经** céngjīng 부 일찍이, 이전에, 이미 | **查阅** cháyuè 동 (간행물·문서 등의 해당 부분을) 찾아서 읽다, 열람하다 | **资料** zīliào 명 자료 [查阅资料: 자료를 열람하다] | **为他人做嫁衣** wèi tārén zuò jiàyī 남 좋은 일만 하다, 남을 위하여 헛수고하다 | **在乎** zàihu 동 개의하다, 마음에 두다 | **好客** hàokè 형 손님 접대를 좋아하다, 손님을 좋아하다 | **主动** zhǔdòng 형 적극적이다, 자발적이다, 능동적이다 | **远道而来** yuǎndào'érlái 먼 곳에서 오다 | ★**饮食** yǐnshí 명 음식 | **住宿** zhùsù 동 묵다, 숙박하다 | **无** wú 부 ~하지 않다, ~이 아니다 | ★**后顾之忧** hòugùzhīyōu 뒷걱정, 뒷근심 | **痛快** tòngkuài 형 통쾌하다, 즐겁다 | **史学家** shǐxuéjiā 명 사학자 | **刘恕** Liú Shù 고유 유서 [북송시대 사학자] | **编撰** biānzhuàn 동 편찬하다, 편집하다 | **资治通鉴** Zīzhìtōngjiàn 고유 자치통감 [송대 사마광이 편찬한 역사서] | **大老远** dàlǎoyuǎn 형 매우 멀다, 아주 먼 | **风尘仆仆** fēngchénpúpú 객지를 떠돌며 고생하다, 세상의 갖은 고초를 다 겪다 | **不畏** búwèi 동 마다하지 않다 | **路途** lùtú 명 길, 여정 | ★**遥远** yáoyuǎn 형 (시간이나 거리가) 아득히 멀다, 까마득하다 | ★**顿时** dùnshí 부 순간, 갑자기 | **敬意** jìngyì 명 경의, 존경하는 마음 | **赶忙** gǎnmáng 부 서둘러, 재빨리, 황급히 | **招待** zhāodài 동 접대하다, 환대하다 | **舒适** shūshì 형 편안하다, 쾌적하다 | **安心** ānxīn 형 마음 놓다, 안심하다 | **如此** rúcǐ 대 이렇게, 이와 같다 | **受** shòu 동 받다 [受欢迎: 인기가 있다, 환영을 받다] | ★**人格** réngé 명 인격, 인품 | **魅力** mèilì 명 매력 | **邻** lín 명 이웃 | **结交** jiéjiāo 동 사귀다, 교제하다 | **大官** dàguān 명 큰 벼슬, 대관 | **属于** shǔyú 동 ~에 속하다, ~에 소속되다 | **商业** shāngyè 명 상업, 비즈니스 | **中心区** zhōngxīnqū 명 중심지, 중심 구역 | ★**徒弟** túdì 명 제자, 도제 [收徒弟: 제자를 받아들이다] | **为人** wéirén 명 (사람의) 됨됨이, 인품, 인간성 | **创办** chuàngbàn 동 설립하다, 창설하다 | ★**继承** jìchéng 동 (유산·권리 등을) 상속하다 | ★**遗产** yíchǎn 명 유산 [继承遗产: 유산을 물려받다] | **故意** gùyì 부 일부러, 고의로 | ★**讨好** tǎohǎo 동 비위를 맞추다, 환심을 사다 | **他人** tārén 명 다른 사람, 타인 | **促成** cùchéng 동 재촉하여 이루어지게 하다, 서둘러 성사시키다 | ★**报答** bàodá 동 보답하다, 감사를 표하다 | **恩人** ēnrén 명 은인 [报答恩人: 은인에게 보답하다] | **家境** jiājìng 명 집안 형편, 가정 형편 | **贫寒** pínhán 형 가난하다, 빈곤하다 | ★**崇拜** chóngbài 동 존경하다, 숭배하다 | ★**款待** kuǎndài 동 (잔치·연회 등에 초대하여) 환대하다, 정성껏 대접하다 [受到款待: 환대를 받다]

track yuedu 73

● Day 38 **25** A **26** D **27** D **28** B

25 A [减少摄取 섭취를 줄이다] 첫 번째 단락에 문제의 키워드 '低脂饮食(저지방 식단)'이 제시되었으므로 앞뒤 내용을 잘 살펴보아야 한다. 지방 섭취를 줄여서 다이어트를 할 수 있다(通过减少膳食里的脂肪摄取来减肥)고 했으므로 정답은 A이다.

26 D [为A提供B A에게 B를 제공하다] 문제의 '三大营养要素(3대 영양소)'를 지문에서 찾아 보면, 두 번째 단락의 '필요한 에너지를 제공한다(提供所需要的能量)'와 보기 D가 일치하는 것을 알 수 있다.

27 **D** [归功于…… 공로를 ~에 돌리다] 키워드 '地中海地区居民(지중해 지역의 주민)'을 지문에서 찾고, 해당 부분을 주의 깊게 읽어 보자. '归功于……(공로를 ~에 돌리다)'로 시작하는 부분이 주요 문장이며, 여기에서 제시한 여러 방식이 문단 마지막 문장에서 '均衡(균형있다)' '健康(건강하다)'로 묘사됐으므로 일치하는 보기는 D이다.

28 **B** [起到效果 효과가 있다] 보기 중 A와 C는 언급되지 않았고, 보기 D는 지문과 반대되는 내용이므로 답이 아니다. 마지막 단락에서 세 가지 식단 모두 체중 감량의 효과가 있다(三种饮食方式都可以起到减重的效果)고 했으므로 정답은 B이다.

肥胖其实是人体内脂肪比例的超标，[25]所以有人就想到：可以通过减少膳食里的脂肪摄取来减肥。"低脂饮食"就是因此而引发的灵感。

研究显示，[26]人体三大基本营养元素蛋白质、碳水化合物、脂肪都能够为人体活动和代谢提供所需要的能量。虽然蛋白质不是生物体里的能源物质，不过必要的时候，1克蛋白质也能产生3千卡的热量。当这三种营养物质过量摄入的时候，多余的能量便会转化成脂肪储存起来，该原理是三大营养元素的"中心法则"。这个法则告诉人们，只有控制能量的摄入总量才能达到减肥的目的。人体内的蛋白质每天都需要更新，所以不宜摄入过少的蛋白质，人们只能在脂肪和碳水化合物二者上动脑筋，于是有些营养学家提出了"低碳水化合物饮食"的概念，就是通过减少碳水化合物的摄入总量来控制热量的摄入。碳水化合物含量最多的是主食(米、面)，因此减少主食摄入成了低碳水化合物饮食的特点。

在对全球各国肥胖情况的调查中，研究者发现，地中海一带的居民膳食中脂肪摄入总量和别的国家不相上下，可心血管疾病的发病率却相对较低。[27]这主要归功于当地居民特殊的饮食结构:多吃海鲜、鱼、坚果类、豆类和蔬果等；其次才是谷类，且烹饪的时候用植物油来代替动物油。于是有些营养学家又提出了"地中海饮食"的概念，[27]即不仅要均衡营养元素，来源也必须是健康的。

那么，低脂、低碳水化合物与地中海饮食方式究竟哪一种对减肥的效果更好呢？研究者通过一项比较研究发现，[28]三种饮食方式都可以起到减重的效果，而其中减肥效果最佳的则是低碳水化合物饮食。

비만은 사실 인체 내의 지방 비율이 기준치를 초과한 것이다. [25]그래서 어떤 사람들은 식단의 지방 섭취를 줄여서 다이어트를 할 수 있다고 생각한다. '저지방 식단'은 바로 이로 인해 야기된 영감이다.

연구 결과, [26]인체의 3대 기본 영양소인 단백질, 탄수화물, 지방은 모두 인체 활동과 신진대사에 필요한 에너지를 제공할 수 있다고 한다. 비록 단백질은 생물체 안의 에너지 물질이 아니지만, 필요할 때 1g의 단백질도 3천 칼로리의 열량을 만들 수 있다. 이 세 가지 영양물질이 과량 섭취될 때, 여분의 에너지는 바로 지방으로 전환되어 저장된다. 이 원리는 3대 영양소의 '중심 법칙'이다. 이 법칙은 에너지의 총 섭취량을 조절해야만 다이어트의 목적을 달성할 수 있다는 점을 사람들에게 알려 준다. 인체 내의 단백질은 매일 갱신되어야 한다. 그래서 너무 적은 단백질을 섭취해서는 안 된다. 사람들은 지방과 탄수화물 두 가지에 있어서 머리를 쓸 수밖에 없다. 그래서 어떤 영양학자는 '저탄수화물 식단'의 개념을 제시했다. 바로 탄수화물의 총 섭취량을 줄여서 열량의 섭취를 줄이는 것이다. 탄수화물의 함량이 가장 많은 것은 주식(쌀, 밀가루)이다. 따라서 주식 섭취를 줄이는 것이 저탄수화물 식단의 특징이 되었다.

전 세계 각국의 비만 상태 조사에서 연구진은 지중해 일대의 주민 식단은 지방 총 섭취량이 다른 국가와 다를 바가 없지만 심혈관질환의 발병률이 비교적 낮다는 점을 발견했다. [27]이는 주로 그곳 주민들의 특수한 식단 구조인 해산물, 어류, 견과류, 콩류, 과일과 채소 등을 많이 먹고, 그 다음에서야 곡물을 먹으며 요리를 할 때 식물성 기름으로 동물성 기름을 대체한 덕택이다. 그래서 어떤 영양학자는 또한 '지중해 식단'의 개념을 제시했다. [27]즉, 영양소의 균형을 맞춰야 할 뿐만 아니라 출처도 반드시 건강해야 한다는 것이다.

그렇다면 저지방, 저탄수화물, 지중해 식단 중에서 도대체 어느 것이 다이어트에 효과가 더 좋을까? 연구진은 한 비교 연구를 통해 [28]세 가지 식단 모두 체중 감량의 효과가 있지만, 그중에서 다이어트 효과가 가장 좋은 것은 바로 저탄수화물 식단이라는 점을 발견했다.

25 “低脂饮食”指的是：

A 减少食物中脂肪的摄入量
B 高温会破坏蛋白质的结构
C 倡导吃新鲜的食物
D 烹饪的时候不放盐

26 关于三大营养要素，可以知道：

A 蛋白质能够分解脂肪
B 都要每天更新
C 蛋白质产生的热量最多
D 都可以提供能量

27 为什么地中海地区居民心血管疾病的发病率低？

A 空气中富含大量负离子
B 爱服用营养品
C 早晚温差大
D 饮食习惯比较健康

28 根据上文，下列哪项正确？

A 减肥容易使人疲劳
B 三种饮食方式都有减肥功效
C 运动减肥效果最佳
D 地中海饮食易使体重反弹

25 ‘저지방 식단’이 가리키는 것은:

A 음식 속의 지방 섭취량을 줄이는 것
B 고온이 단백질의 구조를 파괴하는 것
C 신선한 음식을 먹어야 한다고 주장하는 것
D 요리를 할 때 소금을 넣지 않는 것

26 3대 영양소에 관해서 알 수 있는 것은:

A 단백질은 지방을 분해할 수 있다
B 모두 매일 갱신되어야 한다
C 단백질이 만드는 열량이 가장 많다
D 모두 에너지를 제공할 수 있다

27 왜 지중해 지역 주민들은 심혈관질환 발병률이 낮았는가?

A 공기 중에 대량의 음이온이 풍부하게 있어서
B 영양제 먹는 것을 좋아해서
C 일교차가 커서
D 식습관이 비교적 건강해서

28 지문에 따르면 다음 중 옳은 것은 무엇인가?

A 다이어트는 사람을 쉽게 피로하게 만든다
B 세 가지 식단 모두 다이어트 효과가 있다
C 운동이 다이어트 효과가 가장 좋다
D 지중해 식단은 체중이 다시 늘어나게 하기 쉽다

肥胖 féipàng 형 비만하다, 뚱뚱하다 [지문에서는 ‘비만’으로 쓰임] | **人体** réntǐ 명 인체 | ★**脂肪** zhīfáng 명 지방 | **比例** bǐlì 명 비율, 비중 | **超标** chāobiāo 동 기준을 초과하다 | **膳食** shànshí 명 (일상적으로 먹는) 식단, 식사, 음식 | **摄取** shèqǔ 동 섭취하다, 흡수하다 | **低脂** dīzhī 저지방 | ★**饮食** yǐnshí 명 음식 [低脂饮食: 저지방 식단] | **引发** yǐnfā 동 야기하다 | ★**灵感** línggǎn 명 영감 [得到灵感: 영감을 얻다] | **显示** xiǎnshì 동 뚜렷하게 나타내 보이다, 내보이다 | **基本** jīběn 명 기본, 근본 | **营养元素** yíngyǎngyuánsù 명 영양소, 영양 원소 | ★**蛋白质** dànbáizhì 명 단백질 | **碳水化合物** tànshuǐhuàhéwù 명 탄수화물 | **能够** nénggòu 조동 ~할 수 있다 | **代谢** dàixiè 동 신진대사하다 | ★**能量** néngliàng 명 에너지, 능률 | **生物体** shēngwùtǐ 명 생물체, 생명체 | **能源** néngyuán 명 에너지원 | **物质** wùzhì 명 물질 | **克** kè 양 그램(g) | **产生** chǎnshēng 동 만들다, 생기다 | **卡** kǎ 양 칼로리(cal) | **热量** rèliàng 명 열량 | **营养** yíngyǎng 명 영양, 양분 | **过量** guòliàng 동 분량을 초과하다 | **摄入** shèrù 동 섭취하다 | **多余** duōyú 형 여분의, 나머지의 | **便** biàn 부 바로, 곧 [=就] | **转化** zhuǎnhuà 동 전환하다, 바꾸다 | ★**储存** chǔcún 동 저장하다, 모아 두다 | ★**原理** yuánlǐ 명 원리 | **中心** zhōngxīn 명 중심, 한가운데 | **法则** fǎzé 명 법칙, 규율 | **控制** kòngzhì 동 조절하다, 억제하다 | **总量** zǒngliàng 명 총량, 전체 수량 | **达到** dádào 동 달성하다, 도달하다 [达到目的: 목적을 달성하다] | ★**更新** gēngxīn 동 갱신하다, 새롭게 바뀌다 | **动脑筋** dòng nǎojīn 머리를 쓰다, 골똘히 생각하다 | **营养学家** yíngyǎng xuéjiā 영양학자 | **提出** tíchū 동 제시하다, 제출하다 | **概念** gàiniàn 명 개념 [提出概念: 개념을 제시하다] | **含量** hánliàng 명 함량 | **主食** zhǔshí 명 주식 | **全球** quánqiú 전 세계 | **地中海** Dìzhōnghǎi 고유 지중해 | **一带** yídài 명 일대 | ★**居民** jūmín 명 주민, 거주민 | ★**不相上下** bùxiāngshàngxià 성 다를 바 없다, 우열을 가릴 수 없다, 막상막하 | **心血管** xīnxuèguǎn 명 심혈관 | ★**疾病** jíbìng 명 질환, 질병 | **发病率** fābìnglǜ 명 발병률 | **相对** xiāngduì 부 비교적, 상대적으로 | **归功** guīgōng 동 ~의 덕택이다 | **当地** dāngdì 명 그곳, 현지 | **特殊** tèshū 형 특수하다, 특별하다 | **结构** jiégòu 명 구조, 구성 | **海鲜** hǎixiān 명 해산물 | **坚果类** jiānguǒlèi 명 견과류 | **豆** dòu 명 콩 | **蔬果** shūguǒ 명 채소와 과일 | **谷类** gǔlèi 명 곡류 | **且** qiě 접 또한, 게다가 | ★**烹饪** pēngrèn 동 요리하다, 조리하다 | **植物油** zhíwùyóu 명 식물성 기름 | **代替** dàitì 동 대체하다, 대신하다 | **动物油** dòngwùyóu 명 동물성 기름 | **即** jí 부 즉, 곧 | **均衡** jūnhéng 형 균형이 잡히다, 고르다 | ★**元素** yuánsù 명 원소 | ★**来源** láiyuán 명 출처, 원산지 | **方式** fāngshì 명 방법, 방식 | **减重** jiǎnzhòng 체중 감량 | **效果** xiàoguǒ 명 효과 | **佳** jiā 형 좋다, 훌륭하다 | **则** zé 부 바로 ~이다 | **食物** shíwù 명 음식물 | **量** liàng 명 양, 수량 | **高温** gāowēn 명 고온 | **破坏** pòhuài 동 파괴하다, 훼손하다 | ★**倡导** chàngdǎo 동 주장하다, 제창하다 | **盐** yán 명 소금 [放盐: 소금을 넣다] | ★**要素** yàosù 명 요소, 요인 | ★**分解** fēnjiě 동 분해하다 | **地区** dìqū 명 지역, 지구 | **富含** fùhán 동 대량으로 함유하다 | **负离子** fùlízǐ 명 음이온 | **服用** fúyòng 동 먹다, 복용하다 | **营养品** yíngyǎngpǐn 명 영양 식품, 영양 보조 식품 | **温差** wēnchā 명 온도차 | **疲劳** píláo 형 피로하다, 지치다 | ★**功效** gōngxiào 명 효과, 효능 | **体重** tǐzhòng 명 체중, 몸무게 | **反弹** fǎntán 동 내렸다가 다시 오르다, 원래대로 회복되다

줄여 쓰기

본서 p.315~320

• Day 08 p.269 [모범답안] 참고

단락별 풀이

제1~2단락

我在八岁的时候写下了人生当中的第一首诗。到现在为止，我还清晰地记得，那时母亲对我的诗赞叹不已，她边读边说道："孩子，这首诗真的是你写的？写得真是棒极了！"她甚至还感叹到只有神童才能够写出如此优美的诗句。那一天，我内心十分骄傲，迫不及待地想让父亲也看一下我写的诗。

我的父亲是位非常著名的电影剧作家，我特别期待他能给出更为专业的评价，我为此做了充足的准备。首先，我将诗认真地抄了一遍；然后用彩色笔画了花边；最后，把诗放到了最显眼的地方。心想：如此一来，他一到家就能看到了。

나는 여덟 살 때 인생 최초의 시를 썼다. 지금까지도 나는 그때 어머니가 나의 시에 감탄을 금치 못한 것을 또렷하게 기억한다. 어머니는 읽으면서 말씀하셨다. "얘야, 이 시가 정말 네가 쓴 것이니? 정말 잘 썼구나!" 어머니는 심지어 신동만이 이렇게 아름다운 시구를 쓸 수 있다고 감탄하기까지 하셨다. 그날 나는 속으로 매우 자랑스러웠고, 아버지에게도 내가 쓴 시를 보여 드리기를 손꼽아 기다렸다.

나의 아버지는 매우 유명한 영화 극작가로, 나는 아버지가 더욱더 전문적인 평가를 해 주시기를 특히 기대했다. 나는 이를 위해 충분한 준비를 했다. 우선, 나는 열심히 시를 한 번 베껴 썼고, 그다음 색연필로 꽃무늬 테두리를 그렸다. 마지막으로 시를 눈에 제일 잘 띄는 곳에 올려 두었다. 이렇게 하면 아버지가 집에 도착하시자마자 보실 수 있을 것이라고 생각했다.

人生 rénshēng 명 인생 | **当中** dāngzhōng 명 중간, 한복판, 그 가운데 [人生当中: 인생의, 인생에서] | **首** shǒu 양 수 [시·사·노래 등을 세는 단위] | **诗** shī 명 시 | **为止** wéizhǐ 동 ~까지 하다 | ★**清晰** qīngxī 형 또렷하다, 분명하다 | ★**赞叹** zàntàn 동 감탄하며 찬미하다 | **不已** bùyǐ 동 ~해 마지않다, 멈추지 않다 | **边** biān 부 ~하면서 ~하다 [边A边B: 한편으로 A하면서 B하다] | **感叹** gǎntàn 동 감탄하다 | **神童** shéntóng 명 신동 | **能够** nénggòu 조동 ~할 수 있다 | **如此** rúcǐ 대 이와 같다, 이러하다 | **优美** yōuměi 형 우아하고 아름답다, 우미하다 | **诗句** shījù 명 시구 | **内心** nèixīn 명 마음속 | ★**迫不及待** pòbùjídài 성 잠시도 늦출 수 없다, 일각도 지체할 수 없다 | **剧作家** jùzuòjiā 명 극작가 | **期待** qīdài 동 기대하다, 바라다 | **评价** píngjià 명 평가 | **为此** wèicǐ 이를 위해서, 그런 까닭에, 이 때문에 | ★**充足** chōngzú 형 충분하다, 충족하다 | **将** jiāng 개 ~를 [=把] | **抄** chāo 동 베끼다, 베껴 쓰다 | **彩色笔** cǎisèbǐ 명 색연필 | **花边** huābiān 명 꽃무늬 테두리 | **显眼** xiǎnyǎn 형 눈에 띄다, 시선을 끌다

▶ 단락 주제 처음 쓴 시에 대한 아버지의 평가를 기대하는 '나'

'나'가 어렸을 때 처음 쓴 시에 대해 어머니의 후한 평가를 받은 후 아버지의 평가도 기대한다는 내용이다. 어머니의 평가를 듣고 득의양양해진 '나'의 심리와 아버지의 퇴근을 기다리며 한 행동, 아버지의 평가를 특히 더 기대하게 된 배경을 써야 한다.

▶ 포인트 구문

- **清晰地记得** 또렷하게 기억하다
  我清晰地记得这件事的整个过程，包括每一个细节。
  나는 모든 세부 사항을 포함해서 이 일의 전체 과정을 또렷하게 기억한다.

- **对A赞叹不已** A에 대하여 감탄을 금치 못하다
  老师们对她的创作天赋赞叹不已。 선생님들은 그녀의 천부적인 창작 재능에 감탄을 금치 못한다.

- **迫不及待** 잠시도 늦출 수 없다
  他迫不及待地带我来看他刚完成的作品。
  그는 잠시도 늦추지 않고 나를 데리고 와서 그가 방금 완성한 작품을 보게 했다.

- **给出评价** 평가를 주다

  老板对他的工作方案给出了肯定的评价。 사장님은 그의 업무 방안에 대하여 긍정적인 평가를 주었다.

▶ 쉬운 말로 고쳐 쓰기

- **赞叹不已** 감탄을 금치 못하다 → **非常赞叹并表示称赞** 매우 감탄하며 칭찬하다
- **迫不及待** 잠시도 늦출 수 없다 → **十分着急，无法等待** 매우 조급하여 기다릴 수 없다
- **将** ~를 → **把** ~를

제3~5단락

我边准备边等，好容易等到了八点，父亲才到家。他一进门，母亲就对他说："今天儿子做了件非常了不起的事情，他写了首诗，写得太棒了!"但父亲却打断了母亲的赞许，满脸严肃地说："写诗可不是件简单的事，写得是坏是好，我会客观地判断的。"

饭后，父亲拿起我写的诗看了起来，我非常紧张。虽说诗仅有短短几行，可父亲好像看了几个小时一样，我连大气都不敢喘一下。终于，父亲把诗稿放了下来，然后直截了当地评判道："在我看来，这首诗写得非常糟!"

听了父亲的话，我顿时泪流满面。

나는 준비를 하면서 기다렸다. 간신히 여덟 시까지 기다렸더니 아버지는 비로소 집에 돌아오셨다. 아버지가 들어오시자마자 어머니는 아버지에게 말씀하셨다. "오늘 우리 아들이 굉장히 대단한 일을 했어요. 시를 한 편 썼는데, 정말 잘 썼어요!" 그러나 아버지는 어머니의 칭찬을 가로막고는 근엄한 얼굴로 말씀하셨다. "시를 쓰는 건 쉬운 일이 아니오. 잘 썼는지, 못 썼는지는 내가 객관적으로 판단하오."

식사 후 아버지는 내가 쓴 시를 집어 들고 읽기 시작하셨고, 나는 매우 긴장됐다. 비록 시는 짧은 몇 줄짜리였지만, 아버지가 몇 시간을 읽은 것만 같았고, 나는 숨조차 크게 쉬지 못했다. 마침내 아버지는 시 원고를 내려 두시고, 단도직입적으로 평가하며 말씀하셨다. "내가 보기에 이 시는 아주 엉망으로 썼어!"

아버지의 말을 듣자 나는 바로 눈물이 앞을 가렸다.

好容易 hǎoróngyì 부 간신히, 겨우, 가까스로 | **了不起** liǎobuqǐ 형 대단하다, 뛰어나다, 보통이 아니다 | **打断** dǎduàn 동 가로막다, 끊다 | **赞许** zànxǔ 명 칭찬, 지지 | **满脸** mǎnliǎn 명 온 얼굴 | **严肃** yánsù 형 (표정·분위기 등이) 근엄하다, 진지하다, 엄숙하다 | **客观** kèguān 형 객관적이다 | **虽说** suīshuō 접 비록 ~하지만, 비록 ~라 하더라도 | **仅** jǐn 부 겨우, 단지, 다만 | **行** háng 양 줄, 행, 열 | **大气** dàqì 명 큰 숨 | **不敢** bùgǎn 동 감히 ~하지 못하다 | **喘** chuǎn 동 숨을 돌리다 | **诗稿** shīgǎo 명 시 원고, 시고 | **直截了当** zhíjiéliǎodàng 성 단도직입적이다, 단순 명쾌하다 | **评判** píngpàn 동 판정하다, 심사하다, 심판을 보다 | **糟** zāo 형 엉망이다, 나쁘다 | ★**顿时** dùnshí 부 바로, 곧바로 | **泪流满面** lèiliúmǎnmiàn 성 눈물이 앞을 가리다

▶ 단락 주제 아버지의 엄격한 평가와 '나'의 실망

기대와 달리 아버지의 평가는 좋지 않았고, '나'는 그것에 매우 실망하여 눈물을 흘린다는 내용이다. 어머니의 평가와 아버지의 평가가 대비되도록 써야 한다.

▶ 포인트 구문

- **好容易(=好不容易)** 겨우, 가까스로

  排了大半天的队，好容易轮到我们，可是赠品已经发完了。

  한참 줄을 서서 겨우 우리 차례가 되었지만, 경품은 이미 다 지급되었다.

- **了不起** 대단하다

  比自己了不起的人数不胜数，我们要时刻保持谦虚的态度。

  자신보다 대단한 사람이 셀 수 없을 정도로 많으니, 우리는 늘 겸손한 태도를 유지해야 한다.

- **虽说A，可B** 비록 A하지만 그러나 B하다

  虽说路途有点远，可只要方向正确就一定能够到达。

  비록 여정이 좀 멀지만 그러나 방향만 정확하다면 반드시 도달할 수 있다.

▶ 쉬운 말로 고쳐 쓰기

- 满脸严肃地说 근엄한 얼굴로 말하다 → 严肃地说 근엄하게 말하다
- 大气都不敢喘一下 숨조차 크게 쉬지 못하다 → 非常紧张 매우 긴장하다
- 直截了当 단도직입적이다 → 直接 직접적이다
- 泪流满面 눈물이 앞을 가리다 → 流下眼泪 눈물을 흘리다

제6~8단락

母亲见状，生气地说："儿子还小，而且这是他写的第一首诗，你应该鼓励他，怎么可以用对待工作的态度来对待儿子呢？"

然而，父亲却固执地回答："这个世界上写得糟糕的诗已经太多了，假如孩子无法写出好诗，并没有哪一条法律规定他一定得当诗人！"母亲与父亲为了我的诗吵了起来，我则跑进卧室，痛哭了起来。

这次的"风波"很快就平息了，我因母亲的鼓励，仍坚持创作；也因父亲的批评，不再自我陶醉，只是再也不会将自己的诗拿给父亲读了。

어머니는 상황을 보고 화를 내며 말씀하셨다. "아들은 아직 어리고, 이것은 이 애가 쓴 첫 번째 시예요. 당신은 아이를 격려해야 해요. 어떻게 일을 대하는 태도로 아들을 대할 수가 있어요?"

그러나 아버지는 오히려 완고하게 답하셨다. "이 세상에는 엉망으로 쓴 시가 이미 너무 많소. 만약에 아이가 좋은 시를 쓸 수 없다면 꼭 시인이 되어야 한다는 법은 없잖소!" 어머니는 아버지와 내 시를 두고 싸우기 시작하셨다. 나는 침실로 뛰어 들어가 슬프게 울기 시작했다.

이번 '소란'은 금방 진정되었다. 나는 어머니의 격려로 여전히 창작을 계속하고, 아버지의 비판으로 더는 자아도취에 빠지지 않게 되었지만 그저 더 이상 나의 시를 아버지께 보여 드리지는 않게 되었다.

状 zhuàng 명 상황, 상태 | 对待 duìdài 동 다루다, 대응하다 | ★固执 gùzhí 형 완고하다, 고집스럽다, 집요하다 | 糟糕 zāogāo 형 엉망이다, 형편없다 | 假如 jiǎrú 접 만약, 만일 | 无法 wúfǎ 동 ~할 수 없다, 방법이 없다 | 并 bìng 부 결코, 그다지, 별로 [부정사 앞에 쓰여 부정의 어기를 강조함] | 诗人 shīrén 명 시인 | 则 zé 부 바로 ~이다 [판단구에 쓰여 긍정을 나타냄] | 卧室 wòshì 명 침실 | 痛哭 tòngkū 동 몹시 울다, 통곡하다, 목 놓아 울다 | 风波 fēngbō 명 소란, 풍파 | 平息 píngxī 동 (바람·분쟁이) 평온해지다, 수습되다, 원상태로 돌아가다 | 因 yīn 접 ~로 인하여, ~ 때문에 | 仍 réng 부 여전히, 아직도 | ★创作 chuàngzuò 동 창작하다 | ★陶醉 táozuì 동 도취하다

▶ 단락 주제 '나'의 시에 대한 어머니와 아버지의 각각 다른 태도

'나'의 부모님은 '나'가 쓴 시에 대한 입장 차이로 인해 싸우게 되었고, '나'는 어머니의 격려 덕분에 창작을 계속할 수 있었고 아버지의 비판 덕분에 겸손함을 배웠지만 아버지께 시는 보여 드리지 않게 되었다는 내용이다. 부모님의 견해가 다르다는 부분을 반드시 적어야 한다. 마지막에 아버지께는 시를 보여 드리지 않게 되었다는 내용까지 포함하여 뒤에 이어질 내용과 자연스럽게 연결시키도록 한다.

▶ 포인트 구문

- 写得糟糕 엉망으로 쓰다
  一开始文章写得糟糕并不一定是件坏事，那代表还有很多可以进步的空间。
  처음에 글을 엉망으로 쓴 것은 결코 반드시 나쁜 일이 아니라, 그것은 발전할 여지가 많다는 것을 나타낸다.

- A与B吵了起来 A는 B와 싸우기 시작했다
  因为漏水的原因，他与楼上的邻居吵了起来。 누수의 원인으로 그는 위층의 이웃과 싸우기 시작했다.

▶ 쉬운 말로 고쳐 쓰기

- 见状 상황을 보다 → 看到这个情况 이 상황을 보다

- 没有哪一条法律规定 어떤 법률도 ~라고 규정하지 않다, ~해야 한다는 법은 없다
  → 不一定要 반드시 ~해야 하는 것은 아니다
- "风波"很快就平息了 '소란'은 금방 진정되었다 → 事情很快就过去了 사건은 금방 지나갔다

제9~11단락

几年以后，当我回过头来重新看那首诗的时候，连我自己也认为写得非常糟。过了一段时间，我鼓起勇气把我写的一篇短篇小说拿给父亲看。这次，父亲觉得我写得勉强凑合，但还是有点儿啰嗦。

过了很多年，我成为了一名"家喻户晓"的作家，舞台上，演着我写的戏剧，书店里出售着我写的小说。如今，当我被无数"批评"与"歌颂"包围时，脑中又回想起了我的那首诗与它所引发的"小插曲"。我感到很庆幸，因为我的生命里既有爱说"真糟"的父亲，又有爱说"真棒"的母亲。他们教会了我怎样对待形形色色的"否定"与"肯定"。一方面，我不会害怕批评，也不会因别人的否定而失去勇往直前的勇气；另一方面，我更不会在他人的赞扬声中迷失自我。

"真糟!""真棒!"这两个完全对立而又相辅相成的词，一直伴随着我在人生的道路上不断前行。它们就如同两股方向截然相反的风，而我需要全力以赴地在强风中"稳住我的风帆"。

몇 년 후, 내가 돌이켜 다시 그 시를 보았을 때 나조차도 매우 엉망으로 썼다고 생각했다. 시간이 지나 나는 용기를 내서 내가 쓴 단편소설을 아버지께 보여 드렸다. 이번에 아버지는 내가 그럭저럭 괜찮게 썼지만 여전히 쓸데없는 말이 좀 많다고 하셨다.

여러 해가 지난 뒤 나는 '모든 사람이 다 아는' 작가가 되었다. 무대에서 내가 쓴 희극이 공연되고, 서점에서는 내가 쓴 소설이 판매되고 있다. 오늘날 내가 수많은 '비판'과 '칭송'에 둘러싸여 있을 때 머릿속으로 나의 시와 그것이 야기한 '에피소드'를 회상했다. 나의 삶에 '정말 엉망이야'라고 말하기를 좋아하시는 아버지가 계시고, 또 '정말 대단해'라고 말하기를 좋아하시는 어머니가 계시기 때문에 다행이라고 생각한다. 그들은 내가 각종 '부정'과 '긍정'을 어떻게 대해야 하는지를 알려 주셨다. 한편으로는 나는 비판을 두려워하지 않을 것이고, 타인의 부정에 앞으로 나아갈 수 있는 용기를 잃지도 않을 것이며, 또 다른 한편으로는 타인의 찬양에 나를 잃지도 않을 것이다.

'정말 엉망이야' '정말 대단해' 이 두 마디 완전히 대립되고 또 상부상조하는 말은 인생의 길에서 끊임없이 앞으로 나아갈 수 있도록 나와 계속 동행하고 있다. 그것들은 방향이 뚜렷하게 상반되는 두 개의 바람과도 같아서, 나는 전력을 다하여 강풍에서 '나의 돛을 공고히' 해야 했다.

回过头来 huíguòtóulái 돌이켜 보다 | **鼓起** gǔqǐ 동 (용기를) 불러일으키다, 분발하여 일어나다 | **勇气** yǒngqì 명 용기 | **短篇** duǎnpiān 명 단편 | ★**勉强** miǎnqiǎng 형 (그런대로) ~할 만하다 | **凑合** còuhe 형 그런대로 괜찮다, 그런대로 무난하다 | **啰嗦** luōsuō 형 말이 많다, 수다스럽다 | ★**家喻户晓** jiāyù hùxiǎo 성 모든 사람들이 다 알다, 집집마다 다 알다 | **舞台** wǔtái 명 무대 | **演** yǎn 동 공연하다 | **戏剧** xìjù 명 희극, 연극 | **出售** chūshòu 동 판매하다, 팔다 | **如今** rújīn 명 (비교적 먼 과거에 대하여) 오늘날 | **无数** wúshù 형 매우 많다, 무수하다 | ★**歌颂** gēsòng 동 칭송, 예찬 | ★**包围** bāowéi 동 둘러싸다, 포위하다 | **回想** huíxiǎng 동 회상하다 | **引发** yǐnfā 동 야기하다, 일으키다, 자아내다 | **插曲** chāqǔ 명 에피소드, 해프닝 | **庆幸** qìngxìng 동 다행이다, 기쁘다 | **既** jì 접 ~할 뿐만 아니라, ~하며, ~하고도 [既A又B: A할 뿐만 아니라 또한 B하다] | **教会** jiāohuì 동 가르쳐서 알도록 하다 | **形形色色** xíngxíngsèsè 형 갖가지의, 각양각색의 | **否定** fǒudìng 명 부정 | **一方面** yìfāngmiàn 한편으로 ~하다 [一方面A，另一方面B: A하면서 다른 한편으로는 B하다] | **失去** shīqù 동 잃다, 잃어버리다 | **勇往直前** yǒngwǎng zhíqián 성 용감하게 앞으로 나아가다 | **赞扬** zànyáng 명 찬양 | **声** shēng 명 소리 | **迷失** míshī 동 잃다 | **自我** zìwǒ 명 자아, 자기 자신 | ★**对立** duìlì 동 대립되다, 대립하다 | ★**相辅相成** xiāngfǔ xiāngchéng 성 상부상조하다, 서로 보완하고 도와서 일을 완성하다 | **词** cí 명 말, 어휘, 단어 | ★**伴随** bànsuí 동 동행하다, 함께 가다 | **道路** dàolù 명 (사상·정치·일 등의) 길, 경로, 과정 | **不断** búduàn 부 끊임없이, 계속해서 | **前行** qiánxíng 동 전진하다, 앞으로 나아가다 | **如同** rútóng 동 마치 ~와 같다, 흡사하다 | **截然** jiérán 부 뚜렷이, 분명하게 | ★**全力以赴** quánlìyǐfù 성 전력을 다하여 일에 임하다, 전력투구하다 | **强风** qiángfēng 명 강풍 | **稳住** wěnzhù 동 안정시키다, 단단하게 굳히다 | **风帆** fēngfān 명 (배의) 돛

▶ **단락 주제** **시간이 지나고 돌아본 과거의 시 한 수와 그로 인해 얻은 교훈**

'나'가 시간이 지나 유명한 작가가 되고, 처음 시를 썼던 때를 돌이켜 보며 그 일로 얻은 교훈을 서술하는 내용이다. 유명 작가가 되었다는 내용은 짧게 정리하고 어머니의 긍정적인 평가와 아버지의 부정적인 평가를 통해 삶의 교훈을 배웠음을 강조해야 한다.

▶ 포인트 구문

- **家喻户晓** 모든 사람이 다 알다
  在中国，鲁迅的作品家喻户晓，他的很多作品已被编入中小学教材。
  중국에서 루쉰의 작품은 모든 사람이 다 알고 있으며, 그의 많은 작품이 이미 초·중등학교 교재에 수록되었다.

- **相辅相成** 상부상조하다, 서로 보완하고 도와서 일을 완성하다
  这部电影的背景音乐与情境相辅相成，搭配得十分和谐。
  이 영화의 배경음악은 상황과 상부상조하여 조화롭게 잘 어울린다.

- **全力以赴** 전력을 다하여 일에 임하다
  一恢复健康，他就全力以赴地开始了工作。 건강을 회복하자마자 그는 바로 전력을 다해 일하기 시작했다.

▶ 쉬운 말로 고쳐 쓰기

- 截然相反 뚜렷이 상반되다 → 完全不一样 완전히 다르다

▶ 제목 짓기

예 ① **使人“前进”的两种爱 사람을 ‘전진’하게 하는 두 종류의 사랑**
부모님의 다른 방식의 사랑이 ‘나’를 성장하게 했다는 주제를 이용한 제목이다.

예 ② **父亲和母亲不同的爱 아버지와 어머니의 다른 사랑**
아버지와 어머니의 서로 다른 방식의 가르침으로 ‘나’가 깨달음과 교훈을 얻었으므로 이를 중심으로 제목을 지을 수 있다.

예 ③ **“真糟”与“真棒” ‘정말 엉망이야’와 ‘정말 대단해’**
아버지와 어머니의 다른 방식의 가르침을 ‘真糟’와 ‘真棒’으로 축약하여 강조한 제목이다.

모범답안

使人“前进”的两种爱

我八岁时写了第一首诗，我记得那时母亲表扬了我，而我也很骄傲。因为父亲是著名的电影剧作家，所以我很想得到他给出的专业评价，于是我把诗放在最显眼的地方，希望他一回家就能看到。

父亲一进门，母亲就说：“儿子写了首诗，而且写得很好。”可父亲却严肃地说：“我自己会判断诗的好坏”。然而，父亲看完我的诗后，对我说：“我觉得这首诗写得真糟！”听完父亲的话，我哭了起来。

看到这个情况，母亲生气地说，这是儿子写的第一首诗，应该鼓励。可父亲却坚持自己的态度，父母为此吵了起来。但这件事情很快就过去了，因为有了母亲的鼓励，所以我一直坚持创作，但因父亲的批评，我不再自我陶醉，只是再也不敢把诗拿给父亲看了。后来，我鼓起勇气把自己的短篇小说给父亲看，他的评价

사람을 ‘전진’하게 하는 두 종류의 사랑

나는 여덟 살 때 첫 번째 시를 썼다. 나는 그때 어머니가 나를 칭찬하셨고, 나는 매우 의기양양했던 것을 기억한다. 아버지는 유명한 영화 극작가셨기 때문에 나는 아버지의 전문적인 평가를 받고 싶었다. 그래서 나는 시를 눈에 제일 잘 띄는 곳에 올려놓고 아버지가 돌아오시자마자 바로 보시기를 바랐다.

아버지가 들어오시자마자 어머니는 “우리 아들이 시를 한 편 썼는데 매우 잘 썼지 뭐예요.”라고 말씀하셨지만 아버지는 “시가 좋은지 나쁜지는 내가 직접 판단하오.”라고 근엄하게 말씀하셨다. 그러나 아버지는 나의 시를 다 보신 후 내게 “내 생각에 이 시는 매우 엉망으로 썼어!”라고 말씀하셨다. 아버지의 말씀을 듣고 나는 울기 시작했다.

이 상황을 보시고 어머니는 화를 내며 이건 아들이 처음으로 쓴 시로, 격려를 해야 한다고 말씀하셨다. 그러나 아버지는 오히려 자신의 태도를 견지하셨고 부모님은 이 때문에 싸우기 시작하셨다. 그러나 이 일은 금방 지나갔다. 어머니의 격려가 있었기

比	以	前	好	了	，	可	仍	然	觉	得	有	些	啰	嗦	。				
		多	年	后	，	我	成	为	了	“	著	名	”	的	作	家	，	令	人
庆	幸	的	是	，	我	有	爱	说	“	真	糟	”	的	父	亲	和	爱	说	“真
棒	”	的	母	亲	。	这	两	个	词	既	对	立	而	又	相	辅	相	成	，
一	直	伴	随	着	我	成	长	。	它	们	就	像	两	股	反	方	向	的	风，
而	我	需	要	努	力	在	其	中	稳	住	我	的	风	帆	。				

문장부호 제외 380자

때문에 나는 창작을 계속했지만, 아버지의 비판으로 나는 다시는 자아도취에 빠지지 않게 되었다. 그저 더 이상 아버지께 시를 보여 드리지는 않게 되었다. 후에 나는 용기를 내서 내가 쓴 단편 소설을 아버지께 보여 드렸다. 아버지의 평가는 이전보다 좋아졌지만 여전히 쓸데없는 말이 좀 많다고 생각하셨다.

몇 년 후, 나는 '유명한' 작가가 되었다. 다행인 것은 내게 '정말 엉망이야'라고 말하기를 좋아하시는 아버지가 계시고 '정말 대단해'라고 말하기를 좋아하시는 어머니가 계신다는 것이다. 이 두 말은 대립적이지만 또 상부상조하는 것으로, 줄곧 나와 함께 성장했다. 그것들은 마치 반대 방향으로 부는 두 개의 바람과 같아서, 나는 그 안에서 나의 돛을 공고히 하기 위한 노력을 해야 했다.

• Day 12 p.275 [모범답안] 참고

단락별 풀이

제1~2단락

特恰克在美国库伯大学医疗中心工作，是一名拥有20多年工作经验的重症监护医生。随着工作年数的不断增加，特恰克发现自己已在不知不觉之间进入了职业倦怠期。在诊断的过程中，他很少与病人进行深入交流，甚至连一句话也不愿意多说。

有一天，特恰克在给患有胃癌晚期的罗伯特问诊。罗伯特骨瘦如柴，身上几乎没有肌肉，由于疼痛，他的神情看起来很痛苦，身体歪斜地躺在轮椅上。特恰克用教科书式的提问方式说：“腹部是否有痛感？”罗伯特双手哆哆嗦嗦地摸着自己的肚子说：“特别疼，就像针扎一样，到晚上还会更疼……”没等罗伯特说完，特恰克便打断了他的话，问道：“用药后缓解了没有？”罗伯特停顿了片刻后回答说：“止痛药最多能维持一小时，其余时间还是疼痛难忍。医生，有什么办法可以让我不疼呢？”特恰克并没有回答，只是继续问道：“除了疼痛以外，你还有其他的感觉吗？”在接连提问的过程中，特恰克几乎没看罗伯特一眼，一直低头写着问诊记录。

트세시악은 미국 쿠퍼대학 메디컬센터에서 근무하며, 20여 년의 업무 경력이 있는 중환자 전담 의사이다. 근무 연수가 계속 늘어남에 따라 트세시악은 자기도 모르는 사이에 직업적 권태기에 빠졌다는 걸 알게 되었다. 진료 과정에서 그는 환자와 깊게 교류하는 일이 거의 없었고, 심지어 한 마디도 더 하려고 하지 않았다.

어느 날, 트세시악은 위암 말기인 로버트를 진찰하고 있었다. 로버트는 몹시 여위어 뼈만 앙상했고, 몸에는 근육이 거의 없었다. 통증으로 인해 그의 표정은 고통스러워 보였고 몸은 구부린 채로 휠체어에 누워 있었다. 트세시악은 교과서적인 질문 방식으로 말했다. "복부에 통증이 있습니까?" 로버트는 양손으로 더듬더듬 자신의 배를 만지며 말했다. "너무 아파요. 바늘로 찌르는 것 같아요. 밤이 되어도 더 아프고……." 로버트의 말이 끝나기도 전에 트세시악은 바로 그의 말을 끊으며 물었다. "약을 먹으면 좀 괜찮아집니까?" 로버트는 잠시 멈추고 대답했다. "진통제는 길어 봐야 한 시간 정도밖에 지속이 안 되고, 나머지 시간은 고통을 참기 힘들어요. 의사 선생님, 제가 아프지 않을 수 있는 무슨 방법이 있을까요?" 트세시악은 대답하지 않고 계속 묻기만 했다. "통증 외에 다른 느낌이 더 있습니까?" 계속 질문을 하는 과정에서 트세시악은 로버트를 거의 보지도 않고 줄곧 고개를 숙여 진찰 기록만 작성했다.

特恰克 Tèqiàkè 고유 트세시악 [인명] | **美国** Měiguó 고유 미국 | **医疗中心** yīliáo zhōngxīn 메디컬센터 | ★**拥有** yōngyǒu 동 보유하다, 소유하다, 가지다, 지니다 | **重症** zhòngzhèng 명 중증 | **监护** jiānhù 동 (중환자를) 관찰하고 간호하다 | **数** shù 명 수 | **不断** búduàn 부 끊임없이, 계속해서 | **不知不觉** bùzhī bùjué 성 자기도 모르는 사이에 | **之间** zhī jiān ~의 사이 | **进入** jìnrù 동 진입하다, 들다 | **倦怠期** juàndàiqī 명 권태기 | **诊断** zhěnduàn 동 진단하다 | **深入** shēnrù 형 깊다 | **患有** huànyǒu 동 ~에 걸리다 | **胃癌** wèi'ái 명 위암 | **晚期** wǎnqī 명 말기, 만년, 만기 | **罗伯特** Luóbótè 고유 로버트 [인명] | **问诊** wènzhěn 동 문진하다 명 문진 | **骨瘦如柴** gǔshòurúchái 성 몹시 여위어 뼈만 앙상하다, 장작 같이 바싹 마르다 | **身上** shēnshang 명 몸, 신상 | **肌肉** jīròu 명 근육 | **疼痛** téngtòng 명 통증, 아픔 | **神情** shénqíng 명 표정, 안색, 기색 | **痛苦** tòngkǔ 형 고통스럽다, 괴롭다 | **歪斜** wāixié 동 굽다, 휘다 | **轮椅** lúnyǐ 명 휠체어 | **教科书** jiàokēshū 명 교과서 | **提问** tíwèn 동 질문하다 | **方式** fāngshì 명 방식, 방법 | **腹部** fùbù 명 배, 복부 | **痛感** tònggǎn 명 통증 | ★**哆嗦** duōsuō 형 부들부들 떨다 | **摸** mō 동 (손으로) 더듬다, 짚어 보다, 쓰다듬다 | **针** zhēn 명 바늘, 침 | ★**扎** zhā 동 (뾰족한 물건으로) 찌르다 | **便** biàn 부 곧, 바로 [=就] | **打断** dǎduàn 동 끊다, 자르다 | **缓解** huǎnjiě 동 완화시키다, 호전시키다 | ★**停顿** tíngdùn 동 멈추다, 잠시 쉬다 | ★**片刻** piànkè 명 잠깐, 잠시 | **止痛药** zhǐtòngyào 명 진통제 | ★**维持** wéichí 동 유지하다, 지키다 | **其余** qíyú 대 나머지, 남은 것 | **难忍** nánrěn 동 참기 어렵다 | **并** bìng 부 결코, 그다지, 별로 [부정사 앞에 쓰여 부정의 어기를 강조함] | ★**接连** jiēlián 부 계속해서, 끊임없이 | **记录** jìlù 명 기록

▶ 단락 주제 직업적 권태기에 빠진 의사 트세시악이 말기 위암 환자인 로버트를 진찰함

의사 경력이 쌓이면서 직업적 권태기에 빠진 트세시악이 주인공이다. 위암 말기 환자인 로버트를 진찰하는 과정에서 환자와 적극적으로 교류하지 않고 교과서적인 방식으로만 환자를 대하는 트세시악의 업무 태도를 알 수 있다. 환자와 대화하는 부분을 모두 쓸 필요는 없고, 흐름만 간단하게 적으면 된다.

▶ 포인트 구문

- **随着A的增加** A의 증가에 따라
  随着老龄化人口的增加，未来十年我国的劳动力将出现严重不足。
  노령화 인구의 증가에 따라 향후 10년간 우리 나라 노동력에 심각한 부족이 나타날 것이다.

- **在A之间** A하는 사이에
  母亲觉得自己的儿子在不知不觉之间长大了。 어머니는 자신의 아들이 자기도 모르는 사이에 다 컸다고 생각한다.

- **进入倦怠期** 권태기에 빠지다
  在一个工作岗位做了半辈子，难免会进入倦怠期。
  한 직장에서 반평생 일하다 보면 권태기에 빠지는 것을 피하기 어렵다.

- **连A也B** A조차 B하다
  儿子连最喜欢的动画片也不看，一定是发生什么事儿了。
  아들이 가장 좋아하는 만화 영화조차 보지 않는데, 분명 무슨 일이 생긴 것이다.

▶ 쉬운 말로 고쳐 쓰기

- **拥有20多年工作经验的** 20여 년의 업무 경력이 있는 → **有着丰富经验的** 풍부한 경험이 있는
- **给A问诊** A를 진찰하다 → **给A看病** A를 진찰하다

제3~4단락

忽然，诊疗室里变得异常安静，特恰克好奇地把头抬了起来，只见罗伯特冷冷地望着他，双唇紧闭，一滴眼泪突然从眼眶里涌了出来。这刺痛了特恰克的心，他意识到自己冷漠的态度给老人带来了伤害。他赶紧伸出双手，紧紧地握住罗伯特的手，关切地说："我知道，您一定非常疼。"这让罗伯特比刚才平静了一点儿，可仍然不说话。特恰克接着说："请您相信我，我会陪

갑자기 진료실이 매우 조용해졌다. 트세시악은 호기심에 고개를 들었다. 로버트가 차갑게 그를 바라보고 있었다. 입술은 꾹 다물고 있었으며, 눈물 한 방울이 갑자기 눈가에서 흘러내렸다. 이는 트세시악의 마음을 아프게 했다. 그는 자신의 냉담한 태도가 노인에게 상처를 주었다는 것을 알게 되었다. 그는 얼른 양손을 뻗어 로버트의 손을 꼭 잡으며 친절하게 말했다. "압니다. 무척 아프시겠죠." 이것이 로버트를 방금 전보다 조금 평온해지게 했지만 여전히 말을 하지 않았다. 트세시

在您的身旁，与您一同度过最难熬的时间。”此时，罗伯特的脸上终于浮现出了一丝笑容：“谢谢你，特恰克大夫。”离开诊室的时候，罗伯特艰难地转过头来说：“我好像没那么痛了。”

只言片语的安慰令罗伯特的情绪得到了改善，也深深地震撼了特恰克。特恰克从此开始关注起了医疗行业的危机。他发现，对重症监护室的医生而言，疼痛与死亡是每时每刻都在发生的，可对患者与家属而言，这些却是人生中最难受、最糟糕的瞬间。

악은 이어서 말했다. “저를 믿어 주세요. 제가 옆에 있겠습니다. 당신과 함께 가장 견디기 힘든 시간을 보낼 것입니다.” 이때 로버트의 얼굴에 드디어 웃음이 떠올랐다. “감사합니다, 트세시악 선생님.” 진료실을 떠날 때 로버트는 힘겹게 고개를 돌리며 말했다. “그렇게 아프지 않은 것 같아요.”

한 마디의 위로가 로버트의 기분을 나아지게 만들었고, 트세시악도 크게 흔들었다. 트세시악은 그때부터 의료 업계의 위기에 주목하기 시작했다. 그는 중환자실에 있는 의사에게 통증과 사망은 시시각각 일어나는 일이지만 환자와 가족에게는 이러한 것들이 인생에서 가장 힘들고 어려운 순간이라는 것을 깨달았다.

忽然 hūrán 부 갑자기, 홀연 | **诊疗室** zhěnliáoshì 명 진료실, 진찰실 | ★**异常** yìcháng 부 매우, 대단히 | **好奇** hàoqí 형 호기심이 있다, 궁금하다 | **望** wàng 동 바라보다 | **唇** chún 명 입술 | **紧闭** jǐnbì 동 다물다 | **滴** dī 양 방울 | **眼泪** yǎnlèi 명 눈물 | **眼眶** yǎnkuàng 명 눈가 | **涌** yǒng 동 솟아나다 | **刺痛** cìtòng 동 마음을 아프게 하다 | ★**意识** yìshí 동 의식하다, 깨닫다 | **冷漠** lěngmò 형 냉담하다, 무관심하다 | **伤害** shānghài 동 상처를 주다, 다치게 하다 | **赶紧** gǎnjǐn 부 서둘러, 재빨리, 황급히 | **伸出** shēnchū 동 펼치다, 펴다 | **紧紧** jǐnjǐn 형 단단하다 | **握住** wòzhù 동 꼭 잡다 | **关切** guānqiè 형 친절하다, 정이 두텁다 | **平静** píngjìng 형 (마음·환경 등이) 평온하다, 차분하다 | **身旁** shēnpáng 명 곁, 신변 | **一同** yìtóng 부 함께, 같이 | **度过** dùguò 동 (시간을) 보내다, 지내다 | **难熬** nán'áo 형 견디기 어렵다, 참기 어렵다 | **此时** cǐshí 명 이때, 지금 | **浮现** fúxiàn 동 드러나다, 나타나다 | **笑容** xiàoróng 명 웃음 띤 얼굴, 웃는 얼굴 | **诊室** zhěnshì 명 진료실, 진찰실 | ★**艰难** jiānnán 형 힘들다, 곤란하다, 어렵다 | **只言片语** zhīyán piànyǔ 성 한 마디의 말, 일언반구 | **安慰** ānwèi 명 위안 | **情绪** qíngxù 명 기분, 마음, 감정 | **得到** dédào 동 얻다, 받다, 손에 넣다 | **改善** gǎishàn 명 개선, 개량 | **深深** shēnshēn 부 매우 깊이, 깊숙이 | ★**震撼** zhènhàn 동 흔들다, 뒤흔들다 | **从此** cóngcǐ 부 그로부터, 이로부터 | **关注** guānzhù 동 주시하다, 관심을 가지다 | **医疗** yīliáo 명 의료 | **行业** hángyè 명 업종, 직종, 직업 | ★**危机** wēijī 명 위기, 위험한 고비 | **重症监护室** zhòngzhèng jiānhùshì 중환자실, 집중치료실 | **而言** éryán ~에 대해 말하자면 [对A而言: A에 대해 말하자면] | ★**死亡** sǐwáng 명 사망, 멸망, 파국 | **每时每刻** měishí měikè 성 시시각각, 늘, 언제나, 항상 | ★**患者** huànzhě 명 환자, 병자 | ★**家属** jiāshǔ 명 가족, 가솔, 가속 | **人生** rénshēng 명 인생 | **糟糕** zāogāo 형 (일이나 상황이) 매우 나쁘다, 잘못되다 | ★**瞬间** shùnjiān 명 순간, 눈 깜짝하는 사이

▶ 단락 주제 　한 마디 위로의 힘을 알게 된 트세시악

트세시악이 자신의 차가운 태도가 환자에게 상처를 주고, 한 마디의 말이 환자를 웃게 만들 수 있음을 깨닫는 내용이다. 둘 사이의 대화를 전부 적을 필요는 없고, 트세시악과 로버트의 행동을 중점적으로 언급하면 된다.

▶ 포인트 구문

- **给A带来伤害** A에게 상처를 주다
  儿时的那场地震给我和家人带来了巨大伤害。어린 시절의 그 지진은 나와 가족에게 거대한 상처를 주었다.

- **只言片语** 한 마디의 말
  在敏感时，即使是他人无心的只言片语，也会被轻易触动。
  예민할 때는 설령 다른 사람이 무심코 하는 말이더라도 쉽게 거슬린다.

- **深深地震撼** 깊이 감동하다, 매우 크게 흔들다
  我被小伙子舍身救人的故事深深地震撼了。나는 목숨을 바쳐 사람을 구한 청년의 이야기에 깊이 감동했다.

▶ 쉬운 말로 고쳐 쓰기

- **一滴眼泪突然从眼眶里涌了出来** 갑자기 눈가에서 눈물이 한 방울 흘러내렸다
  → **流下了眼泪** 눈물을 흘렸다 / **哭了** 울다
- **浮现出了一丝笑容** 얼굴에 웃음이 떠올랐다 → **心情变好了** 기분이 좋아졌다
- **每时每刻** 시시각각, 언제나 → **时时刻刻** 시시각각 / **时常** 늘, 자주 / **经常** 자주

제5~6단락

特恰克专门对此进行了统计，结果显示：在重症监护室工作10年的医生中，约有50%左右的人出现过缺乏同情心的现象；而一旦觉察以后，不少医生的良心会备受煎熬，或转行、或辞职，这造成了医疗资源的极大浪费。另一方面，由于患者与医生间无法顺畅地交流，导致不必要的检验与转诊次数以及医疗费用支出明显增加。

升为主治医生以后，特恰克便开始在科室推行"问候病人"这一举措。然而副主任威廉姆斯却并不赞同他的这个做法，甚至当着他的面抱怨说："每个医生的诊疗时间都非常宝贵，患者还在排队等待，把时间用到无关痛痒的问候上，这难道不是浪费资源吗？"事实上，威廉姆斯的意见也有一定的合理性，随着患者与日俱增，工作程序与工作量也在不断增加，超过56%的医生说，自己根本没有时间来表达同情心。

트세시악은 전문적으로 이에 대해 통계를 냈고, 결과에 따르면 중환자실에서 10년간 근무한 의사 중 약 50% 정도가 동정심 부족 현상이 나타난 적이 있다고 한다. 그런데 일단 깨닫게 되면 많은 의사들이 양심의 가책을 느껴 고통받거나, 업종을 바꾸거나 사직을 하는데 이는 의료 자원의 심한 낭비를 초래했다. 다른 한편으로는 환자와 의사 간에 순조롭게 소통할 수 없기 때문에 불필요한 검사와 병원을 옮기는 횟수 및 의료 비용 지출이 눈에 띄게 늘어나게 만들었다.

주치의로 승진한 뒤 트세시악은 해당 과에서 '환자에게 안부 묻기'라는 조치를 시행했다. 그러나 윌리엄스 부주임은 그의 이런 방법에 결코 동의하지 않았고 심지어 그의 앞에서 불평하며 말했다. "모든 의사의 진료 시간은 매우 소중합니다. 환자는 계속 줄을 서서 기다리고 있어요. 중요하지 않은 안부 묻는 것에 시간을 쓰는데 이것이 자원 낭비가 아니란 말입니까?" 사실 윌리엄스의 의견도 어느 정도 합리성이 있다. 환자는 날이 갈수록 많아지고 업무 절차와 업무량도 끊임없이 증가함에 따라 56% 이상의 의사가 자신에게는 동정심을 표현할 수 있는 시간이 아예 없다고 말한다.

此 cǐ 대 이, 이것 | ★**统计** tǒngjì 명 통계, 합산 | **显示** xiǎnshì 동 보여 주다, 뚜렷하게 나타내 보이다 | **约** yuē 부 대략, 대개 | **缺乏** quēfá 동 부족하다, 결핍되다 | **同情心** tóngqíngxīn 명 동정심 | **现象** xiànxiàng 명 현상 | **一旦** yídàn 부 일단 ~하면 [아직 일어나지 않은 가정의 상황을 나타냄] | **觉察** juéchá 동 깨닫다, 알아차리다 | ★**良心** liángxīn 명 양심 | **备受** bèishòu 동 겪을 대로 다 겪다 | **煎熬** jiān'áo 명 (육체·정신에 가해지는) 고통, 시련 | **转行** zhuǎnháng 동 직업을 바꾸다 | **辞职** cízhí 동 사직하다, 직장을 그만두다 | **造成** zàochéng 동 초래하다, 야기하다 | **资源** zīyuán 명 자원 | **一方面** yìfāngmiàn 한편으로 ~하다 | **间** jiān 명 사이, 간격 | **无法** wúfǎ 동 ~할 수 없다, 방법이 없다 | **顺畅** shùnchàng 형 순조롭다, 거침없다, 막힘이 없다 | **导致** dǎozhì 동 초래하다, 야기하다 | **必要** bìyào 형 필요로 하다 | ★**检验** jiǎnyàn 동 검사하다, 검증하다 | **转诊** zhuǎnzhěn 동 (병상에 따라) 병원을 옮겨 진료하다 | **次数** cìshù 명 횟수 | **以及** yǐjí 접 그리고, 아울러 | **费用** fèiyòng 명 비용, 지출 | ★**支出** zhīchū 명 지출 | **明显** míngxiǎn 형 뚜렷하다, 분명하다, 확연히 드러나다 | **升** shēng 동 (등급 따위를) 승진하다, 승급하다, 진급하다 | **主治医生** zhǔzhì yīshēng 주치의, 담당 의사 | **科室** kēshì 명 과실 [기업이나 기관의 관리 부서에 설치한 각 과와 각 실의 총칭] | **推行** tuīxíng 동 시행하다, 추진하다 | **问候** wènhòu 동 안부를 묻다 명 안부 | **举措** jǔcuò 명 조치 | **副主任** fùzhǔrèn 부주임 | **并** bìng 부 결코, 그다지, 별로 [부정사 앞에 쓰여 부정의 어기를 강조함] | **赞同** zàntóng 동 동의하다, 찬성하다 | **做法** zuòfǎ 명 (일을 처리하거나 물건을 만드는) 방법 | **抱怨** bàoyuàn 동 불평하다, 불만을 품다, 원망하다 | **诊疗** zhěnliáo 명 진료 | **宝贵** bǎoguì 형 소중하다, 귀중하다 | **等待** děngdài 동 (사물·상황 등을) 기다리다 | **无关痛痒** wúguān tòngyǎng 성 대수롭지 않다 | **事实** shìshí 명 사실 | **合理性** hélǐxìng 명 합리성 | ★**与日俱增** yǔrìjùzēng 성 날이 갈수록 많아지다, 날로 늘어나다 | **程序** chéngxù 명 절차, 순서, 단계 | **量** liàng 명 양, 수량 | **不断** búduàn 부 끊임없이, 계속해서 | **根本** gēnběn 부 아예, 전혀 | **表达** biǎodá 동 (자신의 사상이나 감정을) 나타내다, 드러내다

▶ 단락 주제 새로운 조치를 시행하려고 한 트세시악

트세시악은 주치의로 승진한 뒤 '환자에게 안부 묻기' 조치를 시행하려고 했지만 윌리엄스 부주임의 반대를 받았다는 내용이다. 구체적인 통계 수치를 틀리면 안 되기 때문에 정확히 기억이 나지 않는다면 대략적으로 '절반이 넘는다' '증가했다' '감소했다' 정도로만 적어도 충분하다. 그리고 반대하는 사람을 언급할 때는 이름을 적는 것이 좋은데, 만약 기억이 나지 않는다면 '副主任(부주임)'이라는 직책이라도 적을 수 있어야 한다.

▶ 포인트 구문

- **进行统计** 통계를 내다

  国家对全国人口进行了数据统计。 국가는 전국 인구에 대해 데이터 통계를 냈다.

- **结果显示** 결과가 보여 주다

  调查结果显示，如今越来越多的人注重个人素质的提升。
  조사 결과에 따르면 최근 점점 더 많은 사람들이 개인 소양의 향상을 중시하고 있다.

- **造成浪费** 낭비를 초래하다 [造成+안 좋은 일]

  过度的城市化造成了资源的浪费。 과도한 도시화는 자원의 낭비를 초래했다.

- **推行举措** 조치를 시행하다

  明代推行的用人举措有效地巩固中央集权统治。
  명대에 시행한 인재를 임용하는 조치는 중앙 집권 통치를 효과적으로 공고히 하였다.

- **把时间用到A上** 시간을 A에 쓰다

  毕业前，我打算把大部分时间用到进公司实习和写简历上。
  졸업 전에, 나는 대부분의 시간을 회사에 들어가서 실습하고 이력서를 쓰는 데 쓸 계획이다.

- **根本没有** ~가 아예 없다

  对于这件事能否成功，我根本没有把握。 이 일이 성공할 수 있을지 없을지에 대해 나는 아예 자신이 없다.

▶ 쉬운 말로 고쳐 쓰기

- **备受煎熬** 고통을 받다 → **十分痛苦** 매우 괴롭다
- **升为** ~로 승진하다 → **当上** ~가 되다
- **推行举措** 조치를 시행하다 → **采取措施** 조치를 취하다 / **实行办法** 방법을 시행하다
- **无关痛痒** 대수롭지 않다 → **不重要** 중요하지 않다

제7~8단락

为了把“问候”进行下去，特恰克在交流的时间与语言方面做了充分的调研，最终形成了“40秒问候”——“我会与你一同经历”“我会一直陪伴着你”“每个治疗阶段我都不会放弃你”……

很快，特恰克的做法便引起了库伯大学医疗中心研究人员的关注。想不到仅仅40秒的问候，就让患者与医生间搭起了一座情感的桥梁，不仅有效地降低了病人的焦虑情绪，也带来了精神上的安慰，还对治疗效果产生了积极的影响。同时，“表达同情”在很大程度上让医生的职业倦怠感得到缓解，并且提高了身心抗压能力。自此，医生离职的人数也相对减少了。

‘안부 묻기’를 진행하기 위해서 트세시악은 소통 시간과 언어 측면에서 충분한 조사 연구를 했고, 결국 ‘40초 안부 묻기’를 만들었다. “나는 당신과 함께 겪어 나갈 것입니다.” “나는 계속 당신과 함께할 것입니다.” “모든 치료 단계에서 나는 당신을 포기하지 않을 것입니다.” …….

머지않아, 트세시악의 방법은 곧 쿠퍼대학 메디컬센터 연구원의 관심을 끌었다. 불과 40초의 안부 묻기가 환자와 의사 간의 감정의 다리를 놓고 효과적으로 환자의 초조함을 낮출 뿐만 아니라 정신적인 위로를 주고, 치료 효과에도 긍정적인 영향을 줄 것이라고는 생각지 못했던 것이다. 또한, ‘동정심을 표현하는 것’은 의사의 직업적 권태감을 크게 완화하고 심신의 스트레스 관리력을 높였다. 이로부터 이직하는 의사의 수도 상대적으로 줄어들었다.

充分 chōngfèn 형 충분하다 | **调研** diàoyán 명 조사 연구 | **最终** zuìzhōng 명 최종, 최후 | **形成** xíngchéng 동 이루다, 형성하다 | **治疗** zhìliáo 명 치료 | **阶段** jiēduàn 명 단계 | **研究人员** yánjiū rényuán 연구원 | **关注** guānzhù 명 관심, 중시 | **仅仅** jǐnjǐn 부 단지, 다만, 겨우, 간신히 | ★**搭** dā 동 (다리 따위를) 놓다 | **情感** qínggǎn 명 감정, 느낌 | ★**桥梁** qiáoliáng 명 다리, 교량 | **有效** yǒuxiào 형 효과가 있다, 유효하다 | **焦虑** jiāolǜ 명 초조함, 근심 | **情绪** qíngxù 명 기분, 마음, 정서 | **精神** jīngshén 명 정신 | **产生** chǎnshēng 동 생기다, 발생하다, 나타나다 | **程度** chéngdù 명 정도 | **倦怠感** juàndàigǎn 명 권태감 | **得到** dédào 동 얻다, 받다 | **缓解** huǎnjiě 동 완화하다, 누그러뜨리다 | **身心** shēnxīn 명 심신, 몸과 마음 | **抗压** kàngyā 스트레스 관리 | **自此** zìcǐ 이로부터, 여기부터 | **人数** rénshù 명 사람 수 | **相对** xiāngduì 부 상대적으로

▶ 단락 주제 40초 안부 묻기 조치의 시행과 그 효과

기존의 ‘안부 묻기’를 보완한 ‘40초 안부 묻기’ 조치를 시행한 후 나타난 긍정적인 효과를 설명하는 부분이다. ‘40초 안부 묻기’를 시행한 후 나타난 구체적인 결과를 넣어서 작문할 수 있도록 하자.

▶ 포인트 구문

- **做调研** 조사 연구를 하다
  公司在用户需求和市场走向方面做了精心的调研。
  회사는 사용자 수요와 시장 방향 방면에 세심한 조사 연구를 하였다.

- **引起关注** 관심을 끌다
  父母遗弃新生儿的新闻引起了社会的广泛关注。 부모가 신생아를 유기한 뉴스는 사회의 광범위한 관심을 끌었다.

- **搭起桥梁** 다리를 놓다
  这次的演讲比赛为热爱汉语的学生搭起了了解中国文化的桥梁。
  이번 웅변 대회는 중국어를 사랑하는 학생을 위해 중국 문화를 이해하는 다리를 놓았다.

- **对A产生影响** A에 영향을 미치다
  “植入式广告”会对观众产生一定程度的影响，并起到宣传产品的作用。
  ‘PPL 광고’는 시청자에게 어느 정도 영향을 미칠 수 있고, 제품을 홍보하는 역할을 한다.

- **得到缓解** 완화되다
  “一带一路”的深入推进使东西部发展不平衡的问题得到进一步缓解。
  ‘일대일로’의 심도 있는 추진으로 동서부 발전의 불균형 문제가 한층 완화되었다.

▶ 쉬운 말로 고쳐 쓰기

- 医生离职的人数也相对减少了 이직하는 의사의 수도 상대적으로 줄어들었다
  → 离职的医生也减少了 이직하는 의사도 줄어들었다

▶ 제목 짓기

예 ① **拯救医患关系的40秒 의료진과 환자의 관계를 구하는 40초**
‘40초 안부 묻기’가 짧은 시간에 기적적인 효과를 낼 수 있음을 서술하면서 글을 마무리하고 있으므로 이와 같은 제목을 지을 수 있다.

예 ② **特恰克的“40秒问候制” 트세시악의 ‘40초 안부제’**
글의 소재인 ‘40초 안부제’를 이용하여 제목을 지을 수 있는데, 이때 이 조치를 시행한 주인공인 트세시악의 이름을 함께 넣어도 좋다.

예 ③ **“40秒问候”的效果 ‘40초 안부 묻기’의 효과**
‘40초 안부 묻기’가 어떤 효과가 가져다주는지가 전체 글의 내용이므로 이를 이용해서 제목을 만들 수 있다.

모범답안

拯救医患关系的40秒

特恰克是一名有着丰富经验的重症监护室医生，由于他进入了职业倦怠期，所以最近一段时间他在诊断时一般不和病人交流。一天，特恰克在给胃癌患者罗伯特看病时，一直毫无关心地问着罗伯特的情况。可当罗伯特询问他如何缓解疼痛时，他却没有回答，仍继续提问，而且几乎没抬过头。

의료진과 환자의 관계를 구하는 40초

트세시악은 풍부한 경험이 있는 중환자실 의사이다. 그는 직업적 권태기에 빠졌기 때문에 최근 한동안 그는 진찰할 때 환자와 교류하지 않았다. 어느 날, 트세시악은 위암 환자인 로버트를 진찰할 때 계속 아무런 관심 없이 로버트의 상황을 묻기만 했다. 하지만 로버트가 그에게 어떻게 고통을 완화해야 할지 물어볼 때, 그는 오히려 대답하지 않고 여전히 계속 묻기만 하고 고개를 거의 들지 않았다.

突然，诊疗室里变得很安静，特恰克抬起头来，看到罗伯特哭了。他这才知道自己的态度伤害了罗伯特，他对罗伯特表示了关心后，罗伯特的心情才变好了一些。这让他很惊讶，他发现疼痛和死亡对医生们来说十分平常，而对病人与家属来说却是最难受的日子。

特恰克进行了统计，发现在重症监护室工作10年的医生中约有50%会失去同情心，一旦他们发现这一点，就会有很多人选择不做医生，这也导致医疗资源的浪费和支出的增加。当上了主治医生后，特恰克开始采取“问候病人”的办法，但副主任威廉姆斯不赞同。而且随着病人和工作的增多，有超过56%的医生根本没时间表达同情心。

特恰克经过研究创制了“40秒问候”。很快，这种做法就引起了研究者的关注，40秒的问候不仅对治疗很有帮助，而且缓解了医生对职业的疲劳感，还提高了抗压能力，此后离职的人也减少了。

문장부호 제외 449자

갑자기 진료실이 조용해졌고, 트세시악이 고개를 들어 로버트가 울고 있는 것을 보았다. 그는 비로소 자신의 태도가 로버트에게 상처를 줬음을 알았다. 그가 로버트에게 관심을 표현한 후, 로버트의 마음이 비로소 조금 나아졌다. 이것은 그를 놀라게 했으며, 그는 아픔과 죽음이 의사에게는 매우 흔하지만 환자와 가족들에게는 가장 견디기 힘든 나날이라는 것을 깨달았다.

트세시악은 통계를 냈는데, 중환자실에서 10년간 일한 의사 중 대략 50%가 동정심을 잃는다는 것을 발견했다. 일단 그들이 이 점을 알아차리면 바로 많은 사람들이 의사를 그만두는 것을 선택했고, 이것은 의료 자원의 낭비와 지출의 증가를 야기했다. 주치의가 된 후, 트세시악은 '환자에게 안부 묻기'라는 방법을 채택했다. 그러나 윌리엄스 부주임이 반대했다. 게다가 환자와 업무의 증가에 따라 56%가 넘는 의사들이 동정심을 표현할 시간이 아예 없었다.

트세시악은 연구를 통해 '40초 안부 묻기'를 만들었다. 머지않아 이 방법은 바로 연구자들의 관심을 끌었고, 40초 안부 묻기는 치료에 도움을 줄 뿐 아니라 의사들의 직업에 대한 피로감도 완화했고, 또 스트레스 관리력을 높여 이후 이직하는 사람도 줄어들었다.

• Day 24 p.280 [모범답안] 참고

단락별 풀이

제1단락

加文是个年轻的家具设计师，他所设计的家具以高端大气、简约时尚而家喻户晓，并因其造型独特、结实耐用而深受消费者的喜爱。2005年的一天，有个年轻顾客来到他的家具店，可转了一圈以后却是面露失望的神情。加文看到这一情形后，便问他想要怎样的家具，那个顾客说他在自己的庄园中开了一个露天餐馆，想买几套有自然情调的桌椅，可惜跑了好几家家具店，都没能找到合适的。

가빈은 젊은 가구 디자이너이다. 그가 디자인한 가구는 고급스럽고 기품이 있으며, 단순하면서 세련되어서 널리 알려졌다. 또한 그 조형이 독특하고 튼튼하고 내구성이 좋아서 소비자들의 사랑을 깊이 받았다. 2005년의 어느 날, 한 젊은 고객이 그의 가구점에 왔는데, 한 바퀴를 돌고 난 후 실망스러운 표정을 지었다. 가빈은 그 모습을 본 후 바로 그에게 어떤 가구를 원하는지 물었다. 그 고객은 자신의 농장에 노천 식당을 하나 열어서 자연의 분위기가 있는 탁자와 의자를 몇 개 사려고 한다며, 안타깝게도 가구점 몇 군데를 돌았음에도 적절한 것을 찾을 수 없었다고 말했다.

加文 Jiāwén 고유 가빈 [인명] | **设计师** shèjìshī 명 디자이너, 설계사 | **所** suǒ 조 ['所+동사'의 형태로 쓰여, 그 동사와 함께 명사적 성분이 됨] | **设计** shèjì 동 디자인하다, 설계하다 | **高端** gāoduān 형 고급의, 고수준의 | **大气** dàqì 형 기품이 있다 | **简约** jiǎnyuē 형 간단하다, 간략하다 | **时尚** shíshàng 형 세련되다, 유행에 어울리다 | ★**家喻户晓** jiāyù hùxiǎo 성 모두가 알다, 집집마다 다 알다 | **其** qí 대 그, 그것 | ★**造型** zàoxíng 명 (만들어 낸 물체의) 조형, 이미지, 형상 | **独特** dútè 형 독특하다, 특별하다 | **结实** jiēshi 형 튼튼하다, 견고하다 | ★**耐用** nàiyòng 형 오래 쓸 수 있다, 쉽게 망가지

지 않다 | **消费者** xiāofèizhě 명 소비자 | **喜爱** xǐ'ài 명 사랑, 애호 | **圈** quān 양 바퀴 | **露** lù 동 나타내다, 드러내다 | **神情** shénqíng 명 표정 | ★**情形** qíngxing 명 상황, 정황 | **便** biàn 부 곧, 바로 [=就] | **庄园** zhuāngyuán 명 농장 | **餐馆** cānguǎn 명 식당 | **套** tào 양 세트 | **情调** qíngdiào 명 분위기, 정서, 기분 | **桌椅** zhuōyǐ 명 탁자와 의자 | **跑** pǎo 동 (어떤 일이나 이익을 위해) 돌아다니다, 분주히 다니다

▶ 단락 주제　가구 디자이너 가빈과 그를 찾아온 고객의 요구

이야기의 주인공인 가빈에 대한 소개와 가빈이 가구점을 찾은 손님을 맞이하는 내용이다. 이야기 속 주인공의 이름과 직업은 반드시 기억해서 적어야 하며 손님과의 에피소드는 간단히 적으면 된다.

▶ 포인트 구문

- **以A，而B** A해서 B하다
  华山自古以雄伟奇险而闻名。 화산산은 예로부터 웅장하고 기이한 것으로 유명하다.
- **深受A的喜爱** A의 사랑을 깊이 받다, A에게 인기가 있다
  这个产品因物美价兼而深受到很多人的喜爱。 이 제품은 품질도 좋고 가격도 저렴해서 많은 사람들의 사랑을 깊이 받았다.
- **开餐馆** 식당을 열다, 식당을 개업하다
  在这条繁华的街道上，新开了一家很有人气的韩国餐馆。 이 번화가에 인기 있는 한국 식당이 새로 개업했다.

▶ 쉬운 말로 고쳐 쓰기

- **面露失望的神情** 실망스러운 표정을 짓다 → **很失望** 실망하다 / **表情失望** 표정이 실망스럽다

제2~4단락

几天后，加文去公园参加一个朋友的婚礼。看到公园中被园艺师精心修剪的猴子、大象和孔雀等造型各不相同的观赏植物，加文忽然想到那个买不到桌椅的年轻人。刹那间，他想到：假如能直接将树木“种”成各种家具的形状，然后再稍微加工一下，那它们纯天然的质地和独特的造型一定会很有自然风情。

经过考察，加文在郊区租下了一片荒地，种了上百棵适合塑型的榛树、柳树和橡树等树苗。为了尽早达到预期目标“种出树椅”，加文一开始试图使用化学方法来控制树苗长势，可他发现树叶会发黄枯萎。加文这才意识到“欲速则不达”，所以他立刻放弃了化学方法，寻找别的途径来控制树苗的生长。

就在加文日夜思考使用什么办法对这些树木进行塑型的时候，他的牙病犯了，他捂着肿胀的腮去看牙医，牙医拔掉了他的坏牙，说需要重新装个假牙。于是牙医拿出了模具，为加文量身定做了假牙。看到模具的那一瞬间，加文如同醍醐灌顶，一下子想出了解决树苗塑型的方法。

며칠 후, 가빈은 공원에 가서 친구의 결혼식에 참석했다. 공원에 원예사에 의해 정성스럽게 다듬어진 원숭이, 코끼리와 공작 등 조형이 다양한 관상 식물을 보고 가빈은 갑자기 탁자와 의자를 사지 못한 젊은이를 떠올렸다. 순간 그는 만약 나무를 바로 여러 가구의 형태로 '심은' 뒤 약간 가공한다면 그것들의 순천연 재질과 독특한 조형에서 분명히 자연스러운 느낌이 날 것이라고 생각했다.

답사를 통해 가빈은 교외의 황무지를 빌려 모양을 만들기에 적합한 개암나무, 버드나무와 참수리나무 등의 묘목을 수백 그루 심었다. 최대한 빨리 예상한 목표인 '나무 의자 길러내기'에 도달하기 위해서 가빈은 처음에 화학적인 방식으로 묘목의 성장을 억제했다. 그러나 그는 나뭇잎이 누렇게 시들어 버릴 수 있다는 것을 발견했다. 가빈은 그제야 '일을 너무 서두르면 도리어 이루지 못한다'라는 도리를 깨닫게 되었다. 그래서 그는 바로 화학적인 방법을 포기하고, 묘목의 생장을 억제할 다른 방법을 찾아보았다.

가빈이 밤낮으로 어떤 방식으로 이 나무들의 모양을 만들지를 생각할 때, 그의 잇병이 도졌다. 그는 부은 뺨을 움켜쥐고 치과 의사를 보러 갔다. 치과 의사는 그의 썩은 이를 빼고, 가짜 이를 새로 심어야 한다고 말했다. 그리고 치과 의사는 모형 틀을 가지고 와 가빈에게 가짜 이를 맞춤으로 제작해 주었다. 모형 틀을 본 그 순간 가빈은 갑작스러운 깨달음을 얻어 묘목의 모양을 만들 방법을 생각해 냈다.

婚礼 hūnlǐ 명 결혼식 | **园艺师** yuányìshī 명 원예사 | ★**精心** jīngxīn 형 정성을 들이다, 몹시 조심하다 | **修剪** xiūjiǎn 동 (가위 따위로 손톱이나 나뭇가지 따위를) 다듬다, 손질하다 | **猴子** hóuzi 명 원숭이 | **大象** dàxiàng 명 코끼리 | **孔雀** kǒngquè 명 공작 | **各不相同** gèbùxiāngtóng 성 서로 다르다, 제각기 다르다 | **观赏** guānshǎng 동 감상하다, 보고 즐기다 | **忽然** hūrán 부 갑자기, 문득 | **刹那间** chànàjiān 순간, 순식간 | **假如** jiǎrú 접 만약, 만일, 가령 | **将** jiāng 개 ~를 [=把] | **形状** xíngzhuàng 명 형태, 형상, 물체의 외관, 생김새 | ★**加工** jiāgōng 동 다듬다, 가공하다 | **纯天然** chúntiānrán 순천연 | **质地** zhìdì 명 재질, 속성, 품질 | **风情** fēngqíng 명 느낌, 기분 | ★**考察** kǎochá 동 정밀히 관찰하다, 고찰하다 | **片** piàn 양 [차지한 면적 또는 범위를 세는 단위] | **荒地** huāngdì 명 황무지 | **种** zhòng 동 (씨를) 뿌리다, (모를) 심다 | **塑型** sùxíng 모양을 만들다, 본뜨다 | **榛树** zhēnshù 명 개암나무 | **柳树** liǔshù 명 버드나무 | **橡树** xiàngshù 명 참수리나무 | **树苗** shùmiáo 명 묘목 | **尽早** jǐnzǎo 부 되도록 일찍 | **达到** dádào 동 달성하다, 도달하다, 이르다 | ★**预期** yùqī 동 예기하다, 미리 기대하다 | **目标** mùbiāo 명 목표 [达到目标: 목표를 달성하다] | **树椅** shùyǐ 나무 의자 | ★**试图** shìtú 동 시도하다 | **化学** huàxué 명 화학 | **控制** kòngzhì 동 통제하다, 제어하다, 규제하다 | **长势** zhǎngshì 명 (식물의) 성장 상황 | **树叶** shùyè 명 나뭇잎 | **发黄** fāhuáng 누렇게 되다 | ★**枯萎** kūwěi 동 시들다, 마르다 | ★**意识** yìshí 동 의식하다, 깨닫다 ['意识到'로 많이 쓰임] | **欲速则不达** yù sù zé bù dá 성 일을 너무 서두르면 도리어 이루지 못한다 | **立刻** lìkè 부 바로, 곧, 즉시 | **寻找** xúnzhǎo 동 찾다, 구하다 | ★**途径** tújìng 명 방법, 수단, 방도, 비결 | **生长** shēngzhǎng 명 성장, 생장 | **日夜** rìyè 명 밤낮, 주야 | **思考** sīkǎo 동 깊이 생각하다, 사고하다 | **牙病** yábìng 치과 질환 | **犯** fàn 동 (병·못된 습관 따위의 좋지 않은 것이나 잘못된 일이) 도지다, 되살아나다 | **捂** wǔ 동 가리다, 덮다 | **肿胀** zhǒngzhàng 동 붓다, 부어오르다 | **腮** sāi 명 볼, 뺨 | **牙医** yáyī 명 치과 의사 | **拔** bá 동 뽑다, 빼다 | **装** zhuāng 동 설치하다, 장치하다 | **假牙** jiǎyá 가짜 이, 의치, 틀니 | **模具** mújù 명 모형 | **量身定做** liángshēndìngzuò 성 맞춤 제작하다 | ★**瞬间** shùnjiān 명 순간, 눈 깜짝하는 사이, 순식간 | **如同** rútóng 동 마치 ~와 같다, 흡사하다 | **醍醐灌顶** tíhú guàndǐng 성 이치를 상세히 설명하여 크나큰 깨우침을 주다 | **一下子** yíxiàzi 부 갑자기, 단시간에

▶ 단락 주제 가빈이 얻은 교훈과 가구를 만들 아이디어

가빈은 친구의 결혼식에서 관상 식물을 보고 아이디어를 얻어 바로 실행에 옮겼다가 욕심이 앞서 일을 그르친 데서 교훈을 얻었고, 치과 치료를 가서 새로운 아이디어를 얻었다는 내용이다. 이야기의 흐름에 따라 차분히 내용을 전개하되, 단순 나열하는 내용은 생략한다. 제3단락에 주인공이 얻은 교훈 '欲速则不达(일을 너무 서두르면 도리어 이루지 못한다)'가 큰따옴표로 강조되어 있으므로 이 표현을 기억해 적는다면 좋은 점수를 받을 수 있다.

▶ 포인트 구문

- **达到目标** 목표에 도달하다
  如果你想在短时间达到目标，就得付出更多的努力。
  만약 네가 단시간에 목표에 도달하고 싶다면 더 많은 노력을 들여야 한다.

- **一开始** 처음에, 시작하자마자
  他一开始不以为然，没想到病情急速恶化。 그는 처음에는 그렇게 생각하지 않았는데 생각지 못하게 병세가 급속히 악화되었다.

- **量身定做** 맞춤제작하다, 실제 상황에 맞게 설계 제작하다
  这件旗袍是为她量身定做的。 이 치파오는 그녀를 위해 맞춤 제작한 것이다.

- **想出方法** 방법을 생각해 내다
  当孩子遇到困难时，不妨让他们自己先犯些错误、研究研究，总会想出解决的方法来。
  아이가 어려움에 처했을 때 그들 스스로 우선 실수해 보고 깊이 생각하여 결국에 해결 방법을 생각해 내게 하는 것도 좋다.

▶ 쉬운 말로 고쳐 쓰기

- 醍醐灌顶 이치를 상세히 설명하여 크나큰 깨우침을 주다 → **突然想到** 갑자기 생각나다

제5~7단락

回来后，加文根据所需家具的类型，设计了150个扶手椅塑胶模型、100个六边形镜框塑胶模型与柱状灯罩，分别安装到相应的树上。周边的居民看见这么怪异的种树方式，都觉得十分不解，有的人甚至嘲笑他说："你太异想天开了吧！这真的能够长成椅子吗？没搞错吧？"还有的人见加文每天都在那儿鼓捣树木，以为他是疯子。对于其他人怪异的眼神与嘲笑的言语，加文一点儿也不理会，始终坚持着自己的想法。在他人的冷嘲热讽中，他从容地奔走着，按照树木的自然长势，选择适宜的模型，定期对树枝进行略微的调整，适时砍去多余的分杈。为了让自然生长出的家具又好看又耐用，加文严格按照规定的时间对树木进行修剪，让树木充分地沐浴在阳光下，充分地汲取土壤中的养分，茁壮成长。就这样，即使是在加文如此精心的栽培下，一把精致的树椅，从栽种到收获也至少需要经历四至八年。

时光飞逝，一转眼十年的时间过去了。加文"种"的家具终于全部成型了，收获以后只要稍经打磨加工便可出售。这个消息一传出，订单就源源不断地涌了过来。这种"一体成型"的家具，形状新颖独特，天然耐用，在市场上深受消费者的青睐，加文的产品也渐渐开始变得供不应求了。

有时，一个独特的创意的确十分重要，可坚持下来并真正付出实践也许更加重要。

돌아와서 가빈은 필요한 가구의 유형에 따라 150개의 팔걸이 의자 플라스틱 모형, 100개의 육각형 틀 플라스틱 모형과 기둥형 등갓을 디자인하고, 이를 상응하는 나무에 각각 설치했다. 주변의 주민들은 이렇게 이상한 나무를 심는 방식을 보고 모두 이해할 수 없다고 생각했고, 어떤 사람은 심지어 그를 비웃으면서 "당신 너무 뜬구름 잡는 생각만 하는 것 아니오? 이게 정말 의자로 자랄 수 있소? 틀림없소?"라고 말했고, 또 어떤 사람은 가빈이 매일 거기서 나무를 만지작거리고 있어 그가 미친 사람인 줄 알았다. 다른 사람의 이상하다는 눈빛과 비웃는 말에도 가빈은 전혀 아랑곳하지 않고, 계속 자신의 생각을 지켜 나갔다. 타인의 비웃음과 비아냥 속에서도 그는 침착하게 목표를 위해 바쁘게 뛰었고, 나무의 자연스러운 성장에 맞춰 적절한 모형을 선택하고, 정기적으로 나뭇가지를 약간 조정했으며, 적당한 때에 필요 없는 나뭇가지를 베어 냈다. 자연적으로 성장한 가구가 보기도 좋고 내구성도 좋도록 가빈은 엄격하게 정해진 시간에 따라 나무를 다듬고, 나무를 충분히 햇빛에 흠뻑 젖게 하고, 토양의 자양분을 충분히 흡수하게 하여, 건실하게 성장하게 했다. 이렇게 가빈의 정성 어린 재배에도 정교한 나무 의자는 심는 데서 수확하기까지 적어도 4~8년이 걸렸다.

세월이 빠르게 흘러 어느새 십 년의 시간이 지났다. 가빈이 '심은' 가구가 드디어 모두 모양을 갖추었다. 수확을 하고 나서 약간 광내고 다듬기만 하면 판매를 할 수 있게 되었다. 이 소식이 전해지자 주문이 끊임없이 밀려왔다. 이러한 '일체로 형체가 갖춰진' 가구는 모양이 참신하고 독특하며, 천연이며 내구성이 좋아 시장에서 소비자의 큰 사랑을 받았고, 가빈의 제품 역시 점점 수요를 따라가지 못하기 시작했다.

때로는 독특한 아이디어가 분명히 매우 중요하지만, 끝까지 버티고 진짜로 실천하는 것이 더 중요할 수도 있다.

类型 lèixíng 명 유형 | **扶手椅** fúshǒuyǐ 팔걸이 의자 | **塑胶** sùjiāo 명 플라스틱 | ★**模型** móxíng 명 모형, 모본 | **六边形** liùbiānxíng 명 육각형 | **镜框** jìngkuàng 명 틀 | **柱状灯罩** zhùzhuàng dēngzhào 기둥형 등갓 | **分别** fēnbié 부 각각, 따로따로 | **安装** ānzhuāng 동 설치하다 | ★**相应** xiāngyìng 동 상응하다, 어울리다 | ★**周边** zhōubiān 명 주변, 주위 | ★**居民** jūmín 명 주민, 거주민 | **怪异** guàiyì 형 이상하다, 불가사의하다 | **方式** fāngshì 명 방식, 방법 | ★**嘲笑** cháoxiào 동 비웃다, 조롱하다 | **异想天开** yìxiǎng tiānkāi 성 기상천외하다 | **能够** nénggòu 조동 ~할 수 있다 | **长成** zhǎngchéng 동 자라다, 성장하다 | **搞错** gǎocuò 잘못하다, 실수하다 | **鼓捣** gǔdao 동 만지작거리다, 가지고 놀다 | **疯子** fēngzi 명 미친 사람, 광인 | ★**眼神** yǎnshén 명 눈빛, 시력 | **言语** yányǔ 명 말, 언어 | **理会** lǐhuì 동 아랑곳하다 | **始终** shǐzhōng 부 시종일관, 한결같이, 줄곧 | **想法** xiǎngfa 명 생각, 의견, 견해 | **冷嘲热讽** lěngcháo rèfěng 성 차가운 조소와 신랄한 풍자 | ★**从容** cóngróng 형 여유가 있다, 침착하다, 허둥대지 않다 | **奔走** bēnzǒu 동 (어떤 목적이나 생활을 위해) 뛰어다니다, 활동하다 | ★**适宜** shìyí 형 알맞다, 적합하다, 적당하다 | ★**定期** dìngqī 동 기한·기일을 정하다 | **略微** lüèwēi 부 약간, 조금 | **调整** tiáozhěng 동 조정하다, 조절하다 | **适时** shìshí 형 시기가 적절하다, 제때에 하다 | **砍** kǎn 동 (칼이나 도끼로) 베다 | **多余** duōyú 형 필요 없는, 쓸데없는 | **分杈** fēnchà 동 가지를 자르다 | **充分** chōngfèn 형 충분하다 | **沐浴** mùyù 동 (햇빛과 비와 이슬을) 흠뻑 받다 | **汲取** jíqǔ 동 흡수하다 | ★**土壤** tǔrǎng 명 토양, 흙 | **养分** yǎngfèn 명 자양분, 양분 | **茁壮** zhuózhuàng 형 (동물·식물·사람 등이) 튼튼하다 | **成长** chéngzhǎng 동 성장하다, 자라다 | **如此** rúcǐ 대 이와 같다, 이러하다 | ★**栽培** zāipéi 동 재배하다, 심어 가꾸다 | ★**精致** jīngzhì 형 정교하다, 섬세하다 | **收获** shōuhuò 동 수확하다, 추수하다 | ★**时光** shíguāng 명 시기, 시절 | **飞逝** fēishì 동 시간이 빨리 가다 | **一转眼** yìzhuǎnyǎn 눈 깜짝할 사이, 삽시간 | **成型** chéngxíng 동 (부품·제품 따위가) 가공을 거쳐서 형태를 갖추다 | **稍** shāo 부 약간, 조금 | **打磨** dǎmó 동 광내다, 윤내다 | **出售** chūshòu 동 판매하다, 팔다 | **传** chuán 동 전하다 | **订单** dìngdān 명 주문서, 주문 명세서 | **源源不断** yuányuánbúduàn 성 끊임없이 이어가다, 끊임없이 계속되다 | **涌** yǒng 동 (물이 솟아나오는 것 같이) 한꺼번에 나오다 | **一体** yìtǐ 명 일체 | **形状** xíngzhuàng 명 형상, 물체의 외관 | ★**新颖** xīnyǐng 형 참신하다, 새롭다, 신선하다 | **市场** shìchǎng 명 시장 | **深受** shēnshòu 깊이 받다, 크게 입다 | **青睐** qīnglài 명 인기, 총애, 호감 | **产品** chǎnpǐn 명 제품, 생산품 | **渐渐** jiànjiàn 부 점점, 점차 | ★**供不应求** gōngbúyìngqiú 성 공급이 수요를 따르지 못하다, 공급이 달리다 | **有时** yǒushí 부 때로는, 이따금, 간혹 | **创意** chuàngyì 명 독창적인 견해, 창조적인 의견 | **的确** díquè 부 분명히, 참으로 | **付出** fùchū 동 들이다, 바치다 | **实践** shíjiàn 명 실천, 실행

▶ **단락 주제** **자신의 아이디어를 관철하여 결국 성공한 가빈**

아이디어를 현실로 옮기는 과정에서 주변 사람들이 비웃었지만 가빈은 끝까지 꿈을 지켜 나갔고, 결국 그의 상품이 큰 인기를 얻게 되었다는 내용이다. 큰따옴표로 표시되는 직접 대화문은 생략하고 주변 사람들의 태도만 간략하게 서술하면 된다. 마지막 단락은 글 전체를 관통하는 핵심 문장으로 최대한 원문 그대로 쓰는 것이 좋다.

▶ **포인트 구문**

- **坚持想法** 생각을 지키다, 생각을 포기하지 않다
  即便遇到再大的困难，我也会坚持自己的想法。 아무리 큰 어려움이 닥치더라도 나는 나의 생각을 지킬 것이다.

- **从容地** 침착하게, 여유만만하게
  作为一名有经验的管理者，应从容地应对各种突发状况。
  경험이 있는 관리자로서 각종 돌발 상황에 침착하게 대처해야 한다.

- **供不应求** 공급이 수요를 따라가지 못하다
  专家表示，如今的古董市场已经出现了供不应求的局面。
  전문가는 현재 골동품 시장에 이미 공급이 수요를 따라가지 못하는 상황이 출현했다고 말한다.

▶ **쉬운 말로 고쳐 쓰기**

- **嘲笑** 비웃다 → **笑话** 비웃다
- **时光飞逝，一转眼十年的时间过去了** 세월이 빠르게 흘러 어느새 십 년의 시간이 지났다
  → **过了十年** 십 년이 지났다

▶ **제목 짓기**

예 ① **"种"出来的家具 '심어서' 나온 가구**
글의 주요 에피소드가 잘 드러나도록 지은 제목이다.

예 ② **"种"家具的人——加文 가구를 '심는' 사람 – 가빈**
주인공인 가빈이 한 일을 설명하는 제목이다.

예 ③ **坚持与实践成就梦想 견디고 실천하는 것이 꿈을 이룬다**
주변 사람들이 비웃어도 끝까지 아이디어를 실현하여 꿈을 이룬 가빈을 보고 얻을 수 있는 교훈을 활용해서 제목을 지을 수 있다.

모범답안

"种"出来的家具

　　加文是个家具设计师，他所设计的家具简约时尚，家喻户晓，很受人们的欢迎。2005年的一天，有个顾客看了他的家具却很失望。理由是顾客说他想买些有自然情调的桌椅，可是去了很多家具店也没能找到合适的。

　　几天后，加文参加了朋友的婚礼，看到公园中园艺师精心修剪的造型不同的植物，他想如果能把树"种"成家具的形状再加工，那它们一定会很有自然风情。于是加文种了上百棵

'심어서' 나온 가구

가빈은 가구 디자이너로, 그가 디자인한 가구는 단순하면서 세련되어서 널리 알려져 있고 사람들의 환영을 받았다. 2005년의 어느 날, 한 고객이 그의 가구를 보고 실망했다. 이유는 고객이 자연의 분위기가 있는 책상과 의자를 사고 싶었지만, 많은 가구점에 가 봐도 마땅한 것을 찾지 못해서였다.

며칠 후, 가빈은 친구의 결혼식에 참석했고, 공원에 원예사가 정성껏 다듬어 놓은 조형이 다른 식물을 보고는, 만약에 나무를 가구 모양으로 '심고서' 다시 가공하면 그것들이 반드시 자연의 분위기가

适合塑型的树苗。为了尽快达到目标，他使用化学方法控制树苗长势，可树叶枯萎了。加文这才意识到“欲速则不达”，所以他开始寻找别的方法。这时，他的牙病犯了，牙医拔掉了他的坏牙，要再装个假牙。当牙医拿出模具时，他想到了解决树苗塑型的方法。

　　加文根据家具的类型，设计了塑胶模型安装到了树上。起初，居民都不明白，还笑话他。可他始终坚持着自己的想法。在他的精心栽培下，过了十年，他“种”的家具终于成型了。消息一传出就来了很多订单。这些家具很受人们的欢迎，他的产品也变得供不应求。

　　有时，独特的创意固然重要，但坚持并实践才是更重要的成功条件。

문장부호 제외 395자

날 것이라고 생각했다. 그리하여 가빈은 모양을 만들기에 적합한 묘목 수백 그루를 심었다. 목표를 빨리 달성하기 위해 그는 화학적인 방법으로 묘목의 성장을 억제했지만 나뭇잎이 시들어 버렸다. 가빈은 그제서야 '일을 너무 서두르면 도리어 이루지 못한다'라는 도리를 깨닫고 다른 방법을 찾기 시작했다. 이때 그의 잇병이 도졌다. 치과 의사는 그의 썩은 이를 빼고 다시 가짜 이를 심으려고 했다. 치과 의사가 모형 틀을 가지고 오자 그는 묘목의 모양을 만들 방법을 생각해 냈다.

가빈은 가구의 유형에 따라 플라스틱 모형을 디자인해 나무에 설치했다. 처음에 주민들은 이해하지 못하고 그를 비웃었다. 하지만 그는 계속 자신의 생각을 꿋꿋이 지켜 냈다. 그의 정성 어린 재배로 십 년이 지나자 그가 '심은' 가구가 드디어 모양을 갖추었다. 소식이 전해지자 많은 주문이 들어왔다. 이 가구들은 사람들의 환영을 받았고, 그의 제품은 수요를 따라가지 못하게 되었다.

때로는 독특한 아이디어가 물론 중요하지만, 이를 견지하고 실천하는 것이야말로 더 중요한 성공의 조건이다.

• Day 28 p.286 [모범답안] 참고

단락별 풀이

제1~3단락

　　在校园招聘会上，快要毕业的小伙子安德鲁凭着优秀的成绩被一家顶级的传媒集团提前录取了。

　　有一次，公司收到了来自可口可乐公司的订单，内容是设计一期以环保为主题的创意活动。设计部主任把这个任务交给了安德鲁，接到任务之后的安德鲁满怀信心地投入到了工作中。不久，一份以“废旧瓶换饮料”为主题的活动方案就做好了。

　　可没想到的是，主任看完他的方案以后，非常失望地对他说：“这样的方案一点儿新意也没有，我们需要的是独一无二的创意，你必须得重新设计一套方案。”

캠퍼스 채용 박람회에서 졸업을 앞둔 청년 앤드류는 우수한 성적으로 한 정상급 매스미디어 그룹에 사전 채용되었다.

한번은 회사가 코카콜라사에서 온 주문을 받았다. 그 내용은 환경 보호를 주제로 한 아이디어 캠페인을 하나 구상해 달라는 것이었다. 디자인팀의 주임은 이 임무를 앤드류에게 맡겼다. 임무를 받은 앤드류는 자신만만하게 일에 몰입했다. 얼마 지나지 않아 '폐병-음료수 교환'을 주제로 한 캠페인 기획안이 완성되었다.

생각지 못했던 것은 주임이 그의 기획안을 보고, 매우 실망스러워하며 그에게 "이러한 기획안은 참신함이 전혀 없네요. 우리가 필요한 것은 유일무이한 아이디어입니다. 앤드류 씨는 기획안을 다시 구상해 오도록 하세요."라고 말한 것이다.

校园 xiàoyuán 명 캠퍼스, 교정 | **招聘会** zhāopìnhuì 명 채용 박람회 | **快要** kuàiyào 부 곧, 머지않아 [快要A了: 곧 A하다] | **安德鲁** Āndélǔ 고유 앤드류 [인명] | **凭着** píngzhe 개 ~에 근거하여 | **顶级** dǐngjí 형 최고 수준의 | **传媒** chuánméi 명 매스미디어, 대중매체 ['传播媒介'의 줄임말] |

★**集团** jítuán 명 그룹, 단체 | **录取** lùqǔ 동 (시험 등을 통하여) 채용하다, 합격시키다 [被A录取: A에 의해 채용되다] | **可口可乐** Kěkǒu Kělè 고유 코카콜라 | **订单** dìngdān 명 주문서, 주문 명세서 | **设计** shèjì 동 설계하다, 디자인하다 | **以A为B** yǐ A wéi B A를 B라고 여기다 | **环保** huánbǎo 명 환경보호 ['环境保护'의 줄임말] | **主题** zhǔtí 명 주제 | **创意** chuàngyì 명 창조적인 의견, 독창적인 견해, 창의적인 구상 | **部** bù 명 부 [어떤 기관의 명칭 또는 기관·기업에서 업무에 따라 나눈 단위] | **主任** zhǔrèn 명 주임 | **接到** jiēdào 받다 | **之后** zhīhòu 명 그 후, 그 뒤 | **满怀** mǎnhuái 동 (원한·기쁨 따위가) 가슴에 꽉 차다 | **投入** tóurù 동 (어떤 일에 열정적으로) 몰입하다, 몰두하다 | **不久** bùjiǔ 부 얼마 지나지 않아, 곧 | **废旧** fèijiù 형 낡아서 못 쓰게 되다 | **方案** fāng'àn 명 방안 | **新意** xīnyì 명 창의성 | **独一无二** dúyī wú'èr 성 유일무이하다, 유일하다 | **套** tào 양 가지

▶ 단락 주제 신입 앤드류의 기획안이 반려됨

주인공 앤드류가 갓 입사하여 열심히 기획안을 썼지만 참신하지 않다는 이유로 반려되었다는 내용이다. '채용 → 코카콜라사의 아이디어 캠페인 설계 주문 → 앤드류의 기획안 작성 → 기획안 반려'라는 뼈대를 갖추고 내용을 전개하면 된다. 주인공의 이름을 답안에서 최소 한 번은 언급해야 하며 한자를 틀리지 않고 정확하게 적어야 한다.

▶ 포인트 구문

- **凭着** ~에 근거하여, ~에 의거하여
  凭着自身的努力，他成功地打败了所有竞争对手。
  본인의 노력에 근거하여 그는 모든 경쟁 상대를 성공적으로 물리쳤다.

- **被(A)录取** (A에) 합격되다, (A에) 채용되다
  她以全科满分的成绩被中国科技大学录取了。 그녀는 전 과목 만점의 성적으로 중국과학기술대학에 합격되었다.

- **A以B为主题** A는 B를 주제로 하다
  此次活动以"共建和谐社区"为主题，吸引了社区多数家庭踊跃参加。
  이번 행사는 '조화로운 공동체 함께 만들기'를 주제로 하여 지역 사회의 수많은 가정이 대거 참여하도록 이끌었다.

- **满怀信心** 자신만만하다, 자신감으로 가득하다
  大家满怀信心地加入到此次讨论当中，提出了许多解决城市污水问题的方案。
  모두 자신만만하게 이번 토론에 참여하여 도시의 오수 문제를 해결할 수 있는 방안을 많이 제시하였다.

- **独一无二** 유일무이하다
  他们家的参鸡汤味道独特，在这条美食街上也是独一无二的。
  그들 가게의 삼계탕은 맛이 독특하여, 이 맛집 거리에서도 유일무이하다.

▶ 쉬운 말로 고쳐 쓰기

- **被一家顶级的传媒集团提前录取了** 한 정상급 매스미디어 그룹에 사전 채용되었다
  → **被传媒集团录取了** 매스미디어 그룹에 채용되었다

제4~7단락

安德鲁非常沮丧，他回到了办公室，看着被否定的方案一筹莫展。半天过去了，可他连一丝头绪也没有。下班的时候，突然安德鲁的一个大学同学给他打电话请他一起吃饭。

安德鲁到了约好的地点时，那个同学早已经等候多时了，饭菜也都上齐了。安德鲁点了两瓶可乐，服务员送过来之后，安德鲁赶紧打开瓶盖。但由于餐厅温度较高，再加上安德鲁开瓶的时候晃了几下，瓶盖刚被打开，可乐就从瓶口处

앤드류는 매우 실망했고, 사무실로 돌아와 거부된 기획안을 바라보며 아무런 방법을 생각해 내지 못했다. 한참이 지났지만 그는 갈피조차 잡을 수 없었다. 퇴근할 때 앤드류의 대학 동창 한 명이 갑자기 전화를 걸어 같이 밥을 먹자고 했다.

앤드류가 약속 장소에 도착했을 때 동창은 벌써 오랫동안 기다려 요리가 다 나온 상태였다. 앤드류는 콜라 두 병을 주문했다. 종업원이 콜라를 가져오자 앤드류는 서둘러 병뚜껑을 열었다. 그런데 식당의 온도가 높은데다가 앤드류가 병을 딸 때 몇 번 흔들어서 병뚜껑이 열리자마자 콜라가 입구에서

喷射了出来。慌乱之中，安德鲁只得用手堵住瓶口，没想到的是，这一堵反而让瓶子里的压力更大了，他不但被喷了一脸，就连新西服上也被溅得全都是可乐的污渍，安德鲁心情糟糕极了。在同学的安慰下，吃完饭，安德鲁心情好多了，不禁为自己刚才的遭遇感到好笑，他随手拿起可乐瓶琢磨了起来。

"这简直就像个喷壶，就不能在这上面做些改进吗?"

这个想法如同闪电般在安德鲁的脑海中擦出了火花。他心想：假如为瓶子设计个合适的盖子，那么瓶子不就能够被改造成喷壶了吗？同样的道理，假如设计各式各样不同功能的瓶盖，那么那些废旧瓶子不就都能够变为全新的工具了吗?

부터 뿜어져 나왔다. 허둥지둥하는 사이에 앤드류는 손으로 병 입구를 막을 수밖에 없었고, 생각지 못하게 이렇게 막은 것이 병 안의 압력을 더 키워서 그의 얼굴로 콜라가 뿜어져 나왔을 뿐만 아니라 새로운 양복에도 전부 콜라 얼룩이 튀었다. 앤드류는 기분이 정말 엉망이었다. 동창의 위로를 받으며 밥을 먹고 나니 앤드류의 기분은 훨씬 나아졌다. 그는 자기도 모르게 방금의 사고가 우습다고 생각했다. 그는 손이 가는 대로 콜라병을 집어 들고 궁리하기 시작했다.

"이건 정말 물뿌리개나 마찬가지인데, 이 위를 좀 개선할 수 없으려나?"

이 생각이 앤드류의 머릿속에서 번개처럼 스치며 불꽃이 튀었다. 그는 생각했다. 만약 병에 맞는 뚜껑을 디자인한다면 병을 물뿌리개로 개조할 수 있는 것이 아닌가? 마찬가지로 만약 다른 기능이 있는 여러 가지 병뚜껑을 디자인한다면 그 빈 병들도 완전히 새로운 도구가 될 수 있는 것이 아닌가?

★**沮丧** jǔsàng 형 실망하다, 풀이 죽다 | **回到** huídào (원래 있던 곳으로) 되돌아가다 | **否定** fǒudìng 동 거부하다, 반대하다, 부정하다 | **一筹莫展** yìchóu mòzhǎn 성 한 가지 방법도 생각해 내지 못하다 | **头绪** tóuxù 명 갈피 | **约** yuē 동 약속하다 | ★**等候** děnghòu 동 기다리다 [주로 구체적인 대상에 쓰임] | **多时** duōshí 명 오랫동안, 장시간 | **饭菜** fàncài 명 음식 | **上齐** shàngqí (음식이) 나오다 | **过来** guòlai 동 [동사 뒤에 쓰여 사람이나 사물이 자신의 쪽으로 다가옴을 나타냄] | **赶紧** gǎnjǐn 부 서둘러, 황급히 | **打开** dǎkāi 동 열다 | **瓶盖** pínggài 명 병뚜껑 | **加上** jiāshàng 동 더하다, 첨가하다 | **晃** huàng 동 흔들다 | **处** chù 명 부분, 점 | **喷射** pēnshè 동 내뿜다, 분사하다 | **慌乱** huāngluàn 형 당황하고 혼란하다 | **只得** zhǐdé 부 할 수 없이, 부득이 | **堵住** dǔzhù (틀어) 막다, 메우다 | **西服** xīfú 명 양복 | ★**溅** jiàn 동 (액체가) 튀다 | **全都** quándōu 부 전부, 모두 | **污渍** wūzì 명 얼룩 | **糟糕** zāogāo 형 엉망이 되다, 못 쓰게 되다 | **安慰** ānwèi 동 위로하다, 안위하다 | ★**不禁** bùjīn 부 자기도 모르게, 저절로 | ★**遭遇** zāoyù 명 경험 [흔히 불행한 경우를 가리킴] | **好笑** hǎoxiào 형 우습다 | **随手** suíshǒu 동 손이 가는 대로 하다 | ★**琢磨** zuómo 동 궁리하다, 깊이 생각하다 | **喷壶** pēnhú 명 물뿌리개 | **改进** gǎijìn 동 개선하다, 개량하다 | **想法** xiǎngfa 명 생각, 의견, 견해 | **如同** rútóng 동 마치 ~와 같다, 흡사하다 [如同A般: 마치 A와 같다] | **闪电** shǎndiàn 명 번개 | **脑海** nǎohǎi 명 머리, 생각, 기억 | **擦** cā 동 스치다 | **火花** huǒhuā 명 불꽃, 스파크 | **心想** xīnxiǎng 동 마음속으로 생각하다 | **假如** jiǎrú 접 만약, 만일, 가령 | **盖子** gàizi 명 뚜껑 | **能够** nénggòu 조동 ~할 수 있다 | **改造** gǎizào 동 개조하다 | **同样** tóngyàng 형 마찬가지이다, 같다 | **道理** dàolǐ 명 도리, 이치, 근거 | **各式各样** gèshì gèyàng 성 각기 다른 여러 가지 색깔과 모양 | **功能** gōngnéng 명 기능, 작용 | **变为** biànwéi ~로 바뀌다 | **全新** quánxīn 형 아주 새롭다, 참신하다 | **工具** gōngjù 명 도구, 수단

▶ 단락 주제 앤드류의 머리에 스친 창의적인 생각

실망한 앤드류가 친구와의 저녁 식사에서 기획안에 쓸 만한 아이디어를 불현듯 떠올리게 되며 그것에 대해 고민하는 장면이다. 이때 아이디어가 떠오르게 된 사건인 콜라가 뿜어져 나온 장면을 간략하게 기술하고 마지막에 '那么那些废旧瓶子不就都能够变为全新的工具了吗?(그렇다면 그 빈 병들도 완전히 새로운 도구가 될 수 있는 것이 아닌가?)' 하는 앤드류의 생각을 적는 것이 좋다.

▶ 포인트 구문

- **不禁** 자기도 모르게, 저절로

  看到这个孩子悲惨的经历，他不禁想起自己的童年。

  이 아이의 비참한 경험을 보고, 그는 자기도 모르게 자신의 어린 시절이 생각났다.

- **假如A，那么B** 만약 A하다면 B하다

  在同一空间内，假如物体的质量越大，那么它的加速度就越大。

  같은 공간 안에서, 만약 물체의 질량이 커질수록 그 가속도도 더 커질 것이다.

- **A变为B** A가 B로 바뀌다

  云层中的水汽遇冷凝结变为水滴降落到地面，就形成了我们日常生活中所见到的降雨。

  구름 속 수증기가 차가워지면 응결돼 물방울로 바뀌고 땅으로 떨어지면서 일상생활에서 볼 수 있는 비가 만들어진다.

쓰기

▶ 쉬운 말로 고쳐 쓰기

• 沮丧 실망하다, 풀이 죽다 → 难过 슬프다

• 等候多时 오랫동안 기다리다 → 等了很长时间 오랜 시간 기다리다

• 慌乱之中 허둥지둥하는 사이에 → 慌张的情况下 당황한 상황 하에

• 琢磨了起来 궁리하기 시작했다 → 开始思考 깊이 생각하기 시작하다

제8~9단락

安德鲁十分兴奋，立刻回到办公室写策划。他查了很多资料，发现有很多人喝完可乐以后都会把瓶子重新利用。例如：有的人会在瓶盖上钻个小孔，用来放酱油等调味品。

安德鲁深受启发，试着设计了几种类型不同的瓶盖，将这些瓶盖拧到旧可乐瓶子上，瓶子就变为了转笔刀、笔刷、照明灯和水枪等全新的工具。试验成功之后，他把这些想法全都写到了方案当中。当安德鲁再一次将方案交给主任的时候，主任吃惊地竖起了大拇指，给了他非常高的评价。

앤드류는 매우 흥분해서 즉시 사무실로 돌아가 기획안을 썼다. 그는 여러 자료를 찾았는데, 많은 사람이 콜라를 다 마신 뒤 병을 재활용한다는 것을 발견했다. 예컨대 어떤 사람은 병뚜껑에 작은 구멍을 뚫어 간장 등 조미료를 담는 데에 썼다.

앤드류는 깊은 깨달음을 얻어 여러 가지 다른 유형의 병뚜껑을 디자인해 보았다. 그리고 이 병뚜껑을 빈 콜라병에 돌려 넣었더니 병이 연필깎이, 붓, 조명등 그리고 물총과 같은 새로운 도구로 변했다. 실험이 성공한 후 그는 이 아이디어를 모두 기획안에 썼다. 앤드류가 다시 기획안을 주임에게 건넸을 때 주임은 놀라워하며 엄지손가락을 세워 보였고 그에게 매우 좋은 평가를 주었다.

立刻 lìkè 부 즉시, 곧 | ★**策划** cèhuà 명 기획, 계획 | **资料** zīliào 명 자료 | **利用** lìyòng 동 이용하다 | **钻** zuān 동 뚫다 | ★**孔** kǒng 명 구멍 | **用来** yònglái ~에 사용하다, ~에 쓰다 | **酱油** jiàngyóu 명 간장 | **调味品** tiáowèipǐn 명 향신료 | **深受** shēnshòu 깊이 받다 | **启发** qǐfā 명 깨우침, 영감 | **类型** lèixíng 명 유형 | ★**拧** nǐng 동 틀다, 비틀다, 비틀어 돌리다 | **转笔刀** zhuànbǐdāo 명 연필깎이 | **笔刷** bǐshuā 명 붓, 브러쉬 | **照明灯** zhàomíngdēng 명 조명등 | **水枪** shuǐqiāng 명 물총 | **全新** quánxīn 형 참신하다, 아주 새롭다 | ★**试验** shìyàn 명 실험, 테스트 | **竖起** shùqǐ 동 세우다 | **大拇指** dàmǔzhǐ 명 엄지손가락 | **评价** píngjià 명 평가

▶ 단락 주제　새로운 아이디어로 좋은 평가를 받은 앤드류

앤드류가 조사와 실험을 통해 자신의 아이디어를 더 발전시키고 새로운 기획안을 작성하여 주임으로부터 좋은 평가를 받았다는 내용이다. '자료 조사 → 병뚜껑 디자인 → 실험 성공 → 새로운 기획안 작성 → 주임의 좋은 평가'의 과정을 토대로 내용을 전개하면 된다.

▶ 포인트 구문

• 竖起大拇指　엄지손가락을 세우다 [비유적으로 칭찬의 의미]
考完试，老师不禁对学生们竖起了大拇指。 시험이 끝난 후 선생님은 자신도 모르게 학생들에게 엄지손가락을 세웠다.

• 给A的评价　A한 평가를 주다
领导对他多年的工作给出了很高的评价。 지도자는 그의 다년간의 일에 대해 좋은 평가를 내렸다.

▶ 쉬운 말로 고쳐 쓰기

• 拧到A上 A에 돌려 넣다 → 装到A上 A에 끼우다, A에 설치하다

• 瓶子就变为了转笔刀、笔刷、照明灯和水枪等全新的工具 병이 연필깎이, 붓, 조명등 그리고 물총과 같은 새로운 도구로 변했다 → 瓶子就变成了新工具 병이 새로운 도구로 변했다

제10~11단락

几天之后，该方案在公司的会议上全票通过，并且得到了可口可乐公司的高度认可。不久以后，可口可乐公司推出了一个名叫“快乐重生”的活动，为人们免费提供16种不同功能的瓶盖，只需要将瓶盖拧到旧可乐瓶的瓶口上，就能够把瓶子变为实用的工具。

公司执行总监在接受媒体采访的时候说道：“这些瓶盖的创意独特、简单，同时也会悄悄改变消费者的行为习惯与心态。实际上，只要生活中有创意，即便是一个被扔掉的塑料瓶，也一样能够变废为宝，快乐重生。”

며칠 후 이 기획안은 회사의 회의에서 만장일치로 통과되었고, 코카콜라사의 큰 인정을 받았다. 얼마 뒤 코카콜라사는 '즐거운 부활'이라는 제목의 캠페인을 벌여 사람들에게 16가지 다른 기능의 병뚜껑을 무상으로 제공했다. 이 병뚜껑을 빈 콜라병 입구에 끼우기만 하면 병을 실용적인 도구로 변하게 할 수 있다.

회사의 최고경영자는 언론 인터뷰에서 다음과 같이 말했다. "이런 병뚜껑 아이디어는 독특하고 간단하면서도 소비자의 행동 습관과 마음가짐을 은밀히 바꿀 수 있습니다. 사실, 삶에서 아이디어가 있기만 하면 버려진 플라스틱 병이라 할지라도 쓰레기에서 가치 있는 것이 되고 즐겁게 부활할 수 있습니다."

该 gāi 대 (앞에서 언급한) 이, 그, 저 | **全票** quánpiào 명 만장일치 | **得到** dédào 동 받다, 얻다 | **高度** gāodù 형 (정도가) 아주 높다 | ★**认可** rènkě 명 인정 | **推出** tuīchū 동 내놓다, 출시하다 | **重生** chóngshēng 동 다시 살아나다, 거듭나다 | **实用** shíyòng 형 실용적이다 | **执行总监** zhíxíng zǒngjiān 최고경영자 | **独特** dútè 형 독특하다, 특별하다 | **悄悄** qiāoqiāo 부 (소리나 행동을) 은밀히, 몰래 | **消费者** xiāofèizhě 명 소비자 | **行为** xíngwéi 명 행동, 행위 | ★**心态** xīntài 명 심리 상태 | ★**即便** jíbiàn 접 설령 ~하더라도 [即便A, 也B: 설령 A하더라도 B하다] | **塑料瓶** sùliàopíng 플라스틱 병 | **变废为宝** biànfèiwéibǎo 폐물을 이용하여 가치 있는 것으로 만들다

▶ 단락 주제 회사와 고객사의 인정을 받은 앤드류의 아이디어

앤드류가 새롭게 제출한 기획안이 회사와 코카콜라사의 인정을 받았다는 내용과 회사의 최고경영자의 인터뷰에 관한 내용이다. 제10단락에는 앞서 언급한 '빈 병을 실용적인 도구로 바꾸는 병뚜껑'에 대한 내용이 중복되므로 이 부분은 과감하게 생략하고 요약하는 것이 좋다. 마지막 문장은 이 글의 핵심 문장이므로 최대한 기억해서 쓰면 좋은 점수를 받는 데 도움이 될 것이다.

▶ 포인트 구문

- **得到认可** 인정을 받다
  这名新员工在面试时就得到了公司所有高层的一致认可。
  이 신입 직원은 면접 때 회사의 모든 고위층으로부터 만장일치로 인정을 받았다.

- **不久以后** 얼마 지나지 않아서, 얼마 후
  不久以后，我们将离开生活了六年的母校。 얼마 지나지 않아 우리는 6년간 생활해 온 모교를 떠날 것이다.

- **变A为B** A를 B로 바꾸다
  只要不放弃，就可以变挫折为动力。 포기하지만 않으면 좌절을 원동력으로 바꿀 수 있다.

▶ 쉬운 말로 고쳐 쓰기

- 全票通过 만장일치로 통과되다 → **大家都同意** 모두 동의하다

▶ 제목 짓기

예 ① **创意无处不在 아이디어는 어디에나 있다**
생각지도 못한 사고에서 앤드류가 코카콜라 병을 재활용할 아이디어를 얻게 되었으므로 적절한 제목이다.

예 ② **可口可乐瓶的快乐重生 코카콜라 병의 즐거운 부활**
글의 주소재인 코카콜라 병의 재활용에 초점을 맞춘 제목으로 긍정적인 결과까지 포함하는 제목이다.

쓰기

예 ③ **变废为宝的创意 폐물을 가치 있는 것으로 바꾸는 아이디어**

아이디어의 특성을 나타내는 제목으로 난도는 높지만 지문에 언급된 구절을 가져다 응용한 제목이다.

모범답안

创意无处不在

　　大学毕业前安德鲁就被一家传媒集团录取了，一次公司收到了可口可乐公司的订单，内容是设计环保主题的创意活动。设计部主任把这个任务交给了安德鲁。不久，他就做好了以“废旧瓶换饮料”为主题的方案。可主任却说他的方案没有新意，让他重做。

　　安德鲁很难过，但他想了半天也没想出办法。下班后，他和同学一起吃饭。他点了可乐，在打开瓶盖时可乐喷出来了，他用手堵住瓶口，可还是被喷了一脸。但他也因此拿起可乐瓶研究了起来，他心想如果能设计不同功能的瓶盖，那废旧瓶子不就能变成新工具了吗？

　　于是安德鲁立刻回到办公室写策划。他发现很多人在喝完可乐会把瓶子重新利用，于是他设计了几种不同的瓶盖，再把瓶盖装到旧瓶子上，瓶子就变成了新工具。试验成功后，他把这些都写进了方案中，这次主任给了他很高的评价。

　　几天后，这个方案在会议上全票通过，并且得到了可口可乐公司的认可。公司执行总监在接受采访时说：“只要生活中有创意，即使是旧塑料瓶，也能变废为宝、快乐重生。”

문장부호 제외 375자

아이디어는 어디에나 있다

대학 졸업 전 앤드류는 한 매스미디어 그룹에 채용되었다. 한번은 회사에서 코카콜라사의 주문을 받았는데, 내용은 환경 보호를 주제로 한 아이디어 캠페인을 구상하는 것이었다. 디자인팀의 주임은 이 임무를 앤드류에게 맡겼다. 얼마 지나지 않아 그는 '폐병-음료수 교환'을 주제로 한 기획안을 만들었다. 그러나 주임은 그의 기획안은 참신함이 없으니 다시 만들라고 했다.

앤드류는 슬펐지만 한참을 생각해도 방법을 생각해 내지 못했다. 퇴근 후, 그는 친구와 함께 밥을 먹었다. 그는 콜라를 주문했는데 병뚜껑을 열 때 콜라가 뿜어져 나왔고, 손으로 병 입구를 막았지만 얼굴로 뿜어져 나왔다. 그러나 그는 이 때문에 콜라병을 들고 연구하기 시작했는데, 그는 만약 다른 기능의 병뚜껑을 디자인하면 폐병이 새로운 도구로 변할 수 있지 않을까 하는 생각이 들었다.

그래서 앤드류는 즉시 사무실로 돌아가 기획안을 썼다. 그는 많은 사람들이 콜라를 다 마신 뒤에 병을 재활용한다는 사실을 알게 되었다. 그래서 그는 몇 가지 다른 병뚜껑을 디자인했고 병뚜껑을 빈 병에 다시 끼워 넣으니 병이 새 도구로 변했다. 실험이 성공한 후, 그는 이것들을 모두 기획안에 써 넣었다. 이번에는 주임이 그에게 좋은 평가를 주었다.

며칠 후 이 기획안은 회의에서 만장일치로 통과됐고 코카콜라사의 인정을 받았다. 회사의 최고경영자는 인터뷰에서 "삶에서 아이디어가 있기만 하면 버려진 플라스틱 병이라 할지라도 쓰레기에서 가치 있는 것이 되고 즐겁게 부활할 수 있습니다."라고 말했다.

● Day 32 p.291 [모범답안] 참고

단락별 풀이

제1~2단락

公元前628年的春天，出使郑国的秦国使臣派人送回一封密信。信上说他掌握了郑国北门的防卫情况，并表示现阶段郑国对秦国没有采取任何防备，如果此时派兵前来偷袭郑国，一定会大获成功。秦国国君知道后很高兴，立即派孟明视等三位大将领兵攻打郑国。

秦国与郑国相距千余里，中间又隔着好几个国家。秦国军队一路耀武扬威，骄横无礼。沿途许多百姓都知道秦国要发动战争了，人们都感到这下要大难临头了。

기원전 628년의 봄, 정나라에 파견된 진나라 사신이 사람을 보내 비밀 서신을 한 통 전했다. 서신에는, 그가 정나라 북문의 방위 상황을 파악하였고 현 단계에서는 정나라가 진나라에 대해 아무런 방비도 하지 않아, 만약 지금 병사를 보내 정나라를 기습한다면 분명히 크게 성공할 것이라고 써 있었다. 진나라 국왕은 이것을 알고 나서 기뻐하며, 바로 맹명시 등 세 명의 장군을 보내어 병사들을 이끌고 정나라를 공격하도록 했다.

진나라와 정나라는 천여 리 떨어져 있는데, 사이에는 또한 많은 국가가 있었다. 진나라 군대는 길가에 무기를 휘두르며 횡포를 부리고 무례했다. 가는 도중 많은 백성들은 모두 진나라가 전쟁을 일으킨다는 것을 알게 되었고, 사람들은 모두 이번에 큰 재난이 닥칠 것을 느꼈다.

公元 gōngyuán 명 서기 | **春天** chūntiān 명 봄, 봄철 | **出使** chūshǐ 동 외교 사명을 받고 외국으로 가다 | **郑国** Zhèngguó 고유 정나라 | **秦国** Qínguó 고유 진나라 | **使臣** shǐchén 명 사신 | **派人** pàirén 동 사람을 파견하다 | **密信** mìxìn 명 비밀 서신 | **掌握** zhǎngwò 동 파악하다, 숙달하다 | **防卫** fángwèi 명 방위 | **现阶段** xiànjiēduàn 현 단계 | **采取** cǎiqǔ 동 (방침·수단·정책·조치·형식·태도 등을) 채택하다, 취하다 | **防备** fángbèi 명 방어, 대비 | **此时** cǐshí 명 지금, 이때 | **派兵** pàibīng 군대를 파견하다 | **偷袭** tōuxí 동 습격하다, 기습하다 | **获** huò 동 얻다, 획득하다 | **国君** guójūn 명 국왕 | **立即** lìjí 부 곧, 즉시, 바로 | **派** pài 동 파견하다 | **孟明视** Mèngmíng Shì 고유 맹명시 [진나라의 장군] | **大将** dàjiàng 명 장군 | **领** lǐng 동 통솔하다 | **兵** bīng 명 병사 | **攻打** gōngdǎ 동 공격하다 | **相距** xiāngjù 동 서로 떨어지다 | **余** yú 수 여, 남짓 | **隔** gé 동 (공간적·시간적으로) 떨어져 있다, 간격을 두다 | ★**军队** jūnduì 명 군대 | **耀武扬威** yàowǔ yángwēi 성 총칼을 휘두르며 위세를 부리다, 무용을 빛내고 위세를 떨치다 | **骄横** jiāohèng 형 거만하고 횡포하다 | **无礼** wúlǐ 형 무례하다, 버릇없다 | **沿途** yántú 명 길가, 도로변 | **百姓** bǎixìng 명 백성, 평민 | ★**发动** fādòng 동 일으키다, 시작하다 | **战争** zhànzhēng 명 전쟁 | **感到** gǎndào 동 느끼다, 여기다 | **大难临头** dànànlíntóu 성 큰 재난이 닥치다

▶ 단락 주제 정나라를 기습하려는 진나라

진나라가 정나라를 기습하려 한다는 내용으로, 이야기의 시작 부분이다. 진나라 국왕이 사신으로부터 정나라가 지금 대비가 안 되어 있어 기습하면 성공할 것이라는 서신을 받고 군사를 보내어 전쟁을 일으키는 과정을 정확히 정리하는 것이 좋다.

▶ 포인트 구문

- **掌握情况** 상황을 파악하다
  政府部门已经掌握了有关他偷税漏税的情况。 정부 부서는 이미 그의 세금 탈세와 관련된 상황을 파악했다.
- **隔着** 사이를 두다
  我们俩的家中间隔着一条河。 우리 두 사람의 집은 강을 사이에 두고 있다.
- **大难临头** 큰 재난이 닥치다
  我们都不必把丢了工作看成是大难临头的事。 우리는 모두 직장을 잃은 것을 큰 재난이 닥친 일이라고 여길 필요가 없다.

▶ 쉬운 말로 고쳐 쓰기

- 相距千余里 천여 리 떨어져 있다 → **距离很远** 거리가 멀다
- 骄横无礼 횡포를 부리고 무례하다 → **没有礼貌** 예의가 없다
- 大难临头 큰 재난이 닥치다 → **灾难将要发生** 재난이 곧 발생할 것이다

제3~4단락

当秦国军队走到滑国时，郑国的商人弦高正好带领商队经过此地。商队正走着，一位老乡跑过来，惊慌失措地对弦高说："不好啦！听说秦国军队是要去袭击咱们郑国的！"弦高听到这个消息，大吃一惊。他想：我们国家小，并且没有做任何打仗的准备。秦国以大欺小，这样偷袭郑国肯定会亡国的啊！弦高认为必须想办法拖住敌人，争取时间，让郑国做好准备地。于是，他当机立断，计划扮作郑国的使臣，打着国君的旗号犒劳秦军。

弦高从车上取下几张上等牛皮，又从牛群中挑选出12头大肥牛。他带着牛皮拦住了秦军，对前面的士兵说："请通报你们的将军，说郑国的使臣求见。"孟明视和其他将军听到禀报后，都很疑惑："郑国怎么会派使臣前来?"。就在他们迟疑的时候，弦高神色坦然地走了过来。孟明视只好上前，说："贵国使臣见我，有什么事吗?"弦高施礼道："我们国君听说您率领军队，要路经我国去远征。远征作战很辛苦，国君特意命我带上皮革和肥牛，前来慰劳您和将士们。咱们两国是互驻使臣的友好国家，我们郑国虽不如秦国富足，但也特意做好了准备，方便您与将士们驻扎、休息。"

진나라 군대가 활나라에 왔을 때, 정나라의 상인 현고가 마침 상인 무리를 이끌고 그곳을 지나고 있었다. 상인 무리가 지나가고 있는데, 한 고향 사람이 달려와서 허둥지둥하며 현고에게 말했다. "큰일 났네! 듣자 하니 진나라 군대가 우리 정나라를 공격하러 가려고 한다네!" 현고는 이 소식을 듣고 크게 놀랐다. 그는 생각했다. '우리 나라는 작고, 싸움을 할 어떤 준비도 하지 못했어. 진나라가 대국이라고 소국인 우리를 괴롭혀서 이렇게 정나라를 기습하면 분명 멸망할 거야! 현고는 반드시 적을 꼼짝 못하게 할 방법을 생각하고, 시간을 벌어서 정나라가 준비를 잘 하도록 해야 한다고 여겼다. 그리하여 그는 즉시 결단을 내려, 정나라의 사신으로 분장하고 국왕의 이름으로 진나라 군대를 대접하려고 계획했다.

현고는 마차에서 몇 장의 고급 소가죽을 꺼내고, 또 소 무리에서 12마리의 큰 소를 골랐다. 그는 소가죽을 가지고 진나라 군대를 막고, 앞에 있던 병사에게 말했다. "장군님께 정나라의 사신이 뵙고자 청한다고 전해 주십시오." 맹명시와 다른 장군은 보고를 듣고서 모두 '정나라가 어째서 사신을 보낸 것이지?'하고 의문을 가졌다. 바로 그들이 주저하고 있을 때 현고가 담담한 기색으로 다가왔다. 맹명시는 할 수 없이 앞으로 나가서 말했다. "귀국의 사신이 저를 뵙고자 하다니, 무슨 일이 있으신지요?" 현고는 인사를 하고 말했다. "저희 국왕께서 장군님이 군대를 이끌고 저희 나라를 거쳐 원정을 간다는 이야기를 들으셨습니다. 원정 전쟁은 매우 고된 것입니다. 국왕께서 특별히 저에게 가죽과 소를 가지고 장군님과 병사들을 대접하라고 명하셨습니다. 저희 두 나라는 서로 사신을 두고 있는 우호국가입니다. 비록 저희 정나라가 진나라만큼 풍요롭지는 않지만 그래도 특별히 준비를 잘 하여, 장군님과 병사들이 머무르고 쉬는 데에 편의를 제공하고자 합니다."

滑国 Huáguó 고유 활나라 | **商人** shāngrén 명 상인 | **弦高** Xiángāo 고유 현고 [인명] | **队** duì 명 무리, 팀 | **惊慌失措** jīnghuāngshīcuò 성 놀라고 당황하여 어찌할 바를 모르다 | **大吃一惊** dàchī yìjīng 성 매우 놀라다 | ★**打仗** dǎzhàng 동 싸우다, 전쟁하다, 전투하다 | **以大欺小** yǐdàqīxiǎo 성 대국이라고 소국을 깔보고 괴롭히다, 약한 자를 괴롭히다 | **亡国** wángguó 동 나라가 망하다 | **拖住** tuōzhù 동 꼼짝 못하게 하다 | **敌人** dírén 명 적 | **争取** zhēngqǔ 동 쟁취하다, 얻어 내다 | **当机立断** dāngjī lìduàn 성 제때에 즉시 결단하다 | **扮作** bànzuò ~로 분장하다, ~로 가장하다 | **旗号** qíhào 명 명목, 구실 | **犒劳** kàoláo 동 위로하다 | **取下** qǔxià 동 떼다 | **牛皮** niúpí 명 소가죽 | **群** qún 명 무리, 떼 | **挑选** tiāoxuǎn 동 고르다, 선택하다 | **肥** féi 형 살찌다, 살집이 좋다 | **拦住** lánzhù 막다, 차단하다 | **士兵** shìbīng 명 병사, 사병 | **通报** tōngbào 동 알려 주다, 통보하다 | ★**将军** jiāngjūn 명 장군, 장성 | **求见** qiújiàn 동 뵙기를 청하다 | **禀报** bǐngbào 동 (관청이나 윗사람에게) 보고하다 | ★**疑惑** yíhuò 동 의심하다 | ★**迟疑** chíyí 동 주저하다, 망설이며 결정짓지 못하다 | **神色** shénsè 명 안색, 얼굴빛 | **坦然** tǎnrán 형 (마음이) 편안하다, 차분하다 | **贵国** guìguó 명 귀국 | **施礼** shīlǐ 동 인사하다, 예를 행하다 | **道** dào 동 말하다 | ★**率领** shuàilǐng 동 (무리나 단체를) 거느리다, 이끌다 | **路经** lùjīng 동 거쳐 가다, 경유하다 | **远征** yuǎnzhēng 동 원정하다 | **作战** zuòzhàn 명 전쟁 | ★**特意** tèyì 부 특별히, 일부러 | ★**皮革** pígé 명 가죽, 피혁 | **慰劳** wèiláo 동 위문하다, 위로하다 | **互** hù 부 서로 | **驻** zhù 동 머물다, 주둔하다 | **不如** bùrú 동 ~만 못하다 | **富足** fùzú 형 풍족하다, 넉넉하다 | ★**驻扎** zhùzhā 동 (부대나 근무 인원이 어떤 곳에) 주둔하다, 주재하다

▶ **단락 주제　진나라와의 전쟁을 막으려는 정나라 상인 현고의 꾀**

활나라를 지나던 정나라의 상인 현고가 진나라가 정나라를 공격하려 한다는 소식을 듣고 꾀를 내어 진나라 군대를 찾아가는 내용이다. 두 단락의 내용이 굉장히 길지만, 발생한 사건 위주로 요약하면 짧게 정리할 수 있다. 특히 중간중간 인물들의 대화문은 내용 전개에 그다지 중요한 부분이 아니므로 생략할 수 있다.

▶ 포인트 구문

- **大吃一惊** 매우 놀라다
  今天老师破天荒地表扬了我令我大吃一惊。 오늘 선생님이 전례 없이 나를 칭찬하셔서 나를 매우 놀라게 했다.

- **率领军队** 군대를 이끌다
  将军率领军队奋力向前，最终获得了胜利。 장군은 군대를 이끌고 전력을 다해 앞으로 나아가, 결국 승리를 거두었다.

▶ 쉬운 말로 고쳐 쓰기

- 以大欺小 대국이라고 소국을 깔보고 괴롭히다 → **大国打小国** 대국이 소국을 치다
- 拖住敌人 적을 꼼짝 못하게 하다 → **不让敌人走** 적이 가지 못하게 하다
- 疑惑 의심하다 → **不明白** 이해하지 못하다

제5~7단락

秦国三位大将看见弦高送来的皮革和肥牛，以为郑国早有了防备，只好收下礼物，在滑国驻扎下来，弦高这边彬彬有礼地同秦国将士周旋，另一边设法派人飞速把情况报告给郑穆公。

郑穆公接到弦高的情报后，一方面传令军队进入战备状态，另一方面派人去秦国使臣那里探听究竟。结果发现，秦国使臣和随从早就准备了大量武器，做好了偷袭准备。于是，郑穆公派人委婉地对秦国使臣下达了逐客令，秦国使臣知道计谋败露，便仓皇逃离了郑国。

秦国军队在滑国驻扎了几天，犹豫徘徊，进也不是，退也不是。孟明视对其他几位将军说："郑国已经做好了战斗准备，偷袭是不行的；正面进攻的话，我军已进行千里，军队疲惫，粮草供应不足，还是放弃这次计划撤兵吧!"

진나라의 세 명의 장군은 현고가 보낸 가죽과 소를 보고는 정나라가 일찍이 방비를 했다고 생각했고, 하는 수 없이 선물을 받고 활나라에 주둔했다. 현고는 한편으로는 점잖게 진나라 병사들과 교류했고, 다른 한편으로는 방법을 생각해 내어 사람을 보내서 이 상황을 빠르게 정목공에게 보고했다.

정목공은 현고의 정보를 받고 나서, 한편으로는 군대에 전시 대비 태세에 돌입할 것을 명령했고, 다른 한편으로는 진나라 사신이 있는 곳에 사람을 보내어 사건의 경위를 알아보았다. 그 결과, 진나라 사신과 수행원은 일찍이 많은 무기를 준비했고, 기습할 준비를 다 했다는 것을 알게 되었다. 그리하여 정목공은 사람을 보내어 완곡하게 진나라 사신에게 축객령을 내렸다. 진나라 사신은 계략이 탄로 난 것을 알고는 정나라에서 급히 달아났다.

진나라 군대는 활나라에서 며칠 머물렀고, 망설이며 결단을 내리지 못했다. 진군하는 것도 적절하지 않고, 돌아가는 것도 적절하지 않았다. 맹명시는 다른 몇몇 장군에게 말했다. "정나라가 이미 전투 준비를 했으니, 기습은 불가능합니다. 정면 공격하기에는 우리 군대는 이미 천 리를 행군했기에 병사들은 피곤해 지쳐 있고, 식량 공급이 부족합니다. 아무래도 이번 계획을 포기하고 철수합시다!"

彬彬有礼 bīnbīnyǒulǐ 성 점잖고 예의가 바르다 | **周旋** zhōuxuán 동 교제하다, 사교하다 | **设法** shèfǎ 동 방법을 세우다, 대책을 강구하다 | **飞速** fēisù 부 매우 빠르게, 급속히 | **郑穆公** Zhèngmùgōng 고유 정목공 [정나라의 임금] | ★**情报** qíngbào 명 (주로 기밀성을 띤) 정보 | **传令** chuánlìng 동 명령을 전달하다 | **进入** jìnrù 동 들어가다, 진입하다 | **战备状态** zhànbèi zhuàngtài 전시 대비 태세 | **探听** tàntīng 동 알아보다, 탐문하다 | **随从** suícóng 명 수행원 | **大量** dàliàng 형 대량의 | ★**武器** wǔqì 명 무기, 병기 | **委婉** wěiwǎn 형 (말이) 완곡하다 | **下达** xiàdá 동 (상부가 지시·명령 따위를) 내리다, 하달하다 | **逐客令** zhúkèlìng 명 축객령 | **计谋** jìmóu 명 계략, 책략 | **败露** bàilù 동 (나쁜 일이나 음모 등이) 발각되다, 드러나다 | **仓皇** cānghuáng 형 황급하다 | **逃离** táolí 동 달아나다, 도주하다 | **犹豫** yóuyù 형 망설이다, 주저하다 | ★**徘徊** páihuái 동 결단을 내리지 못하다 | **退** tuì 동 물러서다, 후퇴하다 | **正面** zhèngmiàn 형 정면의 | ★**进攻** jìngōng 동 공격하다, 진격하다 | **进行** jìnxíng 동 전진하다, 행진하다 | ★**疲惫** píbèi 형 대단히 지치다, 대단히 피로하다 | **粮草** liángcǎo 명 군사들이 먹을 양식과 말을 먹일 사료 | **供应** gōngyìng 명 공급, 보급 | **不足** bùzú 형 부족하다 | **撤兵** chèbīng 동 군대를 철수하다

▶ **단락 주제** 현고의 꾀로 전쟁을 피하게 된 정나라

현고의 방법이 제대로 통해 정나라에 파견 온 진나라 사신은 쫓겨나고 진나라 군대도 결국 철수한다는 내용이다. 세 단락을 한 단락으로 축약할 수 있으며 사건 위주로 서술하되 '派人(사람을 보내다)'을 써서 작문할 수 있는 문장이 많으므로 문장 구조를 기억해 작문에 활용하면 큰 도움이 된다.

▶ **포인트 구문**

- **彬彬有礼** 점잖고 예의가 바르다
  这家酒店的服务个个彬彬有礼，热情周到。이 호텔의 서비스는 모두 점잖고 예의 바르며, 친절하고 꼼꼼하다.

- **犹豫徘徊** 망설이다
  一想到找工作的事情，他就开始犹豫徘徊。일자리를 구하는 일을 생각하면 그는 바로 망설이기 시작한다.

▶ **쉬운 말로 고쳐 쓰기**

- **计谋败露** 계략이 탄로 나다 → **计划被别人知道了** 계획이 다른 사람에 의해 알려지다
- **犹豫徘徊** 망설이다 → **犹豫不决** 망설이다

제8단락

就这样，弦高机智勇敢地化解了一场战祸。事后，郑穆公隆重地接见了弦高，并决定重赏他。弦高谢绝了国君的赏赐，他说："保卫国家，人人有责。我做了应该做的事情，怎么能居功领赏呢？"

바로 이렇게, 현고는 지혜롭고 용감하게 전쟁을 막았다. 그 후 정목공은 성대하게 현고를 접견했고, 그에게 큰 상을 내리기로 결정했다. 현고는 국왕의 하사품을 정중히 거절하며 말했다. "나라를 지키는 것은 모두의 책임입니다. 저는 해야 하는 일을 한 것입니다. 어떻게 공로가 있다고 자처하여 상을 받을 수 있겠습니까?"

★**机智** jīzhì 형 기지가 넘치다 | **化解** huàjiě 동 없애다, 제거하다 | **战祸** zhànhuò 명 전쟁의 피해 | ★**隆重** lóngzhòng 형 성대하다 | **接见** jiējiàn 동 접견하다 | **重赏** zhòngshǎng 동 큰 상을 내리다 | ★**谢绝** xièjué 동 정중히 거절하다, 사절하다 | **赏赐** shǎngcì 명 하사품 | ★**保卫** bǎowèi 동 보위하다 | **人人** rénrén 명 모든 사람 | **责** zé 명 책임, 책무 [人人有责: 모두에게 책임이 있다] | **居功** jūgōng 동 공로가 있다고 자처하다 | **领赏** lǐngshǎng 동 상을 받다, 수상하다

▶ **단락 주제** 왕이 전쟁을 막은 현고에게 상을 내리려 했으나 거절함

큰일을 했지만 상을 받기를 거절하는 현고의 모습으로 글이 마무리된다. 마지막 부분에서 현고의 겸손한 태도를 엿볼 수 있지만 지문에 현고가 '겸손하다'라는 언급은 없으므로 이를 마음대로 추가해서는 안 된다.

▶ **포인트 구문**

- **化解** ~를 풀다 [주로 바라지 않는 일]
  只要双方平静地沟通，就没有化解不了的仇恨。양측이 평온하게 소통하는 한 풀지 못할 원한은 없다.

▶ **쉬운 말로 고쳐 쓰기**

- **谢绝** 정중히 거절하다 → **拒绝** 거절하다
- **怎么能居功领赏呢？** 어떻게 공로가 있다고 자처하여 상을 받을 수 있겠습니까?
  → **不能认为自己有功而领赏** 자신이 공로가 있다고 해서 상을 받을 수는 없다고 생각하다

▶ **제목 짓기**

예 ① **“以一敌百”的弦高 ‘일당백’의 현고**
이야기의 주인공 현고를 중심으로 만든 제목이다.

예 ② **弦高“退”秦 현고가 진나라를 ‘물리치다’**
이야기 전체를 관통하는 제목으로 간략하지만 정확한 제목이다.

예 ③ **保卫国家，人人有责 나라를 지키는 것은 모두의 책임이다**
마지막 단락에 언급된 현고의 말로, 주인공의 가치관을 대변하는 문장이므로 적절한 제목이다.

모범답안

“以一敌百”的弦高

公元前628年的春天，出使郑国的秦国使臣送回密信，说现在偷袭郑国一定会成功。所以秦国国君派孟明视等三名将军领兵去攻打郑国。秦国离郑国很远，一路上有很多百姓都知道秦国要发动战争了，于是很担心。

当秦国军队到滑国时，正好郑国商人弦高也带领商队经过。他听人说秦国军队准备去攻打郑国后，很吃惊，决定要想办法拖住敌人。于是他扮成郑国使臣，打着国君的旗号犒劳秦军。

弦高带着牛皮和12头牛去见秦军，说自己是郑国使臣。孟明视等将军都想不明白。弦高说:“咱们是友好国家，虽然郑国不富裕，但也做好了准备，方便将士们休息。”

秦国将军见此情形，以为郑国已有防备，只好收下礼物，在滑国驻扎。而弦高则派人禀告郑穆公。郑穆公听到消息后，命军队进入战备状态，还派人去秦国使臣那里打探，发现他们已做好了偷袭准备。于是，郑穆公派人对秦国使臣下了逐客令。秦国军队犹豫不决，认为郑国已做好准备，无法偷袭，所以决定撤兵了。

就这样，弦高机智勇敢地化解这次危机。后来，郑穆公要奖赏他，可他拒绝了，并对郑穆公说:“保卫国家，人人有责。”

문장부호 제외 401자

‘일당백’의 현고

기원전 628년 봄, 정나라에 파견된 진나라 사신은 지금 정나라를 기습한다면 반드시 성공할 것이라는 비밀 서신을 보냈다. 그래서 진나라 국왕은 맹명시 등 세 명의 장군을 보내 병사들을 이끌고 정나라를 공격하게 했다. 진나라는 정나라와 멀리 떨어져 있었는데, 도중에 많은 백성들이 진나라가 전쟁을 일으킨다는 것을 알고 걱정했다.

진나라 군대가 활나라에 도착했을 때, 마침 정나라의 상인 현고도 상인 무리를 이끌고 지나고 있었다. 그는 진나라 군대가 정나라를 공격할 준비를 하고 있다는 말을 들은 후 놀라, 적을 꼼짝 못하게 할 방법을 생각해야겠다고 결정했다. 그래서 그는 정나라의 사신으로 분장하고 국왕의 이름으로 진나라 군대를 대접하고자 했다.

현고는 소가죽과 소 12마리를 가지고 진나라 군대를 만나러 가서, 자신이 정나라의 사신이라고 했다. 맹명시 등의 장군들은 모두 이해가 되지 않았다. 현고는 말했다. “우리는 우호국가입니다. 비록 정나라가 부유하지는 않지만, 병사들이 휴식을 취하도록 준비를 했습니다.

진나라의 장군은 이 정황을 보고 정나라가 이미 방비를 했다고 생각했고, 어쩔 수 없이 선물을 받고 활나라에 주둔했다. 또한 현고는 사람을 보내 정목공에게 알리도록 했다. 정목공은 소식을 듣고 군대에 전시 대비 태세에 돌입할 것을 명령했고, 사람을 보내 진나라 사신을 탐문해, 그들이 이미 기습할 준비가 되어 있음을 알게 되었다. 그래서 정목공은 사람을 보내어 진나라 사신에게 축객령을 내렸다. 진나라 군대는 망설이다가, 정나라가 이미 준비가 되어 있어 기습할 수 없다고 생각했고, 그래서 철수를 결정했다.

바로 이렇게 현고는 지혜롭고 용감하게 이 위기를 막았다. 후에 정목공이 그에게 상을 내리려 하였으나, 그는 거절했고 정목공에게 “나라를 지키는 것은 모두의 책임입니다.”라고 말했다.

• Day 36 p.297 [모범답안] 참고

단락별 풀이

제1단락

2000年，一位年轻的老总迷上了一款国外商家推荐的游戏，当他决定与这家外国公司合作运营这款游戏时，却遭到了投资公司的否决。然而他没有妥协，仍然坚持自己的决定。最后，他毅然签下了游戏的运营合同，并撤回了在投资公司的股份，与他们分道扬镳。

2000년, 한 젊은 사장이 외국 업체가 추천한 게임에 빠졌다. 그가 이 외국 회사와 협력하여 이 게임을 운영하겠다고 결정했을 때, 뜻밖에도 투자사의 반대에 부딪혔다. 하지만 그는 타협하지 않고, 여전히 자신의 결정을 고수했다. 최종적으로, 그는 결연하게 게임 운영 계약을 체결했고, 투자사의 주식을 정리하여 그들과 각자의 길을 걸었다.

老总 lǎozǒng 명 사장, 지배인 | **迷** mí 동 빠지다, 심취하다 | **国外** guówài 명 외국, 국외 | **商家** shāngjiā 명 업체 | **推荐** tuījiàn 동 추천하다, 소개하다 | **合作** hézuò 동 협력하다, 합작하다 | **运营** yùnyíng 동 운영하다 | **遭到** zāodào 동 (불행이나 불리한 일을) 부닥치다, 겪다 | **投资** tóuzī 명 투자 | ★**否决** fǒujué 명 부결, 거부 | ★**妥协** tuǒxié 동 타협하다, 타결되다 | ★**毅然** yìrán 부 결연히, 의연히 | **签** qiān 동 사인하다, 서명하다 | **合同** hétong 명 계약서 | **撤回** chèhuí 동 철회하다, 철수하다 | ★**股份** gǔfèn 명 주식 | **分道扬镳** fēndào yángbiāo 성 각자 자기의 길을 가다

▶ 단락 주제 한 청년 사장의 게임 인수

투자사의 반대에도 좋아하는 게임을 운영하려는 청년 사장의 이야기로, 이어지는 내용의 토대가 되는 부분이기 때문에 잘 요약해야 한다. 모르는 어휘가 있다면 생략하고 지문에 있는 내용을 토대로 요약해야 하며, 제대로 파악하지 않은 내용은 쓰지 않는 것이 좋다.

▶ 포인트 구문

- **迷上游戏** 게임에 빠지다
  由于迷上了游戏，儿子的学习成绩直线下滑。 게임에 빠졌기 때문에 아들의 학습 성적이 급격히 떨어졌다.
- **遭到否决** 반대에 부딪히다
  他的提议在会上遭到了所有人的否决。 그의 제의는 회의에서 모든 사람들의 반대에 부딪혔다.
- **分道扬镳** 각자 자기의 길을 가다
  一场误会后，这两个昔日好友终于分道扬镳了。 한 차례 오해 뒤에, 이 두 명의 옛 친구는 결국 각자의 길을 걷게 됐다.

▶ 쉬운 말로 고쳐 쓰기

- 遭到否决 반대에 부딪히다 → **被否定** 반대당하다
- 分道扬镳 각자 자기의 길을 가다 → **各走各的路** 각자의 길을 가다 / **分开了** 헤어지다

제2~4단락

此时，他的整个公司只剩下不到三百万的资金，这仅仅够签下这款游戏的运营合同，而无法维持游戏后期的投入与运作。于是，他把员工聚集到了一起，告诉他们要做好准备迎接一场破釜沉舟的挑战。

이때 그의 회사 전체에는 300만 위안이 안 되는 자금만 남아 있었다. 이는 이 게임의 운영 계약을 체결하기에는 충분했지만, 게임 후반의 투자와 운영은 유지할 수 없었다. 그리하여, 그는 직원을 한곳에 모은 뒤, 그들에게 결사의 각오로 도전을 맞이할 준비를 할 것을 알렸다.

他深知，如果游戏在测试期内无法吸引足够多的玩家，就不能收费运营，那么公司就不会有收入，将面临倒闭的风险。

想要运行游戏，就必须有足够多的服务器，然而他没有资金去购买这些设备。面对困境，他没有退缩，而是拿着这份与国外公司签订的“国际合同”敲响了浪潮、戴尔等服务器厂商的大门。

그는 만약 게임이 테스트 기간에 충분히 많은 플레이어를 모을 수 없다면 유료로 운영할 수 없고, 그렇게 되면 회사는 수입이 없어서 곧 도산의 위험에 직면하게 될 것을 잘 알고 있었다.

게임을 운영하려면, 반드시 충분히 많은 서버가 있어야 했다. 하지만 그는 이러한 설비를 구입할 자금이 없었다. 곤경을 마주하며 그는 위축되지 않고, 이 외국 회사와 체결한 '국제 계약서'를 가지고 인스퍼, 델 등 서버 업체의 문을 두드렸다.

此时 cǐshí 명 이때, 지금 | **整个** zhěnggè 형 전체의, 온, 모든 | **资金** zījīn 명 자금 | **无法** wúfǎ 동 ~할 수 없다, 방법이 없다 | ★**维持** wéichí 동 유지하다, 지키다 | **后期** hòuqī 명 후기 | **投入** tóurù 명 투자 | **运作** yùnzuò 동 (기구·조직 등이) 운영되다 | **聚集** jùjí 동 모으다, 모이다 | **迎接** yíngjiē 동 맞이하다, 영접하다 | **破釜沉舟** pòfǔchénzhōu 성 죽을 각오로 전투에 임하다, 솥을 깨뜨리고 배를 침몰시키다 | **挑战** tiǎozhàn 명 도전 | **深知** shēnzhī 잘 알다 | **测试期** cèshìqī 테스트 기간 | **足够** zúgòu 형 충분하다 | **玩家** wánjiā 명 플레이어 | **收费** shōufèi 비용을 받다 | **面临** miànlín 동 직면하다, 당면하다, 앞에 놓여 있다 | ★**倒闭** dǎobì 동 (상점·회사·기업 등이) 도산하다 | **风险** fēngxiǎn 명 위험, 모험 | **服务器** fúwùqì 명 서버 | **设备** shèbèi 명 설비, 시설 | **困境** kùnjìng 명 곤경, 궁지 | **退缩** tuìsuō 동 위축되다, 뒷걸음질하다 | **签订** qiāndìng 동 체결하다, 함께 서명하다 | **敲响** qiāoxiǎng 동 두드려 울리다 | **浪潮** Làngcháo 고유 인스퍼(Inspur) [중국의 IT 업체] | **戴尔** Dài'ěr 고유 델(Dell) [미국의 컴퓨터 업체] | **厂商** chǎngshāng 명 업체 | **大门** dàmén 명 대문

▶ 단락 주제 자금 부족 문제를 해결하기 위해 도전을 결심한 주인공

주인공이 자금 부족 문제로 도전을 결심하게 되었다는 부분이다. 여기서 중요한 부분은 '테스트 기간 동안 유저를 모으지 못함 → 유료 운영 불가 → 도산'의 과정이며, 이것 때문에 주인공이 서버 업체들을 찾아가 승부수를 던지게 된 것이다. '자금 부족' 등 중복되는 내용은 한 번만 언급하면 된다.

▶ 포인트 구문

- **破釜沉舟** 죽을 각오로 전투에 임하다, 솥을 깨뜨리고 배를 침몰시키다
  大家要有破釜沉舟的决心，才能战胜一切困难。
  모두 죽을 각오로 전투에 임하는 결심이 있어야만 비로소 모든 어려움을 극복할 수 있다.

- **面临风险** 위험에 직면하다
  经济学家称，2020年全球经济正面临着巨大风险。 경제학자들은 2020년 전 세계 경제가 큰 위험에 직면해 있다고 말한다.

- **面对困境** 곤경에 마주하다
  当面对困境时，我们应该勇往直前，决不退缩。
  곤경에 마주했을 때, 우리는 용감하게 앞으로 나아가며 결코 움츠러들지 말아야 한다.

▶ 쉬운 말로 고쳐 쓰기

- 只剩下 겨우 남았다 → 只有 겨우 있다

쓰기

제5~6단락

当对方质疑他时，他拿出这份“国际合同”，颇有气势地告诉他们：“我们是要运行国外的游戏，我申请试用你们的机器两个月。”服务器厂商打开合同一看，的确是国际正规合同。这位自信满满的小伙子打动了他们，他们相信这款游戏有投资的价值，认为这个小伙子有一定的潜力，于是，他们同意了他的申请并签下了免费试用的协议。凭着这股气势，他拿到了价值数百万的服务器。

상대가 그에게 의문점을 질문할 때, 그는 이 '국제 계약서'를 꺼내며 기세등등하게 그들에게 말했다. "저희는 외국 게임을 운영하려 합니다. 귀사의 기기를 두 달간 시범 사용할 것을 신청합니다." 서버 업체는 계약서를 열어 한번 보았는데, 확실히 국제 정식 계약서였다. 이 자신만만한 청년이 그들의 마음을 움직였다. 그들은 이 게임이 투자할 가치가 있다고 믿었고, 이 청년도 어느 정도 잠재력이 있다고 생각했다. 그리하여 그들은 그의 신청을 받아들이고 무료 시범 사용 협의를 체결했다. 이

但即便如此，他还面临另一个困境：缺少宽带的支持，于是，他又拿着与服务器厂家的合作协议来到了中国电信。

他依旧很有气势地对中国电信的工作人员说："我要运行一款国外的游戏，浪潮、戴尔都给我提供了服务器，现在我还需要足够大的宽带来运营游戏，请你们给我们提供测试期内免费的宽带试用。"中国电信的人一看，浪潮、戴尔都与他签订了免费试用服务器的合同，因而断定这个年轻人有潜力可挖，于是也答应了他的要求。

기세를 빌려, 그는 가치가 수백만 위안이 되는 서버를 얻었다. 하지만 그렇다고 해도, 그는 또한 또 다른 어려움에 직면했다. 광대역의 지원이 부족한 것이다. 그리하여 그는 또 서버 업체와의 협력 협의서를 들고 차이나텔레콤에 갔다.

그는 여전히 기세등등하게 차이나텔레콤 직원에게 말했다. "저는 외국 게임을 운영하려고 합니다. 인스퍼, 델 모두 저에게 서버를 제공해 주었습니다. 지금 저는 게임을 운영할 충분히 큰 광대역도 필요합니다. 저희에게 테스트 기간 동안 무료로 광대역을 시범 사용할 수 있도록 제공해 주십시오." 차이나텔레콤 사람이 한번 보니 인스퍼, 델도 그와 서버 무료 시범 사용 계약을 체결했으니, 이 청년에게 발굴할 만한 잠재력이 있다고 판단했고, 그래서 마찬가지로 그의 요구에 응했다.

对方 duìfāng 명 (주체 측에서 본) 상대방, 상대 측 | **质疑** zhìyí 동 (의문점을) 질문하다, 질의하다 | ★**颇** pō 부 꽤, 상당히, 자못 | ★**气势** qìshì 명 (사람 또는 사물의) 기세 | **机器** jīqì 명 기기, 기계 | **的确** díquè 부 확실히, 틀림없이, 대단히 | ★**正规** zhèngguī 형 정식의, 표준의 | **满满** mǎnmǎn 형 꽉 차다, 빽빽하다, 가득하다 | **打动** dǎdòng 동 마음을 움직이다, 감동시키다 | ★**潜力** qiánlì 명 잠재력, 잠재 능력, 저력 | **试用** shìyòng 동 사용하다, 시험 삼아 쓰다 | ★**协议** xiéyì 명 협의, 합의 | **凭着** píngzhe 개 ~에 의거하여, ~에 근거하여 | **股** gǔ 양 [한 줄기를 이룬 물건을 세는 단위] | **数百万** shùbǎiwàn 수백만 | **如此** rúcǐ 대 이와 같다, 이러하다 | **宽带** kuāndài 명 광대역 | **中国电信** Zhōngguó Diànxìn 고유 차이나텔레콤 | ★**依旧** yījiù 부 여전히 | **人员** rényuán 명 직원 | **因而** yīn'ér 접 그러므로, 따라서 | ★**断定** duàndìng 동 결론을 내리다, 단정하다 | **挖** wā 동 발굴하다, 파다, 파내다 | **答应** dāying 동 승낙하다, 동의하다

▶ 단락 주제 자신 있게 상대 업체를 설득하여 무료 시범 사용을 받아 낸 주인공

주인공은 국제 계약서 하나로 자신 있게 상대 업체를 설득하였고, 이에 감명받은 업체들이 서버와 광대역을 무료로 제공하게 되었다는 내용이다. 두 번째 협상은 첫 번째 협상과 비슷한 내용이므로 일일이 다 적기보다는 주인공이 차이나텔레콤에 광대역 무료 제공을 요구한다는 내용만 간략하게 적는 것으로도 충분하다.

▶ 포인트 구문

- **颇有** 흔히 있다, 상당히 많다
  他不仅长得很帅，而且颇有风度。그는 잘생겼을 뿐만 아니라 게다가 상당히 풍격도 있다.

- **签下协议** 합의서에 서명하다, 협의를 체결하다
  部分公司会在入职前，要求员工签下保密协议。일부 회사는 입사 전에 직원에게 비밀 유지 합의서에 서명하게 한다.

- **凭着** ~에 의거하여, ~에 근거하여
  他凭着过硬的本领赢得了领导的重视。그는 탄탄한 실력에 의거하여 지도자의 중시를 받았다.

- **签订合同** 계약을 체결하다
  签订合同的任何一方都无权撕毁合同。계약을 체결한 어떠한 쪽도 계약을 파기할 권리는 없다.

- **答应要求** 요구에 응하다
  你绝不能答应对方的无理要求。너는 절대로 상대방의 무리한 요구에 응해서는 안 된다.

▶ 쉬운 말로 고쳐 쓰기

- 质疑 (의문점을) 질문하다 → **不相信** 믿지 않다

제7~8단락

就这样，**凭借**两份**合同**，他获得了完善的基础设备，他的游戏测试也**得以**顺利运行，游戏在测试期间，**受到**了极大的**欢迎**，两个月后，他的游戏开始进入运营收费阶段。又过了一个月，他不仅完全收回了自己前期的投资，让公司渡过了这场“生死关”，还得到了巨大的回报！

在不到两年的时间里，他的财富竟激增了几千倍，他还一举收购了原来与他合作过的那家国外游戏公司。一年后，他的个人财富翻了一番，并荣登当年福布斯中国百位富豪榜次席，那时的他年仅32岁。

바로 이렇게, 두 건의 계약서로 그는 완벽한 기초 설비를 얻었다. 그의 게임 테스트 역시 순조롭게 운영될 수 있었고, 게임은 테스트 기간 동안 크게 인기를 끌었다. 2개월 후, 그의 게임은 유료 운영 단계로 진입했다. 또 한 달이 지나고 그는 자신의 초기 투자금을 완전히 회수했을 뿐만 아니라 회사가 이 '생사의 갈림길'을 넘기고 큰 수익을 얻게 하였다!

2년이 안 되는 기간에, 그의 자산은 놀랍게도 몇 천 배 급증했다. 그는 또한 단번에 원래 그와 협력했던 그 외국 게임 회사를 인수했다. 1년 후, 그의 개인 자산은 배로 증가하여, 영광스럽게도 그해 포브스 중국 부호 명단 100명 중에서 2위를 차지했다. 당시 그의 나이는 불과 32세였다.

凭借 píngjiè 개 ~에 근거하여, ~에 의거하여 | **完善** wánshàn 형 완벽하다, 완전하다 | **得以** déyǐ 동 ~할 수 있다, ~하게 하다 | **极大** jídà 형 지극히 크다, 최대 한도이다 | **阶段** jiēduàn 명 단계 | **收回** shōuhuí 동 회수하다, 거두어들이다 | **渡过** dùguò 동 건너다 | **生死** shēngsǐ 명 생사 | **关** guān 명 관문 | **巨大** jùdà 형 (규모·수량 등이) 아주 크다, 아주 많다 | ★**回报** huíbào 명 보답 | ★**财富** cáifù 명 자산, 부, 재산 | **竟** jìng 부 뜻밖에, 의외로 | **激增** jīzēng 동 급격히 증가하다 | **收购** shōugòu 동 사들이다, 수매하다 | **原来** yuánlái 부 원래, 본래 | **翻** fān 동 (수나 양이) 배로 증가하다 | ★**番** fān 양 번, 차례, 바탕 [동사 '翻'의 뒤에서 배수를 표시] | **荣登** róngdēng 동 (지위나 순위에) 영광스럽게 오르다 | **当年** dāngnián 명 그해, 그 당시, 그때 | **福布斯** Fúbùsī 고유 포브스 [미국의 유명 경제 잡지] | **富豪** fùháo 명 부자 | **榜** bǎng 명 명단 | **次席** cìxí 명 2등

▶ 단락 주제 게임의 성공과 부자가 된 주인공

주인공은 앞선 두 건의 계약으로 얻은 기초 설비를 가지고 게임을 운영했고 결국 게임이 성공하여 부자가 되었다는 내용이다. 제8단락에 주인공이 부자가 되었다는 이야기를 여러 가지로 다르게 표현하고 있는데 이를 모두 쓸 필요는 없고 한두 가지 정도만 기억해서 쓰면 충분하다.

▶ 포인트 구문

- **凭借合同** 계약서에 의거하여
  我公司凭借合同把对方公司告上了法庭。우리 회사는 계약서에 의거하여 상대 회사를 고소했다.

- **得以** ~할 수 있다, ~하게 하다
  幸亏消防员及时赶到，火势才得以控制。다행히 소방관이 제때에 도착해서 불길을 잡을 수 있었다.

- **受到欢迎** 환영을 받다, 인기가 있다
  这家公司推出的新产品受到了消费者的欢迎。이 회사가 출시한 신상품은 소비자의 환영을 받았다.

▶ 쉬운 말로 고쳐 쓰기

- 凭借 ~에 의거하여 → **用** ~를 이용하여
- 这场“生死关” 이 '생사의 갈림길' → **难关** 난관
- 激增 급격히 증가하다 → **快速增长了** 빠른 속도로 증가하다
- 次席 차석 → **第二名** 2등

제9단락

这位年轻老总的成功就如同他所运营的游戏名称一样，简直是一个“传奇”！而这个传奇的人物用他的亲身经历告诉我们：做任何一件事，都有可能面临困难。然而只要你有足够的自信，懂得审时度势，并学会运用策略，你就可能以最小的投入、最快的速度走出困境，并获得成功！

이 젊은 사장의 성공은 그가 운영하는 게임의 이름처럼, 그야말로 '전설'이다! 이 전설의 인물은 자신의 경험으로 우리에게 이러한 사실을 알려 준다. 어떤 일을 하든 간에 모두 어려움을 겪을 가능성이 있다. 하지만 당신이 충분한 자신감이 있고 시세를 잘 살피며 전략을 운용할 수 있다면 가장 작은 투자로 가장 빠르게 어려움에서 벗어나고 성공을 거둘 수 있다!

如同 rútóng 동 마치 ~와 같다, 흡사하다 | **名称** míngchēng 명 이름, 명칭 | **简直** jiǎnzhí 부 그야말로, 완전히, 정말로, 참으로 | **传奇** chuánqí 명 전기, 기담 [줄거리가 매우 기이하거나 인물의 행위·경력·처지가 평범하지 않은 이야기] | **人物** rénwù 명 인물 | **亲身** qīnshēn 형 자기의, 자신의 | **懂得** dǒngde 동 알다, 이해하다 | **审时度势** shěnshí duóshì 성 시세를 잘 살피다, 시기와 형세를 판단하다 | ★**策略** cèlüè 명 전략, 책략, 전술

▶ 단락 주제 자신감과 전략의 중요성

주인공의 성공 일화를 통해 자신감과 전략의 중요성을 일깨워 주는 내용이다. 이미 제8단락에서 주인공의 성공담을 다 이야기했으므로 여기서 다시 언급할 필요는 없고, 자신감과 전략에 대한 내용을 중심으로 교훈만 추려서 요약하면 된다.

▶ 포인트 구문

- **走出困境** 곤경에서 벗어나다
  在家人的帮助下，他终于走出了困境。 가족의 도움 아래, 그는 마침내 곤경에서 벗어났다.

- **获得成功** 성공을 거두다
  她凭借顽强而坚韧的性格，最终获得了成功。 그녀는 억척스럽고 강인한 성격으로 결국 성공을 거두었다.

▶ 쉬운 말로 고쳐 쓰기

- 走出困境 곤경에서 벗어나다 → **解决困难** 어려움을 해결하다

▶ 제목 짓기

예 ① **自信的重要性 자신감의 중요성**
주인공이 자신감 하나로 큰 회사와 계약을 성사하여 게임을 성공시킨 이야기이므로 적절한 제목이다.

예 ② **两份合同闯天下 두 통의 계약서로 돌격하다**
주인공이 두 통의 계약서만으로 큰 성공을 거두었으므로 이야기 전체를 아우르는 좋은 제목이다.

예 ③ **执着的年轻老总 고집스러운 젊은 사장**
주인공의 신분과 성격의 특징을 활용하여 지은 제목이다.

모범답안

自信的重要性

2000年，一位年轻的老总迷上了一款国外游戏，他决定与这家外国公司合作运营游戏时，却遭到投资公司的反对。可他仍然坚持自己的决定签了合同，并不再与当时合作的公司合作。

此时，他只有不到三百万的资金。他把情况告诉了员工。他知道如果游戏在测试期内不能吸引玩家，那公司就没有收入，可能会倒闭。想运行游戏，就需要很多服务器，但他没有资金，他就拿着这份和国外公司签的合同去找服务器厂商。

对方不相信他时，他就会拿出合同并说自己申请试用他们的机器。他们都被他的自信感动了，同意了他的申请并签了协议。但他还缺少宽带，所以他又拿着与服务器厂商的协议去了中国电信。他仍自信地说请他们提供免费宽带，中国电信觉得他很有潜力，于是答应了他。

就这样，他用这两份合同获得了设备，游戏很受欢迎，他不仅收回了投资，还为公司取得了回报。在不到两年的时间里，他的财富增加了几千倍。一年后，他的个人财富翻了一倍，并登上了福布斯富豪榜。

这个故事告诉我们，不管做什么事，都可能会遇到困难，但只要自信并运用策略，就能以小投入快速解决困难，获得成功。

문장부호 제외 414자

자신감의 중요성

2000년, 한 젊은 사장이 외국 게임에 빠져 이 외국 회사와 협력하여 게임을 운영하기로 결정했을 때, 뜻밖에도 투자사의 반대에 부딪혔다. 그러나 그는 여전히 자신의 결정을 고수해 계약을 체결했고, 더 이상 당시 협력한 회사와 협력하지 않았다.

이때 그에게는 300만 위안이 안 되는 자금만 있었다. 그는 직원들에게 상황을 알렸다. 그는 만약 게임이 테스트 기간에 플레이어를 모으지 못하면 회사는 수입이 없어 도산할 수도 있다는 것을 알고 있었다. 게임을 운영하려면 서버가 많이 필요하지만 자금이 없었고, 그는 외국 회사와 체결한 계약서를 가지고 서버 업체를 찾아갔다.

상대가 그를 믿지 않을 때, 그는 계약서를 꺼내며 그들의 기기를 시범 사용할 것을 신청한다고 말했다. 그들은 모두 그의 자신감에 감동하여 그의 신청을 받아들이고 협의를 체결했다. 하지만 그는 여전히 광대역이 부족했다. 그래서 그는 서버 업체와의 협의서를 들고 차이나텔레콤에 갔다. 그는 여전히 자신 있게 그들에게 광대역을 무료로 제공해 달라고 말했고, 차이나텔레콤은 그가 잠재력이 있다고 생각하여 그의 요구에 응했다.

바로 이렇게, 그는 두 건의 계약서로 설비를 얻었고, 게임이 큰 인기를 끌자 투자금을 회수했을 뿐만 아니라 회사도 큰 수익을 얻었다. 2년도 안 되는 기간에 그의 자산은 몇 천 배 증가했다. 1년 후, 그의 개인 자산은 배로 증가하여 포브스 부호 명단에도 올랐다.

이 일화는 어떤 일을 하든 간에 어려움을 겪을 수 있지만 자신감을 가지고 전략을 운용한다면 작은 투자로 빠르게 어려움을 해결하고 성공을 거둘 수 있다는 것을 알려 준다.

Mini 모의고사 1

본서 p.322~332

• Day 19~20

听力 | 듣기 ◎track mini test 01

1 C	**2** D	**3** A	**4** C	**5** C	**6** A	**7** D	**8** B	**9** C
10 B	**11** D	**12** A	**13** A	**14** A	**15** D	**16** C	**17** B	**18** A
19 A	**20** C	**21** A	**22** C	**23** A	**24** B	**25** A	**26** B	**27** A
28 C	**29** C							

阅读 | 독해

30 B	**31** A	**32** C	**33** C	**34** A	**35** A	**36** D	**37** D	**38** D
39 D	**40** A	**41** E	**42** B	**43** C	**44** D	**45** D	**46** A	**47** D
48 D	**49** C	**50** B	**51** A	**52** B				

书写 | 쓰기

p.331 [모범답안] 참고

听力 | 듣기

1 **C** [不是生理性原因引起的 생리적인 원인으로 인한 것이 아니다 → 并非生理性的 생리적인 원인으로 인한 것이 결코 아니다]
녹음 마지막에서 '这种不适并不是生理性原因引起的(이러한 불편함은 생리적인 원인으로 인한 것이 결코 아니다)'라고 언급했다. 이때 '这种不适(이러한 불편함)'가 바로 '飞行恐惧症(비행 공포증)'을 가리키는 것이며, 다른 보기들은 녹음에서 언급되지 않았기 때문에 정답이 아니다.

坐飞机时，有的人会不由得出现恐慌、焦虑或激动等情绪，这被称为"飞行恐惧症"。而"恐飞治疗课程"能够让有"飞行恐惧症"的人熟悉飞机的触感与声音，缓解焦虑情绪，并且能让这些人了解到，这种不适并不是生理性原因引起的。

비행기를 탈 때 어떤 사람은 자기도 모르게 공포, 초조함 혹은 흥분 등의 정서가 나타날 수 있는데, 이는 '비행 공포증'이라고 불린다. 그리고 '비행 공포 치료 클래스'는 '비행 공포증'이 있는 사람들이 비행기의 촉감과 소리에 익숙해지게 해서 초조한 정서를 완화시킬 수 있고, 이들에게 이런 불편함이 생리적인 원인으로 인한 것이 결코 아니라는 점을 이해시킬 수 있다.

A 急躁的人易胆怯
B 飞机引擎声影响入眠
C 飞行恐惧并非生理性的
D 过度疲劳容易造成恐飞症

A 성격이 급한 사람은 겁이 많다
B 비행기 엔진 소리는 수면에 영향을 준다
C 비행 공포는 생리적인 것이 아니다
D 과로는 비행 공포증을 야기할 수 있다

★不由得 bùyóude 부 자기도 모르게, 저절로 | 恐慌 kǒnghuāng 명 공포 | 焦虑 jiāolǜ 형 초조하다, 근심스럽다 | 情绪 qíngxù 명 정서, 감정, 기분 | 称为 chēngwéi 동 ~라고 부르다 [被称为: ~라고 불리다] | 恐惧症 kǒngjùzhèng 명 공포증 | 治疗 zhìliáo 명 치료 | 课程 kèchéng 명 (교육) 과정, 커리큘럼 | 能够 nénggòu 조동 ~할 수 있다 | 触感 chùgǎn 명 촉감 | 缓解 huǎnjiě 동 완화시키다, 호전시키다 [缓解情绪: 정서를 완화시키다] | 不适 búshì 명 불편함 | 并 bìng 부 결코, 그다지, 별로 [부정사 앞에 쓰여 부정의 어기를 강조함] | ★生理 shēnglǐ 명 생리 | ★急躁 jízào 형 성미가 급하다, 조급하다 | 易 yì 형 쉽다, 용이하다 | ★胆怯 dǎnqiè 형 겁내다, 무서워하다 | ★引擎 yǐnqíng 명 엔진 | 声 shēng 명 소리 | 入眠 rùmián 동 잠들다 [여기서는 명사적 용법으로 쓰임] | 飞行 fēixíng 명 비행 | ★恐惧 kǒngjù 명 공포 | ★并非 bìngfēi 동 결코 ~가 아니다, 결코 ~하지 않다 | ★过度 guòdù 형 지나치다, 과도하다 | 疲劳 píláo 명 피로 | 造成 zàochéng 동 야기하다, 초래하다 | 恐飞症 kǒngfēizhèng 비행 공포증

2 **D** [能代替茶叶饮用 찻잎 대신 음용할 수 있다 → 可做饮用茶 마시는 차로 쓸 수 있다] 항백국은 차로 마실 수 있다고 녹음에서 두 번이나 이야기했다. 둘 중 하나만 들어도 정답을 고를 수 있으므로, 내용 하나를 놓쳤다고 포기하지 말자. 또한 녹음에서 '杭州(항저우)'가 언급되기는 했으나 '并不是……(결코 ~이 아니다)'라고 강조하였기 때문에 A를 답으로 혼동하면 안 된다.

杭白菊的生长地是浙江桐乡地区，并不是杭州。它与河南的淮菊、安徽的亳菊、滁菊均是有名的茶用菊。杭白菊具有养肝明目、清热降火的功效，也能代替茶叶饮用。另外，杭白菊价格适中，是人们最常饮用的菊花之一。

항백국의 생산지는 저장의 통샹이지, 결코 항저우가 아니다. 항백국과 허난의 회국, 안후이의 호국, 저국은 모두 유명한 차 용도의 국화이다. 항백국은 간과 눈을 밝히고, 열을 식히는 기능이 있고, 또한 찻잎 대신 음용할 수 있다. 게다가 항백국은 가격이 적당하여 사람들이 가장 많이 마시는 국화 중 하나이다.

A 杭白菊产地是杭州
B 杭白菊产量逐年增多
C 杭白菊可以治疗疾病
D 杭白菊可做饮用茶

A 항백국의 산지는 항저우이다
B 항백국의 생산량은 매년 증가하고 있다
C 항백국은 질병을 치료할 수 있다
D 항백국은 마시는 차로 쓸 수 있다

杭白菊 hángbáijú 명 항백국 [국화의 종류] | **生长** shēngzhǎng 동 자라다, 성장하다 [生长地:생산지] | **浙江** Zhèjiāng 고유 저장성 | **桐乡** Tóngxiāng 고유 통샹 | **地区** dìqū 명 지역, 지구 | **杭州** Hángzhōu 고유 항저우 | **河南** Hénán 고유 허난성 | **淮菊** huáijú 명 회국 [국화의 종류] | **安徽** Ānhuī 고유 안후이성 | **亳菊** háojú 명 호국 [국화의 종류] | **滁菊** chújú 명 저국 [국화의 종류] | **均** jūn 부 모두, 다 | **具有** jùyǒu 동 지니다, 가지고 있다 | **肝** gān 명 간 | **明目** míngmù 동 눈을 밝게 하다 | **清热** qīngrè 동 (중의학에서) 약으로 체온을 내리다 | **降火** jiànghuǒ 동 체내의 열을 내리다 | ★**功效** gōngxiào 명 기능, 효능, 효과 | **代替** dàitì 동 대체하다, 대신하다 | **茶叶** cháyè 명 (가공을 거친) 찻잎 | **饮用** yǐnyòng 동 마시다 | **适中** shìzhōng 형 적당하다, 적절하다 | **之一** zhī yī ~의 하나 | **产地** chǎndì 명 생산지 | **产量** chǎnliàng 명 생산량 | ★**逐年** zhúnián 부 매년, 해마다 | **增多** zēngduō 동 증가하다, 많아지다 | **治疗** zhìliáo 동 치료하다 | ★**疾病** jíbìng 명 질병, 병

보기에 반복적으로 사용되는 명사가 있으면 해당 명사를 소재로 한 설명 단문이 나올 것임을 예측하고 녹음을 듣자.

3 **A** [成了游速最快的鱼类 헤엄 속도가 가장 빠른 어류가 되었다 → 游泳速度极快 헤엄 속도가 매우 빠르다] A의 '游泳速度(헤엄 속도)'가 녹음 마지막 문장에서 '游速'로 앞 글자를 따서 줄인 형태로 제시되었다. 녹음과 보기에서 언제든지 유의어나 축약된 표현으로 제시될 수 있다는 점을 인지하고 있어야 한다.

旗鱼的嘴如长剑，可以快速把水分开；背鳍向上竖起，形似风帆。游泳时，旗鱼会放下背鳍来减少阻力；它的尾巴很细，可肌肉却十分发达，摆动起来也非常有力。旗鱼正是因为有了这些身体结构特点，才使得它成了游速最快的鱼类。

돛새치의 입은 장검과도 같아서 물을 빠른 속도로 가를 수 있다. 등 지느러미는 위로 솟아 그 모양이 돛과 같다. 헤엄칠 때는 등 지느러미를 접어서 저항을 줄인다. 그것의 꼬리는 매우 가늘지만 근육이 발달해서 매우 힘차게 흔들 수 있다. 돛새치는 바로 이러한 신체 구조 특징이 있기 때문에 헤엄 속도가 가장 빠른 어류가 되었다.

A 旗鱼游泳速度极快
B 旗鱼体型小
C 旗鱼进化缓慢
D 旗鱼尾巴粗大

A 돛새치는 헤엄 속도가 매우 빠르다
B 돛새치는 체구가 작다
C 돛새치는 진화가 느리다
D 돛새치의 꼬리는 굵직하다

旗鱼 qíyú 명 돛새치 [바닷물고기로 다랑어와 비슷하게 생김] | **如** rú 동 ~와 같다, ~와 비슷하다 [=犹如] | ★**剑** jiàn 명 (양쪽에 날이 있는) 검, 큰 칼 | **速** sù 명 속도 [=速度] | **分开** fēnkāi 동 분리하다, 가르다 | **背鳍** bèiqí 명 등지느러미 | ★**竖** shù 동 세우다, 곧추 세우다 | **形似** xíngsì 동 모양이 닮다 | **风帆** fēngfān 명 돛, 돛단배 | **阻力** zǔlì 명 저항 | **尾巴** wěiba 명 꼬리, 꽁무니 | **细** xì 형 가늘다, (폭이) 좁다 | **肌肉** jīròu 명 근육 | **发达** fādá 동 발

Mini 모의고사 1

달하다, 향상하다 | 摆动 bǎidòng 동 흔들다, 흔들거리다 | 力 lì 명 힘 | 正 zhèng 부 마침, 꼭 | 结构 jiégòu 명 구조, 구성, 조직 | 使得 shǐde 동 ~로 하여금 ~하게 하다 | 成 chéng 동 (~가) 되다 | 游 yóu 동 헤엄치다 | 鱼类 yúlèi 명 어류 | 体型 tǐxíng 명 체구, 체형, 몸매 | ★进化 jìnhuà 명 진화 | 缓慢 huǎnmàn 형 느리다 | 粗大 cūdà 형 (체격·물체가) 굵직하다

4 C [对A有所了解 A에 대해 어느 정도 알다 → 知情权 알 권리] 첫 문장에서 직원이 전략과 계획을 알면 직원은 '더욱 원동력을 가지게 된다(会更加有动力)'고 이야기했다. 녹음의 내용이 보기에서 '知情权(알 권리)'이라는 어려운 말로 제시되었지만, '了解(이해하다)'와 같은 맥락임을 알아야 한다.

研究发现，如果员工对公司未来的策略和计划有所了解，他们工作的时候就会更有动力。尤其是当员工意识到自己所做的工作会给客户带来什么影响后，他们会更积极地为促成出色的团队而努力。从而更加重视自己所做的工作。

연구에서 만약 직원이 기업의 미래에 대한 전략과 계획을 어느 정도 알고 있다면, 일을 할 때 더욱 원동력을 가지게 된다는 것을 발견했다. 특히 직원이 자신이 하는 일이 고객에게 어떤 영향을 끼치는지 깨닫게 된 후, 이들은 훌륭한 팀을 구성하기 위해 더 적극적으로 노력하게 된다. 이로써 자신이 하는 일을 더 중시하게 된다.

A 要加强员工的风险意识
B 要完善员工的培训制度
C 知情权能激发员工的动力
D 员工要多反思

A 직원의 위기의식을 강화해야 한다
B 직원의 교육 제도를 완비해야 한다
C 알 권리가 직원의 원동력을 불러일으킬 수 있다
D 직원은 많이 반성해야 한다

员工 yuángōng 명 직원 | 未来 wèilái 명 미래 | ★策略 cèlüè 명 전략, 책략, 전술 | 计划 jìhuà 명 계획 | 有所 yǒusuǒ 어느 정도 ~하다 [뒤에 동사나 형용사가 옴] | ★动力 dònglì 명 원동력 | 尤其 yóuqí 부 더욱 | ★意识 yìshí 동 깨닫다 | ★客户 kèhù 명 고객 | 促成 cùchéng 동 재촉하여 이루어지게 하다, 서둘러 성사시키다 | 出色 chūsè 형 특별히 좋다, 대단히 뛰어나다 | 团队 tuánduì 명 팀, 단체, 집단 | 从而 cóng'ér 접 따라서, 이리하여, 그리하여 | 所 suǒ 조 ['명사+所+동사'의 형태로 쓰여, 중심어가 동사의 객체임을 나타냄] | 加强 jiāqiáng 동 강화하다, 증강하다 | 风险意识 fēngxiǎn yìshí 명 위기의식 | 完善 wánshàn 형 완벽하다, 완전하다 | 培训 péixùn 동 육성하다, 키우다, 양성하다, 훈련하다 | 制度 zhìdù 명 제도 | 知情权 zhīqíngquán 명 알 권리 | ★激发 jīfā 동 (감정을) 불러일으키다, 끓어오르게 하다 | ★反思 fǎnsī 동 반성하다

5 C [具有A的工作态度 A한 업무 태도를 갖추다] 일을 더 잘 완성해 낼 수 있는 것은 '肯干的工作态度(일을 하고자 하는 업무 태도)'를 갖추고 있는지 봐야 한다고 주장했으므로 업무 태도와 일의 완수를 연관 지은 C가 정답이다. '得 děi' 뒤에 핵심 내용이 등장하는 경우가 많으니 주의해서 들어야 한다. 또한, D도 업무 태도를 언급했지만 '能干'이라고 했기 때문에 정답이 아니다. 이처럼 착각하기 쉬운 표현으로 함정을 만드는 경우가 많으므로 무엇에 관한 설명인지 구분해야 한다.

"胜任"是做一项工作的前提条件；而"能干"是合格员工最基本的标准；"肯干"则是一种对工作的态度。有的职位许多人都能"胜任"，可能否把工作完成得更好，就得看是否具有刻苦钻研、踏实、"肯干"的工作态度了。

'능히 감당하는 것'은 어떤 일을 할 때의 전제 조건이며, '유능한 것'은 합격한 직원의 가장 기본적인 기준이고, '일을 하고자 하는 것'은 일에 대한 태도이다. 어떤 직책은 많은 사람이 모두 '감당할' 수 있지만, 일을 더 잘 완성해 낼 수 있느냐는, 바로 각고의 노력으로 배우고, 성실히 하고, '일을 하고자 하는' 업무 태도를 갖추고 있는지 보아야 한다.

A 应该重视对员工的培养
B 能"胜任"工作的人很少
C 工作态度是完成工作的关键
D "能干"是一种对工作的态度

A 직원에 대한 교육을 중시해야 한다
B 일을 '감당할' 수 있는 사람이 적다
C 업무 태도가 일을 완수하는 것의 관건이다
D '유능한 것'은 일종의 업무에 대한 태도이다

胜任 shèngrèn 동 (맡은 직책이나 임무를) 능히 감당하다 | 项 xiàng 양 항목, 종목, 사항 | ★前提 qiántí 명 전제, 전제 조건 | 能干 nénggàn 형 유능하다, 능력이 뛰어나다 | 员工 yuángōng 명 직원 | 基本 jīběn 형 기본적인, 기본의, 근본적인 | 肯干 kěngàn 동 자발적으로 일을 하다 | 则 zé 부 바로 ~이다 [판단구에 쓰여 긍정을 나타냄] | ★职位 zhíwèi 명 직위 | 刻苦 kèkǔ 형 고생을 참아 내다, 몹시 애를 쓰다 | ★钻研 zuānyán 동 깊이 연구하다, 심혈을 기울이다 | ★踏实 tāshi 형 성실하다, (태도가) 착실하다, 견실하다 | 培养 péiyǎng 동 육성하다, 배양하다, 길러내다

6 A [努力兴办学堂 학당을 흥하게 하려고 노력하다 / 留下……精神财富 정신적 자산을 남기다 / 潮州……成为了文化名城 차오저우는 ~ 문화의 명도시가 되었다 → 促进了潮州的文化进步 차오저우의 문화 발전을 촉진했다] 전체적인 내용을 종합하고 유추하여 정답을 골라야 하는 문제이다. 한유가 차오저우에서 학당을 흥하게 하기 위해 여러 가지 노력을 했고, 그 결과 차오저우는 '문화의 명도시'가 되었다는 내용을 종합하면 '한유가 차오저우의 문화 발전을 촉진했다'는 것을 알 수 있다.

韩愈被贬至潮州当刺史的时候曾经努力兴办学堂，甚至捐赠出全部的俸银投资办学，并且为正音积极地推广唐朝的普通话。虽然他在任的时间不长，但给潮州这座城市留下了巨大的精神财富，也让其成为了一座文化名城。

A 韩愈促进了潮州的文化进步
B 潮州创办学校始于北宋
C 潮州方言很难懂
D 韩愈对普通话有偏见

한유가 차오저우로 유배되어 자사를 할 때 일찍이 학당을 흥하게 하려고 노력했다. 심지어 모든 봉급을 기부하여 학교를 설립하는 데 투자했고, 바른 발음을 위해 당나라의 표준어를 적극적으로 보급했다. 비록 그가 재임한 기간이 길지는 않았지만 차오저우라는 도시에 거대한 정신적 자산을 남겼고, 이곳을 문화의 명도시가 되게 했다.

A 한유는 차오저우의 문화 발전을 촉진했다
B 차오저우의 학교 설립은 북송 시대부터 시작된다
C 차오저우 방언은 이해하기 어렵다
D 한유는 표준어에 편견이 있다

韩愈 Hányù 고유 한유 [당나라의 문학가·사상가] | 贬 biǎn 동 (직위나 등급을) 낮추다, 떨어뜨리다 | 至 zhì 동 ~까지 이르다 | 潮州 Cháozhōu 고유 차오저우 | 刺史 cìshǐ 명 자사 [지방 장관] | 曾经 céngjīng 부 일찍이, 이전에 | 兴办 xīngbàn 동 창설하다, 일으키다 | 学堂 xuétáng 명 학당 | 捐赠 juānzèng 동 기부하다, 기증하다 | 俸银 fèngyín 명 봉급 | 投资 tóuzī 동 투자하다 | 办 bàn 동 창설하다, 경영하다 | 并且 bìngqiě 접 또한, 게다가 | 正音 zhèngyīn 명 정확한 발음, 정음 | 推广 tuīguǎng 동 널리 보급하다, 일반화하다 | 唐朝 Táng cháo 당 왕조 | 在任 zàirèn 동 재임하다 | 巨大 jùdà 형 (규모·수량 등이) 아주 크다, 아주 많다 | 精神 jīngshén 명 정신 | ★财富 cáifù 명 자산, 부, 재산 | 名城 míngchéng 명 유명한 도시 | 促进 cùjìn 동 촉진하다 | 进步 jìnbù 명 발전, 진보 | 创办 chuàngbàn 동 창립하다, 창설하다 | 始于 shǐyú 비롯하다, 처음으로 시작되다 | 北宋 Běisòng 고유 북송 | 难懂 nándǒng 형 이해하기 어렵다 | ★偏见 piānjiàn 명 편견, 선입견

HSK 6급 듣기는 어휘 수준이 높고 문형도 복잡하고 길어서 들어도 제대로 이해하기 어려운 경우가 많다. 내용을 부분적으로만 듣고 전체적으로 이해하지 못했다면, 녹음에서 들은 표현으로만 보기를 골라야 한다.

7 D [想出了办法 방법을 생각해 내다 / 没有一个人闭眼 눈을 감은 사람이 없다 → 办法很有效 방법이 효과적이다] 단체 사진을 찍을 때 사람들이 자주 눈을 감자 한 사진작가가 새로운 방법을 생각해 냈고, 그 방법으로 찍은 사진에는 눈을 감은 사람이 없었다고 했으므로, '사진작가의 방법이 효과적이었음'을 알 수 있다.

在拍集体照前，摄影师都会强调："我喊到三的时候，大家不要闭眼。"可效果总是不好。后来，一位摄影师想出了办法，在他喊数字前，会先让大家闭上眼睛，当听到三的时候大家再一起睁开眼睛。结果，用这个方法拍摄的照片果然没有一个人闭眼。

단체 사진을 찍기 전에, 사진작가들은 모두 강조한다. "제가 셋을 외칠 때, 모두 눈을 감지 마세요." 하지만 효과는 항상 좋지 않았다. 후에 한 사진작가는 방법을 생각해 냈다. 숫자를 외치기 전에, 먼저 모두가 눈을 감고 있게 했다가, 셋을 들었을 때 모두 다 같이 눈을 뜨게 하는 것이다. 마침내, 이 방법으로 찍은 사진에는 과연 눈을 감은 사람이 한 명도 없었다.

A 强光对眼睛无益	A 강한 빛은 눈에 이롭지 않다
B 拍照时的动作不重要	B 사진을 찍을 때의 동작은 중요하지 않다
C 摄影技术难以掌握	C 촬영 기술은 획득하기 어렵다
D 那位摄影师的办法很有效	D 그 사진작가의 방법이 효과적이다

集体 jítǐ 명 단체, 집단 | **摄影师** shèyǐngshī 명 사진사 | **强调** qiángdiào 동 강조하다 | **喊** hǎn 동 외치다, 소리치다 | **闭眼** bìyǎn 동 눈을 감다 | **睁眼** zhēngyǎn 동 눈을 뜨다 | **拍摄** pāishè 동 사진을 찍다, 촬영하다 | **无益** wúyì 동 무익하다, 쓸모 없다 [对A无益: A에 무익하다] | **摄影** shèyǐng 명 촬영 | **难以** nányǐ 동 ~하기 어렵다 | **掌握** zhǎngwò 동 숙달하다, 파악하다 | **有效** yǒuxiào 형 효과가 있다, 유효하다, 유용하다

8 B [一看就知道这不是自己的作品 보자마자 바로 자신의 작품이 아니라는 것을 알다] 우중치는 서예 작품을 보자마자 '자신의 것이 아님'을 알았다고 직접적으로 언급했다. 마지막에 우중치가 '这么好的字我可写不出来(이렇게 좋은 글씨를 저는 쓸 수 없습니다)'라고 한 것은 자신의 서예 실력을 말하는 것이 아니라 자신의 글이 아님을 유머러스하게 돌려 말한 것이므로 C는 정답이 아니다. 이야기 지문에서는 말의 표면적 의미도 중요하지만 속뜻을 파악하는 것이 매우 중요하다.

著名书法家武中奇在沪期间，有个人带来了一幅写有他名字的书法作品请他鉴别真伪。武中奇一看就知道这不是自己的作品。于是很风趣地说:"这幅字写得极好，这么好的字我可写不出来。"	유명 서예가 우중치가 상하이에 있는 동안, 어떤 사람이 그의 이름이 쓰인 서예 작품을 가지고 와서 그에게 진위를 가려 달라고 부탁했다. 우중치는 보자마자 바로 자신의 작품이 아니라는 것을 알았다. 그리하여 유머러스하게 말했다. "이 글씨는 굉장히 잘 썼네요. 이렇게 좋은 글씨를 저는 쓸 수 없습니다."
A 武中奇特别喜欢到处题字 B 那幅作品不是武中奇的 C 武中奇字写得不好 D 武中奇重视金钱	A 우중치는 도처에 글 남기는 것을 아주 좋아한다 B 그 작품은 우중치의 것이 아니다 C 우중치는 글씨를 잘 못 쓴다 D 우중치는 돈을 중시한다

书法家 shūfǎjiā 명 서예가 | **武中奇** Wǔzhōngqí 고유 우중치 [인명] | **沪** Hù 고유 [상하이의 별칭] | **期间** qījiān 명 기간, 시간 | **幅** fú 양 폭 [옷감·종이·그림 등을 세는 단위] | **作品** zuòpǐn 명 (문학·예술의) 작품, 창작품 | ★**鉴别** jiànbié 동 감별하다, 변별하다 | **真伪** zhēnwěi 명 진위 | **一A就B** yī A jiù B A하자마자 바로 B하다 | ★**风趣** fēngqù 형 (말이나 글 등이) 유머러스하다, 해학적이다 | **题字** tízì 동 기념으로 몇 자 적다 | **金钱** jīnqián 명 돈, 금전

9 C [营造想象氛围 상상하는 분위기를 조성하다] 영화의 배경 음악을 두 종류로 나누어 설명하면서, 처음이나 끝부분에 나오는 음악은 '상상하는 분위기를 조성한다'고 했는데, 이와 일치하는 보기는 C이다. 보기 A는 '몇 마디 정도 분량의 배경음악'에 대한 설명이므로 정답이 아니다. '营造氛围(분위기를 조성하다)'는 자주 쓰이는 짝꿍 표현이니 기억해 두자.

다음 어휘는 뒤의 내용을 강조하는 효과가 있으며, 뒤에 정답이 나올 확률이 높다.
为 wèi ~를 위해서 | 最 zuì 가장 | 更 gèng 더욱 | 主要 zhǔyào 주로 | 因为 yīnwèi 왜냐하면

10 B [苍白单调 생동감이 없고 단조롭다 → 单调 단조롭다] 남자는 영화에 배경 음악이 없으면 '생동감이 없고 단조로우며', 영화와 음악은 떼려야 뗄 수 없는 것이라고 했다. 보기에 '单调(단조롭다)'만 나왔지만 내용이 일맥상통하므로 정답이다.

11 D [请乐团来配乐 밴드를 불러서 배경 음악을 맞추다 / 我们也是这么进行的 우리도 이렇게 진행한다] 진행자가 일반적인 작업 방식을 먼저 언급한 후 남자의 작업 방식에 대해 질문하자, 남자는 '我们也是这么进行的(우리도 이렇게 진행한다)'라고 답했다. 대부분 진행자의 질문에서 핵심 어휘만 파악하고 넘어가지만, 이 문제는 진행자의 말도 주의 깊게 들어야 맞힐 수 있다.

12 A [문: 原则是什么 원칙이 무엇입니까 → 답: 不重复 반복하지 않는다] 진행자의 질문은 곧 문제이기도 하다. 남자의 답변인 '반복하지 않는다'가 곧 '남자가 고수한 원칙'임을 알 수 있다.

13 A [进行反思 성찰을 하다] 남자는 반드시 '성찰을 한다'고 인터뷰 말미에 언급했다. 만일 이를 파악하지 못하면 녹음 중간에 언급된 '乐团(악단, 밴드)'과 비슷한 '乐队'가 제시된 보기 D를 정답으로 고르도록 함정을 파 놓은 문제였다.

第9到13题是根据下面一段采访：

女：您作为电影界的配乐大师，是怎样构思一部电影音乐的？

男：一般来讲，电影配乐分为两种：一种是要充分发挥想象力，在开头或者结尾的时候出现，[9]为人们营造一种超棒的想象氛围，令人听了以后不仅觉得出乎意料，而且充满趣味；另一种则是仅仅需要几段很有分量的配乐，与电影情节吻合即可。

女：那您觉得在一部影片里音乐更重要还是情节更重要？

男：电影本身就包含了台词与情节，它的表现力要比音乐更直接，可[10]一部电影如果没有音乐，就会显得特别苍白单调，只有将两者完美地结合才可以让电影更有活力。实际上，音乐与电影是密不可分的，一部电影的情节需要的是“冲突”，音乐也是如此。因此我认为一部电影的音乐与情节应是融为一体，却又互相“争斗”的关系。

女：[11]配乐的时候，有的团队习惯先在胶片上做标记，再请乐团来配乐，此时一般原作者都会在现场与乐团交流。请问您工作的方式是什么样的？

男：[11]我们也是这么进行的，例如这是一部有打斗场面的电影，我们便会更注重节奏，边听节拍边录制音乐。这样也会让配乐和电影内容更为契合，不会因音乐的突兀而影响观看的效果，而是给观众以美的享受。

女：您在创作的时候有哪些诀窍？在音乐上，这些年来您始终坚持的[12]原则又是什么呢？

9~13번 문제는 다음 인터뷰에 근거한다.

여: 당신은 영화계의 배경 음악 대가로서 영화 음악을 어떻게 구상하시나요?

남: 일반적으로 영화 배경 음악은 두 종류로 나뉩니다. 한 가지는 상상력을 충분히 발휘해야 하는 것인데, 처음이나 끝부분에 나옵니다. [9]사람들에게 최고의 상상하는 분위기를 조성하여, (음악을) 듣고 나면 뜻밖일 뿐 아니라 매우 흥미롭다고 생각하게 합니다. 다른 하나는 몇 마디 정도 분량의 배경 음악으로, 영화 스토리와 맞으면 됩니다.

여: 그렇다면 영화에서 음악이 더 중요하다고 생각하시나요, 스토리가 더 중요하다고 생각하시나요?

남: 영화 자체에는 대사와 스토리가 담겨 있고, 그 표현력은 음악보다 더 직접적입니다. 그렇지만 [10]영화에 음악이 없다면 굉장히 생동감이 없고 단조로울 것입니다. 이 두 가지를 완벽하게 결합해야만 영화에 더 활력이 생기게 할 수 있습니다. 실질적으로 음악은 영화와 뗄 수 없습니다. 영화 한 편의 스토리에 필요한 것은 '충돌'입니다. 음악 또한 그렇습니다. 따라서 저는 영화의 음악과 스토리는 하나로 어우러지면서도 서로 '대항하는' 관계여야 한다고 생각합니다.

여: [11]배경 음악을 넣을 때 어떤 팀은 습관적으로 필름에 표기를 먼저 하고 나서 밴드를 불러서 배경 음악을 맞춥니다. 이때 일반적으로 원작자는 현장에서 밴드와 교류하는데요, 당신의 작업 방식은 어떤가요?

남: [11]저희도 그렇게 합니다. 예컨대 싸움 장면이 있는 영화라고 하면, 우리는 바로 리듬에 집중하고, 박자를 들으면서 음악을 녹음합니다. 이렇게 해야 배경 음악과 영화 내용이 더 잘 맞게 되어, 음악이 너무 튀어서 관람 효과에 영향을 주지 않고 관중들이 아름다움을 누리도록 할 수 있습니다.

여: 창작할 때 어떤 비법이 있으신가요? 음악 분야에서 몇 년간 줄곧 고수한 [12]원칙은 또한 무엇인가요?

男：[12]不重复，这便是我的诀窍。剧情比较轻松时就用明快的节奏，而到了忧郁或者悲伤的阶段时就用灰色与低沉的音乐来表现。我始终坚持的都是要做出更好的音乐。当然，“这个更好的音乐”没有具体的形式，可每当完成一部电影作品后，[13]我都会进行反思，再把反思的结果反映到下一部作品中，等做完以后再进行反思。因此，对于电影作品，我并没有百分之百的满意，有的只是不断地改进。

남: [12]반복하지 않는 것입니다. 이것이 바로 저의 비법입니다. 스토리가 비교적 가벼울 때는 명쾌한 리듬을 사용하고 우울하거나 비관적일 때는 암담하고 낮은 음악으로 표현하는 식이죠. 제가 줄곧 고수하는 것은 더 좋은 음악을 만들어 내는 것입니다. 물론 이 '더 좋은 음악'이라는 것에 구체적인 형식이 있는 것은 아니지만, 한 영화 작품을 끝낸 뒤 [13]저는 성찰을 하고, 다시 성찰의 결과를 다음 작품에 반영하고, 그걸 마치면 또 성찰합니다. 따라서 영화 작품에 대해 저는 결코 백퍼센트의 만족이 없습니다. 다만 끊임없이 개선할 뿐입니다.

9 在电影开头或结尾时配乐，有什么作用？

A 符合整体情节
B 答谢观众
C 营造想象氛围
D 使电影更易懂

10 男的怎样看待电影情节和音乐之间的关系？

A 音乐具有时效性
B 没有音乐的电影很单调
C 情节限制了音乐的发挥
D 音乐与情节是主次关系

11 关于配乐习惯，男的采用的是哪种方式？

A 突破之前的模式
B 听取导演的意见
C 拍摄之前录制好音乐
D 请乐团配乐

12 男的坚持的创作原则是什么？

A 不重复
B 迎合观众的审美标准
C 选择古典的音乐
D 按台词设置音乐

13 关于男的，下列哪项正确？

A 善于反思　B 性格消极
C 擅长作曲　D 曾是乐队成员

9 영화 시작이나 끝의 배경 음악은 어떤 역할을 하는가?

A 전체 줄거리에 부합한다
B 관객에게 감사를 표한다
C 상상하는 분위기를 조성한다
D 영화를 더욱 이해하기 쉽게 한다

10 남자는 영화 스토리와 음악 간의 관계를 어떻게 보는가?

A 음악은 시효성이 있다
B 음악이 없는 영화는 단조롭다
C 스토리는 음악적 발휘를 제한했다
D 음악과 스토리는 메인과 서브의 관계이다

11 배경 음악을 넣을 때 남자는 어떤 방식을 활용하는가?

A 이전의 방식을 타파한다
B 감독의 의견에 따른다
C 촬영 전에 음악을 녹음해 둔다
D 밴드를 불러 배경 음악을 넣는다

12 남자가 고수하는 창작 원칙은 무엇인가?

A 반복하지 않는 것
B 관객의 심미적 기준에 부합하는 것
C 고전적인 음악을 고르는 것
D 대사에 맞춰 음악을 설정하는 것

13 남자에 대해서 다음 중 옳은 것은 무엇인가?

A 성찰을 잘한다　B 성격이 소극적이다
C 작곡에 능하다　D 밴드 멤버였다

采访 cǎifǎng 명 인터뷰, 취재 | **作为** zuòwéi 개 ~로서 [신분·자격을 나타냄] | **界** jiè 명 계, 분야 | **配乐** pèiyuè 명 배경 음악 | **大师** dàshī 명 거장, 대가, 권위자 | ★**构思** gòusī 동 구상하다 | **部** bù 양 부, 편 [영화나 서적을 세는 단위] | **分为** fēnwéi 동 ~로 나누다 | **充分** chōngfèn 형 충분하다 | **发挥** fāhuī 동 발휘하다 | **想象力** xiǎngxiànglì 명 상상력 | **开头** kāitóu 명 처음, 최초 | **结尾** jiéwěi 명 결말, 최종 단계 | **营造** yíngzào 동 조성하다, 만들다 | **超** chāo 형 보통 이상의, 탁월한 | **想象** xiǎngxiàng 동 상상하다 | **氛围** fēnwéi 명 분위기 | **出乎意料** chūhūyìliào 성 예상을 넘어서다, 예상 밖이다 | **充满** chōngmǎn 동 가득 채우다 | ★**趣味** qùwèi 명 재미, 흥미 | **另** lìng 대 다른, 그 밖의 | **仅仅** jǐnjǐn 부 단지, 다만, 겨우 | ★**分量** fènliàng 명 중량, 무게, 분량 | ★**情节** qíngjié 명 줄거리, 스토리, 플롯 | **吻合** wěnhé 동 일치하다, 완전히 부합하다 | **影片** yǐngpiàn 명 영화 | ★**本身** běnshēn 명 그 자체 | **台词** táicí 명 대사 | **表现力** biǎoxiànlì 명 표현력 | **显得** xiǎnde 동 ~한 것처럼 보이다, ~하게 보이다 | ★**苍白** cāngbái 형 생동감이 없다, 생기가 없다 | **单调** dāndiào 형 단조롭다 | **将** jiāng 개 ~를 [=把] | **完美** wánměi 형 완전무결하다, 매우 훌륭하다 | **结合** jiéhé 동 결합하다 | **密不可分** mìbùkěfēn 서로 뗄 수 없다, 아주 밀접하다 | ★**冲突** chōngtū 명 충돌, 모순 | **如此** rúcǐ 대 이와 같다, 이러하다 | **融为一体** róngwéi yìtǐ 일체가 되다 | **争斗** zhēngdòu 동 대항하다 | **胶片** jiāopiàn 명 필름 | ★**标记** biāojì 명 표기, 기호 | **乐团** yuètuán 명 악단 | ★**现场** xiànchǎng 명 (사건이

나 사고의) 현장 | **方式** fāngshì 명 방식, 방법 | **打斗** dǎdòu 동 싸우다, 다투다 | ★**场面** chǎngmiàn 명 장면, 신(scene) | **便** biàn 부 곧, 바로 [=就] | ★**注重** zhùzhòng 동 중시하다, 중점을 두다 | ★**节奏** jiézòu 명 리듬, 박자 | **边** biān 부 ~하면서 ~하다 [边A边B: A하면서 B하다] | **节拍** jiépāi 명 리듬, 박자 | **录制** lùzhì 동 녹음·제작하다 | **契合** qìhé 동 부합하다, 일치하다 | **突兀** tūwù 형 갑작스럽다, 느닷없다, 우뚝 솟다 | **观看** guānkàn 동 보다, 참관하다 | **享受** xiǎngshòu 동 누리다, 향유하다, 즐기다 | ★**创作** chuàngzuò 동 창작하다 | **诀窍** juéqiào 명 비결, 요령 | **始终** shǐzhōng 부 시종일관, 줄곧 | **原则** yuánzé 명 원칙 | **重复** chóngfù 동 (같은 일을) 반복하다, 다시 하다 | **剧情** jùqíng 명 연극의 줄거리 ['剧中情节'의 줄임말] | **明快** míngkuài 형 명쾌하다 | ★**忧郁** yōuyù 형 우울하다, 침울하다 | **悲伤** bēishāng 형 몹시 슬프다, 상심하다 | **阶段** jiēduàn 명 단계 | **灰色** huīsè 형 절망적이다, 침울하다 | **低沉** dīchén 형 소리가 낮다, 나지막하다 | **表现** biǎoxiàn 동 표현하다 | **具体** jùtǐ 형 구체적이다 | **形式** xíngshì 명 형식 | ★**反思** fǎnsī 명 성찰, 반성 | **反映** fǎnyìng 동 (사람·물체의 형상을) 되비치다, 반사하다 | **不断** búduàn 부 계속해서, 끊임없이 | **改进** gǎijìn 동 개선하다, 개량하다 | **答谢** dáxiè 동 감사를 표하다, 사례하다 | ★**看待** kàndài 동 대우하다, 다루다, 취급하다 | **时效性** shíxiàoxìng 명 시효성 [특정 기간 내에만 효과를 가지는 특성] | **限制** xiànzhì 동 제한하다 | **主次** zhǔcì 명 일의 경중, 본말, 주된 것과 부차적인 것 | **采用** cǎiyòng 동 채용하다, 채택하다 | ★**突破** tūpò 동 (한계·난관을) 돌파하다, 타파하다, 극복하다 | ★**模式** móshì 명 (표준) 양식, 패턴, 모델 | **听取** tīngqǔ 동 (의견·보고 등을) 청취하다, 귀담아듣다 | **导演** dǎoyǎn 명 감독, 연출자 | **拍摄** pāishè 동 촬영하다 | **迎合** yínghé 동 영합하다, 비위를 맞추다 | ★**审美** shěnměi 동 아름다움을 감상하고 평가하다 | **古典** gǔdiǎn 형 고전적인 | **按** àn 개 ~에 준하여, ~에 따라서 | ★**设置** shèzhì 동 설치하다, 설립하다, 세우다 | **善于** shànyú 동 ~를 잘하다, ~에 능하다 | **消极** xiāojí 형 소극적이다, 의기소침하다 | ★**擅长** shàncháng 동 (어떤 방면에) 뛰어나다, 잘하다, 정통하다 | **作曲** zuòqǔ 동 작곡하다 | **曾** céng 부 일찍이, 이미, 벌써 | **乐队** yuèduì 동 악대, 악단 | ★**成员** chéngyuán 명 성원, 구성원

14 A [周末……进行强化训练 주말에는 강화 훈련을 진행한다] 평일과 주말 일정을 언급하며, '주말에는 강화 훈련을 진행한다'고 했다. 수업이 끝난 후 '체육 훈련'을 한다고 했지, 체육 수업을 듣는다고 하지 않았기 때문에 C는 정답이 아니다.

15 D [紧张时，我会戴着耳机听音乐 긴장될 때, 이어폰을 끼고 음악을 듣는다] 진행자가 어떤 방법으로 자신의 상태를 조절하는지 물었고, 남자는 '이어폰을 끼고 음악을 듣는다'고 답했으므로 정답은 D이다.

16 C [尊重每一位竞争对手 모든 경쟁 상대를 존중한다] 남자는 경쟁 선수에 대해 모든 선수가 친구이고 서로 배울 만한 장점이 있다고 이야기하며, '모든 상대를 존중한다'고 언급했다. 접속사 '因此(따라서)' 뒤에는 정답이 언급되는 경우가 많다.

17 B [我的家人……都非常支持 가족들 모두가 응원한다] 자신의 향후 계획에 대한 질문에 대답하면서, '가족들이 응원한다'는 말도 인터뷰 말미에 덧붙였다. 인터뷰 마지막에 나오는 말은 정답으로 이어지는 경우가 많다.

18 A [参加了很多国家级比赛 많은 국가급 경기에 참가했다] 마지막 문제의 정답이 반드시 마지막 답변에서 언급되는 것은 아니다. 다만, 대부분의 경우 답변마다 보기가 하나씩 등장한다. 따라서 모든 답변을 꼼꼼히 들어야 한다. 녹음에서는 '参加了(참가했다)'로, 보기 A에서는 '参加过(참가한 적이 있다)'로 표현했지만 의미 차이는 없다.

第14到18题是根据下面一段采访：

女：你好，特别感谢你接受我的采访。你是一名学生运动员，我们很想知道你是如何平衡田径训练和学业这二者的关系的？

男：作为一名学生，我认为学习是最重要的。可我非常荣幸地加入了田径队，所以我也非常重视田径训练，特别珍惜训练的时间。一般来说，我每天下午下课以后会进行三到四个小时的体育训练，晚上复习功课，[14]周末专门用七、八个小时的时间进行强化训练。这样就基本能够兼顾训练与学习了。

14~18번 문제는 다음 인터뷰에 근거한다.

여: 안녕하세요. 인터뷰에 응해 주셔서 매우 감사드립니다. 당신은 학생 운동선수이신데, 육상 훈련과 학업 이 두 가지의 관계를 어떻게 균형 맞추는지 알고 싶습니다.

남: 학생으로서, 저는 공부가 가장 중요하다고 생각합니다. 하지만 저는 아주 영광스럽게도 육상팀에 들어가게 되어서 저는 육상 훈련도 중시하고, 훈련 시간을 특히 소중하게 생각합니다. 일반적으로, 저는 매일 오후에 수업을 마친 후 3~4시간의 체육 훈련을 합니다. 저녁에는 수업을 복습하고, [14]주말엔 특별히 7, 8시간을 써서 강화 훈련을 합니다. 이렇게 해야만 기본적으로 훈련과 공부를 아울러 고려할 수 있습니다.

女：你参加过许多田径比赛，赛前应该特别紧张吧？你一般用什么方法来调整自己的状态？

男：我非常喜欢听音乐。[15]很累或很紧张时，我会戴着耳机听音乐。音乐能让我放松，而且不少音乐背后的故事也是鼓励我坚持下去的动力。

女：到现在为止，你觉得什么事是最值得你骄傲的？

男：我这么年轻就可以获得如此难得的机会，顺利进入田径队，并且[18]参加了很多国家级比赛，这是我觉得非常骄傲的一件事。此外，我特别幸运可以得到多名教练的帮助与指导，而且和这么多队员一起训练、朝夕相处也让我感到特别开心。

女：你是如何看待你的竞争对手的呢？

男：首先，我觉得既然大家都是运动员，那么就都应具备运动员的精神，在这个意义上大家都是一样的，所以我们是朋友。在赛场上，我们虽是竞争关系，但彼此身上都有许多值得大家互相学习的优点。[16]因此，我欣赏且尊重每一位竞争对手。

女：那对未来你有什么打算？

男：我现在的打算是把文化课学好，并且继续加强体育训练，争取考上一所理想的体育大学。这样既可以提升我的综合素质，又能帮我实现成为职业运动员的梦想，[17]对此，我的家人也都非常支持。

여: 당신은 많은 육상 경기에 참가하셨는데, 경기 전에 분명 매우 긴장되시죠? 당신은 보통 어떤 방법으로 자신의 상태를 조절하시나요?

남: 저는 음악 듣는 것을 매우 좋아합니다. [15]피곤하거나 긴장될 때, 저는 이어폰을 끼고 음악을 듣습니다. 음악은 저를 편안하게 하고, 또한 많은 음악 뒤의 이야기도 제가 계속 해 나가도록 격려하는 동력이 됩니다.

여: 지금까지, 어떤 일이 가장 자랑할 만한 것이라고 생각하시나요?

남: 저는 이렇게 어린데 이러한 얻기 어려운 기회를 얻어, 순조롭게 육상팀에 들어갔고, 또 [18]많은 국가급 경기에 참가했습니다. 이것이 제가 아주 자랑스럽다고 생각하는 일입니다. 이 밖에도, 저는 정말 운이 좋게도 여러 코치님의 도움과 지도를 받을 수 있었습니다. 또한 이렇게 많은 팀원들과 함께 훈련하고 하루 종일 어울리게 되어서 저도 매우 기쁩니다.

여: 당신의 경쟁 상대를 어떻게 생각하시나요?

남: 먼저, 저는 기왕 모두가 운동선수이니, 모두 운동선수의 정신을 갖추어야 한다고 생각합니다. 그런 의미에서 모두가 똑같아서 우리는 친구입니다. 경기장에서, 우리는 비록 경쟁 관계이지만, 각자에게 모두가 서로 배울 만한 많은 장점이 있습니다. [16]따라서 저는 모든 경쟁 상대를 좋아하고 또 존중합니다.

여: 그렇다면 향후에 당신은 어떤 계획이 있나요?

남: 저의 현재 계획은 문화 수업을 잘 공부하고, 또 계속 체육 훈련을 강화하여 원하는 체육대학에 합격하는 것입니다. 이렇게 하면 저의 종합적인 소양도 높일 수 있고, 프로 운동선수가 되는 꿈을 이룰 수도 있습니다. [17]이에 대해 저의 가족도 매우 지지하고 있습니다.

14 男的周末一般做什么？

A 进行田径训练
B 约朋友看电影
C 上体育课培训班
D 在家休息

15 紧张的时候男的会怎么做？

A 喝酒
B 找队友倾诉
C 独自运动
D 听音乐

16 男的怎么看待竞争对手？

A 难以沟通　B 练习刻苦
C 值得尊重　D 实力不足

14 남자는 주말에 보통 무엇을 하는가?

A 육상 훈련을 한다
B 친구와 영화를 보기로 약속한다
C 체육 훈련 수업을 듣는다
D 집에서 쉰다

15 긴장될 때 남자는 어떻게 하는가?

A 술을 마신다
B 팀원을 찾아 속마음을 털어놓는다
C 혼자서 운동을 한다
D 음악을 듣는다

16 남자는 경쟁 상대를 어떻게 바라보는가?

A 소통하기 어렵다　B 훈련이 고되다
C 존중할 만하다　D 실력이 부족하다

17 对于男的对未来的打算，家人持什么态度?

A 表示中立　　B 表示支持
C 非常反对　　D 特别犹豫

18 关于男的，可以知道什么?

A 参加过国家级比赛
B 哥哥是职业运动员
C 腿受伤了
D 心理素质不好

17 남자의 향후 계획에 대해, 가족들은 어떤 태도를 취하는가?

A 중립이다　　B 지지한다
C 매우 반대한다　　D 매우 주저한다

18 남자에 관하여 무엇을 알 수 있는가?

A 국가급 경기에 참가한 적이 있다
B 형이 프로 운동선수이다
C 다리를 다쳤다
D 심리적 소양이 좋지 않다

运动员 yùndòngyuán 명 운동선수 | **如何** rúhé 대 어떻게, 어떤 [=怎么] | **平衡** pínghéng 동 균형을 맞추다 | ★**田径** tiánjìng 명 육상 | **训练** xùnliàn 명 훈련 동 훈련하다 | **学业** xuéyè 명 학업 | ★**荣幸** róngxìng 형 매우 영광스럽다 | **加入** jiārù 동 가입하다, 참가하다 | **田径队** tiánjìngduì 육상부, 육상팀 | **珍惜** zhēnxī 동 귀중히 여기다, 진귀하게 여겨 아끼다 | **一般来说** yìbān láishuō 일반적으로 말하자면 | **功课** gōngkè 명 공부, 학업, 학습 | **强化** qiánghuà 동 강화하다 | **基本** jīběn 부 기본적으로, 대체로, 거의 | **兼顾** jiāngù 동 아울러 고려하다 | **赛** sài 명 경기, 시합, 대회 | **调整** tiáozhěng 동 조정하다, 조절하다 | **状态** zhuàngtài 명 상태 | **耳机** ěrjī 명 이어폰 [戴耳机：이어폰을 끼다] | **背后** bèihòu 명 뒤, 뒷면, 배후 | **鼓励** gǔlì 동 격려하다 | **为止** wéizhǐ 동 ~까지 하다 | ★**难得** nándé 형 얻기 어렵다 | **进入** jìnrù 동 들어가다, 진입하다 | **级** jí 명 급, 등급 | **此外** cǐwài 접 이 외에, 이 밖에 | **幸运** xìngyùn 형 운이 좋다, 행운이다 | **教练** jiàoliàn 명 코치 | **指导** zhǐdǎo 명 지도 | **队员** duìyuán 명 팀원, 대원 | **朝夕相处** zhāoxī xiāngchǔ 늘 함께 지내다, 사이가 좋다 | **对手** duìshǒu 명 상대, 적수 | **具备** jùbèi 동 (물품 등을) 갖추다, 구비하다 | **意义** yìyì 명 의미, 뜻 | **赛场** sàichǎng 명 경기장 | **虽** suī 접 비록 ~하지만 | **彼此** bǐcǐ 대 서로, 피차 | **欣赏** xīnshǎng 동 감상하다 | **且** qiě 접 또한, 게다가 | **未来** wèilái 명 향후, 미래 | **加强** jiāqiáng 동 강화하다, 증강하다 | **争取** zhēngqǔ 동 쟁취하다, 얻어 내다 | **考上** kǎoshàng 시험에 합격하다 | **所** suǒ 양 개, 곳, 군데 [병원·학교 등을 세는 단위] | **既** jì 접 ~할 뿐만 아니라 [既A，又B: A할 뿐만 아니라 또한 B하다] | **提升** tíshēng 동 향상시키다, 제고하다 | **综合** zōnghé 명 종합 | ★**素质** sùzhì 명 소양, 자질 | **实现** shíxiàn 동 실현하다, 달성하다 | **梦想** mèngxiǎng 명 꿈 | **此** cǐ 대 이, 이것 | **家人** jiārén 명 가족 | **约** yuē 동 약속하다 | **培训班** péixùnbān 명 (전문 간부·기술자 따위의) 훈련반, 육성반 | **队友** duìyǒu 명 팀 동료, 멤버 [팀이나 조직에서 대원 간의 친근한 호칭] | **倾诉** qīngsù 동 (속마음을) 다 털어놓다, 이것저것 죄다 말하다 | **独自** dúzì 부 혼자서, 홀로, 단독으로 | **沟通** gōutōng 동 소통하다, 교류하다 | **刻苦** kèkǔ 형 노고를 아끼지 않다, 몹시 애를 쓰다 | ★**实力** shílì 명 실력, 힘 | **不足** bùzú 형 부족하다 | **考** kǎo 동 시험을 보다 | **持** chí 동 가지다, 지니다 [持……态度：~한 태도를 취하다] | ★**中立** zhōnglì 동 중립을 지키다, 중립하다 | **犹豫** yóuyù 형 망설이다, 머뭇거리다 | **受伤** shòushāng 동 부상당하다, 상처를 입다 | **心理** xīnlǐ 명 심리

19 A [热闹喜庆 떠들썩하고 경사스럽다] 곡자극의 형성 과정과 특징을 녹음 초반에 언급하였다. 녹음의 소재가 중국 전통문화와 관련 있다면 그 특징이 문제로 나올 가능성이 아주 높다.

20 C [较为松散 비교적 느슨하다] 녹음에서 직접적으로 곡자극 팀은 '비교적 느슨하다'라고 언급하면서 일이 있으면 모이고 노래를 하고 나면 흩어진다고 하였다.

21 A [对优秀剧目进行整理 우수한 극을 정리하다] 곡자극을 보호하는 조치로서 '우수한 극을 정리하는 것'을 예시로 들어 설명했다. 보기를 먼저 확인했다면 A를 답으로 고르는 것이 어렵지 않았을 것이다.

22 C [围鼓……适合在喜庆场合表演 위고는 경축하는 장소에서 공연하기 적합하다] 위고는 타이후 곡자극의 형식 중 하나로, '경축하는 장소에서의 공연에 적합하다'고 언급했다. 타이후 곡자극은 원~명나라 시기에 형성된 극이고 가곡과 속요 등을 공연한다고 녹음 초반에 언급했으므로 A와 B는 답이 아니며, 정부가 문화유산을 보호하려고 한다고 했으므로 D도 답이 아니다.

第19到22题是根据下面一段话：

安徽省太湖县流传着一种稀有剧种，被称为"太湖曲子戏"。元末明初时期，安徽当地的山歌小调和移民带来的江西弋阳腔相结合，逐渐形成了[19]热闹喜庆的曲子戏。现在，太湖人在寿典、元宵灯会和乔迁新居等喜庆日子时，仍然会请人

19~22번 문제는 다음 내용에 근거한다.

안후이 타이후현에는 희귀한 극이 전해져 내려오는데, '타이후 곡자극'이라고 불린다. 원나라 말, 명나라 초에 안후이 현지의 가곡과 속요, 그리고 이민자가 가져 온 장시 익양강이 결합해, [19]떠들썩하고 경사스러운 곡자극이 점차 형성되었다. 오늘날 타이후 사람은 생일 잔치, 원소절

Mini 모의고사 1

来唱太湖曲子戏。太湖曲子戏分为广场表演与围鼓两种形式。广场表演以节日灯会为主，表演的时候锣鼓伴奏者或坐或站，边奏边和。[22]围鼓以唱喜曲为主，适合在喜庆场合表演。[20]当地现有的曲子戏班组织较为松散，有事才会聚集起来，唱过便会散去。近年来，太湖县采取了不少措施来保护这个珍贵的文化遗产，[21]例如对优秀剧目进行整理、划分原生态保护区等。政府还鼓励民间曲子戏班将农闲的时间用来排练演出，希望可以更好地把太湖曲子戏传承下去。

연등회, 더 좋은 곳으로 이사하거나 승진을 하는 등 경사스러운 날에 여전히 사람을 초청해 타이후 곡자극을 부르도록 한다. 타이후 곡자극은 광장 공연과 위고(围鼓), 두 가지 형식으로 나뉜다. 광장 공연은 명절의 연등회를 위주로 하며, 공연할 때 징과 북 연주자가 앉기도 하고 서기도 하며, 연주하면서 화답을 하기도 한다. [22]위고는 희곡을 부르는 것을 위주로 하며, 경축하는 장소에서 공연하기 적합하다. [20]현지에 현존하는 곡자극 팀은 비교적 느슨해서 일이 있으면 모이고 노래를 하고 나면 흩어진다. 최근 몇 년간 타이후현은 많은 조치를 취해서 이 진귀한 문화유산을 보호하려고 했다. [21]예컨대 우수한 극을 정리하거나, 생태 보호구로 구획하는 식이었다. 정부는 민간 곡자극 팀이 농한기를 공연 연습에 사용하는 것을 장려해 타이후 곡자극을 더 잘 전승할 수 있기를 바란다.

19 太湖曲子戏的特色是什么?

A 喜庆热闹 B 场面宏大
C 服装华美 D 分段演唱

19 타이후 곡자극의 특징은 무엇인가?

A 경사스럽고 떠들썩하다 B 장면이 거대하다
C 복장이 화려하다 D 단을 나누어 공연한다

20 关于当地曲子戏班，下列哪项正确?

A 活动十分频繁
B 由国家创立
C 组织较为松散
D 只演神话故事

20 현지의 곡자극 팀에 관해 다음 중 옳은 것은 무엇인가?

A 활동이 매우 활발하다
B 국가가 설립한 것이다
C 조직이 비교적 느슨하다
D 신화 이야기만 공연한다

21 关于太湖县保护曲子戏所采取的措施，下列哪项正确?

A 整理优秀剧目
B 推广当地方言
C 发放表演补贴
D 修建新戏楼

21 타이후현이 곡자극을 보호하기 위해 시행한 조치에 관해 옳은 것은 무엇인가?

A 우수한 극을 정리한다
B 현지 방언을 보급한다
C 공연 보조금을 지급한다
D 새로운 극 전용 건물을 세운다

22 关于这段话，下列哪项正确?

A 太湖曲子戏是汉朝时期的流行剧种
B 表演时要朗诵诗歌
C 围鼓在喜庆场合表演比较合适
D 政府反对传承太湖曲子戏

22 이 글에 관해 다음 중 옳은 것은 무엇인가?

A 타이후 곡자극은 한나라 시기에 유행한 극이다
B 공연할 때 시를 낭송한다
C 위고는 경축하는 장소에서 공연하기 적합하다
D 정부는 타이후 곡자극의 전승을 반대한다

安徽省 Ānhuī Shěng 고유 안후이성 | **太湖县** Tàihú Xiàn 고유 타이후현 | **流传** liúchuán 동 대대로 전해 내려오다, 세상에 널리 퍼지다 | **稀有** xīyǒu 형 희귀하다, 드물다 | **剧种** jùzhǒng 명 극의 종류 | **太湖曲子戏** Tàihú Qǔzixì 고유 타이후 곡자극 | **元** Yuán 고유 원나라 | **末** mò 명 최후, 마지막 | **明** Míng 고유 명나라 | **初** chū 명 초, 시작 | **时期** shíqī 명 시기 | **当地** dāngdì 명 현지, 현장 | **山歌** shāngē 명 민간 가곡 | **小调** xiǎodiào 명 속요 | **移民** yímín 명 이민자 | **江西** Jiāngxī 고유 장시 | **弋阳腔** Yìyángqiāng 고유 익양강 [장시성 이양에서 발원한 중국 전통극 곡조의 하나로, 현악기를 쓰지 않는 것이 특징] | **相** xiāng 부 서로, 상호 | **逐渐** zhújiàn 부 점점, 점차 | **形成** xíngchéng 동 형성하다, 이루다 | **喜庆** xǐqìng 형 즐겁고 경사스럽다 | **曲子戏** Qǔzixì 고유 곡자극 [여기서는 타이후 곡자극을 가리킴] | **寿典** shòudiǎn 명 생일 잔치 | **元宵灯会** Yuánxiāo Dēnghuì 고유 원소절 연등회 | **乔迁** qiáoqiān 동 더 좋은 곳으로 이사하다, 승진하다 | **居** jū 명 집, 거처, 주소 | **日子** rìzi 명 날 | **唱** chàng 동 노래하다, 크게 외치다 | **广场** guǎngchǎng 명 광장 | **围鼓** Wéigǔ 고유 위고 | **灯会** dēnghuì 명 연등회 [정월 대보름 밤에 초롱불을 구경하는 모임] | **为主** wéi zhǔ ~를 위주로 하다 [以A为主: A를 위주로 하다] | **锣鼓** luógǔ 명 징과 북, 타악기 | **伴奏者** bànzòuzhě 명 연주자, 반주자 | **或** huò 접 혹은, 또는 [或A或B: A하거나 B하다] | **边** biān 부 한편으로 ~하면서 ~하다 [边A边B: A하면서 B하다] | **奏** zòu 동 연주하다 | **喜曲** xǐqǔ 명 희곡, 축하곡 | ★**场合** chǎnghé 명 장소, 상황 | **现有** xiànyǒu 형 현존의, 현행의 | **组织** zǔzhī 동 팀, 조직 | **较为** jiàowéi 부 비교적 | **松散** sōngsǎn 형 느슨하다, 부드럽다 | **聚集** jùjí 동 모이다, 모으다 | **散** sǎn 동 흩어지다, 분산하다, 해산하다 | **采取** cǎiqǔ 동 (방침·수단·정책·조치·형식·태도 등을) 취하다, 채택하다 | **措施** cuòshī 명 조치, 대책 [采

取措施: 조치를 취하다] | ★珍贵 zhēnguì 형 진귀하다, 귀중하다 | ★遗产 yíchǎn 명 유산 | 剧目 jùmù 명 연극 제목 | ★划分 huàfēn 동 구분하다, 나누다, 구획하다 | 原 yuán 형 원래의 | ★生态 shēngtài 명 생태 | 保护区 bǎohùqū 명 보호구, 보호지구 | 政府 zhèngfǔ 명 정부 | ★民间 mínjiān 명 민간 | 农闲 nóngxián 명 농한기 | ★排练 páiliàn 명 공연 연습, 리허설 | 传承 chuánchéng 동 전승하다, 전수하고 계승하다 | 特色 tèsè 명 특징, 특색 | 宏大 hóngdà 형 거대하다, 방대하다 | 服装 fúzhuāng 명 복장, 의복, 의류 | 华美 huáměi 형 화려하다 | 分段 fēnduàn 동 구역을 나누다, 구분하다 | 演唱 yǎnchàng 동 (가극이나 희극을) 공연하다, 노래를 부르다 | ★频繁 pínfán 형 잦다, 빈번하다 | ★创立 chuànglì 동 창립하다, 창설하다 | 演 yǎn 동 공연하다 | 神话 shénhuà 명 신화 | ★方言 fāngyán 명 방언 | 发放 fāfàng 동 (정부나 기구 등이) 돈이나 물자를 방출하다 | ★补贴 bǔtiē 명 보조금, 수당 | ★修建 xiūjiàn 동 건설하다, 건축하다, 시공하다 | 戏楼 xìlóu 명 (공연에 이용하는 발코니식) 건축물 | 汉朝 Hàncháo 고유 한나라 | 朗诵 lǎngsòng 동 낭송하다 | 诗歌 shīgē 명 시

23 A [语音方面的差异最为突出 음운의 차이가 가장 두드러진다] 현대 중국어와 방언 간 차이는 '문법, 어휘, 음운'에서 나타나는데, 이 중 음운의 차이가 '특히' 두드러진다고 했다. 보기 A~C 모두 녹음에서 언급되었지만, '가장' 두드러지는 보기 A의 '语音(음운)'을 정답으로 골라야 한다는 점을 주의하자.

24 B [其他方言则是因北方人……南迁而形成的 다른 방언은 북방인이 남쪽으로 이동해서 형성된 것이다] 북방 방언 외의 다른 방언은 '북방인이 남쪽으로 이동해서 생긴 것'이라고 직접적으로 언급하였고, 고월족을 그 예로 들었다.

25 A [推广普通话 표준어를 널리 보급하다] 녹음 마지막에 '1955년부터 중국은 표준어를 널리 보급하기 시작했다'고 이야기했기 때문에 A가 정답이다. '他们使用的古越语和古汉语有很大区别(그들이 사용하는 고월어와 고대 중국어는 차이가 컸다)'라고 했고, 북방을 제외한 다른 방언은 북방인이 이주해서 생겨난 것이므로 B, D는 정답이 아니다.

第23到25题是根据下面一段话:

在民族的发展过程当中，汉民族出现过不同程度的统一与分化，因此渐渐产生了方言。方言形成的因素有很多，不仅有地理、历史和社会等方面的因素，还有来自语言本身的因素。现在，中国各地方言间的差异表现在语法、词汇和语音等各个方面，[23]而语音方面的差异最为突出。有个笑话：五名来自不同地区的中国人一起坐着聊天儿，因为听不懂彼此的方言，他们都以为对方在说外语。在汉语几大方言区之中，北方方言是古汉语在北方地区经历数千年发展而来的，[24]而其他方言则是因北方人不断地南迁而形成的。古越族人早期主要居住在江南地区，他们使用的古越语和古汉语有很大区别。后来，北方汉人进行了多次大规模的南迁，从而将北方古汉语带到了江南地区，于是逐渐形成了如今的各种方言。为方便各地区人们的沟通与交流，[25]从一九五五年起，中国便开始推广普通话，并把每年九月的第三个星期指定为全国推广普通话宣传周。

23 现代汉语各种方言之间最突出的差异体现在哪儿?

A 语音　B 词汇　C 语法　D 标点

23~25번 문제는 다음 내용에 근거한다.

민족의 발전 과정에서 한족은 서로 다른 정도의 통일과 분열이 나타났고, 이에 따라 방언이 점점 생겨났다. 방언 형성의 요인은 다양하다. 지리, 역사, 사회적 측면의 요인이 있을 뿐만 아니라 언어 자체에서 비롯한 요인도 있다. 지금 중국 각지 방언 간의 차이는 문법, 어휘와 음운 등 여러 측면에서 나타나며 [23]음운의 차이가 가장 두드러진다. 한 우스갯소리가 있다. 각지에서 온 5명의 중국인이 함께 앉아 수다를 떠는데 그들은 서로의 방언을 알아듣지 못해 다들 상대방이 외국어를 하는 줄 알았다는 것이다. 중국어의 몇 대 방언 지역 중에서 북방 방언은 고대 중국어가 북방 지역에서 수천 년을 거쳐 발전해 온 것이고, [24]다른 방언은 북방인이 끊임없이 남쪽으로 이동해서 형성된 것이다. 고월족은 초기에 주로 강남 지역에 거주했고, 그들이 사용하는 고월어와 고대 중국어는 차이가 컸다. 훗날 북방 한인은 여러 번 대규모로 남쪽으로 이동을 했고, 북방의 고대 중국어를 강남 지역에 가져와 점점 지금의 각종 방언을 형성했다. 각 지역 사람들의 소통과 교류를 편하게 하기 위해 [25]1955년부터 중국은 표준어를 널리 보급하기 시작했다. 그리고 매년 9월 셋째 주를 전국 표준어 보급 홍보 주간으로 지정했다.

23 현대 중국어의 모든 방언 중에서 가장 두드러지는 차이는 어디에서 드러나는가?

A 음운　B 어휘　C 문법　D 문장부호

24 除了北方方言以外，其他方言形成的主要原因是什么？

A 政权的变更　　B 北方人南迁
C 各地习俗不相同　　D 地域界限的制约

25 根据这段话，下列哪项正确？

A 中国后来推广了普通话
B 古汉语和古越语非常类似
C 北方方言分为八大方言区
D 南方方言全都是自发形成的

24 북방 방언 외에 다른 방언이 형성된 주요 원인은 무엇인가?

A 정권의 변화　　B 북방인의 남쪽 이동
C 각지의 풍습 차이　　D 지역 경계의 제약

25 이 글에 따르면 다음 중 옳은 것은 무엇인가?

A 중국은 훗날 표준어를 널리 보급했다
B 고대 중국어와 고월어는 매우 유사하다
C 북방 방언은 8대 방언 지역으로 나뉜다
D 남방 방언은 모두 자연 발생적으로 형성된 것이다

当中 dāngzhōng 명 중간, 한복판, 그 가운데 | **汉** Hàn 고유 한나라 | **同** tóng 형 같다, 서로 같다 | **程度** chéngdù 명 정도 | **统一** tǒngyī 명 통일 | **分化** fēnhuà 명 분열 | **渐渐** jiànjiàn 부 점점, 점차 | **产生** chǎnshēng 동 생기다, 발생하다, 나타나다 | **因素** yīnsù 명 요인, 요소 | **地理** dìlǐ 명 지리 | ★**本身** běnshēn 명 그 자체, 자신, 본인 | **间** jiān 명 사이, 틈 | **差异** chāyì 명 차이, 다른 점 | **词汇** cíhuì 명 어휘 | **语音** yǔyīn 명 음운, 음성 | **突出** tūchū 형 두드러지다, 뚜렷하다 | **彼此** bǐcǐ 대 서로, 피차, 쌍방 | **对方** duìfāng 명 상대방, 상대편 | **外语** wàiyǔ 명 외국어 | **古** gǔ 형 오래되다 | **则** zé 접 오히려, 그러나 | **迁** qiān 동 옮기다, 이사하다 | **古越族** Gǔyuèzú 고유 고월족 [중국 동남부의 반도쪽에 거주하는 원주민의 통칭] | **早期** zǎoqī 명 초기, 이른 시기 | ★**居住** jūzhù 동 거주하다 | **江南** Jiāngnán 고유 강남, 양쯔강 이남 지역 | **古越语** Gǔyuèyǔ 고유 고월어 | **规模** guīmó 명 규모 | **如今** rújīn 명 지금, 현재, 오늘날 | **各种** gèzhǒng 형 각종의, 갖가지의 | **沟通** gōutōng 명 소통 | **从A起** cóng A qǐ A부터 | ★**指定** zhǐdìng 동 (사전에 사람·시간·장소 등을) 지정하다, 확정하다 | **全国** quánguó 명 전국, 나라 전체 | **宣传** xuānchuán 명 (대중을 향한) 선전, 홍보 | **周** zhōu 명 주, 주일 | **现代** xiàndài 명 현대 | **体现** tǐxiàn 동 구체적으로 드러내다, 체현하다 | **标点** biāodiǎn 명 문장부호, 구두점 | **以外** yǐwài 명 이외, 이상 [除了A以外: A 외에] | ★**政权** zhèngquán 명 정권 | ★**习俗** xísú 명 풍습, 풍속 | **地域** dìyù 명 지역, 본고장 | ★**界限** jièxiàn 명 경계 | ★**制约** zhìyuē 명 제약 | **后来** hòulái 명 훗날, 그 후, 그다음 | ★**类似** lèisì 형 유사하다, 비슷하다 | ★**自发** zìfā 형 자연 발생적인

26 B [出人头地 두각을 나타내다 / 超越 ≒ 超过 뛰어넘다] '出人头地' 바로 뒤의 '超越别人(다른 사람을 뛰어넘다)'을 보고 B와 의미가 상통함을 알 수 있다. 성어 '出人头地'는 '두각을 나타내다, 남보다 뛰어나다'의 의미이다.

27 A [激发他的自信心 아이의 자신감을 불러일으키다 ≒ 唤起孩子的自信心 아이의 자신감을 불러일으키다] 아이들이 독립적으로 특정한 일을 완수하도록 하면 '自信心(자신감)'을 불러일으킬 수 있다고 했는데 이는 A와 일치한다. 이 부분을 놓쳤더라도 집안일을 시키지 않는 것은 좋은 현상이 아니라고 했으므로 아이들이 집안일을 돕는 것을 긍정적으로 서술하는 A가 맥락상 정답으로 적절하다는 것을 알 수 있다.

28 C [有条不紊 조리 있고 질서 정연하다] 집안일과 수학 응용문제를 푸는 것은 모두 '조리 있고 질서정연하게' 해야 한다고 언급했으며, 나머지 보기는 모두 언급되지 않았다.

29 C [心算能力也能够得到提高 암산 능력도 높아질 수 있다] 녹음 마지막에서 '心算能力(암산 능력)'를 언급했다. 나머지 보기는 모두 언급되지 않았으므로 답이 아니다. 가장 마지막 문장에서 정답이 언급되는 경우가 많기 때문에 중간에 내용을 놓치더라도 포기하지 않고 들으면 문제를 맞힐 수 있다.

第26到29题是根据下面一段话：

如今的父母总是希望孩子在学习成绩方面[26]能够出人头地、超越别人。因此家长们不让孩子做家务，想让孩子有更多的时间来学习。其实，这并不是一个好现象。[27]经常让孩子独立去完成某件事情，可以激发他的自信心，这样学习成绩也会自然而然地进步。老师们也表示：一般来说，常干家务的孩子解答数学应用题的能力也较强。这是什么原因呢？[28]一来，干家务的时候需要有条不紊地进行才可以做好；二来，思考应用

26~29번 문제는 다음 내용에 근거한다.

오늘날 부모는 아이가 학업 성적 측면에서 [26]두각을 나타내고 다른 사람을 뛰어넘기를 늘 바란다. 그래서 학부모들은 아이에게 집안일을 시키지 않고 아이가 공부에 더 많은 시간을 쓰게끔 하는데, 사실 이는 결코 좋은 현상이 아니다. [27]아이에게 종종 어떤 일을 독립적으로 완수하게 하는 것은 아이의 자신감을 불러일으킬 수 있고, 이러면 학업 성적도 자연히 좋아지게 된다. 선생님들도 일반적으로 집안일을 자주 하는 아이들이 수학 응용문제를 해결하는 능력도 비교적 좋다고 한다. 이것은 무슨 이유 때문일까?

题的时候，孩子们可以将问题与实际生活联系在一起，有助于理解。同样地，[28]解数学应用题也是需要将演算步骤清楚地写出来，才可以算出答案的。最后，常干家务的孩子，对数字排斥感较少。因为[29]孩子帮父母买东西的时候，可以在付钱和找钱的过程当中，提高心算能力。

[28]첫째, 집안일을 할 때는 조리 있고 질서 정연하게 해야만 잘할 수 있다. 둘째, 응용문제를 사고할 때 아이들은 문제를 실제 생활과 연결할 수 있는 것이 이해에 도움이 된다. 마찬가지로 [28]수학 응용문제를 푸는 것 또한 연산 순서를 정확하게 써 내려가야만 답을 계산해 낼 수 있다. 마지막으로, 집안일을 자주 하는 아이는 수에 대한 거부감도 적은 편이다. 왜냐하면 [29]아이가 부모를 도와 물건을 살 때 돈을 내고 거슬러 받는 과정에서 암산 능력을 높일 수 있기 때문이다.

26 录音中“出人头地”的意思是什么?

A 扭头看其他人
B 超过他人
C 向别人低头
D 比其他人差

27 常让孩子独立去完成一件事情会如何?

A 唤起孩子的自信心
B 节省去补习班时间
C 让孩子非常反感
D 耽误孩子读书

28 孩子做家务与解数学应用题的时候有什么相同点?

A 迅速果断
B 动作要慢
C 有条不紊
D 小心谨慎

29 经常帮家长买东西，对孩子有什么好处?

A 培养孩子的兴趣爱好
B 能够买到便宜的物品
C 训练孩子的心算能力
D 培养孩子的表达能力

26 녹음 속 '出人头地'의 뜻은 무엇인가?

A 고개를 돌려 다른 사람을 보다
B 다른 사람을 뛰어넘다
C 다른 사람에게 고개를 숙이다
D 다른 사람보다 부족하다

27 아이에게 종종 독립적으로 하나의 일을 완수하게 하면 어떻게 되는가?

A 아이의 자신감을 불러일으킨다
B 학원에 가는 시간을 절약한다
C 아이에게 큰 반항심이 생기게 한다
D 아이의 공부를 방해한다

28 아이가 집안일을 하는 것과 수학 응용문제를 풀 때의 공통점은 무엇인가?

A 민첩하고 결단력 있다
B 동작이 느려야 한다
C 조리 있고 질서 정연하다
D 조심스럽고 신중하다

29 자주 부모님을 도와서 물건을 사는 것은 아이들에게 어떤 좋은 점이 있는가?

A 아이들의 취미를 키운다
B 저렴한 물건을 살 수 있다
C 아이들의 암산 능력을 훈련시킨다
D 아이들의 표현 능력을 키운다

出人头地 chūréntóudì 성 두각을 나타내다, 남보다 뛰어나다 | ★**超越** chāoyuè 동 뛰어넘다 | **家长** jiāzhǎng 명 학부모 | **家务** jiāwù 명 집안일 | **独立** dúlì 동 독자적으로 하다 | **某** mǒu 대 어떤, 어느 | ★**激发** jīfā 동 불러일으키다 | **自信心** zìxìnxīn 명 자신감, 자부심 | **自然而然** zìrán'érrán 부 자연히, 저절로 | **进步** jìnbù 동 진보하다 | **解答** jiědá 동 해답하다, 대답하다 | **应用题** yìngyòngtí 명 응용 문제 | **较** jiào 부 비교적, 좀 | **强** qiáng 형 좋다, 우월하다 | ★**有条不紊** yǒutiáo bùwěn 성 (말·행동이) 조리 있고 질서 정연하다, 일사불란하고 이치에 들어맞다 | **思考** sīkǎo 동 사고하다, 사색하다, 깊이 생각하다 | **有助于** yǒuzhùyú ~에 도움이 되다 | **同样** tóngyàng 형 마찬가지이다 | **解** jiě 동 풀다, 해석하다, 해설하다 | **演算** yǎnsuàn 명 연산, 운산 | **步骤** bùzhòu 명 (일이 진행되는) 순서, 절차, 차례 | **算** suàn 동 (숫자를) 계산하다, 셈하다 | ★**排斥** páichì 동 거부하다, 배척하다 | **感** gǎn 명 감정, 느낌 | **付** fù 동 지불하다, 교부하다, 넘겨주다 | **找钱** zhǎoqián 동 돈을 거스르다 | **心算** xīnsuàn 명 암산 | **得到** dédào 동 얻다, 받다, 획득하다 | **录音** lùyīn 명 녹음, 기록된 소리 | **扭头** niǔtóu 동 머리·몸을 돌리다, 돌아서다 | **低头** dītóu 동 고개를 숙이다, 머리를 숙이다 | **唤起** huànqǐ 동 불러일으키다, 분기시키다 | **节省** jiéshěng 동 절약하다, 아끼다 | **补习班** bǔxíbān 명 학원 | ★**反感** fǎngǎn 명 반항심, 반감, 불만 | **耽误** dānwu 동 방해하다, (시간을 지체하다가) 일을 그르치다 | **相同点** xiāngtóngdiǎn 명 공통점 | **迅速** xùnsù 형 민첩하다, 신속하다 | ★**果断** guǒduàn 형 결단력이 있다 | **谨慎** jǐnshèn 형 (언행이) 신중하다, 조심스럽다 | **兴趣** xìngqù 명 취미, 흥미 | **物品** wùpǐn 명 물건, 물품 | **表达** biǎodá 동 표현하다

阅读 | 독해

30 B [不但A，而且+(주어)+还/也B A할 뿐만 아니라 게다가 ~가 B하다]

养成良好的习惯，不但有助于提高我们的学习成绩，而且才能够磨练我们的意志。
→ 养成良好的习惯，不但有助于提高我们的学习成绩，而且(还)能够磨练我们的意志。

접속사 '不但'과 '而且'만 보고 올바른 문장이라고 생각해서는 안 된다. 일반적으로 '不但A，而且B' 구문은 '才'가 아닌 '还'나 '也'와 함께 쓰인다. 이때 '还'나 '也'를 생략해도 된다.

A 软木作为葡萄酒的瓶塞，与酒直接接触可使常年置放的地藏酒得以保存。
B 养成良好的习惯，不但有助于提高我们的学习成绩，而且才能够磨练我们的意志。
C 领子是一件衬衫的"咽喉"，而领围是一件衬衫的重点，除领围之外，"领型"和"高度"也是设计衬衫时应特别留意的部分。
D 大部分的韩国人都比较讲究整洁干净，无论是生活富裕的家庭，还是日子过得紧巴巴的普通家庭，家中一般都会收拾得一尘不染。

A 코르크는 와인의 병마개로, 술과 직접 접촉해 오랜 기간 놓아 둔 지장주를 보관할 수 있게 한다.
B 좋은 습관을 기르는 것은 우리의 학습 성적을 향상시키는 데 도움이 될 뿐만 아니라 우리의 의지를 단련시킬 수도 있다.
C 옷깃은 셔츠의 '목'이고, 목둘레는 옷의 핵심이다. 목둘레 외에도 '깃의 모양'과 '높이' 역시 셔츠를 디자인할 때 특히 유의해야 하는 부분이다.
D 대부분의 한국인들은 비교적 깔끔함을 중시하여, 생활이 부유한 가정이든 빠듯하게 살아가는 보통 가정이든 집안은 일반적으로 매우 깨끗하게 정리되어 있다.

软木 ruǎnmù 명 코르크 | **作为** zuòwéi 개 ~로서 | **葡萄酒** pútaojiǔ 명 와인, 포도주 | **瓶塞** píngsāi 명 병마개 | **接触** jiēchù 동 접촉하다 | **常年** chángnián 명 오랜 기간, 장기간 | **置放** zhìfàng 동 놓다 | **地藏酒** dìcángjiǔ 지장주 | **得以** déyǐ 동 ~할 수 있다 | **保存** bǎocún 동 보존하다, 간직하다 | **良好** liánghǎo 형 좋다, 양호하다 | **磨练** móliàn 동 단련하다, 연마하다 | ★**意志** yìzhì 명 의지 | **领子** lǐngzi 명 옷깃, 칼라 | **咽喉** yānhóu 명 목구멍, 인후 | **领围** lǐngwéi 명 목둘레 | ★**除** chú 개 ~를 제외하고 [除A之外: A를 제외하고] | **型** xíng 명 모양 | **高度** gāodù 명 높이 | **设计** shèjì 동 디자인하다 | **留意** liúyì 동 유의하다 | **大部分** dàbùfen 명 대부분 | **韩国人** Hánguórén 고유 한국인 | **讲究** jiǎngjiu 동 중요시하다 | **整洁** zhěngjié 형 단정하고 깨끗하다, 말끔하다 | ★**富裕** fùyù 형 부유하다 | **紧巴巴** jǐnbābā 형 살림살이가 빠듯하다 | **普通** pǔtōng 형 일반적이다, 보통이다 | **一尘不染** yìchén bùrǎn 성 매우 깨끗하다, 청결하다

31 A [即使A，还/也B 설령 A하더라도 B하다]

冒险是海洋文明的天性，即使陶醉于探险过程所带来的惊险与刺激。
→ 冒险是海洋文明的天性，人们陶醉于探险过程所带来的惊险与刺激。

접속사 '即使'는 부사 '还'나 '也'와 함께 쓰이며 일반적으로 문장의 앞 절에 위치한다. 그러나 보기 A는 '即使'와 호응하는 부사도 없고 '即使'가 문장의 뒤 절에 위치하기 때문에 틀린 문장이다. '即使' 대신 주어로 쓸 수 있는 일반명사를 넣어 주는 것이 좋다.

A 冒险是海洋文明的天性，即使陶醉于探险过程所带来的惊险与刺激。
B 改革开放以后，各中小企业在全国各地得到了迅速发展。
C 每当这里的菊花盛开时，总是会招来无数的蜜蜂和蝴蝶，这更显出了春天的媚人风景。
D 别的孩子常看到的是妈妈的笑容，而我常常看到的却是妈妈的背影。

A 모험은 해양 문명의 천성으로, 사람들이 탐험 과정이 주는 스릴과 자극에 취해 있다.
B 개혁개방 이후 각 중소기업은 전국 각지에서 빠른 발전을 거두었다.
C 이곳의 국화는 활짝 필 때마다 늘 수많은 꿀벌과 나비를 불러와 봄날의 아름다운 풍경을 더 잘 드러냈다.
D 다른 아이가 늘 보는 것은 어머니의 웃는 얼굴이지만 내가 늘 본 것은 오히려 어머니의 뒷모습이었다.

冒险 màoxiǎn 명 모험 | **海洋** hǎiyáng 명 해양, 바다 | **文明** wénmíng 명 문명 | **天性** tiānxìng 명 천성 | ★**陶醉** táozuì 동 도취하다 [陶醉于: ~에 도취되다] | **探险** tànxiǎn 명 탐험 | **所** suǒ 조 [동사 앞에 '所+동사'의 형태로 쓰여, 그 동사와 함께 명사적 성분이 됨] | **惊险** jīngxiǎn 형 스릴 있다, 아슬아

슬하다 | 刺激 cìjī 명 자극 | 改革开放 gǎigé kāifàng 명 개혁 개방 [중국이 1970년대 말부터 정치·경제 체제를 개혁하고 대외적으로 문호를 개방한 정책] | 中小企业 zhōngxiǎo qǐyè 명 중소기업 | 各地 gèdì 명 각지, 각처 | 菊花 júhuā 명 국화 | ★盛开 shèngkāi 동 (꽃이) 활짝 피다, 만발하다 | 招来 zhāolái 동 불러 모으다, 끌어들이다 | 无数 wúshù 형 무수하다, 매우 많다 | 蜜蜂 mìfēng 명 꿀벌 | 蝴蝶 húdié 명 나비 | 显出 xiǎnchū 동 밝게 드러내다, 훤히 나타내다 | 媚 mèi 형 아름답다 | 风景 fēngjǐng 명 풍경, 경치 | 笑容 xiàoróng 명 웃는 얼굴 | 背影 bèiyǐng 명 뒷모습

32 C [防止…… ~하는 것을 방지하다]

苹果中含有大量名叫栎素的防氧化物质，该物质可有效防止人的肺部不受大气污染的影响。
→ 苹果中含有大量名叫栎素的防氧化物质，该物质可有效防止人的肺部受大气污染的影响。

'防止(방지하다)'와 부정부사 '不'가 함께 있다면 무조건 의심해 보아야 한다. '인간의 폐가 대기 오염의 영향을 받지 않는 것을 효과적으로 방지하다'는 어색하기 때문에 부정부사 '不'를 삭제해야 한다.

A 在人们的心目中，狮子是兽中之王，也是威严的象征。
B 了解与关心他人疾苦的人才能够得到他人的拥护与信任，这是历史已证明的真理。
C 苹果中含有大量名叫栎素的防氧化物质，该物质可有效防止人的肺部不受大气污染的影响。
D 口语交际能力不但体现了一个人的语言水平，更显示了一个人的智慧和自信、风度和教养。

A 사람들의 마음속에서 사자는 동물의 왕이자 위엄의 상징이다.
B 타인의 고통을 이해하고 관심을 가지는 사람만이 타인의 지지와 신뢰를 받을 수 있으며, 이는 역사가 이미 증명한 진리이다.
C 사과에는 대량의 퀘르시트린이라고 불리는 항산화 물질이 함유되어 있다. 이 물질은 인간의 폐가 대기 오염의 영향을 받는 것을 효과적으로 방지할 수 있다.
D 회화 사교 능력은 한 사람의 언어 수준을 나타냈을 뿐만 아니라 그 사람의 지혜와 자신감, 인품과 교양을 더욱 잘 보여 줬다.

心目 xīnmù 명 마음속, 심중 | 狮子 shīzi 명 사자 | 兽 shòu 명 포유동물, 짐승 | 王 wáng 명 왕 | 威严 wēiyán 명 위엄 | 象征 xiàngzhēng 명 상징 | 他人 tārén 명 타인, 다른 사람 | 疾苦 jíkǔ 명 고통, 괴로움 | ★拥护 yōnghù 명 지지, 옹호 | 信任 xìnrèn 명 신뢰 | ★真理 zhēnlǐ 명 진리 | 含有 hányǒu 동 함유하다, 포함하다 [含有物质: 물질을 함유하다] | 大量 dàliàng 형 대량의, 다량의 | 栎素 lìsù 명 퀘르시트린 [화학 성분] | 防氧化 fángyǎnghuà 명 항산화 | 物质 wùzhì 명 물질 [防氧化物质: 항산화 물질] | 该 gāi 대 이, 그, 저 | ★防止 fángzhǐ 동 방지하다 | 肺部 fèibù 명 폐 | 大气污染 dàqìwūrǎn 명 대기 오염 | 口语 kǒuyǔ 명 구어, 회화 | 交际能力 jiāojì nénglì 사교 능력, 교제 능력 | 显示 xiǎnshì 동 보여 주다, 뚜렷하게 나타내 보이다 | 智慧 zhìhuì 명 지혜 | ★风度 fēngdù 명 인품, 매너 | ★教养 jiàoyǎng 명 교양

33 C [如果A，那么B 만약 A하면 B하다 / 由于A，因此B A하기 때문에 B하다]

如果要给记忆找一个储存方式，因此摄影是一个不错的选择。
→ 如果要给记忆找一个储存方式，那么摄影是一个不错的选择。

'如果'와 호응하여 가정 관계를 만드는 접속사는 '那么'이다. '因此'는 '由于'와 함께 쓰여 인과 관계를 나타낸다.

A 她年纪不大，但却能够做到遇事从容，真是太难能可贵了。
B 我们通常只盯着得不到的东西，而忽视了已经得到的东西。
C 如果要给记忆找一个储存方式，因此摄影是一个不错的选择。
D 7月，假如沿着青海湖环绕一圈，那会是一次畅快的身心放松之旅。

A 그녀는 나이가 많지는 않지만, 문제에 부딪쳐도 침착할 수 있으니 정말 기특하다.
B 우리는 보통 얻을 수 없는 것을 바라보기만 할 뿐, 이미 손에 넣은 것은 소홀히 한다.
C 기억하기 위한 저장 방식을 찾으려 한다면 촬영을 하는 것은 괜찮은 선택이다.
D 7월에 만약 칭하이호를 끼고 한 바퀴를 돈다면 심신을 상쾌하게 하는 기분 좋은 여행이 될 것이다.

年纪 niánjì 명 나이 [年纪大: 나이가 많다] | 遇事 yùshì 동 일이 생기다 | ★从容 cóngróng 형 침착하다, 허둥대지 않다 | 真是 zhēnshi 부 정말, 사실상, 실로 | ★难能可贵 nánnéng kěguì 성 매우 기특하다, 매우 대견스럽다 | 通常 tōngcháng 명 보통, 통상 | ★盯 dīng 동 주시하다, 주목하다 | 忽视 hūshì 동 소홀히 하다, 경시하다 | 记忆 jìyì 동 기억하다, 떠올리다 | ★储存 chǔcún 동 저장하다 | 摄影 shèyǐng 동 촬영하다 | 不错 búcuò 형 괜찮다, 좋다, 잘하다 | 假如 jiǎrú 접 만약, 만일 | 沿着 yánzhe 개 ~를 따라서 | 青海湖 Qīnghǎi Hú 고유 칭하이호 [칭하이 소재 중국 최대 면적의 호수] | 环绕 huánrào 동 둘러싸다, 둘레를 돌다 | 圈 quān 양 바퀴 | 畅快 chàngkuài 형 상쾌하다, 기분이 좋다 | 身心 shēnxīn 명 심신, 몸과 마음 | 旅 lǚ 명 여행 | 那么 nàme 접 그렇다면, 그러면 [如果A那么B: 만약 A하다면 B하다]

34 A [切勿 ≒ 不要 ~하지 마라]

为了您和他人的安全，请您切勿不要酒后驾驶。
→ 为了您和他人的安全，请您切勿酒后驾驶。
→ 为了您和他人的安全，请您不要酒后驾驶。

'切勿'와 '不要'는 둘 다 '~하지 마라'라는 금지의 의미이다. 어휘가 중복 사용되었으므로 '切勿'와 '不要' 둘 중 하나만 써야 한다.

A 为了您和他人的安全，请您切勿不要酒后驾驶。
B 领导应该心胸开阔，对持有与自己不同意见的人也要诚挚相待。
C 我生长在戏剧之家，京剧对我来说一点儿都不陌生。
D 想象是人脑对记忆进行加工、改造，从而塑造新形象的过程。

A 당신과 타인의 안전을 위하여 절대 음주운전을 하지 마십시오.
B 지도자는 마음이 넓어야 하고, 자신과 다른 의견을 가진 사람에게도 성실하고 진지하게 대해야 한다.
C 나는 연극가의 집안에서 나고 자라 나에게 경극은 조금도 낯설지 않다.
D 상상은 인간의 뇌가 기억을 가공하고 개조하여 새로운 이미지를 만들어 내는 과정이다.

切勿 qièwù 절대 ~하지 마라 | 驾驶 jiàshǐ 동 (자동차·선박·비행기 등을) 운전하다 | 领导 lǐngdǎo 명 지도자, 임원, 대표, 책임자 | 心胸 xīnxiōng 명 마음, 가슴 | ★开阔 kāikuò 형 (생각·마음이) 넓다, 관대하다 | 持有 chíyǒu 동 가지고 있다, 소지하다 | ★诚挚 chéngzhì 형 성실하고 진지하다 | 相待 xiāngdài 동 대하다, 대접하다 | 戏剧 xìjù 명 희극, 연극 | 来说 láishuō ~에게 있어서 [对A来说: A에게 있어서] | 陌生 mòshēng 형 낯설다, 생소하다 | 想象 xiǎngxiàng 동 상상하다 | 脑 nǎo 명 뇌 | 记忆 jìyì 명 기억 | ★加工 jiāgōng 동 가공하다, 다듬다 | 改造 gǎizào 동 개조하다 | ★塑造 sùzào 동 만들어 내다, 형상화하다, 묘사하다 | 形象 xíngxiàng 명 이미지, 형상

35 A

빈칸 1 빈칸 뒤가 '网络小说(인터넷 소설)'의 정의를 설명하고 있으므로 '글자 그대로'라는 의미의 '顾名思义'가 빈칸에 가장 적합하다.

A 顾名思义 gùmíng sīyì 성 글자 그대로, 이름을 보고 그 뜻을 생각하다, 명칭을 보고 그 뜻을 짐작할 수 있다
元宵节顾名思义就是一家人在一起团圆的节日。
원소절은 이름을 보고 그 뜻을 짐작할 수 있듯이 가족들이 함께 모이는 명절이다.

B 了如指掌 liǎorúzhǐzhǎng 성 제 손금을 보듯 훤하다, 확실히 꿰뚫고 있다
警察对他的所有行踪了如指掌。 경찰은 그의 모든 행적을 제 손금 보듯 훤히 꿰뚫고 있다.

C 综上所述 zōngshàngsuǒshù 앞서 말한 내용을 종합하다 [주로 종합적인 결론을 끌어낼 때 쓰임]
综上所述，今天的会议是成功的，因为我们解决了一些重要的问题。
앞서 말한 내용을 종합하면 오늘 회의는 성공했는데, 우리가 중요한 문제를 성공했기 때문이다.

D 家喻户晓 jiāyùhùxiǎo 성 집집마다 다 알다
这部电视剧在中国家喻户晓。 이 드라마는 중국에서 집집마다 다 안다.

빈칸 2 빈칸은 인터넷 소설의 스타일을 묘사하는데, '风格(스타일)'와 결합할 수 있는 어휘는 '自由(자유롭다)'와 '清新(참신하다)'이다.

A 自由 zìyóu 형 자유롭다 [제약이나 구속을 받지 않는 상태]
风格自由 스타일이 자유롭다 | 自由地发言 자유롭게 발언하다

B 明显 míngxiǎn 형 뚜렷하다, 분명하다, 확연히 드러나다 [사실 등이 뚜렷하여 사람의 눈에 잘 띔]
明显的进步 뚜렷한 진보 | 明显的变化 뚜렷한 변화

C 清新 qīngxīn 형 (스타일이) 참신하다, (공기가) 신선하다
风格清新 스타일이 참신하다 | 空气清新 공기가 신선하다

D 清晰 qīngxī 형 (듣고 보고, 기억하는 것이) 뚜렷하다, 분명하다
图象清晰 영상이 뚜렷하다 | 清晰地记得 뚜렷하게 기억하다

빈칸 3 일반 소설과 구분되는 인터넷 소설의 특징을 설명하는 부분으로, 빈칸 앞뒤 내용이 모두 동등한 관계로 나열되고 있으므로 '此外(이 밖에)'가 정답이다. '而且(게다가)'도 동등한 관계로 연결하는 접속사이지만 앞서 쓰인 어휘는 가급적 중복하지 않는 것이 좋다.

A 此外 cǐwài 접 이 밖에, 이 외에
作为学生，我们应该认真听讲。此外，还要积极完成作业。
학생으로서 우리는 열심히 수업을 들어야 한다. 이 외에 과제도 적극적으로 완수해야 한다.

B 而且 érqiě 접 게다가, 또한, 뿐만 아니라 [不仅A，而且B: A할 뿐만 아니라, 게다가 B하다]

C 从而 cóng'ér 접 따라서, 이리하여, 그리하여

D 即使 jíshǐ 접 설령 ~하더라도 [即使A，也B: 설사 A하더라도 B하겠다]

网络小说，顾名思义，就是通过网络发表的小说。网络小说的特点是风格自由，题材多以情感和玄幻类为主。和普通的小说相比，网络小说的语言更口语化，而且使用了更多的网络流行语。此外，排版方面的多样化也是它的一大特色。

인터넷 소설은 글자 그대로 인터넷을 통해 발표하는 소설이다. 인터넷 소설의 특징은 스타일이 자유롭고, 소재는 애정과 판타지류 위주라는 것이다. 일반적인 소설과 비교했을 때, 인터넷 소설의 언어는 더욱 구어체에 가까우며, 또한 더 많은 인터넷 유행어를 사용했다. 이 밖에, 편집 배열 측면의 다양화 역시 그것의 큰 특징이다.

A	顾名思义	自由	此外
B	了如指掌(×)	明显(×)	而且(○)
C	综上所述(×)	清新(○)	从而(×)
D	家喻户晓(×)	清晰(×)	即使(×)

A 글자 그대로 / 자유롭다 / 이 밖에
B 제 손금을 보듯 훤하다 / 뚜렷하다 / 게다가
C 앞서 말한 내용을 종합하다 / 참신하다 / 따라서
D 집집마다 다 알다 / 뚜렷하다 / 설령 ~하더라도

网络 wǎngluò 명 인터넷 | **发表** fābiǎo 동 발표하다 | **风格** fēnggé 명 풍격, 스타일 | ★**题材** tícái 명 소재, 제재 | **情感** qínggǎn 명 감정, 느낌 | **玄幻** xuánhuàn 명 판타지 | **相比** xiāngbǐ 동 비교하다, 견주다 [A和B相比: A를 B와 비교하다] | **化** huà 접미 ~화(하다) [일부 명사나 형용사 뒤에 붙어 동사로 되어 어떤 성질이나 상태로 변함을 나타냄] | **流行语** liúxíngyǔ 명 유행어 | **排版** páibǎn 명 편집 배열 | **多样化** duōyànghuà 명 다양화

36 D

빈칸 1 빈칸 뒤의 '鲜花(생화)'와 '小巧的植物(작고 정교한 식물)'는 모두 빈칸 앞에서 언급한 '식탁' 위에 올려 두는 장식품'이다. 비록 식물은 원래 생명이 있는 것이지만 여기에서는 '물건'을 나타내며, 분위기를 조성하는 '수단'이다. 따라서 수단이나 방법과 함께 쓰이면서 '적합한 것을 골라 쓰다'의 의미가 있는 '采用'을 정답으로 고를 수 있다.

A 应用 yìngyòng 동 응용하다, 이용하다 [추상적인 목적어를 취함]
应用技术 기술을 응용하다 | 应用原理 응용 원리

B 巡查 xúnchá 동 순찰하다, 돌면서 살피다
巡查灾情 재해 상황을 순찰하다 | 进行巡查 순찰을 진행하다

C 采取 cǎiqǔ 동 (방침·수단·태도 따위를) 채택하다, 취하다
采取措施 조치를 취하다 | 采取行动 행동을 취하다

D 采用 cǎiyòng 동 (기술·방식을) 선택하여 이용하다, 채택하다
采用技术 기술을 채택하다 | 采用方式 방식을 채택하다

빈칸 2 빈칸 앞 절에서 '小巧的植物(작고 정교한 식물)'를 선택하라고 했는데, 빈칸 뒤에는 '过大(너무 크다)'가 있으므로 보기 중 '不宜(~하는 것은 좋지 않다)'가 문맥상 적합하다.

A 避免 bìmiǎn 동 피하다, 면하다 [원하지 않는 일과 함께 쓰임]
为了避免争吵，他选择沉默。 말다툼을 피하기 위해 그는 침묵하는 것을 선택했다.

B 适合 shìhé 동 적합하다, 알맞다

C 不断 búduàn 동 끊임없다

D 不宜 bùyí 동 ~하는 것은 좋지 않다
为了身体健康，我们应摄入均衡的营养，不宜偏食。
신체 건강을 위해 우리는 균형 잡힌 영양을 섭취해야 하므로, 편식하는 것은 좋지 않다.

빈칸 3 '挡住视线(시야를 가리다)'은 앞 절의 '体积不宜过大(부피가 너무 큰 것은 좋지 않다)'와 연결되어 모두 '원하지 않는 결과'를 의미한다. 따라서 바라지 않는 결과를 나타내는 어휘 '以免(~하지 않도록)'이 적절하다.

A 免除 miǎnchú 동 면제하다, 제거하다
免除学费 학비를 면제하다 | 免除债务 채무를 면제하다 | 免除矛盾 갈등을 제거하다

B 难道 nándào 부 설마 [难道……吗? 설마 ~란 말인가?]

C 难以 nányǐ 동 ~하기 어렵다 [难以+동사(구)]
难以相信 믿기 어렵다 | 难以忘怀 잊기 어렵다 | 难以想象 상상하기 어렵다

D 以免 yǐmiǎn 접 ~하지 않도록, ~않기 위해서 [以免+원하지 않는 결과]
你平时不要熬夜，以免影响身体健康。 너는 건강에 영향이 미치지 않도록 평소에 밤을 새면 안 돼.

鲜花是适合用于营造气氛的道具，在餐桌上摆放的时候，通常采用鲜花或者小巧的植物，体积不宜过大，以免挡住视线。

A	应用(×)	避免(×)	免除(×)
B	巡查(×)	适合(×)	难道(×)
C	采取(×)	不断(×)	难以(×)
D	采用	不宜	以免

생화는 분위기를 조성하는 데 적합한 도구로, 식탁에 둘 때는 시야를 가리지 않도록 보통 생화나 작고 정교한 식물을 선택하고, 부피가 너무 큰 것은 좋지 않다.

A 응용하다 / 피하다 / 면제하다
B 순찰하다 / 적합하다 / 설마
C 채택하다 / 끊임없다 / ~하기 어렵다
D 선택하여 이용하다 / ~하는 것은 좋지 않다 / ~하지 않도록

鲜花 xiānhuā 명 생화, 꽃 | **于** yú 개 ~에 [用于: ~에 쓰다] | **气氛** qìfēn 명 분위기 | **道具** dàojù 명 도구 | **餐桌** cānzhuō 명 식탁 | **摆放** bǎifàng 동 두다, 놓다 | **小巧** xiǎoqiǎo 형 작고 정교하다 | ★**体积** tǐjī 명 부피, 체적 | **过大** guòdà 형 너무 크다, 지나치게 크다 | **挡住** dǎngzhù 동 막다, 저지하다 | ★**视线** shìxiàn 명 시선, 눈길

37 D

빈칸 1 빈칸 뒤의 '于'와 함께 쓸 수 있으면서 택시기사의 '태도'와 관련된 보기는 '注重(중시하다)'과 '倾向(치우치다)'이다.

A 渴望 kěwàng 동 간절히 바라다, 갈망하다
许多文学爱好者都可渴望与那位作家"近距离接触"。많은 문학 애호가들이 모두 그 작가와 '가까이 접촉'하는 것을 간절히 바란다.

B 尽力 jìnlì 동 전력을 다하다, 온 힘을 다하다
他凡事都尽力做到最好。그는 무슨 일이든 온 힘을 다해서 한다.

C 注重 zhùzhòng 동 중시하다, 중점을 두다
她是个比起结果更注重过程的人。그녀는 결과에 비해 과정을 중시하는 사람이다.

D 倾向 qīngxiàng 동 (한쪽으로) 치우치다, 기울다, 쏠리다
我更倾向于自己做决定。나는 스스로 결정하는 것에 더 치우친다.

빈칸 2 빈칸 앞뒤 내용으로 미루어 보아 이 빈칸에는 어떤 '방식'이나 '방법'과 관련되면서 빈칸 뒤 '时间(시간)'과도 어울리는 어휘가 들어가야 한다. 이를 충족하는 보기는 '计算(계산하다)'이다.

A 设想 shèxiǎng 동 구상하다, 상상하다 　设想方案 방안을 구상하다 | 难以设想 상상하기 힘들다

B 遵守 zūnshǒu 동 (규정 등을) 준수하다, 지키다 　遵守规定 규정을 준수하다 | 严格遵守 엄격히 준수하다

C 测试 cèshì 동 테스트하다, 측정하다 　测试智力 지능을 테스트하다 | 测试性能 성능을 측정하다

D 计算 jìsuàn 동 계산하다, 산출하다, 셈하다 　计算重量 무게를 계산하다 | 计算工资 급여를 계산하다

빈칸 3 뒤 절의 '就'와 함께 쓰일 수 있는 어휘는 '如果(만약)'와 '一旦(일단)'이며, 문맥상 '通常(보통)'도 사용이 가능하다. '尽管(비록 ~하더라도)'은 '可(그러나)' 등 역접을 나타내는 어휘와 함께 사용한다.

A 尽管 jǐnguǎn 접 비록 ~하더라도 [尽管A，可B: 비록 A라 하더라도, 그러나 B하다]

B 如果 rúguǒ 접 만약, 만일 [如果A，就B: 만약 A하면, B하다]

C 通常 tōngcháng 명 보통, 통상

D 一旦 yídàn 부 일단 [一旦A，就B: 만약 A하면, B하다]
一旦做出决定就不要后悔。일단 결정을 했으면 후회하지 마라.

빈칸 4 택시를 타는 사람이 많아지는 경우, 택시기사가 얻을 수 있는 것은 '收益(수익)'뿐이다.

A 支出 zhīchū 명 지출
B 资金 zījīn 명 자금
C 成本 chéngběn 명 자본금, 원가
D 收益 shōuyì 명 수익, 이득, 수입

关于"下雨天不易打车"这一现象，调查显示：由于许多司机倾向于通过一天"得挣多少才会不亏"的方式，来计算工作的时间，所以一旦到了临界点，司机们就会停止工作。下雨天打车的人很多，他们很快就可以获得预期收益，因此，往往会提前下班。

'비가 오는 날에 택시를 잡기 어려운' 이 현상에 관해, 조사에서 많은 택시기사들이 하루에 '얼마를 벌어야 손해가 아니다'라는 방식을 통해 근무 시간을 계산하는 경향이 있는데 그래서, 일단 임계점에 달하면, 택시기사들은 바로 일을 멈춘다고 한다. 비가 오는 날에는 택시를 타는 사람이 많아서, 그들은 빠르게 예상 수익을 얻을 수 있어서, 종종 미리 퇴근을 한다.

A 渴望(×)	设想(×)	尽管(×)	支出(×)	A 갈망하다 / 구상하다 / 비록 ~하더라도 / 지출
B 尽力(×)	遵守(×)	如果(○)	资金(×)	B 전력을 다하다 / 준수하다 / 만약 / 자금
C 注重(○)	测试(×)	通常(○)	成本(×)	C 중시하다 / 테스트하다 / 보통 / 자본금
D 倾向	计算	一旦	收益	D 치우치다 / 계산하다 / 일단 / 수익

打车 dǎchē 동 택시를 타다 | **现象** xiànxiàng 명 현상 | **挣** zhèng 동 (돈이나 재산 등을) 노력하여 얻다 | **亏** kuī 동 손해 보다, 잃어버리다, 손실되다 | **临界点** línjièdiǎn 명 임계점 | **停止** tíngzhǐ 동 멈추다, 정지하다, 중지하다 | ★**预期** yùqī 동 예상하다, 예기하다

38 D

빈칸 1 보기는 모두 시간을 나타내는데, 문장 맨앞에 쓸 수 있는 것은 '目前(지금)'과 '如今(오늘날)'이다. '立刻'는 부사로, 일반적으로 명사 앞에 쓰이지 않는다.

A 目前 mùqián 명 지금, 현재

B 此时 cǐshí 명 이때, 이 시각

C 立刻 lìkè 부 곧, 즉시, 바로

D 如今 rújīn 명 (비교적 먼 과거에 대하여) 오늘날, 현재

빈칸 2 '一样(같다)'과 함께 쓰이는 짝꿍 어휘는 보기 중 '和(~와)'와 '像(마치)'인데 '和'가 쓰이려면 그 앞에 비교 대상이 있어야 하므로 빈칸에는 '像'이 들어갈 수 있다.

A 若 ruò 접 만일, 만약 [若A，那么B: 만일 A하면 B하다]

B 和 hé 개 ~와 [A和B一样: A는 B와 같다]
我新买的手机和他的一样。 내가 새로 산 휴대폰은 그의 것과 같다.

C 就 jiù 부 바로 [一A，就B: A하자마자 바로 B하다]

D 像 xiàng 부 마치, 흡사 [像A一样: 마치 A와 같다]
她的脸红得像苹果一样。 그녀의 얼굴은 마치 사과와 같이 빨개졌다.

빈칸 3 트렌치코트가 출근복이 되었다는 것에서 평상시에 자주 입는 옷이라는 것을 알 수 있다. '일상생활과 떼려야 뗄 수 없다'는 것이 문맥상 가장 적절하므로 빈칸에는 '离不开(떨어질 수 없다)'가 적절하다.

A 蕴含着 yùnhánzhe 내포하다, 함유하다, 포함하다
汉字蕴含着中国古老而深厚的文化内涵。 한자는 중국의 오래되고 깊은 문화적 의미를 내포하고 있다.

B 不容易 bù róngyì 어렵다
一个人的口音不容易更改。 사람의 말씨는 바꾸기 어렵다.

C 了不起 liǎobuqǐ 형 대단하다
弟弟学了一年就通过了HSK6级，真是了不起。 남동생은 1년 공부해서 바로 HSK 6급을 통과했어. 정말 대단하다.

D 离不开 líbukāi 동 뗄 수 없다, 떨어질 수 없다, 없어서는 안 된다
小王能够取得今天这样的成就，离不开大家的帮助。
샤오왕이 오늘날 이러한 성과를 얻을 수 있었던 것은 모두의 도움과 뗄 수 없다.

빈칸 4 빈칸은 바로 뒤의 '品味和风格(품격과 스타일)'의 술어이다. '饰演(~역을 연기하다)'을 제외한 보기 모두 '드러내다'의 의미가 있으므로 빈칸에 들어갈 수 있다.

A 表现 biǎoxiàn 동 나타내다, 표현하다　　表现特点 특징을 나타내다 | 表现得好 잘 표현하다

B 饰演 shìyǎn 동 ~역을 연기하다　　饰演A角色 A 역할을 연기하다

C 展示 zhǎnshì 동 전시하다, 드러내다 展示作品 작품을 전시하다 | 展示实力 실력을 드러내다

D 展现 zhǎnxiàn 동 드러내다, 나타나다 展现才能 재능을 드러내다 | 展现特点 특징을 드러내다

如今，风衣已经成为日本、欧美很多男士的通勤装，像衬衫和西装一样，是日常生活中离不开的装束，也是精英男士展现品味和风格的载体。

오늘날 트렌치코트는 일본과 유럽, 미국의 수많은 남성의 출근복이 되었다. 이는 마치 와이셔츠와 정장처럼 일상생활에서 뗄 수 없는 옷차림이자 엘리트 남성이 품격과 스타일을 드러내는 매개체이기도 하다.

A	目前(○)	若(×)	蕴含着(×)	表现(○)
B	此时(×)	和(×)	不容易(×)	饰演(×)
C	立刻(×)	就(×)	了不起(×)	展示(○)
D	如今	像	离不开	展现

A 지금 / 만일 / 내포하다 / 나타내다
B 이때 / ~와 / 어렵다 / ~역을 연기하다
C 곧 / 바로 / 대단하다 / 전시하다
D 오늘날 / 마치 / 뗄 수 없다 / 드러내다

风衣 fēngyī 명 트렌치코트 | **日本** Rìběn 고유 일본 | **欧美** Ōuměi 고유 유럽과 미국 | **男士** nánshì 명 남자 | **通勤** tōngqín 동 통근하다 | **装** zhuāng 명 복장, 옷차림 | **西装** xīzhuāng 명 양복 | **日常** rìcháng 형 일상의 | **装束** zhuāngshù 명 옷차림, 몸차림 | **精英** jīngyīng 명 엘리트 | **品味** pǐnwèi 명 품행과 취미 | **风格** fēnggé 명 스타일 | **载体** zàitǐ 명 매개체

39 D

빈칸 1 빈칸 앞의 '草原文化(초원문화)', '长江文化(창장강문화)', ' 黄河文化(황허강문화)'는 병렬 관계를 나타내는 개사 '与(~와)'와 '、(모점)'으로 이어져 있다. 보기 중 '병렬하다'의 의미가 있는 '并列'만 빈칸에 들어갈 수 있다.

A 举例 jǔlì 동 예를 들다
举例来说 예를 들면 | 举例说明 예를 들어 설명하면 | 举例讲解 예를 들어 설명하면

B 合并 hébìng 동 통합하다, 합병하다
合并机构 기구를 통합하다 | 合并为 ~로 합병하다

C 并拢 bìnglǒng 동 한데 모으다
双手并拢 양손을 모으다 | 两脚并拢 두 다리를 모으다

D 并列 bìngliè 동 병렬하다 [A与B并列C: A와 B를 C로 병렬하다]
在这次演讲比赛中，他与小明是并列第一名。 이번 웅변 대회에서 그와 샤오밍이 나란히 일등을 했다.

빈칸 2 앞서 언급한 세 문화가 '中华文化(중화문화)'를 이루기 때문에 '组成(구성)'이 문맥상 가장 어울린다.

A 策划 cèhuà 명 기획, 계획 广告策划 광고 기획 | 策划方案 기획 방안
B 开展 kāizhǎn 동 전개하다 开展活动 행사를 전개하다 | 开展下去 전개해 나가다
C 组合 zǔhé 명 조합 劳动组合 노동 조합 | 偶像组合 아이돌 그룹
D 组成 zǔchéng 명 구성 组成部分 구성 부분 | 人员组成 인원 구성

빈칸 3 초원 문화는 네이멍구 자치구의 '最大的无形资产(가장 큰 무형자산)'이라고 한 것으로 보아, 빈칸에도 문맥상 이와 비슷한 '品牌(브랜드)'가 들어가는 것이 가장 알맞다. '品味(품위)'와 '品格(품격)'는 일반적으로 사람에게 쓴다.

A 样品 yàngpǐn 명 샘플, 견본 检查样品 샘플을 검사하다 | 赠送样品 샘플을 증정하다
B 品位 pǐnwèi 명 품위 [주로 사람을 수식] 有品位的人 품위 있는 사람 | 品位高 품위가 높다
C 品格 pǐngé 명 품성, 품격, 인품 [주로 사람을 수식] 善良的品格 선량한 품성 | 品格高尚 품성이 고상하다
D 品牌 pǐnpái 동 브랜드 知名品牌 유명 브랜드 | 品牌价值 브랜드 가치

빈칸 4 빈칸 뒤의 '发展(발전하다)'은 장래의 일을 이야기하는 것이므로 보기 중 '今后(앞으로, 이후)'가 문맥상 적절하다. '先后(선후)'는 '시간의 순서'와 관련 있기 때문에 쓸 수 없고 '后期(후기)'와 '过后(지나다)' 모두 '나중, 이후'의 의미가 있지만 앞에 전체적인 상황을 설명하는 내용이 언급되어야 하며 단순하게 시간을 나타내는 데는 쓸 수 없다.

A 先后 xiānhòu 명 (시간과 순서의) 선후, 앞과 뒤
B 后期 hòuqī 명 후기, 후반부
C 过后 guòhòu 명 이후, 나중
D 今后 jīnhòu 명 이후, 앞으로

빈칸 5 보기에 공통적으로 '深(깊다)'이 들어가지만 '意义(의의)'와 쓸 수 있는 것은 '深远(원대하다)'뿐이다. '具有深远的意义(원대한 의의가 있다)'로 자주 쓰이니 짝꿍 표현으로 외워 두자.

A 深沉 shēnchén 형 (속이나 생각이) 깊다, (목소리 따위가) 낮고 묵직하다
深沉的性格 깊은 성격 | 深沉的声音 낮은 목소리

B 深奥 shēn'ào 형 (함의나 이치가) 심오하다, 깊다
深奥的道理 심오한 이치 | 内容深奥 내용이 심오하다

C 深重 shēnzhòng 형 (재난·타격·피해·위기·고민 따위가) 심각하다, 대단하다
深重的灾难 심각한 재난 | 深重的危机 심각한 위험

D 深远 shēnyuǎn 형 (생각·계획 따위가) 원대하다, 심원하다, 뜻이 깊다
深远的意义 원대한 의의 | 深远的影响 원대한 영향

草原文化与长江文化、黄河文化并列为中华文化的重要组成部分。草原文化是自治区最大的无形资产，也是内蒙古的第一品牌，打响这一张牌，对于内蒙古今后的发展具有深远的意义。

A 举例(×) 策划(×) 样品(×) 先后(×) 深沉(×)
B 合并(×) 开展(×) 品位(×) 后期(×) 深奥(×)
C 并拢(×) 组合(×) 品格(×) 过后(×) 深重(×)
D 并列 组成 品牌 今后 深远

초원문화와 창장강문화, 황허강문화는 중화문화의 중요한 구성 부분으로 병렬된다. 초원문화는 자치구의 가장 큰 무형 자산이자 네이멍구 제일의 브랜드이기도 하다. 이 패를 꺼내 드는 것은 네이멍구의 이후의 발전에 원대한 의의가 있다.

A 예를 들다 / 기획 / 샘플 / 선후 / 깊다
B 통합하다 / 전개하다 / 품위 / 후기 / 심오하다
C 한데 모으다 / 조합 / 품격 / 이후 / 심각하다
D 병렬하다 / 구성 / 브랜드 / 이후 / 원대하다

草原 cǎoyuán 명 초원 | **中华** Zhōnghuá 고유 중화 [중국 고대 황허강 유역을 지칭하던 말] | **部分** bùfen 명 부분 | **自治区** zìzhìqū 명 자치구 [소수 민족이 다수 거주하는 지방의 제일급 행정 단위로 성(省)에 해당함] | **无形** wúxíng 형 무형의 | ★**资产** zīchǎn 명 자산 | **内蒙古** Nèiměnggǔ 고유 네이멍구 | **打响** dǎxiǎng 동 어떤 행동을 시작하다 | **牌** pái 명 패

40~44

40 A [改邪归正 잘못을 고치고 바른길로 돌아오라 → 拒绝悔改 회개하지 않다] 롯이 마을 남자들을 타일렀다는 빈칸 앞의 내용과 하느님이 그 남자들을 처벌하기로 했다는 뒤의 내용이 이어지려면, 빈칸에는 마을 남자들이 롯의 말을 듣지 않았다는 내용이 들어가야 한다. 이와 상통하는 보기는 A이다.

41 E [不管A，都B A하든지 간에 모두 B하다] 빈칸 뒤의 '不准回头看(뒤돌아보지 말라)'과 맥락상 어울리는것은 보기 E이다. 또한 '不管A，都B' 접속사 구문으로도 정답을 알 수 있다.

42 **B** [他的妻子……回过头看了 그의 아내는 뒤돌아봤다] 빈칸 앞 절에 술어가 없고 빈칸에서 문장이 끝나므로 빈칸에 술어 역할을 할 수 있는 보기가 들어가야 한다. 또한 뒤돌아보지 말라는 하느님의 경고와 마을이 무너지고 롯의 아내가 석상으로 변한 것을 고려하면, 호기심에 '뒤돌아봤을 것'이라는 전개를 예상할 수 있다.

43 **C** [虽然A，但B 비록 A하지만 B하다] 석상이 된 롯의 아내가 여전히(仍) 사해를 지켜보고 있다는 내용으로 볼 때, 오랜 시간이 지났다는 내용의 C가 맥락상 자연스럽다.

44 **D** 두 번째 단락까지는 사해의 형성에 관한 전설을 이야기했고, 세 번째 단락에서는 실제 형성 원인을 설명하며 내용을 전환하고 있다. 빈칸 뒤에도 실제적이고 객관적인 정보를 설명하고 있으므로, 빈칸에는 '自然界变化的结果(자연계의 변화의 결과)'를 이야기하는 D가 들어가야 한다.

死海是如何形成的呢？相传，在远古时期，那里原本是一片大陆，村子中的男子有种恶习，先知鲁特劝说他们改邪归正，(40) **A** 可他们都拒绝悔改，于是，上天决定对他们进行惩罚。上天偷偷地谕告鲁特，叫他带着家人在某年某月某日离开村子，并告诫他在离开村庄后，(41) **E** 不管身后发生多大的事，都不准回头看。

按照规定的时间鲁特离开了村子，可走了没多久，他的妻子出于好奇，(42) **B** 偷偷地回过头看了一眼。没想到，刹那间，好好的村子塌陷了，出现在她面前的是一片汪洋大海，这便是死海。鲁特的妻子也因违背了上天的告诫，而变为了石头人。(43) **C** 虽然历经了几个世纪的风雨，但她仍伫立在死海旁的小山坡上，扭着头日夜望着死海。上天惩罚了那些执迷不悟的人：让他们没有可用来饮用和灌溉的淡水。当然，这只是个传说，是人们对无法了解的死海形成过程的猜测。

死海实际上是个咸水湖，(44) **D** 它的形成只是自然界变化的结果。死海位于巴勒斯坦与约旦间南北走向的大裂谷中段，它的东西宽5至16千米，南北长75千米，海水平均深度为146米，最深处达400米。约旦河是死海的主要源头，它含有大量盐分。河水在流入死海以后，不断地蒸发，盐类沉积了下来，天长日久，越积越浓，因此就形成了现在世界上最咸的咸水湖——死海。

A 可他们都拒绝悔改
B 偷偷地回过头看了一眼
C 虽然历经了几个世纪的风雨
D 它的形成只是自然界变化的结果
E 不管身后发生多大的事

사해는 어떻게 형성되었을까? 전해져 내려오기로는 상고 시대에 그곳은 원래 넓은 땅이었다. 마을 남자들에게는 악습이 있었는데, 예언자 롯이 잘못을 고치고 바른길로 돌아오라고 타일렀지만 (40) **A** 그들은 회개하지 않았고, 하느님은 그들을 처벌하기로 결정했다. 하느님은 몰래 롯에게 알리며 그에게 가족을 데리고 몇 년 몇 월 며칠에 마을을 떠나라고 했고, 마을을 떠난 후 (41) **E** 뒤에서 어떤 큰일이 벌어지든 간에 뒤돌아봐서는 안 된다고 경고했다.

약속한 시간에 따라 롯은 마을을 떠났다. 그런데 얼마 가지 않아 그의 아내는 호기심으로 (42) **B** 몰래 뒤돌아봤다. 생각지도 못하게, 순식간에 멀쩡하던 마을이 다 무너지고, 그녀의 앞에 나타난 것은 망망대해였으니, 이것이 바로 사해이다. 롯의 아내는 하느님의 경고를 어겼기 때문에 석상이 되었다. (43) **C** 비록 몇 세기의 고초를 겪었지만, 그녀는 여전히 사해 근처의 작은 언덕에 오랫동안 서서 고개를 돌려 밤낮이고 사해를 지켜보고 있다. 하느님은 자신의 잘못을 깨닫지 못하는 사람들을 처벌했다. 마시고 농작일에 쓸 수 있는 담수도 없게 한 것이다. 물론, 이는 단지 전설이고, 사람들이 알 수 없는 사해의 형성 과정에 대한 추측이다.

사해는 사실 소금 호수로, (44) **D** 사해의 형성은 자연계의 변화의 결과일 뿐이다. 사해는 팔레스타인과 요르단 사이의 남북 방향의 큰 계곡 중간에 있고, 사해의 동서 너비는 5~16km, 남북 길이는 75km이며 해수의 평균 깊이는 146m이고, 가장 깊은 곳은 400m에 달한다. 요르단강은 사해의 주요 수원이고, 강물에는 대량의 염분이 함유되어 있다. 강물은 사해에 유입된 후 끊임없이 증발되어 염분이 침전된다. 오랜 시간이 흐르면서 소금이 쌓일수록 농도가 짙어져 현재 세계에서 가장 짠 소금 호수인 사해를 형성하게 되었다.

A 하지만 그들은 회개하지 않았고
B 몰래 뒤돌아봤다
C 비록 몇 세기의 고초를 겪었지만
D 사해의 형성은 자연계의 변화의 결과일 뿐이다
E 뒤에서 어떤 큰일이 벌어지든 간에

死海 Sǐhǎi 고유 사해 | **相传** xiāngchuán 동 ~라고 전해지다 | **远古** yuǎngǔ 명 상고, 먼 옛날 | **原本** yuánběn 부 원래, 본래 | **片** piàn 양 [차지한 면적 또는 범위를 세는 단위] | **大陆** dàlù 명 대륙 | **村子** cūnzi 명 마을, 촌락 | **恶习** èxí 명 악습, 나쁜 습관 | **先知** xiānzhī 명 예언자 | **鲁特** Lǔtè 고유 롯 [성경 속 인물로, 이스라엘 민족의 조상인 아브라함의 조카] | **劝说** quànshuō 동 타이르다, 설득하다 | **改邪归正** gǎixié guīzhèng 성 잘못을 고치고 바른길로 돌아오다 | **悔改** huǐgǎi 동 회개하다, 뉘우쳐 고치다 | **上天** shàngtiān 명 하느님, 조물주 | ★**惩罚** chéngfá 동 징벌하다 | **偷** tōu 부 남몰래, 슬그머니 | **谕告** yùgào 동 (윗사람이 아랫사람에게) 알리다 | ★**告诫** gàojiè 동 훈계하다, 타이르다 [주로 상급자가 하급자에게 사용함] | **村庄** cūnzhuāng 명 마을 촌락 | ★**事故** shìgù 명 사고 | **准** zhǔn 동 허락하다 | **回头** huítóu 동 고개를 돌리다 | **可** kě 접 [사건의 전환을 나타냄] | **好奇** hàoqí 형 호기심을 갖다, 궁금하게 생각하다 | **刹那间** chànàjiān 순식간 | **塌陷** tāxiàn 동 무너지다, 꺼지다 | **汪洋大海** wāngyáng dàhǎi 명 망망대해 | ★**违背** wéibèi 동 어기다, 위배하다, 위반하다 | **变为** biànwéi ~로 바뀌다 | **石头** shítou 명 돌 | **历经** lìjīng 동 두루 경험하다, 여러 번 겪다 | **风雨** fēngyǔ 명 고초, 혹독한 시련 | **仍** réng 부 여전히, 아직도 | **伫立** zhùlì 동 오랫동안 서 있다 | **旁** páng 명 옆, 곁 | ★**坡** pō 명 언덕, 비탈 | **扭头** niǔtóu 동 고개를 돌리다 | **日夜** rìyè 명 밤낮, 주야 | **望** wàng 동 바라보다 | **执迷不悟** zhímí búwù 성 잘못을 고집하여 깨닫지 못하다 | **用来** yònglái ~에 사용하다, ~에 쓰다 | ★**淡水** dànshuǐ 명 담수, 민물 | ★**庄稼** zhuāngjiā 명 농작물 | **传说** chuánshuō 명 전설 | **无法** wúfǎ 동 ~할 수 없다, 방법이 없다 | **猜测** cāicè 명 추측 | **咸水湖** xiánshuǐhú 명 함수호, 염호 | **自然界** zìránjiè 명 자연계 | **位于** wèiyú 동 ~에 위치하다 | **巴勒斯坦** Bālèsītǎn 고유 팔레스타인 | **约旦** Yuēdàn 고유 요르단 | **南北** nánběi 명 남북 | **走向** zǒuxiàng 명 (산천·광맥·암층·도로 등의) 주향, 연장된 방향 | **裂谷** liègǔ 명 열곡 | **宽** kuān 명 너비, 폭 | **千米** qiānmǐ 양 킬로미터(km) | **海水** hǎishuǐ 명 해수 | **平均** píngjūn 명 평균 | **深度** shēndù 명 깊이 | **处** chù 명 부분, 점 | **达** dá 동 이르다, 도달하다 | **约旦河** Yuēdàn Hé 고유 요르단강 | **源头** yuántóu 명 근원, 발원지 | **盐分** yánfèn 명 염분 | **河水** héshuǐ 명 강물 | **流入** liúrù 동 유입하다 | ★**蒸发** zhēngfā 동 증발하다 | **盐类** yánlèi 명 염류 | **沉积** chénjī 동 침전되다, 가라앉다 | **天长日久** tiāncháng rìjiǔ 성 오랜 세월이 흐르다 | **积** jī 동 쌓이다, 축적되다 | **浓** nóng 형 진하다, 짙다

45~48

45 D [为了满足需求 수요를 만족시키기 위해] 지문이 시작하자마자 화석 연료는 언젠가 고갈되기 때문에 (현재의) 수요를 만족시키기 위해 새로운 에너지를 찾아야 한다고 언급했는데, 이는 곧 지속적으로 수요를 만족시킬 수 없다는 D의 내용과 일치한다.

46 A [并没有充足的耕地 충분한 경작지가 없다] 1세대 바이오연료에 관한 내용은 두 번째 단락에 있으며, 충분한 경작지가 없기 때문에 장기적인 해결책이 될 수 없다는 내용으로 단락을 마무리하고 있다. 이와 일치하는 보기는 A이다. 전환의 접속사 '但' 뒤의 내용은 정답과 연관되는 경우가 많으니 항상 주의 깊게 읽자.

47 D [更重要的是…… 더 중요한 것은 ~이다 / 不会危及粮食的生产 식량 생산에 위협이 되지 않다] 세 번째 단락은 2세대 바이오연료에 관한 내용으로 '能源作物(에너지 작물)'의 개념과 장점을 언급했다. '更重要的是(더 중요한 것은)' 뒤에 나오는 내용은 정답인 경우가 많기 때문에 주목해야 한다. 언급된 장점 중 하나인 D가 정답이다.

48 D [含有……物质 물질을 함유하다] 문제에서 '草油时代(식물유 시대)'에 대해 물었으므로, 지문에서 이와 관련된 설명을 찾아 보기와 대조하면서 정답을 찾아야 한다. '草油时代'는 마지막 단락에서 언급되었고, 관련된 내용은 네 번째 단락에 있다. 단락 처음과 중간의 내용으로 미루어 보아 '纤维素类生物质转化为的生物燃料(섬유질류 바이오매스에서 전환한 바이오연료)'가 '草油(식물유)'인 것을 알 수 있다.

---

[45]化石燃料终有一天会枯竭，虽然没人可以准确地预测出它们枯竭的时间，可这一天迟早都会到来。所以，[45]为了满足需求，我们必须尽早找到可以替代化石燃料的新能源。研究表明，以农业废弃物或非粮作物为原料转化而成的液态燃料——纤维素生物燃料技术可行性较强，而且也有利于环境保护，非常有希望替代传统化石能源。

[45]화석 연료는 언젠가 고갈된다. 비록 아무도 화석 연료가 고갈되는 시기를 정확하게 예측하지 못하지만, 그날은 언제든 올 것이다. 그래서 [45]수요를 만족시키기 위해서 우리는 가능한 한 빨리 화석 연료를 대체할 수 있는 새로운 에너지원을 찾아야 한다. 연구에 따르면 농업 폐기물이나 비식용 농작물을 원료로 하여 전환한 액상 연료인 섬유질 바이오연료 기술은 실현 가능성이 높고, 환경 보호에도 이로워 전통 화석 연료를 대체할 수 있는 가능성이 굉장히 높다.

现在，科学家已先后研究开发出了两代生物燃料。第一代生物燃料的原料是可食用作物，例如：甘蔗、大豆和玉米等等。使用这些材料制造生物燃料之所以是最简单可行的，因为转化技术都是现成的。[46]但这并不是长久之计，原因是我们并没有充足的耕地可以满足人类对原料的需求。

第二代生物燃料的主要原料是纤维素材料，比如：含有大量纤维素、生长迅速的草本植物。而能够转化为草油的原料有不少，从木材废料到农业废弃物，再到“能源作物”，即纤维含量高、生长速度快、专门种植用作草油原料的植物。此类作物产量大，而且耕作成本低，[47]更重要的是，种植此类作物不会危及粮食的生产。大部分能源作物都可以在农田的边缘处迅速地生长。甚至还有一些作物可以在被污染的土壤里生长，从而起到净化环境的作用。

[48]纤维素类植物含有大量的生物质(指某个系统里特定或者全部的生物总量)，可以持续地生产生物燃料。研究表明，在不减少动物饲料、人类食物和出口生物质份额的前提下，有些国家每年可以制造13亿吨(干重)生物质。如此大量的生物质每年至少可以生成372亿升左右的草油，约相当于一个超级大国每年柴油和汽油消耗总量的二分之一。放眼全世界，[48]每年制造出的纤维素类生物质转化为的生物燃料相当于340亿到1600亿桶原油，大大超过了当前全球每年30亿桶原油的消耗量。另外，纤维素类生物质可以转化为任意类型的燃料，例如：普通汽油、乙醇，甚至是航空燃油。

“草油时代”——人类历史上的能源新纪元，或许在不久的将来会得以实现。

현재 과학자들은 이미 두 세대의 바이오연료를 연이어 연구 개발했다. 1세대 바이오연료의 원료는 사탕수수, 대두, 옥수수 등의 식용 가능한 작물이다. 이러한 재료로 바이오연료를 만드는 것은 가장 간단하고 실현 가능성이 있어서이다. 왜냐하면 전환 기술이 이미 존재하기 때문이다. [46]그러나 이것은 결코 장기적인 해결책이 아니다. 왜냐하면 우리는 원료에 대한 인류의 수요를 만족시킬 수 있는 충분한 경작지가 없기 때문이다.

2세대 바이오연료의 주요 원료는 섬유질 원료이다. 예컨대 대량의 섬유질을 함유하고 생장 속도가 빠른 초본 식물이다. 그리고 식물유로 전환할 수 있는 원료는 많다. 목재 폐기물에서 농업 폐기물까지, 다시 말해 ‘에너지 작물’은 섬유질 함량이 높고 생장 속도가 빨라 식물유 원료로 쓰이는 식물을 전문으로 재배한다. 이러한 농작물은 생산량이 많고, 경작 비용이 낮다. [47]더욱 중요한 것은 이러한 작물을 재배하는 것이 식량 생산에 위협이 되지 않는다는 것이다. 대부분의 에너지 작물은 농작지의 주변에서 빠르게 자랄 수 있고, 심지어 어떤 작물들은 오염된 땅에서도 자라서 환경을 정화하는 역할을 한다.

[48]섬유질류 식물은 대량의 바이오매스(어떤 생태계의 특정한 혹은 모든 생물의 총량을 의미함)를 포함하고 있어 지속적으로 바이오연료를 생산할 수 있다. 연구에 따르면 동물 사료, 인간의 음식물과 바이오매스 수출을 줄이지 않는다는 전제하에 어떤 국가는 매년 13억 톤(건중량)의 바이오매스를 만들 수 있다고 한다. 이렇게 대량의 바이오매스는 매년 최소 372억 리터 정도의 식물유를 생산할 수 있고, 이는 초대형 국가의 연간 디젤유와 휘발유 소모량의 약 절반에 해당한다. 세계적으로 본다면 [48]매년 만들어 내는 섬유질류 바이오매스에서 전환한 바이오연료는 340억에서 1,600억 배럴의 원유에 맞먹고, 이는 현재 전 세계의 연간 30억 배럴의 원유 소모량을 훨씬 초과한다. 또한, 섬유질류 바이오매스는 임의의 연료로 전환할 수 있다. 예를 들면 일반 휘발유, 에틸알코올, 심지어는 항공 연료까지 말이다.

‘식물유의 시대’라는 인류 역사상 에너지의 신기원이 어쩌면 머지않은 장래에 실현될 수도 있다.

45 根据第1段，下列哪项正确？

A 新能源成本非常高
B 生物能源可行性特别差
C 人类的推测缺少科学依据
D 化石燃料无法持续满足需求

45 첫 번째 단락에 따르면 다음 중 옳은 것은 무엇인가?

A 신에너지는 비용이 많이 든다
B 바이오 에너지는 실현 가능성이 아주 낮다
C 인류의 추측에는 과학적 근거가 부족하다
D 화석 연료는 지속적으로 수요를 만족시킬 수 없다

46 长时间使用第一代生物燃料有什么限制因素？

A 耕地有限　B 容易分解
C 操作难度大　D 释放有害物质

46 1세대 바이오연료를 계속 사용하는 데에는 어떤 한계가 있는가?

A 경작지가 제한적이다　B 분해가 쉽다
C 실행 난도가 높다　D 유해물질을 분출한다

47 关于能源作物，可以知道什么？

A 生长周期很短

B 不会遭受虫害

C 对土壤环境要求极高

D 不会危及粮食生产

47 에너지 작물에 대해서 알 수 있는 것은 무엇인가?

A 생장 주기가 짧다

B 해충의 피해를 받지 않는다

C 토양 환경에 대한 요구가 까다롭다

D 식량 생산에 위협을 주지 않는다

48 关于"草油时代"，下列哪项正确？

A 植物改良速度将加快

B 化石燃料持续更新

C 已迈入能源正规化时代

D 使用纤维素生物质转化的燃料

48 '식물유 시대'에 대해서 다음 중 옳은 것은 무엇인가?

A 식물 개량 속도가 빨라질 것이다

B 화석 연료는 계속 새로워진다

C 에너지 정규화 시대에 이미 들어섰다

D 섬유질 바이오매스에서 전환한 연료를 사용한다

★**化石** huàshí 명 화석 | **燃料** ránliào 명 연료 | **终** zhōng 부 언젠가는, 마침내 | **枯竭** kūjié 동 고갈되다, 소멸하다 | **预测** yùcè 동 예측하다 | **迟早** chízǎo 부 언젠가, 조만간, 머지않아 | **满足** mǎnzú 동 만족시키다 | ★**需求** xūqiú 명 수요, 필요 | **尽早** jǐnzǎo 부 되도록 일찍, 조속히 | **替代** tìdài 동 대체하다, 대신하다 | **能源** néngyuán 명 에너지 | **表明** biǎomíng 동 분명하게 밝히다, 표명하다 | **农业** nóngyè 명 농업 | **废弃物** fèiqìwù 명 폐기물 | **非** fēi 동 ~이 아니다 | **粮** liáng 명 식량, 양식, 곡식 | **作物** zuòwù 명 농작물 | **原料** yuánliào 명 원료, 감, 소재 | **转化** zhuǎnhuà 동 전환하다, 바꾸다, 변화하다 명 전환 | **液态** yètài 명 액상, 액태 | **纤维素** xiānwéisù 명 섬유소, 셀룰로오스 | ★**生物** shēngwù 명 바이오, 생물 | **可行性** kěxíngxìng 명 (계획·방안 등의) 실행 가능성, 타당성 | **有利** yǒulì 형 유리하다, 이롭다 [有利于: ~에 이롭다] | **传统** chuántǒng 명 전통 | **科学家** kēxuéjiā 명 과학자 | **先后** xiānhòu 부 연이어, 계속 | **开发** kāifā 동 개발하다 | **食用** shíyòng 명 식용 | **甘蔗** gānzhè 명 사탕수수 | **大豆** dàdòu 명 대두, 콩 | **玉米** yùmǐ 명 옥수수, 강냉이 | **制造** zhìzào 동 제조하다, 만들다 | **之所以A是因为B** zhīsuǒyǐ A shì yīnwèi B A한 까닭은 B하기 때문이다 | ★**可行** kěxíng 형 실행할 만하다, 가능하다, ~할 수 있다, ~해도 된다 | ★**现成** xiànchéng 형 이미 있다, 원래부터 있다 | **长久之计** chángjiǔ zhī jì 성 장기적인 계획, 항구적인 계획, 영구적인 해법 | ★**充足** chōngzú 형 충분하다, 충족하다 | ★**耕地** gēngdì 명 경작지, 경지 | **人类** rénlèi 명 인류 | **生长** shēngzhǎng 명 성장 | **快速** kuàisù 형 빠르다, 신속하다 | **草本** cǎoběn 명 초본 | **油** yóu 명 (식물성·동물성·광물성의) 기름 | **木材** mùcái 명 목재 | **废料** fèiliào 명 폐기물, 소용없는 재료 | ★**纤维** xiānwéi 명 (천연 또는 인공의) 섬유 | **含量** hánliàng 명 함량 | **耕作** gēngzuò 명 경작 | ★**成本** chéngběn 명 비용, 원가, 자본금 | **危及** wēijí 동 위험이 미치다 | **粮食** liángshi 명 식량 | **生产** shēngchǎn 명 생산 동 생산하다 | **农田** nóngtián 명 농경지, 농토 | ★**边缘** biānyuán 명 변두리, 언저리 | ★**土壤** tǔrǎng 명 토양, 흙 | **净化** jìnghuà 동 정화하다, 맑게 하다 | **类** lèi 명 종류, 분류 | **生物质** shēngwùzhì 명 바이오매스 | **系统** xìtǒng 명 체계, 시스템 | ★**特定** tèdìng 형 특정한, 특별히 지정한 | **总量** zǒngliàng 명 총량, 전체 수량 | **持续** chíxù 동 지속하다, 계속하다 | **饲料** sìliào 명 사료, 모이, 먹이 | **食物** shíwù 명 음식물 | **出口** chūkǒu 명 수출 | **份额** fèn'é 명 시장 점유율, 지분 | **亿** yì 수 억 | **吨** dūn 양 톤(t) [1t은 1,000kg에 해당함] | **干重** gānzhòng 명 건중량, 습기를 제거한 무게 | **生成** shēngchéng 동 생성되다, 생기다 | **升** shēng 양 리터(L) [1L는 1,000ml에 해당함] | **约** yuē 부 약, 대략 | **相当** xiāngdāng 형 같다, 상당하다 | **超级大国** chāojí dàguó 명 초강대국 | ★**柴油** cháiyóu 명 디젤유, 경유, 중유 | **汽油** qìyóu 명 휘발유 | ★**消耗** xiāohào 명 소모, 소비 | **二分之一** èr fēn zhī yī 절반, 이 분의 일 | **放眼** fàngyǎn 동 멀리 내다보다, 시야를 넓히다, 눈을 돌리다 | **全世界** quán shìjiè 전 세계 | **桶** tǒng 양 배럴 [석유의 용량 단위. 1배럴은 42갤런에 해당함] | **原油** yuányóu 명 원유 | ★**当前** dāngqián 명 현재, 현 단계 | **全球** quánqiú 명 전 세계 | **消耗量** xiāohàoliàng 명 소모량 | ★**任意** rènyì 형 임의의, 조건 없는 | **类型** lèixíng 명 유형 | **乙醇** yǐchún 명 에틸알코올 | ★**航空** hángkōng 명 항공 | **燃油** rányóu 명 연료, 연유 | **时代** shídài 명 시대, 시기 | **纪元** jìyuán 명 기원 | **或许** huòxǔ 부 어쩌면, 혹시, 아마 | **实现** shíxiàn 동 실현하다, 달성하다 | ★**推测** tuīcè 명 추측 | ★**依据** yījù 명 근거 | **有限** yǒuxiàn 형 한계가 있다, 유한하다 | ★**分解** fēnjiě 동 분해하다 | ★**操作** cāozuò 동 조작하다 | **难度** nándù 명 난도 | ★**释放** shìfàng 동 방출하다 | **有害** yǒuhài 동 유해하다, 해롭다 | ★**周期** zhōuqī 명 주기 | ★**遭受** zāoshòu 동 (불행 또는 손해를) 입다, 당하다 | **虫害** chónghài 명 충해 | ★**改良** gǎiliáng 명 개량, 개선 | **加快** jiākuài 동 속도를 올리다, 빠르게 하다 | **迈入** màirù 동 진입하다, 발을 내딛다 | **正规化** zhèngguīhuà 명 정규화, 규범화

49～52

49 C [男科疾病……成为……"杀手" 남성 질환이 '킬러'가 되다] '杀手(킬러)'는 목적어이고 술어가 '成为(~가 되다)'이므로 주어가 무엇인지 문장 구조를 파악하면 간단하게 해결할 수 있다. 주어는 '男科疾病(남성 질환)'이므로 정답은 C이다. 나머지 보기는 지문에 제시되지 않았다.

50 B [压力的增加 스트레스의 증가 → 承受的压力太大 스트레스를 너무 많이 받다] 문제의 '提前进入更年期(갱년기를 빨리 맞이하다)'를 지문에서 찾아 보면, '男性工作和生活压力的增加(남성의 직업과 생활 스트레스의 증가)'가 원인인 것을 알 수 있다. 세 번째 단락에서 '男性由于不注重生活细节(남성은 생활의 세부적인 부분에 신경 쓰지 않아서)'라고 언급되었기 때문에 D는 완전히 반대되는 내용이다.

51 **A** [汗液将会带走很多无机盐 땀은 많은 무기염류를 내보낸다 → 可补充无机盐 무기염류를 보충할 수 있다] 운동할 때 땀을 흘리면서 무기염류를 내보낸다고 했으므로, 빠져나간 '무기염류를 보충'하기 위해 건강한 물을 많이 마셔야 한다는 것을 알 수 있다.

52 **B** [多喝健康水……对男性健康很有利 건강한 물을 많이 마시면 남성 건강에 이롭다] 제목을 묻는 문제는 지문의 전체적인 맥락을 파악해야 답을 찾을 수 있다. 이 글은 첫 단락에서 '多喝健康水(건강한 물을 많이 마셔라)'라는 건강학자의 주장을 소개한 후, 남성 질환이 증가하는 원인, 건강한 물의 조건, 건강한 물을 마셔야 하는 이유를 설명하고 있다. 따라서 정답은 B이다.

随着生活节奏的持续加快，人们的身心压力变得越来越大，加上生存环境渐渐恶化，男性的健康问题也变得越来越突出。健康学家表示，[52]多喝健康水，可有效缓解生理压力，而且对男性健康很有利。

[49]近几年，男科疾病正在以每年3%的速度不断递增，成为严重危害男性健康的"杀手"。专家表示，比起女性，男性免疫力较差，生命力较弱，耐久力较差。[50]随着男性工作和生活压力的增加，越来越多的男性提前进入了更年期。

男性由于不注重生活细节，导致很多时候自己生病了却没有发觉。他们常自认为应承担更多的家庭和社会责任，因此拼命地工作。男性因常忙于应酬，而极易染上喝酒、吸烟和暴饮暴食等不良习惯……从这个角度来看，男性更需要珍视自己的健康。

专家表示：为满足男性健康的需求，秋天应尽量多喝健康水。健康水的小分子团结构具有表面张力强、内聚力大、分子的间隙趋于紧密，以及与人体细胞里的水分子结构特别接近等特点。并且拥有极高的生物亲和力，易于吸收，对调节男性免疫系统、促进生长非常重要。

据世界卫生组织针对健康水所提出的完整概念，健康水应具有下列三个特点：

1. 无污染，不含重金属、致病菌与有害化学物质。

2. 含有身体所需的微量元素与天然矿物质。

3. 生命活力无退化、小分子团水、呈弱碱性，活性很强等。

男性在工作之余，大多有运动的爱好，此时，普通的水无法完全满足男性的需求。[51]在运动的时候，汗液将会带走很多无机盐，如镁、钾和钠等。此时便更需要多喝点儿健康水，补充机体的需要，同时也能够防止电解质紊乱。

생활 리듬이 계속해서 빨라짐에 따라 사람들의 심신 스트레스가 점점 커지고 있다. 게다가 생존 환경이 점차 악화되면서 남성의 건강 문제도 점점 두드러지고 있다. 건강학자에 따르면 [52]건강한 물을 많이 마시면 효과적으로 생리적 스트레스를 완화하고, 남성 건강에 이롭다고 한다.

[49]최근 몇 년간 남성 질환은 매년 3%의 속도로 계속 증가하고 있어 남성 건강을 심각하게 위협하는 '킬러'가 되고 있다. 전문가에 따르면 여성에 비해 남성은 면역력, 생명력과 지구력이 비교적 떨어진다고 한다. [50]남성의 업무와 생활 스트레스가 증가하면서 점점 더 많은 남성이 갱년기를 빨리 맞이하게 되었다.

남성은 생활의 세부적인 부분에 신경 쓰지 않아서 많은 경우 자신이 병에 걸렸는데도 알아채지 못하곤 한다. 그들은 항상 자신이 더 많이 가정과 사회의 책임을 져야 한다고 생각하기 때문에 온 힘을 다 바쳐 일한다. 남성은 종종 접대를 하기 때문에 음주, 흡연, 폭식 등 안 좋은 습관에 매우 쉽게 물든다. 이런 관점에서 보면 남성은 자신의 건강을 더 소중히 여겨야 한다.

전문가에 따르면 남성의 건강에 대한 요구를 만족시키기 위해서는 가을철에 건강한 물을 최대한 많이 마셔야 한다고 한다. 건강한 물의 미세분자 구조는 표면 장력이 강하고 응집력이 크며, 분자 간격이 더 촘촘하고, 체내 세포 내의 물 분자 구조와 매우 유사하다는 특징이 있다. 게다가 매우 강한 생물 친화성이 있고, 쉽게 흡수해서 남성의 면역 체계를 조절하고 성장을 촉진하는 데에 매우 중요하다.

WHO가 제시한 건강한 물에 대한 완전한 개념에 따르면 건강한 물은 다음과 같은 세 가지 특징을 갖춰야 한다.

1. 오염되지 않고, 중금속, 병원균과 유해 화학물질을 함유하지 않은 것.

2. 신체에 필요한 미량원소와 천연 무기염류를 함유하고 있는 것.

3. 생명력이 퇴화하지 않고, 미세분자가 작은 고리를 형성하고, 약알칼리성을 띠며, 활성이 강한 것 등이다.

남성은 업무 외에 대부분 운동하는 취미가 있다. 이때 일반적인 물은 남성의 수요를 완전히 만족시킬 수 없다.

[51]운동을 할 때 땀이 마그네슘, 칼슘과 나트륨 등 많은 무기염류를 내보낸다. 이때 건강한 물을 많이 마셔 신체의 수요를 보충할 필요가 더더욱 있으며, 동시에 전해질 교란을 방지할 수도 있다.

49 第2段中的"杀手"指的是什么?

A 专门做好事的人
B 只想自杀的人
C 男科的疾病
D 夫妻之间的某些矛盾

49 두 번째 단락의 '킬러'가 의미하는 것은 무엇인가?

A 오로지 좋은 일을 하는 사람
B 자살만 생각하는 사람
C 남성 질환
D 부부 간의 일부 갈등

50 现在的男性为何会提前进入更年期?

A 常忙于应酬
B 承受的压力太大
C 不懂得饮用健康水
D 过度注重生活细节

50 현대 남성은 왜 더 빨리 갱년기를 맞이하는가?

A 종종 접대를 하느라 바빠서
B 스트레스를 너무 많이 받아서
C 건강한 물을 마실 줄 몰라서
D 생활의 세부적인 부분을 너무 신경 써서

51 男性为何需要饮用健康水?

A 可补充无机盐
B 常加班加点
C 没女性耐渴
D 更年期太长了

51 남성은 왜 건강한 물을 마셔야 하는가?

A 무기염류를 보충할 수 있어서
B 야근을 자주 해서
C 여성보다 갈증을 못 참아서
D 갱년기가 너무 길어서

52 下面哪一项最适合做本文的题目?

A 什么水是健康水
B 拯救男性的"健康水"
C 健康水的起源
D 男性疾病的罪魁祸首

52 다음 중 지문의 제목으로 가장 적합한 것은 무엇인가?

A 어떤 물이 건강한 물인가
B 남성을 구하는 '건강한 물'
C 건강한 물의 기원
D 남성 질병의 근본 원인

越来越 yuè lái yuè 점점, 갈수록 | **加上** jiāshàng 접 게다가, 그 위에 | ★**生存** shēngcún 명 생존 | ★**恶化** èhuà 동 악화되다 | **男性** nánxìng 명 남성 | **学家** xuéjiā 명 학자 [健康学家: 건강학자] | **男科疾病** nánkē jíbìng 남성 질환 | ★**递增** dìzēng 동 점점 늘다, 점차 증가하다 | **危害** wēihài 동 해를 끼치다, 해치다, 손상시키다 | **杀手** shāshǒu 명 킬러 | **专家** zhuānjiā 명 전문가 | **比起** bǐqǐ ~와 비교하다 | **女性** nǚxìng 명 여성 | **免疫力** miǎnyìlì 명 면역력 | **生命力** shēngmìnglì 명 생명력 | **弱** ruò 형 약하다 | **耐久力** nàijiǔlì 명 지구력 | **更年期** gēngniánqī 명 갱년기 | **细节** xìjié 명 세부 사항, 자세한 사정 | ★**发觉** fājué 동 (몰랐거나 숨겨진 사실을) 알아차리다, 발견하다, 깨닫다 | **承担** chéngdān 동 책임지다, 맡다, 담당하다, 감당하다 [承担责任: 책임지다] | **家庭** jiātíng 명 가정 | ★**拼命** pīnmìng 동 온 힘을 다하다, 죽을힘을 다하다 | ★**应酬** yìngchou 동 접대하다, 응대하다, 사교하다 | ★**染** rǎn 동 (나쁜 것에) 물들다 | **吸烟** xīyān 담배를 피우다 | **暴饮** bàoyǐn 동 폭음하다 | **暴食** bàoshí 동 폭식하다 | **不良** bùliáng 형 좋지 않다, 불량하다 | **角度** jiǎodù 명 (문제를 보는) 각도 | **来看** láikàn ~에서 보면, ~에게 있어서 [从A角度来看: A의 각도에서 보면] | **珍视** zhēnshì 동 소중하게 여기다 | **秋天** qiūtiān 명 가을철 | **尽量** jǐnliàng 부 최대한, 가능한 한 | **分子** fēnzǐ 명 분자 [小分子: 미세 분자] | **团** tuán 명 덩어리 동 에워싸다 | ★**拥有** yōngyǒu 동 보유하다, 가지다 | **表面张力** biǎomiàn zhānglì 명 표면 장력 | **内聚力** nèijùlì 명 응집력 | **间隙** jiànxì 명 빈 공간, 틈새, 사이 | **趋于** qūyú 동 ~로 향하다, ~로 기울어지다 | **紧密** jǐnmì 형 긴밀하다 | **以及** yǐjí 접 그리고, 및, 아울러 | **人体** réntǐ 명 인체 | ★**细胞** xìbāo 명 세포 | **接近** jiējìn 형 비슷하다, 근접하다 | **亲和力** qīnhélì 명 친화력 | **易于** yìyú 동 ~하기 쉽다 | **吸收** xīshōu 동 흡수하다 | ★**调节** tiáojié 동 조절하다, 조정하다 | ★**免疫** miǎnyì 명 면역 | **世界卫生组织** Shìjiè Wèishēng Zǔzhī 고유 세계보건기구(WHO) | **针对** zhēnduì 동 조준하다, 초점을 맞추다 | **完整** wánzhěng 형 완전하다, 온전하다 | **概念** gàiniàn 명 개념 | **下列** xiàliè 형 아래에 열거한 | **重金属** zhòngjīnshǔ 명 중금속 | **致病菌** zhìbìngjūn 명 병원균 | **化学** huàxué 명 화학 | **需** xū 동 필요로 하다 | **微量元素** wēiliàng yuánsù 명 미량 원소 | **天然** tiānrán 형 천연의, 자연적인 | **矿物质** kuàngwùzhì 명 무기염류 | **退化** tuìhuà 동 퇴화하다 | **呈** chéng 동 띠다, 나타내다 | **碱性** jiǎnxìng 명 알칼리성 | **活性** huóxìng 명 활성 | **工作之余** gōngzuò zhī yú 일 이외의 시간 | **大多** dàduō 부 대다수, 대부분 | **此时** cǐshí 명 이때 | **汗液** hànyè 명 땀 | **将** jiāng 부 ~하게 될 것이다, ~할 것이다 | **无机盐** wújīyán 명 무기염류 | **镁** měi 명 마그네슘 | **钾** jiǎ 명 칼륨 | **钠** nà 명 나트륨 | **补充** bǔchōng 동 보충하다 | **机体** jītǐ 명 유기체 | **电解质** diànjiězhì 명 전해질 | **紊乱** wěnluàn 형 혼란하다, 무질서하다 | **自杀** zìshā 동 자살하다 | **夫妻** fūqī 명 부부 | **之间** zhī jiān ~의 사이 | **矛盾** máodùn 명 갈등, 대립, 불화 | **为何** wèihé 부 왜, 무엇 때문에 [=为什么] | **承受** chéngshòu 동 감당하다, 감내하다 | **加点** jiādiǎn 동 추가근무를 하다 [加班加点: 야근하다] | **耐** nài 동 참다, 견디다 | **本文** běnwén 명 본문 | **题目** tímù 명 제목, 표제, 테마 | **拯救** zhěngjiù 동 구하다 | ★**起源** qǐyuán 명 기원 | **罪魁祸首** zuìkuí huòshǒu 근본 원인, 원흉

书写 | 쓰기

단락별 풀이

제1~2단락

他出生于广东鹤山市一个普通的工薪家庭，大概是遗传了父母高个子的基因，他生下来就比同龄人高。两岁时因父亲工作调动，他便随父母来到深圳。三岁时，就学会了怎样把家里的电器弄得“四分五裂”；4岁时开始和邻居的孩子打架；进幼儿园才一周，他就成了学校的“破坏大王”。同学们都对他避而远之，老师也经常打电话向他的父母诉苦。

找不到朋友一起玩儿，他索性玩儿起了篮球。那个时候，篮球是他唯一的朋友，有什么快乐和伤心的事，他都会在运球的时候大声说出来，因此很多人暗地里嘲笑他是“疯子”。

그는 광둥 허산시의 한 평범한 샐러리맨 가정에서 태어났다. 아마 부모님의 키가 큰 유전자를 물려받아서인지, 그는 태어날 때부터 또래보다 키가 컸다. 2살 때 부모님의 인사이동으로, 그는 부모님을 따라 선전에 왔다. 3살 때, 어떻게 집 안의 전기 기구를 '낱낱이' 분해하는지 알게 되었고, 4살 때 이웃의 아이들과 싸우기 시작했다. 유치원에 들어간 지 일주일 만에 그는 바로 유치원의 '파괴왕'이 되었다. 친구들은 모두 그를 멀리했고, 선생님도 자주 그의 부모님에게 전화를 걸어 하소연했다.

함께 놀 친구를 찾지 못해서 그는 아예 농구를 하기 시작했다. 그때, 농구는 그의 유일한 친구였다. 어떤 즐겁거나 슬픈 일이 있으면, 그는 드리블을 할 때 큰 소리로 외쳐서, 많은 사람들이 암암리에 그를 '미치광이'라고 비웃었다.

广东 Guǎngdōng 고유 광둥성 | **鹤山** Hèshān 고유 허산 | **工薪** gōngxīn 명 샐러리맨, 봉급생활자 | ★**遗传** yíchuán 동 유전하다 | **高个子** gāo gèzi 큰 키 | ★**基因** jīyīn 명 유전자, 유전 인자 | **同龄** tónglíng 동 나이가 같다 | ★**调动** diàodòng 동 (인원이나 직무 등을) 바꾸다, 이동하다 | **随** suí 개 ~에 따라 | **深圳** Shēnzhèn 고유 선전 | **学会** xuéhuì 동 배워서 할 수 있게 되다, 배워서 알다 | **电器** diànqì 명 전기 기구 | **四分五裂** sìfēn wǔliè 성 사분오열되다, 여러 갈래로 갈기갈기 찢기다 | ★**打架** dǎjià 동 (때리며) 싸우다, 다투다 | **幼儿园** yòu'éryuán 명 유치원, 유아원 | **破坏** pòhuài 명 파괴 | **大王** dàwáng 명 왕, 대왕 | **避而远之** bì'éryuǎnzhī 피하다, 멀리하다 | **诉苦** sùkǔ 동 괴로움을 하소연하다 | ★**索性** suǒxìng 부 아예, 차라리 | **唯一** wéiyī 형 유일하다, 하나밖에 없다 | **忧愁** yōuchóu 동 근심스럽다, 우울하다 | **运球** yùnqiú 명 드리블 [농구 기술의 일종] | **大声** dàshēng 부 큰 소리로, 소리 높여 | **暗地里** àndìli 부 암암리에, 몰래 | **疯子** fēngzi 명 미치광이

▶ **단락 주제** 키가 컸던 어린 시절의 주인공이 농구를 시작한 이유

주인공은 어릴 적부터 또래에 비해 키가 컸고, 주변 친구들과 친하게 지내지 못해 차선책으로 농구를 시작하게 되었다는 내용이다. 개별 에피소드보다는 주요 내용을 위주로 요약하는 것이 좋다.

▶ **포인트 구문**

- **出生于+장소/시간** ~에서 태어나다
  他出生于一个幸福的家庭。그는 행복한 가정에서 태어났다.
- **避而远之** 가까이하지 않다, 가급적 멀리하다
  这个人总是疑神疑鬼的，大家都对他避而远之。이 사람은 항상 의심이 심해서 모두 그를 가까이하지 않는다.
- **暗地里** 암암리에, 몰래
  朋友表面上很理解他，但暗地里都对他冷嘲热讽的。친구는 겉으로는 그를 이해하지만, 암암리에 그를 빈정댄다.

▶ **쉬운 말로 고쳐 쓰기**

- **弄得“四分五裂”** '낱낱이' 분해하다 → **弄坏了** 망가뜨렸다
- **对他避而远之** 그를 멀리하다 → **都不和他一起玩儿** 모두 그와 같이 놀지 않다
- **暗地里嘲笑** 암암리에 비웃다 → **背后嘲笑** 뒤에서 비웃다

제3~4단락

7岁那年，他进入了深圳一所比较好的学校读书，跟着学校最有名的老师学习篮球。他曾信誓旦旦地对母亲说："你们看着吧，不出10年，我将成为中国篮球史上最有价值的球员"。母亲只觉得这话很孩子气，便对此一笑置之。

10岁时，身高已经达到一米八的。他牢牢记得当年的誓言，和几个同样爱好篮球的伙伴儿组建了一支篮球队，取名叫"梦之队"。球队组成后他们便开始了紧张的训练。父亲看在眼里，又喜又忧，喜的是他从儿子身上看到了当年那个顽强而又执着的自己；忧的是他担心顽皮的儿子会把上课的时间也拿来练球。为了监督他的学业，父亲不得不经常请假去学校看他。

7살이 되던 해에, 그는 선전의 한 비교적 좋은 학교에 들어가서 공부했고, 학교에서 가장 유명한 선생님에게 농구를 배웠다. 그는 한때 어머니에게 굳게 맹세했다. "두고 보세요. 10년도 지나지 않아서, 저는 중국 농구 역사상 가장 가치 있는 선수가 될 거예요." 어머니는 그저 이 말이 참 아이 같다고만 생각하고 바로 이에 대해 웃어넘겼다.

10살 때, 키가 이미 180cm가 되었다. 그는 당시의 맹세를 똑똑히 기억하고 있었고, 마찬가지로 농구를 좋아하는 몇몇 친구들과 농구팀을 만들었고, 이름을 '드림팀'이라고 지었다. 농구팀을 만든 후 그들은 바로 고된 훈련을 시작했다. 아버지는 이를 지켜보면서, 기쁘면서도 걱정이 되었다. 기쁜 것은 아들에게서 당시 완강하고 고집 세던 자신을 발견해서였고, 걱정되는 것은 말을 듣지 않는 아들이 수업 시간조차 농구 연습에 쓸까 우려해서였다. 아들의 공부를 감시하기 위해, 아버지는 어쩔 수 없이 자주 휴가를 내고 학교에 가서 아들을 보았다.

读书 dúshū 동 공부하다 | **跟着** gēnzhe 동 따라가다, 쫓아가다 | **信誓旦旦** xìnshì dàndàn 성 성실하고 진실하게 맹세하다 | **不出** bù chū 벗어나지 않다 | **球员** qiúyuán 명 선수 | **孩子气** háiziqì 형 어린애 티가 나다, 치기가 있다 | **一笑置之** yíxiào zhìzhī 성 웃어넘기다 | **身高** shēngāo 명 키, 신장 | **达到** dádào 동 이르다, 도달하다 | **牢牢** láoláo 부 확실히, 뚜렷이 | **当年** dāngnián 명 그 당시, 그때, 그해 | **誓言** shìyán 명 맹세문 | **同样** tóngyàng 형 마찬가지이다, 같다, 동일하다 | **伙伴(儿)** huǒbàn(r) 명 친구, 동료, 동반자 | **组建** zǔjiàn 동 (기구나 단체 등을) 조직하다, 편성하다 | **队** duì 명 팀 | **取名** qǔmíng 동 이름을 짓다 | **梦之队** mèngzhīduì 드림팀, 꿈의 팀 | **组成** zǔchéng 동 구성하다, 조성하다 | **忧** yōu 동 걱정하다, 근심하다 | ★**顽强** wánqiáng 형 완강하다, 드세다, 강경하다 | ★**执着** zhízhuó 형 고집하다, 집착하다 | **顽皮** wánpí 형 장난이 심하다, 개구쟁이이다 | **练球** liànqiú 동 (구기) 연습을 하다 | ★**监督** jiāndū 동 감독하다

▶ 단락 주제 본격적으로 농구 훈련을 받기 시작한 주인공

유명한 농구 선생님을 따라 훈련을 받기 시작한 주인공은 최고가 되겠다는 결심을 한다. 제4단락에 언급된 아버지에 대한 내용은 다음 단락의 연결 고리이므로 간단하게 언급하거나 생략해도 무방하다.

▶ 포인트 구문

- **信誓旦旦** 성실하고 진실하게 맹세하다
  他向老板信誓旦旦地说能完成任务，结果失败了。
  그는 사장에게 임무를 완수할 수 있다고 맹세하며 말했지만 결국 실패했다.

- **一笑置之** 웃어넘기다
  对于这些毫无根据的谣言，我通常会一笑置之。 이런 아무 근거 없는 소문들을 나는 보통 웃어넘긴다.

- **牢牢记得** 똑똑히 기억하다
  我牢牢记得老师对我的谆谆教导。 나는 선생님의 간곡한 가르침을 똑똑히 기억한다.

- **取名叫** ~라고 이름 짓다
  她给宝宝取名叫"小土豆"。 그녀는 아이에게 '샤오투도우'라고 이름을 지어 줬다.

- **不得不** 어쩔 수 없이
  公司最近来了很多新订单，所以她不得不加班。
  회사에 최근 새로운 주문이 많이 들어와서, 그녀는 어쩔 수 없이 야근을 했다.

▶ 쉬운 말로 고쳐 쓰기

- 不出10年 10년을 벗어나지 않다 → 10年内 10년 안에
- 喜的是A，忧的是B 기쁜 것은 A이고, 걱정되는 것은 B이다
  → 高兴的是A，担心的是B 기쁜 것은 A이고, 걱정되는 것은 B이다

제5~6단락

12岁生日那天，父亲带他去游乐园玩儿。刚到门口，父亲突然问他要不要去山上，因为听说那儿的体育馆正在举行一场少年专业篮球赛，但是等观光车的人太多，他们等了很久都没等到，于是，父亲提出抄近路走，以节省时间。他感到很惊讶，这里他来过好几次，根本没发现什么近路。父亲笑了，拐了一个弯儿后，指着一处陡坡说，从这里上去就能到。

他愣住了，父亲没有理会他，开始径直往上爬。不久，他们来到了体育馆的门口。父亲指着来时的那条路，意味深长地说："孩子，成功其实就像我们争先恐后地赶到山顶一样，如果所有人都去坐观光车，不知要等到何时，为什么我们不选择其他方式呢？比如走路，虽然前面有荆棘和陡坡，你也许会跌倒很多次，但只要坚持下去，你总能成功到达，也只有那样，你才能形成自己的优势啊。"父亲的这番话，他深深地记在了心里。

12살 생일날, 아버지는 그를 놀이공원에 데리고 가서 놀았다. 입구에 도착하자, 아버지는 갑자기 그에게 산에 가지 않겠냐며 그곳의 체육관에서 지금 소년프로농구 경기를 하고 있다고 들었다고 말했다. 하지만 관광차를 기다리는 사람이 너무 많았다. 그들은 오래 기다렸지만 그래도 자리가 없었고, 아버지는 시간을 아끼기 위해 지름길로 가자고 말했다. 그는 놀랐다. 이곳에 몇 번이나 와 봤지만 지름길이 있는지는 몰랐다. 아버지는 웃더니, 길 하나를 돌아간 후 절벽을 가리키면서 여기서부터 올라가면 도착할 수 있다고 말했다.

그는 멍해졌다. 아버지는 그를 개의치 않은 채 곧장 위로 올라가기 시작했다. 얼마 지나지 않아서, 그들은 체육관 입구에 도착했다. 아버지는 올라온 그 길을 가리키면서 의미심장하게 말했다. "아들아, 성공은 사실 마치 우리가 앞다투어 정상에 가려는 것과 같단다. 만약 모든 사람들이 모두 관광차를 타러 가고, 언제까지 기다려야 할지 모른다면, 다른 방식을 선택하지 못할 이유가 있겠니? 예를 들면 걸어가는 것은 비록 앞에 가시나무와 비탈길이 있고, 너는 어쩌면 여러 번 넘어지겠지만, 계속 나아가기만 한다면 언젠가 성공적으로 다다를 것이란다. 또 이렇게 해야만 비로소 자신의 장점을 만들 수 있어." 아버지의 이 말을, 그는 마음속에 깊이 새겼다.

游乐园 yóulèyuán 명 놀이공원 | **体育馆** tǐyùguǎn 명 체육관 | **观光车** guānguāngchē 관광차 | **位子** wèizi 명 자리, 좌석 | **提出** tíchū 동 제의하다, 제기하다 | **抄近路** chāo jìnlù 지름길로 가다 | ★**惊讶** jīngyà 형 놀랍다, 의아하다 | **根本没** gēnběn méi 전혀 ~하지 않았다 | **近路** jìnlù 명 지름길, 가까운 길 | **拐弯** guǎiwān 동 굽이를 돌다, 방향을 틀다 | **陡坡** dǒupō 명 험한 비탈길, 가파른 고개 | **愣住** lèngzhù 동 멍해지다, 아연해지다 | **理会** lǐhuì 동 아랑곳하다, 주의하다 | **径直** jìngzhí 부 곧장, 직접 | **意味深长** yìwèi shēncháng 의미심장하다, 담긴 뜻이 매우 깊다 | ★**争先恐后** zhēngxiān kǒnghòu 성 뒤질세라 앞을 다투다 | **赶到** gǎndào 동 서둘러 도착하다 | **山顶** shāndǐng 명 정상, 산꼭대기 | **何时** héshí 대 언제 | **荆棘** jīngjí 명 가시나무, 고난 | **跌倒** diēdǎo 동 걸려 넘어지다 | **多次** duō cì 여러 번, 자주 | **到达** dàodá 동 도착하다, 도달하다 | **优势** yōushì 명 장점, 우위, 우세 | ★**番** fān 양 회, 차례, 번

▶ 단락의 주제　성공을 위한 새로운 방법을 제시하신 아버지

주인공이 아버지와 산에 갔다가 지름길로 남들보다 정상에 먼저 도착하게 되었다는 내용이다. 제5단락은 사건을, 제6단락은 아버지의 말씀을 간추려 정리해야 한다. 이 부분은 제8단락에서 주인공의 명언으로 비슷하게 반복되므로 내용을 너무 많이 생략하기보다는 쉽게 다시 쓰는 전략을 쓰는 것이 좋다.

▶ 포인트 구문

- ……，以节省时间 시간을 아끼기 위해 [以: ~하기 위해서]
  爸爸说他会避开下班高峰期再下班，以节省时间。
  아빠는 시간을 아끼기 위해, 퇴근 러시아워에 퇴근하는 것을 피하겠다고 말씀하셨다.

- **意味深长** 의미심장하다
  老师的这番话意味深长，很值得我深思。 선생님의 이 말은 의미심장해서, 내가 깊이 생각해 볼 가치가 있다.

- **只要A，总B** A하기만 하면 언제나 B하다
  只要齐心协力，我们总能度过难关。 한마음 한뜻으로 협력하면, 우리는 언제나 난관을 넘길 수 있다.

- **只有A，才B** A해야만 비로소 B하다
  只有不断努力，才有机会获得成功。 끊임없이 노력해야만, 비로소 성공할 기회가 생긴다.

▶ **쉬운 말로 고쳐 쓰기**

- **前面有荆棘和陡坡** 앞에 가시나무와 비탈길이 있다 → **会遇到困难** 어려움에 맞닥뜨릴 수 있다
- **深深地记在了心里** 마음속에 깊이 새기다 → **记住了** 기억했다

제7~8단락

在父亲的支持和鼓励下，他报名参加了深圳的街头篮球赛，虽然第一轮就被淘汰了，但他并没有泄气，而是和队员击掌为誓，明年再来。令他意外的是，回到家不久，深圳体校教练戴忆新竟然亲自登门拜访，邀请他进入体校接受专业训练。自从接受了系统的训练，他的球技直线上升。2001年，身高达两米零二的他入选中国国家青年队，在2005年到2006年的比赛中，他以优异的表现成为了CBA总决赛史上最年轻最有价值的球员。

他就是当今中国篮坛的热门人物，被称为"新一代人气王"的易建联。他的至理名言就是："荆棘和挫折，在一个人的理想面前根本不算什么，鄙视它，爬上去，山顶上的你才是真正掌握自己命运的主人。"

아버지의 지지와 격려 아래, 그는 선전의 길거리 농구 대회에 등록하여 참가했다. 비록 첫 번째 라운드에서 바로 탈락했지만 그는 결코 의기소침하지 않고 팀원들과 하이파이브를 하며 내년에 다시 오겠다고 맹세했다. 의외였던 것은, 집에 돌아온 지 얼마 지나지 않아서, 선전체육학교의 다이이신 코치가 놀랍게도 직접 그를 찾아왔고, 그에게 체육학교에 입학하여 전문 훈련을 받을 것을 제안했다. 체계적인 훈련을 받기 시작하면서, 그의 기량은 수직 상승했다. 2001년, 키가 202cm에 달한 그는 중국 청소년 국가대표팀에 선출되었고, 2005년부터 2006년까지의 경기에서 그는 우수한 활약으로 CBA 결승 역사상 최연소이자 가장 가치 있는 선수가 되었다.

그가 바로 현재 중국 농구계의 화제의 인물이자, '신세대 인기왕'으로 불리는 이젠롄이다. 그의 명언은 다음과 같다. "가시나무와 좌절은, 한 사람의 꿈 앞에서 결코 아무것도 아니다. 그것을 무시하고 올라가라. 정상에 있는 당신이야말로 진정으로 자신의 운명을 결정하는 주인이다."

街头 jiētóu 명 길거리, 가두 | **轮** lún 양 번째, 차, 회 | ★**淘汰** táotài 동 탈락하다, 도태하다 | ★**泄气** xièqì 동 기가 죽다, 낙담하다 | **击掌** jīzhǎng 동 서로 손바닥을 마주치다 | **誓** shì 명 맹세 | **意外** yìwài 형 의외의, 뜻밖의 | **体校** tǐxiào 명 체육학교 | **戴忆新** Dàiyìxīn 고유 다이이신 [인명] | **亲自** qīnzì 부 직접, 손수 | **登门** dēngmén 동 방문하다 | ★**拜访** bàifǎng 동 예를 갖추어 방문하다 | **系统** xìtǒng 형 체계적이다 | **直线** zhíxiàn 명 직선 | **上升** shàngshēng 동 상승하다 | **入选** rùxuǎn 동 뽑히다, 입선하다, 당선되다 | **青年队** qīngnián duì 명 청년팀 | ★**优异** yōuyì 형 특히 우수하다, 특출하다 | **总决赛** zǒngjuésài 명 결승전 | **当今** dāngjīn 명 현재, 지금, 오늘날 | **篮坛** lántán 명 농구계 | ★**热门(儿)** rèmén(r) 명 인기 있는 것, 유행하는 것, 화제 | **人物** rénwù 명 인물 | **新一代** xīn yídài 명 신세대 | **人气王** rénqì wàng 인기왕 | **易建联** Yì Jiànlián 고유 이젠롄 [미국프로농구(NBA)에 진출한 중국인 농구선수] | **至理名言** zhìlǐ míngyán 성 명언, 격언 | ★**挫折** cuòzhé 명 좌절, 실패 | **不算** bú suàn ~라고 할 수 없다, 인정하지 않다 | ★**鄙视** bǐshì 동 경시하다, 경멸하다 | **命运** mìngyùn 명 운명 | **主人** zhǔrén 명 주인

▶ **단락의 주제　성공한 농구왕 이젠롄**

주인공인 이젠롄이 전문 훈련을 받고서 최고의 선수가 되었다는 내용으로 마무리된다. 독특하게 주인공의 이름이 마지막에 언급되었는데 이런 고유명사는 반드시 써야 한다. 제7단락은 사건 위주로 정리하고, 제8단락의 마지막 문장은 아버지의 말씀에 영향을 받은 이젠롄의 가치관이므로 최대한 그대로 적는 것이 좋다.

▶ 포인트 구문

- **被淘汰** 도태되다, 탈락하다
  如果一个企业固步自封，不求创新，总有一天会被淘汰。
  만약 기업이 제자리걸음으로 혁신을 추구하지 않는다면, 언젠가는 도태될 것이다.

- **直线上升** 수직 상승하다
  他们公司的营业额最近直线上升。 그들 회사의 매출액은 최근 수직 상승했다.

- **至理名言** 명언
  这篇文章引用了很多至理名言，极具说服力。 이 글은 명언을 많이 인용하여 매우 설득력이 있다.

- **不算什么** 아무것도 아니다
  人生的坎坷不算什么，过好每一天才是最重要的。
  인생의 굴곡은 아무것도 아니다. 하루하루를 잘 사는 것이 가장 중요하다.

- **掌握命运** 운명을 결정하다, 운명을 장악하다
  掌握我们命运的从来都是我们自己，只要肯努力就会有收获。
  우리의 운명을 결정하는 것은 언제나 우리 자신으로, 노력하기만 하면 수확이 있을 것이다.

▶ 쉬운 말로 고쳐 쓰기

- **并没有泄气** 결코 의기소침하지 않다 → **没有灰心** 낙심하지 않다 / **没有失望** 실망하지 않다

▶ 제목 짓기

예 ① **巨星的成功之路** **스타의 성공의 길**
농구 스타 이젠롄이 어떻게 성공했는지 함축적으로 표현한 제목이다.

예 ② **易建联的成长故事** **이젠롄의 성장 이야기**
이젠롄의 어린 시절부터 성공하기까지의 성장 과정을 담은 글이므로 적절한 제목이다.

예 ③ **山顶上的你才是命运的主人** **정상 위의 당신이야말로 운명의 주인이다**
마지막에 언급된 이젠롄의 명언을 활용한 제목이다.

모범답안

巨星的成功之路

他出生于广东的一个普通家庭，从小个子就很高，4岁时就开始打架，同学们都怕他，没有朋友和他玩儿。于是，他开始打篮球，还会在打球时自言自语，有人觉得他是“疯子”。

7岁时他跟着学校最有名的老师学篮球，他说10年内自己会成为中国最棒的球员。10岁时的他身高已达一米八，因为牢记自己的誓言，他组建了球队，并开始了训练。

12岁生日时，父亲带他去了游乐园。还问他想不想去山上的体育馆看篮球赛。那时父亲带他走了他不知道的近路，并告诉他成功其实就像人们想登上山顶一样，虽然过程中会遇到

스타의 성공의 길

그는 광둥의 평범한 가정에서 태어나 어릴 때부터 키가 컸고 4살 때 싸우기 시작하여, 친구들은 모두 그를 두려워했다. 그와 놀아 주는 친구가 없어서 그는 농구를 하기 시작했는데, 농구를 할 때, 혼잣말을 해서 어떤 사람들은 그를 '미치광이'라고 생각했다.

7살 때 그는 학교에서 가장 유명한 선생님에게서 농구를 배웠다. 그는 10년 안에 중국 최고의 선수가 될 것이라고 말했다. 10살 때 그는 이미 키가 180cm에 달했고, 자신의 맹세를 가슴 깊이 새겼기 때문에, 그는 팀을 꾸려서 훈련을 시작했다.

12살 생일 때 아버지는 그를 놀이공원에 데려갔다. 그리고는 그에게 산에 있는 체육관에 가서 농구 경기를 보고 싶은지 물어봤다. 그때 아버지는 그가

困难，但只要坚持，就会成功到达。他记住了父亲的话。

后来，他参加了深圳街头篮球赛，虽然被淘汰了，但深圳体校教练请他去体校训练。接受训练后，他的球技有了很大提高，并在2001年进入国家青年队。在2005至2006年的比赛中，他成为了CBA总决赛史上最年轻且最有价值的球员。

他就是中国篮坛的热门人物——易建联，他的至理名言就是："山顶上的你才是真正掌握自己命运的主人。"

문장부호 제외 380자

모르는 지름길로 그를 데리고 갔고, 성공은 사실 마치 사람들이 정상에 오르고 싶어 하는 것과 같아서 비록 과정에서 어려움을 겪겠지만 계속 나아가기만 한다면 성공적으로 도달할 것이라고 말했다. 그는 아버지의 말씀을 기억했다.

이후, 그는 선전의 길거리 농구대회에 참가했다. 비록 탈락했지만 선전체육학교 코치가 그를 체육학교로 데려가 훈련하게 되었다. 훈련을 받은 후 그의 기량은 크게 향상되었고 2001년 청소년 국가대표팀에 입단했다. 2005~2006년 대회에서 그는 CBA 결승 역사상 최연소이자 가장 가치 있는 선수가 되었다.

그가 바로 중국 농구계의 화제의 인물 이젠롄이다. 그의 명언은 다음과 같다. "정상에 있는 당신이야말로 진정으로 자신의 운명을 결정하는 주인이다."

Mini 모의고사 2

본서 p.333~344

● Day 39~40

听力 | 듣기 ⊙track mini test 02

1 B	**2** A	**3** B	**4** C	**5** D	**6** A	**7** D	**8** A	**9** A
10 A	**11** D	**12** C	**13** D	**14** D	**15** C	**16** A	**17** C	**18** C
19 D	**20** A	**21** B	**22** C	**23** A				

阅读 | 독해

24 C	**25** C	**26** C	**27** D	**28** B	**29** C	**30** C	**31** A	**32** C
33 B	**34** A	**35** C	**36** B	**37** E	**38** D	**39** B	**40** A	**41** C
42 C	**43** D	**44** C	**45** B	**46** D	**47** A	**48** B	**49** C	**50** B

书写 | 쓰기

p.366 [모범답안] 참고

听力 | 듣기

1 **B** [怕它们和自己争食 그들은 자신과 먹이를 두고 경쟁하는 것을 두려워하다 → 不懂得分享 나눔을 모른다] 밤꾀꼬리가 먹이를 독점하기 위해 다른 새의 접근을 막은 것을 통해 '밤꾀꼬리는 나눔을 모른다'고 유추할 수 있다. 뻐꾸기는 밤꾀꼬리의 먹이를 뺏으려고 한 것이 아니라 못 먹는 열매라는 점을 알려 주려고 한 것이므로 A는 정답이 아니다.

夜莺在开满鲜花的树丛中守候，等待果实成熟。它从来不让其他鸟儿靠近，怕它们和自己争食。后来，果实终于成熟了，然而里面却是棉絮，布谷鸟对沮丧的夜莺说："谁叫你不让我靠近的，如果不是那样，我早就会告诉你它们不能吃了。"

A 布谷鸟要抢食物
B 夜莺不懂得分享
C 夜莺非常机智
D 果实特别美味

밤꾀꼬리가 꽃이 가득 핀 수풀 속에서 열매가 익기를 기다린다. 밤꾀꼬리는 계속 다른 새가 접근하지 못하도록 했다. 그들이 자신과 먹이를 두고 경쟁하는 것이 두려웠다. 나중에 열매가 드디어 익었지만, 안쪽은 목화솜이었다. 뻐꾸기가 풀이 죽어 있는 밤꾀꼬리에게 말했다. "누가 너더러 나를 접근하지 못하게 하랬니? 만약 그러지 않았으면, 내가 진작에 너에게 열매들은 못 먹게 되었다고 알려 줬을 거야."

A 뻐꾸기는 먹이를 뺏으려고 한다
B 밤꾀꼬리는 나눔을 모른다
C 밤꾀꼬리는 매우 영리하다
D 열매는 특히 맛이 좋다

夜莺 yèyīng 명 밤꾀꼬리, 나이팅게일 | **满** mǎn 형 가득 차다 [开满: 가득 피다, 만발하다] | **鲜花** xiānhuā 명 꽃, 생화 | ★**丛** cóng 명 숲, 덤불 | **守候** shǒuhòu 동 기다리다, 고대하다 | **果实** guǒshí 명 과실 | **成熟** chéngshú 형 (식물의 열매 등이) 익다, 여물다 | **鸟儿** niǎor 명 새 | **靠近** kàojìn 동 가까이 가다, 다가가다 | **争** zhēng 동 (무엇을 얻거나 이루려고) 경쟁하다, 다투다 | **棉絮** miánxù 명 목화솜 | **布谷鸟** bùgǔniǎo 명 뻐꾸기, 뻐꾹새 | ★**沮丧** jǔsàng 형 풀이 죽다, 낙담하다 | **早就** zǎojiù 부 진작, 일찌이 | **抢** qiǎng 동 빼앗다, 약탈하다 | **食物** shíwù 명 음식물 | **懂得** dǒngde 동 알다, 이해하다 | **分享** fēnxiǎng 동 함께 나누다, 공유하다 | ★**机智** jīzhì 형 슬기롭다, 지혜롭다 | **美味** měiwèi 형 맛이 좋다

생소한 어휘가 나와도 당황하지 말자. 이야기 유형에서는 동물, 식물뿐만 아니라 옛 관직명, 지명, 인명 등 생소한 어휘가 자주 나온다. 그러나 그 어휘를 몰라도 문제를 푸는 데 지장은 없는데, 대부분 다른 말로 풀어서 설명하거나 어휘의 의미와 상관없는 문제가 출제되기 때문이다. 따라서 모르는 어휘가 나와도 당황하지 말고 녹음을 끝까지 듣고 흐름을 파악하는 데 집중하자.

2 **A** [容易引起腰椎突出 척추 돌출을 쉽게 야기하다 → 伤腰 허리를 다치게 하다] 소파에 반쯤 드러눕는 자세는 상반신의 중량이 척추에 가해지게 하고 곧 '腰椎突出(척추 돌출)'를 야기한다고 했다. '腰椎突出'는 보기에서 '伤腰(허리를 다치게 하다)'라고 제시되었다.

不少人在家的时候爱半躺在沙发上玩手机，而半卧会使腰椎处于折角状态，后腰悬空，此时上半身的重量全都压在腰椎上。而肌肉韧带因处在松弛状态而失去原来的固定作用，时间久了，很容易引起腰椎突出。

많은 사람들이 집에 있을 때 소파에 반쯤 드러누워 휴대폰을 하는 것을 좋아한다. 그런데 반쯤 드러눕는 자세는 척추가 접힌 상태에 있게 하고 등허리는 허공에 떠 있게 해서, 이때 상반신의 중량이 전부 척추에 가해진다. 그래서 근육과 인대가 느슨해진 상태에 있어서 기존의 고정 역할을 잃어버린다. 시간이 오래 지나면 척추 돌출을 쉽게 야기한다.

A 半躺姿势很伤腰
B 脊椎变形能够被矫正
C 玩手机可延缓衰老
D 半躺易导致注意力下降

A 반쯤 드러눕는 자세는 허리를 다치게 한다
B 척추 변형은 교정될 수 있다
C 휴대폰을 하면 노화를 늦출 수 있다
D 반쯤 드러누우면 집중력이 쉽게 떨어진다

卧 wò 동 드러눕다, 눕다 | **腰椎** yāozhuī 명 척추뼈, 요추, 허리뼈 | **处于** chǔyú 동 (사람·사물이 어떤 지위·상태·환경·시간에) 처하다, 놓이다 | ★**折** zhé 동 접다 | **状态** zhuàngtài 명 상태 | **后腰** hòuyāo 명 등허리 | **悬空** xuánkōng 동 허공에 뜨다 | **上半身** shàngbànshēn 명 상반신 | **重量** zhòngliàng 명 중량, 무게 | **全都** quándōu 부 전부, 모두 | **压** yā 동 압력을 가하다, (내리)누르다 | **肌肉** jīròu 명 근육 | **韧带** rèndài 명 인대 | **因A而B** yīn A ér B A 때문에 B하다 | **处** chǔ 동 (사람·사물이 어떤 지위·상태·환경·시간에) 처하다, 놓이다 | **松弛** sōngchí 형 느슨하다, 늘어지다 | **失去** shīqù 동 잃다, 잃어버리다 | **固定** gùdìng 동 고정하다 | **突出** tūchū 동 돌출하다, 툭 튀어나오다 | **姿势** zīshì 명 자세, 모양 | **伤** shāng 동 다치다, 상하다, 해롭다 | **腰** yāo 명 허리 | **脊椎** jǐzhuī 명 척추, 등뼈 | **变形** biànxíng 명 변형 | **能够** nénggòu 조동 ~할 수 있다 | **矫正** jiǎozhèng 동 교정하다, 바로잡다 | **延缓** yánhuǎn 동 늦추다, 미루다, 연기하다 | ★**衰老** shuāilǎo 형 노화하다, 노쇠하다 [여기서는 명사적 용법으로 쓰임] | **易** yì 형 쉽다, 용이하다 | **导致** dǎozhì 동 (주로 좋지 않은 일을) 야기하다, 초래하다 | **注意力** zhùyìlì 명 집중력, 주의력 | **下降** xiàjiàng 동 떨어지다, 낮아지다

3 **B** [用"誉满杏林"、"杏林春暖"等词来赞颂 '예만행림', '행림춘난' 등의 말로 칭송하다 → 比喻医术高明 의술이 뛰어남을 비유하다] 옛날 인물 이야기가 나오면 대체로 난도가 높은 편인데, 이는 어휘도 어렵지만 문장의 길이도 길기 때문이다. 그러나 '用A来B(A로 B하다)'와 같은 중요 표현에 집중하면 전체 문장을 쉽게 파악할 수 있다.

董奉是三国时期的名医，为人看病从不收取财物，仅要求病人痊愈后在他家门口的路旁栽种杏树。久而久之，他家的路旁竟长出了10万多棵杏树。后来人们就用"誉满杏林"、"杏林春暖"等词来赞颂医生的精良医术与高尚品质。

동봉은 삼국시대의 명의로, 사람들을 위해 진료를 하고 돈을 받지 않고, 환자에게 다 나으면 그의 집 앞 길가에 살구나무를 심으라는 요구만 했다. 오랜 시간이 지나고 그의 집 길가에는 10만여 그루의 살구나무가 자라났다. 훗날 사람들은 '예만행림(살구나무 숲에 명예가 가득하다)', '행림춘난(살구나무 숲에 봄이 가득하다)' 등의 말로 의사의 뛰어난 의술과 높은 인품을 칭송했다.

A 杏树浑身是宝
B "誉满杏林"比喻医术高明
C 董奉种了许多中草药
D 董奉生活十分贫困

A 살구나무는 전체가 보물이다
B '예만행림'은 의술이 뛰어남을 비유한다
C 동봉은 많은 중의약초를 심었다
D 동봉은 생활이 매우 궁핍했다

董奉 Dǒngfèng 고유 동봉 [오나라의 명의] | **三国时期** Sānguó Shíqī 고유 삼국시대 [위·촉·오 세 나라가 병립하던 시기] | **名医** míngyī 명 명의 | **看病** kànbìng 동 진료하다, 진찰하다 | **收取** shōuqǔ 동 (비용·요금을) 받다, 수납하다 | **财物** cáiwù 명 재화, 재물 | **仅** jǐn 부 다만, 단지 | **病人** bìngrén 명 환자, 병자 | **痊愈** quányù 동 병이 낫다, 완쾌하다 | **门口** ménkǒu 명 문 앞, 현관 | **路旁** lùpáng 명 길가 | **栽种** zāizhòng 동 재배하다, 심다 | **杏树** xìngshù 명 살구나무 | **久而久之** jiǔ'érjiǔzhī 성 오랜 시간이 지나다, 오래오래 지속되다 | **竟** jìng 부 결국, 마침내 | **誉满杏林** yùmǎnxìnglín 예만행림 [살구나무 숲에 명예가 가득하다] | **杏林** xìnglín 명 살구나무 숲 | **杏林春暖** xìnglínchūnnuǎn 행림춘난 [살구나무 숲에 봄이 가득하다] | **赞颂** zànsòng 동 칭송하다, 찬양하다 | **精良** jīngliáng 형 정교하다, 우수하다, 훌륭하다 | **医术** yīshù 명 의술 | ★**高尚** gāoshàng 형 고상하다, 도덕적으로 고결하다 | ★**品质** pǐnzhì 명 인품, 품성 | ★**浑身** húnshēn 명 전신, 온몸 | **宝** bǎo 명 진귀한 것, 보물, 보배 | ★**比喻** bǐyù 동 비유하다 | ★**高明** gāomíng 형 (학문·견해·기술·기능이) 뛰어나다, 빼어나다 | **种** zhòng 동 심다, 뿌리다, 파종하다 | **中草药** zhōngcǎoyào 명 중의약초 | ★**贫困** pínkùn 형 궁핍하다, 빈곤하다

4 **C** [不妨保持积极的态度 긍정적인 태도를 유지하는 것이 좋다 → 要保持乐观的态度 낙관적인 태도를 유지해야 한다] 걱정, 근심과 병의 상관 관계에 대한 내용으로, 녹음 끝부분에서 '긍정적인 태도를 유지'하여 고통을 완화하는 것이 좋다고 했다. 질병을 언급했다고 해서 반드시 운동과 관련 있다고 할 수는 없으므로, 녹음을 모두 듣고 정답을 골라야 한다. 또한, '不妨(~해도 좋다, 괜찮다)'은 6급 전 영역에 걸쳐 자주 출제되는 어휘이므로 꼭 기억하자. '不'가 있다고 부정의 의미로 해석하지 않도록 한다.

研究显示，常常处于忧愁和烦恼状态中的人不仅易衰老，且患心脏病、高血压等疾病的机率也更高。因此，无论生活怎样"折磨"你，都不妨保持积极的态度，用乐观的态度来缓解心理和生理上的痛苦。

연구에 따르면 자주 걱정과 근심 상태에 있는 사람은 쉽게 노쇠해질 뿐만 아니라, 심장병, 고혈압 등의 질병에 걸릴 확률도 더 높다. 따라서, 생활이 어떻게 당신을 '괴롭히든', 긍정적인 태도를 유지하고, 낙관적인 태도로 심리적, 생리적 고통을 완화시키는 것이 좋다.

A 要懂得珍惜现在
B 要坚持锻炼
C 要保持乐观的态度
D 要有合作精神

A 현재를 소중히 여길 줄 알아야 한다
B 운동을 꾸준히 해야 한다
C 낙관적인 태도를 유지해야 한다
D 협력하는 정신이 있어야 한다

显示 xiǎnshì 동 보여 주다, 뚜렷하게 나타내다 | **忧愁** yōuchóu 동 근심스럽다, 우울하다 | **患** huàn 동 병에 걸리다, 병이 나다 | **心脏病** xīnzàngbìng 명 심장병 | **高血压** gāoxuèyā 명 고혈압 | ★**疾病** jíbìng 명 병, 질병 | **机率** jīlǜ 명 확률 | **因而** yīn'ér 접 따라서, 그러므로, 그런 까닭에 | ★**折磨** zhémó 동 괴롭히다, 고통스럽게 하다 | ★**不妨** bùfáng 부 ~해도 좋다, 괜찮다 | **保持** bǎochí 동 유지하다, 지키다 | **乐观** lèguān 형 낙관적이다 | **缓解** huǎnjiě 동 완화시키다, 호전시키다, 누그러뜨리다 | **心理** xīnlǐ 명 심리 | ★**生理** shēnglǐ 명 생리 | **痛苦** tòngkǔ 명 고통, 아픔 | **珍惜** zhēnxī 동 귀중히 여기다, 진귀하게 여겨 아끼다 | **合作** hézuò 동 협력하다, 합작하다 | **精神** jīngshén 명 정신

듣기 제1부분의 일상생활과 관련된 녹음에서 제안을 나타내는 표현들이 나오면 그 뒤가 답인 경우가 많다.
显示 xiǎnshì 뚜렷하게 나타내다 | **不妨** bùfáng ~해도 좋다 | **表示** biǎoshì ~를 의미한다 | **必须** bìxū 반드시 | **认为** rènwéi ~라고 여기다 | **觉得** juéde ~라고 생각하다

Mini 모의고사 2

5 **D** [多喝些也不会带来什么危险 많이 마셔도 크게 위험하지 않다 / 误区 잘못된 인식] 일반적인 생각을 먼저 언급하고 전문가의 의견으로 반박하는 구조는 HSK 6급 듣기에서 매우 흔한 전개이다. '专家表示(전문가가 말하다)'와 같은 말이 들린다면 앞의 내용에 반대하는지 찬성하는지를 파악하는 것이 중요하다.

有些人觉得啤酒是"液体面包"，不仅营养价值很高，而且酒精含量较低，多喝些也不会带来什么危险。可专家却表示：这其实是一种误区，理由是啤酒终究属于酒类，而一升啤酒所含的酒精量又相当于一两多白酒所含的酒精量。	어떤 사람들은 맥주는 '액체로 된 빵'이라고 생각한다. 영양 가치가 높을 뿐만 아니라 알코올 함량이 비교적 낮아서 많이 마셔도 크게 위험하지 않다는 것이다. 그런데 전문가들은 이것은 사실 잘못된 인식이라고 한다. 이유는 맥주도 결국 주류에 속해 1L의 맥주에 함유된 알코올 양은 50ml가량의 백주에 함유된 알코올 양에 맞먹는다.
A 啤酒属于饮料 B 喝啤酒是不会喝醉的 C 白酒中的酒精含较低 **D 多喝啤酒会给身体带来危害**	A 맥주는 음료수에 속한다 B 맥주는 마셔도 취하지 않는다 C 백주의 알코올 함량은 비교적 낮다 **D 맥주를 많이 마시는 것은 신체에 해를 끼칠 수 있다**

★**液体** yètǐ 명 액체 | **营养** yíngyǎng 명 영양 | **价值** jiàzhí 명 가치 | ★**酒精** jiǔjīng 명 알코올 | **含量** hánliàng 명 함량 | **较** jiào 부 비교적, 좀, 보다 | **误区** wùqū 명 (장시간 형성된) 잘못된 인식 | **理由** lǐyóu 명 이유 | ★**终究** zhōngjiū 부 결국, 필경, 어쨌든 | **属于** shǔyú 동 ~에 속하다 | **酒类** jiǔlèi 명 주류, 알코올류 | **升** shēng 양 리터(L) [1L는 1,000ml에 해당함] | **相当于** xiāngdāngyú ~에 맞먹다, ~에 상당하다 | **一两** yìliǎng 수량 50ml | **喝醉** hēzuì 술을 마셔 취하다 | **危害** wēihài 명 해, 위해

6 **A** [旅游胜地 여행 명소] 헷갈리는 보기가 많이 제시되었는데, '계란을 모래에 묻어서 삶은 계란을 먹을 수 있는 것'이지 계란이 맛있다고 하지는 않았기 때문에 B는 정답이 아니고 투루판의 '지표면 온도가 75도를 넘는 것'이지, '평균 기온은 40도 이상'이라고 했기 때문에 D도 정답이 아니다.

旅游胜地吐鲁番每年六月到八月的平均气温为40度以上，最高气温可达47度，而地表温度则超过75度。夏天到吐鲁番，即使路上没有饭馆也不会挨饿。因为只要将鸡蛋埋进沙子中等一会儿，你便能吃到香喷喷的熟鸡蛋了。	여행 명소 투루판은 매년 6~8월 평균 기온이 40도 이상이고, 최고 기온은 47도에 이르며, 지표면 온도는 75도를 넘는다. 여름에 투루판에 가면 설령 길에 식당이 없어도 굶주릴 일은 없다. 계란을 모래에 묻고 조금만 기다리기만 하면 고소한 삶은 계란을 먹을 수 있게 되기 때문이다.
A 吐鲁番是旅游胜地 B 吐鲁番的鸡蛋特别好吃 C 吐鲁番的夏天只有半个月 D 吐鲁番的平均气温为75度	**A 투루판은 여행 명소이다** B 투루판의 계란은 특히 맛있다 C 투루판의 여름은 보름 정도밖에 되지 않는다 D 투루판의 평균 기온은 75도이다

胜地 shèngdì 명 명소, 명승지 | **吐鲁番** Tǔlǔfān 고유 투루판 | **平均** píngjūn 명 평균 | **气温** qìwēn 명 기온 | **度** dù 양 도 [온도·밀도·농도 따위의 단위] | **以上** yǐshàng 명 이상 | **达** dá 동 이르다, 달하다 | **地表** dìbiǎo 명 지표면 | **则** zé 부 바로 ~이다 | **挨饿** ái'è 동 굶주리다 | **埋** mái 동 묻다, 매장하다 | **沙子** shāzi 명 모래 | **便** biàn 부 곧, 바로 [=就] | **香喷喷** xiāngpēnpēn 형 고소하다 | **熟** shú 형 (음식이) 푹 삶다, 익다

7 **D** [女子排球队非常著名的教练和运动员 여자 배구팀에서 매우 유명한 감독이자 선수 → 著名的女排教练 유명한 여자 배구 감독] 녹음의 시작과 끝에는 주요 내용이 직접적으로 제시되므로 아주 중요하다. '教练(감독)'은 빈출 어휘이므로 꼭 외워 두자.

郎平是中国女子排球队非常著名的教练和运动员，她个人曾经4次获得世界冠军，是女排“五连冠”时期最具代表性的人物。她凭着精准的扣杀获得了“铁榔头”的称号，并且在中国队处于低谷时，出任了当时的国家队主教练。

랑핑은 중국 여자 배구팀에서 매우 유명한 감독이자 선수이다. 그녀는 개인적으로 일찍이 4차례나 세계 1위를 했고, 중국 여자 배구팀이 '5회 연속 우승'을 하던 시절 가장 대표적인 인물이다. 그녀는 정확한 스매시로 '쇠망치'라는 칭호를 얻었고, 중국팀이 침체되었을 때 당시의 국가대표팀 감독을 맡았다.

A 郎平曾经获得三枚亚运会金牌
B 郎平的排球技巧最完美
C 中国女排正处于起步阶段
D 郎平是著名的女排教练

A 랑핑은 일찍이 3개의 아시안게임 금메달을 획득했다
B 랑핑의 배구 기술이 가장 완벽하다
C 중국 여자 배구는 현재 시작하는 단계에 있다
D 랑핑은 유명한 여자 배구 감독이다

郎平 Láng Píng 고유 랑핑 [중국의 배구선수] | **女子排球队** nǚzǐ páiqiúduì 여자 배구팀 | **教练** jiàoliàn 명 감독 | **运动员** yùndòngyuán 명 운동선수 | **个人** gèrén 명 개인 | **曾经** céngjīng 부 일찍이, 이전에 | **世界冠军** shìjiè guànjūn 세계 1위, 세계 챔피언 | **五连冠** wǔliánguàn 5회 연속 우승 | **代表性** dàibiǎoxìng 명 대표성 | **人物** rénwù 명 인물 | **凭** píng 동 의거하다, 의지하다 [凭着: ~에 근거하여] | **精准** jīngzhǔn 형 아주 정확하다 | **扣杀** kòushā 동 (탁구·배구·배드민턴 등에서) 스매시하다 | **铁榔头** tiělángtou 명 쇠망치 | ★**称号** chēnghào 명 (주로 영광스러운) 칭호, 호칭 | **队** duì 명 팀 | **低谷** dīgǔ 명 최저점, 밑바닥, 바닥세 | **出任** chūrèn 동 (임무나 관직을) 맡다 | **主教练** zhǔjiàoliàn 명 감독, 헤드코치 | ★**枚** méi 양 개, 매, 장 [주로 비교적 작은 조각의 사물을 세는 단위] | **亚运会** Yàyùnhuì 고유 아시안게임 ['亚洲运动会'의 줄임말] | **金牌** jīnpái 명 금메달 | ★**技巧** jìqiǎo 명 기술, 테크닉 | **完美** wánměi 형 완전하여 흠잡을 데가 없다, 완전무결하다 | **起步** qǐbù 동 시작하다 | **阶段** jiēduàn 명 단계

8 A [使自己长出新尾巴 새로운 꼬리가 다시 자라게 한다 → 尾巴可再生 꼬리가 재생하다] 녹음 마지막에 도마뱀붙이의 꼬리가 다시 자라난다고 했고, 이는 A의 '再生(재생하다)'과 같은 내용이다. C는 상식적으로는 맞는 내용이나 녹음에서 언급하지 않았으므로 답으로 고르면 안 된다. 반드시 녹음 내용에 근거해서 정답을 선택해야 한다는 것을 잊지 말자.

壁虎遇到敌人攻击时，肌肉会迅速收缩，让尾巴断落。因为断尾后的它神经并不会死，而且仍会继续动弹，这样，它就能通过“分身术”逃跑。而断尾的壁虎会分泌出一种激素，使自己长出新尾巴。

도마뱀붙이는 적의 공격을 받으면, 근육이 빠르게 수축돼서 꼬리가 잘려 나가도록 한다. 꼬리가 잘린 후 신경은 결코 죽지 않기 때문에 여전히 계속 움직일 수 있는데, 이렇게 도마뱀붙이는 바로 '분신술'을 통해 도망갈 수 있다. 그리고 꼬리가 잘린 도마뱀붙이는 호르몬을 분비하여, 새로운 꼬리가 다시 자라게 한다.

A 壁虎的尾巴可再生
B 壁虎行动迅速
C 壁虎会变色
D 壁虎携带病菌

A 도마뱀붙이의 꼬리는 재생할 수 있다
B 도마뱀붙이의 행동이 빠르다
C 도마뱀붙이는 색이 변할 수 있다
D 도마뱀붙이는 병균을 가지고 있다

壁虎 bìhǔ 명 도마뱀붙이 | **敌人** dírén 명 적 | ★**攻击** gōngjī 명 공격, 진공 | **迅速** xùnsù 형 재빠르다 | ★**收缩** shōusuō 동 수축하다, 줄어들다 | **尾巴** wěiba 명 꼬리, 꽁무니 | **断** duàn 동 (도막으로) 자르다, 끊다 | **落** luò 동 (물체가) 떨어지다 | ★**神经** shénjīng 명 신경 | **并** bìng 부 결코, 전혀, 별로 [부정사 앞에 쓰여 부정의 어기를 강조함] | **动弹** dòngtan 동 움직이다, 활동하다 | **分身** fēn shēn 몸을 나누다 | **逃跑** táopǎo 동 도망치다, 달아나다 | ★**分泌** fēnmì 동 분비하다 | **激素** jīsù 명 호르몬 | **再生** zàishēng 동 재생하다 | **行动** xíngdòng 명 행동, 거동 | **变色** biànsè 동 색이 변하다 | ★**携带** xiédài 동 지니다, 휴대하다 | **病菌** bìngjūn 명 병균

9 A [문: 机遇与挑战 기회와 도전 → 답: 最大挑战就是人才的缺失 가장 큰 도전은 바로 인재의 부족이다] 진행자의 두 번째 질문이 끝나자마자 남자는 스키 산업이 직면한 가장 큰 도전은 '인재 부족'이라고 답했다. 인터뷰 대화문은 질문과 답변이 계속 반복되는데, 답변에 정답이 언급되는 경우가 많다.

10 A [문: 哪些变化 어떤 변화 → 답: 加快滑雪运动的普及 스키 스포츠의 보급 속도를 높이다] 동계올림픽 개최는 '스키 스포츠의 빠른 보급, 부동산 투자, 자본 시장의 진입'을 이끌 수 있다고 했다. 이 중 보기로 제시된 A가 정답이다.

11 D [注重可持续发展 지속 가능한 발전을 중시하다] '可持续发展(지속 가능한 발전)'을 중시한다는 말을 녹음에서 직접적으로 언급했다. 문제의 보기를 먼저 읽고 녹음을 들었다면 어렵지 않게 정답을 고를 수 있는 문제이다.

12 C [腐殖土 부식토] 스키장에 대한 알맞은 설명을 묻는 문제로, '腐殖土'가 녹음과 보기에서 동일하게 제시되었다.

13 D [待 머물다 ≒ 从事 종사하다] '待'에는 '머물다'라는 의미가 있는데, 여기서는 '종사하다'라는 뜻으로 쓰였다. 종종 마지막 문제의 정답이 녹음 시작 부분에 언급되는 경우가 있으므로 처음부터 집중해서 듣는 것은 물론이고, 첫 번째 문제와 마지막 문제를 동시에 대조해서 듣는 연습을 해야 한다.

第9到13题是根据下面一段采访：

女：您是如何接触到滑雪运动的？又是什么让你决定从事这个行业的？

男：1996年，哈尔滨成功地取得了第三届亚洲冬季运动会的举办权。那时我所在的公司负责建设第三届亚冬会运动员村——亚布力风车山庄，它是中国首个旅游滑雪场，拉开了大众滑雪的序幕，同时也开启了我的滑雪生涯，[13]并且在这个行业一待就是5年。

女：您觉得什么是滑雪产业的机遇与挑战？

男：[9]这个产业面临的最大挑战就是人才的缺失，以前滑雪场难以吸引到高端人才，这让滑雪场的管理与发展受到了限制。此外，水价的不断上涨也让滑雪场的经营成本增加了很多，但总的来说这个产业的发展趋势是平稳上升的，机遇也挺多。例如滑雪场设备的制造与维护、滑雪装备的制造与销售、滑雪场的服务与管理以及滑雪教学等方面都有较大的发展空间。

女：本次申奥成功会为行业带来哪些变化呢？

男：规模大的赛事会对行业起到巨大的推动作用，就像第三届亚冬会开启了中国大众滑雪产业，[10]冬奥会的举办也会加快滑雪运动的普及，同时还会吸引地产大鳄与资本市场的进入。作为基础设施的滑雪场数量也将明显增加，各省体育局则会大力培养参加比赛的运动员。这些对整个行业都有显著的促进作用。

9~13번 문제는 다음 인터뷰에 근거한다.

여: 당신은 어떻게 스키를 접하게 되신 건가요? 또 무엇이 당신을 이 업계에 종사하기로 결정하도록 했나요?

남: 1996년 하얼빈은 제3회 동계아시안게임 개최권을 성공적으로 얻어 냈습니다. 그때 제가 있던 회사는 제3회 동계아시안게임 선수촌 야부리풍차산장의 건설을 책임졌는데, 이곳은 중국 최초의 관광 스키장으로, 대중 스키의 서막을 여는 동시에 저의 스키 인생도 시작되었고, [13]5년을 이 업계에 종사했습니다.

여: 당신은 스키 산업의 기회와 도전이 무엇이라고 생각하시나요?

남: [9]이 산업이 직면하고 있는 가장 큰 도전은 바로 인재 부족입니다. 예전에 스키장은 고급 인재를 끌어들이기 어려웠고, 이로 인해 스키장의 관리와 발전이 제약을 받았습니다. 이 밖에 물값이 끊임없이 상승해서 스키장의 운영 비용이 많이 올랐습니다. 그러나 전반적으로 이 산업의 발전 추세는 안정적인 상승세를 보이고 있고, 기회도 굉장히 많습니다. 예컨대 스키장 설비 제조 및 수리, 스키 장비 제조 및 판매, 스키장 서비스 및 관리, 스키 교습 등의 분야에도 비교적 큰 발전의 여지가 있습니다.

여: 이번 올림픽 심사에 성공하면 업계에 어떤 변화를 가져오게 될까요?

남: 규모가 큰 대회는 업계에 거대한 촉진 작용을 할 수 있습니다. 제3회 동계아시안게임이 중국 대중 스키 산업을 시작했듯이, [10]동계올림픽 개최도 스키 스포츠의 보급 속도를 높일 수 있고, 동시에 부동산 투자와 자본 시장의 진입도 이끌 수 있습니다. 인프라로서의 스키장 수 역시 뚜렷하게 증가할 것이고, 각 성의 체육부 역시 경기에 참가할 선수를 육성하는 데에 힘쓸 것입니다. 이는 업계 전반에 뚜렷한 촉진 작용을 할 것입니다.

女：在有关冬奥会的声音中，有的称滑雪场的建设会破坏生态环境，您是如何看待的？

男：其实滑雪产业本身是一个环保绿色的产业，它的特点是投入大而回报周期长，大滑雪场的回报周期为5年左右，因此[11]滑雪产业更注重可持续发展。拿南山滑雪场来讲，在滑雪场建设初期，若雪道上有树木被砍伐了，我们必定会在周围种植相同或更多的树木，并且国家也有相关的规定。此外，大部分人可能不知道，[12]雪道下并非石头而是一层很厚的腐殖土。我们会在雪道上面种草，一是防止水土流失，二是防止滑雪者受伤或雪板被刮坏，所以大多数滑雪场夏季时都芳草茵茵，景色秀美。

여: 동계올림픽에 관한 의견 중 일부는 스키장의 건설이 생태 환경을 파괴할 것이라고 하는데, 어떻게 생각하시나요?

남: 사실 스키 산업은 그 자체로 환경을 보호하는 친환경 산업입니다. 스키 산업의 특징은 투자 규모는 크지만 수익 주기가 길다는 것입니다. 대형 스키장의 수익 주기는 5년 정도입니다. 따라서 [11]스키 산업은 지속 가능한 발전을 더욱 중시합니다. 난산산스키장을 예로 들면, 스키장 건설 초기에 만약 스키 트랙의 나무를 베었다면, 반드시 주변에 같은 양의, 혹은 더 많은 나무를 심어야 했습니다. 게다가 국가에도 관련 규정이 있습니다. 이 밖에 대부분의 사람은 [12]스키 트랙 아래에 있는 것이 돌이 아니라 두터운 부식토라는 것을 모를 겁니다. 우리는 스키 트랙 위에 풀을 심습니다. 첫째는 토사 유실을 방지하기 위함이며, 둘째는 스키를 타는 사람이 부상을 당하거나 스키가 긁혀서 망가지는 것을 방지하기 위함입니다. 그래서 대부분의 스키장은 여름철에 풀이 가득한 아름다운 풍경이 됩니다.

9 男的认为滑雪产业面临的最大挑战是什么？
A 人才难求
B 被环保组织质疑
C 设备落后
D 物价攀升

10 男的认为申奥成功对滑雪产业有何影响？
A 加速普及滑雪运动
B 会打破目前的僵局
C 审查制度更完善
D 将导致市场垄断

11 关于滑雪产业的特点，下列哪项正确？
A 社会支持度低
B 缺乏统筹规划
C 利润回报很快
D 注重可持续发展

12 关于滑雪场，下列哪项正确？
A 春天不对外开放
B 水土流失严重
C 雪道下面是腐殖土
D 票价昂贵

9 남자가 생각하는 스키 산업이 직면한 가장 큰 도전은 무엇인가?
A 인재를 구하기 어려움
B 환경단체의 질문을 받고 있음
C 낙후된 설비
D 물가의 빠른 상승

10 남자는 올림픽 심사에 성공하면 스키 산업에 어떤 영향이 있을 것이라고 생각하는가?
A 스키 스포츠의 보급을 가속화한다
B 현재의 교착 상태를 해결할 수 있다
C 심사 제도를 더욱 개선할 수 있다
D 시장 독점을 야기할 수 있다

11 스키 산업의 특징으로 다음 중 옳은 것은 무엇인가?
A 사회의 지지도가 낮다
B 종합적 계획이 부족하다
C 수익을 내는 속도가 빠르다
D 지속 가능한 발전을 중시한다

12 스키장에 대해서 다음 중 옳은 것은 무엇인가?
A 봄에는 대외적으로 개방하지 않는다
B 토사 유실이 심각하다
C 스키 트랙 아래에는 부식토가 있다
D 표값이 비싸다

13 关于男的可以知道什么？

A 拥有两家滑雪场

B 参加了第一届亚冬会

C 是滑雪教练

D 从事滑雪行业5年

13 남자에 대해 알 수 있는 것은 무엇인가?

A 두 개의 스키장을 보유하고 있다

B 제1회 동계아시안게임에 참가했다

C 스키 코치이다

D 스키 업계에 5년을 종사했다

接触 jiēchù 동 접촉하다 | **滑雪** huáxuě 명 스키 | **从事** cóngshì 동 종사하다 | **行业** hángyè 명 업종, 직종, 직업 | **哈尔滨** Hā'ěrbīn 고유 하얼빈 [헤이룽장성의 성도] | **取得** qǔdé 동 얻다, 취득하다 | **届** jiè 양 회, 기, 차 | **亚洲冬季运动会** Yàzhōu Dōngjì Yùndònghuì 고유 동계아시안게임 [=亚冬会] | **举办权** jǔbànquán 명 개최권 | **建设** jiànshè 동 건설하다, 세우다 | **运动员村** yùndòngyuán cūn 명 선수촌 | **亚布力** Yàbùlì 고유 야부리 [하얼빈시에 속한 진의 이름] | **风车** fēngchē 명 풍차 | **山庄** shānzhuāng 명 산장 | **首** shǒu 명 시작, 최초, 처음 | **滑雪场** huáxuěchǎng 명 스키장 | **大众** dàzhòng 명 대중, 군중 | **序幕** xùmù 명 서막, 중대한 일의 시작 | **开启** kāiqǐ 동 시작하다 | **生涯** shēngyá 명 생애, 일생 | **待** dài 동 있다, 지내다 | ★**产业** chǎnyè 명 산업 | ★**机遇** jīyù 명 기회 | **挑战** tiǎozhàn 명 도전 | **面临** miànlín 동 직면하다, 당면하다 [面临挑战: 도전에 직면하다] | **人才** réncái 명 인재 | **缺失** quēshī 명 부족 | **难以** nányǐ 동 ~하기 어렵다 | **高端** gāoduān 형 수준이 높은, 고차원의 | **限制** xiànzhì 명 제한, 제약, 규정된 범위 [受到限制: 제한을 받다] | **此外** cǐwài 접 이 밖에, 이 외에 | **价** jià 명 가격 | **不断** búduàn 부 끊임없이, 계속해서 | **上涨** shàngzhǎng 동 (수위나 물가가) 오르다 | **经营** jīngyíng 동 운영하다, 경영하다 | ★**成本** chéngběn 명 원가, 자본금 | **总的来说** zǒngde láishuō 전반적으로 말하자면 | **趋势** qūshì 명 추세 | **平稳** píngwěn 형 안정되다 | **上升** shàngshēng 동 상승하다, 위로 올라가다 | **设备** shèbèi 명 설비, 시설 | **制造** zhìzào 명 제조 | ★**维护** wéihù 명 수리, 수선 | ★**装备** zhuāngbèi 명 장비 | **销售** xiāoshòu 명 판매, 매출 | **以及** yǐjí 접 그리고, 및 | **教学** jiàoxué 명 교수, 수업, 교육 | **空间** kōngjiān 명 공간 | **申奥** shēn'ào 동 올림픽 대회의 주최를 신청하다 ['申办奥林匹克运动会'의 줄임말] | **规模** guīmó 명 규모, 형태, 범위, 영역 | **赛事** sàishì 명 경기, 대회 | **巨大** jùdà 형 (규모·수량 등이) 아주 크다, 아주 많다 | **推动** tuīdòng 동 추진하다, 나아가게 하다, 촉진하다 | **冬奥会** Dōng'àohuì 고유 동계올림픽 ['冬季国际奥运会'의 줄임말] | **加快** jiākuài 동 속도를 올리다, 빠르게 하다 | ★**普及** pǔjí 동 보급되다, 확산되다 [지문에서는 명사적 용법으로 쓰임] | **地产** dìchǎn 명 부동산 | **大鳄** dà'è 명 큰손, 거물 | ★**资本** zīběn 명 자본 | **市场** shìchǎng 명 시장 | **进入** jìnrù 명 진입하다, 들다 | **作为** zuòwéi 개 ~로서 [신분·자격을 나타냄] | **基础设施** jīchǔ shèshī 명 인프라 | **将** jiāng 부 ~할 것이다, ~일 것이다 | **明显** míngxiǎn 형 뚜렷하다, 분명하다, 확연히 드러나다 | **增长** zēngzhǎng 동 증가하다, 늘어나다, 제고하다 | **局** jú 명 국 [조직의 업무 단위 중 하나] | **大力** dàlì 부 강력하게, 힘껏 | **培养** péiyǎng 동 육성하다, 배양하다, 기르다 | **整个** zhěnggè 형 온, 모든 | ★**显著** xiǎnzhù 형 뚜렷하다, 두드러지다 | **促进** cùjìn 동 촉진하다 | **称** chēng 동 말하다 | **破坏** pòhuài 동 파괴하다 | ★**生态** shēngtài 명 생태 | **如何** rúhé 대 어떻게, 어떤, 어떻게 하면 [=怎么] | ★**看待** kàndài 동 대우하다, 다루다, 취급하다 | **自身** zìshēn 명 자체, 본인 | **环保** huánbǎo 명 환경 보호 ['环境保护'의 줄임말] | **绿色** lǜsè 형 친환경의 | **投入** tóurù 동 투자하다, 투입하다 | ★**回报** huíbào 동 보답하다 [여기서는 명사적 용법으로 쓰여 '수익'을 의미함] | ★**周期** zhōuqī 명 주기 | ★**注重** zhùzhòng 동 중시하다, 중점을 두다 | **持续** chíxù 동 지속하다, 계속하다 | **南山** Nán Shān 고유 난산산 | **初期** chūqī 명 초기 | **若** ruò 접 만약, 만일 | **雪道** xuědào 명 스키 트랙 | **树木** shùmù 명 나무 | ★**砍伐** kǎnfá 동 (톱·도끼 등으로) 나무를 베다, 벌목하다 | **必定** bìdìng 부 반드시, 꼭, 기필코 | ★**种植** zhòngzhí 동 심다, 재배하다 | **或** huò 접 혹은, 또는 | **相关** xiāngguān 동 관련이 있다, 관련되다 | **大部分** dàbùfen 명 대부분 | ★**并非** bìngfēi 동 결코 ~가 아니다, 결코 ~하지 않다 | **石头** shítou 명 돌 | **腐殖土** fǔzhítǔ 명 부식토, 부엽토 | ★**防止** fángzhǐ 동 방지하다 | **水土** shuǐtǔ 명 (지표의) 수분과 토양 | **流失** liúshī 동 유실하다, 떠내려가 없어지다 [水土流失: 지표면의 수분과 토실이 유실되다] | **受伤** shòushāng 동 부상당하다, 상처를 입다 | **雪板** xuěbǎn 명 (기구로서의) 스키 | **刮** guā 동 긁다, 깎다 | **大多数** dàduōshù 명 대다수, 대부분 | **夏季** xiàjì 명 여름, 하계 | **芳草** fāngcǎo 명 향기로운 풀, 향초 | **茵茵** yīnyīn 형 빽빽하게 자라다 | **秀美** xiùměi 형 뛰어나게 아름답다 | **求** qiú 동 구하다, 찾다 | **组织** zǔzhī 명 조직 | **质疑** zhìyí 동 질문하다 | **落后** luòhòu 형 낙후되다, 뒤떨어지다 | **物价** wùjià 명 물가 | **攀升** pānshēng 동 (이자·가격 등이) 오르다 | **何** hé 대 무엇, 무슨, 어떤 | **加速** jiāsù 동 가속하다, 속도를 높이다 | **目前** mùqián 명 현재, 지금 | **僵局** jiāngjú 명 교착 상태, 대치 상태 | ★**审查** shěnchá 동 (제안·계획·저작·경력 등을) 심사하다, 검열하다, 심의하다 | **制度** zhìdù 명 제도 | **完善** wánshàn 형 완벽하다, 완전하다 | ★**垄断** lǒngduàn 동 농단하다, 독점하다, 마음대로 다루다 | **项** xiàng 양 항, 항목 | **支持度** zhīchídù 지지도 | **缺乏** quēfá 동 결핍되다, 결여되다 | **统筹** tǒngchóu 동 총괄하다, 전면적인 계획을 세우다 | ★**规划** guīhuà 명 계획, 기획 | **利润** lìrùn 명 이윤 | **对外** duìwài (외부·외국 등과) 대외적으로 관계를 맺다 | **开放** kāifàng 동 개방하다 | **票价** piàojià 명 표값 | ★**昂贵** ángguì 형 비싸다 | ★**拥有** yōngyǒu 동 보유하다, 가지다

14 D [很快分辨出纸币的面额 빨리 지폐의 액면가를 변별할 수 있다] 지폐를 디자인할 때의 원칙으로 예술성, 유통성, 위조 방지 등이 있으며, 서로 다른 색으로 디자인한 것은 '식별을 더 편리하게' 해서 액면가를 변별할 수 있도록 하기 위해서라고 이야기했다.

15 C [山水景色等则迎合了艺术性的要求 자연경관 등은 예술성의 요구에 부합하다] 지폐 디자인의 원칙 중 예술성에 부합하는 것은 '美丽的标志性建筑和山水景色(아름다운 랜드마크와 자연경관)'라고 언급했다.

16 A [可直接看到 바로 볼 수 있다] 신형 100위안은 지폐의 진위를 더욱 쉽게 변별할 수 있도록 보안선을 바깥으로 드러내 바로 볼 수 있다고 했다. 보안선은 지폐와 재질이 다르고 너비는 4mm라고 했으므로 B, D는 틀린 보기이다.

17 C [让公众更易辨别出“红票” 대중이 '붉은 지폐'를 더 쉽게 변별하게 하다] 마지막 문제의 근거 문장이 녹음 중간에 언급되었는데, 설명문에서는 이처럼 문제의 순서와 녹음의 흐름이 다른 경우가 많다. 마지막 문제가 대상의 '옳고 그름'을 선택하는 유형인 경우 보기를 먼저 확인한 후, 전체적으로 보기와 대조하며 녹음을 들어야 정답을 고를 수 있다.

第14到17题是根据下面一段话：

中国人民银行从2015年11月12日开始发行2015年版第5套人民币百元纸币。据悉，新版百元人民币和旧版在主色调、主图案和规格等方面均保持不变，仅对布局、防伪特征和一部分图案进行了一定的调整。中国印钞造币总公司技术总监针对新版百元人民币的设计表示：“一般来说，纸币在设计的时候会遵循艺术性、流通性与防伪性等几个原则。”[14]纸币设计成蓝、绿和红等不一样的颜色，是为了在流通过程中更方便识别，让公众即使隔着较远的距离，也可以很快分辨出纸币的面额，而这次之所以取消旧版百元纸币里一部分淡蓝色花环，[17]正是为了使主色调更加统一，让公众更易辨别出“红票”。[15]纸币上那些美丽的标志性建筑和山水景色等则迎合了艺术性的要求。另外，新版百元人民币正面增加了“开窗”安全线。“开窗”顾名思义，[16]就是让安全线露在外边，人们可直接看到，这种设计更便于公众识别真假，因为纸币和安全线的材质不一样，若宽度设计不科学，则会导致纸币不平整，经多次试验，最终宽4毫米的开窗式安全线呈现在了公众面前。

14~17번 문제는 다음 내용에 근거한다.

중국인민은행은 2015년 11월 12일부터 2015년판 5번째 인민폐 100위안 지폐를 발행하기 시작했다. 들리는 바에 의하면 신형 100위안 인민폐는 구형에서 주 색조, 주요 도안과 규격 등은 변하지 않고, 배치, 위조 방지 특징과 일부 도안에만 어느 정도의 조정을 했다고 한다. 중국지폐발행 조폐 본사 기술 총감독은 신형 100위안 인민폐의 디자인에 대해 "일반적으로 지폐를 디자인할 때는 예술성, 유통성, 위조 방지 등 몇 가지 원칙을 따른다."고 밝혔다. [14]지폐를 파란색, 초록색과 빨간색 등 다른 색으로 디자인하는 것은 유통하는 과정에서 더 편리하게 식별해서 대중이 설령 비교적 먼 거리에서도 빨리 지폐의 액면가를 변별할 수 있도록 하기 위함이다. 이번에 구형 100위안 지폐의 일부 옅은 파란색 화환을 없앤 것은 [17]바로 주 색조를 더욱 통일하여 대중이 '붉은 지폐'를 더 쉽게 변별하게 하기 위함이다. [15]지폐에 있는 그 아름다운 랜드마크와 자연경관 등은 예술성의 요구에 부합한다. 그 밖에도 신형 100위안 인민폐의 앞면에는 '창을 낸' 보안선을 추가했다. '창을 낸다'는 것은 이름에서 알 수 있듯이 [16]보안선을 바깥으로 드러내서 바로 볼 수 있게 한 것이다. 이런 디자인은 대중이 (지폐의) 진위를 더욱 쉽게 변별할 수 있게 한다. 왜냐하면 지폐와 보안선의 재질이 다르기 때문이다. 너비 디자인이 과학적이지 않으면 지폐가 고르지 않을 수 있다. 여러 차례의 실험을 거쳐서 최종적으로 4mm 너비의 창을 낸 보안선을 대중에게 선보였다.

14 人民币为何要设计成不一样的颜色？

A 便于收藏
B 环保美观
C 适应验钞机
D 方便识别面额

14 인민폐는 왜 서로 다른 색으로 디자인하였는가?

A 소장하기 편리하라고
B 환경보호와 미관을 위해서
C 위폐 감별기에 적응하기 위해
D 편하게 액면가를 식별하려고

15 纸币上的山水景色等体现了什么？

A 旅游业的发展方向　B 纪念设计者
C 设计的艺术性　D 印刷技术的普及化

15 지폐의 자연경관 등은 무엇을 나타내는가?

A 관광업의 발전 방향　B 디자이너를 기념함
C 디자인의 예술성　D 인쇄 기술의 보편화

16 下列哪项是关于“开窗”安全线的？

A 可直观地看到
B 宽度为6毫米
C 触摸时感觉不到
D 和纸币材质一样

16 '창을 낸' 보안선에 대해 다음 중 옳은 것은 무엇인가?

A 직관적으로 볼 수 있다
B 너비가 6mm이다
C 만질 때 느낄 수 없다
D 지폐의 재질과 같다

17 关于新版百元人民币，可以知道什么？

A 新增了黄色图案　B 调整了大小
C 是红色的　D 仅供收藏

17 신형 100위안 인민폐에 대해서 알 수 있는 것은 무엇인가?

A 노란색 도안을 추가했다　B 크기를 조정했다
C 붉은색이다　D 소장만 제공한다

★发行 fāxíng 동 (화폐·채권·우표·출판물 등을) 발행하다, 발매하다 | 版 bǎn 명 판, 인쇄판 | 套 tào 양 세트 | 人民币 rénmínbì 명 인민폐, 중국 화폐 | 纸币 zhǐbì 명 지폐, 종이돈 | ★据悉 jùxī 동 들리는 바에 의하면 ~라고 한다 | 主 zhǔ 형 주요한, 가장 기본적인 | 色调 sèdiào 명 색조 | ★图案 tú'àn 명 도안 | ★规格 guīgé 명 규격 | 均 jūn 부 모두, 다 | 变 biàn 동 변화하다 | ★布局 bùjú 명 배치, 구성, 짜임새 | 防伪 fángwěi 명 위조 방지 | 特征 tèzhēng 명 특징 | 调整 tiáozhěng 명 조정, 조절 동 조정하다, 조절하다 | 印钞 yìnchāo 지폐 발행 | 造币 zàobì 명 조폐 | 总公司 zǒnggōngsī 명 본사 | 总监 zǒngjiān 명 총감독 | 针对 zhēnduì 동 조준하다, 초점을 맞추다 | 设计 shèjì 명 디자인, 설계 동 디자인하다, 계획하다 | 一般来说 yìbān láishuō 일반적으로 말하자면 | ★遵循 zūnxún 동 따르다 | 艺术性 yìshùxìng 명 예술성 | 流通性 liútōngxìng 명 유통성 | 原则 yuánzé 명 원칙 | 成 chéng 동 (~가) 되다 | ★流通 liútōng 동 유통하다 | ★识别 shíbié 동 식별하다, 가려내다 | 公众 gōngzhòng 명 대중, 공중 | ★即便 jíbiàn 접 설령 ~하더라도 [即便A, 也B: 설령 A하더라도 B하다] | 隔 gé 동 (공간·시간적으로) 거리가 있다, 간격이 있다 | ★分辨 fēnbiàn 동 분별하다, 구분하다 | 面额 miàn'é 명 액면가 | 之所以 zhīsuǒyǐ ~의 이유, ~한 까닭 | 取消 qǔxiāo 동 없애다, 취소하다 | 一部分 yíbùfen 명 일부 | 淡 dàn 형 (농도가) 낮다 | 花环 huāhuán 명 화환 | 更加 gèngjiā 부 더욱, 더, 훨씬 | 统一 tǒngyī 형 통일된, 일치된, 단일한 | 辨别 biànbié 동 변별하다, 판별하다 | 标志 biāozhì 명 상징, 표지 [标志性建筑: 랜드마크] | 建筑 jiànzhù 명 건축물 | 山水景色 shānshuǐ jǐngsè 명 자연경관 | 则 zé 접 ~하면 ~하다 [인과 관계나 조건을 나타냄] | 迎合 yínghé 동 영합하다 | 正面 zhèngmiàn 명 앞면, 정면 | 窗 chuāng 명 창 | 安全线 ānquánxiàn 명 보안선, 안전선 | 顾名思义 gùmíng sīyì 성 이름을 보고 그 뜻을 생각하다, 명칭을 보고 그 뜻을 짐작할 수 있다 | 真假 zhēnjiǎ 명 진위, 진짜와 가짜 | 材质 cáizhì 명 재질 | 宽度 kuāndù 명 너비, 폭 | 平整 píngzhěng 형 평평하다 | 经 jīng 동 거치다 | ★试验 shìyàn 명 시험, 테스트 | 最终 zuìzhōng 명 최종, 맨 마지막 | 宽 kuān 명 너비, 폭 | ★毫米 háomǐ 양 밀리미터(mm) [1mm는 0.001m에 해당함] | ★呈现 chéngxiàn 동 나타나다, 드러나다 | 为何 wèihé 부 왜, 무엇 때문에 | ★便于 biànyú 동 ~하기 편하다, ~하기 쉽다 | ★收藏 shōucáng 동 소장하다, 수집하여 보관하다 명 소장, 수집 | ★美观 měiguān 형 (형식·구성 등이) 아름답다, 예쁘다 | 验钞机 yànchāojī 위폐 감별기 | 体现 tǐxiàn 동 구체적으로 드러내다, 구현하다 | 旅游业 lǚyóuyè 명 관광업 | 纪念 jìniàn 동 기념하다 | 设计者 shèjìzhě 명 디자이너, 설계자 | 印刷 yìnshuā 명 인쇄 | 直观 zhíguān 형 직관적이다 | 触摸 chùmō 동 만지다, 접촉하다 | 增 zēng 동 늘다, 증가하다 | 黄色 huángsè 명 노란색 | 红色 hóngsè 명 붉은색 | 供 gōng 동 제공하다

18 C [可却并没有大的作为与出色的表现 큰 성과나 두드러지는 모습이 없을 수도 있다] 녹음 초반에 IQ와 학력이 모두 높은 사람이 '큰 성과가 없을 수도 있다'고 언급했는데 이는 곧 C와 의미가 상통한다. 또한 이것은 글 전체의 내용을 관통하는 내용이기도 해서, 처음에 근거 문장을 듣지 못했어도 녹음을 끝까지 들었다면 충분히 답을 고를 수 있는 문제이다.

19 D [认识自我 자기 자신을 알다 / 积极的人生态度 긍정적인 인생의 태도] 자기 자신을 알고, 긍정적인 인생의 태도를 세우는 것이야말로 인생의 성패를 결정짓는 핵심 요인이라는 말은 D의 '自知(자기 인식)' '自信(자신감)'과 의미가 통한다. 나머지 보기는 결코 성공을 결정짓는 요인이 아니라고 했기 때문에 정답이 아니다.

20 A [什么因素决定了成功与否 어떤 요인이 성공 여부를 결정하는가] '什么因素决定了成功与否呢?(어떤 요인이 성공 여부를 결정하는 것일까?)'라는 물음으로 시작해 '决定人生成败的关键因素(인생의 성패를 결정짓는 핵심 요인)'가 무엇인지 알려 주며 녹음이 마무리된다. 이것으로 '어떻게 해야 성공할 수 있는지'를 알려 주는 것임을 알 수 있다.

第18到20题是根据下面一段话：

在现实生活当中，[18]有的人智商与学历都非常高，可却并没有大的作为与出色的表现；而有的人，学历比较低，智商也不太出众，却成为了某些领域的成功者。[20]究竟是什么因素决定了成功与否呢？有一名叫琼尼的人，小时候他由于智商不太高，功课总是无法跟上，因此学校只得劝他退学。为了安慰他，学校找来了一名心理学家与琼尼谈话。心理学家对琼尼说："医生能够挽救生命，救死扶伤，可却不一定擅长绘画；工程师能够设计出宏伟的建筑，可却不一定懂得乐谱。现在你跟不上课程，学校劝你退学，并不等于你以后没有出息。"心理学家的这一番话对琼尼产生了巨大的影响。后来，琼尼一直给别人管理

18~20번 문제는 다음 내용에 근거한다.

현실 생활에서 [18]어떤 사람은 IQ와 학력이 모두 매우 높지만 큰 성과나 두드러지는 모습이 없을 수도 있고, 어떤 사람은 학력도 비교적 낮고, IQ도 출중하지 않지만 어떤 분야의 성공한 사람이 되기도 한다. [20]도대체 어떤 요인이 성공 여부를 결정하는 것일까? 조니라고 불리는 사람이 있었는데, 어렸을 때 그는 IQ가 별로 높지 않아서 항상 수업을 따라갈 수 없었다. 그래서 학교는 할 수 없이 그에게 퇴학을 권했다. 그를 위로하기 위해 학교에서는 심리학자를 한 명 불러와 조니와 이야기를 나누도록 했다. 심리학자는 조니에게 말했다. "의사는 생명을 살리고, 죽음에 처한 사람을 구하고 상처를 치료할 수 있지만 꼭 그림을 잘 그리라는 법은 없고, 엔지니어는 거대한 건축물을 설계할 수 있지만, 꼭 악보를 잘 보라는 법은 없단다. 지

花园、修剪花草。二十年后，他成为了全国著名的风景园艺家。这个故事告诉我们，环境与背景的好坏、学历与智商的高低、职业与地位的等级，都并非是成功与否的决定性因素，[19, 20]正确认识自我，并树立积极的人生态度，才是决定人生成败的关键因素。

18 学历与智商都非常高的人有时？

A 都可以成功
B 容易骄傲
C 不一定都能成功
D 缺少成功的机会

19 下列哪项是决定成功的因素？

A 地位和职业　　B 智商和学历
C 家庭和朋友　　**D** 自知和自信

20 这段话主要想告诉我们什么？

A 如何能取得成功
B 如何能改变智商
C 如何能了解他人
D 如何能成为艺术家

금 네가 수업을 따라갈 수 없어, 학교가 퇴학을 권했지만 이것이 네가 이후에도 발전할 수 없다는 것과 같지는 않는단다." 심리학자의 이 말은 조니에게 거대한 영향을 주었다. 훗날 조니는 다른 사람의 정원을 관리하고 화초를 가꿔 주었다. 20년 후 그는 전국적으로 유명한 조경사가 되었다. 이 이야기는 우리에게 환경과 배경의 좋고 나쁨, 학력과 IQ의 높고 낮음, 직업과 지위의 등급이 결코 성공 여부를 결정짓는 요인이 아니라는 것을 알려 준다. [19, 20]자기 자신을 정확하게 알고, 긍정적인 인생의 태도를 세우는 것이야말로 인생의 성패를 결정짓는 핵심 요인이다.

18 학력과 IQ가 높은 사람은 때로는 어떠한가?

A 모두 성공할 수 있다
B 쉽게 거만해진다
C 모두가 반드시 성공할 수는 없다
D 성공의 기회가 부족하다

19 다음 중 성공을 결정짓는 요인은 무엇인가?

A 지위와 직업　　B IQ와 학력
C 가정과 친구　　**D** 자기 인식과 자신감

20 이 글은 우리에게 주로 무엇을 알려 주고자 하는가?

A 어떻게 성공할 수 있는가
B 어떻게 IQ를 변화시킬 수 있는가
C 어떻게 타인을 이해할 수 있는가
D 어떻게 예술가가 될 수 있는가

现实 xiànshí 명 현실 | ★**智商** zhìshāng 명 IQ, 지능지수 ['智力商数'의 줄임말] | **学历** xuélì 명 학력 | **作为** zuòwéi 명 성과, 행위 | **出色** chūsè 형 두드러지다, 대단히 뛰어나다 | **表现** biǎoxiàn 명 모습, 표현, 행동 | **出众** chūzhòng 형 출중하다, 남보다 뛰어나다 | **某** mǒu 대 어느, 아무 | **领域** lǐngyù 명 분야, 영역 | **成功者** chénggōngzhě 명 크게 성공한 사람 | **因素** yīnsù 명 요인, 요소 | **与否** yǔfǒu 명 여부 | **功课** gōngkè 명 수업, 공부 | **无法** wúfǎ 동 ~할 수 없다, 방법이 없다 | **跟上** gēnshang 동 따라잡다 | **只得** zhǐdé 부 할 수 없이, 부득이 | **劝** quàn 동 권하다, 권고하다, 타이르다 | **退学** tuìxué 동 학교를 그만두다, 퇴학하다 | **安慰** ānwèi 동 위로하다 | **心理学家** xīnlǐ xuéjiā 명 심리학자 | **谈话** tánhuà 동 이야기하다 | ★**挽救** wǎnjiù 동 (위험에서) 살리다, 구하다 | **救死** jiùsǐ 동 죽음에 처한 사람을 구하다, 사경에 처한 사람을 구조하다 | **扶伤** fúshāng 동 상처를 치료하다, 부상자를 돕다 | ★**擅长** shàncháng 형 (어떤 방면에) 능하다, 뛰어나다, 잘하다 | **绘画** huìhuà 명 그림, 회화 | **工程师** gōngchéngshī 명 엔지니어 | ★**宏伟** hóngwěi 형 (규모·기세 따위가) 거대하다, 웅장하다 | ★**乐谱** yuèpǔ 명 악보 | **课程** kèchéng 명 수업, 교육 과정 | **等于** děngyú 동 ~와 같다 | ★**出息** chūxi 명 발전성, 장래성 | ★**番** fān 양 종류, 가지 | **产生** chǎnshēng 동 생기다, 발생하다, 나타나다 | **花园** huāyuán 명 정원, 화원 | **修剪** xiūjiǎn 동 (가지·손톱 등을) 가꾸다, 가위질하여 다듬다 | **花草** huācǎo 명 화초, 화훼 | **全国** quánguó 명 전국, 나라 전체 | **风景** fēngjǐng 명 풍경, 경치 | **园艺家** yuányìjiā 명 원예가 | **背景** bèijǐng 명 배경 | **地位** dìwèi 명 (사회적) 지위, 위치 | ★**等级** děngjí 명 등급, 차별 | **自我** zìwǒ 명 자아, 자기 자신 | ★**树立** shùlì 동 세우다, 수립하다 | **人生** rénshēng 명 인생 | **成败** chéngbài 명 성패, 성공과 실패 | **家庭** jiātíng 명 가정 | **自知** zìzhī 자기 인식 | **艺术家** yìshùjiā 명 예술가

21 B [一点儿也不在乎 조금도 개의치 않다] 녹음 초반에 '不在乎(개의치 않다)'라는 말을 그대로 언급했기 때문에 녹음을 집중해서 듣는 것이 중요하다. 보기에 제시된 부사 '毫(전혀, 조금도)'는 항상 부정형으로만 쓰인다는 것을 함께 기억하자.

22 C [让他把诗句都抄录下来 그에게 시구를 모두 베껴 쓰라고 하다] 키워드 '抄录(베껴 쓰다)'를 모르더라도 붓과 먹은 이미 준비되어 있으므로 A는 문맥상 맞지 않고, D도 흐름상 전혀 관계없는 것이므로 정답이 될 수 없다. 이야기에는 '흐름'이 있으므로, 갑자기 엉뚱한 내용이 나올 수는 없다는 점을 반드시 기억하자.

23 A [指出不足之处 부족한 점을 지적하다 / 非但A，反而B A할 뿐만 아니라 오히려 B하다] 자신의 부족함을 회피하지 말고 직시해야 한다는 내용이다. 이야기 마지막에는 보통 교훈이 제시되고 이에 관한 문제가 출제되기 때문에 반드시 집중해서 들어야 한다.

第21到23题是根据下面一段话：

宋代有个叫张商英的丞相，他喜欢书法，特别是草书。没事的时候他就会提笔疾书，他对自己的字十分得意。其实他写字写得并不好，[21]当时不少人都讥笑他，可他却一点儿也不在乎。有一天，张丞相突然有了灵感，便立刻让人铺纸磨墨，洋洋洒洒写了一首诗。写完以后，他摇头晃脑得意了好一会儿，好像还意犹未尽。[22]于是，又叫来他的侄子，让他把诗句都抄录下来。他的侄子拿来纸笔准备抄录时，却半天才辨别出一个字，有的地方甚至看不懂。没有办法，侄子只好停下来去问张丞相。张丞相拿着自己写的作品仔细地看了好久，竟然也不能辨认。这让他有点儿下不来台，于是，他便开始责骂侄子："你怎么不早点儿来问我？我现在连自己写的是什么都忘了。" [23]生活中有很多这样的人，当别人指出他们的不足之处时，这些人非但不接受，反而还替自己辩解，这样的人是很难取得进步的。

21～23번 문제는 다음 내용에 근거한다.

송나라에 장상영이라는 승상이 있었다. 그는 서예를 좋아했고, 특히 초서를 좋아했다. 한가할 때 그는 바로 붓을 들어 글씨를 썼고, 그는 자신의 글자에 대해 매우 득의양양했다. 사실 그는 글씨 쓰는 게 결코 뛰어나지 않았다. [21]당시 많은 사람들이 그를 비웃었지만, 그는 오히려 조금도 개의치 않았다. 어느 날 장 승상은 갑자기 영감이 떠올라서, 바로 사람을 시켜 종이를 깔고 먹을 갈게 하여, 거침없이 시 한 수를 썼다. 다 쓰고 나서, 그는 잠시 고개를 흔들며 의기양양했는데, 마치 아직 여운이 남은 듯했다. [22]그리하여, 다시 그의 조카를 불러, 그에게 시구를 모두 베껴 쓰라고 했다. 그의 조카가 종이와 붓을 가져와 베껴 쓰려고 하니, 한참이 지나서야 겨우 한 글자를 알아볼 수 있었고, 어떤 곳은 심지어 알아보지 못했다. 조카는 어쩔 수 없이 멈추고 장 승상에게 물었다. 장 승상은 자신이 쓴 작품을 들고 자세히 한참을 살펴보았으나, 놀랍게도 역시 알아보지 못했다. 이는 그를 다소 난처하게 하였다. 그리하여 그는 바로 조카를 나무라기 시작했다. "너는 어찌 나에게 일찍이 묻지 않았느냐? 나는 지금 내가 쓴 것이 무엇이었는지도 잊어버렸다." [23]생활 속에 이런 사람이 많다. 다른 사람이 그들의 부족한 점을 지적할 때, 이런 사람들은 받아들이지 않을 뿐 아니라, 오히려 자신을 대신해 변명을 하는데, 이런 사람은 발전을 이루기 어렵다.

21 对于别人的讥笑，张丞相是什么态度？

A 非常生气 **B 毫不在乎**
C 觉得高兴 D 感到惭愧

21 다른 사람의 비웃음에 대해, 장 승상은 어떤 태도였는가?

A 매우 화를 냈다 **B 전혀 개의치 않았다**
C 기쁘다고 생각했다 D 부끄러움을 느꼈다

22 张丞相让侄子做什么？

A 准备笔墨 B 交流看法
C 抄写诗句 D 打扫房间

22 장 승상은 조카에게 무엇을 하게 하였는가?

A 붓과 먹 준비하기 B 의견 교환하기
C 시구 베껴 쓰기 D 방 청소하기

23 这段话主要想告诉我们什么？

A 要正视自己的不足
B 要尊敬前辈
C 要善于总结
D 要学好一门手艺

23 이 글은 우리에게 주로 무엇을 알려 주고자 하는가?

A 자신의 부족함을 직시해야 한다
B 연장자를 존중해야 한다
C 총정리를 잘해야 한다
D 기술을 잘 배워야 한다

宋代 Sòng dài 송나라 시기 | **张商英** Zhāng Shāngyīng 고유 장상영 [북송시대의 대신] | **丞相** chéngxiàng 명 승상 [고대에 군주를 보좌하던 최고 대신의 직위] | ★**书法** shūfǎ 명 서예 | **草书** cǎoshū 명 초서 [서체의 일종] | **提笔** tí bǐ 붓을 들다 | **疾书** jíshū 동 글을 빨리 쓰다 | ★**讥笑** jīxiào 동 비웃다 | **在乎** zàihu 동 (유쾌하지 않은 일을) 마음속에 두다, 신경 쓰다 [주로 부정어 뒤에 쓰임] | ★**灵感** línggǎn 명 영감 | **立刻** lìkè 부 바로, 곧, 즉시 | ★**铺** pū 동 (물건을) 깔다, 펴다 | **纸** zhǐ 명 종이 | **磨墨** mó mò 먹을 갈다 | **洋洋洒洒** yángyángsǎsǎ 성 글을 거침없이 써 내려가다 | **首** shǒu 양 수 [시·사·노래 등을 세는 단위] | **诗** shī 명 시 | **摇头晃脑** yáotóu huàngnǎo 성 머리를 흔들다 | **意犹未尽** yìyóuwèijìn 성 여운이 남다, 아직 흥이 다하지 않다 | ★**侄子** zhízi 명 조카 | **诗句** shījù 명 시구 | **抄录** chāolù 동 베껴 적다 | **纸笔** zhǐbǐ 명 종이와 붓 | **作品** zuòpǐn 명 작품 | ★**辨认** biànrèn 동 식별하다 | **下不来台** xiàbuláitái 이러지도 저러지도 못하다 | **责骂** zémà 동 꾸짖다 | **指出** zhǐchū 동 지적하다 | **不足** bùzú 형 부족하다 | **替** tì 동 대신하다

| ★辩解 biànjiě 동 변명하다 | 进步 jìnbù 명 발전, 진보 | 毫不 háo bù 조금도 ~않다 | 感到 gǎndào 동 느끼다 | 惭愧 cánkuì 형 부끄럽다 | 笔墨 bǐmò 명 붓과 먹 | 抄写 chāoxiě 동 베껴 쓰다 | 正视 zhèngshì 동 직시하다 | 尊敬 zūnjìng 동 존경하다 | 前辈 qiánbèi 명 연장자, 선배 | 善于 shànyú 동 ~를 잘하다, ~에 능하다 | ★手艺 shǒuyì 명 기술, 솜씨

阅读 | 독해

24 C [能力优秀 능력이 우수하다]

这是一支整体素质很高的团队，在客户需求、项目策划以及细节把控等方面的能力。
→ 这是一支整体素质很高的团队，在客户需求、项目策划以及细节把控等方面的能力都很优秀。

일반적으로 술어는 문장에서 꼭 필요한 성분인데 이 문장에서는 뒤 절에 긴 수식어(在客户需求……方面的)를 가진 주어 '能力(능력)'의 술어가 없으므로, '都很优秀(모두 우수하다)'와 같이 추가해야 한다.

A 努力提升自己的能力是对自己的负责和尊重，至少当幸福来敲门的时候，我们不至于"衣衫不整"地去开门。
B 乒乓球超级联赛的这种求变与创新还处于摸索的阶段，不少方面还有待完善与改进。
C 这是一支整体素质很高的团队，在客户需求、项目策划以及细节把控等方面的能力。
D 诺贝尔奖是以瑞典化学家诺贝尔的遗产为基金而设立的奖项，分设经济学、和平事业、文学、生理或医学、化学和物理6个奖项。

A 자신의 능력을 향상시키려 노력하는 것은 자신에 대한 책임과 존중으로, 적어도 행복이 와서 문을 두드릴 때, 우리는 '옷을 단정히 입지 않고' 문을 열러 가서는 안 된다.
B 탁구 프리미어리그의 이러한 변화와 혁신을 꾀하는 것은 아직 모색하는 단계에 있고, 많은 측면에서 아직 정비와 개선이 필요하다.
C 이것은 전체적인 소양이 높은 집단으로, 고객의 수요, 프로젝트 기획 및 세부 사항 파악 등 측면의 능력이 모두 우수하다.
D 노벨상은 스웨덴 화학자 노벨의 유산을 기금으로 하여 설립된 상으로, 경제학·평화 사업·문학·생리 혹은 의학·화학·물리 6가지 상으로 나누어 설립됐다.

提升 tíshēng 동 향상시키다, 제고하다 [提升能力: 능력을 향상시키다] | 负责 fùzé 명 책임 | 至少 zhìshǎo 부 적어도, 최소한 | 敲门 qiāo mén 문을 두드리다, 노크하다 | 不至于 búzhìyú 동 ~에 이르지 못하다 | 衣衫 yīshān 명 옷 | 不整 bù zhěng 단정하지 못하다, 고르지 않다 | 开门 kāimén 동 문을 열다 | 超级 chāojí 형 최상급의 | 联赛 liánsài 명 리그, 연맹전 [超级联赛: 프리미어리그, 슈퍼리그] | 求变 qiúbiàn 동 (일이나 사물의) 변화를 추구하다 | ★创新 chuàngxīn 명 혁신, 창의성, 창조성 | ★摸索 mōsuǒ 동 모색하다 | 有待 yǒudài 동 ~할 필요가 있다, ~이 요구되다 | 改进 gǎijìn 동 개선하다, 개량하다 | 支 zhī 양 부대, 대오 | 整体 zhěngtǐ 명 전체, 전부 | ★素质 sùzhì 명 소양, 자질 | 团队 tuánduì 명 집단, 단체 | ★客户 kèhù 명 고객 | ★需求 xūqiú 명 수요, 필요 | 项目 xiàngmù 명 프로젝트 | ★策划 cèhuà 명 기획, 계획 | 细节 xìjié 명 세부 사항, 자세한 사정 | 把控 bǎkòng 파악하다, 제어하다 ['把握控制'의 줄임말] | 诺贝尔奖 Nuòbèi'ěrjiǎng 고유 노벨상 | 瑞典 Ruìdiǎn 고유 스웨덴 | 化学家 huàxuéjiā 명 화학자 | 诺贝尔 Nuòbèi'ěr 고유 노벨 [인명] | ★遗产 yíchǎn 명 유산 | ★基金 jījīn 명 기금 | ★设立 shèlì 동 설립하다, 건립하다 | 奖项 jiǎngxiàng 명 상 | 分设 fēnshè 동 나누어 설치하다, 분설하다 | 经济学 jīngjìxué 명 경제학 | 和平 hépíng 명 평화 | ★事业 shìyè 명 사업 | 文学 wénxué 명 문학 | 医学 yīxué 명 의학 | 化学 huàxué 명 화학 | 物理 wùlǐ 명 물리

25 C [随着A变化 A의 변화에 따라]

随着人们的审美，家居装饰越来越受到重视。→ 随着人们的审美变化，家居装饰越来越受到重视。

일반적으로 '随着(~에 따라)'는 '变化(변화)', '发展(발전)' 등의 어휘와 함께 앞 절에 쓰이고, 뒤 절에 이에 따른 결과가 온다. 따라서 '审美(심미)' 뒤에 '变化' 등의 어휘를 추가해야 한다.

A 无论是国内外贵宾还是世博观众，都对"天津周"活动给予了较高的评价。

A 국내외 귀빈이든, 엑스포 관중이든 간에 모두 '톈진 주간' 행사에 비교적 높은 평가를 주었다.

B 若将古今中外优秀艺术家勤学苦练的故事收集起来，那内容该有多么丰富啊！

C 随着人们的审美，家居装饰越来越受到重视。

D 这些钱如果不拿去投资，那么若干年后购买力会大大降低。

B 만일 동서고금의 훌륭한 예술가가 열심히 공부한 이야기를 모아 보면 그 내용이 얼마나 풍부할까!

C 사람들의 심미적 변화에 따라 거실 인테리어가 점점 중요시되고 있다.

D 이 돈을 만약 투자하지 않는다면, 몇 년 후에는 구매력이 크게 떨어질 것이다.

国内外 guónèiwài 명 국내외 | **贵宾** guìbīn 명 귀빈, 귀중한 손님 | **世博** Shìbó 고유 엑스포, 만국박람회 ['世界博览会'의 줄임말] | **天津** Tiānjīn 고유 톈진 | **周** zhōu 명 주간 | ★**给予** jǐyǔ 동 주다, 부여하다 | **评价** píngjià 명 평가 | **古今中外** gǔjīnzhōngwài 성 동서고금, 모든 시대·모든 지역 | **勤学苦练** qínxuékǔliàn 성 부지런히 배우고 열심히 연마하다, 각고면려하다 | **收集** shōují 동 모으다, 수집하다 | ★**审美** shěnměi 명 심미 | **家居** jiājū 명 (가정의) 거실 | **装饰** zhuāngshì 명 인테리어, 장식 | **越来越** yuè lái yuè 점점, 갈수록, 더욱 더 | **投资** tóuzī 동 투자하다 | ★**若干** ruògān 대 얼마, 약간 | **购买力** gòumǎilì 명 구매력

26 C [원인, 所以+결과[긍정/부정] ~해서 ~하다]

由于有了他们坚持不懈的努力，以致新式花茶的产业越来越大。

→ 由于有了他们坚持不懈的努力，所以新式花茶的产业越来越大。

보통 '以致(~에 이르다)'는 부정적인 결과와 함께 문장의 뒤 절에 쓰인다. 앞 절의 내용을 고려했을 때, 뒤 절의 '新式花茶的产业越来越来大(신식 꽃차 산업이 점점 커지고 있다)'는 부정적인 상황이 아니며, 앞 절에 접속사 '由于'가 있으므로 결과를 나타내는 접속사 '所以(그래서)'로 바꾸는 것이 좋다.

A 最近一段时间，玛丽对不少问题都很感兴趣，尤其是对历史问题。

B 同一个问题只要换一种角度思考，就会得到不一样的答案。

C 由于有了他们坚持不懈的努力，以致新式花茶的产业越来越大。

D 这个节目创意十分独特，受到了老年人的欢迎。

A 최근 한동안 마리는 많은 문제들에 관심이 있는데, 특히 역사 문제에 관심이 있다.

B 같은 문제여도 관점을 바꿔 생각하기만 하면, 다른 답을 얻을 수 있다.

C 그들이 끝까지 노력했기 때문에, 그래서 신식 꽃차 산업이 점점 커지고 있다.

D 이 프로그램은 발상이 매우 독특해서 노인들의 환영을 받았다.

玛丽 Mǎlì 고유 마리 [인명] | **同** tóng 형 같다, 서로 같다 | **角度** jiǎodù 명 (문제를 보는) 각도 | **思考** sīkǎo 동 깊이 생각하다, 사색하다 | **得到** dédào 동 얻다, 받다, 획득하다 | **坚持不懈** jiānchí búxiè 성 조금도 느슨하지 않고 끝까지 견지해 나가다 | ★**以致** yǐzhì 접 ~에 이르다, ~를 초래하다 | **新式** xīnshì 형 신식의, 신형의 | **花茶** huāchá 명 꽃차, 화차 | **创意** chuàngyì 명 독창적인 견해, 창조적인 의견 | **独特** dútè 형 독특하다, 특수하다 | **老年人** lǎoniánrén 명 노인

27 D [幻想+바라는 내용 ~하는 것을 상상하다]

我从小时候开始，就幻想着有一天能登泰山看日出的梦想。

→ 我从小时候开始，就幻想着有一天能登泰山看日出。

일반적으로 한 문장 안에 의미가 중복되는 어휘를 반복해서 쓰지 않는다. 술어 '幻想(상상하다)'의 목적어로 '梦想(꿈)'이 쓰여 의미가 중복됐기 때문에 '的梦想'을 삭제해야 한다.

A 苏打水是一种弱碱性水，分为天然及人工合成两类。

B 据不完全统计，中国的网络作家达到1400名。

A 탄산수는 약알칼리성수의 하나로, 천연과 인공합성 두 종류로 나뉜다.

B 불완전한 통계에 의하면, 중국의 인터넷 작가는 1,400명에 달한다고 한다.

C 北京将出现一场强降雨天气，今天白天阴转雷阵雨。
D 我从小时候开始，就幻想着有一天能登泰山看日出的梦想。

C 베이징에는 강한 비가 내릴 것이며, 오늘 낮에는 흐리고 소나기가 올 것이다.
D 나는 어렸을 때부터 언젠가 타이산산에 올라가서 일출을 보는 것을 상상해 왔다.

苏打水 sūdǎshuǐ 명 탄산수, 소다수 | 弱 ruò 형 약하다 | 碱性 jiǎnxìng 명 알칼리성 | 分为 fēnwéi 동 (~로) 나누다 | 天然 tiānrán 형 천연의, 자연적인 | 及 jí 접 및, ~와 [≒和] | ★人工 réngōng 형 인공의, 인위적인 | ★合成 héchéng 동 합성하다, 합쳐 이루어지다 | 类 lèi 명 종류, 분류 | 据 jù 개 ~에 따르면 | ★统计 tǒngjì 명 통계 | 网络 wǎngluò 명 인터넷, 네트워크 | 达到 dádào 동 달하다, 이르다 | 强 qiáng 형 강하다 | 降雨 jiàng yǔ 비가 내리다 | 白天 báitiān 명 낮, 대낮 | 雷阵雨 léizhènyǔ 명 천둥과 번개를 동반한 소나기 | 幻想 huànxiǎng 동 상상하다, 공상하다 | 登山 dēngshān 동 등산하다 | 泰山 Tài Shān 고유 타이산산 [산둥성 서부에 있는 오악의 하나] | 日出 rìchū 명 일출 | 梦想 mèngxiǎng 명 꿈

28 B [정도부사(尤其/特别) 중복 사용 불가]

大量调查表明，苹果中富含叶酸，能有效防止心脏病发生，尤其特别适合中老年人食用。
→ 大量调查表明，苹果中富含叶酸，能有效防止心脏病发生，尤其适合中老年人食用。
→ 大量调查表明，苹果中富含叶酸，能有效防止心脏病发生，特别适合中老年人食用。

일반적으로 정도부사는 중복해서 쓰지 않는데, '특히'라는 뜻의 정도부사 '尤其'와 '特别'가 중복되었기 때문에 둘 중 하나만 써야 한다.

A 谚语与成语相似，但更加口语化，也更通俗易懂，而且一般都是表达一个完整的意思，形式也都是一两个短句。
B 大量调查表明，苹果中富含叶酸，能有效防止心脏病发生，尤其特别适合中老年人食用。
C 北京时间2019年4月10日21点整，"事件视界望远镜"项目科学家召开记者会，发布了人类史上首张黑洞照片。
D 城市地标是一座城市最具标志性的、聚集了城市魅力的景观，它们一般都具有创新性。

A 속담은 성어와 비슷하지만, 더욱 구어화되고 통속적이어서 이해하기가 쉬우며, 게다가 보통 하나의 완전한 의미를 나타내고, 형식도 한두 개의 짧은 문장으로 되어 있다.
B 많은 조사에서 밝히기를 사과에는 엽산이 풍부하게 함유되어 있어 효과적으로 심장병의 발생을 방지할 수 있으며, 특히 중노년층이 먹기에 적합하다고 한다.
C 베이징 시간으로 2019년 4월 10일 21시 정각에 '사건지평선 망원경' 프로젝트의 과학자들이 기자회견을 열어 인류 역사상 최초의 블랙홀 사진을 발표했다.
D 도시 랜드마크는 한 도시의 가장 상징성을 지녔으며, 도시의 매력적인 경관을 모은 것으로 그것들은 일반적으로 모두 창의성이 있다.

谚语 yànyǔ 명 속담, 속어 | 成语 chéngyǔ 명 성어 | 相似 xiāngsì 형 비슷하다, 닮다 [与A相似: A와 비슷하다] | 口语 kǒuyǔ 명 구어, 회화 | 化 huà 접미 ~화(하다) [일부 명사나 형용사 뒤에 붙어 동사로 되어 어떤 성질이나 상태로 변함을 나타냄] | ★通俗 tōngsú 형 통속적이다 | 表达 biǎodá 동 (자신의 사상이나 감정을) 나타내다, 표현하다 | 完整 wánzhěng 형 완전하다, 온전하다 | 形式 xíngshì 명 형식 | 句 jù 명 문장 | 大量 dàliàng 형 대량의, 다량의 | 表明 biǎomíng 동 분명하게 밝히다, 표명하다 | 富含 fùhán 동 대량으로 함유하다 | 叶酸 yèsuān 명 엽산 | 有效 yǒuxiào 형 효과가 있다, 유효하다 | 中老年 zhōnglǎonián 명 중년과 노년 | 食用 shíyòng 동 먹다, 식용하다 | 整 zhěng 형 정수의 | ★事件 shìjiàn 명 사건 | 视界 shìjiè 명 시야 | 望远镜 wàngyuǎnjìng 명 망원경 | 科学家 kēxuéjiā 명 과학자 | 召开 zhàokāi 동 (회의를) 열다, 개최하다, 소집하다 | 记者会 jìzhěhuì 명 기자회견 | ★发布 fābù 동 (명령·지시·뉴스 등을) 발표하다, 선포하다 | 人类 rénlèi 명 인류 | 史 shǐ 명 역사 | 首 shǒu 형 최초의, 처음의 | 黑洞 hēidòng 명 블랙홀 | 地标 dìbiāo 명 랜드마크 | 具 jù 동 가지다, 갖추다 [주로 추상적인 사물에 쓰임] | 性 xìng 접미 [주로 명사 뒤에서 사상·감정을 나타내거나 범위·방식 등을 한정함] | 聚集 jùjí 동 한데 모으다 | 魅力 mèilì 명 매력 | 景观 jǐngguān 명 경관, 경치 | 具有 jùyǒu 동 지니다, 가지고 있다

29 C

빈칸 1 빈칸 절에서 '雍正元年(옹정원년)'이라는 시기와 '起'가 함께 제시된 것으로 보아 이 절은 '시작'을 나타냄을 알 수 있으며, '起'와 함께 쓰여 시작을 나타내는 개사는 '自'와 '于'이다. '自'와 '于'는 시간뿐만 아니라 장소도 나타낼 수 있다.

A 如 rú 개 ~와 같다

岁月如水般一去不复返。세월은 물과 같아서 한번 가면 돌아오지 않는다.

B 到 dào 개 ~까지 [从A到B: A에서부터 B까지]

C 自 zì 개 ~에서부터 [自+시간/장소]

这所学校自1930年创校以来，为社会各界培养了众多优秀人才。
이 학교는 1930년에 창립된 이래로 사회 각계에 많은 우수한 인재를 길러 냈다.

D 于 yú 개 ~에 [于+시간/장소]

빈칸 2 빈칸은 문장의 술어 부분으로 목적어인 '精神(정신)'과 호응해야 한다. 보기 중 '정신'과 같은 추상적인 목적어와 함께 쓸 수 있는 동사는 '造就(양성하다, 육성하다)'이다. '制造(만들다)'는 '구체적인 제품이나 분위기'를 조성할 때 쓴다. '创造(창조하다)'는 주로 이론, 기록, 방법 등과 함께 쓰여 '새로운 것'을 만듦에 초점을 둔다.

A 制造 zhìzào 동 (사물이나 공구를) 제조하다, 만들다, (분위기를) 조성하다

制造机器 기계를 만들다 | 制造气氛 분위기를 조성하다 | 制造产品 제품을 만들다

B 深造 shēnzào 동 깊이 연구하다

出国深造 출국하여 깊이 연구하다 | 求学深造 학문을 탐구하여 깊이 연구하다

C 造就 zàojiù 동 (주로 사람을) 양성하다, 육성하다

造就人材 인재를 양성하다 | 时代造就英雄 시대가 영웅을 양성하다

D 创造 chuàngzào 동 만들다, 창조하다

创造奇迹 기적을 만들다 | 创造新纪录 신기록을 세우다

빈칸 3 빈칸 앞뒤의 '在'와 '中'을 발견했다면 '在……过程中(~하는 과정 중에)'이라는 고정 격식을 떠올릴 수 있다. 또한 '制造药品(약을 만들다)'의 진행을 나타낼 수 있는 어휘 역시 '过程'뿐이다.

A 章程 zhāngchéng 명 규정, 장정 [조목별로 정한 규정]

遵守章程 규정을 지키다 | 公司章程 회사 규정

B 旅程 lǚchéng 명 여정, 여행 경로

C 过程 guòchéng 명 과정

在A过程中 A하는 과정 중에 | 发展过程 발전 과정

D 前程 qiánchéng 명 장래, 전도 [미래나 장래를 나타내는 말과 함께 쓰임]

美好的前程 아름다운 미래 | 断送前程 장래를 망치다

自雍正元年起，同仁堂正式开始供奉清皇宫御药房用药，供应了整整188年，这便造就了同仁堂人在制造药品的过程中精益求精的严谨精神。

A 如(×) 制造(×) 章程(×)
B 到(×) 深造(×) 旅程(×)
C 自 造就 过程
D 于(○) 创造(×) 前程(×)

옹정원년부터 동인당은 청나라 황궁 어약방에 공식적으로 약을 바치기 시작하여 꼬박 188년간 약을 공급했다. 이는 동인당 사람들이 약을 만드는 과정에서 더욱더 완벽한 것을 추구하는 엄격한 정신을 양성했다.

A ~와 같다 / 제조하다 / 규정
B ~까지 / 깊이 연구하다 / 여정
C ~에서부터 / 양성하다 / 과정
D ~에 / 만들다 / 장래

雍正 Yōngzhèng 고유 옹정 [청 세종의 연호] | **元年** yuánnián 명 원년 [연대를 계산하는 첫해] | **同仁堂** Tóngréntáng 고유 동인당 [1669년 설립된 중의약방] | **供奉** gòngfèng 동 (돈이나 물건을) 조정에 바치다 | **清** Qīng 고유 청나라 | **皇宫** huánggōng 명 황궁 | **御药房** yùyàofáng 명 어약방 [1653

년 설립되었으며 청대 황실의 의료 보건을 전담하던 기관] | **供应** gōngyìng 동 공급하다 | **整整** zhěngzhěng 형 꼬박의, 온전한 | **药品** yàopǐn 명 약품 | ★**精益求精** jīngyìqiújīng 성 훌륭하지만 더욱더 완벽을 추구하다 | **严谨** yánjǐn 형 엄격하다, 신중하다

30 C

빈칸 1 빈칸 앞뒤 내용으로 보아 '灵宝(링바오)'는 지명으로, '黄土高原丘陵地区(황토 고원 구릉지역)'에 소속되어 있는 것임을 알 수 있다. 따라서 '属于(~에 속하다)'가 정답이다. 장소와 함께 쓰이는 '位于(~에 위치하다)' 역시 빈칸에 들어갈 수 있다.

A 借鉴 jièjiàn 동 본보기로 삼다, 거울로 삼다

B 位于 wèiyú 동 ~에 위치하다 [+장소]

C 属于 shǔyú 동 ~에 속하다
最后的胜利一定属于我们。 최후의 승리는 반드시 우리 것이 될 거야.

D 附着 fùzhuó 동 달라붙다, 부착하다

빈칸 2 빈칸 뒤의 '高(높다)'와 호응하는 어휘는 '气温(기온)'과 '海拔(해발)'이다. 하지만 바로 뒤에 '昼夜温差较大(일교차가 비교적 크다)'라고 한 것으로 보아, '气温'은 문맥상 적절하지 않다. '海拔高(해발이 높다)'와 '海拔低(해발이 낮다)'를 함께 기억해 두자.

A 地区 dìqū 명 지역, 지구　　B 气温 qìwēn 명 기온

C 海拔 hǎibá 명 해발　　D 地理 dìlǐ 명 지리

빈칸 3 빈칸 뒤 '称(부르다)'과 같이 쓸 수 있는 어휘는 '堪(~할 만하다)'뿐이다. '堪称'은 '~라고 할 만하다'의 의미로, HSK 6급 전 영역에서 자주 출제되므로 반드시 알아 두자.

A 拿 ná 동 (손으로) 잡다, 쥐다, 가지다

B 放 fàng 동 놓다, 두다

C 堪 kān 동 ~할 만하다
美丽的景色堪称人间仙境。 아름다운 경치가 인간 세계의 선경이라 할 만하다.

D 倒 dào 동 반대 방향으로 이동시키다

说起苹果，就不得不提起河南省灵宝。该地属于黄土高原丘陵地区，是最适宜苹果生长的城市之一。灵宝市境内海拔较高，昼夜温差较大。那儿生长的苹果味甜可口，堪称"苹果之最"。

사과에 대해 말하자면, 바로 허난성의 링바오를 언급하지 않을 수 없다. 이 지역은 황투고원 구릉 지역에 속하며, 사과가 자라기에 가장 적합한 도시 중 하나이다. 링바오시 지역 안은 해발이 비교적 높고, 일교차가 비교적 크다. 그곳에서 자란 사과는 맛이 달고 좋아서, '사과 중의 최고'라 할 만하다.

A 借鉴(×)　地区(×)　拿(×)
B 位于(○)　气温(×)　放(×)
C 属于　海拔　堪
D 附着(×)　地理(×)　倒(×)

A 본보기로 삼다 / 지역 / 잡다
B ~에 위치하다 / 기온 / 놓다
C ~에 속하다 / 해발 / ~할 만하다
D 달라붙다 / 지리 / 반대 방향으로 이동시키다

说起 shuōqǐ ~로 말하자면 | **提起** tíqǐ 동 언급하다, 말을 꺼내다 | **河南省** Hénán Shěng 고유 허난성 | **灵宝** Língbǎo 고유 링바오 | **黄土高原** Huángtǔ Gāoyuán 고유 황투고원 | ★**丘陵** qiūlíng 명 구릉, 언덕 | **地区** dìqū 명 지역, 지구 | ★**适宜** shìyí 동 적합하다, 적당하다 | **生长** shēngzhǎng 동 자라다, 생장하다 | **之一** zhī yī ~의 하나 [A是B之一: A는 B 중 하나이다] | **境内** jìngnèi 명 (일정한) 지역 안 | ★**昼夜** zhòuyè 명 낮과 밤 | **温差** wēnchā 명 일교차, 온도차 [温差大: 일교차가 크다] | **味** wèi 명 맛 | ★**可口** kěkǒu 형 맛있다, 입에 맞다 | **称** chēng 동 ~라고 부르다

31 A

빈칸 1 빈칸은 술어 부분으로 주어 '脚趾(발가락)'와 호응해야 하는데 A, B, C, D 모두 '脚趾'를 수식할 수 있다.

A 独特 dútè 형 독특하다, 특수하다 — 风格独特 스타일이 독특하다 | 独特的文化 독특한 문화

B 特别 tèbié 형 특이하다, 특별하다 — 特别的日子 특별한 날 | 脾气很特别 성격이 특이하다

C 坚固 jiāngù 형 견고하다, 튼튼하다 — 坚固的建筑 견고한 건축물 | 坚固的桥梁 견고한 다리

D 结实 jiēshi 형 단단하다, 견고하다, (신체가) 튼튼하다 — 结实耐用 단단하고 질기다 | 身体结实 몸이 튼튼하다

빈칸 2 빈칸 앞의 '抓(쥐다)'는 동사이고 보기가 모두 형용사이므로 빈칸은 결과보어이다. '抓'와 자주 사용되는 형용사는 '紧(단단하다)'과 '牢(견고하다)'가 있고, '抓紧' '抓牢'로 쓰인다.

A 紧 jǐn 형 단단하다　　B 扁 biǎn 형 납작하다, 평평하다

C 秃 tū 형 대머리이다　　D 牢 láo 형 견고하다, 굳다

빈칸 3 빈칸에는 '근육을 수축'하는 행위를 '지속'해야 한다는 내용이 들어가는 것이 문맥상 알맞다. 보기 중 '持续(지속하다)' '连续(계속하다)' '继续(계속하다)'가 빈칸에 들어갈 수 있다.

A 持续 chíxù 동 지속하다, 계속하다 [과거부터 현재나 미래까지 어떤 행위를 계속함]
本次暴风雪天气还将持续数日。이번 눈보라는 며칠 더 지속될 것이다.

B 连续 liánxù 동 계속하다, 연속하다 [수식하는 동사 뒤에는 수량구가 올 수 있음]
这场大雨连续下了三天了。이 호우는 3일이나 계속되었다.

C 随着 suízhe 개 ~에 따라, ~를 따라서 [+변화·조건·원인]
随着科技的发展，人们之间的交流变得越来越方便了。
과학기술 발전에 따라 사람들 간의 교류가 점점 더 편리해졌다.

D 继续 jìxù 동 계속하다 [지금부터 앞으로 어떤 행위를 계속함]
她虽然感到很疲劳，但仍继续工作。그녀는 비록 피곤하지만 여전히 계속 일을 한다.

빈칸 4 '因此(그러므로)'가 이끄는 문장에는 앞 절에 언급된 '容易累(쉽게 피곤해지다)'에 대한 결과가 제시된다. 새의 다리는 두 개인데 '提起一只脚来放松肌肉(한 쪽 발을 들어서 근육을 이완한다)'라는 결과가 제시된 것으로 보아 '번갈다'의 의미가 있는 '交替(번갈다)'와 '轮流(교대로 하다)'가 빈칸에 들어갈 수 있다.

A 交替 jiāotì 동 번갈다, 교대하다　　B 轮流 lúnliú 동 교대로 하다, 차례로 ~하다

C 赔偿 péicháng 동 배상하다, 변상하다　　D 分配 fēnpèi 동 분배하다, 할당하다

鸟的脚趾非常独特，伸直的时候需要收缩肌肉，而抓紧树枝的时候却需要放松肌肉。所以它们在站立的时候便要持续收缩肌肉，站的时间长了容易累，因此，不少鸟会交替提起一只脚来放松肌肉。

새의 발가락은 매우 독특해서, 곧게 펼 때 근육을 수축해야 하고, 나뭇가지를 단단히 쥘 때는 도리어 근육을 이완해야 한다. 따라서 새들은 서 있을 때 근육을 지속적으로 수축시켜야 해서 서 있는 시간이 길어지면 쉽게 피곤해진다. 그래서 많은 새들은 한 쪽 발을 번갈아 가며 들어서 근육을 이완하곤 한다.

A 独特　紧　持续　交替
B 特别(○)　扁(×)　连续(○)　轮流(○)
C 坚固(○)　秃(×)　随着(×)　赔偿(×)
D 结实(○)　牢(○)　继续(○)　分配(×)

A 독특하다 / 단단하다 / 지속하다 / 번갈다
B 특이하다 / 납작하다 / 계속하다 / 교대로 하다
C 견고하다 / 대머리이다 / ~에 따라 / 배상하다
D 단단하다 / 견고하다 / 계속하다 / 분배하다

脚趾 jiǎozhǐ 명 발가락 | **伸直** shēnzhí 동 곧게 펴다, 똑바로 뻗다 | **抓** zhuā 동 쥐다, 잡다 | **树枝** shùzhī 명 나뭇가지 | **站立** zhànlì 동 서다, 일어서다

32 C

빈칸 1 '跟硬实力比起来(하드파워와 비교했을 때)'를 보면 다음인 비교 대상인 소프트파워에 대해 중점적으로 이야기할 것을 추측할 수 있다. 따라서 빈칸에는 '偏向(편향하다)'과 '偏重(편중하다)'이 들어가는 것이 알맞다.

A 参考 cānkǎo 동 참고하다, 참조하다
B 偏向 piānxiàng 동 (한쪽으로) 편중하다
C 偏重 piānzhòng 동 (한 방면에) 편중하다
D 比较 bǐjiào 동 비교하다

빈칸 2 빈칸은 '对这座城市……印记(이 도시에 대한 ~ 기억)'를 통해 '这座城市(이 도시)'와 대비되는 개념의 어휘가 오는 것이 적절하다는 것을 유추할 수 있다. 사람, 도시, 나라 등 광범위한 범위를 포괄하는 '外界(외부, 바깥 세상)'가 빈칸에 들어갈 수 있다. '国家' '社会'의 경우 범위가 한정적이기 때문에 빈칸에 어울리지 않는다.

A 国家 guójiā 명 국가, 나라
B 社会 shèhuì 명 사회
C 外界 wàijiè 명 외부, 바깥 세계
D 组织 zǔzhī 명 조직

빈칸 3 빈칸은 문맥상 이 도시에 대한 거주민들의 감정이나 태도를 나타낼 수 있는 '依靠(의지하다)'나 '依恋(그리워하다)'이 적절하다. '怀念(그리워하다)'은 '다시 볼 수 없는 대상'을 그리워한다는 의미로 문맥상 적절하지 않다.

A 托付 tuōfù 동 위탁하다, 부탁하다
B 依靠 yīkào 동 의지하다, 기대다
C 依恋 yīliàn 동 그리워하다, 이별하기 아쉬워하다
依恋祖国 조국을 그리워하다 | 依恋之情 이별하기 아쉬워하는 마음
D 怀念 huáiniàn 동 (볼 수 없는 대상이나 어떤 환경을) 회상하다, 그리워하다, 추억하다
怀念过去 과거를 회상하다 | 怀念故乡 고향을 그리워하다

빈칸 4 'A与/和B结合(A와 B를 결합하다)'라는 고정 격식을 기억해 두자. 개사 '与' 앞뒤에는 서로 동격인 대상이 온다.

A 为 wèi 개 ~를 위하여, ~ 때문에 [A为B着想: A는 B를 (위해) 고려하다]
B 给 gěi 개 ~에게 [A给B添麻烦: A가 B에게 폐를 끼치다]
C 与 yǔ 개 ~와 [A与B无关: A는 B와 무관하다]
在工作中，我们应将理论与实际结合。업무에서 우리는 이론을 실제와 결합해야 한다.
D 以 yǐ 개 ~로써, ~를 가지고 [A以B著称: A는 B로 유명하다]

跟"硬实力"比起来，"软实力"偏重的是一种精神、一种影响力。一座城市的软实力是外界对这座城市感染力、吸引力的直觉反应与头脑印记；是这座城市的居民对该城市的认同和依恋；是城市管理人员情怀和智慧的折射。软实力与硬实力相结合，构成了一座城市的整体实力。

A 参考(×)　国家(×)　托付(×)　为(×)
B 偏向(○)　社会(×)　依靠(○)　给(×)
C 偏重　外界　依恋　与
D 比较(×)　组织(×)　怀念(×)　以(×)

'하드파워'와 비교했을 때 '소프트파워'에 편중되는 것은 일종의 정신이자, 영향력이다. 한 도시의 소프트파워는 이 도시의 감화력, 매력에 대한 외부의 직관적인 반응과 뇌리에 남는 기억이며, 이 도시 거주민의 도시에 대한 공동체 의식과 그리움이며, 도시 관리인의 정과 지혜의 표현이다. 소프트파워와 하드파워를 서로 결합하여, 한 도시의 전체적인 힘을 구성하였다.

A 참고하다 / 국가 / 위탁하다 / ~를 위하여
B 편중하다 / 사회 / 의지하다 / ~에게
C 편중하다 / 외부 / 그리워하다 / ~와
D 비교하다 / 조직 / 회상하다 / ~로써

硬实力 yìngshílì 명 하드파워 [한 국가의 경제력·군사력·과학기술력과 같은 종합적 국력] | **软实力** ruǎnshílì 명 소프트파워 [한 국가의 문화·가치관·사회 제도·발전 모델 등에 의해 형성된 국제적 영향력과 호소력] | **影响力** yǐngxiǎnglì 명 영향력 | **感染力** gǎnrǎnlì 명 감화력, 호소력 | **吸引力** xīyǐnlì 명 매력, 흡인력 | **直觉** zhíjué 명 직관 | **反应** fǎnyìng 동 반응하다 | **头脑** tóunǎo 명 두뇌, 머리, 생각 | **印记** yìnjì 동 깊이 새기다, 생생하게 기억하다 | ★**居民** jūmín 명 거(주)민, 주민 | **认同** rèntóng 동 공동체 의식을 갖다, 동일시하다 | **管理人员** guǎnlǐ rényuán 명 관리인 | **情怀** qínghuái 명 심경 | **智慧** zhìhuì 명 지혜 | **折射** zhéshè 동 표현하다 | **相** xiāng 부 서로, 상호 | **结合** jiéhé 동 결합하다 | **构成** gòuchéng 동 구성하다, 이루다, 형성하다 | ★**实力** shílì 명 힘, 실력

33 B

빈칸 1 빈칸은 '既A又B(A하기도 하고 B하기도 하다)'로 이어져 문장의 주어를 형용한다. 문장의 주어는 '草编(짚 수공예)'이라는 예술품인데, 예술품을 형용할 수 있는 어휘는 보기 중 '优雅(우아하다)', '美观(예쁘다)', '巧妙(정교하다)'이다. 그런데 앞서 '草编'은 '민간에서 널리 유행한다'고 했는데 '优雅'에는 '고급의, 비싼'이라는 뉘앙스가 있기 때문에 문맥상 적절하지 않다. 또한 빈칸 뒤에 아름다움을 형용하는 '大方(세련되다)'이 있으므로 '巧妙' 역시 빈칸에 들어가기에는 어울리지 않다. 따라서 '美观'만 빈칸에 들어갈 수 있다.

A 优雅 yōuyǎ 형 우아하다, 고상하다
举止优雅 거동이 우아하다 | 动作优雅 동작이 우아하다

B 美观 měiguān 형 (형식·구성 등이) 아름답다, 예쁘다
样式美观 스타일이 아름답다 | 美观的设计 아름다운 디자인

C 壮丽 zhuànglì 형 (자연 경관이나 건물이) 웅장하고 아름답다
山河壮丽 산과 강이 웅장하고 아름답다 | 风景壮丽 풍경이 웅장하고 아름답다

D 巧妙 qiǎomiào 형 (방법이나 기술 등이) 교묘하다, 정교하다
巧妙的手段 교묘한 수단 | 巧妙的方法 교묘한 방법

빈칸 2 빈칸은 문장의 목적어 부분으로 술어는 '编织成(엮어서 ~가 되다)'이다. 빈칸 앞의 '生活(생활)'의 수식을 받을 수 있는 '用品(용품)'이 적절하다.

A 样本 yàngběn 명 견본, 샘플

B 用品 yòngpǐn 명 용품, 도구
办公用品 사무 용품 | 生活用品 생활 용품

C 样式 yàngshì 명 양식, 모양, 형식
建筑样式 건축 양식 | 各种样式 여러 모양

D 标准 biāozhǔn 명 기준, 표준
合乎标准 기준에 부합하다 | 质量标准 품질 기준

빈칸 3 빈칸 뒤의 '颜色(색)'와 함께 쓸 수 있는 어휘는 보기 중 '染(염색하다)'뿐이다. '把A染成B(A를 B로 염색하다)'의 표현도 함께 기억해 두자.

A 贴 tiē 동 붙이다
B 染 rǎn 동 염색하다, 물들이다
C 摇 yáo 동 흔들다, 흔들어 움직이다
D 摸 mō 동 (손으로) 짚어 보다, 어루만지다

빈칸 4 이 빈칸 앞의 '将'은 '把'와 같은 용법으로 쓰였으며, '将A编成B(A를 B로 엮다)'라는 표현을 떠올리면 쉽게 답을 고를 수 있다. 짚을 엮어서 만들 수 있는 것은 '图案(도안)'과 '形状(형상)'이다.

A 标志 biāozhì 명 상징, 표지
重要的标志 중요한 상징 | 交通标志 교통 표지판

B 图案 tú'àn 명 도안 精致的图案 정교한 도안 | 单一图案 단일한 도안

C 形状 xíngzhuàng 명 모양, 형상 [물체의 외관] 形状不同 모양이 다르다 | 物体的形状 물체의 모양

D 外观 wàiguān 명 (물체의) 외관 外观豪华 외관이 화려하다 | 外观设计 외관 디자인

빈칸 5 빈칸 앞뒤로 '加印(더하다)'과 '纹样(문양)'이 각각 술어와 목적어 역할을 하는 것을 알 수 있다. 따라서 빈칸은 '纹样'을 수식하는 관형어 부분이며 문맥상 '예술품'과 관련 있는 어휘를 골라야 하므로 '装饰(장식)'가 가장 적절하다.

A 装修 zhuāngxiū 동 인테리어하다, (가옥을) 장식하고 꾸미다
装修房子 집을 인테리어하다 | 重新装修 다시 인테리어하다

B 装饰 zhuāngshì 명 장식
装饰图案 장식 도안 | 装饰纹样 장식 문양

C 记号 jìhao 명 표시, 기호

D 挑选 tiāoxuǎn 동 고르다, 선택하다

草编是一种在民间广泛流行的手工艺术品，既经济实用，又美观大方。它一般以草为原料，编织成多种生活用品，例如：草鞋、草席和蒲团等。有的提前把草染成多种颜色，然后将其编成多种图案；有的则是编织好后加印上装饰纹样。

짚 수공예는 민간에서 널리 유행하는 수공예품으로, 경제적이고 실용적이며, 또 아름답고 세련됐다. 이것은 일반적으로 짚을 원료로 하며, 엮어서 다양한 생활 용품이 된다. 예를 들면 짚신, 멍석, 부들방석 등이 있다. 어떤 것은 미리 짚을 다양한 색으로 염색한 다음, 그것을 다양한 도안으로 엮고, 어떤 것은 잘 엮은 후 장식 문양을 더한다.

A 优雅(×) 样本(×) 贴(×) 标志(×) 装修(×)
B 美观 用品 染 图案 装饰
C 壮丽(×) 样式(×) 摇(×) 形状(○) 记号(×)
D 巧妙(×) 标准(×) 摸(×) 外观(×) 挑(×)

A 우아하다 / 견본 / 붙이다 / 상징 / 인테리어하다
B 아름답다 / 용품 / 염색하다 / 도안 / 장식
C 웅장하고 아름답다 / 양식 / 흔들다 / 모양 / 표시
D 교묘하다 / 기준 / 짚어 보다 / 외관 / 고르다

草编 cǎobiān 명 짚 수공예, 짚세공 | ★**民间** mínjiān 명 민간 | **广泛** guǎngfàn 형 폭넓다, 광범위하다 | **手工** shǒugōng 명 수공, 세공 | **艺术品** yìshùpǐn 명 예술품 | **既** jì 접 ~할 뿐만 아니라 [既A, 又B: A할 뿐만 아니라 또한 B하다] | **实用** shíyòng 형 실용적이다 | **大方** dàfang 형 (스타일·색상 등이) 세련되다 | **草** cǎo 명 풀, 짚 | **原料** yuánliào 명 원료, 소재 | ★**编织** biānzhī 동 엮다, 짜다, 뜨다 | **成** chéng 동 완성하다, 이루다 | **草鞋** cǎoxié 명 짚신 | **草席** cǎoxí 명 멍석, 짚 돗자리 | **蒲团** pútuán 명 부들방석 | **将** jiāng 개 ~를 [=把] | **编** biān 동 엮다, 짜다, 땋다 | **加** jiā 동 더하다 | **印** yìn 동 새기다 | **纹样** wényàng 명 문양, 무늬, 장식 무늬

34～38

34 A [按时 제시간 → 迟到 지각하다] 빈칸 앞에서 왕여우는 시간에 맞춰서 왔다고 이야기했는데, 빈칸은 이와 이어지는 문장이므로 시간과 관련한 내용 '迟到(지각하다)'가 나오는 A가 정답이다.

35 C [不让你打人 때리지 말라고 하다] 왕여우가 동작을 멈춘 것은 교장이 제지한 후의 일이므로 C가 정답이다.

36 B [惊讶 놀라다] 왕여우는 교장 선생님께 혼날 것을 예상했는데 반대로 사탕을 받아서 놀랐기 때문에 그 뒤에는 '眼睛睁得大大的(눈을 휘둥그레 떴다)'라는 B가 오는 것이 적절하다.

37 E [奖励 칭찬하다] 빈칸 앞뒤로 교장이 왕여우를 칭찬하는 내용이 나오고, 특히 빈칸 앞에 직접적인 칭찬의 말이 있으므로 E의 '并且(게다가)'로 칭찬의 말을 잇는 것이 자연스럽다.

38 D [只剩这一块糖了 사탕이 이거 하나만 남았다 → 都给完了 모두 다 줬다] 빈칸 뒤에서 사탕을 모두 주었다고 했으므로 네 번째 사탕이 마지막 사탕이었다는 것을 알 수 있다. 따라서 빈칸에는 남은 사탕이 한 개라 아쉽다는 내용의 D가 들어가는 것이 적절하다.

陶行知是育才小学的校长，一次，他在校园里看见学生王友在用泥巴砸同班同学，陶行知立刻喝止住了他，并且叫他放学以后去校长室。毫无疑问的是，陶行知是想好好儿“教育”一下这个顽皮的学生，那他是怎么“教育”的呢?

下课后，陶行知回到校长室，只见王友早已到门口等他的训斥了。可没想到，一见面，陶行知却拿出一块糖递给王友，并说道:“这是奖励你的，因为你按时来到这儿，(34) **A** 但我却迟到了。”王友一听，十分惊讶地接过糖。这时，陶行知又拿出一块糖放在他手中，说道:“这第二块糖也是奖励你的，(35) **C** 因为你在我不让你打人的时候，马上就住手了，这表示你非常尊重我，我该奖励你。”王友更加惊讶了，(36) **B** 眼睛睁得大大的。这时，陶行知又拿出第三块糖塞进王友手中，说道：“我调查过了，了解到你之所以会用泥巴来砸那些同学，是因为他们不遵守游戏规则，还欺负女生，你砸他们，表示你非常善良正直，(37) **E** 并且拥有批评不良行为的勇气，这非常值得奖励呀!”

王友特别感动，他流着泪后悔地说道：“陶校长，你打我吧! 我砸的不是坏人，而是自己的同班同学呀。”陶行知满意地笑了笑，他随即拿出第四块糖给王友，说道：“因为你正确地认识到了自己的错误，我再奖励你一块糖，其实能认识到自身的错误是值得得到更多奖励的，(38) **D** 可惜我只剩这一块糖了。我的糖果都给完了，我想我们的谈话现在也应该结束了!”说完之后，便离开了校长室。

타오싱즈는 영재 양성 초등학교의 교장으로, 한번은 교정에서 학생 왕여우가 진흙으로 같은 반 친구를 때리는 것을 발견했다. 타오싱즈는 곧장 큰 소리로 그를 제지하고, 방과 후에 교장실로 가라고 했다. 의심할 여지가 없는 것은, 타오싱즈가 이 개구진 학생을 잘 '가르치려는 것'이다. 그렇다면 그는 어떻게 '가르칠까'?

수업이 끝난 후 타오싱즈는 교장실로 돌아갔고, 왕여우가 이미 문 앞에 와서 그의 훈계를 기다리고 있는 것을 보았다. 그런데 생각지도 못하게 만나자마자 타오싱즈는 사탕 하나를 왕여우에게 건네며 말했다. "이건 널 칭찬하는 거란다. 왜냐하면 너는 제시간에 여기 왔는데, (34) **A** 하지만 나는 지각을 했잖니." 왕여우는 듣고 매우 놀란 채 사탕을 받았다. 이때 타오싱즈는 사탕 하나를 또 꺼내서 그의 손에 건네며 말했다. "이 두 번째 사탕도 널 칭찬하는 거란다. (35) **C** 왜냐하면 너는 내가 때리지 말라고 했을 때, 바로 동작을 멈췄어. 이건 네가 나를 매우 존중한다는 것을 나타내니까, 나는 널 칭찬해야지." 왕여우는 더 놀라서, (36) **B** 눈을 휘둥그레 떴다. 이때, 타오싱즈는 다시 세 번째 사탕을 꺼내 왕여우의 손에 쥐어 주며 말했다. "내가 조사를 해 봤는데, 진흙으로 그 친구들을 때린 이유가 그 애들이 놀이의 규칙을 지키지 않고, 여학생을 괴롭혔기 때문이었다는 것을 알게 되었단다. 네가 그 애들을 때린 것은 네가 굉장히 선하고 정직하며, (37) **E** 안 좋은 행동을 비판할 용기가 있다는 것을 나타내니 이것은 매우 칭찬할 만해!"

왕여우는 매우 감동했다. 그는 눈물을 흘리고 후회하며 말했다. "타오 교장선생님, 절 때려 주세요! 제가 때린 것은 나쁜 사람이 아니라 저의 같은 반 친구였는걸요." 타오싱즈는 만족스럽게 웃었고, 곧 네 번째 사탕을 꺼내 왕여우에게 주면서 말했다. "자신의 잘못을 정확히 알았기 때문에 칭찬으로 사탕 하나를 더 주마. 사실 자신의 잘못을 깨달을 수 있는 것은 더 많은 칭찬을 받을 만한 가치가 있어. (38) **D** 나에게 사탕이 이거 하나만 남은 것이 아쉬울 따름이구나. 내 사탕은 모두 다 줬단다. 우리의 대화도 이제 끝내야겠구나!"라고 말을 마친 뒤 곧 교장실을 떠났다.

A 但我却迟到了
B 眼睛睁得大大的
C 因为你在我不让你打人的时候
D 可惜我只剩这一块糖了
E 并且拥有批评不良行为的勇气

A 하지만 나는 지각을 했잖니
B 눈을 휘둥그레 떴다
C 왜냐하면 너는 내가 때리지 말라고 했을 때
D 나에게 사탕이 이거 하나만 남은 것이 아쉬울 따름이구나
E 안 좋은 행동을 비판할 용기가 있다

陶行知 Táo Xíngzhī 고유 타오싱즈 [인명] | **育才** yùcái 동 인재를 기르다 | **小学** xiǎoxué 명 초등학교 | **校园** xiàoyuán 명 교정, 캠퍼스 | **王友** Wáng Yǒu 고유 왕여우 [인명] | **泥巴** níbā 명 진흙 | ★**砸** zá 동 때려 부수다, 깨뜨리다 | **同班** tóngbān 명 같은 반 | **喝止** hèzhǐ 동 크게 소리쳐 제지하다 | **放学** fàngxué 동 수업을 마치다 | **校长室** xiàozhǎngshì 명 교장실 | ★**毫无** háo wú 조금도 ~가 없다 | **疑问** yíwèn 명 의문, 의혹 | **顽皮** wánpí 형 장난이 심하다, 개구쟁이이다 | **训斥** xùnchì 동 훈계하다 | **递** dì 동 건네다, 넘겨주다 [递给+사람: ~에게 건네 주다] | ★**奖励** jiǎnglì 동 칭찬하다, 장려하다 | ★**惊讶** jīngyà 형 놀랍다, 의아하다 | **住手** zhùshǒu 동 일을 멈추다, 일을 그만두다 | **睁** zhēng 동 (눈을) 크게 뜨다 | **塞进** sāijìn 동 쑤셔 넣다, 밀어 넣다 | **遵守** zūnshǒu 동 (규정 등을) 지키다, 준수하다 | **规则** guīzé 명 규칙, 규정, 법규 | ★**欺负** qīfu 동 괴롭히다, 얕보다 | **女生** nǚshēng 명 여학생, 아가씨 | **善良** shànliáng 형 선량하다, 착하다 | **正直** zhèngzhí 형 정직하다, 올바르다 | **不良** bùliáng 형 좋지 않다, 불량하다 | **行为** xíngwéi 명 행동, 행위 | **勇气** yǒngqì 명 용기 | **流泪** liúlèi 동 눈물을 흘리다 | ★**随即** suíjí 부 곧, 바로, 즉시 | **糖果** tángguǒ 명 사탕, 과자 | **谈话** tánhuà 명 대화, 이야기

39～42

39 **B** [感情细腻 감정이 섬세하다] 두 번째 단락에서 기후 차이로 인한 중국 북방 사람과 남방 사람의 성격 차이를 비교하고 있다. 질문에서 북방 사람이 아닌 남방 사람에 대해 묻고 있는 것을 주의해야 한다. 제시된 특징과 보기를 대조하며 일치하는 것을 찾으면 정답은 B이다.

40 **A** [喜怒无常 매우 변덕스럽다] 세 번째 단락에서 열대 기후에 사는 사람들의 성격을 언급할 때 등장한 '喜怒无常(매우 변덕스럽다)'이라는 성어를 안다면 바로 정답을 찾을 수 있고, 그렇지 않다고 해도 앞에서 '像忽冷忽热的天气一样(추웠다 더웠다 하는 날씨처럼)'이라고 한 것에서 기분 변화가 잦다는 것을 유추할 수 있다.

41 **C** [在气温上升的时候，人容易变得兴奋 기온이 올라갈 때 사람은 쉽게 흥분한다 / 上升 = 升高 올라가다] 질문의 핵심인 '容易兴奋(흥분하기 쉽다)'을 지문에서 찾으면 '在气温上升的时候(기온이 올라갈 때)'라고 했다. '上升'은 C의 '升高'와 유사한 표현이다.

42 **C** [不同气候区域的人就会拥有不同的性格 다른 기후대의 사람은 성격이 다르다] 글의 주제를 묻는 문제로, 이 글은 기후와 기후 요인이 사람의 성격에 미치는 영향을 여러 가지 사례를 들면서 설명하고 있다. 보기의 기온, 날씨, 각 지역 사람들의 성격 차이 등은 모두 언급됐지만, 사례 중 하나일 뿐 글 전체를 아우르지 않으므로 답이 될 수 없다.

人在大自然中生存，情绪与性格不可能不受到自然气候的制约，因此，[42]不同气候区域的人就会拥有不同的性格。

中国疆土辽阔，气候十分复杂。北方冬季漫长、多风沙、空气也很干燥，这导致北方人喜欢饮烈酒、易急躁、性格开朗直爽、动作粗犷、敢说敢做；而南方多雨水、空气潮湿、湿润温和的气候有益于人放松精神，所以，[39]南方人多具理想色彩、头脑冷静、不容易冲动，而且感情细腻，对外界变化较敏感。

就世界范围来看，[40]居住在热带地区的人，在户外活动的时间较长，因此性情也更易像忽冷忽热的天气一样，喜怒无常。相反，生活在寒冷地区的人，由于户外活动不太多，大多时间都在一个不大的空间中和别人朝夕相处，因此养成了可以控制自已情绪、具有较强的忍耐力与耐心的性格；一般居住在海滨的人，由于气候湿润、风景优美，所以对周边事物敏感，性格上通常多愁善感，做事敏捷机智；生活在山区的人，由于山高地广、人烟稀少，所以性格直爽诚实、声音洪亮。

其实，不只是宏观气候会对人的性格产生影响，某些气候因素也经常会让人的性情发生变化。研究显示，[41]在气温上升的时候，人容易变得兴奋，因而攻击行为与暴力犯罪率也会随之上升；相反，在天气阴沉、阴雨绵绵的天气里，人的情绪容易变得低落、犯罪率也相对较低。此外，气压降低，常会让人焦虑不安，自虐行为与自杀事件也相对较多。

사람이 대자연에서 살아가면서 정서와 성격이 자연 기후의 제약을 받지 않는 것은 불가능하다. 따라서 [42]다른 기후대의 사람은 성격이 다르다.

중국은 영토가 드넓고 기후가 매우 복잡하다. 북방은 겨울이 길고, 황사가 많으며, 공기 역시 건조해서, 북방 사람은 독주를 마시기 좋아하고, 성미가 급하며, 성격이 밝고 소탈하며, 행동이 호방하고 언행이 거침없다. 그런데 남방은 비가 많이 내리고, 공기가 습한데, 습하고 따듯한 기후는 정신을 이완하는 데에 도움이 된다. 따라서 [39]남방 사람은 이상적인 경향이 있고, 생각이 침착하며, 충동적이지 않은 편이다. 게다가 감정이 섬세해서 외부의 변화에 비교적 민감하다.

세계적으로 보면 [40]열대 지역에 사는 사람은 야외 활동을 하는 시간이 비교적 길어서 성격 역시 추웠다 더웠다 하는 날씨처럼, 매우 변덕스럽다. 반대로 추운 지역에서 생활하는 사람은 야외 활동이 그다지 많지 않고, 대부분의 시간을 크지 않은 공간에서 다른 사람과 밤낮으로 어울리므로, 자신의 감정을 조절할 수 있는 비교적 강한 인내력과 참을성을 가진 성격을 기르게 되었다. 보통 해안에 사는 사람은 기후가 습하고 풍경이 아름다워서 주변 사물에 민감하고 성격은 통상적으로 늘 애수에 잠기고 감상적이며, 민첩하고 기지 있게 일을 한다. 산간 지대에 사는 사람은 산이 높고 땅이 넓고, 인적이 드물기 때문에 성격이 소탈하고 진실되며, 목소리가 우렁차다.

사실, 거시적인 기후만이 성격에 영향을 주는 것이 아니라, 어떤 기후 요인도 성격에 변화를 가져다줄 수 있다. 연구에 따르면 [41]기온이 올라갈 때 사람은 쉽게 흥분해서, 공격적 행위와 폭력 범죄율도 이에 따라 상승한다고 한다. 반대로 날씨가 우중충하고 비가 주룩주룩 내리는 날씨에는 기분도 하락하게 되어 범죄율도 상대적으로 낮아진다. 이 밖에 기압이 낮아지면 종종 초조하고 불안하게 되어 자학 행위와 자살 사건도 상대적으로 많아진다.

39 下面哪一项属于南方人的性格?

A 大胆　B 细致　C 爱发火　D 爱哭

39 다음 중 남방 사람의 성격에 속하는 것은 무엇인가?

A 대담함　B 섬세함　C 화를 잘 냄　D 잘 욺

40 生活在哪个地方的人性情易发生变化?

A 热带　B 河边　C 温带　D 海边

40 어떤 지역에 사는 사람이 성격 변화가 잦은가?

A 열대　B 강가　C 온대　D 해변

41 人的情绪在何时容易兴奋?

A 连续下雪时　B 气压上升时　C 气温升高时　D 气压降低时

41 사람의 성격은 언제 흥분하기 쉬운가?

A 계속 눈이 내릴 때　B 기압이 올라갈 때　C 기온이 높아질 때　D 기압이 떨어질 때

42 这篇文章主要想谈论的是什么?

A 不同地区的气温
B 各地不同的天气
C 气候对性格的影响
D 各地区人的性格差异

42 이 글이 주로 이야기하고자 하는 것은 무엇인가?

A 다른 지역의 기온
B 각 지역의 다른 날씨
C 기후가 성격에 미치는 영향
D 각 지역 사람들의 성격 차이

★生存 shēngcún 동 살다, 생존하다 | 情绪 qíngxù 명 정서, 감정, 기분 | ★制约 zhìyuē 명 제약 | ★区域 qūyù 명 지역, 구역 | 疆土 jiāngtǔ 명 영토 | ★辽阔 liáokuò 형 (평야·벌판·수면이) 아득히 멀고 광활하다 | ★漫长 màncháng 형 (시간·공간이) 길다 | 风沙 fēngshā 명 황사, 바람에 날리는 모래 | 干燥 gānzào 형 건조하다 | 饮 yǐn 동 마시다 | 烈酒 lièjiǔ 명 독주 | ★急躁 jízào 형 성미가 급하다, 조급하다 | ★开朗 kāilǎng 형 (성격이) 밝다, 명랑하다 | 直爽 zhíshuǎng 형 (성격이) 소탈하다, 정직하고 시원시원하다 | 粗犷 cūguǎng 형 호방하다 | 南方 nánfāng 명 남방, 남방 지역 | 潮湿 cháoshī 형 습하다, 축축하다, 눅눅하다 | 湿润 shīrùn 형 축축하다, 촉촉하다, 습윤하다 | ★温和 wēnhé 형 (기후가) 따뜻하다, 온난하다 | 有益 yǒuyì 형 도움이 되다, 유익하다 [有益于: ~에 도움이 되다] | 色彩 sècǎi 명 경향, 편향 | ★冲动 chōngdòng 동 충동하다, 흥분하다, 격해지다 | 细腻 xìnì 형 섬세하다 | ★外界 wàijiè 명 외부, 바깥 세계 | 敏感 mǐngǎn 형 민감하다, 감각이 예민하다, 반응이 빠르다 | 范围 fànwéi 명 범위 | 来看 láikàn ~에서 보면, ~에게 있어서 [就A来看: A에서 보면] | ★居住 jūzhù 동 거주하다 | 热带 rèdài 명 열대 | 户外 hùwài 명 야외 | 性情 xìngqíng 명 성격, 성정 | 更易 gēngyì 동 바뀌다, 바꾸다 | 忽 hū 부 갑자기 | 喜怒无常 xǐnù wúcháng 성 매우 변덕스럽다 | 寒冷 hánlěng 형 몹시 춥다 | 大多 dàduō 부 대다수, 대부분 | 朝夕相处 zhāoxīxiāngchǔ 늘 함께 지내다, 사이가 좋다 | 控制 kòngzhì 동 통제하다, 제어하다, 규제하다 | 忍耐力 rěnnàilì 명 인내심 | ★海滨 hǎibīn 명 해안, 해변, 바닷가 | 优美 yōuměi 형 우아하고 아름답다 | ★周边 zhōubiān 명 주변, 주위 | 事物 shìwù 명 사물 | 通常 tōngcháng 명 보통, 통상 | 多愁善感 duōchóu shàngǎn 성 늘 애수에 잠기고 감상적이다 | ★敏捷 mǐnjié 형 (생각·동작 등이) 민첩하다, 빠르다 | 山区 shānqū 명 산간 지대 | 广 guǎng 형 넓다 | 人烟 rényān 명 인적, 인가 | 稀少 xīshǎo 형 드물다 | 洪亮 hóngliàng 형 (소리가) 우렁차다, 크고 낭랑하다 | ★宏观 hóngguān 형 (자연 과학에서) 거시적 | 因而 yīn'ér 접 따라서, 그러므로, 그런 까닭에 | ★攻击 gōngjī 동 공격하다, 진공하다 | ★暴力 bàolì 명 폭력 | 犯罪 fànzuì 명 범죄 | 率 lǜ 명 율, 비율 | 随之 suízhī 이에 따라 | 阴沉 yīnchén 형 우중충하다 | 阴雨 yīnyǔ 명 몹시 흐린 가운데 오는 비 | 绵绵 miánmián 형 끊임없이 계속되는 모양 | 低落 dīluò 동 하락하다, 떨어지다, 낮아지다 | 相对 xiāngduì 부 상대적으로, 비교적 | ★气压 qìyā 명 대기압 | 焦虑 jiāolǜ 형 초조하다, 근심스럽다 | 不安 bù'ān 형 불안하다, 편안하지 않다 | 自虐 zìnüè 동 자학하다 | 自杀 zìshā 명 자살 | 大胆 dàdǎn 형 대담하다 | ★细致 xìzhì 형 섬세하다, 세밀하다, 정밀하다 | 发火 fāhuǒ 동 발끈 화를 내다 | 河边 hébiān 명 강가, 강변 | ★温带 wēndài 명 온대 | 海边 hǎibiān 명 해변, 해안 | 何时 héshí 대 언제 | 连续 liánxù 동 계속하다, 연속하다 | 升高 shēnggāo 동 위로 오르다, 높이 오르다 | ★炎热 yánrè 형 (날씨가) 무덥다, 찌는 듯하다 | 谈论 tánlùn 동 논의하다 | 差异 chāyì 명 차이, 다른 점

43～46

43 D [能够折叠 접을 수 있다]　글쓴이는 자신이 소장한 유리 등롱의 특징으로 '접을 수 있음'을 언급하였다. 또한 세 번째 단락에서도 '让人感受到匠人的智慧与手艺(장인의 지혜와 솜씨를 느끼게 한다)'라고 말한 것으로 보아 접이식인 것을 특별하게 여긴다는 것을 유추할 수 있다.

44 C　세 번째 단락에서 등롱의 디자인에 대해 설명했는데, '顶部为正方形(윗부분은 정사각형이다)'에서 모양을, '四边各宽6厘米，高14厘米(네변이 길이가 각각 6cm, 높이가 14cm이다)'에서 크기를, '玻璃四框均有很窄的铜包边(유리로 된 네 테두리는 얇게 구리로 싸여 있다)'에서 재질을 알 수 있다. 언급되지 않은 것은 C '比例(비율)'이다.

45 B [惊吓 놀라다 ≒ 吓唬 깜짝 놀라게 하다] 문제에서 왜 '一面血红色玻璃(한 면이 선홍색 유리)'를 썼는지를 물었으므로 지문에서 이 부분을 찾아 앞뒤 내용을 읽으면 정답을 찾을 수 있다. '사람에게 경고하고 야생동물을 놀라게 할 수 있다'고 했으므로 이와 일치하는 B가 정답이다.

46 D '~하지 않는 것은?' 등의 불일치 유형 문제는 보기를 먼저 읽고, 보기와 지문을 비교해 가며 읽는 것이 훨씬 수월하다. A는 세 번째 단락 중간에, B와 C는 네 번째 단락에서 언급되었지만 D는 언급되지 않았다.

변별력을 높이기 위해 종종 지문 내용과 문제의 진행 순서가 다른 문제가 출제되기도 하는데, 고득점을 받으려면 틀려서는 안 된다.

在发明手电筒以前，灯笼便是能够提着走的光亮。记得郭沫若所写的一首诗里曾有这样奇特联想：看见天空中的一颗流星，便联想到那是牛郎织女提着灯笼在行走。假若诗人所描绘的是牛郎织女打着手电筒，恐怕就毫无诗意，而且大煞风景了。

人类夜伏昼出，是与光息息相关的动物：家中的窗户把阳光引进屋中，产生了丰富的室内活动；发明蜡烛油灯，把白昼"延长"，赶走了夜晚的黑暗；发明灯笼，把光亮提到了夜路上，让人的脚步不至于踉踉跄跄。

我收藏了这样一盏玻璃灯笼，[43]没什么特别之处，只是这盏玻璃灯笼能够折叠，样子可从立体变成片状。灯笼设计得十分小巧，[44]顶部为正方形，四边各宽6厘米，高14厘米，玻璃四框均有很窄的铜包边，如此的设计既显得灵巧，又能少遮蔽烛光。上盖是一天圆地方的镂空"钱"，便于蜡烛散热；[46]下边在四角一共开12个小孔，用来补充氧气。灯笼由四块玻璃组成，从其四面玻璃的设置能够看出其细密的设计理念。两面是透明玻璃，一面是红色彩玻璃，一面是横纹铸料玻璃。这些玻璃不但具有透光功能，而且横纹的变化可以引起人们的注意，[45]血红色的玻璃，可以警示人，也能够惊吓野兽。从这样的玻璃设计中足以读出制造者的良苦用心。尤其是灯笼不露痕迹的"折叠"理念，让人感受到匠人的智慧与手艺。

灯笼是"行走的照明工具"，其特点是非固定性与非白日用性。[46]但是从前乡镇没有夜生活，走夜路是偶尔才会有的事情，换句话说，灯笼并不是日常生活中必备的物品。再说，[46]灯笼通体是容易碎的玻璃，不便随意安放，因此将它设计能够折叠的"变形灯"，这样用之则行，不用则藏。这盏灯笼，应用了凹槽原理，最后插上小销子固定。看上去好像很简单，可的确能让人看出手工艺匠人的心智。

손전등이 발명되기 전 등롱은 들고 다닐 수 있는 빛이었다. 궈모뤄가 쓴 시에 일찍이 이런 독특한 연상이 있던 것이 기억난다. 하늘의 유성을 보고 견우와 직녀가 등롱을 들고 가는 것을 연상한 것이다. 만약 시인이 묘사한 것이 견우와 직녀가 손전등을 든 것이었다면, 전혀 시적인 정취가 없고 흥을 깼을지도 모르겠다.

인류는 밤에 자고 낮에 활동하는 빛과 깊은 관련이 있는 동물이다. 집의 창문은 햇빛을 집 안으로 들여와 풍부한 실내 활동을 만들어 냈고, 양초 등잔을 발명하여 낮을 '연장'해 밤의 어두움을 몰아냈으며, 등롱을 발명하여 빛을 밤길에 비추니 사람의 걸음걸이가 비틀비틀거리지 않게 되었다.

나는 이런 유리 등롱을 하나 소장하고 있는데, [43]특별한 점은 없고, 다만 이 유리 등롱은 접을 수 있어서 모양이 입체형에서 평면형으로 바뀔 수 있다. 등롱은 매우 작고 정교하게 설계되어, [44]맨 윗부분은 정사각형이고, 네 변이 길이가 각각 6cm, 높이 14cm이다. 유리로 된 네 테두리는 얇은 구리로 싸여 있다. 이런 설계는 솜씨가 뛰어나 보이고 촛불의 빛을 적게 가릴 수 있다. 위의 뚜껑은 천원지방의 투각인 '전'으로, 양초가 열을 발산하는 데 용이하고, [46]아래쪽의 4각에는 총 12개의 작은 구멍이 있어 산소를 보충하는 데 쓰인다. 등롱은 4개의 유리로 구성되어 있다. 네 면의 유리 설계로 섬세한 디자인 이념을 엿볼 수 있다. 두 면은 투명한 유리이고, 한 면은 빨간 유리이며, 한 면은 가로 무늬로 주조된 유리이다. 이 유리는 투광 기능이 있을 뿐만 아니라, 가로 무늬의 변화가 사람의 주의를 끌고, [45]선홍색 유리는 사람에게 경고할 수도, 야생동물을 놀라게 할 수도 있다. 이런 유리 설계에서 제작자의 고심을 엿볼 수 있다. 특히 등롱에 흔적을 남기지 않는 '접이식'의 구상은 장인의 지혜와 솜씨를 느끼게 한다.

등롱은 '걸어 다니는 조명 도구'로, 그 특징은 고정적이지 않으며 낮에 사용하는 것이 아니라는 점이다. [46]그렇지만 예전 마을에는 야간 문화 활동이 없어서 밤길을 걷는 것은 간혹 있는 일이었다. 다시 말해, 등롱은 결코 일상생활 필수품이 아닌 것이다. 게다가 [46]등롱의 몸체는 깨지기 쉬운 유리로, 아무렇게나 두기 어려워서 등롱을 접을 수 있는 '변형등'으로 디자인해서 사용할 때만 펼치고 사용하

这盏灯笼应该是清代时期江南之物，灯底部有“立记”二字，是制造者的标识。该物是普通百姓的日常生活用品，并非收藏的“重器”，但这种“折叠的智慧”，在市场竞争日趋激烈的当下，特别值得借鉴。

지 않을 때는 숨겨 두었다. 이 등롱은 홈의 원리를 응용하여, 마지막엔 작은 핀을 꽂아 고정했다. 보기에는 단순해 보여도 확실히 수공예 장인의 지혜를 엿볼 수 있다.

이 등롱은 아마 청나라 시기의 강남 지역 물건일 것이다. 등의 아래 부분에는 ‘입기’ 두 글자가 있는데, 이는 제작자의 표식이다. 이 물건은 일반 서민의 일상생활 용품이지, 결코 소장할 ‘중요한 물건’은 아니다. 그렇지만 이런 ‘접이식의 지혜’는 시장 경쟁이 나날이 치열해지는 오늘날 특히나 참고할 만한 가치가 있다.

43 作者觉得他收藏的这盏灯笼最特殊的地方在哪里?

A 长方形　　B 有小孔
C 有诗句　　**D 可折叠**

44 作者在描述这盏灯笼的时候，没有提到灯笼的哪个方面?

A 大小　　B 造型　　**C 比例**　　D 材质

45 匠人在设计这盏灯笼的时候，为何用一面红色玻璃?

A 增加光泽
B 吓唬野兽
C 颜色漂亮
D 展现特色

46 关于这盏灯笼，下面哪一点本文没有提到?

A 怎么补充氧气
B 夜晚不太常用
C 怎么放更安全
D 坏了怎样修理

43 글쓴이는 그가 소장한 이 등롱의 어떤 점이 가장 특별하다고 생각하는가?

A 직사각형인 것　　B 작은 구멍이 있는 것
C 시구가 있는 것　　**D 접을 수 있는 것**

44 글쓴이는 이 등롱을 묘사할 때 등롱의 어떤 부분을 언급하지 않았는가?

A 크기　　B 모양　　**C 비율**　　D 재질

45 장인이 이 등롱을 설계할 때 왜 한 면은 빨간 유리를 썼는가?

A 광택을 더하려고
B 야생동물을 놀라게 하려고
C 색이 예뻐서
D 특징을 보여 주려고

46 이 등롱에 관해, 다음 중 지문에서 언급하지 않은 것은 무엇인가?

A 산소를 어떻게 보충하는지
B 밤에 자주 사용하지 않음
C 어떻게 두어야 더 안전한지
D 고장 나면 어떻게 수리하는지

发明 fāmíng 동 발명하다 | **手电筒** shǒudiàntǒng 명 손전등 | ★**灯笼** dēnglong 명 등롱, 초롱 | **光亮** guāngliàng 명 빛 | **郭沫若** Guō Mòruò 고유 궈모뤄 [중국 현대 작가·시인·학자(1892~1978)] | **所** suǒ 조 [‘명사+所+동사’의 형태로 쓰여, 중심어가 동사의 객체임을 나타냄] | ★**联想** liánxiǎng 명 연상 동 연상하다 | **奇特** qítè 형 독특하다, 색다르다 | **天空** tiānkōng 명 하늘, 공중 | **颗** kē 양 알 [둥글고 작은 알맹이 모양과 같은 것을 세는 단위] | **流星** liúxīng 명 유성 | **牛郎织女** niúláng zhīnǚ 성 견우와 직녀 | **行走** xíngzǒu 동 걷다 | **假若** jiǎruò 접 만약, 만일, 가령 | **诗人** shīrén 명 시인 | ★**描绘** miáohuì 동 묘사하다 | **诗意** shīyì 명 시적 정취 | **大煞风景** dàshàfēngjǐng 흥을 깨트리다 | **夜** yè 명 밤 | **伏** fú 동 숨다 | **昼** zhòu 명 낮, 대낮 | **息息相关** xīxī xiāngguān 성 관계가 매우 밀접하다, 상관 관계가 있다 | **屋** wū 명 집 | **室内** shìnèi 명 실내 | ★**蜡烛** làzhú 명 양초, 초 | **油灯** yóudēng 명 등잔, 유등 [식물유를 연료로 불을 켜는 등] | **白昼** báizhòu 명 대낮 | **延长** yáncháng 동 연장하다 | **赶走** gǎnzǒu 동 내몰다, 쫓아내다 | **夜晚** yèwǎn 명 밤, 야간 | **黑暗** hēi'àn 형 어둡다, 깜깜하다 | **脚步** jiǎobù 명 발걸음 | **踉跄** liàngqiàng 형 비틀거리다 | **盏** zhǎn 양 등, 개 [등 따위를 세는 단위] | **玻璃** bōli 명 유리 | **折叠** zhédié 동 접다, 개다 | ★**立体** lìtǐ 명 입체 | **变成** biànchéng ~로 변하다 | **片** piàn 명 편평하고 얇은 물건 | **状** zhuàng 명 모양, 모습, 상태 | **小巧** xiǎoqiǎo 형 작고 정교하다 | **顶部** dǐngbù 명 맨위, 상단 | **正方形** zhèngfāngxíng 명 정사각형 | **四边** sìbiān 명 (사각형의) 네 변 | **厘米** límǐ 양 센티미터(cm) | **框** kuàng 명 테두리 | **窄** zhǎi 형 (폭이) 좁다 | ★**铜** tóng 명 동, 구리 | **如此** rúcǐ 대 이와 같다, 이러하다 | **显得** xiǎnde 동 ~한 것처럼 보이다, ~하게 보이다 | **灵巧** língqiǎo 형 솜씨가 좋다 | **遮蔽** zhēbì 동 가리다 | **烛光** zhúguāng 명 촛불의 빛 | **盖** gài 명 뚜껑 | **天圆地方** tiānyuándìfāng 천원지방 [하늘은 둥글고 땅은 네모나다는 학설] | **镂空** lòukōng 동 투각하다 [조각법의 한 가지] | **散热** sànrè 동 산열하다 | **四角** sìjiǎo 명 사각, 네모 | ★**孔** kǒng 명 구멍 | **用来** yònglái ~에 사용하다, ~에 쓰다 | **补充** bǔchōng 동 보충하다 | ★**氧气** yǎngqì 명 산소 | **组成** zǔchéng 동 구성하다, 조성하다 [由A组成：A로 구성하다] | ★**设置** shèzhì 명 설치 | **细密** xìmì 형 섬세하다, 세밀하다 | **理念** lǐniàn 명 구상, 이념 | **透明** tòumíng 형 투명하다 | **横纹** héngwén 명 가로 무늬 | **铸** zhù 동 주조하다 | **料** liào 명 재료, 원료 | **透光** tòuguāng 동 빛이 통하다 | **功能** gōngnéng 명 기능, 작용, 효능 | **血红色** xuèhóngsè 명 선홍색 | **警示** jǐngshì 동 경고하다 | **惊吓** jīngxià 동 놀라다, 두려워하다 | **野兽** yěshòu 명 산짐승 | ★**足以** zúyǐ 동 ~하기에 족하다, 충분히 ~할 수 있다 | **制造者** zhìzàozhě 명 제작자 | **良苦用心** liángkǔyòngxīn 매우 고심하다, 각별하게 마음을 쓰다 | **露** lù 동 드러내다, 나타내다 | ★**痕迹** hénjì 명 흔적, 자취, 자국 | **匠人** jiàngrén 명 장인 | **照明** zhàomíng 명 조명 | **工具** gōngjù 명 도구, 수단, 공구 | **非** fēi 동 ~가 아니다 | **白日** báirì 명 대낮 | **从前** cóngqián 명 이전, 종전, 옛날 | ★**乡镇** xiāngzhèn 명 향과 진

[현(县) 밑에 있는 행정 단위] | **夜生活** yèshēnghuó 명 야간 문화 활동 | **换句话说** huàn jù huà shuō 다시 말하면, 바꾸어 말하면 | **必备** bìbèi 동 반드시 갖추다 | **物品** wùpǐn 명 물품 | **再说** zàishuō 접 게다가, 덧붙여 말하면 | **通体** tōngtǐ 명 전체 | **碎** suì 동 깨지다 | **不便** búbiàn 동 (어떤 일을 하기에) 적당하지 않다, 적합하지 않다 | ★**随意** suíyì 부 마음대로, 뜻대로 | **安放** ānfàng 동 (일정한 장소에) 두다, 놓다, 안전하게 놓다 | **藏** cáng 동 숨기다 | **应用** yìngyòng 동 응용하다 | **凹槽** āocáo 명 홈, 오목하고 길게 팬 부분 | ★**原理** yuánlǐ 명 원리 | **插** chā 동 꽂다, 끼우다 | **销子** xiāozi 명 핀 | **的确** díquè 부 확실히, 정말, 실로 | **手工艺** shǒugōngyì 명 수공예 | **心智** xīnzhì 명 마음의 지혜 | **江南** Jiāngnán 고유 강남, 양쯔강 이남의 지역 | **底部** dǐbù 명 밑바닥 | **标识** biāoshí 명 표지, 상징 | **普通** pǔtōng 형 일반적이다, 보통이다 | **百姓** bǎixìng 명 평민, 백성 | **日常** rìcháng 명 일상 | **用品** yòngpǐn 명 용품, 도구 | **重器** zhòngqì 명 귀중한 기구 | **日趋** rìqū 부 나날이, 날로 | **激烈** jīliè 형 치열하다, 격렬하다 | ★**借鉴** jièjiàn 동 본보기로 삼다, 거울로 삼다 | **特殊** tèshū 형 특별하다, 특수하다 | **长方形** chángfāngxíng 명 직사각형 | **描述** miáoshù 동 묘사하다 | **提到** tídào 동 언급하다 | **大小** dàxiǎo 명 크기 | ★**造型** zàoxíng 명 만들어 낸 물체의 형상 | **比例** bǐlì 명 비율 | **光泽** guāngzé 명 광택, 윤기 | **吓唬** xiàhu 동 깜짝 놀라게 하다 | ★**展现** zhǎnxiàn 동 드러내다, 나타나다 | **特色** tèsè 명 특색, 특징 | **常用** chángyòng 동 늘 쓰다

47～50

47 A [亲信 가까이 여겨 신임하다 ≒ 信任 신임하다] '自己的亲信大臣(자신이 신임하는 대신)'을 보고 영락제가 그 대신을 신임한다는 것을 알 수 있다.

48 B [将你们的头砍去 당신들의 머리를 벨 것이다] 공사 감독 대신이 '我便会先将你们的头砍去(내가 당신들의 머리를 벨 것이니)'라고 한 것에서 목공과 작업 반장들을 위협(威胁)했다는 것을 알 수 있다.

49 C [解闷 기분 전환을 하다] 목수가 여치 장을 샀다고 한 부분 바로 뒤에 '就能够把它挂到工地上解一解闷(그것을 작업장에 걸어 놓으면 기분 전환을 할 수 있다)'을 덧붙여 여치장을 산 이유를 직접적으로 언급했다.

50 B [大家受到这个笼子的启发 사람들은 이 장에서 영감을 얻었다] 끝부분에 '构想出了紫禁城角楼的外观(자금성 각루의 외관을 구상해 내다)'의 주어는 '大家(사람들)'로, 이들은 이 현장에 있었던 모든 사람들을 가리키므로 정답은 B이다. 단편적으로 생각하면 '木匠(목수)'이라고 생각할 수 있지만 특정한 목수 한 사람이 아닌, '다 함께' 각루를 설계한 것이므로 A는 정답이 아니다.

故宫一共有四个城角，在每个角上均有一座九梁十八柱七十二条脊的角楼，建得十分引人注目。

相传，明朝永乐皇帝朱棣当燕王时住在北京，所以他在南京即位后，便想迁都至北京，[47]于是便派了自己的亲信大臣去北京建皇宫。朱棣对这个大臣说：得在皇宫外墙——紫禁城的四个犄角上建四座外观非常美丽的角楼，每一座角楼都要有九梁十八柱七十二条脊，而且命令他当监工大臣。监工大臣领了皇帝的谕旨后，心中非常愁闷，不知道怎么建这九梁十八柱七十二条脊的角楼。

监工大臣来到了北京后，便把一些木匠和工头找来，向他们传达了皇帝的旨意，限时三个月，并且说道：[48]"若无法建成，皇帝自然会杀了我。但在没杀我以前，我便会先将你们的头砍去，因此小心你们的脑袋!"木匠与工头们对这种工程都没有把握，只得经常聚在一起想法子。

고궁에는 모두 네 개의 성 모퉁이가 있고, 매 모퉁이에는 9개의 들보, 18개의 기둥, 72개의 등마루가 있는 각루가 있는데, 매우 이목을 끌도록 건축되었다.

명나라 영락제 주태는 연나라 왕일 때 베이징에 거주해서 그는 난징에서 즉위한 후 베이징으로 천도하고 싶어 [47] 자신이 신임하는 대신을 베이징으로 파견해 황궁을 짓게 했다고 전해진다. 주태는 이 대신에게 황궁의 외벽, 즉 자금성의 네 개의 귀퉁이에 네 개의 외관이 매우 아름다운 각루를 지어야 하고, 모든 각루에는 9개의 들보, 18개의 기둥, 72개의 등마루가 있어야 한다고 말했다. 또한 그에게 공사 감독 대신이 될 것을 명했다. 공사 감독 대신은 황제의 명령을 받은 뒤 매우 고민스러웠다. 어떻게 9개의 들보, 18개의 기둥과 72개의 등마루가 있는 각루를 지어야 할지 몰랐던 것이다.

공사 감독 대신이 베이징에 도착한 후 목수와 작업 반장들을 불러들여 그들에게 황제의 명령을 전달했다. 제한 시간은 3개월이었고, [48] "만일 짓지 못한다면 황제께서 당연히 나를 죽일 것이오. 그렇지만 날 죽이기 전에 내가 먼저 당신들의 머리를 벨 것이니, 목을 조심하시오!"라는 말을 덧붙였다. 목수와 작업 반장들은 이런 공사에는 모두 자신이 없어서 함께 모여 방법을 궁리할 수밖에 없었다.

一转眼一个月过去了，木匠与工头们还是没想到办法。此时，恰巧赶上七八月的三伏天，热得让人喘不过气来。有这么一个木匠，实在是待不下去了，便上街去闲逛。

走着走着，听到从远处传来卖蝈蝈的叫喊声。走近了一瞧，是个老人挑着很多秫秸棍编的蝈蝈笼子，在沿街叫卖呢。其中有个细秫秸棍编的蝈蝈笼子，精巧得与画中的楼阁一般，木匠便买了下来。[49]如此一来，就能够把它挂到工地上解一解闷儿。

这个木匠师傅拿着蝈蝈笼子，回到了工地。另一个木匠下意识地看了看这个笼子，认为这个笼子挺特别的。他好奇地把蝈蝈笼子的梁呀、柱呀、脊呀，数了一遍又一遍，最后拍着大腿跳起来说："这不就是九梁十八柱七十二脊吗！"[50]大家一听都兴奋极了。这个接过笼子数一数，那个也接过笼子数一数，都说："的确是九梁十八柱七十二条脊的楼阁呀！"[50]大家受到这个笼子的启发，构思出了紫禁城角楼的外观，烫出纸浆做出模型，最终修建成了保存至今的角楼。

눈 깜짝할 사이에 한 달이 지나갔다. 목수와 작업 반장들은 여전히 방법을 떠올리지 못했다. 이때는 마침 7~8월의 삼복이었고, 더워서 숨쉬기도 힘들었다. 한 목수가 있었는데, 정말이지 못 견디겠다 싶어 거리에 가서 한가로이 돌아다녔다.

걷다 보니 멀리서 여치를 파는 고함 소리가 들려왔다. 가까이 가서 보니 한 노인이 수숫대로 짠 여치 장을 메고 길거리에서 팔고 있었다. 그중에는 얇은 수숫대로 짠 여치 장이 있었는데, 그림 속의 누각같이 정교해서 목수는 그 여치 장을 바로 구매했다. [49]이렇게 이 여치 장을 작업장에 걸어 놓으면 기분 전환을 할 수 있을 것이다.

이 목수 숙련공은 여치 장을 들고 작업장으로 돌아갔다. 다른 목수가 무의식중에 이 장을 보고, 이 장이 아주 특별하다고 생각했다. 그는 호기심에 여치 장의 들보며, 기둥이며, 등마루를 하나하나 세 보더니, 마지막엔 허벅지를 치고 펄쩍 뛰면서 말했다. "이게 바로 들보 9개, 기둥 18개, 등마루 72개 아니오!" [50]사람들은 이를 듣고 모두 흥분했다. 이 사람도 장을 건네받아 세 보고, 저 사람도 건네받아 세 보더니, 모두 "정말 들보가 9개, 기둥이 18개, 등마루가 72개인 누각이네!"라고 말했다. [50]사람들은 이 장에서 영감을 얻어 자금성 각루의 외관을 구상해 냈고, 종이로 모형을 만들고, 결국 지금까지 보존되어 온 각루를 만들어 낸 것이다.

47 皇帝朱棣为何要命那个大臣建角楼？

A 信任他
B 为奖励他
C 要考验他
D 想为难他

48 监工大臣用什么办法让大家完成任务？

A 欺骗
B 威胁
C 拉拢
D 金钱

49 木匠逛街的时候为何要买个蝈蝈笼子？

A 为保护动物
B 作建楼参考
C 看着它解闷
D 为取悦大家

50 谁是角楼的设计者？

A 木匠
B 工匠们
C 皇帝
D 派去的亲信

47 주태는 왜 그 대신에게 각루를 지을 것을 명했는가?

A 그를 신임해서
B 그를 표창하기 위해
C 그를 시험하려고
D 그를 곤란하게 하고 싶어서

48 공사 감독 대신은 어떤 방법으로 사람들이 임무를 완성하도록 했는가?

A 사기
B 위협
C 포섭
D 돈

49 목수는 거리를 거닐고 있을 때 왜 여치 장을 샀는가?

A 동물을 보호하기 위해
B 각루 건축에 참고하려고
C 여치를 보면서 기분 전환하려고
D 사람들의 환심을 사려고

50 각루의 설계자는 누구인가?

A 목수
B 장인들
C 황제
D 파견 보낸 측근

故宫 Gùgōng 고유 고궁 [베이징에 있는 명·청의 궁전] | **城** chéng 명 성 | **梁** liáng 명 들보 | **柱** zhù 명 기둥 | **脊** jǐ 명 등마루같이 생긴 것 | **角楼** jiǎolóu 명 각루 [적의 동태를 살피기 위해 성벽 위의 모서리에 지은 누각] | **建** jiàn 동 (건물 따위를) 짓다, 세우다 | **引人注目** yǐnrénzhùmù 성 사람들의 주목을 끌다 | **明朝** Míngcháo 고유 명나라 | **永乐** Yǒnglè 고유 영락 [명 성조의 연호(1402~1424)] | ★**皇帝** huángdì 명 황제 | **朱棣** Zhūdì 고유 주태 [명나라 영락제] | **燕** Yān 고유 연 [주(周)대의 국명] | **王** wáng 명 왕 | **南京** Nánjīng 고유 난징 | **即位** jíwèi 동 즉위하다 | **迁都** qiāndū 동 천도하다 | **派** pài 동 파견하다 | **亲信** qīnxìn 동 가까이 여겨 신임하다 | ★**大臣** dàchén 명 대신 | **得** děi 조동 ~해야 한다 | **外墙** wàiqiáng 명 외벽 | **紫禁城** Zǐjìnchéng 고유 자금성 | **犄角** jījiǎo 명 귀퉁이, 구석, 모퉁이 | **外观** wàiguān 명 외관 | **命令** mìnglìng 동 명령하다 | **监工** jiāngōng 동 공사를 감독하다 | **领** lǐng 동 받아들이다 | **谕旨** yùzhǐ 명 (황제가 신하·백성에게 내리는) 명령·지시 | **愁闷** chóumèn 형 고민하다, 걱정하고 번민하다 | **木匠** mùjiang 명 목수, 목공 | **工头** gōngtóu 명 작업 반장, 직공장 | ★**传达** chuándá 동 전달하다 | **旨意** zhǐyì 명 취지, 의도 | **限时** xiànshí 명 제한 시간 | **建成** jiànchéng 동 건설하다 | **杀** shā 동 죽이다 | **头** tóu 명 머리 | **砍** kǎn 동 (칼이나 도끼로) 베다, 자르다 | **脑袋** nǎodai 명 머리 | **工程** gōngchéng 명 공사, 공정 | **把握** bǎwò 명 자신, 가망, 성공의 가능성 | **聚** jù 동 모이다 | **法子** fǎzi 명 방법 | **转眼** zhuǎnyǎn 눈 깜짝할 사이, 잠깐 사이 | **此时** cǐshí 명 이때, 지금, 이 시각 | ★**恰巧** qiàqiǎo 부 때마침, 공교롭게도 | **赶上** gǎnshàng 동 시간에 대다 | **三伏天** sānfútiān 삼복날 | ★**喘气** chuǎnqì 동 숨을 몰아쉬다 | **上街** shàngjiē 동 거리로 나가다 | **闲逛** xiánguàng 동 한가로이 돌아다니다 | **远处** yuǎnchù 명 먼 곳, 먼 데 | **传来** chuánlái 들려오다 | **蝈蝈** guōguo 명 여치 | **叫喊** jiàohǎn 동 소리치다 | **瞧** qiáo 동 보다 | **老人** lǎorén 명 노인 | **挑** tiāo 동 (멜대로) 메다, 어깨에 메다 | **秫秸** shújiē 명 수숫대 | **棍** gùn 명 막대기 | **笼子** lóngzi 명 새장 | **沿街** yánjiē 명 길가, 도로변 | **叫卖** jiàomài 동 (거리·상점에서) 소리치며 팔다 | **细** xì 형 가늘다 | **精巧** jīngqiǎo 형 정교하다 | **楼阁** lóugé 명 누각 | **如此** rúcǐ 대 이와 같다, 이러하다 [如此一来: 그러면] | **工地** gōngdì 명 (작업·공사) 현장 | **解闷** jiěmèn 동 기분 전환을 하다, 갑갑증을 풀다 | **另** lìng 대 다른, 그 밖, 이 외 | **下意识** xiàyìshí 명 무의식, 잠재의식 | **好奇** hàoqí 형 호기심이 많다 | **数** shǔ 동 세다, 헤아리다 | **拍** pāi 동 손바닥으로 치다 | **大腿** dàtuǐ 명 허벅지 | **跳** tiào 동 뛰어오르다 | **极了** jíle 매우, 아주 [형용사나 동사 뒤에서 그 정도가 심함을 나타냄] | **启发** qǐfā 명 영감, 깨우침, 계발 | ★**构思** gòusī 동 구상하다 | **烫** tàng 동 (뜨거운 물에) 데우다, 중탕하다 | **纸浆** zhǐjiāng 명 종이 | ★**模型** móxíng 명 모형 | ★**修建** xiūjiàn 동 건설하다, 건조하다 | **保存** bǎocún 동 보존하다 | **至今** zhìjīn 부 지금까지, 여태껏, 오늘까지 | **命** mìng 동 명령하다 | **信任** xìnrèn 동 신임하다 | ★**考验** kǎoyàn 동 시험하다 | ★**为难** wéinán 동 곤란하게 하다 | ★**欺骗** qīpiàn 동 기만하다, 속이다 | **威胁** wēixié 동 위협하다 | **拉拢** lālǒng 동 (자기의 이익을 위해) 자기편으로 끌어들이다 | **金钱** jīnqián 명 돈 | **逛街** guàng jiē 거리를 거닐다 | **参考** cānkǎo 동 참고하다 | **取悦** qǔyuè 동 환심을 사다 | **工匠** gōngjiàng 명 장인, 공예가

书写 | 쓰기

단락별 풀이

제1단락

这是一个听来的西藏故事。故事发生的年代至今已有好多年了，但我每次坐车穿过藏北草原无人区的时候总会不由得记起这个故事的主人公——那头把母爱浓缩到“深深一跪中”的藏羚羊。	이것은 내가 들은 티베트 이야기이다. 이야기가 발생한 시점은 지금으로부터 수년 전이다. 그러나 나는 차를 타고 장베이 초원의 무인지역을 지날 때면 늘 이 이야기의 주인공인 '무릎 꿇은' 자세에 모성애를 녹여 낸 티베트 영양이 저절로 떠오른다.

西藏 Xīzàng 고유 티베트 | **年代** niándài 명 시기, 시간 [비교적 오래 지난 때를 가리킴] | **草原** cǎoyuán 명 초원, 풀밭 | **无人** wúrén 형 사람이 없다 | **区** qū 명 지역, 지대 | **总** zǒng 부 늘, 언제나 | ★**不由得** bùyóude 부 자연히, 저절로, 자기도 모르게 | **母爱** mǔ'ài 명 모성애 | **浓缩** nóngsuō 동 집약하다, 농축하다 | ★**跪** guì 동 무릎을 꿇다, 꿇어앉다 | **藏羚羊** zànglíngyáng 명 티베트 영양

▶ 단락 주제 티베트 영양 이야기를 떠올리는 화자

제1단락의 '我'는 이야기의 주인공이 아니라 단지 이야기를 해 주는 화자라는 점에 주의한다. 또한 티베트에 대한 이야기이므로 '西藏'이라는 단어를 꼭 암기하여 쓰도록 하자.

▶ 포인트 구문

- 不由得 저절로, 자기도 모르게
  想起过去生活中的艰辛，他不由得流下了眼泪。 지난 생활의 고생을 떠올리면 그는 저절로 눈물을 흘렸다.

▶ 쉬운 말로 고쳐 쓰기

- 记起 기억해 내다 → 想起 생각해 내다

제2단락

当时，乱捕、枪杀野生动物是不受法律处罚的。那时随处可见的雪鸡、黄羊、藏羚羊、野驴和野马等，如今已不多了。那些年，常去藏北的人总是可以看到一个留着浓密胡子、肩披长发、脚踩长统藏靴的老猎人在青藏公路周围活动。那支磨得油光闪亮的杈子枪挂在他的身上，身后的两头藏牦牛驮着各种沉甸甸的猎物。他四处云游，无姓无名，朝别藏北雪，夜宿江河源，饿的时候大火煮羊肉，渴的时候喝冰雪水。猎得的那些毛皮自然会拿来卖钱，除了自己消费一些以外，更多的他会拿来救济偶遇的朝圣者——那些磕长头到拉萨朝觐的藏家人，他们心甘情愿地走一条布满险情与艰难的漫漫长路。每一次老猎人在救济他们的时候总是含泪祝福：老天保佑，平安无事。慈善与杀生在老猎人身上并存，可促使他放下手里杈子枪的竟是这么一件事。

당시에는 야생동물 포획과 사냥이 법적 처벌을 받지 않았다. 당시엔 어디서나 볼 수 있었던 설계, 황양, 티베트 영양, 야생 당나귀와 야생말 등은 오늘날은 잘 찾아볼 수 없다. 당시 티베트 북쪽에 자주 가는 사람이라면 수염을 빽빽하게 기르고, 어깨까지 머리를 기르고 발에는 긴 티베트 장화를 신은 늙은 사냥꾼이 칭장 고속도로 주변에서 활동하는 것을 늘 볼 수 있었을 것이다. 그 깨끗하게 빛나도록 닦은 수렵총은 그의 몸에 걸려 있었고, 뒤따르는 티베트 야크 두 마리는 각종 묵직한 사냥감을 지고 있었다. 그는 사방으로 떠돌았고, 성도 이름도 없었으며, 아침에는 티베트 북쪽 설산에서 출발하여, 밤에는 강하원에서 잠을 잤다. 배고플 때는 양고기를 센 불에 삶고 목마를 때는 얼음과 눈을 녹인 물을 마셨다. 사냥을 통해 얻은 그 털가죽은 물론 팔아서 돈을 버는 데에 썼다. 그는 자신이 조금 쓴 것 외에는 우연히 마주치는 성지순례자(절을 하며 라싸에 가서 순례하는 티베트 사람)를 돕는 데에 더 많은 돈을 썼다. 그들은 기꺼이 위험과 고난이 넘치는 기나긴 길을 걷고자 했다. 늙은 사냥꾼은 그들을 도울 때마다 늘 눈물을 머금고 축복했다. "하늘이 보우하시고, 평안하고 무사하기를!" 자비와 살생은 늙은 사냥꾼의 곁에 공존하고 있었으나 그가 총을 내려놓게 한 것은 뜻밖에도 이런 일 때문이었다.

捕 bǔ 동 잡다 | **枪杀** qiāngshā 동 총살하다 [여기서는 '사냥'으로 쓰임] | **野生动物** yěshēng dòngwù 명 야생동물 | **处罚** chǔfá 동 (법에 의해) 처벌하다 | **随处** suíchù 부 어디서나, 도처에 | **雪鸡** xuějī 명 설계 [고산 지대에 사는 닭의 종류] | **黄羊** huángyáng 명 황양 | **野驴** yělǘ 명 야생 당나귀 | **野马** yěmǎ 명 야생말 | **如今** rújīn 명 (비교적 먼 과거에 대하여) 오늘날, 지금, 이제 | **常** cháng 부 늘, 자주 | **浓密** nóngmì 형 (주로 나뭇잎·연기·안개·수염·머리카락 등이) 빽빽하다 | **胡子** húzi 명 수염 | **肩** jiān 명 어깨 | **披** pī 동 풀어지다, 풀어헤치다, 흩어지다, 느슨해지다 | **长发** chángfà 명 장발, 긴 머리카락 | **踩** cǎi 동 밟다, 딛다 | **藏靴** zàng xuē 명 티베트 장화 | **猎人** lièrén 명 사냥꾼 | **青藏公路** Qīngzàng Gōnglù 고유 칭장 고속도로 | **磨** mó 동 광을 내다, 문지르다 | **油光** yóuguāng 형 반지르르하다, 반들반들하다 | **闪亮** shǎnliàng 동 번쩍이다 | **杈子枪** chāzi qiāng 명 수렵총 | **身上** shēnshang 명 몸 | **牦牛** máoniú 명 야크 | **驮** tuó 동 (주로 짐승의) 등에 지우다, 싣다 | **沉甸甸** chéndiāndiān 형 묵직하다, 아주 무겁다 | **猎物** lièwù 명 사냥감 | **四处** sìchù 명 사방, 도처, 여러 곳 | **云游** yúnyóu 동 구름처럼 떠돌다, 방랑하다 | **无名** wúmíng 형 이름 없다, 무명하다 | **朝** zhāo 명 아침 | **江河源** Jiānghéyuán 고유 강하원, 삼강원 [창장강(长江), 황허강(黄河江), 란창강(澜沧江)의 발원지] | **煮** zhǔ 동 끓이다, 익히다 | **冰雪** bīngxuě 명 얼음과 눈 | **毛皮** máopí 명 털가죽 | **消费** xiāofèi 동 소비하다 | ★**救济** jiùjì 동 (금전적·물질적으로) 구제하다 | **偶遇** ǒuyù 동 우연히 만나다 | **朝圣者** cháoshèngzhě 명 성지순례자 | ★**磕** kē 동 (단단한 곳에) 부딪치다 | **拉萨** Lāsà 고유 라싸 [시짱 자치구의 수도] | **朝觐** cháojìn 동 순례하다, 참배하다 | ★**心甘情愿** xīngān qíngyuàn 성 기꺼이 하다 | **布满** bùmǎn 동 가득 널리다, 퍼지다 | **险情** xiǎnqíng 명 위험한 상황 | ★**艰难** jiānnán 형 어렵다, 곤란하다, 힘들다 | **漫漫** mànmàn 형 (시간·벌판 따위가) 가득하다, 끝없다 | **含泪** hánlèi 동 눈물을 머금다 | **祝福** zhùfú 동 축복하다, 기원하다 | **老天** lǎotiān 명 하늘 | **保佑** bǎoyòu 동 보우하다, 가호하다, 돕다 | **平安无事** píng'ānwúshì 성 평안무사하다, 별고 없이 순조롭다 | ★**慈善** císhàn 명 자비 | **杀生** shāshēng 명 살생 | **并存** bìngcún 동 공존하다, 함께 존재하다 | **促使** cùshǐ 동 ~하도록 재촉하다, ~하게끔 추진하다 | **放下** fàngxià 동 내려놓다

▶ 단락 주제 티베트에서 활동하는 사냥꾼

이야기의 등장인물인 '猎人(사냥꾼)'을 소개하는 부분이다. 사냥꾼에 대한 묘사가 다양하지만 다 쓸 필요는 없고, 동물을 잡아 판 돈으로 성지순례자를 돕는다는 부분이 사냥꾼의 입체적인 면모를 보여 주는 부분이므로 꼭 쓰도록 하자.

▶ 포인트 구문

- **沉甸甸** 아주 무겁다, 묵직하다

  这次考试成绩不理想，他的心里总是沉甸甸的。이번 시험 성적이 만족스럽지 못해서 그의 마음은 줄곧 무겁다.

• **无姓无名** 성도 이름도 없다
烈士陵园中长眠着一位无姓无名的英雄。 열사 묘지에 성도 이름도 없는 영웅이 잠들어 있다.

• **心甘情愿** 기꺼이 하다
妈妈心甘情愿地为自己的孩子付出。 엄마는 자신의 아이를 위해 기꺼이 희생한다.

▶ 쉬운 말로 고쳐 쓰기

• 无姓无名 성도 이름도 없다 → **不知道姓名** 이름을 모르다
• 消费 소비하다 → **花** (돈을) 쓰다
• 救济 구제하다 → **帮助** 돕다
• 并存 공존하다 → **同时存在** 동시에 존재하다

제3단락

可以说那天是他非常有福气的日子。一大早，他从帐篷中出来，伸了个懒腰，正想喝碗酥油茶的时候，忽然看到对面几步之遥的山坡上站着一头肥壮的藏羚羊。他眼前一亮：这简直是送上门来的好事啊！睡了一夜的他全身立刻涌上了一股劲头，他毫不犹豫地转身回帐篷取出了杈子枪。他举起枪瞄准了那头羊，可令人奇怪的是，那头肥壮的藏羚羊并没逃走，只是用乞求的眼神看着他，之后冲着他前行了几步，两条前腿扑通地跪了下来，此时，只见从它眼里流出了两行眼泪。老猎人心头一酸，扣动扳机的手不自觉地松了一下。藏区流传着一句众所周知的俗语:"地上跑的鼠，天上飞的鸟，都是通人性的。"

그날은 그가 굉장히 운이 좋았던 날이라고 할 수 있다. 이른 아침부터 그는 텐트에서 나와 기지개를 켰다. 막 수유차 한 잔을 마시려던 참에 별안간 맞은편 몇 걸음 거리에 있는 산비탈에 통통한 티베트 영양이 서 있는 것을 발견했다. 그는 눈이 번쩍 트였다. 이것은 실로 제 발로 찾아온 좋은 일이 아닌가! 밤새 잘 잔 그의 몸에서는 바로 힘이 솟아났다. 그는 조금도 망설이지 않고 텐트로 돌아가 수렵총을 꺼냈다. 그는 총을 들고 그 영양을 조준했다. 그런데 이상한 것은 그 통통한 티베트 영양은 도망가지도 않고 그저 애걸하는 눈빛으로 그를 본 뒤 그를 향해 몇 걸음 걸어와 앞다리로 털썩 무릎을 꿇는 것이었다. 그때 그 영양의 눈에서 눈물이 두 줄기 흐르는 것이 보였다. 늙은 사냥꾼은 마음이 아파져 방아쇠를 당기던 손을 자기도 모르게 느슨하게 풀었다. 티베트 지역에는 누구나 아는 속담이 전해져 내려온다. "땅에서 뛰는 쥐나, 하늘을 나는 새나 모두 사람과 통한다."

★**福气** fúqi 명 행운, 복 | **日子** rìzi 명 날 | **一大早** yídàzǎo 이른 아침, 새벽 | ★**帐篷** zhàngpeng 명 텐트 | **伸懒腰** shēn lǎnyāo 동 기지개를 켜다 | **酥油茶** sūyóuchá 명 수유차 [티베트족과 몽골족이 애용하는 음료] | **忽然** hūrán 부 별안간, 문득 | **遥** yáo 형 멀다 | **山坡** shānpō 명 산비탈, 언덕 | **头** tóu 양 마리, 필, 두 [가축을 세는 단위] | **肥壮** féizhuàng 형 (가축 따위가) 살찌고 힘이 세다 | **眼前** yǎnqián 명 눈앞 | **亮** liàng 형 밝다, 빛나다 | **送上门** sòng shàngmén 동 제 발로 찾아오다, 스스로 기어 들어오다 | **全身** quánshēn 명 온몸, 전신 | **涌** yǒng 동 솟아오르다, 피어오르다 | **股** gǔ 양 [맛·기체·냄새·힘 따위를 세는 단위] | **劲头** jìntóu 명 힘, 기운 | **毫不犹豫** háo bù yóuyù 조금도 주저하지 않다 | **转身** zhuǎnshēn 동 돌아서다, 몸을 돌리다 | **举起** jǔqǐ 동 들다, 들어 올리다 | **枪** qiāng 명 총 | ★**瞄准(儿)** miáozhǔn(r) 동 (사격 목표물을) 조준하다, 겨누다 | **逃走** táozǒu 동 도주하다 | **乞求** qǐqiú 동 애걸하다, 구걸하다 | ★**眼神** yǎnshén 명 눈빛, 시력 | **冲** chōng 동 돌진하다, 돌파하다 | **前行** qiánxíng 동 앞으로 나아가다, 전진하다 | **扑通** pūtōng 의성 쿵, 꽈당, 풍덩 | **流出** liúchū 동 흘리다 | **眼泪** yǎnlèi 명 눈물 | **心头** xīntóu 명 마음 | **扣动** kòudòng 동 (방아쇠 따위를) 당기다 | **扳机** bānjī 명 방아쇠 | **自觉** zìjué 동 자각하다, 스스로 느끼다 | **松** sōng 동 풀다, 놓다 | **流传** liúchuán 동 대대로 전해 내려오다, 세상에 널리 퍼지다 | ★**众所周知** zhòngsuǒzhōuzhī 성 모든 사람이 다 알고 있다 | **俗语** súyǔ 명 속담 | **地上** dìshang 명 땅 | **鼠** shǔ 명 쥐 | **飞** fēi 동 (새·곤충 등이) 날다 | **通** tōng 동 통하다 | ★**人性** rénxìng 명 인성, 인간의 본성

▶ 단락 주제 사냥꾼이 사냥하려던 티베트 영양이 목숨을 구걸함

사냥하려던 티베트 영양이 목숨을 구걸하는 것을 보고 사냥꾼이 마음이 약해졌다는 내용이다. '下跪(무릎 꿇다)'는 이 단락은 물론 다음 단락에서도 중요한 어휘이므로 정확하게 써야 한다.

▶ 포인트 구문

- **有福气** 복이 있다, 운이 좋다
  老人觉得自己很有福气，因为他的子女都很孝顺。
  노인은 자신이 운이 좋다고 생각한다. 왜냐하면 그의 자녀 모두 효성스럽기 때문이다.

- **送上门来的好事** 제 발로 찾아온 좋은 일
  一个老人告诫我要警惕，主动送上门来的好事。 한 노인이 나에게 제 발로 찾아온 좋은 일을 경계하라고 훈계했다.

- **毫不犹豫** 조금도 주저하지 않다
  为了抢救落水的儿童，他毫不犹豫地跳进冰冷的水中。
  물에 빠진 아이를 구조하기 위해 그는 조금도 주저하지 않고 차가운 물속으로 뛰어들었다.

- **流出眼泪** 눈물이 흐르다
  看完这部纪录片，他不由得流出了感动的眼泪。
  이 다큐멘터리를 다 보고 나서 그는 감동의 눈물이 흐르는 것을 멈출 수 없었다.

- **心头一酸** 마음이 아프다, 가슴이 시큰거리다
  一想到过去，她就心头一酸，眼泪都流出来了。 과거를 생각하니, 그녀는 마음이 아파 눈물이 흘러나왔다.

- **众所周知** 누구나 다 알다, 집집마다 다 알다
  科技给我们的生活带来的影响是众所周知的。 과학기술이 우리의 생활에 가져다준 영향은 누구나 다 아는 것이다.

▶ 쉬운 말로 고쳐 쓰기

- 瞄准 조준하다, 겨누다 → **对准** 조준하다, 겨냥하다
- 流出了两行眼泪 눈물이 두 줄기 흐르다 → **哭了** 울었다
- 心头一酸 마음이 아프다 → **难过** 괴롭다

제4단락

此刻藏羚羊给他下跪自然是求他饶命的。可他是一个猎手，不被藏羚羊的举动打动也是情理之中的事情。终于，他双眼一闭，动了一下手指，扣动了扳机，枪声响起，只见那头藏羚羊栽倒在地，它倒地以后仍然是跪卧的动作，眼中的泪痕也清晰可见。那日，老猎人并没有像往常那样立刻把捕获的藏羚羊扒皮开膛，他的眼前总是浮现起藏羚羊向他下跪的情形。他觉得很奇怪：藏羚羊为何会下跪？这是他十多年狩猎生涯中唯一一次见到的情景。晚上，躺下的他久久无法入眠，手一直颤抖着……第二天，老猎人怀着忐忑的心情将那头藏羚羊扒皮开膛，他的双手仍在不停地颤抖着。腹腔在刀刃下打开了，他惊讶得叫出了声，手里的刀咣当一声掉在了地上。原来，在藏羚羊的肚子里，静静卧着一头小羚羊，它已成形，可现在自然是死了。这时，老猎人才明白为何藏羚羊的身体那么肥壮，也明白了为何它会弯下笨重的身体向自己下跪：它是在乞求老猎人

이때 티베트 영양이 그에게 무릎을 꿇은 것은 당연히 목숨을 구걸하는 것이었다. 그렇지만 그는 사냥꾼이다. 티베트 영양의 행동에 마음이 움직이지 않는 것 역시 당연한 일이다. 결국 그는 두 눈을 감고 손가락을 움직여 방아쇠를 당겼다. 총성이 울리자 그 티베트 영양이 땅에 쓰러진 것만 보였다. 영양은 땅에 쓰러지고 나서도 계속 무릎을 꿇은 자세였고, 눈의 눈물 자국도 또렷이 보였다. 그날 늙은 사냥꾼은 평소처럼 바로 사냥한 티베트 영양의 가죽을 벗기고 배를 가르지 않았다. 그의 눈앞에는 계속 티베트 영양이 그를 향해 무릎을 꿇은 장면이 떠올랐다. 그는 이상하다고 생각했다. '티베트 영양이 왜 무릎을 꿇었을까?' 이는 그가 십여 년간 수렵 생활을 하면서 처음 본 광경이었다. 밤에 자리에 누운 그는 오랫동안 잠에 들 수 없었고, 손은 계속 떨렸다. 이튿날, 늙은 사냥꾼은 불안한 마음을 안고 그 티베트 영양의 가죽을 벗기고 배를 갈랐다. 그의 두 손은 계속 떨리고 있었다. 배를 칼로 갈랐을 때 그는 놀라움에 소리를 질렀다. 손에 있던 칼은 '쨍그랑' 하고 땅에 떨어졌다. 알고 보니 티베트 영양의 배 속에는

能给自己的孩子留一条生路呀！天底下所有母亲的跪拜都是神圣的，包括动物在内。老猎人的开膛破肚半途停了下来。那天，他没有出猎，而是在山上挖了一个坑，把那头藏羚羊连同它那没有出生的孩子埋了。从那以后，这个老猎人就消失在了这藏北草原上，没人知晓他的下落。

새끼 영양 한 마리가 가만히 누워 있었던 것이다. 새끼 영양은 이미 형태를 갖추고 있었지만 지금은 당연히 죽어 있었다. 이제서야 늙은 사냥꾼은 티베트 영양이 왜 그렇게 통통했는지를 알게 되었고, 그가 왜 육중한 몸을 낮춰 자신에게 무릎을 꿇었는지도 깨닫게 되었다. 그는 늙은 사냥꾼에게 아이의 목숨을 살려 달라고 구걸하고 있었던 것이다! 동물까지 포함해서 이 세상 모든 어머니의 무릎 꿇음은 모두 신성한 것이다. 늙은 사냥꾼은 배를 가르는 것을 도중에 멈췄다. 그날 그는 사냥을 나가지 않고 산에 구덩이를 파 그 티베트 영양과 태어나지 못한 아이를 같이 묻어 주었다. 그 뒤로 이 늙은 사냥꾼은 이 장베이 초원에서 사라졌고, 그의 행방을 아는 사람은 아무도 없다.

此刻 cǐkè 명 이때, 지금 | **下跪** xiàguì 동 무릎을 꿇다, 꿇어앉다 | **饶命** ráomìng 동 목숨을 살려 주다 | **猎手** lièshǒu 명 사냥꾼 | ★**举动** jǔdòng 명 동작, 행위 | **打动** dǎdòng 동 마음을 움직이다, 감동시키다 | ★**情理** qínglǐ 명 이치, 도리 | **之中** zhī zhōng ~ 중, ~내, ~ 사이 | **闭** bì 동 감다, 닫다 | **手指** shǒuzhǐ 명 손가락 | **枪声** qiāngshēng 명 총성, 총소리 | **响起** xiǎngqǐ 동 울리다, 울려 퍼지다 | **栽倒** zāidǎo 동 쓰러지다, 걸려 넘어지다, 구르다 | **卧** wò 동 (동물이) 엎드리다, 웅크리다 | **泪痕** lèihén 명 눈물 자국 | ★**清晰** qīngxī 형 또렷하다, 분명하다 | ★**往常** wǎngcháng 명 평소, 평상시 | **捕获** bǔhuò 동 포획하다, 붙잡다, 체포하다 | **扒皮** bāpí 동 가죽을 벗기다 | **开膛** kāitáng 동 (동물의) 배를 가르다 | **浮现** fúxiàn 동 (지난 일이) 뇌리에 떠오르다 | ★**情形** qíngxing 명 상황, 정황, 형편 | **狩猎** shòuliè 명 수렵, 사냥 | **唯一** wéiyī 형 유일하다, 하나밖에 없다 | **情景** qíngjǐng 명 (구체적인) 광경, 장면, 모습 | **久久** jiǔjiǔ 부 오랫동안, 오래도록 | **入眠** rùmián 동 잠들다, 잠을 자다 | ★**颤抖** chàndǒu 동 부들부들 떨다, 덜덜 떨다 | **怀** huái 동 (감정을) 품다, 갖다, 간직하다 | **忐忑** tǎntè 형 마음이 불안하다, 안절부절못하다 | **腹腔** fùqiāng 명 복강 | **刀刃** dāorèn 명 칼날 | **咣当** guāngdāng 의성 꽈당, 꽝, 와장창 | **静** jìng 형 움직이지 않다, 조용하다, 고요하다 | **羚羊** língyáng 명 영양 | **成形** chéngxíng 동 형체를 이루다 | **弯** wān 동 굽히다, 구부리다 | **笨重** bènzhòng 형 육중하다, 둔하고 무겁다, 우둔하다 | **天底下** tiāndǐxia 명 하늘 아래, 천하, 이 세상 | **跪拜** guìbài 동 무릎을 꿇고 엎드려 절하다 | ★**神圣** shénshèng 형 신성하다, 성스럽다 | **在内** zàinèi 동 포함하다, 내포하다 | **开膛破肚** kāitáng pòdù 가슴과 배를 가르다 | **半途** bàntú 명 도중, 중도 | **挖** wā 동 파내다, 파다 | ★**坑** kēng 명 구멍, 구덩이, 웅덩이 | **埋** mái 동 묻다, 매장하다 | **消失** xiāoshī 동 사라지다, 자취를 감추다 | **知晓** zhīxiǎo 동 알다, 이해하다 | **下落** xiàluò 명 행방

▶ 단락 주제　티베트 영양의 행동을 이해한 사냥꾼

영양이 무릎을 꿇은 것이 뱃속의 새끼 때문임을 알게 된 사냥꾼이 그날 이후로 다시는 나타나지 않았다는 내용이다. 이 단락의 내용이 특히 긴데, 같은 말을 다양한 표현으로 반복하고 있으므로 행동 위주로 핵심 내용만 간추리자.

▶ 포인트 구문

- **此刻** 이때
  此刻我无法用语言来表达我的心情。이쯤 되면 내 기분을 말로 표현할 수 없다.

- **双眼一闭** 두 눈을 감다
  在面对困难决择的时候，他总会双眼一闭，心无杂念地做出选择。
  어려움에 직면하여 선택해야 할 때, 그는 항상 두 눈을 감고 마음에 잡념 없이 선택할 것이다.

- **浮现情形** 상황이 떠오르다
  我脑海里总是浮现出和她初次见面时的情形。나의 뇌리에는 늘 그녀와 처음 만났던 때의 상황이 떠오른다.

- **……生涯** ~생활
  毕业后他参了军，开始了他的军旅生涯。졸업 후 그는 군에 입대하여, 그의 군대 생활을 시작하였다.

- **怀着忐忑的心情** 불안한 마음을 안고
  他怀着忐忑的心情走进了考场。그는 불안한 마음을 안고 시험장에 들어갔다.

- **挖坑** 구멍을 파다
  几个士兵在荒地上开始了挖坑采砂的任务。몇 명의 군인들이 황무지에서 구덩이를 파서 모래를 채집하는 임무를 시작했다.

▶ 쉬운 말로 고쳐 쓰기

- **动了一下手指，扣动了扳机，枪声响起** 손가락을 움직여 방아쇠를 당겼고, 총성이 울렸다 → **开了枪** 총을 쐈다
- **泪痕也清晰可见** 눈물 자국도 또렷이 보이다 → **可以清楚地看见泪痕** 눈물 자국을 또렷이 볼 수 있다
- **怀着忐忑的心情** 불안한 마음을 안고 → **怀着不安的心情** 불안한 마음을 안고
- **惊讶得叫出了声** 놀라움에 소리를 지르다 → **吃惊地喊** 놀라서 외치다

▶ 제목 짓기

예 ① **神圣的跪拜 신성한 무릎 꿇기**
티베트 영양의 모성애가 드러나는 행위를 활용하여 제목을 지을 수 있다.

예 ② **藏羚羊与老猎人 티베트 영양과 늙은 사냥꾼**
이 글의 등장인물인 사냥꾼과 사건을 만든 티베트 영양을 활용하여 제목을 지을 수 있다.

예 ③ **藏羚母亲的爱 어미 티베트 영양의 사랑**
글의 주제인 '티베트 영양의 모성애'를 활용하여 제목을 지을 수 있다.

모범답안

神圣的跪拜

这是一个我听来的西藏故事，每当经过藏北草原时，我都会想起这个故事的主人公——藏羚羊。

那些年，在青藏公路周围总是能看到一个到处漂泊、不知姓名的老猎人。他把捕捉到的动物毛皮卖来换钱，除了自己花一些以外，多数用来救济朝圣者。在他的身上同时存在着慈善和杀生，可让他从此不再捕猎的则是以下这件事。

有一天早上，他看到远处的山坡上有一头藏羚羊，他立刻拿来杈子枪，对准了羊。可羊却没有逃跑，而是用乞求的眼神看着他，并朝着他走了几步，跪了下来，还流下了眼泪。

这是藏羚羊在求他放过自己，可他是一个猎人，最终还是开了枪。老猎人并没有像以前一样直接剖开羊的肚子。他第一次见到这样的情况，觉得很奇怪。第二天，他剖开了羊的肚子，他非常吃惊。他发现羊肚子里有一头小羊，可已经死了。原来，藏羚羊是在求老猎人放过自己的孩子。所有母亲的跪拜都是神圣的。那天，他没有去捕猎，而是把羊和它的孩子埋进

신성한 무릎 꿇기

이것은 내가 들은 티베트 이야기이다. 매번 장베이 초원을 지날 때마다, 나는 이 이야기의 주인공인 티베트 영양을 떠올린다.

당시, 칭장 고속도로 주변에는 곳곳을 돌아다니는 성도 이름도 모를 늙은 사냥꾼을 늘 볼 수 있었다. 그는 사냥한 동물의 털가죽을 팔아 돈으로 바꾸고, 자기가 조금 쓰는 것 외에는 대부분 성지순례자들을 돕는 데에 썼다. 그에게는 자비와 살생이 동시에 존재했는데, 그가 그때 이후로 다시는 사냥하지 않게 된 것은 다음 일 때문이다.

어느 날 아침, 그는 먼 산비탈에 티베트 영양이 있는 것을 발견하고는 바로 수렵총을 들어 영양을 조준했다. 그러나 양은 오히려 도망가지 않고 애걸하는 눈빛으로 그를 바라봤고, 오히려 그를 향해 몇 걸음 걷더니 무릎을 꿇고 눈물까지 흘렸다.

이것은 티베트 영양이 그에게 자신을 놓아 달라고 부탁하는 것이었지만, 그는 사냥꾼이었고 결국 총을 쐈다. 늙은 사냥꾼은 예전처럼 바로 양의 배를 가르지 않았다. 그는 이런 상황을 처음 봤고, 이상하다고 생각했다. 이튿날, 그는 영양의 배를 갈랐고, 매우 놀랐다. 영양의 뱃속에 새끼 양이 있는 것을 발견했지만 이미 죽어 있었던 것이다. 알고 보니, 티베트 영양은 늙은 사냥꾼에게 자신의 아이를

了	他	挖	的	坑	里	。	从	那	以	后	，	老	猎	人	就	再	也	没	有
出	现	在	藏	北	草	原	上	了	。										

문장부호 제외 373자

살려 달라고 애원하고 있었던 것이다. 모든 어머니의 무릎 꿇음은 모두 신성한 것이다. 그날 그는 사냥을 가지 않았고, 영양과 그 새끼를 그가 판 구덩이에 묻어 주었다. 그 뒤로 늙은 사냥꾼은 다시는 장베이 초원에 나타나지 않았다.

QR 코드 스캔해서 다락원 홈페이지로 이동
→ MP3음원+동영상강의 다운로드 및 실시간 재생
→ 받아쓰기노트 다운로드
→ 모바일·PC 기반 온라인단어장 이용 DVBOOK

최신개정
HSK 6급 한권으로 끝내기
해설서

지은이 남미숙
펴낸이 정규도
펴낸곳 (주)다락원

기획·편집 박소정, 오혜령, 정아영, 이상윤
내지디자인 박나래
표지디자인 김나경, 박나래
조판 최영란
녹음 曹红梅, 于海峰, 朴龙君, 허강원

다락원 경기도 파주시 문발로 211
전화 (02)736-2031(내선 250~252 / 내선 430, 437)
팩스 (02)732-2037
출판등록 1977년 9월 16일 제406-2008-000007호

ISBN 978-89-277-2286-1 14720
978-89-277-2255-7 (set)

www.darakwon.co.kr
다락원 홈페이지를 방문하시면 상세한 출판 정보와 함께 동영상 강좌, MP3 자료 등 다양한 어학 정보를 얻으실 수 있습니다.